# Bilingual New Testament

## English - Italian

*Derived from the American Standard
and 1927 Riveduta translations.*

Alex Chudy 11-28-14

Transcripture International

Bilingual New Testament English - Italian.

ISBN: 978-0-9872942-1-0

This Bible has been derived from standard reference sources. There are differences between this compilation and the original source documents. The numbering of verses may differ from standard Bibles. Care should be taken when comparing with other Bibles or when making reference to particular chapters or verses.

For bulk orders please visit http://www.transcripture.com/publications

20121116120427USAITA4066

# Bilingual New Testament

## English - Italian

Matthew - Matteo .......................................................... 1

Mark - Marco ................................................................ 73

Luke - Luca ................................................................. 119

John - Giovanni ........................................................... 196

Acts - Atti degli Apostoli .............................................. 254

Romans - Romani .......................................................... 329

I Corinthians - I Corinzi ................................................ 360

II Corinthians - II Corinzi .............................................. 390

Galatians - Galati ......................................................... 410

Ephesians - Efesini ...................................................... 420

Philippians - Filippesi ................................................... 431

Colossians - Colossesi .................................................. 439

I Thessalonians - I Tessalonicesi .................................... 446

II Thessalonians - II Tessalonicesi ................................... 453

I Timothy - I Timoteo .................................................... 457

II Timothy - II Timoteo .................................................. 465

Titus - Tito ................................................................. 471

Philemon - Filemone ..................................................... 475

Hebrews - Ebrei ........................................................... 477

James - Giacomo .......................................................... 500

I Peter - I Pietro .......................................................... 508

II Peter - II Pietro ........................................................ 516

I John - I Giovanni ........................................................ 521

II John - II Giovanni ...................................................... 529

III John - III Giovanni .................................................... 530

Jude - Giuda ............................................................... 531

Revelation - Apocalisse .................................................. 533

# Matthew 1

1. The book of the generation of Jesus Christ, the son of David, the son of Abraham.

2. Abraham begat Isaac; and Isaac begat Jacob; and Jacob begat Judah and his brethren;

3. and Judah begat Perez and Zerah of Tamar; and Perez begat Hezron; and Hezron begat Ram;

4. and Ram begat Amminadab; and Amminadab begat Nahshon; and Nahshon begat Salmon;

5. and Salmon begat Boaz of Rahab; and Boaz begat Obed of Ruth; and Obed begat Jesse;

6. and Jesse begat David the king. And David begat Solomon of her [that had been the wife] of Uriah;

7. and Solomon begat Rehoboam; and Rehoboam begat Abijah; and Abijah begat Asa;

8. and Asa begat Jehoshaphat; and Jehoshaphat begat Joram; and Joram begat Uzziah;

9. and Uzziah begat Jotham; and Jotham begat Ahaz; and Ahaz begat Hezekiah;

10. and Hezekiah begat Manasseh; and Manasseh begat Amon; and Amon begat Josiah;

11. and Josiah begat Jechoniah and his brethren, at the time of the carrying away to Babylon.

12. And after the carrying away to Babylon, Jechoniah begat Shealtiel; and Shealtiel begat Zerubbabel;

13. and Zerubbabel begat Abiud; and Abiud begat Eliakim; and Eliakim begat Azor;

14. and Azor begat Sadoc; and Sadoc begat Achim; and Achim begat Eliud;

15. and Eliud begat Eleazar; and Eleazar begat Matthan; and Matthan begat Jacob;

16. and Jacob begat Joseph the husband of Mary, of whom was born Jesus, who is called Christ.

17. So all the generations from Abraham unto David are fourteen generations; and from David unto the carrying away to Babylon fourteen generations; and from the carrying away to Babylon unto the Christ fourteen generations.

18. Now the birth of Jesus Christ was on this wise: When his mother Mary had been betrothed to Joseph, before they came together she was found with child of the Holy Spirit.

# Matteo 1

1. Genealogia di Gesù Cristo figliuolo di Davide, figliuolo d'Abramo.

2. Abramo generò Isacco; Isacco generò Giacobbe; Giacobbe generò Giuda e i suoi fratelli;

3. Giuda generò Fares e Zara da Tamar; Fares generò Esrom; Esrom generò Aram;

4. Aram generò Aminadab; Aminadab generò Naasson; Naasson generò Salmon;

5. Salmon generò Booz da Rahab; Booz generò Obed da Ruth; Obed generò Iesse,

6. e Iesse generò Davide, il re. E Davide generò Salomone da quella ch'era stata moglie d'Uria;

7. Salomone generò Roboamo; Roboamo generò Abia; Abia generò Asa;

8. Asa generò Giosafat; Giosafat generò Ioram; Ioram generò Uzzia;

9. Uzzia generò Ioatam; Ioatam generò Achaz; Achaz generò Ezechia;

10. Ezechia generò Manasse; Manasse generò Amon; Amon generò Giosia;

11. Giosia generò Ieconia e i suoi fratelli al tempo della deportazione in Babilonia.

12. E dopo la deportazione in Babilonia, Ieconia generò Salatiel; Salatiel generò Zorobabel;

13. Zorobabel generò Abiud; Abiud generò Eliachim; Eliachim generò Azor;

14. Azor generò Sadoc; Sadoc generò Achim; Achim generò Eliud;

15. Eliud generò Eleazaro; Eleazaro generò Mattan; Mattan generò Giacobbe;

16. Giacobbe generò Giuseppe, il marito di Maria, dalla quale nacque Gesù, che è chiamato Cristo.

17. Così da Abramo fino a Davide sono in tutto quattordici generazioni; e da Davide fino alla deportazione in Babilonia, quattordici generazioni; e dalla deportazione in Babilonia fino a Cristo, quattordici generazioni.

18. Or la nascita di Gesù Cristo avvenne in questo modo. Maria, sua madre, era stata promessa sposa a Giuseppe; e prima che fossero venuti a stare insieme, si trovò incinta per virtù dello Spirito Santo.

19. And Joseph her husband, being a righteous man, and not willing to make her a public example, was minded to put her away privily.

20. But when he thought on these things, behold, an angel of the Lord appeared unto him in a dream, saying, Joseph, thou son of David, fear not to take unto thee Mary thy wife: for that which is conceived in her is of the Holy Spirit.

21. And she shall bring forth a son; and thou shalt call his name JESUS; for it is he that shall save his people from their sins.

22. Now all this is come to pass, that it might be fulfilled which was spoken by the Lord through the prophet, saying,

23. Behold, the virgin shall be with child, and shall bring forth a son, And they shall call his name Immanuel; which is, being interpreted, God with us.

24. And Joseph arose from his sleep, and did as the angel of the Lord commanded him, and took unto him his wife;

25. and knew her not till she had brought forth a son: and he called his name JESUS.

19. E Giuseppe, suo marito, essendo uomo giusto e non volendo esporla ad infamia, si propose di lasciarla occultamente.

20. Ma mentre avea queste cose nell'animo, ecco che un angelo del Signore gli apparve in sogno, dicendo: Giuseppe, figliuol di Davide, non temere di prender teco Maria tua moglie; perché ciò che in lei è generato, è dallo Spirito Santo.

21. Ed ella partorirà un figliuolo, e tu gli porrai nome Gesù, perché è lui che salverà il suo popolo dai loro peccati.

22. Or tutto ciò avvenne, affinché si adempiesse quello che era stato detto dal Signore per mezzo del profeta:

23. Ecco, la vergine sarà incinta e partorirà un figliuolo, al quale sarà posto nome Emmanuele, che, interpretato, vuol dire: "Iddio con noi".

24. E Giuseppe, destatosi dal sonno, fece come l'angelo del Signore gli avea comandato, e prese con sé sua moglie;

25. e non la conobbe finch'ella non ebbe partorito un figlio; e gli pose nome Gesù.

# Matthew 2                    # Matteo 2

1. Now when Jesus was born in Bethlehem of Judaea in the days of Herod the king, behold, Wise-men from the east came to Jerusalem, saying,

2. Where is he that is born King of the Jews? for we saw his star in the east, and are come to worship him.

3. And when Herod the king heard it, he was troubled, and all Jerusalem with him.

4. And gathering together all the chief priests and scribes of the people, he inquired of them where the Christ should be born.

5. And they said unto him, In Bethlehem of Judaea: for thus it is written through the prophet,

6. And thou Bethlehem, land of Judah, Art in no wise least among the princes of Judah: For out of thee shall come forth a governor, Who shall be shepherd of my people Israel.

1. Or essendo Gesù nato in Betleem di Giudea, ai dì del re Erode, ecco dei magi d'Oriente arrivarono in Gerusalemme, dicendo:

2. Dov'è il re de' Giudei che è nato? Poiché noi abbiam veduto la sua stella in Oriente e siam venuti per adorarlo.

3. Udito questo, il re Erode fu turbato, e tutta Gerusalemme con lui.

4. E radunati tutti i capi sacerdoti e gli scribi del popolo, s'informò da loro dove il Cristo dovea nascere.

5. Ed essi gli dissero: In Betleem di Giudea; poiché così è scritto per mezzo del profeta:

6. E tu, Betleem, terra di Giuda, non sei punto la minima fra le città principali di Giuda; perché da te uscirà un Principe, che pascerà il mio popolo Israele.

7. Then Herod privily called the Wise-men, and learned of them exactly what time the star appeared.

8. And he sent them to Bethlehem, and said, Go and search out exactly concerning the young child; and when ye have found [him,] bring me word, that I also may come and worship him.

9. And they, having heard the king, went their way; and lo, the star, which they saw in the east, went before them, till it came and stood over where the young child was.

10. And when they saw the star, they rejoiced with exceeding great joy.

11. And they came into the house and saw the young child with Mary his mother; and they fell down and worshipped him; and opening their treasures they offered unto him gifts, gold and frankincense and myrrh.

12. And being warned [of God] in a dream that they should not return to Herod, they departed into their own country another way.

13. Now when they were departed, behold, an angel of the Lord appeareth to Joseph in a dream, saying, Arise and take the young child and his mother, and flee into Egypt, and be thou there until I tell thee: for Herod will seek the young child to destroy him.

14. And he arose and took the young child and his mother by night, and departed into Egypt;

15. and was there until the death of Herod: that it might be fulfilled which was spoken by the Lord through the prophet, saying, Out of Egypt did I call my son.

16. Then Herod, when he saw that he was mocked of the Wise-men, was exceeding wroth, and sent forth, and slew all the male children that were in Bethlehem, and in all the borders thereof, from two years old and under, according to the time which he had exactly learned of the Wise-men.

17. Then was fulfilled that which was spoken through Jeremiah the prophet, saying,

18. A voice was heard in Ramah, Weeping and great mourning, Rachel weeping for her children; And she would not be comforted, because they are not.

7. Allora Erode, chiamati di nascosto i magi, s'informò esattamente da loro del tempo in cui la stella era apparita;

8. e mandandoli a Betleem, disse loro: Andate e domandate diligentemente del fanciullino; e quando lo avrete trovato, fatemelo sapere, affinché io pure venga ad adorarlo.

9. Essi dunque, udito il re, partirono; ed ecco la stella che aveano veduta in Oriente, andava dinanzi a loro, finché, giunta al luogo dov'era il fanciullino, vi si fermò sopra.

10. Ed essi, veduta la stella, si rallegrarono di grandissima allegrezza.

11. Ed entrati nella casa, videro il fanciullino con Maria sua madre; e prostratisi, lo adorarono; ed aperti i loro tesori, gli offrirono dei doni: oro, incenso e mirra.

12. Poi, essendo stati divinamente avvertiti in sogno di non ripassare da Erode, per altra via tornarono al loro paese.

13. Partiti che furono, ecco un angelo del Signore apparve in sogno a Giuseppe e gli disse: Lèvati, prendi il fanciullino e sua madre, e fuggi in Egitto, e sta' quivi finch'io non tel dica; perché Erode cercherà il fanciullino per farlo morire.

14. Egli dunque, levatosi, prese di notte il fanciullino e sua madre, e si ritirò in Egitto;

15. ed ivi stette fino alla morte di Erode, affinché si adempiesse quello che fu detto dal Signore per mezzo del profeta: Fuor d'Egitto chiamai il mio figliuolo.

16. Allora Erode, vedutosi beffato dai magi, si adirò gravemente, e mandò ad uccidere tutti i maschi ch'erano in Betleem e in tutto il suo territorio dall'età di due anni in giù, secondo il tempo del quale s'era esattamente informato dai magi.

17. Allora si adempié quello che fu detto per bocca del profeta Geremia:

18. Un grido è stato udito in Rama; un pianto ed un lamento grande: Rachele piange i suoi figliuoli e ricusa d'esser consolata, perché non sono più.

19. But when Herod was dead, behold, an angel of the Lord appeareth in a dream to Joseph in Egypt, saying,

20. Arise and take the young child and his mother, and go into the land of Israel: for they are dead that sought the young child's life.

21. And he arose and took the young child and his mother, and came into the land of Israel.

22. But when he heard that Archelaus was reigning over Judaea in the room of his father Herod, he was afraid to go thither; and being warned [of God] in a dream, he withdrew into the parts of Galilee,

23. and came and dwelt in a city called Nazareth; that it might be fulfilled which was spoken through the prophets, that he should be called a Nazarene.

# Matthew 3

1. And in those days cometh John the Baptist, preaching in the wilderness of Judaea, saying,

2. Repent ye; for the kingdom of heaven is at hand.

3. For this is he that was spoken of through Isaiah the prophet, saying, The voice of one crying in the wilderness, Make ye ready the way of the Lord, Make his paths straight.

4. Now John himself had his raiment of camel's hair, and a leathern girdle about his loins; and his food was locusts and wild honey.

5. Then went out unto him Jerusalem, and all Judaea, and all the region round about the Jordan;

6. and they were baptized of him in the river Jordan, confessing their sins.

7. But when he saw many of the Pharisees and Sadducees coming to his baptism, he said unto them, Ye offspring of vipers, who warned you to flee from the wrath to come?

8. Bring forth therefore fruit worthy of repentance:

9. and think not to say within yourselves, We have Abraham to our father: for I say unto you, that God is able of these stones to raise up children unto Abraham.

19. Ma dopo che Erode fu morto, ecco un angelo del Signore apparve in sogno a Giuseppe in Egitto, e gli disse:

20. Lèvati, prendi il fanciullino e sua madre, e vattene nel paese d'Israele; perché son morti coloro che cercavano la vita del fanciullino.

21. Ed egli, levatosi, prese il fanciullino e sua madre ed entrò nel paese d'Israele.

22. Ma udito che in Giudea regnava Archelao invece d'Erode, suo padre, temette d'andar colà; ed essendo stato divinamente avvertito in sogno, si ritirò nelle parti della Galilea,

23. e venne ad abitare in una città detta Nazaret, affinché si adempiesse quello ch'era stato detto dai profeti, ch'egli sarebbe chiamato Nazareno.

# Matteo 3

1. Or in que' giorni comparve Giovanni il Battista, predicando nel deserto della Giudea e dicendo:

2. Ravvedetevi, poiché il regno de' cieli è vicino.

3. Di lui parlò infatti il profeta Isaia quando disse: V'è una voce d'uno che grida nel deserto: Preparate la via del Signore, addirizzate i suoi sentieri.

4. Or esso Giovanni aveva il vestimento di pelo di cammello ed una cintura di cuoio intorno a' fianchi; ed il suo cibo erano locuste e miele selvatico.

5. Allora Gerusalemme e tutta la Giudea e tutto il paese d'intorno al Giordano presero ad accorrere a lui;

6. ed erano battezzati da lui nel fiume Giordano, confessando i loro peccati.

7. Ma vedendo egli molti dei Farisei e dei Sadducei venire al suo battesimo, disse loro: Razza di vipere, chi v'ha insegnato a fuggir dall'ira a venire?

8. Fate dunque de' frutti degni del ravvedimento.

9. E non pensate di dir dentro di voi: Abbiamo per padre Abramo; perché io vi dico che Iddio può da queste pietre far sorgere de' figliuoli ad Abramo.

10. And even now the axe lieth at the root of the trees: every tree therefore that bringeth not forth good fruit is hewn down, and cast into the fire.

11. I indeed baptize you in water unto repentance: but he that cometh after me is mightier than I, whose shoes I am not worthy to bear: he shall baptize you in the Holy Spirit and [in] fire:

12. whose fan is in his hand, and he will thoroughly cleanse his threshing-floor; and he will gather his wheat into the garner, but the chaff he will burn up with unquenchable fire.

13. Then cometh Jesus from Galilee to the Jordan unto John, to be baptized of him.

14. But John would have hindered him, saying, I have need to be baptized of thee, and comest thou to me?

15. But Jesus answering said unto him, Suffer [it] now: for thus it becometh us to fulfil all righteousness. Then he suffereth him.

16. And Jesus when he was baptized, went up straightway from the water: and lo, the heavens were opened unto him, and he saw the Spirit of God descending as a dove, and coming upon him;

17. and lo, a voice out of the heavens, saying, This is my beloved Son, in whom I am well pleased.

10. E già la scure è posta alla radice degli alberi; ogni albero dunque che non fa buon frutto, sta per esser tagliato e gittato nel fuoco.

11. Ben vi battezzo io con acqua, in vista del ravvedimento; ma colui che viene dietro a me è più forte di me, ed io non son degno di portargli i calzari; egli vi battezzerà con lo Spirito Santo e con fuoco.

12. Egli ha il suo ventilabro in mano, e netterà interamente l'aia sua, e raccoglierà il suo grano nel granaio, ma arderà la pula con fuoco inestinguibile.

13. Allora Gesù dalla Galilea si recò al Giordano da Giovanni per esser da lui battezzato.

14. Ma questi vi si opponeva dicendo: Son io che ho bisogno d'esser battezzato da te, e tu vieni a me?

15. Ma Gesù gli rispose: Lascia fare per ora; poiché conviene che noi adempiamo così ogni giustizia. Allora Giovanni lo lasciò fare.

16. E Gesù, tosto che fu battezzato, salì fuor dell'acqua; ed ecco i cieli s'apersero, ed egli vide lo Spirito di Dio scendere come una colomba e venir sopra lui.

17. Ed ecco una voce dai cieli che disse: Questo è il mio diletto Figliuolo nel quale mi son compiaciuto. Matteo Capitolo 4

# Matthew 4

# Matteo 4

1. Then was Jesus led up of the Spirit into the wilderness to be tempted of the devil.

2. And when he had fasted forty days and forty nights, he afterward hungered.

3. And the tempter came and said unto him, If thou art the Son of God, command that these stones become bread.

4. But he answered and said, It is written, Man shall not live by bread alone, but by every word that proceedeth out of the mouth of God.

5. Then the devil taketh him into the holy city; and he set him on the pinnacle of the temple,

1. Allora Gesù fu condotto dallo Spirito su nel deserto, per esser tentato dal diavolo.

2. E dopo che ebbe digiunato quaranta giorni e quaranta notti, alla fine ebbe fame.

3. E il tentatore, accostatosi, gli disse: Se tu sei Figliuol di Dio, di' che queste pietre divengan pani.

4. Ma egli rispondendo disse: Sta scritto: Non di pane soltanto vivrà l'uomo, ma d'ogni parola che procede dalla bocca di Dio.

5. Allora il diavolo lo menò seco nella santa città e lo pose sul pinnacolo del tempio,

6. and saith unto him, If thou art the Son of God, cast thyself down: for it is written, He shall give his angels charge concerning thee: and, On their hands they shall bear thee up, Lest haply thou dash thy foot against a stone.

7. Jesus said unto him, Again it is written, Thou shalt not make trial of the Lord thy God.

8. Again, the devil taketh him unto an exceeding high mountain, and showeth him all the kingdoms of the world, and the glory of them;

9. and he said unto him, All these things will I give thee, if thou wilt fall down and worship me.

10. Then saith Jesus unto him, Get thee hence, Satan: for it is written, Thou shalt worship the Lord thy God, and him only shalt thou serve.

11. Then the devil leaveth him; and behold, angels came and ministered unto him.

12. Now when he heard that John was delivered up, he withdrew into Galilee;

13. and leaving Nazareth, he came and dwelt in Capernaum, which is by the sea, in the borders of Zebulun and Naphtali:

14. that it might be fulfilled which was spoken through Isaiah the prophet, saying,

15. The land of Zebulun and the land of Naphtali, Toward the sea, beyond the Jordan, Galilee of the Gentiles,

16. The people that sat in darkness Saw a great light, And to them that sat in the region and shadow of death, To them did light spring up.

17. From that time began Jesus to preach, and to say, Repent ye; for the kingdom of heaven is at hand.

18. And walking by the sea of Galilee, he saw two brethren, Simon who is called Peter, and Andrew his brother, casting a net into the sea; for they were fishers.

19. And he saith unto them, Come ye after me, and I will make you fishers of men.

20. And they straightway left the nets, and followed him.

6. e gli disse: Se tu sei Figliuol di Dio, gettati giù; poiché sta scritto: Egli darà ordine di suoi angeli intorno a te, ed essi ti porteranno sulle loro mani, che talora tu non urti col piede contro una pietra.

7. Gesù gli disse: Egli è altresì scritto: Non tentare il Signore Iddio tuo.

8. Di nuovo il diavolo lo menò seco sopra un monte altissimo, e gli mostrò tutti i regni del mondo e la lor gloria, e gli disse:

9. Tutte queste cose io te le darò, se, prostrandoti, tu mi adori.

10. Allora Gesù gli disse: Va', Satana, poiché sta scritto: Adora il Signore Iddio tuo, ed a lui solo rendi il culto.

11. Allora il diavolo lo lasciò; ed ecco degli angeli vennero a lui e lo servivano.

12. Or Gesù, avendo udito che Giovanni era stato messo in prigione, si ritirò in Galilea.

13. E, lasciata Nazaret, venne ad abitare in Capernaum, città sul mare, ai confini di Zabulon e di Neftali,

14. affinché si adempiesse quello ch'era stato detto dal profeta Isaia:

15. Il paese di Zabulon e il paese di Neftali, sulla via del mare, al di là del Giordano, la Galilea dei Gentili,

16. il popolo che giaceva nelle tenebre, ha veduto una gran luce; su quelli che giacevano nella contrada e nell'ombra della morte, una luce s'è levata.

17. Da quel tempo Gesù cominciò a predicare e a dire: Ravvedetevi, perché il regno de' cieli è vicino.

18. Or passeggiando lungo il mare della Galilea, egli vide due fratelli, Simone detto Pietro, e Andrea suo fratello, i quali gettavano la rete in mare; poiché erano pescatori.

19. E disse loro: Venite dietro a me, e vi farò pescatori d'uomini.

20. Ed essi, lasciate prontamente le reti, lo seguirono.

21. And going on from thence he saw two other brethren, James the [son] of Zebedee, and John his brother, in the boat with Zebedee their father, mending their nets; and he called them.

22. And they straightway left the boat and their father, and followed him.

23. And Jesus went about in all Galilee, teaching in their synagogues, and preaching the gospel of the kingdom, and healing all manner of disease and all manner of sickness among the people.

24. And the report of him went forth into all Syria: and they brought unto him all that were sick, holden with divers diseases and torments, possessed with demons, and epileptic, and palsied; and he healed them.

25. And there followed him great multitudes from Galilee and Decapolis and Jerusalem and Judaea and [from] beyond the Jordan.

# Matthew 5

1. And seeing the multitudes, he went up into the mountain: and when he had sat down, his disciples came unto him:

2. and he opened his mouth and taught them, saying,

3. Blessed are the poor in spirit: for theirs is the kingdom of heaven.

4. Blessed are they that mourn: for they shall be comforted.

5. Blessed are the meek: for they shall inherit the earth.

6. Blessed are they that hunger and thirst after righteousness: for they shall be filled.

7. Blessed are the merciful: for they shall obtain mercy.

8. Blessed are the pure in heart: for they shall see God.

9. Blessed are the peacemakers: for they shall be called sons of God.

10. Blessed are they that have been persecuted for righteousness' sake: for theirs is the kingdom of heaven.

11. Blessed are ye when [men] shall reproach you, and persecute you, and say all manner of evil against you falsely, for my sake.

21. E passato più oltre, vide due altri fratelli, Giacomo di Zebedeo e Giovanni, suo fratello, i quali nella barca, con Zebedeo loro padre, rassettavano le reti; e li chiamò.

22. Ed essi, lasciata subito la barca e il padre loro, lo seguirono.

23. E Gesù andava attorno per tutta la Galilea, insegnando nelle loro sinagoghe e predicando l'evangelo del Regno, sanando ogni malattia ed ogni infermità fra il popolo.

24. E la sua fama si sparse per tutta la Siria; e gli recarono tutti i malati colpiti da varie infermità e da vari dolori, indemoniati, lunatici, paralitici; ed ei li guarì.

25. E grandi folle lo seguirono dalla Galilea e dalla Decapoli e da Gerusalemme e dalla Giudea e d'oltre il Giordano.

# Matteo 5

1. E Gesù, vedendo le folle, salì sul monte; e postosi a sedere, i suoi discepoli si accostarono a lui.

2. Ed egli, aperta la bocca, li ammaestrava dicendo:

3. Beati i poveri in ispirito, perché di loro è il regno de' cieli.

4. Beati quelli che fanno cordoglio, perché essi saranno consolati.

5. Beati i mansueti, perché essi erederanno la terra.

6. Beati quelli che sono affamati ed assetati della giustizia, perché essi saranno saziati.

7. Beati i misericordiosi, perché a loro misericordia sarà fatta.

8. Beati i puri di cuore, perché essi vedranno Iddio.

9. Beati quelli che s'adoperano alla pace, perché essi saran chiamati figliuoli di Dio.

10. Beati i perseguitati per cagion di giustizia, perché di loro è il regno dei cieli.

11. Beati voi, quando v'oltraggeranno e vi perseguiteranno e, mentendo, diranno contro a voi ogni sorta di male per cagion mia.

:, and be exceeding glad: for
r reward in heaven: for so
hey the prophets that were
before you.

13. Ye are the salt of the earth: but if the salt have lost its savor, wherewith shall it be salted? it is thenceforth good for nothing, but to be cast out and trodden under foot of men.

14. Ye are the light of the world. A city set on a hill cannot be hid.

15. Neither do [men] light a lamp, and put it under the bushel, but on the stand; and it shineth unto all that are in the house.

16. Even so let your light shine before men; that they may see your good works, and glorify your Father who is in heaven.

17. Think not that I came to destroy the law or the prophets: I came not to destroy, but to fulfil.

18. For verily I say unto you, Till heaven and earth pass away, one jot or one tittle shall in no wise pass away from the law, till all things be accomplished.

19. Whosoever therefore shall break one of these least commandments, and shall teach men so, shall be called least in the kingdom of heaven: but whosoever shall do and teach them, he shall be called great in the kingdom of heaven.

20. For I say unto you, that except your righteousness shall exceed [the righteousness] of the scribes and Pharisees, ye shall in no wise enter into the kingdom of heaven.

21. Ye have heard that it was said to them of old time, Thou shalt not kill; and whosoever shall kill shall be in danger of the judgment:

22. but I say unto you, that every one who is angry with his brother shall be in danger of the judgment; and whosoever shall say to his brother, Raca, shall be in danger of the council; and whosoever shall say, Thou fool, shall be in danger of the hell of fire.

23. If therefore thou art offering thy gift at the altar, and there rememberest that thy brother hath aught against thee,

24. leave there thy gift before the altar, and go thy way, first be reconciled to thy brother, and then come and offer thy gift.

12. Rallegratevi e giubilate, perché il vostro premio è grande ne' cieli; poiché così hanno perseguitato i profeti che sono stati prima di voi.

13. Voi siete il sale della terra; ora, se il sale diviene insipido, con che lo si salerà? Non è più buono a nulla se non ad esser gettato via e calpestato dagli uomini.

14. Voi siete la luce del mondo; una città posta sopra un monte non può rimaner nascosta;

15. e non si accende una lampada per metterla sotto il moggio; anzi la si mette sul candeliere ed ella fa lume a tutti quelli che sono in casa.

16. Così risplenda la vostra luce nel cospetto degli uomini, affinché veggano le vostre buone opere e glorifichino il Padre vostro che è ne' cieli.

17. Non pensate ch'io sia venuto per abolire la legge od i profeti; io son venuto non per abolire ma per compire:

18. poiché io vi dico in verità che finché non siano passati il cielo e la terra, neppure un iota o un apice della legge passerà, che tutto non sia adempiuto.

19. Chi dunque avrà violato uno di questi minimi comandamenti ed avrà così insegnato agli uomini, sarà chiamato minimo nel regno de' cieli; ma chi li avrà messi in pratica ed insegnati, esso sarà chiamato grande nel regno dei cieli.

20. Poiché io vi dico che se la vostra giustizia non supera quella degli scribi e de' Farisei, voi non entrerete punto nel regno dei cieli.

21. Voi avete udito che fu detto agli antichi: Non uccidere, e Chiunque avrà ucciso sarà sottoposto al tribunale;

22. ma io vi dico: Chiunque s'adira contro al suo fratello, sarà sottoposto al tribunale; e chi avrà detto al suo fratello "raca", sarà sottoposto al Sinedrio; e chi gli avrà detto "pazzo", sarà condannato alla geenna del fuoco.

23. Se dunque tu stai per offrire la tua offerta sull'altare, e quivi ti ricordi che il tuo fratello ha qualcosa contro di te,

24. lascia quivi la tua offerta dinanzi all'altare, e va' prima a riconciliarti col tuo fratello; e poi vieni ad offrir la tua offerta.

25. Agree with thine adversary quickly, while thou art with him in the way; lest haply the adversary deliver thee to the judge, and the judge deliver thee to the officer, and thou be cast into prison.

26. Verily I say unto thee, thou shalt by no means come out thence, till thou have paid the last farthing.

27. Ye have heard that it was said, Thou shalt not commit adultery:

28. but I say unto you, that every one that looketh on a woman to lust after her hath committed adultery with her already in his heart.

29. And if thy right eye causeth thee to stumble, pluck it out, and cast it from thee: for it is profitable for thee that one of thy members should perish, and not thy whole body be cast into hell.

30. And if thy right hand causeth thee to stumble, cut it off, and cast it from thee: for it is profitable for thee that one of thy members should perish, and not thy whole body go into hell.

31. It was said also, Whosoever shall put away his wife, let him give her a writing of divorcement:

32. but I say unto you, that every one that putteth away his wife, saving for the cause of fornication, maketh her an adulteress: and whosoever shall marry her when she is put away committeth adultery.

33. Again, ye have heard that it was said to them of old time, Thou shalt not forswear thyself, but shalt perform unto the Lord thine oaths:

34. but I say unto you, swear not at all; neither by the heaven, for it is the throne of God;

35. nor by the earth, for it is the footstool of his feet; nor by Jerusalem, for it is the city of the great King.

36. Neither shalt thou swear by thy head, for thou canst not make one hair white or black.

37. But let your speech be, Yea, yea; Nay, nay: and whatsoever is more than these is of the evil [one].

38. Ye have heard that it was said, An eye for an eye, and a tooth for a tooth:

39. but I say unto you, resist not him that is evil: but whosoever smiteth thee on thy right cheek, turn to him the other also.

25. Fa' presto amichevole accordo col tuo avversario mentre sei ancora per via con lui; che talora il tuo avversario non ti dia in man del giudice, e il giudice in man delle guardie, e tu sii cacciato in prigione.

26. Io ti dico in verità che di là non uscirai, finché tu non abbia pagato l'ultimo quattrino.

27. Voi avete udito che fu detto: Non commettere adulterio.

28. Ma io vi dico che chiunque guarda una donna per appetirla, ha già commesso adulterio con lei nel suo cuore.

29. Ora, se l'occhio tuo destro ti fa cadere in peccato, cavalo e gettalo via da te; poiché val meglio per te che uno dei tuoi membri perisca, e non sia gettato l'intero tuo corpo nella geenna.

30. E se la tua man destra ti fa cadere in peccato, mozzala e gettala via da te; poiché val meglio per te che uno dei tuoi membri perisca, e non vada l'intero tuo corpo nella geenna.

31. Fu detto: Chiunque ripudia sua moglie, le dia l'atto del divorzio.

32. Ma io vi dico: Chiunque manda via la moglie, salvo che per cagion di fornicazione, la fa essere adultera; e chiunque sposa colei ch'è mandata via, commette adulterio.

33. Avete udito pure che fu detto agli antichi: Non ispergiurare, ma attieni al Signore i tuoi giuramenti.

34. Ma io vi dico: Del tutto non giurate, né per il cielo, perché è il trono di Dio;

35. né per la terra, perché è lo sgabello dei suoi piedi; né per Gerusalemme, perché è la città del gran Re.

36. Non giurar neppure per il tuo capo, poiché tu non puoi fare un solo capello bianco o nero.

37. Ma sia il vostro parlare: Sì, sì; no, no; poiché il di più vien dal maligno.

38. Voi avete udito che fu detto: Occhio per occhio e dente per dente.

39. Ma io vi dico: Non contrastate al malvagio; anzi, se uno ti percuote sulla guancia destra, porgigli anche l'altra;

40. And if any man would go to law with thee, and take away thy coat, let him have thy cloak also.

41. And whosoever shall compel thee to go one mile, go with him two.

42. Give to him that asketh thee, and from him that would borrow of thee turn not thou away.

43. Ye have heard that it was said, Thou shalt love thy neighbor, and hate thine enemy:

44. but I say unto you, love your enemies, and pray for them that persecute you;

45. that ye may be sons of your Father who is in heaven: for he maketh his sun to rise on the evil and the good, and sendeth rain on the just and the unjust.

46. For if ye love them that love you, what reward have ye? do not even the publicans the same?

47. And if ye salute your brethren only, what do ye more [than others?] do not even the Gentiles the same?

48. Ye therefore shall be perfect, as your heavenly Father is perfect.

40. ed a chi vuol litigar teco e toglierti la tunica, lasciagli anche il mantello.

41. E se uno ti vuol costringere a far seco un miglio, fanne con lui due.

42. Da' a chi ti chiede, e a chi desidera da te un imprestito, non voltar le spalle.

43. Voi avete udito che fu detto: Ama il tuo prossimo e odia il tuo nemico.

44. Ma io vi dico: Amate i vostri nemici e pregate per quelli che vi perseguitano,

45. affinché siate figliuoli del Padre vostro che è nei cieli; poiché Egli fa levare il suo sole sopra i malvagi e sopra i buoni, e fa piovere sui giusti e sugli ingiusti.

46. Se infatti amate quelli che vi amano, che premio ne avete? Non fanno anche i pubblicani lo stesso?

47. E se fate accoglienza soltanto ai vostri fratelli, che fate di singolare? Non fanno anche i pagani altrettanto?

48. Voi dunque siate perfetti, com'è perfetto il Padre vostro celeste. Matteo Capitolo 6

# Matthew 6

1. Take heed that ye do not your righteousness before men, to be seen of them: else ye have no reward with your Father who is in heaven.

2. When therefore thou doest alms, sound not a trumpet before thee, as the hypocrites do in the synagogues and in the streets, that they may have glory of men. Verily I say unto you, They have received their reward.

3. But when thou doest alms, let not thy left hand know what thy right hand doeth:

4. that thine alms may be in secret: and thy Father who seeth in secret shall recompense thee.

5. And when ye pray, ye shall not be as the hypocrites: for they love to stand and pray in the synagogues and in the corners of the streets, that they may be seen of men. Verily I say unto you, They have received their reward.

# Matteo 6

1. Guardatevi dal praticare la vostra giustizia nel cospetto degli uomini per esser osservati da loro; altrimenti non ne avrete premio presso il Padre vostro che è nei cieli.

2. Quando dunque fai limosina, non far sonar la tromba dinanzi a te, come fanno gl'ipocriti nelle sinagoghe e nelle strade, per essere onorati dagli uomini. Io vi dico in verità che cotesto è il premio che ne hanno.

3. Ma quando tu fai limosina, non sappia la tua sinistra quel che fa la destra,

4. affinché la tua limosina si faccia in segreto; e il Padre tuo che vede nel segreto, te ne darà la ricompensa.

5. E quando pregate, non siate come gl'ipocriti; poiché essi amano di fare orazione stando in piè nelle sinagoghe e ai canti delle piazze per esser veduti dagli uomini. Io vi dico in verità che cotesto è il premio che ne hanno.

6. But thou, when thou prayest, enter into thine inner chamber, and having shut thy door, pray to thy Father who is in secret, and thy Father who seeth in secret shall recompense thee.

7. And in praying use not vain repetitions, as the Gentiles do: for they think that they shall be heard for their much speaking.

8. Be not therefore like unto them: for your Father knoweth what things ye have need of, before ye ask him.

9. After this manner therefore pray ye. Our Father who art in heaven, Hallowed be thy name.

10. Thy kingdom come. Thy will be done, as in heaven, so on earth.

11. Give us this day our daily bread.

12. And forgive us our debts, as we also have forgiven our debtors.

13. And bring us not into temptation, but deliver us from the evil [one.]

14. For if ye forgive men their trespasses, your heavenly Father will also forgive you.

15. But if ye forgive not men their trespasses, neither will your Father forgive your trespasses.

16. Moreover when ye fast, be not, as the hypocrites, of a sad countenance: for they disfigure their faces, that they may be seen of men to fast. Verily I say unto you, They have received their reward.

17. But thou, when thou fastest, anoint thy head, and wash thy face;

18. that thou be not seen of men to fast, but of thy Father who is in secret: and thy Father, who seeth in secret, shall recompense thee.

19. Lay not up for yourselves treasures upon the earth, where moth and rust consume, and where thieves break through and steal:

20. but lay up for yourselves treasures in heaven, where neither moth nor rust doth consume, and where thieves do not break through nor steal:

21. for where thy treasure is, there will thy heart be also.

22. The lamp of the body is the eye: if therefore thine eye be single, thy whole body shall be full of light.

6. Ma tu, quando preghi, entra nella tua cameretta, e serratone l'uscio fa' orazione al Padre tuo che è nel segreto; e il Padre tuo che vede nel segreto, te ne darà la ricompensa.

7. E nel pregare non usate soverchie dicerie come fanno i pagani, i quali pensano d'essere esauditi per la moltitudine delle loro parole.

8. Non li rassomigliate dunque, poiché il Padre vostro sa le cose di cui avete bisogno, prima che gliele chiediate.

9. Voi dunque pregate così: Padre nostro che sei nei cieli, sia santificato il tuo nome;

10. venga il tuo regno; sia fatta la tua volontà anche in terra com'è fatta nel cielo.

11. Dacci oggi il nostro pane cotidiano;

12. e rimettici i nostri debiti come anche noi li abbiamo rimessi ai nostri debitori;

13. e non ci esporre alla tentazione, ma liberaci dal maligno.

14. Poiché se voi perdonate agli uomini i loro falli, il Padre vostro celeste perdonerà anche a voi;

15. ma se voi non perdonate agli uomini, neppure il Padre vostro perdonerà i vostri falli.

16. E quando digiunate, non siate mesti d'aspetto come gl'ipocriti; poiché essi si sfigurano la faccia per far vedere agli uomini che digiunano. Io vi dico in verità che cotesto è il premio che ne hanno.

17. Ma tu, quando digiuni, ungiti il capo e làvati la faccia,

18. affinché non apparisca agli uomini che tu digiuni, ma al Padre tuo che è nel segreto; e il Padre tuo, che vede nel segreto, te ne darà la ricompensa.

19. Non vi fate tesori sulla terra, ove la tignola e la ruggine consumano, e dove i ladri sconficcano e rubano;

20. ma fatevi tesori in cielo, ove né tignola né ruggine consumano, e dove i ladri non sconficcano né rubano.

21. Perché dov'è il tuo tesoro, quivi sarà anche il tuo cuore.

22. La lampada del corpo è l'occhio. Se dunque l'occhio tuo è sano, tutto il tuo corpo sarà illuminato;

23. But if thine eye be evil, thy whole body shall be full of darkness. If therefore the light that is in thee be darkness, how great is the darkness!

24. No man can serve two masters; for either he will hate the one, and love the other; or else he will hold to one, and despise the other. Ye cannot serve God and mammon.

25. Therefore I say unto you, be not anxious for your life, what ye shall eat, or what ye shall drink; nor yet for your body, what ye shall put on. Is not the life more than the food, and the body than the raiment?

26. Behold the birds of the heaven, that they sow not, neither do they reap, nor gather into barns; and your heavenly Father feedeth them. Are not ye of much more value then they?

27. And which of you by being anxious can add one cubit unto the measure of his life?

28. And why are ye anxious concerning raiment? Consider the lilies of the field, how they grow; they toil not, neither do they spin:

29. yet I say unto you, that even Solomon in all his glory was not arrayed like one of these.

30. But if God doth so clothe the grass of the field, which to-day is, and to-morrow is cast into the oven, [shall he] not much more [clothe] you, O ye of little faith?

31. Be not therefore anxious, saying, What shall we eat? or, What shall we drink? or, Wherewithal shall we be clothed?

32. For after all these things do the Gentiles seek; for your heavenly Father knoweth that ye have need of all these things.

33. But seek ye first his kingdom, and his righteousness; and all these things shall be added unto you.

34. Be not therefore anxious for the morrow: for the morrow will be anxious for itself. Sufficient unto the day is the evil thereof.

23. ma se l'occhio tuo è viziato, tutto il tuo corpo sarà nelle tenebre. Se dunque la luce che è in te è tenebre, esse tenebre quanto grandi saranno!

24. Niuno può servire a due padroni; perché o odierà l'uno ed amerà l'altro, o si atterrà all'uno e sprezzerà l'altro. Voi non potete servire a Dio ed a Mammona.

25. Perciò vi dico: Non siate con ansietà solleciti per la vita vostra di quel che mangerete o di quel che berrete; né per il vostro corpo di che vi vestirete. Non è la vita più del nutrimento, e il corpo più del vestito?

26. Guardate gli uccelli del cielo: non seminano, non mietono, non raccolgono in granai, e il Padre vostro celeste li nutrisce. Non siete voi assai più di loro?

27. E chi di voi può con la sua sollecitudine aggiungere alla sua statura pure un cubito?

28. E intorno al vestire, perché siete con ansietà solleciti? Considerate come crescono i gigli della campagna; essi non faticano e non filano;

29. eppure io vi dico che nemmeno Salomone, con tutta la sua gloria, fu vestito come uno di loro.

30. Or se Iddio riveste in questa maniera l'erba de' campi che oggi è e domani è gettata nel forno, non vestirà Egli molto più voi, o gente di poca fede?

31. Non siate dunque con ansietà solleciti, dicendo: Che mangeremo? che berremo? o di che ci vestiremo?

32. Poiché sono i pagani che ricercano tutte queste cose; e il Padre vostro celeste sa che avete bisogno di tutte queste cose.

33. Ma cercate prima il regno e la giustizia di Dio, e tutte queste cose vi saranno sopraggiunte.

34. Non siate dunque con ansietà solleciti del domani; perché il domani sarà sollecito di se stesso. Basta a ciascun giorno il suo affanno.

# Matthew 7

1. Judge not, that ye be not judged.

2. For with what judgment ye judge, ye shall be judged: and with what measure ye mete, it shall be measured unto you.

3. And why beholdest thou the mote that is in thy brother's eye, but considerest not the beam that is in thine own eye?
4. Or how wilt thou say to thy brother, Let me cast out the mote out of thine eye; and lo, the beam is in thine own eye?

5. Thou hypocrite, cast out first the beam out of thine own eye; and then shalt thou see clearly to cast out the mote out of thy brother's eye.
6. Give not that which is holy unto the dogs, neither cast your pearls before the swine, lest haply they trample them under their feet, and turn and rend you.
7. Ask, and it shall be given you; seek, and ye shall find; knock, and it shall be opened unto you:
8. for every one that asketh receiveth; and he that seeketh findeth; and to him that knocketh it shall be opened.
9. Or what man is there of you, who, if his son shall ask him for a loaf, will give him a stone;
10. or if he shall ask for a fish, will give him a serpent?
11. If ye then, being evil, know how to give good gifts unto your children, how much more shall your Father who is in heaven give good things to them that ask him?
12. All things therefore whatsoever ye would that men should do unto you, even so do ye also unto them: for this is the law and the prophets.
13. Enter ye in by the narrow gate: for wide is the gate, and broad is the way, that leadeth to destruction, and many are they that enter in thereby.
14. For narrow is the gate, and straitened the way, that leadeth unto life, and few are they that find it.
15. Beware of false prophets, who come to you in sheep's clothing, but inwardly are ravening wolves.
16. By their fruits ye shall know them. Do [men] gather grapes of thorns, or figs of thistles?

# Matteo 7

1. Non giudicate acciocché non siate giudicati;
2. perché col giudicio col quale giudicate, sarete giudicati; e con la misura onde misurate, sarà misurato a voi.
3. E perché guardi tu il bruscolo che è nell'occhio del tuo fratello, mentre non iscorgi la trave che è nell'occhio tuo?
4. Ovvero, come potrai tu dire al tuo fratello: Lascia ch'io ti tragga dall'occhio il bruscolo, mentre ecco la trave è nell'occhio tuo?
5. Ipocrita, trai prima dall'occhio tuo la trave, e allora ci vedrai bene per trarre il bruscolo dall'occhio del tuo fratello.
6. Non date ciò ch'è santo ai cani e non gettate le vostre perle dinanzi ai porci, che talora non le pestino co' piedi e rivolti contro a voi non vi sbranino.
7. Chiedete e vi sarà dato; cercate e troverete; picchiate e vi sarà aperto;
8. perché chiunque chiede riceve; chi cerca trova, e sarà aperto a chi picchia.
9. E qual è l'uomo fra voi, il quale, se il figliuolo gli chiede un pane gli dia una pietra?
10. Oppure se gli chiede un pesce gli dia un serpente?
11. Se dunque voi che siete malvagi, sapete dar buoni doni ai vostri figliuoli, quanto più il Padre vostro che è ne' cieli darà egli cose buone a coloro che gliele domandano!
12. Tutte le cose dunque che voi volete che gli uomini vi facciano, fatele anche voi a loro; perché questa è la legge ed i profeti.
13. Entrate per la porta stretta, poiché larga è la porta e spaziosa la via che mena alla perdizione, e molti son quelli che entran per essa.
14. Stretta invece è la porta ed angusta la via che mena alla vita, e pochi son quelli che la trovano.
15. Guardatevi dai falsi profeti i quali vengono a voi in vesti da pecore, ma dentro son lupi rapaci.
16. Voi li riconoscerete dai loro frutti. Si colgon forse delle uve dalle spine, o dei fichi dai triboli?

17. Even so every good tree bringeth forth good fruit; but the corrupt tree bringeth forth evil fruit.

18. A good tree cannot bring forth evil fruit, neither can a corrupt tree bring forth good fruit.

19. Every tree that bringeth not forth good fruit is hewn down, and cast into the fire.

20. Therefore by their fruits ye shall know them.

21. Not every one that saith unto me, Lord, Lord, shall enter into the kingdom of heaven; but he that doeth the will of my Father who is in heaven.

22. Many will say to me in that day, Lord, Lord, did we not prophesy by thy name, and by thy name cast out demons, and by thy name do many mighty works?

23. And then will I profess unto them, I never knew you: depart from me, ye that work iniquity.

24. Every one therefore that heareth these words of mine, and doeth them, shall be likened unto a wise man, who built his house upon the rock:

25. and the rain descended, and the floods came, and the winds blew, and beat upon that house; and if fell not: for it was founded upon the rock.

26. And every one that heareth these words of mine, and doeth them not, shall be likened unto a foolish man, who built his house upon the sand:

27. and the rain descended, and the floods came, and the winds blew, and smote upon that house; and it fell: and great was the fall thereof.

28. And it came to pass, when Jesus had finished these words, the multitudes were astonished at his teaching;

29. for he taught them as [one] having authority, and not as their scribes.

17. Così, ogni albero buono fa frutti buoni; ma l'albero cattivo fa frutti cattivi.

18. Un albero buono non può far frutti cattivi, né un albero cattivo far frutti buoni.

19. Ogni albero che non fa buon frutto, è tagliato e gettato nel fuoco.

20. Voi li riconoscerete dunque dai loro frutti.

21. Non chiunque mi dice: Signore, Signore, entrerà nel regno dei cieli, ma chi fa la volontà del Padre mio che è ne' cieli.

22. Molti mi diranno in quel giorno: Signore, Signore, non abbiam noi profetizzato in nome tuo, e in nome tuo cacciato demoni, e fatte in nome tuo molte opere potenti?

23. E allora dichiarerò loro: Io non vi conobbi mai; dipartitevi da me, voi tutti operatori d'iniquità.

24. Perciò chiunque ode queste mie parole e le mette in pratica sarà paragonato ad un uomo avveduto che ha edificata la sua casa sopra la roccia.

25. E la pioggia è caduta, e son venuti i torrenti, e i venti hanno soffiato e hanno investito quella casa; ma ella non è caduta, perché era fondata sulla roccia.

26. E chiunque ode queste mie parole e non le mette in pratica sarà paragonato ad un uomo stolto che ha edificata la sua casa sulla rena.

27. E la pioggia è caduta, e son venuti i torrenti, e i venti hanno soffiato ed hanno fatto impeto contro quella casa; ed ella è caduta, e la sua ruina è stata grande.

28. Ed avvenne che quando Gesù ebbe finiti questi discorsi, le turbe stupivano del suo insegnamento,

29. perch'egli le ammaestrava come avendo autorità, e non come i loro scribi.

# Matthew 8       Matteo 8

1. And when he was come down from the mountain, great multitudes followed him.

2. And behold, there came to him a leper and worshipped him, saying, Lord, if thou wilt, thou canst make me clean.

1. Or quando egli fu sceso dal monte, molte turbe lo seguirono.

2. Ed ecco un lebbroso, accostatosi, gli si prostrò dinanzi dicendo: Signore, se vuoi, tu puoi mondarmi.

3. And he stretched forth his hand, and touched him, saying, I will; be thou made clean. And straightway his leprosy was cleansed.

4. And Jesus saith unto him, See thou tell no man; but go, show thyself to the priest, and offer the gift that Moses commanded, for a testimony unto them.

5. And when he was entered into Capernaum, there came unto him a centurion, beseeching him,

6. and saying, Lord, my servant lieth in the house sick of the palsy, grievously tormented.

7. And he saith unto him, I will come and heal him.

8. And the centurion answered and said, Lord, I am not worthy that thou shouldest come under my roof; but only say the word, and my servant shall be healed.

9. For I also am a man under authority, having under myself soldiers: and I say to this one, Go, and he goeth; and to another, Come, and he cometh; and to my servant, Do this, and he doeth it.

10. And when Jesus heard it, he marvelled, and said to them that followed, Verily I say unto you, I have not found so great faith, no, not in Israel.

11. And I say unto you, that many shall come from the east and the west, and shall sit down with Abraham, and Isaac, and Jacob, in the kingdom of heaven:

12. but the sons of the kingdom shall be cast forth into the outer darkness: there shall be the weeping and the gnashing of teeth.

13. And Jesus said unto the centurion, Go thy way; as thou hast believed, [so] be it done unto thee. And the servant was healed in that hour.

14. And when Jesus was come into Peter's house, he saw his wife's mother lying sick of a fever.

15. And he touched her hand, and the fever left her; and she arose, and ministered unto him.

16. And when even was come, they brought unto him many possessed with demons: and he cast out the spirits with a word, and healed all that were sick:

3. E Gesù, stesa la mano, lo toccò dicendo: Lo voglio, sii mondato. E in quell'istante egli fu mondato dalla sua lebbra.

4. E Gesù gli disse: Guarda di non dirlo a nessuno: ma va', mostrati al sacerdote e fa' l'offerta che Mosè ha prescritto; e ciò serva loro di testimonianza.

5. Or quand'egli fu entrato in Capernaum, un centurione venne a lui pregandolo e dicendo:

6. Signore, il mio servitore giace in casa paralitico, gravemente tormentato.

7. Gesù gli disse: Io verrò e lo guarirò. Ma il centurione, rispondendo disse:

8. Signore, io non son degno che tu entri sotto al mio tetto ma di' soltanto una parola e il mio servitore sarà guarito.

9. Poiché anch'io son uomo sottoposto ad altri ed ho sotto di me dei soldati; e dico a uno: Va', ed egli va; e ad un altro: Vieni, ed egli viene; e al mio servo: Fa' questo, ed egli lo fa.

10. E Gesù, udito questo, ne restò maravigliato, e disse a quelli che lo seguivano: Io vi dico in verità che in nessuno, in Israele, ho trovato cotanta fede.

11. Or io vi dico che molti verranno di Levante e di Ponente e sederanno a tavola con Abramo e Isacco e Giacobbe, nel regno dei cieli;

12. ma i figliuoli del regno saranno gettati nelle tenebre di fuori. Quivi sarà il pianto e lo stridor dei denti.

13. E Gesù disse al centurione: Va': e come hai creduto, siati fatto. E il servitore fu guarito in quell'ora stessa.

14. Poi Gesù, entrato nella casa di Pietro, vide la suocera di lui che giaceva in letto con la febbre; ed egli le toccò la mano e la febbre la lasciò.

15. Ella si alzò e si mise a servirlo.

16. Poi, venuta la sera, gli presentarono molti indemoniati; ed egli, con la parola, scacciò gli spiriti e guarì tutti i malati,

17. that it might be fulfilled which was spoken through Isaiah the prophet, saying: Himself took our infirmities, and bare our diseases.

18. Now when Jesus saw great multitudes about him, he gave commandments to depart unto the other side.

19. And there came a scribe, and said unto him, Teacher, I will follow thee whithersoever thou goest.

20. And Jesus saith unto him, The foxes have holes, and the birds of the heaven [have] nests; but the Son of man hath not where to lay his head.

21. And another of the disciples said unto him, Lord, suffer me first to go and bury my father.

22. But Jesus saith unto him, Follow me; and leave the dead to bury their own dead.

23. And when he was entered into a boat, his disciples followed him.

24. And behold, there arose a great tempest in the sea, insomuch that the boat was covered with the waves: but he was asleep.

25. And they came to him, and awoke him, saying, Save, Lord; we perish.

26. And he saith unto them, Why are ye fearful, O ye of little faith? Then he arose, and rebuked the winds and the sea; and there was a great calm.

27. And the men marvelled, saying, What manner of man is this, that even the winds and the sea obey him?

28. And when he was come to the other side into the country of the Gadarenes, there met him two possessed with demons, coming forth out of the tombs, exceeding fierce, so that no man could pass by that way.

29. And behold, they cried out, saying, What have we to do with thee, thou Son of God? art thou come hither to torment us before the time?

30. Now there was afar off from them a herd of many swine feeding.

31. And the demons besought him, saying, If thou cast us out, send us away into the herd of swine.

17. affinché si adempisse quel che fu detto per bocca del profeta Isaia: Egli stesso ha preso le nostre infermità, ed ha portato le nostre malattie.

18. Or Gesù, vedendo una gran folla intorno a sé, comandò che si passasse all'altra riva.

19. Allora uno scriba, accostatosi, gli disse: Maestro, io ti seguirò dovunque tu vada.

20. E Gesù gli disse: Le volpi hanno delle tane e gli uccelli del cielo dei nidi, ma il Figliuol dell'uomo non ha dove posare il capo.

21. E un altro dei discepoli gli disse: Signore, permettimi d'andare prima a seppellir mio padre.

22. Ma Gesù gli disse: Seguitami, e lascia i morti seppellite i loro morti.

23. Ed essendo egli entrato nella barca, i suoi discepoli lo seguirono.

24. Ed ecco farsi in mare una così gran burrasca, che la barca era coperta dalle onde; ma Gesù dormiva.

25. E i suoi discepoli, accostatisi, lo svegliarono dicendo: Signore, salvaci, siam perduti.

26. Ed egli disse loro: Perché avete paura, o gente di poca fede? Allora, levatosi, sgridò i venti ed il mare, e si fece gran bonaccia.

27. E quegli uomini ne restaron maravigliati e dicevano: Che uomo è mai questo che anche i venti e il mare gli ubbidiscono?

28. E quando fu giunto all'altra riva, nel paese de' Gadareni, gli si fecero incontro due indemoniati, usciti dai sepolcri, così furiosi, che niuno potea passar per quella via.

29. Ed ecco si misero a gridare: Che v'è fra noi e te, Figliuol di Dio? Sei tu venuto qua prima del tempo per tormentarci?

30. Or lungi da loro v'era un gran branco di porci che pasceva.

31. E i demoni lo pregavano dicendo: Se tu ci scacci, mandaci in quel branco di porci.

32. And he said unto them, Go. And they came out, and went into the swine: and behold, the whole herd rushed down the steep into the sea, and perished in the waters.

33. And they that fed them fled, and went away into the city, and told everything, and what was befallen to them that were possessed with demons.

34. And behold, all the city came out to meet Jesus: and when they saw him, they besought [him] that he would depart from their borders.

32. Ed egli disse loro: Andate. Ed essi, usciti, se ne andarono nei porci; ed ecco tutto il branco si gettò a precipizio giù nel mare, e perirono nelle acque.

33. E quelli che li pasturavano fuggirono; e andati nella città raccontarono ogni cosa e il fatto degl'indemoniati.

34. Ed ecco tutta la città uscì incontro a Gesù; e, come lo videro lo pregarono che si partisse dai loro confini.

# Matthew 9

# Matteo 9

1. And he entered into a boat, and crossed over, and came into his own city.

2. And behold, they brought to him a man sick of the palsy, lying on a bed: and Jesus seeing their faith said unto the sick of the palsy, Son, be of good cheer; thy sins are forgiven.

3. And behold, certain of the scribes said within themselves, This man blasphemeth.

4. And Jesus knowing their thoughts said, Wherefore think ye evil in your hearts?

5. For which is easier, to say, Thy sins are forgiven; or to say, Arise, and walk?

6. But that ye may know that the Son of man hath authority on earth to forgive sins (then saith he to the sick of the palsy), Arise, and take up thy bed, and go up unto thy house.

7. And he arose, and departed to his house.

8. But when the multitudes saw it, they were afraid, and glorified God, who had given such authority unto men.

9. And as Jesus passed by from thence, he saw a man, called Matthew, sitting at the place of toll: and he saith unto him, Follow me. And he arose, and followed him.

10. And it came to pass, as he sat at meat in the house, behold, many publicans and sinners came and sat down with Jesus and his disciples.

11. And when the Pharisees saw it, they said unto his disciples, Why eateth your Teacher with the publicans and sinners?

1. E Gesù, entrato in una barca, passò all'altra riva e venne nella sua città.

2. Ed ecco gli portarono un paralitico steso sopra un letto. E Gesù, veduta la fede loro, disse al paralitico: Figliuolo, sta' di buon animo, i tuoi peccati ti sono rimessi.

3. Ed ecco alcuni degli scribi dissero dentro di sé: Costui bestemmia.

4. E Gesù, conosciuti i loro pensieri, disse: Perché pensate voi cose malvage ne' vostri cuori?

5. Poiché, che cos'è più facile, dire: I tuoi peccati ti sono rimessi, o dire: Lèvati e cammina?

6. Or affinché sappiate che il Figliuol dell'uomo ha sulla terra autorità di rimettere i peccati: Lèvati (disse al paralitico), prendi il tuo letto e vattene a casa.

7. Ed egli, levatosi, se ne andò a casa sua.

8. E le turbe, veduto ciò, furon prese da timore, e glorificarono Iddio che avea data cotale autorità agli uomini.

9. Poi Gesù, partitosi di là, passando, vide un uomo, chiamato Matteo, che sedeva al banco della gabella; e gli disse: Seguimi. Ed egli, levatosi, lo seguì.

10. Ed avvenne che, essendo Gesù a tavola in casa di Matteo, ecco, molti pubblicani e peccatori vennero e si misero a tavola con Gesù e co' suoi discepoli.

11. E i Farisei, veduto ciò, dicevano ai suoi discepoli: Perché il vostro maestro mangia coi pubblicani e coi peccatori?

12. But when he heard it, he said, They that are whole have no need of a physician, but they that are sick.

13. But go ye and learn what [this] meaneth, I desire mercy, and not sacrifice, for I came not to call the righteous, but sinners.

14. Then come to him the disciples of John, saying, Why do we and the Pharisees fast oft, but thy disciples fast not?

15. And Jesus said unto them, Can the sons of the bridechamber mourn, as long as the bridegroom is with them? but the days will come, when the bridegroom shall be taken away from them, and then will they fast.

16. And no man putteth a piece of undressed cloth upon an old garment; for that which should fill it up taketh from the garment, and a worse rent is made.

17. Neither do [men] put new wine into old wine-skins: else the skins burst, and the wine is spilled, and the skins perish: but they put new wine into fresh wine-skins, and both are preserved.

18. While he spake these things unto them, behold, there came a ruler, and worshipped him, saying, My daughter is even now dead: but come and lay thy hand upon her, and she shall live.

19. And Jesus arose, and followed him, and [so did] his disciples.

20. And behold, a woman, who had an issue of blood twelve years, came behind him, and touched the border of his garment:

21. for she said within herself, If I do but touch his garment, I shall be made whole.

22. But Jesus turning and seeing her said, Daughter, be of good cheer; thy faith hath made thee whole. And the woman was made whole from that hour.

23. And when Jesus came into the ruler's house, and saw the flute-players, and the crowd making a tumult,

24. he said, Give place: for the damsel is not dead, but sleepeth. And they laughed him to scorn.

25. But when the crowd was put forth, he entered in, and took her by the hand; and the damsel arose.

12. Ma Gesù, avendoli uditi, disse: Non sono i sani che hanno bisogno del medico, ma i malati.

13. Or andate e imparate che cosa significhi: Voglio misericordia, e non sacrifizio; poiché io non son venuto a chiamar de' giusti, ma dei peccatori.

14. Allora gli s'accostarono i discepoli di Giovanni e gli dissero: Perché noi ed i Farisei digiuniamo, e i tuoi discepoli non digiunano?

15. E Gesù disse loro: Gli amici dello sposo possono essi far cordoglio, finché lo sposo è con loro? Ma verranno i giorni che lo sposo sarà loro tolto, ed allora digiuneranno.

16. Or niuno mette un pezzo di stoffa nuova sopra un vestito vecchio; perché quella toppa porta via qualcosa dal vestito, e lo strappo si fa peggiore.

17. Neppur si mette del vin nuovo in otri vecchi; altrimenti gli otri si rompono, il vino si spande e gli otri si perdono; ma si mette il vin nuovo in otri nuovi, e l'uno e gli altri si conservano.

18. Mentr'egli diceva loro queste cose, ecco uno dei capi della sinagoga, accostatosi, s'inchinò dinanzi a lui e gli disse: La mia figliuola è pur ora trapassata; ma vieni, metti la mano su lei ed ella vivrà.

19. E Gesù, alzatosi, lo seguiva co' suoi discepoli.

20. Ed ecco una donna, malata d'un flusso di sangue da dodici anni, accostatasi per di dietro, gli toccò il lembo della veste.

21. Perché, diceva fra sé: Sol ch'io tocchi la sua veste, sarò guarita.

22. E Gesù, voltatosi e vedutala, disse: Sta' di buon animo, figliuola; la tua fede t'ha guarita. E da quell'ora la donna fu guarita.

23. E quando Gesù fu giunto alla casa del capo della sinagoga, ed ebbe veduto i sonatori di flauto e la moltitudine che facea grande strepito, disse loro: Ritiratevi;

24. perché la fanciulla non è morta, ma dorme. E si ridevano di lui.

25. Ma quando la moltitudine fu messa fuori, egli entrò, e prese la fanciulla per la mano, ed ella si alzò.

26. And the fame hereof went forth into all that land.

27. And as Jesus passed by from thence, two blind men followed him, crying out, and saying, Have mercy on us, thou son of David.

28. And when he was come into the house, the blind men came to him: and Jesus saith unto them, Believe ye that I am able to do this? They say unto him, Yea, Lord.

29. Then touched he their eyes, saying, According to your faith be it done unto you.

30. And their eyes were opened. And Jesus strictly charged them, saying, See that no man know it.

31. But they went forth, and spread abroad his fame in all that land.

32. And as they went forth, behold, there was brought to him a dumb man possessed with a demon.

33. And when the demon was cast out, the dumb man spake: and the multitudes marvelled, saying, It was never so seen in Israel.

34. But the Pharisees said, By the prince of the demons casteth he out demons.

35. And Jesus went about all the cities and the villages, teaching in their synagogues, and preaching the gospel of the kingdom, and healing all manner of disease and all manner of sickness.

36. But when he saw the multitudes, he was moved with compassion for them, because they were distressed and scattered, as sheep not having a shepherd.

37. Then saith he unto his disciples, The harvest indeed is plenteous, but the laborers are few.

38. Pray ye therefore the Lord of the harvest, that he send forth laborers into his harvest.

26. E se ne divulgò la fama per tutto quel paese.

27. Come Gesù partiva di là, due ciechi lo seguirono, gridando e dicendo: Abbi pietà di noi, o Figliuol di Davide!

28. E quand'egli fu entrato nella casa, que' ciechi si accostarono a lui. E Gesù disse loro: Credete voi ch'io possa far questo? Essi gli risposero: Sì, o Signore.

29. Allora toccò loro gli occhi, dicendo: Siavi fatto secondo la vostra fede.

30. E gli occhi loro furono aperti. E Gesù fece loro un severo divieto, dicendo: Guardate che niuno lo sappia.

31. Ma quelli, usciti fuori, sparsero la fama di lui per tutto quel paese.

32. Or come quei ciechi uscivano, ecco che gli fu presentato un uomo muto indemoniato.

33. E cacciato che fu il demonio, il muto parlò. E le turbe si maravigliarono dicendo: Mai non s'è vista cosa tale in Israele.

34. Ma i Farisei dicevano: Egli caccia i demoni per l'aiuto del principe dei demoni.

35. E Gesù andava attorno per tutte le città e per i villaggi, insegnando nelle loro sinagoghe e predicando l'evangelo del Regno, e sanando ogni malattia ed ogni infermità.

36. E vedendo le turbe, n'ebbe compassione, perch'erano stanche e sfinite, come pecore che non hanno pastore.

37. Allora egli disse ai suoi discepoli: Ben è la mèsse grande, ma pochi son gli operai.

38. Pregate dunque il Signor della mèsse che spinga degli operai nella sua mèsse.

# Matthew 10

1. And he called unto him his twelve disciples, and gave them authority over unclean spirits, to cast them out, and to heal all manner of disease and all manner of sickness.

2. Now the names of the twelve apostles are these: The first, Simon, who is called Peter, and Andrew his brother; James the [son] of Zebedee, and John his brother;

3. Philip, and Bartholomew; Thomas, and Matthew the publican; James the [son] of Alphaeus, and Thaddaeus;

4. Simon the Cananaean, and Judas Iscariot, who also betrayed him.

5. These twelve Jesus sent forth, and charged them, saying, Go not into [any] way of the Gentiles, and enter not into any city of the Samaritans:

6. but go rather to the lost sheep of the house of Israel.

7. And as ye go, preach, saying, The kingdom of heaven is at hand.

8. Heal the sick, raise the dead, cleanse the lepers, cast out demons: freely ye received, freely give.

9. Get you no gold, nor silver, nor brass in your purses;

10. no wallet for [your] journey, neither two coats, nor shoes, nor staff: for the laborer is worthy of his food.

11. And into whatsoever city or village ye shall enter, search out who in it is worthy; and there abide till ye go forth.

12. And as ye enter into the house, salute it.

13. And if the house be worthy, let your peace come upon it: but if it be not worthy, let your peace return to you.

14. And whosoever shall not receive you, nor hear your words, as ye go forth out of that house or that city, shake off the dust of your feet.

15. Verily I say unto you, It shall be more tolerable for the land of Sodom and Gomorrah in the day of judgment, than for that city.

16. Behold, I send you forth as sheep in the midst of wolves: be ye therefore wise as serpents, and harmless as doves.

# Matteo 10

1. Poi, chiamati a sé i suoi dodici discepoli, diede loro potestà di cacciare gli spiriti immondi, e di sanare qualunque malattia e qualunque infermità.

2. Or i nomi de' dodici apostoli son questi: Il primo Simone detto Pietro, e Andrea suo fratello; Giacomo di Zebedeo e Giovanni suo fratello;

3. Filippo e Bartolomeo; Toma e Matteo il pubblicano; Giacomo d'Alfeo e Taddeo;

4. Simone il Cananeo e Giuda l'Iscariota, quello stesso che poi lo tradì.

5. Questi dodici mandò Gesù, dando loro queste istruzioni: Non andate fra i Gentili, e non entrate in alcuna città de' Samaritani,

6. ma andate piuttosto alle pecore perdute della casa d'Israele.

7. E andando, predicate e dite: Il regno de' cieli è vicino.

8. Sanate gl'infermi, risuscitate i morti, mondate i lebbrosi, cacciate i demoni; gratuitamente avete ricevuto, gratuitamente date.

9. Non fate provvisione né d'oro, né d'argento, né di rame nelle vostre cinture,

10. né di sacca da viaggio, né di due tuniche, né di calzari, né di bastone, perché l'operaio è degno del suo nutrimento.

11. Or in qualunque città o villaggio sarete entrati, informatevi chi sia ivi degno, e dimorate da lui finché partiate.

12. E quando entrerete nella casa, salutatela.

13. E se quella casa n'è degna, venga la pace vostra su lei: se poi non ne è degna la vostra pace torni a voi.

14. E se alcuno non vi riceve né ascolta le vostre parole, uscendo da quella casa o da quella città, scotete la polvere da' vostri piedi.

15. In verità io vi dico che il paese di Sodoma e di Gomorra, nel giorno del giudizio, sarà trattato con meno rigore di quella città.

16. Ecco, io vi mando come pecore in mezzo ai lupi; siate dunque prudenti come i serpenti e semplici come le colombe.

17. But beware of men: for they will deliver you up to councils, and in theirs synagogues they will scourge you;

18. yea and before governors and kings shall ye be brought for my sake, for a testimony to them and to the Gentiles.

19. But when they deliver you up, be not anxious how or what ye shall speak: for it shall be given you in that hour what ye shall speak.

20. For it is not ye that speak, but the Spirit of your Father that speaketh in you.

21. And brother shall deliver up brother to death, and the father his child: and children shall rise up against parents, and cause them to be put to death.

22. And ye shall be hated of all men for my name's sake: but he that endureth to the end, the same shall be saved.

23. But when they persecute you in this city, flee into the next: for verily I say unto you, Ye shall not have gone through the cities of Israel, till the Son of man be come.

24. A disciple is not above his teacher, nor a servant above his lord.

25. It is enough for the disciple that he be as his teacher, and the servant as his lord. If they have called the master of the house Beelzebub, how much more them of his household!

26. Fear them not therefore: for there is nothing covered, that shall not be revealed; and hid, that shall not be known.

27. What I tell you in the darkness, speak ye in the light; and what ye hear in the ear, proclaim upon the house-tops.

28. And be not afraid of them that kill the body, but are not able to kill the soul: but rather fear him who is able to destroy both soul and body in hell.

29. Are not two sparrows sold for a penny? and not one of them shall fall on the ground without your Father:

30. but the very hairs of your head are all numbered.

31. Fear not therefore: ye are of more value than many sparrows.

32. Every one therefore who shall confess me before men, him will I also confess before my Father who is in heaven.

17. E guardatevi dagli uomini; perché vi metteranno in man de' tribunali e vi flagelleranno nelle loro sinagoghe;

18. e sarete menati davanti a governatori e re per cagion mia, per servir di testimonianza dinanzi a loro ed ai Gentili.

19. Ma quando vi metteranno nelle loro mani, non siate in ansietà del come parlerete o di quel che avrete a dire; perché in quell'ora stessa vi sarà dato ciò che avrete a dire.

20. Poiché non siete voi che parlate, ma è lo Spirito del Padre vostro che parla in voi.

21. Or il fratello darà il fratello a morte, e il padre il figliuolo; e i figliuoli si leveranno contro i genitori e li faranno morire.

22. E sarete odiati da tutti a cagion del mio nome; ma chi avrà perseverato sino alla fine sarà salvato.

23. E quando vi perseguiteranno in una città, fuggite in un'altra; perché io vi dico in verità che non avrete finito di percorrere le città d'Israele, prima che il Figliuol dell'uomo sia venuto.

24. Un discepolo non è da più del maestro, né un servo da più del suo signore.

25. Basti al discepolo di essere come il suo maestro, e al servo d'essere come il suo signore. Se hanno chiamato Beelzebub il padrone, quanto più chiameranno così quei di casa sua!

26. Non li temete dunque; poiché non v'è niente di nascosto che non abbia ad essere scoperto, né di occulto che non abbia a venire a notizia.

27. Quello ch'io vi dico nelle tenebre, ditelo voi nella luce; e quel che udite dettovi all'orecchio, predicatelo sui tetti.

28. E non temete coloro che uccidono il corpo, ma non possono uccider l'anima; temete piuttosto colui che può far perire e l'anima e il corpo nella geenna.

29. Due passeri non si vendon essi per un soldo? Eppure non ne cade uno solo in terra senza il volere del Padre vostro.

30. Ma quant'è a voi, perfino i capelli del vostro capo son tutti contati.

31. Non temete dunque; voi siete da più di molti passeri.

32. Chiunque dunque mi riconoscerà davanti agli uomini, anch'io riconoscerò lui davanti al Padre mio che è ne' cieli.

33. But whosoever shall deny me before men, him will I also deny before my Father who is in heaven.

34. Think not that I came to send peace on the earth: I came not to send peace, but a sword.

35. For I came to set a man at variance against his father, and the daughter against her mother, and the daughter in law against her mother in law:

36. and a man's foes [shall be] they of his own household.

37. He that loveth father or mother more than me is not worthy of me; and he that loveth son or daughter more than me is not worthy of me.

38. And he that doth not take his cross and follow after me, is not worthy of me.

39. He that findeth his life shall lose it; and he that loseth his life for my sake shall find it.

40. He that receiveth you receiveth me, and he that receiveth me receiveth him that sent me.

41. He that receiveth a prophet in the name of a prophet shall receive a prophet's reward: and he that receiveth a righteous man in the name of a righteous man shall receive a righteous man's reward.

42. And whosoever shall give to drink unto one of these little ones a cup of cold water only, in the name of a disciple, verily I say unto you he shall in no wise lose his reward.

33. Ma chiunque mi rinnegherà davanti agli uomini, anch'io rinnegherò lui davanti al Padre mio che è nei cieli.

34. Non pensate ch'io sia venuto a metter pace sulla terra; non son venuto a metter pace, ma spada.

35. Perché son venuto a dividere il figlio da suo padre, e la figlia da sua madre, e la nuora dalla suocera;

36. e i nemici dell'uomo saranno quelli stessi di casa sua.

37. Chi ama padre o madre più di me, non è degno di me; e chi ama figliuolo o figliuola più di me, non è degno di me;

38. e chi non prende la sua croce e non vien dietro a me, non è degno di me.

39. Chi avrà trovato la vita sua la perderà; e chi avrà perduto la sua vita per cagion mia, la troverà.

40. Chi riceve voi riceve me; e chi riceve me, riceve colui che mi ha mandato.

41. Chi riceve un profeta come profeta, riceverà premio di profeta; e chi riceve un giusto come giusto, riceverà premio di giusto.

42. E chi avrà dato da bere soltanto un bicchier d'acqua fresca ad uno di questi piccoli, perché è un mio discepolo, io vi dico in verità che non perderà punto il suo premio.

# Matthew 11

# Matteo 11

1. And it came to pass when Jesus had finished commanding his twelve disciples, he departed thence to teach and preach in their cities.

2. Now when John heard in the prison the works of the Christ, he sent by his disciples

3. and said unto him, Art thou he that cometh, or look we for another?

4. And Jesus answered and said unto them, Go and tell John the things which ye hear and see:

1. Ed avvenne che quando ebbe finito di dar le sue istruzioni ai suoi dodici discepoli, Gesù si partì di là per insegnare e predicare nelle loro città.

2. Or Giovanni, avendo nella prigione udito parlare delle opere del Cristo, mandò a dirgli per mezzo de' suoi discepoli:

3. Sei tu colui che ha da venire, o ne aspetteremo noi un altro?

4. E Gesù rispondendo disse loro: Andate a riferire a Giovanni quello che udite e vedete:

5. the blind receive their sight, and the lame walk, the lepers are cleansed, and the deaf hear, and the dead are raised up, and the poor have good tidings preached to them.

6. And blessed is he, whosoever shall find no occasion of stumbling in me.

7. And as these went their way, Jesus began to say unto the multitudes concerning John, What went ye out into the wilderness to behold? a reed shaken with the wind?

8. But what went ye out to see? a man clothed in soft [raiment]? Behold, they that wear soft [raiment] are in king's houses.

9. But wherefore went ye out? to see a prophet? Yea, I say unto you, and much more than a prophet.

10. This is he, of whom it is written, Behold, I send my messenger before thy face, Who shall prepare thy way before thee.

11. Verily I say unto you, Among them that are born of women there hath not arisen a greater than John the Baptist: yet he that is but little in the kingdom of heaven is greater than he.

12. And from the days of John the Baptist until now the kingdom of heaven suffereth violence, and men of violence take it by force.

13. For all the prophets and the law prophesied until John.

14. And if ye are willing to receive [it,] this is Elijah, that is to come.

15. He that hath ears to hear, let him hear.

16. But whereunto shall I liken this generation? It is like unto children sitting in the marketplaces, who call unto their fellows

17. and say, We piped unto you, and ye did not dance; we wailed, and ye did not mourn.

18. For John came neither eating nor drinking, and they say, He hath a demon.

19. The Son of man came eating and drinking, and they say, Behold, a gluttonous man and a winebibber, a friend of publicans and sinners! And wisdom is justified by her works.

5. i ciechi ricuperano la vista e gli zoppi camminano; i lebbrosi sono mondati e i sordi odono; i morti risuscitano, e l'Evangelo è annunziato ai poveri.

6. E beato colui che non si sarà scandalizzato di me!

7. Or com'essi se ne andavano, Gesù prese a dire alle turbe intorno a Giovanni: Che andaste a vedere nel deserto? Una canna dimenata dal vento? Ma che andaste a vedere?

8. Un uomo avvolto in morbide vesti? Ecco, quelli che portano delle vesti morbide stanno nelle dimore dei re.

9. Ma perché andaste? Per vedere un profeta? Sì, vi dico e uno più che profeta.

10. Egli è colui del quale è scritto: Ecco, io mando il mio messaggero davanti al tuo cospetto, che preparerà la via dinanzi a te.

11. In verità io vi dico, che fra i nati di donna non è sorto alcuno maggiore di Giovanni Battista; però, il minimo nel regno dei cieli è maggiore di lui.

12. Or dai giorni di Giovanni Battista fino ad ora, il regno de' cieli è preso a forza ed i violenti se ne impadroniscono.

13. Poiché tutti i profeti e la legge hanno profetato fino a Giovanni.

14. E se lo volete accettare, egli è l'Elia che dovea venire. Chi ha orecchi oda.

15. Ma a chi assomiglierò io questa generazione?

16. Ella è simile ai fanciulli seduti nelle piazze che gridano ai loro compagni e dicono:

17. Vi abbiam sonato il flauto, e voi non avete ballato; abbiam cantato de' lamenti, e voi non avete fatto cordoglio.

18. Difatti è venuto Giovanni non mangiando né bevendo, e dicono: Ha un demonio!

19. E' venuto il Figliuol dell'uomo mangiando e bevendo, e dicono: Ecco un mangiatore ed un beone, un amico dei pubblicani e de' peccatori! Ma la sapienza è stata giustificata dalle opere sue.

20. Then began he to upbraid the cities wherein most of his mighty works were done, because they repented not.

21. Woe unto thee, Chorazin! woe unto thee, Bethsaida! for if the mighty works had been done in Tyre and Sidon which were done in you, they would have repented long ago in sackcloth and ashes.
22. But I say unto you, it shall be more tolerable for Tyre and Sidon in the day of judgment than for you.
23. And thou, Capernaum, shalt thou be exalted unto heaven? thou shalt go down unto Hades: for if the mighty works had been done in Sodom which were done in thee, it would have remained until this day.
24. But I say unto you that it shall be more tolerable for the land of Sodom in the day of judgment, than for thee.
25. At that season Jesus answered and said, I thank thee, O Father, Lord of heaven and earth, that thou didst hide these things from the wise and understanding, and didst reveal them unto babes:
26. yea, Father, for so it was well-pleasing in thy sight.
27. All things have been delivered unto me of my Father: and no one knoweth the Son, save the Father; neither doth any know the Father, save the Son, and he to whomsoever the Son willeth to reveal [him.]
28. Come unto me, all ye that labor and are heavy laden, and I will give you rest.

29. Take my yoke upon you, and learn of me; for I am meek and lowly in heart: and ye shall find rest unto your souls.

30. For my yoke is easy, and my burden is light.

# Matthew 12

1. At that season Jesus went on the sabbath day through the grainfields; and his disciples were hungry and began to pluck ears and to eat.
2. But the Pharisees, when they saw it, said unto him, Behold, thy disciples do that which it is not lawful to do upon the sabbath.

20. Allora egli prese a rimproverare le città nelle quali era stata fatta la maggior parte delle sue opere potenti, perché non si erano ravvedute.
21. Guai a te, Corazin! Guai a te, Betsaida! Perché se in Tiro e Sidone fossero state fatte le opere potenti compiute fra voi, già da gran tempo si sarebbero pentite, con cilicio e cenere.
22. E però vi dichiaro che nel giorno del giudizio la sorte di Tiro e di Sidone sarà più tollerabile della vostra.
23. E tu, o Capernaum, sarai tu forse innalzata fino al cielo? No, tu scenderai fino nell'Ades. Perché se in Sodoma fossero state fatte le opere potenti compiute in te, ella sarebbe durata fino ad oggi.
24. E però, io lo dichiaro, nel giorno del giudizio la sorte del paese di Sodoma sarà più tollerabile della tua.
25. In quel tempo Gesù prese a dire: Io ti rendo lode, o Padre, Signor del cielo e della terra, perché hai nascoste queste cose ai savi e agli intelligenti, e le hai rivelate ai piccoli fanciulli.

26. Sì, Padre, perché così t'è piaciuto.

27. Ogni cosa m'è stata data in mano dal Padre mio; e niuno conosce appieno il Figliuolo, se non il Padre, e niuno conosce appieno il Padre, se non il Figliuolo e colui al quale il Figliuolo avrà voluto rivelarlo.
28. Venite a me, voi tutti che siete travagliati ed aggravati, e io vi darò riposo.
29. Prendete su voi il mio giogo ed imparate da me, perch'io son mansueto ed umile di cuore; e voi troverete riposo alle anime vostre;
30. poiché il mio giogo è dolce e il mio carico è leggero.

# Matteo 12

1. In quel tempo Gesù passò in giorno di sabato per i seminati; e i suoi discepoli ebbero fame e presero a svellere delle spighe ed a mangiare.
2. E i Farisei, veduto ciò, gli dissero: Ecco, i tuoi discepoli fanno quel che non è lecito di fare in giorno di sabato.

3. But he said unto them, Have ye not read what David did, when he was hungry, and they that were with him;

4. how he entered into the house of God, and ate the showbread, which it was not lawful for him to eat, neither for them that were with him, but only for the priests?

5. Or have ye not read in the law, that on the sabbath day the priests in the temple profane the sabbath, and are guiltless?

6. But I say unto you, that one greater than the temple is here.

7. But if ye had known what this meaneth, I desire mercy, and not sacrifice, ye would not have condemned the guiltless.

8. For the Son of man is lord of the sabbath.

9. And he departed thence, and went into their synagogue:

10. and behold, a man having a withered hand. And they asked him, saying, Is it lawful to heal on the sabbath day? that they might accuse him.

11. And he said unto them, What man shall there be of you, that shall have one sheep, and if this fall into a pit on the sabbath day, will he not lay hold on it, and lift it out?

12. How much then is a man of more value than a sheep! Wherefore it is lawful to do good on the sabbath day.

13. Then saith he to the man, Stretch forth thy hand. And he stretched it forth; and it was restored whole, as the other.

14. But the Pharisees went out, and took counsel against him, how they might destroy him.

15. And Jesus perceiving [it] withdrew from thence: and many followed him; and he healed them all,

16. and charged them that they should not make him known:

17. that it might be fulfilled which was spoken through Isaiah the prophet, saying,

18. Behold, my servant whom I have chosen; My beloved in whom my soul is well pleased: I will put my Spirit upon him, And he shall declare judgment to the Gentiles.

3. Ma egli disse loro: Non avete voi letto quel che fece Davide, quando ebbe fame, egli e coloro ch'eran con lui?

4. Come egli entrò nella casa di Dio, e come mangiarono i pani di presentazione i quali non era lecito di mangiare né a lui, né a quelli ch'eran con lui, ma ai soli sacerdoti?

5. Ovvero, non avete voi letto nella legge che nei giorni di sabato, i sacerdoti nel tempio violano il sabato e non ne son colpevoli?

6. Or io vi dico che v'è qui qualcosa di più grande del tempio.

7. E se sapeste che cosa significhi: Voglio misericordia e non sacrifizio, voi non avreste condannato gl'innocenti;

8. perché il Figliuol dell'uomo è signore del sabato.

9. E, partitosi di là, venne nella loro sinagoga.

10. Ed ecco un uomo che avea una mano secca. Ed essi, affin di poterlo accusare, fecero a Gesù questa domanda: E' egli lecito far delle guarigioni in giorno di sabato?

11. Ed egli disse loro: Chi è colui fra voi che, avendo una pecora, s'ella cade in giorno di sabato in una fossa non la prenda e la tragga fuori?

12. Or quant'è un uomo da più d'una pecora! E' dunque lecito di far del bene in giorno di sabato.

13. Allora disse a quell'uomo: Stendi la tua mano. E colui la stese, ed ella tornò sana come l'altra.

14. Ma i Farisei, usciti, tennero consiglio contro di lui, col fine di farlo morire.

15. Ma Gesù, saputolo, si partì di là; e molti lo seguirono, ed egli li guari tutti;

16. e ordinò loro severamente di non farlo conoscere,

17. affinché si adempisse quanto era stato detto per bocca del profeta Isaia:

18. Ecco il mio Servitore che ho scelto; il mio diletto, in cui l'anima mia si è compiaciuta. Io metterò lo Spirito mio sopra lui, ed egli annunzierà giudicio alle genti.

19. He shall not strive, nor cry aloud; Neither shall any one hear his voice in the streets.

20. A bruised reed shall he not break, And smoking flax shall he not quench, Till he send forth judgment unto victory.

21. And in his name shall the Gentiles hope.

22. Then was brought unto him one possessed with a demon, blind and dumb: and he healed him, insomuch that the dumb man spake and saw.

23. And all the multitudes were amazed, and said, Can this be the son of David?

24. But when the Pharisees heard it, they said, This man doth not cast out demons, but by Beelzebub the prince of the demons.

25. And knowing their thoughts he said unto them, Every kingdom divided against itself is brought to desolation; and every city or house divided against itself shall not stand:

26. and if Satan casteth out Satan, he is divided against himself; how then shall his kingdom stand?

27. And if I by Beelzebub cast out demons, by whom do your sons cast them out? therefore shall they be your judges.

28. But if I by the Spirit of God cast out demons, then is the kingdom of God come upon you.

29. Or how can one enter into the house of the strong [man,] and spoil his goods, except he first bind the strong [man]? and then he will spoil his house.

30. He that is not with me is against me, and he that gathereth not with me scattereth.

31. Therefore I say unto you, Every sin and blasphemy shall be forgiven unto men; but the blasphemy against the Spirit shall not be forgiven.

32. And whosoever shall speak a word against the Son of man, it shall be forgiven him; but whosoever shall speak against the Holy Spirit, it shall not be forgiven him, neither in this world, nor in that which is to come.

33. Either make the tree good, and its fruit good; or make the tree corrupt, and its fruit corrupt: for the tree is known by its fruit.

19. Non contenderà, né griderà, né alcuno udrà la sua voce nelle piazze.

20. Ei non triterà la canna rotta e non spegnerà il lucignolo fumante, finché non abbia fatto trionfar la giustizia.

21. E nel nome di lui le genti spereranno.

22. Allora gli fu presentato un indemoniato, cieco e muto; ed egli lo sanò, talché il mutolo parlava e vedeva.

23. E tutte le turbe stupivano e dicevano: Non è costui il figliuol di Davide?

24. Ma i Farisei, udendo ciò, dissero: Costui non caccia i demoni se non per l'aiuto di Beelzebub, principe dei demoni.

25. E Gesù, conosciuti i loro pensieri, disse loro: Ogni regno diviso in parti contrarie sarà ridotto in deserto; ed ogni città o casa divisa in parti contrarie non potrà reggere.

26. E se Satana caccia Satana, egli è diviso contro se stesso; come dunque potrà sussistere il suo regno?

27. E se io caccio i demoni per l'aiuto di Beelzebub, per l'aiuto di chi li cacciano i vostri figliuoli? Per questo, essi stessi saranno i vostri giudici.

28. Ma se è per l'aiuto dello Spirito di Dio che io caccio i demoni, è dunque pervenuto fino a voi il regno di Dio.

29. Ovvero, come può uno entrar nella casa dell'uomo forte e rapirgli le sue masserizie, se prima non abbia legato l'uomo forte? Allora soltanto gli prederà la casa.

30. Chi non è con me, è contro di me; e chi non raccoglie con me, disperde.

31. Perciò io vi dico: Ogni peccato e bestemmia sarà perdonata agli uomini; ma la bestemmia contro lo Spirito non sarà perdonata.

32. Ed a chiunque parli contro il Figliuol dell'uomo, sarà perdonato; ma a chiunque parli contro lo Spirito Santo, non sarà perdonato né in questo mondo né in quello a venire.

33. O voi fate l'albero buono e buono pure il suo frutto, o fate l'albero cattivo e cattivo pure il suo frutto; perché dal frutto si conosce l'albero.

34. Ye offspring of vipers, how can ye, being evil, speak good things? for out of the abundance of the heart the mouth speaketh.

35. The good man out of his good treasure bringeth forth good things: and the evil man out of his evil treasure bringeth forth evil things.

36. And I say unto you, that every idle word that men shall speak, they shall give account thereof in the day of judgment.

37. For by thy words thou shalt be justified, and by thy words thou shalt be condemned.

38. Then certain of the scribes and Pharisees answered him, saying, Teacher, we would see a sign from thee.

39. But he answered and said unto them, An evil and adulterous generation seeketh after a sign; and there shall no sign be given it but the sign of Jonah the prophet:

40. for as Jonah was three days and three nights in the belly of the whale; so shall the Son of man be three days and three nights in the heart of the earth.

41. The men of Nineveh shall stand up in the judgment with this generation, and shall condemn it: for they repented at the preaching of Jonah; and behold, a greater than Jonah is here.

42. The queen of the south shall rise up in the judgment with this generation, and shall condemn it: for she came from the ends of the earth to hear the wisdom of Solomon; and behold, a greater than Solomon is here.

43. But the unclean spirit, when he is gone out of the man, passeth through waterless places, seeking rest, and findeth it not.

44. Then he saith, I will return into my house whence I came out; and when he is come, he findeth it empty, swept, and garnished.

45. Then goeth he, and taketh with himself seven other spirits more evil than himself, and they enter in and dwell there: and the last state of that man becometh worse than the first. Even so shall it be also unto this evil generation.

46. While he was yet speaking to the multitudes, behold, his mother and his brethren stood without, seeking to speak to him.

47. And one said unto him, Behold, thy mother and thy brethren stand without, seeking to speak to thee.

34. Razza di vipere, come potete dir cose buone, essendo malvagi? Poiché dall'abbondanza del cuore la bocca parla.

35. L'uomo dabbene dal suo buon tesoro trae cose buone; e l'uomo malvagio dal suo malvagio tesoro trae cose malvage.

36. Or io vi dico che d'ogni parola oziosa che avranno detta, gli uomini renderan conto nel giorno del giudizio;

37. poiché dalle tue parole sarai giustificato, e dalle tue parole sarai condannato.

38. Allora alcuni degli scribi e dei Farisei presero a dirgli: Maestro, noi vorremmo vederti operare un segno.

39. Ma egli rispose loro: Questa generazione malvagia e adultera chiede un segno; e segno non le sarà dato, tranne il segno del profeta Giona.

40. Poiché, come Giona stette nel ventre del pesce tre giorni e tre notti, così starà il Figliuolo dell'uomo nel cuor della terra tre giorni e tre notti.

41. I Niniviti risorgeranno nel giudizio con questa generazione e la condanneranno, perché essi si ravvidero alla predicazione di Giona; ed ecco qui vi è più che Giona!

42. La regina del Mezzodì risusciterà nel giudizio con questa generazione e la condannerà; perché ella venne dalle estremità della terra per udir la sapienza di Salomone; ed ecco qui v'è più che Salomone!

43. Or quando lo spirito immondo è uscito da un uomo, va attorno per luoghi aridi, cercando riposo e non lo trova.

44. Allora dice: Ritornerò nella mia casa donde sono uscito; e giuntovi, la trova vuota, spazzata e adorna.

45. Allora va e prende seco altri sette spiriti peggiori di lui, i quali, entrati, prendon quivi dimora; e l'ultima condizione di cotest'uomo divien peggiore della prima. Così avverrà anche a questa malvagia generazione.

46. Mentre Gesù parlava ancora alle turbe, ecco sua madre e i suoi fratelli che, fermatisi di fuori, cercavano di parlargli.

47. E uno gli disse: Ecco, tua madre e i tuoi fratelli son la fuori che cercano di parlarti.

48. But he answered and said unto him that told him, Who is my mother? and who are my brethren?

49. And he stretched forth his hand towards his disciples, and said, Behold, my mother and my brethren!

50. For whosoever shall do the will of my Father who is in heaven, he is my brother, and sister, and mother.

# Matthew 13

1. On that day went Jesus out of the house, and sat by the sea side.

2. And there were gathered unto him great multitudes, so that he entered into a boat, and sat; and all the multitude stood on the beach.

3. And he spake to them many things in parables, saying, Behold, the sower went forth to sow;

4. and as he sowed, some [seeds] fell by the way side, and the birds came and devoured them:

5. and others fell upon the rocky places, where they had not much earth: and straightway they sprang up, because they had no deepness of earth:

6. and when the sun was risen, they were scorched; and because they had no root, they withered away.

7. And others fell upon the thorns; and the thorns grew up and choked them:

8. and others fell upon the good ground, and yielded fruit, some a hundredfold, some sixty, some thirty.

9. He that hath ears, let him hear.

10. And the disciples came, and said unto him, Why speakest thou unto them in parables?

11. And he answered and said unto them, Unto you it is given to know the mysteries of the kingdom of heaven, but to them it is not given.

12. For whosoever hath, to him shall be given, and he shall have abundance: but whosoever hath not, from him shall be taken away even that which he hath.

13. Therefore speak I to them in parables; because seeing they see not, and hearing they hear not, neither do they understand.

48. Ma egli, rispondendo, disse a colui che gli parlava: Chi è mia madre, e chi sono i miei fratelli?

49. E, stendendo la mano sui suoi discepoli, disse: Ecco mia madre e i miei fratelli!

50. Poiché chiunque avrà fatta la volontà del Padre mio che è ne' cieli, esso mi è fratello e sorella e madre.

# Matteo 13

1. In quel giorno Gesù, uscito di casa, si pose a sedere presso al mare;

2. e molte turbe si raunarono attorno a lui; talché egli, montato in una barca, vi sedette; e tutta la moltitudine stava sulla riva.

3. Ed egli insegnò loro molte cose in parabole, dicendo:

4. Ecco, il seminatore uscì a seminare. E mentre seminava, una parte del seme cadde lungo la strada; gli uccelli vennero e la mangiarono.

5. E un'altra cadde ne' luoghi rocciosi ove non avea molta terra; e subito spuntò, perché non avea terreno profondo;

6. ma, levatosi il sole, fu riarsa; e perché non avea radice, si seccò.

7. E un'altra cadde sulle spine; e le spine crebbero e l'affogarono.

8. E un'altra cadde nella buona terra e portò frutto, dando qual cento, qual sessanta, qual trenta per uno.

9. Chi ha orecchi da udire oda.

10. Allora i discepoli, accostatisi, gli dissero: Perché parli loro in parabole

11. Ed egli rispose loro: Perché a voi è dato di conoscere i misteri del regno dei cieli; ma a loro non è dato.

12. Perché a chiunque ha, sarà dato, e sarà nell'abbondanza; ma a chiunque non ha, sarà tolto anche quello che ha.

13. Perciò parlo loro in parabole, perché, vedendo, non vedono; e udendo, non odono e non intendono.

14. And unto them is fulfilled the prophecy of Isaiah, which saith, By hearing ye shall hear, and shall in no wise understand; And seeing ye shall see, and shall in no wise perceive:

15. For this people's heart is waxed gross, And their ears are dull of hearing, And their eyes they have closed; Lest haply they should perceive with their eyes, And hear with their ears, And understand with their heart, And should turn again, And I should heal them.

16. But blessed are your eyes, for they see; and your ears, for they hear.

17. For verily I say unto you, that many prophets and righteous men desired to see the things which ye see, and saw them not; and to hear the things which ye hear, and heard them not.

18. Hear then ye the parable of the sower.

19. When any one heareth the word of the kingdom, and understandeth it not, [then] cometh the evil [one], and snatcheth away that which hath been sown in his heart. This is he that was sown by the way side.

20. And he that was sown upon the rocky places, this is he that heareth the word, and straightway with joy receiveth it;

21. yet hath he not root in himself, but endureth for a while; and when tribulation or persecution ariseth because of the word, straightway he stumbleth.

22. And he that was sown among the thorns, this is he that heareth the word; and the care of the world, and the deceitfulness of riches, choke the word, and he becometh unfruitful.

23. And he that was sown upon the good ground, this is he that heareth the word, and understandeth it; who verily beareth fruit, and bringeth forth, some a hundredfold, some sixty, some thirty.

24. Another parable set he before them, saying, The kingdom of heaven is likened unto a man that sowed good seed in his field:

25. but while men slept, his enemy came and sowed tares also among the wheat, and went away.

26. But when the blade sprang up and brought forth fruit, then appeared the tares also.

14. E s'adempie in loro la profezia d'Isaia che dice: Udrete co' vostri orecchi e non intenderete; guarderete co' vostri occhi e non vedrete:

15. perché il cuore di questo popolo s'è fatto insensibile, son divenuti duri d'orecchi ed hanno chiuso gli occhi, che talora non veggano con gli occhi e non odano con gli orecchi e non intendano col cuore e non si convertano, ed io non li guarisca.

16. Ma beati gli occhi vostri, perché veggono; ed i vostri orecchi, perché odono!

17. Poiché in verità io vi dico che molti profeti e giusti desiderarono di vedere le cose che voi vedete, e non le videro; e di udire le cose che voi udite, e non le udirono.

18. Voi dunque ascoltate che cosa significhi la parabola del seminatore:

19. Tutte le volte che uno ode la parola del Regno e non la intende, viene il maligno e porta via quel ch'è stato seminato nel cuore di lui: questi è colui che ha ricevuto la semenza lungo la strada.

20. E quegli che ha ricevuto la semenza in luoghi rocciosi, è colui che ode la Parola e subito la riceve con allegrezza;

21. però non ha radice in sé, ma è di corta durata; e quando venga tribolazione o persecuzione a cagion della Parola, è subito scandalizzato.

22. E quegli che ha ricevuto la semenza fra le spine, è colui che ode la Parola; poi le cure mondane e l'inganno delle ricchezze affogano la Parola; e così riesce infruttuosa.

23. Ma quei che ha ricevuto la semenza in buona terra, è colui che ode la Parola e l'intende; che porta del frutto e rende l'uno il cento, l'altro il sessanta e l'altro il trenta.

24. Egli propose loro un'altra parabola, dicendo: Il regno de' cieli è simile ad un uomo che ha seminato buona semenza nel suo campo.

25. Ma mentre gli uomini dormivano, venne il suo nemico e seminò delle zizzanie in mezzo al grano e se ne andò.

26. E quando l'erba fu nata ed ebbe fatto frutto, allora apparvero anche le zizzanie.

27. And the servants of the householder came and said unto him, Sir, didst thou not sow good seed in thy field? whence then hath it tares?

28. And he said unto them, An enemy hath done this. And the servants say unto him, Wilt thou then that we go and gather them up?

29. But he saith, Nay; lest haply while ye gather up the tares, ye root up the wheat with them.

30. Let both grow together until the harvest: and in the time of the harvest I will say to the reapers, Gather up first the tares, and bind them in bundles to burn them; but gather the wheat into my barn.

31. Another parable set he before them, saying, The kingdom of heaven is like unto a grain of mustard seed, which a man took, and sowed in his field:

32. which indeed is less than all seeds; but when it is grown, it is greater than the herbs, and becometh a tree, so that the birds of the heaven come and lodge in the branches thereof.

33. Another parable spake he unto them; The kingdom of heaven is like unto leaven, which a woman took, and hid in three measures of meal, till it was all leavened.

34. All these things spake Jesus in parables unto the multitudes; and without a parable spake he nothing unto them:

35. that it might be fulfilled which was spoken through the prophet, saying, I will open my mouth in parables; I will utter things hidden from the foundation of the world.

36. Then he left the multitudes, and went into the house: and his disciples came unto him, saying, Explain unto us the parable of the tares of the field.

37. And he answered and said, He that soweth the good seed is the Son of man;

38. and the field is the world; and the good seed, these are the sons of the kingdom; and the tares are the sons of the evil [one];

39. and the enemy that sowed them is the devil: and the harvest is the end of the world; and the reapers are angels.

40. As therefore the tares are gathered up and burned with fire; so shall it be in the end of the world.

27. E i servitori del padron di casa vennero a dirgli: Signore, non hai tu seminato buona semenza nel tuo campo? Come mai, dunque, c'è della zizzania?

28. Ed egli disse loro: Un nemico ha fatto questo. E i servitori gli dissero: Vuoi tu che l'andiamo a cogliere?

29. Ma egli rispose: No, che talora, cogliendo le zizzanie, non sradichiate insiem con esse il grano.

30. Lasciate che ambedue crescano assieme fino alla mietitura; e al tempo della mietitura, io dirò ai mietitori: Cogliete prima le zizzanie, e legatele in fasci per bruciarle; ma il grano, raccoglietelo nel mio granaio.

31. Egli propose loro un'altra parabola dicendo: Il regno de' cieli è simile ad un granel di senapa che un uomo prende e semina nel suo campo.

32. Esso è bene il più piccolo di tutti i semi; ma quando è cresciuto, è maggiore de' legumi e diviene albero; tanto che gli uccelli del cielo vengono a ripararsi tra i suoi rami.

33. Disse loro un'altra parabola: Il regno de' cieli è simile al lievito che una donna prende e nasconde in tre staia di farina, finché la pasta sia tutta lievitata.

34. Tutte queste cose disse Gesù in parabole alle turbe e senza parabola non diceva loro nulla,

35. affinché si adempisse quel ch'era stato detto per mezzo del profeta: Aprirò in parabole la mia bocca; esporrò cose occulte fin dalla fondazione del mondo.

36. Allora Gesù, lasciate le turbe, tornò a casa; e suoi discepoli gli s'accostarono, dicendo: Spiegaci la parabola delle zizzanie del campo.

37. Ed egli, rispondendo, disse loro: Colui che semina la buona semenza, è il Figliuol dell'uomo;

38. il campo è il mondo; la buona semenza sono i figliuoli del Regno; le zizzanie sono i figliuoli del maligno;

39. il nemico che le ha seminate, è il diavolo; la mietitura è la fine dell'età presente; i mietitori sono gli angeli.

40. Come dunque si raccolgono le zizzanie e si bruciano col fuoco, così avverrà alla fine dell'età presente.

41. The Son of man shall send forth his angels, and they shall gather out of his kingdom all things that cause stumbling, and them that do iniquity,

42. and shall cast them into the furnace of fire: there shall be the weeping and the gnashing of teeth.

43. Then shall the righteous shine forth as the sun in the kingdom of their Father. He that hath ears, let him hear.

44. The kingdom of heaven is like unto a treasure hidden in the field; which a man found, and hid; and in his joy he goeth and selleth all that he hath, and buyeth that field.

45. Again, the kingdom of heaven is like unto a man that is a merchant seeking goodly pearls:

46. and having found one pearl of great price, he went and sold all that he had, and bought it.

47. Again, the kingdom of heaven is like unto a net, that was cast into the sea, and gathered of every kind:

48. which, when it was filled, they drew up on the beach; and they sat down, and gathered the good into vessels, but the bad they cast away.

49. So shall it be in the end of the world: the angels shall come forth, and sever the wicked from among the righteous,

50. and shall cast them into the furnace of fire: there shall be the weeping and the gnashing of teeth.

51. Have ye understood all these things? They say unto him, Yea.

52. And he said unto them, Therefore every scribe who hath been made a disciple to the kingdom of heaven is like unto a man that is a householder, who bringeth forth out of his treasure things new and old.

53. And it came to pass, when Jesus had finished these parables, he departed thence.

54. And coming into his own country he taught them in their synagogue, insomuch that they were astonished, and said, Whence hath this man this wisdom, and these mighty works?

55. Is not this the carpenter's son? is not his mother called Mary? and his brethren, James, and Joseph, and Simon, and Judas?

41. Il Figliuol dell'uomo manderà i suoi angeli che raccoglieranno dal suo regno tutti gli scandali e tutti gli operatori d'iniquità,

42. e li getteranno nella fornace del fuoco. Quivi sarà il pianto e lo stridor de' denti.

43. Allora i giusti risplenderanno come il sole nel regno del Padre loro. Chi ha orecchi, oda.

44. Il regno de' cieli è simile ad un tesoro nascosto nel campo, che un uomo, dopo averlo trovato, nasconde; e per l'allegrezza che ne ha, va e vende tutto quello che ha, e compra quel campo.

45. Il regno de' cieli è anche simile ad un mercante che va in cerca di belle perle;

46. e trovata una perla di gran prezzo, se n'è andato, ha venduto tutto quel che aveva, e l'ha comperata.

47. Il regno de' cieli è anche simile ad una rete che, gettata in mare, ha raccolto ogni sorta di pesci;

48. quando è piena, i pescatori la traggono a riva; e, postisi a sedere, raccolgono il buono in vasi, e buttano via quel che non val nulla.

49. Così avverrà alla fine dell'età presente. Verranno gli angeli, toglieranno i malvagi di mezzo ai giusti,

50. e li getteranno nella fornace del fuoco. Ivi sarà il pianto e lo stridor de' denti.

51. Avete intese tutte queste cose? Essi gli risposero: Sì.

52. Allora disse loro: Per questo, ogni scriba ammaestrato pel regno de' cieli è simile ad un padron di casa il quale trae fuori dal suo tesoro cose nuove e cose vecchie.

53. Or quando Gesù ebbe finite queste parabole, partì di là.

54. E recatosi nella sua patria, li ammaestrava nella lor sinagoga, talché stupivano e dicevano: Onde ha costui questa sapienza e queste opere potenti?

55. Non è questi il figliuol del falegname? Sua madre non si chiama ella Maria, e i suoi fratelli, Giacomo, Giuseppe, Simone e Giuda?

56. And his sisters, are they not all with us? Whence then hath this man all these things?

57. And they were offended in him. But Jesus said unto them, A prophet is not without honor, save in his own country, and in his own house.

58. And he did not many mighty works there because of their unbelief.

# Matthew 14

1. At that season Herod the tetrarch heard the report concerning Jesus,

2. and said unto his servants, This is John the Baptist; he is risen from the dead; and therefore do these powers work in him.

3. For Herod had laid hold on John, and bound him, and put him in prison for the sake of Herodias, his brother Philip's wife.

4. For John said unto him, It is not lawful for thee to have her.

5. And when he would have put him to death, he feared the multitude, because they counted him as a prophet.

6. But when Herod's birthday came, the daughter of Herodias danced in the midst, and pleased Herod.

7. Whereupon he promised with an oath to give her whatsoever she should ask.

8. And she, being put forward by her mother, saith, Give me here on a platter the head of John the Baptist.

9. And the king was grieved; but for the sake of his oaths, and of them that sat at meat with him, he commanded it to be given;

10. and he sent and beheaded John in the prison.

11. And his head was brought on a platter, and given to the damsel: and she brought it to her mother.

12. And his disciples came, and took up the corpse, and buried him; and they went and told Jesus.

13. Now when Jesus heard [it], he withdrew from thence in a boat, to a desert place apart: and when the multitudes heard [thereof,] they followed him on foot from the cities.

56. E le sue sorelle non sono tutte fra noi? Donde dunque vengono a lui tutte queste cose?

57. E si scandalizzavano di lui. Ma Gesù disse loro: Un profeta non è sprezzato che nella sua patria e in casa sua.

58. E non fece quivi molte opere potenti a cagione della loro incredulità.

# Matteo 14

1. In quel tempo Erode, il tetrarca, udì la fama di Gesù,

2. e disse ai suoi servitori: Costui è Giovanni Battista; egli è risuscitato dai morti, e però agiscono in lui le potenze miracolose.

3. Perché Erode, fatto arrestare Giovanni, lo aveva incatenato e messo in prigione a motivo di Erodiada, moglie di Filippo suo fratello; perché Giovanni gli diceva:

4. E' non t'è lecito d'averla.

5. E benché desiderasse farlo morire, temette il popolo che lo teneva per profeta.

6. Ora, come si celebrava il giorno natalizio di Erode, la figliuola di Erodiada ballò nel convito e piacque ad Erode;

7. ond'egli promise con giuramento di darle tutto quello che domanderebbe.

8. Ed ella, spintavi da sua madre, disse: Dammi qui in un piatto la testa di Giovanni Battista.

9. E il re ne fu contristato; ma, a motivo de' giuramenti e de' commensali, comandò che le fosse data,

10. e mandò a far decapitare Giovanni nella prigione.

11. E la testa di lui fu portata in un piatto e data alla fanciulla, che la portò a sua madre.

12. E i discepoli di Giovanni andarono a prenderne il corpo e lo seppellirono; poi vennero a darne la nuova a Gesù.

13. Udito ciò, Gesù si ritirò di là in barca verso un luogo deserto, in disparte; e le turbe, saputolo, lo seguitarono a piedi dalle città.

14. And he came forth, and saw a great multitude, and he had compassion on them, and healed their sick.

15. And when even was come, the disciples came to him, saying, The place is desert, and the time is already past; send the multitudes away, that they may go into the villages, and buy themselves food.

16. But Jesus said unto them, They have no need to go away; give ye them to eat.

17. And they say unto him, We have here but five loaves, and two fishes.

18. And he said, Bring them hither to me.

19. And he commanded the multitudes to sit down on the grass; and he took the five loaves, and the two fishes, and looking up to heaven, he blessed, and brake and gave the loaves to the disciples, and the disciples to the multitudes.

20. And they all ate, and were filled: and they took up that which remained over of the broken pieces, twelve baskets full.

21. And they that did eat were about five thousand men, besides women and children.

22. And straightway he constrained the disciples to enter into the boat, and to go before him unto the other side, till he should send the multitudes away.

23. And after he had sent the multitudes away, he went up into the mountain apart to pray: and when even was come, he was there alone.

24. But the boat was now in the midst of the sea, distressed by the waves; for the wind was contrary.

25. And in the fourth watch of the night he came unto them, walking upon the sea.

26. And when the disciples saw him walking on the sea, they were troubled, saying, It is a ghost; and they cried out for fear.

27. But straightway Jesus spake unto them, saying Be of good cheer; it is I; be not afraid.

28. And Peter answered him and said, Lord, if it be thou, bid me come unto the upon the waters.

29. And he said, Come. And Peter went down from the boat, and walked upon the waters to come to Jesus.

14. E Gesù, smontato dalla barca, vide una gran moltitudine; n'ebbe compassione, e ne guarì gl'infermi.

15. Or, facendosi sera, i suoi discepoli gli si accostarono e gli dissero: Il luogo è deserto e l'ora è già passata; licenzia dunque le folle, affinché vadano pei villaggi a comprarsi da mangiare.

16. Ma Gesù disse loro: Non hanno bisogno d'andarsene; date lor voi da mangiare!

17. Ed essi gli risposero: Non abbiam qui altro che cinque pani e due pesci.

18. Ed egli disse: Portatemeli qua.

19. Ed avendo ordinato alle turbe di accomodarsi sull'erba, prese i cinque pani e i due pesci e, levati gli occhi al cielo, rese grazie; poi, spezzati i pani, li diede ai discepoli e i discepoli alle turbe.

20. E tutti mangiarono e furon sazi; e si portaron via, dei pezzi avanzati, dodici ceste piene.

21. E quelli che avevano mangiato eran circa cinquemila uomini, oltre le donne e i fanciulli.

22. Subito dopo, Gesù obbligò i suoi discepoli a montar nella barca ed a precederlo sull'altra riva, mentr'egli licenzierebbe le turbe.

23. E licenziatele si ritirò in disparte sul monte per pregare. E fattosi sera, era quivi tutto solo.

24. Frattanto la barca, già di molti stadi lontana da terra, era sbattuta dalle onde perché il vento era contrario.

25. Ma alla quarta vigilia della notte Gesù andò verso loro, camminando sul mare.

26. E i discepoli, vedendolo camminar sul mare, si turbarono e dissero: E' un fantasma! E dalla paura gridarono.

27. Ma subito Gesù parlò loro e disse: State di buon animo, son io; non temete!

28. E Pietro gli rispose: Signore, se sei tu, comandami di venir a te sulle acque.

29. Ed egli disse: Vieni! E Pietro, smontato dalla barca, camminò sulle acque e andò verso Gesù.

30. But when he saw the wind, he was afraid; and beginning to sink, he cried out, saying, Lord, save me.

31. And immediately Jesus stretched forth his hand, and took hold of him, and saith unto him, O thou of little faith, wherefore didst thou doubt?

32. And when they were gone up into the boat, the wind ceased.

33. And they that were in the boat worshipped him, saying, Of a truth thou art the Son of God.

34. And when they had crossed over, they came to the land, unto Gennesaret.

35. And when the men of that place knew him, they sent into all that region round about, and brought unto him all that were sick,

36. and they besought him that they might only touch the border of his garment: and as many as touched were made whole.

# Matthew 15

1. Then there come to Jesus from Jerusalem Pharisees and scribes, saying,

2. Why do thy disciples transgress the tradition of the elders? for they wash not their hands when they eat bread.

3. And he answered and said unto them, Why do ye also transgress the commandment of God because of your tradition?

4. For God said, Honor thy father and thy mother: and, He that speaketh evil of father or mother, let him die the death.

5. But ye say, whosoever shall say to his father or his mother, That wherewith thou mightest have been profited by me is given [to God];

6. he shall not honor his father. And ye have made void the word of God because of your tradition.

7. Ye hypocrites, well did Isaiah prophesy of you, saying,

8. This people honoreth me with their lips; But their heart is far from me.

9. But in vain do they worship me, Teaching [as their] doctrines the precepts of men.

---

30. Ma vedendo il vento, ebbe paura; e cominciando a sommergersi, gridò: Signore, salvami!

31. E Gesù, stesa subito la mano, lo afferrò e gli disse: O uomo di poca fede, perché hai dubitato?

32. E quando furono montati nella barca, il vento s'acquetò.

33. Allora quelli che erano nella barca si prostrarono dinanzi a lui, dicendo: Veramente tu sei Figliuol di Dio!

34. E, passati all'altra riva, vennero nel paese di Gennezaret.

35. E la gente di quel luogo, avendolo riconosciuto, mandò per tutto il paese all'intorno, e gli presentaron tutti i malati,

36. e lo pregavano che lasciasse loro toccare non foss'altro che il lembo del suo vestito; e tutti quelli che lo toccarono furon completamente guariti.

# Matteo 15

1. Allora s'accostarono a Gesù dei Farisei e degli scribi venuti da Gerusalemme, e gli dissero:

2. Perché i tuoi discepoli trasgrediscono la tradizione degli antichi? poiché non si lavano le mani quando prendono cibo.

3. Ma egli rispose loro: E voi, perché trasgredite il comandamento di Dio a motivo della vostra tradizione?

4. Dio, infatti, ha detto: Onora tuo padre e tua madre; e: Chi maledice padre o madre sia punito di morte; voi, invece, dite:

5. Se uno dice a suo padre o a sua madre: Quello con cui potrei assisterti è offerta a Dio,

6. egli non è più obbligato ad onorar suo padre o sua madre. E avete annullata la parola di Dio a cagion della vostra tradizione.

7. Ipocriti, ben profetò Isaia di voi quando disse:

8. Questo popolo mi onora con le labbra, ma il cuor loro e lontano da me.

9. Ma invano mi rendono il loro culto, insegnando dottrine che son precetti d'uomini.

10. And he called to him the multitude, and said unto them, Hear, and understand:

11. Not that which entereth into the mouth defileth the man; but that which proceedeth out of the mouth, this defileth the man.

12. Then came the disciples, and said unto him, Knowest thou that the Pharisees were offended, when they heard this saying?

13. But he answered and said, Every plant which my heavenly Father planted not, shall be rooted up.

14. Let them alone: they are blind guides. And if the blind guide the blind, both shall fall into a pit.

15. And Peter answered and said unto him, Declare unto us the parable.

16. And he said, Are ye also even yet without understanding?

17. Perceive ye not, that whatsoever goeth into the mouth passeth into the belly, and is cast out into the draught?

18. But the things which proceed out of the mouth come forth out of the heart; and they defile the man.

19. For out of the heart come forth evil thoughts, murders, adulteries, fornications, thefts, false witness, railings:

20. these are the things which defile the man; but to eat with unwashen hands defileth not the man.

21. And Jesus went out thence, and withdrew into the parts of Tyre and Sidon.

22. And behold, a Canaanitish woman came out from those borders, and cried, saying, Have mercy on me, O Lord, thou son of David; my daughter is grievously vexed with a demon.

23. But he answered her not a word. And his disciples came and besought him, saying, Send her away; for she crieth after us.

24. But he answered and said, I was not sent but unto the lost sheep of the house of Israel.

25. But she came and worshipped him, saying, Lord, help me.

26. And he answered and said, It is not meet to take the children's bread and cast it to the dogs.

10. E chiamata a sé la moltitudine, disse loro: Ascoltate e intendete:

11. Non è quel che entra nella bocca che contamina l'uomo; ma quel che esce dalla bocca, ecco quel che contamina l'uomo.

12. Allora i suoi discepoli, accostatisi, gli dissero: Sai tu che i Farisei, quand'hanno udito questo discorso, ne son rimasti scandalizzati?

13. Ed egli rispose loro: Ogni pianta che il Padre mio celeste non ha piantata, sarà sradicata.

14. Lasciateli; sono ciechi, guide di ciechi; or se un cieco guida un altro cieco, ambedue cadranno nella fossa.

15. Pietro allora prese a dirgli: Spiegaci la parabola.

16. E Gesù disse: Siete anche voi tuttora privi d'intendimento?

17. Non capite voi che tutto quello che entra nella bocca va nel ventre ed è gittato fuori nella latrina?

18. Ma quel che esce dalla bocca viene dal cuore, ed e quello che contamina l'uomo.

19. Poiché dal cuore vengono pensieri malvagi, omicidi, adulteri, fornicazioni, furti, false testimonianze, diffamazioni.

20. Queste son le cose che contaminano l'uomo; ma il mangiare con le mani non lavate non contamina l'uomo.

21. E partitosi di là, Gesù si ritirò nelle parti di Tiro e di Sidone.

22. Quand'ecco, una donna cananea di que' luoghi venne fuori e si mise a gridare: Abbi pietà di me, Signore, figliuol di Davide; la mia figliuola è gravemente tormentata da un demonio.

23. Ma egli non le rispose parola. E i suoi discepoli, accostatisi, lo pregavano dicendo: Licenziala, perché ci grida dietro.

24. Ma egli rispose: Io non sono stato mandato che alle pecore perdute della casa d'Israele.

25. Ella però venne e gli si prostrò dinanzi, dicendo: Signore, aiutami!

26. Ma egli rispose: Non è bene prendere il pan de' figliuoli per buttarlo ai cagnolini.

27. But she said, Yea, Lord: for even the dogs eat of the crumbs which fall from their masters' table.

28. Then Jesus answered and said unto her, O woman, great is thy faith: be it done unto thee even as thou wilt. And her daughter was healed from that hour.

29. And Jesus departed thence, and came nigh unto the sea of Galilee; and he went up into the mountain, and sat there.

30. And there came unto him great multitudes, having with them the lame, blind, dumb, maimed, and many others, and they cast them down at this feet; and he healed them:

31. insomuch that the multitude wondered, when they saw the dumb speaking, the maimed whole, and lame walking, and the blind seeing: and they glorified the God of Israel.

32. And Jesus called unto him his disciples, and said, I have compassion on the multitude, because they continue with me now three days and have nothing to eat: and I would not send them away fasting, lest haply they faint on the way.

33. And the disciples say unto him, Whence should we have so many loaves in a desert place as to fill so great a multitude?

34. And Jesus said unto them, How many loaves have ye? And they said, Seven, and a few small fishes.

35. And he commanded the multitude to sit down on the ground;

36. and he took the seven loaves and the fishes; and he gave thanks and brake, and gave to the disciples, and the disciples to the multitudes.

37. And they all ate, and were filled: and they took up that which remained over of the broken pieces, seven baskets full.

38. And they that did eat were four thousand men, besides women and children.

39. And he sent away the multitudes, and entered into the boat, and came into the borders of Magadan.

27. Ma ella disse: Dici bene, Signore; eppure anche i cagnolini mangiano dei minuzzoli che cadono dalla tavola dei lor padroni.

28. Allora Gesù le disse: O donna, grande è la tua fede; ti sia fatto come vuoi. E da quell'ora la sua figliuola fu guarita.

29. Partitosi di là, Gesù venne presso al mar di Galilea; e, salito sul monte, si pose quivi a sedere.

30. E gli si accostarono molte turbe che avean seco degli zoppi, dei ciechi, de' muti, degli storpi e molti altri malati; li deposero a' suoi piedi, e Gesù li guarì;

31. talché la folla restò ammirata a veder che i muti parlavano, che gli storpi eran guariti, che gli zoppi camminavano, che i ciechi vedevano, e ne dette gloria all'Iddio d'Israele.

32. E Gesù, chiamati a sé i suoi discepoli, disse: Io ho pietà di questa moltitudine; poiché già da tre giorni sta con me e non ha da mangiare; e non voglio rimandarli digiuni, che talora non vengano meno per via.

33. E i discepoli gli dissero: Donde potremmo avere, in un luogo deserto, tanti pani da saziare così gran folla?

34. E Gesù chiese loro: Quanti pani avete? Ed essi risposero: Sette e pochi pescetti.

35. Allora egli ordinò alla folla di accomodarsi per terra.

36. Poi prese i sette pani ed i pesci; e dopo aver rese grazie, li spezzò e diede ai discepoli, e i discepoli alle folle.

37. E tutti mangiarono e furon saziati; e de' pezzi avanzati si levaron sette panieri pieni.

38. Or quelli che aveano mangiato erano quattromila persone, senza contare le donne e i fanciulli.

39. E, licenziate le turbe, Gesù entrò nella barca e venne al paese di Magadan.

# Matthew 16

1. And the Pharisees and Sadducees came, and trying him asked him to show them a sign from heaven.

2. But he answered and said unto them, When it is evening, ye say, [It will be] fair weather: for the heaven is red.
3. And in the morning, [It will be] foul weather to-day: for the heaven is red and lowering. Ye know how to discern the face of the heaven; but ye cannot [discern] the signs of the times.
4. An evil and adulterous generation seeketh after a sign; and there shall no sign be given unto it, but the sign of Jonah. And he left them, and departed.
5. And the disciples came to the other side and forgot to take bread.
6. And Jesus said unto them, Take heed and beware of the leaven of the Pharisees and Sadducees.
7. And they reasoned among themselves, saying, We took no bread.

8. And Jesus perceiving it said, O ye of little faith, why reason ye among yourselves, because ye have no bread?
9. Do ye not yet perceive, neither remember the five loaves of the five thousand, and how many baskets ye took up?
10. Neither the seven loaves of the four thousand, and how many baskets ye took up?
11. How is it that ye do not perceive that I spake not to you concerning bread? But beware of the leaven of the Pharisees and Sadducees.
12. Then understood they that he bade them not beware of the leaven of bread, but of the teaching of the Pharisees and Sadducees.
13. Now when Jesus came into the parts of Caesarea Philippi, he asked his disciples, saying, Who do men say that the Son of man is?
14. And they said, Some [say] John the Baptist; some, Elijah; and others, Jeremiah, or one of the prophets.

15. He saith unto them, But who say ye that I am?
16. And Simon Peter answered and said, Thou art the Christ, the Son of the living God.

# Matteo 16

1. Ed accostatisi a lui i Farisei e i Sadducei, per metterlo alla prova, gli chiesero di mostrar loro un segno dal cielo.
2. Ma egli, rispondendo, disse loro: Quando si fa sera, voi dite: Bel tempo, perché il cielo rosseggia!
3. e la mattina dite: Oggi tempesta, perché il cielo rosseggia cupo! L'aspetto del cielo lo sapete dunque discernere, e i segni de' tempi non arrivate a discernerli?

4. Questa generazione malvagia e adultera chiede un segno, e segno non le sarà dato se non quello di Giona. E, lasciatili, se ne andò.
5. Or i discepoli, passati all'altra riva, s'erano dimenticati di prender de' pani.
6. E Gesù disse loro: Vedete di guardarvi dal lievito de' Farisei e de' Sadducei.
7. Ed essi ragionavan fra loro e dicevano: Egli è perché non abbiam preso de' pani.
8. Ma Gesù, accortosene, disse: O gente di poca fede, perché ragionate fra voi del non aver de' pani?
9. Non capite ancora e non vi ricordate de' cinque pani dei cinquemila uomini e quante ceste ne levaste?

10. né dei sette pani de' quattromila uomini e quanti panieri ne levaste?

11. Come mai non capite che non è di pani ch'io vi parlavo? Ma guardatevi dal lievito de' Farisei e de' Sadducei.

12. Allora intesero che non avea loro detto di guardarsi dal lievito del pane, ma dalla dottrina dei Farisei e de' Sadducei.

13. Poi Gesù, venuto nelle parti di Cesarea di Filippo, domandò ai suoi discepoli: Chi dice la gente che sia il Figliuol dell'uomo?
14. Ed essi risposero: Gli uni dicono Giovanni Battista; altri, Elia; altri, Geremia o uno dei profeti. Ed egli disse loro: E voi, chi dite ch'io sia?
15. Simon Pietro, rispondendo, disse:

16. Tu sei il Cristo, il Figliuol dell'Iddio vivente.

17. And Jesus answered and said unto him, Blessed art thou, Simon Bar-jonah: for flesh and blood hath not revealed it unto thee, but my Father who is in heaven.

18. And I also say unto thee, that thou art Peter, and upon this rock I will build my church; and the gates of Hades shall not prevail against it.

19. I will give unto thee the keys of the kingdom of heaven: and whatsoever thou shalt bind on earth shall be bound in heaven; and whatsoever thou shalt loose on earth shall be loosed in heaven.

20. Then charged he the disciples that they should tell no man that he was the Christ.

21. From that time began Jesus to show unto his disciples, that he must go unto Jerusalem, and suffer many things of the elders and chief priests and scribes, and be killed, and the third day be raised up.

22. And Peter took him, and began to rebuke him, saying, Be it far from thee, Lord: this shall never be unto thee.

23. But he turned, and said unto Peter, Get thee behind me, Satan: thou art a stumbling-block unto me: for thou mindest not the things of God, but the things of men.

24. Then said Jesus unto his disciples, If any man would come after me, let him deny himself, and take up his cross, and follow me.

25. For whosoever would save his life shall lose it: and whosoever shall lose his life for my sake shall find it.

26. For what shall a man be profited, if he shall gain the whole world, and forfeit his life? or what shall a man give in exchange for his life?

27. For the Son of man shall come in the glory of his Father with his angels; and then shall he render unto every man according to his deeds.

28. Verily I say unto you, there are some of them that stand here, who shall in no wise taste of death, till they see the Son of man coming in his kingdom.

17. E Gesù, replicando, gli disse: Tu sei beato, o Simone, figliuol di Giona, perché non la carne e il sangue t'hanno rivelato questo, ma il Padre mio che è nei cieli.

18. E io altresì ti dico: Tu sei Pietro, e su questa pietra edificherò la mia Chiesa, e le porte dell'Ades non la potranno vincere.

19. Io ti darò le chiavi del regno dei cieli; e tutto ciò che avrai legato sulla terra sarà legato ne' cieli, e tutto ciò che avrai sciolto in terra sarà sciolto ne' cieli.

20. Allora vietò ai suoi discepoli di dire ad alcuno ch'egli era il Cristo.

21. Da quell'ora Gesù cominciò a dichiarare ai suoi discepoli che doveva andare a Gerusalemme e soffrir molte cose dagli anziani, dai capi sacerdoti e dagli scribi, ed esser ucciso, e risuscitare il terzo giorno.

22. E Pietro, trattolo da parte, cominciò a rimproverarlo, dicendo: Tolga ciò Iddio, Signore; questo non ti avverrà mai.

23. Ma Gesù, rivoltosi, disse a Pietro: Vattene via da me, Satana; tu mi sei di scandalo. Tu non hai il senso delle cose di Dio, ma delle cose degli uomini.

24. Allora Gesù disse ai suoi discepoli: Se uno vuol venire dietro a me, rinunzi a se stesso e prenda la sua croce e mi segua.

25. Perché chi vorrà salvare la sua vita, la perderà; ma chi avrà perduto la sua vita per amor mio, la troverà.

26. E che gioverà egli a un uomo se, dopo aver guadagnato tutto il mondo, perde poi l'anima sua? O che darà l'uomo in cambio dell'anima sua?

27. Perché il Figliuol dell'uomo verrà nella gloria del Padre suo, con i suoi angeli, ed allora renderà a ciascuno secondo l'opera sua.

28. In verità io vi dico che alcuni di coloro che son qui presenti non gusteranno la morte, finché non abbian visto il Figliuol dell'uomo venire nel suo regno.

# Matthew 17

1. And after six days Jesus taketh with him Peter, and James, and John his brother, and bringeth them up into a high mountain apart:

2. and he was transfigured before them; and his face did shine as the sun, and his garments became white as the light.

3. And behold, there appeared unto them Moses and Elijah talking with him.

4. And Peter answered, and said unto Jesus, Lord, it is good for us to be here: if thou wilt, I will make here three tabernacles; one for thee, and one for Moses, and one for Elijah.

5. While he was yet speaking, behold, a bright cloud overshadowed them: and behold, a voice out of the cloud, saying, This is my beloved Son, in whom I am well pleased; hear ye him.

6. And when the disciples heard it, they fell on their face, and were sore afraid.

7. And Jesus came and touched them and said, Arise, and be not afraid.

8. And lifting up their eyes, they saw no one, save Jesus only.

9. And as they were coming down from the mountain, Jesus commanded them, saying, Tell the vision to no man, until the Son of man be risen from the dead.

10. And his disciples asked him, saying, Why then say the scribes that Elijah must first come?

11. And he answered and said, Elijah indeed cometh, and shall restore all things:

12. but I say into you, that Elijah is come already, and they knew him not, but did unto him whatsoever they would. Even so shall the Son of man also suffer of them.

13. Then understood the disciples that he spake unto them of John the Baptist.

14. And when they were come to the multitude, there came to him a man, kneeling to him, saying,

15. Lord, have mercy on my son: for he is epileptic, and suffereth grievously; for oft-times he falleth into the fire, and off-times into the water.

16. And I brought him to thy disciples, and they could not cure him.

# Matteo 17

1. Sei giorni dopo, Gesù prese seco Pietro, Giacomo e Giovanni suo fratello, e li condusse sopra un alto monte, in disparte.

2. E fu trasfigurato dinanzi a loro; la sua faccia risplendé come il sole, e i suoi vestiti divennero candidi come la luce.

3. Ed ecco apparvero loro Mosè ed Elia, che stavan conversando con lui.

4. E Pietro prese a dire a Gesù: Signore, egli è bene che stiamo qui; se vuoi, farò qui tre tende: una per te, una per Mosè ed una per Elia.

5. Mentr'egli parlava ancora, ecco una nuvola luminosa li coperse della sua ombra, ed ecco una voce dalla nuvola che diceva: Questo è il mio diletto Figliuolo, nel quale mi sono compiaciuto; ascoltatelo.

6. E i discepoli, udito ciò, caddero con la faccia a terra, e furon presi da gran timore.

7. Ma Gesù, accostatosi, li toccò e disse: Levatevi, e non temete.

8. Ed essi, alzati gli occhi, non videro alcuno, se non Gesù tutto solo.

9. Poi, mentre scendevano dal monte, Gesù diede loro quest'ordine: Non parlate di questa visione ad alcuno, finché il Figliuol dell'uomo sia risuscitato dai morti.

10. E i discepoli gli domandarono: Perché dunque dicono gli scribi che prima deve venir Elia?

11. Ed egli, rispondendo, disse loro: Certo, Elia deve venire e ristabilire ogni cosa.

12. Ma io vi dico: Elia è già venuto, e non l'hanno riconosciuto; anzi, gli hanno fatto tutto quello che hanno voluto; così anche il Figliuol dell'uomo ha da patire da loro.

13. Allora i discepoli intesero ch'era di Giovanni Battista ch'egli aveva loro parlato.

14. E quando furon venuti alla moltitudine, un uomo gli s'accostò, gettandosi in ginocchio davanti a lui,

15. e dicendo: Signore, abbi pietà del mio figliuolo, perché è lunatico e soffre molto; spesso, infatti, cade nel fuoco e spesso nell'acqua.

16. L'ho menato ai tuoi discepoli, e non l'hanno potuto guarire.

17. And Jesus answered and said, O faithless and perverse generation, how long shall I be with you? how long shall I bear with you? bring him hither to me.

18. And Jesus rebuked him; and the demon went out of him: and the boy was cured from that hour.

19. Then came the disciples to Jesus apart, and said, Why could not we cast it out?

20. And he saith unto them, Because of your little faith: for verily I say unto you, If ye have faith as a grain of mustard seed, ye shall say unto this mountain, Remove hence to yonder place; and it shall remove; and nothing shall be impossible unto you.

21. [But this kind goeth not out save by prayer and fasting.]

22. And while they abode in Galilee, Jesus said unto them, The Son of man shall be delivered up into the hands of men;

23. and they shall kill him, and the third day he shall be raised up. And they were exceeding sorry.

24. And when they were come to Capernaum, they that received the half-shekel came to Peter, and said, Doth not your teacher pay the half-shekel?

25. He saith, Yea. And when he came into the house, Jesus spake first to him, saying, What thinkest thou, Simon? the kings of the earth, from whom do they receive toll or tribute? from their sons, or from strangers?

26. And when he said, From strangers, Jesus said unto him, Therefore the sons are free.

27. But, lest we cause them to stumble, go thou to the sea, and cast a hook, and take up the fish that first cometh up; and when thou hast opened his mouth, thou shalt find a shekel: that take, and give unto them for me and thee.

17. E Gesù, rispondendo, disse: O generazione incredula e perversa! Fino a quando sarò con voi? Fino a quando vi sopporterò? Menatemelo qua.

18. E Gesù sgridò l'indemoniato, e il demonio uscì da lui; e da quell'ora il fanciullo fu guarito.

19. Allora i discepoli, accostatisi a Gesù in disparte, gli chiesero: Perché non l'abbiam potuto cacciar noi?

20. E Gesù rispose loro: A cagion della vostra poca fede; perché in verità io vi dico: Se avete fede quanto un granel di senapa, potrete dire a questo monte: Passa di qua là, e passerà; e niente vi sarà impossibile.

21. Or questa specie di demoni non esce se non mediante la preghiera e il digiuno.

22. Or com'essi percorrevano insieme la Galilea Gesù disse loro: Il Figliuol dell'uomo sta per esser dato nelle mani degli uomini;

23. e l'uccideranno, e al terzo giorno risusciterà. Ed essi ne furono grandemente contristati.

24. E quando furon venuti a Capernaum, quelli che riscotevano le didramme si accostarono a Pietro e dissero: Il vostro maestro non paga egli le didramme?

25. Egli rispose: Sì. E quando fu entrato in casa, Gesù lo prevenne e gli disse: Che te ne pare, Simone? i re della terra da chi prendono i tributi o il censo? dai loro figliuoli o dagli stranieri?

26. Dagli stranieri, rispose Pietro. Gesù gli disse: I figliuoli, dunque, ne sono esenti.

27. Ma, per non scandalizzarli, vattene al mare, getta l'amo e prendi il primo pesce che verrà su; e, apertagli la bocca, troverai uno statere. Prendilo, e dallo loro per me e per te.

# Matthew 18

# Matteo 18

1. In that hour came the disciples unto Jesus, saying, Who then is greatest in the kingdom of heaven?

2. And he called to him a little child, and set him in the midst of them,

1. In quel mentre i discepoli s'accostarono a Gesù, dicendo: Chi è dunque il maggiore nel regno de' cieli?

2. Ed egli, chiamato a sé un piccolo fanciullo, lo pose in mezzo a loro e disse:

3. and said, Verily I say unto you, Except ye turn, and become as little children, ye shall in no wise enter into the kingdom of heaven.

4. Whosoever therefore shall humble himself as this little child, the same is the greatest in the kingdom of heaven.

5. And whoso shall receive one such little child in my name receiveth me:

6. But whoso shall cause one of these little ones that believe on me to stumble, it is profitable for him that a great millstone should be hanged about his neck, and [that] he should be sunk in the depth of the sea.

7. Woe unto the world because of occasions of stumbling! for it must needs be that the occasions come; but woe to that man through whom the occasion cometh!

8. And if thy hand or thy foot causeth thee to stumble, cut it off, and cast it from thee: it is good for thee to enter into life maimed or halt, rather than having two hands or two feet to be cast into the eternal fire.

9. And if thine eye causeth thee to stumble, pluck it out, and cast it from thee: it is good for thee to enter into life with one eye, rather than having two eyes to be cast into the hell of fire.

10. See that ye despise not one of these little ones; for I say unto you, that in heaven their angels do always behold the face of my Father who is in heaven.

11. [For the Son of man came to save that which was lost.]

12. How think ye? if any man have a hundred sheep, and one of them be gone astray, doth he not leave the ninety and nine, and go unto the mountains, and seek that which goeth astray?

13. And if so be that he find it, verily I say unto you, he rejoiceth over it more than over the ninety and nine which have not gone astray.

14. Even so it is not the will of your Father who is in heaven, that one of these little ones should perish.

15. And if thy brother sin against thee, go, show him his fault between thee and him alone: if he hear thee, thou hast gained thy brother.

16. But if he hear [thee] not, take with thee one or two more, that at the mouth of two witnesses or three every word may be established.

3. In verità io vi dico: Se non mutate e non diventate come i piccoli fanciulli, non entrerete punto nel regno de' cieli.

4. Chi pertanto si abbasserà come questo piccolo fanciullo, è lui il maggiore nel regno de' cieli.

5. E chiunque riceve un cotal piccolo fanciullo nel nome mio, riceve me.

6. Ma chi avrà scandalizzato uno di questi piccoli che credono in me, meglio per lui sarebbe che gli fosse appesa al collo una macina da mulino e fosse sommerso nel fondo del mare.

7. Guai al mondo per gli scandali! Poiché, ben è necessario che avvengan degli scandali; ma guai all'uomo per cui lo scandalo avviene!

8. Ora, se la tua mano od il tuo piede t'è occasion di peccato, mozzali e gettali via da te; meglio è per te l'entrar nella vita monco o zoppo che l'aver due mani o due piedi ed esser gettato nel fuoco eterno.

9. E se l'occhio tuo t'è occasion di peccato, cavalo e gettalo via da te; meglio è per te l'entrar nella vita con un occhio solo, che l'aver due occhi ed esser gettato nella geenna del fuoco.

10. Guardatevi dal disprezzare alcuno di questi piccoli; perché io vi dico che gli angeli loro, ne' cieli, vedono del continuo la faccia del Padre mio che è ne' cieli.

11. Poiché il Figliuol dell'uomo è venuto a salvare ciò che era perito.

12. Che vi par egli? Se un uomo ha cento pecore e una di queste si smarrisce, non lascerà egli le novantanove sui monti per andare in cerca della smarrita?

13. E se gli riesce di ritrovarla, in verità vi dico ch'ei si rallegra più di questa che delle novantanove che non si erano smarrite.

14. Così è voler del Padre vostro che è nei cieli, che neppure un di questi piccoli perisca.

15. Se poi il tuo fratello ha peccato contro di te, va' e riprendilo fra te e lui solo. Se t'ascolta, avrai guadagnato il tuo fratello;

16. ma, se non t'ascolta, prendi teco ancora una o due persone, affinché ogni parola sia confermata per bocca di due o tre testimoni.

17. And if he refuse to hear them, tell it unto the church: and if he refuse to hear the church also, let him be unto thee as the Gentile and the publican.

18. Verily I say unto you, what things soever ye shall bind on earth shall be bound in heaven; and what things soever ye shall loose on earth shall be loosed in heaven.

19. Again I say unto you, that if two of you shall agree on earth as touching anything that they shall ask, it shall be done for them of my Father who is in heaven.

20. For where two or three are gathered together in my name, there am I in the midst of them.

21. Then came Peter and said to him, Lord, how oft shall my brother sin against me, and I forgive him? until seven times?

22. Jesus saith unto him, I say not unto thee, Until seven times; but, Until seventy times seven.

23. Therefore is the kingdom of heaven likened unto a certain king, who would make a reckoning with his servants.

24. And when he had begun to reckon, one was brought unto him, that owed him ten thousand talents.

25. But forasmuch as he had not [wherewith] to pay, his lord commanded him to be sold, and his wife, and children, and all that he had, and payment to be made.

26. The servant therefore fell down and worshipped him, saying, Lord, have patience with me, and I will pay thee all.

27. And the lord of that servant, being moved with compassion, released him, and forgave him the debt.

28. But that servant went out, and found one of his fellow-servants, who owed him a hundred shillings: and he laid hold on him, and took [him] by the throat, saying, Pay what thou owest.

29. So his fellow-servant fell down and besought him, saying, Have patience with me, and I will pay thee.

30. And he would not: but went and cast him into prison, till he should pay that which was due.

31. So when his fellow-servants saw what was done, they were exceeding sorry, and came and told unto their lord all that was done.

17. E se rifiuta d'ascoltarli, dillo alla chiesa; e se rifiuta di ascoltare anche la chiesa, siati come il pagano e il pubblicano.

18. Io vi dico in verità che tutte le cose che avrete legate sulla terra, saranno legate nel cielo; e tutte le cose che avrete sciolte sulla terra, saranno sciolte nel cielo.

19. Ed anche in verità vi dico: Se due di voi sulla terra s'accordano a domandare una cosa qualsiasi, quella sarà loro concessa dal Padre mio che è nei cieli.

20. Poiché dovunque due o tre son raunati nel nome mio, quivi son io in mezzo a loro.

21. Allora Pietro, accostatosi, gli disse: Signore, quante volte, peccando il mio fratello contro di me, gli perdonerò io? fino a sette volte?

22. E Gesù a lui: Io non ti dico fino a sette volte, ma fino a settanta volte sette.

23. Perciò il regno de' cieli è simile ad un re che volle fare i conti co' suoi servitori.

24. E avendo cominciato a fare i conti, gli fu presentato uno, ch'era debitore di diecimila talenti.

25. E non avendo egli di che pagare, il suo signore comandò che fosse venduto lui con la moglie e i figliuoli e tutto quant'avea, e che il debito fosse pagato.

26. Onde il servitore, gettatosi a terra, gli si prostrò dinanzi, dicendo: Abbi pazienza con me, e ti pagherò tutto.

27. E il signore di quel servitore, mosso a compassione, lo lasciò andare, e gli rimise il debito.

28. Ma quel servitore, uscito, trovò uno de' suoi conservi che gli dovea cento denari; e afferratolo, lo strangolava, dicendo: Paga quel che devi!

29. Onde il conservo, gettatosi a terra, lo pregava dicendo: Abbi pazienza con me, e ti pagherò.

30. Ma colui non volle; anzi andò e lo cacciò in prigione, finché avesse pagato il debito.

31. Or i suoi conservi, veduto il fatto, ne furono grandemente contristati, e andarono a riferire al loro signore tutto l'accaduto.

32. Then his lord called him unto him, and saith to him, Thou wicked servant, I forgave thee all that debt, because thou besoughtest me:

33. shouldest not thou also have had mercy on thy fellow-servant, even as I had mercy on thee?

34. And his lord was wroth, and delivered him to the tormentors, till he should pay all that was due.

35. So shall also my heavenly Father do unto you, if ye forgive not every one his brother from your hearts.

32. Allora il suo signore lo chiamò a sé e gli disse: Malvagio servitore, io t'ho rimesso tutto quel debito, perché tu me ne supplicasti;

33. non dovevi anche tu aver pietà del tuo conservo, com'ebbi anch'io pietà di te?

34. E il suo signore, adirato, lo diede in man degli aguzzini fino a tanto che avesse pagato tutto quel che gli doveva.

35. Così vi farà anche il Padre mio celeste, se ognun di voi non perdona di cuore al proprio fratello.

# Matthew 19

# Matteo 19

1. And it came to pass when Jesus had finished these words, he departed from Galilee, and came into the borders of Judaea beyond the Jordan;

2. and great multitudes followed him; and he healed them there.

3. And there came unto him Pharisees, trying him, and saying, Is it lawful [for a man] to put away his wife for every cause?

4. And he answered and said, Have ye not read, that he who made [them] from the beginning made them male and female,

5. and said, For this cause shall a man leave his father and mother, and shall cleave to his wife; and the two shall become one flesh?

6. So that they are no more two, but one flesh. What therefore God hath joined together, let not man put asunder.

7. They say unto him, Why then did Moses command to give a bill of divorcement, and to put [her] away?

8. He saith unto them, Moses for your hardness of heart suffered you to put away your wives: but from the beginning it hath not been so.

9. And I say unto you, Whosoever shall put away his wife, except for fornication, and shall marry another, committeth adultery: and he that marrieth her when she is put away committeth adultery.

10. The disciples say unto him, If the case of the man is so with his wife, it is not expedient to marry.

1. Or avvenne che quando Gesù ebbe finiti questi ragionamenti, si partì dalla Galilea e se ne andò sui confini della Giudea oltre il Giordano.

2. E molte turbe lo seguirono, e quivi guarì i loro malati.

3. E de' Farisei s'accostarono a lui tentandolo, e dicendo: E' egli lecito di mandar via, per qualunque ragione, la propria moglie?

4. Ed egli, rispondendo, disse loro: Non avete voi letto che il Creatore da principio li creò maschio e femmina, e disse:

5. Perciò l'uomo lascerà il padre e la madre e s'unirà con la sua moglie e i due saranno una sola carne?

6. Talché non son più due, ma una sola carne; quello dunque che Iddio ha congiunto, l'uomo nol separi.

7. Essi gli dissero: Perché dunque comandò Mosè di darle un atto di divorzio e mandarla via?

8. Gesù disse loro: Fu per la durezza dei vostri cuori che Mosè vi permise di mandar via le vostre mogli; ma da principio non era così.

9. Ed io vi dico che chiunque manda via sua moglie, quando non sia per cagion di fornicazione, e ne sposa un'altra, commette adulterio.

10. I discepoli gli dissero: Se tale è il caso dell'uomo rispetto alla donna, non conviene di prender moglie.

11. But he said unto them, Not all men can receive this saying, but they to whom it is given.

12. For there are eunuchs, that were so born from their mother's womb: and there are eunuchs, that were made eunuchs by men: and there are eunuchs, that made themselves eunuchs for the kingdom of heaven's sake. He that is able to receive it, let him receive it.

13. Then were there brought unto him little children, that he should lay his hands on them, and pray: and the disciples rebuked them.

14. But Jesus said, Suffer the little children, and forbid them not, to come unto me: for to such belongeth the kingdom of heaven.

15. And he laid his hands on them, and departed thence.

16. And behold, one came to him and said, Teacher, what good thing shall I do, that I may have eternal life?

17. And he said unto him, Why askest thou me concerning that which is good? One there is who is good: but if thou wouldest enter into life, keep the commandments.

18. He saith unto him, Which? And Jesus said, Thou shalt not kill, Thou shalt not commit adultery, Thou shalt not steal, Thou shalt not bear false witness,

19. Honor thy father and mother; and, Thou shalt love thy neighbor as thyself.

20. The young man saith unto him, All these things have I observed: what lack I yet?

21. Jesus said unto him, If thou wouldest be perfect, go, sell that which thou hast, and give to the poor, and thou shalt have treasure in heaven: and come, follow me.

22. But when the young man heard the saying, he went away sorrowful; for he was one that had great possessions.

23. And Jesus said unto his disciples, Verily I say unto you, It is hard for a rich man to enter into the kingdom of heaven.

24. And again I say unto you, It is easier for a camel to go through a needle's eye, than for a rich man to enter into the kingdom of God.

25. And when the disciples heard it, they were astonished exceedingly, saying, Who then can be saved?

11. Ma egli rispose loro: Non tutti son capaci di praticare questa parola, ma quelli soltanto ai quali è dato.

12. Poiché vi son degli eunuchi, i quali son nati così dal seno della madre; vi son degli eunuchi, i quali sono stati fatti tali dagli uomini, e vi sono degli eunuchi, i quali si son fatti eunuchi da sé a cagion del regno de' cieli. Chi è in grado di farlo lo faccia.

13. Allora gli furono presentati dei bambini perché imponesse loro le mani e pregasse; ma i discepoli sgridarono coloro che glieli presentavano.

14. Gesù però disse: Lasciate i piccoli fanciulli e non vietate loro di venire a me, perché di tali è il regno de' cieli.

15. E imposte loro le mani, si partì di là.

16. Ed ecco un tale, che gli s'accostò e gli disse: Maestro, che farò io di buono per aver la vita eterna?

17. E Gesù gli rispose: Perché m'interroghi tu intorno a ciò ch'è buono? Uno solo è il buono. Ma se vuoi entrar nella vita osserva i comandamenti.

18. Quali? gli chiese colui. E Gesù rispose: Questi: Non uccidere; non commettere adulterio; non rubare; non dir falsa testimonianza;

19. onora tuo padre e tua madre, e ama il tuo prossimo come te stesso.

20. E il giovane a lui: Tutte queste cose le ho osservate; che mi manca ancora?

21. Gesù gli disse: Se vuoi esser perfetto, va' vendi ciò che hai e dallo ai poveri, ed avrai un tesoro nei cieli; poi, vieni e seguitami.

22. Ma il giovane, udita questa parola, se ne andò contristato, perché avea di gran beni.

23. E Gesù disse ai suoi discepoli: Io vi dico in verità che un ricco malagevolmente entrerà nel regno dei cieli.

24. E da capo vi dico: E' più facile a un cammello passare per la cruna d'un ago, che ad un ricco entrare nel regno di Dio.

25. I suoi discepoli, udito questo, sbigottirono forte e dicevano: Chi dunque può esser salvato?

26. And Jesus looking upon [them] said to them, With men this is impossible; but with God all things are possible.

27. Then answered Peter and said unto him, Lo, we have left all, and followed thee; what then shall we have?

28. And Jesus said unto them, Verily I say unto you, that ye who have followed me, in the regeneration when the Son of man shall sit on the throne of his glory, ye also shall sit upon twelve thrones, judging the twelve tribes of Israel.

29. And every one that hath left houses, or brethren, or sisters, or father, or mother, or children, or lands, for my name's sake, shall receive a hundredfold, and shall inherit eternal life.

30. But many shall be last [that are] first; and first [that are] last.

26. E Gesù, riguardatili fisso, disse loro: Agli uomini questo è impossibile; ma a Dio ogni cosa è possibile.

27. Allora Pietro, replicando, gli disse: Ecco, noi abbiamo lasciato ogni cosa e t'abbiam seguitato; che ne avremo dunque?

28. E Gesù disse loro: Io vi dico in verità che nella nuova creazione, quando il Figliuol del l'uomo sederà sul trono della sua gloria, anche voi che m'avete seguitato, sederete su dodici troni a giudicar le dodici tribù d'Israele.

29. E chiunque avrà lasciato case, o fratelli, o sorelle, o padre, o madre, o figliuoli, o campi per amor del mio nome, ne riceverà cento volte tanti, ed ererà la vita eterna.

30. Ma molti primi saranno ultimi; e molti ultimi, primi.

# Matthew 20

# Matteo 20

1. For the kingdom of heaven is like unto a man that was a householder, who went out early in the morning to hire laborers into his vineyard.

2. And when he had agreed with the laborers for a shilling a day, he sent them into his vineyard.

3. And he went out about the third hour, and saw others standing in the marketplace idle;

4. and to them he said, Go ye also into the vineyard, and whatsoever is right I will give you. And they went their way.

5. Again he went out about the sixth and the ninth hour, and did likewise.

6. And about the eleventh [hour] he went out, and found others standing; and he saith unto them, Why stand ye here all the day idle?

7. They say unto him, Because no man hath hired us. He saith unto them, Go ye also into the vineyard.

8. And when even was come, the lord of the vineyard saith unto his steward, Call the laborers, and pay them their hire, beginning from the last unto the first.

9. And when they came that [were hired] about the eleventh hour, they received every man a shilling.

1. Poiché il regno de' cieli è simile a un padron di casa, il quale, in sul far del giorno, uscì a prender ad opra de' lavoratori per la sua vigna.

2. E avendo convenuto coi lavoratori per un denaro al giorno, li mandò nella sua vigna.

3. Ed uscito verso l'ora terza, ne vide degli altri che se ne stavano sulla piazza disoccupati,

4. e disse loro: Andate anche voi nella vigna, e vi darò quel che sarà giusto. Ed essi andarono.

5. Poi, uscito ancora verso la sesta e la nona ora, fece lo stesso.

6. Ed uscito verso l'undicesima, ne trovò degli altri in piazza e disse loro: Perché ve ne state qui tutto il giorno inoperosi?

7. Essi gli dissero: Perché nessuno ci ha presi a giornata. Egli disse loro: Andate anche voi nella vigna.

8. Poi, fattosi sera, il padron della vigna disse al suo fattore: Chiama i lavoratori e paga loro la mercede, cominciando dagli ultimi fino ai primi.

9. Allora, venuti quei dell'undicesima ora, ricevettero un denaro per uno.

10. And when the first came, they supposed that they would receive more; and they likewise received every man a shilling.

11. And when they received it, they murmured against the householder,

12. saying, These last have spent [but] one hour, and thou hast made them equal unto us, who have borne the burden of the day and the scorching heat.

13. But he answered and said to one of them, Friend, I do thee no wrong: didst not thou agree with me for a shilling?

14. Take up that which is thine, and go thy way; it is my will to give unto this last, even as unto thee.

15. Is it not lawful for me to do what I will with mine own? or is thine eye evil, because I am good?

16. So the last shall be first, and the first last.

17. And as Jesus was going up to Jerusalem, he took the twelve disciples apart, and on the way he said unto them,

18. Behold, we go up to Jerusalem; and the Son of man shall be delivered unto the chief priests and scribes; and they shall condemn him to death,

19. and shall deliver him unto the Gentiles to mock, and to scourge, and to crucify: and the third day he shall be raised up.

20. Then came to him the mother of the sons of Zebedee with her sons, worshipping [him], and asking a certain thing of him.

21. And he said unto her, What wouldest thou? She saith unto him, Command that these my two sons may sit, one on thy right hand, and one on thy left hand, in thy kingdom.

22. But Jesus answered and said, Ye know not what ye ask. Are ye able to drink the cup that I am about to drink? They say unto him, We are able.

23. He saith unto them, My cup indeed ye shall drink: but to sit on my right hand, and on [my] left hand, is not mine to give; but [it is for them] for whom it hath been prepared of my Father.

24. And when the ten heard it, they were moved with indignation concerning the two brethren.

10. E venuti i primi, pensavano di ricever di più; ma ricevettero anch'essi un denaro per uno.

11. E ricevutolo, mormoravano contro al padron di casa, dicendo:

12. Questi ultimi non han fatto che un'ora e tu li hai fatti pari a noi che abbiamo portato il peso della giornata e il caldo.

13. Ma egli, rispondendo a un di loro, disse: Amico, io non ti fo alcun torto; non convenisti meco per un denaro?

14. Prendi il tuo, e vattene; ma io voglio dare a quest'ultimo quanto a te.

15. Non m'è lecito far del mio ciò che voglio? o vedi tu di mal occhio ch'io sia buono?

16. Così gli ultimi saranno primi, e i primi ultimi.

17. Poi Gesù, stando per salire a Gerusalemme, trasse da parte i suoi dodici discepoli; e, cammin facendo, disse loro:

18. Ecco, noi saliamo a Gerusalemme, e il Figliuol dell'uomo sarà dato nelle mani de' capi sacerdoti e degli scribi;

19. ed essi lo condanneranno a morte, e lo metteranno nelle mani dei Gentili per essere schernito e flagellato e crocifisso; ma il terzo giorno risusciterà.

20. Allora la madre de' figliuoli di Zebedeo s'accostò a lui co' suoi figliuoli, prostrandosi e chiedendogli qualche cosa.

21. Ed egli le domandò: Che vuoi? Ella gli disse: Ordina che questi miei due figliuoli seggano l'uno alla tua destra e l'altro alla tua sinistra, nel tuo regno.

22. E Gesù, rispondendo, disse: Voi non sapete quel che chiedete. Potete voi bere il calice che io sto per bere? Essi gli dissero: Sì, lo possiamo.

23. Egli disse loro: Voi certo berrete il mio calice; ma quant'è al sedermi a destra o a sinistra non sta a me il darlo, ma è per quelli a cui è stato preparato dal Padre mio.

24. E i dieci, udito ciò, furono indignati contro i due fratelli.

25. But Jesus called them unto him, and said, Ye know that the rulers of the Gentiles lord it over them, and their great ones exercise authority over them.

26. Not so shall it be among you: but whosoever would become great among you shall be your minister;

27. and whosoever would be first among you shall be your servant:

28. even as the Son of man came not to be ministered unto, but to minister, and to give his life a ransom for many.

29. And as they went out from Jericho, a great multitude followed him.

30. And behold, two blind men sitting by the way side, when they heard that Jesus was passing by, cried out, saying, Lord, have mercy on us, thou son of David.

31. And the multitude rebuked them, that they should hold their peace: but they cried out the more, saying, Lord, have mercy on us, thou son of David.

32. And Jesus stood still, and called them, and said, What will ye that I should do unto you?

33. They say unto him, Lord, that our eyes may be opened.

34. And Jesus, being moved with compassion, touched their eyes; and straightway they received their sight, and followed him.

25. Ma Gesù, chiamatili a sé, disse: Voi sapete che i principi delle nazioni le signoreggiano, e che i grandi usano potestà sopra di esse.

26. Ma non è così tra voi; anzi, chiunque vorrà esser grande fra voi, sarà vostro servitore;

27. e chiunque fra voi vorrà esser primo, sarà vostro servitore;

28. appunto come il Figliuol dell'uomo non è venuto per esser servito ma per servire, e per dar la vita sua come prezzo di riscatto per molti.

29. E come uscivano da Gerico, una gran moltitudine lo seguì.

30. Ed ecco che due ciechi, seduti presso la strada, avendo udito che Gesù passava, si misero a gridare: Abbi pietà di noi, Signore, figliuol di Davide!

31. Ma la moltitudine li sgridava, perché tacessero; essi però gridavan più forte: Abbi pietà di noi, Signore, figliuol di Davide!

32. E Gesù, fermatosi, li chiamò e disse: Che volete ch'io vi faccia?

33. Ed essi: Signore, che s'aprano gli occhi nostri.

34. Allora Gesù, mosso a pietà, toccò gli occhi loro, e in quell'istante ricuperarono la vista e lo seguirono. Matteo Capitolo 21

# Matthew 21

# Matteo 21

1. And when they drew nigh unto Jerusalem, and came unto Bethphage, unto the mount of Olives, then Jesus sent two disciples,

2. saying unto them, Go into the village that is over against you, and straightway ye shall find an ass tied, and a colt with her: loose [them], and bring [them] unto me.

3. And if any one say aught unto you, ye shall say, The Lord hath need of them; and straightway he will send them.

4. Now this is come to pass, that it might be fulfilled which was spoken through the prophet, saying,

1. E quando furon vicini a Gerusalemme e furon giunti a Betfage, presso al monte degli Ulivi, Gesù mandò due discepoli,

2. dicendo loro: Andate nella borgata che è dirimpetto a voi; e subito troverete un'asina legata, e un puledro con essa; scioglieteli e menatemeli.

3. E se alcuno vi dice qualcosa, direte che il Signore ne ha bisogno, e subito li manderà.

4. Or questo avvenne affinché si adempisse la parola del profeta:

5. Tell ye the daughter of Zion, Behold, thy King cometh unto thee, Meek, and riding upon an ass, And upon a colt the foal of an ass.

6. And the disciples went, and did even as Jesus appointed them,

7. and brought the ass, and the colt, and put on them their garments; and he sat thereon.

8. And the most part of the multitude spread their garments in the way; and others cut branches from the trees, and spread them in the way.

9. And the multitudes that went before him, and that followed, cried, saying, Hosanna to the son of David: Blessed [is] he that cometh in the name of the Lord; Hosanna in the highest.

10. And when he was come into Jerusalem, all the city was stirred, saying, Who is this?

11. And the multitudes said, This is the prophet, Jesus, from Nazareth of Galilee.

12. And Jesus entered into the temple of God, and cast out all them that sold and bought in the temple, and overthrew the tables of he money-changers, and the seats of them that sold the doves;

13. and he saith unto them, It is written, My house shall be called a house of prayer: but ye make it a den of robbers.

14. And the blind and the lame came to him in the temple; and he healed them.

15. But when the chief priests and the scribes saw the wonderful things that he did, and the children that were crying in the temple and saying, Hosanna to the son of David; they were moved with indignation,

16. and said unto him, Hearest thou what these are saying? And Jesus saith unto them, Yea: did ye never read, Out of the mouth of babes and sucklings thou has perfected praise?

17. And he left them, and went forth out of the city to Bethany, and lodged there.

18. Now in the morning as he returned to the city, he hungered.

19. And seeing a fig tree by the way side, he came to it, and found nothing thereon, but leaves only; and he saith unto it, Let there be no fruit from thee henceforward for ever. And immediately the fig tree withered away.

5. Dite alla figliuola di Sion: Ecco il tuo re viene a te, mansueto, e montato sopra un'asina, e un asinello, puledro d'asina.

6. E i discepoli andarono e fecero come Gesù avea loro ordinato;

7. menarono l'asina e il puledro, vi misero sopra i loro mantelli, e Gesù vi si pose a sedere.

8. E la maggior parte della folla stese i mantelli sulla via; e altri tagliavano de' rami dagli alberi e li stendeano sulla via.

9. E le turbe che precedevano e quelle che seguivano, gridavano: Osanna al Figliuolo di Davide! Benedetto colui che viene nel nome del Signore! Osanna ne' luoghi altissimi!

10. Ed essendo egli entrato in Gerusalemme, tutta la città fu commossa e si diceva:

11. Chi è costui? E le turbe dicevano: Questi è Gesù, il profeta che è da Nazaret di Galilea.

12. E Gesù entrò nel tempio e cacciò fuori tutti quelli che quivi vendevano e compravano; e rovesciò le tavole dei cambiamonete e le sedie de' venditori di colombi.

13. E disse loro: Egli è scritto: La mia casa sarà chiamata casa d'orazione; ma voi ne fate una spelonca di ladroni.

14. Allora vennero a lui, nel tempio, de' ciechi e degli zoppi, ed egli li sanò.

15. Ma i capi sacerdoti e gli scribi, vedute le maraviglie che avea fatte, e i fanciulli che gridavano nel tempio: Osanna al figliuol di Davide, ne furono indignati, e gli dissero: Odi tu quel che dicono costoro?

16. E Gesù disse loro: Sì. Non avete mai letto: Dalla bocca de' fanciulli e de' lattanti hai tratto lode?

17. E, lasciatili, se ne andò fuor della città a Betania, dove albergò.

18. E la mattina, tornando in città, ebbe fame.

19. E vedendo un fico sulla strada, gli si accostò, ma non vi trovò altro che delle foglie; e gli disse: Mai più in eterno non nasca frutto da te. E subito il fico si seccò.

20. And when the disciples saw it, they marvelled, saying, How did the fig tree immediately wither away?

21. And Jesus answered and said unto them, Verily I say unto you, If ye have faith, and doubt not, ye shall not only do what is done to the fig tree, but even if ye shall say unto this mountain, Be thou taken up and cast into the sea, it shall be done.

22. And all things, whatsoever ye shall ask in prayer, believing, ye shall receive.

23. And when he was come into the temple, the chief priests and the elders of the people came unto him as he was teaching, and said, By what authority doest thou these things? and who gave thee this authority?

24. And Jesus answered and said unto them, I also will ask you one question, which if ye tell me, I likewise will tell you by what authority I do these things.

25. The baptism of John, whence was it? from heaven or from men? And they reasoned with themselves, saying, If we shall say, From heaven; he will say unto us, Why then did ye not believe him?

26. But if we shall say, From men; we fear the multitude; for all hold John as a prophet.

27. And they answered Jesus, and said, We know not. He also said unto them, Neither tell I you by what authority I do these things.

28. But what think ye? A man had two sons; and he came to the first, and said, Son, go work to-day in the vineyard.

29. And he answered and said, I will not: but afterward he repented himself, and went.

30. And he came to the second, and said likewise. And he answered and said, I [go], sir: and went not.

31. Which of the two did the will of his father? They say, The first. Jesus saith unto them, Verily I say unto you, that the publicans and the harlots go into the kingdom of God before you.

32. For John came unto you in the way of righteousness, and ye believed him not; but the publicans and the harlots believed him: and ye, when ye saw it, did not even repent yourselves afterward, that ye might believe him.

20. E i discepoli, veduto ciò, si maravigliarono, dicendo: Come s'è in un attimo seccato il fico?

21. E Gesù, rispondendo, disse loro: Io vi dico in verità: Se aveste fede e non dubitaste, non soltanto fareste quel ch'è stato fatto al fico; ma se anche diceste a questo monte: Togliti di là e gettati nel mare, sarebbe fatto.

22. E tutte le cose che domanderete nella preghiera, se avete fede, le otterrete.

23. E quando fu venuto nel tempio, i capi sacerdoti e gli anziani del popolo si accostarono a lui, mentr'egli insegnava, e gli dissero: Con quale autorità fai tu queste cose? E chi t'ha data codesta autorità?

24. E Gesù, rispondendo, disse loro: Anch'io vi domanderò una cosa: e se voi mi rispondete, anch'io vi dirò con quale autorità faccio queste cose.

25. Il battesimo di Giovanni, d'onde veniva? dal cielo o dagli uomini? Ed essi ragionavan fra loro, dicendo: Se diciamo: Dal cielo, egli ci dirà: Perché dunque non gli credeste?

26. E se diciamo: Dagli uomini, temiamo la moltitudine, perché tutti tengono Giovanni per profeta.

27. Risposero dunque a Gesù, dicendo: Non lo sappiamo. E anch'egli disse loro: E neppur io vi dirò con quale autorità io fo queste cose.

28. Or che vi par egli? Un uomo avea due figliuoli. Accostatosi al primo disse: Figliuolo, va' oggi a lavorare nella vigna.

29. Ed egli, rispondendo, disse: Vado, signore; ma non vi andò.

30. E accostatosi al secondo, gli disse lo stesso. Ma egli, rispondendo, disse: Non voglio; ma poi, pentitosi, v'andò.

31. Qual de' due fece la volontà del padre? Essi gli dissero: L'ultimo. E Gesù a loro: Io vi dico in verità: I pubblicani e le meretrici vanno innanzi a voi nel regno di Dio.

32. Poiché Giovanni è venuto a voi per la via della giustizia, e voi non gli avete creduto; ma i pubblicani e le meretrici gli hanno creduto; e voi, che avete veduto questo, neppur poi vi siete pentiti per credere a lui.

33. Hear another parable: There was a man that was a householder, who planted a vineyard, and set a hedge about it, and digged a winepress in it, and built a tower, and let it out to husbandmen, and went into another country.

34. And when the season of the fruits drew near, he sent his servants to the husbandmen, to receive his fruits.

35. And the husbandmen took his servants, and beat one, and killed another, and stoned another.

36. Again, he sent other servants more than the first: and they did unto them in like manner.

37. But afterward he sent unto them his son, saying, They will reverence my son.

38. But the husbandmen, when they saw the son, said among themselves, This is the heir; come, let us kill him, and take his inheritance.

39. And they took him, and cast him forth out of the vineyard, and killed him.

40. When therefore the lord of the vineyard shall come, what will he do unto those husbandmen?

41. They say unto him, He will miserably destroy those miserable men, and will let out the vineyard unto other husbandmen, who shall render him the fruits in their seasons.

42. Jesus saith unto them, Did ye never read in the scriptures, The stone which the builders rejected, The same was made the head of the corner; This was from the Lord, And it is marvelous in our eyes?

43. Therefore say I unto you, The kingdom of God shall be taken away from you, and shall be given to a nation bringing forth the fruits thereof.

44. And he that falleth on this stone shall be broken to pieces: but on whomsoever it shall fall, it will scatter him as dust.

45. And when the chief priests and the Pharisees heard his parables, they perceived that he spake of them.

46. And when they sought to lay hold on him, they feared the multitudes, because they took him for a prophet.

33. Udite un'altra parabola: Vi era un padron di casa, il quale piantò una vigna e le fece attorno una siepe, e vi scavò un luogo da spremer l'uva, e vi edificò una torre; poi l'allogò a de' lavoratori, e se n'andò in viaggio.

34. Or quando fu vicina la stagione de' frutti, mandò i suoi servitori dai lavoratori per ricevere i frutti della vigna.

35. Ma i lavoratori, presi i servitori, uno ne batterono, uno ne uccisero, e un altro ne lapidarono.

36. Da capo mandò degli altri servitori, in maggior numero de' primi; e coloro li trattarono nello stesso modo.

37. Finalmente, mandò loro il suo figliuolo, dicendo: Avranno rispetto al mio figliuolo.

38. Ma i lavoratori, veduto il figliuolo, dissero tra di loro: Costui è l'erede; venite, uccidiamolo, e facciam nostra la sua eredità.

39. E presolo, lo cacciaron fuori della vigna, e l'uccisero.

40. Quando dunque sarà venuto il padron della vigna, che farà egli a que' lavoratori?

41. Essi gli risposero: Li farà perir malamente, cotesti scellerati, e allogherà la vigna ad altri lavoratori, i quali gliene renderanno il frutto a suo tempo.

42. Gesù disse loro: Non avete mai letto nelle Scritture: La pietra che gli edificatori hanno riprovata è quella ch'è divenuta pietra angolare; ciò è stato fatto dal Signore, ed è cosa maravigliosa agli occhi nostri?

43. Perciò io vi dico che il Regno di Dio vi sarà tolto, e sarà dato ad una gente che ne faccia i frutti.

44. E chi cadrà su questa pietra sarà sfracellato; ed ella stritolerà colui sul quale cadrà.

45. E i capi sacerdoti e i Farisei, udite le sue parabole, si avvidero che parlava di loro;

46. e cercavano di pigliarlo, ma temettero le turbe, che lo teneano per profeta.

# Matthew 22

1. And Jesus answered and spake again in parables unto them, saying,

2. The kingdom of heaven is likened unto a certain king, who made a marriage feast for his son,

3. and sent forth his servants to call them that were bidden to the marriage feast: and they would not come.

4. Again he sent forth other servants, saying, Tell them that are bidden, Behold, I have made ready my dinner; my oxen and my fatlings are killed, and all things are ready: come to the marriage feast.

5. But they made light of it, and went their ways, one to his own farm, another to his merchandise;

6. and the rest laid hold on his servants, and treated them shamefully, and killed them.

7. But the king was wroth; and he sent his armies, and destroyed those murderers, and burned their city.

8. Then saith he to his servants, The wedding is ready, but they that were bidden were not worthy.

9. Go ye therefore unto the partings of the highways, and as many as ye shall find, bid to the marriage feast.

10. And those servants went out into the highways, and gathered together all as many as they found, both bad and good: and the wedding was filled with guests.

11. But when the king came in to behold the guests, he saw there a man who had not on a wedding-garment:

12. and he saith unto him, Friend, how camest thou in hither not having a wedding-garment? And he was speechless.

13. Then the king said to the servants, Bind him hand and foot, and cast him out into the outer darkness; there shall be the weeping and the gnashing of teeth.

14. For many are called, but few chosen.

15. Then went the Pharisees, and took counsel how they might ensnare him in [his] talk.

16. And they send to him their disciples, with the Herodians, saying, Teacher, we know that thou art true, and teachest the way of God in truth, and carest not for any one: for thou regardest not the person of men.

# Matteo 22

1. E Gesù prese di nuovo a parlar loro in parabole dicendo:

2. Il regno de' cieli è simile ad un re, il quale fece le nozze del suo figliuolo.

3. E mandò i suoi servitori a chiamare gl'invitati alle nozze; ma questi non vollero venire.

4. Di nuovo mandò degli altri servitori, dicendo: Dite agli invitati: Ecco, io ho preparato il mio pranzo; i miei buoi ed i miei animali ingrassati sono ammazzati, e tutto è pronto; venite alle nozze.

5. Ma quelli, non curandosene, se n'andarono, chi al suo campo, chi al suo traffico;

6. gli altri poi, presi i suoi servitori, li oltraggiarono e li uccisero.

7. Allora il re s'adirò, e mandò le sue truppe a sterminare quegli omicidi e ad ardere la loro città.

8. Quindi disse ai suoi servitori: Le nozze, sì, sono pronte; ma gl'invitati non ne erano degni.

9. Andate dunque sui crocicchi delle strade e chiamate alle nozze quanti troverete.

10. E quei servitori, usciti per le strade, raunarono tutti quelli che trovarono, cattivi e buoni; e la sala delle nozze fu ripiena di commensali.

11. Or il re, entrato per vedere quelli che erano a tavola, notò quivi un uomo che non vestiva l'abito di nozze.

12. E gli disse: Amico, come sei entrato qua senza aver un abito da nozze? E colui ebbe la bocca chiusa.

13. Allora il re disse ai servitori: Legatelo mani e piedi e gettatelo nelle tenebre di fuori. Ivi sarà il pianto e lo stridor de' denti.

14. Poiché molti son chiamati, ma pochi eletti.

15. Allora i Farisei, ritiratisi, tennero consiglio per veder di coglierlo in fallo nelle sue parole.

16. E gli mandarono i loro discepoli con gli Erodiani a dirgli: Maestro, noi sappiamo che sei verace e insegni la via di Dio secondo verità, e non ti curi d'alcuno, perché non guardi all'apparenza delle persone.

17. Tell us therefore, What thinkest thou? Is it lawful to give tribute unto Caesar, or not?

18. But Jesus perceived their wickedness, and said, Why make ye trial of me, ye hypocrites?

19. Show me the tribute money. And they brought unto him a denarius.

20. And he saith unto them, Whose is this image and superscription?

21. They say unto him, Caesar's. Then saith he unto them, Render therefore unto Caesar the things that are Caesar's; and unto God the things that are God's.

22. And when they heard it, they marvelled, and left him, and went away.

23. On that day there came to him Sadducees, they that say that there is no resurrection: and they asked him,

24. saying, Teacher, Moses said, If a man die, having no children, his brother shall marry his wife, and raise up seed unto his brother.

25. Now there were with us seven brethren: and the first married and deceased, and having no seed left his wife unto his brother;

26. in like manner the second also, and the third, unto the seventh.

27. And after them all, the woman died.

28. In the resurrection therefore whose wife shall she be of the seven? for they all had her.

29. But Jesus answered and said unto them, Ye do err, not knowing the scriptures, nor the power of God.

30. For in the resurrection they neither marry, nor are given in marriage, but are as angels in heaven.

31. But as touching the resurrection of the dead, have ye not read that which was spoken unto you by God, saying,

32. I am the God of Abraham, and the God of Isaac, and the God of Jacob? God is not [the God] of the dead, but of the living.

33. And when the multitudes heard it, they were astonished at his teaching.

34. But the Pharisees, when they heard that he had put the Sadducees to silence, gathered themselves together.

35. And one of them, a lawyer, asked him a question, trying him:

17. Dicci dunque: Che te ne pare? E' egli lecito pagare il tributo a Cesare, o no?

18. Ma Gesù, conosciuta la loro malizia, disse: Perché mi tentate, ipocriti?

19. Mostratemi la moneta del tributo. Ed essi gli porsero un denaro. Ed egli domandò loro:

20. Di chi è questa effigie e questa iscrizione?

21. Gli risposero: Di Cesare. Allora egli disse loro: Rendete dunque a Cesare quel ch'è di Cesare, e a Dio quel ch'è di Dio.

22. Ed essi, udito ciò, si maravigliarono; e, lasciatolo, se ne andarono.

23. In quell'istesso giorno vennero a lui de' Sadducei, i quali dicono che non v'è risurrezione, e gli domandarono:

24. Maestro, Mosè ha detto: Se uno muore senza figliuoli, il fratel suo sposi la moglie di lui e susciti progenie al suo fratello.

25. Or v'erano fra di noi sette fratelli; e il primo, ammogliatosi, morì; e, non avendo prole, lasciò sua moglie al suo fratello.

26. Lo stesso fece pure il secondo, poi il terzo, fino al settimo.

27. Infine, dopo tutti, morì anche la donna.

28. Alla risurrezione, dunque, di quale dei sette sarà ella moglie? Poiché tutti l'hanno avuta.

29. Ma Gesù, rispondendo, disse loro: Voi errate, perché non conoscete le Scritture, né la potenza di Dio.

30. Perché alla risurrezione né si prende né si dà moglie; ma i risorti son come angeli ne' cieli.

31. Quanto poi alla risurrezione dei morti, non avete voi letto quel che vi fu insegnato da Dio,

32. quando disse: Io sono l'Iddio di Abramo e l'Iddio d'Isacco e l'Iddio di Giacobbe? Egli non è l'Iddio de' morti, ma de' viventi.

33. E le turbe, udite queste cose, stupivano della sua dottrina.

34. Or i Farisei, udito ch'egli avea chiusa la bocca a' Sadducei, si raunarono insieme;

35. e uno di loro, dottor della legge, gli domandò, per metterlo alla prova:

36. Teacher, which is the great commandment in the law?

37. And he said unto him, Thou shalt love the Lord thy God with all thy heart, and with all thy soul, and with all thy mind.

38. This is the great and first commandment.

39. And a second like [unto it] is this, Thou shalt love thy neighbor as thyself.

40. On these two commandments the whole law hangeth, and the prophets.

41. Now while the Pharisees were gathered together, Jesus asked them a question,

42. saying, What think ye of the Christ? whose son is he? They say unto him, [The son] of David.

43. He saith unto them, How then doth David in the Spirit call him Lord, saying,

44. The Lord said unto my Lord, Sit thou on my right hand, Till I put thine enemies underneath thy feet?

45. If David then calleth him Lord, how is he his son?

46. And no one was able to answer him a word, neither durst any man from that day forth ask him any more questions.

# Matthew 23

1. Then spake Jesus to the multitudes and to his disciples,

2. saying, The scribes and the Pharisees sit on Moses seat:

3. all things therefore whatsoever they bid you, [these] do and observe: but do not ye after their works; for they say, and do not.

4. Yea, they bind heavy burdens and grievous to be borne, and lay them on men's shoulders; but they themselves will not move them with their finger.

5. But all their works they do to be seen of men: for they make broad their phylacteries, and enlarge the borders [of their garments],

6. and love the chief place at feasts, and the chief seats in the synagogues,

7. and the salutations in the marketplaces, and to be called of men, Rabbi.

36. Maestro, qual è, nella legge, il gran comandamento?

37. E Gesù gli disse: Ama il Signore Iddio tuo con tutto il tuo cuore e con tutta l'anima tua e con tutta la mente tua.

38. Questo è il grande e il primo comandamento.

39. Il secondo, simile ad esso, è: Ama il tuo prossimo come te stesso.

40. Da questi due comandamenti dipendono tutta la legge ed i profeti.

41. Or essendo i Farisei raunati, Gesù li interrogò dicendo:

42. Che vi par egli del Cristo? di chi è egli figliuolo? Essi gli risposero: Di Davide.

43. Ed egli a loro: Come dunque Davide, parlando per lo Spirito, lo chiama Signore, dicendo:

44. Il Signore ha detto al mio Signore: Siedi alla mia destra finché io abbia posto i tuoi nemici sotto i tuoi piedi?

45. Se dunque Davide lo chiama Signore, com'è egli suo figliuolo?

46. E nessuno potea replicargli parola; e da quel giorno nessuno ardì più interrogarlo.

# Matteo 23

1. Allora Gesù parlò alle turbe e ai suoi discepoli,

2. dicendo: Gli scribi e i Farisei seggono sulla cattedra di Mosè.

3. Fate dunque ed osservate tutte le cose che vi diranno, ma non fate secondo le opere loro; perché dicono e non fanno.

4. Difatti, legano de' pesi gravi e li mettono sulle spalle della gente; ma loro non li voglion muovere neppure col dito.

5. Tutte le loro opere le fanno per essere osservati dagli uomini; difatti allargano le lor filatterie ed allungano le frange de' mantelli;

6. ed amano i primi posti ne' conviti e i primi seggi nelle sinagoghe

7. e i saluti nelle piazze e d'esser chiamati dalla gente: "Maestro!"

8. But be not ye called Rabbi: for one is your teacher, and all ye are brethren.

9. And call no man your father on the earth: for one is your Father, [even] he who is in heaven.

10. Neither be ye called masters: for one is your master, [even] the Christ.

11. But he that is greatest among you shall be your servant.

12. And whosoever shall exalt himself shall be humbled; and whosoever shall humble himself shall be exalted.

13. But woe unto you, scribes and Pharisees, hypocrites! because ye shut the kingdom of heaven against men: for ye enter not in yourselves, neither suffer ye them that are entering in to enter[.]

14. Woe unto you, scribes and Pharisees, hypocrites! for ye devour widows' houses, even while for a pretence ye make long prayers: therefore ye shall receive greater condemnation.

15. Woe unto you, scribes and Pharisees, hypocrites! for ye compass sea and land to make one proselyte; and when he is become so, ye make him twofold more a son of hell than yourselves.

16. Woe unto you, ye blind guides, that say, Whosoever shall swear by the temple, it is nothing; but whosoever shall swear by the gold of the temple, he is a debtor.

17. Ye fools and blind: for which is greater, the gold, or the temple that hath sanctified the gold?

18. And, Whosoever shall swear by the altar, it is nothing; but whosoever shall swear by the gift that is upon it, he is a debtor.

19. Ye blind: for which is greater, the gift, or the altar that sanctifieth the gift?

20. He therefore that sweareth by the altar, sweareth by it, and by all things thereon.

21. And he that sweareth by the temple, sweareth by it, and by him that dwelleth therein.

22. And he that sweareth by the heaven, sweareth by the throne of God, and by him that sitteth thereon.

8. Ma voi non vi fate chiamar "Maestro", perché uno solo è il vostro maestro, e voi siete tutti fratelli.

9. E non chiamate alcuno sulla terra vostro padre, perché uno solo è il Padre vostro, quello che è ne' cieli.

10. E non vi fate chiamar guide, perché una sola è la vostra guida, il Cristo:

11. ma il maggiore fra voi sia vostro servitore.

12. Chiunque s'innalzerà sarà abbassato, e chiunque si abbasserà sarà innalzato.

13. Ma guai a voi, scribi e Farisei ipocriti, perché serrate il regno de' cieli dinanzi alla gente; poiché, né vi entrate voi, né lasciate entrare quelli che cercano di entrare.

14. Guai a voi, scribi e Farisei ipocriti, perché divorate le case delle vedove, e fate per apparenza lunghe orazioni; perciò riceverete maggior condanna.

15. Guai a voi, scribi e Farisei ipocriti, perché scorrete mare e terra per fare un proselito; e fatto che sia, lo rendete figliuol della geenna il doppio di voi.

16. Guai a voi, guide cieche, che dite: Se uno giura per il tempio, non è nulla; ma se giura per l'oro del tempio, resta obbligato.

17. Stolti e ciechi, poiché qual è maggiore: l'oro, o il tempio che santifica l'oro?

18. E se uno, voi dite, giura per l'altare, non è nulla; ma se giura per l'offerta che c'è sopra, resta obbligato.

19. Ciechi, poiché qual è maggiore: l'offerta, o l'altare che santifica l'offerta?

20. Chi dunque giura per l'altare, giura per esso e per tutto quel che c'è sopra;

21. e chi giura per il tempio, giura per esso e per Colui che l'abita;

22. e chi giura per il cielo, giura per il trono di Dio e per Colui che vi siede sopra.

23. Woe unto you, scribes and Pharisees, hypocrites! for ye tithe mint and anise and cummin, and have left undone the weightier matters of the law, justice, and mercy, and faith: but these ye ought to have done, and not to have left the other undone.

24. Ye blind guides, that strain out the gnat, and swallow the camel!

25. Woe unto you, scribes and Pharisees, hypocrites! for ye cleanse the outside of the cup and of the platter, but within they are full from extortion and excess.

26. Thou blind Pharisee, cleanse first the inside of the cup and of the platter, that the outside thereof may become clean also.

27. Woe unto you, scribes and Pharisees, hypocrites! for ye are like unto whited sepulchres, which outwardly appear beautiful, but inwardly are full of dead men's bones, and of all uncleanness.

28. Even so ye also outwardly appear righteous unto men, but inwardly ye are full of hypocrisy and iniquity.

29. Woe unto you, scribes and Pharisees, hypocrites! for ye build the sepulchres of the prophets, and garnish the tombs of the righteous,

30. and say, If we had been in the days of our fathers, we should not have been partakers with them in the blood of the prophets.

31. Wherefore ye witness to yourselves, that ye are sons of them that slew the prophets.

32. Fill ye up then the measure of your fathers.

33. Ye serpents, ye offspring of vipers, how shall ye escape the judgment of hell?

34. Therefore, behold, I send unto you prophets, and wise men, and scribes: some of them shall ye kill and crucify; and some of them shall ye scourge in your synagogues, and persecute from city to city:

35. that upon you may come all the righteous blood shed on the earth, from the blood of Abel the righteous unto the blood of Zachariah son of Barachiah, whom ye slew between the sanctuary and the altar.

36. Verily I say unto you, All these things shall come upon this generation.

23. Guai a voi, scribi e Farisei ipocriti, perché pagate la decima della menta e dell'aneto e del comino, e trascurate le cose più gravi della legge: il giudicio, e la misericordia, e la fede. Queste son le cose che bisognava fare, senza tralasciar le altre.

24. Guide cieche, che colate il moscerino e inghiottite il cammello.

25. Guai a voi, scribi e Farisei ipocriti, perché nettate il di fuori del calice e del piatto, mentre dentro son pieni di rapina e d'intemperanza.

26. Fariseo cieco, netta prima il di dentro del calice e del piatto, affinché anche il di fuori diventi netto.

27. Guai a voi, scribi e Farisei ipocriti, perché siete simili a sepolcri imbiancati, che appaion belli di fuori, ma dentro son pieni d'ossa di morti e d'ogni immondizia.

28. Così anche voi, di fuori apparite giusti alla gente; ma dentro siete pieni d'ipocrisia e d'iniquità.

29. Guai a voi, scribi e Farisei ipocriti, perché edificate i sepolcri ai profeti, e adornate le tombe de' giusti e dite:

30. Se fossimo stati ai dì de' nostri padri, non saremmo stati loro complici nello spargere il sangue dei profeti!

31. Talché voi testimoniate contro voi stessi, che siete figliuoli di coloro che uccisero i profeti.

32. E voi, colmate pure la misura dei vostri padri!

33. Serpenti, razza di vipere, come scamperete al giudizio della geenna?

34. Perciò, ecco, io vi mando de' profeti e de' savi e degli scribi; di questi, alcuni ne ucciderete e metterete in croce; altri ne flagellerete nelle vostre sinagoghe e li perseguiterete di città in città,

35. affinché venga su voi tutto il sangue giusto sparso sulla terra, dal sangue del giusto Abele, fino al sangue di Zaccaria, figliuol di Barachia, che voi uccideste fra il tempio e l'altare.

36. Io vi dico in verità che tutte queste cose verranno su questa generazione.

37. O Jerusalem, Jerusalem, that killeth the prophets, and stoneth them that are sent unto her! how often would I have gathered thy children together, even as a hen gathereth her chickens under her wings, and ye would not!

38. Behold, your house is left unto you desolate.

39. For I say unto you, Ye shall not see me henceforth, till ye shall say, Blessed [is] he that cometh in the name of the Lord.

# Matthew 24

1. And Jesus went out from the temple, and was going on his way; and his disciples came to him to show him the buildings of the temple.

2. But he answered and said unto them, See ye not all these things? verily I say unto you, There shall not be left here one stone upon another, that shall not be thrown down.

3. And as he sat on the mount of Olives, the disciples came unto him privately, saying, Tell us, when shall these things be? and what [shall be] the sign of thy coming, and of the end of the world?

4. And Jesus answered and said unto them, Take heed that no man lead you astray.

5. For many shall come in my name, saying, I am the Christ; and shall lead many astray.

6. And ye shall hear of wars and rumors of wars; see that ye be not troubled: for [these things] must needs come to pass; but the end is not yet.

7. For nation shall rise against nation, and kingdom against kingdom; and there shall be famines and earthquakes in divers places.

8. But all these things are the beginning of travail.

9. Then shall they deliver you up unto tribulation, and shall kill you: and ye shall be hated of all the nations for my name's sake.

10. And then shall many stumble, and shall deliver up one another, and shall hate one another.

11. And many false prophets shall arise, and shall lead many astray.

37. Gerusalemme, Gerusalemme, che uccidi i profeti e lapidi quelli che ti sono mandati, quante volte ho voluto raccogliere i tuoi figliuoli, come la gallina raccoglie i suoi pulcini sotto le ali; e voi non avete voluto!

38. Ecco, la vostra casa sta per esservi lasciata deserta.

39. Poiché vi dico che d'ora innanzi non mi vedrete più, finché diciate: Benedetto colui che viene nel nome del Signore!

# Matteo 24

1. E come Gesù usciva dal tempio e se n'andava, i suoi discepoli gli s'accostarono per fargli osservare gli edifizi del tempio.

2. Ma egli rispose loro: Le vedete tutte queste cose? Io vi dico in verità: Non sarà lasciata qui pietra sopra pietra che non sia diroccata.

3. E stando egli seduto sul monte degli Ulivi, i discepoli gli s'accostarono in disparte, dicendo: Dicci: Quando avverranno queste cose, e quale sarà il segno della tua venuta e della fine dell'età presente?

4. E Gesù, rispondendo, disse loro: Guardate che nessuno vi seduca.

5. Poiché molti verranno sotto il mio nome, dicendo: Io sono il Cristo, e ne sedurranno molti.

6. Or voi udirete parlar di guerre e di rumori di guerre; guardate di non turbarvi, perché bisogna che questo avvenga, ma non sarà ancora la fine.

7. Poiché si leverà nazione contro nazione e regno contro regno; ci saranno carestie e terremoti in vari luoghi;

8. ma tutto questo non sarà che principio di dolori.

9. Allora vi getteranno in tribolazione e v'uccideranno, e sarete odiati da tutte le genti a cagion del mio nome.

10. E allora molti si scandalizzeranno, e si tradiranno e si odieranno a vicenda.

11. E molti falsi profeti sorgeranno e sedurranno molti.

12. And because iniquity shall be multiplied, the love of the many shall wax cold.

13. But he that endureth to the end, the same shall be saved.

14. And this gospel of the kingdom shall be preached in the whole world for a testimony unto all the nations; and then shall the end come.

15. When therefore ye see the abomination of desolation, which was spoken of through Daniel the prophet, standing in the holy place (let him that readeth understand),

16. then let them that are in Judaea flee unto the mountains:

17. let him that is on the housetop not go down to take out things that are in his house:

18. and let him that is in the field not return back to take his cloak.

19. But woe unto them that are with child and to them that give suck in those days!

20. And pray ye that your flight be not in the winter, neither on a sabbath:

21. for then shall be great tribulation, such as hath not been from the beginning of the world until now, no, nor ever shall be.

22. And except those days had been shortened, no flesh would have been saved: but for the elect's sake those days shall be shortened.

23. Then if any man shall say unto you, Lo, here is the Christ, or, Here; believe [it] not.

24. For there shall arise false Christs, and false prophets, and shall show great signs and wonders; so as to lead astray, if possible, even the elect.

25. Behold, I have told you beforehand.

26. If therefore they shall say unto you, Behold, he is in the wilderness; go not forth: Behold, he is in the inner chambers; believe [it] not.

27. For as the lightning cometh forth from the east, and is seen even unto the west; so shall be the coming of the Son of man.

28. Wheresoever the carcase is, there will the eagles be gathered together.

12. E perché l'iniquità sarà moltiplicata, la carità dei più si raffredderà.

13. Ma chi avrà perseverato sino alla fine sarà salvato.

14. E questo evangelo del Regno sarà predicato per tutto il mondo, onde ne sia resa testimonianza a tutte le genti; e allora verrà la fine.

15. Quando dunque avrete veduta l'abominazione della desolazione, della quale ha parlato il profeta Daniele, posta in luogo santo (chi legge pongavi mente),

16. allora quelli che saranno nella Giudea, fuggano ai monti;

17. chi sarà sulla terrazza non scenda per toglier quello che è in casa sua;

18. e chi sarà nel campo non torni indietro a prender la sua veste.

19. Or guai alle donne che saranno incinte, ed a quelle che allatteranno in que' giorni!

20. E pregate che la vostra fuga non avvenga d'inverno né di sabato;

21. perché allora vi sarà una grande afflizione; tale, che non v'è stata l'uguale dal principio del mondo fino ad ora, né mai più vi sarà.

22. E se quei giorni non fossero stati abbreviati, nessuno scamperebbe; ma, a cagion degli eletti, que' giorni saranno abbreviati.

23. Allora, se alcuno vi dice: "Il Cristo eccolo qui, eccolo là", non lo credete;

24. perché sorgeranno falsi cristi e falsi profeti, e faranno gran segni e prodigi da sedurre, se fosse possibile, anche gli eletti.

25. Ecco, ve l'ho predetto. Se dunque vi dicono: Eccolo, è nel deserto, non v'andate;

26. eccolo, è nelle stanze interne, non lo credete;

27. perché, come il lampo esce da levante e si vede fino a ponente, così sarà la venuta del Figliuol dell'uomo.

28. Dovunque sarà il carname, quivi si raduneranno le aquile.

29. But immediately after the tribulation of those days the sun shall be darkened, and the moon shall not give her light, and the stars shall fall from heaven, and the powers of the heavens shall be shaken:

30. and then shall appear the sign of the Son of man in heaven: and then shall all the tribes of the earth mourn, and they shall see the Son of man coming on the clouds of heaven with power and great glory.

31. And he shall send forth his angels with a great sound of a trumpet, and they shall gather together his elect from the four winds, from one end of heaven to the other.

32. Now from the fig tree learn her parable: when her branch is now become tender, and putteth forth its leaves, ye know that the summer is nigh;

33. even so ye also, when ye see all these things, know ye that he is nigh, [even] at the doors.

34. Verily I say unto you, This generation shall not pass away, till all these things be accomplished.

35. Heaven and earth shall pass away, but my words shall not pass away.

36. But of that day and hour knoweth no one, not even the angels of heaven, neither the Son, but the Father only.

37. And as [were] the days of Noah, so shall be the coming of the Son of man.

38. For as in those days which were before the flood they were eating and drinking, marrying and giving in marriage, until the day that Noah entered into the ark,

39. and they knew not until the flood came, and took them all away; so shall be the coming of the Son of man.

40. Then shall two man be in the field; one is taken, and one is left:

41. two women [shall be] grinding at the mill; one is taken, and one is left.

42. Watch therefore: for ye know not on what day your Lord cometh.

43. But know this, that if the master of the house had known in what watch the thief was coming, he would have watched, and would not have suffered his house to be broken through.

29. Or subito dopo l'afflizione di que' giorni, il sole si oscurerà, e la luna non darà il suo splendore, e le stelle cadranno dal cielo, e le potenze de' cieli saranno scrollate.

30. E allora apparirà nel cielo il segno del Figliuol dell'uomo; ed allora tutte le tribù della terra faranno cordoglio, e vedranno il Figliuol dell'uomo venir sulle nuvole del cielo con gran potenza e gloria.

31. E manderà i suoi angeli con gran suono di tromba a radunare i suoi eletti dai quattro venti, dall'un capo all'altro de' cieli.

32. Or imparate dal fico questa similitudine: Quando già i suoi rami si fanno teneri e metton le foglie, voi sapete che l'estate è vicina.

33. Così anche voi, quando vedrete tutte queste cose, sappiate che egli è vicino, proprio alle porte.

34. Io vi dico in verità che questa generazione non passerà prima che tutte queste cose siano avvenute.

35. Il cielo e la terra passeranno, ma le mie parole non passeranno.

36. Ma quant'è a quel giorno ed a quell'ora nessuno li sa, neppure gli angeli dei cieli, neppure il Figliuolo, ma il Padre solo.

37. E come fu ai giorni di Noè, così sarà alla venuta del Figliuol dell'uomo.

38. Infatti, come ne' giorni innanzi al diluvio si mangiava e si beveva, si prendea moglie e s'andava a marito, sino al giorno che Noè entrò nell'arca,

39. e di nulla si avvide la gente, finché venne il diluvio che portò via tutti quanti, così avverrà alla venuta del Figliuol dell'uomo.

40. Allora due saranno nel campo; l'uno sarà preso e l'altro lasciato;

41. due donne macineranno al mulino: l'una sarà presa e l'altra lasciata.

42. Vegliate, dunque, perché non sapete in qual giorno il vostro Signore sia per venire.

43. Ma sappiate questo, che se il padron di casa sapesse a qual vigilia il ladro deve venire, veglierebbe e non lascerebbe forzar la sua casa.

44. Therefore be ye also ready; for in an hour that ye think not the Son of man cometh.

45. Who then is the faithful and wise servant, whom his lord hath set over his household, to give them their food in due season?

46. Blessed is that servant, whom his lord when he cometh shall find so doing.

47. Verily I say unto you, that he will set him over all that he hath.

48. But if that evil servant shall say in his heart, My lord tarrieth;

49. and shall begin to beat his fellow-servants, and shall eat and drink with the drunken;

50. the lord of that servant shall come in a day when he expecteth not, and in an hour when he knoweth not,

51. and shall cut him asunder, and appoint his portion with the hypocrites: there shall be the weeping and the gnashing of teeth.

44. Perciò, anche voi siate pronti; perché, nell'ora che non pensate, il Figliuol dell'uomo verrà.

45. Qual è mai il servitore fedele e prudente che il padrone abbia costituito sui domestici per dar loro il vitto a suo tempo?

46. Beato quel servitore che il padrone, arrivando, troverà così occupato!

47. Io vi dico in verità che lo costituirà su tutti i suoi beni.

48. Ma, s'egli è un malvagio servitore che dica in cuor suo: Il mio padrone tarda a venire;

49. e comincia a battere i suoi conservi, e a mangiare e bere con gli ubriaconi,

50. il padrone di quel servitore verrà nel giorno che non se l'aspetta, e nell'ora che non sa;

51. e lo farà lacerare a colpi di flagello, e gli assegnerà la sorte degl'ipocriti. Ivi sarà il pianto e lo stridor de' denti.

# Matthew 25

# Matteo 25

1. Then shall the kingdom of heaven be likened unto ten virgins, who took their lamps, and went forth to meet the bridegroom.

2. And five of them were foolish, and five were wise.

3. For the foolish, when they took their lamps, took no oil with them:

4. but the wise took oil in their vessels with their lamps.

5. Now while the bridegroom tarried, they all slumbered and slept.

6. But at midnight there is a cry, Behold, the bridegroom! Come ye forth to meet him.

7. Then all those virgins arose, and trimmed their lamps.

8. And the foolish said unto the wise, Give us of your oil; for our lamps are going out.

9. But the wise answered, saying, Peradventure there will not be enough for us and you: go ye rather to them that sell, and buy for yourselves.

1. Allora il regno de' cieli sarà simile a dieci vergini le quali, prese le loro lampade, uscirono a incontrar lo sposo.

2. Or cinque d'esse erano stolte e cinque avvedute;

3. le stolte, nel prendere le loro lampade, non avean preso seco dell'olio;

4. mentre le avvedute, insieme con le loro lampade, avean preso dell'olio ne' vasi.

5. Or tardando lo sposo, tutte divennero sonnacchiose e si addormentarono.

6. E sulla mezzanotte si levò un grido: Ecco lo sposo, uscitegli incontro!

7. Allora tutte quelle vergini si destarono e acconciaron le loro lampade.

8. E le stolte dissero alle avvedute: Dateci del vostro olio, perché le nostre lampade si spengono.

9. Ma le avvedute risposero: No, che talora non basti per noi e per voi; andate piuttosto da' venditori e compratevene!

10. And while they went away to buy, the bridegroom came; and they that were ready went in with him to the marriage feast: and the door was shut.

11. Afterward came also the other virgins, saying, Lord, Lord, open to us.

12. But he answered and said, Verily I say unto you, I know you not.

13. Watch therefore, for ye know not the day nor the hour.

14. For [it is] as [when] a man, going into another country, called his own servants, and delivered unto them his goods.

15. And unto one he gave five talents, to another two, to another one; to each according to his several ability; and he went on his journey.

16. Straightway he that received the five talents went and traded with them, and made other five talents.

17. In like manner he also that [received] the two gained other two.

18. But he that received the one went away and digged in the earth, and hid his lord's money.

19. Now after a long time the lord of those servants cometh, and maketh a reckoning with them.

20. And he that received the five talents came and brought other five talents, saying, Lord, thou deliveredst unto me five talents: lo, I have gained other five talents.

21. His lord said unto him, Well done, good and faithful servant: thou hast been faithful over a few things, I will set thee over many things; enter thou into the joy of thy lord.

22. And he also that [received] the two talents came and said, Lord, thou deliveredst unto me two talents: lo, I have gained other two talents.

23. His lord said unto him, Well done, good and faithful servant: thou hast been faithful over a few things, I will set thee over many things; enter thou into the joy of thy lord.

24. And he also that had received the one talent came and said, Lord, I knew thee that thou art a hard man, reaping where thou didst not sow, and gathering where thou didst not scatter;

10. Ma, mentre quelle andavano a comprarne, arrivò lo sposo; e quelle che eran pronte, entraron con lui nella sala delle nozze, e l'uscio fu chiuso.

11. All'ultimo vennero anche le altre vergini, dicendo: Signore, Signore, aprici!

12. Ma egli, rispondendo, disse: Io vi dico in verità: Non vi conosco.

13. Vegliate dunque, perché non sapete né il giorno né l'ora.

14. Poiché avverrà come di un uomo il quale, partendo per un viaggio, chiamò i suoi servitori e affidò loro i suoi beni;

15. e all'uno diede cinque talenti, a un altro due, e a un altro uno; a ciascuno secondo la sua capacità; e partì.

16. Subito, colui che avea ricevuto i cinque talenti andò a farli fruttare, e ne guadagnò altri cinque.

17. Parimente, quello de' due ne guadagnò altri due.

18. Ma colui che ne avea ricevuto uno, andò e, fatta una buca in terra, vi nascose il danaro del suo padrone.

19. Or dopo molto tempo, ecco il padrone di que' servitori a fare i conti con loro.

20. E colui che avea ricevuto i cinque talenti, venne e presentò altri cinque talenti, dicendo: Signore, tu m'affidasti cinque talenti; ecco, ne ho guadagnati altri cinque.

21. E il suo padrone gli disse: Va bene, buono e fedel servitore; sei stato fedele in poca cosa, ti costituirò sopra molte cose; entra nella gioia del tuo Signore.

22. Poi, presentatosi anche quello de' due talenti, disse: Signore, tu m'affidasti due talenti; ecco, ne ho guadagnati altri due.

23. Il suo padrone gli disse: Va bene, buono e fedel servitore; sei stato fedele in poca cosa, ti costituirò sopra molte cose; entra nella gioia del tuo Signore.

24. Poi, accostatosi anche quello che avea ricevuto un talento solo, disse: Signore, io sapevo che tu sei uomo duro, che mieti dove non hai seminato, e raccogli dove non hai sparso;

25. and I was afraid, and went away and hid thy talent in the earth: lo, thou hast thine own.

26. But his lord answered and said unto him, Thou wicked and slothful servant, thou knewest that I reap where I sowed not, and gather where I did not scatter;

27. thou oughtest therefore to have put my money to the bankers, and at my coming I should have received back mine own with interest.

28. Take ye away therefore the talent from him, and give it unto him that hath the ten talents.

29. For unto every one that hath shall be given, and he shall have abundance: but from him that hath not, even that which he hath shall be taken away.

30. And cast ye out the unprofitable servant into the outer darkness: there shall be the weeping and the gnashing of teeth.

31. But when the Son of man shall come in his glory, and all the angels with him, then shall he sit on the throne of his glory:

32. and before him shall be gathered all the nations: and he shall separate them one from another, as the shepherd separateth the sheep from the goats;

33. and he shall set the sheep on his right hand, but the goats on the left.

34. Then shall the King say unto them on his right hand, Come, ye blessed of my Father, inherit the kingdom prepared for you from the foundation of the world:

35. for I was hungry, and ye gave me to eat; I was thirsty, and ye gave me drink; I was a stranger, and ye took me in;

36. naked, and ye clothed me; I was sick, and ye visited me; I was in prison, and ye came unto me.

37. Then shall the righteous answer him, saying, Lord, when saw we thee hungry, and fed thee? or athirst, and gave thee drink?

38. And when saw we thee a stranger, and took thee in? or naked, and clothed thee?

39. And when saw we thee sick, or in prison, and came unto thee?

25. ebbi paura, e andai a nascondere il tuo talento sotterra; eccoti il tuo.

26. E il suo padrone, rispondendo, gli disse: Servo malvagio ed infingardo, tu sapevi ch'io mieto dove non ho seminato e raccolgo dove non ho sparso;

27. dovevi dunque portare il mio danaro dai banchieri; e al mio ritorno, avrei ritirato il mio con interesse.

28. Toglietegli dunque il talento, e datelo a colui che ha i dieci talenti.

29. Poiché a chiunque ha sarà dato, ed egli sovrabbonderà; ma a chi non ha sarà tolto anche quello che ha.

30. E quel servitore disutile, gettatelo nelle tenebre di fuori. Ivi sarà il pianto e lo stridor dei denti.

31. Or quando il Figliuol dell'uomo sarà venuto nella sua gloria, avendo seco tutti gli angeli, allora sederà sul trono della sua gloria.

32. E tutte le genti saranno radunate dinanzi a lui; ed egli separerà gli uni dagli altri, come il pastore separa le pecore dai capri;

33. e metterà le pecore alla sua destra e i capri alla sinistra.

34. Allora il Re dirà a quelli della sua destra: Venite, voi, i benedetti del Padre mio; eredate il regno che v'è stato preparato sin dalla fondazione del mondo.

35. Perché ebbi fame, e mi deste da mangiare; ebbi sete, e mi deste da bere; fui forestiere, e m'accoglieste;

36. fui ignudo, e mi rivestiste; fui infermo, e mi visitaste; fui in prigione, e veniste a trovarmi.

37. Allora i giusti gli risponderanno: Signore, quando mai t'abbiam veduto aver fame e t'abbiam dato da mangiare? o aver sete e t'abbiam dato da bere?

38. Quando mai t'abbiam veduto forestiere e t'abbiamo accolto? o ignudo e t'abbiam rivestito?

39. Quando mai t'abbiam veduto infermo o in prigione e siam venuti a trovarti?

40. And the King shall answer and say unto them, Verily I say unto you, Inasmuch as ye did it unto one of these my brethren, [even] these least, ye did it unto me.

41. Then shall he say also unto them on the left hand, Depart from me, ye cursed, into the eternal fire which is prepared for the devil and his angels:

42. for I was hungry, and ye did not give me to eat; I was thirsty, and ye gave me no drink;

43. I was a stranger, and ye took me not in; naked, and ye clothed me not; sick, and in prison, and ye visited me not.

44. Then shall they also answer, saying, Lord, when saw we thee hungry, or athirst, or a stranger, or naked, or sick, or in prison, and did not minister unto thee?

45. Then shall he answer them, saying, Verily I say unto you, Inasmuch as ye did it not unto one of these least, ye did it not unto me.

46. And these shall go away into eternal punishment: but the righteous into eternal life.

40. E il Re, rispondendo, dirà loro: In verità vi dico che in quanto l'avete fatto ad uno di questi miei minimi fratelli, l'avete fatto a me.

41. Allora dirà anche a coloro della sinistra: Andate via da me, maledetti, nel fuoco eterno, preparato pel diavolo e per i suoi angeli!

42. Perché ebbi fame e non mi deste da mangiare; ebbi sete e non mi deste da bere;

43. fui forestiere e non m'accoglieste; ignudo, e non mi rivestiste; infermo ed in prigione, e non mi visitaste.

44. Allora anche questi gli risponderanno, dicendo: Signore, quando t'abbiam veduto aver fame, o sete, o esser forestiero, o ignudo, o infermo, o in prigione, e non t'abbiamo assistito?

45. Allora risponderà loro, dicendo: In verità vi dico che in quanto non l'avete fatto ad uno di questi minimi, non l'avete fatto neppure a me.

46. E questi se ne andranno a punizione eterna; ma i giusti a vita eterna.

# Matthew 26      Matteo 26

1. And it came to pass, when Jesus had finished all these words, he said unto his disciples,

2. Ye know that after two days the passover cometh, and the Son of man is delivered up to be crucified.

3. Then were gathered together the chief priests, and the elders of the people, unto the court of the high priest, who was called Caiaphas;

4. and they took counsel together that they might take Jesus by subtlety, and kill him.

5. But they said, Not during the feast, lest a tumult arise among people.

6. Now when Jesus was in Bethany, in the house of Simon the leper,

7. there came unto him a woman having an alabaster cruse of exceeding precious ointment, and she poured it upon his head, as he sat at meat.

8. But when the disciples saw it, they had indignation, saying, To what purpose is this waste?

1. Ed avvenne che quando Gesù ebbe finiti tutti questi ragionamenti, disse ai suoi discepoli:

2. Voi sapete che fra due giorni è la Pasqua, e il Figliuol dell'uomo sarà consegnato per esser crocifisso.

3. Allora i capi sacerdoti e gli anziani del popolo si raunarono nella corte del sommo sacerdote detto Caiàfa,

4. e deliberarono nel loro consiglio di pigliar Gesù con inganno e di farlo morire.

5. Ma dicevano: Non durante la festa, perché non accada tumulto nel popolo.

6. Or essendo Gesù in Betania, in casa di Simone il lebbroso,

7. venne a lui una donna che aveva un alabastro d'olio odorifero di gran prezzo, e lo versò sul capo di lui che stava a tavola.

8. Veduto ciò, i discepoli furono indignati e dissero: A che questa perdita?

9. For this [ointment] might have been sold for much, and given to the poor.

10. But Jesus perceiving it said unto them, Why trouble ye the woman? for she hath wrought a good work upon me.

11. For ye have the poor always with you; but me ye have not always.

12. For in that she poured this ointment upon my body, she did it to prepare me for burial.

13. Verily I say unto you, Wheresoever this gospel shall be preached in the whole world, that also which this woman hath done shall be spoken of for a memorial of her.

14. Then one of the twelve, who was called Judas Iscariot, went unto the chief priests,

15. and said, What are ye willing to give me, and I will deliver him unto you? And they weighed unto him thirty pieces of silver.

16. And from that time he sought opportunity to deliver him [unto them.]

17. Now on the first [day] of unleavened bread the disciples came to Jesus, saying, Where wilt thou that we make ready for thee to eat the passover?

18. And he said, Go into the city to such a man, and say unto him, The Teacher saith, My time is at hand; I keep the passover at thy house with my disciples.

19. And the disciples did as Jesus appointed them; and they made ready the passover.

20. Now when even was come, he was sitting at meat with the twelve disciples;

21. and as they were eating, he said, Verily I say unto you, that one of you shall betray me.

22. And they were exceeding sorrowful, and began to say unto him every one, Is it I, Lord?

23. And he answered and said, He that dipped his hand with me in the dish, the same shall betray me.

24. The Son of man goeth, even as it is written of him: but woe unto that man through whom the Son of man is betrayed! good were it for that man if he had not been born.

25. And Judas, who betrayed him, answered and said, Is it I, Rabbi? He saith unto him, Thou hast said.

9. Poiché quest'olio si sarebbe potuto vender caro, e il denaro darlo ai poveri.

10. Ma Gesù, accortosene, disse loro: Perché date noia a questa donna? Ella ha fatto un'azione buona verso di me.

11. Perché i poveri li avete sempre con voi; ma me non mi avete sempre.

12. Poiché costei, versando quest'olio sul mio corpo, l'ha fatto in vista della mia sepoltura.

13. In verità vi dico che per tutto il mondo, dovunque sarà predicato questo evangelo, anche quello che costei ha fatto, sarà raccontato in memoria di lei.

14. Allora uno dei dodici, detto Giuda Iscariot, andò dai capi sacerdoti e disse loro:

15. Che mi volete dare, e io ve lo consegnerò? Ed essi gli contarono trenta sicli d'argento.

16. E da quell'ora cercava il momento opportuno di tradirlo.

17. Or il primo giorno degli azzimi, i discepoli s'accostarono a Gesù e gli dissero: Dove vuoi che ti prepariamo da mangiar la pasqua?

18. Ed egli disse: Andate in città dal tale, e ditegli: Il Maestro dice: il mio tempo è vicino; farò la pasqua da te, co' miei discepoli.

19. E i discepoli fecero come Gesù avea loro ordinato, e prepararono la pasqua.

20. E quando fu sera, si mise a tavola co' dodici discepoli.

21. E mentre mangiavano, disse: In verità io vi dico: Uno di voi mi tradirà.

22. Ed essi, grandemente attristati, cominciarono a dirgli ad uno ad uno: Sono io quello, Signore?

23. Ma egli, rispondendo, disse: Colui che ha messo con me la mano nel piatto, quello mi tradirà.

24. Certo, il Figliuol dell'uomo se ne va, come è scritto di lui, ma guai a quell'uomo per cui il Figliuol dell'uomo è tradito! Meglio sarebbe per cotest'uomo, se non fosse mai nato.

25. E Giuda, che lo tradiva, prese a dire: Sono io quello, Maestro? E Gesù a lui: L'hai detto.

26. And as they were eating, Jesus took bread, and blessed, and brake it; and he gave to the disciples, and said, Take, eat; this is my body.

27. And he took a cup, and gave thanks, and gave to them, saying, Drink ye all of it;
28. for this is my blood of the covenant, which is poured out for many unto remission of sins.

29. But I say unto you, I shall not drink henceforth of this fruit of the vine, until that day when I drink it new with you in my Father's kingdom.
30. And when they had sung a hymn, they went out unto the mount of Olives.
31. Then saith Jesus unto them, All ye shall be offended in me this night: for it is written, I will smite the shepherd, and the sheep of the flock shall be scattered abroad.
32. But after I am raised up, I will go before you into Galilee.
33. But Peter answered and said unto him, If all shall be offended in thee, I will never be offended.
34. Jesus said unto him, Verily I say unto thee, that this night, before the cock crow, thou shalt deny me thrice.
35. Peter saith unto him, Even if I must die with thee, [yet] will I not deny thee. Likewise also said all the disciples.

36. Then cometh Jesus with them unto a place called Gethsemane, and saith unto his disciples, Sit ye here, while I go yonder and pray.
37. And he took with him Peter and the two sons of Zebedee, and began to be sorrowful and sore troubled.
38. Then saith he unto them, My soul is exceeding sorrowful, even unto death: abide ye here, and watch with me.
39. And he went forward a little, and fell on his face, and prayed, saying, My Father, if it be possible, let this cup pass away from me: nevertheless, not as I will, but as thou wilt.
40. And he cometh unto the disciples, and findeth them sleeping, and saith unto Peter, What, could ye not watch with me one hour?

26. Or mentre mangiavano, Gesù prese del pane; e fatta la benedizione, lo ruppe, e dandolo a' suoi discepoli, disse: Prendete, mangiate, questo è il mio corpo.
27. Poi, preso un calice e rese grazie, lo diede loro, dicendo:

28. Bevetene tutti, perché questo è il mio sangue, il sangue del patto, il quale è sparso per molti per la remissione dei peccati.
29. Io vi dico che d'ora in poi non berrò più di questo frutto della vigna, fino al giorno che lo berrò nuovo con voi nel regno del Padre mio.
30. E dopo ch'ebbero cantato l'inno, uscirono per andare al monte degli Ulivi.
31. Allora Gesù disse loro: Questa notte voi tutti avrete in me un'occasion di caduta; perché è scritto: Io percoterò il pastore, e le pecore della greggia saranno disperse.
32. Ma dopo che sarò risuscitato, vi precederò in Galilea.
33. Ma Pietro, rispondendo, gli disse: Quand'anche tu fossi per tutti un'occasion di caduta, non lo sarai mai per me.
34. Gesù gli disse: In verità ti dico che questa stessa notte, prima che il gallo canti, tu mi rinnegherai tre volte.
35. E Pietro a lui: Quand'anche mi convenisse morir teco, non però ti rinnegherò. E lo stesso dissero pure tutti i discepoli.
36. Allora Gesù venne con loro in un podere detto Getsemani, e disse ai discepoli: Sedete qui finché io sia andato là ed abbia orato.
37. E presi seco Pietro e i due figliuoli di Zebedeo, cominciò ad esser contristato ed angosciato.
38. Allora disse loro: L'anima mia è oppressa da tristezza mortale; rimanete qui e vegliate meco.
39. E andato un poco innanzi, si gettò con la faccia a terra, pregando, e dicendo: Padre mio, se è possibile, passi oltre da me questo calice! Ma pure, non come voglio io, ma come tu vuoi.
40. Poi venne a' discepoli, e li trovò che dormivano, e disse a Pietro: Così, non siete stati capaci di vegliar meco un'ora sola?

41. Watch and pray, that ye enter not into temptation: the spirit indeed is willing, but the flesh is weak.

42. Again a second time he went away, and prayed, saying, My Father, if this cannot pass away, except I drink it, thy will be done.

43. And he came again and found them sleeping, for their eyes were heavy.

44. And he left them again, and went away, and prayed a third time, saying again the same words.

45. Then cometh he to the disciples, and saith unto them, Sleep on now, and take your rest: behold, the hour is at hand, and the Son of man is betrayed into the hands of sinners.

46. Arise, let us be going: behold, he is at hand that betrayeth me.

47. And while he yet spake, lo, Judas, one of the twelve, came, and with him a great multitude with swords and staves, from the chief priest and elders of the people.

48. Now he that betrayed him gave them a sign, saying, Whomsoever I shall kiss, that is he: take him.

49. And straightway he came to Jesus, and said, Hail, Rabbi; and kissed him.

50. And Jesus said unto him, Friend, [do] that for which thou art come. Then they came and laid hands on Jesus, and took him.

51. And behold, one of them that were with Jesus stretched out his hand, and drew his sword, and smote the servant of the high priest, and struck off his ear.

52. Then saith Jesus unto him, Put up again thy sword into its place: for all they that take the sword shall perish with the sword.

53. Or thinkest thou that I cannot beseech my Father, and he shall even now send me more than twelve legions of angels?

54. How then should the scriptures be fulfilled that thus it must be?

55. In that hour said Jesus to the multitudes, Are ye come out as against a robber with swords and staves to seize me? I sat daily in the temple teaching, and ye took me not.

41. Vegliate ed orate, affinché non cadiate in tentazione; ben è lo spirito pronto, ma la carne è debole.

42. Di nuovo, per la seconda volta, andò e pregò, dicendo: Padre mio, se non è possibile che questo calice passi oltre da me, senza ch'io lo beva, sia fatta la tua volontà.

43. E tornato, li trovò che dormivano perché gli occhi loro erano aggravati.

44. E lasciatili, andò di nuovo e pregò per la terza volta, ripetendo le medesime parole.

45. Poi venne ai discepoli e disse loro: Dormite pure oramai, e riposatevi! Ecco, l'ora e giunta, e il Figliuol dell'uomo è dato nelle mani dei peccatori.

46. Levatevi, andiamo; ecco, colui che mi tradisce è vicino.

47. E mentre parlava ancora, ecco arrivar Giuda, uno dei dodici, e con lui una gran turba con spade e bastoni, da parte de' capi sacerdoti e degli anziani del popolo.

48. Or colui che lo tradiva, avea dato loro un segnale, dicendo: Quello che bacerò, è lui; pigliatelo.

49. E in quell'istante, accostatosi a Gesù, gli disse: Ti saluto, Maestro! e gli dette un lungo bacio.

50. Ma Gesù gli disse: Amico, a far che sei tu qui? Allora, accostatisi, gli misero le mani addosso, e lo presero.

51. Ed ecco, un di coloro ch'eran con lui, stesa la mano alla spada, la sfoderò; e percosso il servitore del sommo sacerdote, gli spiccò l'orecchio.

52. Allora Gesù gli disse: Riponi la tua spada al suo posto, perché tutti quelli che prendon la spada, periscon per la spada.

53. Credi tu forse ch'io non potrei pregare il Padre mio che mi manderebbe in quest'istante più di dodici legioni d'angeli?

54. Come dunque si adempirebbero le Scritture, secondo le quali bisogna che così avvenga?

55. In quel punto Gesù disse alle turbe: Voi siete usciti con spade e bastoni come contro ad un ladrone, per pigliarmi. Ogni giorno sedevo nel tempio ad insegnare, e voi non m'avete preso;

56. But all this is come to pass, that the scriptures of the prophets might be fulfilled. Then all the disciples left him, and fled.

57. And they that had taken Jesus led him away to [the house of] Caiaphas the high priest, where the scribes and the elders were gathered together.

58. But Peter followed him afar off, unto the court of the high priest, and entered in, and sat with the officers, to see the end.

59. Now the chief priests and the whole council sought false witness against Jesus, that they might put him to death;

60. and they found it not, though many false witnesses came. But afterward came two,

61. and said, This man said, I am able to destroy the temple of God, and to build it in three days.

62. And the high priest stood up, and said unto him, Answerest thou nothing? what is it which these witness against thee?

63. But Jesus held his peace. And the high priest said unto him, I adjure thee by the living God, that thou tell us whether thou art the Christ, the Son of God.

64. Jesus said unto him, Thou hast said: nevertheless I say unto you, Henceforth ye shall see the Son of man sitting at the right hand of Power, and coming on the clouds of heaven.

65. Then the high priest rent his garments, saying, He hath spoken blasphemy: what further need have we of witnesses? behold, now ye have heard the blasphemy:

66. what think ye? They answered and said, He is worthy of death.

67. Then did they spit in his face and buffet him: and some smote him with the palms of their hands,

68. saying, Prophesy unto us, thou Christ: who is he that struck thee?

69. Now Peter was sitting without in the court: and a maid came unto him, saying, Thou also wast with Jesus the Galilaean.

70. But he denied before them all, saying, I know not what thou sayest.

56. ma tutto questo è avvenuto affinché si adempissero le scritture de' profeti. Allora tutti i discepoli, lasciatolo, se ne fuggirono.

57. Or quelli che aveano preso Gesù, lo menarono a Caiàfa, sommo sacerdote, presso il quale erano raunati gli scribi e gli anziani.

58. E Pietro lo seguiva da lontano, finché giunsero alla corte del sommo sacerdote; ed entrato dentro, si pose a sedere con le guardie, per veder la fine.

59. Or i capi sacerdoti e tutto il Sinedrio cercavano qualche falsa testimonianza contro a Gesù per farlo morire;

60. e non ne trovavano alcuna, benché si fossero fatti avanti molti falsi testimoni.

61. Finalmente, se ne fecero avanti due che dissero: Costui ha detto: Io posso disfare il tempio di Dio e riedificarlo in tre giorni.

62. E il sommo sacerdote, levatosi in piedi, gli disse: Non rispondi tu nulla? Che testimoniano costoro contro a te? Ma Gesù taceva.

63. E il sommo sacerdote gli disse: Ti scongiuro per l'Iddio vivente a dirci se tu se' il Cristo, il Figliuol di Dio.

64. Gesù gli rispose: Tu l'hai detto; anzi vi dico che da ora innanzi vedrete il Figliuol dell'uomo sedere alla destra della Potenza, e venire su le nuvole del cielo.

65. Allora il sommo sacerdote si stracciò le vesti, dicendo: Egli ha bestemmiato: che bisogno abbiamo più di testimoni? Ecco, ora avete udita la sua bestemmia;

66. che ve ne pare? Ed essi, rispondendo, dissero: E' reo di morte.

67. Allora gli sputarono in viso e gli diedero de' pugni; e altri lo schiaffeggiarono,

68. dicendo: O Cristo profeta, indovinaci: chi t'ha percosso?

69. Pietro, intanto, stava seduto fuori nella corte; e una serva gli si accostò, dicendo: Anche tu eri con Gesù il Galileo.

70. Ma egli lo negò davanti a tutti, dicendo: Non so quel che tu dica.

71. And when he was gone out into the porch, another [maid] saw him, and saith unto them that were there, This man also was with Jesus of Nazareth.

72. And again he denied with an oath, I know not the man.

73. And after a little while they that stood by came and said to Peter, Of a truth thou also art [one] of them; for thy speech maketh thee known.

74. Then began he to curse and to swear, I know not the man. And straightway the cock crew.

75. And Peter remembered the word which Jesus had said, Before the cock crow, thou shalt deny me thrice. And he went out, and wept bitterly.

71. E come fu uscito fuori nell'antiporto, un'altra lo vide e disse a coloro ch'eran quivi: Anche costui era con Gesù Nazareno.

72. Ed egli daccapo lo negò giurando: Non conosco quell'uomo.

73. Di li a poco, gli astanti, accostatisi, dissero a Pietro: Per certo tu pure sei di quelli, perché anche la tua parlata ti dà a conoscere.

74. Allora egli cominciò ad imprecare ed a giurare: Non conosco quell'uomo! E in quell'istante il gallo cantò.

75. E Pietro si ricordò della parola di Gesù che gli avea detto: Prima che il gallo canti, tu mi rinnegherai tre volte. E uscito fuori, pianse amaramente.

# Matthew 27

# Matteo 27

1. Now when morning was come, all the chief priests and the elders of the people took counsel against Jesus to put him to death:

2. and they bound him, and led him away, and delivered him up to Pilate the governor.

3. Then Judas, who betrayed him, when he saw that he was condemned, repented himself, and brought back the thirty pieces of silver to the chief priests and elders,

4. saying, I have sinned in that I betrayed innocent blood. But they said, What is that to us? see thou [to it].

5. And he cast down the pieces of silver into the sanctuary, and departed; and he went away and hanged himself.

6. And the chief priests took the pieces of silver, and said, It is not lawful to put them into the treasury, since it is the price of blood.

7. And they took counsel, and bought with them the potter's field, to bury strangers in.

8. Wherefore that field was called, the field of blood, unto this day.

9. Then was fulfilled that which was spoken through Jeremiah the prophet, saying, And they took the thirty pieces of silver, the price of him that was priced, whom [certain] of the children of Israel did price;

1. Poi, venuta la mattina, tutti i capi sacerdoti e gli anziani del popolo tennero consiglio contro a Gesù per farlo morire.

2. E legatolo, lo menarono via e lo consegnarono a Pilato, il governatore.

3. Allora Giuda, che l'avea tradito, vedendo che Gesù era stato condannato, si pentì, e riportò i trenta sicli d'argento ai capi sacerdoti ed agli anziani,

4. dicendo: Ho peccato, tradendo il sangue innocente. Ma essi dissero: Che c'importa?

5. Pensaci tu. Ed egli, lanciati i sicli nel tempio, s'allontanò e andò ad impiccarsi.

6. Ma i capi sacerdoti, presi quei sicli, dissero: Non è lecito metterli nel tesoro delle offerte, perché son prezzo di sangue.

7. E tenuto consiglio, comprarono con quel danaro il campo del vasaio da servir di sepoltura ai forestieri.

8. Perciò quel campo, fino al dì d'oggi, è stato chiamato: Campo di sangue.

9. Allora s'adempì quel che fu detto dal profeta Geremia: E presero i trenta sicli d'argento, prezzo di colui ch'era stato messo a prezzo, messo a prezzo dai figliuoli d'Israele;

10. and they gave them for the potter's field, as the Lord appointed me.

11. Now Jesus stood before the governor: and the governor asked him, saying, Art thou the King of the Jews? And Jesus said unto him, Thou sayest.

12. And when he was accused by the chief priests and elders, he answered nothing.

13. Then saith Pilate unto him, Hearest thou not how many things they witness against thee?

14. And he gave him no answer, not even to one word: insomuch that the governor marvelled greatly.

15. Now at the feast the governor was wont to release unto the multitude one prisoner, whom they would.

16. And they had then a notable prisoner, called Barabbas.

17. When therefore they were gathered together, Pilate said unto them, Whom will ye that I release unto you? Barabbas, or Jesus who is called Christ?

18. For he knew that for envy they had delivered him up.

19. And while he was sitting on the judgment-seat, his wife sent unto him, saying, Have thou nothing to do with that righteous man; for I have suffered many things this day in a dream because of him.

20. Now the chief priests and the elders persuaded the multitudes that they should ask for Barabbas, and destroy Jesus.

21. But the governor answered and said unto them, Which of the two will ye that I release unto you? And they said, Barabbas.

22. Pilate saith unto them, What then shall I do unto Jesus who is called Christ? They all say, Let him be crucified.

23. And he said, Why, what evil hath he done? But they cried out exceedingly, saying, Let him be crucified.

24. So when Pilate saw that he prevailed nothing, but rather that a tumult was arising, he took water, and washed his hands before the multitude, saying, I am innocent of the blood of this righteous man; see ye [to it].

25. And all the people answered and said, His blood [be] on us, and on our children.

10. e li dettero per il campo del vasaio, come me l'avea ordinato il Signore.

11. Or Gesù comparve davanti al governatore; e il governatore lo interrogò, dicendo: Sei tu il re de' Giudei? E Gesù gli disse: Sì, lo sono.

12. E accusato da' capi sacerdoti e dagli anziani, non rispose nulla.

13. Allora Pilato gli disse: Non odi tu quante cose testimoniano contro di te?

14. Ma egli non gli rispose neppure una parola: talché il governatore se ne maravigliava grandemente.

15. Or ogni festa di Pasqua il governatore soleva liberare alla folla un carcerato, qualunque ella volesse.

16. Avevano allora un carcerato famigerato di nome Barabba.

17. Essendo dunque radunati, Pilato domandò loro: Chi volete che vi liberi, Barabba, o Gesù detto Cristo?

18. Poiché egli sapeva che glielo aveano consegnato per invidia.

19. Or mentre egli sedeva in tribunale, la moglie gli mandò a dire: Non aver nulla a che fare con quel giusto, perché oggi ho sofferto molto in sogno a cagion di lui.

20. Ma i capi sacerdoti e gli anziani persuasero le turbe a chieder Barabba e far perire Gesù.

21. E il governatore prese a dir loro: Qual de' due volete che vi liberi? E quelli dissero: Barabba.

22. E Pilato a loro: Che farò dunque di Gesù detto Cristo? Tutti risposero: Sia crocifisso.

23. Ma pure, riprese egli, che male ha fatto? Ma quelli viepiù gridavano: Sia crocifisso!

24. E Pilato, vedendo che non riusciva a nulla, ma che si sollevava un tumulto, prese dell'acqua e si lavò le mani in presenza della moltitudine, dicendo: Io sono innocente del sangue di questo giusto; pensateci voi.

25. E tutto il popolo, rispondendo, disse: Il suo sangue sia sopra noi e sopra i nostri figliuoli.

26. Then released he unto them Barabbas; but Jesus he scourged and delivered to be crucified.

27. Then the soldiers of the governor took Jesus into the Praetorium, and gathered unto him the whole band.

28. And they stripped him, and put on him a scarlet robe.

29. And they platted a crown of thorns and put it upon his head, and a reed in his right hand; and they kneeled down before him, and mocked him, saying, Hail, King of the Jews!

30. And they spat upon him, and took the reed and smote him on the head.

31. And when they had mocked him, they took off from him the robe, and put on him his garments, and led him away to crucify him.

32. And as they came out, they found a man of Cyrene, Simon by name: him they compelled to go [with them], that he might bear his cross.

33. And they were come unto a place called Golgotha, that is to say, The place of a skull,

34. they gave him wine to drink mingled with gall: and when he had tasted it, he would not drink.

35. And when they had crucified him, they parted his garments among them, casting lots;

36. and they sat and watched him there.

37. And they set up over his head his accusation written, THIS IS JESUS THE KING OF THE JEWS.

38. Then are there crucified with him two robbers, one on the right hand and one on the left.

39. And they that passed by railed on him, wagging their heads,

40. and saying, Thou that destroyest the temple, and buildest it in three days, save thyself: if thou art the Son of God, come down from the cross.

41. In like manner also the chief priests mocking [him], with the scribes and elders, said,

42. He saved others; himself he cannot save. He is the King of Israel; let him now come down from the cross, and we will believe on him.

26. Allora egli liberò loro Barabba; e dopo aver fatto flagellare Gesù, lo consegnò perché fosse crocifisso.

27. Allora i soldati del governatore, tratto Gesù nel pretorio, radunarono attorno a lui tutta la coorte.

28. E spogliatolo, gli misero addosso un manto scarlatto;

29. e intrecciata una corona di spine, gliela misero sul capo, e una canna nella man destra; e inginocchiatisi dinanzi a lui, lo beffavano, dicendo: Salve, re de' Giudei!

30. E sputatogli addosso, presero la canna, e gli percotevano il capo.

31. E dopo averlo schernito, lo spogliarono del manto, e lo rivestirono delle sue vesti; poi lo menaron via per crocifiggerlo.

32. Or nell'uscire trovarono un Cireneo chiamato Simone, e lo costrinsero a portar la croce di Gesù.

33. E venuti ad un luogo detto Golgota, che vuol dire: Luogo del teschio, gli dettero a bere del vino mescolato con fiele;

34. ma Gesù, assaggiatolo, non volle berne.

35. Poi, dopo averlo crocifisso, spartirono i suoi vestimenti, tirando a sorte;

36. e postisi a sedere, gli facevan quivi la guardia.

37. E al disopra del capo gli posero scritto il motivo della condanna: QUESTO E' GESU', IL RE DE' GIUDEI.

38. Allora furon con lui crocifissi due ladroni, uno a destra e l'altro a sinistra.

39. E coloro che passavano di lì, lo ingiuriavano, scotendo il capo e dicendo:

40. Tu che disfai il tempio e in tre giorni lo riedifichi, salva te stesso, se tu sei Figliuol di Dio, e scendi giù di croce!

41. Similmente, i capi sacerdoti con gli scribi e gli anziani, beffandosi, dicevano:

42. Ha salvato altri e non può salvar se stesso! Da che è il re d'Israele, scenda ora giù di croce, e noi crederemo in lui.

43. He trusteth on God; let him deliver him now, if he desireth him: for he said, I am the Son of God.

44. And the robbers also that were crucified with him cast upon him the same reproach.

45. Now from the sixth hour there was darkness over all the land until the ninth hour.

46. And about the ninth hour Jesus cried with a loud voice, saying, Eli, Eli, lama sabachthani? that is, My God, my God, why hast thou forsaken me?

47. And some of them stood there, when they heard it, said, This man calleth Elijah.

48. And straightway one of them ran, and took a sponge, and filled it with vinegar, and put it on a reed, and gave him to drink.

49. And the rest said, Let be; let us see whether Elijah cometh to save him.

50. And Jesus cried again with a loud voice, and yielded up his spirit.

51. And behold, the veil of the temple was rent in two from the top to the bottom; and the earth did quake; and the rocks were rent;

52. and the tombs were opened; and many bodies of the saints that had fallen asleep were raised;

53. and coming forth out of the tombs after his resurrection they entered into the holy city and appeared unto many.

54. Now the centurion, and they that were with him watching Jesus, when they saw the earthquake, and the things that were done, feared exceedingly, saying, Truly this was the Son of God.

55. And many women were there beholding from afar, who had followed Jesus from Galilee, ministering unto him:

56. among whom was Mary Magdalene, and Mary the mother of James and Joses, and the mother of the sons of Zebedee.

57. And when even was come, there came a rich man from Arimathaea, named Joseph, who also himself was Jesus' disciple:

58. this man went to Pilate, and asked for the body of Jesus. Then Pilate commanded it to be given up.

59. And Joseph took the body, and wrapped it in a clean linen cloth,

43. S'è confidato in Dio; lo liberi ora, s'Ei lo gradisce, poiché ha detto: Son Figliuol di Dio.

44. E nello stesso modo lo vituperavano anche i ladroni crocifissi con lui.

45. Or dall'ora sesta si fecero tenebre per tutto il paese, fino all'ora nona.

46. E verso l'ora nona Gesù gridò con gran voce: Elì, Elì, lamà sabactanì? cioè: Dio mio, Dio mio, perché mi hai abbandonato?

47. Ma alcuni degli astanti, udito ciò, dicevano: Costui chiama Elia.

48. E subito un di loro corse a prendere una spugna; e inzuppatala d'aceto e postala in cima ad una canna, gli die' da bere.

49. Ma gli altri dicevano: Lascia, vediamo se Elia viene a salvarlo.

50. E Gesù, avendo di nuovo gridato con gran voce, rendé lo spirito.

51. Ed ecco, la cortina del tempio si squarciò in due, da cima a fondo, e la terra tremò, e le rocce si schiantarono,

52. e le tombe s'aprirono, e molti corpi de' santi che dormivano, risuscitarono;

53. ed usciti dai sepolcri dopo la risurrezione di lui, entrarono nella santa città, ed apparvero a molti.

54. E il centurione e quelli che con lui facean la guardia a Gesù, visto il terremoto e le cose avvenute, temettero grandemente, dicendo: Veramente, costui era Figliuol di Dio.

55. Ora quivi erano molte donne che guardavano da lontano, le quali avean seguitato Gesù dalla Galilea per assisterlo;

56. tra le quali erano Maria Maddalena, e Maria madre di Giacomo e di Jose, e la madre de' figliuoli di Zebedeo.

57. Poi, fattosi sera, venne un uomo ricco di Arimatea, chiamato Giuseppe, il quale era divenuto anche egli discepolo di Gesù.

58. Questi, presentatosi a Pilato, chiese il corpo di Gesù. Allora Pilato comandò che il corpo gli fosse rilasciato.

59. E Giuseppe, preso il corpo, lo involse in un panno lino netto,

60. and laid it in his own new tomb, which he had hewn out in the rock: and he rolled a great stone to the door of the tomb, and departed.

61. And Mary Magdalene was there, and the other Mary, sitting over against the sepulchre.

62. Now on the morrow, which is [the day] after the Preparation, the chief priests and the Pharisees were gathered together unto Pilate,

63. saying, Sir, we remember that that deceiver said while he was yet alive, After three days I rise again.

64. Command therefore that the sepulchre be made sure until the third day, lest haply his disciples come and steal him away, and say unto the people, He is risen from the dead: and the last error will be worse than the first.

65. Pilate said unto them, Ye have a guard: go, make it [as] sure as ye can.

66. So they went, and made the sepulchre sure, sealing the stone, the guard being with them.

60. e lo pose nella propria tomba nuova, che aveva fatta scavare nella roccia, e dopo aver rotolata una gran pietra contro l'apertura del sepolcro, se ne andò.

61. Or Maria Maddalena e l'altra Maria eran quivi, sedute dirimpetto al sepolcro.

62. E l'indomani, che era il giorno successivo alla Preparazione, i capi sacerdoti ed i Farisei si radunarono presso Pilato, dicendo:

63. Signore, ci siamo ricordati che quel seduttore, mentre viveva ancora, disse: Dopo tre giorni, risusciterò.

64. Ordina dunque che il sepolcro sia sicuramente custodito fino al terzo giorno; che talora i suoi discepoli non vengano a rubarlo e dicano al popolo: E' risuscitato dai morti; così l'ultimo inganno sarebbe peggiore del primo.

65. Pilato disse loro: Avete una guardia: andate, assicuratevi come credete.

66. Ed essi andarono ad assicurare il sepolcro, sigillando la pietra, e mettendovi la guardia.

# Matthew 28

# Matteo 28

1. Now late on the sabbath day, as it began to dawn toward the first [day] of the week, came Mary Magdalene and the other Mary to see the sepulchre.

2. And behold, there was a great earthquake; for an angel of the Lord descended from heaven, and came and rolled away the stone, and sat upon it.

3. His appearance was as lightning, and his raiment white as snow:

4. and for fear of him the watchers did quake, and became as dead men.

5. And the angel answered and said unto the women, Fear not ye; for I know that ye seek Jesus, who hath been crucified.

6. He is not here; for he is risen, even as he said. Come, see the place where the Lord lay.

7. And go quickly, and tell his disciples, He is risen from the dead; and lo, he goeth before you into Galilee; there shall ye see him: lo, I have told you.

1. Or nella notte del sabato, quando già albeggiava, il primo giorno della settimana, Maria Maddalena e l'altra Maria vennero a visitare il sepolcro.

2. Ed ecco si fece un gran terremoto; perché un angelo del Signore, sceso dal cielo, si accostò, rotolò la pietra, e vi sedette sopra.

3. Il suo aspetto era come di folgore; e la sua veste, bianca come neve.

4. E per lo spavento che n'ebbero, le guardie tremarono e rimasero come morte.

5. Ma l'angelo prese a dire alle donne: Voi, non temete; perché io so che cercate Gesù, che è stato crocifisso.

6. Egli non è qui, poiché è risuscitato come avea detto; venite a vedere il luogo dove giaceva.

7. E andate presto a dire a' suoi discepoli: Egli è risuscitato da' morti, ed ecco, vi precede in Galilea; quivi lo vedrete. Ecco, ve l'ho detto.

8. And they departed quickly from the tomb with fear and great joy, and ran to bring his disciples word.

9. And behold, Jesus met them, saying, All hail. And they came and took hold of his feet, and worshipped him.

10. Then saith Jesus unto them, Fear not: go tell my brethren that they depart into Galilee, and there shall they see me.

11. Now while they were going, behold, some of the guard came into the city, and told unto the chief priests all the things that were come to pass.

12. And when they were assembled with the elders, and had taken counsel, they gave much money unto the soldiers,

13. saying, Say ye, His disciples came by night, and stole him away while we slept.

14. And if this come to the governor's ears, we will persuade him, and rid you of care.

15. So they took the money, and did as they were taught: and this saying was spread abroad among the Jews, [and continueth] until this day.

16. But the eleven disciples went into Galilee, unto the mountain where Jesus had appointed them.

17. And when they saw him, they worshipped [him]; but some doubted.

18. And Jesus came to them and spake unto them, saying, All authority hath been given unto me in heaven and on earth.

19. Go ye therefore, and make disciples of all the nations, baptizing them into the name of the Father and of the Son and of the Holy Spirit:

20. teaching them to observe all things whatsoever I commanded you: and lo, I am with you always, even unto the end of the world.

8. E quelle, andatesene prestamente dal sepolcro con spavento ed allegrezza grande, corsero ad annunziar la cosa a' suoi discepoli.

9. Quand'ecco Gesù si fece loro incontro, dicendo: Vi saluto! Ed esse, accostatesi, gli strinsero i piedi e l'adorarono.

10. Allora Gesù disse loro: Non temete; andate ad annunziare a' miei fratelli che vadano in Galilea; là mi vedranno.

11. Or mentre quelle andavano, ecco alcuni della guardia vennero in città, e riferirono ai capi sacerdoti tutte le cose ch'erano avvenute.

12. Ed essi, radunatisi con gli anziani, e tenuto consiglio, dettero una forte somma di danaro a' soldati, dicendo:

13. Dite così: I suoi discepoli vennero di notte e lo rubarono mentre dormivamo.

14. E se mai questo viene alle orecchie del governatore, noi lo persuaderemo e vi metteremo fuor di pena.

15. Ed essi, preso il danaro, fecero secondo le istruzioni ricevute; e quel dire è stato divulgato fra i Giudei, fino al dì d'oggi.

16. Quanto agli undici discepoli, essi andarono in Galilea sul monte che Gesù avea loro designato.

17. E vedutolo, l'adorarono; alcuni però dubitarono.

18. E Gesù, accostatosi, parlò loro, dicendo: Ogni potestà m'è stata data in cielo e sulla terra.

19. Andate dunque, ammaestrate tutti i popoli, battezzandoli nel nome del Padre e del Figliuolo e dello Spirito Santo,

20. insegnando loro d'osservar tutte quante le cose che v'ho comandate. Ed ecco, io sono con voi tutti i giorni, sino alla fine dell'età presente.

# Mark 1

1. The beginning of the gospel of Jesus Christ, the Son of God.

2. Even as it is written in Isaiah the prophet, Behold, I send my messenger before thy face, Who shall prepare thy way.

3. The voice of one crying in the wilderness, Make ye ready the way of the Lord, Make his paths straight;

4. John came, who baptized in the wilderness and preached the baptism of repentance unto remission of sins.

5. And there went out unto him all the country of Judaea, and all they of Jerusalem; And they were baptized of him in the river Jordan, confessing their sins.

6. And John was clothed with camel's hair, and [had] a leathern girdle about his loins, and did eat locusts and wild honey.

7. And he preached, saying, There cometh after me he that is mightier than I, the latchet of whose shoes I am not worthy to stoop down and unloose.

8. I baptized you in water; But he shall baptize you in the Holy Spirit.

9. And it came to pass in those days, that Jesus came from Nazareth of Galilee, and was baptized of John in the Jordan.

10. And straightway coming up out of the water, he saw the heavens rent asunder, and the Spirit as a dove descending upon him:

11. And a voice came out of the heavens, Thou art my beloved Son, in thee I am well pleased.

12. And straightway the Spirit driveth him forth into the wilderness.

13. And he was in the wilderness forty days tempted of Satan; And he was with the wild beasts; And the angels ministered unto him.

14. Now after John was delivered up, Jesus came into Galilee, preaching the gospel of God,

15. and saying, The time is fulfilled, and the kingdom of God is at hand: repent ye, and believe in the gospel.

16. And passing along by the sea of Galilee, he saw Simon and Andrew the brother of Simon casting a net in the sea; for they were fishers.

# Marco 1

1. Principio dell'evangelo di Gesù Cristo, Figliuolo di Dio.

2. Secondo ch'egli è scritto nel profeta Isaia: Ecco, io mando davanti a te il mio messaggero a prepararti la via?

3. V'è una voce di uno che grida nel deserto: Preparate la via del Signore, addirizzate i suoi sentieri,

4. apparve Giovanni il Battista nel deserto predicando un battesimo di ravvedimento per la remissione dei peccati.

5. E tutto il paese della Giudea e tutti quei di Gerusalemme accorrevano a lui; ed erano da lui battezzati nel fiume Giordano, confessando i loro peccati.

6. Or Giovanni era vestito di pel di cammello, con una cintura di cuoio intorno ai fianchi, e si nutriva di locuste e di miele selvatico.

7. E predicava, dicendo: Dopo di me vien colui che è più forte di me; al quale io non son degno di chinarmi a sciogliere il legaccio dei calzari.

8. Io vi ho battezzati con acqua, ma lui vi battezzerà con lo Spirito Santo.

9. Ed avvenne in que' giorni che Gesù venne da Nazaret di Galilea e fu battezzato da Giovanni nel Giordano.

10. E ad un tratto, com'egli saliva fuori dell'acqua, vide fendersi i cieli, e lo Spirito scendere su di lui in somiglianza di colomba.

11. E una voce venne dai cieli: Tu sei il mio diletto Figliuolo; in te mi sono compiaciuto.

12. E subito dopo lo Spirito lo sospinse nel deserto;

13. e nel deserto rimase per quaranta giorni, tentato da Satana; e stava tra le fiere e gli angeli lo servivano.

14. Dopo che Giovanni fu messo in prigione, Gesù si recò in Galilea, predicando l'evangelo di Dio e dicendo:

15. Il tempo è compiuto e il regno di Dio è vicino; ravvedetevi e credete all'evangelo.

16. Or passando lungo il mar della Galilea, egli vide Simone e Andrea, il fratello di Simone, che gettavano la rete in mare, perché erano pescatori. E Gesù disse loro:

17. And Jesus said unto them, Come ye after me, and I will make you to become fishers of men.

18. And straightway they left the nets, and followed him.

19. And going on a little further, he saw James the [son] of Zebedee, and John his brother, who also were in the boat mending the nets.

20. And straightway he called them: and they left their father Zebedee in the boat with the hired servants, and went after him.

21. And they go into Capernaum; and straightway on the sabbath day he entered into the synagogue and taught.

22. And they were astonished at his teaching: For he taught them as having authority, and not as the scribes.

23. And straightway there was in their synagogue a man with an unclean spirit; and he cried out,

24. saying, What have we to do with thee, Jesus thou Nazarene? art thou come to destroy us? I know thee who thou art, the Holy One of God.

25. And Jesus rebuked him, saying, Hold thy peace, and come out of him.

26. And the unclean spirit, tearing him and crying with a loud voice, came out of him.

27. And they were all amazed, insomuch that they questioned among themselves, saying, What is this? a new teaching! with authority he commandeth even the unclean spirits, and they obey him.

28. And the report of him went out straightway everywhere into all the region of Galilee round about.

29. And straightway, when they were come out of the synagogue, they came into the house of Simon and Andrew, with James and John.

30. Now Simon's wife's mother lay sick of a fever; and straightway they tell him of her:

31. and he came and took her by the hand, and raised her up; and the fever left her, and she ministered unto them.

32. And at even, when the sun did set, they brought unto him all that were sick, and them that were possessed with demons.

33. And all the city was gathered together at the door.

17. Seguitemi, ed io farò di voi dei pescatori d'uomini.

18. Ed essi, lasciate subito le reti, lo seguirono.

19. Poi, spintosi un po' più oltre, vide Giacomo di Zebedeo e Giovanni suo fratello, che anch'essi in barca rassettavano le reti;

20. e subito li chiamò; ed essi, lasciato Zebedeo loro padre nella barca con gli operai, se n'andarono dietro a lui.

21. E vennero in Capernaum; e subito, il sabato, Gesù, entrato nella sinagoga, insegnava.

22. E la gente stupiva della sua dottrina, perch'egli li ammaestrava come avente autorità e non come gli scribi.

23. In quel mentre, si trovava nella loro sinagoga un uomo posseduto da uno spirito immondo, il quale prese a gridare:

24. Che v'è fra noi e te, o Gesù Nazareno? Se' tu venuto per perderci? Io so chi tu sei: il Santo di Dio!

25. E Gesù lo sgridò, dicendo: Ammutolisci ed esci da costui!

26. E lo spirito immondo, straziatolo e gridando forte, uscì da lui.

27. E tutti sbigottirono talché si domandavano fra loro: Che cos'è mai questo? E' una dottrina nuova! Egli comanda con autorità perfino agli spiriti immondi, ed essi gli ubbidiscono!

28. E la sua fama si divulgò subito per ogni dove, in tutta al circostante contrada della Galilea.

29. Ed appena usciti dalla sinagoga, vennero con Giacomo e Giovanni in casa di Simone e d'Andrea.

30. Or la suocera di Simone era a letto con la febbre; ed essi subito gliene parlarono;

31. ed egli, accostatosi, la prese per la mano e la fece levare; e la febbre la lasciò ed ella si mise a servirli.

32. Poi, fattosi sera, quando il sole fu tramontato, gli menarono tutti i malati e gl'indemoniati.

33. E tutta la città era raunata all'uscio.

34. And he healed many that were sick with divers diseases, and cast out many demons; and he suffered not the demons to speak, because they knew him.

35. And in the morning, a great while before day, he rose up and went out, and departed into a desert place, and there prayed.

36. And Simon and they that were with him followed after him;

37. and they found him, and say unto him, All are seeking thee.

38. And he saith unto them, Let us go elsewhere into the next towns, that I may preach there also; for to this end came I forth.

39. And he went into their synagogues throughout all Galilee, preaching and casting out demons.

40. And there cometh to him a leper, beseeching him, and kneeling down to him, and saying unto him, If thou wilt, thou canst make me clean.

41. And being moved with compassion, he stretched forth his hand, and touched him, and saith unto him, I will; be thou made clean.

42. And straightway the leprosy departed from him, and he was made clean.

43. And he strictly charged him, and straightway sent him out,

44. and saith unto him, See thou say nothing to any man: but go show thyself to the priest, and offer for thy cleansing the things which Moses commanded, for a testimony unto them.

45. But he went out, and began to publish it much, and to spread abroad the matter, insomuch that Jesus could no more openly enter into a city, but was without in desert places: and they came to him from every quarter.

34. Ed egli ne guarì molti che soffrivan di diverse malattie, e cacciò molti demoni; e non permetteva ai demoni di parlare; poiché sapevano chi egli era.

35. Poi, la mattina, essendo ancora molto buio, Gesù, levatosi, uscì e se ne andò in un luogo deserto; e quivi pregava.

36. Simone e quelli ch'eran con lui gli tennero dietro;

37. e trovatolo, gli dissero: Tutti ti cercano.

38. Ed egli disse loro: Andiamo altrove, per i villaggi vicini, ond'io predichi anche là; poiché è per questo che io sono uscito.

39. E andò per tutta la Galilea, predicando nelle loro sinagoghe e cacciando i demoni.

40. E un lebbroso venne a lui e buttandosi in ginocchio lo pregò dicendo: Se tu vuoi, tu puoi mondarmi!

41. E Gesù, mosso a pietà, stese la mano, lo toccò e gli disse: Lo voglio; sii mondato!

42. E subito la lebbra sparì da lui, e fu mondato.

43. E Gesù, avendogli fatte severe ammonizioni, lo mandò subito via e gli disse:

44. Guardati dal farne parola ad alcuno; ma va', mostrati al sacerdote ed offri per la tua purificazione quel che Mosè ha prescritto; e questo serva loro di testimonianza.

45. Ma colui, appena partito, si dette a proclamare e a divulgare il fatto; di modo che Gesù non poteva più entrar palesemente in città; ma se ne stava fuori in luoghi deserti, e da ogni parte la gente accorreva a lui.

# Mark 2

# Marco 2

1. And when he entered again into Capernaum after some days, it was noised that he was in the house.

2. And many were gathered together, so that there was no longer room [for them], no, not even about the door: and he spake the word unto them.

1. E dopo alcuni giorni, egli entrò di nuovo in Capernaum, e si seppe che era in casa;

2. e si raunò tanta gente che neppure lo spazio dinanzi alla porta la potea contenere. Ed egli annunziava loro la Parola.

3. And they come, bringing unto him a man sick of the palsy, borne of four.

4. And when they could not come nigh unto him for the crowd, they uncovered the roof where he was: and when they had broken it up, they let down the bed whereon the sick of the palsy lay.

5. And Jesus seeing their faith saith unto the sick of the palsy, Son, thy sins are forgiven.

6. But there were certain of the scribes sitting there, and reasoning in their hearts,

7. Why doth this man thus speak? he blasphemeth: who can forgive sins but one, [even] God?

8. And straightway Jesus, perceiving in his spirit that they so reasoned within themselves, saith unto them, Why reason ye these things in your hearts?

9. Which is easier, to say to the sick of the palsy, Thy sins are forgiven; or to say, Arise, and take up thy bed, and walk?

10. But that ye may know that the Son of man hath authority on earth to forgive sins (he saith to the sick of the palsy),

11. I say unto thee, Arise, take up thy bed, and go unto thy house.

12. And he arose, and straightway took up the bed, and went forth before them all; insomuch that they were all amazed, and glorified God, saying, We never saw it on this fashion.

13. And he went forth again by the sea side; and all the multitude resorted unto him, and he taught them.

14. And as he passed by, he saw Levi the [son] of Alphaeus sitting at the place of toll, and he saith unto him, Follow me. And he arose and followed him.

15. And it came to pass, that he was sitting at meat in his house, and many publicans and sinners sat down with Jesus and his disciples: for there were many, and they followed him.

16. And the scribes of the Pharisees, when they saw that he was eating with the sinners and publicans, said unto his disciples, [How is it] that he eateth and drinketh with publicans and sinners?

17. And when Jesus heard it, he saith unto them, They that are whole have no need of a physician, but they that are sick: I came not to call the righteous, but sinners.

3. E vennero a lui alcuni che menavano un paralitico portato da quattro.

4. E non potendolo far giungere fino a lui a motivo della calca, scoprirono il tetto dalla parte dov'era Gesù; e fattavi un'apertura, calarono il lettuccio sul quale il paralitico giaceva.

5. E Gesù, veduta la loro fede, disse al paralitico: Figliuolo, i tuoi peccati ti sono rimessi.

6. Or alcuni degli scribi eran quivi seduti e così ragionavano in cuor loro:

7. Perché parla costui in questa maniera? Egli bestemmia! Chi può rimettere i peccati, se non un solo, cioè Dio?

8. E Gesù, avendo subito conosciuto nel suo spirito che ragionavano così dentro di sé, disse loro: Perché fate voi cotesti ragionamenti ne' vostri cuori?

9. Che è più agevole, dire al paralitico: I tuoi peccati ti sono rimessi, oppur dirgli: Lèvati, togli il tuo lettuccio e cammina?

10. Ora, affinché sappiate che il Figliuol dell'uomo ha potestà in terra di rimettere i peccati:

11. Io tel dico (disse al paralitico), lèvati, togli il tuo lettuccio, e vattene a casa tua.

12. E colui s'alzò, e subito, preso il suo lettuccio, se ne andò via in presenza di tutti; talché tutti stupivano e glorificavano Iddio dicendo: Una cosa così non la vedemmo mai.

13. E Gesù uscì di nuovo verso il mare; e tutta la moltitudine andava a lui, ed egli li ammaestrava.

14. E passando, vide Levi d'Alfeo seduto al banco della gabella, e gli disse: Seguimi. Ed egli, alzatosi, lo seguì.

15. Ed avvenne che, mentre Gesù era a tavola in casa di lui, molti pubblicani e peccatori erano anch'essi a tavola con lui e coi suoi discepoli; poiché ve ne erano molti e lo seguivano.

16. E gli scribi d'infra i Farisei, vedutolo mangiar coi pubblicani e coi peccatori, dicevano ai suoi discepoli: Come mai mangia e beve coi pubblicani e i peccatori?

17. E Gesù, udito ciò, disse loro: Non sono i sani che hanno bisogno del medico, ma i malati. Io non son venuto a chiamar de' giusti, ma dei peccatori.

18. And John's disciples and the Pharisees were fasting: and they come and say unto him, Why do John's disciples and the disciples of the Pharisees fast, but thy disciples fast not?

19. And Jesus said unto them, Can the sons of the bridechamber fast, while the bridegroom is with them? as long as they have the bridegroom with them, they cannot fast.

20. But the days will come, when the bridegroom shall be taken away from them, and then will they fast in that day.

21. No man seweth a piece of undressed cloth on an old garment: else that which should fill it up taketh from it, the new from the old, and a worse rent is made.

22. And no man putteth new wine into old wineskins; else the wine will burst the skins, and the wine perisheth, and the skins: but [they put] new wine into fresh wine-skins.

23. And it came to pass, that he was going on the sabbath day through the grainfields; and his disciples began, as they went, to pluck the ears.

24. And the Pharisees said unto him, Behold, why do they on the sabbath day that which is not lawful?

25. And he said unto them, Did ye never read what David did, when he had need, and was hungry, he, and they that were with him?

26. How he entered into the house of God when Abiathar was high priest, and ate the showbread, which it is not lawful to eat save for the priests, and gave also to them that were with him?

27. And he said unto them, The sabbath was made for man, and not man for the sabbath:

28. so that the Son of man is lord even of the sabbath.

# Mark 3

1. And he entered again into the synagogue; and there was a man there who had his hand withered.

2. And they watched him, whether he would heal him on the sabbath day; that they might accuse him.

3. And he saith unto the man that had his hand withered, Stand forth.

---

18. Or i discepoli di Giovanni e i Farisei solevano digiunare. E vennero a Gesù e gli dissero: Perché i discepoli di Giovanni e i discepoli dei Farisei digiunano, e i discepoli tuoi non digiunano?

19. E Gesù disse loro: Possono gli amici dello sposo digiunare, mentre lo sposo è con loro? Finché hanno con sé lo sposo, non possono digiunare.

20. Ma verranno i giorni che lo sposo sarà loro tolto; ed allora, in quei giorni, digiuneranno.

21. Niuno cuce un pezzo di stoffa nuova sopra un vestito vecchio; altrimenti la toppa nuova porta via del vecchio, e lo strappo si fa peggiore.

22. E niuno mette del vin nuovo in otri vecchi; altrimenti il vino fa scoppiare gli otri; ma il vino nuovo va messo in otri nuovi.

23. Or avvenne che in un giorno di sabato egli passava per i seminati, e i suoi discepoli, cammin facendo, si misero a svellere delle spighe.

24. E i Farisei gli dissero: Vedi! Perché fanno di sabato quel che non è lecito?

25. Ed egli disse loro: Non avete voi mai letto quel che fece Davide, quando fu nel bisogno ed ebbe fame, egli e coloro ch'eran con lui?

26. Com'egli, sotto il sommo sacerdote Abiatar, entrò nella casa di Dio e mangiò i pani di presentazione, che a nessuno è lecito mangiare se non ai sacerdoti, e ne diede anche a coloro che eran con lui?

27. Poi disse loro: Il sabato è stato fatto per l'uomo e non l'uomo per il sabato;

28. perciò il Figliuol dell'uomo è Signore anche del sabato.

# Marco 3

1. Poi entrò di nuovo in una sinagoga; e quivi era un uomo che avea la mano secca.

2. E l'osservavano per vedere se lo guarirebbe in giorno di sabato, per poterlo accusare.

3. Ed egli disse all'uomo che avea la mano secca: Lèvati là nel mezzo!

4. And he saith unto them, Is it lawful on the sabbath day to do good, or to do harm? to save a life, or to kill? But they held their peace.

5. And when he had looked round about on them with anger, being grieved at the hardening of their heart, he saith unto the man, Stretch forth thy hand. And he stretched it forth; and his hand was restored.

6. And the Pharisees went out, and straightway with the Herodians took counsel against him, how they might destroy him.

7. And Jesus with his disciples withdrew to the sea: and a great multitude from Galilee followed; and from Judaea,

8. and from Jerusalem, and from Idumaea, and beyond the Jordan, and about Tyre and Sidon, a great multitude, hearing what great things he did, came unto him.

9. And he spake to his disciples, that a little boat should wait on him because of the crowd, lest they should throng him:

10. for he had healed many; insomuch that as many as had plagues pressed upon him that they might touch him.

11. And the unclean spirits, whensoever they beheld him, fell down before him, and cried, saying, Thou art the Son of God.

12. And he charged them much that they should not make him known.

13. And he goeth up into the mountain, and calleth unto him whom he himself would; and they went unto him.

14. And he appointed twelve, that they might be with him, and that he might send them forth to preach,

15. and to have authority to cast out demons:

16. and Simon he surnamed Peter;

17. and James the [son] of Zebedee, and John the brother of James; and them he surnamed Boanerges, which is, Sons of thunder:

18. and Andrew, and Philip, and Bartholomew, and Matthew, and Thomas, and James the [son] of Alphaeus, and Thaddaeus, and Simon the Cananaean,

4. Poi disse loro: E' egli lecito, in giorno di sabato, di far del bene o di far del male? di salvare una persona o di ucciderla? Ma quelli tacevano.

5. Allora Gesù, guardatili tutt'intorno con indignazione, contristato per l'induramento del cuor loro, disse all'uomo: Stendi la mano! Egli la stese, e la sua mano tornò sana.

6. E i Farisei, usciti, tennero subito consiglio con gli Erodiani contro di lui, con lo scopo di farlo morire.

7. Poi Gesù co' suoi discepoli si ritirò verso il mare; e dalla Galilea gran moltitudine lo seguitò;

8. e dalla Giudea e da Gerusalemme e dalla Idumea e da oltre il Giordano e dai dintorni di Tiro e di Sidone una gran folla, udendo quante cose egli facea, venne a lui.

9. Ed egli disse ai suoi discepoli che gli tenessero sempre pronta una barchetta a motivo della calca, che talora non l'affollasse.

10. Perché egli ne aveva guariti molti; cosicché tutti quelli che aveano qualche flagello gli si precipitavano addosso per toccarlo.

11. E gli spiriti immondi, quando lo vedevano, si gittavano davanti a lui e gridavano: Tu sei il Figliuol di Dio!

12. Ed egli li sgridava forte, affinché non facessero conoscere chi egli era.

13. Poi Gesù salì sul monte e chiamò a sé quei ch'egli stesso volle, ed essi andarono a lui.

14. E ne costituì dodici per tenerli con sé

15. e per mandarli a predicare con la potestà di cacciare i demoni.

16. Costituì dunque i dodici, cioè: Simone, al quale mise nome Pietro;

17. e Giacomo di Zebedeo e Giovanni fratello di Giacomo, ai quali pose nome Boanerges, che vuol dire figliuoli del tuono;

18. e Andrea e Filippo e Bartolomeo e Matteo e Toma e Giacomo di Alfeo e Taddeo e Simone il Cananeo

19. and Judas Iscariot, who also betrayed him. And he cometh into a house.

20. And the multitude cometh together again, so that they could not so much as eat bread.

21. And when his friends heard it, they went out to lay hold on him: for they said, He is beside himself.

22. And the scribes that came down from Jerusalem said, He hath Beelzebub, and, By the prince of the demons casteth he out the demons.

23. And he called them unto him, and said unto them in parables, How can Satan cast out Satan?

24. And if a kingdom be divided against itself, that kingdom cannot stand.

25. And if a house be divided against itself, that house will not be able to stand.

26. And if Satan hath rise up against himself, and is divided, he cannot stand, but hath an end.

27. But no one can enter into the house of the strong [man], and spoil his goods, except he first bind the strong [man]; and then he will spoil his house.

28. Verily I say unto you, All their sins shall be forgiven unto the sons of men, and their blasphemies wherewith soever they shall blaspheme:

29. but whosoever shall blaspheme against the Holy Spirit hath never forgiveness, but is guilty of an eternal sin:

30. because they said, He hath an unclean spirit.

31. And there come his mother and his brethren; and, standing without, they sent unto him, calling him.

32. And a multitude was sitting about him; and they say unto him, Behold, thy mother and thy brethren without seek for thee.

33. And he answereth them, and saith, Who is my mother and my brethren?

34. And looking round on them that sat round about him, he saith, Behold, my mother and my brethren!

35. For whosoever shall do the will of God, the same is my brother, and sister, and mother.

19. e Giuda Iscariot quello che poi lo tradì.

20. Poi entrò in una casa, e la moltitudine si adunò di nuovo, talché egli ed i suoi non potevan neppur prender cibo.

21. or i suoi parenti, udito ciò, vennero per impadronirsi di lui, perché dicevano:

22. E' fuori di sé. E gli scribi, ch'eran discesi da Gerusalemme, dicevano: Egli ha Beelzebub, ed è per l'aiuto del principe dei demoni, ch'ei caccia i demoni.

23. Ma egli, chiamatili a sé, diceva loro in parabole: Come può Satana cacciar Satana?

24. E se un regno è diviso in parti contrarie, quel regno non può durare.

25. E se una casa è divisa in parti contrarie, quella casa non potrà reggere.

26. E se Satana insorge contro se stesso ed è diviso, non può reggere, ma deve finire.

27. Ed anzi niuno può entrar nella casa dell'uomo forte e rapirgli le sue masserizie, se prima non abbia legato l'uomo forte; allora soltanto gli prenderà la casa.

28. In verità io vi dico: Ai figliuoli degli uomini saranno rimessi tutti i peccati e qualunque bestemmia avranno proferita;

29. ma chiunque avrà bestemmiato contro lo Spirito Santo, non ha remissione in eterno, ma è reo d'un peccato eterno.

30. Or egli parlava così perché dicevano: Ha uno spirito immondo.

31. E giunsero sua madre ed i suoi fratelli; e fermatisi fuori, lo mandarono a chiamare.

32. Una moltitudine gli stava seduta attorno, quando gli fu detto: Ecco tua madre, i tuoi fratelli e le tue sorelle là fuori che ti cercano.

33. Ed egli rispose loro: Chi è mia madre? e chi sono i miei fratelli?

34. E guardati in giro coloro che gli sedevano d'intorno, disse: Ecco mia madre e i miei fratelli!

35. Chiunque avrà fatta la volontà di Dio, mi è fratello, sorella e madre.

# Mark 4

1. And again he began to teach by the sea side. And there is gathered unto him a very great multitude, so that he entered into a boat, and sat in the sea; and all the multitude were by the sea on the land.

2. And he taught them many things in parables, and said unto them in his teaching,

3. Hearken: Behold, the sower went forth to sow:

4. and it came to pass, as he sowed, some [seed] fell by the way side, and the birds came and devoured it.

5. And other fell on the rocky [ground], where it had not much earth; and straightway it sprang up, because it had no deepness of earth:

6. and when the sun was risen, it was scorched; and because it had no root, it withered away.

7. And other fell among the thorns, and the thorns grew up, and choked it, and it yielded no fruit.

8. And others fell into the good ground, and yielded fruit, growing up and increasing; and brought forth, thirtyfold, and sixtyfold, and a hundredfold.

9. And he said, Who hath ears to hear, let him hear.

10. And when he was alone, they that were about him with the twelve asked of him the parables.

11. And he said unto them, Unto you is given the mystery of the kingdom of God: but unto them that are without, all things are done in parables:

12. that seeing they may see, and not perceive; and hearing they may hear, and not understand; lest haply they should turn again, and it should be forgiven them.

13. And he saith unto them, Know ye not this parable? and how shall ye know all the parables?

14. The sower soweth the word.

15. And these are they by the way side, where the word is sown; and when they have heard, straightway cometh Satan, and taketh away the word which hath been sown in them.

16. And these in like manner are they that are sown upon the rocky [places], who, when they have heard the word, straightway receive it with joy;

# Marco 4

1. Gesù prese di nuovo ad insegnare presso il mare: e una gran moltitudine si radunò intorno a lui; talché egli, montato in una barca, vi sedette stando in mare, mentre tutta la moltitudine era a terra sulla riva.

2. Ed egli insegnava loro molte cose in parabole e diceva loro nel suo insegnamento:

3. Udite: Ecco, il seminatore uscì a seminare.

4. Ed avvenne che mentre seminava, una parte del seme cadde lungo la strada; e gli uccelli vennero e lo mangiarono.

5. Ed un'altra cadde in un suolo roccioso ove non avea molta terra; e subito spuntò, perché non avea terreno profondo;

6. ma quando il sole si levò, fu riarsa; perché non aveva radice, si seccò.

7. Ed un'altra cadde fra le spine; e le spine crebbero e l'affogarono e non fece frutto.

8. Ed altre parti caddero nella buona terra; e portaron frutto che venne su e crebbe, e giunsero a dare qual trenta, qual sessanta e qual cento.

9. Poi disse: Chi ha orecchi da udire oda.

10. Quand'egli fu in disparte, quelli che gli stavano intorno coi dodici, lo interrogarono sulle parabole.

11. Ed egli disse loro: A voi è dato di conoscere il mistero del regno di Dio; ma a quelli che son di fuori, tutto è presentato per via di parabole, affinché:

12. vedendo, vedano sì, ma non discernano; udendo, odano sì, ma non intendano; che talora non si convertano, e i peccati non siano loro rimessi.

13. Poi disse loro: Non intendete voi questa parabola? E come intenderete voi tutte le parabole?

14. Il seminatore semina la Parola.

15. Quelli che sono lungo la strada, sono coloro nei quali è seminata la Parola; e quando l'hanno udita, subito viene Satana e porta via la Parola seminata in loro.

16. E parimente quelli che ricevono la semenza in luoghi rocciosi sono coloro che, quando hanno udito la Parola, la ricevono subito con allegrezza;

17. and they have no root in themselves, but endure for a while; then, when tribulation or persecution ariseth because of the word, straightway they stumble.

18. And others are they that are sown among the thorns; these are they that have heard the word,

19. and the cares of the world, and the deceitfulness of riches, and the lusts of other things entering in, choke the word, and it becometh unfruitful.

20. And those are they that were sown upon the good ground; such as hear the word, and accept it, and bear fruit, thirtyfold, and sixtyfold, and a hundredfold.

21. And he said unto them, Is the lamp brought to be put under the bushel, or under the bed, [and] not to be put on the stand?

22. For there is nothing hid, save that it should be manifested; neither was [anything] made secret, but that it should come to light.

23. If any man hath ears to hear, let him hear.

24. And he said unto them, Take heed what ye hear: with what measure ye mete it shall be measured unto you; and more shall be given unto you.

25. For he that hath, to him shall be given: and he that hath not, from him shall be taken away even that which he hath.

26. And he said, So is the kingdom of God, as if a man should cast seed upon the earth;

27. and should sleep and rise night and day, and the seed should spring up and grow, he knoweth not how.

28. The earth beareth fruit of herself; first the blade, then the ear, then the full grain in the ear.

29. But when the fruit is ripe, straightway he putteth forth the sickle, because the harvest is come.

30. And he said, How shall we liken the kingdom of God? or in what parable shall we set it forth?

31. It is like a grain of mustard seed, which, when it is sown upon the earth, though it be less than all the seeds that are upon the earth,

17. e non hanno in sé radice ma son di corta durata; e poi, quando venga tribolazione o persecuzione a cagion della Parola, son subito scandalizzati.

18. Ed altri sono quelli che ricevono la semenza fra le spine; cioè coloro che hanno udita la Parola;

19. poi le cure mondane e l'inganno delle ricchezze e le cupidigie delle altre cose, penetrati in loro, affogano la Parola, e così riesce infruttuosa.

20. Quelli poi che hanno ricevuto il seme in buona terra, sono coloro che odono la Parola e l'accolgono e fruttano qual trenta, qual sessanta e qual cento.

21. Poi diceva ancora: Si reca forse la lampada per metterla sotto il moggio o sotto il letto? Non è ella recata per esser messa sul candeliere?

22. Poiché non v'è nulla che sia nascosto se non in vista d'esser manifestato; e nulla è stato tenuto segreto, se non per esser messo in luce.

23. Se uno ha orecchi da udire oda.

24. Diceva loro ancora: Ponete mente a ciò che voi udite. Con la misura con la quale misurate, sarà misurato a voi; e a voi sarà data anche la giunta;

25. poiché a chi ha sarà dato, e a chi non ha, anche quello che ha gli sarà tolto.

26. Diceva ancora: Il regno di Dio è come un uomo che getti il seme in terra,

27. e dorma e si levi, la notte e il giorno; il seme intanto germoglia e cresce nel modo ch'egli stesso ignora.

28. La terra da se stessa dà il suo frutto: prima l'erba; poi la spiga; poi, nella spiga, il grano ben formato.

29. E quando il frutto è maturo, subito e' vi mette la falce perché la mietitura è venuta.

30. Diceva ancora: A che assomiglieremo il regno di Dio, o con qual parabola lo rappresenteremo?

31. Esso è simile ad un granello di senapa, il quale, quando lo si semina in terra, è il più piccolo di tutti i semi che son sulla terra;

32. yet when it is sown, groweth up, and becometh greater than all the herbs, and putteth out great branches; so that the birds of the heaven can lodge under the shadow thereof.

33. And with many such parables spake he the word unto them, as they were able to hear it;

34. and without a parable spake he not unto them: but privately to his own disciples he expounded all things.

35. And on that day, when even was come, he saith unto them, Let us go over unto the other side.

36. And leaving the multitude, they take him with them, even as he was, in the boat. And other boats were with him.

37. And there ariseth a great storm of wind, and the waves beat into the boat, insomuch that the boat was now filling.

38. And he himself was in the stern, asleep on the cushion: and they awake him, and say unto him, Teacher, carest thou not that we perish?

39. And he awoke, and rebuked the wind, and said unto the sea, Peace, be still. And the wind ceased, and there was a great calm.

40. And he said unto them, Why are ye fearful? have ye not yet faith?

41. And they feared exceedingly, and said one to another, Who then is this, that even the wind and the sea obey him?

# Mark 5

1. And they came to the other side of the sea, into the country of the Gerasenes.

2. And when he was come out of the boat, straightway there met him out of the tombs a man with an unclean spirit,

3. who had his dwelling in the tombs: and no man could any more bind him, no, not with a chain;

4. because that he had been often bound with fetters and chains, and the chains had been rent asunder by him, and the fetters broken in pieces: and no man had strength to tame him.

32. ma quando è seminato, cresce e diventa maggiore di tutti i legumi; e fa de' rami tanto grandi, che all'ombra sua possono ripararsi gli uccelli del cielo.

33. E con molte cosiffatte parabole esponeva loro la Parola, secondo che potevano intendere;

34. e non parlava loro senza una parabola; ma in privato spiegava ogni cosa ai suoi discepoli.

35. In quel medesimo giorno, fattosi sera, Gesù disse loro: Passiamo all'altra riva.

36. E i discepoli, licenziata la moltitudine, lo presero, così com'era, nella barca. E vi erano delle altre barche con lui.

37. Ed ecco levarsi un gran turbine di vento che cacciava le onde nella barca, talché ella già si riempiva.

38. Or egli stava a poppa, dormendo sul guanciale. I discepoli lo destano e gli dicono: Maestro, non ti curi tu che noi periamo?

39. Ed egli, destatosi, sgridò il vento e disse al mare: Taci, calmati! E il vento cessò, e si fece gran bonaccia.

40. Ed egli disse loro: Perché siete così paurosi? Come mai non avete voi fede?

41. Ed essi furon presi da gran timore e si dicevano gli uni agli altri: Chi è dunque costui, che anche il vento ed il mare gli obbediscono?

# Marco 5

1. E giunsero all'altra riva del mare nel paese de' Geraseni.

2. E come Gesù fu smontato dalla barca, subito gli venne incontro dai sepolcri un uomo posseduto da uno spirito immondo,

3. il quale nei sepolcri avea la sua dimora; e neppure con una catena poteva più alcuno tenerlo legato;

4. poiché spesso era stato legato con ceppi e catene; e le catene erano state da lui rotte, ed i ceppi spezzati, e niuno avea forza da domarlo.

5. And always, night and day, in the tombs and in the mountains, he was crying out, and cutting himself with stones.

6. And when he saw Jesus from afar, he ran and worshipped him;

7. and crying out with a loud voice, he saith, What have I to do with thee, Jesus, thou Son of the Most High God? I adjure thee by God, torment me not.

8. For he said unto him, Come forth, thou unclean spirit, out of the man.

9. And he asked him, What is thy name? And he saith unto him, My name is Legion; for we are many.

10. And he besought him much that he would not send them away out of the country.

11. Now there was there on the mountain side a great herd of swine feeding.

12. And they besought him, saying, Send us into the swine, that we may enter into them.

13. And he gave them leave. And the unclean spirits came out, and entered into the swine: and the herd rushed down the steep into the sea, [in number] about two thousand; and they were drowned in the sea.

14. And they that fed them fled, and told it in the city, and in the country. And they came to see what it was that had come to pass.

15. And they come to Jesus, and behold him that was possessed with demons sitting, clothed and in his right mind, [even] him that had the legion: and they were afraid.

16. And they that saw it declared unto them how it befell him that was possessed with demons, and concerning the swine.

17. And they began to beseech him to depart from their borders.

18. And as he was entering into the boat, he that had been possessed with demons besought him that he might be with him.

19. And he suffered him not, but saith unto him, Go to thy house unto thy friends, and tell them how great things the Lord hath done for thee, and [how] he had mercy on thee.

5. E di continuo, notte e giorno, fra i sepolcri e su per i monti, andava urlando e percotendosi con delle pietre.

6. Or quand'ebbe veduto Gesù da lontano, corse e gli si prostrò dinanzi;

7. e dato un gran grido, disse: Che v'è fra me e te, o Gesù, Figliuolo dell'Iddio altissimo? Io ti scongiuro, in nome di Dio, di non tormentarmi;

8. perché Gesù gli diceva: Spirito immondo, esci da quest'uomo!

9. E Gesù gli domandò: Qual è il tuo nome? Ed egli rispose: Il mio nome è Legione perché siamo molti.

10. E lo pregava con insistenza che non li mandasse via dal paese.

11. Or quivi pel monte stava a pascolare un gran branco di porci.

12. E gli spiriti lo pregarono dicendo: Mandaci ne' porci, perché entriamo in essi.

13. Ed egli lo permise loro. E gli spiriti immondi, usciti, entrarono ne' porci, ed il branco si avventò giù a precipizio nel mare.

14. Eran circa duemila ed affogarono nel mare. E quelli che li pasturavano fuggirono e portaron la notizia in città e per la campagna; e la gente andò a vedere ciò che era avvenuto.

15. E vennero a Gesù, e videro l'indemoniato seduto, vestito ed in buon senno, lui che aveva avuto la legione; e s'impaurirono.

16. E quelli che aveano visto, raccontarono loro ciò che era avvenuto all'indemoniato e il fatto de' porci.

17. Ed essi presero a pregar Gesù che se ne andasse dai loro confini,

18. E come egli montava nella barca, l'uomo che era stato indemoniato lo pregava di poter stare con lui.

19. E Gesù non glielo permise, ma gli disse: Va' a casa tua dai tuoi, e racconta loro le grandi cose che il Signore ti ha fatto, e come egli ha avuto pietà di te.

20. And he went his way, and began to publish in Decapolis how great things Jesus had done for him: and all men marvelled.

21. And when Jesus had crossed over again in the boat unto the other side, a great multitude was gathered unto him; and he was by the sea.

22. And there cometh one of the rulers of the synagogue, Jairus by name; and seeing him, he falleth at his feet,

23. and beseecheth him much, saying, My little daughter is at the point of death: [I pray thee], that thou come and lay thy hands on her, that she may be made whole, and live.

24. And he went with him; and a great multitude followed him, and they thronged him.

25. And a woman, who had an issue of blood twelve years,

26. and had suffered many things of many physicians, and had spent all that she had, and was nothing bettered, but rather grew worse,

27. having heard the things concerning Jesus, came in the crowd behind, and touched his garment.

28. For she said, If I touch but his garments, I shall be made whole.

29. And straightway the fountain of her blood was dried up; and she felt in her body that she was healed of her plague.

30. And straightway Jesus, perceiving in himself that the power [proceeding] from him had gone forth, turned him about in the crowd, and said, Who touched my garments?

31. And his disciples said unto him, Thou seest the multitude thronging thee, and sayest thou, Who touched me?

32. And he looked round about to see her that had done this thing.

33. But the woman fearing and trembling, knowing what had been done to her, came and fell down before him, and told him all the truth.

34. And he said unto her, Daughter, thy faith hath made thee whole; go in peace, and be whole of thy plague.

35. While he yet spake, they come from the ruler of the synagogue's [house] saying, Thy daughter is dead: why troublest thou the Teacher any further?

20. E quello se ne andò e cominciò a pubblicare per la Decapoli le grandi cose che Gesù aveva fatto per lui. E tutti si maravigliarono.

21. Ed essendo Gesù passato di nuovo in barca all'altra riva, una gran moltitudine si radunò attorno a lui; ed egli stava presso il mare.

22. Ed ecco venire uno dei capi della sinagoga, chiamato Iairo, il quale, vedutolo, gli si getta ai piedi

23. e lo prega istantemente, dicendo: La mia figliuola è agli estremi. Vieni a metter sopra lei le mani, affinché sia salva e viva.

24. E Gesù andò con lui, e gran moltitudine lo seguiva e l'affollava.

25. Or una donna che avea un flusso di sangue da dodici anni,

26. e molto avea sofferto da molti medici, ed avea speso tutto il suo senz'alcun giovamento, anzi era piuttosto peggiorata,

27. avendo udito parlar di Gesù, venne per di dietro fra la calca e gli toccò la vesta, perché diceva:

28. Se riesco a toccare non foss'altro che le sue vesti, sarò salva.

29. E in quell'istante il suo flusso ristagnò; ed ella sentì nel corpo d'esser guarita di quel flagello.

30. E subito Gesù, conscio della virtù ch'era emanata da lui, voltosi indietro in quella calca, disse: Chi mi ha toccato le vesti?

31. E i suoi discepoli gli dicevano: Tu vedi come la folla ti si serra addosso e dici: Chi mi ha toccato?

32. Ed egli guardava attorno per vedere colei che avea ciò fatto.

33. Ma la donna, paurosa e tremante, ben sapendo quel che era avvenuto in lei, venne e gli si gettò ai piedi, e gli disse tutta la verità.

34. Ma Gesù le disse: Figliuola, la tua fede t'ha salvata; vattene in pace e sii guarita del tuo flagello.

35. Mentr'egli parlava ancora, ecco arrivar gente da casa del capo della sinagoga, che gli dice: La tua figliuola è morta; perché incomodare più oltre il Maestro?

36. But Jesus, not heeding the word spoken, saith unto the ruler of the synagogue, Fear not, only believe.

37. And he suffered no man to follow with him, save Peter, and James, and John the brother of James.

38. And they come to the house of the ruler of the synagogue; and he beholdeth a tumult, and [many] weeping and wailing greatly.

39. And when he was entered in, he saith unto them, Why make ye a tumult, and weep? the child is not dead, but sleepeth.

40. And they laughed him to scorn. But he, having put them all forth, taketh the father of the child and her mother and them that were with him, and goeth in where the child was.

41. And taking the child by the hand, he saith unto her, Talitha cumi; which is, being interpreted, Damsel, I say unto thee, Arise.

42. And straightway the damsel rose up, and walked; for she was twelve years old. And they were amazed straightway with a great amazement.

43. And he charged them much that no man should know this: and he commanded that [something] should be given her to eat.

36. Ma Gesù, inteso quel che si diceva, disse al capo della sinagoga: Non temere; solo abbi fede!

37. E non permise ad alcuno di accompagnarlo, salvo che a Pietro, a Giacomo e a Giovanni, fratello di Giacomo.

38. E giungono a casa del capo della sinagoga; ed egli vede del tumulto e gente che piange ed urla forte.

39. Ed entrato, dice loro: Perché fate tanto strepito e piangete? La fanciulla non è morta, ma dorme.

40. E si ridevano di lui. Ma egli, messi li tutti fuori, prende seco il padre la madre della fanciulla e quelli che eran con lui, ed entra là dove era la fanciulla.

41. E presala per la mano le dice: Talithà cumì! che interpretato vuole dire: Giovinetta, io tel dico, lèvati!

42. E tosto la giovinetta s'alzò e camminava, perché avea dodici anni. E furono subito presi da grande stupore;

43. ed egli comandò loro molto strettamente che non lo risapesse alcuno: e disse loro che le fosse dato da mangiare.

# Mark 6       Marco 6

1. And he went out from thence; and he cometh into his own country; and his disciples follow him.

2. And when the sabbath was come, he began to teach in the synagogue: and many hearing him were astonished, saying, Whence hath this man these things? and, What is the wisdom that is given unto this man, and [what mean] such mighty works wrought by his hands?

3. Is not this the carpenter, the son of Mary, and brother of James, and Joses, and Judas, and Simon? and are not his sisters here with us? And they were offended in him.

4. And Jesus said unto them, A prophet is not without honor, save in his own country, and among his own kin, and in his own house.

1. Poi si partì di là e venne nel suo paese e i suoi discepoli lo seguitarono.

2. E venuto il sabato, si mise ad insegnar nella sinagoga; e la maggior parte, udendolo, stupivano dicendo: Donde ha costui queste cose? e che sapienza è questa che gli è data? e che cosa sono cotali opere potenti fatte per mano sua?

3. Non è costui il falegname, il figliuol di Maria, e il fratello di Giacomo e di Giosè, di Giuda e di Simone? E le sue sorelle non stanno qui da noi? E si scandalizzavano di lui.

4. Ma Gesù diceva loro: Niun profeta è sprezzato se non nella sua patria e tra i suoi parenti e in casa sua.

5.  And he could there do no mighty work, save that he laid his hands upon a few sick folk, and healed them.

6.  And he marvelled because of their unbelief. And he went round about the villages teaching.

7.  And he calleth unto him the twelve, and began to send them forth by two and two; and he gave them authority over the unclean spirits;

8.  and he charged them that they should take nothing for [their] journey, save a staff only; no bread, no wallet, now money in their purse;

9.  but [to go] shod with sandals: and, [said he], put not on two coats.

10.  And he said unto them, Wheresoever ye enter into a house, there abide till ye depart thence.

11.  And whatsoever place shall not receive you, and they hear you not, as ye go forth thence, shake off the dust that is under your feet for a testimony unto them.

12.  And they went out, and preached that [men] should repent.

13.  And they cast out many demons, and anointed with oil many that were sick, and healed them.

14.  And king Herod heard [thereof]; for his name had become known: and he said, John the Baptizer is risen from the dead, and therefore do these powers work in him.

15.  But others said, It is Elijah. And others said, [It is] a prophet, [even] as one of the prophets.

16.  But Herod, when he heard [thereof], said, John, whom I beheaded, he is risen.

17.  For Herod himself had sent forth and laid hold upon John, and bound him in prison for the sake of Herodias, his brother Philip's wife; for he had married her.

18.  For John said unto Herod, It is not lawful for thee to have thy brother's wife.

19.  And Herodias set herself against him, and desired to kill him; and she could not;

20.  for Herod feared John, knowing that he was a righteous and holy man, and kept him safe. And when he heard him, he was much perplexed; and he heard him gladly.

5.  E non poté far quivi alcun'opera potente, salvo che, imposte le mani ad alcuni pochi infermi, li guarì.

6.  E si maravigliava della loro incredulità. E andava attorno per i villaggi circostanti, insegnando.

7.  Poi chiamò a sé i dodici e cominciò a mandarli a due a due; e dette loro potestà sugli spiriti immondi.

8.  E comandò loro di non prender nulla per viaggio, se non un bastone soltanto; non pane, non sacca, non danaro nella cintura:

9.  ma di calzarsi di sandali e di non portar tunica di ricambio.

10.  E diceva loro: Dovunque sarete entrati in una casa, trattenetevi quivi, finché non ve ne andiate di là;

11.  e se in qualche luogo non vi ricevono né v'ascoltano, andandovene di là, scotetevi la polvere di sotto ai piedi; e ciò serva loro di testimonianza.

12.  E partiti, predicavano che la gente si ravvedesse;

13.  cacciavano molti demoni, ungevano d'olio molti infermi e li guarivano.

14.  Ora il re Erode udì parlar di Gesù (ché la sua rinomanza s'era sparsa), e diceva: Giovanni Battista è risuscitato dai morti; ed è per questo che agiscono in lui le potenze miracolose.

15.  Altri invece dicevano: E' Elia! Ed altri: E' un profeta come quelli di una volta.

16.  Ma Erode, udito ciò, diceva: Quel Giovanni ch'io ho fatto decapitare, è lui che è risuscitato!

17.  Poiché esso Erode avea fatto arrestare Giovanni e l'avea fatto incatenare in prigione a motivo di Erodiada, moglie di Filippo suo fratello, ch'egli, Erode, avea sposata.

18.  Giovanni infatti gli diceva: E' non t'è lecito di tener la moglie di tuo fratello!

19.  Ed Erodiada gli serbava rancore e bramava di farlo morire, ma non poteva;

20.  perché Erode avea soggezione di Giovanni, sapendolo uomo giusto e santo, e lo proteggeva; dopo averlo udito era molto perplesso, e l'ascoltava volentieri.

21. And when a convenient day was come, that Herod on his birthday made a supper to his lords, and the high captains, and the chief men of Galilee;

22. and when the daughter of Herodias herself came in and danced, she pleased Herod and them that sat at meat with him; and the king said unto the damsel, Ask of me whatsoever thou wilt, and I will give it thee.

23. And he sware unto her, Whatsoever thou shalt ask of me, I will give it thee, unto the half of my kingdom.

24. And she went out, and said unto her mother, What shall I ask? And she said, The head of John the Baptizer.

25. And she came in straightway with haste unto the king, and asked, saying, I will that thou forthwith give me on a platter the head of John the Baptist.

26. And the king was exceeding sorry; but for the sake of his oaths, and of them that sat at meat, he would not reject her.

27. And straightway the king sent forth a soldier of his guard, and commanded to bring his head: and he went and beheaded him in the prison,

28. and brought his head on a platter, and gave it to the damsel; and the damsel gave it to her mother.

29. And when his disciples heard [thereof], they came and took up his corpse, and laid it in a tomb.

30. And the apostles gather themselves together unto Jesus; and they told him all things, whatsoever they had done, and whatsoever they had taught.

31. And he saith unto them, Come ye yourselves apart into a desert place, and rest a while. For there were many coming and going, and they had no leisure so much as to eat.

32. And they went away in the boat to a desert place apart.

33. And [the people] saw them going, and many knew [them], and they ran together there on foot from all the cities, and outwent them.

34. And he came forth and saw a great multitude, and he had compassion on them, because they were as sheep not having a shepherd: and he began to teach them many things.

21. Ma venuto un giorno opportuno che Erode, nel suo natalizio, fece un convito ai grandi della sua corte, ai capitani ad ai primi della Galilea,

22. la figliuola della stessa Erodiada, essendo entrata, ballò e piacque ad Erode ed ai commensali. E il re disse alla fanciulla: Chiedimi quello che vuoi e te lo darò.

23. E le giurò: Ti darò quel che mi chiederai; fin la metà del mio regno.

24. Costei, uscita, domandò a sua madre: Che chiederò? E quella le disse: La testa di Giovanni Battista.

25. E rientrata subito frettolosamente dal re, gli fece così la domanda: Voglio che sul momento tu mi dia in un piatto la testa di Giovanni Battista.

26. Il re ne fu grandemente attristato; ma a motivo de' giuramenti fatti e dei commensali, non volle dirle di no;

27. e mandò subito una guardia con l'ordine di portargli la testa di lui.

28. E quegli andò, lo decapitò nella prigione, e ne portò la testa in un piatto, e la dette alla fanciulla, e la fanciulla la dette a sua madre.

29. I discepoli di Giovanni, udita la cosa, andarono a prendere il suo corpo e lo deposero in un sepolcro.

30. Or gli apostoli, essendosi raccolti presso Gesù gli riferirono tutto quello che avean fatto e insegnato.

31. Ed egli disse loro: Venitevene ora in disparte, in luogo solitario, e riposatevi un po'. Difatti, era tanta la gente che andava e veniva, che essi non aveano neppur tempo di mangiare.

32. Partirono dunque nella barca per andare in un luogo solitario in disparte.

33. E molti li videro partire e li riconobbero; e da tutte le città accorsero là a piedi e vi giunsero prima di loro.

34. E come Gesù fu sbarcato, vide una gran moltitudine e n'ebbe compassione, perché erano come pecore che non hanno pastore; e si mise ad insegnar loro molte cose.

35. And when the day was now far spent, his disciples came unto him, and said, The place is desert, and the day is now far spent;

36. send them away, that they may go into the country and villages round about, and buy themselves somewhat to eat.

37. But he answered and said unto them, Give ye them to eat. And they say unto him, Shall we go and buy two hundred shillings' worth of bread, and give them to eat?

38. And he saith unto them, How many loaves have ye? go [and] see. And when they knew, they say, Five, and two fishes.

39. And he commanded them that all should sit down by companies upon the green grass.

40. And they sat down in ranks, by hundreds, and by fifties.

41. And he took the five loaves and the two fishes, and looking up to heaven, he blessed, and brake the loaves; and he gave to the disciples to set before them; and the two fishes divided he among them all.

42. And they all ate, and were filled.

43. And they took up broken pieces, twelve basketfuls, and also of the fishes.

44. And they that ate the loaves were five thousand men.

45. And straightway he constrained his disciples to enter into the boat, and to go before [him] unto the other side to Bethsaida, while he himself sendeth the multitude away.

46. And after he had taken leave of them, he departed into the mountain to pray.

47. And when even was come, the boat was in the midst of the sea, and he alone on the land.

48. And seeing them distressed in rowing, for the wind was contrary unto them, about the fourth watch of the night he cometh unto them, walking on the sea; and he would have passed by them:

49. but they, when they saw him walking on the sea, supposed that it was a ghost, and cried out;

50. for they all saw him, and were troubled. But he straightway spake with them, and saith unto them, Be of good cheer: it is I; be not afraid.

35. Ed essendo già tardi, i discepoli gli s'accostarono e gli dissero: Questo luogo è deserto ed è già tardi;

36. licenziali, affinché vadano per le campagne e per i villaggi d'intorno a comprarsi qualcosa da mangiare.

37. Ma egli rispose loro: Date lor voi da mangiare. Ed essi a lui: Andremo noi a comprare per dugento danari di pane e daremo loro da mangiare?

38. Ed egli domandò loro: Quanti pani avete? andate a vedere. Ed essi, accertatisi, risposero: Cinque, e due pesci.

39. Allora egli comandò loro di farli accomodar tutti a brigate sull'erba verde;

40. e si assisero per gruppi di cento e di cinquanta.

41. Poi Gesù prese i cinque pani e i due pesci, e levati gli occhi al cielo, benedisse e spezzò i pani, e li dava ai discepoli, affinché li mettessero dinanzi alla gente; e i due pesci spartì pure fra tutti.

42. E tutti mangiarono e furon sazi;

43. e si portaron via dodici ceste piene di pezzi di pane, ed anche i resti dei pesci.

44. E quelli che avean mangiato i pani erano cinquemila uomini.

45. Subito dopo Gesù obbligò i suoi discepoli a montar nella barca e a precederlo sull'altra riva, verso Betsaida, mentre egli licenzierebbe la moltitudine.

46. E preso commiato, se ne andò sul monte a pregare.

47. E fattosi sera, la barca era in mezzo al mare ed egli era solo a terra.

48. E vedendoli che si affannavano a remare perché il vento era loro contrario, verso la quarta vigilia della notte, andò alla loro volta, camminando sul mare; e voleva oltrepassarli;

49. ma essi, vedutolo camminar sul mare, pensarono che fosse un fantasma e si dettero a gridare;

50. perché tutti lo videro e ne furono sconvolti. Ma egli subito parlò loro e disse: State di buon cuore, son io; non temete!

51. And he went up unto them into the boat; and the wind ceased: and they were sore amazed in themselves;

52. for they understood not concerning the loaves, but their heart was hardened.

53. And when they had crossed over, they came to the land unto Gennesaret, and moored to the shore.

54. And when they were come out of the boat, straightway [the people] knew him,

55. and ran round about that whole region, and began to carry about on their beds those that were sick, where they heard he was.

56. And wheresoever he entered, into villages, or into cities, or into the country, they laid the sick in the marketplaces, and besought him that they might touch if it were but the border of his garment: and as many as touched him were made whole.

51. E montò nella barca con loro, e il vento s'acquetò; ed essi più che mai sbigottirono in loro stessi,

52. perché non avean capito il fatto de' pani, anzi il cuor loro era indurito.

53. Passati all'altra riva, vennero a Gennesaret e vi presero terra.

54. E come furono sbarcati, subito la gente, riconosciutolo,

55. corse per tutto il paese e cominciarono a portare qua e là i malati sui loro lettucci, dovunque sentivano dire ch'egli si trovasse.

56. E da per tutto dov'egli entrava, ne' villaggi, nelle città, e nelle campagne, posavano gl'infermi per le piazze e lo pregavano che li lasciasse toccare non foss'altro che il lembo del suo vestito. E tutti quelli che lo toccavano, erano guariti.

# Mark 7

# Marco 7

1. And there are gathered together unto him the Pharisees, and certain of the scribes, who had come from Jerusalem,

2. and had seen that some of his disciples ate their bread with defiled, that is, unwashen, hands.

3. (For the Pharisees, and all the Jews, except they wash their hands diligently, eat not, holding the tradition of the elders;

4. and [when they come] from the market-place, except they bathe themselves, they eat not; and many other things there are, which they have received to hold, washings of cups, and pots, and brasen vessels.)

5. And the Pharisees and the scribes ask him, Why walk not thy disciples according to the tradition of the elders, but eat their bread with defiled hands?

6. And he said unto them, Well did Isaiah prophesy of you hypocrites, as it is written, This people honoreth me with their lips, But their heart is far from me.

7. But in vain do they worship me, Teaching [as their] doctrines the precepts of men.

8. Ye leave the commandment of God, and hold fast the tradition of men.

1. Allora si radunarono presso di lui i Farisei ed alcuni degli scribi venuti da Gerusalemme.

2. E videro che alcuni de' suoi discepoli prendevano cibo con mani impure, cioè non lavate.

3. Poiché i Farisei e tutti i Giudei non mangiano se non si sono con gran cura lavate le mani, attenendosi alla tradizione degli antichi;

4. e quando tornano dalla piazza non mangiano se non si sono purificati con delle aspersioni. E vi sono molto altre cose che ritengono per tradizione: lavature di calici, d'orciuoli e di vasi di rame.

5. E i Farisei e gli scribi domandarono: Perché i tuoi discepoli non seguono essi la tradizione degli antichi, ma prendon cibo con mani impure?

6. Ma Gesù disse loro: Ben profetò Isaia di voi ipocriti, com'è scritto: Questo popolo mi onora con le labbra, ma il cuor loro è lontano da me.

7. Ma invano mi rendono il loro culto insegnando dottrine che son precetti d'uomini.

8. Voi, lasciato il comandamento di Dio, state attaccati alla tradizione degli uomini.

9. And he said unto them, Full well do ye reject the commandment of God, that ye may keep your tradition.

10. For Moses said, Honor thy father and thy mother; and, He that speaketh evil of father or mother, let him die the death:

11. but ye say, If a man shall say to his father or his mother, That wherewith thou mightest have been profited by me is Corban, that is to say, Given [to God];

12. ye no longer suffer him to do aught for his father or his mother;

13. making void the word of God by your tradition, which ye have delivered: and many such like things ye do.

14. And he called to him the multitude again, and said unto them, Hear me all of you, and understand:

15. there is nothing from without the man, that going into him can defile him; but the things which proceed out of the man are those that defile the man.

16. [If any man hath ears to hear, let him hear.]

17. And when he was entered into the house from the multitude, his disciples asked of him the parable.

18. And he saith unto them, Are ye so without understanding also? Perceive ye not, that whatsoever from without goeth into the man, [it] cannot defile him;

19. because it goeth not into his heart, but into his belly, and goeth out into the draught? [This he said], making all meats clean.

20. And he said, That which proceedeth out of the man, that defileth the man.

21. For from within, out of the heart of men, evil thoughts proceed, fornications, thefts, murders, adulteries,

22. covetings, wickednesses, deceit, lasciviousness, an evil eye, railing, pride, foolishness:

23. all these evil things proceed from within, and defile the man.

24. And from thence he arose, and went away into the borders of Tyre and Sidon. And he entered into a house, and would have no man know it; and he could not be hid.

25. But straightway a woman, whose little daughter had an unclean spirit, having heard of him, came and fell down at his feet.

9. E diceva loro ancora: Come ben sapete annullare il comandamento di Dio per osservare la tradizione vostra!

10. Mosè infatti ha detto: Onora tuo padre e tua madre; e: Chi maledice padre o madre, sia punito di morte;

11. voi, invece, se uno dice a suo padre od a sua madre: Quello con cui potrei assisterti è Corban (vale a dire, offerta a Dio),

12. non gli permettete più di far cosa alcuna a pro di suo padre o di sua madre;

13. annullando così la parola di Dio con la tradizione che voi vi siete tramandata. E di cose consimili ne fate tante!

14. Poi, chiamata a sé di nuovo la moltitudine, diceva loro: Ascoltatemi tutti ed intendete:

15. Non v'è nulla fuori dell'uomo che entrando in lui possa contaminarlo; ma son le cose che escono dall'uomo quelle che contaminano l'uomo.

16. Se uno ha orecchi da udire oda.

17. E quando, lasciata la moltitudine, fu entrato in casa, i suoi discepoli lo interrogarono intorno alla parabola.

18. Ed egli disse loro: Siete anche voi così privi d'intendimento? Non capite voi che tutto ciò che dal di fuori entra nell'uomo non lo può contaminare,

19. perché gli entra non nel cuore ma nel ventre e se ne va nella latrina? Così dicendo, dichiarava pure puri tutti quanti i cibi.

20. Diceva inoltre: E' quel che esce dall'uomo che contamina l'uomo;

21. poiché è dal di dentro, dal cuore degli uomini, che escono cattivi pensieri, fornicazioni, furti, omicidi,

22. adulteri, cupidigie, malvagità, frode, lascivia, sguardo maligno, calunnia, superbia, stoltezza.

23. Tutte queste cose malvage escono dal di dentro e contaminano l'uomo.

24. Poi, partitosi di là, se ne andò vero i confini di Tiro. Ed entrato in una casa, non voleva che alcuno lo sapesse; ma non poté restar nascosto,

25. ché anzi, subito, una donna la cui figliuolina aveva uno spirito immondo, avendo udito parlar di lui, venne e gli si gettò ai piedi.

26.　Now the woman was a Greek, a Syrophoenician by race. And she besought him that he would cast forth the demon out of her daughter.

27.　And he said unto her, Let the children first be filled: for it is not meet to take the children's bread and cast it to the dogs.

28.　But she answered and saith unto him, Yea, Lord; even the dogs under the table eat of the children's crumbs.

29.　And he said unto her, For this saying go thy way; the demon is gone out of thy daughter.

30.　And she went away unto her house, and found the child laid upon the bed, and the demon gone out.

31.　And again he went out from the borders of Tyre, and came through Sidon unto the sea of Galilee, through the midst of the borders of Decapolis.

32.　And they bring unto him one that was deaf, and had an impediment in his speech; and they beseech him to lay his hand upon him.

33.　And he took him aside from the multitude privately, and put his fingers into his ears, and he spat, and touched his tongue;

34.　and looking up to heaven, he sighed, and saith unto him, Ephphatha, that is, Be opened.

35.　And his ears were opened, and the bond of his tongue was loosed, and he spake plain.

36.　And he charged them that they should tell no man: but the more he charged them, so much the more a great deal they published it.

37.　And they were beyond measure astonished, saying, He hath done all things well; he maketh even the deaf to hear, and the dumb to speak.

26.　Quella donna era pagana, di nazione sirofenicia, e lo pregava di cacciare il demonio dalla sua figliuola.

27.　Ma Gesù le disse: Lascia che prima siano saziati i figliuoli; ché non è bene prendere il pane dei figliuoli per buttarlo a' cagnolini.

28.　Ma ella rispose: Dici bene, Signore; e i cagnolini, sotto la tavola, mangiano de' minuzzoli dei figliuoli.

29.　E Gesù le disse: Per cotesta parola, va'; il demonio è uscito dalla tua figliuola.

30.　E la donna, tornata a casa sua, trovò la figliuolina coricata sul letto e il demonio uscito di lei.

31.　Partitosi di nuovo dai confini di Tiro, Gesù, passando per Sidone, tornò verso il mar di Galilea traversano il territorio della Decapoli.

32.　E gli menarono un sordo che parlava a stento; e lo pregarono che gl'imponesse la mano.

33.　Ed egli, trattolo in disparte fuor dalla folla, gli mise le dite negli orecchi e con la saliva gli toccò la lingua;

34.　poi, levati gli occhi al cielo, sospirò e gli disse: Effathà! che vuol dire: Apriti!

35.　E gli si aprirono gli orecchi; e subito gli si sciolse lo scilinguagnolo e parlava bene.

36.　E Gesù ordinò loro di non parlarne ad alcuno; ma lo più lo divietava loro e più lo divulgavano;

37.　e stupivano oltremodo, dicendo: Egli ha fatto ogni cosa bene; i sordi li fa udire, e i mutoli li fa parlare.

# Mark 8　　　　　　　　Marco 8

1.　In those days, when there was again a great multitude, and they had nothing to eat, he called unto him his disciples, and saith unto them,

2.　I have compassion on the multitude, because they continue with me now three days, and have nothing to eat:

1.　In que' giorni, essendo di nuovo la folla grandissima, e non avendo ella da mangiare, Gesù, chiamati a sé i discepoli, disse loro:

2.　Io ho pietà di questa moltitudine; poiché già da tre giorni sta con me e non ha da mangiare.

3. and if I send them away fasting to their home, they will faint on the way; and some of them are come from far.

4. And his disciples answered him, Whence shall one be able to fill these men with bread here in a desert place?

5. And he asked them, How many loaves have ye? And they said, Seven.

6. And he commandeth the multitude to sit down on the ground: and he took the seven loaves, and having given thanks, he brake, and gave to his disciples, to set before them; and they set them before the multitude.

7. And they had a few small fishes: and having blessed them, he commanded to set these also before them.

8. And they ate, and were filled: and they took up, of broken pieces that remained over, seven baskets.

9. And they were about four thousand: and he sent them away.

10. And straightway he entered into the boat with his disciples, and came into the parts of Dalmanutha.

11. And the Pharisees came forth, and began to question with him, seeking of him a sign from heaven, trying him.

12. And he sighed deeply in his spirit, and saith, Why doth this generation seek a sign? verily I say unto you, There shall no sign be given unto this generation.

13. And he left them, and again entering into [the boat] departed to the other side.

14. And they forgot to take bread; and they had not in the boat with them more than one loaf.

15. And he charged them, saying, Take heed, beware of the leaven of the Pharisees and the leaven of Herod.

16. And they reasoned one with another, saying, We have no bread.

17. And Jesus perceiving it saith unto them, Why reason ye, because ye have no bread? do ye not yet perceive, neither understand? have ye your heart hardened?

18. Having eyes, see ye not? and having ears, hear ye not? and do ye not remember?

19. When I brake the five loaves among the five thousand, how many baskets full of broken pieces took ye up? They say unto him, Twelve.

3. E se li rimando a casa digiuni, verranno meno per via; e ve n'hanno alcuni che son venuti da lontano.

4. E i suoi discepoli gli risposero: Come si potrebbe mai saziarli di pane qui, in un deserto?

5. Ed egli domandò loro: Quanti pani avete? Essi dissero: Sette.

6. Ed egli ordinò alla folla di accomodarsi per terra; e prese i sette pani, dopo aver rese grazie, li spezzò e diede ai discepoli perché li ponessero dinanzi alla folla; ed essi li posero.

7. Avevano anche alcuni pochi pescetti ed egli, fatta la benedizione, comandò di porre anche quelli dinanzi a loro.

8. E mangiarono e furono saziati; e de' pezzi avanzati si levarono sette panieri.

9. Or erano circa quattromila persone. Poi Gesù li licenziò;

10. e subito, montato nella barca co' suoi discepoli, andò dalle parti di Dalmanuta.

11. E i Farisei si recarono colà e si misero a disputar con lui, chiedendogli, per metterlo alla prova, un segno dal cielo.

12. Ma egli, dopo aver sospirato nel suo spirito, disse: Perché questa generazione chiede un segno? In verità io vi dico: Non sarà dato alcun segno a questa generazione.

13. E lasciatili, montò di nuovo nella barca e passò all'altra riva.

14. Or i discepoli avevano dimenticato di prendere dei pani, e non avevano seco nella barca che un pane solo.

15. Ed egli dava loro de' precetti dicendo: Badate, guardatevi dal lievito de' Farisei e dal lievito d'Erode!

16. Ed essi si dicevano gli uni agli altri: Egli è perché non abbiam pane.

17. E Gesù, accortosene, disse loro: Perché ragionate voi del non aver pane? Non riflettete e non capite voi ancora? Avete il cuore indurito?

18. Avendo occhi non vedete? e avendo orecchie non udite? e non avete memoria alcuna?

19. Quand'io spezzai i cinque pani per i cinquemila, quante ceste piene di pezzi levaste? Essi dissero: Dodici.

20. And when the seven among the four thousand, how many basketfuls of broken pieces took ye up? And they say unto him, Seven.

21. And he said unto them, Do ye not yet understand?

22. And they come unto Bethsaida. And they bring to him a blind man, and beseech him to touch him.

23. And he took hold of the blind man by the hand, and brought him out of the village; and when he had spit on his eyes, and laid his hands upon him, he asked him, Seest thou aught?

24. And he looked up, and said, I see men; for I behold [them] as trees, walking.

25. Then again he laid his hands upon his eyes; and he looked stedfastly, and was restored, and saw all things clearly.

26. And he sent him away to his home, saying, Do not even enter into the village.

27. And Jesus went forth, and his disciples, into the villages of Caesarea Philippi: and on the way he asked his disciples, saying unto them, Who do men say that I am?

28. And they told him, saying, John the Baptist; and others, Elijah; but others, One of the prophets.

29. And he asked them, But who say ye that I am? Peter answereth and saith unto him, Thou art the Christ.

30. And he charged them that they should tell no man of him.

31. And he began to teach them, that the Son of man must suffer many things, and be rejected by the elders, and the chief priests, and the scribes, and be killed, and after three days rise again.

32. And he spake the saying openly. And Peter took him, and began to rebuke him.

33. But he turning about, and seeing his disciples, rebuked Peter, and saith, Get thee behind me, Satan; for thou mindest not the things of God, but the things of men.

34. And he called unto him the multitude with his disciples, and said unto them, If any man would come after me, let him deny himself, and take up his cross, and follow me.

20. E quando spezzai i sette pani per i quattromila, quanti panieri pieni levaste?

21. Ed essi risposero: Sette. E diceva loro: Non capite ancora?

22. E vennero in Betsaida; e gli fu menato un cieco, e lo pregarono che lo toccasse.

23. Ed egli, preso il cieco per la mano, lo condusse fuor dal villaggio; e sputatogli negli occhi e impostegli le mani, gli domandò:

24. Vedi tu qualche cosa? Ed egli, levati gli occhi, disse: Scorgo gli uomini, perché li vedo camminare, e mi paion alberi.

25. Poi Gesù gli mise di nuovo le mani sugli occhi; ed egli riguardò e fu guarito e vedeva ogni cosa chiaramente.

26. E Gesù lo rimandò a casa sua e gli disse: Non entrar neppure nel villaggio.

27. Poi Gesù, co' suoi discepoli, se ne andò verso le borgate di Cesare di Filippo; e cammin facendo domandò ai suoi discepoli: Chi dice la gente ch'io sia?

28. Ed essi risposero: Gli uni, Giovanni Battista: altri, Elia; ed altri, uno de' profeti.

29. Ed egli domandò loro: E voi, chi dite ch'io sia? E Pietro rispose: Tu sei il Cristo.

30. Ed egli vietò loro severamente di dir ciò di lui ad alcuno.

31. Poi cominciò ad insegnar loro ch'era necessario che il Figliuol dell'uomo soffrisse molte cose, e fosse reietto dagli anziani e dai capi sacerdoti e dagli scribi, e fosse ucciso, e in capo a tre giorni risuscitasse.

32. E diceva queste cose apertamente. E Pietro, trattolo da parte, prese a rimproverarlo.

33. Ma egli, rivoltosi e guardati i suoi discepoli, rimproverò Pietro dicendo: Vattene via da me, Satana! Tu non hai il senso delle cose di Dio, ma delle cose degli uomini.

34. E chiamata a sé la folla coi suoi discepoli, disse loro: Se uno vuol venire dietro a me, rinunzi a se stesso e prenda la sua croce e mi segua.

35. For whosoever would save his life shall lose it; and whosoever shall lose his life for my sake and the gospel's shall save it.

36. For what doth it profit a man, to gain the whole world, and forfeit his life?

37. For what should a man give in exchange for his life?

38. For whosoever shall be ashamed of me and of my words in this adulterous and sinful generation, the Son of man also shall be ashamed of him, when he cometh in the glory of his Father with the holy angels.

35. Perché chi vorrà salvare la sua vita, la perderà; ma chi perderà la sua vita per amor di me e del Vangelo, la salverà.

36. E che giova egli all'uomo se guadagna tutto il mondo e perde l'anima sua?

37. E infatti, che darebbe l'uomo in cambio dell'anima sua?

38. Perché se uno si sarà vergognato di me e delle mie parole in questa generazione adultera e peccatrice, anche il Figliuol dell'uomo si vergognerà di lui quando sarà venuto nella gloria del Padre suo coi santi angeli.

# Mark 9

# Marco 9

1. And he said unto them, Verily I say unto you, There are some here of them that stand [by], who shall in no wise taste of death, till they see the kingdom of God come with power.

2. And after six days Jesus taketh with him Peter, and James, and John, and bringeth them up into a high mountain apart by themselves: and he was transfigured before them;

3. and his garments became glistering, exceeding white, so as no fuller on earth can whiten them.

4. And there appeared unto them Elijah with Moses: and they were talking with Jesus.

5. And Peter answereth and saith to Jesus, Rabbi, it is good for us to be here: and let us make three tabernacles; one for thee, and one for Moses, and one for Elijah.

6. For he knew not what to answer; for they became sore afraid.

7. And there came a cloud overshadowing them: and there came a voice out of the cloud, This is my beloved Son: hear ye him.

8. And suddenly looking round about, they saw no one any more, save Jesus only with themselves.

9. And as they were coming down from the mountain, he charged them that they should tell no man what things they had seen, save when the Son of man should have risen again from the dead.

1. E diceva loro: In verità io vi dico che alcuni di coloro che son qui presenti non gusteranno la morte, finché non abbian visto il regno di Dio venuto con potenza.

2. Sei giorni dopo, Gesù prese seco Pietro e Giacomo e Giovanni e li condusse soli, in disparte, sopra un alto monte.

3. E fu trasfigurato in presenza loro; e i suoi vestiti divennero sfolgoranti, candidissimi, di un tal candore che niun lavator di panni sulla terra può dare.

4. Ed apparve loro Elia con Mosè, i quali stavano conversando con Gesù.

5. E Pietro rivoltosi a Gesù: Maestro, disse, egli è bene che stiamo qui; facciamo tre tende; una per te, una per Mosè ed una per Elia.

6. Poiché non sapeva che cosa dire, perché erano stati presi da spavento.

7. E venne una nuvola che li coperse della sua ombra; e dalla nuvola una voce: Questo è il mio diletto figliuolo; ascoltatelo.

8. E ad un tratto, guardatisi attorno, non videro più alcuno con loro, se non Gesù solo.

9. Or come scendevano dal monte, egli ordinò loro di non raccontare ad alcuno le cose che aveano vedute, se non quando il Figliuol dell'uomo sarebbe risuscitato dai morti.

10. And they kept the saying, questioning among themselves what the rising again from the dead should mean.

11. And they asked him, saying, [How is it] that the scribes say that Elijah must first come?

12. And he said unto them, Elijah indeed cometh first, and restoreth all things: and how is it written of the Son of man, that he should suffer many things and be set at nought?

13. But I say unto you, that Elijah is come, and they have also done unto him whatsoever they would, even as it is written of him.

14. And when they came to the disciples, they saw a great multitude about them, and scribes questioning with them.

15. And straightway all the multitude, when they saw him, were greatly amazed, and running to him saluted him.

16. And he asked them, What question ye with them?

17. And one of the multitude answered him, Teacher, I brought unto thee my son, who hath a dumb spirit;

18. and wheresoever it taketh him, it dasheth him down: and he foameth, and grindeth his teeth, and pineth away: and I spake to thy disciples that they should cast it out; and they were not able.

19. And he answereth them and saith, O faithless generation, how long shall I be with you? how long shall I bear with you? bring him unto me.

20. And they brought him unto him: and when he saw him, straightway the spirit tare him grievously; and he fell on the ground, and wallowed foaming.

21. And he asked his father, How long time is it since this hath come unto him? And he said, From a child.

22. And oft-times it hath cast him both into the fire and into the waters, to destroy him: but if thou canst do anything, have compassion on us, and help us.

23. And Jesus said unto him, If thou canst! All things are possible to him that believeth.

24. Straightway the father of the child cried out, and said, I believe; help thou mine unbelief.

10. Ed essi tennero in sé la cosa, domandandosi fra loro che cosa fosse quel risuscitare dai morti.

11. Poi gli chiesero: Perché dicono gli scribi che prima deve venir Elia?

12. Ed egli disse loro: Elia deve venir prima e ristabilire ogni cosa; e come mai è egli scritto del Figliuol dell'uomo che egli ha da patir molte cose e da essere sprezzato?

13. Ma io vi dico che Elia è già venuto, ed anche gli hanno fatto quello che hanno voluto, com'è scritto di lui.

14. E venuti ai discepoli, videro intorno a loro una gran folla, e degli scribi che discutevan con loro.

15. E subito tutta la folla, veduto Gesù, sbigottì e accorse a salutarlo.

16. Ed egli domandò loro: Di che discutete voi con loro?

17. E uno della folla gli rispose: Maestro, io t'ho menato il mio figliuolo che ha uno spirito mutolo;

18. e dovunque esso lo prende, lo atterra; ed egli schiuma, stride dei denti e rimane stecchito. Ho detto a' tuoi discepoli che lo cacciassero, ma non hanno potuto.

19. E Gesù, rispondendo, disse loro: O generazione incredula! Fino a quando sarò io con voi? Fino a quando vi sopporterò? Menatemelo.

20. E glielo menarono; e come vide Gesù, subito lo spirito lo torse in convulsione; e caduto in terra, si rotolava schiumando. E Gesù domandò al padre:

21. Da quanto tempo gli avviene questo? Ed egli disse:

22. Dalla sua infanzia e spesse volte l'ha gettato anche nel fuoco e nell'acqua per farlo perire; ma tu, se ci puoi qualcosa, abbi pietà di noi ed aiutaci.

23. E Gesù: Dici: Se puoi?! Ogni cosa è possibile a chi crede.

24. E subito il padre del fanciullo esclamò: Io credo; sovvieni alla mia incredulità.

25. And when Jesus saw that a multitude came running together, he rebuked the unclean spirit, saying unto him, Thou dumb and deaf spirit, I command thee, come out of him, and enter no more into him.

26. And having cried out, and torn him much, he came out: and [the boy] became as one dead; insomuch that the more part said, He is dead.

27. But Jesus took him by the hand, and raised him up; and he arose.

28. And when he was come into the house, his disciples asked him privately, [How is it] that we could not cast it out?

29. And he said unto them, This kind can come out by nothing, save by prayer.

30. And they went forth from thence, and passed through Galilee; and he would not that any man should know it.

31. For he taught his disciples, and said unto them, The Son of man is delivered up into the hands of men, and they shall kill him; and when he is killed, after three days he shall rise again.

32. But they understood not the saying, and were afraid to ask him.

33. And they came to Capernaum: and when he was in the house he asked them, What were ye reasoning on the way?

34. But they held their peace: for they had disputed one with another on the way, who [was] the greatest.

35. And he sat down, and called the twelve; and he saith unto them, If any man would be first, he shall be last of all, and servant of all.

36. And he took a little child, and set him in the midst of them: and taking him in his arms, he said unto them,

37. Whosoever shall receive one of such little children in my name, receiveth me: and whosoever receiveth me, receiveth not me, but him that sent me.

38. John said unto him, Teacher, we saw one casting out demons in thy name; and we forbade him, because he followed not us.

39. But Jesus said, Forbid him not: for there is no man who shall do a mighty work in my name, and be able quickly to speak evil of me.

25. E Gesù, vedendo che la folla accorreva, sgridò lo spirito immondo, dicendogli: Spirito muto e sordo, io tel comando, esci da lui e non entrar più in lui.

26. E lo spirito, gridando e straziandolo forte, uscì; e il fanciullo rimase come morto; talché quasi tutti dicevano: E' morto.

27. Ma Gesù lo sollevò, ed egli si rizzò in piè.

28. E quando Gesù fu entrato in casa, i suoi discepoli gli domandarono in privato: Perché non abbiam potuto cacciarlo noi?

29. Ed egli disse loro: Cotesta specie di spiriti non si può far uscir in altro modo che con la preghiera.

30. Poi, essendosi partiti di là, traversarono la Galilea; e Gesù non voleva che alcuno lo sapesse.

31. Poich'egli ammaestrava i suoi discepoli, e diceva loro: Il Figliuol dell'uomo sta per esser dato nelle mani degli uomini ed essi l'uccideranno; e tre giorni dopo essere stato ucciso, risusciterà.

32. Ma essi non intendevano il suo dire e temevano d'interrogarlo.

33. E vennero a Capernaum; e quand'egli fu in casa, domandò loro: Di che discorrevate per via?

34. Ed essi tacevano, perché per via aveano questionato fra loro chi fosse il maggiore.

35. Ed egli postosi a sedere, chiamò i dodici e disse loro: Se alcuno vuol essere il primo, dovrà essere l'ultimo di tutti e il servitor di tutti.

36. E preso un piccolo fanciullo, lo pose in mezzo a loro; e recatoselo in braccio, disse a loro:

37. Chiunque riceve uno di tali piccoli fanciulli nel nome mio, riceve me; e chiunque riceve me, non riceve me, ma colui che mi ha mandato.

38. Giovanni gli disse: Maestro, noi abbiam veduto uno che cacciava i demoni nel nome tuo, il quale non ci seguita; e glielo abbiam vietato perché non ci seguitava.

39. E Gesù disse: Non glielo vietate, poiché non v'è alcuno che faccia qualche opera potente nel mio nome, e che subito dopo possa dir male di me.

40. For he that is not against us is for us.

41. For whosoever shall give you a cup of water to drink, because ye are Christ's, verily I say unto you, he shall in no wise lose his reward.

42. And whosoever shall cause one of these little ones that believe on me to stumble, it were better for him if a great millstone were hanged about his neck, and he were cast into the sea.

43. And if thy hand cause thee to stumble, cut it off: it is good for thee to enter into life maimed, rather than having thy two hands to go into hell, into the unquenchable fire.

44. [where their worm dieth not, and the fire is not quenched.]

45. And if thy foot cause thee to stumble, cut it off: it is good for thee to enter into life halt, rather than having thy two feet to be cast into hell.

46. [where their worm dieth not, and the fire is not quenched.]

47. And if thine eye cause thee to stumble, cast it out: it is good for thee to enter into the kingdom of God with one eye, rather than having two eyes to be cast into hell;

48. where their worm dieth not, and the fire is not quenched.

49. For every one shall be salted with fire.

50. Salt is good: but if the salt have lost its saltness, wherewith will ye season it? Have salt in yourselves, and be at peace one with another.

# Mark 10

1. And he arose from thence and cometh into the borders of Judaea and beyond the Jordan: and multitudes come together unto him again; and, as he was wont, he taught them again.

2. And there came unto him Pharisees, and asked him, Is it lawful for a man to put away [his] wife? trying him.

3. And he answered and said unto them, What did Moses command you?

4. And they said, Moses suffered to write a bill of divorcement, and to put her away.

40. Poiché chi non è contro a noi, è per noi.

41. Perché chiunque vi avrà dato a bere un bicchiere d'acqua in nome mio perché siete di Cristo, in verità vi dico che non perderà punto il suo premio.

42. E chiunque avrà scandalizzato uno di questi piccoli che credono, meglio sarebbe per lui che gli fosse messa al collo una macina da mulino, e fosse gettato in mare.

43. E se la tua mano ti fa intoppare, mozzala; meglio è per te entrar monco nella vita, che aver due mani e andartene nella geenna, nel fuoco inestinguibile.

44. dove il verme loro non muore ed il fuoco non si spegne.

45. E se il tuo piede ti fa intoppare, mozzalo; meglio è per te entrar zoppo nella vita, che aver due occhi piedi ed esser gittato nella geenna.

46. dove il verme loro non muore ed il fuoco non si spegne.

47. E se l'occhio tuo ti fa intoppare, cavalo; meglio è per te entrar con un occhio solo nel regno di Dio, che aver due occhi ed esser gittato nella geenna,

48. dove il verme loro non muore ed il fuoco non si spegne.

49. Poiché ognuno sarà salato con fuoco.

50. Il sale è buono; ma se il sale diventa insipido, con che gli darete sapore? Abbiate del sale in voi stessi e state in pace gli uni con gli altri.

# Marco 10

1. Poi, levatosi di là, se ne andò sui confini della Giudea, ed oltre il Giordano; e di nuovo di raunarono presso a lui delle turbe; ed egli di nuovo, come soleva, le ammaestrava.

2. E de' Farisei, accostatisi, gli domandarono, tentandolo: E' egli lecito ad un marito di mandar via la moglie?

3. Ed egli rispose loro: Mosè che v'ha egli comandato?

4. Ed essi dissero: Mosè permise di scrivere una atto di divorzio e mandarla via.

5. But Jesus said unto them, For your hardness of heart he wrote you this commandment.

6. But from the beginning of the creation, Male and female made he them.

7. For this cause shall a man leave his father and mother, and shall cleave to his wife;

8. and the two shall become one flesh: so that they are no more two, but one flesh.

9. What therefore God hath joined together, let not man put asunder.

10. And in the house the disciples asked him again of this matter.

11. And he saith unto them, Whosoever shall put away his wife, and marry another, committeth adultery against her:

12. and if she herself shall put away her husband, and marry another, she committeth adultery.

13. And they were bringing unto him little children, that he should touch them: and the disciples rebuked them.

14. But when Jesus saw it, he was moved with indignation, and said unto them, Suffer the little children to come unto me; forbid them not: for to such belongeth the kingdom of God.

15. Verily I say unto you, Whosoever shall not receive the kingdom of God as a little child, he shall in no wise enter therein.

16. And he took them in his arms, and blessed them, laying his hands upon them.

17. And as he was going forth into the way, there ran one to him, and kneeled to him, and asked him, Good Teacher, what shall I do that I may inherit eternal life?

18. And Jesus said unto him, Why callest thou me good? none is good save one, [even] God.

19. Thou knowest the commandments, Do not kill, Do not commit adultery, Do not steal, Do not bear false witness, Do not defraud, Honor thy father and mother.

20. And he said unto him, Teacher, all these things have I observed from my youth.

5. E Gesù disse loro: E' per la durezza del vostro cuore ch'egli scrisse per voi quel precetto;

6. ma al principio della creazione Iddio li fece maschio e femmina.

7. Perciò l'uomo lascerà suo padre e sua madre, e i due saranno una sola carne.

8. Talché non sono più due, ma una stessa carne.

9. Quello dunque che Iddio ha congiunto l'uomo nol separi.

10. E in casa i discepoli lo interrogarono di nuovo sullo stesso soggetto.

11. Ed egli disse loro: Chiunque manda via sua moglie e ne sposa un'altra, commette adulterio verso di lei;

12. e se la moglie, ripudiato il marito, ne sposa un altro, commette adulterio.

13. Or gli presentavano dei bambini perché li toccasse; ma i discepoli sgridavan coloro che glieli presentavano.

14. E Gesù, veduto ciò, s'indignò e disse loro: Lasciate i piccoli fanciulli venire a me; non glielo vietate, perché di tali è il regno di Dio.

15. In verità io vi dico che chiunque non avrà ricevuto il regno di Dio come un piccolo fanciullo, non entrerà punto in esso.

16. E presili in braccio ed imposte loro le mani, li benediceva.

17. Or com'egli usciva per mettersi in cammino, un tale accorse e inginocchiatosi davanti a lui, gli domandò: Maestro buono, che farò io per ereditare la vita eterna?

18. E Gesù gli disse: Perché mi chiami buono? Nessuno è buono, tranne uno solo, cioè Iddio.

19. Tu sai i comandamenti: Non uccidere; non commettere adulterio; non rubare; non dir falsa testimonianza; non far torto ad alcuno; onora tuo padre e tua madre.

20. Ed egli rispose: Maestro, tutte queste cose io le ho osservate fin dalla mia giovinezza.

21. And Jesus looking upon him loved him, and said unto him, One thing thou lackest: go, sell whatsoever thou hast, and give to the poor, and thou shalt have treasure in heaven: and come, follow me.

22. But his countenance fell at the saying, and he went away sorrowful: for he was one that had great possessions.

23. And Jesus looked round about, and saith unto his disciples, How hardly shall they that have riches enter into the kingdom of God!

24. And the disciples were amazed at his words. But Jesus answereth again, and saith unto them, Children, how hard is it for them that trust in riches to enter into the kingdom of God!

25. It is easier for a camel to go through a needle's eye, than for a rich man to enter into the kingdom of God.

26. And they were astonished exceedingly, saying unto him, Then who can be saved?

27. Jesus looking upon them saith, With men it is impossible, but not with God: for all things are possible with God.

28. Peter began to say unto him, Lo, we have left all, and have followed thee.

29. Jesus said, Verily I say unto you, There is no man that hath left house, or brethren, or sisters, or mother, or father, or children, or lands, for my sake, and for the gospel's sake,

30. but he shall receive a hundredfold now in this time, houses, and brethren, and sisters, and mothers, and children, and lands, with persecutions; and in the world to come eternal life.

31. But many [that are] first shall be last; and the last first.

32. And they were on the way, going up to Jerusalem; and Jesus was going before them: and they were amazed; and they that followed were afraid. And he took again the twelve, and began to tell them the things that were to happen unto him,

33. [saying], Behold, we go up to Jerusalem; and the Son of man shall be delivered unto the chief priests and the scribes; and they shall condemn him to death, and shall deliver him unto the Gentiles:

21. E Gesù, riguardatolo in viso, l'amò e gli disse: Una cosa ti manca; va', vendi tutto ciò che hai, e dallo ai poveri, e tu avrai un tesoro nel cielo; poi vieni e seguimi.

22. Ma egli, attristato da quella parola, se ne andò dolente, perché avea di gran beni.

23. E Gesù, guardatosi attorno, disse ai suoi discepoli: Quanto malagevolmente coloro che hanno delle ricchezze entreranno nel regno di Dio!

24. E i discepoli sbigottirono a queste sue parole. E Gesù da capo replicò loro: Figliuoli, quant'è malagevole a coloro che si confidano nelle ricchezze entrare nel regno di Dio!

25. E' più facile a un cammello passare per la cruna d'un ago, che ad un ricco entrare nel regno di Dio.

26. Ed essi vie più stupivano, dicendo fra loro: Chi dunque può esser salvato?

27. E Gesù, riguardatili, disse: Agli uomini è impossibile, ma non a Dio; perché tutto è possibile a Dio.

28. E Pietro prese a dirgli: Ecco, noi abbiamo lasciato ogni cosa e t'abbiam seguitato.

29. E Gesù rispose: Io vi dico in verità che non v'è alcuno che abbia lasciato casa, o fratelli, o sorelle, o madre, o padre, o figliuoli, o campi, per amor di me e per amor dell'evangelo,

30. il quale ora, in questo tempo, non ne riceva cento volte tanto: case, fratelli, sorelle, madri, figliuoli, campi, insieme a persecuzioni; e nel secolo avvenire, la vita eterna.

31. Ma molti primi saranno ultimi e molti ultimi, primi.

32. Or erano per cammino salendo a Gerusalemme, e Gesù andava innanzi a loro; ed essi erano sbigottiti; e quelli che lo seguivano eran presi da timore. Ed egli, tratti di nuovo da parte i dodici, prese a dir loro le cose che gli avverrebbero:

33. Ecco, noi saliamo a Gerusalemme, e il Figliuol dell'uomo sarà dato nelle mani de' capi sacerdoti e degli scribi; ed essi lo condanneranno a morte e lo metteranno nelle mani dei Gentili;

34. and they shall mock him, and shall spit upon him, and shall scourge him, and shall kill him; and after three days he shall rise again.

35. And there come near unto him James and John, the sons of Zebedee, saying unto him, Teacher, we would that thou shouldest do for us whatsoever we shall ask of thee.

36. And he said unto them, What would ye that I should do for you?

37. And they said unto him, Grant unto us that we may sit, one on thy right hand, and one on [thy] left hand, in thy glory.

38. But Jesus said unto them, Ye know not what ye ask. Are ye able to drink the cup that I drink? or to be baptized with the baptism that I am baptized with?

39. And they said unto him, We are able. And Jesus said unto them, The cup that I drink ye shall drink; and with the baptism that I am baptized withal shall ye be baptized:

40. but to sit on my right hand or on [my] left hand is not mine to give; but [it is for them] for whom it hath been prepared.

41. And when the ten heard it, they began to be moved with indignation concerning James and John.

42. And Jesus called them to him, and saith unto them, Ye know that they who are accounted to rule over the Gentiles lord it over them; and their great ones exercise authority over them.

43. But it is not so among you: but whosoever would become great among you, shall be your minister;

44. and whosoever would be first among you, shall be servant of all.

45. For the Son of man also came not to be ministered unto, but to minister, and to give his life a ransom for many.

46. And they come to Jericho: and as he went out from Jericho, with his disciples and a great multitude, the son of Timaeus, Bartimaeus, a blind beggar, was sitting by the way side.

47. And when he heard that it was Jesus the Nazarene, he began to cry out, and say, Jesus, thou son of David, have mercy on me.

34. e lo scherniranno e gli sputeranno addosso e lo flagelleranno e l'uccideranno; e dopo tre giorni egli risusciterà.

35. E Giacomo e Giovanni, figliuoli di Zebedeo, si accostarono a lui, dicendogli: Maestro, desideriamo che tu ci faccia quello che ti chiederemo.

36. Ed egli disse loro: Che volete ch'io vi faccia?

37. Essi gli dissero: Concedici di sedere uno alla tua destra e l'altro alla tua sinistra nella tua gloria. Ma Gesù disse loro:

38. Voi non sapete quel che chiedete. Potete voi bere il calice ch'io bevo, o esser battezzati del battesimo del quale io son battezzato? Essi gli dissero: Sì, lo possiamo.

39. E Gesù disse loro: Voi certo berrete il calice ch'io bevo e sarete battezzati del battesimo del quale io sono battezzato;

40. ma quant'è al sedermi a destra o a sinistra, non sta a me il darlo, ma è per quelli cui è stato preparato.

41. E i dieci, udito ciò, presero a indignarsi di Giacomo e di Giovanni.

42. Ma Gesù, chiamatili a sé, disse loro: Voi sapete che quelli che son reputati principi delle nazioni, le signoreggiano; e che i loro grandi usano potestà sopra di esse.

43. Ma non è così tra voi; anzi chiunque vorrà esser grande fra voi, sarà vostro servitore;

44. e chiunque fra voi vorrà esser primo, sarà servo di tutti.

45. Poiché anche il Figliuol dell'uomo non è venuto per esser servito, ma per servire, e per dar la vita sua come prezzo di riscatto per molti.

46. Poi vennero in Gerico. E come egli usciva di Gerico coi suoi discepoli e con gran moltitudine, il figliuol di Timeo, Bartimeo, cieco mendicante, sedeva presso la strada.

47. E udito che chi passava era Gesù il Nazareno, prese a gridare e a dire: Gesù, figliuol di Davide, abbi pietà di me!

48. And many rebuked him, that he should hold his peace: but he cried out the more a great deal, Thou son of David, have mercy on me.

49. And Jesus stood still, and said, Call ye him. And they call the blind man, saying unto him, Be of good cheer: rise, he calleth thee.

50. And he, casting away his garment, sprang up, and came to Jesus.

51. And Jesus answered him, and said, What wilt thou that I should do unto thee? And the blind man said unto him, Rabboni, that I may receive my sight.

52. And Jesus said unto him, Go thy way; thy faith hath made thee whole. And straightway he received his sight, and followed him in the way.

# Mark 11

1. And when they draw nigh unto Jerusalem, unto Bethphage and Bethany, at the mount of Olives, he sendeth two of his disciples,

2. and saith unto them, Go your way into the village that is over against you: and straightway as ye enter into it, ye shall find a colt tied, whereon no man ever yet sat; loose him, and bring him.

3. And if any one say unto you, Why do ye this? say ye, The Lord hath need of him; and straightway he will send him back hither.

4. And they went away, and found a colt tied at the door without in the open street; and they loose him.

5. And certain of them that stood there said unto them, What do ye, loosing the colt?

6. And they said unto them even as Jesus had said: and they let them go.

7. And they bring the colt unto Jesus, and cast on him their garments; and he sat upon him.

8. And many spread their garments upon the way; and others branches, which they had cut from the fields.

9. And they that went before, and they that followed, cried, Hosanna; Blessed [is] he that cometh in the name of the Lord:

48. E molti lo sgridavano perché tacesse; ma quello gridava più forte: Figliuol di Davide, abbi pietà di me!

49. E Gesù, fermatosi, disse: Chiamatelo! E chiamarono il cieco, dicendogli: Sta' di buon cuore! Alzati! Egli ti chiama.

50. E il cieco, gettato via il mantello, balzò in piedi e venne a Gesù.

51. E Gesù, rivoltosi a lui, gli disse: Che vuoi ch'io ti faccia? E il cieco gli rispose: Rabbuni, ch'io recuperi la vista.

52. E Gesù gli disse: Va', la tua fede ti ha salvato. E in quell'istante egli ricuperò la vista e seguiva Gesù per la via.

# Marco 11

1. E quando furon giunti vicino a Gerusalemme, a Betfage e Betania, presso al monte degli Ulivi, Gesù mandò due dei suoi discepoli, e disse loro:

2. Andate nella borgata che è di rimpetto a voi; e subito, appena entrati, troverete legato un puledro d'asino, sopra il quale non è montato ancora alcuno; scioglietelo e menatemelo.

3. E se qualcuno vi dice: Perché fate questo? rispondete: Il Signore ne ha bisogno, e lo rimanderà subito qua.

4. Ed essi andarono e trovarono un puledro legato ad una porta, fuori, sulla strada, e lo sciolsero.

5. Ed alcuni di coloro ch'eran lì presenti, dissero loro: Che fate, che sciogliete il puledro?

6. Ed essi risposero come Gesù aveva detto. E quelli li lasciaron fare.

7. Ed essi menarono il puledro a Gesù, e gettarono su quello i loro mantelli, ed egli vi montò sopra.

8. E molti stendevano i loro mantelli sulla via; ed altri, delle fronde che avean tagliate nei campi.

9. E coloro che andavano avanti e coloro che venivano dietro, gridavano: Osanna! Benedetto colui che viene nel nome del Signore!

10. Blessed [is] the kingdom that cometh, [the kingdom] of our father David: Hosanna in the highest.

11. And he entered into Jerusalem, into the temple; and when he had looked round about upon all things, it being now eventide, he went out unto Bethany with the twelve.

12. And on the morrow, when they were come out from Bethany, he hungered.

13. And seeing a fig tree afar off having leaves, he came, if haply he might find anything thereon: and when he came to it, he found nothing but leaves; for it was not the season of figs.

14. And he answered and said unto it, No man eat fruit from thee henceforward for ever. And his disciples heard it.

15. And they come to Jerusalem: and he entered into the temple, and began to cast out them that sold and them that bought in the temple, and overthrew the tables of the money-changers, and the seats of them that sold the doves;

16. and he would not suffer that any man should carry a vessel through the temple.

17. And he taught, and said unto them, Is it not written, My house shall be called a house of prayer for all the nations? but ye have made it a den of robbers.

18. And the chief priests and the scribes heard it, and sought how they might destroy him: for they feared him, for all the multitude was astonished at his teaching.

19. And every evening he went forth out of the city.

20. And as they passed by in the morning, they saw the fig tree withered away from the roots.

21. And Peter calling to remembrance saith unto him, Rabbi, behold, the fig tree which thou cursedst is withered away.

22. And Jesus answering saith unto them, Have faith in God.

23. Verily I say unto you, Whosoever shall say unto this mountain, Be thou taken up and cast into the sea; and shall not doubt in his heart, but shall believe that what he saith cometh to pass; he shall have it.

24. Therefore I say unto you, All things whatsoever ye pray and ask for, believe that ye receive them, and ye shall have them.

10. Benedetto il regno che viene, il regno di Davide nostro padre! Osanna ne' luoghi altissimi!

11. E Gesù entrò in Gerusalemme, nel tempio; e avendo riguardata ogni cosa attorno attorno, essendo già l'ora tarda, uscì per andare a Betania coi dodici.

12. E il giorno seguente, quando furon usciti da Betania, egli ebbe fame.

13. E veduto di lontano un fico che avea delle foglie, andò a vedere se per caso vi trovasse qualche cosa; ma venuto al fico non vi trovò nient'altro che foglie; perché non era la stagion dei fichi.

14. E Gesù prese a dire al fico: Niuno mangi mai più in perpetuo frutto da te! E i suoi discepoli udirono.

15. E vennero a Gerusalemme; e Gesù, entrato nel tempio, prese a cacciarne coloro che vendevano e che compravano nel tempio; e rovesciò le tavole de' cambiamonete e le sedie de' venditori di colombi;

16. e non permetteva che alcuno portasse oggetti attraverso il tempio.

17. Ed insegnava, dicendo loro: Non è egli scritto: La mia casa sarà chiamata casa d'orazione per tutte le genti? ma voi ne avete fatta una spelonca di ladroni.

18. Ed i capi sacerdoti e gli scribi udirono queste cose e cercavano il modo di farli morire, perché lo temevano; poiché tutta la moltitudine era rapita in ammirazione della sua dottrina.

19. E quando fu sera, uscirono dalla città.

20. E la mattina, passando, videro il fico seccato fin dalle radici;

21. e Pietro, ricordatosi, gli disse: Maestro, vedi, il fico che tu maledicesti, è seccato.

22. E Gesù, rispondendo, disse loro: Abbiate fede in Dio!

23. In verità io vi dico che chi dirà a questo monte: Togliti di là e gettati nel mare, se non dubita in cuor suo, ma crede che quel che dice avverrà, gli sarà fatto.

24. Perciò vi dico: Tutte le cose che voi domanderete pregando, crediate che le avete ricevute, e voi le otterrete.

25. And whensoever ye stand praying, forgive, if ye have aught against any one; that your Father also who is in heaven may forgive you your trespasses.

26. [But if ye do not forgive, neither will your Father who is in heaven forgive your trespasses.]

27. And they come again to Jerusalem: and as he was walking in the temple, there come to him the chief priests, and the scribes, and the elders;

28. and they said unto him, By what authority doest thou these things? or who gave thee this authority to do these things?

29. And Jesus said unto them, I will ask of you one question, and answer me, and I will tell you by what authority I do these things.

30. The baptism of John, was it from heaven, or from men? answer me.

31. And they reasoned with themselves, saying, If we shall say, From heaven; He will say, Why then did ye not believe him?

32. But should we say, From men--they feared the people: for all verily held John to be a prophet.

33. And they answered Jesus and say, We know not. And Jesus saith unto them, Neither tell I you by what authority I do these things.

# Mark 12

1. And he began to speak unto them in parables. A man planted a vineyard, and set a hedge about it, and digged a pit for the winepress, and built a tower, and let it out to husbandmen, and went into another country.

2. And at the season he sent to the husbandmen a servant, that he might receive from the husbandmen of the fruits of the vineyard.

3. And they took him, and beat him, and sent him away empty.

4. And again he sent unto them another servant; and him they wounded in the head, and handled shamefully.

5. And he sent another; and him they killed: and many others; beating some, and killing some.

25. E quando vi mettete a pregare, se avete qualcosa contro a qualcuno, perdonate; affinché il Padre vostro che è nei cieli, vi perdoni i vostri falli.

26. Ma se voi non perdonate, neppure il Padre vostro che è nei cieli vi perdonerà i vostri falli.

27. Poi vennero di nuovo in Gerusalemme; e mentr'egli passeggiava per il tempio, i capi sacerdoti e gli scribi e gli anziani s'accostarono a lui e gli dissero:

28. Con quale autorità fai tu queste cose? O chi ti ha data codesta autorità di far queste cose?

29. E Gesù disse loro: Io vi domanderò una cosa; rispondetemi e vi dirò con quale autorità io faccio queste cose.

30. Il battesimo di Giovanni era esso dal cielo o dagli uomini? Rispondetemi.

31. Ed essi ragionavan fra loro dicendo: Se diciamo: Dal cielo, egli dirà: Perché dunque non gli credeste?

32. Diremo invece: Dagli uomini?? Essi temevano il popolo, perché tutti stimavano che Giovanni fosse veramente profeta.

33. E risposero a Gesù: Non lo sappiamo. E Gesù disse loro: E neppur io vi dico con quale autorità fo queste cose.

# Marco 12

1. E prese a dir loro in parabole: Un uomo piantò una vigna e le fece attorno una siepe e vi scavò un luogo da spremer l'uva e vi edificò una torre; l'allogò a de' lavoratori, e se ne andò in viaggio.

2. E a suo tempo mandò a que' lavoratori un servitore per ricevere da loro de' frutti della vigna.

3. Ma essi, presolo, lo batterono e lo rimandarono a vuoto.

4. Ed egli di nuovo mandò loro un altro servitore; e anche lui ferirono nel capo e vituperarono.

5. Ed egli ne mandò un altro, e anche quello uccisero; e poi molti altri, de' quali alcuni batterono ed alcuni uccisero.

6. He had yet one, a beloved son: he sent him last unto them, saying, They will reverence my son.

7. But those husbandmen said among themselves, This is the heir; come, let us kill him, and the inheritance shall be ours.

8. And they took him, and killed him, and cast him forth out of the vineyard.

9. What therefore will the lord of the vineyard do? he will come and destroy the husbandmen, and will give the vineyard unto others.

10. Have ye not read even this scripture: The stone which the builders rejected, The same was made the head of the corner;

11. This was from the Lord, And it is marvellous in our eyes?

12. And they sought to lay hold on him; and they feared the multitude; for they perceived that he spake the parable against them: and they left him, and went away.

13. And they send unto him certain of the Pharisees and of the Herodians, that they might catch him in talk.

14. And when they were come, they say unto him, Teacher, we know that thou art true, and carest not for any one; for thou regardest not the person of men, but of a truth teachest the way of God: Is it lawful to give tribute unto Caesar, or not?

15. Shall we give, or shall we not give? But he, knowing their hypocrisy, said unto them, Why make ye trial of me? bring me a denarius, that I may see it.

16. And they brought it. And he saith unto them, Whose is this image and superscription? And they said unto him, Caesar's.

17. And Jesus said unto them, Render unto Caesar the things that are Caesar's, and unto God the things that are God's. And they marvelled greatly at him.

18. And there come unto him Sadducees, who say that there is no resurrection; and they asked him, saying,

19. Teacher, Moses wrote unto us, If a man's brother die, and leave a wife behind him, and leave no child, that his brother should take his wife, and raise up seed unto his brother.

6. Aveva ancora un unico figliuolo diletto; e quello mandò loro per ultimo, dicendo: Avranno rispetto al mio figliuolo.

7. Ma que' lavoratori dissero fra loro: Costui è l'erede; venite, uccidiamolo, e l'eredità sarà nostra.

8. E presolo, l'uccisero, e lo gettarono fuor dalla vigna.

9. Che farà dunque il padrone della vigna? Egli verrà e distruggerà quei lavoratori, e darà la vigna ad altri.

10. Non avete voi neppur letta questa Scrittura: La pietra che gli edificatori hanno riprovata, è quella che è divenuta pietra angolare;

11. ciò è stato fatto dal Signore, ed è cosa maravigliosa agli occhi nostri?

12. Ed essi cercavano di pigliarlo, ma temettero la moltitudine; perché si avvidero bene ch'egli aveva detto quella parabola per loro. E lasciatolo, se ne andarono.

13. E gli mandarono alcuni dei Farisei e degli Erodiani per coglierlo in parole.

14. Ed essi, venuti, gli dissero: Maestro, noi sappiamo che tu sei verace, e che non ti curi d'alcuno, perché non guardi all'apparenza delle persone, ma insegni la via di Dio secondo verità. E' egli lecito pagare il tributo a Cesare o no? Dobbiamo darlo o non darlo?

15. Ma egli, conosciuta la loro ipocrisia, disse loro: Perché mi tentante? Portatemi un denaro, ch'io lo vegga.

16. Ed essi glielo portarono. Ed egli disse loro: Di chi è questa effigie e questa iscrizione? Essi gli dissero:

17. Di Cesare. Allora Gesù disse loro: Rendete a Cesare quel ch'è di Cesare, e a Dio quel ch'è di Dio. Ed essi si maravigliarono di lui.

18. Poi vennero a lui de' Sadducei, i quali dicono che non v'è risurrezione, e gli domandarono:

19. Maestro, Mosè ci lasciò scritto che se il fratello di uno muore e lascia moglie senza figliuoli, il fratello ne prenda la moglie e susciti progenie a suo fratello.

20. There were seven brethren: and the first took a wife, and dying left no seed;

21. and the second took her, and died, leaving no seed behind him; and the third likewise:

22. and the seven left no seed. Last of all the woman also died.

23. In the resurrection whose wife shall she be of them? for the seven had her to wife.

24. Jesus said unto them, Is it not for this cause that ye err, that ye know not the scriptures, nor the power of God?

25. For when they shall rise from the dead, they neither marry, nor are given in marriage; but are as angels in heaven.

26. But as touching the dead, that they are raised; have ye not read in the book of Moses, in [the place concerning] the Bush, how God spake unto him, saying, I [am] the God of Abraham, and the God of Isaac, and the God of Jacob?

27. He is not the God of the dead, but of the living: ye do greatly err.

28. And one of the scribes came, and heard them questioning together, and knowing that he had answered them well, asked him, What commandment is the first of all?

29. Jesus answered, The first is, Hear, O Israel; The Lord our God, the Lord is one:

30. and thou shalt love the Lord thy God with all thy heart, and with all thy soul, and with all thy mind, and with all thy strength.

31. The second is this, Thou shalt love thy neighbor as thyself. There is none other commandment greater than these.

32. And the scribe said unto him, Of a truth, Teacher, thou hast well said that he is one; and there is none other but he:

33. and to love him with all the heart, and with all the understanding, and with all the strength, and to love his neighbor as himself, is much more than all whole burnt-offerings and sacrifices.

20. Or v'erano sette fratelli. Il primo prese moglie; e morendo, non lasciò progenie.

21. E il secondo la prese e morì senza lasciare progenie.

22. Così il terzo. E i sette non lasciarono progenie. Infine, dopo tutti, morì anche la donna.

23. nella risurrezione, quando saranno risuscitati, di chi di loro sarà ella moglie? Poiché tutti i sette l'hanno avuta per moglie.

24. Gesù disse loro: Non errate voi per questo, che non conoscete le Scritture né la potenza di Dio?

25. Poiché quando gli uomini risuscitano dai morti, né prendono né dànno moglie, ma son come angeli ne' cieli.

26. Quando poi ai morti ed alla loro risurrezione, non avete voi letto nel libro di Mosè, nel passo del "pruno", come Dio gli parlò dicendo: Io sono l'Iddio d'Abramo e l'Iddio d'Isacco e l'Iddio di Giacobbe?

27. Egli non è un Dio di morti, ma di viventi. Voi errate grandemente.

28. Or uno degli scribi che li aveva uditi discutere, visto ch'egli aveva loro ben risposto, si accostò e gli domandò: Qual è il comandamento primo fra tutti?

29. Gesù rispose: Il primo è: Ascolta, Israele: Il Signore Iddio nostro è l'unico Signore:

30. ama dunque il Signore Iddio tuo con tutto il tuo cuore e con tutta l'anima tua e con tutta la mente tua e con tutta la forza tua.

31. Il secondo è questo: Ama il tuo prossimo come te stesso. Non v'è alcun altro comandamento maggiore di questi.

32. E lo scriba gli disse: Maestro, ben hai detto secondo verità che v'è un Dio solo e che fuor di lui non ve n'è alcun altro;

33. e che amarlo con tutto il cuore, con tutto l'intelletto e con tutta la forza e amare il prossimo come te stesso, è assai più che tutti gli olocausti e i sacrifici.

34. And when Jesus saw that he answered discreetly, he said unto him, Thou art not far from the kingdom of God. And no man after that durst ask him any question.

35. And Jesus answered and said, as he taught in the temple, How say the scribes that the Christ is the son of David?

36. David himself said in the Holy Spirit, The Lord said unto my Lord, Sit thou on my right hand, Till I make thine enemies the footstool of thy feet.

37. David himself calleth him Lord; and whence is he his son? And the common people heard him gladly.

38. And in his teaching he said, Beware of the scribes, who desire to walk in long robes, and [to have] salutations in the marketplaces,

39. and chief seats in the synagogues, and chief places at feasts:

40. they that devour widows' houses, and for a pretence make long prayers; these shall receive greater condemnation.

41. And he sat down over against the treasury, and beheld how the multitude cast money into the treasury: and many that were rich cast in much.

42. And there came a poor widow, and she cast in two mites, which make a farthing.

43. And he called unto him his disciples, and said unto them, Verily I say unto you, This poor widow cast in more than all they that are casting into the treasury:

44. for they all did cast in of their superfluity; but she of her want did cast in all that she had, [even] all her living.

35. E Gesù, insegnando nel tempio, prese a dire: Come dicono gli scribi che il Cristo è figliuolo di Davide?

36. Davide stesso ha detto, per lo Spirito Santo: Il Signore ha detto al mio Signore: Siedi alla mia destra, finché io abbia posto i tuoi nemici per sgabello dei tuoi piedi.

37. Davide stesso lo chiama Signore; e onde viene ch'egli è suo figliuolo? E la massa del popolo l'ascoltava con piacere.

38. E diceva nel suo insegnamento: Guardatevi dagli scribi, i quali amano passeggiare in lunghe vesti, ed esser salutati nelle piazze,

39. ed avere i primi seggi nelle sinagoghe e i primi posti ne' conviti;

40. essi che divorano le case delle vedove, e fanno per apparenza lunghe orazioni. Costoro riceveranno una maggiore condanna.

41. E postosi a sedere dirimpetto alla cassa delle offerte, stava guardando come la gente gettava danaro nella cassa; e molti ricchi ne gettavano assai.

42. E venuta una povera vedova, vi gettò due spiccioli che fanno un quarto di soldo.

43. E Gesù, chiamati a se i suoi discepoli, disse loro: in verità io vi dico che questa povera vedova ha gettato nella cassa delle offerte più di tutti gli altri;

44. poiché tutti han gettato del superfluo; ma costei, del suo necessario, vi ha gettato tutto ciò che possedeva, tutto quanto avea per vivere.

34. E Gesù, vedendo ch'egli avea risposto avvedutamente, gli disse: Tu non sei lontano dal regno di Dio. E niuno ardiva più interrogarlo.

# Mark 13

1. And as he went forth out of the temple, one of his disciples saith unto him, Teacher, behold, what manner of stones and what manner of buildings!

2. And Jesus said unto him, Seest thou these great buildings? there shall not be left here one stone upon another, which shall not be thrown down.

# Marco 13

1. E com'egli usciva dal tempio uno de' suoi discepoli gli disse: Maestro, guarda che pietre e che edifizi!

2. E Gesù gli disse: Vedi tu questi grandi edifizi? Non sarà lasciata pietra sopra pietra che non sia diroccata.

3. And as he sat on the mount of Olives over against the temple, Peter and James and John and Andrew asked him privately,

4. Tell us, when shall these things be? and what [shall be] the sign when these things are all about to be accomplished?

5. And Jesus began to say unto them, Take heed that no man lead you astray.

6. Many shall come in my name, saying, I am [he]; and shall lead many astray.

7. And when ye shall hear of wars and rumors of wars, be not troubled: [these things] must needs come to pass; but the end is not yet.

8. For nation shall rise against nation, and kingdom against kingdom; there shall be earthquakes in divers places; there shall be famines: these things are the beginning of travail.

9. But take ye heed to yourselves: for they shall deliver you up to councils; and in synagogues shall ye be beaten; and before governors and kings shall ye stand for my sake, for a testimony unto them.

10. And the gospel must first be preached unto all the nations.

11. And when they lead you [to judgment], and deliver you up, be not anxious beforehand what ye shall speak: but whatsoever shall be given you in that hour, that speak ye; for it is not ye that speak, but the Holy Spirit.

12. And brother shall deliver up brother to death, and the father his child; and children shall rise up against parents, and cause them to be put to death.

13. And ye shall be hated of all men for my name's sake: but he that endureth to the end, the same shall be saved.

14. But when ye see the abomination of desolation standing where he ought not (let him that readeth understand), then let them that are in Judaea flee unto the mountains:

15. and let him that is on the housetop not go down, nor enter in, to take anything out his house:

16. and let him that is in the field not return back to take his cloak.

17. But woe unto them that are with child and to them that give suck in those days!

18. And pray ye that it be not in the winter.

3. Poi sedendo egli sul monte degli Ulivi dirimpetto al tempio, Pietro e Giacomo e Giovanni e Andrea gli domandarono in disparte:

4. Dicci, quando avverranno queste cose, e qual sarà il segno del tempo in cui tutte queste cose staranno per compiersi?

5. E Gesù prese a dir loro: Guardate che nessuno vi seduca!

6. Molti verranno sotto il mio nome, dicendo: Son io; e ne sedurranno molti.

7. Or quando udrete guerre e rumori di guerre, non vi turbate; è necessario che ciò avvenga, ma non sarà ancora la fine.

8. Poiché si leverà nazione contro nazione e regno contro regno: vi saranno terremoti in vari luoghi; vi saranno carestie. Questo non sarà che un principio di dolori.

9. Or badate a voi stessi! Vi daranno in mano dei tribunali e sarete battuti nelle sinagoghe e sarete fatti comparire davanti a governatori e re, per cagion mia, affinché ciò serva loro di testimonianza.

10. E prima convien che fra tutte le genti sia predicato l'evangelo.

11. E quando vi meneranno per mettervi nelle loro mani, non state innanzi in sollecitudine di ciò che avrete a dire: ma dite quel che vi sarà dato in quell'ora; perché non siete voi che parlate, ma lo Spirito Santo.

12. E il fratello darà il fratello alla morte, e il padre il figliuolo; e i figliuoli si leveranno contro i genitori e li faranno morire.

13. E sarete odiati da tutti a cagion del mio nome; ma chi avrà sostenuto sino alla fine, sarà salvato.

14. Quando poi avrete veduta l'abominazione della desolazione posta là dove non si conviene (chi legge pongavi mente), allora quelli che saranno nella Giudea, fuggano ai monti;

15. e chi sarà sulla terrazza non scendi e non entri in casa sua per toglierne cosa alcuna;

16. e chi sarà nel campo non torni indietro a prender la sua veste.

17. Or guai alle donne che saranno incinte ed a quelle che allatteranno in que' giorni!

18. E pregate che ciò non avvenga d'inverno!

19. For those days shall be tribulation, such as there hath not been the like from the beginning of the creation which God created until now, and never shall be.

20. And except the Lord had shortened the days, no flesh would have been saved; but for the elect's sake, whom he chose, he shortened the days.

21. And then if any man shall say unto you, Lo, here is the Christ; or, Lo, there; believe [it] not:

22. for there shall arise false Christs and false prophets, and shall show signs and wonders, that they may lead astray, if possible, the elect.

23. But take ye heed: behold, I have told you all things beforehand.

24. But in those days, after that tribulation, the sun shall be darkened, and the moon shall not give her light,

25. and the stars shall be falling from heaven, and the powers that are in the heavens shall be shaken.

26. And then shall they see the Son of man coming in clouds with great power and glory.

27. And then shall he send forth the angels, and shall gather together his elect from the four winds, from the uttermost part of the earth to the uttermost part of heaven.

28. Now from the fig tree learn her parable: when her branch is now become tender, and putteth forth its leaves, ye know that the summer is nigh;

29. even so ye also, when ye see these things coming to pass, know ye that he is nigh, [even] at the doors.

30. Verily I say unto you, This generation shall not pass away, until all these things be accomplished.

31. Heaven and earth shall pass away: but my words shall not pass away.

32. But of that day or that hour knoweth no one, not even the angels in heaven, neither the Son, but the Father.

33. Take ye heed, watch and pray: for ye know not when the time is.

34. [It is] as [when] a man, sojourning in another country, having left his house, and given authority to his servants, to each one his work, commanded also the porter to watch.

19. Poiché quelli saranno giorni di tale tribolazione, che non v'è stata l'uguale dal principio del mondo che Dio ha creato, fino ad ora, né mai più vi sarà.

20. E se il Signore non avesse abbreviato quei giorni, nessuno scamperebbe; ma a cagion dei suoi propri eletti, egli ha abbreviato quei giorni.

21. E allora, se alcuno vi dice: "Il Cristo eccolo qui, eccola là", non lo credete;

22. perché sorgeranno falsi cristi e falsi profeti, e faranno segni e prodigi per sedurre, se fosse possibile, anche gli eletti.

23. Ma voi, state attenti; io v'ho predetta ogni cosa.

24. Ma in que' giorni, dopo quella tribolazione, il sole si oscurerà e la luna non darà il suo splendore;

25. e le stelle cadranno dal cielo e le potenze che son nei cieli saranno scrollate.

26. E allora si vedrà il Figliuol dell'uomo venir sulle nuvole con gran potenza e gloria.

27. Ed egli allora manderà gli angeli e raccoglierà i suoi eletti dai quattro venti, dall'estremo della terra all'estremo del cielo.

28. Or imparate dal fico questa similitudine: Quando già i suoi rami si fanno teneri e metton le foglie, voi sapete che l'estate è vicina.

29. Così anche voi, quando vedrete avvenir queste cose, sappiate ch'egli è vicino, alle porte.

30. In verità io vi dico che questa generazione non passerà prima che tutte queste cose siano avvenute.

31. Il cielo e la terra passeranno, ma le mie parole non passeranno.

32. Ma quant'è a quel giorno ed al quell'ora, nessuno li sa, neppur gli angeli nel cielo, né il Figliuolo, ma solo il Padre.

33. State in guardia, vegliate, poiché non sapete quando sarà quel tempo.

34. Egli è come se un uomo, andando in un viaggio, lasciasse la sua casa e ne desse la potestà ai suoi servitori, a ciascuno il compito suo, e al portinaio comandasse di vegliare.

35. Watch therefore: for ye know not when the lord of the house cometh, whether at even, or at midnight, or at cockcrowing, or in the morning;

36. lest coming suddenly he find you sleeping.

37. And what I say unto you I say unto all, Watch.

35. Vegliate dunque perché non sapete quando viene il padron di casa: se a sera, a mezzanotte, o al cantar del gallo la mattina;

36. che talora, venendo egli all'improvviso, non vi trovi addormentati.

37. Ora, quel che dico a voi, lo dico a tutti: Vegliate.

# Mark 14

# Marco 14

1. Now after two days was [the feast of] the passover and the unleavened bread: and the chief priests and the scribes sought how they might take him with subtlety, and kill him:

2. for they said, Not during the feast, lest haply there shall be a tumult of the people.

3. And while he was in Bethany in the house of Simon the leper, as he sat at meat, there came a woman having an alabaster cruse of ointment of pure nard very costly; [and] she brake the cruse, and poured it over his head.

4. But there were some that had indignation among themselves, [saying], To what purpose hath this waste of the ointment been made?

5. For this ointment might have been sold for above three hundred shillings, and given to the poor. And they murmured against her.

6. But Jesus said, Let her alone; why trouble ye her? she hath wrought a good work on me.

7. For ye have the poor always with you, and whensoever ye will ye can do them good: but me ye have not always.

8. She hath done what she could; she hath anointed my body beforehand for the burying.

9. And verily I say unto you, Wheresoever the gospel shall be preached throughout the whole world, that also which this woman hath done shall be spoken of for a memorial of her.

10. And Judas Iscariot, he that was one of the twelve, went away unto the chief priests, that he might deliver him unto them.

11. And they, when they heard it, were glad, and promised to give him money. And he sought how he might conveniently deliver him [unto them].

1. Ora, due giorni dopo, era la pasqua e gli azzimi; e i capi sacerdoti e gli scribi cercavano il modo di pigliar Gesù con inganno ed ucciderlo;

2. perché dicevano: Non lo facciamo durante la festa, che talora non vi sia qualche tumulto del popolo.

3. Ed essendo egli in Betania, nella casa di Simone il lebbroso, mentre era a tavola, venne una donna che aveva un alabastro d'olio odorifero di nardo schietto, di gran prezzo; e rotto l'alabastro, glielo versò sul capo.

4. E alcuni, sdegnatisi, dicevano fra loro: Perché s'è fatta questa perdita dell'olio?

5. Questo olio si sarebbe potuto vendere più di trecento denari e darli ai poveri. E fremevano contro a lei.

6. Ma Gesù disse: Lasciatela stare! Perché le date noia? Ella ha fatto un'azione buona inverso me.

7. Poiché i poveri li avete sempre con voi; e quando vogliate, potete far loro del bene; ma a me non mi avete sempre.

8. Ella ha fatto ciò che per lei si poteva; ha anticipato d'ungere il mio corpo per la sepoltura.

9. E in verità io vi dico che per tutto il mondo, dovunque sarà predicato l'evangelo, anche quello che costei ha fatto sarà raccontato, in memoria di lei.

10. E Giuda Iscariot, uno dei dodici, andò dai capi sacerdoti per darglielo nelle mani.

11. Ed essi, uditolo, si rallegrarono e promisero di dargli del denaro. Ed egli cercava il modo opportuno di tradirlo.

12. And on the first day of unleavened bread, when they sacrificed the passover, his disciples say unto him, Where wilt thou that we go and make ready that thou mayest eat the passover?

13. And he sendeth two of his disciples, and saith unto them, Go into the city, and there shall meet you a man bearing a pitcher of water: follow him;

14. and wheresoever he shall enter in, say to the master of the house, The Teacher saith, Where is my guest-chamber, where I shall eat the passover with my disciples?

15. And he will himself show you a large upper room furnished [and] ready: and there make ready for us.

16. And the disciples went forth, and came into the city, and found as he had said unto them: and they made ready the passover.

17. And when it was evening he cometh with the twelve.

18. And as they sat and were eating, Jesus said, Verily I say unto you, One of you shall betray me, [even] he that eateth with me.

19. They began to be sorrowful, and to say unto him one by one, Is it I?

20. And he said unto them, [It is] one of the twelve, he that dippeth with me in the dish.

21. For the Son of man goeth, even as it is written of him: but woe unto that man through whom the Son of man is betrayed! good were it for that man if he had not been born.

22. And as they were eating, he took bread, and when he had blessed, he brake it, and gave to them, and said, Take ye: this is my body.

23. And he took a cup, and when he had given thanks, he gave to them: and they all drank of it.

24. And he said unto them, This is my blood of the covenant, which is poured out for many.

25. Verily I say unto you, I shall no more drink of the fruit of the vine, until that day when I drink it new in the kingdom of God.

26. And when they had sung a hymn, they went out unto the mount of Olives.

12. E il primo giorno degli azzimi, quando si sacrificava la pasqua, i suoi discepoli gli dissero: Dove vuoi che andiamo ad apparecchiarti da mangiar la pasqua?

13. Ed egli mandò due dei suoi discepoli, e disse loro: Andate nella città, e vi verrà incontro un uomo che porterà una brocca d'acqua; seguitelo;

14. e dove sarà entrato, dite al padron di casa: Il Maestro dice: Dov'è la mia stanza da mangiarvi la pasqua coi miei discepoli?

15. Ed egli vi mostrerà di sopra una gran sala ammobiliata e pronta; quivi apparecchiate per noi.

16. E i discepoli andarono e giunsero nella città e trovarono come egli avea lor detto, e apparecchiarono la pasqua.

17. E quando fu sera Gesù venne co' dodici.

18. E mentre erano a tavola e mangiavano, Gesù disse: In verità io vi dico che uno di voi, il quale mangia meco, mi tradirà.

19. Essi cominciarono ad attristarsi e a dirgli ad uno ad uno: Sono io desso?

20. Ed egli disse loro: E' uno dei dodici, che intinge meco nel piatto.

21. Certo il Figliuol dell'uomo se ne va, com'è scritto di lui; ma guai a quell'uomo per cui il Figliuol dell'uomo è tradito! Ben sarebbe per quell'uomo di non esser nato!

22. E mentre mangiavano, Gesù prese del pane; e fatta la benedizione, lo ruppe e lo diede loro e disse: Prendete, questo è il mio corpo.

23. Poi, preso il calice e rese grazie, lo diede loro, e tutti ne bevvero.

24. E disse loro: Questo è il mio sangue, il sangue del patto, il quale è sparso per molti.

25. In verità io vi dico che non berrò più del frutto della vigna fino a quel giorno che lo berrò nuovo nel regno di Dio.

26. E dopo ch'ebbero cantato l'inno, uscirono per andare al monte degli Ulivi.

27. And Jesus saith unto them, All ye shall be offended: for it is written, I will smite the shepherd, and the sheep shall be scattered abroad.

28. Howbeit, after I am raised up, I will go before you into Galilee.

29. But Peter said unto him, Although all shall be offended, yet will not I.

30. And Jesus saith unto him, Verily I say unto thee, that thou to-day, [even] this night, before the cock crow twice, shalt deny me thrice.

31. But he spake exceedingly vehemently, If I must die with thee, I will not deny thee. And in like manner also said they all.

32. And they come unto a place which was named Gethsemane: and he saith unto his disciples, Sit ye here, while I pray.

33. And he taketh with him Peter and James and John, and began to be greatly amazed, and sore troubled.

34. And he saith unto them, My soul is exceeding sorrowful even unto death: abide ye here, and watch.

35. And he went forward a little, and fell on the ground, and prayed that, if it were possible, the hour might pass away from him.

36. And he said, Abba, Father, all things are possible unto thee; remove this cup from me: howbeit not what I will, but what thou wilt.

37. And he cometh, and findeth them sleeping, and saith unto Peter, Simon, sleepest thou? couldest thou not watch one hour?

38. Watch and pray, that ye enter not into temptation: the spirit indeed is willing, but the flesh is weak.

39. And again he went away, and prayed, saying the same words.

40. And again he came, and found them sleeping, for their eyes were very heavy; and they knew not what to answer him.

41. And he cometh the third time, and saith unto them, Sleep on now, and take your rest: it is enough; the hour is come; behold, the Son of man is betrayed into the hands of sinners.

42. Arise, let us be going: behold, he that betrayeth me is at hand.

27. E Gesù disse loro: Voi tutti sarete scandalizzati; perché è scritto: Io percoterò il pastore e le pecore saranno disperse.

28. Ma dopo che sarò risuscitato, vi precederò in Galilea.

29. Ma Pietro gli disse: Quand'anche tutti fossero scandalizzati, io però non lo sarò.

30. E Gesù gli disse: In verità io ti dico che tu, oggi, in questa stessa notte, avanti che il gallo abbia cantato due volte, mi rinnegherai tre volte.

31. Ma egli vie più fermamente diceva: Quantunque mi convenisse morir teco non però ti rinnegherò. E lo stesso dicevano pure tutti gli altri.

32. Poi vennero in un podere detto Getsemani; ed egli disse ai suoi discepoli: Sedete qui finché io abbia pregato.

33. E prese seco Pietro e Giacomo e Giovanni e cominciò ad essere spaventato ed angosciato.

34. E disse loro: L'anima mia è oppressa da tristezza mortale; rimanete qui e vegliate.

35. E andato un poco innanzi, si gettò a terra; e pregava che, se fosse possibile, quell'ora passasse oltre da lui.

36. E diceva: Abba, Padre! ogni cosa ti è possibile; allontana da me questo calice! Ma pure, non quello che io voglio, ma quello che tu vuoi.

37. E venne, e li trovò che dormivano, e disse a Pietro: Simone, dormi tu? non sei stato capace di vegliare un'ora sola?

38. Vegliate e pregate, affinché non cadiate in tentazione; ben è lo spirito pronto, ma la carne è debole.

39. E di nuovo andò e pregò, dicendo le medesime parole.

40. E tornato di nuovo, li trovò che dormivano perché gli occhi loro erano aggravati; e non sapevano che rispondergli.

41. E venne la terza volta, e disse loro: Dormite pure oramai, e riposatevi! Basta! L'ora è venuta: ecco, il Figliuol dell'uomo è dato nelle mani dei peccatori.

42. Levatevi, andiamo; ecco, colui che mi tradisce, è vicino.

43. And straightway, while he yet spake, cometh Judas, one of the twelve, and with him a multitude with swords and staves, from the chief priests and the scribes and the elders.

44. Now he that betrayed him had given them a token, saying, Whomsoever I shall kiss, that is he; take him, and lead him away safely.

45. And when he was come, straightway he came to him, and saith, Rabbi; and kissed him.

46. And they laid hands on him, and took him.

47. But a certain one of them that stood by drew his sword, and smote the servant of the high priest, and struck off his ear.

48. And Jesus answered and said unto them, Are ye come out, as against a robber, with swords and staves to seize me?

49. I was daily with you in the temple teaching, and ye took me not: but [this is done] that the scriptures might be fulfilled.

50. And they all left him, and fled.

51. And a certain young man followed with him, having a linen cloth cast about him, over [his] naked [body]: and they lay hold on him;

52. but he left the linen cloth, and fled naked.

53. And they led Jesus away to the high priest: and there come together with him all the chief priests and the elders and the scribes.

54. And Peter had followed him afar off, even within, into the court of the high priest; and he was sitting with the officers, and warming himself in the light [of the fire].

55. Now the chief priests and the whole council sought witness against Jesus to put him to death; and found it not.

56. For many bare false witness against him, and their witness agreed not together.

57. And there stood up certain, and bare false witness against him, saying,

58. We heard him say, I will destroy this temple that is made with hands, and in three days I will build another made without hands.

43. E in quell'istante, mentr'egli parlava ancora, arrivò Giuda, l'uno dei dodici, e con lui una gran turba con ispade e bastoni, da parte de' capi sacerdoti, degli scribi e degli anziani.

44. Or colui che lo tradiva, avea dato loro un segnale, dicendo: Colui che bacerò è desso; pigliatelo e menatelo via sicuramente.

45. E come fu giunto, subito si accostò a lui e gli disse: Maestro! e lo baciò.

46. Allora quelli gli misero le mani addosso e lo presero;

47. ma uno di coloro ch'erano quivi presenti, tratta la spada, percosse il servitore del somma sacerdote, e gli spiccò l'orecchio.

48. E Gesù, rivolto a loro, disse: Voi siete usciti con ispade e bastoni come contro ad un ladrone per pigliarmi.

49. Ogni giorno ero fra voi insegnando nel tempio, e voi non mi avete preso; ma ciò è avvenuto, affinché le Scritture fossero adempiute.

50. E tutti, lasciatolo, se ne fuggirono.

51. Ed un certo giovane lo seguiva, avvolto in un panno lino sul nudo; e lo presero;

52. ma egli, lasciando andare il panno lino, se ne fuggì ignudo.

53. E menarono Gesù al sommo sacerdote; e s'adunarono tutti i capi sacerdoti e gli anziani e egli scribi.

54. E Pietro lo avea seguito da lungi, fin dentro la corte del sommo sacerdote, ove stava a sedere con le guardie e si scaldava al fuoco.

55. Or i capi sacerdoti e tutto il Sinedrio cercavano qualche testimonianza contro a Gesù per farlo morire; e non ne trovavano alcuna.

56. Poiché molti deponevano il falso contro a lui; ma le testimonianze non erano concordi.

57. Ed alcuni, levatisi, testimoniarono falsamente contro a lui, dicendo:

58. Noi l'abbiamo udito che diceva: Io disfarò questo tempio fatto di man d'uomo, e in tre giorni ne riedificherò un altro, che non sarà fatto di mano d'uomo.

59. And not even so did their witness agree together.

60. And the high priest stood up in the midst, and asked Jesus, saying, Answerest thou nothing? what is it which these witness against thee?

61. But he held his peace, and answered nothing. Again the high priest asked him, and saith unto him, Art thou the Christ, the Son of the Blessed?

62. And Jesus said, I am: and ye shall see the Son of man sitting at the right hand of Power, and coming with the clouds of heaven.

63. And the high priest rent his clothes, and saith, What further need have we of witnesses?

64. Ye have heard the blasphemy: what think ye? And they all condemned him to be worthy of death.

65. And some began to spit on him, and to cover his face, and to buffet him, and to say unto him, Prophesy: and the officers received him with blows of their hands.

66. And as Peter was beneath in the court, there cometh one of the maids of the high priest;

67. and seeing Peter warming himself, she looked upon him, and saith, Thou also wast with the Nazarene, [even] Jesus.

68. But he denied, saying, I neither know, nor understand what thou sayest: and he went out into the porch; and the cock crew.

69. And the maid saw him, and began again to say to them that stood by, This is [one] of them.

70. But he again denied it. And after a little while again they that stood by said to Peter, of a truth thou art [one] of them; for thou art a Galilaean.

71. But he began to curse, and to swear, I know not this man of whom ye speak.

72. And straightway the second time the cock crew. And Peter called to mind the word, how that Jesus said unto him, Before the cock crow twice, thou shalt deny me thrice. And when he thought thereon, he wept.

59. Ma neppur così la loro testimonianza era concorde.

60. Allora il sommo sacerdote, levatosi in piè quivi in mezzo, domandò a Gesù: Non rispondi tu nulla? Che testimoniano costoro contro a te?

61. Ma egli tacque e non rispose nulla. Daccapo il sommo sacerdote lo interrogò e gli disse: Sei tu il Cristo, il Figliuol del Benedetto?

62. E Gesù disse: Sì, lo sono: e vedrete il Figliuol dell'uomo seduto alla destra della Potenza e venire sulle nuvole del cielo.

63. Ed il sommo sacerdote, stracciatesi le vesti, disse: Che abbiam noi più bisogno di testimoni?

64. Voi avete udito la bestemmia. Che ve ne pare? E tutti lo condannarono come reo di morte.

65. Ed alcuni presero a sputargli addosso ed a velargli la faccia e a dargli dei pugni e a dirgli: Indovina, profeta! E le guardie presero a schiaffeggiarlo.

66. Ed essendo Pietro giù nella corte, venne una delle serve del sommo sacerdote;

67. e veduto Pietro che si scaldava, lo riguardò in viso e disse: Anche tu eri con Gesù Nazareno.

68. Ma egli lo negò, dicendo: Io non so, né capisco quel che tu dica. Ed uscì fuori nell'antiporto, e il gallo cantò.

69. E la serva, vedutolo, cominciò di nuovo a dire a quelli ch'eran quivi presenti: Costui è di quelli. Ma egli daccapo lo negò.

70. E di nuovo di lì a poco, quelli ch'erano quivi, dicevano a Pietro: Per certo tu sei di quelli, perché poi sei galileo.

71. Ma egli prese ad imprecare ed a giurare: Non conosco quell'uomo che voi dite.

72. E subito per la seconda volta, il gallo cantò. E Pietro si ricordò della parola che Gesù gli aveva detta: Avanti che il gallo abbia cantato due volte, tu mi rinnegherai tre volte. Ed a questo pensiero si mise a piangere.

# Mark 15

1. And straightway in the morning the chief priests with the elders and scribes, and the whole council, held a consultation, and bound Jesus, and carried him away, and delivered him up to Pilate.

2. And Pilate asked him, Art thou the King of the Jews? And he answering saith unto him, Thou sayest.

3. And the chief priests accused him of many things.

4. And Pilate again asked him, saying, Answerest thou nothing? behold how many things they accuse thee of.

5. But Jesus no more answered anything; insomuch that Pilate marvelled.

6. Now at the feast he used to release unto them one prisoner, whom they asked of him.

7. And there was one called Barabbas, [lying] bound with them that had made insurrection, men who in the insurrection had committed murder.

8. And the multitude went up and began to ask him [to do] as he was wont to do unto them.

9. And Pilate answered them, saying, Will ye that I release unto you the King of the Jews?

10. For he perceived that for envy the chief priests had delivered him up.

11. But the chief priests stirred up the multitude, that he should rather release Barabbas unto them.

12. And Pilate again answered and said unto them, What then shall I do unto him whom ye call the King of the Jews?

13. And they cried out again, Crucify him.

14. And Pilate said unto them, Why, what evil hath he done? But they cried out exceedingly, Crucify him.

15. And Pilate, wishing to content the multitude, released unto them Barabbas, and delivered Jesus, when he had scourged him, to be crucified.

16. And the soldiers led him away within the court, which is the Praetorium; and they call together the whole band.

17. And they clothe him with purple, and platting a crown of thorns, they put it on him;

# Marco 15

1. E subito la mattina, i capi sacerdoti, con gli anziani e gli scribi e tutto il Sinedrio, tenuto consiglio, legarono Gesù e lo menarono via e lo misero in man di Pilato.

2. E Pilato gli domandò: Sei tu il re dei Giudei? Ed egli, rispondendo, gli disse: Sì, lo sono.

3. E i capi sacerdoti l'accusavano di molte cose;

4. e Pilato daccapo lo interrogò dicendo: Non rispondi nulla? Vedi di quante cose ti accusano!

5. Ma Gesù non rispose più nulla; talché Pilato se ne maravigliava.

6. Or ogni festa di pasqua ei liberava loro un carcerato, qualunque chiedessero.

7. C'era allora in prigione un tale chiamato Barabba, insieme a de' sediziosi, i quali, nella sedizione, avean commesso omicidio.

8. E la moltitudine, venuta su, cominciò a domandare ch'e' facesse come sempre avea lor fatto.

9. E Pilato rispose loro: Volete ch'io vi liberi il Re de' Giudei?

10. Poiché capiva bene che i capi sacerdoti glielo aveano consegnato per invidia.

11. Ma i capi sacerdoti incitarono la moltitudine a chiedere che piuttosto liberasse loro Barabba.

12. E Pilato, daccapo replicando, diceva loro: Che volete dunque ch'io faccia di colui che voi chiamate il Re de' Giudei?

13. Ed essi di nuovo gridarono: Crocifiggilo!

14. E Pilato diceva loro: Ma pure, che male ha egli fatto? Ma essi gridarono più forte che mai: Crocifiggilo!

15. E Pilato, volendo soddisfare la moltitudine, liberò loro Barabba; e consegnò Gesù, dopo averlo flagellato, per esser crocifisso.

16. Allora i soldati lo menarono dentro la corte che è il Pretorio, e radunarono tutta la coorte.

17. E lo vestirono di porpora; e intrecciata una corona di spine, gliela misero intorno al capo,

18. and they began to salute him, Hail, King of the Jews!

19. And they smote his head with a reed, and spat upon him, and bowing their knees worshipped him.

20. And when they had mocked him, they took off from him the purple, and put on him his garments. And they lead him out to crucify him.

21. And they compel one passing by, Simon of Cyrene, coming from the country, the father of Alexander and Rufus, to go [with them], that he might bear his cross.

22. And they bring him unto the place Golgotha, which is, being interpreted, The place of a skull.

23. And they offered him wine mingled with myrrh: but he received it not.

24. And they crucify him, and part his garments among them, casting lots upon them, what each should take.

25. And it was the third hour, and they crucified him.

26. And the superscription of his accusation was written over, THE KING OF THE JEWS.

27. And with him they crucify two robbers; one on his right hand, and one on his left.

28. [And the scripture was fulfilled, which saith, And he was reckoned with transgressors.]

29. And they that passed by railed on him, wagging their heads, and saying, Ha! Thou that destroyest the temple, and buildest it in three days,

30. save thyself, and come down from the cross.

31. In like manner also the chief priests mocking [him] among themselves with the scribes said, He saved others; himself he cannot save.

32. Let the Christ, the King of Israel, now come down from the cross, that we may see and believe. And they that were crucified with him reproached him.

33. And when the sixth hour was come, there was darkness over the whole land until the ninth hour.

18. e cominciarono a salutarlo: Salve, Re de' Giudei!

19. E gli percotevano il capo con una canna, e gli sputavano addosso, e postisi inginocchioni, si prostravano dinanzi a lui.

20. E dopo che l'ebbero schernito, lo spogliarono della porpora e lo rivestirono dei suoi propri vestimenti. E lo menaron fuori per crocifiggerlo.

21. E costrinsero a portar la croce di lui un certo Simon cireneo, il padre di Alessandro e di Rufo, il quale passava di là, tornando dai campi.

22. E menarono Gesù al luogo detto Golgota; il che, interpretato, vuol dire luogo del teschio.

23. E gli offersero da bere del vino mescolato con mirra; ma non ne prese.

24. Poi lo crocifissero e si spartirono i suoi vestimenti, tirandoli a sorte per sapere quel che ne toccherebbe a ciascuno.

25. Era l'ora terza quando lo crocifissero.

26. E l'iscrizione indicante il motivo della condanna, diceva: IL RE DE' GIUDEI.

27. E con lui crocifissero due ladroni, uno alla sua destra e l'altro alla sua sinistra.

28. E si adempié la Scrittura che dice: Egli è stato annoverato fra gli iniqui.

29. E quelli che passavano lì presso lo ingiuriavano, scotendo il capo e dicendo: Eh, tu che disfai il tempio e lo riedifichi in tre giorni,

30. salva te stesso e scendi giù di croce!

31. Parimente anche i capi sacerdoti con gli scribi, beffandosi, dicevano l'uno all'altro: Ha salvato altri e non può salvar se stesso!

32. Il Cristo, il Re d'Israele, scenda ora giù di croce, affinché vediamo e crediamo! Anche quelli che erano stati crocifissi con lui, lo insultavano.

33. E venuta l'ora sesta, si fecero tenebre per tutto il paese, fino all'ora nona.

34. And at the ninth hour Jesus cried with a loud voice, Eloi, Eloi, lama sabachthani? which is, being interpreted, My God, my God, why hast thou forsaken me?

35. And some of them that stood by, when they heard it, said, Behold, he calleth Elijah.

36. And one ran, and filling a sponge full of vinegar, put it on a reed, and gave him to drink, saying, Let be; let us see whether Elijah cometh to take him down.

37. And Jesus uttered a loud voice, and gave up the ghost.

38. And the veil of the temple was rent in two from the top to the bottom.

39. And when the centurion, who stood by over against him, saw that he so gave up the ghost, he said, Truly this man was the Son of God.

40. And there were also women beholding from afar: among whom [were] both Mary Magdalene, and Mary the mother of James the less and of Joses, and Salome;

41. who, when he was in Galilee, followed him, and ministered unto him; and many other women that came up with him unto Jerusalem.

42. And when even was now come, because it was the Preparation, that is, the day before the sabbath,

43. there came Joseph of Arimathaea, a councillor of honorable estate, who also himself was looking for the kingdom of God; and he boldly went in unto Pilate, and asked for the body of Jesus.

44. And Pilate marvelled if he were already dead: and calling unto him the centurion, he asked him whether he had been any while dead.

45. And when he learned it of the centurion, he granted the corpse to Joseph.

46. And he bought a linen cloth, and taking him down, wound him in the linen cloth, and laid him in a tomb which had been hewn out of a rock; and he rolled a stone against the door of the tomb.

47. And Mary Magdalene and Mary the [mother] of Joses beheld where he was laid.

34. Ed all'ora nona, Gesù gridò con gran voce: Eloì, Eloì, lamà sabactanì? il che, interpretato, vuol dire: Dio mio, Dio mio, perché mi hai abbandonato?

35. E alcuni degli astanti, udito ciò, dicevano: Ecco, chiama Elia!

36. E uno di loro corse, e inzuppata d'aceto una spugna, e postala in cima ad una canna, gli diè da bere dicendo: Aspettate, vediamo se Elia viene a trarlo giù.

37. E Gesù, gettato un gran grido, rendé lo spirito.

38. E la cortina del tempio si squarciò in due, da cima a fondo.

39. E il centurione ch'era quivi presente dirimpetto a Gesù, avendolo veduto spirare a quel modo, disse: Veramente, quest'uomo era Figliuol di Dio!

40. Or v'erano anche delle donne, che guardavan da lontano; fra le quali era Maria Maddalena e Maria madre di Giacomo il piccolo e di Iose, e Salome;

41. le quali, quand'egli era in Galilea, lo seguivano e lo servivano; e molte altre, che eran salite con lui a Gerusalemme.

42. Ed essendo già sera (poiché era Preparazione, cioè la vigilia del sabato),

43. venne Giuseppe d'Arimatea, consigliere onorato, il quale aspettava anch'egli il Regno di Dio; e, preso ardire, si presentò a Pilato e domandò il corpo di Gesù.

44. Pilato si maravigliò ch'egli fosse già morto; e chiamato a sé il centurione, gli domandò se era morto da molto tempo;

45. e saputolo dal centurione, donò il corpo a Giuseppe.

46. E questi, comprato un panno lino e tratto Gesù giù di croce, l'involse nel panno e lo pose in una tomba scavata nella roccia, e rotolò una pietra contro l'apertura del sepolcro.

47. E Maria Maddalena e Maria madre di Iose stavano guardando dove veniva deposto.

# Mark 16

1. And when the sabbath was past, Mary Magdalene, and Mary the [mother] of James, and Salome, bought spices, that they might come and anoint him.
2. And very early on the first day of the week, they come to the tomb when the sun was risen.
3. And they were saying among themselves, Who shall roll us away the stone from the door of the tomb?
4. and looking up, they see that the stone is rolled back: for it was exceeding great.

5. And entering into the tomb, they saw a young man sitting on the right side, arrayed in a white robe; and they were amazed.
6. And he saith unto them, Be not amazed: ye seek Jesus, the Nazarene, who hath been crucified: he is risen; he is not here: behold, the place where they laid him!
7. But go, tell his disciples and Peter, He goeth before you into Galilee: there shall ye see him, as he said unto you.
8. And they went out, and fled from the tomb; for trembling and astonishment had come upon them: and they said nothing to any one; for they were afraid.
9. Now when he was risen early on the first day of the week, he appeared first to Mary Magdalene, from whom he had cast out seven demons.
10. She went and told them that had been with him, as they mourned and wept.
11. And they, when they heard that he was alive, and had been seen of her, disbelieved.
12. And after these things he was manifested in another form unto two of them, as they walked, on their way into the country.
13. And they went away and told it unto the rest: neither believed they them.
14. And afterward he was manifested unto the eleven themselves as they sat at meat; and he upbraided them with their unbelief and hardness of heart, because they believed not them that had seen him after he was risen.
15. And he said unto them, Go ye into all the world, and preach the gospel to the whole creation.

# Marco 16

1. E passato il sabato, Maria Maddalena e Maria madre di Giacomo e Salome comprarono degli aromi per andare a imbalsamar Gesù.
2. E la mattina del primo giorno della settimana, molto per tempo, vennero al sepolcro sul levar del sole.
3. E dicevano tra loro: Chi ci rotolerà la pietra dall'apertura del sepolcro?
4. E alzati gli occhi, videro che la pietra era stata rotolata; ed era pur molto grande.
5. Ed essendo entrate nel sepolcro, videro un giovinetto, seduto a destra, vestito d'una veste bianca, e furono spaventate.
6. Ma egli disse loro: Non vi spaventate! Voi cercate Gesù il Nazareno che è stato crocifisso; egli è risuscitato; non è qui; ecco il luogo dove l'aveano posto.
7. Ma andate a dire ai suoi discepoli ed a Pietro, ch'egli vi precede in Galilea; quivi lo vedrete, come v'ha detto.
8. Ed esse, uscite, fuggiron via dal sepolcro, perché eran prese da tremito e da stupore, e non dissero nulla ad alcuno, perché aveano paura.
9. Or Gesù, essendo risuscitato la mattina del primo giorno della settimana, apparve prima a Maria Maddalena, dalla quale avea cacciato sette demoni.
10. Costei andò ad annunziarlo a coloro ch'eran stati con lui, i quali facean cordoglio e piangevano.
11. Ed essi, udito ch'egli viveva ed era stato veduto da lei, non lo credettero.
12. Or dopo questo, apparve in altra forma a due di loro ch'eran in cammino per andare ai campi;
13. e questi andarono ad annunziarlo agli altri; ma neppure a quelli credettero.
14. Di poi, apparve agli undici, mentre erano a tavola; e li rimproverò della loro incredulità e durezza di cuore, perché non avean creduto a quelli che l'avean veduto risuscitato.
15. E disse loro: Andate per tutto il mondo e predicate l'evangelo ad ogni creatura.

16. He that believeth and is baptized shall be saved; but he that disbelieveth shall be condemned.

17. And these signs shall accompany them that believe: in my name shall they cast out demons; they shall speak with new tongues;

18. they shall take up serpents, and if they drink any deadly thing, it shall in no wise hurt them; they shall lay hands on the sick, and they shall recover.

19. So then the Lord Jesus, after he had spoken unto them, was received up into heaven, and sat down at the right hand of God.

20. And they went forth, and preached everywhere, the Lord working with them, and confirming the word by the signs that followed. Amen.

16. Chi avrà creduto e sarà stato battezzato sarà salvato; ma chi non avrà creduto sarà condannato.

17. Or questi sono i segni che accompagneranno coloro che avranno creduto: nel nome mio cacceranno i demoni; parleranno in lingue nuove;

18. prenderanno in mano dei serpenti; e se pur bevessero alcunché di mortifero, non ne avranno alcun male; imporranno le mani agl'infermi ed essi guariranno.

19. Il Signor Gesù dunque, dopo aver loro parlato, fu assunto nel cielo, e sedette alla destra di Dio.

20. E quelli se ne andarono a predicare da per tutto, operando il Signore con essi e confermando la Parola coi segni che l'accompagnavano.

# Luke 1

1. Forasmuch as many have taken in hand to draw up a narrative concerning those matters which have been fulfilled among us,

2. even as they delivered them unto us, who from the beginning were eyewitnesses and ministers of the word,

3. it seemed good to me also, having traced the course of all things accurately from the first, to write unto thee in order, most excellent Theophilus;

4. that thou mightest know the certainty concerning the things wherein thou wast instructed.

5. There was in the days of Herod, king of Judaea, a certain priest named Zacharias, of the course of Abijah: and he had a wife of the daughters of Aaron, and her name was Elisabeth.

6. And they were both righteous before God, walking in all the commandments and ordinances of the Lord blameless.

7. And they had no child, because that Elisabeth was barren, and they both were [now] well stricken in years.

8. Now it came to pass, while he executed the priest's office before God in the order of his course,

9. according to the custom of the priest's office, his lot was to enter into the temple of the Lord and burn incense.

10. And the whole multitude of the people were praying without at the hour of incense.

11. And there appeared unto him an angel of the Lord standing on the right side of altar of incense.

12. And Zacharias was troubled when he saw [him], and fear fell upon him.

13. But the angel said unto him, Fear not, Zacharias: because thy supplication is heard, and thy wife Elisabeth shall bear thee a son, and thou shalt call his name John.

14. And thou shalt have joy and gladness; and many shall rejoice at his birth.

15. For he shall be great in the sight of the Lord, and he shall drink no wine nor strong drink; and he shall be filled with the Holy Spirit, even from his mother's womb.

16. And many of the children of Israel shall be turn unto the Lord their God.

# Luca 1

1. Poiché molti hanno intrapreso ad ordinare una narrazione de' fatti che si son compiuti tra noi,

2. secondo che ce li hanno tramandati quelli che da principio ne furono testimoni oculari e che divennero ministri della Parola,

3. è parso bene anche, a me dopo essermi accuratamente informato d'ogni cosa dall'origine, di scrivertene per ordine, o eccellentissimo Teofilo,

4. affinché tu riconosca la certezza delle cose che ti sono state insegnate.

5. Ai dì d'Erode, re della Giudea, v'era un certo sacerdote di nome Zaccaria, della muta di Abia; e sua moglie era delle figliuole d'Aronne e si chiamava Elisabetta.

6. Or erano ambedue giusti nel cospetto di Dio, camminando irreprensibili in tutti i comandamenti e precetti del Signore.

7. E non aveano figliuoli, perché Elisabetta era sterile, ed erano ambedue avanzati in età.

8. Or avvenne che esercitando Zaccaria il sacerdozio dinanzi a Dio nell'ordine della sua muta,

9. secondo l'usanza del sacerdozio, gli toccò a sorte d'entrar Del tempio del Signore per offrirvi il profumo;

10. e tutta la moltitudine del popolo stava di fuori in preghiera nell'ora del profumo.

11. E gli apparve un angelo del Signore, ritto alla destra dell'altare de' profumi.

12. E Zaccaria, vedutolo, fu turbato e preso da spavento.

13. Ma l'angelo gli disse: Non temere, Zaccaria, perché la tua preghiera è stata esaudita; e tua moglie Elisabetta ti partorirà un figliuolo, al quale porrai nome Giovanni.

14. E tu ne avrai gioia ed allegrezza, e molti si rallegreranno per la sua nascita.

15. Poiché sarà grande nel cospetto del Signore; non berrà né vino né cervogia, e sarà ripieno dello Spirito Santo fin dal seno di sua madre,

16. e convertirà molti de' figliuoli d'Israele al Signore Iddio loro;

17. And he shall go before his face in the spirit and power of Elijah, to turn the hearts of the fathers to the children, and the disobedient [to walk] in the wisdom of the just; to make ready for the Lord a people prepared [for him].

18. And Zacharias said unto the angel, Whereby shall I know this? for I am an old man, and my wife well stricken in years.

19. And the angel answering said unto him, I am Gabriel, that stand in the presence of God; and I was sent to speak unto thee, and to bring thee these good tidings.

20. And behold, thou shalt be silent and not able to speak, until the day that these things shall come to pass, because thou believedst not my words, which shall be fulfilled in their season.

21. And the people were waiting for Zacharias, and they marvelled while he tarried in the temple.

22. And when he came out, he could not speak unto them: and they perceived that he had seen a vision in the temple: and he continued making signs unto them, and remained dumb.

23. And it came to pass, when the days of his ministration were fulfilled, he departed unto his house.

24. And after these days Elisabeth his wife conceived; and she hid herself five months, saying,

25. Thus hath the Lord done unto me in the days wherein he looked upon [me], to take away my reproach among men.

26. Now in the sixth month the angel Gabriel was sent from God unto a city of Galilee, named Nazareth,

27. to a virgin betrothed to a man whose name was Joseph, of the house of David; and the virgin's name was Mary.

28. And he came in unto her, and said, Hail, thou that art highly favored, the Lord [is] with thee.

29. But she was greatly troubled at the saying, and cast in her mind what manner of salutation this might be.

30. And the angel said unto her, Fear not, Mary: for thou hast found favor with God.

31. And behold, thou shalt conceive in thy womb, and bring forth a son, and shalt call his name JESUS.

17. ed egli andrà innanzi a lui con lo spirito e con la potenza d'Elia, per volgere i cuori de' padri ai figliuoli e i ribelli alla saviezza de' giusti, affin di preparare al Signore un popolo ben disposto.

18. E Zaccaria disse all'angelo: A che conoscerò io questo? Perch'io son vecchio e mia moglie è avanti nell'età.

19. E l'angelo, rispondendo, gli disse: Io son Gabriele, che sto davanti a Dio; e sono stato mandato a parlarti e recarti questa buona notizia.

20. Ed ecco, tu sarai muto, e non potrai parlare fino al giorno che queste cose avverranno, perché non hai creduto alle mie parole che si adempiranno a suo tempo.

21. Il popolo intanto stava aspettando Zaccaria, e si maravigliava che s'indugiasse tanto nel tempio.

22. Ma quando fu uscito, non potea parlar loro; e capirono che avea avuto una visione nel tempio; ed egli faceva loro dei segni e rimase muto.

23. E quando furon compiuti i giorni del suo ministero, egli se ne andò a casa sua.

24. Or dopo que' giorni, Elisabetta sua moglie rimase incinta; e si tenne nascosta per cinque mesi, dicendo:

25. Ecco quel che il Signore ha fatto per me ne' giorni nei quali ha rivolto a me lo sguardo per togliere il mio vituperio fra gli uomini.

26. Al sesto mese l'angelo Gabriele fu mandato da Dio in una città di Galilea detta Nazaret

27. ad una vergine fidanzata ad un uomo chiamato Giuseppe della casa di Davide; e il nome della vergine era Maria.

28. E l'angelo, entrato da lei, disse: Ti saluto, o favorita dalla grazia; il Signore è teco.

29. Ed ella fu turbata a questa parola, e si domandava che cosa volesse dire un tal saluto.

30. E l'angelo le disse: Non temere, Maria, perché hai trovato grazia presso Dio.

31. Ed ecco tu concepirai nel seno e partorirai un figliuolo e gli porrai nome Gesù.

32. He shall be great, and shall be called the Son of the Most High: and the Lord God shall give unto him the throne of his father David:

33. and he shall reign over the house of Jacob for ever; and of his kingdom there shall be no end.

34. And Mary said unto the angel, How shall this be, seeing I know not a man?

35. And the angel answered and said unto her, The Holy Spirit shall come upon thee, and the power of the Most High shall overshadow thee: wherefore also the holy thing which is begotten shall be called the Son of God.

36. And behold, Elisabeth thy kinswoman, she also hath conceived a son in her old age; and this is the sixth month with her that was called barren.

37. For no word from God shall be void of power.

38. And Mary said, Behold, the handmaid of the Lord; be it unto me according to thy word. And the angel departed from her.

39. And Mary arose in these days and went into the hill country with haste, into a city of Judah;

40. and entered into the house of Zacharias and saluted Elisabeth.

41. And it came to pass, when Elisabeth heard the salutation of Mary, the babe leaped in her womb; and Elisabeth was filled with the Holy Spirit;

42. and she lifted up her voice with a loud cry, and said, Blessed [art] thou among women, and blessed [is] the fruit of thy womb.

43. And whence is this to me, that the mother of my Lord should come unto me?

44. For behold, when the voice of thy salutation came into mine ears, the babe leaped in my womb for joy.

45. And blessed [is] she that believed; for there shall be a fulfilment of the things which have been spoken to her from the Lord.

46. And Mary said, My soul doth magnify the Lord,

47. And my spirit hath rejoiced in God my Saviour.

32. Questi sarà grande, e sarà chiamato Figliuol dell'Altissimo, e il Signore Iddio gli darà il trono di Davide suo padre,

33. ed egli regnerà sulla casa di Giacobbe in eterno, e il suo regno non avrà mai fine.

34. E Maria disse all'angelo: Come avverrà questo, poiché non conosco uomo?

35. E l'angelo, rispondendo, le disse: Lo Spirito Santo verrà su di te e la potenza dell'Altissimo ti coprirà dell'ombra sua; perciò ancora il santo che nascerà sarà chiamato Figliuolo di Dio.

36. Ed ecco, Elisabetta, tua parente, ha concepito anche lei un figliuolo nella sua vecchiaia; e questo è il sesto mese per lei, ch'era chiamata sterile;

37. poiché nessuna parola di Dio rimarrà inefficace.

38. E Maria disse: Ecco, io son l'ancella del Signore; siami fatto secondo la tua parola. E l'angelo si partì da lei.

39. In que' giorni Maria si levò e se ne andò in fretta nella regione montuosa, in una città di Giuda,

40. ed entrò in casa di Zaccaria e salutò Elisabetta.

41. E avvenne che come Elisabetta ebbe udito il saluto di Maria, il bambino le balzò nel seno; ed Elisabetta fu ripiena di Spirito Santo,

42. e a gran voce esclamò: Benedetta sei tu fra le donne, e benedetto è il frutto del tuo seno!

43. E come mai m'è dato che la madre del mio Signore venga da me?

44. Poiché ecco, non appena la voce del tuo saluto m'è giunta agli orecchi, il bambino m'è per giubilo balzato nel seno.

45. E beata è colei che ha creduto, perché le cose dettele da parte del Signore avranno compimento.

46. E Maria disse: "L'anima mia magnifica il Signore,

47. e lo spirito mio esulta in Dio mio Salvatore,

48. For he hath looked upon the low estate of his handmaid: For behold, from henceforth all generations shall call me blessed.

49. For he that is mighty hath done to me great things; And holy is his name.

50. And his mercy is unto generations and generations On them that fear him.

51. He hath showed strength with his arm; He hath scattered the proud in the imagination of their heart.

52. He hath put down princes from [their] thrones, And hath exalted them of low degree.

53. The hungry he hath filled with good things; And the rich he hath sent empty away.

54. He hath given help to Israel his servant, That he might remember mercy

55. (As he spake unto our fathers) Toward Abraham and his seed for ever.

56. And Mary abode with her about three months, and returned unto her house.

57. Now Elisabeth's time was fulfilled that she should be delivered; and she brought forth a son.

58. And her neighbors and her kinsfolk heard that the Lord had magnified his mercy towards her; and they rejoiced with her.

59. And it came to pass on the eighth day, that they came to circumcise the child; and they would have called him Zacharias, after the name of the father.

60. And his mother answered and said, Not so; but he shall be called John.

61. And they said unto her, There is none of thy kindred that is called by this name.

62. And they made signs to his father, what he would have him called.

63. And he asked for a writing tablet, and wrote, saying, His name is John. And they marvelled all.

64. And his mouth was opened immediately, and his tongue [loosed], and he spake, blessing God.

65. And fear came on all that dwelt round about them: and all these sayings were noised abroad throughout all the hill country of Judaea.

48. poich'egli ha riguardato alla bassezza della sua ancella. Perché ecco, d'ora innanzi tutte le età mi chiameranno beata,

49. poiché il Potente mi ha fatto grandi cose. Santo è il suo nome

50. e la sua misericordia è d'età in età per quelli che lo temono.

51. Egli ha operato potentemente col suo braccio ha disperso quelli ch'eran superbi ne' pensieri del cuor loro;

52. ha tratto giù dai troni i potenti, ed ha innalzato gli umili;

53. ha ricolmato di beni i famelici, e ha rimandati a vuoto i ricchi.

54. Ha soccorso Israele, suo servitore, ricordandosi della misericordia

55. di cui avea parlato ai nostri padri, verso Abramo e verso la sua progenie in perpetuo".

56. E Maria rimase con Elisabetta circa tre mesi; poi se ne tornò a casa sua.

57. Or compiutosi per Elisabetta il tempo di partorire, diè alla luce un figliuolo.

58. E i suoi vicini e i parenti udirono che il Signore avea magnificata la sua misericordia verso di lei, e se ne rallegravano con essa.

59. Ed ecco che nell'ottavo giorno vennero a circoncidere il bambino, e lo chiamavano Zaccaria dal nome di suo padre.

60. Allora sua madre prese a parlare e disse: No, sarà invece chiamato Giovanni.

61. Ed essi le dissero: Non v'è alcuno nel tuo parentado che porti questo nome.

62. E per cenni domandavano al padre come voleva che fosse chiamato.

63. Ed egli, chiesta una tavoletta, scrisse così: Il suo nome è Giovanni. E tutti si maravigliarono.

64. In quell'istante la sua bocca fu aperta e la sua lingua sciolta, ed egli parlava benedicendo Iddio.

65. E tutti i lor vicini furon presi da timore; e tutte queste cose si divulgavano per tutta la regione montuosa della Giudea.

66. And all that heard them laid them up in their heart, saying, What then shall this child be? For the hand of the Lord was with him.

67. And his father Zacharias was filled with the Holy Spirit, and prophesied, saying,

68. Blessed [be] the Lord, the God of Israel; For he hath visited and wrought redemption for his people,

69. And hath raised up a horn of salvation for us In the house of his servant David

70. (As he spake by the mouth of his holy prophets that have been from of old),

71. Salvation from our enemies, and from the hand of all that hate us;

72. To show mercy towards, our fathers, And to remember his holy covenant;

73. The oath which he spake unto Abraham our father,

74. To grant unto us that we being delivered out of the hand of our enemies Should serve him without fear,

75. In holiness and righteousness before him all our days.

76. Yea and thou, child, shalt be called the prophet of the Most High: For thou shalt go before the face of the Lord to make ready his ways;

77. To give knowledge of salvation unto his people In the remission of their sins,

78. Because of the tender mercy of our God, Whereby the dayspring from on high shall visit us,

79. To shine upon them that sit in darkness and the shadow of death; To guide our feet into the way of peace.

80. And the child grew, and waxed strong in spirit, and was in the deserts till the day of his showing unto Israel.

# Luke 2

1. Now it came to pass in those days, there went out a decree from Caesar Augustus, that all the world should be enrolled.

66. E tutti quelli che le udirono, le serbarono in cuor loro e diceano: Che sarà mai questo bambino? Perché la mano del Signore era con lui.

67. E Zaccaria, suo padre, fu ripieno dello Spirito Santo, e profetò dicendo:

68. "Benedetto sia il Signore, l'Iddio d'Israele, perché ha visitato e riscattato il suo popolo,

69. e ci ha suscitato un potente salvatore nella casa di Davide suo servitore

70. (come avea promesso ab antico per bocca de' suoi profeti);

71. uno che ci salverà da' nostri nemici e dalle mani di tutti quelli che ci odiano.

72. Egli usa così misericordia verso i nostri padri e si ricorda del suo santo patto,

73. del giuramento che fece ad Abramo nostro padre,

74. affine di concederci che, liberati dalla mano dei nostri nemici, gli servissimo senza paura,

75. in santità e giustizia, nel suo cospetto, tutti i giorni della nostra vita.

76. E tu, piccol fanciullo, sarai chiamato profeta dell'Altissimo perché andrai davanti alla faccia del Signore per preparar le sue vie,

77. per dare al suo popolo conoscenza della salvezza mediante la remissione de' loro peccati,

78. dovuta alle viscere di misericordia del nostro Dio, per le quali l'Aurora dall'alto ci visiterà

79. per risplendere su quelli che giacciono in tenebre ed in ombra di morte, per guidare i nostri passi verso la via della pace".

80. Or il bambino cresceva e si fortificava in ispirito; e stette ne' deserti fino al giorno in cui dovea manifestarsi ad Israele.

# Luca 2

1. Or in que' dì avvenne che un decreto uscì da parte di Cesare Augusto, che si facesse un censimento di tutto l'impero.

2. This was the first enrolment made when Quirinius was governor of Syria.

3. And all went to enrol themselves, every one to his own city.

4. And Joseph also went up from Galilee, out of the city of Nazareth, into Judaea, to the city of David, which is called Bethlehem, because he was of the house and family of David;

5. to enrol himself with Mary, who was betrothed to him, being great with child.

6. And it came to pass, while they were there, the days were fulfilled that she should be delivered.

7. And she brought forth her firstborn son; and she wrapped him in swaddling clothes, and laid him in a manger, because there was no room for them in the inn.

8. And there were shepherds in the same country abiding in the field, and keeping watch by night over their flock.

9. And an angel of the Lord stood by them, and the glory of the Lord shone round about them: and they were sore afraid.

10. And the angel said unto them, Be not afraid; for behold, I bring you good tidings of great joy which shall be to all the people:

11. for there is born to you this day in the city of David a Saviour, who is Christ the Lord.

12. And this [is] the sign unto you: Ye shall find a babe wrapped in swaddling clothes, and lying in a manger.

13. And suddenly there was with the angel a multitude of the heavenly host praising God, and saying,

14. Glory to God in the highest, And on earth peace among men in whom he is well pleased.

15. And it came to pass, when the angels went away from them into heaven, the shepherds said one to another, Let us now go even unto Bethlehem, and see this thing that is come to pass, which the Lord hath made known unto us.

16. And they came with haste, and found both Mary and Joseph, and the babe lying in the manger.

17. And when they saw it, they made known concerning the saying which was spoken to them about this child.

2. Questo censimento fu il primo fatto mentre Quirinio governava la Siria.

3. E tutti andavano a farsi registrare, ciascuno alla sua città.

4. Or anche Giuseppe salì di Galilea, dalla città di Nazaret, in Giudea, alla città di Davide, chiamata Betleem, perché era della casa e famiglia di Davide,

5. a farsi registrare con Maria sua sposa, che era incinta.

6. E avvenne che, mentre eran quivi, si compié per lei il tempo del parto;

7. ed ella diè alla luce il suo figliuolo primogenito, e lo fasciò, e lo pose a giacere in una mangiatoia, perché non v'era posto per loro nell'albergo.

8. Or in quella medesima contrada v'eran de' pastori che stavano ne' campi e facean di notte la guardia al loro gregge.

9. E un angelo del Signore si presentò ad essi e la gloria del Signore risplendé intorno a loro, e temettero di gran timore.

10. E l'angelo disse loro: Non temete, perché ecco, vi reco il buon annunzio di una grande allegrezza che tutto il popolo avrà:

11. Oggi, nella città di Davide, v'è nato un Salvatore, che è Cristo, il Signore.

12. E questo vi servirà di segno: troverete un bambino fasciato e coricato in una mangiatoia.

13. E ad un tratto vi fu con l'angelo una moltitudine dell'esercito celeste, che lodava Iddio e diceva:

14. Gloria a Dio ne' luoghi altissimi, pace in terra fra gli uomini ch'Egli gradisce!

15. E avvenne che quando gli angeli se ne furono andati da loro verso il cielo, i pastori presero a dire tra loro: Passiamo fino a Betleem e vediamo questo che è avvenuto, e che il Signore ci ha fatto sapere.

16. E andarono in fretta, e trovarono Maria e Giuseppe ed il bambino giacente nella mangiatoia;

17. e vedutolo, divulgarono ciò ch'era loro stato detto di quel bambino.

18. And all that heard it wondered at the things which were spoken unto them by the shepherds.

19. But Mary kept all these sayings, pondering them in her heart.

20. And the shepherds returned, glorifying and praising God for all the things that they had heard and seen, even as it was spoken unto them.

21. And when eight days were fulfilled for circumcising him, his name was called JESUS, which was so called by the angel before he was conceived in the womb.

22. And when the days of their purification according to the law of Moses were fulfilled, they brought him up to Jerusalem, to present him to the Lord

23. (as it is written in the law of the Lord, Every male that openeth the womb shall be called holy to the Lord),

24. and to offer a sacrifice according to that which is said in the law of the Lord, A pair of turtledoves, or two young pigeons.

25. And behold, there was a man in Jerusalem whose name was Simeon; and this man was righteous and devout, looking for the consolation of Israel: and the Holy Spirit was upon him.

26. And it had been revealed unto him by the Holy Spirit, that he should not see death, before he had seen the Lord's Christ.

27. And he came in the Spirit into the temple: and when the parents brought in the child Jesus, that they might do concerning him after the custom of the law,

28. then he received him into his arms, and blessed God, and said,

29. Now lettest thou thy servant depart, Lord, According to thy word, in peace;

30. For mine eyes have seen thy salvation,

31. Which thou hast prepared before the face of all peoples;

32. A light for revelation to the Gentiles, And the glory of thy people Israel.

33. And his father and his mother were marvelling at the things which were spoken concerning him;

18. E tutti quelli che li udirono si maravigliarono delle cose dette loro dai pastori.

19. Or Maria serbava in sé tutte quelle cose, collegandole insieme in cuor suo.

20. E i pastori se ne tornarono, glorificando e lodando Iddio per tutto quello che aveano udito e visto, com'era loro stato annunziato.

21. E quando furono compiuti gli otto giorni in capo ai quali e' doveva esser circonciso, gli fu posto il nome di Gesù, che gli era stato dato dall'angelo prima ch'ei fosse concepito nel seno.

22. E quando furon compiuti i giorni della loro purificazione secondo la legge di Mosè, portarono il bambino in Gerusalemme per presentarlo al Signore,

23. com'è scritto nella legge del Signore: Ogni maschio primogenito sarà chiamato santo al Signore,

24. e per offrire il sacrificio di cui parla la legge del Signore, di un paio di tortore o di due giovani piccioni.

25. Ed ecco, v'era in Gerusalemme un uomo di nome Simeone; e quest'uomo era giusto e timorato di Dio, e aspettava la consolazione d'Israele; e lo Spirito Santo era sopra lui;

26. e gli era stato rivelato dallo Spirito Santo che non vedrebbe la morte prima d'aver veduto il Cristo del Signore.

27. Ed egli, mosso dallo Spirito, venne nel tempio; e come i genitori vi portavano il bambino Gesù per adempiere a suo riguardo le prescrizioni della legge,

28. se lo prese anch'egli nelle braccia, e benedisse Iddio e disse:

29. "Ora, o mio Signore, tu lasci andare in pace il tuo servo, secondo la tua parola;

30. poiché gli occhi miei han veduto la tua salvezza,

31. che hai preparata dinanzi a tutti i popoli

32. per esser luce da illuminar le genti, e gloria del tuo popolo Israele".

33. E il padre e la madre di Gesù restavano maravigliati delle cose che dicevan di lui.

34. and Simeon blessed them, and said unto Mary his mother, Behold, this [child] is set for the falling and the rising of many in Israel; and for a sign which is spoken against;

35. yea and a sword shall pierce through thine own soul; that thoughts out of many hearts may be revealed.

36. And there was one Anna, a prophetess, the daughter of Phanuel, of the tribe of Asher (she was of a great age, having lived with a husband seven years from her virginity,

37. and she had been a widow even unto fourscore and four years), who departed not from the temple, worshipping with fastings and supplications night and day.

38. And coming up at that very hour she gave thanks unto God, and spake of him to all them that were looking for the redemption of Jerusalem.

39. And when they had accomplished all things that were according to the law of the Lord, they returned into Galilee, to their own city Nazareth.

40. And the child grew, and waxed strong, filled with wisdom: and the grace of God was upon him.

41. And his parents went every year to Jerusalem at the feast of the passover.

42. And when he was twelve years old, they went up after the custom of the feast;

43. and when they had fulfilled the days, as they were returning, the boy Jesus tarried behind in Jerusalem; and his parents knew it not;

44. but supposing him to be in the company, they went a day's journey; and they sought for him among their kinsfolk and acquaintance:

45. and when they found him not, they returned to Jerusalem, seeking for him.

46. And it came to pass, after three days they found him in the temple, sitting in the midst of the teachers, both hearing them, and asking them questions:

47. and all that heard him were amazed at his understanding and his answers.

48. And when they saw him, they were astonished; and his mother said unto him, Son, why hast thou thus dealt with us? behold, thy father and I sought thee sorrowing.

34. E Simeone li benedisse, e disse a Maria, madre di lui: Ecco, questi è posto a caduta ed a rialzamento di molti in Israele, e per segno a cui si contradirà

35. (e a te stessa una spada trapasserà l'anima), affinché i pensieri di molti cuori sieno rivelati.

36. V'era anche Anna, profetessa, figliuola di Fanuel, della tribù di Aser, la quale era molto attempata. Dopo esser vissuta col marito sette anni dalla sua verginità,

37. era rimasta vedova ed avea raggiunto gli ottantaquattro anni. Ella non si partiva mai dal tempio, servendo a Dio notte e giorno con digiuni ed orazioni.

38. Sopraggiunta in quell'istessa ora, lodava anch'ella Iddio e parlava del bambino a tutti quelli che aspettavano la redenzione di Gerusalemme.

39. E come ebbero adempiuto tutte le prescrizioni della legge del Signore, tornarono in Galilea, a Nazaret, loro città.

40. E il bambino cresceva e si fortificava, essendo ripieno di sapienza; e la grazia di Dio era sopra lui.

41. Or i suoi genitori andavano ogni anno a Gerusalemme per la festa di Pasqua.

42. E quando egli fu giunto ai dodici anni, salirono a Gerusalemme, secondo l'usanza della festa;

43. e passati i giorni della festa, come se ne tornavano, il fanciullo Gesù rimase in Gerusalemme all'insaputa dei genitori;

44. i quali, stimando ch'egli fosse nella comitiva, camminarono una giornata, e si misero a cercarlo fra i parenti e i conoscenti;

45. e, non avendolo trovato, tornarono a Gerusalemme facendone ricerca.

46. Ed avvenne che tre giorni dopo lo trovarono nel tempio, seduto in mezzo a' dottori, che li ascoltava e faceva loro delle domande;

47. e tutti quelli che l'udivano, stupivano del suo senno e delle sue risposte.

48. E, vedutolo, sbigottirono; e sua madre gli disse: Figliuolo, perché ci hai fatto così? Ecco, tuo padre ed io ti cercavamo, stando in gran pena.

49. And he said unto them, How is it that ye sought me? knew ye not that I must be in my Father's house?

50. And they understood not the saying which he spake unto them.

51. And he went down with them, and came to Nazareth; and he was subject unto them: and his mother kept all [these] sayings in her heart.

52. And Jesus advanced in wisdom and stature, and in favor with God and men.

# Luke 3

1. Now in the fifteenth year of the reign of Tiberius Caesar, Pontius Pilate being governor of Judaea, and Herod being tetrarch of Galilee, and his brother Philip tetrarch of the region of Ituraea and Trachonitis, and Lysanias tetrarch of Abilene,

2. in the highpriesthood of Annas and Caiaphas, the word of God came unto John the son of Zacharias in the wilderness.

3. And he came into all the region round about the Jordan, preaching the baptism of repentance unto remission of sins;

4. as it is written in the book of the words of Isaiah the prophet, The voice of one crying in the wilderness, Make ye ready the way of the Lord, Make his paths straight.

5. Every valley shall be filled, And every mountain and hill shall be brought low; And the crooked shall become straight, And the rough ways smooth;

6. And all flesh shall see the salvation of God.

7. He said therefore to the multitudes that went out to be baptized of him, Ye offspring of vipers, who warned you to flee from the wrath to come?

8. Bring forth therefore fruits worthy of repentance, and begin not to say within yourselves, We have Abraham to our father: for I say unto you, that God is able of these stones to raise up children unto Abraham.

9. And even now the axe also lieth at the root of the trees: every tree therefore that bringeth not forth good fruit is hewn down, and cast into the fire.

49. Ed egli disse loro: Perché mi cercavate? Non sapevate ch'io dovea trovarmi nella casa del Padre mio?

50. Ed essi non intesero la parola ch'egli avea lor detta.

51. E discese con loro, e venne a Nazaret, e stava loro sottomesso. E sua madre serbava tutte queste cose in cuor suo.

52. E Gesù cresceva in sapienza e in statura, e in grazia dinanzi a Dio e agli uomini.

# Luca 3

1. Or nell'anno decimoquinto dell'impero di Tiberio Cesare, essendo Ponzio Pilato governatore della Giudea, ed Erode tetrarca della Galilea, e Filippo, suo fratello, tetrarca dell'Iturea e della Traconitide, e Lisania tetrarca dell'Abilene,

2. sotto i sommi sacerdoti Anna e Caiàfa, la parola di Dio fu diretta a Giovanni, figliuol di Zaccaria, nel deserto.

3. Ed egli andò per tutta la contrada d'intorno al Giordano, predicando un battesimo di ravvedimento per la remissione de' peccati,

4. secondo che è scritto nel libro delle parole del profeta Isaia: V'è una voce d'uno che grida nel deserto: Preparate la via del Signore, addirizzate i suoi sentieri.

5. Ogni valle sarà colmata ed ogni monte ed ogni colle sarà abbassato; le vie tortuose saran fatte diritte e le scabre saranno appianate;

6. ed ogni carne vedrà la salvezza di Dio.

7. Giovanni dunque diceva alle turbe che uscivano per esser battezzate da lui: Razza di vipere, chi v'ha mostrato a fuggir dall'ira a venire?

8. Fate dunque dei frutti degni del ravvedimento, e non vi mettete a dire in voi stessi: Noi abbiamo Abramo per padre! Perché vi dico che Iddio può da queste pietre far sorgere dei figliuoli ad Abramo.

9. E ormai è anche posta la scure alla radice degli alberi; ogni albero dunque che non fa buon frutto, vien tagliato e gittato nel fuoco.

10. And the multitudes asked him, saying, What then must we do?

11. And he answered and said unto them, He that hath two coats, let him impart to him that hath none; and he that hath food, let him do likewise.

12. And there came also publicans to be baptized, and they said unto him, Teacher, what must we do?

13. And he said unto them, Extort no more than that which is appointed you.

14. And soldiers also asked him, saying, And we, what must we do? And he said unto them, Extort from no man by violence, neither accuse [any one] wrongfully; and be content with your wages.

15. And as the people were in expectation, and all men reasoned in their hearts concerning John, whether haply he were the Christ;

16. John answered, saying unto them all, I indeed baptize you with water; but there cometh he that is mightier than I, the latchet of whose shoes I am not worthy to unloose: he shall baptize you in the Holy Spirit and [in] fire:

17. whose fan is in his hand, thoroughly to cleanse his threshing-floor, and to gather the wheat into his garner; but the chaff he will burn up with unquenchable fire.

18. With many other exhortations therefore preached he good tidings unto the people;

19. but Herod the tetrarch, being reproved by him for Herodias his brother's wife, and for all the evil things which Herod had done,

20. added this also to them all, that he shut up John in prison.

21. Now it came to pass, when all the people were baptized, that, Jesus also having been baptized, and praying, the heaven was opened,

22. and the Holy Spirit descended in a bodily form, as a dove, upon him, and a voice came out of heaven, Thou art my beloved Son; in thee I am well pleased.

23. And Jesus himself, when he began [to teach], was about thirty years of age, being the son (as was supposed) of Joseph, the [son] of Heli,

10. E le turbe lo interrogavano, dicendo: E allora, che dobbiam fare?

11. Ed egli rispondeva loro: Chi ha due tuniche, ne faccia parte a chi non ne ha; e chi ha da mangiare, faccia altrettanto.

12. Or vennero anche dei pubblicani per esser battezzati, e gli dissero: Maestro, che dobbiam fare?

13. Ed egli rispose loro: Non riscotete nulla di più di quello che v'è ordinato.

14. Lo interrogaron pure de' soldati, dicendo: E noi, che dobbiam fare? Ed egli a loro: Non fate estorsioni, né opprimete alcuno con false denunzie e contentatevi della vostra paga.

15. Or stando il popolo in aspettazione e domandandosi tutti in cuor loro riguardo a Giovanni se talora non fosse lui il Cristo,

16. Giovanni rispose, dicendo a tutti: Ben vi battezzo io con acqua; ma vien colui che è più forte di me, al quale io non son degno di sciogliere il legaccio dei calzari. Egli vi battezzerà con lo Spirito Santo e col fuoco.

17. Egli ha in mano il suo ventilabro per nettare interamente l'aia sua, e raccogliere il grano nel suo granaio; ma quant'è alla pula la brucerà con fuoco inestinguibile.

18. Così, con molte e varie esortazioni, evangelizzava il popolo;

19. ma Erode, il tetrarca, essendo da lui ripreso riguardo ad Erodiada, moglie di suo fratello, e per tutte le malvagità ch'esso Erode avea commesse,

20. aggiunse a tutte le altre anche questa, di rinchiudere Giovanni in prigione.

21. Or avvenne che come tutto il popolo si faceva battezzare, essendo anche Gesù stato battezzato, mentre stava pregando, s'aprì il cielo,

22. e lo Spirito Santo scese su lui in forma corporea a guisa di colomba; e venne una voce dal cielo: Tu sei il mio diletto Figliuolo; in te mi sono compiaciuto.

23. E Gesù, quando cominciò anch'egli ad insegnare, avea circa trent'anni ed era figliuolo come credevasi, di Giuseppe,

24. the [son] of Matthat, the [son] of Levi, the [son] of Melchi, the [son] of Jannai, the [son] of Joseph,

25. the [son] of Mattathias, the [son] of Amos, the [son] of Nahum, the [son] of Esli, the [son] of Naggai,

26. the [son] of Maath, the [son] of Mattathias, the [son] of Semein, the [son] of Josech, the [son] of Joda,

27. the [son] of Joanan, the [son] of Rhesa, the [son] of Zerubbabel, the [son] of Shealtiel, the [son] of Neri,

28. the [son] of Melchi, the [son] of Addi, the [son] of Cosam, the [son] of Elmadam, the [son] of Er,

29. the [son] of Jesus, the [son] of Eliezer, the son of Jorim, the [son] of Matthat, the [son] of Levi,

30. the [son] of Symeon, the [son] of Judas, the [son] of Joseph, the [son] of Jonam, the [son] of Eliakim,

31. the [son] of Melea, the [son] of Menna, the [son] of Mattatha, the [son] of Nathan, the [son] of David,

32. the [son] of Jesse, the [son] of Obed, the [son] of Boaz, the [son] of Salmon, the [son] of Nahshon,

33. the [son] of Amminadab, the [son] of Arni, the [son] of Hezron, the [son] of Perez, the [son] of Judah,

34. the [son] of Jacob, the [son] of Isaac, the [son] of Abraham, the [son] of Terah, the [son] of Nahor,

35. the [son] of Serug, the [son] of Reu, the [son] of Peleg, the [son] of Eber, the [son] of Shelah

36. the [son] of Cainan, the [son] of Arphaxad, the [son] of Shem, the [son] of Noah, the [son] of Lamech,

37. the [son] of Methuselah, the [son] of Enoch, the [son] of Jared, the [son] of Mahalaleel, the [son] of Cainan,

38. the [son] of Enos, the [son] of Seth, the [son] of Adam, the [son] of God.

24. di Heli, di Matthat, di Levi, di Melchi, di Jannai, di Giuseppe,

25. di Mattatia, di Amos, di Naum, di Esli, di Naggai,

26. di Maath, di Mattatia, di Semein, di Josech, di Joda,

27. di Joanan, di Rhesa, di Zorobabele, di Salatiel, di Neri,

28. di Melchi, di Addi, di Cosam, di Elmadam, di Er,

29. di Gesù, di Eliezer, di Jorim, di Matthat,

30. di Levi, di Simeone, di Giuda, di Giuseppe, di Jonam, di Eliakim,

31. di Melea, di Menna, di Mattatha, di Nathan, di Davide,

32. di Jesse, di Jobed, di Boos, di Sala, di Naasson,

33. di Aminadab, di Admin, di Arni, di Esrom, di Fares, di Giuda,

34. di Giacobbe, d'Isacco, d'Abramo, di Tara, di Nachor,

35. di Seruch, di Ragau, di Falek, di Eber, di Sala,

36. di Cainam, di Arfacsad, di Sem, di Noè,

37. di Lamech, di Mathusala, di Enoch, di Jaret, di Maleleel, di Cainam,

38. di Enos, di Seth, di Adamo, di Dio.

# Luke 4                                    # Luca 4

1. And Jesus, full of the Holy Spirit, returned from the Jordan, and was led in the Spirit in the wilderness

1. Or Gesù, ripieno dello Spirito Santo, se ne ritornò dal Giordano, e fu condotto dallo Spirito nel deserto per quaranta giorni, ed era tentato dal diavolo.

2. during forty days, being tempted of the devil. And he did eat nothing in those days: and when they were completed, he hungered.

3. And the devil said unto him, if thou art the Son of God, command this stone that it become bread.

4. And Jesus answered unto him, It is written, Man shall not live by bread alone.

5. And he led him up, and showed him all the kingdoms of the world in a moment of time.

6. And the devil said unto him, To thee will I give all this authority, and the glory of them: for it hath been delivered unto me; and to whomsoever I will I give it.

7. If thou therefore wilt worship before me, it shall all be thine.

8. And Jesus answered and said unto him, It is written, Thou shalt worship the Lord thy God, and him only shalt thou serve.

9. And he led him to Jerusalem, and set him on the pinnacle of the temple, and said unto him, If thou art the Son of God, cast thyself down from hence:

10. for it is written, He shall give his angels charge concerning thee, to guard thee:

11. and, On their hands they shall bear thee up, Lest haply thou dash thy foot against a stone.

12. And Jesus answering said unto him, It is said, Thou shalt not make trial of the Lord thy God.

13. And when the devil had completed every temptation, he departed from him for a season.

14. And Jesus returned in the power of the Spirit into Galilee: and a fame went out concerning him through all the region round about.

15. And he taught in their synagogues, being glorified of all.

16. And he came to Nazareth, where he had been brought up: and he entered, as his custom was, into the synagogue on the sabbath day, and stood up to read.

17. And there was delivered unto him the book of the prophet Isaiah. And he opened the book, and found the place where it was written,

2. E durante quei giorni non mangiò nulla; e dopo che quelli furon trascorsi, ebbe fame.

3. E il diavolo gli disse: Se tu sei Figliuol di Dio, di' a questa pietra che diventi pane.

4. E Gesù gli rispose: Sta scritto: Non di pane soltanto vivrà l'uomo.

5. E il diavolo, menatolo in alto, gli mostrò in un attimo tutti i regni del mondo e gli disse:

6. Ti darò tutta quanta questa potenza e la gloria di questi regni; perch'essa mi è stata data, e la do a chi voglio.

7. Se dunque tu ti prostri ad adorarmi, sarà tutta tua.

8. E Gesù, rispondendo, gli disse: Sta scritto: Adora il Signore Iddio tuo, e a lui solo rendi il tuo culto.

9. Poi lo menò a Gerusalemme e lo pose sul pinnacolo del tempio e gli disse: Se tu sei Figliuolo di Dio, gettati giù di qui;

10. perché sta scritto: Egli ordinerà ai suoi angeli intorno a te, che ti proteggano;

11. ed essi ti porteranno sulle mani, che talora tu non urti col piede contro una pietra.

12. E Gesù, rispondendo, gli disse: E' stato detto: Non tentare il Signore Iddio tuo.

13. Allora il diavolo, finita che ebbe ogni sorta di tentazione, si partì da lui fino ad altra occasione.

14. E Gesù, nella potenza dello Spirito, se ne tornò in Galilea; e la sua fama si sparse per tutta la contrada circonvicina.

15. E insegnava nelle loro sinagoghe, glorificato da tutti.

16. E venne a Nazaret, dov'era stato allevato; e com'era solito, entrò in giorno di sabato nella sinagoga, e alzatosi per leggere,

17. gli fu dato il libro del profeta Isaia; e aperto il libro trovò quel passo dov'era scritto:

18. The Spirit of the Lord is upon me, Because he anointed me to preach good tidings to the poor: He hath sent me to proclaim release to the captives, And recovering of sight to the blind, To set at liberty them that are bruised,

19. To proclaim the acceptable year of the Lord.

20. And he closed the book, and gave it back to the attendant, and sat down: and the eyes of all in the synagogue were fastened on him.

21. And he began to say unto them, To-day hath this scripture been fulfilled in your ears.

22. And all bare him witness, and wondered at the words of grace which proceeded out of his mouth: and they said, Is not this Joseph's son?

23. And he said unto them, Doubtless ye will say unto me this parable, Physician, heal thyself: whatsoever we have heard done at Capernaum, do also here in thine own country.

24. And he said, Verily I say unto you, No prophet is acceptable in his own country.

25. But of a truth I say unto you, There were many widows in Israel in the days of Elijah, when the heaven was shut up three years and six months, when there came a great famine over all the land;

26. and unto none of them was Elijah sent, but only to Zarephath, in the land of Sidon, unto a woman that was a widow.

27. And there were many lepers in Israel in the time of Elisha the prophet; and none of them was cleansed, but only Naaman the Syrian.

28. And they were all filled with wrath in the synagogue, as they heard these things;

29. and they rose up, and cast him forth out of the city, and led him unto the brow of the hill whereon their city was built, that they might throw him down headlong.

30. But he passing through the midst of them went his way.

31. And he came down to Capernaum, a city of Galilee. And he was teaching them on the sabbath day:

32. and they were astonished at his teaching; for his word was with authority.

18. Lo Spirito del Signore è sopra me; per questo egli mi ha unto per evangelizzare i poveri; mi ha mandato a bandir liberazione a' prigionieri, ed ai ciechi ricupero della vista; a rimettere in libertà gli oppressi,

19. e a predicare l'anno accettevole del Signore.

20. Poi, chiuso il libro e resolo all'inserviente, si pose a sedere; e gli occhi di tutti nella sinagoga erano fissi in lui.

21. Ed egli prese a dir loro: Oggi, s'è adempiuta questa scrittura, e voi l'udite.

22. E tutti gli rendeano testimonianza, e si maravigliavano delle parole di grazia che uscivano dalla sua bocca, e dicevano: Non è costui il figliuol di Giuseppe?

23. Ed egli disse loro: Certo, voi mi citerete questo proverbio: Medico, cura te stesso; fa' anche qui nella tua patria tutto quello che abbiamo udito essere avvenuto in Capernaum!

24. Ma egli disse: In verità vi dico che nessun profeta è ben accetto nella sua patria.

25. Anzi, vi dico in verità che ai dì d'Elia, quando il cielo fu serrato per tre anni e sei mesi e vi fu gran carestia in tutto il paese, c'eran molte vedove in Israele;

26. eppure a nessuna di esse fu mandato Elia, ma fu mandato a una vedova in Sarepta di Sidon.

27. E al tempo del profeta Eliseo, c'eran molti lebbrosi in Israele; eppure nessun di loro fu mondato, ma lo fu Naaman il Siro.

28. E tutti, nella sinagoga, furon ripieni d'ira all'udir queste cose.

29. E levatisi, lo cacciaron fuori della città, e lo menarono fin sul ciglio del monte sul quale era fabbricata la loro città, per precipitarlo giù.

30. Ma egli, passando in mezzo a loro, se ne andò.

31. E scese a Capernaum città di Galilea; e vi stava ammaestrando la gente nei giorni di sabato.

32. Ed essi stupivano della sua dottrina perché parlava con autorità.

33. And in the synagogue there was a man, that had a spirit of an unclean demon; and he cried out with a loud voice,

34. Ah! what have we to do with thee, Jesus thou Nazarene? art thou come to destroy us? I know thee who thou art, the Holy One of God.

35. And Jesus rebuked him, saying, Hold thy peace, and come out of him. And when the demon had thrown him down in the midst, he came out of him, having done him no hurt.

36. And amazement came upon all, and they spake together, one with another, saying, What is this word? for with authority and power he commandeth the unclean spirits, and they come out.

37. And there went forth a rumor concerning him into every place of the region round about.

38. And he rose up from the synagogue, and entered into the house of Simon. And Simon's wife's mother was holden with a great fever; and they besought him for her.

39. And he stood over her, and rebuked the fever; and it left her: and immediately she rose up and ministered unto them.

40. And when the sun was setting, all they that had any sick with divers diseases brought them unto him; and he laid his hands on every one of them, and healed them.

41. And demons also came out from many, crying out, and saying, Thou art the Son of God. And rebuking them, he suffered them not to speak, because they knew that he was the Christ.

42. And when it was day, he came out and went into a desert place: and the multitudes sought after him, and came unto him, and would have stayed him, that he should not go from them.

43. But he said unto them, I must preach the good tidings of the kingdom of God to the other cities also: for therefore was I sent.

44. And he was preaching in the synagogues of Galilee.

33. Or nella sinagoga si trovava un uomo posseduto da uno spirito d'immondo demonio, il quale gridò con gran voce: Ahi!

34. Che v'è fra noi e te, o Gesù Nazareno? Se' tu venuto per perderci? Io so chi tu sei: il Santo di Dio!

35. E Gesù lo sgridò, dicendo: Ammutolisci, ed esci da quest'uomo! E il demonio, gettatolo a terra in mezzo alla gente, uscì da lui senza fargli alcun male.

36. E tutti furon presi da sbigottimento e ragionavan fra loro, dicendo: Qual parola è questa? Egli comanda con autorità e potenza agli spiriti immondi, ed essi escono.

37. E la sua fama si spargeva in ogni parte della circostante contrada.

38. Poi, levatosi ed uscito dalla sinagoga, entrò in casa di Simone. Or la suocera di Simone era travagliata da una gran febbre; e lo pregarono per lei.

39. Ed egli, chinatosi verso di lei, sgridò la febbre, e la febbre la lasciò; ed ella alzatasi prontamente, si mise a servirli.

40. E sul tramontar del sole, tutti quelli che aveano degli infermi di varie malattie, li menavano a lui; ed egli li guariva, imponendo le mani a ciascuno.

41. Anche i demoni uscivano da molti gridando, e dicendo: Tu sei il Figliuol di Dio! Ed egli li sgridava e non permetteva loro di parlare, perché sapevano ch'egli era il Cristo.

42. Poi, fattosi giorno, uscì e andò in un luogo deserto; e le turbe lo cercavano e giunsero fino a lui; e lo trattenevano perché non si partisse da loro.

43. Ma egli disse loro: Anche alle altre città bisogna ch'io evangelizzi il regno di Dio; poiché per questo sono stato mandato.

44. E andava predicando per le sinagoghe della Galilea.

# Luke 5

1.  Now it came to pass, while the multitude pressed upon him and heard the word of God, that he was standing by the lake of Gennesaret;

2.  and he saw two boats standing by the lake: but the fishermen had gone out of them, and were washing their nets.

3.  And he entered into one of the boats, which was Simon's, and asked him to put out a little from the land. And he sat down and taught the multitudes out of the boat.

4.  And when he had left speaking, he said unto Simon, Put out into the deep, and let down your nets for a draught.

5.  And Simon answered and said, Master, we toiled all night, and took nothing: but at thy word I will let down the nets.

6.  And when they had done this, they inclosed a great multitude of fishes; and their nets were breaking;

7.  and they beckoned unto their partners in the other boat, that they should come and help them. And they came, and filled both the boats, so that they began to sink.

8.  But Simon Peter, when he saw it, fell down at Jesus' knees, saying, Depart from me; for I am a sinful man, O Lord.

9.  For he was amazed, and all that were with him, at the draught of the fishes which they had taken;

10.  and so were also James and John, sons of Zebedee, who were partners with Simon. And Jesus said unto Simon, Fear not; from henceforth thou shalt catch men.

11.  And when they had brought their boats to land, they left all, and followed him.

12.  And it came to pass, while he was in one of the cities, behold, a man full of leprosy: and when he saw Jesus, he fell on his face, and besought him, saying, Lord, if thou wilt, thou canst make me clean.

13.  And he stretched forth his hand, and touched him, saying, I will; be thou made clean. And straightway the leprosy departed from him.

# Luca 5

1.  Or avvenne che essendogli la moltitudine addosso per udir la parola di Dio, e stando egli in piè sulla riva del lago di Gennesaret,

2.  vide due barche ferme a riva, dalle quali erano smontati i pescatori e lavavano le reti.

3.  E montato in una di quelle barche che era di Simone, lo pregò di scostarsi un po' da terra; poi, sedutosi, d'in sulla barca ammaestrava le turbe.

4.  E com'ebbe cessato di parlare, disse a Simone: Prendi il largo, e calate le reti per pescare.

5.  E Simone, rispondendo, disse: Maestro, tutta la notte ci siamo affaticati, e non abbiam preso nulla; però, alla tua parola, calerò le reti.

6.  E fatto così, presero una tal quantità di pesci, che le reti si rompevano.

7.  E fecero segno a' loro compagni dell'altra barca, di venire ad aiutarli. E quelli vennero, e riempirono ambedue le barche, talché affondavano.

8.  Simon Pietro, veduto ciò, si gettò a' ginocchi di Gesù, dicendo: Signore, dipartiti da me, perché son uomo peccatore.

9.  Poiché spavento avea preso lui e tutti quelli che eran con lui, per la presa di pesci che avean fatta;

10.  e così pure Giacomo e Giovanni, figliuoli di Zebedeo, ch'eran soci di Simone. E Gesù disse a Simone: Non temere: da ora innanzi sarai pescator d'uomini.

11.  Ed essi, tratte le barche a terra, lasciarono ogni cosa e lo seguirono.

12.  Ed avvenne che, trovandosi egli in una di quelle città, ecco un uomo pien di lebbra, il quale, veduto Gesù e gettatosi con la faccia a terra, lo pregò dicendo: Signore, se tu vuoi, tu puoi mondarmi.

13.  Ed egli, stesa la mano, lo toccò dicendo: Lo voglio, sii mondato. E in quell'istante la lebbra sparì da lui.

14. And he charged him to tell no man: but go thy way, and show thyself to the priest, and offer for thy cleansing, according as Moses commanded, for a testimony unto them.

15. But so much the more went abroad the report concerning him: and great multitudes came together to hear, and to be healed of their infirmities.

16. But he withdrew himself in the deserts, and prayed.

17. And it came to pass on one of those days, that he was teaching; and there were Pharisees and doctors of the law sitting by, who were come out of every village of Galilee and Judaea and Jerusalem: and the power of the Lord was with him to heal.

18. And behold, men bring on a bed a man that was palsied: and they sought to bring him in, and to lay him before him.

19. And not finding by what [way] they might bring him in because of the multitude, they went up to the housetop, and let him down through the tiles with his couch into the midst before Jesus.

20. And seeing their faith, he said, Man, thy sins are forgiven thee.

21. And the scribes and the Pharisees began to reason, saying, Who is this that speaketh blasphemies? Who can forgive sins, but God alone?

22. But Jesus perceiving their reasonings, answered and said unto them, Why reason ye in your hearts?

23. Which is easier, to say, Thy sins are forgiven thee; or to say, Arise and walk?

24. But that ye may know that the Son of man hath authority on earth to forgive sins (he said unto him that was palsied), I say unto thee, Arise, and take up thy couch, and go unto thy house.

25. And immediately he rose up before them, and took up that whereon he lay, and departed to his house, glorifying God.

26. And amazement took hold on all, and they glorified God; and they were filled with fear, saying, We have seen strange things to-day.

27. And after these things he went forth, and beheld a publican, named Levi, sitting at the place of toll, and said unto him, Follow me.

14. E Gesù gli comandò di non dirlo a nessuno: Ma va', gli disse, mostrati al sacerdote ed offri per la tua purificazione quel che ha prescritto Mosè; e ciò serva loro di testimonianza.

15. Però la fama di lui si spandeva sempre più; e molte turbe si adunavano per udirlo ed esser guarite delle loro infermità.

16. Ma egli si ritirava ne' luoghi deserti e pregava.

17. Ed avvenne, in uno di que' giorni, ch'egli stava insegnando; ed eran quivi seduti de' Farisei e de' dottori della legge, venuti da tutte le borgate della Galilea, della Giudea e da Gerusalemme; e la potenza del Signore era con lui per compier delle guarigioni.

18. Ed ecco degli uomini che portavano sopra un letto un paralitico, e cercavano di portarlo dentro e di metterlo davanti a lui.

19. E non trovando modo d'introdurlo a motivo della calca, salirono sul tetto, e fatta un'apertura fra i tegoli, lo calaron giù col suo lettuccio, in mezzo alla gente, davanti a Gesù.

20. Ed egli, veduta la loro fede, disse: O uomo, i tuoi peccati ti sono rimessi.

21. Allora gli scribi e i Farisei cominciarono a ragionare, dicendo: Chi è costui che pronunzia bestemmie? Chi può rimettere i peccati se non Dio solo?

22. Ma Gesù, conosciuti i loro ragionamenti, prese a dir loro: Che ragionate nei vostri cuori?

23. Che cosa è più agevole dire: I tuoi peccati ti son rimessi, oppur dire: Lèvati e cammina?

24. Ora, affinché sappiate che il Figliuol dell'uomo ha sulla terra autorità di rimettere i peccati: Io tel dico (disse al paralitico), lèvati, togli il tuo lettuccio e vattene a casa tua.

25. E in quell'istante, alzatosi in presenza loro e preso il suo giaciglio, se ne andò a casa sua, glorificando Iddio.

26. E tutti furon presi da stupore e glorificavano Iddio; e pieni di spavento, dicevano: Oggi abbiamo visto cose strane.

27. E dopo queste cose, egli uscì e notò un pubblicano, di nome Levi, che sedeva al banco della gabella, e gli disse: Seguimi.

28. And he forsook all, and rose up and followed him.

29. And Levi made him a great feast in his house: and there was a great multitude of publicans and of others that were sitting at meat with them.

30. And the Pharisees and their scribes murmured against his disciples, saying, Why do ye eat and drink with the publicans and sinners?

31. And Jesus answering said unto them, They that are in health have no need of a physician; but they that are sick.

32. I am not come to call the righteous but sinners to repentance.

33. And they said unto him, The disciples of John fast often, and make supplications; likewise also the [disciples] of the Pharisees; but thine eat and drink.

34. And Jesus said unto them, Can ye make the sons of the bride-chamber fast, while the bridegroom is with them?

35. But the days will come; and when the bridegroom shall be taken away from them, then will they fast in those days.

36. And he spake also a parable unto them: No man rendeth a piece from a new garment and putteth it upon an old garment; else he will rend the new, and also the piece from the new will not agree with the old.

37. And no man putteth new wine into old wine-skins; else the new wine will burst the skins, and itself will be spilled, and the skins will perish.

38. But new wine must be put into fresh wine-skins.

39. And no man having drunk old [wine] desireth new; for he saith, The old is good.

28. Ed egli, lasciata ogni cosa, si levò e si mise a seguirlo.

29. E Levi gli fece un gran convito in casa sua; e c'era gran folla di pubblicani e d'altri che erano a tavola con loro.

30. E i Farisei ed i loro scribi mormoravano contro i discepoli di Gesù, dicendo: Perché mangiate e bevete coi pubblicani e coi peccatori?

31. E Gesù rispondendo, disse loro: I sani non hanno bisogno del medico, bensì i malati.

32. Io non son venuto a chiamare i de' giusti, ma de' peccatori a ravvedimento.

33. Ed essi gli dissero: I discepoli di Giovanni digiunano spesso e fanno orazioni; così pure i discepoli de' Farisei; mentre i tuoi mangiano e bevono.

34. E Gesù disse loro: Potete voi far digiunare gli amici dello sposo, mentre lo sposo è con loro?

35. Ma verranno i giorni per questo; e quando lo sposo sarà loro tolto, allora, in que' giorni, digiuneranno.

36. Disse loro anche una parabola: Nessuno strappa un pezzo da un vestito nuovo per metterlo ad un vestito vecchio; altrimenti strappa il nuovo, e il pezzo tolto dal nuovo non adatta al vecchio.

37. E nessuno mette vin nuovo in otri vecchi; altrimenti vin nuovo rompe gli otri, il vino si spande, e gli otri vanno perduti.

38. Ma il vin nuovo va messo in otri nuovi.

39. E nessuno che abbia bevuto del vin vecchio, ne desidera del nuovo, perché dice: Il vecchio è buono.

# Luke 6　　　　　　　# Luca 6

1. Now it came to pass on a sabbath, that he was going through the grainfields; and his disciples plucked the ears, and did eat, rubbing them in their hands.

2. But certain of the Pharisees said, Why do ye that which it is not lawful to do on the sabbath day?

1. Or avvenne che in un giorno di sabato egli passava per i seminati; e i suoi discepoli svellevano delle spighe, e sfregandole con le mani, mangiavano.

2. Ed alcuni de' Farisei dissero: Perché fate quel che non è lecito nel giorno del sabato?

3. And Jesus answering them said, Have ye not read even this, what David did, when he was hungry, he, and they that were with him;

4. how he entered into the house of God, and took and ate the showbread, and gave also to them that were with him; which it is not lawful to eat save for the priests alone?

5. And he said unto them, The Son of man is lord of the sabbath.

6. And it came to pass on another sabbath, that he entered into the synagogue and taught: and there was a man there, and his right hand was withered.

7. And the scribes and the Pharisees watched him, whether he would heal on the sabbath; that they might find how to accuse him.

8. But he knew their thoughts; and he said to the man that had his hand withered, Rise up, and stand forth in the midst. And he arose and stood forth.

9. And Jesus said unto them, I ask you, Is it lawful on the sabbath to do good, or to do harm? to save a life, or to destroy it?

10. And he looked round about on them all, and said unto him, Stretch forth thy hand. And he did [so]: and his hand was restored.

11. But they were filled with madness; and communed one with another what they might do to Jesus.

12. And it came to pass in these days, that he went out into the mountain to pray; and he continued all night in prayer to God.

13. And when it was day, he called his disciples; and he chose from them twelve, whom also he named apostles:

14. Simon, whom he also named Peter, and Andrew his brother, and James and John, and Philip and Bartholomew,

15. and Matthew and Thomas, and James [the son] of Alphaeus, and Simon who was called the Zealot,

16. and Judas [the son] of James, and Judas Iscariot, who became a traitor;

3. E Gesù, rispondendo, disse loro: Non avete letto neppure quel che fece Davide, quand'ebbe fame, egli e coloro ch'eran con lui?

4. Com'entrò nella casa di Dio, e prese i pani di presentazione, e ne mangiò e ne diede anche a coloro che eran con lui, quantunque non sia lecito mangiarne se non ai soli sacerdoti?

5. E diceva loro: Il Figliuol dell'uomo è Signore del sabato.

6. Or avvenne in un altro sabato ch'egli entrò nella sinagoga, e si mise ad insegnare. E quivi era un uomo che avea la mano destra secca.

7. Or gli scribi e i Farisei l'osservavano per vedere se farebbe una guarigione in giorno di sabato, per trovar di che accusarlo.

8. Ma egli conosceva i loro pensieri, e disse all'uomo che avea la man secca: Lèvati, e sta su nel mezzo! Ed egli, alzatosi, stette su.

9. Poi Gesù disse loro: Io domando a voi: E' lecito, in giorno di sabato, di far del bene o di far del male? di salvare una persona o di ucciderla?

10. E girato lo sguardo intorno su tutti loro, disse a quell'uomo: Stendi la mano! Egli fece così, e la sua mano tornò sana.

11. Ed essi furon ripieni di furore e discorreano fra loro di quel che potrebbero fare a Gesù.

12. Or avvenne in que' giorni ch'egli se ne andò sul monte a pregare, e passò la notte in orazione a Dio.

13. E quando fu giorno, chiamò a sé i suoi discepoli, e ne elesse dodici, ai quali dette anche il nome di apostoli:

14. Simone, che nominò anche Pietro, e Andrea, fratello di lui, e Giacomo e Giovanni, e Filippo e Bartolommeo,

15. e Matteo e Toma, e Giacomo d'Alfeo e Simone chiamato Zelota,

16. e Giuda di Giacomo, e Giuda Iscariot che divenne poi traditore.

17. and he came down with them, and stood on a level place, and a great multitude of his disciples, and a great number of the people from all Judaea and Jerusalem, and the sea coast of Tyre and Sidon, who came to hear him, and to be healed of their diseases;

18. and they that were troubled with unclean spirits were healed.

19. And all the multitude sought to touch him; for power came forth from him, and healed [them] all.

20. And he lifted up his eyes on his disciples, and said, Blessed [are] ye poor: for yours is the kingdom of God.

21. Blessed [are] ye that hunger now: for ye shall be filled. Blessed [are] ye that weep now: for ye shall laugh.

22. Blessed are ye, when men shall hate you, and when they shall separate you [from their company], and reproach you, and cast out your name as evil, for the Son of man's sake.

23. Rejoice in that day, and leap [for joy]: for behold, your reward is great in heaven; for in the same manner did their fathers unto the prophets.

24. But woe unto you that are rich! for ye have received your consolation.

25. Woe unto you, ye that are full now! for ye shall hunger. Woe [unto you], ye that laugh now! for ye shall mourn and weep.

26. Woe [unto you], when all men shall speak well of you! for in the same manner did their fathers to the false prophets.

27. But I say unto you that hear, Love your enemies, do good to them that hate you,

28. bless them that curse you, pray for them that despitefully use you.

29. To him that smiteth thee on the [one] cheek offer also the other; and from him that taketh away thy cloak withhold not thy coat also.

30. Give to every one that asketh thee; and of him that taketh away thy goods ask them not again.

31. And as ye would that men should do to you, do ye also to them likewise.

32. And if ye love them that love you, what thank have ye? for even sinners love those that love them.

17. E sceso con loro, si fermò sopra un ripiano, insieme con gran folla dei suoi discepoli e gran quantità di popolo da tutta la Giudea e da Gerusalemme e dalla marina di Tiro e di Sidone,

18. i quali eran venuti per udirlo e per esser guariti delle loro infermità.

19. E quelli che erano tormentati da spiriti immondi, erano guariti; e tutta la moltitudine cercava di toccarlo, perché usciva da lui una virtù che sanava tutti.

20. Ed egli, alzati gli occhi verso i suoi discepoli, diceva: Beati voi che siete poveri, perché il Regno di Dio è vostro.

21. Beati voi che ora avete fame, perché sarete saziati. Beati voi che ora piangete, perché riderete.

22. Beati voi, quando gli uomini v'avranno odiati, e quando v'avranno sbanditi d'infra loro, e v'avranno vituperati ed avranno ripudiato il vostro nome come malvagio, per cagione del Figliuol dell'uomo.

23. Rallegratevi in quel giorno e saltate di letizia perché, ecco, il vostro premio è grande ne' cieli; poiché i padri loro facean lo stesso a' profeti.

24. Ma guai a voi, ricchi, perché avete già la vostra consolazione.

25. Guai a voi che siete ora satolli, perché avrete fame. Guai a voi che ora ridete, perché farete cordoglio piangerete.

26. Guai a voi quando tutti gli uomini diran bene di voi, perché i padri loro facean lo stesso coi falsi profeti.

27. Ma a voi che ascoltate, io dico: Amate i vostri nemici; fate del bene a quelli che v'odiano;

28. benedite quelli che vi maledicono, pregate per quelli che v'oltraggiano.

29. A chi ti percuote su una guancia, porgigli anche l'altra; e a chi ti toglie il mantello non impedire di prenderti anche la tunica.

30. Da' a chiunque ti chiede; e a chi ti toglie il tuo, non glielo ridomandare.

31. E come volete che gli uomini facciano a voi, fate voi pure a loro.

32. E se amate quelli che vi amano, qual grazia ve ne viene? poiché anche i peccatori amano quelli che li amano.

33. And if ye do good to them that do good to you, what thank have ye? for even sinners do the same.

34. And if ye lend to them of whom ye hope to receive, what thank have ye? even sinners lend to sinners, to receive again as much.

35. But love your enemies, and do [them] good, and lend, never despairing; and your reward shall be great, and ye shall be sons of the Most High: for he is kind toward the unthankful and evil.

36. Be ye merciful, even as your Father is merciful.

37. And judge not, and ye shall not be judged: and condemn not, and ye shall not be condemned: release, and ye shall be released:

38. give, and it shall be given unto you; good measure, pressed down, shaken together, running over, shall they give into your bosom. For with what measure ye mete it shall be measured to you again.

39. And he spake also a parable unto them, Can the blind guide the blind? shall they not both fall into a pit?

40. The disciple is not above his teacher: but every one when he is perfected shall be as his teacher.

41. And why beholdest thou the mote that is in thy brother's eye, but considerest not the beam that is in thine own eye?

42. Or how canst thou say to thy brother, Brother, let me cast out the mote that is in thine eye, when thou thyself beholdest not the beam that is in thine own eye? Thou hypocrite, cast out first the beam out of thine own eye, and then shalt thou see clearly to cast out the mote that is in thy brother's eye.

43. For there is no good tree that bringeth forth corrupt fruit; nor again a corrupt tree that bringeth forth good fruit.

44. For each tree is known by its own fruit. For of thorns men do not gather figs, nor of a bramble bush gather they grapes.

45. The good man out of the good treasure of his heart bringeth forth that which is good; and the evil [man] out of the evil [treasure] bringeth forth that which is evil: for out of the abundance of the heart his mouth speaketh.

46. And why call ye me, Lord, Lord, and do not the things which I say?

33. E se fate del bene a quelli che vi fanno del bene, qual grazia ve ne viene? anche i peccatori fanno lo stesso.

34. E se prestate a quelli dai quali sperate ricevere, qual grazia ne avete? Anche i peccatori prestano ai peccatori per riceverne altrettanto.

35. Ma amate i vostri nemici, e fate del bene e prestate senza sperarne alcun che, e il vostro premio sarà grande e sarete figliuoli dell'Altissimo; poich'Egli è benigno verso gl'ingrati e malvagi.

36. Siate misericordiosi com'è misericordioso il Padre vostro.

37. Non giudicate, e non sarete giudicati; non condannate, e non sarete condannati; perdonate, e vi sarà perdonato.

38. Date, e vi sarà dato: vi sarà versata in seno buona misura, pigiata, scossa, traboccante; perché con la misura onde misurate, sarà rimisurato a voi.

39. Poi disse loro anche una parabola: Un cieco può egli guidare un cieco? Non cadranno tutti e due nella fossa?

40. Un discepolo non è da più del maestro; ma ogni discepolo perfetto sarà come il suo maestro.

41. Or perché guardi tu il bruscolo che è nell'occhio del tuo fratello, mentre non iscorgi la trave che è nell'occhio tuo proprio?

42. Come puoi dire al tuo fratello: Fratello, lascia ch'io ti tragga il bruscolo che hai nell'occhio, mentre tu stesso non vedi la trave ch'è nell'occhio tuo? Ipocrita, trai prima dall'occhio tuo la trave, e allora ci vedrai bene per trarre il bruscolo che è nell'occhio del tuo fratello.

43. Non v'è infatti albero buono che faccia frutto cattivo, né v'è albero cattivo che faccia frutto buono;

44. poiché ogni albero si riconosce dal suo proprio frutto; perché non si colgon fichi dalle spine, ne si vendemmia uva dal pruno.

45. L'uomo buono dal buon tesoro del suo cuore reca fuori il bene; e l'uomo malvagio, dal malvagio tesoro reca fuori il male; poiché dall'abbondanza del cuore parla la sua bocca.

46. Perché mi chiamate Signore, Signore, e non fate quel che dico?

47. Every one that cometh unto me, and heareth my words, and doeth them, I will show you to whom he is like:

48. he is like a man building a house, who digged and went deep, and laid a foundation upon the rock: and when a flood arose, the stream brake against that house, and could not shake it: because it had been well builded.

49. But he that heareth, and doeth not, is like a man that built a house upon the earth without a foundation; against which the stream brake, and straightway it fell in; and the ruin of that house was great.

47. Chiunque viene a me ed ascolta le mie parole e le mette in pratica, io vi mostrerò a chi somiglia.

48. Somiglia ad un uomo il quale, edificando una casa, ha scavato e scavato profondo, ed ha posto il fondamento sulla roccia; e venuta una piena, la fiumana ha investito quella casa e non ha potuto scrollarla per che era stata edificata bene.

49. Ma chi ha udito e non ha messo in pratica, somiglia ad un uomo che ha edificato una casa sulla terra, senza fondamento; la fiumana l'ha investita, e subito è crollata; e la ruina di quella casa è stata grande.

# Luke 7

# Luca 7

1. After he had ended all his sayings in the ears of the people, he entered into Capernaum.

2. And a certain centurion's servant, who was dear unto him, was sick and at the point of death.

3. And when he heard concerning Jesus, he sent unto him elders of the Jews, asking him that he would come and save his servant.

4. And they, when they came to Jesus, besought him earnestly, saying, He is worthy that thou shouldest do this for him;

5. for he loveth our nation, and himself built us our synagogue.

6. And Jesus went with them. And when he was now not far from the house, the centurion sent friends to him, saying unto him, Lord, trouble not thyself; for I am not worthy that thou shouldest come under my roof:

7. wherefore neither thought I myself worthy to come unto thee: but say the word, and my servant shall be healed.

8. For I also am a man set under authority, having under myself soldiers: and I say to this one, Go, and he goeth; and to another, Come, and he cometh; and to my servant, Do this, and he doeth it.

9. And when Jesus heard these things, he marvelled at him, and turned and said unto the multitude that followed him, I say unto you, I have not found so great faith, no, not in Israel.

1. Dopo ch'egli ebbe finiti tutti i suoi ragionamenti al popolo che l'ascoltava, entrò in Capernaum.

2. Or il servitore d'un certo centurione, che l'avea molto caro, era malato e stava per morire;

3. e il centurione, avendo udito parlar di Gesù, gli mandò degli anziani de' giudei per pregarlo che venisse a salvare il suo servitore.

4. Ed essi, presentatisi a Gesù, lo pregavano istantemente, dicendo: Egli è degno che tu gli conceda questo;

5. perché ama la nostra nazione, ed è lui che ci ha edificata la sinagoga.

6. E Gesù s'incamminò con loro; e ormai non si trovava più molto lontano dalla casa, quando il centurione mandò degli amici a dirgli: Signore, non ti dare questo incomodo, perch'io non son degno che tu entri sotto il mio tetto;

7. e perciò non mi son neppure reputato degno di venire da te; ma dillo con una parola, e sia guarito il mio servitore.

8. Poiché anch'io son uomo sottoposto alla potestà altrui, ed ho sotto di me de' soldati; e dico ad uno: Va', ed egli va; e ad un altro: Vieni, ed egli viene; e al mio servitore: Fa' questo, ed egli lo fa.

9. Udito questo, Gesù restò maravigliato di lui; e rivoltosi alla moltitudine che lo seguiva, disse: Io vi dico che neppure in Israele ho trovato una cotanta fede!

10. And they that were sent, returning to the house, found the servant whole.

11. And it came to pass soon afterwards, that he went to a city called Nain; and his disciples went with him, and a great multitude.

12. Now when he drew near to the gate of the city, behold, there was carried out one that was dead, the only son of his mother, and she was a widow: and much people of the city was with her.

13. And when the Lord saw her, he had compassion on her, and said unto her, Weep not.

14. And he came nigh and touched the bier: and the bearers stood still. And he said, Young man, I say unto thee, Arise.

15. And he that was dead sat up, and began to speak. And he gave him to his mother.

16. And fear took hold on all: and they glorified God, saying, A great prophet is arisen among us: and, God hath visited his people.

17. And this report went forth concerning him in the whole of Judaea, and all the region round about.

18. And the disciples of John told him of all these things.

19. And John calling unto him two of his disciples sent them to the Lord, saying, Art thou he that cometh, or look we for another?

20. And when the men were come unto him, they said, John the Baptist hath sent us unto thee, saying, Art thou he that cometh, or look we for another?

21. In that hour he cured many of diseases and plagues and evil spirits; and on many that were blind he bestowed sight.

22. And he answered and said unto them, Go and tell John the things which ye have seen and heard; the blind receive their sight, the lame walk, the lepers are cleansed, and the deaf hear, the dead are raised up, the poor have good tidings preached to them.

23. And blessed is he, whosoever shall find no occasion of stumbling in me.

24. And when the messengers of John were departed, he began to say unto the multitudes concerning John, What went ye out into the wilderness to behold? a reed shaken with the wind?

10. E quando gl'inviati furon tornati a casa, trovarono il servitore guarito.

11. E avvenne in seguito, ch'egli s'avviò ad una città chiamata Nain, e i suoi discepoli e una gran moltitudine andavano con lui.

12. E come fu presso alla porta della città, ecco che si portava a seppellire un morto, figliuolo unico di sua madre; e questa era vedova; e una gran moltitudine della città era con lei.

13. E il Signore, vedutala, ebbe pietà di lei e le disse: Non piangere!

14. E accostatosi, toccò la bara; i portatori si fermarono, ed egli disse: Giovinetto, io tel dico, lèvati!

15. E il morto si levò a sedere e cominciò a parlare. E Gesù lo diede a sua madre.

16. Tutti furon presi da timore, e glorificavano Iddio dicendo: Un gran profeta è sorto fra noi; e: Dio ha visitato il suo popolo.

17. E questo dire intorno a Gesù si sparse per tutta la Giudea e per tutto il paese circonvicino.

18. E i discepoli di Giovanni gli riferirono tutte queste cose.

19. Ed egli, chiamati a sé due dei suoi discepoli, li mandò al Signore a dirgli: Sei tu colui che ha da venire o ne aspetteremo noi un altro?

20. E quelli, presentatisi a Gesù, gli dissero: Giovanni Battista ci ha mandati da te a dirti: Sei tu colui che ha da venire, o ne aspetteremo noi un altro?

21. In quella stessa ora, Gesù guarì molti di malattie, di flagelli e di spiriti maligni, e a molti ciechi donò la vista.

22. E, rispondendo, disse loro: Andate a riferire a Giovanni quel che avete veduto e udito: i ciechi ricuperano la vista, gli zoppi camminano, i lebbrosi sono mondati, i sordi odono, i morti risuscitano, l'Evangelo è annunziato ai poveri.

23. E beato colui che non si sarà scandalizzato di me!

24. Quando i messi di Giovanni se ne furono andati, Gesù prese a dire alle turbe intorno a Giovanni: Che andaste a vedere nel deserto? Una canna dimenata dal vento?

25. But what went ye out to see? a man clothed in soft raiment? Behold, they that are gorgeously apparelled, and live delicately, are in kings' courts.

26. But what went ye out to see? a prophet? Yea, I say unto you, and much more than a prophet.

27. This is he of whom it is written, Behold, I send my messenger before thy face, Who shall prepare thy way before thee.

28. I say unto you, Among them that are born of women there is none greater than John: yet he that is but little in the kingdom of God is greater than he.

29. And all the people when they heard, and the publicans, justified God, being baptized with the baptism of John.

30. But the Pharisees and the lawyers rejected for themselves the counsel of God, being not baptized of him.

31. Whereunto then shall I liken the men of this generation, and to what are they like?

32. They are like unto children that sit in the marketplace, and call one to another; who say, We piped unto you, and ye did not dance; we wailed, and ye did not weep.

33. For John the Baptist is come eating no bread nor drinking wine; and ye say, He hath a demon.

34. The Son of man is come eating and drinking; and ye say, Behold, a gluttonous man, and a winebibber, a friend of publicans and sinners!

35. And wisdom is justified of all her children.

36. And one of the Pharisees desired him that he would eat with him. And he entered into the Pharisee's house, and sat down to meat.

37. And behold, a woman who was in the city, a sinner; and when she knew that he was sitting at meat in the Pharisee's house, she brought an alabaster cruse of ointment,

38. and standing behind at his feet, weeping, she began to wet his feet with her tears, and wiped them with the hair of her head, and kissed his feet, and anointed them with the ointment.

25. Ma che andaste a vedere? Un uomo avvolto in morbide vesti? Ecco, quelli che portano de' vestimenti magnifici e vivono in delizie, stanno nei palazzi dei re.

26. Ma che andaste a vedere? Un profeta? Sì, vi dico, e uno più che profeta.

27. Egli è colui del quale è scritto: Ecco, io mando il mio messaggero davanti al tuo cospetto che preparerà la tua via dinanzi a te.

28. Io ve lo dico: Fra i nati di donna non ve n'è alcuno maggiore di Giovanni; però, il minimo nel regno di Dio è maggiore di lui.

29. E tutto il popolo che l'ha udito, ed anche i pubblicani, hanno reso giustizia a Dio, facendosi battezzare del battesimo di Giovanni;

30. ma i Farisei e i dottori della legge hanno reso vano per loro stessi il consiglio di Dio, non facendosi battezzare da lui.

31. A chi dunque assomiglierò gli uomini di questa generazione? E a chi sono simili?

32. Sono simili ai fanciulli che stanno a sedere in piazza, e gridano gli uni agli altri: Vi abbiam sonato il flauto e non avete ballato; abbiam cantato dei lamenti e non avete pianto.

33. Difatti è venuto Giovanni Battista non mangiando pane ne bevendo vino, e voi dite: Ha un demonio.

34. E' venuto il Figliuol dell'uomo mangiando e bevendo, e voi dite: Ecco un mangiatore ed un beone, un amico dei pubblicani e de' peccatori!

35. Ma alla sapienza è stata resa giustizia da tutti i suoi figliuoli.

36. Or uno de' Farisei lo pregò di mangiare da lui; ed egli, entrato in casa del Fariseo, si mise a tavola.

37. Ed ecco, una donna che era in quella città, una peccatrice, saputo ch'egli era a tavola in casa del Fariseo, portò un alabastro d'olio odorifero;

38. e stando a' piedi di lui, di dietro, piangendo cominciò a rigargli di lagrime i piedi, e li asciugava coi capelli del suo capo; e gli baciava e ribaciava i piedi e li ungeva con l'olio.

39. Now when the Pharisee that had bidden him saw it, he spake within himself, saying, This man, if he were a prophet, would have perceived who and what manner of woman this is that toucheth him, that she is a sinner.

40. And Jesus answering said unto him, Simon, I have somewhat to say unto thee. And he saith, Teacher, say on.

41. A certain lender had two debtors: the one owed five hundred shillings, and the other fifty.

42. When they had not [wherewith] to pay, he forgave them both. Which of them therefore will love him most?

43. Simon answered and said, He, I suppose, to whom he forgave the most. And he said unto him, Thou hast rightly judged.

44. And turning to the woman, he said unto Simon, Seest thou this woman? I entered into thy house, thou gavest me no water for my feet: but she hath wetted my feet with her tears, and wiped them with her hair.

45. Thou gavest me no kiss: but she, since the time I came in, hath not ceased to kiss my feet.

46. My head with oil thou didst not anoint: but she hath anointed my feet with ointment.

47. Wherefore I say unto thee, Her sins, which are many, are forgiven; for she loved much: but to whom little is forgiven, [the same] loveth little.

48. And he said unto her, Thy sins are forgiven.

49. And they that sat at meat with him began to say within themselves, Who is this that even forgiveth sins?

50. And he said unto the woman, Thy faith hath saved thee; go in peace.

# Luke 8

1. And it came to pass soon afterwards, that he went about through cities and villages, preaching and bringing the good tidings of the kingdom of God, and with him the twelve,

2. and certain women who had been healed of evil spirits and infirmities: Mary that was called Magdalene, from whom seven demons had gone out,

39. Il Fariseo che l'avea invitato, veduto ciò, disse fra sé: Costui, se fosse profeta, saprebbe chi e quale sia la donna che lo tocca; perché è una peccatrice.

40. E Gesù, rispondendo, gli disse: Simone, ho qualcosa da dirti. Ed egli:

41. Maestro, di' pure. Un creditore avea due debitori; l'uno gli dovea cinquecento denari e l'altro cinquanta.

42. E non avendo essi di che pagare, condonò il debito ad ambedue. Chi di loro dunque l'amerà di più?

43. Simone, rispondendo, disse: Stimo sia colui al quale ha condonato di più. E Gesù gli disse: Hai giudicato rettamente.

44. E voltosi alla donna, disse a Simone: Vedi questa donna? Io sono entrato in casa tua, e tu non m'hai dato dell'acqua ai piedi; ma ella mi ha rigato i piedi di lagrime e li ha asciugati co' suoi capelli.

45. Tu non m'hai dato alcun bacio; ma ella, da che sono entrato, non ha smesso di baciarmi i piedi.

46. Tu non m'hai unto il capo d'olio; ma ella m'ha unto i piedi di profumo.

47. Per la qual cosa, io ti dico: Le sono rimessi i suoi molti peccati, perché ha molto amato; ma colui a cui poco è rimesso, poco ama.

48. Poi disse alla donna: I tuoi peccati ti sono rimessi.

49. E quelli che erano a tavola con lui, cominciarono a dire dentro di sé: Chi è costui che rimette anche i peccati?

50. Ma egli disse alla donna: La tua fede t'ha salvata; vattene in pace.

# Luca 8

1. Ed avvenne in appresso che egli andava attorno di città in città e di villaggio in villaggio, predicando ed annunziando la buona novella del regno di Dio;

2. e con lui erano i dodici e certe donne che erano state guarite da spiriti maligni e da infermità: Maria, detta Maddalena, dalla quale erano usciti sette demoni,

3. and Joanna the wife of Chuzas Herod's steward, and Susanna, and many others, who ministered unto them of their substance.

4. And when a great multitude came together, and they of every city resorted unto him, he spake by a parable:

5. The sower went forth to sow his seed: and as he sowed, some fell by the way side; and it was trodden under foot, and the birds of the heaven devoured it.

6. And other fell on the rock; and as soon as it grew, it withered away, because it had no moisture.

7. And other fell amidst the thorns; and the thorns grew with it, and choked it.

8. And other fell into the good ground, and grew, and brought forth fruit a hundredfold. As he said these things, he cried, He that hath ears to hear, let him hear.

9. And his disciples asked him what this parable might be.

10. And he said, Unto you it is given to know the mysteries of the kingdom of God: but to the rest in parables; that seeing they may not see, and hearing they may not understand.

11. Now the parable is this: The seed is the word of God.

12. And those by the way side are they that have heard; then cometh the devil, and taketh away the word from their heart, that they may not believe and be saved.

13. And those on the rock [are] they who, when they have heard, receive the word with joy; and these have no root, who for a while believe, and in time of temptation fall away.

14. And that which fell among the thorns, these are they that have heard, and as they go on their way they are choked with cares and riches and pleasures of [this] life, and bring no fruit to perfection.

15. And that in the good ground, these are such as in an honest and good heart, having heard the word, hold it fast, and bring forth fruit with patience.

16. And no man, when he hath lighted a lamp, covereth it with a vessel, or putteth it under a bed; but putteth it on a stand, that they that enter in may see the light.

3. e Giovanna, moglie di Cuza, amministratore d'Erode, e Susanna ed altre molte che assistevano Gesù ed i suoi coi loro beni.

4. Or come si raunava gran folla e la gente d'ogni città accorreva a lui, egli disse in parabola:

5. Il seminatore uscì a seminar la sua semenza; e mentre seminava, una parte del seme cadde lungo la strada, e fu calpestato e gli uccelli del cielo lo mangiarono.

6. Ed un'altra cadde sulla roccia; e come fu nato seccò perché non avea umore.

7. Ed un'altra cadde in mezzo alle spine; e le spine, nate insieme col seme, lo soffocarono.

8. Ed un'altra parte cadde nella buona terra; e nata che fu, fruttò il cento per uno. Dicendo queste cose, esclamava: Chi ha orecchi da udire, oda.

9. E i suoi discepoli gli domandarono che volesse dir questa parabola.

10. Ed egli disse: A voi è dato di conoscere i misteri del regno di Dio; ma agli altri se ne parla in parabole, affinché vedendo non veggano, e udendo non intendano.

11. Or questo è il senso della parabola: Il seme è la parola di Dio.

12. Quelli lungo la strada son coloro che hanno udito; ma poi viene il diavolo e porta via la Parola dal cuor loro, affinché non credano e non siano salvati.

13. E quelli sulla roccia son coloro i quali, quando hanno udito la Parola, la ricevono con allegrezza; ma costoro non hanno radice, credono per un tempo, e quando viene la prova, si traggono indietro.

14. E quel ch'è caduto fra le spine, son coloro che hanno udito, ma se ne vanno e restan soffocati dalle cure e dalle ricchezze e dai piaceri della vita, e non arrivano a maturità.

15. E quel ch'è in buona terra, son coloro i quali, dopo aver udita la Parola, la ritengono in un cuore onesto e buono, e portan frutto con perseveranza.

16. Or niuno, accesa una lampada, la copre con un vaso, o la mette sotto il letto; anzi la mette sul candeliere, acciocché chi entra vegga la luce.

17. For nothing is hid, that shall not be made manifest; nor [anything] secret, that shall not be known and come to light.

18. Take heed therefore how ye hear: for whosoever hath, to him shall be given; and whosoever hath not, from him shall be taken away even that which he thinketh he hath.

19. And there came to him his mother and brethren, and they could not come at him for the crowd.

20. And it was told him, Thy mother and thy brethren stand without, desiring to see thee.

21. But he answered and said unto them, My mother and my brethren are these that hear the word of God, and do it.

22. Now it came to pass on one of those days, that he entered into a boat, himself and his disciples; and he said unto them, Let us go over unto the other side of the lake: and they launched forth.

23. But as they sailed he fell asleep: and there came down a storm of wind on the lake; and they were filling [with water], and were in jeopardy.

24. And they came to him, and awoke him, saying, Master, master, we perish. And he awoke, and rebuked the wind and the raging of the water: and they ceased, and there was a calm.

25. And he said unto them, Where is your faith? And being afraid they marvelled, saying one to another, Who then is this, that he commandeth even the winds and the water, and they obey him?

26. And they arrived at the country of the Gerasenes, which is over against Galilee.

27. And when he was come forth upon the land, there met him a certain man out of the city, who had demons; and for a long time he had worn no clothes, and abode not in [any] house, but in the tombs.

28. And when he saw Jesus, he cried out, and fell down before him, and with a loud voice said, What have I to do with thee, Jesus, thou Son of the Most High God? I beseech thee, torment me not.

17. Poiché non v'è nulla di nascosto che non abbia a diventar manifesto, né di segreto che non abbia a sapersi ed a farsi palese.

18. Badate dunque come ascoltate: perché a chi ha sarà dato; ma a chi non ha, anche quel che pensa d'avere gli sarà tolto.

19. Or sua madre e i suoi fratelli vennero a lui; e non poteano avvicinarglisi a motivo della folla.

20. E gli fu riferito: Tua madre e i tuoi fratelli son là fuori, che ti voglion vedere.

21. Ma egli, rispondendo, disse loro: Mia madre e miei fratelli son quelli che ascoltano la parola di Dio e la mettono in pratica.

22. Or avvenne, in un di quei giorni, ch'egli entrò in una barca co' suoi discepoli, e disse loro: Passiamo all'altra riva del lago. E presero il largo.

23. E mentre navigavano, egli si addormentò; e calò sul lago un turbine di vento, talché la barca s'empiva d'acqua, ed essi pericolavano.

24. E accostatisi, lo svegliarono, dicendo: Maestro, Maestro, noi periamo! Ma egli, destatosi, sgridò il vento e i flutti che s'acquetarono, e si fe' bonaccia.

25. Poi disse loro: Dov'è la fede vostra? Ma essi, impauriti e maravigliati, diceano l'uno all'altro: Chi è mai costui che comanda anche ai venti ed all'acqua e gli ubbidiscono?

26. E navigarono verso il paese dei Geraseni che è dirimpetto alla Galilea.

27. E quando egli fu smontato a terra, gli si fece incontro un uomo della città, il quale era posseduto da demoni, e da lungo tempo non indossava vestito, e non abitava casa ma stava ne' sepolcri.

28. Or quando ebbe veduto Gesù, dato un gran grido, gli si prostrò dinanzi, e disse con gran voce: Che v'è fra me e te, o Gesù, Figliuolo dell'Iddio altissimo? Ti prego, non mi tormentare.

29. For he was commanding the unclean spirit to come out from the man. For oftentimes it had seized him: and he was kept under guard, and bound with chains and fetters; and breaking the bands asunder, he was driven of the demon into the deserts.

30. And Jesus asked him, What is thy name? And he said, Legion; for many demons were entered into him.

31. And they entreated him that he would not command them to depart into the abyss.

32. Now there was there a herd of many swine feeding on the mountain: and they entreated him that he would give them leave to enter into them. And he gave them leave.

33. And the demons came out from the man, and entered into the swine: and the herd rushed down the steep into the lake, and were drowned.

34. And when they that fed them saw what had come to pass, they fled, and told it in the city and in the country.

35. And they went out to see what had come to pass; and they came to Jesus, and found the man, from whom the demons were gone out, sitting, clothed and in his right mind, at the feet of Jesus: and they were afraid.

36. And they that saw it told them how he that was possessed with demons was made whole.

37. And all the people of the country of the Gerasenes round about asked him to depart from them, for they were holden with great fear: and he entered into a boat, and returned.

38. But the man from whom the demons were gone out prayed him that he might be with him: but he sent him away, saying,

39. Return to thy house, and declare how great things God hath done for thee. And he went his way, publishing throughout the whole city how great things Jesus had done for him.

40. And as Jesus returned, the multitude welcomed him; for they were all waiting for him.

41. And behold, there came a man named Jairus, and he was a ruler of the synagogue: and he fell down at Jesus' feet, and besought him to come into his house;

29. Poiché Gesù comandava allo spirito immondo d'uscir da quell'uomo; molte volte infatti esso se n'era impadronito; e benché lo si fosse legato con catene e custodito in ceppi, avea spezzato i legami, ed era portato via dal demonio ne' deserti.

30. E Gesù gli domandò: Qual è il tuo nome? Ed egli rispose: Legione; perché molti demoni erano entrati in lui.

31. Ed essi lo pregavano che non comandasse loro d'andar nell'abisso.

32. Or c'era quivi un branco numeroso di porci che pascolava pel monte; e que' demoni lo pregarono di permetter loro d'entrare in quelli. Ed egli lo permise loro.

33. E i demoni, usciti da quell'uomo, entrarono ne' porci; e quel branco si avventò a precipizio giù nel lago ed affogò.

34. E quando quelli che li pasturavano videro ciò ch'era avvenuto, se ne fuggirono e portaron la notizia in città e per la campagna.

35. E la gente uscì fuori a veder l'accaduto; e venuta a Gesù, trovò l'uomo, dal quale erano usciti i demoni, che sedeva a' piedi di Gesù, vestito ed in buon senno; e s'impaurirono.

36. E quelli che aveano veduto, raccontarono loro come l'indemoniato era stato liberato.

37. E l'intera popolazione della circostante regione de' Gerasèni pregò Gesù che se n'andasse da loro; perch'eran presi da grande spavento. Ed egli, montato nella barca, se ne tornò indietro.

38. E l'uomo dal quale erano usciti i demoni, lo pregava di poter stare con lui, ma Gesù lo licenziò, dicendo:

39. Torna a casa tua, e racconta le grandi cose che Iddio ha fatte per te. Ed egli se ne andò per tutta la città, proclamando quanto grandi cose Gesù avea fatte per lui.

40. Al suo ritorno, Gesù fu accolto dalla folla, perché tutti lo stavano aspettando.

41. Ed ecco venire un uomo, chiamato Iairo, che era capo della sinagoga; e gittatosi ai piedi di Gesù, lo pregava d'entrare in casa sua,

42. for he had an only daughter, about twelve years of age, and she was dying. But as he went the multitudes thronged him.

43. And a woman having an issue of blood twelve years, who had spent all her living upon physicians, and could not be healed of any,

44. came behind him, and touched the border of his garment: and immediately the issue of her blood stanched.

45. And Jesus said, Who is it that touched me? And when all denied, Peter said, and they that were with him, Master, the multitudes press thee and crush [thee].

46. But Jesus said, Some one did touch me; for I perceived that power had gone forth from me.

47. And when the woman saw that she was not hid, she came trembling, and falling down before him declared in the presence of all the people for what cause she touched him, and how she was healed immediately.

48. And he said unto her, Daughter, thy faith hath made thee whole; go in peace.

49. While he yet spake, there cometh one from the ruler of the synagogue's [house], saying, Thy daughter is dead; trouble not the Teacher.

50. But Jesus hearing it, answered him, Fear not: only believe, and she shall be made whole.

51. And when he came to the house, he suffered not any man to enter in with him, save Peter, and John, and James, and the father of the maiden and her mother.

52. And all were weeping, and bewailing her: but he said, Weep not; for she is not dead, but sleepeth.

53. And they laughed him to scorn, knowing that she was dead.

54. But he, taking her by the hand, called, saying, Maiden, arise.

55. And her spirit returned, and she rose up immediately: and he commanded that [something] be given her to eat.

56. And her parents were amazed: but he charged them to tell no man what had been done.

42. perché avea una figlia unica di circa dodici anni, e quella stava per morire. Or mentre Gesù v'andava, la moltitudine l'affollava.

43. E una donna che avea un flusso di sangue da dodici anni ed avea spesa ne' medici tutta la sua sostanza senza poter esser guarita da alcuno,

44. accostatasi per di dietro, gli toccò il lembo della veste; e in quell'istante il suo flusso ristagnò.

45. E Gesù domandò: Chi m'ha toccato? E siccome tutti negavano, Pietro e quelli ch'eran con lui, risposero: Maestro, le turbe ti stringono e t'affollano.

46. Ma Gesù replicò: Qualcuno m'ha toccato, perché ho sentito che una virtù è uscita da me.

47. E la donna, vedendo che non era rimasta inosservata, venne tutta tremante, e gittatasi a' suoi piedi, dichiarò, in presenza di tutto il popolo, per qual motivo l'avea toccato e com'era stata guarita in un istante.

48. Ma egli le disse: Figliuola, la tua fede t'ha salvata; vattene in pace.

49. Mentr'egli parlava ancora, venne uno da casa del capo della sinagoga, a dirgli: La tua figliuola è morta; non incomodar più oltre il Maestro.

50. Ma Gesù, udito ciò, rispose a Iairo: Non temere; solo abbi fede, ed ella sarà salva.

51. Ed arrivato alla casa, non permise ad alcuno d'entrarvi con lui, salvo che a Pietro, a Giovanni, a Giacomo e al padre e alla madre della fanciulla.

52. Or tutti piangevano e facean cordoglio per lei. Ma egli disse: Non piangete; ella non è morta, ma dorme.

53. E si ridevano di lui, sapendo ch'era morta.

54. Ma egli, presala per la mano, disse ad alta voce: Fanciulla, lèvati!

55. E lo spirito di lei tornò; ella s'alzò subito, ed egli comandò che le si desse da mangiare.

56. E i genitori di lei sbigottirono: ma egli ordinò loro di non dire ad alcuno quel che era accenuto.

# Luke 9

1. And he called the twelve together, and gave them power and authority over all demons, and to cure diseases.

2. And he sent them forth to preach the kingdom of God, and to heal the sick.

3. And he said unto them, Take nothing for your journey, neither staff, nor wallet, nor bread, nor money; neither have two coats.

4. And into whatsoever house ye enter, there abide, and thence depart.

5. And as many as receive you not, when ye depart from that city, shake off the dust from your feet for a testimony against them.

6. And they departed, and went throughout the villages, preaching the gospel, and healing everywhere.

7. Now Herod the tetrarch heard of all that was done: and he was much perplexed, because that it was said by some, that John was risen from the dead;

8. and by some, that Elijah had appeared; and by others, that one of the old prophets was risen again.

9. And Herod said, John I beheaded: but who is this, about whom I hear such things? And he sought to see him.

10. And the apostles, when they were returned, declared unto him what things they had done. And he took them, and withdrew apart to a city called Bethsaida.

11. But the multitudes perceiving it followed him: and he welcomed them, and spake to them of the kingdom of God, and them that had need of healing he cured.

12. And the day began to wear away; and the twelve came, and said unto him, Send the multitude away, that they may go into the villages and country round about, and lodge, and get provisions: for we are here in a desert place.

13. But he said unto them, Give ye them to eat. And they said, We have no more than five loaves and two fishes; except we should go and buy food for all this people.

14. For they were about five thousand men. And he said unto his disciples, Make them sit down in companies, about fifty each.

# Luca 9

1. Ora Gesù, chiamati assieme i dodici, diede loro potestà ed autorità su tutti i demoni e di guarir le malattie.

2. E li mandò a predicare il regno di Dio e a guarire gl'infermi.

3. E disse loro: Non prendete nulla per viaggio: né bastone, né sacca, né pane, né danaro, e non abbiate tunica di ricambio.

4. E in qualunque casa sarete entrati, in quella dimorate e da quella ripartite.

5. E quant'è a quelli che non vi riceveranno, uscendo dalla loro città, scotete la polvere dai vostri piedi, in testimonianza contro a loro.

6. Ed essi, partitisi, andavano attorno di villaggio in villaggio, evangelizzando e facendo guarigioni per ogni dove.

7. Ora, Erode il tetrarca udì parlare di tutti que' fatti; e n'era perplesso, perché taluni dicevano: Giovanni è risuscitato dai morti;

8. altri dicevano: E' apparso Elia; ed altri: E' risuscitato uno degli antichi profeti.

9. Ma Erode disse: Giovanni l'ho fatto decapitare; chi è dunque costui del quale sento dir tali cose? E cercava di vederlo.

10. E gli apostoli, essendo ritornati, raccontarono a Gesù tutte le cose che aveano fatte; ed egli, presili seco, si ritirò in disparte verso una città chiamata Betsaida.

11. Ma le turbe, avendolo saputo, lo seguirono; ed egli, accoltele, parlava loro del regno di Dio, e guariva quelli che avean bisogno di guarigione.

12. Or il giorno cominciava a declinare; e i dodici, accostatisi, gli dissero: Licenzia la moltitudine, affinché se ne vada per i villaggi e per le campagne d'intorno per albergarvi e per trovarvi da mangiare, perché qui siamo in un luogo deserto.

13. Ma egli disse loro: Date lor voi da mangiare. Ed essi risposero: Noi non abbiamo altro che cinque pani e due pesci; se pur non andiamo noi a comprar dei viveri per tutto questo popolo.

14. Poiché v'eran cinquemila uomini. Ed egli disse ai suoi discepoli: Fateli accomodare a cerchi d'una cinquantina.

15. And they did so, and made them all sit down.

16. And he took the five loaves and the two fishes, and looking up to heaven, he blessed them, and brake; and gave to the disciples to set before the multitude.

17. And they ate, and were all filled: and there was taken up that which remained over to them of broken pieces, twelve baskets.

18. And it came to pass, as he was praying apart, the disciples were with him: and he asked them, saying, Who do the multitudes say that I am?

19. And they answering said, John the Baptist; but others [say], Elijah; and others, that one of the old prophets is risen again.

20. And he said unto them, But who say ye that I am? And Peter answering said, The Christ of God.

21. But he charged them, and commanded [them] to tell this to no man;

22. saying, The Son of man must suffer many things, and be rejected of the elders and chief priests and scribes, and be killed, and the third day be raised up.

23. And he said unto all, If any man would come after me, let him deny himself, and take up his cross daily, and follow me.

24. For whosoever would save his life shall lose it; but whosoever shall lose his life for my sake, the same shall save it.

25. For what is a man profited, if he gain the whole world, and lose or forfeit his own self?

26. For whosoever shall be ashamed of me and of my words, of him shall the Son of man be ashamed, when he cometh in his own glory, and [the glory] of the Father, and of the holy angels.

27. But I tell you of a truth, There are some of them that stand here, who shall in no wise taste of death, till they see the kingdom of God.

28. And it came to pass about eight days after these sayings, that he took with him Peter and John and James, and went up into the mountain to pray.

29. And as he was praying, the fashion of his countenance was altered, and his raiment [became] white [and] dazzling.

30. And behold, there talked with him two men, who were Moses and Elijah;

15. E così li fecero accomodar tutti.

16. Poi Gesù prese i cinque pani e i due pesci; e levati gli occhi al cielo, li benedisse, li spezzò e li dava ai suoi discepoli per metterli dinanzi alla gente.

17. E tutti mangiarono e furon sazi; e de' pezzi loro avanzati si portaron via dodici ceste.

18. Or avvenne che mentr'egli stava pregando in disparte, i discepoli erano con lui; ed egli domandò loro: Chi dicono le turbe ch'io sia?

19. E quelli risposero: Gli uni dicono Giovanni Battista; altri, Elia; ed altri, uno dei profeti antichi risuscitato.

20. Ed egli disse loro: E voi, chi dite ch'io sia? E Pietro, rispondendo, disse: Il Cristo di Dio.

21. Ed egli vietò loro severamente di dirlo ad alcuno, e aggiunse:

22. Bisogna che il Figliuol dell'uomo soffra molte cose, e sia reietto dagli anziani e dai capi sacerdoti e dagli scribi, e sia ucciso, e risusciti il terzo giorno.

23. Diceva poi a tutti: Se uno vuol venire dietro a me, rinunzi a se stesso, prenda ogni giorno la sua croce e mi seguiti.

24. Perché chi vorrà salvare la sua vita, la perderà; ma chi avrà perduto la propria vita per me, esso la salverà.

25. Infatti, che giova egli all'uomo l'aver guadagnato tutto il mondo, se poi ha perduto o rovinato se stesso?

26. Perché se uno ha vergogna di me e delle mie parole, il Figliuol dell'uomo avrà vergogna di lui, quando verrà nella gloria sua e del Padre e de' santi angeli.

27. Or io vi dico in verità che alcuni di coloro che son qui presenti non gusteranno la morte, finché non abbian veduto il regno di Dio.

28. Or avvenne che circa otto giorni dopo questi ragionamenti, Gesù prese seco Pietro, Giovanni e Giacomo, e salì sul monte per pregare.

29. E mentre pregava, l'aspetto del suo volto fu mutato, e la sua veste divenne candida sfolgorante.

30. Ed ecco, due uomini conversavano con lui; ed erano Mosè ed Elia,

31. who appeared in glory, and spake of his decease which he was about to accomplish at Jerusalem.

32. Now Peter and they that were with him were heavy with sleep: but when they were fully awake, they saw his glory, and the two men that stood with him.

33. And it came to pass, as they were parting from him, Peter said unto Jesus, Master, it is good for us to be here: and let us make three tabernacles; one for thee, and one for Moses, and one for Elijah: not knowing what he said.

34. And while he said these things, there came a cloud, and overshadowed them: and they feared as they entered into the cloud.

35. And a voice came out of the cloud, saying, This is my Son, my chosen: hear ye him.

36. And when the voice came, Jesus was found alone. And they held their peace, and told no man in those days any of the things which they had seen.

37. And it came to pass, on the next day, when they were come down from the mountain, a great multitude met him.

38. And behold, a man from the multitude cried, saying, Teacher, I beseech thee to look upon my son; for he is mine only child:

39. and behold, a spirit taketh him, and he suddenly crieth out; and it teareth him that he foameth, and it hardly departeth from him, bruising him sorely.

40. And I besought thy disciples to cast it out; and they could not.

41. And Jesus answered and said, O faithless and perverse generation, how long shall I be with you, and bear with you? bring hither thy son.

42. And as he was yet a coming, the demon dashed him down, and tare [him] grievously. But Jesus rebuked the unclean spirit, and healed the boy, and gave him back to his father.

43. And they were all astonished at the majesty of God. But while all were marvelling at all the things which he did, he said unto his disciples,

44. Let these words sink into your ears: for the Son of man shall be delivered up into the hands of men.

31. i quali, appariti in gloria, parlavano della dipartenza ch'egli stava per compiere in Gerusalemme.

32. Or Pietro e quelli ch'eran con lui, erano aggravati dal sonno; e quando si furono svegliati, videro la sua gloria e i due uomini che stavan con lui.

33. E come questi si partivano da lui, Pietro disse a Gesù: Maestro, egli è bene che stiamo qui; facciamo tre tende: una per te, una per Mosè, ed una per Elia; non sapendo quel che si dicesse.

34. E mentre diceva così, venne una nuvola che li coperse della sua ombra; e i discepoli temettero quando quelli entrarono nella nuvola.

35. Ed una voce venne dalla nuvola, dicendo: Questo è il mio figliuolo, l'eletto mio; ascoltatelo.

36. E mentre si faceva quella voce, Gesù si trovò solo. Ed essi tacquero, e non riferirono in quei giorni ad alcuno nulla di quel che aveano veduto.

37. Or avvenne il giorno seguente che essendo essi scesi dal monte, una gran moltitudine venne incontro a Gesù.

38. Ed ecco, un uomo dalla folla esclamò: Maestro, te ne prego, volgi lo sguardo al mio figliuolo; è l'unico ch'io abbia;

39. ed ecco uno spirito lo prende, e subito egli grida, e lo spirito lo getta in convulsione facendolo schiumare, e a fatica si diparte da lui, fiaccandolo tutto.

40. Ed ho pregato i tuoi discepoli di cacciarlo, ma non hanno potuto.

41. E Gesù, rispondendo, disse: O generazione incredula e perversa, fino a quando sarò io con voi e vi sopporterò?

42. Mena qua il tuo figliuolo. E mentre il fanciullo si avvicinava, il demonio lo gettò per terra e lo torse in convulsione; ma Gesù sgridò lo spirito immondo, guarì il fanciullo, e lo rese a suo padre.

43. E tutti sbigottivano della grandezza di Dio.

44. Ora, mentre tutti si maravigliavano di tutte le cose che Gesù faceva, egli disse ai suoi discepoli: Voi, tenete bene a mente queste parole: Il Figliuol dell'uomo sta per esser dato nelle mani degli uomini.

45. But they understood not this saying, and it was concealed from them, that they should not perceive it; and they were afraid to ask him about this saying.

46. And there arose a reasoning among them, which of them was the greatest.

47. But when Jesus saw the reasoning of their heart, he took a little child, and set him by his side,

48. and said unto them, Whosoever shall receive this little child in my name receiveth me: and whosoever shall receive me receiveth him that sent me: for he that is least among you all, the same is great.

49. And John answered and said, Master, we saw one casting out demons in thy name; and we forbade him, because he followeth not with us.

50. But Jesus said unto him, Forbid [him] not: for he that is not against you is for you.

51. And it came to pass, when the days were well-nigh come that he should be received up, he stedfastly set his face to go to Jerusalem,

52. and sent messengers before his face: and they went, and entered into a village of the Samaritans, to make ready for him.

53. And they did not receive him, because his face was [as though he were] going to Jerusalem.

54. And when his disciples James and John saw [this], they said, Lord, wilt thou that we bid fire to come down from heaven, and consume them?

55. But he turned, and rebuked them.

56. And they went to another village.

57. And as they went on the way, a certain man said unto him, I will follow thee whithersoever thou goest.

58. And Jesus said unto him, The foxes have holes, and the birds of the heaven [have] nests; but the Son of man hath not where to lay his head.

59. And he said unto another, Follow me. But he said, Lord, suffer me first to go and bury my father.

60. But he said unto him, Leave the dead to bury their own dead; but go thou and publish abroad the kingdom of God.

61. And another also said, I will follow thee, Lord; but first suffer me to bid farewell to them that are at my house.

45. Ma essi non capivano quel detto ch'era per loro coperto d'un velo, per modo che non lo intendevano, e temevano d'interrogarlo circa quel detto.

46. Poi sorse fra loro una disputa sul chi di loro fosse il maggiore.

47. Ma Gesù, conosciuto il pensiero del loro cuore, prese un piccolo fanciullo, se lo pose accanto, e disse loro:

48. Chi riceve questo piccolo fanciullo nel nome mio, riceve me; e chi riceve me, riceve Colui che m'ha mandato. Poiché chi è il minimo fra tutti voi, quello è grande.

49. Or Giovanni prese a dirgli: Maestro, noi abbiam veduto un tale che cacciava i demoni nel tuo nome, e glielo abbiamo vietato perché non ti segue con noi.

50. Ma Gesù gli disse: Non glielo vietate, perché chi non è contro voi è per voi.

51. Poi, come s'avvicinava il tempo della sua assunzione, Gesù si mise risolutamente in via per andare a Gerusalemme.

52. E mandò davanti a sé de' messi, i quali, partitisi, entrarono in un villaggio de' Samaritani per preparargli alloggio.

53. Ma quelli non lo ricevettero perché era diretto verso Gerusalemme.

54. Veduto ciò, i suoi discepoli Giacomo e Giovanni dissero: Signore, vuoi tu che diciamo che scenda fuoco dal cielo e li consumi?

55. Ma egli, rivoltosi, li sgridò.

56. E se ne andarono in un altro villaggio.

57. Or avvenne che mentre camminavano per la via, qualcuno gli disse: Io ti seguiterò dovunque tu andrai.

58. E Gesù gli rispose: Le volpi hanno delle tane e gli uccelli del cielo dei nidi, ma il Figliuol dell'uomo non ha dove posare il capo.

59. E ad un altro disse: Seguitami. Ed egli rispose: Permettimi prima d'andare a seppellir mio padre.

60. Ma Gesù gli disse: Lascia i morti seppellire i loro morti; ma tu va' ad annunziare il regno di Dio.

61. E un altro ancora gli disse: Ti seguiterò, Signore, ma permettimi prima d'accomiatarmi da que' di casa mia.

62. But Jesus said unto him, No man, having put his hand to the plow, and looking back, is fit for the kingdom of God.

62. Ma Gesù gli disse: Nessuno che abbia messo la mano all'aratro e poi riguardi indietro, è adatto al regno di Dio.

# Luke 10

# Luca 10

1. Now after these things the Lord appointed seventy others, and sent them two and two before his face into every city and place, whither he himself was about to come.

2. And he said unto them, The harvest indeed is plenteous, but the laborers are few: pray ye therefore the Lord of the harvest, that he send forth laborers into his harvest.

3. Go your ways; behold, I send you forth as lambs in the midst of wolves.

4. Carry no purse, no wallet, no shoes; and salute no man on the way.

5. And into whatsoever house ye shall enter, first say, Peace [be] to this house.

6. And if a son of peace be there, your peace shall rest upon him: but if not, it shall turn to you again.

7. And in that same house remain, eating and drinking such things as they give: for the laborer is worthy of his hire. Go not from house to house.

8. And into whatsoever city ye enter, and they receive you, eat such things as are set before you:

9. and heal the sick that are therein, and say unto them, The kingdom of God is come nigh unto you.

10. But into whatsoever city ye shall enter, and they receive you not, go out into the streets thereof and say,

11. Even the dust from your city, that cleaveth to our feet, we wipe off against you: nevertheless know this, that the kingdom of God is come nigh.

12. I say unto you, it shall be more tolerable in that day for Sodom, than for that city.

13. Woe unto thee, Chorazin! woe unto thee, Bethsaida! for if the mighty works had been done in Tyre and Sidon, which were done in you, they would have repented long ago, sitting in sackcloth and ashes.

1. Or dopo queste cose, il Signore designò altri settanta discepoli, e li mandò a due a due dinanzi a sé, in ogni città e luogo dove egli stesso era per andare.

2. E diceva loro: Ben è la mèsse grande, ma gli operai son pochi; pregate dunque il Signor della mèsse che spinga degli operai nella sua mèsse.

3. Andate; ecco, io vi mando come agnelli in mezzo ai lupi.

4. Non portate né borsa, né sacca, né calzari, e non salutate alcuno per via.

5. In qualunque casa sarete entrati, dite prima: Pace a questa casa!

6. E se v'è quivi alcun figliuolo di pace, la vostra pace riposerà su lui; se no, ella tornerà a voi.

7. Or dimorate in quella stessa casa, mangiando e bevendo di quello che hanno, perché l'operaio è degno della sua mercede. Non passate di casa in casa.

8. E in qualunque città sarete entrati, se vi ricevono, mangiate di ciò che vi sarà messo dinanzi,

9. guarite gl'infermi che saranno in essa, e dite loro: Il regno di Dio s'è avvicinato a voi.

10. Ma in qualunque città sarete entrati, se non vi ricevono, uscite sulle piazze e dite:

11. Perfino la polvere che dalla vostra città s'è attaccata a' nostri piedi, noi la scotiamo contro a voi; sappiate tuttavia questo, che il regno di Dio s'è avvicinato a voi.

12. Io vi dico che in quel giorno la sorte di Sodoma sarà più tollerabile della sorte di quella città.

13. Guai a te, Corazin! Guai a te, Betsaida; perché se in Tiro e in Sidone fossero state fatte le opere potenti compiute fra voi, già anticamente si sarebbero ravvedute, prendendo il cilicio, e sedendo nella cenere.

14. But it shall be more tolerable for Tyre and Sidon in the judgment, than for you.

15. And thou, Capernaum, shalt thou be exalted unto heaven? thou shalt be brought down unto Hades.

16. He that heareth you heareth me; and he that rejecteth you rejecteth me; and he that rejecteth me rejecteth him that sent me.

17. And the seventy returned with joy, saying, Lord, even the demons are subject unto us in thy name.

18. And he said unto them, I beheld Satan fallen as lightning from heaven.

19. Behold, I have given you authority to tread upon serpents and scorpions, and over all the power of the enemy: and nothing shall in any wise hurt you.

20. Nevertheless in this rejoice not, that the spirits are subject unto you; but rejoice that your names are written in heaven.

21. In that same hour he rejoiced in the Holy Spirit, and said, I thank thee, O Father, Lord of heaven and earth, that thou didst hide these things from the wise and understanding, and didst reveal them unto babes: yea, Father; for so it was well-pleasing in thy sight.

22. All things have been delivered unto me of my Father: and no one knoweth who the Son is, save the Father; and who the Father is, save the Son, and he to whomsoever the Son willeth to reveal [him].

23. And turning to the disciples, he said privately, Blessed [are] the eyes which see the things that ye see:

24. for I say unto you, that many prophets and kings desired to see the things which ye see, and saw them not; and to hear the things which ye hear, and heard them not.

25. And behold, a certain lawyer stood up and made trial of him, saying, Teacher, what shall I do to inherit eternal life?

26. And he said unto him, What is written in the law? how readest thou?

27. And he answering said, Thou shalt love the Lord thy God with all thy heart, and with all thy soul, and with all thy strength, and with all thy mind; and thy neighbor as thyself.

14. E però, nel giorno del giudicio, la sorte di Tiro e di Sidone sarà più tollerabile della vostra.

15. E tu, o Capernaum, sarai tu forse innalzata fino al cielo? No, tu sarai abbassata fino nell'Ades!

16. Chi ascolta voi ascolta me; chi sprezza voi sprezza me, e chi sprezza me sprezza Colui che mi ha mandato.

17. Or i settanta tornarono con allegrezza, dicendo: Signore, anche i demoni ci sono sottoposti nel tuo nome.

18. Ed egli disse loro: Io mirava Satana cader dal cielo a guisa di folgore.

19. Ecco, io v'ho dato la potestà di calcar serpenti e scorpioni, e tutta la potenza del nemico; e nulla potrà farvi del male.

20. Pure, non vi rallegrate perché gli spiriti vi son sottoposti, ma rallegratevi perché i vostri nomi sono scritti ne' cieli.

21. In quella stessa ora, Gesù giubilò per lo Spirito Santo, e disse: Io ti rendo lode, o Padre, Signore del cielo e della terra, perché hai nascoste queste cose ai savi e agl'intelligenti, e le hai rivelate ai piccoli fanciulli! Sì, o Padre, perché così ti è piaciuto.

22. Ogni cosa m'è stata data in mano dal Padre mio; e nessuno conosce chi è il Figliuolo, se non il Padre; né chi è il Padre, se non il Figliuolo e colui al quale il Figliuolo voglia rivelarlo.

23. E rivoltosi a' suoi discepoli, disse loro in disparte: Beati gli occhi che veggono le cose che voi vedete!

24. Poiché vi dico che molti profeti e re han bramato di veder le cose che voi vedete, e non le hanno vedute; e di udir le cose che voi udite, e non le hanno udite.

25. Ed ecco, un certo dottor della legge si levò per metterlo alla prova, e gli disse: Maestro, che dovrò fare per eredar la vita eterna?

26. Ed egli gli disse: Nella legge che sta scritto? Come leggi?

27. E colui, rispondendo, disse: Ama il Signore Iddio tuo con tutto il tuo cuore, e con tutta l'anima tua, e con tutta la forza tua, e con tutta la mente tua, e il tuo prossimo come te stesso.

28. And he said unto him, Thou hast answered right: this do, and thou shalt live.

29. But he, desiring to justify himself, said unto Jesus, And who is my neighbor?

30. Jesus made answer and said, A certain man was going down from Jerusalem to Jericho; and he fell among robbers, who both stripped him and beat him, and departed, leaving him half dead.

31. And by chance a certain priest was going down that way: and when he saw him, he passed by on the other side.

32. And in like manner a Levite also, when he came to the place, and saw him, passed by on the other side.

33. But a certain Samaritan, as he journeyed, came where he was: and when he saw him, he was moved with compassion,

34. and came to him, and bound up his wounds, pouring on [them] oil and wine; and he set him on his own beast, and brought him to an inn, and took care of him.

35. And on the morrow he took out two shillings, and gave them to the host, and said, Take care of him; and whatsoever thou spendest more, I, when I come back again, will repay thee.

36. Which of these three, thinkest thou, proved neighbor unto him that fell among the robbers?

37. And he said, He that showed mercy on him. And Jesus said unto him, Go, and do thou likewise.

38. Now as they went on their way, he entered into a certain village: and a certain woman named Martha received him into her house.

39. And she had a sister called Mary, who also sat at the Lord's feet, and heard his word.

40. But Martha was cumbered about much serving; and she came up to him, and said, Lord, dost thou not care that my sister did leave me to serve alone? bid her therefore that she help me.

41. But the Lord answered and said unto her, Martha, Martha, thou art anxious and troubled about many things:

42. but one thing is needful: for Mary hath chosen the good part, which shall not be taken away from her.

28. E Gesù gli disse: Tu hai risposto rettamente; fa, questo, e vivrai.

29. Ma colui, volendo giustificarsi, disse a Gesù: E chi è il mio prossimo?

30. Gesù, replicando, disse: Un uomo scendeva da Gerusalemme a Gerico, e s'imbattè in ladroni i quali, spogliatolo e feritolo, se ne andarono, lasciandolo mezzo morto.

31. Or, per caso, un sacerdote scendeva per quella stessa via; e veduto colui, passò oltre dal lato opposto.

32. Così pure un levita, giunto a quel luogo e vedutolo, passò oltre dal lato opposto.

33. Ma un Samaritano che era in viaggio giunse presso a lui; e vedutolo, n'ebbe pietà;

34. e accostatosi, fasciò le sue piaghe, versandovi sopra dell'olio e del vino; poi lo mise sulla propria cavalcatura, lo menò ad un albergo e si prese cura di lui.

35. E il giorno dopo, tratti fuori due denari, li diede all'oste e gli disse: Prenditi cura di lui; e tutto ciò che spenderai di più, quando tornerò in su, te lo renderò.

36. Quale di questi tre ti pare essere stato il prossimo di colui che s'imbattè ne' ladroni?

37. E quello rispose: Colui che gli usò misericordia. E Gesù gli disse: Va', e fa' tu il simigliante.

38. Or mentre essi erano in cammino, egli entrò in un villaggio; e una certa donna, per nome Marta, lo ricevette in casa sua.

39. Ell'avea una sorella chiamata Maria la quale, postasi a sedere a' piedi di Gesù, ascoltava la sua parola.

40. Ma Marta era affaccendata intorno a molti servigi; e venne e disse: Signore, non t'importa che mia sorella m'abbia lasciata sola a servire? Dille dunque che m'aiuti.

41. Ma il Signore, rispondendo, le disse: Marta, Marta, tu ti affanni e t'inquieti di molte cose, ma di una cosa sola fa bisogno:

42. E Maria ha scelto la buona parte che non le sarà tolta.

# Luke 11

1. And it came to pass, as he was praying in a certain place, that when he ceased, one of his disciples said unto him, Lord, teach us to pray, even as John also taught his disciples.

2. And he said unto them, When ye pray, say, Father, Hallowed be thy name. Thy kingdom come.

3. Give us day by day our daily bread.

4. And forgive us our sins; for we ourselves also forgive every one that is indebted to us. And bring us not into temptation.

5. And he said unto them, Which of you shall have a friend, and shall go unto him at midnight, and say to him, Friend, lend me three loaves;

6. for a friend of mine is come to me from a journey, and I have nothing to set before him;

7. and he from within shall answer and say, Trouble me not: the door is now shut, and my children are with me in bed; I cannot rise and give thee?

8. I say unto you, Though he will not rise and give him because he is his friend, yet because of his importunity he will arise and give him as many as he needeth.

9. And I say unto you, Ask, and it shall be given you; seek, and ye shall find; knock, and it shall be opened unto you.

10. For every one that asketh receiveth; and he that seeketh findeth; and to him that knocketh it shall be opened.

11. And of which of you that is a father shall his son ask a loaf, and he give him a stone? or a fish, and he for a fish give him a serpent?

12. Or [if] he shall ask an egg, will he give him a scorpion?

13. If ye then, being evil, know how to give good gifts unto your children, how much more shall [your] heavenly Father give the Holy Spirit to them that ask him?

14. And he was casting out a demon [that was] dumb. And it came to pass, when the demon was gone out, the dumb man spake; and the multitudes marvelled.

15. But some of them said, By Beelzebub the prince of the demons casteth he out demons.

16. And others, trying [him], sought of him a sign from heaven.

# Luca 11

1. Ed avvenne che essendo egli in orazione in un certo luogo, com'ebbe finito, uno de' suoi discepoli gli disse: Signore, insegnaci a pregare come anche Giovanni ha insegnato ai suoi discepoli

2. Ed egli disse loro: Quando pregate, dite: Padre, sia santificato il tuo nome; venga il tuo regno;

3. dacci di giorno in giorno il nostro pane cotidiano;

4. e perdonaci i nostri peccati, poiché anche noi perdoniamo ad ogni nostro debitore; e non ci esporre alla tentazione.

5. Poi disse loro: Se uno d'infra voi ha un amico e va da lui a mezzanotte e gli dice: Amico, prestami tre pani,

6. perché m'è giunto di viaggio in casa un amico, e non ho nulla da mettergli dinanzi;

7. e se colui dal di dentro gli risponde: Non mi dar molestia; già è serrata la porta, e i miei fanciulli son meco a letto, io non posso alzarmi per darteli,

8. io vi dico che quand'anche non s'alzasse a darglieli perché gli è amico, pure, per la importunità sua, si leverà e gliene darà quanti ne ha di bisogno.

9. Io altresì vi dico: Chiedete, e vi sarà dato; cercate e troverete; picchiate, e vi sarà aperto.

10. Poiché chiunque chiede riceve, chi cerca trova, e sarà aperto a chi picchia.

11. E chi è quel padre tra voi che, se il figliuolo gli chiede un pane, gli dia una pietra? O se gli chiede un pesce, gli dia invece una serpe?

12. Oppure anche se gli chiede un uovo, gli dia uno scorpione?

13. Se voi dunque, che siete malvagi, sapete dare buoni doni ai vostri figliuoli, quanto più il vostro Padre celeste donerà lo Spirito Santo a coloro che glielo domandano!

14. Or egli stava cacciando un demonio che era muto; ed avvenne che quando il demonio fu uscito, il muto parlò; e le turbe si maravigliarono.

15. Ma alcuni di loro dissero: E' per l'aiuto di Beelzebub, principe dei demoni, ch'egli caccia i demoni.

16. Ed altri, per metterlo alla prova, chiedevano da lui un segno dal cielo.

17. But he, knowing their thoughts, said unto them, Every kingdom divided against itself is brought to desolation; and a house [divided] against a house falleth.

18. And if Satan also is divided against himself, how shall his kingdom stand? because ye say that I cast out demons by Beelzebub.

19. And if I by Beelzebub cast out demons, by whom do your sons cast them out? therefore shall they be your judges.

20. But if I by the finger of God cast out demons, then is the kingdom of God come upon you.

21. When the strong [man] fully armed guardeth his own court, his goods are in peace:

22. but when a stronger than he shall come upon him, and overcome him, he taketh from him his whole armor wherein he trusted, and divideth his spoils.

23. He that is not with me is against me; and he that gathereth not with me scattereth.

24. The unclean spirit when he is gone out of the man, passeth through waterless places, seeking rest, and finding none, he saith, I will turn back unto my house whence I came out.

25. And when he is come, he findeth it swept and garnished.

26. Then goeth he, and taketh [to him] seven other spirits more evil than himself; and they enter in and dwell there: and the last state of that man becometh worse than the first.

27. And it came to pass, as he said these things, a certain woman out of the multitude lifted up her voice, and said unto him, Blessed is the womb that bare thee, and the breasts which thou didst suck.

28. But he said, Yea rather, blessed are they that hear the word of God, and keep it.

29. And when the multitudes were gathering together unto him, he began to say, This generation is an evil generation: it seeketh after a sign; and there shall no sign be given to it but the sign of Jonah.

30. For even as Jonah became a sign unto the Ninevites, so shall also the Son of man be to this generation.

17. Ma egli, conoscendo i loro pensieri, disse loro: Ogni regno diviso in parti contrarie è ridotto in deserto, e una casa divisa contro se stessa, rovina.

18. Se dunque anche Satana è diviso contro se stesso, come potrà reggere il suo regno? Poiché voi dite che è per l'aiuto di Beelzebub che io caccio i demoni.

19. E se io caccio i demoni per l'aiuto di Beelzebub, i vostri figliuoli per l'aiuto di chi li caccian essi? Perciò, essi stessi saranno i vostri giudici.

20. Ma se è per il dito di Dio che io caccio i demoni, è dunque pervenuto fino a voi il regno di Dio.

21. Quando l'uomo forte, ben armato, guarda l'ingresso della sua dimora, quel ch'e' possiede è al sicuro;

22. ma quando uno più forte di lui sopraggiunge e lo vince, gli toglie tutta l'armatura nella quale si confidava, e ne spartisce le spoglie.

23. Chi non è con me, è contro di me; e chi non raccoglie con me, disperde.

24. Quando lo spirito immondo è uscito da un uomo, va attorno per luoghi aridi, cercando riposo; e non trovandone, dice: Ritornerò nella mia casa donde sono uscito;

25. e giuntovi, la trova spazzata e adorna.

26. Allora va e prende seco altri sette spiriti peggiori di lui, ed entrano ad abitarla; e l'ultima condizione di quell'uomo divien peggiore della prima.

27. Or avvenne che, mentre egli diceva queste cose, una donna di fra la moltitudine alzò la voce e gli disse: Beato il seno che ti portò e le mammelle che tu poppasti! Ma egli disse:

28. Beati piuttosto quelli che odono la parola di Dio e l'osservano!

29. E affollandosi intorno a lui le turbe, egli prese a dire: Questa generazione è una generazione malvagia; ella chiede un segno; e segno alcuno non le sarà dato, salvo il segno di Giona.

30. Poiché come Giona fu un segno per i Niniviti, così anche il Figliuol dell'uomo sarà per questa generazione.

31. The queen of the south shall rise up in the judgment with the men of this generation, and shall condemn them: for she came from the ends of the earth to hear the wisdom of Solomon; and behold, a greater than Solomon is here.

32. The men of Nineveh shall stand up in the judgment with this generation, and shall condemn it: for they repented at the preaching of Jonah; and behold, a greater than Jonah is here.

33. No man, when he hath lighted a lamp, putteth it in a cellar, neither under the bushel, but on the stand, that they which enter in may see the light.

34. The lamp of thy body is thine eye: when thine eye is single, thy whole body also is full of light; but when it is evil, thy body also is full of darkness.

35. Look therefore whether the light that is in thee be not darkness.

36. If therefore thy whole body be full of light, having no part dark, it shall be wholly full of light, as when the lamp with its bright shining doth give thee light.

37. Now as he spake, a Pharisee asketh him to dine with him: and he went in, and sat down to meat.

38. And when the Pharisee saw it, he marvelled that he had not first bathed himself before dinner.

39. And the Lord said unto him, Now ye the Pharisees cleanse the outside of the cup and of the platter; but your inward part is full of extortion and wickedness.

40. Ye foolish ones, did not he that made the outside make the inside also?

41. But give for alms those things which are within; and behold, all things are clean unto you.

42. But woe unto you Pharisees! for ye tithe mint and rue and every herb, and pass over justice and the love of God: but these ought ye to have done, and not to leave the other undone.

43. Woe unto you Pharisees! for ye love the chief seats in the synagogues, and the salutations in the marketplaces.

44. Woe unto you! for ye are as the tombs which appear not, and the men that walk over [them] know it not.

45. And one of the lawyers answering saith unto him, Teacher, in saying this thou reproachest us also.

31. La regina del Mezzodì risusciterà nel giudizio con gli uomini di questa generazione e li condannerà; perché ella venne dalle estremità della terra per udir la sapienza di Salomone; ed ecco qui v'è più che Salomone.

32. I Niniviti risusciteranno nel giudizio con questa generazione e la condanneranno; perché essi si ravvidero alla predicazione di Giona; ed ecco qui v'è più che Giona.

33. Nessuno, quand'ha acceso una lampada, la mette in un luogo nascosto o sotto il moggio; anzi la mette sul candeliere, affinché coloro che entrano veggano la luce.

34. La lampada del tuo corpo è l'occhio; se l'occhio tuo è sano, anche tutto il tuo corpo è illuminato; ma se è viziato, anche il tuo corpo è nelle tenebre.

35. Guarda dunque che la luce che è in te non sia tenebre.

36. Se dunque tutto il tuo corpo è illuminato, senz'aver parte alcuna tenebrosa, sarà tutto illuminato come quando la lampada t'illumina col suo splendore.

37. Or mentr'egli parlava, un Fariseo lo invitò a desinare da lui. Ed egli, entrato, si mise a tavola.

38. E il Fariseo, veduto questo, si maravigliò che non si fosse prima lavato, avanti il desinare.

39. E il Signore gli disse: Voi altri Farisei nettate il di fuori della coppa e del piatto, ma l'interno vostro è pieno di rapina e di malvagità.

40. Stolti, Colui che ha fatto il di fuori, non ha anche fatto il di dentro?

41. Date piuttosto in elemosina quel ch'è dentro al piatto; ed ecco, ogni cosa sarà netta per voi.

42. Ma guai a voi, Farisei, poiché pagate la decima della menta, della ruta e d'ogni erba, e trascurate la giustizia e l'amor di Dio! Queste son le cose che bisognava fare, senza tralasciar le altre.

43. Guai a voi, Farisei, perché amate i primi seggi nelle sinagoghe, e i saluti nelle piazze.

44. Guai a voi, perché siete come quei sepolcri che non si vedono, e chi vi cammina sopra non ne sa niente.

45. Allora uno dei dottori della legge, rispondendo, gli disse: Maestro, parlando così, fai ingiuria anche a noi.

46. And he said, Woe unto you lawyers also! for ye load men with burdens grievous to be borne, and ye yourselves touch not the burdens with one of your fingers.

47. Woe unto you! for ye build the tombs of the prophets, and your fathers killed them.

48. So ye are witnesses and consent unto the works of your fathers: for they killed them, and ye build [their tombs].

49. Therefore also said the wisdom of God, I will send unto them prophets and apostles; and [some] of them they shall kill and persecute;

50. that the blood of all the prophets, which was shed from the foundation of the world, may be required of this generation;

51. from the blood of Abel unto the blood of Zachariah, who perished between the altar and the sanctuary: yea, I say unto you, it shall be required of this generation.

52. Woe unto you lawyers! for ye took away the key of knowledge: ye entered not in yourselves, and them that were entering in ye hindered.

53. And when he was come out from thence, the scribes and the Pharisees began to press upon [him] vehemently, and to provoke him to speak of many things;

54. laying wait for him, to catch something out of his mouth.

46. Ed egli disse: Guai anche a voi, dottori della legge, perché caricate le genti di pesi difficili a portare e voi non toccate quei pesi neppur con un dito!

47. Guai a voi, perché edificate i sepolcri de' profeti, e i vostri padri li uccisero.

48. Voi dunque testimoniate delle opere de' vostri padri e le approvate; perché essi li uccisero, e voi edificate loro de' sepolcri.

49. E per questo la sapienza di Dio ha detto: Io manderò loro dei profeti e degli apostoli; e ne uccideranno alcuni e ne perseguiteranno altri,

50. affinché il sangue di tutti i profeti sparso dalla fondazione del mondo sia ridomandato a questa generazione;

51. dal sangue di Abele fino al sangue di Zaccaria che fu ucciso fra l'altare ed il tempio; sì, vi dico, sarà ridomandato a questa generazione.

52. Guai a voi, dottori della legge, poiché avete tolta la chiave della scienza! Voi stessi non siete entrati, ed avete impedito quelli che entravano.

53. E quando fu uscito di là, gli scribi e i Farisei cominciarono a incalzarlo fieramente ed a trargli di bocca risposte a molte cose; tendendogli de' lacci,

54. per coglier qualche parola che gli uscisse di bocca.

# Luke 12　　　　　　　　　# Luca 12

1. In the mean time, when the many thousands of the multitude were gathered together, insomuch that they trod one upon another, he began to say unto his disciples first of all, Beware ye of the leaven of the Pharisees, which is hypocrisy.

2. But there is nothing covered up, that shall not be revealed; and hid, that shall not be known.

3. Wherefore whatsoever ye have said in the darkness shall be heard in the light; and what ye have spoken in the ear in the inner chambers shall be proclaimed upon the housetops.

1. Intanto, essendosi la moltitudine radunata a migliaia, così da calpestarsi gli uni gli altri, Gesù cominciò prima di tutto a dire ai suoi discepoli: Guardatevi dal lievito de' Farisei, che è ipocrisia.

2. Ma non v'è niente di coperto che non abbia ad essere scoperto, né di occulto che non abbia ad esser conosciuto.

3. Perciò tutto quel che avete detto nelle tenebre, sarà udito nella luce; e quel che avete detto all'orecchio nelle stanze interne, sarà proclamato sui tetti.

4. And I say unto you my friends, Be not afraid of them that kill the body, and after that have no more that they can do.

5. But I will warn you whom ye shall fear: Fear him, who after he hath killed hath power to cast into hell; yea, I say unto you, Fear him.

6. Are not five sparrows sold for two pence? and not one of them is forgotten in the sight of God.

7. But the very hairs of your head are all numbered. Fear not: ye are of more value than many sparrows.

8. And I say unto you, Every one who shall confess me before men, him shall the Son of man also confess before the angels of God:

9. but he that denieth me in the presence of men shall be denied in the presence of the angels of God.

10. And every one who shall speak a word against the Son of man, it shall be forgiven him: but unto him that blasphemeth against the Holy Spirit it shall not be forgiven.

11. And when they bring you before the synagogues, and the rulers, and the authorities, be not anxious how or what ye shall answer, or what ye shall say:

12. for the Holy Spirit shall teach you in that very hour what ye ought to say.

13. And one out of the multitude said unto him, Teacher, bid my brother divide the inheritance with me.

14. But he said unto him, Man, who made me a judge or a divider over you?

15. And he said unto them, Take heed, and keep yourselves from all covetousness: for a man's life consisteth not in the abundance of the things which he possesseth.

16. And he spake a parable unto them, saying, The ground of a certain rich man brought forth plentifully:

17. and he reasoned within himself, saying, What shall I do, because I have not where to bestow my fruits?

18. And he said, This will I do: I will pull down my barns, and build greater; and there will I bestow all my grain and my goods.

4. Ma a voi che siete miei amici, io dico: Non temete coloro che uccidono il corpo, e che dopo ciò, non possono far nulla di più;

5. ma io vi mostrerò chi dovete temere: Temete colui che, dopo aver ucciso, ha potestà di gettar nella geenna. Sì, vi dico, temete Lui.

6. Cinque passeri non si vendon per due soldi? Eppure non uno d'essi è dimenticato dinanzi a Dio;

7. anzi, perfino i capelli del vostro capo son tutti contati. Non temete dunque; voi siete da più di molti passeri.

8. Or io vi dico: Chiunque mi avrà riconosciuto davanti agli uomini, anche il Figliuol dell'uomo riconoscerà lui davanti agli angeli di Dio;

9. ma chi mi avrà rinnegato davanti agli uomini, sarà rinnegato davanti agli angeli di Dio.

10. Ed a chiunque avrà parlato contro il Figliuol dell'uomo, sarà perdonato; ma a chi avrà bestemmiato contro lo Spirito Santo, non sarà perdonato.

11. Quando poi vi condurranno davanti alle sinagoghe e ai magistrati e alle autorità, non state in ansietà del come o del che avrete a rispondere a vostra difesa, o di quel che avrete a dire;

12. perché lo Spirito Santo v'insegnerà in quell'ora stessa quel che dovrete dire.

13. Or uno della folla gli disse: Maestro, di' a mio fratello che divida con me l'eredità.

14. Ma Gesù gli rispose: O uomo, chi mi ha costituito su voi giudice o spartitore? Poi disse loro:

15. Badate e guardatevi da ogni avarizia; perché non è dall'abbondanza de' beni che uno possiede, ch'egli ha la sua vita.

16. E disse loro questa parabola: La campagna d'un certo uomo ricco fruttò copiosamente;

17. ed egli ragionava così fra sé medesimo: Che farò, poiché non ho dove riporre i miei raccolti? E disse:

18. Questo farò: demolirò i miei granai e ne fabbricherò dei più vasti, e vi raccoglierò tutto il mio grano e i miei beni,

19. And I will say to my soul, Soul, thou hast much goods laid up for many years; take thine ease, eat, drink, be merry.

20. But God said unto him, Thou foolish one, this night is thy soul required of thee; and the things which thou hast prepared, whose shall they be?

21. So is he that layeth up treasure for himself, and is not rich toward God.

22. And he said unto his disciples, Therefore I say unto you, Be not anxious for [your] life, what ye shall eat; nor yet for your body, what ye shall put on.

23. For the life is more than the food, and the body than the raiment.

24. Consider the ravens, that they sow not, neither reap; which have no store-chamber nor barn; and God feedeth them: of how much more value are ye than the birds!

25. And which of you by being anxious can add a cubit unto the measure of his life?

26. If then ye are not able to do even that which is least, why are ye anxious concerning the rest?

27. Consider the lilies, how they grow: they toil not, neither do they spin; yet I say unto you, Even Solomon in all his glory was not arrayed like one of these.

28. But if God doth so clothe the grass in the field, which to-day is, and to-morrow is cast into the oven; how much more [shall he clothe] you, O ye of little faith?

29. And seek not ye what ye shall eat, and what ye shall drink, neither be ye of doubtful mind.

30. For all these things do the nations of the world seek after: but your Father knoweth that ye have need of these things.

31. Yet seek ye his kingdom, and these things shall be added unto you.

32. Fear not, little flock; for it is your Father's good pleasure to give you the kingdom.

33. Sell that which ye have, and give alms; make for yourselves purses which wax not old, a treasure in the heavens that faileth not, where no thief draweth near, neither moth destroyeth.

34. For where your treasure is, there will your heart be also.

35. Let your loins be girded about, and your lamps burning;

19. e dirò all'anima mia: Anima, tu hai molti beni riposti per molti anni; riposati, mangia, bevi, godi.

20. Ma Dio gli disse: Stolto, questa notte stessa l'anima tua ti sarà ridomandata; e quel che hai preparato, di chi sarà?

21. Così è di chi tesoreggia per sé, e non è ricco in vista di Dio.

22. Poi disse ai suoi discepoli: Perciò vi dico: Non siate con ansietà solleciti per la vita vostra di quel che mangerete; né per il corpo di che vi vestirete;

23. poiché la vita è più dei nutrimento, e il corpo è più del vestito.

24. Considerate i corvi: non seminano, non mietono; non hanno dispensa né granaio, eppure Dio li nutrisce. Di quanto non siete voi da più degli uccelli?

25. E chi di voi può con la sua sollecitudine aggiungere alla sua statura pure un cubito?

26. Se dunque non potete far nemmeno ciò ch'è minimo, perché siete in ansiosa sollecitudine del rimanente?

27. Considerate i gigli, come crescono; non faticano e non filano; eppure io vi dico che Salomone stesso, con tutta la sua gloria, non fu vestito come uno di loro.

28. Or se Dio riveste così l'erba che oggi è nel campo e domani è gettata nel forno, quanto più vestirà voi, o gente di poca fede?

29. Anche voi non cercate che mangerete e che berrete, e non ne state in sospeso;

30. poiché tutte queste cose son le genti del mondo che le ricercano; ma il Padre vostro sa che ne avete bisogno.

31. Cercate piuttosto il suo regno, e queste cose vi saranno sopraggiunte.

32. Non temere, o piccol gregge; poiché al Padre vostro è piaciuto di darvi il regno.

33. Vendete i vostri beni, e fatene elemosina; fatevi delle borse che non invecchiano, un tesoro che non venga meno ne' cieli, ove ladro non s'accosta e tignuola non guasta.

34. Perché dov'è il vostro tesoro, quivi sarà anche il vostro cuore.

35. I vostri fianchi siano cinti, e le vostre lampade accese;

36. and be ye yourselves like unto men looking for their lord, when he shall return from the marriage feast; that, when he cometh and knocketh, they may straightway open unto him.

37. Blessed are those servants, whom the lord when he cometh shall find watching: verily I say unto you, that he shall gird himself, and make them sit down to meat, and shall come and serve them.

38. And if he shall come in the second watch, and if in the third, and find [them] so blessed are those [servants].

39. But know this, that if the master of the house had known in what hour the thief was coming, he would have watched, and not have left his house to be broken through.

40. Be ye also ready: for in an hour that ye think not the Son of man cometh.

41. And Peter said, Lord, speakest thou this parable unto us, or even unto all?

42. And the Lord said, Who then is the faithful and wise steward, whom his lord shall set over his household, to give them their portion of food in due season?

43. Blessed is that servant, whom his lord when he cometh shall find so doing.

44. Of a truth I say unto you, that he will set him over all that he hath.

45. But if that servant shall say in his heart, My lord delayeth his coming; and shall begin to beat the menservants and the maidservants, and to eat and drink, and to be drunken;

46. the lord of that servant shall come in a day when he expecteth not, and in an hour when he knoweth not, and shall cut him asunder, and appoint his portion with the unfaithful.

47. And that servant, who knew his lord's will, and made not ready, nor did according to his will, shall be beaten with many [stripes];

48. but he that knew not, and did things worthy of stripes, shall be beaten with few [stripes]. And to whomsoever much is given, of him shall much be required: and to whom they commit much, of him will they ask the more.

49. I came to cast fire upon the earth; and what do I desire, if it is already kindled?

36. e voi siate simili a quelli che aspettano il loro padrone quando tornerà dalle nozze, per aprirgli appena giungerà e picchierà.

37. Beati que' servitori che il padrone, arrivando, troverà vigilanti! In verità io vi dico che egli si cingerà, li farà mettere a tavola e passerà a servirli.

38. E se giungerà alla seconda o alla terza vigilia e li troverà così, beati loro!

39. Or sappiate questo, che se il padron di casa sapesse a che ora verrà il ladro, veglierebbe e non si lascerebbe sconficcar la casa.

40. Anche voi siate pronti, perché nell'ora che non pensate, il Figliuol dell'uomo verrà.

41. E Pietro disse: Signore, questa parabola la dici tu per noi, o anche per tutti?

42. E il Signore rispose: E qual è mai l'economo fedele e avveduto che il padrone costituirà sui suoi domestici per dar loro a suo tempo la loro misura di viveri?

43. Beato quel servitore che il padrone, al suo arrivo, troverà facendo così.

44. In verità io vi dico che lo costituirà su tutti i suoi beni.

45. Ma se quel servitore dice in cuor suo: Il mio padrone mette indugio a venire; e comincia a battere i servi e le serve, e a mangiare e bere ed ubriacarsi,

46. il padrone di quel servitore verrà nel giorno che non se l'aspetta e nell'ora che non sa; e lo farà lacerare a colpi di flagello, e gli assegnerà la sorte degl'infedeli.

47. Or quel servitore che ha conosciuto la volontà del suo padrone e non ha preparato né fatto nulla per compiere la volontà di lui, sarà battuto di molti colpi;

48. ma colui che non l'ha conosciuta e ha fatto cose degne di castigo, sarà battuto di pochi colpi. E a chi molto è stato dato, molto sarà ridomandato; e a chi molto è stato affidato, tanto più si richiederà.

49. Io son venuto a gettare un fuoco sulla terra; e che mi resta a desiderare, se già è acceso?

50. But I have a baptism to be baptized with; and how am I straitened till it be accomplished!

51. Think ye that I am come to give peace in the earth? I tell you, Nay; but rather division:

52. for there shall be from henceforth five in one house divided, three against two, and two against three.

53. They shall be divided, father against son, and son against father; mother against daughter, and daughter against her mother; mother in law against her daughter in law, and daughter in law against her mother in law.

54. And he said to the multitudes also, When ye see a cloud rising in the west, straightway ye say, There cometh a shower; and so it cometh to pass.

55. And when [ye see] a south wind blowing, ye say, There will be a scorching heat; and it cometh to pass.

56. Ye hypocrites, ye know how to interpret the face of the earth and the heaven; but how is it that ye know not how to interpret this time?

57. And why even of yourselves judge ye not what is right?

58. For as thou art going with thine adversary before the magistrate, on the way give diligence to be quit of him; lest haply he drag thee unto the judge, and the judge shall deliver thee to the officer, and the officer shall cast thee into prison.

59. I say unto thee, Thou shalt by no means come out thence, till thou have paid the very last mite.

50. Ma v'è un battesimo del quale ho da esser battezzato; e come sono angustiato finché non sia compiuto!

51. Pensate voi ch'io sia venuto a metter pace in terra? No, vi dico; ma piuttosto divisione;

52. perché, da ora innanzi, se vi sono cinque persone in una casa, saranno divise tre contro due, e due contro tre;

53. saranno divisi il padre contro il figliuolo, e il figliuolo contro li padre; la madre contro la figliuola, e la figliuola contro la madre; la suocera contro la nuora, e la nuora contro la suocera.

54. Diceva poi ancora alle turbe: Quando vedete una nuvola venir su da ponente, voi dite subito: Viene la pioggia; e così succede.

55. E quando sentite soffiar lo scirocco, dite: Farà caldo, e avviene così.

56. Ipocriti, ben sapete discernere l'aspetto della terra e del cielo; e come mai non sapete discernere questo tempo?

57. E perché non giudicate da voi stessi ciò che è giusto?

58. Quando vai col tuo avversario davanti al magistrato, fa' di tutto, mentre sei per via, per liberarti da lui; che talora e' non ti tragga dinanzi al giudice, e il giudice ti dia in man dell'esecutore giudiziario, e l'esecutore ti cacci in prigione.

59. Io ti dico che non uscirai di là, finché tu non abbia pagato fino all'ultimo spicciolo.

# Luke 13        Luca 13

1. Now there were some present at that very season who told him of the Galilaeans, whose blood Pilate had mingled with their sacrifices.

2. And he answered and said unto them, Think ye that these Galilaeans were sinners above all the Galilaeans, because they have suffered these things?

3. I tell you, Nay: but, except ye repent, ye shall all in like manner perish.

4. Or those eighteen, upon whom the tower in Siloam fell, and killed them, think ye that they were offenders above all the men that dwell in Jerusalem?

1. In quello stesso tempo vennero alcuni a riferirgli il fatto dei Galilei il cui sangue Pilato aveva mescolato coi loro sacrifici.

2. E Gesù, rispondendo, disse loro: Pensate voi che quei Galilei fossero più peccatori di tutti i Galilei perché hanno sofferto tali cose?

3. No, vi dico; ma se non vi ravvedete, tutti similmente perirete.

4. O quei diciotto sui quali cadde la torre in Siloe e li uccise, pensate voi che fossero più colpevoli di tutti gli abitanti di Gerusalemme?

5. I tell you, Nay: but, except ye repent, ye shall all likewise perish.

6. And he spake this parable; A certain man had a fig tree planted in his vineyard; and he came seeking fruit thereon, and found none.

7. And he said unto the vinedresser, Behold, these three years I come seeking fruit on this fig tree, and find none: cut it down; why doth it also cumber the ground?

8. And he answering saith unto him, Lord, let it alone this year also, till I shall dig about it, and dung it:

9. and if it bear fruit thenceforth, [well]; but if not, thou shalt cut it down.

10. And he was teaching in one of the synagogues on the sabbath day.

11. And behold, a woman that had a spirit of infirmity eighteen years; and she was bowed together, and could in no wise lift herself up.

12. And when Jesus saw her, he called her, and said to her, Woman, thou art loosed from thine infirmity.

13. And he laid his hands upon her: and immediately she was made straight, and glorified God.

14. And the ruler of the synagogue, being moved with indignation because Jesus had healed on the sabbath, answered and said to the multitude, There are six days in which men ought to work: in them therefore come and be healed, and not on the day of the sabbath.

15. But the Lord answered him, and said, Ye hypocrites, doth not each one of you on the sabbath loose his ox or his ass from the stall, and lead him away to watering?

16. And ought not this woman, being a daughter of Abraham, whom Satan had bound, lo, [these] eighteen years, to have been loosed from this bond on the day of the sabbath?

17. And as he said these things, all his adversaries were put to shame: and all the multitude rejoiced for all the glorious things that were done by him.

18. He said therefore, Unto what is the kingdom of God like? and whereunto shall I liken it?

5. No, vi dico; ma se non vi ravvedete, tutti al par di loro perirete.

6. Disse pure questa parabola: Un tale aveva un fico piantato nella sua vigna; e andò a cercarvi del frutto, e non ne trovò.

7. Disse dunque al vignaiuolo: Ecco, sono ormai tre anni che vengo a cercar frutto da questo fico, e non ne trovo; taglialo; perché sta lì a rendere improduttivo anche il terreno?

8. Ma l'altro, rispondendo, gli disse: Signore, lascialo ancora quest'anno, finch'io l'abbia scalzato e concimato;

9. e forse darà frutto in avvenire; se no, lo taglierai.

10. Or egli stava insegnando in una delle sinagoghe in giorno di sabato.

11. Ed ecco una donna, che da diciotto anni aveva uno spirito d'infermità, ed era tutta curvata e incapace di raddrizzarsi in alcun modo.

12. E Gesù, vedutala, la chiamò a sé e le disse: Donna, tu sei liberata dalla tua infermità.

13. E pose le mani su lei, ed ella in quell'istante fu raddrizzata e glorificava Iddio.

14. Or il capo della sinagoga, sdegnato che Gesù avesse fatta una guarigione in giorno di sabato, prese a dire alla moltitudine: Ci son sei giorni ne' quali s'ha da lavorare; venite dunque in quelli a farvi guarire, e non in giorno di sabato.

15. Ma il Signore gli rispose e disse: Ipocriti, non scioglie ciascun di voi, di sabato, il suo bue o il suo asino dalla mangiatoia per menarlo a bere?

16. E costei, ch'è figliuola d'Abramo, e che Satana avea tenuta legata per ben diciott'anni, non doveva esser sciolta da questo legame in giorno di sabato?

17. E mentre diceva queste cose, tutti i suoi avversari erano confusi, e tutta la moltitudine si rallegrava di tutte le opere gloriose da lui compiute.

18. Diceva dunque: A che è simile il regno di Dio, e a che l'assomiglierò io?

19. It is like unto a grain of mustard seed, which a man took, and cast into his own garden; and it grew, and became a tree; and the birds of the heaven lodged in the branches thereof.

20. And again he said, Whereunto shall I liken the kingdom of God?

21. It is like unto leaven, which a woman took and hid in three measures of meal, till it was all leavened.

22. And he went on his way through cities and villages, teaching, and journeying on unto Jerusalem.

23. And one said unto him, Lord, are they few that are saved? And he said unto them,

24. Strive to enter in by the narrow door: for many, I say unto you, shall seek to enter in, and shall not be able.

25. When once the master of the house is risen up, and hath shut to the door, and ye begin to stand without, and to knock at the door, saying, Lord, open to us; and he shall answer and say to you, I know you not whence ye are;

26. then shall ye begin to say, We did eat and drink in thy presence, and thou didst teach in our streets;

27. and he shall say, I tell you, I know not whence ye are; depart from me, all ye workers of iniquity.

28. There shall be the weeping and the gnashing of teeth, when ye shall see Abraham, and Isaac, and Jacob, and all the prophets, in the kingdom of God, and yourselves cast forth without.

29. And they shall come from the east and west, and from the north and south, and shall sit down in the kingdom of God.

30. And behold, there are last who shall be first, and there are first who shall be last.

31. In that very hour there came certain Pharisees, saying to him, Get thee out, and go hence: for Herod would fain kill thee.

32. And he said unto them, Go and say to that fox, Behold, I cast out demons and perform cures to-day and to-morrow, and the third [day] I am perfected.

19. Esso è simile ad un granel di senapa che un uomo ha preso e gettato nel suo orto; ed è cresciuto ed è divenuto albero; e gli uccelli del cielo si son riparati sui suoi rami.

20. E di nuovo disse: A che assomiglierò il regno di Dio?

21. Esso è simile al lievito che una donna ha preso e nascosto in tre staia di farina, finché tutta sia lievitata.

22. Ed egli attraversava man mano le città ed i villaggi, insegnando, e facendo cammino verso Gerusalemme.

23. E un tale gli disse: Signore, son pochi i salvati?

24. Ed egli disse loro: Sforzatevi d'entrare per la porta stretta, perché io vi dico che molti cercheranno d'entrare e non potranno.

25. Da che il padron di casa si sarà alzato ed avrà serrata la porta, e voi, stando di fuori, comincerete a picchiare alla porta, dicendo: Signore, aprici, egli, rispondendo, vi dirà: Io non so d'onde voi siate.

26. Allora comincerete a dire: Noi abbiam mangiato e bevuto in tua presenza, e tu hai insegnato nelle nostre piazze!

27. Ed egli dirà: Io vi dico che non so d'onde voi siate; dipartitevi da me voi tutti operatori d'iniquità.

28. Quivi sarà il pianto e lo stridor de' denti, quando vedrete Abramo e Isacco e Giacobbe e tutti i profeti nel regno di Dio, e che voi ne sarete cacciati fuori.

29. E ne verranno d'oriente e d'occidente, e da settentrione e da mezzogiorno, che si porranno a mensa nel regno di Dio.

30. Ed ecco, ve ne son degli ultimi che saranno primi, e de' primi che saranno ultimi.

31. In quello stesso momento vennero alcuni Farisei a dirgli: Parti, e vattene di qui, perché Erode ti vuol far morire.

32. Ed egli disse loro: Andate a dire a quella volpe: Ecco, io caccio i demoni e compio guarigioni oggi e domani, e il terzo giorno giungo al mio termine.

33. Nevertheless I must go on my way to-day and to-morrow and the [day] following: for it cannot be that a prophet perish out of Jerusalem.

34. O Jerusalem, Jerusalem, that killeth the prophets, and stoneth them that are sent unto her! how often would I have gathered thy children together, even as a hen [gathereth] her own brood under her wings, and ye would not!

35. Behold, your house is left unto you [desolate]: and I say unto you, Ye shall not see me, until ye shall say, Blessed is he that cometh in the name of the Lord.

33. D'altronde, bisogna ch'io cammini oggi e domani e posdomani, perché non può essere che un profeta muoia fuori di Gerusalemme.

34. Gerusalemme, Gerusalemme, che uccidi i profeti e lapidi quelli che ti son mandati, quante volte ho voluto raccogliere i tuoi figliuoli, come la gallina raccoglie i suoi pulcini sotto le ali; e voi non avete voluto!

35. Ecco, la vostra casa sta per esservi lasciata deserta. E io vi dico che non mi vedrete più, finché venga il giorno che diciate: Benedetto colui che viene nel nome del Signore!

# Luke 14      Luca 14

1. And it came to pass, when he went into the house of one of the rulers of the Pharisees on a sabbath to eat bread, that they were watching him.

2. And behold, there was before him a certain man that had the dropsy.

3. And Jesus answering spake unto the lawyers and Pharisees, saying, Is it lawful to heal on the sabbath, or not?

4. But they held their peace. And he took him, and healed him, and let him go.

5. And he said unto them, Which of you shall have an ass or an ox fallen into a well, and will not straightway draw him up on a sabbath day?

6. And they could not answer again unto these things.

7. And he spake a parable unto those that were bidden, when he marked how they chose out the chief seats; saying unto them,

8. When thou art bidden of any man to a marriage feast, sit not down in the chief seat; lest haply a more honorable man than thou be bidden of him,

9. and he that bade thee and him shall come and say to thee, Give this man place; and then thou shalt begin with shame to take the lowest place.

10. But when thou art bidden, go and sit down in the lowest place; that when he that hath bidden thee cometh, he may say to thee, Friend, go up higher: then shalt thou have glory in the presence of all that sit at meat with thee.

1. E avvenne che, essendo egli entrato in casa di uno de' principali Farisei in giorno di sabato per prender cibo, essi lo stavano osservando.

2. Ed ecco, gli stava dinanzi un uomo idropico.

3. E Gesù prese a dire ai dottori della legge ed ai Farisei: E' egli lecito o no far guarigioni in giorno di sabato? Ma essi tacquero.

4. Allora egli, presolo, lo guarì e lo licenziò.

5. Poi disse loro: Chi di voi, se un figliuolo od un bue cade in un pozzo, non lo trae subito fuori in giorno di sabato?

6. Ed essi non potevano risponder nulla in contrario.

7. Notando poi come gl'invitati sceglievano i primi posti, disse loro questa parabola:

8. Quando sarai invitato a nozze da qualcuno, non ti mettere a tavola al primo posto, che talora non sia stato invitato da lui qualcuno più ragguardevole di te,

9. e chi ha invitato te e lui non venga a dirti: Cedi il posto a questo! e tu debba con tua vergogna cominciare allora ad occupare l'ultimo posto.

10. Ma quando sarai invitato, va a metterti all'ultimo posto, affinché quando colui che t'ha invitato verrà, ti dica: Amico, sali più in su. Allora ne avrai onore dinanzi a tutti quelli che saran teco a tavola.

11. For everyone that exalteth himself shall be humbled; and he that humbleth himself shall be exalted.

12. And he said to him also that had bidden him, When thou makest a dinner or a supper, call not thy friends, nor thy brethren, nor thy kinsmen, nor rich neighbors; lest haply they also bid thee again, and a recompense be made thee.

13. But when thou makest a feast, bid the poor, the maimed, the lame, the blind:

14. and thou shalt be blessed; because they have not [wherewith] to recompense thee: for thou shalt be recompensed in the resurrection of the just.

15. And when one of them that sat at meat with him heard these things, he said unto him, Blessed is he that shall eat bread in the kingdom of God.

16. But he said unto him, A certain man made a great supper; and he bade many:

17. and he sent forth his servant at supper time to say to them that were bidden, Come; for [all] things are now ready.

18. And they all with one [consent] began to make excuse. The first said unto him, I have bought a field, and I must needs go out and see it; I pray thee have me excused.

19. And another said, I have bought five yoke of oxen, and I go to prove them; I pray thee have me excused.

20. And another said, I have married a wife, and therefore I cannot come.

21. And the servant came, and told his lord these things. Then the master of the house being angry said to his servant, Go out quickly into the streets and lanes of the city, and bring in hither the poor and maimed and blind and lame.

22. And the servant said, Lord, what thou didst command is done, and yet there is room.

23. And the lord said unto the servant, Go out into the highways and hedges, and constrain [them] to come in, that my house may be filled.

24. For I say unto you, that none of those men that were bidden shall taste of my supper.

25. Now there went with him great multitudes: and he turned, and said unto them,

11. Poiché chiunque s'innalza sarà abbassato, e chi si abbassa sarà innalzato.

12. E diceva pure a colui che lo aveva invitato: Quando fai un desinare o una cena, non chiamare i tuoi amici, né i tuoi fratelli, né i tuoi parenti, né i vicini ricchi; che talora anch'essi non t'invitino, e ti sia reso il contraccambio;

13. ma quando fai un convito, chiama i poveri, gli storpi, gli zoppi, i ciechi;

14. e sarai beato, perché non hanno modo di rendertene il contraccambio; ma il contraccambio ti sarà reso alla risurrezione de' giusti.

15. Or uno de' commensali, udite queste cose, gli disse: Beato chi mangerà del pane nel regno di Dio!

16. Ma Gesù gli disse: Un uomo fece una gran cena e invitò molti;

17. e all'ora della cena mandò il suo servitore a dire agl'invitati: Venite, perché tutto è già pronto.

18. E tutti, ad una voce, cominciarono a scusarsi. Il primo gli disse: Ho comprato un campo e ho necessità d'andarlo a vedere; ti prego, abbimi per iscusato.

19. E un altro disse: Ho comprato cinque paia di buoi, e vado a provarli; ti prego, abbimi per iscusato.

20. E un altro disse: Ho preso moglie, e perciò non posso venire.

21. E il servitore, tornato, riferì queste cose al suo signore. Allora il padron di casa, adiratosi, disse al suo servitore: Va' presto per le piazze e per le vie della città, e mena qua i poveri, gli storpi, i ciechi e gli zoppi.

22. Poi il servitore disse: Signore, s'è fatto come hai comandato, e ancora c'è posto.

23. E il signore disse al servitore: Va' fuori per le strade e lungo le siepi, e costringili ad entrare, affinché la mia casa sia piena.

24. Perché io vi dico che nessuno di quegli uomini ch'erano stati invitati assaggerà la mia cena.

25. Or molte turbe andavano con lui; ed egli, rivoltosi, disse loro:

26. If any man cometh unto me, and hateth not his own father, and mother, and wife, and children, and brethren, and sisters, yea, and his own life also, he cannot be my disciple.

27. Whosoever doth not bear his own cross, and come after me, cannot be my disciple.

28. For which of you, desiring to build a tower, doth not first sit down and count the cost, whether he have [wherewith] to complete it?

29. Lest haply, when he hath laid a foundation, and is not able to finish, all that behold begin to mock him,

30. saying, This man began to build, and was not able to finish.

31. Or what king, as he goeth to encounter another king in war, will not sit down first and take counsel whether he is able with ten thousand to meet him that cometh against him with twenty thousand?

32. Or else, while the other is yet a great way off, he sendeth an ambassage, and asketh conditions of peace.

33. So therefore whosoever he be of you that renounceth not all that he hath, he cannot be my disciple.

34. Salt therefore is good: but if even the salt have lost its savor, wherewith shall it be seasoned?

35. It is fit neither for the land nor for the dunghill: [men] cast it out. He that hath ears to hear, let him hear.

# Luke 15

1. Now all the publicans and sinners were drawing near unto him to hear him.

2. And both the Pharisees and the scribes murmured, saying, This man receiveth sinners, and eateth with them.

3. And he spake unto them this parable, saying,

4. What man of you, having a hundred sheep, and having lost one of them, doth not leave the ninety and nine in the wilderness, and go after that which is lost, until he find it?

5. And when he hath found it, he layeth it on his shoulders, rejoicing.

26. Se uno viene a me e non odia suo padre, e sua madre, e la moglie, e i fratelli, e le sorelle, e finanche la sua propria vita, non può esser mio discepolo.

27. E chi non porta la sua croce e non vien dietro a me, non può esser mio discepolo.

28. Infatti chi è fra voi colui che, volendo edificare una torre, non si metta prima a sedere e calcoli la spesa per vedere se ha da poterla finire?

29. Che talora, quando ne abbia posto il fondamento e non la possa finire, tutti quelli che la vedranno prendano a beffarsi di lui, dicendo:

30. Quest'uomo ha cominciato a edificare e non ha potuto finire.

31. Ovvero, qual è il re che, partendo per muover guerra ad un altro re, non si metta prima a sedere ed esamini se possa con diecimila uomini affrontare colui che gli vien contro con ventimila?

32. Se no, mentre quello è ancora lontano, gli manda un'ambasciata e chiede di trattar la pace.

33. Così dunque ognun di voi che non rinunzi a tutto quello che ha, non può esser mio discepolo.

34. Il sale, certo, è buono; ma se anche il sale diventa insipido, con che gli si darà sapore?

35. Non serve né per terra, né per concime; lo si butta via. Chi ha orecchi da udire, oda.

# Luca 15

1. Or tutti i pubblicani e i peccatori s'accostavano a lui per udirlo.

2. E così i Farisei come gli scribi mormoravano, dicendo: Costui accoglie i peccatori e mangia con loro.

3. Ed egli disse loro questa parabola:

4. Chi è l'uomo fra voi, che, avendo cento pecore, se ne perde una, non lasci le novantanove nel deserto e non vada dietro alla perduta finché non l'abbia ritrovata?

5. E trovatala, tutto allegro se la mette sulle spalle;

6. And when he cometh home, he calleth together his friends and his neighbors, saying unto them, Rejoice with me, for I have found my sheep which was lost.

7. I say unto you, that even so there shall be joy in heaven over one sinner that repenteth, [more] than over ninety and nine righteous persons, who need no repentance.

8. Or what woman having ten pieces of silver, if she lose one piece, doth not light a lamp, and sweep the house, and seek diligently until she find it?

9. And when she hath found it, she calleth together her friends and neighbors, saying, Rejoice with me, for I have found the piece which I had lost.

10. Even so, I say unto you, there is joy in the presence of the angels of God over one sinner that repenteth.

11. And he said, A certain man had two sons:

12. and the younger of them said to his father, Father, give me the portion of [thy] substance that falleth to me. And he divided unto them his living.

13. And not many days after, the younger son gathered all together and took his journey into a far country; and there he wasted his substance with riotous living.

14. And when he had spent all, there arose a mighty famine in that country; and he began to be in want.

15. And he went and joined himself to one of the citizens of that country; and he sent him into his fields to feed swine.

16. And he would fain have filled his belly with the husks that the swine did eat: and no man gave unto him.

17. But when he came to himself he said, How many hired servants of my father's have bread enough and to spare, and I perish here with hunger!

18. I will arise and go to my father, and will say unto him, Father, I have sinned against heaven, and in thy sight:

19. I am no more worthy to be called your son: make me as one of thy hired servants.

6. e giunto a casa, chiama assieme gli amici e i vicini, e dice loro: Rallegratevi meco, perché ho ritrovato la mia pecora ch'era perduta.

7. Io vi dico che così vi sarà in cielo più allegrezza per un solo peccatore che si ravvede, che per novantanove giusti i quali non han bisogno di ravvedimento.

8. Ovvero, qual è la donna che avendo dieci dramme, se ne perde una, non accenda un lume e non spazzi la casa e non cerchi con cura finché non l'abbia ritrovata?

9. E quando l'ha trovata, chiama assieme le amiche e le vicine, dicendo: Rallegratevi meco, perché ho ritrovato la dramma che avevo perduta.

10. Così, vi dico, v'è allegrezza dinanzi agli angeli di Dio per un solo peccatore che si ravvede.

11. Disse ancora: Un uomo avea due figliuoli;

12. e il più giovane di loro disse al padre: Padre, dammi la parte de' beni che mi tocca. Ed egli spartì fra loro i beni.

13. E di lì a poco, il figliuolo più giovane, messa insieme ogni cosa, se ne partì per un paese lontano, e quivi dissipò la sua sostanza, vivendo dissolutamente.

14. E quand'ebbe speso ogni cosa, una gran carestia sopravvenne in quel paese, sicché egli cominciò ad esser nel bisogno.

15. E andò, e si mise con uno degli abitanti di quel paese, il quale lo mandò nei suoi campi, a pasturare i porci.

16. Ed egli avrebbe bramato empirsi il corpo de' baccelli che i porci mangiavano, ma nessuno gliene dava.

17. Ma rientrato in sé, disse: Quanti servi di mio padre hanno pane in abbondanza, ed io qui mi muoio di fame!

18. Io mi leverò e me n'andrò a mio padre, e gli dirò: Padre, ho peccato contro il cielo e contro te:

19. non son più degno d'esser chiamato tuo figliuolo; trattami come uno de' tuoi servi.

20. And he arose, and came to his father. But while he was yet afar off, his father saw him, and was moved with compassion, and ran, and fell on his neck, and kissed him.

21. And the son said unto him, Father, I have sinned against heaven, and in thy sight: I am no more worthy to be called thy son.

22. But the father said to his servants, Bring forth quickly the best robe, and put it on him; and put a ring on his hand, and shoes on his feet:

23. and bring the fatted calf, [and] kill it, and let us eat, and make merry:

24. for this my son was dead, and is alive again; he was lost, and is found. And they began to be merry.

25. Now his elder son was in the field: and as he came and drew nigh to the house, he heard music and dancing.

26. And he called to him one of the servants, and inquired what these things might be.

27. And he said unto him, Thy brother is come; and thy father hath killed the fatted calf, because he hath received him safe and sound.

28. But he was angry, and would not go in: and his father came out, and entreated him.

29. But he answered and said to his father, Lo, these many years do I serve thee, and I never transgressed a commandment of thine; and [yet] thou never gavest me a kid, that I might make merry with my friends:

30. but when this thy son came, who hath devoured thy living with harlots, thou killedst for him the fatted calf.

31. And he said unto him, Son, thou art ever with me, and all that is mine is thine.

32. But it was meet to make merry and be glad: for this thy brother was dead, and is alive [again]; and [was] lost, and is found.

20. Egli dunque si levò e venne a suo padre; ma mentr'egli era ancora lontano, suo padre lo vide e fu mosso a compassione, e corse, e gli si gettò al collo, e lo baciò e ribaciò.

21. E il figliuolo gli disse: Padre, ho peccato contro il cielo e contro te; non son più degno d'esser chiamato tuo figliuolo.

22. Ma il padre disse ai suoi servitori: Presto, portate qua la veste più bella e rivestitelo, e mettetegli un anello al dito e de' calzari a' piedi;

23. e menate fuori il vitello ingrassato, ammazzatelo, e mangiamo e rallegriamoci,

24. perché questo mio figliuolo era morto, ed è tornato a vita; era perduto, ed è stato ritrovato. E si misero a far gran festa.

25. Or il figliuolo maggiore era a' campi; e come tornando fu vicino alla casa, udì la musica e le danze.

26. E chiamato a sé uno de' servitori, gli domandò che cosa ciò volesse dire.

27. Quello gli disse: E' giunto tuo fratello, e tuo padre ha ammazzato il vitello ingrassato, perché l'ha riavuto sano e salvo.

28. Ma egli si adirò e non volle entrare; onde suo padre uscì fuori e lo pregava d'entrare.

29. Ma egli, rispondendo, disse al padre: Ecco, da tanti anni ti servo, e non ho mai trasgredito un tuo comando; a me però non hai mai dato neppure un capretto da far festa con i miei amici;

30. ma quando è venuto questo tuo figliuolo che ha divorato i tuoi beni con le meretrici, tu hai ammazzato per lui il vitello ingrassato.

31. E il padre gli disse: Figliuolo, tu sei sempre meco, ed ogni cosa mia è tua;

32. ma bisognava far festa e rallegrarsi, perché questo tuo fratello era morto, ed è tornato a vita; era perduto, ed è stato ritrovato.

# Luke 16

1. And he said also unto the disciples, There was a certain rich man, who had a steward; and the same was accused unto him that he was wasting his goods.

2. And he called him, and said unto him, What is this that I hear of thee? render the account of thy stewardship; for thou canst be no longer steward.

3. And the steward said within himself, What shall I do, seeing that my lord taketh away the stewardship from me? I have not strength to dig; to beg I am ashamed.

4. I am resolved what to do, that, when I am put out of the stewardship, they may receive me into their houses.

5. And calling to him each one of his lord's debtors, he said to the first, How much owest thou unto my lord?

6. And he said, A hundred measures of oil. And he said unto him, Take thy bond, and sit down quickly and write fifty.

7. Then said he to another, And how much owest thou? And he said, A hundred measures of wheat. He saith unto him, Take thy bond, and write fourscore.

8. And his lord commended the unrighteous steward because he had done wisely: for the sons of this world are for their own generation wiser than the sons of the light.

9. And I say unto you, Make to yourselves friends by means of the mammon of unrighteousness; that, when it shall fail, they may receive you into the eternal tabernacles.

10. He that is faithful in a very little is faithful also in much: and he that is unrighteous in a very little is unrighteous also in much.

11. If therefore ye have not been faithful in the unrighteous mammon, who will commit to your trust the true [riches]?

12. And if ye have not been faithful in that which is another's, who will give you that which is your own?

13. No servant can serve two masters: for either he will hate the one, and love the other; or else he will hold to one, and despise the other. Ye cannot serve God and mammon.

14. And the Pharisees, who were lovers of money, heard all these things; and they scoffed at him.

# Luca 16

1. Gesù diceva ancora ai suoi discepoli: V'era un uomo ricco che avea un fattore, il quale fu accusato dinanzi a lui di dissipare i suoi beni.

2. Ed egli lo chiamò e gli disse: Che cos'è questo che odo di te? Rendi conto della tua amministrazione, perché tu non puoi più esser mio fattore.

3. E il fattore disse fra sé: Che farò io, dacché il padrone mi toglie l'amministrazione? A zappare non son buono; a mendicare mi vergogno.

4. So bene quel che farò, affinché, quando dovrò lasciare l'amministrazione, ci sia chi mi riceva in casa sua.

5. Chiamati quindi a se ad uno ad uno i debitori del suo padrone, disse al primo:

6. Quanto devi al mio padrone? Quello rispose: Cento bati d'olio. Egli disse: Prendi la tua scritta, siedi, e scrivi presto: Cinquanta.

7. Poi disse ad un altro: E tu, quanto devi? Quello rispose: Cento cori di grano. Egli disse: Prendi la tua scritta, e scrivi: Ottanta.

8. E il padrone lodò il fattore infedele perché aveva operato con avvedutezza; poiché i figliuoli di questo secolo, nelle relazioni con que' della loro generazione, sono più accorti dei figliuoli della luce.

9. Ed io vi dico: Fatevi degli amici con le ricchezze ingiuste; affinché, quand'esse verranno meno, quelli vi ricevano ne' tabernacoli eterni.

10. Chi è fedele nelle cose minime, è pur fedele nelle grandi; e chi è ingiusto nelle cose minime, è pure ingiusto nelle grandi.

11. Se dunque non siete stati fedeli nelle ricchezze ingiuste, chi vi affiderà le vere?

12. E se non siete stati fedeli nell'altrui, chi vi darà il vostro?

13. Nessun domestico può servire a due padroni: perché o odierà l'uno e amerà l'altro, o si atterrà all'uno e sprezzerà l'altro. Voi non potete servire a Dio ed a Mammona.

14. Or i Farisei, che amavano il danaro, udivano tutte queste cose e si facean beffe di lui.

15. And he said unto them, Ye are they that justify yourselves in the sight of men; but God knoweth your hearts: for that which is exalted among men is an abomination in the sight of God.

16. The law and the prophets [were] until John: from that time the gospel of the kingdom of God is preached, and every man entereth violently into it.

17. But it is easier for heaven and earth to pass away, than for one tittle of the law to fall.

18. Every one that putteth away his wife, and marrieth another, committeth adultery: and he that marrieth one that is put away from a husband committeth adultery.

19. Now there was a certain rich man, and he was clothed in purple and fine linen, faring sumptuously every day:

20. and a certain beggar named Lazarus was laid at his gate, full of sores,

21. and desiring to be fed with the [crumbs] that fell from the rich man's table; yea, even the dogs come and licked his sores.

22. And it came to pass, that the beggar died, and that he was carried away by the angels into Abraham's bosom: and the rich man also died, and was buried.

23. And in Hades he lifted up his eyes, being in torments, and seeth Abraham afar off, and Lazarus in his bosom.

24. And he cried and said, Father Abraham, have mercy on me, and send Lazarus, that he may dip the tip of his finger in water, and cool my tongue; for I am in anguish in this flame.

25. But Abraham said, Son, remember that thou in thy lifetime receivedst thy good things, and Lazarus in like manner evil things: but now here he is comforted and thou art in anguish.

26. And besides all this, between us and you there is a great gulf fixed, that they that would pass from hence to you may not be able, and that none may cross over from thence to us.

27. And he said, I pray thee therefore, father, that thou wouldest send him to my father's house;

28. for I have five brethren; that he may testify unto them, lest they also come into this place of torment.

15. Ed egli disse loro: Voi siete quelli che vi proclamate giusti dinanzi agli uomini; ma Dio conosce i vostri cuori; poiché quel che è eccelso fra gli uomini, è abominazione dinanzi a Dio.

16. La legge ed i profeti hanno durato fino a Giovanni; da quel tempo è annunziata la buona novella del regno di Dio, ed ognuno v'entra a forza.

17. Più facile è che passino cielo e terra, che un apice solo della legge cada.

18. Chiunque manda via la moglie e ne sposa un'altra, commette adulterio; e chiunque sposa una donna mandata via dal marito, commette adulterio.

19. Or v'era un uomo ricco, il quale vestiva porpora e bisso, ed ogni giorno godeva splendidamente;

20. e v'era un pover'uomo chiamato Lazzaro, che giaceva alla porta di lui, pieno d'ulceri,

21. e bramoso di sfamarsi con le briciole che cadevano dalla tavola del ricco; anzi perfino venivano i cani a leccargli le ulceri.

22. Or avvenne che il povero morì e fu portato dagli angeli nel seno d'Abramo; morì anche il ricco, e fu seppellito.

23. E nell'Ades, essendo ne' tormenti, alzò gli occhi e vide da lontano Abramo, e Lazzaro nel suo seno;

24. ed esclamò: Padre Abramo, abbi pietà di me, e manda Lazzaro a intingere la punta del dito nell'acqua per rinfrescarmi la lingua, perché son tormentato in questa fiamma.

25. Ma Abramo disse: Figliuolo, ricordati che tu ricevesti i tuoi beni in vita tua, e che Lazzaro similmente ricevette i mali; ma ora qui egli è consolato, e tu sei tormentato.

26. E oltre a tutto questo, fra noi e voi è posta una gran voragine, perché quelli che vorrebbero passar di qui a voi non possano, né di la si passi da noi.

27. Ed egli disse: Ti prego, dunque, o padre, che tu lo mandi a casa di mio padre,

28. perché ho cinque fratelli, affinché attesti loro queste cose, onde non abbiano anch'essi a venire in questo luogo di tormento.

29. But Abraham saith, They have Moses and the prophets; let them hear them.

30. And he said, Nay, father Abraham: but if one go to them from the dead, they will repent.

31. And he said unto him, If they hear not Moses and the prophets, neither will they be persuaded, if one rise from the dead.

29. Abramo disse: Hanno Mosè e i profeti; ascoltin quelli.

30. Ed egli: No, padre Abramo; ma se uno va a loro dai morti, si ravvedranno.

31. Ma Abramo rispose: Se non ascoltano Mosè e i profeti, non si lasceranno persuadere neppure se uno dei morti risuscitasse.

# Luke 17

# Luca 17

1. And he said unto his disciples, It is impossible but that occasions of stumbling should come; but woe unto him, through whom they come!

2. It were well for him if a millstone were hanged about his neck, and he were thrown into the sea, rather than that he should cause one of these little ones to stumble.

3. Take heed to yourselves: if thy brother sin, rebuke him; and if he repent, forgive him.

4. And if he sin against thee seven times in the day, and seven times turn again to thee, saying, I repent; thou shalt forgive him.

5. And the apostles said unto the Lord, Increase our faith.

6. And the Lord said, If ye had faith as a grain of mustard seed, ye would say unto this sycamine tree, Be thou rooted up, and be thou planted in the sea; and it would obey you.

7. But who is there of you, having a servant plowing or keeping sheep, that will say unto him, when he is come in from the field, Come straightway and sit down to meat;

8. and will not rather say unto him, Make ready wherewith I may sup, and gird thyself, and serve me, till I have eaten and drunken; and afterward thou shalt eat and drink?

9. Doth he thank the servant because he did the things that were commanded?

10. Even so ye also, when ye shall have done all the things that are commanded you, say, We are unprofitable servants; we have done that which it was our duty to do.

1. Disse poi ai suoi discepoli: E' impossibile che non avvengano scandali: ma guai a colui per cui avvengono!

2. Meglio per lui sarebbe che una macina da mulino gli fosse messa al collo e fosse gettato nel mare, piuttosto che scandalizzare un solo di questi piccoli.

3. Badate a voi stessi! Se il tuo fratello pecca, riprendilo; e se si pente, perdonagli.

4. E se ha peccato contro te sette volte al giorno, e sette volte torna a te e ti dice: Mi pento, perdonagli.

5. Allora gli apostoli dissero al Signore: Aumentaci la fede.

6. E il Signore disse: Se aveste fede quant'è un granel di senapa, potreste dire a questo moro: Sradicati e trapiantati nel mare, e vi ubbidirebbe.

7. Or chi di voi, avendo un servo ad arare o pascere, quand'ei torna a casa dai campi, gli dirà: Vieni presto a metterti a tavola?

8. Non gli dirà invece: Preparami la cena, e cingiti a servirmi finch'io abbia mangiato e bevuto, e poi mangerai e berrai tu?

9. Si ritiene egli forse obbligato al suo servo perché ha fatto le cose comandategli?

10. Così anche voi, quand'avrete fatto tutto ciò che v'è comandato, dite: Noi siamo servi inutili; abbiam fatto quel ch'eravamo in obbligo di fare.

11. And it came to pass, as they were on their way to Jerusalem, that he was passing along the borders of Samaria and Galilee.

12. And as he entered into a certain village, there met him ten men that were lepers, who stood afar off:

13. and they lifted up their voices, saying, Jesus, Master, have mercy on us.

14. And when he saw them, he said unto them, Go and show yourselves unto the priests. And it came to pass, as they went, they were cleansed.

15. And one of them, when he saw that he was healed, turned back, with a loud voice glorifying God;

16. and he fell upon his face at his feet, giving him thanks: and he was a Samaritan.

17. And Jesus answering said, Were not the ten cleansed? but where are the nine?

18. Were there none found that returned to give glory to God, save this stranger?

19. And he said unto him, Arise, and go thy way: thy faith hath made thee whole.

20. And being asked by the Pharisees, when the kingdom of God cometh, he answered them and said, The kingdom of God cometh not with observation:

21. neither shall they say, Lo, here! or, There! for lo, the kingdom of God is within you.

22. And he said unto the disciples, The days will come, when ye shall desire to see one of the days of the Son of man, and ye shall not see it.

23. And they shall say to you, Lo, there! Lo, here! go not away, nor follow after [them]:

24. for as the lightning, when it lighteneth out of the one part under the heaven, shineth unto the other part under heaven; so shall the Son of man be in his day.

25. But first must he suffer many things and be rejected of this generation.

26. And as it came to pass in the days of Noah, even so shall it be also in the days of the Son of man.

27. They ate, they drank, they married, they were given in marriage, until the day that Noah entered into the ark, and the flood came, and destroyed them all.

11. Ed avvenne che, nel recarsi a Gerusalemme, egli passava sui confini della Samaria e della Galilea.

12. E come entrava in un certo villaggio, gli si fecero incontro dieci uomini lebbrosi, i quali, fermatisi da lontano,

13. alzaron la voce dicendo: Gesù, Maestro, abbi pietà di noi!

14. E, vedutili, egli disse loro: Andate a mostrarvi a' sacerdoti. E avvenne che, mentre andavano, furon mondati.

15. E uno di loro, vedendo che era guarito, tornò indietro, glorificando Iddio ad alta voce;

16. e si gettò ai suoi piedi con la faccia a terra, ringraziandolo; e questo era un Samaritano.

17. Gesù, rispondendo, disse: I dieci non sono stati tutti mondati? E i nove altri dove sono?

18. Non si è trovato alcuno che sia tornato per dar gloria a Dio fuor che questo straniero?

19. E gli disse: Lèvati e vattene: la tua fede t'ha salvato.

20. Interrogato poi dai Farisei sul quando verrebbe il regno di Dio, rispose loro dicendo: Il regno di Dio non viene in maniera da attirar gli sguardi; né si dirà:

21. Eccolo qui, o eccolo là; perché ecco, il regno di Dio è dentro di voi.

22. Disse pure ai suoi discepoli: Verranno giorni che desidererete vedere uno de' giorni del Figliuol dell'uomo, e non lo vedrete.

23. E vi si dirà: Eccolo là, eccolo qui; non andate, e non li seguite;

24. perché com'è il lampo che balenando risplende da un'estremità all'altra del cielo, così sarà il Figliuol dell'uomo nel suo giorno.

25. Ma prima bisogna ch'e' soffra molte cose, e sia reietto da questa generazione.

26. E come avvenne ai giorni di Noè, così pure avverrà a' giorni del Figliuol dell'uomo.

27. Si mangiava, si beveva, si prendea moglie, s'andava a marito, fino al giorno che Noè entrò nell'arca, e venne il diluvio che li fece tutti perire.

28. Likewise even as it came to pass in the days of Lot; they ate, they drank, they bought, they sold, they planted, they builded;

29. but in the day that Lot went out from Sodom it rained fire and brimstone from heaven, and destroyed them all:

30. after the same manner shall it be in the day that the Son of man is revealed.

31. In that day, he that shall be on the housetop, and his goods in the house, let him not go down to take them away: and let him that is in the field likewise not return back.

32. Remember Lot's wife.

33. Whosoever shall seek to gain his life shall lose it: but whosoever shall lose [his life] shall preserve it.

34. I say unto you, In that night there shall be two men on one bed; the one shall be taken, and the other shall be left.

35. There shall be two women grinding together; the one shall be taken, and the other shall be left.

36. [There shall be two men in the field; the one shall be taken, and the other shall be left.]

37. And they answering say unto him, Where, Lord? And he said unto them, Where the body [is], thither will the eagles also be gathered together.

# Luke 18

1. And he spake a parable unto them to the end that they ought always to pray, and not to faint;

2. saying, There was in a city a judge, who feared not God, and regarded not man:

3. and there was a widow in that city; and she came oft unto him, saying, Avenge me of mine adversary.

4. And he would not for a while: but afterward he said within himself, Though I fear not God, nor regard man;

5. yet because this widow troubleth me, I will avenge her, lest she wear me out by her continual coming.

6. And the Lord said, Hear what the unrighteous judge saith.

28. Nello stesso modo che avvenne anche ai giorni di Lot; si mangiava, si beveva, si comprava, si vendeva, si piantava, si edificava;

29. ma nel giorno che Lot uscì di Sodoma, piovve dal cielo fuoco e zolfo, che li fece tutti perire.

30. Lo stesso avverrà nel giorno che il Figliuol dell'uomo sarà manifestato.

31. In quel giorno, chi sarà sulla terrazza ed avrà la sua roba in casa, non scenda a prenderla; e parimente, chi sarà nei campi non torni indietro.

32. Ricordatevi della moglie di Lot.

33. Chi cercherà di salvare la sua vita, la perderà; ma chi la perderà, la preserverà.

34. Io ve lo dico: In quella notte, due saranno in un letto; l'uno sarà preso, e l'altro lasciato.

35. Due donne macineranno assieme; l'una sarà presa, e l'altra lasciata.

36. Due uomini saranno ai campi, l'uno sarà preso e l'altro lasciato.

37. I discepoli risposero: Dove sarà, Signore? Ed egli disse loro: Dove sarà il corpo, ivi anche le aquile si raduneranno.

# Luca 18

1. Propose loro ancora questa parabola per mostrare che doveano del continuo pregare e non stancarsi.

2. In una certa città v'era un giudice, che non temeva Iddio né avea rispetto per alcun uomo;

3. e in quella città vi era una vedova, la quale andava da lui dicendo: Fammi giustizia del mio avversario.

4. Ed egli per un tempo non volle farlo; ma poi disse fra sé: benché io non tema Iddio e non abbia rispetto per alcun uomo,

5. pure, poiché questa vedova mi dà molestia, le farò giustizia, che talora, a forza di venire, non finisca col rompermi la testa.

6. E il Signore disse: Ascoltate quel che dice il giudice iniquo.

7. And shall not God avenge his elect, that cry to him day and night, and [yet] he is longsuffering over them?

8. I say unto you, that he will avenge them speedily. Nevertheless, when the Son of man cometh, shall he find faith on the earth?

9. And he spake also this parable unto certain who trusted in themselves that they were righteous, and set all others at nought:

10. Two men went up into the temple to pray; the one a Pharisee, and the other a publican.

11. The Pharisee stood and prayed thus with himself, God, I thank thee, that I am not as the rest of men, extortioners, unjust, adulterers, or even as this publican.

12. I fast twice in the week; I give tithes of all that I get.

13. But the publican, standing afar off, would not lift up so much as his eyes unto heaven, but smote his breast, saying, God, be thou merciful to me a sinner.

14. I say unto you, This man went down to his house justified rather than the other: for every one that exalteth himself shall be humbled; but he that humbleth himself shall be exalted.

15. And they were bringing unto him also their babes, that he should touch them: but when the disciples saw it, they rebuked them.

16. But Jesus called them unto him, saying, Suffer the little children to come unto me, and forbid them not: for to such belongeth the kingdom of God.

17. Verily I say unto you, Whosoever shall not receive the kingdom of God as a little child, he shall in no wise enter therein.

18. And a certain ruler asked him, saying, Good Teacher, what shall I do to inherit eternal life?

19. And Jesus said unto him, Why callest thou me good? none is good, save one, [even] God.

20. Thou knowest the commandments, Do not commit adultery, Do not kill, Do not steal, Do not bear false witness, Honor thy father and mother.

21. And he said, All these things have I observed from my youth up.

7. E Dio non farà egli giustizia ai suoi eletti che giorno e notte gridano a lui, e sarà egli tardo per loro?

8. Io vi dico che farà loro prontamente giustizia. Ma quando il Figliuol dell'uomo verrà, troverà egli la fede sulla terra?

9. E disse ancora questa parabola per certuni che confidavano in se stessi di esser giusti e disprezzavano gli altri:

10. Due uomini salirono al tempio per pregare; l'uno Fariseo, e l'altro pubblicano.

11. Il Fariseo, stando in piè, pregava così dentro di sé: O Dio, ti ringrazio ch'io non sono come gli altri uomini, rapaci, ingiusti, adulteri; né pure come quel pubblicano.

12. Io digiuno due volte la settimana; pago la decima su tutto quel che posseggo.

13. Ma il pubblicano, stando da lungi, non ardiva neppure alzar gli occhi al cielo; ma si batteva il petto, dicendo: O Dio, sii placato verso me peccatore!

14. Io vi dico che questi scese a casa sua giustificato, piuttosto che quell'altro; perché chiunque s'innalza sarà abbassato; ma chi si abbassa sarà innalzato.

15. Or gli recavano anche i bambini, perché li toccasse; ma i discepoli, veduto questo, sgridavano quelli che glieli recavano.

16. Ma Gesù chiamò a sé i bambini, e disse: Lasciate i piccoli fanciulli venire a me, e non glielo vietate, perché di tali è il regno di Dio.

17. In verità io vi dico che chiunque non avrà ricevuto il regno di Dio come un piccolo fanciullo, non entrerà punto in esso.

18. E uno dei principali lo interrogò, dicendo: Maestro buono, che farò io per ereditare la vita eterna?

19. E Gesù gli disse: Perché mi chiami buono? Nessuno è buono, salvo uno solo, cioè Iddio.

20. Tu sai i comandamenti: Non commettere adulterio; non uccidere; non rubare; non dir falsa testimonianza; onora tuo padre e tua madre.

21. Ed egli rispose: Tutte queste cose io le ho osservate fin dalla mia giovinezza.

22.  And when Jesus heard it, he said unto him, One thing thou lackest yet: sell all that thou hast, and distribute unto the poor, and thou shalt have treasure in heaven: and come, follow me.

23.  But when he heard these things, he became exceeding sorrowful; for he was very rich.

24.  And Jesus seeing him said, How hardly shall they that have riches enter into the kingdom of God!

25.  For it is easier for a camel to enter in through a needle's eye, than for a rich man to enter into the kingdom of God.

26.  And they that heard it said, Then who can be saved?

27.  But he said, The things which are impossible with men are possible with God.

28.  And Peter said, Lo, we have left our own, and followed thee.

29.  And he said unto them, Verily I say unto you, There is no man that hath left house, or wife, or brethren, or parents, or children, for the kingdom of God's sake,

30.  who shall not receive manifold more in this time, and in the world to come eternal life.

31.  And he took unto him the twelve, and said unto them, Behold, we go up to Jerusalem, and all the things that are written through the prophets shall be accomplished unto the Son of man.

32.  For he shall be delivered up unto the Gentiles, and shall be mocked, and shamefully treated, and spit upon:

33.  and they shall scourge and kill him: and the third day he shall rise again.

34.  And they understood none of these things; and this saying was hid from them, and they perceived not the things that were said.

35.  And it came to pass, as he drew nigh unto Jericho, a certain blind man sat by the way side begging:

36.  and hearing a multitude going by, he inquired what this meant.

37.  And they told him that Jesus of Nazareth passeth by.

38.  And he cried, saying, Jesus, thou son of David, have mercy on me.

22.  E Gesù, udito questo, gli disse: Una cosa ti manca ancora; vendi tutto ciò che hai, e distribuiscilo ai poveri, e tu avrai un tesoro nel cielo; poi vieni e seguitami.

23.  Ma egli, udite queste cose, ne fu grandemente attristato, perché era molto ricco.

24.  E Gesù, vedendolo a quel modo, disse: Quanto malagevolmente coloro che hanno delle ricchezze entreranno nel regno di Dio!

25.  Poiché è più facile a un cammello passare per la cruna d'un ago, che ad un ricco entrare nel regno di Dio.

26.  E quelli che udiron questo dissero: Chi dunque può esser salvato?

27.  Ma egli rispose: Le cose impossibili agli uomini sono possibili a Dio.

28.  E Pietro disse: Ecco, noi abbiam lasciato le nostre case, e t'abbiam seguitato.

29.  Ed egli disse loro: Io vi dico in verità che non v'è alcuno che abbia lasciato casa, o moglie, o fratelli, o genitori, o figliuoli per amor del regno di Dio,

30.  il quale non ne riceva molte volte tanto in questo tempo, e nel secolo avvenire la vita eterna.

31.  Poi, presi seco i dodici, disse loro: Ecco, noi saliamo a Gerusalemme, e saranno adempiute rispetto al Figliuol dell'uomo tutte le cose scritte dai profeti;

32.  poiché egli sarà dato in man de' Gentili, e sarà schernito ed oltraggiato e gli sputeranno addosso;

33.  e dopo averlo flagellato, l'uccideranno; ma il terzo giorno risusciterà.

34.  Ed essi non capirono nulla di queste cose; quel parlare era per loro oscuro, e non intendevano le cose dette loro.

35.  Or avvenne che com'egli si avvicinava a Gerico, un certo cieco sedeva presso la strada, mendicando;

36.  e, udendo la folla che passava, domandò che cosa fosse.

37.  E gli fecero sapere che passava Gesù il Nazareno.

38.  Allora egli gridò: Gesù figliuol di Davide, abbi pietà di me!

39. And they that went before rebuked him, that he should hold his peace: but he cried out the more a great deal, Thou son of David, have mercy on me.

40. And Jesus stood, and commanded him to be brought unto him: and when he was come near, he asked him,

41. What wilt thou that I should do unto thee? And he said, Lord, that I may receive my sight.

42. And Jesus said unto him, Receive thy sight; thy faith hath made thee whole.

43. And immediately he received his sight, and followed him, glorifying God: and all the people, when they saw it, gave praise unto God.

39. E quelli che precedevano lo sgridavano perché tacesse; ma lui gridava più forte: Figliuol di Davide, abbi pietà di me!

40. E Gesù, fermatosi, comandò che gli fosse menato; e quando gli fu vicino, gli domandò:

41. Che vuoi tu ch'io ti faccia? Ed egli disse: Signore, ch'io ricuperi la vista.

42. E Gesù gli disse: Ricupera la vista; la tua fede t'ha salvato.

43. E in quell'istante ricuperò la vista, e lo seguiva glorificando Iddio; e tutto il popolo, veduto ciò, diede lode a Dio.

# Luke 19

1. And he entered and was passing through Jericho.

2. And behold, a man called by name Zacchaeus; and he was a chief publican, and he was rich.

3. And he sought to see Jesus who he was; and could not for the crowd, because he was little of stature.

4. And he ran on before, and climbed up into a sycomore tree to see him: for he was to pass that way.

5. And when Jesus came to the place, he looked up, and said unto him, Zacchaeus, make haste, and come down; for to-day I must abide at thy house.

6. And he made haste, and came down, and received him joyfully.

7. And when they saw it, they all murmured, saying, He is gone in to lodge with a man that is a sinner.

8. And Zacchaeus stood, and said unto the Lord, Behold, Lord, the half of my goods I give to the poor; and if I have wrongfully exacted aught of any man, I restore fourfold.

9. And Jesus said unto him, To-day is salvation come to this house, forasmuch as he also is a son of Abraham.

10. For the Son of man came to seek and to save that which was lost.

11. And as they heard these things, he added and spake a parable, because he was nigh to Jerusalem, and [because] they supposed that the kingdom of God was immediately to appear.

# Luca 19

1. E Gesù, essendo entrato in Gerico, attraversava la città.

2. Ed ecco, un uomo, chiamato per nome Zaccheo, il quale era capo dei pubblicani ed era ricco,

3. cercava di veder chi era Gesù, ma non poteva a motivo della folla, perché era piccolo di statura.

4. Allora corse innanzi, e montò sopra un sicomoro, per vederlo, perch'egli avea da passar per quella via.

5. E come Gesù fu giunto in quel luogo, alzati gli occhi, gli disse: Zaccheo, scendi presto, perché oggi debbo albergare in casa tua.

6. Ed egli s'affrettò a scendere e lo accolse con allegrezza.

7. E veduto ciò, tutti mormoravano, dicendo: E' andato ad albergare da un peccatore!

8. Ma Zaccheo, presentatosi al Signore, gli disse: Ecco, Signore, la metà de' miei beni la do ai poveri; e se ho frodato qualcuno di qualcosa gli rendo il quadruplo.

9. E Gesù gli disse: Oggi la salvezza è entrata in questa casa, poiché anche questo è figliuolo d'Abramo:

10. poiché il Figliuol dell'uomo è venuto per cercare e salvare ciò che era perito.

11. Or com'essi ascoltavano queste cose, Gesù aggiunse una parabola, perché era vicino a Gerusalemme ed essi pensavano che il regno di Dio stesse per esser manifestato immediatamente.

12.　He said therefore, A certain nobleman went into a far country, to receive for himself a kingdom, and to return.

13.　And he called ten servants of his, and gave them ten pounds, and said unto them, Trade ye [herewith] till I come.

14.　But his citizens hated him, and sent an ambassage after him, saying, We will not that this man reign over us.

15.　And it came to pass, when he was come back again, having received the kingdom, that he commanded these servants, unto whom he had given the money, to be called to him, that he might know what they had gained by trading.

16.　And the first came before him, saying, Lord, thy pound hath made ten pounds more.

17.　And he said unto him, Well done, thou good servant: because thou wast found faithful in a very little, have thou authority over ten cities.

18.　And the second came, saying, Thy pound, Lord, hath made five pounds.

19.　And he said unto him also, Be thou also over five cities.

20.　And another came, saying, Lord, behold, [here is] thy pound, which I kept laid up in a napkin:

21.　for I feared thee, because thou art an austere man: thou takest up that which thou layedst not down, and reapest that which thou didst not sow.

22.　He saith unto him, Out of thine own mouth will I judge thee, thou wicked servant. Thou knewest that I am an austere man, taking up that which I laid not down, and reaping that which I did not sow;

23.　then wherefore gavest thou not my money into the bank, and I at my coming should have required it with interest?

24.　And he said unto them that stood by, Take away from him the pound, and give it unto him that hath the ten pounds.

25.　And they said unto him, Lord, he hath ten pounds.

26.　I say unto you, that unto every one that hath shall be given; but from him that hath not, even that which he hath shall be taken away from him.

12.　Disse dunque: Un uomo nobile se n'andò in un paese lontano per ricevere l'investitura d'un regno e poi tornare.

13.　E chiamati a sé dieci suoi servitori, diede loro dieci mine, e disse loro: Trafficate finch'io venga.

14.　Ma i suoi concittadini l'odiavano, e gli mandaron dietro un'ambasciata per dire: Non vogliamo che costui regni su noi.

15.　Ed avvenne, quand'e' fu tornato, dopo aver ricevuto l'investitura del regno, ch'egli fece venire quei servitori ai quali avea dato il danaro, per sapere quanto ognuno avesse guadagnato, trafficando.

16.　Si presentò il primo e disse: Signore, la tua mina ne ha fruttate altre dieci.

17.　Ed egli gli disse: Va bene, buon servitore; poiché sei stato fedele in cosa minima, abbi podestà su dieci città.

18.　Poi venne il secondo, dicendo: La tua mina, signore, ha fruttato cinque mine.

19.　Ed egli disse anche a questo: E tu sii sopra cinque città.

20.　Poi ne venne un altro che disse: Signore, ecco la tua mina che ho tenuta riposta in un fazzoletto,

21.　perché ho avuto paura di te che sei uomo duro; tu prendi quel che non hai messo, e mieti quel che non hai seminato.

22.　E il padrone a lui: Dalle tue parole ti giudicherò, servo malvagio! Tu sapevi ch'io sono un uomo duro, che prendo quel che non ho messo e mieto quel che non ho seminato;

23.　e perché non hai messo il mio danaro alla banca, ed io, al mio ritorno, l'avrei riscosso con l'interesse?

24.　Poi disse a coloro ch'eran presenti: Toglietegli la mina, e date la a colui che ha le dieci mine.

25.　Essi gli dissero: Signore, egli ha dieci mine.

26.　Io vi dico che a chiunque ha sarà dato; ma a chi non ha sarà tolto anche quello che ha.

27. But these mine enemies, that would not that I should reign over them, bring hither, and slay them before me.

28. And when he had thus spoken, he went on before, going up to Jerusalem.

29. And it came to pass, when he drew nigh unto Bethphage and Bethany, at the mount that is called Olivet, he sent two of the disciples,

30. saying, Go your way into the village over against [you]; in which as ye enter ye shall find a colt tied, whereon no man ever yet sat: loose him, and bring him.

31. And if any one ask you, Why do ye loose him? thus shall ye say, The Lord hath need of him.

32. And they that were sent went away, and found even as he had said unto them.

33. And as they were loosing the colt, the owners thereof said unto them, Why loose ye the colt?

34. And they said, The Lord hath need of him.

35. And they brought him to Jesus: and they threw their garments upon the colt, and set Jesus thereon.

36. And as he went, they spread their garments in the way.

37. And as he was now drawing nigh, [even] at the descent of the mount of Olives, the whole multitude of the disciples began to rejoice and praise God with a loud voice for all the mighty works which they had seen;

38. saying, Blessed [is] the King that cometh in the name of the Lord: peace in heaven, and glory in the highest.

39. And some of the Pharisees from the multitude said unto him, Teacher, rebuke thy disciples.

40. And he answered and said, I tell you that, if these shall hold their peace, the stones will cry out.

41. And when he drew nigh, he saw the city and wept over it,

42. saying, If thou hadst known in this day, even thou, the things which belong unto peace! but now they are hid from thine eyes.

43. For the days shall come upon thee, when thine enemies shall cast up a bank about thee, and compass thee round, and keep thee in on every side,

27. Quanto poi a quei miei nemici che non volevano che io regnassi su loro, menateli qua e scannateli in mia presenza.

28. E dette queste cose, Gesù andava innanzi, salendo a Gerusalemme.

29. E avvenne che come fu vicino a Betfage e a Betania presso al monte detto degli Ulivi, mandò due de' discepoli, dicendo:

30. Andate nella borgata dirimpetto, nella quale entrando, troverete legato un puledro d'asino, sopra il quale non è mai montato alcuno; scioglietelo e menatemelo.

31. E se qualcuno vi domanda perché lo sciogliete, direte così: Il Signore ne ha bisogno.

32. E quelli ch'erano mandati, partirono e trovarono le cose com'egli avea lor detto.

33. E com'essi scioglievano il puledro, i suoi padroni dissero loro: Perché sciogliete il puledro?

34. Essi risposero: Il Signore ne ha bisogno.

35. E lo menarono a Gesù; e gettati i loro mantelli sul puledro, vi fecero montar Gesù.

36. E mentre egli andava innanzi, stendevano i loro mantelli sulla via.

37. E com'era già presso la città, alla scesa del monte degli Ulivi, tutta la moltitudine dei discepoli cominciò con allegrezza a lodare Iddio a gran voce per tutte le opere potenti che aveano vedute,

38. dicendo: Benedetto il Re che viene nel nome del Signore; pace in cielo e gloria ne' luoghi altissimi!

39. E alcuni de' Farisei di tra la folla gli dissero: Maestro, sgrida i tuoi discepoli!

40. Ed egli, rispondendo, disse: Io vi dico che se costoro si tacciono, le pietre grideranno.

41. E come si fu avvicinato, vedendo la città, pianse su lei, dicendo:

42. Oh se tu pure avessi conosciuto in questo giorno quel ch'è per la tua pace! Ma ora è nascosto agli occhi tuoi.

43. Poiché verranno su te de' giorni nei quali i tuoi nemici ti faranno attorno delle trincee, e ti circonderanno e ti stringeranno da ogni parte;

44. and shall dash thee to the ground, and thy children within thee; and they shall not leave in thee one stone upon another; because thou knewest not the time of thy visitation.

45. And he entered into the temple, and began to cast out them that sold,

46. saying unto them, It is written, And my house shall be a house of prayer: but ye have made it a den of robbers.

47. And he was teaching daily in the temple. But the chief priests and the scribes and the principal men of the people sought to destroy him:

48. and they could not find what they might do; for the people all hung upon him, listening.

44. e atterreranno te e i tuoi figliuoli dentro di te, e non lasceranno in te pietra sopra pietra, perché tu non hai conosciuto il tempo nel quale sei stata visitata.

45. Poi, entrato nel tempio, cominciò a cacciar quelli che in esso vendevano,

46. dicendo loro: Egli è scritto: La mia casa sarà una casa d'orazione, ma voi ne avete fatto una spelonca di ladroni.

47. Ed ogni giorno insegnava nel tempio. Ma i capi sacerdoti e gli scribi e i primi fra il popolo cercavano di farlo morire;

48. ma non sapevano come fare, perché tutto il popolo, ascoltandolo, pendeva dalle sue labbra.

# Luke 20

1. And it came to pass, on one of the days, as he was teaching the people in the temple, and preaching the gospel, there came upon him the chief priests and the scribes with the elders;

2. and they spake, saying unto him, Tell us: By what authority doest thou these things? or who is he that gave thee this authority?

3. And he answered and said unto them, I also will ask you a question; and tell me:

4. The baptism of John, was it from heaven, or from men?

5. And they reasoned with themselves, saying, If we shall say, From heaven; he will say, Why did ye not believe him?

6. But if we shall say, From men; all the people will stone us: for they are persuaded that John was a prophet.

7. And they answered, that they knew not whence [it was].

8. And Jesus said unto them, Neither tell I you by what authority I do these things.

9. And he began to speak unto the people this parable: A man planted a vineyard, and let it out to husbandmen, and went into another country for a long time.

10. And at the season he sent unto the husbandmen a servant, that they should give him of the fruit of the vineyard: but the husbandmen beat him, and sent him away empty.

# Luca 20

1. E avvenne un di quei giorni, che mentre insegnava al popolo nel tempio ed evangelizzava, sopraggiunsero i capi sacerdoti e gli scribi con gli anziani, e gli parlaron così:

2. Dicci con quale autorità tu fai queste cose, e chi t'ha data codesta autorità.

3. Ed egli, rispondendo, disse loro: Anch'io vi domanderò una cosa:

4. Il battesimo di Giovanni era dal cielo a dagli uomini?

5. Ed essi ragionavan fra loro, dicendo: Se diciamo: Dal cielo, egli ci dirà: Perché non gli credeste?

6. Ma se diciamo: Dagli uomini, tutto il popolo ci lapiderà, perché è persuaso che Giovanni era un profeta.

7. E risposero che non sapevano d'onde fosse.

8. E Gesù disse loro: Neppur io vi dico con quale autorità fo queste cose.

9. Poi prese a dire al popolo questa parabola: Un uomo piantò una vigna, l'allogò a dei lavoratori, e se n'andò in viaggio per lungo tempo.

10. E nella stagione mandò a que' lavoratori un servitore perché gli dessero del frutto della vigna; ma i lavoratori, battutolo, lo rimandarono a mani vuote.

11. And he sent yet another servant: and him also they beat, and handled him shamefully, and sent him away empty.

12. And he sent yet a third: and him also they wounded, and cast him forth.

13. And the lord of the vineyard said, What shall I do? I will send my beloved son; it may be they will reverence him.

14. But when the husbandmen saw him, they reasoned one with another, saying, This is the heir; let us kill him, that the inheritance may be ours.

15. And they cast him forth out of the vineyard, and killed him. What therefore will the lord of the vineyard do unto them?

16. He will come and destroy these husbandmen, and will give the vineyard unto others. And when they heard it, they said, God forbid.

17. But he looked upon them, and said, What then is this that is written, The stone which the builders rejected, The same was made the head of the corner?

18. Every one that falleth on that stone shall be broken to pieces; but on whomsoever it shall fall, it will scatter him as dust.

19. And the scribes and the chief priests sought to lay hands on him in that very hour; and they feared the people: for they perceived that he spake this parable against them.

20. And they watched him, and sent forth spies, who feigned themselves to be righteous, that they might take hold of his speech, so as to deliver him up to the rule and to the authority of the governor.

21. And they asked him, saying, Teacher, we know that thou sayest and teachest rightly, and acceptest not the person [of any], but of a truth teachest the way of God:

22. Is it lawful for us to give tribute unto Caesar, or not?

23. But he perceived their craftiness, and said unto them,

24. Show me a denarius. Whose image and superscription hath it? And they said, Caesar's.

25. And he said unto them, Then render unto Caesar the things that are Caesar's, and unto God the things that are God's.

11. Ed egli di nuovo mandò un altro servitore; ma essi, dopo aver battuto e vituperato anche questo, lo rimandarono a mani vuote.

12. Ed egli ne mandò ancora un terzo; ed essi, dopo aver ferito anche questo, lo scacciarono.

13. Allora il padron della vigna disse: Che farò? Manderò il mio diletto figliuolo; forse a lui porteranno rispetto.

14. Ma quando i lavoratori lo videro, fecero tra loro questo ragionamento: Costui è l'erede; uccidiamolo, affinché l'eredità diventi nostra.

15. E cacciatolo fuor dalla vigna, lo uccisero. Che farà loro dunque il padron della vigna?

16. Verrà e distruggerà que' lavoratori, e darà la vigna ad altri. Ed essi, udito ciò, dissero: Così non sia!

17. Ma egli, guardatili in faccia, disse: Che vuol dir dunque questo che è scritto: La pietra che gli edificatori hanno riprovata è quella che è divenuta pietra angolare?

18. Chiunque cadrà su quella pietra sarà sfracellato; ed ella stritolerà colui sul quale cadrà.

19. E gli scribi e i capi sacerdoti cercarono di mettergli le mani addosso in quella stessa ora, ma temettero il popolo; poiché si avvidero bene ch'egli avea detto quella parabola per loro.

20. Ed essendosi messi ad osservarlo, gli mandarono delle spie che simulassero d'esser giusti per coglierlo in parole, affin di darlo in man dell'autorità e del potere del governatore.

21. E quelli gli fecero una domanda, dicendo: Maestro, noi sappiamo che tu parli e insegni dirittamente, e non hai riguardi personali, ma insegni la via di Dio secondo verità:

22. E' egli lecito a noi pagare il tributo a Cesare o no?

23. Ma egli, avvedutosi della loro astuzia, disse loro:

24. Mostratemi un denaro; di chi porta l'effigie e l'iscrizione? Ed essi dissero: Di Cesare.

25. Ed egli a loro: Rendete dunque a Cesare quel ch'è di Cesare, e a Dio quel ch'è di Dio.

26. And they were not able to take hold of the saying before the people: and they marvelled at his answer, and held their peace.

27. And there came to him certain of the Sadducees, they that say that there is no resurrection;

28. and they asked him, saying, Teacher, Moses wrote unto us, that if a man's brother die, having a wife, and he be childless, his brother should take the wife, and raise up seed unto his brother.

29. There were therefore seven brethren: and the first took a wife, and died childless;

30. and the second:

31. and the third took her; and likewise the seven also left no children, and died.

32. Afterward the woman also died.

33. In the resurrection therefore whose wife of them shall she be? for the seven had her to wife.

34. And Jesus said unto them, The sons of this world marry, and are given in marriage:

35. but they that are accounted worthy to attain to that world, and the resurrection from the dead, neither marry, nor are given in marriage:

36. for neither can they die any more: for they are equal unto the angels; and are sons of God, being sons of the resurrection.

37. But that the dead are raised, even Moses showed, in [the place concerning] the Bush, when he calleth the Lord the God of Abraham, and the God of Isaac, and the God of Jacob.

38. Now he is not the God of the dead, but of the living: for all live unto him.

39. And certain of the scribes answering said, Teacher, thou hast well said.

40. For they durst not any more ask him any question.

41. And he said unto them, How say they that the Christ is David's son?

42. For David himself saith in the book of Psalms, The Lord said unto my Lord, Sit thou on my right hand,

43. Till I make thine enemies the footstool of thy feet.

44. David therefore calleth him Lord, and how is he his son?

45. And in the hearing of all the people he said unto his disciples,

26. Ed essi non poteron coglierlo in parole dinanzi al popolo; e maravigliati della sua risposta, si tacquero.

27. Poi, accostatisi alcuni dei Sadducei, i quali negano che ci sia risurrezione, lo interrogarono, dicendo:

28. Maestro, Mosè ci ha scritto che se il fratello di uno muore avendo moglie ma senza figliuoli, il fratello ne prenda la moglie e susciti progenie a suo fratello.

29. Or v'erano sette fratelli. Il primo prese moglie, e morì senza figliuoli.

30. Il secondo pure la sposò;

31. poi il terzo; e così fu dei sette; non lasciaron figliuoli, e morirono.

32. In ultimo, anche la donna morì.

33. Nella risurrezione dunque, la donna, di chi di loro sarà moglie? Perché i sette l'hanno avuta per moglie.

34. E Gesù disse loro: I figliuoli di questo secolo sposano e sono sposati;

35. ma quelli che saranno reputati degni d'aver parte al secolo avvenire e alla risurrezione dai morti, non sposano e non sono sposati,

36. perché neanche possono più morire, giacché son simili agli angeli e son figliuoli di Dio, essendo figliuoli della risurrezione.

37. Che poi i morti risuscitino anche Mosè lo dichiarò nel passo del "pruno", quando chiama il Signore l'Iddio d'Abramo, l'Iddio d'Isacco e l'Iddio di Giacobbe.

38. Or Egli non è un Dio di morti, ma di viventi; poiché per lui vivono tutti.

39. E alcuni degli scribi, rispondendo, dissero: Maestro, hai detto bene.

40. E non ardivano più fargli alcuna domanda.

41. Ed egli disse loro: Come dicono che il Cristo è figliuolo di Davide?

42. Poiché Davide stesso, nel libro dei Salmi, dice: Il Signore ha detto al mio Signore: Siedi alla mia destra,

43. finché io abbia posto i tuoi nemici per sgabello de' tuoi piedi.

44. Davide dunque lo chiama Signore; e com'è egli suo figliuolo?

45. E udendolo tutto il popolo, egli disse a' suoi discepoli:

46. Beware of the scribes, who desire to walk in long robes, and love salutations in the marketplaces, and chief seats in the synagogues, and chief places at feasts;

47. who devour widows' houses, and for a pretence make long prayers: these shall receive greater condemnation.

46. Guardatevi dagli scribi, i quali passegian volentieri in lunghe vesti ed amano le salutazioni nelle piazze e i primi seggi nelle sinagoghe e i primi posti nei conviti;

47. essi che divorano le case delle vedove e fanno per apparenza lunghe orazioni. Costoro riceveranno maggior condanna.

# Luke 21

# Luca 21

1. And he looked up, and saw the rich men that were casting their gifts into the treasury.
2. And he saw a certain poor widow casting in thither two mites.
3. And he said, Of a truth I say unto you, This poor widow cast in more than they all:
4. for all these did of their superfluity cast in unto the gifts; but she of her want did cast in all the living that she had.

5. And as some spake of the temple, how it was adorned with goodly stones and offerings, he said,
6. As for these things which ye behold, the days will come, in which there shall not be left here one stone upon another, that shall not be thrown down.
7. And they asked him, saying, Teacher, when therefore shall these things be? and what [shall be] the sign when these things are about to come to pass?
8. And he said, Take heed that ye be not led astray: for many shall come in my name, saying, I am [he]; and, The time is at hand: go ye not after them.
9. And when ye shall hear of wars and tumults, be not terrified: for these things must needs come to pass first; but the end is not immediately.
10. Then said he unto them, Nation shall rise against nation, and kingdom against kingdom;
11. and there shall be great earthquakes, and in divers places famines and pestilences; and there shall be terrors and great signs from heaven.

1. Poi, alzati gli occhi, Gesù vide dei ricchi che gettavano i loro doni nella cassa delle offerte.
2. Vide pure una vedova poveretta che vi gettava due spiccioli;
3. e disse: In verità vi dico che questa povera vedova ha gettato più di tutti;

4. poiché tutti costoro hanno gettato nelle offerte del loro superfluo; ma costei, del suo necessario, v'ha gettato tutto quanto avea per vivere.
5. E facendo alcuni notare come il tempio fosse adorno di belle pietre e di doni consacrati, egli disse:
6. Quant'è a queste cose che voi contemplate, verranno i giorni che non sarà lasciata pietra sopra pietra che non sia diroccata.
7. Ed essi gli domandarono: Maestro, quando avverranno dunque queste cose? e quale sarà il segno del tempo in cui queste cose staranno per succedere?
8. Ed egli disse: Guardate di non esser sedotti; perché molti verranno sotto il mio nome, dicendo: Son io; e: Il tempo è vicino; non andate dietro a loro.
9. E quando udrete parlar di guerre e di sommosse, non siate spaventati; perché bisogna che queste cose avvengano prima; ma la fine non verrà subito dopo.
10. Allora disse loro: Si leverà nazione contro nazione e regno contro regno;

11. vi saranno gran terremoti, e in diversi luoghi pestilenze e carestie; vi saranno fenomeni spaventevoli e gran segni dal cielo.

12. But before all these things, they shall lay their hands on you, and shall persecute you, delivering you up to the synagogues and prisons, bringing you before kings and governors for my name's sake.

13. It shall turn out unto you for a testimony.

14. Settle it therefore in your hearts, not to meditate beforehand how to answer:

15. for I will give you a mouth and wisdom, which all your adversaries shall not be able to withstand or to gainsay.

16. But ye shall be delivered up even by parents, and brethren, and kinsfolk, and friends; and [some] of you shall they cause to be put to death.

17. And ye shall be hated of all men for my name's sake.

18. And not a hair of your head shall perish.

19. In your patience ye shall win your souls.

20. But when ye see Jerusalem compassed with armies, then know that her desolation is at hand.

21. Then let them that are in Judaea flee unto the mountains; and let them that are in the midst of her depart out; and let not them that are in the country enter therein.

22. For these are days of vengeance, that all things which are written may be fulfilled.

23. Woe unto them that are with child and to them that give suck in those days! for there shall be great distress upon the land, and wrath unto this people.

24. And they shall fall by the edge of the sword, and shall be led captive into all the nations: and Jerusalem shall be trodden down of the Gentiles, until the times of the Gentiles be fulfilled.

25. And there shall be signs in sun and moon and stars; and upon the earth distress of nations, in perplexity for the roaring of the sea and the billows;

26. men fainting for fear, and for expectation of the things which are coming on the world: for the powers of the heavens shall be shaken.

27. And then shall they see the Son of man coming in a cloud with power and great glory.

12. Ma prima di tutte queste cose, vi metteranno le mani addosso e vi perseguiteranno, dandovi in man delle sinagoghe e mettendovi in prigione, traendovi dinanzi a re e governatori, a cagion del mio nome.

13. Ma ciò vi darà occasione di render testimonianza.

14. Mettetevi dunque in cuore di non premeditar come rispondere a vostra difesa,

15. perché io vi darò una parola e una sapienza alle quali tutti i vostri avversari non potranno contrastare né contraddire.

16. Or voi sarete traditi perfino da genitori, da fratelli, da parenti e da amici; faranno morire parecchi di voi;

17. e sarete odiati da tutti a cagion del mio nome;

18. ma neppure un capello del vostro capo perirà.

19. Con la vostra perseveranza guadagnerete le anime vostre.

20. Quando vedrete Gerusalemme circondata d'eserciti, sappiate allora che la sua desolazione è vicina.

21. Allora quelli che sono in Giudea, fuggano ai monti; e quelli che sono nella città, se ne partano; e quelli che sono per la campagna, non entrino in lei.

22. Perché quelli son giorni di vendetta, affinché tutte le cose che sono scritte, siano adempite.

23. Guai alle donne che saranno incinte, e a quelle che allatteranno in que' giorni! Perché vi sarà gran distretta nel paese ed ira su questo popolo.

24. E cadranno sotto il taglio della spada, e saran menati in cattività fra tutte le genti; e Gerusalemme sarà calpestata dai Gentili, finché i tempi de' Gentili siano compiti.

25. E vi saranno de' segni nel sole, nella luna e nelle stelle; e sulla terra, angoscia delle nazioni, sbigottite dal rimbombo del mare e delle onde;

26. gli uomini venendo meno per la paurosa aspettazione di quel che sarà per accadere al mondo; poiché le potenze de' cieli saranno scrollate.

27. E allora vedranno il Figliuol dell'uomo venir sopra le nuvole con potenza e gran gloria.

28. But when these things begin to come to pass, look up, and lift up your heads; because your redemption draweth nigh.

29. And he spake to them a parable: Behold the fig tree, and all the trees:

30. when they now shoot forth, ye see it and know of your own selves that the summer is now nigh.

31. Even so ye also, when ye see these things coming to pass, know ye that the kingdom of God is nigh.

32. Verily I say unto you, This generation shall not pass away, till all things be accomplished.

33. Heaven and earth shall pass away: but my words shall not pass away.

34. But take heed to yourselves, lest haply your hearts be overcharged with surfeiting, and drunkenness, and cares of this life, and that day come on you suddenly as a snare:

35. for [so] shall it come upon all them that dwell on the face of all the earth.

36. But watch ye at every season, making supplication, that ye may prevail to escape all these things that shall come to pass, and to stand before the Son of man.

37. And every day he was teaching in the temple; and every night he went out, and lodged in the mount that is called Olivet.

38. And all the people came early in the morning to him in the temple, to hear him.

# Luke 22

1. Now the feast of unleavened bread drew nigh, which is called the Passover.

2. And the chief priests and the scribes sought how they might put him to death; for they feared the people.

3. And Satan entered into Judas who was called Iscariot, being of the number of the twelve.

4. And he went away, and communed with the chief priests and captains, how he might deliver him unto them.

5. And they were glad, and covenanted to give him money.

28. Ma quando queste cose cominceranno ad avvenire, rialzatevi, levate il capo, perché la vostra redenzione è vicina.

29. E disse loro una parabola: Guardate il fico e tutti gli alberi;

30. quando cominciano a germogliare, voi, guardando, riconoscete da voi stessi che l'estate è oramai vicina.

31. Così anche voi quando vedrete avvenir queste cose, sappiate che il regno di Dio è vicino.

32. In verità io vi dico che questa generazione non passerà prima che tutte queste cose siano avvenute.

33. Il cielo e la terra passeranno, ma le mie parole non passeranno.

34. Badate a voi stessi, che talora i vostri cuori non siano aggravati da crapula, da ubriachezza e dalle ansiose sollecitudini di questa vita, e che quel giorno non vi venga addosso all'improvviso come un laccio;

35. perché verrà sopra tutti quelli che abitano sulla faccia di tutta la terra.

36. Vegliate dunque, pregando in ogni tempo, affinché siate in grado di scampare a tutte queste cose che stanno per accadere, e di comparire dinanzi al Figliuol dell'uomo.

37. Or di giorno egli insegnava nel tempio; e la notte usciva e la passava sul monte detto degli Ulivi.

38. E tutto il popolo, la mattina di buon'ora, veniva a lui nel tempio per udirlo.

# Luca 22

1. Or la festa degli azzimi, detta la Pasqua, s'avvicinava;

2. e i capi sacerdoti e gli scribi cercavano il modo di farlo morire, perché temevano il popolo.

3. E Satana entrò in Giuda, chiamato Iscariota, che era del numero de' dodici.

4. Ed egli andò a conferire coi capi sacerdoti e i capitani sul come lo darebbe loro nelle mani.

5. Ed essi se ne rallegrarono e pattuirono di dargli del denaro.

6. And he consented, and sought opportunity to deliver him unto them in the absence of the multitude.

7. And the day of unleavened bread came, on which the passover must be sacrificed.

8. And he sent Peter and John, saying, Go and make ready for us the passover, that we may eat.

9. And they said unto him, Where wilt thou that we make ready?

10. And he said unto them, Behold, when ye are entered into the city, there shall meet you a man bearing a pitcher of water; follow him into the house whereinto he goeth.

11. And ye shall say unto the master of the house, The Teacher saith unto thee, Where is the guestchamber, where I shall eat the passover with my disciples?

12. And he will show you a large upper room furnished: there make ready.

13. And they went, and found as he had said unto them: and they made ready the passover.

14. And when the hour was come, he sat down, and the apostles with him.

15. And he said unto them, With desire I have desired to eat this passover with you before I suffer:

16. for I say unto you, I shall not eat it, until it be fulfilled in the kingdom of God.

17. And he received a cup, and when he had given thanks, he said, Take this, and divide it among yourselves:

18. for I say unto you, I shall not drink from henceforth of the fruit of the vine, until the kingdom of God shall come.

19. And he took bread, and when he had given thanks, he brake it, and gave to them, saying, This is my body which is given for you: this do in remembrance of me.

20. And the cup in like manner after supper, saying, This cup is the new covenant in my blood, [even] that which is poured out for you.

21. But behold, the hand of him that betrayeth me is with me on the table.

22. For the Son of man indeed goeth, as it hath been determined: but woe unto that man through whom he is betrayed!

23. And they began to question among themselves, which of them it was that should do this thing.

6. Ed egli prese l'impegno, e cercava l'opportunità di farlo di nascosto alla folla.

7. Or venne il giorno degli azzimi, nel quale si dovea sacrificar la Pasqua.

8. E Gesù mandò Pietro e Giovanni, dicendo: Andate a prepararci la pasqua, affinché la mangiamo.

9. Ed essi gli dissero: Dove vuoi che la prepariamo?

10. Ed egli disse loro: Ecco, quando sarete entrati nella città, vi verrà incontro un uomo che porterà una brocca d'acqua; seguitelo nella casa dov'egli entrerà.

11. E dite al padron di casa: Il Maestro ti manda a dire: Dov'è la stanza nella quale mangerò la pasqua co' miei discepoli?

12. Ed egli vi mostrerà di sopra una gran sala ammobiliata; quivi apparecchiate.

13. Ed essi andarono e trovaron com'egli avea lor detto, e prepararon la pasqua.

14. E quando l'ora fu venuta, egli si mise a tavola, e gli apostoli con lui.

15. Ed egli disse loro: Ho grandemente desiderato di mangiar questa pasqua con voi, prima ch'io soffra;

16. poiché io vi dico che non la mangerò più finché sia compiuta nel regno di Dio.

17. E avendo preso un calice, rese grazie e disse: Prendete questo e distribuitelo fra voi;

18. perché io vi dico che oramai non berrò più del frutto della vigna, finché sia venuto il regno di Dio.

19. Poi, avendo preso del pane, rese grazie e lo ruppe e lo diede loro, dicendo: Questo è il mio corpo il quale è dato per voi: fate questo in memoria di me.

20. Parimente ancora, dopo aver cenato, dette loro il calice dicendo: Questo calice è il nuovo patto nel mio sangue, il quale è sparso per voi.

21. Del resto, ecco, la mano di colui che mi tradisce e meco a tavola.

22. Poiché il Figliuol dell'uomo, certo, se ne va, secondo che è determinato; ma guai a quell'uomo dal quale è tradito!

23. Ed essi cominciarono a domandarsi gli uni agli altri chi sarebbe mai quel di loro che farebbe questo.

24. And there arose also a contention among them, which of them was accounted to be greatest.

25. And he said unto them, The kings of the Gentiles have lordship over them; and they that have authority over them are called Benefactors.

26. But ye [shall] not [be] so: but he that is the greater among you, let him become as the younger; and he that is chief, as he that doth serve.

27. For which is greater, he that sitteth at meat, or he that serveth? is not he that sitteth at meat? but I am in the midst of you as he that serveth.

28. But ye are they that have continued with me in my temptations;

29. and I appoint unto you a kingdom, even as my Father appointed unto me,

30. that ye may eat and drink at my table in my kingdom; and ye shall sit on thrones judging the twelve tribes of Israel.

31. Simon, Simon, behold, Satan asked to have you, that he might sift you as wheat:

32. but I made supplication for thee, that thy faith fail not; and do thou, when once thou hast turned again, establish thy brethren.

33. And he said unto him, Lord, with thee I am ready to go both to prison and to death.

34. And he said, I tell thee, Peter, the cock shall not crow this day, until thou shalt thrice deny that thou knowest me.

35. And he said unto them, When I sent you forth without purse, and wallet, and shoes, lacked ye anything? And they said, Nothing.

36. And he said unto them, But now, he that hath a purse, let him take it, and likewise a wallet; and he that hath none, let him sell his cloak, and buy a sword.

37. For I say unto you, that this which is written must be fulfilled in me, And he was reckoned with transgressors: for that which concerneth me hath fulfilment.

38. And they said, Lord, behold, here are two swords. And he said unto them, It is enough.

39. And he came out, and went, as his custom was, unto the mount of Olives; and the disciples also followed him.

24. Nacque poi anche una contesa fra loro per sapere chi di loro fosse reputato il maggiore.

25. Ma egli disse loro: I re delle nazioni le signoreggiano, e quelli che hanno autorità su di esse son chiamati benefattori.

26. Ma tra voi non ha da esser così; anzi, il maggiore fra voi sia come il minore, e chi governa come colui che serve.

27. Poiché, chi è maggiore, colui che è a tavola oppur colui che serve? Non è forse colui che e a tavola? Ma io sono in mezzo a voi come colui che serve.

28. Or voi siete quelli che avete perseverato meco nelle mie prove;

29. e io dispongo che vi sia dato un regno, come il Padre mio ha disposto che fosse dato a me,

30. affinché mangiate e beviate alla mia tavola nel mio regno, e sediate su troni, giudicando le dodici tribù d'Israele.

31. Simone, Simone, ecco, Satana ha chiesto di vagliarvi come si vaglia il grano;

32. ma io ho pregato per te affinché la tua fede non venga meno; e tu, quando sarai convertito, conferma i tuoi fratelli.

33. Ma egli gli disse: Signore, con te son pronto ad andare e in prigione e alla morte.

34. E Gesù: Pietro, io ti dico che oggi il gallo non canterà, prima che tu abbia negato tre volte di conoscermi.

35. Poi disse loro: Quando vi mandai senza borsa, senza sacca da viaggio e senza calzari, vi mancò mai niente? Ed essi risposero: Niente. Ed egli disse loro:

36. Ma ora, chi ha una borsa la prenda; e parimente una sacca; e chi non ha spada, venda il mantello e ne compri una.

37. Poiché io vi dico che questo che è scritto deve esser adempito in me: Ed egli è stato annoverato tra i malfattori. Infatti, le cose che si riferiscono a me stanno per compiersi.

38. Ed essi dissero: Signore, ecco qui due spade! Ma egli disse loro: Basta!

39. Poi, essendo uscito, andò, secondo il suo solito, al monte degli Ulivi; e anche i discepoli lo seguirono.

40. And when he was at the place, he said unto them, Pray that ye enter not into temptation.

41. And he was parted from them about a stone's cast; and he kneeled down and prayed,

42. saying, Father, if thou be willing, remove this cup from me: nevertheless not my will, but thine, be done.

43. And there appeared unto him an angel from heaven, strengthening him.

44. And being in an agony he prayed more earnestly; and his sweat became as it were great drops of blood falling down upon the ground.

45. And when he rose up from his prayer, he came unto the disciples, and found them sleeping for sorrow,

46. and said unto them, Why sleep ye? rise and pray, that ye enter not into temptation.

47. While he yet spake, behold, a multitude, and he that was called Judas, one of the twelve, went before them; and he drew near unto Jesus to kiss him.

48. But Jesus said unto him, Judas, betrayest thou the Son of man with a kiss?

49. And when they that were about him saw what would follow, they said, Lord, shall we smite with the sword?

50. And a certain one of them smote the servant of the high priest, and struck off his right ear.

51. But Jesus answered and said, Suffer ye [them] thus far. And he touched his ear, and healed him.

52. And Jesus said unto the chief priests, and captains of the temple, and elders, that were come against him, Are ye come out, as against a robber, with swords and staves?

53. When I was daily with you in the temple, ye stretched not forth your hands against me: but this is your hour, and the power of darkness.

54. And they seized him, and led him [away], and brought him into the high priest's house. But Peter followed afar off.

55. And when they had kindled a fire in the midst of the court, and had sat down together, Peter sat in the midst of them.

40. E giunto che fu sul luogo, disse loro: Pregate, chiedendo di non entrare in tentazione.

41. Ed egli si staccò da loro circa un tiro di sasso; e postosi in ginocchio pregava, dicendo:

42. Padre, se tu vuoi, allontana da me questo calice! Però, non la mia volontà, ma la tua sia fatta.

43. E un angelo gli apparve dal cielo a confortarlo.

44. Ed essendo in agonia, egli pregava vie più intensamente; e il suo sudore divenne come grosse gocce di sangue che cadeano in terra.

45. E alzatosi dall'orazione, venne ai discepoli e li trovò che dormivano di tristezza,

46. e disse loro: Perché dormite? Alzatevi e pregate, affinché non entriate in tentazione.

47. Mentre parlava ancora, ecco una turba; e colui che si chiamava Giuda, uno dei dodici, la precedeva, e si accostò a Gesù per baciarlo.

48. Ma Gesù gli disse: Giuda, tradisci tu il Figliuol dell'uomo con un bacio?

49. E quelli ch'eran con lui, vedendo quel che stava per succedere, dissero: Signore, percoterem noi con la spada?

50. E uno di loro percosse il servitore del sommo sacerdote, e gli spiccò l'orecchio destro.

51. Ma Gesù rivolse loro la parola e disse: Lasciate, basta! E toccato l'orecchio di colui, lo guarì.

52. E Gesù disse ai capi sacerdoti e ai capitani del tempio e agli anziani che eran venuti contro a lui: Voi siete usciti con spade e bastoni, come contro a un ladrone.

53. mentre ero ogni giorno con voi nel tempio, non mi avete mai messe le mani addosso; ma questa è l'ora vostra e la potestà delle tenebre.

54. E presolo, lo menaron via e lo condussero dentro la casa del sommo sacerdote; e Pietro seguiva da lontano.

55. E avendo essi acceso un fuoco in mezzo alla corte ed essendosi posti a sedere insieme, Pietro si sedette in mezzo a loro.

56. And a certain maid seeing him as he sat in the light [of the fire], and looking stedfastly upon him, said, This man also was with him.

57. But he denied, saying, Woman, I know him not.

58. And after a little while another saw him, and said, Thou also art [one] of them. But Peter said, Man, I am not.

59. And after the space of about one hour another confidently affirmed, saying, Of a truth this man also was with him; for he is a Galilaean.

60. But Peter said, Man, I know not what thou sayest. And immediately, while he yet spake, the cock crew.

61. And the Lord turned, and looked upon Peter. And Peter remembered the word of the Lord, how that he said unto him, Before the cock crow this day thou shalt deny me thrice.

62. And he went out, and wept bitterly.

63. And the men that held [Jesus] mocked him, and beat him.

64. And they blindfolded him, and asked him, saying, Prophesy: who is he that struck thee?

65. And many other things spake they against him, reviling him.

66. And as soon as it was day, the assembly of the elders of the people was gathered together, both chief priests and scribes; and they led him away into their council, saying,

67. If thou art the Christ, tell us. But he said unto them, If I tell you, ye will not believe:

68. and if I ask [you], ye will not answer.

69. But from henceforth shall the Son of man be seated at the right hand of the power of God.

70. And they all said, Art thou then the Son of God? And he said unto them, Ye say that I am.

71. And they said, What further need have we of witness? for we ourselves have heard from his own mouth.

56. E una certa serva, vedutolo sedere presso il fuoco, e avendolo guardato fisso, disse: Anche costui era con lui.

57. Ma egli negò, dicendo: Donna, io non lo conosco.

58. E poco dopo, un altro, vedutolo, disse: Anche tu sei di quelli. Ma Pietro rispose: O uomo, non lo sono.

59. E trascorsa circa un'ora, un altro affermava lo stesso, dicendo: Certo, anche costui era con lui, poich'egli è Galileo.

60. Ma Pietro disse: O uomo, io non so quel che tu ti dica. E subito, mentr'egli parlava ancora, il gallo cantò.

61. E il Signore, voltatosi, riguardò Pietro; e Pietro si ricordò della parola del Signore com'ei gli avea detto: Prima che il gallo canti oggi, tu mi rinnegherai tre volte.

62. E uscito fuori pianse amaramente.

63. E gli uomini che tenevano Gesù, lo schernivano percuotendolo;

64. e avendolo bendato gli domandavano: Indovina, profeta, chi t'ha percosso?

65. E molte altre cose dicevano contro a lui, bestemmiando.

66. E come fu giorno, gli anziani del popolo, i capi sacerdoti e gli scribi si adunarono, e lo menarono nel loro Sinedrio, dicendo:

67. Se tu sei il Cristo, diccelo. Ma egli disse loro: Se ve lo dicessi, non credereste;

68. e se io vi facessi delle domande, non rispondereste.

69. Ma da ora innanzi il Figliuol dell'uomo sarà seduto alla destra della potenza di Dio.

70. E tutti dissero: Sei tu dunque il Figliuol di Dio? Ed egli rispose loro: Voi lo dite, poiché io lo sono.

71. E quelli dissero: Che bisogno abbiamo ancora di testimonianza? Noi stessi l'abbiamo udito dalla sua propria bocca.

# Luke 23

1. And the whole company of them rose up, and brought him before Pilate.

2. And they began to accuse him, saying, We found this man perverting our nation, and forbidding to give tribute to Caesar, and saying that he himself is Christ a king.

3. And Pilate asked him, saying, Art thou the King of the Jews? And he answered him and said, Thou sayest.

4. And Pilate said unto the chief priests and the multitudes, I find no fault in this man.

5. But they were the more urgent, saying, He stirreth up the people, teaching throughout all Judaea, and beginning from Galilee even unto this place.

6. But when Pilate heard it, he asked whether the man were a Galilaean.

7. And when he knew that he was of Herod's jurisdiction, he sent him unto Herod, who himself also was at Jerusalem in these days.

8. Now when Herod saw Jesus, he was exceeding glad: for he was of a long time desirous to see him, because he had heard concerning him; and he hoped to see some miracle done by him.

9. And he questioned him in many words; but he answered him nothing.

10. And the chief priests and the scribes stood, vehemently accusing him.

11. And Herod with his soldiers set him at nought, and mocked him, and arraying him in gorgeous apparel sent him back to Pilate.

12. And Herod and Pilate became friends with each other that very day: for before they were at enmity between themselves.

13. And Pilate called together the chief priests and the rulers and the people,

14. and said unto them, Ye brought unto me this man, as one that perverteth the people: and behold, I having examined him before you, found no fault in this man touching those things whereof ye accuse him:

15. no, nor yet Herod: for he sent him back unto us; and behold, nothing worthy of death hath been done by him.

16. I will therefore chastise him, and release him.

# Luca 23

1. Poi, levatasi tutta l'assemblea, lo menarono a Pilato.

2. E cominciarono ad accusarlo, dicendo: Abbiam trovato costui che sovvertiva la nostra nazione e che vietava di pagare i tributi a Cesare, e diceva d'esser lui il Cristo re.

3. E Pilato lo interrogò, dicendo: Sei tu il re dei Giudei? Ed egli, rispondendo, gli disse: Sì, lo sono.

4. E Pilato disse ai capi sacerdoti e alle turbe: Io non trovo colpa alcuna in quest'uomo.

5. Ma essi insistevano, dicendo: Egli solleva il popolo insegnando per tutta la Giudea; ha cominciato dalla Galilea ed è giunto fin qui.

6. Quando Pilato udì questo, domandò se quell'uomo fosse Galileo.

7. E saputo ch'egli era della giurisdizione d'Erode, lo rimandò a Erode ch'era anch'egli a Gerusalemme in que' giorni.

8. Erode, come vide Gesù, se ne rallegrò grandemente, perché da lungo tempo desiderava vederlo, avendo sentito parlar di lui; e sperava di vedergli fare qualche miracolo.

9. E gli rivolse molte domande, ma Gesù non gli rispose nulla.

10. Or i capi sacerdoti e gli scribi stavan là, accusandolo con veemenza.

11. Ed Erode co' suoi soldati, dopo averlo vilipeso e schernito, lo vestì di un manto splendido, e lo rimandò a Pilato.

12. E in quel giorno, Erode e Pilato divennero amici, perché per l'addietro arano stati in inimicizia fra loro.

13. E Pilato, chiamati assieme i capi sacerdoti e i magistrati e il popolo, disse loro:

14. Voi mi avete fatto comparir dinanzi quest'uomo come sovvertitore del popolo; ed ecco, dopo averlo in presenza vostra esaminato, non ho trovato in lui alcuna delle colpe di cui l'accusate;

15. e neppure Erode, poiché egli l'ha rimandato a noi; ed ecco, egli non ha fatto nulla che sia degno di morte.

16. Io dunque, dopo averlo castigato, lo libererò.

17. [Now he must needs release unto them at the feast one prisoner.]

18. But they cried out all together, saying, Away with this man, and release unto us Barabbas: --

19. one who for a certain insurrection made in the city, and for murder, was cast into prison.

20. And Pilate spake unto them again, desiring to release Jesus;

21. but they shouted, saying, Crucify, crucify him.

22. And he said unto them the third time, Why, what evil hath this man done? I have found no cause of death in him: I will therefore chastise him and release him.

23. But they were urgent with loud voices, asking that he might be crucified. And their voices prevailed.

24. And Pilate gave sentence that what they asked for should be done.

25. And he released him that for insurrection and murder had been cast into prison, whom they asked for; but Jesus he delivered up to their will.

26. And when they led him away, they laid hold upon one Simon of Cyrene, coming from the country, and laid on him the cross, to bear it after Jesus.

27. And there followed him a great multitude of the people, and of women who bewailed and lamented him.

28. But Jesus turning unto them said, Daughters of Jerusalem, weep not for me, but weep for yourselves, and for your children.

29. For behold, the days are coming, in which they shall say, Blessed are the barren, and the wombs that never bare, and the breasts that never gave suck.

30. Then shall they begin to say to the mountains, Fall on us; and to the hills, Cover us.

31. For if they do these things in the green tree, what shall be done in the dry?

32. And there were also two others, malefactors, led with him to be put to death.

33. And when they came unto the place which is called The skull, there they crucified him, and the malefactors, one on the right hand and the other on the left.

17. Or egli era in obbligo di liberar loro un carcerato in occasion della festa.

18. Ma essi gridarono tutti insieme: Fa' morir costui, e liberaci Barabba!

19. (Barabba era stato messo in prigione a motivo di una sedizione avvenuta in città e di una omicidio).

20. E Pilato da capo parlò loro, desiderando liberar Gesù;

21. ma essi gridavano: Crocifiggilo, crocifiggilo!

22. E per la terza volta egli disse loro: Ma che male ha egli fatto? Io non ho trovato nulla in lui, che meriti la morte. Io dunque, dopo averlo castigato, lo libererò.

23. Ma essi insistevano con gran grida, chiedendo che fosse crocifisso; e le loro grida finirono con avere il sopravvento.

24. E Pilato sentenziò che fosse fatto quello che domandavano.

25. E liberò colui che era stato messo in prigione per sedizione ed omicidio, e che essi aveano richiesto; ma abbandonò Gesù alla loro volontà.

26. E mentre lo menavan via, presero un certo Simon, cireneo, che veniva dalla campagna, e gli misero addosso la croce, perché la portasse dietro a Gesù.

27. Or lo seguiva una gran moltitudine di popolo e di donne che facean cordoglio e lamento per lui.

28. Ma Gesù, voltatosi verso di loro, disse: Figliuole di Gerusalemme, non piangete per me, ma piangete per voi stesse e per i vostri figliuoli.

29. Perché ecco, vengono i giorni nei quali si dirà: Beate le sterili, e i seni che non han partorito, e le mammelle che non hanno allattato.

30. Allora prenderanno a dire ai monti: Cadeteci addosso; ed ai colli: Copriteci.

31. Poiché se fan queste cose al legno verde, che sarà egli fatto al secco?

32. Or due altri, due malfattori, eran menati con lui per esser fatti morire.

33. E quando furon giunti al luogo detto "il Teschio", crocifissero quivi lui e i malfattori, l'uno a destra e l'altro a sinistra.

34. And Jesus said, Father, forgive them; for they know not what they do. And parting his garments among them, they cast lots.

35. And the people stood beholding. And the rulers also scoffed at him, saying, He saved others; let him save himself, if this is the Christ of God, his chosen.

36. And the soldiers also mocked him, coming to him, offering him vinegar,

37. and saying, If thou art the King of the Jews, save thyself.

38. And there was also a superscription over him, THIS IS THE KING OF THE JEWS.

39. And one of the malefactors that were hanged railed on him, saying, Art not thou the Christ? save thyself and us.

40. But the other answered, and rebuking him said, Dost thou not even fear God, seeing thou art in the same condemnation?

41. And we indeed justly; for we receive the due reward of our deeds: but this man hath done nothing amiss.

42. And he said, Jesus, remember me when thou comest in thy kingdom.

43. And he said unto him, Verily I say unto thee, To-day shalt thou be with me in Paradise.

44. And it was now about the sixth hour, and a darkness came over the whole land until the ninth hour,

45. the sun's light failing: and the veil of the temple was rent in the midst.

46. And Jesus, crying with a loud voice, said, Father, into thy hands I commend my spirit: and having said this, he gave up the ghost.

47. And when the centurion saw what was done, he glorified God, saying, Certainly this was a righteous man.

48. And all the multitudes that came together to this sight, when they beheld the things that were done, returned smiting their breasts.

49. And all his acquaintance, and the women that followed with him from Galilee, stood afar off, seeing these things.

50. And behold, a man named Joseph, who was a councillor, a good and righteous man

34. E Gesù diceva: Padre, perdona loro, perché non sanno quello che fanno. Poi, fatte delle parti delle sue vesti, trassero a sorte.

35. E il popolo stava a guardare. E anche i magistrati si facean beffe di lui, dicendo: Ha salvato altri, salvi se stesso, se è il Cristo, l'Eletto di Dio!

36. E i soldati pure lo schernivano, accostandosi, presentandogli dell'aceto e dicendo:

37. Se tu sei il re de' Giudei, salva te stesso!

38. E v'era anche questa iscrizione sopra il suo capo: QUESTO E IL RE DEI GIUDEI.

39. E uno de' malfattori appesi lo ingiuriava, dicendo: Non se' tu il Cristo? Salva te stesso e noi!

40. Ma l'altro, rispondendo, lo sgridava e diceva: Non hai tu nemmeno timor di Dio, tu che ti trovi nel medesimo supplizio?

41. E per noi è cosa giusta, perché riceviamo la condegna pena de' nostri fatti; ma questi non ha fatto nulla di male.

42. E diceva: Gesù, ricordati di me quando sarai venuto nel tuo regno!

43. E Gesù gli disse: Io ti dico in verità che oggi tu sarai meco in paradiso.

44. Ora era circa l'ora sesta, e si fecero tenebre per tutto il paese, fino all'ora nona, essendosi oscurato il sole.

45. La cortina del tempio si squarciò pel mezzo.

46. E Gesù, gridando con gran voce, disse: Padre, nelle tue mani rimetto lo spirito mio. E detto questo spirò.

47. E il centurione, veduto ciò che era accaduto, glorificava Iddio dicendo: Veramente, quest'uomo era giusto.

48. E tutte le turbe che si erano raunate a questo spettacolo, vedute le cose che erano successe, se ne tornavano battendosi il petto.

49. Ma tutti i suoi conoscenti e le donne che lo aveano accompagnato dalla Galilea, stavano a guardare queste cose da lontano.

50. Ed ecco un uomo per nome Giuseppe, che era consigliere, uomo dabbene e giusto,

51. (he had not consented to their counsel and deed), [a man] of Arimathaea, a city of the Jews, who was looking for the kingdom of God:

52. this man went to Pilate, and asked for the body of Jesus.

53. And he took it down, and wrapped it in a linen cloth, and laid him in a tomb that was hewn in stone, where never man had yet lain.

54. And it was the day of the Preparation, and the sabbath drew on.

55. And the women, who had come with him out of Galilee, followed after, and beheld the tomb, and how his body was laid.

56. And they returned, and prepared spices and ointments. And on the sabbath they rested according to the commandment.

51. il quale non avea consentito alla deliberazione e all'operato degli altri, ed era da Arimatea, città de' Giudei, e aspettava il regno di Dio,

52. venne a Pilato e chiese il corpo di Gesù.

53. E trattolo giù di croce, lo involse in un panno lino e lo pose in una tomba scavata nella roccia, dove niuno era ancora stato posto.

54. Era il giorno della Preparazione, e stava per cominciare il sabato.

55. E le donne che eran venute con Gesù dalla Galilea, avendo seguito Giuseppe, guardarono la tomba, e come v'era stato posto il corpo di Gesù.

56. Poi, essendosene tornate, prepararono aromi ed oli odoriferi.

# Luke 24

# Luca 24

1. But on the first day of the week, at early dawn, they came unto the tomb, bringing the spices which they had prepared.

2. And they found the stone rolled away from the tomb.

3. And they entered in, and found not the body of the Lord Jesus.

4. And it came to pass, while they were perplexed thereabout, behold, two men stood by them in dazzling apparel:

5. and as they were affrighted and bowed down their faces to the earth, they said unto them, Why seek ye the living among the dead?

6. He is not here, but is risen: remember how he spake unto you when he was yet in Galilee,

7. saying that the Son of man must be delivered up into the hands of sinful men, and be crucified, and the third day rise again.

8. And they remembered his words,

9. and returned from the tomb, and told all these things to the eleven, and to all the rest.

1. Durante il sabato si riposarono, secondo il comandamento; ma il primo giorno della settimana, la mattina molto per tempo, esse si recarono al sepolcro, portando gli aromi che aveano preparato.

2. E trovarono la pietra rotolata dal sepolcro.

3. Ma essendo entrate, non trovarono il corpo del Signor Gesù.

4. Ed avvenne che mentre se ne stavano perplesse di ciò, ecco che apparvero dinanzi a loro due uomini in vesti sfolgoranti;

5. ed essendo esse impaurite, e chinando il viso a terra, essi dissero loro: Perché cercate il vivente fra i morti?

6. Egli non è qui, ma è risuscitato; ricordatevi com'egli vi parlò quand'era ancora in Galilea,

7. dicendo che il Figliuol dell'uomo doveva esser dato nelle mani d'uomini peccatori ed esser crocifisso, e il terzo giorno risuscitare.

8. Ed esse si ricordarono delle sue parole;

9. e tornate dal sepolcro, annunziarono tutte queste cose agli undici e a tutti gli altri.

10. Now they were Mary Magdalene, and Joanna, and Mary the [mother] of James: and the other women with them told these things unto the apostles.

11. And these words appeared in their sight as idle talk; and they disbelieved them.

12. But Peter arose, and ran unto the tomb; and stooping and looking in, he seeth the linen cloths by themselves; and he departed to his home, wondering at that which was come to pass.

13. And behold, two of them were going that very day to a village named Emmaus, which was threescore furlongs from Jerusalem.

14. And they communed with each other of all these things which had happened.

15. And it came to pass, while they communed and questioned together, that Jesus himself drew near, and went with them.

16. But their eyes were holden that they should not know him.

17. And he said unto them, What communications are these that ye have one with another, as ye walk? And they stood still, looking sad.

18. And one of them, named Cleopas, answering said unto him, Dost thou alone sojourn in Jerusalem and not know the things which are come to pass there in these days?

19. And he said unto them, What things? And they said unto him, The things concerning Jesus the Nazarene, who was a prophet mighty in deed and word before God and all the people:

20. and how the chief priests and our rulers delivered him up to be condemned to death, and crucified him.

21. But we hoped that it was he who should redeem Israel. Yea and besides all this, it is now the third day since these things came to pass.

22. Moreover certain women of our company amazed us, having been early at the tomb;

23. and when they found not his body, they came, saying, that they had also seen a vision of angels, who said that he was alive.

24. And certain of them that were with us went to the tomb, and found it even so as the women had said: but him they saw not.

10. Or quelle che dissero queste cose agli apostoli erano: Maria Maddalena, Giovanna, Maria madre di Giacomo, e le altre donne che eran con loro.

11. E quelle parole parvero loro un vaneggiare, e non prestaron fede alle donne.

12. Ma Pietro, levatosi, corse al sepolcro; ed essendosi chinato a guardare, vide le sole lenzuola; e se ne andò maravigliandosi fra se stesso di quel che era avvenuto.

13. Ed ecco, due di loro se ne andavano in quello stesso giorno a un villaggio nominato Emmaus, distante da Gerusalemme sessanta stadi;

14. e discorrevano tra loro di tutte le cose che erano accadute.

15. Ed avvenne che mentre discorrevano e discutevano insieme, Gesù stesso si accostò e cominciò a camminare con loro.

16. Ma gli occhi loro erano impediti così da non riconoscerlo.

17. Ed egli domandò loro: Che discorsi son questi che tenete fra voi cammin facendo? Ed essi si fermarono tutti mesti.

18. E l'un de' due, per nome Cleopa, rispondendo, gli disse: Tu solo, tra i forestieri, stando in Gerusalemme, non hai saputo le cose che sono in essa avvenute in questi giorni?

19. Ed egli disse loro: Quali? Ed essi gli risposero: Il fatto di Gesù Nazareno, che era un profeta potente in opere e in parole dinanzi a Dio e a tutto il popolo;

20. e come i capi sacerdoti e i nostri magistrati l'hanno fatto condannare a morte, e l'hanno crocifisso.

21. Or noi speravamo che fosse lui che avrebbe riscattato Israele; invece, con tutto ciò, ecco il terzo giorno da che queste cose sono avvenute.

22. Vero è che certe donne d'infra noi ci hanno fatto stupire; essendo andate la mattina di buon'ora al sepolcro,

23. e non avendo trovato il corpo di lui, son venute dicendo d'aver avuto anche una visione d'angeli, i quali dicono ch'egli vive.

24. E alcuni de' nostri sono andati al sepolcro, e hanno trovato la cosa così come aveano detto le donne; ma lui non l'hanno veduto.

25. And he said unto them, O foolish men, and slow of heart to believe in all that the prophets have spoken!

26. Behooved it not the Christ to suffer these things, and to enter into his glory?

27. And beginning from Moses and from all the prophets, he interpreted to them in all the scriptures the things concerning himself.

28. And they drew nigh unto the village, whither they were going: and he made as though he would go further.

29. And they constrained him, saying, Abide with us; for it is toward evening, and the day is now far spent. And he went in to abide with them.

30. And it came to pass, when he had sat down with them to meat, he took the bread and blessed; and breaking [it] he gave to them.

31. And their eyes were opened, and they knew him; and he vanished out of their sight.

32. And they said one to another, Was not our heart burning within us, while he spake to us in the way, while he opened to us the scriptures?

33. And they rose up that very hour, and returned to Jerusalem, and found the eleven gathered together, and them that were with them,

34. saying, The Lord is risen indeed, and hath appeared to Simon.

35. And they rehearsed the things [that happened] in the way, and how he was known of them in the breaking of the bread.

36. And as they spake these things, he himself stood in the midst of them, and saith unto them, Peace [be] unto you.

37. But they were terrified and affrighted, and supposed that they beheld a spirit.

38. And he said unto them, Why are ye troubled? and wherefore do questionings arise in your heart?

39. See my hands and my feet, that it is I myself: handle me, and see; for a spirit hath not flesh and bones, as ye behold me having.

40. And when he had said this, he showed them his hands and his feet.

25. Allora Gesù disse loro: O insensati e tardi di cuore a credere a tutte le cose che i profeti hanno dette!

26. Non bisognava egli che il Cristo soffrisse queste cose ed entrasse quindi nella sua gloria?

27. E cominciando da Mosè e da tutti i profeti, spiegò loro in tutte le Scritture le cose che lo concernevano.

28. E quando si furono avvicinati al villaggio dove andavano, egli fece come se volesse andar più oltre.

29. Ed essi gli fecero forza, dicendo: Rimani con noi, perché si fa sera e il giorno è già declinato. Ed egli entrò per rimaner con loro.

30. E quando si fu messo a tavola con loro, prese il pane, lo benedisse, e spezzatolo lo dette loro.

31. E gli occhi loro furono aperti, e lo riconobbero; ma egli sparì d'innanzi a loro.

32. Ed essi dissero l'uno all'altro: Non ardeva il cuor nostro in noi mentr'egli ci parlava per la via, mentre ci spiegava le Scritture?

33. E levatisi in quella stessa ora, tornarono a Gerusalemme e trovarono adunati gli undici e quelli ch'eran con loro,

34. i quali dicevano: Il Signore è veramente risuscitato ed è apparso a Simone.

35. Ed essi pure raccontarono le cose avvenute loro per la via, e come era stato da loro riconosciuto nello spezzare il pane.

36. Or mentr'essi parlavano di queste cose, Gesù stesso comparve in mezzo a loro, e disse: Pace a voi!

37. Ma essi, smarriti e impauriti, pensavano di vedere uno spirito.

38. Ed egli disse loro: Perché siete turbati? E perché vi sorgono in cuore tali pensieri?

39. Guardate le mie mani ed i miei piedi, perché son ben io; palpatemi e guardate; perché uno spirito non ha carne e ossa come vedete che ho io.

40. E detto questo, mostrò loro le mani e i piedi.

41. And while they still disbelieved for joy, and wondered, he said unto them, Have ye here anything to eat?

42. And they gave him a piece of a broiled fish.

43. And he took it, and ate before them.

44. And he said unto them, These are my words which I spake unto you, while I was yet with you, that all things must needs be fulfilled, which are written in the law of Moses, and the prophets, and the psalms, concerning me.

45. Then opened he their mind, that they might understand the scriptures;

46. and he said unto them, Thus it is written, that the Christ should suffer, and rise again from the dead the third day;

47. and that repentance and remission of sins should be preached in his name unto all the nations, beginning from Jerusalem.

48. Ye are witnesses of these things.

49. And behold, I send forth the promise of my Father upon you: but tarry ye in the city, until ye be clothed with power from on high.

50. And he led them out until [they were] over against Bethany: and he lifted up his hands, and blessed them.

51. And it came to pass, while he blessed them, he parted from them, and was carried up into heaven.

52. And they worshipped him, and returned to Jerusalem with great joy:

53. and were continually in the temple, blessing God.

41. Ma siccome per l'allegrezza non credevano ancora, e si stupivano, disse loro: Avete qui nulla da mangiare?

42. Essi gli porsero un pezzo di pesce arrostito;

43. ed egli lo prese, e mangiò in loro presenza.

44. Poi disse loro: Queste son le cose che io vi dicevo quand'ero ancora con voi: che bisognava che tutte le cose scritte di me nella legge di Mosè, ne' profeti e nei Salmi, fossero adempiute.

45. Allora aprì loro la mente per intendere le Scritture, e disse loro:

46. Così è scritto, che il Cristo soffrirebbe, e risusciterebbe dai morti il terzo giorno,

47. e che nel suo nome si predicherebbe ravvedimento e remission dei peccati a tutte le genti, cominciando da Gerusalemme.

48. Or voi siete testimoni di queste cose.

49. Ed ecco, io mando su voi quello che il Padre mio ha promesso; quant'è a voi, rimanete in questa città, finché dall'alto siate rivestiti di potenza.

50. Poi li condusse fuori fino presso Betania; e levate in alto le mani, li benedisse.

51. E avvenne che mentre li benediceva, si dipartì da loro e fu portato su nel cielo.

52. Ed essi, adoratolo, tornarono a Gerusalemme con grande allegrezza;

53. ed erano del continuo nel tempio, benedicendo Iddio.

# John 1

## Giovanni 1

1. In the beginning was the Word, and the Word was with God, and the Word was God.

2. The same was in the beginning with God.

3. All things were made through him; and without him was not anything made that hath been made.

4. In him was life; and the life was the light of men.

5. And the light shineth in the darkness; and the darkness apprehended it not.

6. There came a man, sent from God, whose name was John.

7. The same came for witness, that he might bear witness of the light, that all might believe through him.

8. He was not the light, but [came] that he might bear witness of the light.

9. There was the true light, [even the light] which lighteth every man, coming into the world.

10. He was in the world, and the world was made through him, and the world knew him not.

11. He came unto his own, and they that were his own received him not.

12. But as many as received him, to them gave he the right to become children of God, [even] to them that believe on his name:

13. who were born, not of blood, nor of the will of the flesh, nor of the will of man, but of God.

14. And the Word became flesh, and dwelt among us (and we beheld his glory, glory as of the only begotten from the Father), full of grace and truth.

15. John beareth witness of him, and crieth, saying, This was he of whom I said, He that cometh after me is become before me: for he was before me.

16. For of his fulness we all received, and grace for grace.

17. For the law was given through Moses; grace and truth came through Jesus Christ.

18. No man hath seen God at any time; the only begotten Son, who is in the bosom of the Father, he hath declared [him].

1. Nel principio era la Parola, e la Parola era con Dio, e la Parola era Dio.

2. Essa era nel principio con Dio.

3. Ogni cosa è stata fatta per mezzo di lei; e senza di lei neppure una delle cose fatte è stata fatta.

4. In lei era la vita; e la vita era la luce degli uomini;

5. e la luce splende nelle tenebre, e le tenebre non l'hanno ricevuta.

6. Vi fu un uomo mandato da Dio, il cui nome era Giovanni.

7. Egli venne come testimone per render testimonianza alla luce, affinché tutti credessero per mezzo di lui.

8. Egli stesso non era la luce, ma venne per render testimonianza alla luce.

9. La vera luce che illumina ogni uomo, era per venire nel mondo.

10. Egli era nel mondo, e il mondo fu fatto per mezzo di lui, ma il mondo non l'ha conosciuto.

11. E' venuto in casa sua, e i suoi non l'hanno ricevuto;

12. ma a tutti quelli che l'hanno ricevuto egli ha dato il diritto di diventar figliuoli di Dio; a quelli, cioè, che credono nel suo nome;

13. i quali non son nati da sangue, né da volontà di carne, né da volontà d'uomo, ma son nati da Dio.

14. E la Parola è stata fatta carne ed ha abitato per un tempo fra noi, piena di grazia e di verità; e noi abbiam contemplata la sua gloria, gloria come quella dell'Unigenito venuto da presso al Padre.

15. Giovanni gli ha resa testimonianza ed ha esclamato, dicendo: Era di questo che io dicevo: Colui che vien dietro a me mi ha preceduto, perché era prima di me.

16. Infatti, è della sua pienezza che noi tutti abbiamo ricevuto, e grazia sopra grazia.

17. Poiché la legge è stata data per mezzo di Mosè; la grazia e la verità son venute per mezzo di Gesù Cristo.

18. Nessuno ha mai veduto Iddio; l'unigenito Figliuolo, che è nel seno del Padre, è quel che l'ha fatto conoscere.

19. And this is the witness of John, when the Jews sent unto him from Jerusalem priests and Levites to ask him, Who art thou?

20. And he confessed, and denied not; and he confessed, I am not the Christ.

21. And they asked him, What then? Art thou Elijah? And he saith, I am not. Art thou the prophet? And he answered, No.

22. They said therefore unto him, Who art thou? that we may give an answer to them that sent us. What sayest thou of thyself?

23. He said, I am the voice of one crying in the wilderness, Make straight the way of the Lord, as said Isaiah the prophet.

24. And they had been sent from the Pharisees.

25. And they asked him, and said unto him, Why then baptizest thou, if thou art not the Christ, neither Elijah, neither the prophet?

26. John answered them, saying, I baptize in water: in the midst of you standeth one whom ye know not,

27. [even] he that cometh after me, the latchet of whose shoe I am not worthy to unloose.

28. These things were done in Bethany beyond the Jordan, where John was baptizing.

29. On the morrow he seeth Jesus coming unto him, and saith, Behold, the Lamb of God, that taketh away the sin of the world!

30. This is he of whom I said, After me cometh a man who is become before me: for he was before me.

31. And I knew him not; but that he should be made manifest to Israel, for this cause came I baptizing in water.

32. And John bare witness, saying, I have beheld the Spirit descending as a dove out of heaven; and it abode upon him.

33. And I knew him not: but he that sent me to baptize in water, he said unto me, Upon whomsoever thou shalt see the Spirit descending, and abiding upon him, the same is he that baptizeth in the Holy Spirit.

34. And I have seen, and have borne witness that this is the Son of God.

35. Again on the morrow John was standing, and two of his disciples;

19. E questa è la testimonianza di Giovanni, quando i Giudei mandarono da Gerusalemme de' sacerdoti e dei leviti per domandargli: Tu chi sei?

20. Ed egli lo confessò e non lo negò; lo confessò dicendo: Io non sono il Cristo.

21. Ed essi gli domandarono: Che dunque? Sei Elia? Ed egli rispose: Non lo sono. Sei tu il profeta? Ed egli rispose: No.

22. Essi dunque gli dissero: Chi sei? affinché diamo una risposta a coloro che ci hanno mandato. Che dici tu di te stesso?

23. Egli disse: Io son la voce d'uno che grida nel deserto: Addirizzate la via del Signore, come ha detto il profeta Isaia.

24. Or quelli ch'erano stati mandati a lui erano de' Farisei:

25. e gli domandarono: Perché dunque battezzi se tu non sei il Cristo, né Elia, né il profeta?

26. Giovanni rispose loro, dicendo: Io battezzo con acqua; nel mezzo di voi è presente uno che voi non conoscete,

27. colui che viene dietro a me, al quale io non son degno di sciogliere il legaccio de' calzari.

28. Queste cose avvennero in Betania al di là del Giordano, dove Giovanni stava battezzando.

29. Il giorno seguente, Giovanni vide Gesù che veniva a lui, e disse: Ecco l'Agnello di Dio, che toglie il peccato del mondo!

30. Questi è colui del quale dicevo: Dietro a me viene un uomo che mi ha preceduto, perché egli era prima di me.

31. E io non lo conoscevo; ma appunto perché egli sia manifestato ad Israele, son io venuto a battezzar con acqua.

32. E Giovanni rese la sua testimonianza, dicendo: Ho veduto lo Spirito scendere dal cielo a guisa di colomba, e fermarsi su di lui.

33. E io non lo conoscevo; ma Colui che mi ha mandato a battezzare con acqua, mi ha detto: Colui sul quale vedrai lo Spirito scendere e fermarsi, è quel che battezza con lo Spirito Santo.

34. E io ho veduto e ho attestato che questi è il Figliuol di Dio.

35. Il giorno seguente, Giovanni era di nuovo là con due de' suoi discepoli;

36. and he looked upon Jesus as he walked, and saith, Behold, the Lamb of God!

37. And the two disciples heard him speak, and they followed Jesus.

38. And Jesus turned, and beheld them following, and saith unto them, What seek ye? And they said unto him, Rabbi (which is to say, being interpreted, Teacher), where abideth thou?

39. He saith unto them, Come, and ye shall see. They came therefore and saw where he abode; and they abode with him that day: it was about the tenth hour.

40. One of the two that heard John [speak], and followed him, was Andrew, Simon Peter's brother.

41. He findeth first his own brother Simon, and saith unto him, We have found the Messiah (which is, being interpreted, Christ).

42. He brought him unto Jesus. Jesus looked upon him, and said, Thou art Simon the son of John: thou shalt be called Cephas (which is by interpretation, Peter).

43. On the morrow he was minded to go forth into Galilee, and he findeth Philip: and Jesus saith unto him, Follow me.

44. Now Philip was from Bethsaida, of the city of Andrew and Peter.

45. Philip findeth Nathanael, and saith unto him, We have found him, of whom Moses in the law, and the prophets, wrote, Jesus of Nazareth, the son of Joseph.

46. And Nathanael said unto him, Can any good thing come out of Nazareth? Philip saith unto him, Come and see.

47. Jesus saw Nathanael coming to him, and saith of him, Behold, an Israelite indeed, in whom is no guile!

48. Nathanael saith unto him, Whence knowest thou me? Jesus answered and said unto him, Before Philip called thee, when thou wast under the fig tree, I saw thee.

49. Nathanael answered him, Rabbi, thou art the Son of God; thou art King of Israel.

50. Jesus answered and said unto him, Because I said unto thee, I saw thee underneath the fig tree, believest thou? thou shalt see greater things than these.

36. e avendo fissato lo sguardo su Gesù che stava passando, disse: Ecco l'Agnello di Dio!

37. E i suoi due discepoli, avendolo udito parlare, seguirono Gesù.

38. E Gesù, voltatosi, e osservando che lo seguivano, domandò loro: Che cercate? Ed essi gli dissero: Rabbì (che, interpretato, vuol dire: Maestro), ove dimori?

39. Egli rispose loro: Venite e vedrete. Essi dunque andarono, e videro ove dimorava, e stettero con lui quel giorno. Era circa la decima ora.

40. Andrea, il fratello di Simon Pietro, era uno dei due che aveano udito Giovanni ed avean seguito Gesù.

41. Egli pel primo trovò il proprio fratello Simone e gli disse: Abbiam trovato il Messia (che, interpretato, vuol dire: Cristo); e lo menò da Gesù.

42. E Gesù, fissato in lui lo sguardo, disse: Tu sei Simone, il figliuol di Giovanni; tu sarai chiamato Cefa (che significa Pietro).

43. Il giorno seguente, Gesù volle partire per la Galilea; trovò Filippo, e gli disse: Seguimi.

44. Or Filippo era di Betsaida, della città d'Andrea e di Pietro.

45. Filippo trovò Natanaele, e gli disse: Abbiam trovato colui del quale hanno scritto Mosè nella legge, ed i profeti: Gesù figliuolo di Giuseppe, da Nazaret.

46. E Natanaele gli disse: Può forse venir qualcosa di buono da Nazaret? Filippo gli rispose: Vieni a vedere.

47. Gesù vide Natanaele che gli veniva incontro, e disse di lui: Ecco un vero israelita in cui non c'è frode.

48. Natanaele gli chiese: Da che mi conosci? Gesù gli rispose: Prima che Filippo ti chiamasse, quand'eri sotto il fico, io t'ho veduto.

49. Natanaele gli rispose: Maestro, tu sei il Figliuol di Dio, tu sei il Re d'Israele.

50. Gesù rispose e gli disse: Perché t'ho detto che t'avevo visto sotto il fico, tu credi? Tu vedrai cose maggiori di queste.

51. And he saith unto him, Verily, verily, I say unto you, Ye shall see the heaven opened, and the angels of God ascending and descending upon the Son of man.

51. Poi gli disse: In verità, in verità vi dico che vedrete il cielo aperto e gli angeli di Dio salire e scendere sopra il Figliuol dell'uomo.

# John 2

# Giovanni 2

1. And the third day there was a marriage in Cana of Galilee; and the mother of Jesus was there:

2. and Jesus also was bidden, and his disciples, to the marriage.

3. And when the wine failed, the mother of Jesus saith unto him, They have no wine.

4. And Jesus saith unto her, Woman, what have I to do with thee? mine hour is not yet come.

5. His mother saith unto the servants, Whatsoever he saith unto you, do it.

6. Now there were six waterpots of stone set there after the Jews' manner of purifying, containing two or three firkins apiece.

7. Jesus saith unto them, Fill the waterpots with water. And they filled them up to the brim.

8. And he saith unto them, Draw out now, and bear unto the ruler of the feast. And they bare it.

9. And when the ruler of the feast tasted the water now become wine, and knew not whence it was (but the servants that had drawn the water knew), the ruler of the feast calleth the bridegroom,

10. and saith unto him, Every man setteth on first the good wine; and when [men] have drunk freely, [then] that which is worse: thou hast kept the good wine until now.

11. This beginning of his signs did Jesus in Cana of Galilee, and manifested his glory; and his disciples believed on him.

12. After this he went down to Capernaum, he, and his mother, and [his] brethren, and his disciples; and there they abode not many days.

13. And the passover of the Jews was at hand, and Jesus went up to Jerusalem.

14. And he found in the temple those that sold oxen and sheep and doves, and the changers of money sitting:

1. Tre giorni dopo, si fecero delle nozze in Cana di Galilea, e c'era la madre di Gesù.

2. E Gesù pure fu invitato co' suoi discepoli alle nozze.

3. E venuto a mancare il vino, la madre di Gesù gli disse: Non han più vino.

4. E Gesù le disse: Che v'è fra me e te, o donna? L'ora mia non è ancora venuta.

5. Sua madre disse ai servitori: Fate tutto quel che vi dirà.

6. Or c'erano quivi sei pile di pietra, destinate alla purificazione de' Giudei, le quali contenevano ciascuna due o tre misure.

7. Gesù disse loro: Empite d'acqua le pile. Ed essi le empirono fino all'orlo.

8. Poi disse loro: Ora attingete, e portatene al maestro di tavola. Ed essi gliene portarono.

9. E quando il maestro di tavola ebbe assaggiata l'acqua ch'era diventata vino (or egli non sapea donde venisse, ma ben lo sapeano i servitori che aveano attinto l'acqua), chiamò lo sposo e gli disse:

10. Ognuno serve prima il vin buono; e quando si è bevuto largamente, il men buono; tu, invece, hai serbato il vin buono fino ad ora.

11. Gesù fece questo primo de' suoi miracoli in Cana di Galilea, e manifestò la sua gloria; e i suoi discepoli credettero in lui.

12. Dopo questo, scese a Capernaum, egli con sua madre, co' suoi fratelli e i suoi discepoli; e stettero quivi non molti giorni.

13. Or la Pasqua de' Giudei era vicina, e Gesù salì a Gerusalemme.

14. E trovò nel tempio quelli che vendevano buoi e pecore e colombi, e i cambiamonete seduti.

15. and he made a scourge of cords, and cast all out of the temple, both the sheep and the oxen; and he poured out the changers' money, and overthrew their tables;

16. and to them that sold the doves he said, Take these things hence; make not my Father's house a house of merchandise.

17. His disciples remembered that it was written, Zeal for thy house shall eat me up.

18. The Jews therefore answered and said unto him, What sign showest thou unto us, seeing that thou doest these things?

19. Jesus answered and said unto them, Destroy this temple, and in three days I will raise it up.

20. The Jews therefore said, Forty and six years was this temple in building, and wilt thou raise it up in three days?

21. But he spake of the temple of his body.

22. When therefore he was raised from the dead, his disciples remembered that he spake this; and they believed the scripture, and the word which Jesus had said.

23. Now when he was in Jerusalem at the passover, during the feast, many believed on his name, beholding his signs which he did.

24. But Jesus did not trust himself unto them, for that he knew all men,

25. and because he needed not that any one should bear witness concerning man; for he himself knew what was in man.

15. E fatta una sferza di cordicelle, scacciò tutti fuori del tempio, pecore e buoi; e sparpagliò il danaro dei cambiamonete, e rovesciò le tavole;

16. e a quelli che vendeano i colombi, disse: Portate via di qui queste cose; non fate della casa del Padre mio una casa di mercato.

17. E i suoi discepoli si ricordarono che sta scritto: Lo zelo della tua casa mi consuma.

18. I Giudei allora presero a dirgli: Qual segno ci mostri tu che fai queste cose?

19. Gesù rispose loro: Disfate questo tempio, e in tre giorni lo farò risorgere.

20. Allora i Giudei dissero: Quarantasei anni è durata la fabbrica di questo tempio e tu lo faresti risorgere in tre giorni?

21. Ma egli parlava del tempio del suo corpo.

22. Quando dunque fu risorto da' morti, i suoi discepoli si ricordarono ch'egli avea detto questo; e credettero alla Scrittura e alla parola che Gesù avea detta.

23. Mentr'egli era in Gerusalemme alla festa di Pasqua, molti credettero nel suo nome, vedendo i miracoli ch'egli faceva.

24. Ma Gesù non si fidava di loro, perché conosceva tutti,

25. e perché non avea bisogno della testimonianza d'alcuno sull'uomo, poiché egli stesso conosceva quello che era nell'uomo.

# John 3

1. Now there was a man of the Pharisees, named Nicodemus, a ruler of the Jews:

2. the same came unto him by night, and said to him, Rabbi, we know that thou art a teacher come from God; for no one can do these signs that thou doest, except God be with him.

3. Jesus answered and said unto him, Verily, verily, I say unto thee, Except one be born anew, he cannot see the kingdom of God.

# Giovanni 3

1. Or v'era tra i Farisei un uomo, chiamato Nicodemo, un de' capi de' Giudei.

2. Egli venne di notte a Gesù, e gli disse: Maestro, noi sappiamo che tu sei un dottore venuto da Dio; perché nessuno può fare questi miracoli che tu fai, se Dio non è con lui.

3. Gesù gli rispose dicendo: In verità, in verità io ti dico che se uno non è nato di nuovo, non può vedere il regno di Dio.

4. Nicodemus saith unto him, How can a man be born when he is old? can he enter a second time into his mother's womb, and be born?

5. Jesus answered, Verily, verily, I say unto thee, Except one be born of water and the Spirit, he cannot enter into the kingdom of God!

6. That which is born of the flesh is flesh; and that which is born of the Spirit is spirit.

7. Marvel not that I said unto thee, Ye must be born anew.

8. The wind bloweth where it will, and thou hearest the voice thereof, but knowest not whence it cometh, and whither it goeth: so is every one that is born of the Spirit.

9. Nicodemus answered and said unto him, How can these things be?

10. Jesus answered and said unto him, Art thou the teacher of Israel, and understandest not these things?

11. Verily, verily, I say unto thee, We speak that which we know, and bear witness of that which we have seen; and ye receive not our witness.

12. If I told you earthly things and ye believe not, how shall ye believe if I tell you heavenly things?

13. And no one hath ascended into heaven, but he that descended out of heaven, [even] the Son of man, who is in heaven.

14. And as Moses lifted up the serpent in the wilderness, even so must the Son of man be lifted up;

15. that whosoever believeth may in him have eternal life.

16. For God so loved the world, that he gave his only begotten Son, that whosoever believeth on him should not perish, but have eternal life.

17. For God sent not the Son into the world to judge the world; but that the world should be saved through him.

18. He that believeth on him is not judged: he that believeth not hath been judged already, because he hath not believed on the name of the only begotten Son of God.

4. Nicodemo gli disse: Come può un uomo nascere quand'è vecchio? Può egli entrare una seconda volta nel seno di sua madre e nascere?

5. Gesù rispose: In verità, in verità io ti dico che se uno non è nato d'acqua e di Spirito, non può entrare nel regno di Dio.

6. Quel che è nato dalla carne, è carne; e quel che è nato dallo Spirito, è spirito.

7. Non ti maravigliare se t'ho detto: Bisogna che nasciate di nuovo.

8. Il vento soffia dove vuole, e tu ne odi il rumore, ma non sai né d'onde viene né dove va; così è di chiunque è nato dallo Spirito.

9. Nicodemo replicò e gli disse: Come possono avvenir queste cose?

10. Gesù gli rispose: Tu se' il dottor d'Israele e non sai queste cose?

11. In verità, in verità io ti dico che noi parliamo di quel che sappiamo, e testimoniamo di quel che abbiamo veduto; ma voi non ricevete la nostra testimonianza.

12. Se vi ho parlato delle cose terrene e non credete, come crederete se vi parlerò delle cose celesti?

13. E nessuno è salito in cielo, se non colui che è disceso dal cielo: il Figliuol dell'uomo che è nel cielo.

14. E come Mosè innalzò il serpente nel deserto, così bisogna che il Figliuol dell'uomo sia innalzato,

15. affinché chiunque crede in lui abbia vita eterna.

16. Poiché Iddio ha tanto amato il mondo, che ha dato il suo unigenito Figliuolo, affinché chiunque crede in lui non perisca, ma abbia vita eterna.

17. Infatti Iddio non ha mandato il suo Figliuolo nel mondo per giudicare il mondo, ma perché il mondo sia salvato per mezzo di lui.

18. Chi crede in lui non è giudicato; chi non crede è già giudicato, perché non ha creduto nel nome dell'unigenito Figliuol di Dio.

19. And this is the judgment, that the light is come into the world, and men loved the darkness rather than the light; for their works were evil.

20. For every one that doeth evil hateth the light, and cometh not to the light, lest his works should be reproved.

21. But he that doeth the truth cometh to the light, that his works may be made manifest, that they have been wrought in God.

22. After these things came Jesus and his disciples into the land of Judea; and there he tarried with them, and baptized.

23. And John also was baptizing in Enon near to Salim, because there was much water there: and they came, and were baptized.

24. For John was not yet cast into prison.

25. There arose therefore a questioning on the part of John's disciples with a Jew about purifying.

26. And they came unto John, and said to him, Rabbi, he that was with thee beyond the Jordan, to whom thou hast borne witness, behold, the same baptizeth, and all men come to him.

27. John answered and said, A man can receive nothing, except it have been given him from heaven.

28. Ye yourselves bear me witness, that I said, I am not the Christ, but, that I am sent before him.

29. He that hath the bride is the bridegroom: but the friend of the bridegroom, that standeth and heareth him, rejoiceth greatly because of the bridegroom's voice: this my joy therefore is made full.

30. He must increase, but I must decrease.

31. He that cometh from above is above all: he that is of the earth is of the earth, and of the earth he speaketh: he that cometh from heaven is above all.

32. What he hath seen and heard, of that he beareth witness; and no man receiveth his witness.

33. He that hath received his witness hath set his seal to [this], that God is true.

34. For he whom God hath sent speaketh the words of God: for he giveth not the Spirit by measure.

19. E il giudizio è questo: che la luce è venuta nel mondo, e gli uomini hanno amato le tenebre più che la luce, perché le loro opere erano malvage.

20. Poiché chiunque fa cose malvage odia la luce e non viene alla luce, perché le sue opere non siano riprovate;

21. ma chi mette in pratica la verità viene alla luce, affinché le opere sue siano manifestate, perché son fatte in Dio.

22. Dopo queste cose, Gesù venne co' suoi discepoli nelle campagne della Giudea; quivi si trattenne con loro, e battezzava.

23. Or anche Giovanni stava battezzando a Enon, presso Salim, perché c'era là molt'acqua; e la gente veniva a farsi battezzare.

24. Poiché Giovanni non era ancora stato messo in prigione.

25. Nacque dunque una discussione fra i discepoli di Giovanni e un Giudeo intorno alla purificazione.

26. E vennero a Giovanni e gli dissero: Maestro, colui che era con te di là dal Giordano, e al quale tu rendesti testimonianza, eccolo che battezza, e tutti vanno a lui.

27. Giovanni rispose dicendo: L'uomo non può ricever cosa alcuna, se non gli è data dal cielo.

28. Voi stessi mi siete testimoni che ho detto: Io non sono il Cristo; ma son mandato davanti a lui.

29. Colui che ha la sposa è lo sposo; ma l'amico dello sposo, che è presente e l'ascolta, si rallegra grandemente alla voce dello sposo; questa allegrezza che è la mia è perciò completa.

30. Bisogna che egli cresca, e che io diminuisca.

31. Colui che vien dall'alto è sopra tutti; colui che vien dalla terra è della terra e parla com'essendo della terra; colui che vien dal cielo è sopra tutti.

32. Egli rende testimonianza di quel che ha veduto e udito, ma nessuno riceve la sua testimonianza.

33. Chi ha ricevuto la sua testimonianza ha confermato che Dio è verace.

34. Poiché colui che Dio ha mandato, proferisce le parole di Dio; perché Dio non gli dà lo Spirito con misura.

35. The Father loveth the Son, and hath given all things into his hand.

36. He that believeth on the Son hath eternal life; but he that obeyeth not the Son shall not see life, but the wrath of God abideth on him.

# John 4

1. When therefore the Lord knew that the Pharisees had heard that Jesus was making and baptizing more disciples than John

2. (although Jesus himself baptized not, but his disciples),

3. he left Judea, and departed again into Galilee.

4. And he must needs pass through Samaria.

5. So he cometh to a city of Samaria, called Sychar, near to the parcel of ground that Jacob gave to his son Joseph:

6. and Jacob's well was there. Jesus therefore, being wearied with his journey, sat thus by the well. It was about the sixth hour.

7. There cometh a woman of Samaria to draw water: Jesus saith unto her, Give me to drink.

8. For his disciples were gone away into the city to buy food.

9. The Samaritan woman therefore saith unto him, How is it that thou, being a Jew, askest drink of me, who am a Samaritan woman? (For Jews have no dealings with Samaritans.)

10. Jesus answered and said unto unto her, If thou knewest the gift of God, and who it is that saith to thee, Give me to drink; thou wouldest have asked of him, and he would have given thee living water.

11. The woman saith unto him, Sir, thou hast nothing to draw with, and the well is deep: whence then hast thou that living water?

12. Art thou greater than our father Jacob, who gave us the well, and drank thereof himself, and his sons, and his cattle?

13. Jesus answered and said unto her, Every one that drinketh of this water shall thirst again:

## Giovanni 4

35. Il Padre ama il Figliuolo, e gli ha dato ogni cosa in mano.

36. Chi crede nel Figliuolo ha vita eterna; ma chi rifiuta di credere al Figliuolo non vedrà la vita, ma l'ira di Dio resta sopra lui.

1. Quando dunque il Signore ebbe saputo che i Farisei aveano udito ch'egli faceva e battezzava più discepoli di Giovanni

2. (quantunque non fosse Gesù che battezzava, ma i suoi discepoli),

3. lasciò la Giudea e se n'andò di nuovo in Galilea.

4. Or doveva passare per la Samaria.

5. Giunse dunque a una città della Samaria, chiamata Sichar, vicina al podere che Giacobbe dette a Giuseppe, suo figliuolo;

6. e quivi era la fonte di Giacobbe. Gesù dunque, stanco del cammino, stava così a sedere presso la fonte. Era circa l'ora sesta.

7. Una donna samaritana venne ad attinger l'acqua. Gesù le disse: Dammi da bere.

8. (Giacché i suoi discepoli erano andati in città a comprar da mangiare).

9. Onde la donna samaritana gli disse: Come mai tu che sei giudeo chiedi da bere a me che sono una donna samaritana? Infatti i Giudei non hanno relazioni co' Samaritani.

10. Gesù rispose e le disse: Se tu conoscessi il dono di Dio e chi è che ti dice: Dammi da bere, tu stessa gliene avresti chiesto, ed egli t'avrebbe dato dell'acqua viva.

11. La donna gli disse: Signore, tu non hai nulla per attingere, e il pozzo è profondo; donde hai dunque cotest'acqua viva?

12. Sei tu più grande di Giacobbe nostro padre che ci dette questo pozzo e ne bevve egli stesso co' suoi figliuoli e il suo bestiame?

13. Gesù rispose e le disse: Chiunque beve di quest'acqua avrà sete di nuovo;

14. but whosoever drinketh of the water that I shall give him shall never thirst; but the water that I shall give him shall become in him a well of water springing up unto eternal life.

15. The woman saith unto him, Sir, give me this water, that I thirst not, neither come all the way hither to draw.

16. Jesus saith unto her, Go, call thy husband, and come hither.

17. The woman answered and said unto him, I have no husband. Jesus saith unto her, Thou saidst well, I have no husband:

18. for thou hast had five husbands; and he whom thou now hast is not thy husband: this hast thou said truly.

19. The woman saith unto him, Sir, I perceive that thou art a prophet.

20. Our fathers worshipped in this mountain; and ye say, that in Jerusalem is the place where men ought to worship.

21. Jesus saith unto her, Woman, believe me, the hour cometh, when neither in this mountain, nor in Jerusalem, shall ye worship the Father.

22. Ye worship that which ye know not: we worship that which we know; for salvation is from the Jews.

23. But the hour cometh, and now is, when the true worshippers shall worship the Father in spirit and truth: for such doth the Father seek to be his worshippers.

24. God is a Spirit: and they that worship him must worship in spirit and truth.

25. The woman saith unto him, I know that Messiah cometh (he that is called Christ): when he is come, he will declare unto us all things.

26. Jesus saith unto her, I that speak unto thee am [he].

27. And upon this came his disciples; and they marvelled that he was speaking with a woman; yet no man said, What seekest thou? or, Why speakest thou with her?

28. So the woman left her waterpot, and went away into the city, and saith to the people,

29. Come, see a man, who told me all things that [ever] I did: can this be the Christ?

30. They went out of the city, and were coming to him.

14. ma chi beve dell'acqua che io gli darò, non avrà mai più sete; anzi, l'acqua che io gli darò, diventerà in lui una fonte d'acqua che scaturisce in vita eterna.

15. La donna gli disse: Signore, dammi di cotest'acqua, affinché io non abbia più sete, e non venga più sin qua ad attingere.

16. Gesù le disse: Va' a chiamar tuo marito e vieni qua.

17. La donna gli rispose: Non ho marito. E Gesù: Hai detto bene: Non ho marito;

18. perché hai avuto cinque mariti; e quello che hai ora, non è tuo marito; in questo hai detto il vero.

19. La donna gli disse: Signore, io vedo che tu sei un profeta.

20. I nostri padri hanno adorato su questo monte, e voi dite che a Gerusalemme è il luogo dove bisogna adorare.

21. Gesù le disse: Donna, credimi; l'ora viene che né su questo monte né a Gerusalemme adorerete il Padre.

22. Voi adorate quel che non conoscete; noi adoriamo quel che conosciamo, perché la salvazione vien da' Giudei.

23. Ma l'ora viene, anzi è già venuta, che i veri adoratori adoreranno il Padre in ispirito e verità; poiché tali sono gli adoratori che il Padre richiede.

24. Iddio è spirito; e quelli che l'adorano, bisogna che l'adorino in ispirito e verità.

25. La donna gli disse: Io so che il Messia (ch'è chiamato Cristo) ha da venire; quando sarà venuto, ci annunzierà ogni cosa.

26. Gesù le disse: Io che ti parlo, son desso.

27. In quel mentre giunsero i suoi discepoli, e si maravigliarono ch'egli parlasse con una donna; ma pur nessuno gli chiese: Che cerchi? o: Perché discorri con lei?

28. La donna lasciò dunque la sua secchia, se ne andò in città e disse alla gente:

29. Venite a vedere un uomo che m'ha detto tutto quello che ho fatto; non sarebb'egli il Cristo?

30. La gente uscì dalla città e veniva a lui.

31. In the mean while the disciples prayed him, saying, Rabbi, eat.

32. But he said unto them, I have meat to eat that ye know not.

33. The disciples therefore said one to another, Hath any man brought him [aught] to eat?

34. Jesus saith unto them, My meat is to do the will of him that sent me, and to accomplish his work.

35. Say not ye, There are yet four months, and [then] cometh the harvest? behold, I say unto you, Lift up your eyes, and look on the fields, that they are white already unto harvest.

36. He that reapeth receiveth wages, and gathereth fruit unto life eternal; that he that soweth and he that reapeth may rejoice together.

37. For herein is the saying true, One soweth, and another reapeth.

38. I sent you to reap that whereon ye have not labored: others have labored, and ye are entered into their labor.

39. And from that city many of the Samaritans believed on him because of the word of the woman, who testified, He told me all things that [ever] I did.

40. So when the Samaritans came unto him, they besought him to abide with them: and he abode there two days.

41. And many more believed because of his word;

42. and they said to the woman, Now we believe, not because of thy speaking: for we have heard for ourselves, and know that this is indeed the Saviour of the world.

43. And after the two days he went forth from thence into Galilee.

44. For Jesus himself testified, that a prophet hath no honor in his own country.

45. So when he came into Galilee, the Galilaeans received him, having seen all the things that he did in Jerusalem at the feast: for they also went unto the feast.

46. He came therefore again unto Cana of Galilee, where he made the water wine. And there was a certain nobleman, whose son was sick at Capernaum.

31. Intanto i discepoli lo pregavano, dicendo: Maestro, mangia.

32. Ma egli disse loro: Io ho un cibo da mangiare che voi non sapete.

33. Perciò i discepoli si dicevano l'uno all'altro: Forse qualcuno gli ha portato da mangiare?

34. Gesù disse loro: Il mio cibo è di far la volontà di Colui che mi ha mandato, e di compiere l'opera sua.

35. Non dite voi che ci sono ancora quattro mesi e poi vien la mietitura? Ecco, io vi dico: Levate gli occhi e mirate le campagne come già son bianche da mietere.

36. Il mietitore riceve premio e raccoglie frutto per la vita eterna, affinché il seminatore ed il mietitore si rallegrino assieme.

37. Poiché in questo è vero il detto: L'uno semina e l'altro miete.

38. Io v'ho mandati a mieter quello intorno a cui non avete faticato; altri hanno faticato, e voi siete entrati nella lor fatica.

39. Or molti de' Samaritani di quella città credettero in lui a motivo della testimonianza resa da quella donna: Egli m'ha detto tutte le cose che ho fatte.

40. Quando dunque i Samaritani furono venuti a lui, lo pregarono di trattenersi da loro; ed egli si trattenne quivi due giorni.

41. E più assai credettero a motivo della sua parola;

42. e dicevano alla donna: Non è più a motivo di quel che tu ci hai detto, che crediamo; perché abbiamo udito da noi, e sappiamo che questi è veramente il Salvator del mondo.

43. Passati que' due giorni, egli partì di là per andare in Galilea.

44. poiché Gesù stesso aveva attestato che un profeta non è onorato nella sua propria patria.

45. Quando dunque fu venuto in Galilea, fu accolto dai Galilei, perché avean vedute tutte le cose ch'egli avea fatte in Gerusalemme alla festa; poiché anch'essi erano andati alla festa.

46. Gesù dunque venne di nuovo a Cana di Galilea, dove avea cambiato l'acqua in vino. E v'era un certo uffizial reale, il cui figliuolo era infermo a Capernaum.

47. When he heard that Jesus was come out of Judaea into Galilee, he went unto him, and besought [him] that he would come down, and heal his son; for he was at the point of death.

48. Jesus therefore said unto him, Except ye see signs and wonders, ye will in no wise believe.

49. The nobleman saith unto him, Sir, come down ere my child die.

50. Jesus saith unto him, Go thy way; thy son liveth. The man believed the word that Jesus spake unto him, and he went his way.

51. And as he was now going down, his servants met him, saying, that his son lived.

52. So he inquired of them the hour when he began to amend. They said therefore unto him, Yesterday at the seventh hour the fever left him.

53. So the father knew that [it was] at that hour in which Jesus said unto him, Thy son liveth: and himself believed, and his whole house.

54. This is again the second sign that Jesus did, having come out of Judaea into Galilee.

# John 5

1. After these things there was a feast of the Jews; and Jesus went up to Jerusalem.

2. Now there is in Jerusalem by the sheep [gate] a pool, which is called in Hebrew Bethesda, having five porches.

3. In these lay a multitude of them that were sick, blind, halt, withered, [waiting for the moving of the water.]

4. [for an angel of the Lord went down at certain seasons into the pool, and troubled the water: whosoever then first after the troubling of the waters stepped in was made whole, with whatsoever disease he was holden.]

5. And a certain man was there, who had been thirty and eight years in his infirmity.

6. When Jesus saw him lying, and knew that he had been now a long time [in that case], he saith unto him, Wouldest thou be made whole?

---

47. Come egli ebbe udito che Gesù era venuto dalla Giudea in Galilea, andò a lui e lo pregò che scendesse e guarisse il suo figliuolo, perché stava per morire.

48. Perciò Gesù gli disse: Se non vedete segni e miracoli, voi non crederete.

49. L'ufficial reale gli disse: Signore, scendi prima che il mio bambino muoia.

50. Gesù gli disse: Va', il tuo figliuolo vive. Quell'uomo credette alla parola che Gesù gli avea detta, e se ne andò.

51. E come già stava scendendo, i suoi servitori gli vennero incontro e gli dissero: Il tuo figliuolo vive.

52. Allora egli domandò loro a che ora avesse cominciato a star meglio; ed essi gli risposero: Ieri, all'ora settima, la febbre lo lasciò.

53. Così il padre conobbe che ciò era avvenuto nell'ora che Gesù gli avea detto: Il tuo figliuolo vive; e credette lui con tutta la sua casa.

54. Questo secondo miracolo fece di nuovo Gesù, tornando dalla Giudea in Galilea.

# Giovanni 5

1. Dopo queste cose ci fu una festa de' Giudei, e Gesù salì a Gerusalemme.

2. Or a Gerusalemme, presso la porta delle Pecore, v'è una vasca, chiamata in ebraico Betesda, che ha cinque portici.

3. Sotto questi portici giaceva un gran numero d'infermi, di ciechi, di zoppi, di paralitici, i quali aspettavano l'agitarsi dell'acqua;

4. perché un angelo scendeva nella vasca e metteva l'acqua in movimento; e il primo che vi scendeva dopo che l'acqua era stata agitata, era guarito di qualunque malattia fosse colpito.

5. E quivi era un uomo, che da trentott'anni era infermo.

6. Gesù, vedutolo che giaceva e sapendo che già da gran tempo stava così, gli disse: Vuoi esser risanato?

7. The sick man answered him, Sir, I have no man, when the water is troubled, to put me into the pool: but while I am coming, another steppeth down before me.

8. Jesus saith unto him, Arise, take up thy bed, and walk.

9. And straightway the man was made whole, and took up his bed and walked. Now it was the sabbath on that day.

10. So the Jews said unto him that was cured, It is the sabbath, and it is not lawful for thee to take up thy bed.

11. But he answered them, He that made me whole, the same said unto me, Take up thy bed, and walk.

12. They asked him, Who is the man that said unto thee, Take up [thy bed], and walk?

13. But he that was healed knew not who it was; for Jesus had conveyed himself away, a multitude being in the place.

14. Afterward Jesus findeth him in the temple, and said unto him, Behold, thou art made whole: sin no more, lest a worse thing befall thee.

15. The man went away, and told the Jews that it was Jesus who had made him whole.

16. And for this cause the Jews persecuted Jesus, because he did these things on the sabbath.

17. But Jesus answered them, My Father worketh even until now, and I work.

18. For this cause therefore the Jews sought the more to kill him, because he not only brake the sabbath, but also called God his own Father, making himself equal with God.

19. Jesus therefore answered and said unto them, Verily, verily, I say unto you, The Son can do nothing of himself, but what he seeth the Father doing: for what things soever he doeth, these the Son also doeth in like manner.

20. For the Father loveth the Son, and showeth him all things that himself doeth: and greater works than these will he show him, that ye may marvel.

21. For as the Father raiseth the dead and giveth them life, even so the Son also giveth life to whom he will.

7. L'infermo gli rispose: Signore, io non ho alcuno che, quando l'acqua è mossa, mi metta nella vasca, e mentre ci vengo io, un altro vi scende prima di me.

8. Gesù gli disse: Lèvati, prendi il tuo lettuccio, e cammina.

9. E in quell'istante quell'uomo fu risanato; e preso il suo lettuccio, si mise a camminare.

10. Or quel giorno era un sabato; perciò i Giudei dissero all'uomo guarito: E' sabato, e non ti è lecito portare il tuo lettuccio.

11. Ma egli rispose loro: E' colui che m'ha guarito, che m'ha detto: Prendi il tuo lettuccio e cammina.

12. Essi gli domandarono: Chi è quell'uomo che t'ha detto: Prendi il tuo lettuccio e cammina?

13. Ma colui ch'era stato guarito non sapeva chi fosse; perché Gesù era scomparso, essendovi in quel luogo molta gente.

14. Di poi Gesù lo trovò nel tempio, e gli disse: Ecco, tu sei guarito; non peccar più, che non t'accada di peggio.

15. Quell'uomo se ne andò, e disse ai Giudei che Gesù era quel che l'avea risanato.

16. E per questo i Giudei perseguitavano Gesù e cercavan d'ucciderlo; perché facea quelle cose di sabato.

17. Gesù rispose loro: Il Padre mio opera fino ad ora, ed anche io opero.

18. Perciò dunque i Giudei più che mai cercavan d'ucciderlo; perché non soltanto violava il sabato, ma chiamava Dio suo Padre, facendosi uguale a Dio.

19. Gesù quindi rispose e disse loro: In verità, in verità io vi dico che il Figliuolo non può da se stesso far cosa alcuna, se non la vede fare dal Padre; perché le cose che il Padre fa, anche il Figlio le fa similmente.

20. Poiché il Padre ama il Figliuolo, e gli mostra tutto quello che Egli fa; e gli mostrerà delle opere maggiori di queste, affinché ne restiate maravigliati.

21. Difatti, come il Padre risuscita i morti e li vivifica, così anche il Figliuolo vivifica chi vuole.

22. For neither doth the Father judge any man, but he hath given all judgment unto the Son;

23. that all may honor the Son, even as they honor the Father. He that honoreth not the Son honoreth not the Father that sent him.

24. Verily, verily, I say unto you, He that heareth my word, and believeth him that sent me, hath eternal life, and cometh not into judgment, but hath passed out of death into life.

25. Verily, verily, I say unto you, The hour cometh, and now is, when the dead shall hear the voice of the Son of God; and they that hear shall live.

26. For as the Father hath life in himself, even so gave he to the Son also to have life in himself:

27. and he gave him authority to execute judgment, because he is a son of man.

28. Marvel not at this: for the hour cometh, in which all that are in the tombs shall hear his voice,

29. and shall come forth; they that have done good, unto the resurrection of life; and they that have done evil, unto the resurrection of judgment.

30. I can of myself do nothing: as I hear, I judge: and my judgment is righteous; because I seek not mine own will, but the will of him that sent me.

31. If I bear witness of myself, my witness is not true.

32. It is another that beareth witness of me; and I know that the witness which he witnesseth of me is true.

33. Ye have sent unto John, and he hath borne witness unto the truth.

34. But the witness which I receive is not from man: howbeit I say these things, that ye may be saved.

35. He was the lamp that burneth and shineth; and ye were willing to rejoice for a season in his light.

36. But the witness which I have is greater than [that of] John; for the works which the Father hath given me to accomplish, the very works that I do, bear witness of me, that the Father hath sent me.

22. Oltre a ciò, il Padre non giudica alcuno, ma ha dato tutto il giudicio al Figliuolo,

23. affinché tutti onorino il Figliuolo come onorano il Padre. Chi non onora il Figliuolo non onora il Padre che l'ha mandato.

24. In verità, in verità io vi dico: Chi ascolta la mia parola e crede a Colui che mi ha mandato, ha vita eterna; e non viene in giudizio, ma è passato dalla morte alla vita.

25. In verità, in verità io vi dico: L'ora viene, anzi è già venuta, che i morti udranno la voce del Figliuol di Dio; e quelli che l'avranno udita, vivranno.

26. Perché come il Padre ha vita in se stesso, così ha dato anche al Figliuolo d'aver vita in se stesso;

27. e gli ha dato autorità di giudicare, perché è il Figliuol dell'uomo.

28. Non vi maravigliate di questo; perché l'ora viene in cui tutti quelli che sono nei sepolcri, udranno la sua voce e ne verranno fuori:

29. quelli che hanno operato bene, in risurrezione di vita; e quelli che hanno operato male, in risurrezion di giudicio.

30. Io non posso far nulla da me stesso; come odo, giudico; e il mio giudicio è giusto, perché cerco non la mia propria volontà, ma la volontà di Colui che mi ha mandato.

31. Se io rendo testimonianza di me stesso, la mia testimonianza non è verace.

32. V'è un altro che rende testimonianza di me; e io so che la testimonianza ch'egli rende di me, è verace.

33. Voi avete mandato da Giovanni, ed egli ha reso testimonianza alla verità.

34. Io però la testimonianza non la prendo dall'uomo, ma dico questo affinché voi siate salvati.

35. Egli era la lampada ardente e splendente e voi avete voluto per breve ora godere alla sua luce.

36. Ma io ho una testimonianza maggiore di quella di Giovanni; perché le opere che il Padre mi ha dato a compiere, quelle opere stesse che io fo, testimoniano di me che il Padre mi ha mandato.

37. And the Father that sent me, he hath borne witness of me. Ye have neither heard his voice at any time, nor seen his form.

38. And ye have not his word abiding in you: for whom he sent, him ye believe not.

39. Ye search the scriptures, because ye think that in them ye have eternal life; and these are they which bear witness of me;

40. and ye will not come to me, that ye may have life.

41. I receive not glory from men.

42. But I know you, that ye have not the love of God in yourselves.

43. I am come in my Father's name, and ye receive me not: if another shall come in his own name, him ye will receive.

44. How can ye believe, who receive glory one of another, and the glory that [cometh] from the only God ye seek not?

45. Think not that I will accuse you to the Father: there is one that accuseth you, [even] Moses, on whom ye have set your hope.

46. For if ye believed Moses, ye would believe me; for he wrote of me.

47. But if ye believe not his writings, how shall ye believe my words?

37. E il Padre che mi ha mandato, ha Egli stesso reso testimonianza di me. La sua voce, voi non l'avete mai udita; e il suo sembiante, non l'avete mai veduto;

38. e la sua parola non l'avete dimorante in voi, perché non credete in colui ch'Egli ha mandato.

39. Voi investigate le Scritture, perché pensate aver per mezzo d'esse vita eterna, ed esse son quelle che rendon testimonianza di me;

40. eppure non volete venire a me per aver la vita!

41. Io non prendo gloria dagli uomini;

42. ma vi conosco che non avete l'amor di Dio in voi.

43. Io son venuto nel nome del Padre mio, e voi non mi ricevete; se un altro verrà nel suo proprio nome, voi lo riceverete.

44. Come potete credere, voi che prendete gloria gli uni dagli altri e non cercate la gloria che vien da Dio solo?

45. Non crediate che io sia colui che vi accuserà davanti al Padre; v'è chi v'accusa, ed è Mosè, nel quale avete riposta la vostra speranza.

46. Perché se credeste a Mosè, credereste anche a me; poiché egli ha scritto di me.

47. Ma se non credete agli scritti di lui, come crederete alle mie parole?

# John 6

1. After these things Jesus went away to the other side of the sea of Galilee, which is [the sea] of Tiberias.

2. And a great multitude followed him, because they beheld the signs which he did on them that were sick.

3. And Jesus went up into the mountain, and there he sat with his disciples.

4. Now the passover, the feast of the Jews, was at hand.

5. Jesus therefore lifting up his eyes, and seeing that a great multitude cometh unto him, saith unto Philip, Whence are we to buy bread, that these may eat?

6. And this he said to prove him: for he himself knew what he would do.

# Giovanni 6

1. Dopo queste cose, Gesù se ne andò all'altra riva del mar di Galilea, ch'è il mar di Tiberiade.

2. E una gran moltitudine lo seguiva, perché vedeva i miracoli ch'egli faceva sugl'infermi.

3. Ma Gesù salì sul monte e quivi si pose a sedere co' suoi discepoli.

4. Or la Pasqua, la festa dei Giudei, era vicina.

5. Gesù dunque, alzati gli occhi e vedendo che una gran folla veniva a lui, disse a Filippo: Dove comprerem noi del pane perché questa gente abbia da mangiare?

6. Diceva così per provarlo; perché sapeva bene quel che stava per fare.

7. Philip answered him, Two hundred shillings' worth of bread is not sufficient for them, that every one may take a little.

8. One of his disciples, Andrew, Simon Peter's brother, saith unto him,

9. There is a lad here, who hath five barley loaves, and two fishes: but what are these among so many?

10. Jesus said, Make the people sit down. Now there was much grass in the place. So the men sat down, in number about five thousand.

11. Jesus therefore took the loaves; and having given thanks, he distributed to them that were set down; likewise also of the fishes as much as they would.

12. And when they were filled, he saith unto his disciples, Gather up the broken pieces which remain over, that nothing be lost.

13. So they gathered them up, and filled twelve baskets with broken pieces from the five barley loaves, which remained over unto them that had eaten.

14. When therefore the people saw the sign which he did, they said, This is of a truth the prophet that cometh into the world.

15. Jesus therefore perceiving that they were about to come and take him by force, to make him king, withdrew again into the mountain himself alone.

16. And when evening came, his disciples went down unto the sea;

17. and they entered into a boat, and were going over the sea unto Capernaum. And it was now dark, and Jesus had not yet come to them.

18. And the sea was rising by reason of a great wind that blew.

19. When therefore they had rowed about five and twenty or thirty furlongs, they behold Jesus walking on the sea, and drawing nigh unto the boat: and they were afraid.

20. But he saith unto them, It is I; be not afraid.

21. They were willing therefore to receive him into the boat: and straightway the boat was at the land whither they were going.

7. Filippo gli rispose: Dugento denari di pane non bastano perché ciascun di loro n'abbia un pezzetto.

8. Uno de' suoi discepoli, Andrea, fratello di Simon Pietro, gli disse:

9. V'è qui un ragazzo che ha cinque pani d'orzo e due pesci; ma che cosa sono per tanta gente?

10. Gesù disse: Fateli sedere. Or v'era molt'erba in quel luogo. La gente dunque si sedette, ed eran circa cinquemila uomini.

11. Gesù quindi prese i pani; e dopo aver rese grazie, li distribuì alla gente seduta; lo stesso fece de' pesci, quanto volevano.

12. E quando furon saziati, disse ai suoi discepoli: Raccogliete i pezzi avanzati, ché nulla se ne perda.

13. Essi quindi li raccolsero, ed empiron dodici ceste di pezzi che di que' cinque pani d'orzo erano avanzati a quelli che avean mangiato.

14. La gente dunque, avendo veduto il miracolo che Gesù avea fatto, disse: Questi è certo il profeta che ha da venire al mondo.

15. Gesù quindi, sapendo che stavan per venire a rapirlo per farlo re, si ritirò di nuovo sul monte, tutto solo.

16. E quando fu sera, i suoi discepoli scesero al mare;

17. e montati in una barca, si dirigevano all'altra riva, verso Capernaum. Già era buio, e Gesù non era ancora venuto a loro.

18. E il mare era agitato, perché tirava un gran vento.

19. Or com'ebbero vogato circa venticinque o trenta stadi, videro Gesù che camminava sul mare e s'accostava alla barca; ed ebbero paura.

20. Ma egli disse loro: Son io, non temete.

21. Essi dunque lo vollero prendere nella barca, e subito la barca toccò terra là dove eran diretti.

22. On the morrow the multitude that stood on the other side of the sea saw that there was no other boat there, save one, and that Jesus entered not with his disciples into the boat, but [that] his disciples went away alone

23. (howbeit there came boats from Tiberias nigh unto the place where they ate the bread after the Lord had given thanks):

24. when the multitude therefore saw that Jesus was not there, neither his disciples, they themselves got into the boats, and came to Capernaum, seeking Jesus.

25. And when they found him on the other side of the sea, they said unto him, Rabbi, when camest thou hither?

26. Jesus answered them and said, Verily, verily, I say unto you, Ye seek me, not because ye saw signs, but because ye ate of the loaves, and were filled.

27. Work not for the food which perisheth, but for the food which abideth unto eternal life, which the Son of man shall give unto you: for him the Father, even God, hath sealed.

28. They said therefore unto him, What must we do, that we may work the works of God?

29. Jesus answered and said unto them, This is the work of God, that ye believe on him whom he hath sent.

30. They said therefore unto him, What then doest thou for a sign, that we may see, and believe thee? what workest thou?

31. Our fathers ate the manna in the wilderness; as it is written, He gave them bread out of heaven to eat.

32. Jesus therefore said unto them, Verily, verily, I say unto you, It was not Moses that gave you the bread out of heaven; but my Father giveth you the true bread out of heaven.

33. For the bread of God is that which cometh down out of heaven, and giveth life unto the world.

34. They said therefore unto him, Lord, evermore give us this bread.

35. Jesus said unto them. I am the bread of life: he that cometh to me shall not hunger, and he that believeth on me shall never thirst.

36. But I said unto you, that ye have seen me, and yet believe not.

22. La folla che era rimasta all'altra riva del mare avea notato che non v'era quivi altro che una barca sola, e che Gesù non v'era entrato co' suoi discepoli, ma che i discepoli eran partiti soli.

23. Or altre barche eran giunte da Tiberiade, presso al luogo dove avean mangiato il pane dopo che il Signore avea reso grazie.

24. La folla, dunque, quando l'indomani ebbe veduto che Gesù non era quivi, né che v'erano i suoi discepoli, montò in quelle barche, e venne a Capernaum in cerca di Gesù.

25. E trovatolo di là dal mare, gli dissero: Maestro, quando se' giunto qua?

26. Gesù rispose loro e disse: In verità, in verità vi dico che voi mi cercate, non perché avete veduto dei miracoli, ma perché avete mangiato de' pani e siete stati saziati.

27. Adopratevi non per il cibo che perisce, ma per il cibo che dura in vita eterna, il quale il Figliuol dell'uomo vi darà; poiché su lui il Padre, cioè Dio, ha apposto il proprio suggello.

28. Essi dunque gli dissero: Che dobbiam fare per operare le opere di Dio?

29. Gesù rispose e disse loro: Questa è l'opera di Dio: che crediate in colui che Egli ha mandato.

30. Allora essi gli dissero: Qual segno fai tu dunque perché lo vediamo e ti crediamo? Che operi?

31. I nostri padri mangiaron la manna nel deserto, com'è scritto: Egli diè loro da mangiare del pane venuto dal cielo.

32. E Gesù disse loro: In verità vi dico che non Mosè vi ha dato il pane che vien dal cielo, ma il Padre mio vi dà il vero pane che viene dal cielo.

33. Poiché il pan di Dio è quello che scende dal cielo, e dà vita al mondo. Essi quindi gli dissero:

34. Signore, dacci sempre di codesto pane.

35. Gesù disse loro: Io son il pan della vita; chi viene a me non avrà fame, e chi crede in me non avrà mai sete.

36. Ma io ve l'ho detto: Voi m'avete veduto, eppur non credete!

37. All that which the Father giveth me shall come unto me; and him that cometh to me I will in no wise cast out.

38. For I am come down from heaven, not to do mine own will, but the will of him that sent me.

39. And this is the will of him that sent me, that of all that which he hath given me I should lose nothing, but should raise it up at the last day.

40. For this is the will of my Father, that every one that beholdeth the Son, and believeth on him, should have eternal life; and I will raise him up at the last day.

41. The Jews therefore murmured concerning him, because he said, I am the bread which came down out of heaven.

42. And they said, Is not this Jesus, the son of Joseph, whose father and mother we know? how doth he now say, I am come down out of heaven?

43. Jesus answered and said unto them, Murmur not among yourselves.

44. No man can come to me, except the Father that sent me draw him: and I will raise him up in the last day.

45. It is written in the prophets, And they shall all be taught of God. Every one that hath heard from the Father, and hath learned, cometh unto me.

46. Not that any man hath seen the Father, save he that is from God, he hath seen the Father.

47. Verily, verily, I say unto you, He that believeth hath eternal life.

48. I am the bread of life.

49. Your fathers ate the manna in the wilderness, and they died.

50. This is the bread which cometh down out of heaven, that a man may eat thereof, and not die.

51. I am the living bread which came down out of heaven: if any man eat of this bread, he shall live for ever: yea and the bread which I will give is my flesh, for the life of the world.

52. The Jews therefore strove one with another, saying, How can this man give us his flesh to eat?

53. Jesus therefore said unto them, Verily, verily, I say unto you, Except ye eat the flesh of the Son of man and drink his blood, ye have not life in yourselves.

37. Tutto quel che il Padre mi dà, verrà a me; e colui che viene a me, io non lo caccerò fuori;

38. perché son disceso dal cielo per fare non la mia volontà, ma la volontà di Colui che mi ha mandato.

39. E questa è la volontà di Colui che mi ha mandato: ch'io non perda nulla di tutto quel ch'Egli m'ha dato, ma che lo risusciti nell'ultimo giorno.

40. Poiché questa è la volontà del Padre mio: che chiunque contempla il Figliuolo e crede in lui, abbia vita eterna; e io lo risusciterò nell'ultimo giorno.

41. I Giudei perciò mormoravano di lui perché avea detto: Io sono il pane che è disceso dal cielo.

42. E dicevano: Non è costui Gesù, il figliuol di Giuseppe, del quale conosciamo il padre e la madre? Come mai dice egli ora: Io son disceso dal cielo?

43. Gesù rispose e disse loro: Non mormorate fra voi.

44. Niuno può venire a me se non che il Padre, il quale mi ha mandato, lo attiri; e io lo risusciterò nell'ultimo giorno.

45. E' scritto nei profeti: E saranno tutti ammaestrati da Dio. Ogni uomo che ha udito il Padre ed ha imparato da lui, viene a me.

46. Non che alcuno abbia veduto il Padre, se non colui che è da Dio; egli ha veduto il Padre.

47. In verità, in verità io vi dico: Chi crede ha vita eterna.

48. Io sono il pan della vita.

49. I vostri padri mangiarono la manna nel deserto e morirono.

50. Questo è il pane che discende dal cielo, affinché chi ne mangia non muoia.

51. Io sono il pane vivente, che è disceso dal cielo; se uno mangia di questo pane vivrà in eterno; e il pane che darò è la mia carne, che darò per la vita del mondo.

52. I Giudei dunque disputavano fra di loro, dicendo: Come mai può costui darci a mangiare la sua carne?

53. Perciò Gesù disse loro: In verità, in verità io vi dico che se non mangiate la carne del Figliuol dell'uomo e non bevete il suo sangue, non avete la vita in voi.

54. He that eateth my flesh and drinketh my blood hath eternal life: and I will raise him up at the last day.

55. For my flesh is meat indeed, and my blood is drink indeed.

56. He that eateth my flesh and drinketh my blood abideth in me, and I in him.

57. As the living Father sent me, and I live because of the Father; so he that eateth me, he also shall live because of me.

58. This is the bread which came down out of heaven: not as the fathers ate, and died; he that eateth this bread shall live for ever.

59. These things said he in the synagogue, as he taught in Capernaum.

60. Many therefore of his disciples, when the heard [this], said, This is a hard saying; who can hear it?

61. But Jesus knowing in himself that his disciples murmured at this, said unto them, Doth this cause you to stumble?

62. [What] then if ye should behold the Son of man ascending where he was before?

63. It is the spirit that giveth life; the flesh profiteth nothing: the words that I have spoken unto you are spirit, are are life.

64. But there are some of you that believe not. For Jesus knew from the beginning who they were that believed not, and who it was that should betray him.

65. And he said, For this cause have I said unto you, that no man can come unto me, except it be given unto him of the Father.

66. Upon this many of his disciples went back, and walked no more with him.

67. Jesus said therefore unto the twelve, Would ye also go away?

68. Simon Peter answered him, Lord, to whom shall we go? thou hast the words of eternal life.

69. And we have believed and know that thou art the Holy One of God.

70. Jesus answered them, Did not I choose you the twelve, and one of you is a devil?

71. Now he spake of Judas [the son] of Simon Iscariot, for he it was that should betray him, [being] one of the twelve.

54. Chi mangia la mia carne e beve il mio sangue ha vita eterna; e io lo risusciterò nell'ultimo giorno.

55. Perché la mia carne è vero cibo e il mio sangue è vera bevanda.

56. Chi mangia la mia carne e beve il mio sangue dimora in me, e io in lui.

57. Come il vivente Padre mi ha mandato e io vivo a cagion del Padre, così chi mi mangia vivrà anch'egli a cagion di me.

58. Questo è il pane che è disceso dal cielo; non qual era quello che i padri mangiarono e morirono; chi mangia di questo pane vivrà in eterno.

59. Queste cose disse Gesù, insegnando nella sinagoga di Capernaum.

60. Onde molti dei suoi discepoli, udite che l'ebbero, dissero: Questo parlare è duro; chi lo può ascoltare?

61. Ma Gesù, conoscendo in se stesso che i suoi discepoli mormoravan di ciò, disse loro: Questo vi scandalizza?

62. E che sarebbe se vedeste il Figliuol dell'uomo ascendere dov'era prima?

63. E' lo spirito quel che vivifica; la carne non giova nulla; le parole che vi ho dette sono spirito e vita.

64. Ma fra voi ve ne sono alcuni che non credono. Poiché Gesù sapeva fin da principio chi eran quelli che non credevano, e chi era colui che lo tradirebbe.

65. E diceva: Per questo v'ho detto che niuno può venire a me, se non gli è dato dal Padre.

66. D'allora molti de' suoi discepoli si ritrassero indietro e non andavan più con lui.

67. Perciò Gesù disse ai dodici: Non ve ne volete andare anche voi?

68. Simon Pietro gli rispose: Signore, a chi ce ne andremmo noi? Tu hai parole di vita eterna;

69. e noi abbiam creduto e abbiam conosciuto che tu sei il Santo di Dio.

70. Gesù rispose loro: Non ho io scelto voi dodici? Eppure, un di voi è un diavolo.

71. Or egli parlava di Giuda, figliuol di Simone Iscariota, perché era lui, uno di quei dodici, che lo dovea tradire.

# John 7

1. And after these things Jesus walked in Galilee: for he would not walk in Judaea, because the Jews sought to kill him.

2. Now the feast of the Jews, the feast of tabernacles, was at hand.

3. His brethren therefore said unto him, Depart hence, and go into Judaea, that thy disciples also may behold thy works which thou doest.

4. For no man doeth anything in secret, and himself seeketh to be known openly. If thou doest these things, manifest thyself to the world.

5. For even his brethren did not believe on him.

6. Jesus therefore saith unto them, My time is not yet come; but your time is always ready.

7. The world cannot hate you; but me it hateth, because I testify of it, that its works are evil.

8. Go ye up unto the feast: I go not up unto this feast; because my time is not yet fulfilled.

9. And having said these things unto them, he abode [still] in Galilee.

10. But when his brethren were gone up unto the feast, then went he also up, not publicly, but as it were in secret.

11. The Jews therefore sought him at the feast, and said, Where is he?

12. And there was much murmuring among the multitudes concerning him: some said, He is a good man; others said, Not so, but he leadeth the multitude astray.

13. Yet no man spake openly of him for fear of the Jews.

14. But when it was now the midst of the feast Jesus went up into the temple, and taught.

15. The Jews therefore marvelled, saying, How knoweth this man letters, having never learned?

16. Jesus therefore answered them and said, My teaching is not mine, but his that sent me.

17. If any man willeth to do his will, he shall know of the teaching, whether it is of God, or [whether] I speak from myself.

# Giovanni 7

1. Dopo queste cose, Gesù andava attorno per la Galilea; non voleva andare attorno per la Giudea perché i Giudei cercavan d'ucciderlo.

2. Or la festa de' Giudei, detta delle Capanne, era vicina.

3. Perciò i suoi fratelli gli dissero: Partiti di qua e vattene in Giudea, affinché i tuoi discepoli veggano anch'essi le opere che tu fai.

4. Poiché niuno fa cosa alcuna in segreto, quando cerca d'esser riconosciuto pubblicamente. Se tu fai codeste cose, palesati al mondo.

5. Poiché neppure i suoi fratelli credevano in lui.

6. Gesù quindi disse loro: Il mio tempo non è ancora venuto; il vostro tempo, invece, è sempre pronto.

7. Il mondo non può odiar voi; ma odia me, perché io testimonio di lui che le sue opere sono malvagie.

8. Salite voi alla festa; io non salgo ancora a questa festa, perché il mio tempo non è ancora compiuto.

9. E dette loro queste cose, rimase in Galilea.

10. Quando poi i suoi fratelli furono saliti alla festa, allora vi salì anche lui; non palesemente, ma come di nascosto.

11. I Giudei dunque lo cercavano durante la festa, e dicevano: Dov'è egli?

12. E v'era fra le turbe gran mormorio intorno a lui. Gli uni dicevano: E' un uomo dabbene! Altri dicevano: No, anzi, travia la moltitudine!

13. Nessuno però parlava di lui apertamente, per paura de' Giudei.

14. Or quando s'era già a metà della festa, Gesù salì al tempio e si mise a insegnare.

15. Onde i Giudei si maravigliavano e dicevano: Come mai s'intende costui di lettere, senz'aver fatto studi?

16. E Gesù rispose loro e disse: La mia dottrina non è mia, ma di Colui che mi ha mandato.

17. Se uno vuol fare la volontà di lui, conoscerà se questa dottrina è da Dio o se io parlo di mio.

18. He that speaketh from himself seeketh his own glory: but he that seeketh the glory of him that sent him, the same is true, and no unrighteousness is in him.

19. Did not Moses give you the law, and [yet] none of you doeth the law? Why seek ye to kill me?

20. The multitude answered, Thou hast a demon: who seeketh to kill thee?

21. Jesus answered and said unto them, I did one work, and ye all marvel because thereof.

22. Moses hath given you circumcision (not that it is of Moses, but of the fathers); and on the sabbath ye circumcise a man.

23. If a man receiveth circumcision on the sabbath, that the law of Moses may not be broken; are ye wroth with me, because I made a man every whit whole on the sabbath?

24. Judge not according to appearance, but judge righteous judgment.

25. Some therefore of them of Jerusalem said, Is not this he whom they seek to kill?

26. And lo, he speaketh openly, and they say nothing unto him. Can it be that the rulers indeed know that this is the Christ?

27. Howbeit we know this man whence he is: but when the Christ cometh, no one knoweth whence he is.

28. Jesus therefore cried in the temple, teaching and saying, Ye both know me, and know whence I am; and I am not come of myself, but he that sent me is true, whom ye know not.

29. I know him; because I am from him, and he sent me.

30. They sought therefore to take him: and no man laid his hand on him, because his hour was not yet come.

31. But of the multitude many believed on him; and they said, When the Christ shall come, will he do more signs than those which this man hath done?

32. The Pharisees heard the multitude murmuring these things concerning him; and the chief priests and the Pharisees sent officers to take him.

33. Jesus therefore said, Yet a little while am I with you, and I go unto him that sent me.

18. Chi parla di suo cerca la propria gloria; ma chi cerca la gloria di colui che l'ha mandato, egli è verace e non v'è ingiustizia in lui.

19. Mosè non v'ha egli data la legge? Eppure nessun di voi mette ad effetto la legge! Perché cercate d'uccidermi?

20. La moltitudine rispose: Tu hai un demonio! Chi cerca d'ucciderti?

21. Gesù rispose e disse loro: Un'opera sola ho fatto, e tutti ve ne maravigliate.

22. Mosè v'ha dato la circoncisione (non che venga da Mosè, ma viene dai padri); e voi circoncidete l'uomo in giorno di sabato.

23. Se un uomo riceve la circoncisione di sabato affinché la legge di Mosè non sia violata, vi adirate voi contro a me perché in giorno di sabato ho guarito un uomo tutto intero?

24. Non giudicate secondo l'apparenza, ma giudicate con giusto giudizio.

25. Dicevano dunque alcuni di Gerusalemme: Non è questi colui che cercano di uccidere?

26. Eppure, ecco, egli parla liberamente, e non gli dicon nulla. Avrebbero mai i capi riconosciuto per davvero ch'egli è il Cristo?

27. Eppure, costui sappiamo donde sia; ma quando il Cristo verrà, nessuno saprà donde egli sia.

28. Gesù dunque, insegnando nel tempio, esclamò: Voi e mi conoscete e sapete di dove sono; però io non son venuto da me, ma Colui che mi ha mandato è verità, e voi non lo conoscete.

29. Io lo conosco, perché vengo da lui, ed è Lui che mi ha mandato.

30. Cercavan perciò di pigliarlo, ma nessuno gli mise le mani addosso, perché l'ora sua non era ancora venuta.

31. Ma molti della folla credettero in lui, e dicevano: Quando il Cristo sarà venuto, farà egli più miracoli che questi non abbia fatto?

32. I Farisei udirono la moltitudine mormorare queste cose di lui; e i capi sacerdoti e i Farisei mandarono delle guardie a pigliarlo.

33. Perciò Gesù disse loro: Io sono ancora con voi per poco tempo; poi me ne vo a Colui che mi ha mandato.

34. Ye shall seek me, and shall not find me: and where I am, ye cannot come.

35. The Jews therefore said among themselves, Whither will this man go that we shall not find him? will he go unto the Dispersion among the Greeks, and teach the Greeks?

36. What is this word that he said, Ye shall seek me, and shall not find me; and where I am, ye cannot come?

37. Now on the last day, the great [day] of the feast, Jesus stood and cried, saying, If any man thirst, let him come unto me and drink.

38. He that believeth on me, as the scripture hath said, from within him shall flow rivers of living water.

39. But this spake he of the Spirit, which they that believed on him were to receive: for the Spirit was not yet [given]; because Jesus was not yet glorified.

40. [Some] of the multitude therefore, when they heard these words, said, This is of a truth the prophet.

41. Others said, This is the Christ. But some said, What, doth the Christ come out of Galilee?

42. Hath not the scripture said that the Christ cometh of the seed of David, and from Bethlehem, the village where David was?

43. So there arose a division in the multitude because of him.

44. And some of them would have taken him; but no man laid hands on him.

45. The officers therefore came to the chief priests and Pharisees; and they said unto them, Why did ye not bring him?

46. The officers answered, Never man so spake.

47. The Pharisees therefore answered them, Are ye also led astray?

48. Hath any of the rulers believed on him, or of the Pharisees?

49. But this multitude that knoweth not the law are accursed.

50. Nicodemus saith unto them (he that came to him before, being one of them),

51. Doth our law judge a man, except it first hear from himself and know what he doeth?

52. They answered and said unto him, Art thou also of Galilee? Search, and see that out of Galilee ariseth no prophet.

34. Voi mi cercherete e non mi troverete; e dove io sarò, voi non potete venire.

35. Perciò i Giudei dissero fra loro: Dove dunque andrà egli che noi non lo troveremo? Andrà forse a quelli che son dispersi fra i Greci, ad ammaestrare i Greci?

36. Che significa questo suo dire: Voi mi cercherete e non mi troverete; e: Dove io sarò voi non potete venire?

37. Or nell'ultimo giorno, il gran giorno della festa, Gesù, stando in piè, esclamò: Se alcuno ha sete, venga a me e beva.

38. Chi crede in me, come ha detto la Scrittura, fiumi d'acqua viva sgorgheranno dal suo seno.

39. Or disse questo dello Spirito, che doveano ricevere quelli che crederebbero in lui; poiché lo Spirito non era ancora stato dato, perché Gesù non era ancora glorificato.

40. Una parte dunque della moltitudine, udite quelle parole, diceva: Questi è davvero il profeta.

41. Altri dicevano: Questi è il Cristo. Altri, invece, dicevano: Ma è forse dalla Galilea che viene il Cristo?

42. La Scrittura non ha ella detto che il Cristo viene dalla progenie di Davide e da Betleem, il villaggio dove stava Davide?

43. Vi fu dunque dissenso fra la moltitudine, a motivo di lui;

44. e alcuni di loro lo voleano pigliare, ma nessuno gli mise le mani addosso.

45. Le guardie dunque tornarono dai capi sacerdoti e dai Farisei, i quali dissero loro: Perché non l'avete condotto?

46. Le guardie risposero: Nessun uomo parlò mai come quest'uomo!

47. Onde i Farisei replicaron loro: Siete stati sedotti anche voi?

48. Ha qualcuno de' capi o de' Farisei creduto in lui?

49. Ma questa plebe, che non conosce la legge, è maledetta!

50. Nicodemo (un di loro, quello che prima era venuto a lui) disse loro:

51. La nostra legge giudica ella un uomo prima che sia stato udito e che si sappia quel che ha fatto?

52. Essi gli risposero: sei anche tu di Galilea? Investiga, e vedrai che dalla Galilea non sorge profeta.

53. And they went every man unto his own house:

53. E ognuno se ne andò a casa sua.

# John 8

# Giovanni 8

1. but Jesus went unto the mount of Olives.

2. And early in the morning he came again into the temple, and all the people came unto him; and he sat down, and taught them.

3. And the scribes and the Pharisees bring a woman taken in adultery; and having set her in the midst,

4. they say unto him, Teacher, this woman hath been taken in adultery, in the very act.

5. Now in the law Moses commanded us to stone such: what then sayest thou of her?

6. And this they said, trying him, that they might have [whereof] to accuse him. But Jesus stooped down, and with his finger wrote on the ground.

7. But when they continued asking him, he lifted up himself, and said unto them, He that is without sin among you, let him first cast a stone at her.

8. And again he stooped down, and with his finger wrote on the ground.

9. And they, when they heard it, went out one by one, beginning from the eldest, [even] unto the last: and Jesus was left alone, and the woman, where she was, in the midst.

10. And Jesus lifted up himself, and said unto her, Woman, where are they? did no man condemn thee?

11. And she said, No man, Lord. And Jesus said, Neither do I condemn thee: go thy way; from henceforth sin no more.

12. Again therefore Jesus spake unto them, saying, I am the light of the world: he that followeth me shall not walk in the darkness, but shall have the light of life.

13. The Pharisees therefore said unto him, Thou bearest witness of thyself; thy witness is not true.

14. Jesus answered and said unto them, Even if I bear witness of myself, my witness is true; for I know whence I came, and whither I go; but ye know not whence I come, or whither I go.

1. Gesù andò al monte degli Ulivi.

2. E sul far del giorno, tornò nel tempio, e tutto il popolo venne a lui; ed egli, postosi a sedere, li ammaestrava.

3. Allora gli scribi e i Farisei gli menarono una donna còlta in adulterio; e fattala stare in mezzo,

4. gli dissero: Maestro, questa donna è stata còlta in flagrante adulterio.

5. Or Mosè, nella legge, ci ha comandato di lapidare queste tali; e tu che ne dici?

6. Or dicean questo per metterlo alla prova, per poterlo accusare. Ma Gesù, chinatosi, si mise a scrivere col dito in terra.

7. E siccome continuavano a interrogarlo, egli, rizzatosi, disse loro: Chi di voi è senza peccato, scagli il primo la pietra contro di lei.

8. E chinatosi di nuovo, scriveva in terra.

9. Ed essi, udito ciò, e ripresi dalla loro coscienza, si misero ad uscire ad uno ad uno, cominciando dai più vecchi fino agli ultimi; e Gesù fu lasciato solo con la donna che stava là in mezzo.

10. E Gesù, rizzatosi e non vedendo altri che la donna, le disse: Donna, dove sono que' tuoi accusatori? Nessuno t'ha condannata?

11. Ed ella rispose: Nessuno, Signore. E Gesù le disse: Neppure io ti condanno; va' e non peccar più.

12. Or Gesù parlò loro di nuovo, dicendo: Io son la luce del mondo; chi mi seguita non camminerà nelle tenebre, ma avrà la luce della vita.

13. Allora i Farisei gli dissero: Tu testimoni di te stesso; la tua testimonianza non è verace.

14. Gesù rispose e disse loro: Quand'anche io testimoni di me stesso, la mia testimonianza è verace, perché so donde son venuto e donde vado; ma voi non sapete donde io vengo né dove vado.

15. Ye judge after the flesh; I judge no man.

16. Yea and if I judge, my judgment is true; for I am not alone, but I and the Father that sent me.

17. Yea and in your law it is written, that the witness of two men is true.

18. I am he that beareth witness of myself, and the Father that sent me beareth witness of me.

19. They said therefore unto him, Where is thy Father? Jesus answered, Ye know neither me, nor my Father: if ye knew me, ye would know my Father also.

20. These words spake he in the treasury, as he taught in the temple: and no man took him; because his hour was not yet come.

21. He said therefore again unto them, I go away, and ye shall seek me, and shall die in your sin: whither I go, ye cannot come.

22. The Jews therefore said, Will he kill himself, that he saith, Whither I go, ye cannot come?

23. And he said unto them, Ye are from beneath; I am from above: ye are of this world; I am not of this world.

24. I said therefore unto you, that ye shall die in your sins: for except ye believe that I am [he], ye shall die in your sins.

25. They said therefore unto him, Who art thou? Jesus said unto them, Even that which I have also spoken unto you from the beginning.

26. I have many things to speak and to judge concerning you: howbeit he that sent me is true; and the things which I heard from him, these speak I unto the world.

27. They perceived not that he spake to them of the Father.

28. Jesus therefore said, When ye have lifted up the Son of man, then shall ye know that I am [he], and [that] I do nothing of myself, but as the Father taught me, I speak these things.

29. And he that sent me is with me; he hath not left me alone; for I do always the things that are pleasing to him.

30. As he spake these things, many believed on him.

15. Voi giudicate secondo la carne; io non giudico alcuno.

16. E anche se giudico, il mio giudizio è verace, perché non son solo, ma son io col Padre che mi ha mandato.

17. D'altronde nella vostra legge è scritto che la testimonianza di due uomini è verace.

18. Or son io a testimoniar di me stesso, e il Padre che mi ha mandato testimonia pur di me.

19. Onde essi gli dissero: Dov'è tuo padre? Gesù rispose: Voi non conoscete né me né il Padre mio: se conosceste me, conoscereste anche il Padre mio.

20. Queste parole disse Gesù nel tesoro, insegnando nel tempio; e nessuno lo prese, perché l'ora sua non era ancora venuta.

21. Egli dunque disse loro di nuovo: Io me ne vado, e voi mi cercherete, e morrete nel vostro peccato; dove vado io, voi non potete venire.

22. Perciò i Giudei dicevano: S'ucciderà egli forse, poiché dice: Dove vado io voi non potete venire?

23. Ed egli diceva loro: Voi siete di quaggiù; io sono di lassù; voi siete di questo mondo; io non sono di questo mondo.

24. Perciò v'ho detto che morrete ne' vostri peccati; perché se non credete che sono io (il Cristo), morrete nei vostri peccati.

25. Allora gli domandarono: Chi sei tu? Gesù rispose loro: Sono per l'appunto quel che vo dicendovi.

26. Ho molte cose da dire e da giudicare sul conto vostro; ma Colui che mi ha mandato è verace, e le cose che ho udite da lui, le dico al mondo.

27. Essi non capirono ch'egli parlava loro del Padre.

28. Gesù dunque disse loro: Quando avrete innalzato il Figliuol dell'uomo, allora conoscerete che son io (il Cristo) e che non fo nulla da me, ma dico queste cose secondo che il Padre m'ha insegnato.

29. E Colui che mi ha mandato è meco; Egli non mi ha lasciato solo, perché fo del continuo le cose che gli piacciono.

30. Mentr'egli parlava così, molti credettero in lui.

31. Jesus therefore said to those Jews that had believed him, If ye abide in my word, [then] are ye truly my disciples;

32. and ye shall know the truth, and the truth shall make you free.

33. They answered unto him, We are Abraham's seed, and have never yet been in bondage to any man: how sayest thou, Ye shall be made free?

34. Jesus answered them, Verily, verily, I say unto you, Every one that committeth sin is the bondservant of sin.

35. And the bondservant abideth not in the house for ever: the son abideth for ever.

36. If therefore the Son shall make you free, ye shall be free indeed.

37. I know that ye are Abraham's seed: yet ye seek to kill me, because my word hath not free course in you.

38. I speak the things which I have seen with [my] Father: and ye also do the things which ye heard from [your] father.

39. They answered and said unto him, Our father is Abraham. Jesus saith unto them, If ye were Abraham's children, ye would do the works of Abraham.

40. But now ye seek to kill me, a man that hath told you the truth, which I heard from God: this did not Abraham.

41. Ye do the works of your father. They said unto him, We were not born of fornication; we have one Father, [even] God.

42. Jesus said unto them, If God were your Father, ye would love me: for I came forth and am come from God; for neither have I come of myself, but he sent me.

43. Why do ye not understand my speech? [Even] because ye cannot hear my word.

44. Ye are of [your] father the devil, and the lusts of your father it is your will to do. He was a murderer from the beginning, and standeth not in the truth, because there is no truth in him. When he speaketh a lie, he speaketh of his own: for he is a liar, and the father thereof.

45. But because I say the truth, ye believe me not.

46. Which of you convicteth me of sin? If I say truth, why do ye not believe me?

31. Gesù allora prese a dire a que' Giudei che aveano creduto in lui: Se perseverate nella mia parola, siete veramente miei discepoli;

32. e conoscerete la verità, e la verità vi farà liberi.

33. Essi gli risposero: noi siamo progenie d'Abramo, e non siamo mai stati schiavi di alcuno; come puoi tu dire: Voi diverrete liberi?

34. Gesù rispose loro: In verità, in verità vi dico che chi commette il peccato è schiavo del peccato.

35. Or lo schiavo non dimora per sempre nella casa: il figliuolo vi dimora per sempre.

36. Se dunque il Figliuolo vi farà liberi, sarete veramente liberi.

37. Io so che siete progenie d'Abramo; ma cercate d'uccidermi, perché la mia parola non penetra in voi.

38. Io dico quel che ho veduto presso il Padre mio; e voi pure fate le cose che avete udite dal padre vostro.

39. Essi risposero e gli dissero: Il padre nostro è Abramo. Gesù disse loro: Se foste figliuoli d'Abramo, fareste le opere d'Abramo;

40. ma ora cercate d'uccider me, uomo che v'ho detta la verità che ho udita da Dio; così non fece Abramo.

41. Voi fate le opere del padre vostro. Essi gli dissero: Noi non siam nati di fornicazione; abbiamo un solo Padre: Iddio.

42. Gesù disse loro: Se Dio fosse vostro Padre, amereste me, perché io son proceduto e vengo da Dio, perché io non son venuto da me, ma è Lui che mi ha mandato.

43. Perché non comprendete il mio parlare? Perché non potete dare ascolto alla mia parola.

44. Voi siete progenie del diavolo, ch'è vostro padre, e volete fare i desideri del padre vostro. Egli è stato omicida fin dal principio e non si è attenuto alla verità, perché non c'è verità in lui. Quando parla il falso, parla del suo, perché è bugiardo e padre della menzogna.

45. E a me, perché dico la verità, voi non credete.

46. Chi di voi mi convince di peccato? Se vi dico la verità, perché non mi credete?

47. He that is of God heareth the words of God: for this cause ye hear [them] not, because ye are not of God.

48. The Jews answered and said unto him, Say we not well that thou art a Samaritan, and hast a demon?

49. Jesus answered, I have not a demon; but I honor my Father, and ye dishonor me.

50. But I seek not mine own glory: there is one that seeketh and judgeth.

51. Verily, verily, I say unto you, If a man keep my word, he shall never see death.

52. The Jews said unto him, Now we know that thou hast a demon. Abraham died, and the prophets; and thou sayest, If a man keep my word, he shall never taste of death.

53. Art thou greater than our father Abraham, who died? and the prophets died: whom makest thou thyself?

54. Jesus answered, If I glorify myself, my glory is nothing: it is my Father that glorifieth me; of whom ye say, that he is your God;

55. and ye have not known him: but I know him; and if I should say, I know him not, I shall be like unto you, a liar: but I know him, and keep his word.

56. Your father Abraham rejoiced to see my day; and he saw it, and was glad.

57. The Jews therefore said unto him, Thou art not yet fifty years old, and hast thou seen Abraham?

58. Jesus said unto them, Verily, verily, I say unto you, Before Abraham was born, I am.

59. They took up stones therefore to cast at him: but Jesus hid himself, and went out of the temple.

# John 9

1. And as he passed by, he saw a man blind from his birth.

2. And his disciples asked him, saying, Rabbi, who sinned, this man, or his parents, that he should be born blind?

3. Jesus answered, Neither did this man sin, nor his parents: but that the works of God should be made manifest in him.

47. Chi è da Dio ascolta le parole di Dio. Per questo voi non le ascoltate; perché non siete da Dio.

48. I Giudei risposero e gli dissero: Non diciam noi bene che sei un Samaritano e che hai un demonio?

49. Gesù rispose: Io non ho un demonio, ma onoro il Padre mio e voi mi disonorate.

50. Ma io non cerco la mia gloria; v'è Uno che la cerca e che giudica.

51. In verità, in verità vi dico che se uno osserva la mia parola, non vedrà mai la morte.

52. I Giudei gli dissero: Or vediam bene che tu hai un demonio. Abramo e i profeti son morti, e tu dici: Se uno osserva la mia parola, non gusterà mai la morte.

53. Sei tu forse maggiore del padre nostro Abramo, il quale è morto? Anche i profeti son morti; chi pretendi d'essere?

54. Gesù rispose: S'io glorifico me stesso, la mia gloria è un nulla; chi mi glorifica è il Padre mio, che voi dite esser vostro Dio,

55. e non l'avete conosciuto; ma io lo conosco, e se dicessi di non conoscerlo, sarei un bugiardo come voi; ma io lo conosco e osservo la sua parola.

56. Abramo, vostro padre, ha giubilato nella speranza di vedere il mio giorno; e l'ha veduto, e se n'è rallegrato.

57. I Giudei gli dissero: Tu non hai ancora cinquant'anni e hai veduto Abramo?

58. Gesù disse loro: In verità, in verità vi dico: Prima che Abramo fosse nato, io sono.

59. Allora essi presero delle pietre per tirargliele; ma Gesù si nascose ed uscì dal tempio.

# Giovanni 9

1. E passando vide un uomo ch'era cieco fin dalla nascita.

2. E i suoi discepoli lo interrogarono, dicendo: Maestro, chi ha peccato, lui o i suoi genitori, perché sia nato cieco?

3. Gesù rispose: Né lui peccò, né i suoi genitori; ma è così, affinché le opere di Dio siano manifestate in lui.

4. We must work the works of him that sent me, while it is day: the night cometh, when no man can work.

5. When I am in the world, I am the light of the world.

6. When he had thus spoken, he spat on the ground, and made clay of the spittle, and anointed his eyes with the clay,

7. and said unto him, Go, wash in the pool of Siloam (which is by interpretation, Sent). He went away therefore, and washed, and came seeing.

8. The neighbors therefore, and they that saw him aforetime, that he was a beggar, said, Is not this he that sat and begged?

9. Others said, It is he: others said, No, but he is like him. He said, I am [he].

10. They said therefore unto him, How then were thine eyes opened?

11. He answered, The man that is called Jesus made clay, and anointed mine eyes, and said unto me, Go to Siloam, and wash: so I went away and washed, and I received sight.

12. And they said unto him, Where is he? He saith, I know not.

13. They bring to the Pharisees him that aforetime was blind.

14. Now it was the sabbath on the day when Jesus made the clay, and opened his eyes.

15. Again therefore the Pharisees also asked him how he received his sight. And he said unto them, He put clay upon mine eyes, and I washed, and I see.

16. Some therefore of the Pharisees said, This man is not from God, because he keepeth not the sabbath. But others said, How can a man that is a sinner do such signs? And there was division among them.

17. They say therefore unto the blind man again, What sayest thou of him, in that he opened thine eyes? And he said, He is a prophet.

18. The Jews therefore did not believe concerning him, that he had been blind, and had received his sight, until they called the parents of him that had received his sight,

4. Bisogna che io compia le opere di Colui che mi ha mandato, mentre è giorno; la notte viene in cui nessuno può operare.

5. Mentre sono nel mondo, io sono la luce del mondo.

6. Detto questo, sputò in terra, fece del fango con la saliva e ne spalmò gli occhi del cieco,

7. e gli disse: Va', làvati nella vasca di Siloe (che significa: mandato). Egli dunque andò e si lavò, e tornò che ci vedeva.

8. Perciò i vicini e quelli che per l'innanzi l'avean veduto, perché era mendicante, dicevano: Non è egli quello che stava seduto a chieder l'elemosina?

9. Gli uni dicevano: E' lui. Altri dicevano: No, ma gli somiglia. Egli diceva: Son io.

10. Allora essi gli domandarono: Com'è che ti sono stati aperti gli occhi?

11. Egli rispose: Quell'uomo che si chiama Gesù fece del fango, me ne spalmò gli occhi e mi disse: Vattene a Siloe e làvati. Io quindi sono andato, e mi son lavato e ho ricuperato la vista.

12. Ed essi gli dissero: Dov'è costui? Egli rispose: Non so.

13. Menarono a' Farisei colui ch'era stato cieco.

14. Or era in giorno di sabato che Gesù avea fatto il fango e gli avea aperto gli occhi.

15. I Farisei dunque gli domandaron di nuovo anch'essi com'egli avesse ricuperata la vista. Ed egli disse loro: Egli mi ha messo del fango sugli occhi, mi son lavato, e ci veggo.

16. Perciò alcuni dei Farisei dicevano: Quest'uomo non è da Dio perché non osserva il sabato. Ma altri dicevano: Come può un uomo peccatore far tali miracoli? E v'era disaccordo fra loro.

17. Essi dunque dissero di nuovo al cieco: E tu, che dici di lui, dell'averti aperto gli occhi? Egli rispose: E' un profeta.

18. I Giudei dunque non credettero di lui che fosse stato cieco e avesse ricuperata la vista, finché non ebbero chiamati i genitori di colui che avea ricuperata la vista,

19. and asked them, saying, Is this your son, who ye say was born blind? How then doth he now see?

20. His parents answered and said, We know that this is our son, and that he was born blind:

21. but how he now seeth, we know not; or who opened his eyes, we know not: ask him; he is of age; he shall speak for himself.

22. These things said his parents, because they feared the Jews: for the Jews had agreed already, that if any man should confess him [to be] Christ, he should be put out of the synagogue.

23. Therefore said his parents, He is of age; ask him.

24. So they called a second time the man that was blind, and said unto him, Give glory to God: we know that this man is a sinner.

25. He therefore answered, Whether he is a sinner, I know not: one thing I know, that, whereas I was blind, now I see.

26. They said therefore unto him, What did he to thee? How opened he thine eyes?

27. He answered them, I told you even now, and ye did not hear; wherefore would ye hear it again? would ye also become his disciples?

28. And they reviled him, and said, Thou art his disciple; but we are disciples of Moses.

29. We know that God hath spoken unto Moses: but as for this man, we know not whence he is.

30. The man answered and said unto them, Why, herein is the marvel, that ye know not whence he is, and [yet] he opened mine eyes.

31. We know that God heareth not sinners: but if any man be a worshipper of God, and do his will, him he heareth.

32. Since the world began it was never heard that any one opened the eyes of a man born blind.

33. If this man were not from God, he could do nothing.

34. They answered and said unto him, Thou wast altogether born in sins, and dost thou teach us? And they cast him out.

35. Jesus heard that they had cast him out; and finding him, he said, Dost thou believe on the Son of God?

19. e li ebbero interrogati così: E' questo il vostro figliuolo che dite esser nato cieco? Com'è dunque che ora ci vede?

20. I suoi genitori risposero: Sappiamo che questo è nostro figliuolo, e che è nato cieco;

21. ma come ora ci veda, non sappiamo; né sappiamo chi gli abbia aperti gli occhi; domandatelo a lui; egli è d'età; parlerà lui di sé.

22. Questo dissero i suoi genitori perché avean paura de' Giudei; poiché i Giudei avean già stabilito che se uno riconoscesse Gesù come Cristo, fosse espulso dalla sinagoga.

23. Per questo dissero i suoi genitori: Egli è d'età, domandatelo a lui.

24. Essi dunque chiamarono per la seconda volta l'uomo ch'era stato cieco, e gli dissero: Da' gloria a Dio! Noi sappiamo che quell'uomo è un peccatore.

25. Egli rispose: S'egli sia un peccatore, non so, una cosa so, che ero cieco e ora ci vedo.

26. Essi allora gli dissero: Che ti fece egli? Come t'aprì gli occhi?

27. Egli rispose loro: Ve l'ho già detto e voi non avete ascoltato; perché volete udirlo di nuovo? Volete forse anche voi diventar suoi discepoli?

28. Essi l'ingiuriarono e dissero: Sei tu discepolo di costui; ma noi siam discepoli di Mosè.

29. Noi sappiamo che a Mosè Dio ha parlato; ma quant'è a costui, non sappiamo di dove sia.

30. Quell'uomo rispose e disse loro: Questo poi è strano: che voi non sappiate di dove sia; eppure, m'ha aperto gli occhi!

31. Si sa che Dio non esaudisce i peccatori; ma se uno è pio verso Dio e fa la sua volontà, quello egli esaudisce.

32. Da che mondo è mondo non s'è mai udito che uno abbia aperto gli occhi ad un cieco nato.

33. Se quest'uomo non fosse da Dio, non potrebbe far nulla.

34. Essi risposero e gli dissero: Tu sei tutto quanto nato nel peccato e insegni a noi? E lo cacciaron fuori.

35. Gesù udì che l'avean cacciato fuori; e trovatolo gli disse: Credi tu nel Figliuol di Dio?

36. He answered and said, And who is he, Lord, that I may believe on him?

37. Jesus said unto him, Thou hast both seen him, and he it is that speaketh with thee.

38. And he said, Lord, I believe. And he worshipped him.

39. And Jesus said, For judgment came I into this world, that they that see not may see; and that they that see may become blind.

40. Those of the Pharisees who were with him heard these things, and said unto him, Are we also blind?

41. Jesus said unto them, If ye were blind, ye would have no sin: but now ye say, We see: your sin remaineth.

36. Colui rispose: E chi è egli, Signore, perché io creda in lui?

37. Gesù gli disse: Tu l'hai già veduto; e quei che parla teco, è lui.

38. Ed egli disse: Signore, io credo. E gli si prostrò dinanzi.

39. E Gesù disse: Io son venuto in questo mondo per fare un giudizio, affinché quelli che non vedono vedano, e quelli che vedono diventino ciechi.

40. E quelli de' Farisei che eran con lui udirono queste cose e gli dissero: Siamo ciechi anche noi?

41. Gesù rispose loro: Se foste ciechi, non avreste alcun peccato; ma siccome dite: Noi vediamo, il vostro peccato rimane.

# John 10

# Giovanni 10

1. Verily, verily, I say unto you, He that entereth not by the door into the fold of the sheep, but climbeth up some other way, the same is a thief and a robber.

2. But he that entereth in by the door is the shepherd of the sheep.

3. To him the porter openeth; and the sheep hear his voice: and he calleth his own sheep by name, and leadeth them out.

4. When he hath put forth all his own, he goeth before them, and the sheep follow him: for they know his voice.

5. And a stranger will they not follow, but will flee from him: for they know not the voice of strangers.

6. This parable spake Jesus unto them: but they understood not what things they were which he spake unto them.

7. Jesus therefore said unto them again, Verily, verily, I say unto you, I am the door of the sheep.

8. All that came before me are thieves and robbers: but the sheep did not hear them.

9. I am the door; by me if any man enter in, he shall be saved, and shall go in and go out, and shall find pasture.

10. The thief cometh not, but that he may steal, and kill, and destroy: I came that they may have life, and may have [it] abundantly.

1. In verità, in verità io vi dico che chi non entra per la porta nell'ovile delle pecore, ma vi sale da un'altra parte, esso è un ladro e un brigante.

2. Ma colui che entra per la porta è pastore delle pecore.

3. A lui apre il portinaio, e le pecore ascoltano la sua voce, ed egli chiama le proprie pecore per nome e le mena fuori.

4. Quando ha messo fuori tutte le sue pecore, va innanzi a loro, e le pecore lo seguono, perché conoscono la sua voce.

5. Ma un estraneo non lo seguiranno; anzi, fuggiranno via da lui perché non conoscono la voce degli estranei.

6. Questa similitudine disse loro Gesù; ma essi non capirono di che cosa parlasse loro.

7. Onde Gesù di nuovo disse loro: In verità, in verità vi dico: Io sono la porta delle pecore.

8. Tutti quelli che son venuti prima di me, sono stati ladri e briganti; ma le pecore non li hanno ascoltati.

9. Io son la porta; se uno entra per me, sarà salvato, ed entrerà ed uscirà, e troverà pastura.

10. Il ladro non viene se non per rubare e ammazzare e distruggere; io son venuto perché abbian la vita e l'abbiano ad esuberanza.

11. I am the good shepherd: the good shepherd layeth down his life for the sheep.

12. He that is a hireling, and not a shepherd, whose own the sheep are not, beholdeth the wolf coming, and leaveth the sheep, and fleeth, and the wolf snatcheth them, and scattereth [them]:

13. [he fleeth] because he is a hireling, and careth not for the sheep.

14. I am the good shepherd; and I know mine own, and mine own know me,

15. even as the Father knoweth me, and I know the Father; and I lay down my life for the sheep.

16. And other sheep I have, which are not of this fold: them also I must bring, and they shall hear my voice: and they shall become one flock, one shepherd.

17. Therefore doth the Father love me, because I lay down my life, that I may take it again.

18. No one taketh it away from me, but I lay it down of myself. I have power to lay it down, and I have power to take it again. This commandment received I from my Father.

19. There arose a division again among the Jews because of these words.

20. And many of them said, He hath a demon, and is mad; why hear ye him?

21. Others said, These are not the sayings of one possessed with a demon. Can a demon open the eyes of the blind?

22. And it was the feast of the dedication at Jerusalem:

23. it was winter; and Jesus was walking in the temple in Solomon's porch.

24. The Jews therefore came round about him, and said unto him, How long dost thou hold us in suspense? If thou art the Christ, tell us plainly.

25. Jesus answered them, I told you, and ye believe not: the works that I do in my Father's name, these bear witness of me.

26. But ye believe not, because ye are not of my sheep.

27. My sheep hear my voice, and I know them, and they follow me:

11. Io sono il buon pastore; il buon pastore mette la sua vita per le pecore.

12. Il mercenario, che non è pastore, a cui non appartengono le pecore, vede venire il lupo, abbandona le pecore e si dà alla fuga, e il lupo le rapisce e disperde.

13. Il mercenario si dà alla fuga perché è mercenario e non si cura delle pecore.

14. Io sono il buon pastore, e conosco le mie, e le mie mi conoscono,

15. come il Padre mi conosce ed io conosco il Padre; e metto la mia vita per le pecore.

16. Ho anche delle altre pecore, che non son di quest'ovile; anche quelle io devo raccogliere, ed esse ascolteranno la mia voce, e vi sarà un solo gregge, un solo pastore.

17. Per questo mi ama il Padre; perché io depongo la mia vita, per ripigliarla poi.

18. Nessuno me la toglie, ma la depongo da me. Io ho podestà di deporla e ho podestà di ripigliarla. Quest'ordine ho ricevuto dal Padre mio.

19. Nacque di nuovo un dissenso fra i Giudei a motivo di queste parole.

20. E molti di loro dicevano: Egli ha un demonio ed è fuori di sé; perché l'ascoltate?

21. Altri dicevano: Queste non son parole di un indemoniato. Può un demonio aprir gli occhi a' ciechi?

22. In quel tempo ebbe luogo in Gerusalemme la festa della Dedicazione. Era d'inverno,

23. e Gesù passeggiava nel tempio, sotto il portico di Salomone.

24. I Giudei dunque gli si fecero attorno e gli dissero: fino a quando terrai sospeso l'animo nostro? Se tu sei il Cristo, diccelo apertamente.

25. Gesù rispose loro: Ve l'ho detto, e non lo credete; le opere che fo nel nome del Padre mio, son quelle che testimoniano di me;

26. ma voi non credete, perché non siete delle mie pecore.

27. Le mie pecore ascoltano la mia voce, e io le conosco, ed esse mi seguono;

28. and I give unto them eternal life; and they shall never perish, and no one shall snatch them out of my hand.

29. My Father, who hath given [them] unto me, is greater than all; and no one is able to snatch [them] out of the Father's hand.

30. I and the Father are one.

31. The Jews took up stones again to stone him.

32. Jesus answered them, Many good works have I showed you from the Father; for which of those works do ye stone me?

33. The Jews answered him, For a good work we stone thee not, but for blasphemy; and because that thou, being a man, makest thyself God.

34. Jesus answered them, Is it not written in your law, I said, ye are gods?

35. If he called them gods, unto whom the word of God came (and the scripture cannot be broken),

36. say ye of him, whom the Father sanctified and sent into the world, Thou blasphemest; because I said, I am [the] Son of God?

37. If I do not the works of my Father, believe me not.

38. But if I do them, though ye believe not me, believe the works: that ye may know and understand that the Father is in me, and I in the Father.

39. They sought again to take him: and he went forth out of their hand.

40. And he went away again beyond the Jordan into the place where John was at the first baptizing; and there be abode.

41. And many came unto him; and they said, John indeed did no sign: but all things whatsoever John spake of this man were true.

42. And many believed on him there.

# John 11

1. Now a certain man was sick, Lazarus of Bethany, of the village of Mary and her sister Martha.

28. e io do loro la vita eterna, e non periranno mai, e nessuno le rapirà dalla mia mano.

29. Il Padre mio che me le ha date è più grande di tutti; e nessuno può rapirle di mano al Padre.

30. Io ed il Padre siamo uno.

31. I Giudei presero di nuovo delle pietre per lapidarlo.

32. Gesù disse loro: Molte buone opere v'ho mostrate da parte del Padre mio; per quale di queste opere mi lapidate voi?

33. I Giudei gli risposero: Non ti lapidiamo per una buona opera, ma per bestemmia; e perché tu, che sei uomo, ti fai Dio.

34. Gesù rispose loro: Non è egli scritto nella vostra legge: Io ho detto: Voi siete dèi?

35. Se chiama dèi coloro a' quali la parola di Dio è stata diretta (e la Scrittura non può essere annullata),

36. come mai dite voi a colui che il Padre ha santificato e mandato nel mondo, che bestemmia, perché ho detto: Son Figliuolo di Dio?

37. Se non faccio le opere del Padre mio, non mi credete;

38. ma se le faccio, anche se non credete a me, credete alle opere, affinché sappiate e riconosciate che il Padre è in me e che io sono nel padre.

39. Essi cercavan di nuovo di pigliarlo; ma egli sfuggì loro dalle mani.

40. E Gesù se ne andò di nuovo al di là del Giordano, nel luogo dove Giovanni da principio stava battezzando; e quivi dimorò.

41. E molti vennero a lui, e dicevano: Giovanni, è vero, non fece alcun miracolo; ma tutto quello che Giovanni disse di quest'uomo, era vero.

42. E quivi molti credettero in lui.

# Giovanni 11

1. Or v'era un ammalato, un certo Lazzaro di Betania, del villaggio di Maria e di Marta sua sorella.

2. And it was that Mary who anointed the Lord with ointment, and wiped his feet with her hair, whose brother Lazarus was sick.

3. The sisters therefore sent unto him, saying, Lord, behold, he whom thou lovest is sick.

4. But when Jesus heard it, he said, This sickness is not unto death, but for the glory of God, that the Son of God may be glorified thereby.

5. Now Jesus loved Martha, and her sister, and Lazarus.

6. When therefore he heard that he was sick, he abode at that time two days in the place where he was.

7. Then after this he saith to the disciples, Let us go into Judaea again.

8. The disciples say unto him, Rabbi, the Jews were but now seeking to stone thee; and goest thou thither again?

9. Jesus answered, Are there not twelve hours in the day? If a man walk in the day, he stumbleth not, because he seeth the light of this world.

10. But if a man walk in the night, he stumbleth, because the light is not in him.

11. These things spake he: and after this he saith unto them, Our friend Lazarus is fallen asleep; but I go, that I may awake him out of sleep.

12. The disciples therefore said unto him, Lord, if he is fallen asleep, he will recover.

13. Now Jesus had spoken of his death: but they thought that he spake of taking rest in sleep.

14. Then Jesus therefore said unto them plainly, Lazarus is dead.

15. And I am glad for your sakes that I was not there, to the intent ye may believe; nevertheless let us go unto him.

16. Thomas therefore, who is called Didymus, said unto his fellow-disciples, Let us also go, that we may die with him.

17. So when Jesus came, he found that he had been in the tomb four days already.

18. Now Bethany was nigh unto Jerusalem, about fifteen furlongs off;

19. and many of the Jews had come to Martha and Mary, to console them concerning their brother.

20. Martha therefore, when she heard that Jesus was coming, went and met him: but Mary still sat in the house.

2. Maria era quella che unse il Signore d'olio odorifero e gli asciugò i piedi co' suoi capelli; e Lazzaro, suo fratello, era malato.

3. Le sorelle dunque mandarono a dire a Gesù: Signore, ecco, colui che tu ami è malato.

4. Gesù, udito ciò, disse: Questa malattia non è a morte, ma è per la gloria di Dio, affinché per mezzo d'essa il Figliuol di Dio sia glorificato.

5. Or Gesù amava Marta e sua sorella e Lazzaro.

6. Come dunque ebbe udito ch'egli era malato, si trattenne ancora due giorni nel luogo dov'era;

7. poi dopo, disse a' discepoli: Torniamo in Giudea!

8. I discepoli gli dissero: Maestro, i Giudei cercavano or ora di lapidarti, e tu vuoi tornar là?

9. Gesù rispose: Non vi son dodici ore nel giorno? Se uno cammina di giorno, non inciampa, perché vede la luce di questo mondo;

10. ma se uno cammina di notte, inciampa, perché la luce non è in lui.

11. Così parlò; e poi disse loro: Il nostro amico Lazzaro s'è addormentato; ma io vado a svegliarlo.

12. Perciò i discepoli gli dissero: Signore, s'egli dorme, sarà salvo.

13. Or Gesù avea parlato della morte di lui; ma essi pensarono che avesse parlato del dormir del sonno.

14. Allora Gesù disse loro apertamente: Lazzaro è morto;

15. e per voi mi rallegro di non essere stato là, affinché crediate; ma ora, andiamo a lui!

16. Allora Toma, detto Didimo, disse ai suoi condiscepoli: Andiamo anche noi, per morire con lui!

17. Gesù dunque, arrivato, trovò che Lazzaro era già da quattro giorni nel sepolcro.

18. Or Betania non distava da Gerusalemme che circa quindici stadi;

19. e molti Giudei eran venuti da Marta e Maria per consolarle del loro fratello.

20. Come dunque Marta ebbe udito che Gesù veniva, gli andò incontro; ma Maria stava seduta in casa.

21. Martha therefore said unto Jesus, Lord, if thou hadst been here, my brother had not died.

22. And even now I know that, whatsoever thou shalt ask of God, God will give thee.

23. Jesus saith unto her, Thy brother shall rise again.

24. Martha saith unto him, I know that he shall rise again in the resurrection at the last day.

25. Jesus said unto her, I am the resurrection, and the life: he that believeth on me, though he die, yet shall he live;

26. and whosoever liveth and believeth on me shall never die. Believest thou this?

27. She saith unto him, Yea, Lord: I have believed that thou art the Christ, the Son of God, [even] he that cometh into the world.

28. And when she had said this, she went away, and called Mary her sister secretly, saying, The Teacher is her, and calleth thee.

29. And she, when she heard it, arose quickly, and went unto him.

30. (Now Jesus was not yet come into the village, but was still in the place where Martha met him.)

31. The Jews then who were with her in the house, and were consoling her, when they saw Mary, that she rose up quickly and went out, followed her, supposing that she was going unto the tomb to weep there.

32. Mary therefore, when she came where Jesus was, and saw him, fell down at his feet, saying unto him, Lord, if thou hadst been here, my brother had not died.

33. When Jesus therefore saw her weeping, and the Jews [also] weeping who came with her, he groaned in the spirit, and was troubled,

34. and said, Where have ye laid him? They say unto him, Lord, come and see.

35. Jesus wept.

36. The Jews therefore said, Behold how he loved him!

37. But some of them said, Could not this man, who opened the eyes of him that was blind, have caused that this man also should not die?

---

21. Marta dunque disse a Gesù: Signore, se tu fossi stato qui, mio fratello non sarebbe morto;

22. e anche adesso so che tutto quel che chiederai a Dio, Dio te lo darà.

23. Gesù le disse: Tuo fratello risusciterà.

24. Marta gli disse: Lo so che risusciterà, nella risurrezione, nell'ultimo giorno.

25. Gesù le disse: Io son la resurrezione e la vita; chi crede in me, anche se muoia, vivrà;

26. e chiunque vive e crede in me, non morrà mai. Credi tu questo?

27. Ella gli disse: Sì, o Signore, io credo che tu sei il Cristo, il Figliuol di Dio che dovea venire nel mondo.

28. E detto questo, se ne andò, e chiamò di nascosto Maria, sua sorella, dicendole: il Maestro è qui, e ti chiama.

29. Ed ella, udito questo, si alzò in fretta e venne a lui.

30. Or Gesù non era ancora entrato nel villaggio, ma era sempre nel luogo dove Marta l'aveva incontrato.

31. Quando dunque i Giudei ch'erano in casa con lei e la consolavano, videro che Maria s'era alzata in fretta ed era uscita, la seguirono, supponendo che si recasse al sepolcro a piangere.

32. Appena Maria fu giunta dov'era Gesù e l'ebbe veduto, gli si gettò a' piedi dicendogli: Signore, se tu fossi stato qui, mio fratello non sarebbe morto.

33. E quando Gesù la vide piangere, e vide i Giudei ch'eran venuti con lei piangere anch'essi, fremé nello spirito, si conturbò, e disse:

34. Dove l'avete posto? Essi gli dissero: Signore, vieni a vedere!

35. Gesù pianse.

36. Onde i Giudei dicevano: Guarda come l'amava!

37. Ma alcuni di loro dicevano: Non poteva, lui che ha aperto gli occhi al cieco, fare anche che questi non morisse?

38. Jesus therefore again groaning in himself cometh to the tomb. Now it was a cave, and a stone lay against it.

39. Jesus saith, Take ye away the stone. Martha, the sister of him that was dead, saith unto him, Lord, by this time the body decayeth; for he hath been [dead] four days.

40. Jesus saith unto her, Said I not unto thee, that, if thou believedst, thou shouldest see the glory of God?

41. So they took away the stone. And Jesus lifted up his eyes, and said, Father, I thank thee that thou heardest me.

42. And I knew that thou hearest me always: but because of the multitude that standeth around I said it, that they may believe that thou didst send me.

43. And when he had thus spoken, he cried with a loud voice, Lazarus, come forth.

44. He that was dead came forth, bound hand and foot with grave-clothes; and his face was bound about with a napkin. Jesus saith unto them, Loose him, and let him go.

45. Many therefore of the Jews, who came to Mary and beheld that which he did, believed on him.

46. But some of them went away to the Pharisees, and told them the things which Jesus had done.

47. The chief priests therefore and the Pharisees gathered a council, and said, What do we? for this man doeth many signs.

48. If we let him thus alone, all men will believe on him: and the Romans will come and take away both our place and our nation.

49. But a certain one of them, Caiaphas, being high priest that year, said unto them, Ye know nothing at all,

50. nor do ye take account that it is expedient for you that one man should die for the people, and that the whole nation perish not.

51. Now this he said not of himself: but, being high priest that year, he prophesied that Jesus should die for the nation;

52. and not for the nation only, but that he might also gather together into one the children of God that are scattered abroad.

53. So from that day forth they took counsel that they might put him to death.

38. Gesù dunque, fremendo di nuovo in se stesso, venne al sepolcro. Era una grotta, e una pietra era posta all'apertura.

39. Gesù disse: Togliete via la pietra! Marta, la sorella del morto, gli disse: Signore, egli puzza già, perché siamo al quarto giorno.

40. Gesù le disse: Non t'ho io detto che se credi, tu vedrai la gloria di Dio?

41. Tolsero dunque la pietra. E Gesù, alzati gli occhi in alto, disse: Padre, ti ringrazio che m'hai esaudito.

42. Io ben sapevo che tu m'esaudisci sempre; ma ho detto questo a motivo della folla che mi circonda, affinché credano che tu m'hai mandato.

43. E detto questo, gridò con gran voce: Lazzaro vieni fuori!

44. E il morto uscì, avendo i piedi e le mani legati da fasce, e il viso coperto d'uno sciugatoio. Gesù disse loro: Scioglietelo, e lasciatelo andare.

45. Perciò molti dei Giudei che eran venuti da Maria e avean veduto le cose fatte da Gesù, credettero in lui.

46. Ma alcuni di loro andarono dai Farisei e raccontaron loro quel che Gesù avea fatto.

47. I capi sacerdoti quindi e i Farisei radunarono il Sinedrio e dicevano: Che facciamo? perché quest'uomo fa molti miracoli.

48. Se lo lasciamo fare, tutti crederanno in lui; e i Romani verranno e ci distruggeranno e città e nazione.

49. E un di loro, Caiàfa, che era sommo sacerdote di quell'anno, disse loro: Voi non capite nulla;

50. e non riflettete come vi torni conto che un uomo solo muoia per il popolo, e non perisca tutta la nazione.

51. Or egli non disse questo di suo; ma siccome era sommo sacerdote di quell'anno, profetò che Gesù dovea morire per la nazione;

52. e non soltanto per la nazione, ma anche per raccogliere in uno i figliuoli di Dio dispersi.

53. Da quel giorno dunque deliberarono di farlo morire.

54. Jesus therefore walked no more openly among the Jews, but departed thence into the country near to the wilderness, into a city called Ephraim; and there he tarried with the disciples.

55. Now the passover of the Jews was at hand: and many went up to Jerusalem out of the country before the passover, to purify themselves.

56. They sought therefore for Jesus, and spake one with another, as they stood in the temple, What think ye? That he will not come to the feast?

57. Now the chief priests and the Pharisees had given commandment, that, if any man knew where he was, he should show it, that they might take him.

# John 12

1. Jesus therefore six days before the passover came to Bethany, where Lazarus was, whom Jesus raised from the dead.

2. So they made him a supper there: and Martha served; but Lazarus was one of them that sat at meat with him.

3. Mary therefore took a pound of ointment of pure nard, very precious, and anointed the feet of Jesus, and wiped his feet with her hair: and the house was filled with the odor of the ointment.

4. But Judas Iscariot, one of his disciples, that should betray him, saith,

5. Why was not this ointment sold for three hundred shillings, and given to the poor?

6. Now this he said, not because he cared for the poor; but because he was a thief, and having the bag took away what was put therein.

7. Jesus therefore said, Suffer her to keep it against the day of my burying.

8. For the poor ye have always with you; but me ye have not always.

9. The common people therefore of the Jews learned that he was there: and they came, not for Jesus' sake only, but that they might see Lazarus also, whom he had raised from the dead.

10. But the chief priests took counsel that they might put Lazarus also to death;

54. Gesù quindi non andava più apertamente fra i Giudei, ma si ritirò di là nella contrada vicino al deserto, in una città detta Efraim; e quivi si trattenne co' suoi discepoli.

55. Or la Pasqua de' Giudei era vicina; e molti di quella contrada salirono a Gerusalemme prima della Pasqua per purificarsi.

56. Cercavan dunque Gesù; e stando nel tempio dicevano tra loro: Che ve ne pare? Che non abbia venire alla festa?

57. Or i capi sacerdoti e i Farisei avean dato ordine che se alcuno sapesse dove egli era, ne facesse denunzia perché potessero pigliarlo.

# Giovanni 12

1. Gesù dunque, sei giorni avanti la Pasqua, venne a Betania dov'era Lazzaro ch'egli avea risuscitato dai morti.

2. E quivi gli fecero una cena; Marta serviva, e Lazzaro era uno di quelli ch'erano a tavola con lui.

3. Allora Maria, presa una libbra d'olio odorifero di nardo schietto, di gran prezzo, unse i piedi di Gesù e glieli asciugò co' suoi capelli; e la casa fu ripiena del profumo dell'olio.

4. Ma Giuda Iscariot, uno dei suoi discepoli, che stava per tradirlo, disse:

5. Perché non s'è venduto quest'olio per trecento denari e non si son dati ai poveri?

6. Diceva così, non perché si curasse de' poveri, ma perché era ladro, e tenendo la borsa, ne portava via quel che vi si metteva dentro.

7. Gesù dunque disse: Lasciala stare; ella lo ha serbato per il giorno della mia sepoltura.

8. Poiché i poveri li avete sempre con voi; ma me non avete sempre.

9. La gran folla dei Giudei seppe dunque ch'egli era quivi; e vennero non solo a motivo di Gesù, ma anche per vedere Lazzaro che egli avea risuscitato dai morti.

10. Ma i capi sacerdoti deliberarono di far morire anche Lazzaro,

11. because that by reason of him many of the Jews went away, and believed on Jesus.

12. On the morrow a great multitude that had come to the feast, when they heard that Jesus was coming to Jerusalem,

13. took the branches of the palm trees, and went forth to meet him, and cried out, Hosanna: Blessed [is] he that cometh in the name of the Lord, even the King of Israel.

14. And Jesus, having found a young ass, sat thereon; as it is written,

15. Fear not, daughter of Zion: behold, thy King cometh, sitting on an ass's colt.

16. These things understood not his disciples at the first: but when Jesus was glorified, then remembered they that these things were written of him, and that they had done these things unto him.

17. The multitude therefore that was with him when he called Lazarus out of the tomb, and raised him from the dead, bare witness.

18. For this cause also the multitude went and met him, for that they heard that he had done this sign.

19. The Pharisees therefore said among themselves, Behold how ye prevail nothing: lo, the world is gone after him.

20. Now there were certain Greeks among those that went up to worship at the feast:

21. these therefore came to Philip, who was of Bethsaida of Galilee, and asked him, saying, Sir, we would see Jesus.

22. Philip cometh and telleth Andrew: Andrew cometh, and Philip, and they tell Jesus.

23. And Jesus answereth them, saying, The hour is come, that the Son of man should be glorified.

24. Verily, verily, I say unto you, Except a grain of wheat fall into the earth and die, it abideth by itself alone; but if it die, it beareth much fruit.

25. He that loveth his life loseth it; and he that hateth his life in this world shall keep it unto life eternal.

26. If any man serve me, let him follow me; and where I am, there shall also my servant be: if any man serve me, him will the Father honor.

11. perché, per cagion sua, molti de' Giudei andavano e credevano in Gesù.

12. Il giorno seguente, la gran folla che era venuta alla festa, udito che Gesù veniva a Gerusalemme,

13. prese de' rami di palme, e uscì ad incontrarlo, e si mise a gridare: Osanna! Benedetto colui che viene nel nome del Signore, il Re d'Israele!

14. E Gesù, trovato un asinello, vi montò su, secondo ch'è scritto:

15. Non temere, o figliuola di Sion! Ecco, il tuo Re viene, montato sopra un puledro d'asina!

16. Or i suoi discepoli non intesero da prima queste cose; ma quando Gesù fu glorificato, allora si ricordarono che queste cose erano state scritte di lui, e che essi gliele aveano fatte.

17. La folla dunque che era con lui quando avea chiamato Lazzaro fuor dal sepolcro e l'avea risuscitato dai morti, ne rendea testimonianza.

18. E per questo la folla gli andò incontro, perché aveano udito ch'egli avea fatto quel miracolo.

19. Onde i Farisei dicevano fra loro: Vedete che non guadagnate nulla? Ecco, il mondo gli corre dietro!

20. Or fra quelli che salivano alla festa per adorare, v'erano certi Greci.

21. Questi dunque, accostatisi a Filippo, che era di Betsaida di Galilea, gli fecero questa richiesta: Signore, vorremmo veder Gesù.

22. Filippo lo venne a dire ad Andrea; e Andrea e Filippo vennero a dirlo a Gesù.

23. E Gesù rispose loro dicendo: L'ora è venuta, che il Figliuol dell'uomo ha da esser glorificato.

24. In verità, in verità io vi dico che se il granello di frumento caduto in terra non muore, riman solo; ma se muore, produce molto frutto.

25. Chi ama la sua vita, la perde; e chi odia la sua vita in questo mondo, la conserverà in vita eterna.

26. Se uno mi serve, mi segua; e là dove son io, quivi sarà anche il mio servitore; se uno mi serve, il Padre l'onorerà.

27. Now is my soul troubled; and what shall I say? Father, save me from this hour. But for this cause came I unto this hour.

28. Father, glorify thy name. There came therefore a voice out of heaven, [saying], I have both glorified it, and will glorify it again.

29. The multitude therefore, that stood by, and heard it, said that it had thundered: others said, An angel hath spoken to him.

30. Jesus answered and said, This voice hath not come for my sake, but for your sakes.

31. Now is the judgment of this world: now shall the prince of this world be cast out.

32. And I, if I be lifted up from the earth, will draw all men unto myself.

33. But this he said, signifying by what manner of death he should die.

34. The multitude therefore answered him, We have heard out of the law that the Christ abideth for ever: and how sayest thou, The Son of man must be lifted up? who is this Son of man?

35. Jesus therefore said unto them, Yet a little while is the light among you. Walk while ye have the light, that darkness overtake you not: and he that walketh in the darkness knoweth not whither he goeth.

36. While ye have the light, believe on the light, that ye may become sons of light. These things spake Jesus, and he departed and hid himself from them.

37. But though he had done so many signs before them, yet they believed not on him:

38. that the word of Isaiah the prophet might be fulfilled, which he spake, Lord, who hath believed our report? And to whom hath the arm of the Lord been revealed?

39. For this cause they could not believe, for that Isaiah said again,

40. He hath blinded their eyes, and he hardened their heart; Lest they should see with their eyes, and perceive with their heart, And should turn, And I should heal them.

41. These things said Isaiah, because he saw his glory; and he spake of him.

27. Ora è turbata l'anima mia; e che dirò? Padre, salvami da quest'ora! Ma è per questo che son venuto incontro a quest'ora.

28. Padre, glorifica il tuo nome! Allora venne una voce dal cielo: E l'ho glorificato, e lo glorificherò di nuovo!

29. Onde la moltitudine ch'era quivi presente e aveva udito, diceva ch'era stato un tuono. Altri dicevano: Un angelo gli ha parlato.

30. Gesù rispose e disse: Questa voce non s'è fatta per me, ma per voi.

31. Ora avviene il giudizio di questo mondo; ora sarà cacciato fuori il principe di questo mondo;

32. e io, quando sarò innalzato dalla terra, trarrò tutti a me.

33. Così diceva per significare di qual morte dovea morire.

34. La moltitudine quindi gli rispose: Noi abbiamo udito dalla legge che il Cristo dimora in eterno: come dunque dici tu che bisogna che il Figliuolo dell'uomo sia innalzato? Chi è questo Figliuol dell'uomo?

35. Gesù dunque disse loro: Ancora per poco la luce è fra voi. Camminate mentre avete la luce, affinché non vi colgano le tenebre; chi cammina nelle tenebre non sa dove vada.

36. Mentre avete la luce, credete nella luce, affinché diventiate figliuoli di luce. Queste cose disse Gesù, poi se ne andò e si nascose da loro.

37. E sebbene avesse fatti tanti miracoli in loro presenza, pure non credevano in lui;

38. affinché s'adempisse la parola detta dal profeta Isaia: Signore, chi ha creduto a quel che ci è stato predicato? E a chi è stato rivelato il braccio del Signore?

39. Perciò non potevano credere, per la ragione detta ancora da Isaia:

40. Egli ha accecato gli occhi loro e ha indurato i loro cuori, affinché non veggano con gli occhi, e non intendano col cuore, e non si convertano, e io non li sani.

41. Queste cose disse Isaia, perché vide la gloria di lui e di lui parlò.

42. Nevertheless even of the rulers many believed on him; but because of the Pharisees they did not confess [it], lest they should be put out of the synagogue:

43. for they loved the glory [that is] of men more than the glory [that is] of God.

44. And Jesus cried and said, He that believeth on me, believeth not on me, but on him that sent me.

45. And he that beholdeth me beholdeth him that sent me.

46. I am come a light into the world, that whosoever believeth on me may not abide in the darkness.

47. And if any man hear my sayings, and keep them not, I judge him not: for I came not to judge the world, but to save the world.

48. He that rejecteth me, and receiveth not my sayings, hath one that judgeth him: the word that I spake, the same shall judge him in the last day.

49. For I spake not from myself; but the Father that sent me, he hath given me a commandment, what I should say, and what I should speak.

50. And I know that his commandment is life eternal: the things therefore which I speak, even as the Father hath said unto me, so I speak.

# John 13

1. Now before the feast of the passover, Jesus knowing that his hour was come that he should depart out of this world unto his Father, having loved his own that were in the world, he loved them unto the end.

2. And during supper, the devil having already put into the heart of Judas Iscariot, Simon's [son], to betray him,

3. [Jesus], knowing that the Father had given all the things into his hands, and that he came forth from God, and goeth unto God,

4. riseth from supper, and layeth aside his garments; and he took a towel, and girded himself.

5. Then he poureth water into the basin, and began to wash the disciples' feet, and to wipe them with the towel wherewith he was girded.

42. Pur nondimeno molti, anche fra i capi, credettero in lui; ma a cagione dei Farisei non lo confessavano, per non essere espulsi dalla sinagoga;

43. perché amarono la gloria degli uomini più della gloria di Dio.

44. Ma Gesù ad alta voce avea detto: Chi crede in me, crede non in me, ma in Colui che mi ha mandato;

45. e chi vede me, vede Colui che mi ha mandato.

46. Io son venuto come luce nel mondo, affinché chiunque crede in me, non rimanga nelle tenebre.

47. E se uno ode le mie parole e non le osserva, io non lo giudico; perché io non son venuto a giudicare il mondo, ma a salvare il mondo.

48. Chi mi respinge e non accetta le mie parole, ha chi lo giudica: la parola che ho annunziata è quella che lo giudicherà nell'ultimo giorno.

49. Perché io non ho parlato di mio; ma il Padre che m'ha mandato, m'ha comandato lui quel che debbo dire e di che debbo ragionare;

50. ed io so che il suo comandamento è vita eterna. Le cose dunque che dico, così le dico, come il Padre me le ha dette.

# Giovanni 13

1. Or avanti la festa di Pasqua, Gesù, sapendo che era venuta per lui l'ora di passare da questo mondo al Padre, avendo amato i suoi che erano nel mondo, li amò sino alla fine.

2. E durante la cena, quando il diavolo avea già messo in cuore a Giuda Iscariot, figliuol di Simone, di tradirlo,

3. Gesù, sapendo che il Padre gli avea dato tutto nelle mani e che era venuto da Dio e a Dio se ne tornava,

4. si levò da tavola, depose le sue vesti, e preso un asciugatoio, se ne cinse.

5. Poi mise dell'acqua nel bacino, e cominciò a lavare i piedi a' discepoli, e ad asciugarli con l'asciugatoio del quale era cinto.

6. So he cometh to Simon Peter. He saith unto him, Lord, dost thou wash my feet?

7. Jesus answered and said unto him, What I do thou knowest not now; but thou shalt understand hereafter.

8. Peter saith unto him, Thou shalt never wash my feet. Jesus answered him, If I wash thee not, thou hast no part with me.

9. Simon Peter saith unto him, Lord, not my feet only, but also my hands and my head.

10. Jesus saith to him, He that is bathed needeth not save to wash his feet, but is clean every whit: and ye are clean, but not all.

11. For he knew him that should betray him; therefore said he, Ye are not all clean.

12. So when he had washed their feet, and taken his garments, and sat down again, he said unto them, Know ye what I have done to you?

13. Ye call me, Teacher, and, Lord: and ye say well; for so I am.

14. If I then, the Lord and the Teacher, have washed your feet, ye also ought to wash one another's feet.

15. For I have given you an example, that ye also should do as I have done to you.

16. Verily, verily, I say unto you, a servant is not greater than his lord; neither one that is sent greater than he that sent him.

17. If ye know these things, blessed are ye if ye do them.

18. I speak not of you all: I know whom I have chosen: but that the scripture may be fulfilled: He that eateth my bread lifted up his heel against me.

19. From henceforth I tell you before it come to pass, that, when it is come to pass, ye may believe that I am [he].

20. Verily, verily, I say unto you, he that receiveth whomsoever I send receiveth me; and he that receiveth me receiveth him that sent me.

21. When Jesus had thus said, he was troubled in the spirit, and testified, and said, Verily, verily, I say unto you, that one of you shall betray me.

22. The disciples looked one on another, doubting of whom he spake.

6. Venne dunque a Simon Pietro, il quale gli disse: Tu, Signore, lavare i piedi a me?

7. Gesù gli rispose: Tu non sai ora quello che io fo, ma lo capirai dopo.

8. Pietro gli disse: Tu non mi laverai mai i piedi! Gesù gli rispose: Se non ti lavo, non hai meco parte alcuna.

9. E Simon Pietro: Signore, non soltanto i piedi, ma anche le mani e il capo!

10. Gesù gli disse: Chi è lavato tutto non ha bisogno che d'aver lavati i piedi; è netto tutto quanto; e voi siete netti, ma non tutti.

11. Perché sapeva chi era colui che lo tradirebbe; per questo disse: Non tutti siete netti.

12. Come dunque ebbe loro lavato i piedi ed ebbe ripreso le sue vesti, si mise di nuovo a tavola, e disse loro: Capite quel che v'ho fatto?

13. Voi mi chiamate Maestro e Signore; e dite bene, perché lo sono.

14. Se dunque io, che sono il Signore e il Maestro, v'ho lavato i piedi, anche voi dovete lavare i piedi gli uni agli altri.

15. Poiché io v'ho dato un esempio, affinché anche voi facciate come v'ho fatto io.

16. In verità, in verità vi dico che il servitore non è maggiore del suo signore, né il messo è maggiore di colui che l'ha mandato.

17. Se sapete queste cose, siete beati se le fate.

18. Io non parlo di voi tutti; io so quelli che ho scelti; ma, perché sia adempita la Scrittura, colui che mangia il mio pane, ha levato contro di me il suo calcagno.

19. Fin da ora ve lo dico, prima che accada; affinché, quando sia accaduto, voi crediate che sono io (il Cristo).

20. In verità, in verità vi dico: Chi riceve colui che io avrò mandato, riceve me; e chi riceve me, riceve Colui che mi ha mandato.

21. Dette queste cose, Gesù fu turbato nello spirito, e così apertamente si espresse: In verità, in verità vi dico che uno di voi mi tradirà.

22. I discepoli si guardavano l'un l'altro, stando in dubbio di chi parlasse.

23. There was at the table reclining in Jesus' bosom one of his disciples, whom Jesus loved.

24. Simon Peter therefore beckoneth to him, and saith unto him, Tell [us] who it is of whom he speaketh.

25. He leaning back, as he was, on Jesus' breast saith unto him, Lord, who is it?

26. Jesus therefore answereth, He it is, for whom I shall dip the sop, and give it him. So when he had dipped the sop, he taketh and giveth it to Judas, [the son] of Simon Iscariot.

27. And after the sop, then entered Satan into him. Jesus therefore saith unto him, What thou doest, do quickly.

28. Now no man at the table knew for what intent he spake this unto him.

29. For some thought, because Judas had the bag, that Jesus said unto him, Buy what things we have need of for the feast; or, that he should give something to the poor.

30. He then having received the sop went out straightway: and it was night.

31. When therefore he was gone out, Jesus saith, Now is the Son of man glorified, and God is glorified in him;

32. and God shall glorify him in himself, and straightway shall he glorify him.

33. Little children, yet a little while I am with you. Ye shall seek me: and as I said unto the Jews, Whither I go, ye cannot come; so now I say unto you.

34. A new commandment I give unto you, that ye love one another; even as I have loved you, that ye also love one another.

35. By this shall all men know that ye are my disciples, if ye have love one to another.

36. Simon Peter saith unto him, Lord, whither goest thou? Jesus answered, Whither I go, thou canst not follow now; but thou shalt follow afterwards.

37. Peter saith unto him, Lord, why cannot I follow thee even now? I will lay down my life for thee.

38. Jesus answereth, Wilt thou lay down thy life for me? Verily, verily, I say unto thee, The cock shall not crow, till thou hast denied me thrice.

23. Or, a tavola, inclinato sul seno di Gesù, stava uno de' discepoli, quello che Gesù amava.

24. Simon Pietro quindi gli fe' cenno e gli disse: Di', chi è quello del quale parla?

25. Ed egli, chinatosi così sul petto di Gesù, gli domandò: Signore, chi è? Gesù rispose:

26. E' quello al quale darò il boccone dopo averlo intinto. E intinto un boccone, lo prese e lo diede a Giuda figlio di Simone Iscariota.

27. E allora, dopo il boccone, Satana entrò in lui. Per cui Gesù gli disse: Quel che fai, fallo presto.

28. Ma nessuno de' commensali intese perché gli avesse detto così.

29. Difatti alcuni pensavano, siccome Giuda tenea la borsa, che Gesù gli avesse detto: Compra quel che ci abbisogna per la festa; ovvero che desse qualcosa ai poveri.

30. Egli dunque, preso il boccone, uscì subito; ed era notte.

31. Quand'egli fu uscito, Gesù disse: Ora il Figliuol dell'uomo è glorificato, e Dio è glorificato in lui.

32. Se Dio è glorificato in lui, Dio lo glorificherà anche in se stesso, e presto lo glorificherà.

33. Figliuoletti, è per poco che sono ancora con voi. Voi mi cercherete; e, come ho detto ai Giudei: "Dove vo io, voi non potete venire", così lo dico ora a voi.

34. Io vi do un nuovo comandamento: che vi amiate gli uni gli altri. Com'io v'ho amati, anche voi amatevi gli uni gli altri.

35. Da questo conosceranno tutti che siete miei discepoli, se avete amore gli uni per gli altri.

36. Simon Pietro gli domandò: Signore, dove vai? Gesù rispose: Dove io vado, non puoi per ora seguirmi; ma mi seguirai più tardi.

37. Pietro gli disse: Signore, perché non posso seguirti ora? Metterò la mia vita per te!

38. Gesù gli rispose: Metterai la tua vita per me? In verità, in verità ti dico che il gallo non canterà che già tu non m'abbia rinnegato tre volte.

1. Let not your heart be troubled: believe in God, believe also in me.

2. In my Father's house are many mansions; if it were not so, I would have told you; for I go to prepare a place for you.

3. And if I go and prepare a place for you, I come again, and will receive you unto myself; that where I am, [there] ye may be also.

4. And whither I go, ye know the way.

5. Thomas saith unto him, Lord, we know not whither thou goest; how know we the way?

6. Jesus saith unto him, I am the way, and the truth, and the life: no one cometh unto the Father, but by me.

7. If ye had known me, ye would have known my Father also: from henceforth ye know him, and have seen him.

8. Philip saith unto him, Lord, show us the Father, and it sufficeth us.

9. Jesus saith unto him, Have I been so long time with you, and dost thou not know me, Philip? he that hath seen me hath seen the Father; how sayest thou, Show us the Father?

10. Believest thou not that I am in the Father, and the Father in me? the words that I say unto you I speak not from myself: but the Father abiding in me doeth his works.

11. Believe me that I am in the Father, and the Father in me: or else believe me for the very works' sake.

12. Verily, verily, I say unto you, he that believeth on me, the works that I do shall he do also; and greater [works] than these shall he do; because I go unto the Father.

13. And whatsoever ye shall ask in my name, that will I do, that the Father may be glorified in the Son.

14. If ye shall ask anything in my name, that will I do.

15. If ye love me, ye will keep my commandments.

16. And I will pray the Father, and he shall give you another Comforter, that he may be with you for ever,

1. Il vostro cuore non sia turbato; abbiate fede in Dio, e abbiate fede anche in me!

2. Nella casa del Padre mio ci son molte dimore; se no, ve l'avrei detto; io vo a prepararvi un luogo;

3. e quando sarò andato e v'avrò preparato un luogo, tornerò, e v'accoglierò presso di me, affinché dove son io, siate anche voi;

4. e del dove io vo sapete anche la via.

5. Toma gli disse: Signore, non sappiamo dove vai; come possiamo saper la via?

6. Gesù gli disse: Io sono la via, la verità e la vita; nessuno viene al Padre se non per mezzo di me.

7. Se m'aveste conosciuto, avreste conosciuto anche mio Padre; e fin da ora lo conoscete, e l'avete veduto.

8. Filippo gli disse: Signore, mostraci il Padre, e ci basta.

9. Gesù gli disse: Da tanto tempo sono con voi e tu non m'hai conosciuto, Filippo? Chi ha veduto me, ha veduto il Padre; come mai dici tu: Mostraci il Padre?

10. Non credi tu ch'io sono nel Padre e che il Padre è in me? Le parole che io vi dico, non le dico di mio; ma il Padre che dimora in me, fa le opere sue.

11. Credetemi che io sono nel Padre e che il Padre è in me; se no, credete a cagion di quelle opere stesse.

12. In verità, in verità vi dico che chi crede in me farà anch'egli le opere che fo io; e ne farà di maggiori, perché io me ne vo al Padre;

13. e quel che chiederete nel mio nome, lo farò; affinché il Padre sia glorificato nel Figliuolo.

14. Se chiederete qualche cosa nel mio nome, io la farò.

15. Se voi mi amate, osserverete i miei comandamenti.

16. E io pregherò il Padre, ed Egli vi darà un altro Consolatore, perché stia con voi in perpetuo,

17. [even] the Spirit of truth: whom the world cannot receive; for it beholdeth him not, neither knoweth him: ye know him; for he abideth with you, and shall be in you.

18. I will not leave you desolate: I come unto you.

19. Yet a little while, and the world beholdeth me no more; but ye behold me: because I live, ye shall live also.

20. In that day ye shall know that I am in my Father, and ye in me, and I in you.

21. He that hath my commandments, and keepeth them, he it is that loveth me: and he that loveth me shall be loved of my Father, and I will love him, and will manifest myself unto him.

22. Judas (not Iscariot) saith unto him, Lord, what is come to pass that thou wilt manifest thyself unto us, and not unto the world?

23. Jesus answered and said unto him, If a man love me, he will keep my word: and my Father will love him, and we will come unto him, and make our abode with him.

24. He that loveth me not keepeth not my words: and the word which ye hear is not mine, but the Father's who sent me.

25. These things have I spoken unto you, while [yet] abiding with you.

26. But the Comforter, [even] the Holy Spirit, whom the Father will send in my name, he shall teach you all things, and bring to your remembrance all that I said unto you.

27. Peace I leave with you; my peace I give unto you: not as the world giveth, give I unto you. Let not your heart be troubled, neither let it be fearful.

28. Ye heard how I said to you, I go away, and I come unto you. If ye loved me, ye would have rejoiced, because I go unto the Father: for the Father is greater than I.

29. And now I have told you before it come to pass, that, when it is come to pass, ye may believe.

30. I will no more speak much with you, for the prince of the world cometh: and he hath nothing in me;

31. but that the world may know that I love the Father, and as the Father gave me commandment, even so I do. Arise, let us go hence.

17. lo Spirito della verità, che il mondo non può ricevere, perché non lo vede e non lo conosce. Voi lo conoscete, perché dimora con voi, e sarà in voi.

18. Non vi lascerò orfani; tornerò a voi.

19. Ancora un po', e il mondo non mi vedrà più; ma voi mi vedrete, perché io vivo e voi vivrete.

20. In quel giorno conoscerete che io sono nel Padre mio, e voi in me ed io in voi.

21. Chi ha i miei comandamenti e li osserva, quello mi ama; e chi mi ama sarà amato dal Padre mio, e io l'amerò e mi manifesterò a lui.

22. Giuda (non l'Iscariota) gli domandò: Signore, come mai ti manifesterai a noi e non al mondo?

23. Gesù rispose e gli disse: Se uno mi ama, osserverà la mia parola; e il Padre mio l'amerà, e noi verremo a lui e faremo dimora presso di lui.

24. Chi non mi ama non osserva le mie parole; e la parola che voi udite non è mia, ma è del Padre che mi ha mandato.

25. Queste cose v'ho detto, stando ancora con voi;

26. ma il Consolatore, lo Spirito Santo che il Padre manderà nel mio nome, egli v'insegnerà ogni cosa e vi rammenterà tutto quello che v'ho detto.

27. Io vi lascio pace; vi do la mia pace. Io non vi do come il mondo dà. Il vostro cuore non sia turbato e non si sgomenti.

28. Avete udito che v'ho detto: "Io me ne vo, e torno a voi"; se voi m'amaste, vi rallegrereste ch'io vo al Padre, perché il Padre è maggiore di me.

29. E ora ve l'ho detto prima che avvenga, affinché, quando sarà avvenuto, crediate.

30. Io non parlerò più molto con voi, perché viene il principe di questo mondo. Ed esso non ha nulla in me;

31. ma così avviene, affinché il mondo conosca che amo il Padre, e opero come il Padre m'ha ordinato. Levatevi, andiamo via di qui.

# John 15

1. I am the true vine, and my Father is the husbandman.

2. Every branch in me that beareth not fruit, he taketh it away: and every [branch] that beareth fruit, he cleanseth it, that it may bear more fruit.

3. Already ye are clean because of the word which I have spoken unto you.

4. Abide in me, and I in you. As the branch cannot bear fruit of itself, except it abide in the vine; so neither can ye, except ye abide in me.

5. I am the vine, ye are the branches: He that abideth in me, and I in him, the same beareth much fruit: for apart from me ye can do nothing.

6. If a man abide not in me, he is cast forth as a branch, and is withered; and they gather them, and cast them into the fire, and they are burned.

7. If ye abide in me, and my words abide in you, ask whatsoever ye will, and it shall be done unto you.

8. Herein is my Father glorified, that ye bear much fruit; and [so] shall ye be my disciples.

9. Even as the Father hath loved me, I also have loved you: abide ye in my love.

10. If ye keep my commandments, ye shall abide in my love; even as I have kept my Father's commandments, and abide in his love.

11. These things have I spoken unto you, that my joy may be in you, and [that] your joy may be made full.

12. This is my commandment, that ye love one another, even as I have loved you.

13. Greater love hath no man than this, that a man lay down his life for his friends.

14. Ye are my friends, if ye do the things which I command you.

15. No longer do I call you servants; for the servant knoweth not what his lord doeth: but I have called you friends; for all things that I heard from my Father, I have made known unto you.

# Giovanni 15

1. Io sono la vera vite, e il Padre mio è il vignaiuolo. Ogni tralcio che in me non dà frutto,

2. Egli lo toglie via; e ogni tralcio che dà frutto, lo rimonda affinché ne dia di più.

3. Voi siete già mondi a motivo della parola che v'ho annunziata.

4. Dimorate in me, e io dimorerò in voi. Come il tralcio non può da sé dar frutto se non rimane nella vite, così neppur voi, se non dimorate in me.

5. Io son la vite, voi siete i tralci. Colui che dimora in me e nel quale io dimoro, porta molto frutto; perché senza di me non potete far nulla.

6. Se uno non dimora in me, è gettato via come il tralcio, e si secca; cotesti tralci si raccolgono, si gettano nel fuoco e si bruciano.

7. Se dimorate in me e le mie parole dimorano in voi, domandate quel che volete e vi sarà fatto.

8. In questo è glorificato il Padre mio: che portiate molto frutto, e così sarete miei discepoli.

9. Come il Padre mi ha amato, così anch'io ho amato voi; dimorate nel mio amore.

10. Se osservate i miei comandamenti, dimorerete nel mio amore; com'io ho osservato i comandamenti del Padre mio, e dimoro nel suo amore.

11. Queste cose vi ho detto, affinché la mia allegrezza dimori in voi, e la vostra allegrezza sia resa completa.

12. Questo è il mio comandamento: che vi amiate gli uni gli altri, come io ho amato voi.

13. Nessuno ha amore più grande che quello di dar la sua vita per i suoi amici.

14. Voi siete miei amici, se fate le cose che vi comando.

15. Io non vi chiamo più servi; perché il servo non sa quel che fa il suo signore; ma voi vi ho chiamati amici, perché vi ho fatto conoscere tutte le cose che ho udite dal Padre mio.

16. Ye did not choose me, but I chose you, and appointed you, that ye should go and bear fruit, and [that] your fruit should abide: that whatsoever ye shall ask of the Father in my name, he may give it you.

17. These things I command you, that ye may love one another.

18. If the world hateth you, ye know that it hath hated me before [it hated] you.

19. If ye were of the world, the world would love its own: but because ye are not of the world, but I chose you out of the world, therefore the world hateth you.

20. Remember the word that I said unto you, A servant is not greater than his lord. If they persecuted me, they will also persecute you; if they kept my word, they will keep yours also.

21. But all these things will they do unto you for my name's sake, because they know not him that sent me.

22. If I had not come and spoken unto them, they had not had sin: but now they have no excuse for their sin.

23. He that hateth me hateth my Father also.

24. If I had not done among them the works which none other did, they had not had sin: but now have they both seen and hated both me and my Father.

25. But [this cometh to pass], that the word may be fulfilled that is written in their law, They hated me without a cause.

26. But when the Comforter is come, whom I will send unto you from the Father, [even] the Spirit of truth, which proceedeth from the Father, he shall bear witness of me:

27. and ye also bear witness, because ye have been with me from the beginning.

# John 16

1. These things have I spoken unto you, that ye should not be caused to stumble.

2. They shall put you out of the synagogues: yea, the hour cometh, that whosoever killeth you shall think that he offereth service unto God.

16. Non siete voi che avete scelto me, ma son io che ho scelto voi, e v'ho costituiti perché andiate, e portiate frutto, e il vostro frutto sia permanente; affinché tutto quel che chiederete al Padre nel mio nome, Egli ve lo dia.

17. Questo vi comando: che vi amiate gli uni gli altri.

18. Se il mondo vi odia, sapete bene che prima di voi ha odiato me.

19. Se foste del mondo, il mondo amerebbe quel ch'è suo; ma perché non siete del mondo, ma io v'ho scelti di mezzo al mondo, perciò vi odia il mondo.

20. Ricordatevi della parola che v'ho detta: Il servitore non è da più del suo signore. Se hanno perseguitato me, perseguiteranno anche voi; se hanno osservato la mia parola, osserveranno anche la vostra.

21. Ma tutto questo ve lo faranno a cagion del mio nome, perché non conoscono Colui che m'ha mandato.

22. S'io non fossi venuto e non avessi loro parlato, non avrebbero colpa; ma ora non hanno scusa del loro peccato.

23. Chi odia me, odia anche il Padre mio.

24. Se non avessi fatto tra loro le opere che nessun altro ha fatte mai, non avrebbero colpa; ma ora le hanno vedute, ed hanno odiato e me e il Padre mio.

25. Ma quest'è avvenuto affinché sia adempita la parola scritta nella loro legge: Mi hanno odiato senza cagione.

26. Ma quando sarà venuto il Consolatore che io vi manderò da parte del Padre, lo Spirito della verità che procede dal Padre, egli testimonierà di me;

27. e anche voi mi renderete testimonianza, perché siete stati meco fin dal principio.

# Giovanni 16

1. Io vi ho dette queste cose, affinché non siate scandalizzati.

2. Vi espelleranno dalle sinagoghe; anzi, l'ora viene che chiunque v'ucciderà, crederà di offrir servigio a Dio.

3. And these things will they do, because they have not known the Father, nor me.

4. But these things have I spoken unto you, that when their hour is come, ye may remember them, how that I told you. And these things I said not unto you from the beginning, because I was with you.

5. But now I go unto him that sent me; and none of you asketh me, Whither goest thou?

6. But because I have spoken these things unto you, sorrow hath filled your heart.

7. Nevertheless I tell you the truth: It is expedient for you that I go away; for if I go not away, the Comforter will not come unto you; but if I go, I will send him unto you.

8. And he, when he is come, will convict the world in respect of sin, and of righteousness, and of judgment:

9. of sin, because they believe not on me;

10. of righteousness, because I go to the Father, and ye behold me no more;

11. of judgment, because the prince of this world hath been judged.

12. I have yet many things to say unto you, but ye cannot bear them now.

13. Howbeit when he, the Spirit of truth, is come, he shall guide you into all the truth: for he shall not speak from himself; but what things soever he shall hear, [these] shall he speak: and he shall declare unto you the things that are to come.

14. He shall glorify me: for he shall take of mine, and shall declare [it] unto you.

15. All things whatsoever the Father hath are mine: therefore said I, that he taketh of mine, and shall declare [it] unto you.

16. A little while, and ye behold me no more; and again a little while, and ye shall see me.

17. [Some] of his disciples therefore said one to another, What is this that he saith unto us, A little while, and ye behold me not; and again a little while, and ye shall see me: and, Because I go to the Father?

18. They said therefore, What is this that he saith, A little while? We know not what he saith.

3. E questo faranno, perché non hanno conosciuto né il Padre né me.

4. Ma io v'ho dette queste cose, affinché quando sia giunta l'ora in cui avverranno, vi ricordiate che ve l'ho dette. Non ve le dissi da principio, perché ero con voi.

5. Ma ora me ne vo a Colui che mi ha mandato; e niun di voi mi domanda: Dove vai?

6. Invece, perché v'ho detto queste cose, la tristezza v'ha riempito il cuore.

7. Pure, io vi dico la verità, egli v'è utile ch'io me ne vada; perché, se non me ne vo, non verrà a voi il Consolatore; ma se me ne vo, io ve lo manderò.

8. E quando sarà venuto, convincerà il mondo quanto al peccato, alla giustizia, e al giudizio.

9. Quanto al peccato, perché non credono in me;

10. quanto alla giustizia, perché me ne vo al Padre e non mi vedrete più;

11. quanto al giudizio, perché il principe di questo mondo è stato giudicato.

12. Molte cose ho ancora da dirvi; ma non sono per ora alla vostra portata;

13. ma quando sia venuto lui, lo Spirito della verità, egli vi guiderà in tutta la verità, perché non parlerà di suo, ma dirà tutto quello che avrà udito, e vi annunzierà le cose a venire.

14. Egli mi glorificherà perché prenderà del mio e ve l'annunzierà.

15. Tutte le cose che ha il Padre, son mie: per questo ho detto che prenderà del mio e ve l'annunzierà.

16. Fra poco non mi vedrete più; e fra un altro poco mi vedrete, perché me ne vo al Padre.

17. Allora alcuni dei suoi discepoli dissero tra loro: Che cos'è questo che ci dice: "Fra poco non mi vedrete più"; e "Fra un altro poco mi vedrete"; e: "Perché me ne vo al Padre?"

18. Dicevano dunque: che cos'è questo "fra poco" che egli dice? Noi non sappiamo quello ch'egli voglia dire.

19. Jesus perceived that they were desirous to ask him, and he said unto them, Do ye inquire among yourselves concerning this, that I said, A little while, and ye behold me not, and again a little while, and ye shall see me?

20. Verily, verily, I say unto you, that ye shall weep and lament, but the world shall rejoice: ye shall be sorrowful, but your sorrow shall be turned into joy.

21. A woman when she is in travail hath sorrow, because her hour is come: but when she is delivered of the child, she remembereth no more the anguish, for the joy that a man is born into the world.

22. And ye therefore now have sorrow: but I will see you again, and your heart shall rejoice, and your joy no one taketh away from you.

23. And in that day ye shall ask me no question. Verily, verily, I say unto you, if ye shall ask anything of the Father, he will give it you in my name.

24. Hitherto have ye asked nothing in my name: ask, and ye shall receive, that your joy may be made full.

25. These things have I spoken unto you in dark sayings: the hour cometh, when I shall no more speak unto you in dark sayings, but shall tell you plainly of the Father.

26. In that day ye shall ask in my name: and I say not unto you, that I will pray the Father for you;

27. for the Father himself loveth you, because ye have loved me, and have believed that I came forth from the Father.

28. I came out from the Father, and am come into the world: again, I leave the world, and go unto the Father.

29. His disciples say, Lo, now speakest thou plainly, and speakest no dark saying.

30. Now know we that thou knowest all things, and needest not that any man should ask thee: by this we believe that thou camest forth from God.

31. Jesus answered them, Do ye now believe?

32. Behold, the hour cometh, yea, is come, that ye shall be scattered, every man to his own, and shall leave me alone: and [yet] I am not alone, because the Father is with me.

19. Gesù conobbe che lo volevano interrogare, e disse loro: Vi domandate voi l'un l'altro che signifìchi quel mio dire "Fra poco non mi vedrete più", e "fra un altro poco mi vedrete?"

20. In verità, in verità vi dico che voi piangerete e farete cordoglio, e il mondo si rallegrerà. Voi sarete contristati, ma la vostra tristezza sarà mutata in letizia.

21. La donna, quando partorisce, è in dolore, perché è venuta la sua ora; ma quando ha dato alla luce il bambino, non si ricorda più dell'angoscia, per l'allegrezza che sia nata al mondo una creatura umana.

22. E così anche voi siete ora nel dolore; ma io vi vedrò di nuovo, e il vostro cuore si rallegrerà e nessuno vi torrà la vostra allegrezza.

23. E in quel giorno non rivolgerete a me alcuna domanda. In verità, in verità vi dico che quel che chiederete al Padre, Egli ve lo darà nel nome mio.

24. Fino ad ora non avete chiesto nulla nel nome mio; chiedete e riceverete, affinché la vostra allegrezza sia completa.

25. Queste cose v'ho dette in similitudini; l'ora viene che non vi parlerò più in similitudini, ma apertamente vi farò conoscere il Padre.

26. In quel giorno chiederete nel mio nome; e non vi dico che io pregherò il Padre per voi;

27. poiché il Padre stesso vi ama, perché mi avete amato e avete creduto che son proceduto da Dio.

28. Son proceduto dal Padre e son venuto nel mondo; ora lascio il mondo, e torno al Padre.

29. I suoi discepoli gli dissero: Ecco, adesso tu parli apertamente e non usi similitudine.

30. Ora sappiamo che sai ogni cosa, e non hai bisogno che alcuno t'interroghi; perciò crediamo che sei proceduto da Dio.

31. Gesù rispose loro: Adesso credete?

32. Ecco, l'ora viene, anzi è venuta, che sarete dispersi, ciascun dal canto suo, e mi lascerete solo; ma io non son solo, perché il Padre è meco.

33. These things have I spoken unto you, that in me ye may have peace. In the world ye have tribulation: but be of good cheer; I have overcome the world.

# John 17

1. These things spake Jesus; and lifting up his eyes to heaven, he said, Father, the hour is come; glorify thy Son, that the son may glorify thee:

2. even as thou gavest him authority over all flesh, that to all whom thou hast given him, he should give eternal life.

3. And this is life eternal, that they should know thee the only true God, and him whom thou didst send, [even] Jesus Christ.

4. I glorified thee on the earth, having accomplished the work which thou hast given me to do.

5. And now, Father, glorify thou me with thine own self with the glory which I had with thee before the world was.

6. I manifested thy name unto the men whom thou gavest me out of the world: thine they were, and thou gavest them to me; and they have kept thy word.

7. Now they know that all things whatsoever thou hast given me are from thee:

8. for the words which thou gavest me I have given unto them; and they received [them], and knew of a truth that I came forth from thee, and they believed that thou didst send me.

9. I pray for them: I pray not for the world, but for those whom thou hast given me; for they are thine:

10. and all things that are mine are thine, and thine are mine: and I am glorified in them.

11. And I am no more in the world, and these are in the world, and I come to thee. Holy Father, keep them in thy name which thou hast given me, that they may be one, even as we [are].

12. While I was with them, I kept them in thy name which thou hast given me: and I guarded them, and not one of them perished, but the son of perdition; that the scripture might be fulfilled.

33. V'ho dette queste cose, affinché abbiate pace in me. Nel mondo avrete tribolazione; ma fatevi animo, io ho vinto il mondo.

# Giovanni 17

1. Queste cose disse Gesù; poi levati gli occhi al cielo, disse: Padre, l'ora è venuta; glorifica il tuo Figliuolo, affinché il Figliuolo glorifichi te,

2. poiché gli hai data potestà sopra ogni carne, onde egli dia vita eterna a tutti quelli che tu gli hai dato.

3. E questa è la vita eterna: che conoscano te, il solo vero Dio, e colui che tu hai mandato, Gesù Cristo.

4. Io ti ho glorificato sulla terra, avendo compiuto l'opera che tu m'hai data a fare.

5. Ed ora, o Padre, glorificami tu presso te stesso della gloria che avevo presso di te avanti che il mondo fosse.

6. Io ho manifestato il tuo nome agli uomini che tu m'hai dati dal mondo; erano tuoi, e tu me li hai dati; ed essi hanno osservato la tua parola.

7. Ora hanno conosciuto che tutte le cose che tu m'hai date, vengon da te;

8. poiché le parole che tu mi hai date, le ho date a loro; ed essi le hanno ricevute, e hanno veramente conosciuto ch'io son proceduto da te, e hanno creduto che tu m'hai mandato.

9. Io prego per loro; non prego per il mondo, ma per quelli che tu m'hai dato, perché son tuoi;

10. e tutte le cose mie son tue, e le cose tue son mie; e io son glorificato in loro.

11. E io non sono più nel mondo, ma essi sono nel mondo, e io vengo a te. Padre santo, conservali nel tuo nome, essi che tu m'hai dati, affinché siano uno, come noi.

12. Mentre io ero con loro, io li conservavo nel tuo nome; quelli che tu mi hai dati, li ho anche custoditi, e niuno di loro è perito, tranne il figliuol di perdizione, affinché la Scrittura fosse adempiuta.

13. But now I come to thee; and these things I speak in the world, that they may have my joy made full in themselves.

14. I have given them thy word; and the world hated them, because they are not of the world, even as I am not of the world.

15. I pray not that thou shouldest take them from the world, but that thou shouldest keep them from the evil [one].

16. They are not of the world even as I am not of the world.

17. Sanctify them in the truth: thy word is truth.

18. As thou didst send me into the world, even so sent I them into the world.

19. And for their sakes I sanctify myself, that they themselves also may be sanctified in truth.

20. Neither for these only do I pray, but for them also that believe on me through their word;

21. that they may all be one; even as thou, Father, [art] in me, and I in thee, that they also may be in us: that the world may believe that thou didst send me.

22. And the glory which thou hast given me I have given unto them; that they may be one, even as we [are] one;

23. I in them, and thou in me, that they may be perfected into one; that the world may know that thou didst send me, and lovedst them, even as thou lovedst me.

24. Father, I desire that they also whom thou hast given me be with me where I am, that they may behold my glory, which thou hast given me: for thou lovedst me before the foundation of the world.

25. O righteous Father, the world knew thee not, but I knew thee; and these knew that thou didst send me;

26. and I made known unto them thy name, and will make it known; that the love wherewith thou lovedst me may be in them, and I in them.

13. Ma ora io vengo a te; e dico queste cose nel mondo, affinché abbiano compita in se stessi la mia allegrezza.

14. Io ho dato loro la tua parola; e il mondo li ha odiati, perché non sono del mondo, come io non sono del mondo.

15. Io non ti prego che tu li tolga dal mondo, ma che tu li preservi dal maligno.

16. Essi non sono del mondo, come io non sono del mondo.

17. Santificali nella verità: la tua parola è verità.

18. Come tu hai mandato me nel mondo, anch'io ho mandato loro nel mondo.

19. E per loro io santifico me stesso, affinché anch'essi siano santificati in verità.

20. Io non prego soltanto per questi, ma anche per quelli che credono in me per mezzo della loro parola:

21. che siano tutti uno; che come tu, o Padre, sei in me, ed io sono in te, anch'essi siano in noi: affinché il mondo creda che tu mi hai mandato.

22. E io ho dato loro la gloria che tu hai dato a me, affinché siano uno come noi siamo uno;

23. io in loro, e tu in me; acciocché siano perfetti nell'unità, e affinché il mondo conosca che tu m'hai mandato, e che li ami come hai amato me.

24. Padre, io voglio che dove son io, siano meco anche quelli che tu m'hai dati, affinché veggano la mia gloria che tu m'hai data; poiché tu m'hai amato avanti la fondazion del mondo.

25. Padre giusto, il mondo non t'ha conosciuto, ma io t'ho conosciuto; e questi hanno conosciuto che tu mi hai mandato;

26. ed io ho fatto loro conoscere il tuo nome, e lo farò conoscere, affinché l'amore del quale tu m'hai amato sia in loro, ed io in loro.

# John 18

1. When Jesus had spoken these words, he went forth with his disciples over the brook Kidron, where was a garden, into which he entered, himself and his disciples.

2. Now Judas also, who betrayed him, knew the place: for Jesus oft-times resorted thither with his disciples.

3. Judas then, having received the band [of soldiers], and officers from the chief priests and the Pharisees, cometh thither with lanterns and torches and weapons.

4. Jesus therefore, knowing all the things that were coming upon him, went forth, and saith unto them, Whom seek ye?

5. They answered him, Jesus of Nazareth. Jesus saith unto them, I am [he]. And Judas also, who betrayed him, was standing with them.

6. When therefore he said unto them, I am [he], they went backward, and fell to the ground.

7. Again therefore he asked them, Whom seek ye? And they said, Jesus of Nazareth.

8. Jesus answered, I told you that I am [he]; if therefore ye seek me, let these go their way:

9. that the word might be fulfilled which he spake, Of those whom thou hast given me I lost not one.

10. Simon Peter therefore having a sword drew it, and struck the high priest's servant, and cut off his right ear. Now the servant's name was Malchus.

11. Jesus therefore said unto Peter, Put up the sword into the sheath: the cup which the Father hath given me, shall I not drink it?

12. So the band and the chief captain, and the officers of the Jews, seized Jesus and bound him,

13. and led him to Annas first; for he was father in law to Caiaphas, who was high priest that year.

14. Now Caiaphas was he that gave counsel to the Jews, that it was expedient that one man should die for the people.

15. And Simon Peter followed Jesus, and [so did] another disciple. Now that disciple was known unto the high priest, and entered in with Jesus into the court of the high priest;

# Giovanni 18

1. Dette queste cose, Gesù uscì coi suoi discepoli di là dal torrente Chedron, dov'era un orto, nel quale egli entrò co' suoi discepoli.

2. Or Giuda, che lo tradiva, conosceva anch'egli quel luogo, perché Gesù s'era molte volte ritrovato là coi suoi discepoli.

3. Giuda dunque, presa la coorte e delle guardie mandate dai capi sacerdoti e dai Farisei, venne là con lanterne e torce ed armi.

4. Onde Gesù, ben sapendo tutto quello che stava per accadergli, uscì e chiese loro: Chi cercate?

5. Gli risposero: Gesù il Nazareno! Gesù disse loro: Son io. E Giuda, che lo tradiva, era anch'egli là con loro.

6. Come dunque ebbe detto loro: "Son io", indietreggiarono e caddero in terra.

7. Egli dunque domandò loro di nuovo: Chi cercate? Ed essi dissero: Gesù il Nazareno.

8. Gesù rispose: V'ho detto che son io; se dunque cercate me, lasciate andar questi.

9. E ciò affinché s'adempisse la parola ch'egli avea detta: Di quelli che tu m'hai dato, non ne ho perduto alcuno.

10. Allora Simon Pietro, che avea una spada, la trasse, e percosse il servo del sommo sacerdote, e gli recise l'orecchio destro. Quel servo avea nome Malco.

11. Per il che Gesù disse a Pietro: Rimetti la tua spada nel fodero; non berrò io il calice che il Padre mi ha dato?

12. La coorte dunque e il tribuno e le guardie de' Giudei, presero Gesù e lo legarono,

13. e lo menaron prima da Anna, perché era suocero di Caiàfa, il quale era sommo sacerdote di quell'anno.

14. Or Caiàfa era quello che avea consigliato a' Giudei esser cosa utile che un uomo solo morisse per il popolo.

15. Or Simon Pietro e un altro discepolo seguivano Gesù; e quel discepolo era noto al sommo sacerdote, ed entrò con Gesù nella corte del sommo sacerdote;

16. but Peter was standing at the door without. So the other disciple, who was known unto the high priest, went out and spake unto her that kept the door, and brought in Peter.

17. The maid therefore that kept the door saith unto Peter, Art thou also [one] of this man's disciples? He saith, I am not.

18. Now the servants and the officers were standing [there], having made a fire of coals; for it was cold; and they were warming themselves: and Peter also was with them, standing and warming himself.

19. The high priest therefore asked Jesus of his disciples, and of his teaching.

20. Jesus answered him, I have spoken openly to the world; I ever taught in synagogues, and in the temple, where all the Jews come together; and in secret spake I nothing.

21. Why askest thou me? Ask them that have heard [me], what I spake unto them: behold, these know the things which I said.

22. And when he had said this, one of the officers standing by struck Jesus with his hand, saying, Answerest thou the high priest so?

23. Jesus answered him, If I have spoken evil, bear witness of the evil: but if well, why smitest thou me?

24. Annas therefore sent him bound unto Caiaphas the high priest.

25. Now Simon Peter was standing and warming himself. They said therefore unto him, Art thou also [one] of his disciples? He denied, and said, I am not.

26. One of the servants of the high priest, being a kinsman of him whose ear Peter cut off, saith, Did not I see thee in the garden with him?

27. Peter therefore denied again: and straightway the cock crew.

28. They lead Jesus therefore from Caiaphas into the Praetorium: and it was early; and they themselves entered not into the Praetorium, that they might not be defiled, but might eat the passover.

29. Pilate therefore went out unto them, and saith, What accusation bring ye against this man?

16. ma Pietro stava di fuori, alla porta. Allora quell'altro discepolo che era noto al sommo sacerdote, uscì, parlò con la portinaia e fece entrar Pietro.

17. La serva portinaia dunque disse a Pietro: Non sei anche tu de' discepoli di quest'uomo? Egli disse: Non lo sono.

18. Or i servi e le guardie avevano acceso un fuoco, perché faceva freddo, e stavan lì a scaldarsi; e anche Pietro stava con loro e si scaldava.

19. Il sommo sacerdote dunque interrogò Gesù intorno ai suoi discepoli e alla sua dottrina.

20. Gesù gli rispose: Io ho parlato apertamente al mondo; ho sempre insegnato nelle sinagoghe e nel tempio, dove tutti i Giudei si radunano; e non ho detto nulla in segreto. Perché m'interroghi?

21. Domanda a quelli che m'hanno udito, quel che ho detto loro; ecco, essi sanno le cose che ho detto.

22. E com'ebbe detto questo, una delle guardie che gli stava vicino, dette uno schiaffo a Gesù, dicendo: Così rispondi tu al sommo sacerdote?

23. Gesù gli disse: Se ho parlato male, dimostra il male che ho detto; ma se ho parlato bene, perché mi percuoti?

24. Quindi Anna lo mandò legato a Caiàfa, sommo sacerdote.

25. Or Simon Pietro stava quivi a scaldarsi; e gli dissero: Non sei anche tu dei suoi discepoli? Egli lo negò e disse: Non lo sono.

26. Uno de' servi del sommo sacerdote, parente di quello a cui Pietro avea tagliato l'orecchio, disse: Non t'ho io visto nell'orto con lui?

27. E Pietro da capo lo negò, e subito il gallo cantò.

28. Poi, da Caiàfa, menarono Gesù nel pretorio. Era mattina, ed essi non entrarono nel pretorio per non contaminarsi e così poter mangiare la pasqua.

29. Pilato dunque uscì fuori verso di loro, e domandò: Quale accusa portate contro quest'uomo?

30. They answered and said unto him, If this man were not an evildoer, we should not have delivered him up unto thee.

31. Pilate therefore said unto them, Take him yourselves, and judge him according to your law. The Jews said unto him, It is not lawful for us to put any man to death:

32. that the word of Jesus might be fulfilled, which he spake, signifying by what manner of death he should die.

33. Pilate therefore entered again into the Praetorium, and called Jesus, and said unto him, Art thou the King of the Jews?

34. Jesus answered, Sayest thou this of thyself, or did others tell it thee concerning me?

35. Pilate answered, Am I a Jew? Thine own nation and the chief priests delivered thee unto me: what hast thou done?

36. Jesus answered, My kingdom is not of this world: if my kingdom were of this world, then would my servants fight, that I should not be delivered to the Jews: but now is my kingdom not from hence.

37. Pilate therefore said unto him, Art thou a king then? Jesus answered, Thou sayest that I am a king. To this end have I been born, and to this end am I come into the world, that I should bear witness unto the truth. Every one that is of the truth heareth my voice.

38. Pilate saith unto him, What is truth? And when he had said this, he went out again unto the Jews, and saith unto them, I find no crime in him.

39. But ye have a custom, that I should release unto you one at the passover: will ye therefore that I release unto you the King of the Jews?

40. They cried out therefore again, saying, Not this man, but Barabbas. Now Barabbas was a robber.)

30. Essi risposero e gli dissero: Se costui non fosse un malfattore, non te lo avremmo dato nelle mani.

31. Pilato quindi disse loro: Pigliatelo voi, e giudicatelo secondo la vostra legge. I Giudei gli dissero: A noi non è lecito far morire alcuno.

32. E ciò affinché si adempisse la parola che Gesù aveva detta, significando di qual morte dovea morire.

33. Pilato dunque rientrò nel pretorio; chiamò Gesù e gli disse: Sei tu il Re dei Giudei?

34. Gesù gli rispose: Dici tu questo di tuo, oppure altri te l'hanno detto di me?

35. Pilato gli rispose: Son io forse giudeo? La tua nazione e i capi sacerdoti t'hanno messo nelle mie mani; che hai fatto?

36. Gesù rispose: Il mio regno non è di questo mondo; se il mio regno fosse di questo mondo, i miei servitori combatterebbero perch'io non fossi dato in man de' Giudei; ma ora il mio regno non è di qui.

37. Allora Pilato gli disse: Ma dunque, sei tu re? Gesù rispose: Tu lo dici; io sono re; io sono nato per questo, e per questo son venuto nel mondo, per testimoniare della verità. Chiunque è per la verità ascolta la mia voce.

38. Pilato gli disse: Che cos'è verità? E detto questo, uscì di nuovo verso i Giudei, e disse loro: Io non trovo alcuna colpa in lui.

39. Ma voi avete l'usanza ch'io vi liberi uno per la Pasqua; volete dunque che vi liberi il Re de' Giudei?

40. Allora gridaron di nuovo: Non costui, ma Barabba! Or Barabba era un ladrone.

# John 19

1. Then Pilate therefore took Jesus, and scourged him.

2. And the soldiers platted a crown of thorns, and put it on his head, and arrayed him in a purple garment;

# Giovanni 19

1. Allora dunque Pilato prese Gesù e lo fece flagellare.

2. E i soldati, intrecciata una corona di spine, gliela posero sul capo, e gli misero addosso un manto di porpora; e s'accostavano a lui e dicevano:

3. and they came unto him, and said, Hail, King of the Jews! and they struck him with their hands.

4. And Pilate went out again, and saith unto them, Behold, I bring him out to you, that ye may know that I find no crime in him.

5. Jesus therefore came out, wearing the crown of thorns and the purple garment. And [Pilate] saith unto them, Behold, the man!

6. When therefore the chief priests and the officers saw him, they cried out, saying, Crucify [him], crucify [him]! Pilate saith unto them, Take him yourselves, and crucify him: for I find no crime in him.

7. The Jews answered him, We have a law, and by that law he ought to die, because he made himself the Son of God.

8. When Pilate therefore heard this saying, he was the more afraid;

9. and he entered into the Praetorium again, and saith unto Jesus, Whence art thou? But Jesus gave him no answer.

10. Pilate therefore saith unto him, Speakest thou not unto me? Knowest thou not that I have power to release thee, and have power to crucify thee?

11. Jesus answered him, Thou wouldest have no power against me, except it were given thee from above: therefore he that delivered me unto thee hath greater sin.

12. Upon this Pilate sought to release him: but the Jews cried out, saying, If thou release this man, thou art not Caesar's friend: every one that maketh himself a king speaketh against Caesar.

13. When Pilate therefore heard these words, he brought Jesus out, and sat down on the judgment-seat at a place called The Pavement, but in Hebrew, Gabbatha.

14. Now it was the Preparation of the passover: it was about the sixth hour. And he saith unto the Jews, Behold, your King!

15. They therefore cried out, Away with [him], away with [him], crucify him! Pilate saith unto them, Shall I crucify your King? The chief priests answered, We have no king but Caesar.

16. Then therefore he delivered him unto them to be crucified.

3. Salve, Re de' Giudei! e gli davan degli schiaffi.

4. Pilato uscì di nuovo, e disse loro: Ecco, ve lo meno fuori, affinché sappiate che non trovo in lui alcuna colpa.

5. Gesù dunque uscì, portando la corona di spine e il manto di porpora. E Pilato disse loro: Ecco l'uomo!

6. Come dunque i capi sacerdoti e le guardie l'ebbero veduto, gridarono: Crocifiggilo, crocifiggilo! Pilato disse loro: Prendetelo voi e crocifiggetelo; perché io non trovo in lui alcuna colpa.

7. I Giudei gli risposero: Noi abbiamo una legge, e secondo questa legge egli deve morire, perché egli s'è fatto Figliuol di Dio.

8. Quando Pilato ebbe udita questa parola, temette maggiormente;

9. e rientrato nel pretorio, disse a Gesù: Donde sei tu? Ma Gesù non gli diede alcuna risposta.

10. Allora Pilato gli disse: Non mi parli? Non sai che ho potestà di liberarti e potestà di crocifiggerti?

11. Gesù gli rispose: Tu non avresti potestà alcuna contro di me, se ciò non ti fosse stato dato da alto; Perciò chi m'ha dato nelle tue mani, ha maggior colpa.

12. Da quel momento Pilato cercava di liberarlo; ma i Giudei gridavano, dicendo: Se liberi costui, non sei amico di Cesare. Chiunque si fa re, si oppone a Cesare.

13. Pilato dunque, udite queste parole, menò fuori Gesù, e si assise al tribunale nel luogo detto Lastrico, e in ebraico Gabbatà.

14. Era la preparazione della Pasqua, ed era circa l'ora sesta. Ed egli disse ai Giudei: Ecco il vostro Re!

15. Allora essi gridarono: Toglilo, toglilo di mezzo, crocifiggilo! Pilato disse loro: Crocifiggerò io il vostro Re? I capi sacerdoti risposero: Noi non abbiamo altro re che Cesare.

16. Allora lo consegnò loro perché fosse crocifisso.

17. They took Jesus therefore: and he went out, bearing the cross for himself, unto the place called The place of a skull, which is called in Hebrew, Golgotha:

18. where they crucified him, and with him two others, on either side one, and Jesus in the midst.

19. And Pilate wrote a title also, and put it on the cross. And there was written, JESUS OF NAZARETH, THE KING OF THE JEWS.

20. This title therefore read many of the Jews, for the place where Jesus was crucified was nigh to the city; and it was written in Hebrew, [and] in Latin, [and] in Greek.

21. The chief priests of the Jews therefore said to Pilate, Write not, The King of the Jews; but that he said, I am King of the Jews.

22. Pilate answered, What I have written I have written.

23. The soldiers therefore, when they had crucified Jesus, took his garments and made four parts, to every soldier a part; and also the coat: now the coat was without seam, woven from the top throughout.

24. They said therefore one to another, Let us not rend it, but cast lots for it, whose it shall be: that the scripture might be fulfilled, which saith, They parted my garments among them, And upon my vesture did they cast lots.

25. These things therefore the soldiers did. But there were standing by the cross of Jesus his mother, and his mother's sister, Mary the [wife] of Clopas, and Mary Magdalene.

26. When Jesus therefore saw his mother, and the disciple standing by whom he loved, he saith unto his mother, Woman, behold thy son!

27. Then saith he to the disciple, Behold, thy mother! And from that hour the disciple took her unto his own [home].

28. After this Jesus, knowing that all things are now finished, that the scripture might be accomplished, saith, I thirst.

29. There was set there a vessel full of vinegar: so they put a sponge full of the vinegar upon hyssop, and brought it to his mouth.

30. When Jesus therefore had received the vinegar, he said, It is finished: and he bowed his head, and gave up his spirit.

17. Presero dunque Gesù; ed egli, portando la sua croce, venne al luogo del Teschio, che in ebraico si chiama Golgota,

18. dove lo crocifissero, assieme a due altri, uno di qua, l'altro di là, e Gesù nel mezzo.

19. E Pilato fece pure un'iscrizione, e la pose sulla croce. E v'era scritto: GESU' IL NAZARENO, IL RE DE' GIUDEI.

20. Molti dunque dei Giudei lessero questa iscrizione, perché il luogo dove Gesù fu crocifisso era vicino alla città; e l'iscrizione era in ebraico, in latino e in greco.

21. Perciò i capi sacerdoti dei Giudei dicevano a Pilato: Non scrivere: Il Re dei Giudei; ma che egli ha detto: Io sono il Re de' Giudei.

22. Pilato rispose: Quel che ho scritto, ho scritto.

23. I soldati dunque, quando ebbero crocifisso Gesù, presero le sue vesti, e ne fecero quattro parti, una parte per ciascun soldato, e la tunica. Or la tunica era senza cuciture, tessuta per intero dall'alto in basso.

24. Dissero dunque tra loro: Non la stracciamo, ma tiriamo a sorte a chi tocchi; affinché si adempisse la Scrittura che dice: Hanno spartito fra loro le mie vesti, e han tirato la sorte sulla mia tunica. Questo dunque fecero i soldati.

25. Or presso la croce di Gesù stavano sua madre e la sorella di sua madre, Maria moglie di Cleopa, e Maria Maddalena.

26. Gesù dunque, vedendo sua madre e presso a lei il discepolo ch'egli amava, disse a sua madre: Donna, ecco il tuo figlio!

27. Poi disse al discepolo: Ecco tua madre! E da quel momento, il discepolo la prese in casa sua.

28. Dopo questo, Gesù, sapendo che ogni cosa era già compiuta, affinché la Scrittura fosse adempiuta, disse: Ho sete.

29. V'era quivi un vaso pieno d'aceto; i soldati dunque, posta in cima a un ramo d'issopo una spugna piena d'aceto, gliel'accostarono alla bocca.

30. E quando Gesù ebbe preso l'aceto, disse: E' compiuto! E chinato il capo, rese lo spirito.

31. The Jews therefore, because it was the Preparation, that the bodies should not remain on the cross upon the sabbath (for the day of that sabbath was a high [day]), asked of Pilate that their legs might be broken, and [that] they might be taken away.

32. The soldiers therefore came, and brake the legs of the first, and of the other that was crucified with him:

33. but when they came to Jesus, and saw that he was dead already, they brake not his legs:

34. howbeit one of the soldiers with a spear pierced his side, and straightway there came out blood and water.

35. And he that hath seen hath borne witness, and his witness is true: and he knoweth that he saith true, that ye also may believe.

36. For these things came to pass, that the scripture might be fulfilled, A bone of him shall not be broken.

37. And again another scripture saith, They shall look on him whom they pierced.

38. And after these things Joseph of Arimathaea, being a disciple of Jesus, but secretly for fear of the Jews, asked of Pilate that he might take away the body of Jesus: and Pilate gave [him] leave. He came therefore, and took away his body.

39. And there came also Nicodemus, he who at the first came to him by night, bringing a mixture of myrrh and aloes, about a hundred pounds.

40. So they took the body of Jesus, and bound it in linen cloths with the spices, as the custom of the Jews is to bury.

41. Now in the place where he was crucified there was a garden; and in the garden a new tomb wherein was never man yet laid.

42. There then because of the Jews' Preparation (for the tomb was nigh at hand) they laid Jesus.

31. Allora i Giudei, perché i corpi non rimanessero sulla croce durante il sabato (poiché era la Preparazione, e quel giorno del sabato era un gran giorno), chiesero a Pilato che fossero loro fiaccate le gambe, e fossero tolti via.

32. I soldati dunque vennero e fiaccarono le gambe al primo, e poi anche all'altro che era crocifisso con lui;

33. ma venuti a Gesù, come lo videro già morto, non gli fiaccarono le gambe,

34. ma uno de' soldati gli forò il costato con una lancia, e subito ne uscì sangue ed acqua.

35. E colui che l'ha veduto, ne ha reso testimonianza, e la sua testimonianza è verace; ed egli sa che dice il vero, affinché anche voi crediate.

36. Poiché questo è avvenuto affinché si adempisse la Scrittura: Niun osso d'esso sarà fiaccato.

37. E anche un'altra Scrittura dice: Volgeranno lo sguardo a colui che hanno trafitto.

38. Dopo queste cose, Giuseppe d'Arimatea, che era discepolo di Gesù, ma occulto per timore de' Giudei, chiese a Pilato di poter togliere il corpo di Gesù; e Pilato glielo permise. Egli dunque venne e tolse il corpo di Gesù.

39. E Nicodemo, che da prima era venuto a Gesù di notte, venne anche egli, portando una mistura di mirra e d'aloe di circa cento libbre.

40. Essi dunque presero il corpo di Gesù e lo avvolsero in pannilini con gli aromi, com'è usanza di seppellire presso i Giudei.

41. Or nel luogo dov'egli fu crocifisso c'era un orto; e in quell'orto un sepolcro nuovo, dove nessuno era ancora stato posto.

42. Quivi dunque posero Gesù, a motivo della Preparazione dei Giudei, perché il sepolcro era vicino.

# John 20

1. Now on the first [day] of the week cometh Mary Magdalene early, while it was yet dark, unto the tomb, and seeth the stone taken away from the tomb.
2. She runneth therefore, and cometh to Simon Peter, and to the other disciple whom Jesus loved, and saith unto them, They have taken away the Lord out of the tomb, and we know not where they have laid him.
3. Peter therefore went forth, and the other disciple, and they went toward the tomb.
4. And they ran both together: and the other disciple outran Peter, and came first to the tomb;
5. and stooping and looking in, he seeth the linen cloths lying; yet entered he not in.
6. Simon Peter therefore also cometh, following him, and entered into the tomb; and he beholdeth the linen cloths lying,
7. and the napkin, that was upon his head, not lying with the linen cloths, but rolled up in a place by itself.
8. Then entered in therefore the other disciple also, who came first to the tomb, and he saw, and believed.
9. For as yet they knew not the scripture, that he must rise from the dead.
10. So the disciples went away again unto their own home.
11. But Mary was standing without at the tomb weeping: so, as she wept, she stooped and looked into the tomb;
12. and she beholdeth two angels in white sitting, one at the head, and one at the feet, where the body of Jesus had lain.
13. And they say unto her, Woman, why weepest thou? She saith unto them, Because they have taken away my Lord, and I know not where they have laid him.
14. When she had thus said, she turned herself back, and beholdeth Jesus standing, and knew not that it was Jesus.
15. Jesus saith unto her, Woman, why weepest thou? whom seekest thou? She, supposing him to be the gardener, saith unto him, Sir, if thou hast borne him hence, tell me where thou hast laid him, and I will take him away.

# Giovanni 20

1. Or il primo giorno della settimana, la mattina per tempo, mentr'era ancora buio, Maria Maddalena venne al sepolcro, e vide la pietra tolta dal sepolcro.
2. Allora corse e venne da Simon Pietro e dall'altro discepolo che Gesù amava, e disse loro: Han tolto il Signore dal sepolcro, e non sappiamo dove l'abbiano posto.
3. Pietro dunque e l'altro discepolo uscirono e si avviarono al sepolcro.
4. Correvano ambedue assieme; ma l'altro discepolo corse innanzi più presto di Pietro, e giunse primo al sepolcro;
5. e chinatosi, vide i pannilini giacenti, ma non entrò.
6. Giunse intanto anche Simon Pietro che lo seguiva, ed entrò nel sepolcro, e vide i pannilini giacenti,
7. e il sudario ch'era stato sul capo di Gesù, non giacente coi pannilini, ma rivoltato in un luogo a parte.
8. Allora entrò anche l'altro discepolo che era giunto primo al sepolcro, e vide, e credette.
9. Perché non aveano ancora capito la Scrittura, secondo la quale egli doveva risuscitare dai morti.
10. I discepoli dunque se ne tornarono a casa.
11. Ma Maria se ne stava di fuori presso al sepolcro a piangere. E mentre piangeva, si chinò per guardar dentro al sepolcro,
12. ed ecco, vide due angeli, vestiti di bianco, seduti uno a capo e l'altro ai piedi, là dov'era giaciuto il corpo di Gesù.
13. Ed essi le dissero: Donna, perché piangi? Ella disse loro: Perché han tolto il mio Signore, e non so dove l'abbiano posto.
14. Detto questo, si voltò indietro, e vide Gesù in piedi; ma non sapeva che era Gesù.
15. Gesù le disse: Donna, perché piangi? Chi cerchi? Ella, pensando che fosse l'ortolano, gli disse: Signore, se tu l'hai portato via, dimmi dove l'hai posto, e io lo prenderò.

16. Jesus saith unto her, Mary. She turneth herself, and saith unto him in Hebrew, Rabboni; which is to say, Teacher.

17. Jesus saith to her, Touch me not; for I am not yet ascended unto the Father: but go unto my brethren, and say to them, I ascend unto my Father and your Father, and my God and your God.

18. Mary Magdalene cometh and telleth the disciples, I have seen the Lord; and [that] he had said these things unto her.

19. When therefore it was evening, on that day, the first [day] of the week, and when the doors were shut where the disciples were, for fear of the Jews, Jesus came and stood in the midst, and saith unto them, Peace [be] unto you.

20. And when he had said this, he showed unto them his hands and his side. The disciples therefore were glad, when they saw the Lord.

21. Jesus therefore said to them again, Peace [be] unto you: as the Father hath sent me, even so send I you.

22. And when he had said this, he breathed on them, and saith unto them, Receive ye the Holy Spirit:

23. whose soever sins ye forgive, they are forgiven unto them; whose soever [sins] ye retain, they are retained.

24. But Thomas, one of the twelve, called Didymus, was not with them when Jesus came.

25. The other disciples therefore said unto him, We have seen the Lord. But he said unto them, Except I shall see in his hands the print of the nails, and put my hand into his side, I will not believe.

26. And after eight days again his disciples were within, and Thomas with them. Jesus cometh, the doors being shut, and stood in the midst, and said, Peace [be] unto you.

27. Then saith he to Thomas, Reach hither thy finger, and see my hands; and reach [hither] thy hand, and put it into my side: and be not faithless, but believing.

28. Thomas answered and said unto him, My Lord and my God.

29. Jesus saith unto him, Because thou hast seen me, thou hast believed: blessed [are] they that have not seen, and [yet] have believed.

16. Gesù le disse: Maria! Ella, rivoltasi, gli disse in ebraico: Rabbunì! che vuol dire: Maestro!

17. Gesù le disse: Non mi toccare, perché non sono ancora salito al Padre; ma va' dai miei fratelli, e dì loro: Io salgo al Padre mio e Padre vostro, all'Iddio mio e Iddio vostro.

18. Maria Maddalena andò ad annunziare ai discepoli che avea veduto il Signore, e ch'egli le avea dette queste cose.

19. Or la sera di quello stesso giorno, ch'era il primo della settimana, ed essendo, per timor de' Giudei, serrate le porte del luogo dove si trovavano i discepoli, Gesù venne e si presentò quivi in mezzo, e disse loro:

20. Pace a voi! E detto questo, mostrò loro le mani ed il costato. I discepoli dunque, com'ebbero veduto il Signore, si rallegrarono.

21. Allora Gesù disse loro di nuovo: Pace a voi! Come il Padre mi ha mandato, anch'io mando voi.

22. E detto questo, soffiò su loro e disse: Ricevete lo Spirito Santo.

23. A chi rimetterete i peccati, saranno rimessi; a chi li riterrete, saranno ritenuti.

24. Or Toma, detto Didimo, uno de' dodici, non era con loro quando venne Gesù.

25. Gli altri discepoli dunque gli dissero: Abbiam veduto il Signore! Ma egli disse loro: Se io non vedo nelle sue mani il segno de' chiodi, e se non metto il mio dito nel segno de' chiodi, e se non metto la mia mano nel suo costato, io non crederò.

26. E otto giorni dopo, i suoi discepoli erano di nuovo in casa, e Toma era con loro. Venne Gesù, a porte chiuse, e si presentò in mezzo a loro, e disse: Pace a voi!

27. Poi disse a Toma: Porgi qua il dito, e vedi le mie mani; e porgi la mano e mettila nel mio costato; e non essere incredulo, ma credente.

28. Toma gli rispose e disse: Signor mio e Dio mio!

29. Gesù gli disse: Perché m'hai veduto, tu hai creduto; beati quelli che non han veduto, e hanno creduto!

30. Many other signs therefore did Jesus in the presence of the disciples, which are not written in this book:

31. but these are written, that ye may believe that Jesus is the Christ, the Son of God; and that believing ye may have life in his name.

# John 21

1. After these things Jesus manifested himself again to the disciples at the sea of Tiberias; and he manifested [himself] on this wise.

2. There was together Simon Peter, and Thomas called Didymus, and Nathanael of Cana in Galilee, and the [sons] of Zebedee, and two other of his disciples.

3. Simon Peter saith unto them, I go a fishing. They say unto him, We also come with thee. They went forth, and entered into the boat; and that night they took nothing.

4. But when day was now breaking, Jesus stood on the beach: yet the disciples knew not that it was Jesus.

5. Jesus therefore saith unto them, Children, have ye aught to eat? They answered him, No.

6. And he said unto them, Cast the net on the right side of the boat, and ye shall find. They cast therefore, and now they were not able to draw it for the multitude of fishes.

7. That disciple therefore whom Jesus loved saith unto Peter, It is the Lord. So when Simon Peter heard that it was the Lord, he girt his coat about him (for he was naked), and cast himself into the sea.

8. But the other disciples came in the little boat (for they were not far from the land, but about two hundred cubits off), dragging the net [full] of fishes.

9. So when they got out upon the land, they see a fire of coals there, and fish laid thereon, and bread.

10. Jesus saith unto them, Bring of the fish which ye have now taken.

11. Simon Peter therefore went up, and drew the net to land, full of great fishes, a hundred and fifty and three: and for all there were so many, the net was not rent.

30. Or Gesù fece in presenza dei discepoli molti altri miracoli, che non sono scritti in questo libro;

31. ma queste cose sono scritte, affinché crediate che Gesù è il Cristo, il Figliuol di Dio, e affinché, credendo, abbiate vita nel suo nome.

# Giovanni 21

1. Dopo queste cose, Gesù si fece veder di nuovo ai discepoli presso il mar di Tiberiade; e si fece vedere in questa maniera.

2. Simon Pietro, Toma detto Didimo, Natanaele di Cana di Galilea, i figliuoli di Zebedeo e due altri de' suoi discepoli erano insieme.

3. Simon Pietro disse loro: Io vado a pescare. Essi gli dissero: Anche noi veniamo con te. Uscirono, e montarono nella barca; e quella notte non presero nulla.

4. Or essendo già mattina, Gesù si presentò sulla riva; i discepoli però non sapevano che fosse Gesù.

5. Allora Gesù disse loro: Figliuoli, avete voi del pesce? Essi gli risposero: No.

6. Ed egli disse loro: Gettate la rete dal lato destro della barca, e ne troverete. Essi dunque la gettarono, e non potevano più tirarla su per il gran numero dei pesci.

7. Allora il discepolo che Gesù amava disse a Pietro: E' il Signore! E Simon Pietro, udito ch'era il Signore, si cinse il camiciotto, perché era nudo, e si gettò nel mare.

8. Ma gli altri discepoli vennero con la barca, perché non erano molto distanti da terra (circa duecento cubiti), traendo la rete coi pesci.

9. Come dunque furono smontati a terra, videro quivi della brace, e del pesce messovi su, e del pane.

10. Gesù disse loro: Portate qua de' pesci che avete presi ora.

11. Simon Pietro quindi montò nella barca, e tirò a terra la rete piena di centocinquantatre grossi pesci; e benché ce ne fossero tanti, la rete non si strappò.

12. Jesus saith unto them, Come [and] break your fast. And none of the disciples durst inquire of him, Who art thou? knowing that it was the Lord.

13. Jesus cometh, and taketh the bread, and giveth them, and the fish likewise.

14. This is now the third time that Jesus was manifested to the disciples, after that he was risen from the dead.

15. So when they had broken their fast, Jesus saith to Simon Peter, Simon, [son] of John, lovest thou me more than these? He saith unto him, Yea, Lord; thou knowest that I love thee. He saith unto him, Feed my lambs.

16. He saith to him again a second time, Simon, [son] of John, lovest thou me? He saith unto him, Yea, Lord; thou knowest that I love thee. He saith unto him, Tend my sheep.

17. He saith unto him the third time, Simon, [son] of John, lovest thou me? Peter was grieved because he said unto him the third time, Lovest thou me? And he said unto him, Lord, thou knowest all things; thou knowest that I love thee. Jesus saith unto him, Feed my sheep.

18. Verily, verily, I say unto thee, When thou wast young, thou girdedst thyself, and walkedst whither thou wouldest: but when thou shalt be old, thou shalt stretch forth thy hands, and another shall gird thee, and carry thee whither thou wouldest not.

19. Now this he spake, signifying by what manner of death he should glorify God. And when he had spoken this, he saith unto him, Follow me.

20. Peter, turning about, seeth the disciple whom Jesus loved following; who also leaned back on his breast at the supper, and said, Lord, who is he that betrayeth thee?

21. Peter therefore seeing him saith to Jesus, Lord, and what shall this man do?

22. Jesus saith unto him, If I will that he tarry till I come, what [is that] to thee? Follow thou me.

23. This saying therefore went forth among the brethren, that that disciple should not die: yet Jesus said not unto him, that he should not die; but, If I will that he tarry till I come, what [is that] to thee?

12. Gesù disse loro: Venite a far colazione. E niuno dei discepoli ardiva domandargli: Chi sei? sapendo che era il Signore.

13. Gesù venne, e prese il pane e lo diede loro; e il pesce similmente.

14. Quest'era già la terza volta che Gesù si faceva vedere ai suoi discepoli, dopo essere risuscitato da' morti.

15. Or quand'ebbero fatto colazione, Gesù disse a Simon Pietro: Simon di Giovanni, m'ami tu più di questi? Ei gli rispose: Sì, Signore, tu sai che io t'amo. Gesù gli disse: Pasci i miei agnelli.

16. Gli disse di nuovo una seconda volta: Simon di Giovanni, m'ami tu? Ei gli rispose: Sì, Signore; tu sai che io t'amo. Gesù gli disse: Pastura le mie pecorelle.

17. Gli disse per la terza volta: Simon di Giovanni, mi ami tu? Pietro fu attristato ch'ei gli avesse detto per la terza volta: Mi ami tu? E gli rispose: Signore, tu sai ogni cosa; tu conosci che io t'amo. Gesù gli disse: Pasci le mie pecore.

18. In verità, in verità ti dico che quand'eri più giovane, ti cingevi da te e andavi dove volevi; ma quando sarai vecchio, stenderai le tue mani, e un altro ti cingerà e ti condurrà dove non vorresti.

19. Or disse questo per significare con qual morte egli glorificherebbe Iddio. E dopo aver così parlato, gli disse: Seguimi.

20. Pietro, voltatosi, vide venirgli dietro il discepolo che Gesù amava; quello stesso, che durante la cena stava inclinato sul seno di Gesù e avea detto: Signore, chi è che ti tradisce?

21. Pietro dunque, vedutolo, disse a Gesù: Signore, e di lui che ne sarà?

22. Gesù gli rispose: Se voglio che rimanga finch'io venga, che t'importa? Tu, seguimi.

23. Ond'è che si sparse tra i fratelli la voce che quel discepolo non morrebbe; Gesù però non gli avea detto che non morrebbe, ma: Se voglio che rimanga finch'io venga, che t'importa?

24. This is the disciple that beareth witness of these things, and wrote these things: and we know that his witness is true.

25. And there are also many other things which Jesus did, the which if they should be written every one, I suppose that even the world itself would not contain the books that should be written.

24. Questo è il discepolo che rende testimonianza di queste cose, e che ha scritto queste cose; e noi sappiamo che la sua testimonianza è verace.

25. Or vi sono ancora molte altre cose che Gesù ha fatte, le quali se si scrivessero ad una ad una, credo che il mondo stesso non potrebbe contenere i libri che se ne scriverebbero.

# Acts 1

1. The former treatise I made, O Theophilus, concerning all that Jesus began both to do and to teach,

2. until the day in which he was received up, after that he had given commandment through the Holy Spirit unto the apostles whom he had chosen:

3. To whom he also showed himself alive after his passion by many proofs, appearing unto them by the space of forty days, and speaking the things concerning the kingdom of God:

4. and, being assembled together with them, he charged them not to depart from Jerusalem, but to wait for the promise of the Father, which, [said he], ye heard from me:

5. For John indeed baptized with water; but ye shall be baptized in the Holy Spirit not many days hence.

6. They therefore, when they were come together, asked him, saying, Lord, dost thou at this time restore the kingdom to Israel?

7. And he said unto them, It is not for you to know times or seasons, which the Father hath set within His own authority.

8. But ye shall receive power, when the Holy Spirit is come upon you: and ye shall be my witnesses both in Jerusalem, and in all Judaea and Samaria, and unto the uttermost part of the earth.

9. And when he had said these things, as they were looking, he was taken up; and a cloud received him out of their sight.

10. And while they were looking stedfastly into heaven as he went, behold, two men stood by them in white apparel;

11. who also said, Ye men of Galilee, why stand ye looking into heaven? this Jesus, who was received up from you into heaven shall so come in like manner as ye beheld him going into heaven.

12. Then returned they unto Jerusalem from the mount called Olivet, which is nigh unto Jerusalem, a Sabbath day's journey off.

# Atti degli Apostoli 1

1. Nel mio primo libro, o Teofilo, parlai di tutto quel che Gesù prese e a fare e ad insegnare,

2. fino al giorno che fu assunto in cielo, dopo aver dato per lo Spirito Santo dei comandamenti agli apostoli che avea scelto.

3. Ai quali anche, dopo ch'ebbe sofferto, si presentò vivente con molte prove, facendosi veder da loro per quaranta giorni, e ragionando delle cose relative al regno di Dio.

4. E trovandosi con essi, ordinò loro di non dipartirsi da Gerusalemme, ma di aspettarvi il compimento della promessa del Padre, la quale, egli disse, avete udita da me.

5. Poiché Giovanni battezzò sì con acqua, ma voi sarete battezzati con lo Spirito Santo fra non molti giorni.

6. Quelli dunque che erano raunati, gli domandarono: Signore, è egli in questo tempo che ristabilirai il regno ad Israele?

7. Egli rispose loro: Non sta a voi di sapere i tempi o i momenti che il Padre ha riserbato alla sua propria autorità.

8. Ma voi riceverete potenza quando lo Spirito Santo verrà su voi, e mi sarete testimoni e in Gerusalemme, e in tutta la Giudea e Samaria, e fino all'estremità della terra.

9. E dette queste cose, mentr'essi guardavano, fu elevato; e una nuvola, accogliendolo, lo tolse d'innanzi agli occhi loro.

10. E come essi aveano gli occhi fissi in cielo, mentr'egli se ne andava, ecco che due uomini in vesti bianche si presentaron loro e dissero:

11. Uomini Galilei, perché state a guardare verso il cielo? Questo Gesù che è stato tolto da voi ed assunto in cielo, verrà nella medesima maniera che l'avete veduto andare in cielo.

12. Allora essi tornarono a Gerusalemme dal monte chiamato dell'Uliveto, il quale è vicino a Gerusalemme, non distandone che un cammin di sabato.

13. And when they were come in, they went up into the upper chamber, where they were abiding; both Peter and John and James and Andrew, Philip and Thomas, Bartholomew and Matthew, James [the son] of Alphaeus, and Simon the Zealot, and Judas [the son] of James.

14. These all with one accord continued stedfastly in prayer, with the women, and Mary the mother of Jesus, and with his brethren.

15. And in these days Peter stood up in the midst of the brethren, and said (and there was a multitude of persons [gathered] together, about a hundred and twenty),

16. Brethren, it was needful that the Scripture should be fulfilled, which the Holy Spirit spake before by the mouth of David concerning Judas, who was guide to them that took Jesus.

17. For he was numbered among us, and received his portion in this ministry.

18. (Now this man obtained a field with the reward of his iniquity; and falling headlong, he burst asunder in the midst, and all his bowels gushed out.

19. And it became known to all the dwellers at Jerusalem; insomuch that in their language that field was called Akeldama, that is, The field of blood.)

20. For it is written in the book of Psalms, Let his habitation be made desolate, And let no man dwell therein: and, His office let another take.

21. Of the men therefore that have companied with us all the time that the Lord Jesus went in and went out among us,

22. beginning from the baptism of John, unto the day that he was received up from us, of these must one become a witness with us of his resurrection.

23. And they put forward two, Joseph called Barsabbas, who was surnamed Justus, and Matthias.

24. And they prayed, and said, Thou, Lord, who knowest the hearts of all men, show of these two the one whom thou hast chosen,

25. to take the place in this ministry and apostleship from which Judas fell away, that he might go to his own place.

13. E come furono entrati, salirono nella sala di sopra ove solevano trattenersi Pietro e Giovanni e Giacomo e Andrea, Filippo e Toma, Bartolomeo e Matteo, Giacomo d'Alfeo, e Simone lo Zelota, e Giuda di Giacomo.

14. Tutti costoro perseveravano di pari consentimento nella preghiera, con le donne, e con Maria, madre di Gesù, e coi fratelli di lui.

15. E in que' giorni, Pietro, levatosi in mezzo ai fratelli (il numero delle persone adunate saliva a circa centoventi), disse:

16. Fratelli, bisognava che si adempisse la profezia della Scrittura pronunziata dallo Spirito Santo per bocca di Davide intorno a Giuda, che fu la guida di quelli che arrestarono Gesù.

17. Poiché egli era annoverato fra noi, e avea ricevuto la sua parte di questo ministerio.

18. Costui dunque acquistò un campo col prezzo della sua iniquità; ed essendosi precipitato, gli si squarciò il ventre, e tutte le sue interiora si sparsero.

19. E ciò è divenuto così noto a tutti gli abitanti di Gerusalemme, che quel campo è stato chiamato nel loro proprio linguaggio Acheldama, cioè, Campo di sangue.

20. Poiché è scritto nel libro dei Salmi: Divenga la sua dimora deserta, e non vi sia chi abiti in essa; e: L'ufficio suo lo prenda un altro.

21. Bisogna dunque che fra gli uomini che sono stati in nostra compagnia tutto il tempo che il Signor Gesù è andato e venuto fra noi,

22. a cominciare dal battesimo di Giovanni fino al giorno ch'egli, tolto da noi, è stato assunto in cielo, uno sia fatto testimone con noi della risurrezione di lui.

23. E ne presentarono due: Giuseppe, detto Barsabba, il quale era soprannominato Giusto, e Mattia.

24. E, pregando, dissero: Tu, Signore, che conosci i cuori di tutti, mostra quale di questi due hai scelto

25. per prendere in questo ministerio ed apostolato il posto che Giuda ha abbandonato per andarsene al suo luogo.

26. And they gave lots for them; and the lot fell upon Matthias; and he was numbered with the eleven apostles.

26. E li trassero a sorte, e la sorte cadde su Mattia, che fu associato agli undici apostoli.

# Acts 2

# Atti degli Apostoli 2

1. And when the day of Pentecost was now come, they were all together in one place.

2. And suddenly there came from heaven a sound as of the rushing of a mighty wind, and it filled all the house where they were sitting.

3. And there appeared unto them tongues parting asunder, like as of fire; and it sat upon each one of them.

4. And they were all filled with the Holy Spirit, and began to speak with other tongues, as the Spirit gave them utterance.

5. Now there were dwelling at Jerusalem Jews, devout men, from every nation under heaven.

6. And when this sound was heard, the multitude came together, and were confounded, because that every man heard them speaking in his own language.

7. And they were all amazed and marvelled, saying, Behold, are not all these that speak Galilaeans?

8. And how hear we, every man in our own language wherein we were born?

9. Parthians and Medes and Elamites, and the dwellers in Mesopotamia, in Judaea and Cappadocia, in Pontus and Asia,

10. in Phrygia and Pamphylia, in Egypt and the parts of Libya about Cyrene, and sojourners from Rome, both Jews and proselytes,

11. Cretans and Arabians, we hear them speaking in our tongues the mighty works of God.

12. And they were all amazed, and were perplexed, saying one to another, What meaneth this?

13. But others mocking said, They are filled with new wine.

1. E come il giorno della Pentecoste fu giunto, tutti erano insieme nel medesimo luogo.

2. E di subito si fece dal cielo un suono come di vento impetuoso che soffia, ed esso riempì tutta la casa dov'essi sedevano.

3. E apparvero loro delle lingue come di fuoco che si dividevano, e se ne posò una su ciascuno di loro.

4. E tutti furon ripieni dello Spirito Santo, e cominciarono a parlare in altre lingue, secondo che lo Spirito dava loro d'esprimersi.

5. Or in Gerusalemme si trovavan di soggiorno dei Giudei, uomini religiosi d'ogni nazione di sotto il cielo.

6. Ed essendosi fatto quel suono, la moltitudine si radunò e fu confusa, perché ciascuno li udiva parlare nel suo proprio linguaggio.

7. E tutti stupivano e si maravigliavano, dicendo: Ecco, tutti costoro che parlano non son eglino Galilei?

8. E com'è che li udiamo parlare ciascuno nel nostro proprio natìo linguaggio?

9. Noi Parti, Medi, Elamiti, abitanti della Mesopotamia, della Giudea e della Cappadocia, del Ponto e dell'Asia,

10. della Frigia e della Panfilia, dell'Egitto e delle parti della Libia Cirenaica, e avventizi Romani,

11. tanto Giudei che proseliti, Cretesi ed Arabi, li udiamo parlar delle cose grandi di Dio nelle nostre lingue.

12. E tutti stupivano ed eran perplessi dicendosi l'uno all'altro: Che vuol esser questo?

13. Ma altri, beffandosi, dicevano: Son pieni di vin dolce.

14. But Peter, standing up with the eleven, lifted up his voice, and spake forth unto them, [saying], Ye men of Judaea, and all ye that dwell at Jerusalem, be this known unto you, and give ear unto my words.

15. For these are not drunken, as ye suppose; seeing it is [but] the third hour of the day.

16. but this is that which hath been spoken through the prophet Joel:

17. And it shall be in the last days, saith God, I will pour forth of my Spirit upon all flesh: And your sons and your daughters shall prophesy, And your young men shall see visions, And your old men shall dream dreams:

18. Yea and on my servants and on my handmaidens in those days Will I pour forth of my Spirit; and they shall prophesy.

19. And I will show wonders in the heaven above, And signs on the earth beneath; Blood, and fire, and vapor of smoke:

20. The sun shall be turned into darkness, And the moon into blood, Before the day of the Lord come, That great and notable [day].

21. And it shall be, that whosoever shall call on the name of the Lord shall be saved.

22. Ye men of Israel, hear these words: Jesus of Nazareth, a man approved of God unto you by mighty works and wonders and signs which God did by him in the midst of you, even as ye yourselves know;

23. him, being delivered up by the determinate counsel and foreknowledge of God, ye by the hand of lawless men did crucify and slay:

24. whom God raised up, having loosed the pangs of death: because it was not possible that he should be holden of it.

25. For David saith concerning him, I beheld the Lord always before my face; For he is on my right hand, that I should not be moved:

26. Therefore my heart was glad, and my tongue rejoiced; Moreover my flesh also shall dwell in hope:

27. Because thou wilt not leave my soul unto Hades, Neither wilt thou give thy Holy One to see corruption.

14. Ma Pietro, levatosi in piè con gli undici, alzò la voce e parlò loro in questa maniera: Uomini giudei, e voi tutti che abitate in Gerusalemme, siavi noto questo, e prestate orecchio alle mie parole.

15. Perché costoro non sono ebbri, come voi supponete, poiché non è che la terza ora del giorno:

16. ma questo è quel che fu detto per mezzo del profeta Gioele:

17. E avverrà negli ultimi giorni, dice Iddio, che io spanderò del mio Spirito sopra ogni carne; e i vostri figliuoli e le vostre figliuole profeteranno, e i vostri giovani vedranno delle visioni, e i vostri vecchi sogneranno dei sogni.

18. E anche sui miei servi e sulle mie serventi, in quei giorni, spanderò del mio Spirito, e profeteranno.

19. E farò prodigi su nel cielo, e segni giù sulla terra; sangue e fuoco, e vapor di fumo.

20. Il sole sarà mutato in tenebre, e la luna in sangue, prima che venga il grande e glorioso giorno, che è il giorno del Signore.

21. Ed avverrà che chiunque avrà invocato il nome del Signore sarà salvato.

22. Uomini israeliti, udite queste parole: Gesù il Nazareno, uomo che Dio ha accreditato fra voi mediante opere potenti e prodigi e segni che Dio fece per mezzo di lui fra voi, come voi stessi ben sapete,

23. quest'uomo, allorché vi fu dato nelle mani per il determinato consiglio e per la prescienza di Dio, voi, per man d'iniqui, inchiodandolo sulla croce, lo uccideste;

24. ma Dio lo risuscitò, avendo sciolto gli angosciosi legami della morte, perché non era possibile ch'egli fosse da essa ritenuto.

25. Poiché Davide dice di lui: Io ho avuto del continuo il Signore davanti agli occhi, perché egli è alla mia destra, affinché io non sia smosso.

26. Perciò s'è rallegrato il cuor mio, e ha giubilato la mia lingua, e anche la mia carne riposerà in isperanza;

27. poiché tu non lascerai l'anima mia nell'Ades, e non permetterai che il tuo Santo vegga la corruzione.

28. Thou madest known unto me the ways of life; Thou shalt make me full of gladness with thy countenance.

29. Brethren, I may say unto you freely of the patriarch David, that he both died and was buried, and his tomb is with us unto this day.

30. Being therefore a prophet, and knowing that God had sworn with an oath to him, that of the fruit of his loins he would set [one] upon his throne;

31. he foreseeing [this] spake of the resurrection of the Christ, that neither was he left unto Hades, nor did his flesh see corruption.

32. This Jesus did God raise up, whereof we all are witnesses.

33. Being therefore by the right hand of God exalted, and having received of the Father the promise of the Holy Spirit, he hath poured forth this, which ye see and hear.

34. For David ascended not into the heavens: but he saith himself, The Lord said unto my Lord, Sit thou on my right hand,

35. Till I make thine enemies the footstool of thy feet.

36. Let all the house of Israel therefore know assuredly, that God hath made him both Lord and Christ, this Jesus whom ye crucified.

37. Now when they heard [this,] they were pricked in their heart, and said unto Peter and the rest of the apostles, Brethren, what shall we do?

38. And Peter [said] unto them, Repent ye, and be baptized every one of you in the name of Jesus Christ unto the remission of your sins; and ye shall receive the gift of the Holy Spirit.

39. For to you is the promise, and to your children, and to all that are afar off, [even] as many as the Lord our God shall call unto him.

40. And with many other words he testified, and exhorted them, saying, Save yourselves from this crooked generation.

41. They then that received his word were baptized: and there were added [unto them] in that day about three thousand souls.

28. Tu m'hai fatto conoscere le vie della vita; tu mi riempirai di letizia con la tua presenza.

29. Uomini fratelli, ben può liberamente dirvisi intorno al patriarca Davide, ch'egli morì e fu sepolto; e la sua tomba è ancora al dì d'oggi fra noi.

30. Egli dunque, essendo profeta e sapendo che Dio gli avea con giuramento promesso che sul suo trono avrebbe fatto sedere uno dei suoi discendenti,

31. antivedendola, parlò della risurrezione di Cristo, dicendo che non sarebbe stato lasciato nell'Ades, e che la sua carne non avrebbe veduto la corruzione.

32. Questo Gesù, Iddio l'ha risuscitato; del che noi tutti siamo testimoni.

33. Egli dunque, essendo stato esaltato dalla destra di Dio, e avendo ricevuto dal Padre lo Spirito Santo promesso, ha sparso quello che ora vedete e udite.

34. Poiché Davide non è salito in cielo; anzi egli stesso dice: Il Signore ha detto al mio Signore: Siedi alla mia destra,

35. finché io abbia posto i tuoi nemici per sgabello de' tuoi piedi.

36. Sappia dunque sicuramente tutta la casa d'Israele che Iddio ha fatto e Signore e Cristo quel Gesù che voi avete crocifisso.

37. Or essi, udite queste cose, furon compunti nel cuore, e dissero a Pietro e agli altri apostoli: Fratelli, che dobbiam fare?

38. E Pietro a loro: Ravvedetevi, e ciascun di voi sia battezzato nel nome di Gesù Cristo, per la remission de' vostri peccati, e voi riceverete il dono dello Spirito Santo.

39. Poiché per voi è la promessa, e per i vostri figliuoli, e per tutti quelli che son lontani, per quanti il Signore Iddio nostro ne chiamerà.

40. E con molte altre parole li scongiurava e li esortava dicendo: Salvatevi da questa perversa generazione.

41. Quelli dunque i quali accettarono la sua parola, furon battezzati; e in quel giorno furono aggiunte a loro circa tremila persone.

42. And they continued stedfastly in the apostles' teaching and fellowship, in the breaking of bread and the prayers.

43. And fear came upon every soul: and many wonders and signs were done through the apostles.

44. And all that believed were together, and had all things common;

45. and they sold their possessions and goods, and parted them to all, according as any man had need.

46. And day by day, continuing stedfastly with one accord in the temple, and breaking bread at home, they took their food with gladness and singleness of heart,

47. praising God, and having favor with all the people. And the Lord added to them day by day those that were saved.

42. Ed erano perseveranti nell'attendere all'insegnamento degli apostoli, nella comunione fraterna, nel rompere il pane e nelle preghiere.

43. E ogni anima era presa da timore; e molti prodigi e segni eran fatti dagli apostoli.

44. E tutti quelli che credevano erano insieme, ed aveano ogni cosa in comune;

45. e vendevano le possessioni ed i beni, e li distribuivano a tutti, secondo il bisogno di ciascuno.

46. E tutti i giorni, essendo di pari consentimento assidui al tempio, e rompendo il pane nelle case, prendevano il loro cibo assieme con letizia e semplicità di cuore,

47. lodando Iddio, e avendo il favore di tutto il popolo. E il Signore aggiungeva ogni giorno alla loro comunità quelli che erano sulla via della salvazione.

# Acts 3

1. Now Peter and John were going up into the temple at the hour of prayer, [being] the ninth [hour].

2. And a certain man that was lame from his mother's womb was carried, whom they laid daily at the door of the temple which is called Beautiful, to ask alms of them that entered into the temple;

3. who seeing Peter and John about to go into the temple, asked to receive an alms.

4. And Peter, fastening his eyes upon him, with John, said, Look on us.

5. And he gave heed unto them, expecting to receive something from them.

6. But Peter said, Silver and gold have I none; but what I have, that give I thee. In the name of Jesus Christ of Nazareth, walk.

7. And he took him by the right hand, and raised him up: and immediately his feet and his ankle-bones received strength.

8. And leaping up, he stood, and began to walk; and he entered with them into the temple, walking, and leaping, and praising God.

9. And all the people saw him walking and praising God:

# Atti degli Apostoli 3

1. Or Pietro e Giovanni salivano al tempio per la preghiera dell'ora nona.

2. E si portava un certo uomo, zoppo fin dalla nascita, che ogni giorno deponevano alla porta del tempio detta "Bella", per chieder l'elemosina a coloro che entravano nel tempio.

3. Costui, veduto Pietro e Giovanni che stavan per entrare nel tempio, domandò loro l'elemosina.

4. E Pietro, con Giovanni, fissando gli occhi su lui, disse: Guarda noi!

5. Ed egli li guardava intentamente, aspettando di ricever qualcosa da loro.

6. Ma Pietro disse: Dell'argento e dell'oro io non ne ho; ma quello che ho, te lo do: Nel nome di Gesù Cristo il Nazareno, cammina!

7. E presolo per la man destra, lo sollevò; e in quell'istante le piante e le caviglie de' piedi gli si raffermarono.

8. E d'un salto si rizzò in piè e cominciò a camminare; ed entrò con loro nel tempio, camminando, e saltando, e lodando Iddio.

9. E tutto il popolo lo vide che camminava e lodava Iddio;

10. and they took knowledge of him, that it was he that sat for alms at the Beautiful Gate of the temple; and they were filled with wonder and amazement at that which had happened unto him.

11. And as he held Peter and John, all the people ran together unto them in the porch that is called Solomon's, greatly wondering.

12. And when Peter saw it, he answered unto the people, Ye men of Israel, why marvel ye at this man? or why fasten ye your eyes on us, as though by our own power or godliness we had made him to walk?

13. The God of Abraham, and of Isaac, and of Jacob, the God of our fathers, hath glorified his Servant Jesus; whom ye delivered up, and denied before the face of Pilate, when he had determined to release him.

14. But ye denied the Holy and Righteous One, and asked for a murderer to be granted unto you,

15. and killed the Prince of life; whom God raised from the dead; whereof we are witnesses.

16. And by faith in his name hath his name made this man strong, whom ye behold and know: yea, the faith which is through him hath given him this perfect soundness in the presence of you all.

17. And now, brethren, I know that in ignorance ye did it, as did also your rulers.

18. But the things which God foreshowed by the mouth of all the prophets, that his Christ should suffer, he thus fulfilled.

19. Repent ye therefore, and turn again, that your sins may be blotted out, that so there may come seasons of refreshing from the presence of the Lord;

20. and that he may send the Christ who hath been appointed for you, [even] Jesus:

21. whom the heaven must receive until the times of restoration of all things, whereof God spake by the mouth of His holy prophets that have been from of old.

22. Moses indeed said, A prophet shall the Lord God raise up unto you from among your brethren, like unto me. To him shall ye hearken in all things whatsoever he shall speak unto you.

10. e lo riconoscevano per quello che sedeva a chieder l'elemosina alla porta "Bella" del tempio; e furono ripieni di sbigottimento e di stupore per quel che gli era avvenuto.

11. E mentre colui teneva stretti a sé Pietro e Giovanni, tutto il popolo, attonito, accorse a loro al portico detto di Salomone.

12. E Pietro, veduto ciò, parlò al popolo, dicendo: Uomini israeliti, perché vi maravigliate di questo? O perché fissate gli occhi su noi, come se per la nostra propria potenza o pietà avessimo fatto camminar quest'uomo?

13. L'Iddio d'Abramo, d'Isacco e di Giacobbe, l'Iddio de' nostri padri ha glorificato il suo Servitore Gesù, che voi metteste in man di Pilato e rinnegaste dinanzi a lui, mentre egli avea giudicato di doverlo liberare.

14. Ma voi rinnegaste il Santo ed il Giusto, e chiedeste che vi fosse concesso un omicida;

15. e uccideste il Principe della vita, che Dio ha risuscitato dai morti; del che noi siamo testimoni.

16. E per la fede nel suo nome, il suo nome ha raffermato quest'uomo che vedete e conoscete; ed è la fede che si ha per mezzo di lui, che gli ha dato questa perfetta guarigione in presenza di voi tutti.

17. Ed ora, fratelli, io so che lo faceste per ignoranza, al pari dei vostri rettori.

18. Ma quello che Dio avea preannunziato per bocca di tutti i profeti, cioè, che il suo Cristo soffrirebbe, Egli l'ha adempiuto in questa maniera.

19. Ravvedetevi dunque e convertitevi, onde i vostri peccati siano cancellati,

20. affinché vengano dalla presenza del Signore dei tempi di refrigerio e ch'Egli vi mandi il Cristo che v'è stato destinato;

21. cioè Gesù, che il cielo deve tenere accolto fino ai tempi della restaurazione di tutte le cose; tempi dei quali Iddio parlò per bocca dei suoi santi profeti che sono stati fin dal principio.

22. Mosè, infatti, disse: Il Signore Iddio vi susciterà di fra i vostri fratelli un profeta come me; ascoltatelo in tutte le cose che vi dirà.

23. And it shall be, that every soul that shall not hearken to that prophet, shall be utterly destroyed from among the people.

24. Yea and all the prophets from Samuel and them that followed after, as many as have spoken, they also told of these days.

25. Ye are the sons of the prophets, and of the covenant which God made with your fathers, saying unto Abraham, And in thy seed shall all the families of the earth be blessed.

26. Unto you first God, having raised up his Servant, sent him to bless you, in turning away every one of you from your iniquities.

# Acts 4

1. And as they spake unto the people, the priests and the captain of the temple and the Sadducees came upon them,

2. being sore troubled because they taught the people, and proclaimed in Jesus the resurrection from the dead.

3. And they laid hands on them, and put them in ward unto the morrow: for it was now eventide.

4. But many of them that heard the word believed; and the number of the men came to be about five thousand.

5. And it came to pass on the morrow, that their rulers and elders and scribes were gathered together in Jerusalem;

6. and Annas the high priest [was there], and Caiaphas, and John, and Alexander, and as many as were of the kindred of the high priest.

7. And when they had set them in the midst, they inquired, By what power, or in what name, have ye done this?

8. Then Peter, filled with the Holy Spirit, said unto them, Ye rulers of the people, and elders,

9. if we this day are examined concerning a good deed done to an impotent man, by what means this man is made whole;

10. be it known unto you all, and to all the people of Israel, that in the name of Jesus Christ of Nazareth, whom ye crucified, whom God raised from the dead, [even] in him doth this man stand here before you whole.

23. E avverrà che ogni anima la quale non avrà ascoltato codesto profeta, sarà del tutto distrutta di fra il popolo.

24. E tutti i profeti, da Samuele in poi, quanti hanno parlato, hanno anch'essi annunziato questi giorni.

25. Voi siete i figliuoli de' profeti e del patto che Dio fece coi vostri padri, dicendo ad Abramo: E nella tua progenie tutte le nazioni della terra saranno benedette.

26. A voi per i primi Iddio, dopo aver suscitato il suo Servitore, l'ha mandato per benedirvi, convertendo ciascun di voi dalle sue malvagità.

# Atti degli Apostoli 4

1. Or mentr'essi parlavano al popolo, i sacerdoti e il capitano del tempio e i Sadducei sopraggiunsero,

2. essendo molto crucciati perché ammaestravano il popolo e annunziavano in Gesù la risurrezione dei morti.

3. E misero loro le mani addosso, e li posero in prigione fino al giorno seguente, perché già era sera.

4. Ma molti di coloro che aveano udito la Parola credettero; e il numero degli uomini salì a circa cinquemila.

5. E il dì seguente, i loro capi, con gli anziani e gli scribi, si radunarono in Gerusalemme,

6. con Anna, il sommo sacerdote, e Caiàfa, e Giovanni, e Alessandro e tutti quelli che erano della famiglia dei sommi sacerdoti.

7. E fatti comparir quivi in mezzo Pietro e Giovanni, domandarono: Con qual podestà, o in nome di chi avete voi fatto questo?

8. Allora Pietro, ripieno dello Spirito Santo, disse loro: Rettori del popolo ed anziani,

9. se siamo oggi esaminati circa un beneficio fatto a un uomo infermo, per sapere com'è che quest'uomo è stato guarito,

10. sia noto a tutti voi e a tutto il popolo d'Israele che ciò è stato fatto nel nome di Gesù Cristo il Nazareno, che voi avete crocifisso, e che Dio ha risuscitato dai morti; in virtù d'esso quest'uomo comparisce guarito, in presenza vostra.

11. He is the stone which was set at nought of you the builders, which was made the head of the corner.

12. And in none other is there salvation: for neither is there any other name under heaven, that is given among men, wherein we must be saved.

13. Now when they beheld the boldness of Peter and John, and had perceived that they were unlearned and ignorant men, they marvelled; and they took knowledge of them, that they had been with Jesus.

14. And seeing the man that was healed standing with them, they could say nothing against it.

15. But when they had commanded them to go aside out of the council, they conferred among themselves,

16. saying, What shall we do to these men? for that indeed a notable miracle hath been wrought through them, is manifest to all that dwell in Jerusalem; and we cannot deny it.

17. But that it spread no further among the people, let us threaten them, that they speak henceforth to no man in this name.

18. And they called them, and charged them not to speak at all nor teach in the name of Jesus.

19. But Peter and John answered and said unto them, Whether it is right in the sight of God to hearken unto you rather than unto God, judge ye:

20. for we cannot but speak the things which we saw and heard.

21. And they, when they had further threatened them, let them go, finding nothing how they might punish them, because of the people; for all men glorified God for that which was done.

22. For the man was more than forty years old, on whom this miracle of healing was wrought.

23. And being let go, they came to their own company, and reported all that the chief priests and the elders had said unto them.

24. And they, when they heard it, lifted up their voice to God with one accord, and said, O Lord, thou that didst make the heaven and the earth and the sea, and all that in them is:

11. Egli è la pietra che è stata da voi edificatori sprezzata, ed è divenuta la pietra angolare.

12. E in nessun altro è la salvezza; poiché non v'è sotto il cielo alcun altro nome che sia stato dato agli uomini, per il quale noi abbiamo ad esser salvati.

13. Or essi, veduta la franchezza di Pietro e di Giovanni, e avendo capito che erano popolani senza istruzione, si maravigliavano e riconoscevano che erano stati con Gesù.

14. E vedendo l'uomo, ch'era stato guarito, quivi presente con loro, non potevano dir nulla contro.

15. Ma quand'ebbero comandato loro di uscire dal concistoro, conferiron fra loro dicendo:

16. Che faremo a questi uomini? Che un evidente miracolo sia stato fatto per loro mezzo, è noto a tutti gli abitanti di Gerusalemme, e noi non lo possiamo negare.

17. Ma affinché ciò non si sparga maggiormente fra il popolo, divietiam loro con minacce che non parlino più ad alcuno in questo nome.

18. E avendoli chiamati, ingiunsero loro di non parlare né insegnare affatto nel nome di Gesù.

19. Ma Pietro e Giovanni, rispondendo, dissero loro: Giudicate voi se è giusto, nel cospetto di Dio, di ubbidire a voi anzi che a Dio.

20. Poiché, quanto a noi, non possiamo non parlare delle cose che abbiam vedute e udite.

21. Ed essi, minacciatili di nuovo, li lasciarono andare, non trovando nulla da poterli castigare, per cagion del popolo; perché tutti glorificavano Iddio per quel ch'era stato fatto.

22. Poiché l'uomo in cui questo miracolo della guarigione era stato compiuto, avea più di quarant'anni.

23. Or essi, essendo stati rimandati vennero ai loro, e riferirono tutte le cose che i capi sacerdoti e gli anziani aveano loro dette.

24. Ed essi, uditele, alzaron di pari consentimento la voce a Dio, e dissero: Signore, tu sei Colui che ha fatto il cielo, la terra, il mare e tutte le cose che sono in essi;

25. who by the Holy Spirit, [by] the mouth of our father David thy servant, didst say, Why did the Gentiles rage, And the peoples imagine vain things?

26. The kings of the earth set themselves in array, And the rulers were gathered together, Against the Lord, and against his Anointed:

27. for of a truth in this city against thy holy Servant Jesus, whom thou didst anoint, both Herod and Pontius Pilate, with the Gentiles and the peoples of Israel, were gathered together,

28. to do whatsoever thy hand and thy council foreordained to come to pass.

29. And now, Lord, look upon their threatenings: and grant unto thy servants to speak thy word with all boldness,

30. while thy stretchest forth thy hand to heal; and that signs and wonders may be done through the name of thy holy Servant Jesus.

31. And when they had prayed, the place was shaken wherein they were gathered together; and they were all filled with the Holy Spirit, and they spake the word of God with boldness.

32. And the multitude of them that believed were of one heart and soul: and not one [of them] said that aught of the things which he possessed was his own; but they had all things common.

33. And with great power gave the apostles their witness of the resurrection of the Lord Jesus: and great grace was upon them all.

34. For neither was there among them any that lacked: for as many as were possessors of lands or houses sold them, and brought the prices of the things that were sold,

35. and laid them at the apostles' feet: and distribution was made unto each, according as any one had need.

36. And Joseph, who by the apostles was surnamed Barnabas (which is, being interpreted, Son of exhortation), a Levite, a man of Cyprus by race,

37. having a field, sold it, and brought the money and laid it at the apostles' feet.

25. Colui che mediante lo Spirito Santo, per bocca del padre nostro e tuo servitore Davide, ha detto: Perché hanno fremuto le genti, e hanno i popoli divisate cose vane?

26. I re della terra si son fatti avanti, e i principi si son raunati assieme contro al Signore, e contro al suo Unto.

27. E invero in questa città, contro al tuo santo Servitore Gesù che tu hai unto, si son raunati Erode e Ponzio Pilato, insiem coi Gentili e con tutto il popolo d'Israele,

28. per far tutte le cose che la tua mano e il tuo consiglio aveano innanzi determinato che avvenissero.

29. E adesso, Signore, considera le loro minacce, e concedi ai tuoi servitori di annunziar la tua parola con ogni franchezza,

30. stendendo la tua mano per guarire, e perché si faccian segni e prodigi mediante il nome del tuo santo Servitore Gesù.

31. E dopo ch'ebbero pregato, il luogo dov'erano raunati tremò; e furon tutti ripieni dello Spirito Santo, e annunziavano la parola di Dio con franchezza.

32. E la moltitudine di coloro che aveano creduto, era d'un sol cuore e d'un'anima sola; né v'era chi dicesse sua alcuna delle cose che possedeva, ma tutto era comune tra loro.

33. E gli apostoli con gran potenza rendevan testimonianza della risurrezione del Signor Gesù; e gran grazia era sopra tutti loro.

34. Poiché non v'era alcun bisognoso fra loro; perché tutti coloro che possedevan poderi o case li vendevano, portavano il prezzo delle cose vendute,

35. e lo mettevano ai piedi degli apostoli; poi, era distribuito a ciascuno, secondo il bisogno.

36. Or Giuseppe, soprannominato dagli apostoli Barnaba (il che, interpretato, vuol dire: Figliuol di consolazione), levita, cipriota di nascita,

37. avendo un campo, lo vendé, e portò i danari e li mise ai piedi degli apostoli.

# Acts 5

1. But a certain man named Ananias, with Sapphira his wife, sold a possession,

2. and kept back [part] of the price, his wife also being privy to it, and brought a certain part, and laid it at the apostles' feet.

3. But Peter said, Ananias, why hath Satan filled thy heart to lie to the Holy Spirit, and to keep back [part] of the price of the land?

4. While it remained, did it not remain thine own? and after it was sold, was it not in thy power? How is it that thou hast conceived this thing in thy heart? thou has not lied unto men, but unto God.

5. And Ananias hearing these words fell down and gave up the ghost: and great fear came upon all that heard it.

6. And the young men arose and wrapped him round, and they carried him out and buried him.

7. And it was about the space of three hours after, when his wife, not knowing what was done, came in.

8. And Peter answered unto her, Tell me whether ye sold the land for so much. And she said, Yea, for so much.

9. But Peter [said] unto her, How is it that ye have agreed together to try the Spirit of the Lord? behold, the feet of them that have buried thy husband are at the door, and they shall carry thee out.

10. And she fell down immediately at his feet, and gave up the ghost: and the young men came in and found her dead, and they carried her out and buried her by her husband.

11. And great fear came upon the whole church, and upon all that heard these things.

12. And by the hands of the apostles were many signs and wonders wrought among the people; and they were all with one accord in Solomon's porch.

13. But of the rest durst no man join himself to them: howbeit the people magnified them;

14. and believers were the more added to the Lord, multitudes both of them and women;

# Atti degli Apostoli 5

1. Ma un certo uomo, chiamato Anania, con Saffira sua moglie, vendé un possesso,

2. e tenne per sé parte del prezzo, essendone consapevole anche la moglie; e portatane una parte, la pose ai piedi degli apostoli.

3. Ma Pietro disse: Anania, perché ha Satana così riempito il cuor tuo da farti mentire allo Spirito Santo e ritener parte del prezzo del podere?

4. Se questo restava invenduto, non restava tuo? E una volta venduto, non ne era il prezzo in tuo potere? Perché ti sei messa in cuore questa cosa? Tu non hai mentito agli uomini ma a Dio.

5. E Anania, udendo queste parole, cadde e spirò. E gran paura prese tutti coloro che udiron queste cose.

6. E i giovani, levatisi, avvolsero il corpo, e portatolo fuori, lo seppellirono.

7. Or avvenne, circa tre ore dopo, che la moglie di lui, non sapendo ciò che era avvenuto, entrò.

8. E Pietro, rivolgendosi a lei: Dimmi, le disse, avete voi venduto il podere per tanto? Ed ella rispose: Sì, per tanto.

9. Ma Pietro a lei: Perché vi siete accordati a tentare lo Spirito del Signore? Ecco, i piedi di quelli che hanno seppellito il tuo marito sono all'uscio e ti porteranno via.

10. Ed ella in quell'istante cadde ai suoi piedi, e spirò. E i giovani, entrati, la trovarono morta; e portatala via, la seppellirono presso al suo marito.

11. E gran paura ne venne alla chiesa intera e a tutti coloro che udivano queste cose.

12. E molti segni e prodigi eran fatti fra il popolo per le mani degli apostoli; e tutti di pari consentimento si ritrovavano sotto il portico di Salomone.

13. Ma, degli altri, nessuno ardiva unirsi a loro; il popolo però li magnificava.

14. E di più in più si aggiungevano al Signore dei credenti, uomini e donne, in gran numero;

15. insomuch that they even carried out the sick into the streets, and laid them on beds and couches, that, as Peter came by, at the least his shadow might overshadow some one of them.

16. And there also came together the multitudes from the cities round about Jerusalem, bring sick folk, and them that were vexed with unclean spirits: and they were healed every one.

17. But the high priest rose up, and all they that were with him (which is the sect of the Sadducees), and they were filled with jealousy,

18. and laid hands on the apostles, and put them in public ward.

19. But an angel of the Lord by night opened the prison doors, and brought them out, and said,

20. Go ye, and stand and speak in the temple to the people all the words of this Life.

21. And when they heard [this], they entered into the temple about daybreak, and taught. But the high priest came, and they that were with him, and called the council together, and all the senate of the children of Israel, and sent to the prison-house to have them brought.

22. But the officers that came found them not in the prison; and they returned, and told,

23. saying, The prison-house we found shut in all safety, and the keepers standing at the doors: but when we had opened, we found no man within.

24. Now when the captain of the temple and the chief priests heard these words, they were much perplexed concerning them whereunto this would grow.

25. And there came one and told them, Behold, the men whom ye put in the prison are in the temple standing and teaching the people.

26. Then went the captain with the officers, and brought them, [but] without violence; for they feared the people, lest they should be stoned.

27. And when they had brought them, they set them before the council. And the high priest asked them,

15. tanto che portavano perfino gli infermi per le piazze, e li mettevano su lettucci e giacigli, affinché, quando Pietro passava, l'ombra sua almeno ne adombrasse qualcuno.

16. E anche la moltitudine accorreva dalle città vicine a Gerusalemme, portando dei malati e dei tormentati da spiriti immondi; e tutti quanti eran sanati.

17. Or il sommo sacerdote e tutti quelli che eran con lui, cioè la setta de' Sadducei, si levarono, pieni di invidia,

18. e misero le mani sopra gli apostoli, e li gettarono nella prigione pubblica.

19. Ma un angelo del Signore, nella notte, aprì le porte della prigione; e condottili fuori, disse:

20. Andate, presentatevi nel tempio e quivi annunziate al popolo tutte le parole di questa Vita.

21. Ed essi, avendo ciò udito, entrarono sullo schiarir del giorno nel tempio, e insegnavano. Or il sommo sacerdote e coloro che eran con lui vennero, e convocarono il Sinedrio e tutti gli anziani de' figliuoli d'Israele, e mandarono alla prigione per far menare dinanzi a loro gli apostoli.

22. Ma le guardie che vi andarono, non li trovarono nella prigione; e tornate, fecero il loro rapporto,

23. dicendo: La prigione l'abbiam trovata serrata con ogni diligenza, e le guardie in piè davanti alle porte; ma, avendo aperto, non abbiam trovato alcuno dentro.

24. Quando il capitano del tempio e i capi sacerdoti udiron queste cose, erano perplessi sul conto loro, non sapendo che cosa ciò potesse essere.

25. Ma sopraggiunse uno che disse loro: Ecco, gli uomini che voi metteste in prigione sono nel tempio, e stanno quivi ammaestrando il popolo.

26. Allora il capitano del tempio, con le guardie, andò e li menò via, non però con violenza, perché temevano d'esser lapidati dal popolo.

27. E avendoli menati, li presentarono al Sinedrio; e il sommo sacerdote li interrogò,

28. saying, We strictly charged you not to teach in this name: and behold, ye have filled Jerusalem with your teaching, and intend to bring this man's blood upon us.

29. But Peter and the apostles answered and said, We must obey God rather than men.

30. The God of our fathers raised up Jesus, whom ye slew, hanging him on a tree.

31. Him did God exalt with his right hand [to be] a Prince and a Saviour, to give repentance to Israel, and remission of sins.

32. And we are witnesses of these things; and [so is] the Holy Spirit, whom God hath given to them that obey him.

33. But they, when they heard this, were cut to the heart, and minded to slay them.

34. But there stood up one in the council, a Pharisee, named Gamaliel, a doctor of the law, had in honor of all the people, and commanded to put the men forth a little while.

35. And he said unto them, Ye men of Israel, take heed to yourselves as touching these men, what ye are about to do.

36. For before these days rose up Theudas, giving himself out to be somebody; to whom a number of men, about four hundred, joined themselves: who was slain; and all, as many as obeyed him, were dispersed, and came to nought.

37. After this man rose up Judas of Galilee in the days of the enrolment, and drew away [some of the] people after him: he also perished; and all, as many as obeyed him, were scattered abroad.

38. And now I say unto you, Refrain from these men, and let them alone: for if this counsel or this work be of men, it will be overthrown:

39. but if it is of God, ye will not be able to overthrow them; lest haply ye be found even to be fighting against God.

40. And to him they agreed: and when they had called the apostles unto them, they beat them and charged them not to speak in the name of Jesus, and let them go.

28. dicendo: Noi vi abbiamo del tutto vietato di insegnare in cotesto nome; ed ecco, avete riempita Gerusalemme della vostra dottrina, e volete trarci addosso il sangue di cotesto uomo.

29. Ma Pietro e gli altri apostoli, rispondendo, dissero: Bisogna ubbidire a Dio anziché agli uomini.

30. L'Iddio de' nostri padri ha risuscitato Gesù, che voi uccideste appendendolo al legno.

31. Esso ha Iddio esaltato con la sua destra, costituendolo Principe e Salvatore, per dare ravvedimento a Israele, e remission dei peccati.

32. E noi siam testimoni di queste cose; e anche lo Spirito Santo, che Dio ha dato a coloro che gli ubbidiscono.

33. Ma essi, udendo queste cose, fremevano d'ira, e facevan proposito d'ucciderli.

34. Ma un certo Fariseo, chiamato per nome Gamaliele, dottor della legge, onorato da tutto il popolo, levatosi in piè nel Sinedrio, comandò che gli apostoli fossero per un po' messi fuori.

35. Poi disse loro: Uomini Israeliti, badate bene, circa questi uomini, a quel che state per fare.

36. Poiché, prima d'ora, sorse Teuda, dicendosi esser qualche gran cosa; e presso a lui si raccolsero intorno a quattrocento uomini; ed egli fu ucciso e tutti quelli che gli aveano prestata fede, furono sbandati e ridotti a nulla.

37. Dopo costui, sorse Giuda il Galileo, a' dì del censimento, e si trascinò dietro della gente; anch'egli perì, e tutti coloro che gli aveano prestata fede, furon dispersi.

38. E adesso io vi dico: Non vi occupate di questi uomini, e lasciateli stare; perché, se questo disegno o quest'opera e dagli uomini, sarà distrutta;

39. ma se è da Dio, voi non li potrete distruggere, se non volete trovarvi a combattere anche contro Dio.

40. Ed essi furon del suo parere; e chiamati gli apostoli, li batterono, e ordinarono loro di non parlare nel nome di Gesù, e li lasciaron andare.

41. They therefore departed from the presence of the council, rejoicing that they were counted worthy to suffer dishonor for the Name.

42. And every day, in the temple and at home, they ceased not to teach and to preach Jesus [as] the Christ.

# Acts 6

1. Now in these days, when the number of the disciples was multiplying, there arose a murmuring of the Grecian Jews against the Hebrews, because their widows were neglected in the daily ministration.

2. And the twelve called the multitude of the disciples unto them, and said, It is not fit that we should forsake the word of God, and serve tables.

3. Look ye out therefore, brethren, from among you seven men of good report, full of the Spirit and of wisdom, whom we may appoint over this business.

4. But we will continue stedfastly in prayer, and in the ministry of the word.

5. And the saying pleased the whole multitude: and they chose Stephen, a man full of faith and of the Holy Spirit, and Philip, and Prochorus, and Nicanor, and Timon, and Parmenas, and Nicolaus a proselyte of Antioch;

6. whom they set before the apostles: and when they had prayed, they laid their hands upon them.

7. And the word of God increased; and the number of the disciples multiplied in Jerusalem exceedingly; and a great company of the priests were obedient to the faith.

8. And Stephen, full of grace and power, wrought great wonders and signs among the people.

9. But there arose certain of them that were of the synagogue called [the synagogue] of the Libertines, and of the Cyrenians, and of the Alexandrians, and of them of Cilicia and Asia, disputing with Stephen.

10. And they were not able to withstand the wisdom and the Spirit by which he spake.

41. Ed essi se ne andarono dalla presenza del Sinedrio, rallegrandosi d'essere stati reputati degni di esser vituperati per il nome di Gesù.

42. E ogni giorno, nel tempio e per le case, non ristavano d'insegnare e di annunziare la buona novella che Gesù è il Cristo.

# Atti degli Apostoli 6

1. Or in que' giorni, moltiplicandosi il numero dei discepoli, sorse un mormorio degli Ellenisti contro gli Ebrei, perché le loro vedove erano trascurate nell'assistenza quotidiana.

2. E i dodici, raunata la moltitudine dei discepoli, dissero: Non è convenevole che noi lasciamo la parola di Dio per servire alle mense.

3. Perciò, fratelli, cercate di trovar fra voi sette uomini, de' quali si abbia buona testimonianza, pieni di Spirito e di sapienza, e che noi incaricheremo di quest'opera.

4. Ma quant'è a noi, continueremo a dedicarci alla preghiera e al ministerio della Parola.

5. E questo ragionamento piacque a tutta la moltitudine; ed elessero Stefano, uomo pieno di fede e di Spirito Santo, Filippo, Procoro, Nicanore, Timone, Parmena e Nicola, proselito di Antiochia;

6. e li presentarono agli apostoli, i quali, dopo aver pregato, imposero loro le mani.

7. E la parola di Dio si diffondeva, e il numero dei discepoli si moltiplicava grandemente in Gerusalemme; e anche una gran quantità di sacerdoti ubbidiva alla fede.

8. Or Stefano, pieno di grazia e di potenza, faceva gran prodigi e segni fra il popolo.

9. Ma alcuni della sinagoga detta dei Liberti, e de' Cirenei, e degli Alessandrini, e di quei di Cilicia e d'Asia, si levarono a disputare con Stefano;

10. e non potevano resistere alla sapienza e allo Spirito con cui egli parlava.

11. Then they suborned men, who said, We have heard him speak blasphemous words against Moses, and [against] God.

12. And they stirred up the people, and the elders, and the scribes, and came upon him, and seized him, and brought him into the council,

13. and set up false witnesses, who said, This man ceaseth not to speak words against this holy place, and the law:

14. for we have heard him say, that this Jesus of Nazareth shall destroy this place, and shall change the customs which Moses delivered unto us.

15. And all that sat in the council, fastening their eyes on him, saw his face as it had been the face of an angel.

11. Allora subornarono degli uomini che dissero: Noi l'abbiamo udito dir parole di bestemmia contro Mosè e contro Dio.

12. E commossero il popolo e gli anziani e gli scribi; e venutigli addosso, lo afferrarono e lo menarono al Sinedrio;

13. e presentarono dei falsi testimoni, che dicevano: Quest'uomo non cessa di proferir parole contro il luogo santo e contro la legge.

14. Infatti gli abbiamo udito dire che quel Nazareno, Gesù, distruggerà questo luogo e muterà gli usi che Mosè ci ha tramandati.

15. E tutti coloro che sedevano nel Sinedrio, avendo fissati in lui gli occhi, videro la sua faccia simile alla faccia d'un angelo.

# Acts 7

1. And the high priest said, Are these things so?

2. And he said, Brethren and fathers, hearken: The God of glory appeared unto our father Abraham, when he was in Mesopotamia, before he dwelt in Haran,

3. and said unto him, Get thee out of thy land, and from thy kindred, and come into the land which I shall show thee.

4. Then came he out of the land of the Chaldaeans, and dwelt in Haran: and from thence, when his father was dead, [God] removed him into this land, wherein ye now dwell:

5. and he gave him none inheritance in it, no, not so much as to set his foot on: and he promised that he would give it to him in possession, and to his seed after him, when [as yet] he had no child.

6. And God spake on this wise, that his seed should sojourn in a strange land, and that they should bring them into bondage, and treat them ill, four hundred years.

7. And the nation to which they shall be in bondage will I judge, said God: and after that shall they come forth, and serve me in this place.

8. And he gave him the covenant of circumcision: and so [Abraham] begat Isaac, and circumcised him the eighth day; and Isaac [begat] Jacob, and Jacob the twelve patriarchs.

# Atti degli Apostoli 7

1. E il sommo sacerdote disse: Stanno queste cose proprio così?

2. Ed egli disse: Fratelli e padri, ascoltate. L'Iddio della gloria apparve ad Abramo, nostro padre, mentr'egli era in Mesopotamia, prima che abitasse in Carran,

3. e gli disse: Esci dal tuo paese e dal tuo parentado, e vieni nel paese che io ti mostrerò.

4. Allora egli uscì dal paese de' Caldei, e abitò in Carran; e di là, dopo che suo padre fu morto, Iddio lo fece venire in questo paese, che ora voi abitate.

5. E non gli diede alcuna eredità in esso, neppure un palmo di terra, ma gli promise di darne la possessione a lui e alla sua progenie dopo di lui, quand'egli non aveva ancora alcun figliuolo.

6. E Dio parlò così: La sua progenie soggiornerà in terra straniera, e sarà ridotta in servitù e maltrattata per quattrocent'anni.

7. Ma io giudicherò la nazione alla quale avranno servito, disse Iddio; e dopo questo essi partiranno e mi renderanno il loro culto in questo luogo.

8. E gli dette il patto della circoncisione; e così Abramo generò Isacco, e lo circoncise l'ottavo giorno; e Isacco generò Giacobbe, e Giacobbe i dodici patriarchi.

9. And the patriarchs, moved with jealousy against Joseph, sold him into Egypt: and God was with him,

10. and delivered him out of all his afflictions, and gave him favor and wisdom before Pharaoh king of Egypt; and he made him governor over Egypt and all his house.

11. Now there came a famine over all Egypt and Canaan, and great affliction: and our fathers found no sustenance.

12. But when Jacob heard that there was grain in Egypt, he sent forth our fathers the first time.

13. And at the second time Joseph was made known to his brethren; and Joseph's race became manifest unto Pharaoh.

14. And Joseph sent, and called to him Jacob his father, and all his kindred, threescore and fifteen souls.

15. And Jacob went down into Egypt; and he died, himself and our fathers;

16. and they were carried over unto Shechem, and laid in the tomb that Abraham bought for a price in silver of the sons of Hamor in Shechem.

17. But as the time of the promise drew nigh which God vouchsafed unto Abraham, the people grew and multiplied in Egypt,

18. till there arose another king over Egypt, who knew not Joseph.

19. The same dealt craftily with our race, and ill-treated our fathers, that they should cast out their babes to the end they might not live.

20. At which season Moses was born, and was exceeding fair; and he was nourished three months in his father's house.

21. and when he was cast out, Pharaoh's daughter took him up, and nourished him for her own son.

22. And Moses was instructed in all the wisdom of the Egyptians; and he was mighty in his words and works.

23. But when he was well-nigh forty years old, it came into his heart to visit his brethren the children of Israel.

24. And seeing one [of them] suffer wrong, he defended him, and avenged him that was oppressed, smiting the Egyptian:

9. E i patriarchi, portando invidia a Giuseppe, lo venderono perché fosse menato in Egitto; ma Dio era con lui,

10. e lo liberò da tutte le sue distrette, e gli diede grazia e sapienza davanti a Faraone, re d'Egitto, che lo costituì governatore dell'Egitto e di tutta la sua casa.

11. Or sopravvenne una carestia e una gran distretta in tutto l'Egitto e in Canaan; e i nostri padri non trovavano viveri.

12. Ma avendo Giacobbe udito che in Egitto v'era del grano, vi mandò una prima volta i nostri padri.

13. E la seconda volta, Giuseppe fu riconosciuto dai suoi fratelli, e Faraone conobbe di che stirpe fosse Giuseppe.

14. E Giuseppe mandò a chiamare Giacobbe suo padre, e tutto il suo parentado, che era di settantacinque anime.

15. E Giacobbe scese in Egitto, e morirono egli e i padri nostri,

16. i quali furon trasportati a Sichem, e posti nel sepolcro che Abramo avea comprato a prezzo di danaro dai figliuoli di Emmor in Sichem.

17. Ma come si avvicinava il tempo della promessa che Dio aveva fatta ad Abramo, il popolo crebbe e moltiplicò in Egitto,

18. finché sorse sull'Egitto un altro re, che non sapeva nulla di Giuseppe.

19. Costui, procedendo con astuzia contro la nostra stirpe, trattò male i nostri padri, li costrinse ad esporre i loro piccoli fanciulli perché non vivessero.

20. In quel tempo nacque Mosè, ed era divinamente bello; e fu nutrito per tre mesi in casa di suo padre;

21. e quando fu esposto, la figliuola di Faraone lo raccolse e se lo allevò come figliuolo.

22. E Mosè fu educato in tutta la sapienza degli Egizi ed era potente nelle sue parole ed opere.

23. Ma quando fu pervenuto all'età di quarant'anni, gli venne in animo d'andare a visitare i suoi fratelli, i figliuoli d'Israele.

24. E vedutone uno a cui era fatto torto, lo difese e vendicò l'oppresso, uccidendo l'Egizio.

25. and he supposed that his brethren understood that God by his hand was giving them deliverance; but they understood not.

26. And the day following he appeared unto them as they strove, and would have set them at one again, saying, Sirs, ye are brethren; why do ye wrong one to another?

27. But he that did his neighbor wrong thrust him away, saying, Who made thee a ruler and a judge over us?

28. Wouldest thou kill me, as thou killedst the Egyptian yesterday?

29. And Moses fled at this saying, and became a sojourner in the land of Midian, where he begat two sons.

30. And when forty years were fulfilled, an angel appeared to him in the wilderness of Mount Sinai, in a flame of fire in a bush.

31. And when Moses saw it, he wondered at the sight: and as he drew near to behold, there came a voice of the Lord,

32. I am the God of thy fathers, the God of Abraham, and of Isaac, and of Jacob. And Moses trembled, and durst not behold.

33. And the Lord said unto him, Loose the shoes from thy feet: for the place whereon thou standest is holy ground.

34. I have surely seen the affliction of my people that is in Egypt, and have heard their groaning, and I am come down to deliver them: and now come, I will send thee into Egypt.

35. This Moses whom they refused, saying, Who made thee a ruler and a judge? him hath God sent [to be] both a ruler and a deliverer with the hand of the angel that appeared to him in the bush.

36. This man led them forth, having wrought wonders and signs in Egypt, and in the Red Sea, and in the wilderness forty years.

37. This is that Moses, who said unto the children of Israel, A prophet shall God raise up unto you from among your brethren, like unto me.

38. This is he that was in the church in the wilderness with the angel that spake to him in the Mount Sinai, and with our fathers: who received living oracles to give unto us:

25. Or egli pensava che i suoi fratelli intenderebbero che Dio li voleva salvare per mano di lui; ma essi non l'intesero.

26. E il giorno seguente egli comparve fra loro, mentre contendevano, e cercava di riconciliarli, dicendo: O uomini, voi siete fratelli, perché fate torto gli uni agli altri?

27. Ma colui che facea torto al suo prossimo lo respinse dicendo: Chi ti ha costituito rettore e giudice su noi?

28. Vuoi tu uccider me come ieri uccidesti l'Egizio?

29. A questa parola Mosè fuggì, e dimorò come forestiero nel paese di Madian, dove ebbe due figliuoli.

30. E in capo a quarant'anni, un angelo gli apparve nel deserto del monte Sinai, nella fiamma d'un pruno ardente.

31. E Mosè, veduto ciò, si maravigliò della visione; e come si accostava per osservare, si fece udire questa voce del Signore:

32. Io son l'Iddio de' tuoi padri, l'Iddio d'Abramo, d'Isacco e di Giacobbe. E Mosè, tutto tremante, non ardiva osservare.

33. E il Signore gli disse: Sciogliti i calzari dai piedi; perché il luogo dove stai è terra santa.

34. Certo, io ho veduto l'afflizione del mio popolo che è in Egitto, e ho udito i loro sospiri, e son disceso per liberarli; or dunque vieni; io ti manderò in Egitto.

35. Quel Mosè che aveano rinnegato dicendo: Chi ti ha costituito rettore e giudice? Iddio lo mandò loro come capo e come liberatore con l'aiuto dell'angelo che gli era apparito nel pruno.

36. Egli li condusse fuori, avendo fatto prodigi e segni nel paese di Egitto, nel mar Rosso e nel deserto per quaranta anni.

37. Questi è il Mosè che disse ai figliuoli d'Israele: Il Signore Iddio vostro vi susciterà un Profeta d'infra i vostri fratelli, come me.

38. Questi è colui che nell'assemblea del deserto fu con l'angelo che gli parlava sul monte Sinai, e co' padri nostri, e che ricevette rivelazioni viventi per darcele.

39. to whom our fathers would not be obedient, but thrust him from them, and turned back in their hearts unto Egypt,

40. saying unto Aaron, Make us gods that shall go before us: for as for this Moses, who led us forth out of the land of Egypt, we know not what is become of him.

41. And they made a calf in those days, and brought a sacrifice unto the idol, and rejoiced in the works of their hands.

42. But God turned, and gave them up to serve the host of heaven; as it is written in the book of the prophets, Did ye offer unto me slain beasts and sacrifices Forty years in the wilderness, O house of Israel?

43. And ye took up the tabernacle of Moloch, And the star of the god Rephan, The figures which ye made to worship them: And I will carry you away beyond Babylon.

44. Our fathers had the tabernacle of the testimony in the wilderness, even as he appointed who spake unto Moses, that he should make it according to the figure that he had seen.

45. Which also our fathers, in their turn, brought in with Joshua when they entered on the possession of the nations, that God thrust out before the face of our fathers, unto the days of David;

46. who found favor in the sight of God, and asked to find a habitation for the God of Jacob.

47. But Solomon built him a house.

48. Howbeit the Most High dwelleth not in [houses] made with hands; as saith the prophet,

49. The heaven is my throne, And the earth the footstool of my feet: What manner of house will ye build me? saith the Lord: Or what is the place of my rest?

50. Did not my hand make all these things?

51. Ye stiffnecked and uncircumcised in heart and ears, ye do always resist the Holy Spirit: as your fathers did, so do ye.

52. Which of the prophets did not your fathers persecute? and they killed them that showed before of the coming of the Righteous One; of whom ye have now become betrayers and murderers;

39. A lui i nostri padri non vollero essere ubbidienti, ma lo ripudiarono, e rivolsero i loro cuori all'Egitto,

40. dicendo ad Aronne: Facci degl'iddii che vadano davanti a noi; perché quant'è a questo Mosè che ci ha condotti fuori del paese d'Egitto, noi non sappiamo quel che ne sia avvenuto.

41. E in quei giorni fecero un vitello, e offersero un sacrificio all'idolo, e si rallegrarono delle opere delle loro mani.

42. Ma Dio si rivolse da loro e li abbandonò al culto dell'esercito del cielo, com'è scritto nel libro dei profeti: Casa d'Israele, mi offriste voi vittime e sacrifici durante quarant'anni nel deserto?

43. Anzi, voi portaste la tenda di Moloc e la stella del dio Romfàn, immagini che voi faceste per adorarle. Perciò io vi trasporterò al di là di Babilonia.

44. Il tabernacolo della testimonianza fu coi nostri padri nel deserto, come avea comandato Colui che avea detto a Mosè che lo facesse secondo il modello che avea veduto.

45. E i nostri padri, guidati da Giosuè, ricevutolo, lo introdussero nel paese posseduto dalle genti che Dio scacciò d'innanzi ai nostri padri. Quivi rimase fino ai giorni di Davide,

46. il quale trovò grazia nel cospetto di Dio, e chiese di preparare una dimora all'Iddio di Giacobbe.

47. Ma Salomone fu quello che gli edificò una casa.

48. L'Altissimo però non abita in templi fatti da man d'uomo, come dice il profeta:

49. Il cielo è il mio trono, e la terra lo sgabello de' miei piedi. Qual casa mi edificherete voi? dice il Signore; o qual sarà il luogo del mio riposo?

50. Non ha la mia mano fatte tutte queste cose?

51. Gente di collo duro e incirconcisa di cuore e d'orecchi, voi contrastate sempre allo Spirito Santo; come fecero i padri vostri, così fate anche voi.

52. Qual dei profeti non perseguitarono i padri vostri? E uccisero quelli che preannunziavano la venuta del Giusto, del quale voi ora siete stati i traditori e gli uccisori;

53. ye who received the law as it was ordained by angels, and kept it not.

54. Now when they heard these things, they were cut to the heart, and they gnashed on him with their teeth.

55. But he, being full of the Holy Spirit, looked up stedfastly into heaven, and saw the glory of God, and Jesus standing on the right hand of God,

56. and said, Behold, I see the heavens opened, and the Son of Man standing on the right hand of God.

57. But they cried out with a loud voice, and stopped their ears, and rushed upon him with one accord;

58. and they cast him out of the city, and stoned him: and the witnesses laid down their garments at the feet of a young man named Saul.

59. And they stoned Stephen, calling upon [the Lord], and saying, Lord Jesus, receive my spirit.

60. And he kneeled down, and cried with a loud voice, Lord, lay not this sin to their charge. And when he had said this, he fell asleep.

# Acts 8

1. And Saul was consenting unto his death. And there arose on that day a great persecution against the church which was in Jerusalem; and they were all scattered abroad throughout the regions of Judaea and Samaria, except the apostles.

2. And devout men buried Stephen, and made great lamentation over him.

3. But Saul laid waste the church, entering into every house, and dragging men and women committed them to prison.

4. They therefore that were scattered abroad, went about preaching the word.

5. And Philip went down to the city of Samaria, and proclaimed unto them the Christ.

6. And the multitudes gave heed with one accord unto the things that were spoken by Philip, when they heard, and saw the signs which he did.

53. voi, che avete ricevuto la legge promulgata dagli angeli, e non l'avete osservata.

54. Essi, udendo queste cose, fremevan di rabbia ne' loro cuori e digrignavano i denti contro di lui.

55. Ma egli, essendo pieno dello Spirito Santo, fissati gli occhi al cielo, vide la gloria di Dio e Gesù che stava alla destra di Dio,

56. e disse: Ecco, io vedo i cieli aperti, e il Figliuol dell'uomo in piè alla destra di Dio.

57. Ma essi, gettando di gran gridi, si turarono gli orecchi, e tutti insieme si avventarono sopra lui;

58. e cacciatolo fuor della città, si diedero a lapidarlo; e i testimoni deposero le loro vesti ai piedi di un giovane, chiamato Saulo.

59. E lapidavano Stefano che invocava Gesù e diceva: Signor Gesù, ricevi il mio spirito.

60. Poi, postosi in ginocchio, gridò ad alta voce: Signore, non imputar loro questo peccato. E detto questo si addormentò.

# Atti degli Apostoli 8

1. E Saulo era consenziente all'uccisione di lui. E vi fu in quel tempò una gran persecuzione contro la chiesa che era in Gerusalemme. Tutti furon dispersi per le contrade della Giudea e della Samaria, salvo gli apostoli.

2. E degli uomini timorati seppellirono Stefano e fecero gran cordoglio di lui.

3. Ma Saulo devastava la chiesa, entrando di casa in casa; e trattine uomini e donne, li metteva in prigione.

4. Coloro dunque che erano stati dispersi se ne andarono di luogo in luogo, annunziando la Parola.

5. E Filippo, disceso nella città di Samaria, vi predicò il Cristo.

6. E le folle di pari consentimento prestavano attenzione alle cose dette da Filippo, udendo e vedendo i miracoli ch'egli faceva.

7. For [from] many of those that had unclean spirits, they came out, crying with a loud voice: and many that were palsied, and that were lame, were healed.

8. And there was much joy in that city.

9. But there was a certain man, Simon by name, who beforetime in the city used sorcery, and amazed the people of Samaria, giving out that himself was some great one:

10. to whom they all gave heed, from the least to the greatest, saying, This man is that power of God which is called Great.

11. And they gave heed to him, because that of long time he had amazed them with his sorceries.

12. But when they believed Philip preaching good tidings concerning the kingdom of God and the name of Jesus Christ, they were baptized, both men and women.

13. And Simon also himself believed: and being baptized, he continued with Philip; and beholding signs and great miracles wrought, he was amazed.

14. Now when the apostles that were at Jerusalem heard that Samaria had received the word of God, they sent unto them Peter and John:

15. who, when they were come down, prayed for them, that they might receive the Holy Spirit:

16. for as yet it was fallen upon none of them: only they had been baptized into the name of the Lord Jesus.

17. Then laid they their hands on them, and they received the Holy Spirit.

18. Now when Simon saw that through the laying on of the apostles' hands the Holy Spirit was given, he offered them money,

19. saying, Give me also this power, that on whomsoever I lay my hands, he may receive the Holy Spirit.

20. But Peter said unto him, Thy silver perish with thee, because thou hast thought to obtain the gift of God with money.

21. Thou hast neither part nor lot in this matter: for thy heart is not right before God.

7. Poiché gli spiriti immondi uscivano da molti che li avevano, gridando con gran voce; e molti paralitici e molti zoppi erano guariti.

8. E vi fu grande allegrezza in quella città.

9. Or v'era un certo uomo, chiamato Simone, che già da tempo esercitava nella città le arti magiche, e facea stupire la gente di Samaria, dandosi per un qualcosa di grande.

10. Tutti, dal più piccolo al più grande, gli davano ascolto, dicendo: Costui è "la potenza di Dio", che si chiama "la Grande".

11. E gli davano ascolto, perché già da lungo tempo li avea fatti stupire con le sue arti magiche.

12. Ma quand'ebbero creduto a Filippo che annunziava loro la buona novella relativa al regno di Dio e al nome di Gesù Cristo, furon battezzati, uomini e donne.

13. E Simone credette anch'egli; ed essendo stato battezzato, stava sempre con Filippo; e vedendo i miracoli e le gran potenti opere ch'eran fatti, stupiva.

14. Or gli apostoli ch'erano a Gerusalemme, avendo inteso che la Samaria avea ricevuto la parola di Dio, vi mandarono Pietro e Giovanni.

15. I quali, essendo discesi là, pregarono per loro affinché ricevessero lo Spirito Santo;

16. poiché non era ancora disceso sopra alcuno di loro, ma erano stati soltanto battezzati nel nome del Signor Gesù.

17. Allora imposero loro le mani, ed essi ricevettero lo Spirito Santo.

18. Or Simone, vedendo che per l'imposizione delle mani degli apostoli era dato lo Spirito Santo, offerse loro del danaro,

19. dicendo: Date anche a me questa podestà, che colui al quale io imponga le mani riceva lo Spirito Santo.

20. Ma Pietro gli disse: Vada il tuo danaro teco in perdizione, poiché hai stimato che il dono di Dio si acquisti con danaro.

21. Tu, in questo, non hai parte né sorte alcuna; perché il tuo cuore non è retto dinanzi a Dio.

22. Repent therefore of this thy wickedness, and pray the Lord, if perhaps the thought of thy heart shall be forgiven thee.

23. For I see that thou art in the gall of bitterness and in the bond of iniquity.

24. And Simon answered and said, Pray ye for me to the Lord, that none of the things which ye have spoken come upon me.

25. They therefore, when they had testified and spoken the word of the Lord, returned to Jerusalem, and preached the gospel to many villages of the Samaritans.

26. But an angel of the Lord spake unto Philip, saying, Arise, and go toward the south unto the way that goeth down from Jerusalem unto Gaza: the same is desert.

27. And he arose and went: and behold, a man of Ethiopia, a eunuch of great authority under Candace, queen of the Ethiopians, who was over all her treasure, who had come to Jerusalem to worship;

28. and he was returning and sitting in his chariot, and was reading the prophet Isaiah.

29. And the Spirit said unto Philip, Go near, and join thyself to this chariot.

30. And Philip ran to him, and heard him reading Isaiah the prophet, and said, Understandest thou what thou readest?

31. And he said, How can I, except some one shall guide me? And he besought Philip to come up and sit with him.

32. Now the passage of the Scripture which he was reading was this, He was led as a sheep to the slaughter; And as a lamb before his shearer is dumb, So he openeth not his mouth:

33. In his humiliation his judgment was taken away: His generation who shall declare? For his life is taken from the earth.

34. And the eunuch answered Philip, and said, I pray thee, of whom speaketh the prophet this? of himself, or of some other?

35. And Philip opened his mouth, and beginning from this Scripture, preached unto him Jesus.

22. Ravvediti dunque di questa tua malvagità; e prega il Signore affinché, se è possibile, ti sia perdonato il pensiero del tuo cuore.

23. Poiché io ti veggo in fiele amaro e in legami di iniquità.

24. E Simone, rispondendo, disse: Pregate voi il Signore per me affinché nulla di ciò che avete detto mi venga addosso.

25. Essi dunque, dopo aver reso testimonianza alla parola del Signore, ed averla annunziata, se ne tornarono a Gerusalemme, evangelizzando molti villaggi dei Samaritani.

26. Or un angelo del Signore parlò a Filippo, dicendo: Lèvati, e vattene dalla parte di mezzodì, sulla via che scende da Gerusalemme a Gaza. Ella e una via deserta.

27. Ed egli, levatosi, andò. Ed ecco un Etiopo, un eunuco, ministro di Candace, regina degli Etiopi, il quale era sovrintendente di tutti i tesori di lei, era venuto a Gerusalemme per adorare

28. e stava tornandosene, seduto sul suo carro, e leggeva il profeta Isaia.

29. E lo Spirito disse a Filippo: Accostati, e raggiungi codesto carro.

30. Filippo accorse, l'udì che leggeva il profeta Isaia, e disse: Intendi tu le cose che leggi?

31. Ed egli rispose: E come potrei intenderle, se alcuno non mi guida? E pregò Filippo che montasse e sedesse con lui.

32. Or il passo della Scrittura ch'egli leggeva era questo: Egli è stato menato all'uccisione come una pecora; e come un agnello che è muto dinanzi a colui che lo tosa, così egli non ha aperta la bocca.

33. Nel suo abbassamento fu tolta via la sua condanna; chi descriverà la sua generazione? Poiché la sua vita e stata tolta dalla terra.

34. E l'eunuco, rivolto a Filippo, gli disse: Di chi, ti prego, dice questo il profeta? Di sé stesso, oppure d'un altro?

35. E Filippo prese a parlare, e cominciando da questo passo della Scrittura gli annunziò Gesù.

36. And as they went on the way, they came unto a certain water; and the eunuch saith, Behold, [here is] water; what doth hinder me to be baptized?

37. [And Philip said, If thou believest with all thy heart, thou mayest. And he answered and said, I believe that Jesus Christ is the Son of God.]

38. And he commanded the chariot to stand still: and they both went down into the water, both Philip and the eunuch, and he baptized him.

39. And when they came up out of the water, the Spirit of the Lord caught away Philip; and the eunuch saw him no more, for he went on his way rejoicing.

40. But Philip was found at Azotus: and passing through he preached the gospel to all the cities, till he came to Caesarea.

36. E cammin facendo, giunsero a una cert'acqua. E l'eunuco disse: Ecco dell'acqua; che impedisce che io sia battezzato?

37. Filippo disse: Se tu credi con tutto il cuore, è possibile. L'eunuco rispose: Io credo che Gesù Cristo è il Figliuol di Dio.

38. E comandò che il carro si fermasse; e discesero ambedue nell'acqua, Filippo e l'eunuco; e Filippo lo battezzò.

39. E quando furon saliti fuori dell'acqua, lo Spirito del Signore rapì Filippo; e l'eunuco, continuando il suo cammino tutto allegro, non lo vide più.

40. Poi Filippo si ritrovò in Azot; e, passando, evangelizzò tutte le città, finché venne a Cesarea.

# Acts 9

# Atti degli Apostoli 9

1. But Saul, yet breathing threatening and slaughter against the disciples of the Lord, went unto the high priest,

2. and asked of him letters to Damascus unto the synagogues, that if he found any that were of the Way, whether men or women, he might bring them bound to Jerusalem.

3. And as he journeyed, it came to pass that he drew nigh unto Damascus: and suddenly there shone round about him a light out of heaven:

4. and he fell upon the earth, and heard a voice saying unto him, Saul, Saul, why persecutest thou me?

5. And he said, Who art thou, Lord? And he [said], I am Jesus whom thou persecutest:

6. but rise, and enter into the city, and it shall be told thee what thou must do.

7. And the men that journeyed with him stood speechless, hearing the voice, but beholding no man.

8. And Saul arose from the earth; and when his eyes were opened, he saw nothing; and they led him by the hand, and brought him into Damascus.

9. And he was three days without sight, and did neither eat nor drink.

1. Or Saulo, tuttora spirante minaccia e strage contro i discepoli del Signore, venne al sommo sacerdote,

2. e gli chiese delle lettere per le sinagoghe di Damasco, affinché, se ne trovasse di quelli che seguivano la nuova via, uomini e donne, li potesse menar legati a Gerusalemme.

3. E mentre era in cammino, avvenne che, avvicinandosi a Damasco, di subito una luce dal cielo gli sfolgorò d'intorno.

4. Ed essendo caduto in terra, udì una voce che gli diceva: Saulo, Saulo, perché mi perseguiti?

5. Ed egli disse: Chi sei, Signore? E il Signore: Io son Gesù che tu perseguiti. Ti è duro ricalcitrar contro gli stimoli.

6. Ed egli, tutto tremante e spaventato, disse: Signore, che vuoi tu ch'io faccia? Ed il Signore gli disse: lèvati, entra nella città, e ti sarà detto ciò che devi fare.

7. Or gli uomini che faceano il viaggio con lui ristettero attoniti, udendo ben la voce, ma non vedendo alcuno.

8. E Saulo si levò da terra; ma quando aprì gli occhi, non vedeva nulla; e quelli, menandolo per la mano, lo condussero a Damasco.

9. E rimase tre giorni senza vedere, e non mangiò né bevve.

10. Now there was a certain disciple at Damascus, named Ananias; and the Lord said unto him in a vision, Ananias. And he said, Behold, I [am here], Lord.

11. And the Lord [said] unto him, Arise, and go to the street which is called Straight, and inquire in the house of Judas for one named Saul, a man of Tarsus: for behold, he prayeth;

12. and he hath seen a man named Ananias coming in, and laying his hands on him, that he might receive his sight.

13. But Ananias answered, Lord, I have heard from many of this man, how much evil he did to thy saints at Jerusalem:

14. and here he hath authority from the chief priests to bind all that call upon thy name.

15. But the Lord said unto him, Go thy way: for he is a chosen vessel unto me, to bear my name before the Gentiles and kings, and the children of Israel:

16. for I will show him how many things he must suffer for my name's sake.

17. And Ananias departed, and entered into the house; and laying his hands on him said, Brother Saul, the Lord, [even] Jesus, who appeared unto thee in the way which thou camest, hath sent me, that thou mayest receive thy sight, and be filled with the Holy Spirit.

18. And straightway there fell from his eyes as it were scales, and he received his sight; and he arose and was baptized;

19. and he took food and was strengthened. And he was certain days with the disciples that were at Damascus.

20. And straightway in the synagogues he proclaimed Jesus, that he is the Son of God.

21. And all that heard him were amazed, and said, Is not this he that in Jerusalem made havoc of them that called on this name? and he had come hither for this intent, that he might bring them bound before the chief priests.

22. But Saul increased the more in strength, and confounded the Jews that dwelt at Damascus, proving that this is the Christ.

23. And when many days were fulfilled, the Jews took counsel together to kill him:

10. Or in Damasco v'era un certo discepolo, chiamato Anania; e il Signore gli disse in visione: Anania! Ed egli rispose: Eccomi, Signore.

11. E il Signore a lui: Lèvati, vattene nella strada detta Diritta, e cerca, in casa di Giuda, un uomo chiamato Saulo, da Tarso; poiché ecco, egli è in preghiera,

12. e ha veduto un uomo, chiamato Anania, entrare e imporgli le mani perché ricuperi la vista.

13. Ma Anania rispose: Signore, io ho udito dir da molti di quest'uomo, quanti mali abbia fatto ai tuoi santi in Gerusalemme.

14. E qui ha podestà dai capi sacerdoti d'incatenare tutti coloro che invocano il tuo nome.

15. Ma il Signore gli disse: Va', perché egli è uno strumento che ho eletto per portare il mio nome davanti ai Gentili, ed ai re, ed ai figliuoli d'Israele;

16. poiché io gli mostrerò quante cose debba patire per il mio nome.

17. E Anania se ne andò, ed entrò in quella casa; e avendogli imposte le mani, disse: Fratello Saulo, il Signore, cioè Gesù, che ti è apparso sulla via per la quale tu venivi, mi ha mandato perché tu ricuperi la vista e sii ripieno dello Spirito Santo.

18. E in quell'istante gli caddero dagli occhi come delle scaglie, e ricuperò la vista; poi, levatosi, fu battezzato.

19. E avendo preso cibo, riacquistò le forze. E Saulo rimase alcuni giorni coi discepoli che erano a Damasco.

20. E subito si mise a predicar nelle sinagoghe che Gesù è il Figliuol di Dio.

21. E tutti coloro che l'udivano, stupivano e dicevano: Non è costui quel che in Gerusalemme infieriva contro quelli che invocano questo nome ed è venuto qui allo scopo di menarli incatenati ai capi sacerdoti?

22. Ma Saulo vie più si fortificava e confondeva i Giudei che abitavano in Damasco, dimostrando che Gesù è il Cristo.

23. E passati molti giorni, i Giudei si misero d'accordo per ucciderlo;

24. but their plot became known to Saul. And they watched the gates also day and night that they might kill him:

25. but his disciples took him by night, and let him down through the wall, lowering him in a basket.

26. And when he was come to Jerusalem, he assayed to join himself to the disciples: and they were all afraid of him, not believing that he was a disciple.

27. But Barnabas took him, and brought him to the apostles, and declared unto them how he had seen the Lord in the way, and that he had spoken to him, and how at Damascus he had preached boldly in the name of Jesus.

28. And he was with them going in and going out at Jerusalem,

29. preaching boldly in the name of the Lord: and he spake and disputed against the Grecian Jews; but they were seeking to kill him.

30. And when the brethren knew it, they brought him down to Caesarea, and sent him forth to Tarsus.

31. So the church throughout all Judaea and Galilee and Samaria had peace, being edified; and, walking in the fear of the Lord and in the comfort of the Holy Spirit, was multiplied.

32. And it came to pass, as Peter went throughout all parts, he came down also to the saints that dwelt at Lydda.

33. And there he found a certain man named Aeneas, who had kept his bed eight years; for he was palsied.

34. And Peter said unto him, Aeneas, Jesus Christ healeth thee: arise and make thy bed. And straightway he arose.

35. And all that dwelt at Lydda and in Sharon saw him, and they turned to the Lord.

36. Now there was at Joppa a certain disciple named Tabitha, which by interpretation is called Dorcas: this woman was full of good works and almsdeeds which she did.

37. And it came to pass in those days, that she fell sick, and died: and when they had washed her, they laid her in an upper chamber.

38. And as Lydda was nigh unto Joppa, the disciples, hearing that Peter was there, sent two men unto him, entreating him, Delay not to come on unto us.

24. ma il loro complotto venne a notizia di Saulo. Essi facevan perfino la guardia alle porte, giorno e notte, per ucciderlo;

25. ma i discepoli, presolo di notte, lo calarono a basso giù dal muro in una cesta.

26. E quando fu giunto a Gerusalemme, tentava d'unirsi ai discepoli; ma tutti lo temevano, non credendo ch'egli fosse un discepolo.

27. Ma Barnaba, presolo con sé, lo menò agli apostoli, e raccontò loro come per cammino avea veduto il Signore e il Signore gli avea parlato, e come in Damasco avea predicato con franchezza nel nome di Gesù.

28. Da allora, Saulo andava e veniva con loro in Gerusalemme, e predicava con franchezza nel nome del Signore;

29. discorreva pure e discuteva con gli Ellenisti; ma questi cercavano d'ucciderlo.

30. E i fratelli, avendolo saputo, lo condussero a Cesarea, e di là lo mandarono a Tarso.

31. Così la Chiesa, per tutta la Giudea, la Galilea e la Samaria avea pace, essendo edificata; e camminando nel timor del Signore e nella consolazione dello Spirito Santo, moltiplicava.

32. Or avvenne che Pietro, andando qua e là da tutti, venne anche ai santi che abitavano in Lidda.

33. E quivi trovò un uomo, chiamato Enea, che già da otto anni giaceva in un lettuccio, essendo paralitico.

34. E Pietro gli disse: Enea, Gesù Cristo ti sana; lèvati e rifatti il letto. Ed egli subito si levò.

35. E tutti gli abitanti di Lidda e del pian di Saron lo videro e si convertirono al Signore.

36. Or in Ioppe v'era una certa discepola, chiamata Tabita, il che, interpretato, vuol dire Gazzella. Costei abbondava in buone opere e faceva molte elemosine.

37. E avvenne in que' giorni ch'ella infermò e morì. E dopo averla lavata, la posero in una sala di sopra.

38. E perché Lidda era vicina a Ioppe, i discepoli, udito che Pietro era là, gli mandarono due uomini per pregarlo che senza indugio venisse fino a loro.

39. And Peter arose and went with them. And when he was come, they brought him into the upper chamber: and all the widows stood by him weeping, and showing the coats and garments which Dorcas made, while she was with them.

40. But Peter put them all forth, and kneeled down and prayed; and turning to the body, he said, Tabitha, arise. And she opened her eyes; and when she saw Peter, she sat up.

41. And he gave her his hand, and raised her up; and calling the saints and widows, he presented her alive.

42. And it became known throughout all Joppa: and many believed on the Lord.

43. And it came to pass, that he abode many days in Joppa with one Simon a tanner.

# Acts 10

1. Now [there was] a certain man in Caesarea, Cornelius by name, a centurion of the band called the Italian [band],

2. a devout man, and one that feared God with all his house, who gave much alms to the people, and prayed to God always.

3. He saw in a vision openly, as it were about the ninth hour of the day, an angel of God coming in unto him, and saying to him, Cornelius.

4. And he, fastening his eyes upon him, and being affrighted, said, What is it, Lord? And he said unto him, Thy prayers and thine alms are gone up for a memorial before God.

5. And now send men to Joppa, and fetch one Simon, who is surnamed Peter:

6. he lodgeth with one Simon a tanner, whose house is by the sea side.

7. And when the angel that spake unto him was departed, he called two of his household-servants, and a devout soldier of them that waited on him continually;

8. and having rehearsed all things unto them, he sent them to Joppa.

9. Now on the morrow, as they were on their journey, and drew nigh unto the city, Peter went up upon the housetop to pray, about the sixth hour:

39. Pietro allora, levatosi, se ne venne con loro. E come fu giunto, lo menarono nella sala di sopra; e tutte le vedove si presentarono a lui piangendo, e mostrandogli tutte le tuniche e i vestiti che Gazzella faceva, mentr'era con loro.

40. Ma Pietro, messi tutti fuori, si pose in ginocchio, e pregò; e voltatosi verso il corpo, disse: Tabita lèvati. Ed ella aprì gli occhi; e veduto Pietro, si mise a sedere.

41. Ed egli le diè la mano, e la sollevò; e chiamati i santi e le vedove, la presentò loro in vita.

42. E ciò fu saputo per tutta Ioppe, e molti credettero nel Signore.

43. E Pietro dimorò molti giorni in Ioppe, da un certo Simone coiaio.

# Atti degli Apostoli 10

1. Or v'era in Cesarea un uomo, chiamato Cornelio, centurione della coorte detta l' "Italica",

2. il quale era pio e temente Iddio con tutta la sua casa, e faceva molte elemosine al popolo e pregava Dio del continuo.

3. Egli vide chiaramente in visione, verso l'ora nona del giorno, un angelo di Dio che entrò da lui e gli disse: Cornelio!

4. Ed egli, guardandolo fisso, e preso da spavento, rispose: Che v'è, Signore? E l'angelo gli disse: Le tue preghiere e le tue elemosine son salite come una ricordanza davanti a Dio.

5. Ed ora, manda degli uomini a Ioppe, e fa' chiamare un certo Simone, che è soprannominato Pietro.

6. Egli alberga da un certo Simone coiaio, che ha la casa presso al mare.

7. E come l'angelo che gli parlava se ne fu partito, Cornelio chiamò due dei suoi domestici, e un soldato pio di quelli che si tenean del continuo presso di lui;

8. e raccontata loro ogni cosa, li mandò a Ioppe.

9. Or il giorno seguente, mentre quelli erano in viaggio e si avvicinavano alla città, Pietro salì sul terrazzo della casa, verso l'ora sesta, per pregare.

10. and he became hungry, and desired to eat: but while they made ready, he fell into a trance;

11. and he beholdeth the heaven opened, and a certain vessel descending, as it were a great sheet, let down by four corners upon the earth:

12. wherein were all manner of fourfooted beasts and creeping things of the earth and birds of the heaven.

13. And there came a voice to him, Rise, Peter; kill and eat.

14. But Peter said, Not so, Lord; for I have never eaten anything that is common and unclean.

15. And a voice [came] unto him again the second time, What God hath cleansed, make not thou common.

16. And this was done thrice: and straightway the vessel was received up into heaven.

17. Now while Peter was much perplexed in himself what the vision which he had seen might mean, behold, the men that were sent by Cornelius, having made inquiry for Simon's house, stood before the gate,

18. and called and asked whether Simon, who was surnamed Peter, were lodging there.

19. And while Peter thought on the vision, the Spirit said unto him, Behold, three men seek thee.

20. But arise, and get thee down, and go with them, nothing doubting: for I have sent them.

21. And Peter went down to the men, and said, Behold, I am he whom ye seek: what is the cause wherefore ye are come?

22. And they said, Cornelius a centurion, a righteous man and one that feareth God, and well reported of by all the nation of the Jews, was warned [of God] by a holy angel to send for thee into his house, and to hear words from thee.

23. So he called them in and lodged them. And on the morrow he arose and went forth with them, and certain of the brethren from Joppa accompanied him.

24. And on the morrow they entered into Caesarea. And Cornelius was waiting for them, having called together his kinsmen and his near friends.

10. E avvenne ch'ebbe fame e desiderava prender cibo; e come gliene preparavano, fu rapito in estasi;

11. e vide il cielo aperto, e scenderne una certa cosa, simile a un gran lenzuolo che, tenuto per i quattro capi, veniva calato in terra.

12. In esso erano dei quadrupedi, dei rettili della terra e degli uccelli del cielo, di ogni specie.

13. E una voce gli disse: Lèvati, Pietro; ammazza e mangia.

14. Ma Pietro rispose: In niun modo, Signore, poiché io non ho mai mangiato nulla d'immondo né di contaminato.

15. E una voce gli disse di nuovo la seconda volta: Le cose che Dio ha purificate, non le far tu immonde.

16. E questo avvenne per tre volte; e subito il lenzuolo fu ritirato in cielo.

17. E come Pietro stava perplesso in se stesso sul significato della visione avuta, ecco gli uomini mandati da Cornelio, i quali, avendo domandato della casa di Simone, si fermarono alla porta,

18. E avendo chiamato, domandarono se Simone, soprannominato Pietro, albergasse lì.

19. E come Pietro stava pensando alla visione, lo Spirito gli disse: Ecco tre uomini che ti cercano.

20. Lèvati dunque, scendi, e va' con loro, senza fartene scrupolo, perché sono io che li ho mandati.

21. E Pietro, sceso verso quegli uomini, disse loro: Ecco, io son quello che cercate; qual è la cagione per la quale siete qui?

22. Ed essi risposero: Cornelio centurione, uomo giusto e temente Iddio, e del quale rende buona testimonianza tutta la nazion de' Giudei, è stato divinamente avvertito da un santo angelo, di farti chiamare in casa sua e d'ascoltar quel che avrai da dirgli.

23. Allora, fattili entrare, li albergò. Ed il giorno seguente andò con loro; e alcuni dei fratelli di Ioppe l'accompagnarono.

24. E il giorno di poi entrarono in Cesarea. Or Cornelio li stava aspettando e avea chiamato i suoi parenti e i suoi intimi amici.

25. And when it came to pass that Peter entered, Cornelius met him, and fell down at his feet, and worshipped him.

26. But Peter raised him up, saying, Stand up; I myself also am a man.

27. And as he talked with him, he went in, and findeth many come together:

28. and he said unto them, Ye yourselves know how it is an unlawful thing for a man that is a Jew to join himself or come unto one of another nation; and [yet] unto me hath God showed that I should not call any man common or unclean:

29. wherefore also I came without gainsaying, when I was sent for. I ask therefore with what intent ye sent for me.

30. And Cornelius said, Four days ago, until this hour, I was keeping the ninth hour of prayer in my house; and behold, a man stood before me in bright apparel,

31. and saith, Cornelius, thy prayer is heard, and thine alms are had in remembrance in the sight of God.

32. Send therefore to Joppa, and call unto thee Simon, who is surnamed Peter; he lodgeth in the house of Simon a tanner, by the sea side.

33. Forthwith therefore I sent to thee; and thou hast well done that thou art come. Now therefore we are all here present in the sight of God, to hear all things that have been commanded thee of the Lord.

34. And Peter opened his mouth and said, Of a truth I perceive that God is no respecter of persons:

35. but in every nation he that feareth him, and worketh righteousness, is acceptable to him.

36. The word which he sent unto the children of Israel, preaching good tidings of peace by Jesus Christ (He is Lord of all.) --

37. that saying ye yourselves know, which was published throughout all Judaea, beginning from Galilee, after the baptism which John preached;

38. [even] Jesus of Nazareth, how God anointed him with the Holy Spirit and with power: who went about doing good, and healing all that were oppressed of the devil; for God was with him.

25. E come Pietro entrava, Cornelio, fattoglisi incontro, gli si gittò ai piedi, e l'adorò.

26. Ma Pietro lo rialzò, dicendo: Lèvati, anch'io sono uomo!

27. E discorrendo con lui, entrò e trovò molti radunati quivi.

28. E disse loro: Voi sapete come non sia lecito ad un Giudeo di aver relazioni con uno straniero o d'entrare da lui; ma Dio mi ha mostrato che non debbo chiamare alcun uomo immondo o contaminato.

29. E' per questo che, essendo stato chiamato, venni senza far obiezioni. Io vi domando dunque: Per qual cagione m'avete mandato a chiamare?

30. E Cornelio disse: Sono appunto adesso quattro giorni che io stavo pregando, all'ora nona, in casa mìa, quand'ecco un uomo mi presentò davanti, in veste risplendente,

31. e disse: Cornelio, la tua preghiera è stata esaudita, e le tue elemosine sono state ricordate nel cospetto di Dio.

32. Manda dunque a Ioppe a far chiamare Simone, soprannominato Pietro; egli alberga in casa di Simone coiaio, presso al mare.

33. Perciò, in quell'istante io mandai da te, e tu hai fatto bene a venire; ora dunque siamo tutti qui presenti davanti a Dio, per udir tutte le cose che ti sono state comandate dal Signore.

34. Allora Pietro, prendendo a parlare, disse: In verità io comprendo che Dio non ha riguardo alla qualità delle persone;

35. ma che in qualunque nazione, chi lo teme ed opera giustamente gli e accettevole.

36. E questa è la parola ch'Egli ha diretta ai figliuoli d'Israele, annunziando pace per mezzo di Gesù Cristo. Esso è il Signore di tutti.

37. Voi sapete quello che è avvenuto per tutta la Giudea, cominciando dalla Galilea, dopo il battesimo predicato da Giovanni;

38. vale a dire, la storia di Gesù di Nazaret; come Iddio l'ha unto di Spirito Santo e di potenza; e come egli è andato attorno facendo del bene, e guarendo tutti coloro che erano sotto il dominio del diavolo, perché Iddio era con lui.

39. And we are witnesses of all things which he did both in the country of the Jews, and in Jerusalem; whom also they slew, hanging him on a tree.

40. Him God raised up the third day, and gave him to be made manifest,

41. not to all the people, but unto witnesses that were chosen before of God, [even] to us, who ate and drank with him after he rose from the dead.

42. And he charged us to preach unto the people, and to testify that this is he who is ordained of God [to be] the Judge of the living and the dead.

43. To him bear all the prophets witness, that through his name every one that believeth on him shall receive remission of sins.

44. While Peter yet spake these words, the Holy Spirit fell on all them that heard the word.

45. And they of the circumcision that believed were amazed, as many as came with Peter, because that on the Gentiles also was poured out the gift of the Holy Spirit.

46. For they heard them speak with tongues, and magnify God. Then answered Peter,

47. Can any man forbid the water, that these should not be baptized, who have received the Holy Spirit as well as we?

48. And he commanded them to be baptized in the name of Jesus Christ. Then prayed they him to tarry certain days.

39. E noi siam testimoni di tutte le cose ch'egli ha fatte nel paese de' Giudei e in Gerusalemme; ed essi l'hanno ucciso, appendendolo ad un legno.

40. Esso ha Iddio risuscitato il terzo giorno, e ha fatto sì ch'egli si manifestasse

41. non a tutto il popolo, ma ai testimoni ch'erano prima stati scelti da Dio; cioè a noi, che abbiamo mangiato e bevuto con lui dopo la sua risurrezione dai morti.

42. Ed egli ci ha comandato di predicare al popolo e di testimoniare ch'egli è quello che da Dio è stato costituito Giudice dei vivi e dei morti.

43. Di lui attestano tutti i profeti che chiunque crede in lui riceve la remission de' peccati mediante suo nome.

44. Mentre Pietro parlava così, lo Spirito Santo cadde su tutti coloro che udivano la Parola.

45. E tutti i credenti circoncisi che erano venuti con Pietro, rimasero stupiti che il dono dello Spirito Santo fosse sparso anche sui Gentili;

46. poiché li udivano parlare in altre lingue, e magnificare Iddio.

47. Allora Pietro prese a dire: Può alcuno vietar l'acqua perché non siano battezzati questi che hanno ricevuto lo Spirito Santo come noi stessi?

48. E comandò che fossero battezzati nel nome di Gesù Cristo. Allora essi lo pregarono di rimanere alcuni giorni con loro.

# Acts 11

# Atti degli Apostoli 11

1. Now the apostles and the brethren that were in Judaea heard that the Gentiles also had received the word of God.

2. And when Peter was come up to Jerusalem, they that were of the circumcision contended with him,

3. saying, Thou wentest in to men uncircumcised, and didst eat with them.

4. But Peter began, and expounded [the matter] unto them in order, saying,

1. Or gli apostoli e i fratelli che erano per la Giudea, intesero che i Gentili aveano anch'essi ricevuto la parola di Dio.

2. E quando Pietro fu salito a Gerusalemme, quelli della circoncisione questionavano con lui, dicendo:

3. Tu sei entrato da uomini incirconcisi, e hai mangiato con loro.

4. Ma Pietro prese a raccontar loro le cose per ordine fin dal principio, dicendo:

5. I was in the city of Joppa praying: and in a trance I saw a vision, a certain vessel descending, as it were a great sheet let down from heaven by four corners; and it came even unto me:

6. upon which when I had fastened mine eyes, I considered, and saw the fourfooted beasts of the earth and wild beasts and creeping things and birds of the heaven.

7. And I heard also a voice saying unto me, Rise, Peter; kill and eat.

8. But I said, Not so, Lord: for nothing common or unclean hath ever entered into my mouth.

9. But a voice answered the second time out of heaven, What God hath cleansed, make not thou common.

10. And this was done thrice: and all were drawn up again into heaven.

11. And behold, forthwith three men stood before the house in which we were, having been sent from Caesarea unto me.

12. And the Spirit bade me go with them, making no distinction. And these six brethren also accompanied me; and we entered into the man's house:

13. and he told us how he had seen the angel standing in his house, and saying, Send to Joppa, and fetch Simon, whose surname is Peter;

14. who shall speak unto thee words, whereby thou shalt be saved, thou and all thy house.

15. And as I began to speak, the Holy Spirit fell on them, even as on us at the beginning.

16. And I remembered the word of the Lord, how he said, John indeed baptized with water; but ye shall be baptized in the Holy Spirit.

17. If then God gave unto them the like gift as [he did] also unto us, when we believed on the Lord Jesus Christ, who was I, that I could withstand God?

18. And when they heard these things, they held their peace, and glorified God, saying, Then to the Gentiles also hath God granted repentance unto life.

5. Io ero nella città di Ioppe in preghiera, ed in un'estasi, ebbi una visione; una certa cosa simile a un gran lenzuolo tenuto per i quattro capi, scendeva giù dal cielo, e veniva fino a me;

6. ed io, fissatolo, lo considerai bene, e vidi i quadrupedi della terra, le fiere, i rettili, e gli uccelli del cielo.

7. E udii anche una voce che mi diceva: Pietro, lèvati, ammazza e mangia.

8. Ma io dissi: In niun modo, Signore; poiché nulla d'immondo o di contaminato mi è mai entrato in bocca.

9. Ma una voce mi rispose per la seconda volta dal cielo: Le cose che Dio ha purificate, non le far tu immonde.

10. E ciò avvenne per tre volte; poi ogni cosa fu ritirata in cielo.

11. Ed ecco che in quell'istante tre uomini, mandatimi da Cesarea, si presentarono alla casa dov'eravamo.

12. E lo Spirito mi disse che andassi con loro, senza farmene scrupolo. Or anche questi sei fratelli vennero meco, ed entrammo in casa di quell'uomo.

13. Ed egli ci raccontò come avea veduto l'angelo che si era presentato in casa sua e gli avea detto: Manda a Ioppe, e fa chiamare Simone, soprannominato Pietro;

14. il quale ti parlerà di cose, per le quali sarai salvato tu e tutta la casa tua.

15. E come avevo cominciato a parlare, lo Spirito Santo scese su loro, com'era sceso su noi da principio.

16. Mi ricordai allora della parola del Signore, che diceva: "Giovanni ha battezzato con acqua, ma voi sarete battezzati con lo Spirito Santo".

17. Se dunque Iddio ha dato a loro lo stesso dono che ha dato anche a noi che abbiam creduto nel Signor Gesù Cristo, chi ero io da potermi opporre a Dio?

18. Essi allora, udite queste cose, si acquetarono e glorificarono Iddio, dicendo: Iddio dunque ha dato il ravvedimento anche ai Gentili affinché abbiano vita.

19. They therefore that were scattered abroad upon the tribulation that arose about Stephen travelled as far as Phoenicia, and Cyprus, and Antioch, speaking the word to none save only to Jews.

20. But there were some of them, men of Cyprus and Cyrene, who, when they were come to Antioch, spake unto the Greeks also, preaching the Lord Jesus.

21. And the hand of the Lord was with them: and a great number that believed turned unto the Lord.

22. And the report concerning them came to the ears of the church which was in Jerusalem: and they sent forth Barnabas as far as Antioch:

23. who, when he was come, and had seen the grace of God, was glad; and he exhorted them all, that with purpose of heart they would cleave unto the Lord:

24. for he was a good man, and full of the Holy Spirit and of faith: and much people was added unto the Lord.

25. And he went forth to Tarsus to seek for Saul;

26. and when he had found him, he brought him unto Antioch. And it came to pass, that even for a whole year they were gathered together with the church, and taught much people, and that the disciples were called Christians first in Antioch.

27. Now in these days there came down prophets from Jerusalem unto Antioch.

28. And there stood up one of them named Agabus, and signified by the Spirit that there should be a great famine over all the world: which came to pass in the days of Claudius.

29. And the disciples, every man according to his ability, determined to send relief unto the brethren that dwelt in Judea:

30. which also they did, sending it to the elders by the hand of Barnabas and Saul.

# Acts 12

1. Now about that time Herod the king put forth his hands to afflict certain of the church.

2. And he killed James the brother of John with the sword.

19. Quelli dunque ch'erano stati dispersi dalla persecuzione avvenuta a motivo di Stefano, passarono fino in Fenicia, in Cipro e in Antiochia, non annunziando la Parola ad alcuno se non ai Giudei soltanto.

20. Ma alcuni di loro, che erano Ciprioti e Cirenei, venuti in Antiochia, si misero a parlare anche ai Greci, annunziando il Signor Gesù.

21. E la mano del Signore era con loro; e gran numero di gente, avendo creduto, si convertì al Signore.

22. E la notizia del fatto venne agli orecchi della chiesa ch'era in Gerusalemme; onde mandarono Barnaba fino ad Antiochia.

23. Ed esso, giunto là e veduta la grazia di Dio, si rallegrò, e li esortò tutti ad attenersi al Signore con fermo proponimento di cuore,

24. poiché egli era un uomo dabbene, e pieno di Spirito Santo e di fede. E gran moltitudine fu aggiunta al Signore.

25. Poi Barnaba se ne andò a Tarso, a cercar Saulo; e avendolo trovato, lo menò ad Antiochia.

26. E avvenne che per lo spazio d'un anno intero parteciparono alle raunanze della chiesa, ed ammaestrarono un gran popolo; e fu in Antiochia che per la prima volta i discepoli furon chiamati Cristiani.

27. Or in que' giorni, scesero de' profeti da Gerusalemme ad Antiochia.

28. E un di loro, chiamato per nome Agabo, levatosi, predisse per lo Spirito che ci sarebbe stata una gran carestia per tutta la terra; ed essa ci fu sotto Claudio.

29. E i discepoli determinarono di mandare, ciascuno secondo le sue facoltà, una sovvenzione ai fratelli che abitavano in Giudea,

30. il che difatti fecero, mandandola agli anziani, per mano di Barnaba e di Saulo.

# Atti degli Apostoli 12

1. Or intorno a quel tempo, il re Erode mise mano a maltrattare alcuni della chiesa;

2. e fece morir per la spada Giacomo, fratello di Giovanni.

3. And when he saw that it pleased the Jews, he proceeded to seize Peter also. And [those] were the days of unleavened bread.

4. And when he had taken him, he put him in prison, and delivered him to four quaternions of soldiers to guard him; intending after the Passover to bring him forth to the people.

5. Peter therefore was kept in the prison: but prayer was made earnestly of the church unto God for him.

6. And when Herod was about to bring him forth, the same night Peter was sleeping between two soldiers, bound with two chains: and guards before the door kept the prison.

7. And behold, an angel of the Lord stood by him, and a light shined in the cell: and he smote Peter on the side, and awoke him, saying, Rise up quickly. And his chains fell off from his hands.

8. And the angel said unto him, Gird thyself, and bind on thy sandals. And he did so. And he saith unto him, Cast thy garment about thee, and follow me.

9. And he went out, and followed; and he knew not that it was true which was done by the angel, but thought he saw a vision.

10. And when they were past the first and the second guard, they came unto the iron gate that leadeth into the city; which opened to them of its own accord: and they went out, and passed on through one street; and straightway the angel departed from him.

11. And when Peter was come to himself, he said, Now I know of a truth, that the Lord hath sent forth his angel and delivered me out of the hand of Herod, and from all the expectation of the people of the Jews.

12. And when he had considered [the thing], he came to the house of Mary the mother of John whose surname was Mark; where many were gathered together and were praying.

13. And when he knocked at the door of the gate, a maid came to answer, named Rhoda.

14. And when she knew Peter's voice, she opened not the gate for joy, but ran in, and told that Peter stood before the gate.

3. E vedendo che ciò era grato ai Giudei, continuo e fece arrestare anche Pietro. Or erano i giorni degli azzimi.

4. E presolo, lo mise in prigione, dandolo in guardia a quattro mute di soldati di quattro l'una; perché, dopo la Pasqua, voleva farlo comparire dinanzi al popolo.

5. Pietro dunque era custodito nella prigione; ma fervide preghiere eran fatte dalla chiesa a Dio per lui.

6. Or quando Erode stava per farlo comparire, la notte prima, Pietro stava dormendo in mezzo a due soldati, legato con due catene; e le guardie davanti alla porta custodivano la prigione.

7. Ed ecco, un angelo del Signore sopraggiunse, e una luce risplendé nella cella; e l'angelo, percosso il fianco a Pietro, lo svegliò, dicendo: Lèvati prestamente. E le catene gli caddero dalle mani.

8. E l'angelo disse: Cingiti, e lègati i sandali. E Pietro fece così. Poi gli disse: Mettiti il mantello, e seguimi.

9. Ed egli, uscito, lo seguiva, non sapendo che fosse vero quel che avveniva per mezzo dell'angelo, ma pensando di avere una visione.

10. E com'ebbero passata la prima e la seconda guardia, vennero alla porta di ferro che mette in città, la quale si aperse loro da sé; ed essendo usciti, s'inoltrarono per una strada: e in quell'istante l'angelo si partì da lui.

11. E Pietro, rientrato in sé, disse: Ora conosco per certo che il Signore ha mandato il suo angelo e mi ha liberato dalla mano di Erode e da tutta l'aspettazione del popolo dei Giudei.

12. E considerando la cosa, venne alla casa di Maria, madre di Giovanni soprannominato Marco, dove molti fratelli stavano raunati e pregavano.

13. E avendo Pietro picchiato all'uscio del vestibolo, una serva, chiamata Rode venne ad ascoltare;

14. e riconosciuta la voce di Pietro, per l'allegrezza non aprì l'uscio, ma corse dentro ad annunziare che Pietro stava davanti alla porta.

15. And they said unto her, Thou art mad. But she confidently affirmed that it was even so. And they said, It is his angel.

16. But Peter continued knocking: and when they had opened, they saw him, and were amazed.

17. But he, beckoning unto them with the hand to hold their peace, declared unto them how the Lord had brought him forth out of the prison. And he said, Tell these things unto James, and to the brethren. And he departed, and went to another place.

18. Now as soon as it was day, there was no small stir among the soldiers, what was become of Peter.

19. And when Herod had sought for him, and found him not, he examined the guards, and commanded that they should be put to death. And he went down from Judaea to Caesarea, and tarried there.

20. Now he was highly displeased with them of Tyre and Sidon: and they came with one accord to him, and, having made Blastus the king's chamberlain their friend, they asked for peace, because their country was fed from the king's country.

21. And upon a set day Herod arrayed himself in royal apparel, and sat on the throne, and made an oration unto them.

22. And the people shouted, [saying], The voice of a god, and not of a man.

23. And immediately an angel of the Lord smote him, because he gave not God the glory: and he was eaten of worms, and gave up the ghost.

24. But the word of God grew and multiplied.

25. And Barnabas and Saul returned from Jerusalem, when they had fulfilled their ministration, taking with them John whose surname was Mark.

15. E quelli le dissero: Tu sei pazza! Ma ella asseverava che era così. Ed essi dicevano: E' il suo angelo.

16. Ma Pietro continuava a picchiare, e quand'ebbero aperto, lo videro e stupirono.

17. Ma egli, fatto lor cenno con la mano che tacessero, raccontò loro in qual modo il Signore l'avea tratto fuor della prigione. Poi disse: Fate sapere queste cose a Giacomo ed ai fratelli. Ed essendo uscito, se ne andò in un altro luogo.

18. Or, fattosi giorno, vi fu non piccol turbamento fra i soldati, perché non sapevano che cosa fosse avvenuto di Pietro.

19. Ed Erode, cercatolo, e non avendolo trovato, esaminate le guardie, comandò che fosser menate al supplizio. Poi, sceso di Giudea a Cesarea, vi si trattenne.

20. Or Erode era fortemente adirato contro i Tiri e i Sidoni; ma essi di pari consentimento si presentarono a lui; e guadagnato il favore di Blasto, ciambellano del re, chiesero pace, perché il loro paese traeva i viveri dal paese del re.

21. Nel giorno fissato, Erode, indossato l'abito reale, e postosi a sedere sul trono, li arringava pubblicamente.

22. E il popolo si mise a gridare: Voce d'un dio, e non d'un uomo!

23. In quell'istante, un angelo del Signore lo percosse, perché non avea dato a Dio la gloria; e morì, roso dai vermi.

24. Ma la parola di Dio progrediva e si spandeva di più in più.

25. E Barnaba e Saulo, compiuta la loro missione, tornarono da Gerusalemme, prendendo seco Giovanni soprannominato Marco.

# Acts 13

1. Now there were at Antioch, in the church that was [there], prophets and teachers, Barnabas, and Symeon that was called Niger, and Lucius of Cyrene, and Manaen the foster-brother of Herod the tetrarch, and Saul.

2. And as they ministered to the Lord, and fasted, the Holy Spirit said, Separate me Barnabas and Saul for the work whereunto I have called them.

3. Then, when they had fasted and prayed and laid their hands on them, they sent them away.

4. So they, being sent forth by the Holy Spirit, went down to Seleucia; and from thence they sailed to Cyprus.

5. And when they were at Salamis, they proclaimed the word of God in the synagogues of the Jews: and they had also John as their attendant.

6. And when they had gone through the whole island unto Paphos, they found a certain sorcerer, a false prophet, a Jew, whose name was Bar-jesus;

7. who was with the proconsul, Sergius Paulus, a man of understanding. The same called unto him Barnabas and Saul, and sought to hear the word of God.

8. But Elymas the sorcerer (for so is his name by interpretation) withstood them, seeking to turn aside the proconsul from the faith.

9. But Saul, who is also [called] Paul, filled with the Holy Spirit, fastened his eyes on him,

10. and said, O full of all guile and all villany, thou son of the devil, thou enemy of all righteousness, wilt thou not cease to pervert the right ways of the Lord?

11. And now, behold, the hand of the Lord is upon thee, and thou shalt be blind, not seeing the sun for a season. And immediately there fell on him a mist and a darkness; and he went about seeking some to lead him by the hand.

12. Then the proconsul, when he saw what was done, believed, being astonished at the teaching of the Lord.

13. Now Paul and his company set sail from Paphos, and came to Perga in Pamphylia: and John departed from them and returned to Jerusalem.

# Atti degli Apostoli 13

1. Or nella chiesa d'Antiochia v'eran dei profeti e dei dottori: Barnaba, Simeone chiamato Niger, Lucio di Cirene, Manaen, fratello di latte di Erode il tetrarca, e Saulo.

2. E mentre celebravano il culto del Signore e digiunavano, lo Spirito Santo disse: Mettetemi a parte Barnaba e Saulo per l'opera alla quale li ho chiamati.

3. Allora, dopo aver digiunato e pregato, imposero loro le mani, e li accomiatarono.

4. Essi dunque, mandati dallo Spirito Santo, scesero a Seleucia, e di là navigarono verso Cipro.

5. E giunti a Salamina, annunziarono la parola di Dio nelle sinagoghe de' Giudei: e aveano seco Giovanni come aiuto.

6. Poi, traversata tutta l'isola fino a Pafo, trovarono un certo mago, un falso profeta giudeo, che avea nome Bar-Gesù,

7. il quale era col proconsole Sergio Paolo, uomo intelligente. Questi, chiamati a sé Barnaba e Saulo, chiese d'udir la parola di Dio.

8. Ma Elima, il mago (perché così s'interpreta questo suo nome), resisteva loro, cercando di stornare il proconsole dalla fede.

9. Ma Saulo, chiamato anche Paolo, pieno dello Spirito Santo, guardandolo fisso gli disse:

10. O pieno d'ogni frode e d'ogni furberia, figliuol del diavolo, nemico d'ogni giustizia, non cesserai tu di pervertir le diritte vie del Signore?

11. Ed ora, ecco, la mano del Signore è sopra te, e sarai cieco, senza vedere il sole, per un certo tempo. E in quel l'istante, caligine e tenebre caddero su lui; e andando qua e là cercava chi lo menasse per la mano.

12. Allora il proconsole, visto quel che era accaduto credette, essendo stupito della dottrina del Signore.

13. Or Paolo e i suoi compagni, imbarcatisi a Pafo, arrivarono a Perga di Panfilia; ma Giovanni, separatosi da loro, ritornò a Gerusalemme.

14. But they, passing through from Perga, came to Antioch of Pisidia; and they went into the synagogue on the sabbath day, and sat down.

15. And after the reading of the law and the prophets the rulers of the synagogue sent unto them, saying, Brethren, if ye have any word of exhortation for the people, say on.

16. And Paul stood up, and beckoning with the hand said, Men of Israel, and ye that fear God, hearken:

17. The God of this people Israel chose our fathers, and exalted the people when they sojourned in the land of Egypt, and with a high arm led he them forth out of it.

18. And for about the time of forty years as a nursing-father bare he them in the wilderness.

19. And when he had destroyed seven nations in the land of Canaan, he gave [them] their land for an inheritance, for about four hundred and fifty years:

20. and after these things he gave [them] judges until Samuel the prophet.

21. And afterward they asked for a king: and God gave unto them Saul the son of Kish, a man of the tribe of Benjamin, for the space of forty years.

22. And when he had removed him, he raised up David to be their king; to whom also he bare witness and said, I have found David the son of Jesse, a man after My heart, who shall do all My will.

23. Of this man's seed hath God according to promise brought unto Israel a Saviour, Jesus;

24. when John had first preached before his coming the baptism of repentance to all the people of Israel.

25. And as John was fulfilling his course, he said, What suppose ye that I am? I am not [he]. But behold, there cometh one after me the shoes of whose feet I am not worthy to unloose.

26. Brethren, children of the stock of Abraham, and those among you that fear God, to us is the word of this salvation sent forth.

27. For they that dwell in Jerusalem, and their rulers, because they knew him not, nor the voices of the prophets which are read every sabbath, fulfilled [them] by condemning [him].

14. Ed essi, passando oltre Perga, giunsero ad Antiochia di Pisidia; e recatisi il sabato nella sinagoga, si posero a sedere.

15. E dopo la lettura della legge e dei profeti, i capi della sinagoga mandarono a dir loro: Fratelli, se avete qualche parola d'esortazione da rivolgere al popolo, ditela.

16. Allora Paolo, alzatosi, e fatto cenno con la mano, disse: Uomini israeliti, e voi che temete Iddio, udite.

17. L'Iddio di questo popolo d'Israele elesse i nostri padri, e fece grande il popolo durante la sua dimora nel paese di Egitto, e con braccio levato, ne lo trasse fuori.

18. E per lo spazio di circa quarant'anni, sopportò i loro modi nel deserto.

19. Poi, dopo aver distrutte sette nazioni nel paese di Canaan, distribuì loro come eredità il paese di quelle.

20. E dopo queste cose, per circa quattrocentocinquanta anni, diede loro de' giudici fino al profeta Samuele.

21. Dopo chiesero un re; e Dio diede loro Saul, figliuolo di Chis, della tribù di Beniamino, per lo spazio di quarant'anni.

22. Poi, rimossolo, suscitò loro Davide per re, al quale rese anche questa testimonianza: Io ho trovato Davide, figliuolo di Iesse, un uomo secondo il mio cuore, che eseguirà ogni mio volere.

23. Dalla progenie di lui Iddio, secondo la sua promessa, ha suscitato a Israele un Salvatore nella persona di Gesù,

24. avendo Giovanni, prima della venuta di lui, predicato il battesimo del ravvedimento a tutto il popolo d'Israele.

25. E come Giovanni terminava la sua carriera diceva: Che credete voi che io sia? Io non sono il Messia; ma ecco, dietro a me viene uno, del quale io non son degno di sciogliere i calzari.

26. Fratelli miei, figliuoli della progenie d'Abramo, e voi tutti che temete Iddio, a noi è stata mandata la parola di questa salvezza.

27. Poiché gli abitanti di Gerusalemme e i loro capi, avendo disconosciuto questo Gesù e le dichiarazioni de' profeti che si leggono ogni sabato, le adempirono, condannandolo.

28. And though they found no cause of death [in him], yet asked they of Pilate that he should be slain.

29. And when they had fulfilled all things that were written of him, they took him down from the tree, and laid him in a tomb.

30. But God raised him from the dead:

31. and he was seen for many days of them that came up with him from Galilee to Jerusalem, who are now his witnesses unto the people.

32. And we bring you good tidings of the promise made unto the fathers,

33. that God hath fulfilled the same unto our children, in that he raised up Jesus; as also it is written in the second psalm, Thou art my Son, this day have I begotten thee.

34. And as concerning that he raised him up from the dead, now no more to return to corruption, he hath spoken on this wise, I will give you the holy and sure [blessings] of David.

35. Because he saith also in another [psalm], Thou wilt not give Thy Holy One to see corruption.

36. For David, after he had in his own generation served the counsel of God, fell asleep, and was laid unto his fathers, and saw corruption:

37. but he whom God raised up saw no corruption.

38. Be it known unto you therefore, brethren, that through this man is proclaimed unto you remission of sins:

39. and by him every one that believeth is justified from all things, from which ye could not be justified by the law of Moses.

40. Beware therefore, lest that come upon [you] which is spoken in the prophets:

41. Behold, ye despisers, and wonder, and perish; For I work a work in your days, A work which ye shall in no wise believe, if one declare it unto you.

42. And as they went out, they besought that these words might be spoken to them the next sabbath.

43. Now when the synagogue broke up, many of the Jews and of the devout proselytes followed Paul and Barnabas; who, speaking to them, urged them to continue in the grace of God.

28. E benché non trovassero in lui nulla che fosse degno di morte, chiesero a Pilato che fosse fatto morire.

29. E dopo ch'ebber compiute tutte le cose che erano scritte di lui, lo trassero giù dal legno, e lo posero in un sepolcro.

30. Ma Iddio lo risuscitò dai morti;

31. e per molti giorni egli si fece vedere da coloro ch'eran con lui saliti dalla Galilea a Gerusalemme, i quali sono ora suoi testimoni presso il popolo.

32. E noi vi rechiamo la buona novella che la promessa fatta ai padri,

33. Iddio l'ha adempiuta per noi, loro figliuoli, risuscitando Gesù, siccome anche è scritto nel salmo secondo: Tu sei il mio Figliuolo, oggi Io ti ho generato.

34. E siccome lo ha risuscitato dai morti per non tornar più nella corruzione, Egli ha detto così: Io vi manterrò le sacre e fedeli promesse fatte a Davide.

35. Difatti egli dice anche in un altro luogo: Tu non permetterai che il tuo Santo vegga la corruzione.

36. Poiché Davide, dopo aver servito al consiglio di Dio nella sua generazione, si è addormentato, ed è stato riunito coi suoi padri, e ha veduto la corruzione;

37. ma colui che Dio ha risuscitato, non ha veduto la corruzione.

38. Siavi dunque noto, fratelli, che per mezzo di lui v'è annunziata la remissione dei peccati;

39. e per mezzo di lui, chiunque crede è giustificato di tutte le cose, delle quali voi non avete potuto esser giustificati per la legge di Mosè.

40. Guardate dunque che non venga su voi quello che è detto nei profeti:

41. Vedete, o sprezzatori, e maravigliatevi, e dileguatevi, perché io fo un'opera ai dì vostri, un'opera che voi non credereste, se qualcuno ve la narrasse.

42. Or, mentre uscivano, furon pregati di parlar di quelle medesime cose al popolo il sabato seguente.

43. E dopo che la raunanza si fu sciolta, molti de' Giudei e de' proseliti pii seguiron Paolo e Barnaba; i quali, parlando loro, li persuasero a perseverare nella grazia di Dio.

44. And the next sabbath almost the whole city was gathered together to hear the word of God.

45. But when the Jews saw the multitudes, they were filled with jealousy, and contradicted the things which were spoken by Paul, and blasphemed.

46. And Paul and Barnabas spake out boldly, and said, It was necessary that the word of God should first be spoken to you. Seeing ye thrust it from you, and judge yourselves unworthy of eternal life, lo, we turn to the Gentiles.

47. For so hath the Lord commanded us, [saying], I have set thee for a light of the Gentiles, That thou shouldest be for salvation unto the uttermost part of the earth.

48. And as the Gentiles heard this, they were glad, and glorified the word of God: and as many as were ordained to eternal life believed.

49. And the word of the Lord was spread abroad throughout all the region.

50. But the Jews urged on the devout women of honorable estate, and the chief men of the city, and stirred up a persecution against Paul and Barnabas, and cast them out of their borders.

51. But they shook off the dust of their feet against them, and came unto Iconium.

52. And the disciples were filled with joy with the Holy Spirit.

# Acts 14

1. And it came to pass in Iconium that they entered together into the synagogue of the Jews, and so spake that a great multitude both of Jews and of Greeks believed.

2. But the Jews that were disobedient stirred up the souls of the Gentiles, and made them evil affected against the brethren.

3. Long time therefore they tarried [there] speaking boldly in the Lord, who bare witness unto the word of his grace, granting signs and wonders to be done by their hands.

44. E il sabato seguente, quasi tutta la città si radunò per udir la parola di Dio.

45. Ma i Giudei, vedendo le moltitudini, furon ripieni d'invidia, e bestemmiando contradicevano alle cose dette da Paolo.

46. Ma Paolo e Barnaba dissero loro francamente: Era necessario che a voi per i primi si annunziasse la parola di Dio; ma poiché la respingete e non vi giudicate degni della vita eterna, ecco, noi ci volgiamo ai Gentili.

47. Perché così ci ha ordinato il Signore, dicendo: Io ti ho posto per esser luce de' Gentili, affinché tu sia strumento di salvezza fino alle estremità della terra.

48. E i Gentili, udendo queste cose, si rallegravano e glorificavano la parola di Dio; e tutti quelli che erano ordinati a vita eterna, credettero.

49. E la parola del Signore si spandeva per tutto il paese.

50. Ma i Giudei istigarono le donne pie e ragguardevoli e i principali uomini della città, e suscitarono una persecuzione contro Paolo e Barnaba, e li scacciarono dai loro confini.

51. Ma essi, scossa la polvere de' lor piedi contro loro, se ne vennero ad Iconio.

52. E i discepoli eran pieni d'allegrezza e di Spirito Santo.

# Atti degli Apostoli 14

1. Or avvenne che in Iconio pure Paolo e Barnaba entrarono nella sinagoga dei Giudei e parlarono in maniera che una gran moltitudine di Giudei e di Greci credette.

2. Ma i Giudei, rimasti disubbidienti, misero su e inasprirono gli animi dei Gentili contro i fratelli.

3. Essi dunque dimoraron quivi molto tempo, predicando con franchezza, fidenti nel Signore, il quale rendeva testimonianza alla parola della sua grazia, concedendo che per le lor mani si facessero segni e prodigi.

4. But the multitude of the city was divided; and part held with the Jews, and part with the apostles.

5. And when there was made an onset both of the Gentiles and of the Jews with their rulers, to treat them shamefully and to stone them,

6. they became aware of it, and fled unto the cities of Lycaonia, Lystra and Derbe, and the region round about:

7. and there they preached the gospel.

8. And at Lystra there sat a certain man, impotent in his feet, a cripple from his mother's womb, who never had walked.

9. The same heard Paul speaking, who, fastening eyes upon him, and seeing that he had faith to be made whole,

10. said with a loud voice, Stand upright on thy feet. And he leaped up and walked.

11. And when the multitude saw what Paul had done, they lifted up their voice, saying in the speech of Lycaonia, The gods are come down to us in the likeness of men.

12. And they called Barnabas, Jupiter; and Paul, Mercury, because he was the chief speaker.

13. And the priest of Jupiter whose [temple] was before the city, brought oxen and garlands unto the gates, and would have done sacrifice with the multitudes.

14. But when the apostles, Barnabas and Paul, heard of it, they rent their garments, and sprang forth among the multitude, crying out

15. and saying, Sirs, why do ye these things? We also are men of like passions with you, and bring you good tidings, that ye should turn from these vain things unto a living God, who made the heaven and the earth and the sea, and all that in them is:

16. who in the generations gone by suffered all the nations to walk in their own ways.

17. And yet He left not himself without witness, in that he did good and gave you from heaven rains and fruitful seasons, filling your hearts with food and gladness.

18. And with these sayings scarce restrained they the multitudes from doing sacrifice unto them.

4. Ma la popolazione della città era divisa; gli uni tenevano per i Giudei, e gli altri per gli apostoli.

5. Ma essendo scoppiato un moto dei Gentili e dei Giudei coi loro capi, per recare ingiuria agli apostoli e lapidarli,

6. questi, conosciuta la cosa, se ne fuggirono nelle città di Licaonia, Listra e Derba e nel paese d'intorno;

7. e quivi si misero ad evangelizzare.

8. Or in Listra c'era un certo uomo, impotente nei piedi, che stava sempre a sedere, essendo zoppo dalla nascita, e non aveva mai camminato.

9. Egli udì parlare Paolo, il quale, fissati in lui gli occhi, e vedendo che avea fede da esser sanato,

10. disse ad alta voce: Lèvati ritto in piè. Ed egli saltò su, e si mise a camminare.

11. E le turbe, avendo veduto ciò che Paolo avea fatto, alzarono la voce, dicendo in lingua licaonica: Gli dèi hanno preso forma umana, e sono discesi fino a noi.

12. E chiamavano Barnaba, Giove, e Paolo, Mercurio, perché era il primo a parlare.

13. E il sacerdote di Giove, il cui tempio era all'entrata della città, menò dinanzi alle porte tori e ghirlande, e volea sacrificare con le turbe.

14. Ma gli apostoli Barnaba e Paolo, udito ciò, si stracciarono i vestimenti, e saltarono in mezzo alla moltitudine, esclamando:

15. Uomini, perché fate queste cose? Anche noi siamo uomini della stessa natura che voi; e vi predichiamo che da queste cose vane vi convertiate all'Iddio vivente, che ha fatto il cielo, la terra, il mare e tutte le cose che sono in essi;

16. che nelle età passate ha lasciato camminare nelle loro vie tutte le nazioni,

17. benché non si sia lasciato senza testimonianza, facendo del bene, mandandovi dal cielo piogge e stagioni fruttifere, dandovi cibo in abbondanza, e letizia ne' vostri cuori.

18. E dicendo queste cose, a mala pena trattennero le turbe dal sacrificar loro.

19. But there came Jews thither from Antioch and Iconium: and having persuaded the multitudes, they stoned Paul, and dragged him out of the city, supposing that he was dead.

20. But as the disciples stood round about him, he rose up, and entered into the city: and on the morrow he went forth with Barnabas to Derbe.

21. And when they had preached the gospel to that city, and had made many disciples, they returned to Lystra, and to Iconium, and to Antioch,

22. confirming the souls of the disciples, exhorting them to continue in the faith, and that through many tribulations we must enter into the kingdom of God.

23. And when they had appointed for them elders in every church, and had prayed with fasting, they commended them to the Lord, on whom they had believed.

24. And they passed through Pisidia, and came to Pamphylia.

25. And when they had spoken the word in Perga, they went down to Attalia;

26. and thence they sailed to Antioch, from whence they had been committed to the grace of God for the work which they had fulfilled.

27. And when they were come, and had gathered the church together, they rehearsed all things that God had done with them, and that he had opened a door of faith unto the Gentiles.

28. And they tarried no little time with the disciples.

# Acts 15

1. And certain men came down from Judaea and taught the brethren, [saying], Except ye be circumcised after the custom of Moses, ye cannot be saved.

2. And when Paul and Barnabas had no small dissension and questioning with them, [the brethren] appointed that Paul and Barnabas, and certain other of them, should go up to Jerusalem unto the apostles and elders about this question.

19. Or sopraggiunsero quivi de' Giudei da Antiochia e da Iconio; i quali, avendo persuaso le turbe, lapidarono Paolo e lo trascinaron fuori della città, credendolo morto.

20. Ma essendosi i discepoli raunati intorno a lui, egli si rialzò, ed entrò nella città; e il giorno seguente, partì con Barnaba per Derba.

21. E avendo evangelizzata quella città e fatti molti discepoli se ne tornarono a Listra, a Iconio ed Antiochia,

22. confermando gli animi dei discepoli, esortandoli a perseverare nella fede, dicendo loro che dobbiamo entrare nel regno di Dio attraverso molte tribolazioni.

23. E fatti eleggere per ciascuna chiesa degli anziani, dopo aver pregato e digiunato, raccomandarono i fratelli al Signore, nel quale aveano creduto.

24. E traversata la Pisidia, vennero in Panfilia.

25. E dopo aver annunziata la Parola in Perga, discesero ad Attalia;

26. e di là navigarono verso Antiochia, di dove erano stati raccomandati alla grazia di Dio, per l'opera che aveano compiuta.

27. Giunti colà e raunata la chiesa, riferirono tutte le cose che Dio avea fatte per mezzo di loro, e come avea aperta la porta della fede ai Gentili.

28. E stettero non poco tempo coi discepoli.

# Atti degli Apostoli 15

1. Or alcuni, discesi dalla Giudea, insegnavano ai fratelli: Se voi non siete circoncisi secondo il rito di Mosè, non potete esser salvati.

2. Ed essendo nata una non piccola dissensione e controversia fra Paolo e Barnaba, e costoro, fu deciso che Paolo, Barnaba e alcuni altri dei fratelli salissero a Gerusalemme agli apostoli ed anziani per trattar questa questione.

3. They therefore, being brought on their way by the church, passed through both Phoenicia and Samaria, declaring the conversion of the Gentiles: and they caused great joy unto all the brethren.

4. And when they were come to Jerusalem, they were received of the church and the apostles and the elders, and they rehearsed all things that God had done with them.

5. But there rose up certain of the sect of the Pharisees who believed, saying, It is needful to circumcise them, and to charge them to keep the law of Moses.

6. And the apostles and the elders were gathered together to consider of this matter.

7. And when there had been much questioning, Peter rose up, and said unto them, Brethren, ye know that a good while ago God made choice among you, that by my mouth the Gentiles should hear the word of the gospel, and believe.

8. And God, who knoweth the heart, bare them witness, giving them the Holy Spirit, even as he did unto us;

9. and he made no distinction between us and them, cleansing their hearts by faith.

10. Now therefore why make ye trial of God, that ye should put a yoke upon the neck of the disciples which neither our fathers nor we were able to bear?

11. But we believe that we shall be saved through the grace of the Lord Jesus, in like manner as they.

12. And all the multitude kept silence; and they hearkened unto Barnabas and Paul rehearsing what signs and wonders God had wrought among the Gentiles through them.

13. And after they had held their peace, James answered, saying, Brethren, hearken unto me:

14. Symeon hath rehearsed how first God visited the Gentiles, to take out of them a people for his name.

15. And to this agree the words of the prophets; as it is written,

16. After these things I will return, And I will build again the tabernacle of David, which is fallen; And I will build again the ruins thereof, And I will set it up:

3. Essi dunque, accompagnati per un tratto dalla chiesa, traversarono la Fenicia e la Samaria, raccontando la conversione dei Gentili; e cagionavano grande allegrezza a tutti i fratelli.

4. Poi, giunti a Gerusalemme, furono accolti dalla chiesa, dagli apostoli e dagli anziani, e riferirono quanto grandi cose Dio avea fatte con loro.

5. Ma alcuni della setta de' Farisei che aveano creduto, si levarono dicendo: Bisogna circoncidere i Gentili, e comandar loro d'osservare la legge di Mosè.

6. Allora gli apostoli e gli anziani si raunarono per esaminar la questione.

7. Ed essendone nata una gran discussione, Pietro si levò in piè, e disse loro: Fratelli, voi sapete che fin dai primi giorni Iddio scelse fra voi me, affinché dalla bocca mia i Gentili udissero la parola del Vangelo e credessero.

8. E Dio, conoscitore dei cuori, rese loro testimonianza, dando lo Spirito Santo a loro, come a noi;

9. e non fece alcuna differenza fra noi e loro, purificando i cuori loro mediante la fede.

10. Perché dunque tentate adesso Iddio mettendo sul collo de' discepoli un giogo che né i padri nostri né noi abbiam potuto portare?

11. Anzi, noi crediamo d'esser salvati per la grazia del Signor Gesù, nello stesso modo che loro.

12. E tutta la moltitudine si tacque; e stavano ad ascoltar Barnaba e Paolo che narravano quali segni e prodigi Iddio aveva fatto per mezzo di loro fra i Gentili.

13. E quando si furon taciuti, Giacomo prese a dire:

14. Fratelli, ascoltatemi. Simone ha narrato come Dio ha primieramente visitato i Gentili, per trarre da questi un popolo per il suo nome.

15. E con ciò s'accordano le parole de' profeti, siccome è scritto:

16. Dopo queste cose io tornerò e edificherò di nuovo la tenda di Davide, che è caduta; e restaurerò le sue ruine, e la rimetterò in piè,

17. That the residue of men may seek after the Lord, And all the Gentiles, upon whom my name is called,

18. Saith the Lord, who maketh these things known from of old.

19. Wherefore my judgment is, that we trouble not them that from among the Gentiles turn to God;

20. but that we write unto them, that they abstain from the pollutions of idols, and from fornication, and from what is strangled, and from blood.

21. For Moses from generations of old hath in every city them that preach him, being read in the synagogues every sabbath.

22. Then it seemed good to the apostles and the elders, with the whole church, to choose men out of their company, and send them to Antioch with Paul and Barnabas; [namely], Judas called Barsabbas, and Silas, chief men among the brethren:

23. and they wrote [thus] by them, The apostles and the elders, brethren, unto the brethren who are of the Gentiles in Antioch and Syria and Cilicia, greeting:

24. Forasmuch as we have heard that certain who went out from us have troubled you with words, subverting your souls; to whom we gave no commandment;

25. it seemed good unto us, having come to one accord, to choose out men and send them unto you with our beloved Barnabas and Paul,

26. men that have hazarded their lives for the name of our Lord Jesus Christ.

27. We have sent therefore Judas and Silas, who themselves also shall tell you the same things by word of mouth.

28. For it seemed good to the Holy Spirit, and to us, to lay upon you no greater burden than these necessary things:

29. that ye abstain from things sacrificed to idols, and from blood, and from things strangled, and from fornication; from which if ye keep yourselves, it shall be well with you. Fare ye well.

30. So they, when they were dismissed, came down to Antioch; and having gathered the multitude together, they delivered the epistle.

---

17. affinché il rimanente degli uomini e tutti i Gentili sui quali e invocato il mio nome,

18. cerchino il Signore, dice il Signore che fa queste cose, le quali a lui son note ab eterno.

19. Per la qual cosa io giudico che non si dia molestia a quelli dei Gentili che si convertono a Dio;

20. ma che si scriva loro di astenersi dalle cose contaminate nei sacrifici agl'idoli, dalla fornicazione, dalle cose soffocate, e dal sangue.

21. Poiché Mosè fin dalle antiche generazioni ha chi lo predica in ogni città, essendo letto nelle sinagoghe ogni sabato.

22. Allora parve bene agli apostoli e agli anziani con tutta la chiesa, di mandare ad Antiochia con Paolo e Barnaba, certi uomini scelti fra loro, cioè: Giuda, soprannominato Barsabba, e Sila, uomini autorevoli tra i fratelli;

23. e scrissero così per loro mezzo: Gli apostoli e i fratelli anziani, ai fratelli di fra i Gentili che sono in Antiochia, in Siria ed in Cilicia, salute.

24. Poiché abbiamo inteso che alcuni, partiti di fra noi, vi hanno turbato coi loro discorsi, sconvolgendo le anime vostre, benché non avessimo dato loro mandato di sorta,

25. è parso bene a noi, riuniti di comune accordo, di scegliere degli uomini e di mandarveli assieme ai nostri cari Barnaba e Paolo,

26. i quali hanno esposto la propria vita per il nome del Signor nostro Gesù Cristo.

27. Vi abbiam dunque mandato Giuda e Sila; anch'essi vi diranno a voce le medesime cose.

28. Poiché è parso bene allo Spirito Santo ed a noi di non imporvi altro peso all'infuori di queste cose, che sono necessarie;

29. cioè: che v'asteniate dalle cose sacrificate agl'idoli, dal sangue, dalle cose soffocate, e dalla fornicazione; dalle quali cose ben farete a guardarvi. State sani.

30. Essi dunque, dopo essere stati accomiatati, scesero ad Antiochia; e radunata la moltitudine, consegnarono la lettera.

31. And when they had read it, they rejoiced for the consolation.

32. And Judas and Silas, being themselves also prophets, exhorted the brethren with many words, and confirmed them.

33. And after they had spent some time [there], they were dismissed in peace from the brethren unto those that had sent them forth.

34. [But it seemed good unto Silas to abide there.]

35. But Paul and Barnabas tarried in Antioch, teaching and preaching the word of the Lord, with many others also.

36. And after some days Paul said unto Barnabas, Let us return now and visit the brethren in every city wherein we proclaimed the word of the Lord, [and see] how they fare.

37. And Barnabas was minded to take with them John also, who was called Mark.

38. But Paul thought not good to take with them him who withdrew from them from Pamphylia, and went not with them to the work.

39. And there arose a sharp contention, so that they parted asunder one from the other, and Barnabas took Mark with him, and sailed away unto Cyprus;

40. but Paul choose Silas, and went forth, being commended by the brethren to the grace of the Lord.

41. And he went through Syria and Cilicia, confirming the churches.

# Acts 16

1. And he came also to Derbe and to Lystra: and behold, a certain disciple was there, named Timothy, the son of a Jewess that believed; but his father was a Greek.

2. The same was well reported of by the brethren that were at Lystra and Iconium.

3. Him would Paul have to go forth with him; and he took and circumcised him because of the Jews that were in those parts: for they all knew that his father was a Greek.

31. E quando i fratelli l'ebbero letta, si rallegrarono della consolazione che recava.

32. E Giuda e Sila, anch'essi, essendo profeti, con molte parole li esortarono e li confermarono.

33. E dopo che furon dimorati quivi alquanto tempo, furon dai fratelli congedati in pace perché se ne tornassero a quelli che li aveano inviati.

34. E parve bene a Sila di rimaner quivi.

35. Ma Paolo e Barnaba rimasero ad Antiochia insegnando ed evangelizzando, con molti altri ancora, la parola del Signore.

36. E dopo vari giorni, Paolo disse a Barnaba: Torniamo ora a visitare i fratelli in ogni città dove abbiamo annunziato la parola del Signore, per vedere come stanno.

37. Barnaba voleva prender con loro anche Giovanni, detto Marco.

38. Ma Paolo giudicava che non dovessero prendere a compagno colui che si era separato da loro fin dalla Panfilia, e che non era andato con loro all'opera.

39. E ne nacque un'aspra contesa, tanto che si separarono; e Barnaba, preso seco Marco, navigò verso Cipro;

40. ma Paolo, sceltosi Sila, partì, raccomandato dai fratelli alla grazia del Signore.

41. E percorse la Siria e la Cilicia, confermando le chiese.

# Atti degli Apostoli 16

1. E venne anche a Derba e a Listra; ed ecco, quivi era un certo discepolo, di nome Timoteo, figliuolo di una donna giudea credente, ma di padre greco.

2. Di lui rendevano buona testimonianza i fratelli che erano in Listra ed in Iconio.

3. Paolo volle ch'egli partisse con lui; e presolo, lo circoncise a cagion de' Giudei che erano in quei luoghi; perché tutti sapevano che il padre di lui era greco.

4. And as they went on their way through the cities, they delivered them the decrees to keep which had been ordained of the apostles and elders that were at Jerusalem.

5. So the churches were strengthened in the faith, and increased in number daily.

6. And they went through the region of Phrygia and Galatia, having been forbidden of the Holy Spirit to speak the word in Asia;

7. and when they were come over against Mysia, they assayed to go into Bithynia; and the Spirit of Jesus suffered them not;

8. and passing by Mysia, they came down to Troas.

9. And a vision appeared to Paul in the night: There was a man of Macedonia standing, beseeching him, and saying, Come over into Macedonia, and help us.

10. And when he had seen the vision, straightway we sought to go forth into Macedonia, concluding that God had called us to preach the gospel to them.

11. Setting sail therefore from Troas, we made a straight course to Samothrace, and the day following to Neapolis;

12. and from thence to Philippi, which is a city of Macedonia, the first of the district, a [Roman] colony: and we were in this city tarrying certain days.

13. And on the sabbath day we went forth without the gate by a river side, where we supposed there was a place of prayer; and we sat down, and spake unto the women that were come together.

14. And a certain woman named Lydia, a seller of purple of the city of Thyatira, one that worshipped God, heard us: whose heart the Lord opened to give heed unto the things which were spoken by Paul.

15. And when she was baptized, and her household, she besought us, saying, If ye have judged me to be faithful to the Lord, come into my house, and abide [there]. And she constrained us.

16. And it came to pass, as we were going to the place of prayer, that a certain maid having a spirit of divination met us, who brought her masters much gain by soothsaying.

4. E passando essi per le città, trasmisero loro, perché le osservassero, le decisioni prese dagli apostoli e dagli anziani che erano a Gerusalemme.

5. Le chiese dunque erano confermate nella fede, e crescevano in numero di giorno in giorno.

6. Poi traversarono la Frigia e il paese della Galazia, avendo lo Spirito Santo vietato loro d'annunziar la Parola in Asia;

7. e giunti sui confini della Misia, tentavano d'andare in Bitinia; ma lo Spirito di Gesù non lo permise loro;

8. e passata la Misia, discesero in Troas.

9. E Paolo ebbe di notte una visione: Un uomo macedone gli stava dinanzi, e lo pregava dicendo: Passa in Macedonia e soccorrici.

10. E com'egli ebbe avuta quella visione, cercammo subito di partire per la Macedonia, tenendo per certo che Dio ci avea chiamati là, ad annunziar loro l'Evangelo.

11. Perciò, salpando da Troas, tirammo diritto, verso Samotracia, e il giorno seguente verso Neapoli;

12. e di là ci recammo a Filippi, che è città primaria di quella parte della Macedonia, ed è colonia romana; e dimorammo in quella città alcuni giorni.

13. E nel giorno di sabato andammo fuori della porta, presso al fiume, dove supponevamo fosse un luogo d'orazione; e postici a sedere, parlavamo alle donne ch'eran quivi radunate.

14. E una certa donna, di nome Lidia, negoziante di porpora, della città di Tiatiri, che temeva Dio, ci stava ad ascoltare; e il Signore le aprì il cuore, per renderla attenta alle cose dette da Paolo.

15. E dopo che fu battezzata con quei di casa, ci pregò dicendo: Se mi avete giudicata fedele al Signore, entrate in casa mia, e dimoratevi. E ci fece forza.

16. E avvenne, come andavamo al luogo d'orazione, che incontrammo una certa serva, che avea uno spirito indovino e con l'indovinare procacciava molto guadagno ai suoi padroni.

17. The same following after Paul and us cried out, saying, These men are servants of the Most High God, who proclaim unto you the way of salvation.

18. And this she did for many days. But Paul, being sore troubled, turned and said to the spirit, I charge thee in the name of Jesus Christ to come out of her. And it came out that very hour.

19. But when her masters saw that the hope of their gain was gone, they laid hold on Paul and Silas, and dragged them into the marketplace before the rulers,

20. and when they had brought them unto the magistrates, they said, These men, being Jews, do exceedingly trouble our city,

21. and set forth customs which it is not lawful for us to receive, or to observe, being Romans.

22. And the multitude rose up together against them: and the magistrates rent their garments off them, and commanded to beat them with rods.

23. And when they had laid many stripes upon them, they cast them into prison, charging the jailor to keep them safely:

24. who, having received such a charge, cast them into the inner prison, and made their feet fast in the stocks.

25. But about midnight Paul and Silas were praying and singing hymns unto God, and the prisoners were listening to them;

26. and suddenly there was a great earthquake, so that the foundations of the prison-house were shaken: and immediately all the doors were opened, and every one's bands were loosed.

27. And the jailor, being roused out of sleep and seeing the prison doors open, drew his sword and was about to kill himself, supposing that the prisoners had escaped.

28. But Paul cried with a loud voice, saying, Do thyself no harm: for we are all here.

29. And he called for lights and sprang in, and, trembling for fear, fell down before Paul and Silas,

30. and brought them out and said, Sirs, what must I do to be saved?

31. And they said, Believe on the Lord Jesus, and thou shalt be saved, thou and thy house.

17. Costei, messasi a seguir Paolo e noi, gridava: Questi uomini son servitori dell'Iddio altissimo, e vi annunziano la via della salvezza.

18. Così fece per molti giorni; ma essendone Paolo annoiato, si voltò e disse allo spirito: Io ti comando, nel nome di Gesù Cristo, che tu esca da costei. Ed esso uscì in quell'istante.

19. Ma i padroni di lei, vedendo che la speranza del loro guadagno era svanita, presero Paolo e Sila, e li trassero sulla pubblica piazza davanti ai magistrati,

20. e presentatili ai pretori, dissero: Questi uomini, che son Giudei, perturbano la nostra città,

21. e predicano dei riti che non è lecito a noi che siam Romani né di ricevere, né di osservare.

22. E la folla si levò tutta insieme contro a loro; e i pretori, strappate loro di dosso le vesti, comandarono che fossero battuti con le verghe.

23. E dopo aver loro date molte battiture, li cacciarono in prigione, comandando al carceriere di custodirli sicuramente.

24. Il quale, ricevuto un tal ordine, li cacciò nella prigione più interna, e serrò loro i piedi nei ceppi.

25. Or sulla mezzanotte Paolo e Sila, pregando, cantavano inni a Dio; e i carcerati li ascoltavano.

26. E ad un tratto, si fece un gran terremoto, talché la prigione fu scossa dalle fondamenta; e in quell'istante tutte le porte si apersero, e i legami di tutti si sciolsero.

27. Il carceriere, destatosi, e vedute le porte della prigione aperte, tratta la spada, stava per uccidersi, pensando che i carcerati fossero fuggiti.

28. Ma Paolo gridò ad alta voce: Non ti far male alcuno, perché siam tutti qui.

29. E quegli, chiesto un lume, saltò dentro, e tutto tremante si gettò ai piedi di Paolo e di Sila;

30. e menatili fuori, disse: Signori, che debbo io fare per esser salvato?

31. Ed essi risposero: Credi nel Signor Gesù, e sarai salvato tu e la casa tua.

32. And they spake the word of the Lord unto him, with all that were in his house.

33. And he took them the same hour of the night, and washed their stripes; and was baptized, he and all his, immediately.

34. And he brought them up into his house, and set food before them, and rejoiced greatly, with all his house, having believed in God.

35. But when it was day, the magistrates sent the sergeants, saying, Let those men go.

36. And the jailor reported the words to Paul, [saying], The magistrates have sent to let you go: now therefore come forth, and go in peace.

37. But Paul said unto them, They have beaten us publicly, uncondemned, men that are Romans, and have cast us into prison; and do they now cast us out privily? Nay verily; but let them come themselves and bring us out.

38. And the sergeants reported these words unto the magistrates: and they feared when they heard that they were Romans;

39. and they came and besought them; and when they had brought them out, they asked them to go away from the city.

40. And they went out of the prison, and entered into [the house] of Lydia: and when they had seen the brethren, they comforted them, and departed.

32. Poi annunziarono la parola del Signore a lui e a tutti coloro che erano in casa sua.

33. Ed egli, presili in quell'istessa ora della notte, lavò loro le piaghe; e subito fu battezzato lui con tutti i suoi.

34. E menatili su in casa sua, apparecchiò loro la tavola, e giubilava con tutta la sua casa, perché avea creduto in Dio.

35. Or come fu giorno, i pretori mandarono i littori a dire: Lascia andar quegli uomini.

36. E il carceriere riferì a Paolo queste parole, dicendo: I pretori hanno mandato a mettervi in libertà; or dunque uscite, e andatevene in pace.

37. Ma Paolo disse loro: Dopo averci pubblicamente battuti senza essere stati condannati, noi che siam cittadini romani, ci hanno cacciato in prigione; e ora ci mandan via celatamente? No davvero! Anzi, vengano essi stessi a menarci fuori.

38. E i littori riferirono queste parole ai pretori; e questi ebbero paura quando intesero che eran Romani;

39. e vennero, e li pregarono di scusarli; e menatili fuori, chiesero loro d'andarsene dalla città.

40. Allora essi, usciti di prigione, entrarono in casa di Lidia; e veduti i fratelli, li confortarono, e si partirono.

# Acts 17                     Atti degli Apostoli 17

1. Now when they had passed through Amphipolis and Apollonia, they came to Thessalonica, where was a synagogue of the Jews:

2. and Paul, as his custom was, went in unto them, and for three sabbath days reasoned with them from the Scriptures,

3. opening and alleging that it behooved the Christ to suffer, and to rise again from the dead; and that this Jesus, whom, [said he,] I proclaim unto you, is the Christ.

4. And some of them were persuaded, and consorted with Paul and Silas, and of the devout Greeks a great multitude, and of the chief women not a few.

1. Ed essendo passati per Amfipoli e per Apollonia, vennero a Tessalonica, dov'era una sinagoga de' Giudei;

2. e Paolo, secondo la sua usanza, entrò da loro, e per tre sabati tenne loro ragionamenti tratti dalle Scritture,

3. spiegando e dimostrando ch'era stato necessario che il Cristo soffrisse e risuscitasse dai morti; e il Cristo, egli diceva, è quel Gesù che io v'annunzio.

4. E alcuni di loro furon persuasi, e si unirono a Paolo e Sila; e così fecero una gran moltitudine di Greci pii, e non poche delle donne principali.

5. But the Jews, being moved with jealousy, took unto them certain vile fellows of the rabble, and gathering a crowd, set the city on an uproar; and assaulting the house of Jason, they sought to bring them forth to the people.

6. And when they found them not, they dragged Jason and certain brethren before the rulers of the city, crying, These that have turned the world upside down are come hither also;

7. whom Jason hath received: and these all act contrary to the decrees of Caesar, saying that there is another king, [one] Jesus.

8. And they troubled the multitude and the rulers of the city, when they heard these things.

9. And when they had taken security from Jason and the rest, they let them go.

10. And the brethren immediately sent away Paul and Silas by night unto Beroea: who when they were come thither went into the synagogue of the Jews.

11. Now these were more noble than those in Thessalonica, in that they received the word with all readiness of the mind, examining the Scriptures daily, whether these things were so.

12. Many of them therefore believed; also of the Greek women of honorable estate, and of men, not a few.

13. But when the Jews of Thessalonica had knowledge that the word of God was proclaimed of Paul at Beroea also, they came thither likewise, stirring up and troubling the multitudes.

14. And then immediately the brethren sent forth Paul to go as far as to the sea: and Silas and Timothy abode there still.

15. But they that conducted Paul brought him as far as Athens: and receiving a commandment unto Silas and Timothy that they should come to him with all speed, they departed.

16. Now while Paul waited for them at Athens, his spirit was provoked within him as he beheld the city full of idols.

17. So he reasoned in the synagogue with Jews and the devout persons, and in the marketplace every day with them that met him.

---

5. Ma i Giudei, mossi da invidia, presero con loro certi uomini malvagi fra la gente di piazza; e raccolta una turba, misero in tumulto la città; e, assalita la casa di Giasone, cercavano di trar Paolo e Sila fuori al popolo.

6. Ma non avendoli trovati, trascinarono Giasone e alcuni de' fratelli dinanzi ai magistrati della città, gridando: Costoro che hanno messo sossopra il mondo, son venuti anche qua,

7. e Giasone li ha accolti; ed essi tutti vanno contro agli statuti di Cesare, dicendo che c'è un altro re, Gesù.

8. E misero sossopra la moltitudine e i magistrati della città, che udivano queste cose.

9. E questi, dopo che ebbero ricevuta una cauzione da Giasone e dagli altri, li lasciarono andare.

10. E i fratelli, subito, di notte, fecero partire Paolo e Sila per Berea; ed essi, giuntivi, si recarono nella sinagoga de' Giudei.

11. Or questi furono più generosi di quelli di Tessalonica, in quanto che ricevettero la Parola con ogni premura, esaminando tutti i giorni le Scritture per vedere se le cose stavan così.

12. Molti di loro, dunque, credettero, e non piccol numero di nobildonne greche e d'uomini.

13. Ma quando i Giudei di Tessalonica ebbero inteso che la parola di Dio era stata annunziata da Paolo anche in Berea, vennero anche là, agitando e mettendo sossopra le turbe.

14. E i fratelli, allora, fecero partire immediatamente Paolo, conducendolo fino al mare; e Sila e Timoteo rimasero ancora quivi.

15. Ma coloro che accompagnavano Paolo, lo condussero fino ad Atene; e ricevuto l'ordine di dire a Sila e a Timoteo che quanto prima venissero a lui, si partirono.

16. Or mentre Paolo li aspettava in Atene, lo spirito gli s'inacerbiva dentro a veder la città piena d'idoli.

17. Egli dunque ragionava nella sinagoga coi Giudei e con le persone pie; e sulla piazza, ogni giorno, con quelli che vi si trovavano.

18. And certain also of the Epicurean and Stoic philosophers encountered him. And some said, What would this babbler say? others, He seemeth to be a setter forth of strange gods: because he preached Jesus and the resurrection.

19. And they took hold of him, and brought him unto the Areopagus, saying, May we know what this new teaching is, which is spoken by thee?

20. For thou bringest certain strange things to our ears: we would know therefore what these things mean.

21. (Now all the Athenians and the strangers sojourning there spent their time in nothing else, but either to tell or to hear some new thing.)

22. And Paul stood in the midst of the Areopagus, and said, Ye men of Athens, in all things, I perceive that ye are very religious.

23. For as I passed along, and observed the objects of your worship, I found also an altar with this inscription, TO AN UNKNOWN GOD. What therefore ye worship in ignorance, this I set forth unto you.

24. The God that made the world and all things therein, he, being Lord of heaven and earth, dwelleth not in temples made with hands;

25. neither is he served by men's hands, as though he needed anything, seeing he himself giveth to all life, and breath, and all things;

26. and he made of one every nation of men to dwell on all the face of the earth, having determined [their] appointed seasons, and the bounds of their habitation;

27. that they should seek God, if haply they might feel after him and find him, though he is not far from each one of us:

28. for in him we live, and move, and have our being; as certain even of your own poets have said, For we are also his offspring.

29. Being then the offspring of God, we ought not to think that the Godhead is like unto gold, or silver, or stone, graven by art and device of man.

30. The times of ignorance therefore God overlooked; but now he commandeth men that they should all everywhere repent:

18. E anche certi filosofi epicurei e stoici conferivan con lui. E alcuni dicevano: Che vuol dire questo cianciatore? E altri: Egli pare essere un predicatore di divinità straniere; perché annunziava Gesù e la risurrezione.

19. E presolo con sé, lo condussero su nell'Areopàgo, dicendo: Potremmo noi sapere qual sia questa nuova dottrina che tu proponi?

20. Poiché tu ci rechi agli orecchi delle cose strane. Noi vorremmo dunque sapere che cosa voglian dire queste cose.

21. Or tutti gli Ateniesi e i forestieri che dimoravan quivi, non passavano il tempo in altro modo che a dire o ad ascoltare quel che c'era di più nuovo.

22. E Paolo, stando in piè in mezzo all'Areopàgo, disse: Ateniesi, io veggo che siete in ogni cosa quasi troppo religiosi.

23. Poiché, passando, e considerando gli oggetti del vostro culto, ho trovato anche un altare sul quale era scritto: Al dio sconosciuto. Ciò dunque che voi adorate senza conoscerlo, io ve l'annunzio.

24. L'Iddio che ha fatto il mondo e tutte le cose che sono in esso, essendo Signore del cielo e della terra, non abita in templi fatti d'opera di mano;

25. e non è servito da mani d'uomini; come se avesse bisogno di alcuna cosa; Egli, che dà a tutti la vita, il fiato ed ogni cosa.

26. Egli ha tratto da un solo tutte le nazioni degli uomini perché abitino su tutta la faccia della terra, avendo determinato le epoche loro assegnate, e i confini della loro abitazione,

27. affinché cerchino Dio, se mai giungano a trovarlo, come a tastoni, benché Egli non sia lungi da ciascun di noi.

28. Difatti, in lui viviamo, ci moviamo, e siamo, come anche alcuni de' vostri poeti han detto: "Poiché siamo anche sua progenie".

29. Essendo dunque progenie di Dio, non dobbiam credere che la Divinità sia simile ad oro, ad argento, o a pietra scolpiti dall'arte e dall'immaginazione umana.

30. Iddio dunque, passando sopra ai tempi dell'ignoranza, fa ora annunziare agli uomini che tutti, per ogni dove, abbiano a ravvedersi,

31. inasmuch as he hath appointed a day in which he will judge the world in righteousness by the man whom he hath ordained; whereof he hath given assurance unto all men, in that he hath raised him from the dead.

32. Now when they heard of the resurrection of the dead, some mocked; but others said, We will hear thee concerning this yet again.

33. Thus Paul went out from among them.

34. But certain men clave unto him, and believed: among whom also was Dionysius the Areopagite, and a woman named Damaris, and others with them.

31. perché ha fissato un giorno, nei quale giudicherà il mondo con giustizia, per mezzo dell'uomo ch'Egli ha stabilito; del che ha fatto fede a tutti, avendolo risuscitato dai morti.

32. Quando udiron mentovar la risurrezione de' morti, alcuni se ne facevano beffe; ed altri dicevano: Su questo noi ti sentiremo un'altra volta.

33. Così Paolo uscì dal mezzo di loro.

34. Ma alcuni si unirono a lui e credettero; fra i quali anche Dionisio l'Areopagita, una donna chiamata Damaris, e altri con loro.

# Acts 18

# Atti degli Apostoli 18

1. After these things he departed from Athens, and came to Corinth.

2. And he found a certain Jew named Aquila, a man of Pontus by race, lately come from Italy, with his wife Priscilla, because Claudius had commanded all the Jews to depart from Rome: and he came unto them;

3. and because he was of the same trade, he abode with them, and they wrought, for by their trade they were tentmakers.

4. And he reasoned in the synagogue every sabbath, and persuaded Jews and Greeks.

5. But when Silas and Timothy came down from Macedonia, Paul was constrained by the word, testifying to the Jews that Jesus was the Christ.

6. And when they opposed themselves and blasphemed, he shook out his raiment and said unto them, Your blood [be] upon your own heads; I am clean: from henceforth I will go unto the Gentiles.

7. And he departed thence, and went into the house of a certain man named Titus Justus, one that worshipped God, whose house joined hard to the synagogue.

8. And Crispus, the ruler of the synagogue, believed in the Lord with all his house; and many of the Corinthians hearing believed, and were baptized.

9. And the Lord said unto Paul in the night by a vision, Be not afraid, but speak and hold not thy peace:

1. Dopo queste cose egli, partitosi da Atene, venne a Corinto.

2. E trovato un certo Giudeo, per nome Aquila, oriundo del Ponto, venuto di recente dall'Italia insieme con Priscilla sua moglie, perché Claudio avea comandato che tutti i Giudei se ne andassero da Roma, s'unì a loro.

3. E siccome era del medesimo mestiere, dimorava con loro, e lavoravano; poiché, di mestiere, eran fabbricanti di tende.

4. E ogni sabato discorreva nella sinagoga, e persuadeva Giudei e Greci.

5. Ma quando Sila e Timoteo furon venuti dalla Macedonia, Paolo si diè tutto quanto alla predicazione, testimoniando ai Giudei che Gesù era il Cristo.

6. Però, contrastando essi e bestemmiando, egli scosse le sue vesti e disse loro: Il vostro sangue ricada sul vostro capo; io ne son netto; da ora innanzi andrò ai Gentili.

7. E partitosi di là, entrò in casa d'un tale, chiamato Tizio Giusto, il quale temeva Iddio, ed aveva la casa contigua alla sinagoga.

8. E Crispo, il capo della sinagoga, credette nel Signore con tutta la sua casa; e molti dei Corinzi, udendo Paolo, credevano, ed eran battezzati.

9. E il Signore disse di notte in visione a Paolo: Non temere ma parla e non tacere;

10. for I am with thee, and no man shall set on thee to harm thee: for I have much people in this city.

11. And he dwelt [there] a year and six months, teaching the word of God among them.

12. But when Gallio was proconsul of Achaia, the Jews with one accord rose up against Paul and brought him before the judgment-seat,

13. saying, This man persuadeth men to worship God contrary to the law.

14. But when Paul was about to open his mouth, Gallio said unto the Jews, If indeed it were a matter of wrong or of wicked villany, O ye Jews, reason would that I should bear with you:

15. but if they are questions about words and names and your own law, look to it yourselves; I am not minded to be a judge of these matters.

16. And he drove them from the judgment-seat.

17. And they all laid hold on Sosthenes, the ruler of the synagogue, and beat him before the judgment-seat. And Gallio cared for none of these things.

18. And Paul, having tarried after this yet many days, took his leave of the brethren, and sailed thence for Syria, and with him Priscilla and Aquila: having shorn his head in Cenchreae; for he had a vow.

19. And they came to Ephesus, and he left them there: but he himself entered into the synagogue, and reasoned with the Jews.

20. And when they asked him to abide a longer time, he consented not;

21. but taking his leave of them, and saying, I will return again unto you if God will, he set sail from Ephesus.

22. And when he had landed at Caesarea, he went up and saluted the church, and went down to Antioch.

23. And having spent some time [there], he departed, and went through the region of Galatia, and Phrygia, in order, establishing all the disciples.

24. Now a certain Jew named Apollos, an Alexandrian by race, an eloquent man, came to Ephesus; and he was mighty in the scriptures.

10. perché io son teco, e nessuno metterà le mani su te per farti del male; poiché io ho un gran popolo in questa città.

11. Ed egli dimorò quivi un anno e sei mesi, insegnando fra loro la parola di Dio.

12. Poi, quando Gallione fu proconsole d'Acaia, i Giudei, tutti d'accordo, si levaron contro Paolo, e lo menarono dinanzi al tribunale, dicendo:

13. Costui va persuadendo gli uomini ad adorare Iddio in modo contrario alla legge.

14. E come Paolo stava per aprir la bocca, Gallione disse ai Giudei: Se si trattasse di qualche ingiustizia o di qualche mala azione, o Giudei, io vi ascolterei pazientemente, come ragion vuole.

15. Ma se si tratta di questioni intorno a parole, a nomi, e alla vostra legge, provvedeteci voi; io non voglio esser giudice di codeste cose.

16. E li mandò via dal tribunale.

17. Allora tutti, afferrato Sostene, il capo della sinagoga, lo battevano davanti al tribunale. E Gallione non si curava affatto di queste cose.

18. Quanto a Paolo, ei rimase ancora molti giorni a Corinto; poi, preso commiato dai fratelli, navigò verso la Siria, con Priscilla ed Aquila, dopo essersi fatto tosare il capo a Cencrea, perché avea fatto un voto.

19. Come furon giunti ad Efeso, Paolo li lasciò quivi; egli, intanto, entrato nella sinagoga, si pose a discorrere coi Giudei.

20. E pregandolo essi di dimorare da loro più a lungo, non acconsentì;

21. ma dopo aver preso commiato e aver detto che, Dio volendo, sarebbe tornato da loro un'altra volta, salpò da Efeso.

22. E sbarcato a Cesarea, salì a Gerusalemme, e salutata la chiesa, scese ad Antiochia.

23. Ed essendosi fermato quivi alquanto tempo, si partì, percorrendo di luogo in luogo il paese della Galazia e la Frigia, confermando tutti i discepoli.

24. Or un certo Giudeo, per nome Apollo, oriundo d'Alessandria, uomo eloquente e potente nelle Scritture, arrivò ad Efeso.

25. This man had been instructed in the way of the Lord; and being fervent in spirit, he spake and taught accurately the things concerning Jesus, knowing only the baptism of John:

26. and he began to speak boldly in the synagogue. But when Priscilla and Aquila heard him, they took him unto them, and expounded unto him the way of God more accurately.

27. And when he was minded to pass over into Achaia, the brethren encouraged him, and wrote to the disciples to receive him: and when he was come, he helped them much that had believed through grace;

28. for he powerfully confuted the Jews, [and that] publicly, showing by the scriptures that Jesus was the Christ.

25. Egli era stato ammaestrato nella via del Signore; ed essendo fervente di spirito, parlava e insegnava accuratamente le cose relative a Gesù, benché avesse conoscenza soltanto del battesimo di Giovanni.

26. Egli cominciò pure a parlar francamente nella sinagoga. Ma Priscilla ed Aquila, uditolo, lo presero seco e gli esposero più appieno la via di Dio.

27. Poi, volendo egli passare in Acaia, i fratelli ve lo confortarono, e scrissero ai discepoli che l'accogliessero. Giunto là, egli fu di grande aiuto a quelli che avevan creduto mediante la grazia;

28. perché con gran vigore confutava pubblicamente i Giudei, dimostrando per le Scritture che Gesù è il Cristo.

# Acts 19

# Atti degli Apostoli 19

1. And it came to pass, that, while Apollos was at Corinth, Paul having passed through the upper country came to Ephesus, and found certain disciples:

2. and he said unto them, Did ye receive the Holy Spirit when ye believed? And they [said] unto him, Nay, we did not so much as hear whether the Holy Spirit was [given].

3. And he said, Into what then were ye baptized? And they said, Into John's baptism.

4. And Paul said, John baptized with the baptism of repentance, saying unto the people that they should believe on him that should come after him, that is, on Jesus.

5. And when they heard this, they were baptized into the name of the Lord Jesus.

6. And when Paul had laid his hands upon them, the Holy Spirit came on them; and they spake with tongues, and prophesied.

7. And they were in all about twelve men.

8. And he entered into the synagogue, and spake boldly for the space of three months, reasoning and persuading [as to] the things concerning the kingdom of God.

1. Or avvenne, mentre Apollo era a Corinto, che Paolo, avendo traversato la parte alta del paese, venne ad Efeso; e vi trovò alcuni discepoli, ai quali disse:

2. Riceveste voi lo Spirito Santo quando credeste? Ed essi a lui: Non abbiamo neppur sentito dire che ci sia lo Spirito Santo.

3. Ed egli disse loro: Di che battesimo siete dunque stati battezzati? Ed essi risposero: Del battesimo di Giovanni.

4. E Paolo disse: Giovanni battezzò col battesimo di ravvedimento, dicendo al popolo che credesse in colui che veniva dopo di lui, cioè, in Gesù.

5. Udito questo, furon battezzati nel nome del Signor Gesù;

6. e dopo che Paolo ebbe loro imposto le mani, lo Spirito Santo scese su loro, e parlavano in altre lingue, e profetizzavano.

7. Erano, in tutto, circa dodici uomini.

8. Poi entrò nella sinagoga, e quivi seguitò a parlare francamente per lo spazio di tre mesi, discorrendo con parole persuasive delle cose relative al regno di Dio.

9. But when some were hardened and disobedient, speaking evil of the Way before the multitude, he departed from them, and separated the disciples, reasoning daily in the school of Tyrannus.

10. And this continued for the space of two years; so that all they that dwelt in Asia heard the word of the Lord, both Jews and Greeks.

11. And God wrought special miracles by the hands of Paul:

12. insomuch that unto the sick were carried away from his body handkerchiefs or aprons, and the evil spirits went out.

13. But certain also of the strolling Jews, exorcists, took upon them to name over them that had the evil spirits the name of the Lord Jesus, saying, I adjure you by Jesus whom Paul preacheth.

14. And there were seven sons of one Sceva, a Jew, a chief priest, who did this.

15. And the evil spirit answered and said unto them, Jesus I know, and Paul I know, but who are ye?

16. And the man in whom the evil spirit was leaped on them, and mastered both of them, and prevailed against them, so that they fled out of that house naked and wounded.

17. And this became known to all, both Jews and Greeks, that dwelt at Ephesus; and fear fell upon them all, and the name of the Lord Jesus was magnified.

18. Many also of them that had believed came, confessing, and declaring their deeds.

19. And not a few of them that practised magical arts brought their books together and burned them in the sight of all; and they counted the price of them, and found it fifty thousand pieces of silver.

20. So mightily grew the word of the Lord and prevailed.

21. Now after these things were ended, Paul purposed in the spirit, when he had passed through Macedonia and Achaia, to go to Jerusalem, saying, After I have been there, I must also see Rome.

9. Ma siccome alcuni s'indurivano e rifiutavano di credere, dicendo male della nuova Via dinanzi alla moltitudine, egli, ritiratosi da loro, separò i discepoli, discorrendo ogni giorno nella scuola di Tiranno.

10. E questo continuò due anni; talché tutti coloro che abitavano nell'Asia, Giudei e Greci, udirono la parola del Signore.

11. E Iddio faceva de' miracoli straordinari per le mani di Paolo;

12. al punto che si portavano sui malati degli asciugatoi e de' grembiuli che erano stati sul suo corpo, e le malattie si partivano da loro, e gli spiriti maligni se ne uscivano.

13. Or alcuni degli esorcisti giudei che andavano attorno, tentarono anch'essi d'invocare il nome del Signor Gesù su quelli che aveano degli spiriti maligni, dicendo: Io vi scongiuro, per quel Gesù che Paolo predica.

14. E quelli che facevan questo, eran sette figliuoli di un certo Sceva, Giudeo, capo sacerdote.

15. E lo spirito maligno, rispondendo, disse loro: Gesù, lo conosco, e Paolo so chi è; ma voi chi siete?

16. E l'uomo che avea lo spirito maligno si avventò su due di loro; li sopraffece, e fe' loro tal violenza, che se ne fuggirono da quella casa, nudi e feriti.

17. E questo venne a notizia di tutti, Giudei e Greci, che abitavano in Efeso; e tutti furon presi da spavento, e il nome del Signor Gesù era magnificato.

18. E molti di coloro che aveano creduto, venivano a confessare e a dichiarare le cose che aveano fatte.

19. E buon numero di quelli che aveano esercitato le arti magiche, portarono i loro libri assieme, e li arsero in presenza di tutti; e calcolatone il prezzo, trovarono che ascendeva a cinquantamila dramme d'argento.

20. Così la parola di Dio cresceva potentemente e si rafforzava.

21. Compiute che furon queste cose, Paolo si mise in animo d'andare a Gerusalemme, passando per la Macedonia e per l'Acaia. Dopo che sarò stato là, diceva, bisogna ch'io veda anche Roma.

| | |
|---|---|
| 22. And having sent into Macedonia two of them that ministered unto him, Timothy and Erastus, he himself stayed in Asia for a while. | 22. E mandati in Macedonia due di quelli che lo aiutavano, Timoteo ed Erasto, egli si trattenne ancora in Asia per qualche tempo. |
| 23. And about that time there arose no small stir concerning the Way. | 23. Or in quel tempo nacque non piccol tumulto a proposito della nuova Via. |
| 24. For a certain man named Demetrius, a silversmith, who made silver shrines of Diana, brought no little business unto the craftsmen; | 24. Poiché un tale, chiamato Demetrio, orefice, che faceva de' tempietti di Diana in argento, procurava non poco guadagno agli artigiani. |
| 25. whom he gathered together, with the workmen of like occupation, and said, Sirs, ye know that by this business we have our wealth. | 25. Raunati questi e gli altri che lavoravan di cotali cose, disse: Uomini, voi sapete che dall'esercizio di quest'arte viene la nostra prosperità. |
| 26. And ye see and hear, that not alone at Ephesus, but almost throughout all Asia, this Paul hath persuaded and turned away much people, saying that they are no gods, that are made with hands: | 26. E voi vedete e udite che questo Paolo ha persuaso e sviato gran moltitudine non solo in Efeso, ma quasi in tutta l'Asia dicendo che quelli fatti con le mani, non sono dèi. |
| 27. and not only is there danger that this our trade come into disrepute; but also that the temple of the great goddess Diana be made of no account, and that she should even be deposed from her magnificence whom all Asia and the world worshippeth. | 27. E non solo v'è pericolo che questo ramo della nostra arte cada in discredito, ma che anche il tempio della gran dea Diana sia reputato per nulla, e che sia perfino spogliata della sua maestà colei, che tutta l'Asia e il mondo adorano. |
| 28. And when they heard this they were filled with wrath, and cried out, saying, Great is Diana of the Ephesus. | 28. Ed essi, udite queste cose, accesi di sdegno, si misero a gridare: Grande è la Diana degli Efesini! |
| 29. And the city was filled with the confusion: and they rushed with one accord into the theatre, having seized Gaius and Aristarchus, men of Macedonia, Paul's companions in travel. | 29. E tutta la città fu ripiena di confusione; e traendo seco a forza Gaio e Aristarco, Macedoni, compagni di viaggio di Paolo, si precipitaron tutti d'accordo verso il teatro. |
| 30. And when Paul was minded to enter in unto the people, the disciples suffered him not. | 30. Paolo voleva presentarsi al popolo, ma i discepoli non glielo permisero. |
| 31. And certain also of the Asiarchs, being his friends, sent unto him and besought him not to adventure himself into the theatre. | 31. E anche alcuni de' magistrati dell'Asia che gli erano amici, mandarono a pregarlo che non s'arrischiasse a venire nel teatro. |
| 32. Some therefore cried one thing, and some another: for the assembly was in confusion; and the more part knew not wherefore they were come together. | 32. Gli uni dunque gridavano una cosa, e gli altri un'altra; perché l'assemblea era una confusione; e i più non sapevano per qual cagione si fossero raunati. |
| 33. And they brought Alexander out of the multitude, the Jews putting him forward. And Alexander beckoned with the hand, and would have made a defense unto the people. | 33. E di fra la moltitudine trassero Alessandro, che i Giudei spingevano innanzi. E Alessandro, fatto cenno con la mano, voleva arringare il popolo a loro difesa. |
| 34. But when they perceived that he was a Jew, all with one voice about the space of two hours cried out, Great is Diana of the Ephesians. | 34. Ma quando ebbero riconosciuto che era Giudeo, tutti, ad una voce, per circa due ore, si posero a gridare: Grande è la Diana degli Efesini! |

35. And when the townclerk had quieted the multitude, he saith, Ye men of Ephesus, what man is there who knoweth not that the city of the Ephesians is temple-keeper of the great Diana, and of the [image] which fell down from Jupiter?

36. Seeing then that these things cannot be gainsaid, ye ought to be quiet, and to do nothing rash.

37. For ye have brought [hither] these men, who are neither robbers of temples nor blasphemers of our goddess.

38. If therefore Demetrius, and the craftsmen that are with him, have a matter against any man, the courts are open, and there are proconsuls: let them accuse one another.

39. But if ye seek anything about other matters, it shall be settled in the regular assembly.

40. For indeed we are in danger to be accused concerning this day's riot, there being no cause [for it]: and as touching it we shall not be able to give account of this concourse.

41. And when he had thus spoken, he dismissed the assembly.

# Acts 20

1. And after the uproar ceased, Paul having sent for the disciples and exhorted them, took leave of them, and departed to go into Macedonia.

2. And when he had gone through those parts, and had given them much exhortation, he came into Greece.

3. And when he had spent three months [there,] and a plot was laid against him by Jews as he was about to set sail for Syria, he determined to return through Macedonia.

4. And there accompanied him as far as Asia, Sopater of Beroea, [the son] of Pyrrhus; and of the Thessalonians, Aristarchus and Secundus; and Gaius of Derbe, and Timothy; and of Asia, Tychicus and Trophimus.

5. But these had gone before, and were waiting for us at Troas.

6. And we sailed away from Philippi after the days of unleavened bread, and came unto them to Troas in five days, where we tarried seven days.

35. Ma il segretario, avendo acquetata la turba, disse: Uomini di Efeso, chi è che non sappia che la città degli Efesini è la guardiana del tempio della gran Diana e dell'immagine caduta da Giove?

36. Essendo dunque queste cose fuor di contestazione, voi dovete acquetarvi e non far nulla di precipitato;

37. poiché avete menato qua questi uomini, i quali non sono né sacrileghi, né bestemmiatori della nostra dea.

38. Se dunque Demetrio e gli artigiani che son con lui hanno qualcosa contro qualcuno, ci sono i tribunali, e ci sono i proconsoli; si facciano citare gli uni e gli altri.

39. Se poi volete ottenere qualcosa intorno ad altri affari, la questione si risolverà in un'assemblea legale.

40. Perché noi siamo in pericolo d'essere accusati di sedizione per la raunata d'oggi, non essendovi ragione alcuna con la quale noi possiamo giustificare questo assembramento.

41. E dette queste cose, sciolse l'adunanza.

# Atti degli Apostoli 20

1. Or dopo che fu cessato il tumulto, Paolo, fatti chiamare i discepoli ed esortatili, li abbracciò e si partì per andare in Macedonia.

2. E dopo aver traversato quelle parti, e averli con molte parole esortati, venne in Grecia.

3. Quivi si fermò tre mesi; poi, avendogli i Giudei teso delle insidie mentre stava per imbarcarsi per la Siria, decise di tornare per la Macedonia.

4. E lo accompagnarono Sòpatro di Berea, figlio di Pirro, e i Tessalonicesi Aristarco e Secondo, e Gaio di Derba e Timoteo, e della provincia d'Asia Tichico e Trofimo.

5. Costoro, andati innanzi, ci aspettarono a Troas.

6. E noi, dopo i giorni degli azzimi, partimmo da Filippi, e in capo a cinque giorni li raggiungemmo a Troas, dove dimorammo sette giorni.

7. And upon the first day of the week, when we were gathered together to break bread, Paul discoursed with them, intending to depart on the morrow; and prolonged his speech until midnight.

8. And there were many lights in the upper chamber where we were gathered together.

9. And there sat in the window a certain young man named Eutychus, borne down with deep sleep; and as Paul discoursed yet longer, being borne down by his sleep he fell down from the third story, and was taken up dead.

10. And Paul went down, and fell on him, and embracing him said, Make ye no ado; for his life is in him.

11. And when he was gone up, and had broken the bread, and eaten, and had talked with them a long while, even till break of day, so he departed.

12. And they brought the lad alive, and were not a little comforted.

13. But we going before to the ship set sail for Assos, there intending to take in Paul: for so had he appointed, intending himself to go by land.

14. And when he met us at Assos, we took him in, and came to Mitylene.

15. And sailing from thence, we came the following day over against Chios; and the next day we touched at Samos; and the day after we came to Miletus.

16. For Paul had determined to sail past Ephesus, that he might not have to spend time in Asia; for he was hastening, if it were possible for him, to be at Jerusalem the day of Pentecost.

17. And from Miletus he sent to Ephesus, and called to him the elders of the church.

18. And when they were come to him, he said unto them, Ye yourselves know, from the first day that I set foot in Asia, after what manner I was with you all the time,

19. serving the Lord with all lowliness of mind, and with tears, and with trials which befell me by the plots of the Jews;

20. how I shrank not from declaring unto you anything that was profitable, and teaching you publicly, and from house to house,

7. E nel primo giorno della settimana, mentre eravamo radunati per rompere il pane, Paolo, dovendo partire il giorno seguente, si mise a ragionar con loro, e prolungò il suo discorso fino a mezzanotte.

8. Or nella sala di sopra, dove eravamo radunati, c'erano molte lampade;

9. e un certo giovinetto, chiamato Eutico, che stava seduto sul davanzale della finestra, fu preso da profondo sonno; e come Paolo tirava in lungo il suo dire, sopraffatto dal sonno, cadde giù dal terzo piano, e fu levato morto.

10. Ma Paolo, sceso a basso, si buttò su di lui, e abbracciatolo, disse: Non fate tanto strepito, perché l'anima sua e in lui.

11. Ed essendo risalito, ruppe il pane e prese cibo; e dopo aver ragionato lungamente sino all'alba, senz'altro si partì.

12. Il ragazzo poi fu ricondotto vivo, ed essi ne furono oltre modo consolati.

13. Quanto a noi, andati innanzi a bordo, navigammo verso Asso, con intenzione di prender quivi Paolo con noi; poiché egli avea fissato così, volendo fare quel tragitto per terra.

14. E avendoci incontrati ad Asso, lo prendemmo con noi, e venimmo a Mitilene.

15. E di là, navigando, arrivammo il giorno dopo dirimpetto a Chio; e il giorno seguente approdammo a Samo, e il giorno dipoi giungemmo a Mileto.

16. Poiché Paolo avea deliberato di navigare oltre Efeso, per non aver a consumar tempo in Asia; giacché si affrettava per trovarsi, se gli fosse possibile, a Gerusalemme il giorno della Pentecoste.

17. E da Mileto mandò ad Efeso a far chiamare gli anziani della chiesa.

18. E quando furon venuti a lui, egli disse loro: Voi sapete in qual maniera, dal primo giorno che entrai nell'Asia, io mi son sempre comportato con voi,

19. servendo al Signore con ogni umiltà, e con lacrime, fra le prove venutemi dalle insidie dei Giudei;

20. come io non mi son tratto indietro dall'annunziarvi e dall'insegnarvi in pubblico e per le case, cosa alcuna di quelle che vi fossero utili,

21. testifying both to Jews and to Greeks repentance toward God, and faith toward our Lord Jesus Christ.

22. And now, behold, I go bound in the spirit unto Jerusalem, not knowing the things that shall befall me there:

23. save that the Holy Spirit testifieth unto me in every city, saying that bonds and afflictions abide me.

24. But I hold not my life of any account as dear unto myself, so that I may accomplish my course, and the ministry which I received from the Lord Jesus, to testify the gospel of the grace of God.

25. And now, behold, I know that ye all, among whom I went about preaching the kingdom, shall see my face no more.

26. Wherefore I testify unto you this day, that I am pure from the blood of all men.

27. For I shrank not from declaring unto you the whole counsel of God.

28. Take heed unto yourselves, and to all the flock, in which the Holy Spirit hath made you bishops, to feed the church of the Lord which he purchased with his own blood.

29. I know that after my departing grievous wolves shall enter in among you, not sparing the flock;

30. and from among your own selves shall men arise, speaking perverse things, to draw away the disciples after them.

31. Wherefore watch ye, remembering that by the space of three years I ceased not to admonish every one night and day with tears.

32. And now I commend you to God, and to the word of his grace, which is able to build [you] up, and to give [you] the inheritance among all them that are sanctified.

33. I coveted no man's silver, or gold, or apparel.

34. Ye yourselves know that these hands ministered unto my necessities, and to them that were with me.

35. In all things I gave you an example, that so laboring ye ought to help the weak, and to remember the words of the Lord Jesus, that he himself said, It is more blessed to give than to receive.

36. And when he had thus spoken, he kneeled down and prayed with them all.

37. And they all wept sore, and fell on Paul's neck and kissed him,

21. scongiurando Giudei e Greci a ravvedersi dinanzi a Dio e a credere nel Signor nostro Gesù Cristo.

22. Ed ora, ecco, vincolato nel mio spirito, io vo a Gerusalemme, non sapendo le cose che quivi mi avverranno;

23. salvo che lo Spirito Santo mi attesta in ogni città che legami ed afflizioni m'aspettano.

24. Ma io non fo alcun conto della vita, quasi mi fosse cara, pur di compiere il mio corso e il ministerio che ho ricevuto dal Signor Gesù, che è di testimoniare dell'Evangelo della grazia di Dio.

25. Ed ora, ecco, io so che voi tutti fra i quali sono passato predicando il Regno, non vedrete più la mia faccia.

26. Perciò io vi protesto quest'oggi che son netto del sangue di tutti;

27. perché io non mi son tratto indietro dall'annunziarvi tutto il consiglio di Dio.

28. Badate a voi stessi e a tutto il gregge, in mezzo al quale lo Spirito Santo vi ha costituiti vescovi, per pascere la chiesa di Dio, la quale egli ha acquistata col proprio sangue.

29. Io so che dopo la mia partenza entreranno fra voi de' lupi rapaci, i quali non risparmieranno il gregge;

30. e di fra voi stessi sorgeranno uomini che insegneranno cose perverse per trarre i discepoli dietro a sé.

31. Perciò vegliate, ricordandovi che per lo spazio di tre anni, notte e giorno, non ho cessato d'ammonire ciascuno con lacrime.

32. E ora, io vi raccomando a Dio e alla parola della sua grazia; a lui che può edificarvi e darvi l'eredità con tutti i santificati.

33. Io non ho bramato né l'argento, né l'oro, né il vestito d'alcuno.

34. Voi stessi sapete che queste mani hanno provveduto ai bisogni miei e di coloro che eran meco.

35. In ogni cosa vi ho mostrato ch'egli è con l'affaticarsi così, che bisogna venire in aiuto ai deboli, e ricordarsi delle parole del Signor Gesù, il quale disse egli stesso: Più felice cosa è il dare che il ricevere.

36. Quando ebbe dette queste cose, si pose in ginocchio e pregò con tutti loro.

37. E si fece da tutti un gran piangere; e gettatisi al collo di Paolo, lo baciavano,

38. sorrowing most of all for the word which he had spoken, that they should behold his face no more. And they brought him on his way unto the ship.

# Acts 21

1. And when it came to pass that were parted from them and had set sail, we came with a straight course unto Cos, and the next day unto Rhodes, and from thence unto Patara:

2. and having found a ship crossing over unto Phoenicia, we went aboard, and set sail.

3. And when we had come in sight of Cyprus, leaving it on the left hand, we sailed unto Syria, and landed at Tyre; for there the ship was to unlade her burden.

4. And having found the disciples, we tarried there seven days: and these said to Paul through the Spirit, that he should not set foot in Jerusalem.

5. And when it came to pass that we had accomplished the days, we departed and went on our journey; and they all, with wives and children, brought us on our way till we were out of the city: and kneeling down on the beach, we prayed, and bade each other farewell;

6. and we went on board the ship, but they returned home again.

7. And when we had finished the voyage from Tyre, we arrived at Ptolemais; and we saluted the brethren, and abode with them one day.

8. And on the morrow we departed, and came unto Caesarea: and entering into the house of Philip the evangelist, who was one of the seven, we abode with him.

9. Now this man had four virgin daughters, who prophesied.

10. And as we tarried there some days, there came down from Judaea a certain prophet, named Agabus.

11. And coming to us, and taking Paul's girdle, he bound his own feet and hands, and said, Thus saith the Holy Spirit, So shall the Jews at Jerusalem bind the man that owneth this girdle, and shall deliver him into the hands of the Gentiles.

12. And when we heard these things, both we and they of that place besought him not to go up to Jerusalem.

# Atti degli Apostoli 21

38. dolenti sopra tutto per la parola che avea detta, che non vedrebbero più la sua faccia. E l'accompagnarono alla nave.

1. Or dopo che ci fummo staccati da loro, salpammo, e per diritto corso giungemmo a Cos, e il giorno seguente a Rodi, e di là a Patara;

2. e trovata una nave che passava in Fenicia, vi montammo su, e facemmo vela.

3. Giunti in vista di Cipro, e lasciatala a sinistra, navigammo verso la Siria, e approdammo a Tiro, perché quivi si dovea scaricar la nave.

4. E trovati i discepoli, dimorammo quivi sette giorni. Essi, mossi dallo Spirito, dicevano a Paolo di non metter piede in Gerusalemme;

5. quando però fummo al termine di quei giorni, partimmo per continuare il viaggio, accompagnati da tutti loro, con le mogli e i figliuoli, fin fuori della città; e postici in ginocchio sul lido, facemmo orazione e ci dicemmo addio;

6. poi montammo sulla nave, e quelli se ne tornarono alle case loro.

7. E noi, terminando la navigazione, da Tiro arrivammo a Tolemaide; e salutati i fratelli, dimorammo un giorno con loro.

8. E partiti l'indomani, giungemmo a Cesarea; ed entrati in casa di Filippo l'evangelista, ch'era uno dei sette, dimorammo con lui.

9. Or egli avea quattro figliuole non maritate, le quali profetizzavano.

10. Eravamo quivi da molti giorni, quando scese dalla Giudea un certo profeta, di nome Agabo,

11. il quale, venuto da noi, prese la cintura di Paolo, se ne legò i piedi e le mani, e disse: Questo dice lo Spirito Santo: Così legheranno i Giudei a Gerusalemme l'uomo di cui è questa cintura, e lo metteranno nelle mani dei Gentili.

12. Quando udimmo queste cose, tanto noi che quei del luogo lo pregavamo di non salire a Gerusalemme.

13. Then Paul answered, What do ye, weeping and breaking my heart? for I am ready not to be bound only, but also to die at Jerusalem for the name of the Lord Jesus.

14. And when he would not be persuaded, we ceased, saying, The will of the Lord be done.

15. And after these days we took up our baggage and went up to Jerusalem.

16. And there went with us also [certain] of the disciples from Caesarea, bringing [with them] one Mnason of Cyprus, an early disciple, with whom we should lodge.

17. And when we were come to Jerusalem, the brethren received us gladly.

18. And the day following Paul went in with us unto James; and all the elders were present.

19. And when he had saluted them, he rehearsed one by one the things which God had wrought among the Gentiles through his ministry.

20. And they, when they heard it, glorified God; and they said unto him, Thou seest, brother, how many thousands there are among the Jews of them that have believed; and they are all zealous for the law:

21. and they have been informed concerning thee, that thou teachest all the Jews who are among the Gentiles to forsake Moses, telling them not to circumcise their children neither to walk after the customs.

22. What is it therefore? They will certainly hear that thou art come.

23. Do therefore this that we say to thee: We have four men that have a vow on them;

24. these take, and purify thyself with them, and be at charges for them, that they may shave their heads: and all shall know that there is no truth in the things whereof they have been informed concerning thee; but that thou thyself also walkest orderly, keeping the law.

25. But as touching the Gentiles that have believed, we wrote, giving judgment that they should keep themselves from things sacrificed to idols, and from blood, and from what is strangled, and from fornication.

13. Paolo allora rispose: Che fate voi, piangendo e spezzandomi il cuore? Poiché io son pronto non solo ad esser legato, ma anche a morire a Gerusalemme per il nome del Signor Gesù.

14. E non lasciandosi egli persuadere, ci acquetammo, dicendo: Sia fatta la volontà del Signore.

15. Dopo que' giorni, fatti i nostri preparativi, salimmo a Gerusalemme.

16. E vennero con noi anche alcuni de' discepoli di Cesarea, menando seco un certo Mnasone di Cipro, antico discepolo, presso il quale dovevamo albergare.

17. Quando fummo giunti a Gerusalemme, i fratelli ci accolsero lietamente.

18. E il giorno seguente, Paolo si recò con noi da Giacomo; e vi si trovarono tutti gli anziani.

19. Dopo averli salutati, Paolo si mise a raccontare ad una ad una le cose che Dio avea fatte fra i Gentili, per mezzo del suo ministerio.

20. Ed essi, uditele, glorificavano Iddio. Poi, dissero a Paolo: Fratello, tu vedi quante migliaia di Giudei ci sono che hanno creduto; e tutti sono zelanti per la legge.

21. Or sono stati informati di te, che tu insegni a tutti i Giudei che son fra i Gentili, ad abbandonare Mosè, dicendo loro di non circoncidere i figliuoli, e di non conformarsi ai riti.

22. Che devesi dunque fare? E' inevitabile che una moltitudine di loro si raduni, perché udranno che tu se' venuto.

23. Fa' dunque questo che ti diciamo: Noi abbiamo quattro uomini che hanno fatto un voto;

24. prendili teco, e purificati con loro, e paga le spese per loro, onde possano radersi il capo; così tutti conosceranno che non c'è nulla di vero nelle informazioni che hanno ricevute di te; ma che tu pure ti comporti da osservatore della legge.

25. Quanto ai Gentili che hanno creduto, noi abbiamo loro scritto, avendo deciso che debbano astenersi dalle cose sacrificate agl'idoli, dal sangue, dalle cose soffocate, e dalla fornicazione.

26. Then Paul took the men, and the next day purifying himself with them went into the temple, declaring the fulfilment of the days of purification, until the offering was offered for every one of them.

27. And when the seven days were almost completed, the Jews from Asia, when they saw him in the temple, stirred up all the multitude and laid hands on him,

28. crying out, Men of Israel, help: This is the man that teacheth all men everywhere against the people, and the law, and this place; and moreover he brought Greeks also into the temple, and hath defiled this holy place.

29. For they had before seen with him in the city Trophimus the Ephesian, whom they supposed that Paul had brought into the temple.

30. And all the city was moved, and the people ran together; and they laid hold on Paul, and dragged him out of the temple: and straightway the doors were shut.

31. And as they were seeking to kill him, tidings came up to the chief captain of the band, that all Jerusalem was in confusion.

32. And forthwith he took soldiers and centurions, and ran down upon them: and they, when they saw the chief captain and the soldiers, left off beating Paul.

33. Then the chief captain came near, and laid hold on him, and commanded him to be bound with two chains; and inquired who he was, and what he had done.

34. And some shouted one thing, some another, among the crowd: and when he could not know the certainty for the uproar, he commanded him to be brought into the castle.

35. And when he came upon the stairs, so it was that he was borne of the soldiers for the violence of the crowd;

36. for the multitude of the people followed after, crying out, Away with him.

37. And as Paul was about to be brought into the castle, he saith unto the chief captain, May I say something unto thee? And he said, Dost thou know Greek?

26. Allora Paolo, il giorno seguente, prese seco quegli uomini, e dopo essersi con loro purificato, entrò nel tempio, annunziando di voler compiere i giorni della purificazione, fino alla presentazione dell'offerta per ciascun di loro.

27. Or come i sette giorni eran presso che compiuti, i Giudei dell'Asia, vedutolo nel tempio, sollevarono tutta la moltitudine, e gli misero le mani addosso, gridando:

28. Uomini Israeliti, venite al soccorso; questo è l'uomo che va predicando a tutti e da per tutto contro il popolo, contro la legge, e contro questo luogo; e oltre a ciò, ha menato anche de' Greci nel tempio, e ha profanato questo santo luogo.

29. Infatti, aveano veduto prima Trofimo d'Efeso in città con Paolo, e pensavano ch'egli l'avesse menato nel tempio.

30. Tutta la città fu commossa, e si fece un concorso di popolo; e preso Paolo, lo trassero fuori del tempio; e subito le porte furon serrate.

31. Or com'essi cercavano d'ucciderlo, arrivò su al tribuno della coorte la voce che tutta Gerusalemme era sossopra.

32. Ed egli immediatamente prese con sé de' soldati e de' centurioni, e corse giù ai Giudei, i quali, veduto il tribuno e i soldati, cessarono di batter Paolo.

33. Allora il tribuno, accostatosi, lo prese, e comandò che fosse legato con due catene; poi domandò chi egli fosse, e che cosa avesse fatto.

34. E nella folla gli uni gridavano una cosa, e gli altri un'altra; onde, non potendo saper nulla di certo a cagion del tumulto, comandò ch'egli fosse menato nella fortezza.

35. Quando Paolo arrivò alla gradinata dovette, per la violenza della folla, esser portato dai soldati,

36. perché il popolo in gran folla lo seguiva, gridando: Toglilo di mezzo!

37. Or come Paolo stava per esser introdotto nella fortezza, disse al tribuno: Mi è egli lecito dirti qualcosa? Quegli rispose: Sai tu il greco?

38. Art thou not then the Egyptian, who before these days stirred up to sedition and led out into the wilderness the four thousand men of the Assassins?

39. But Paul said, I am a Jew, of Tarsus in Cilicia, a citizen of no mean city: and I beseech thee, give me leave to speak unto the people.

40. And when he had given him leave, Paul, standing on the stairs, beckoned with the hand unto the people; and when there was made a great silence, he spake unto them in the Hebrew language, saying,

# Acts 22

1. Brethren and fathers, hear ye the defence which I now make unto you.

2. And when they heard that he spake unto them in the Hebrew language, they were the more quiet: and he saith,

3. I am a Jew, born in Tarsus of Cilicia, but brought up in this city, at the feet of Gamaliel, instructed according to the strict manner of the law of our fathers, being zealous for God, even as ye all are this day:

4. and I persecuted this Way unto the death, binding and delivering into prisons both men and women.

5. As also the high priest doth bear me witness, and all the estate of the elders: from whom also I received letters unto the brethren, and journeyed to Damascus to bring them also that were there unto Jerusalem in bonds to be punished.

6. And it came to pass, that, as I made my journey, and drew nigh unto Damascus, about noon, suddenly there shone from heaven a great light round about me.

7. And I fell unto the ground, and heard a voice saying unto me, Saul, Saul, why persecutest thou me?

8. And I answered, Who art thou, Lord? And he said unto me, I am Jesus of Nazareth, whom thou persecutest.

9. And they that were with me beheld indeed the light, but they heard not the voice of him that spake to me.

38. Non sei tu dunque quell'Egiziano che tempo fa sollevò e menò nel deserto que' quattromila briganti?

39. Ma Paolo disse: Io sono un Giudeo, di Tarso, cittadino di quella non oscura città di Cilicia; e ti prego che tu mi permetta di parlare al popolo.

40. E avendolo egli permesso, Paolo, stando in piè sulla gradinata, fece cenno con la mano al popolo. E fattosi gran silenzio, parlò loro in lingua ebraica dicendo:

# Atti degli Apostoli 22

1. Fratelli e padri, ascoltate ciò che ora vi dico a mia difesa.

2. E quand'ebbero udito ch'egli parlava loro in lingua ebraica, tanto più fecero silenzio. Poi disse:

3. Io sono un Giudeo, nato a Tarso di Cilicia, ma allevato in questa città, ai piedi di Gamaliele, educato nella rigida osservanza della legge dei padri, e fui zelante per la causa di Dio, come voi tutti siete oggi;

4. e perseguitai a morte questa Via, legando e mettendo in prigione uomini e donne,

5. come me ne son testimoni il sommo sacerdote e tutto il concistoro degli anziani, dai quali avendo pure ricevuto lettere per i fratelli, mi recavo a Damasco per menare legati a Gerusalemme anche quelli ch'eran quivi, perché fossero puniti.

6. Or avvenne che mentre ero in cammino e mi avvicinavo a Damasco, sul mezzogiorno, di subito dal cielo mi folgoreggiò d'intorno una gran luce.

7. Caddi in terra, e udii una voce che mi disse: Saulo, Saulo, perché mi perseguiti?

8. E io risposi: Chi sei, Signore? Ed egli mi disse: Io son Gesù il Nazareno, che tu perseguiti.

9. Or coloro ch'eran meco, videro ben la luce ma non udirono la voce di colui che mi parlava.

10. And I said, What shall I do, Lord? And the Lord said unto me, Arise, and go into Damascus; and there it shall be told thee of all things which are appointed for thee to do.

11. And when I could not see for the glory of that light, being led by the hand of them that were with me I came into Damascus.

12. And one Ananias, a devout man according to the law, well reported of by all the Jews that dwelt there,

13. came unto me, and standing by me said unto me, Brother Saul, receive thy sight. And in that very hour I looked up on him.

14. And he said, The God of our fathers hath appointed thee to know his will, and to see the Righteous One, and to hear a voice from his mouth.

15. For thou shalt be a witness for him unto all men of what thou hast seen and heard.

16. And now why tarriest thou? arise, and be baptized, and wash away thy sins, calling on his name.

17. And it came to pass, that, when I had returned to Jerusalem, and while I prayed in the temple, I fell into a trance,

18. and saw him saying unto me, Make haste, and get thee quickly out of Jerusalem; because they will not receive of thee testimony concerning me.

19. And I said, Lord, they themselves know that I imprisoned and beat in every synagogue them that believed on thee:

20. and when the blood of Stephen thy witness was shed, I also was standing by, and consenting, and keeping the garments of them that slew him.

21. And he said unto me, Depart: for I will send thee forth far hence unto the Gentiles.

22. And they gave him audience unto this word; and they lifted up their voice, and said, Away with such a fellow from the earth: for it is not fit that he should live.

23. And as they cried out, and threw off their garments, and cast dust into the air,

10. E io dissi: Signore, che debbo fare? E il Signore mi disse: Lèvati, va' a Damasco, e quivi ti saranno dette tutte le cose che t'è ordinato di fare.

11. E siccome io non ci vedevo più per il fulgore di quella luce, fui menato per mano da coloro che eran meco, e così venni a Damasco.

12. Or un certo Anania, uomo pio secondo la legge, al quale tutti i Giudei che abitavan quivi rendevan buona testimonianza,

13. venne a me; e standomi vicino, mi disse: Fratello Saulo, ricupera la vista. Ed io in quell'istante ricuperai la vista, e lo guardai.

14. Ed egli disse: L'Iddio de' nostri padri ti ha destinato a conoscer la sua volontà, e a vedere il Giusto, e a udire una voce dalla sua bocca.

15. Poiché tu gli sarai presso tutti gli uomini un testimone delle cose che hai vedute e udite.

16. Ed ora, che indugi? Lèvati, e sii battezzato, e lavato dei tuoi peccati, invocando il suo nome.

17. Or avvenne, dopo ch'io fui tornato a Gerusalemme, che mentre pregavo nel tempio fui rapito in estasi,

18. e vidi Gesù che mi diceva: Affrettati, ed esci prestamente da Gerusalemme, perché essi non riceveranno la tua testimonianza intorno a me.

19. E io dissi: Signore, eglino stessi sanno che io incarceravo e battevo nelle sinagoghe quelli che credevano in te;

20. e quando si spandeva il sangue di Stefano tuo testimone, anch'io ero presente e approvavo, e custodivo le vesti di coloro che l'uccidevano.

21. Ed egli mi disse: Va', perché io ti manderò lontano, ai Gentili.

22. L'ascoltarono fino a questa parola; e poi alzarono la voce, dicendo: Togli via un tal uomo dal mondo; perché non è degno di vivere.

23. Com'essi gridavano e gettavan via le loro vesti e lanciavano la polvere in aria,

24. the chief captain commanded him be brought into the castle, bidding that he should be examined by scourging, that he might know for what cause they so shouted against him.

25. And when they had tied him up with the thongs, Paul said unto the centurion that stood by, Is it lawful for you to scourge a man that is a Roman, and uncondemned?

26. And when the centurion heard it, he went to the chief captain and told him, saying, What art thou about to do? for this man is a Roman.

27. And the chief captain came and said unto him, Tell me, art thou a Roman? And he said, Yea.

28. And the chief captain answered, With a great sum obtained I this citizenship. And Paul said, But I am [a Roman] born.

29. They then that were about to examine him straightway departed from him: and the chief captain also was afraid when he knew that he was a Roman, and because he had bound him.

30. But on the morrow, desiring to know the certainty wherefore he was accused of the Jews, he loosed him, and commanded the chief priests and all the council to come together, and brought Paul down and set him before them.

# Acts 23

1. And Paul, looking stedfastly on the council, said, Brethren, I have lived before God in all good conscience until this day.

2. And the high priest Ananias commanded them that stood by him to smite him on the mouth.

3. Then said Paul unto him, God shall smite thee, thou whited wall: and sittest thou to judge me according to the law, and commandest me to be smitten contrary to the law?

4. And they that stood by said, Revilest thou God's high priest?

5. And Paul said, I knew not, brethren, that he was high priest: for it is written, Thou shalt not speak evil of a ruler of thy people.

24. il tribuno comandò ch'egli fosse menato dentro la fortezza e inquisito mediante i flagelli, affin di sapere per qual cagione gridassero così contro a lui.

25. E come l'ebbero disteso e legato con le cinghie, Paolo disse al centurione ch'era presente: V'è egli lecito flagellare un uomo che è cittadino romano, e non è stato condannato?

26. E il centurione, udito questo, venne a riferirlo al tribuno, dicendo: Che stai per fare? perché quest'uomo è Romano.

27. Il tribuno venne a Paolo, e gli chiese: Dimmi, sei tu Romano? Ed egli rispose: Sì.

28. E il tribuno replicò: Io ho acquistato questa cittadinanza per gran somma di denaro. E Paolo disse: Io, invece, l'ho di nascita.

29. Allora quelli che stavan per inquisirlo, si ritrassero subito da lui; e anche il tribuno ebbe paura, quand'ebbe saputo che egli era Romano; perché l'avea fatto legare.

30. E il giorno seguente, volendo saper con certezza di che cosa egli fosse accusato dai Giudei, lo sciolse, e comandò ai capi sacerdoti e a tutto il Sinedrio di radunarsi; e menato giù Paolo, lo fe' comparire dinanzi a loro.

# Atti degli Apostoli 23

1. E Paolo, fissati gli occhi nel Sinedrio, disse: Fratelli, fino a questo giorno, mi son condotto dinanzi a Dio in tutta buona coscienza.

2. E il sommo sacerdote Anania comandò a coloro ch'eran presso a lui di percuoterlo sulla bocca.

3. Allora Paolo gli disse: Iddio percoterà te, parete scialbata; tu siedi per giudicarmi secondo la legge, e violando la legge comandi che io sia percosso?

4. E coloro ch'eran quivi presenti, dissero: Ingiurii tu il sommo sacerdote di Dio?

5. E Paolo disse: Fratelli, io non sapevo che fosse sommo sacerdote; perché sta scritto: "Non dirai male del principe del tuo popolo".

6. But when Paul perceived that the one part were Sadducees and the other Pharisees, he cried out in the council, Brethren, I am a Pharisee, a son of Pharisees: touching the hope and resurrection of the dead I am called in question.

7. And when he had so said, there arose a dissension between the Pharisees and Sadducees; and the assembly was divided.

8. For the Sadducees say that there is no resurrection, neither angel, nor spirit; but the Pharisees confess both.

9. And there arose a great clamor: and some of the scribes of the Pharisees part stood up, and strove, saying, We find no evil in this man: and what if a spirit hath spoken to him, or an angel?

10. And when there arose a great dissension, the chief captain, fearing lest Paul should be torn in pieces by them, commanded the soldiers to go down and take him by force from among them, and bring him into the castle.

11. And the night following the Lord stood by him, and said, Be of good cheer: for as thou hast testified concerning me at Jerusalem, so must thou bear witness also at Rome.

12. And when it was day, the Jews banded together, and bound themselves under a curse, saying that they would neither eat nor drink till they had killed Paul.

13. And they were more than forty that made this conspiracy.

14. And they came to the chief priests and the elders, and said, We have bound ourselves under a great curse, to taste nothing until we have killed Paul.

15. Now therefore do ye with the council signify to the chief captain that he bring him down unto you, as though ye would judge of his case more exactly: and we, before he comes near, are ready to slay him.

16. But Paul's sister's son heard of their lying in wait, and he came and entered into the castle and told Paul.

17. And Paul called unto him one of the centurions, and said, Bring this young man unto the chief captain; for he hath something to tell him.

6. Or Paolo, sapendo che una parte eran Sadducei e l'altra Farisei, esclamò nel Sinedrio: Fratelli, io son Fariseo, figliuol di Farisei; ed è a motivo della speranza e della risurrezione dei morti, che son chiamato in giudizio.

7. E com'ebbe detto questo, nacque contesa tra i Farisei e i Sadducei, e l'assemblea fu divisa.

8. Poiché i Sadducei dicono che non v'è risurrezione, né angelo, né spirito; mentre i Farisei affermano l'una e l'altra cosa.

9. E si fece un gridar grande; e alcuni degli scribi del partito de' Farisei, levatisi, cominciarono a disputare, dicendo: Noi non troviamo male alcuno in quest'uomo; e se gli avesse parlato uno spirito o un angelo?

10. E facendosi forte la contesa, il tribuno, temendo che Paolo non fosse da loro fatto a pezzi, comandò ai soldati di scendere giù, e di portarlo via dal mezzo di loro, e di menarlo nella fortezza.

11. E la notte seguente il Signore si presentò a Paolo, e gli disse: Sta' di buon cuore; perché come hai reso testimonianza di me a Gerusalemme, così bisogna che tu la renda anche a Roma.

12. E quando fu giorno, i Giudei s'adunarono, e con imprecazioni contro sé stessi fecer voto di non mangiare né bere finché non avessero ucciso Paolo.

13. Or coloro che avean fatta questa congiura eran più di quaranta.

14. E vennero ai capi sacerdoti e agli anziani, e dissero: Noi abbiam fatto voto con imprecazione contro noi stessi, di non mangiare cosa alcuna, finché non abbiam ucciso Paolo.

15. Or dunque voi col Sinedrio presentatevi al tribuno per chiedergli di menarlo giù da voi, come se voleste conoscer più esattamente il fatto suo; e noi, innanzi ch'ei giunga, siam pronti ad ucciderlo.

16. Ma il figliuolo della sorella di Paolo, udite queste insidie, venne; ed entrato nella fortezza, riferì la cosa a Paolo.

17. E Paolo, chiamato a sé uno dei centurioni, disse: Mena questo giovane al tribuno, perché ha qualcosa da riferirgli.

18. So he took him, and brought him to the chief captain, and saith, Paul the prisoner called me unto him, and asked me to bring this young man unto thee, who hath something to say to thee.

19. And the chief captain took him by the hand, and going aside asked him privately, What is it that thou hast to tell me?

20. And he said, The Jews have agreed to ask thee to bring down Paul tomorrow unto the council, as though thou wouldest inquire somewhat more exactly concerning him.

21. Do not thou therefore yield unto them: for there lie in wait for him of them more than forty men, who have bound themselves under a curse, neither to eat nor to drink till they have slain him: and now are they ready, looking for the promise from thee.

22. So the chief captain let the young man go, charging him, Tell no man that thou hast signified these things to me.

23. And he called unto him two of the centurions, and said, Make ready two hundred soldiers to go as far as Caesarea, and horsemen threescore and ten, and spearmen two hundred, at the third hour of the night:

24. and [he bade them] provide beasts, that they might set Paul thereon, and bring him safe unto Felix the governor.

25. And he wrote a letter after this form:

26. Claudius Lysias unto the most excellent governor Felix, greeting.

27. This man was seized by the Jews, and was about to be slain of them, when I came upon them with the soldiers and rescued him, having learned that he was a Roman.

28. And desiring to know the cause wherefore they accused him, I brought him down unto their council:

29. whom I found to be accused about questions of their law, but to have nothing laid to his charge worthy of death or of bonds.

30. And when it was shown to me that there would be a plot against the man, I sent him to thee forthwith, charging his accusers also to speak against him before thee.

18. Egli dunque, presolo, lo menò al tribuno, e disse: Paolo, il prigione, mi ha chiamato e m'ha pregato che ti meni questo giovane, il quale ha qualcosa da dirti.

19. E il tribuno, presolo per la mano e ritiratosi in disparte gli domando: Che cos'hai da riferirmi?

20. Ed egli rispose: I Giudei si son messi d'accordo per pregarti che domani tu meni giù Paolo nel Sinedrio, come se volessero informarsi più appieno del fatto suo;

21. ma tu non dar loro retta, perché più di quaranta uomini di loro gli tendono insidie e con imprecazioni contro sé stessi han fatto voto di non mangiare né bere, finché non l'abbiano ucciso; ed ora son pronti, aspettando la tua promessa.

22. Il tribuno dunque licenziò il giovane, ordinandogli di non palesare ad alcuno che gli avesse fatto saper queste cose.

23. E chiamati due de' centurioni, disse loro: Tenete pronti fino dalla terza ora della notte duecento soldati, settanta cavalieri e duecento lancieri, per andar fino a Cesarea;

24. e abbiate pronte delle cavalcature per farvi montar su Paolo e condurlo sano e salvo al governatore Felice.

25. E scrisse una lettera del seguente tenore:

26. Claudio Lisia, all'eccellentissimo governatore Felice, salute.

27. Quest'uomo era stato preso dai Giudei, ed era sul punto d'esser da loro ucciso, quand'io son sopraggiunto coi soldati e l'ho sottratto dalle loro mani, avendo inteso che era Romano.

28. E volendo sapere di che l'accusavano, l'ho menato nel loro Sinedrio.

29. E ho trovato che era accusato intorno a questioni della loro legge, ma che non era incolpato di nulla che fosse degno di morte o di prigione.

30. Essendomi però stato riferito che si tenderebbe un agguato contro quest'uomo, l'ho subito mandato a te, ordinando anche ai suoi accusatori di dir davanti a te quello che hanno contro di lui.

31. So the soldiers, as it was commanded them, took Paul and brought him by night to Antipatris.

32. But on the morrow they left the horsemen to go with him, and returned to the castle:

33. and they, when they came to Caesarea and delivered the letter to the governor, presented Paul also before him.

34. And when he had read it, he asked of what province he was; and when he understood that he was of Cilicia,

35. I will hear thee fully, said he, when thine accusers also are come: and he commanded him to be kept in Herod's palace.

# Acts 24

1. And after five days the high priest Ananias came down with certain elders, and [with] an orator, one Tertullus; and they informed the governor against Paul.

2. And when he was called, Tertullus began to accuse him, saying, Seeing that by thee we enjoy much peace, and that by the providence evils are corrected for this nation,

3. we accept it in all ways and in all places, most excellent Felix, with all thankfulness.

4. But, that I be not further tedious unto thee, I entreat thee to hear us of thy clemency a few words.

5. For we have found this man a pestilent fellow, and a mover of insurrections among all the Jews throughout the world, and a ringleader of the sect of the Nazarenes:

6. who moreover assayed to profane the temple: on whom also we laid hold: [and we would have judged him according to our law.]

7. [But the chief captain Lysias came, and with great violence took him away out of our hands,]

31. I soldati dunque, secondo ch'era loro stato ordinato, presero Paolo e lo condussero di notte ad Antipatrìda.

32. E il giorno seguente, lasciati partire i cavalieri con lui, tornarono alla fortezza.

33. E quelli, giunti a Cesarea e consegnata la lettera al governatore, gli presentarono anche Paolo.

34. Ed egli avendo letta la lettera e domandato a Paolo di qual provincia fosse, e inteso che era di Cilicia, gli disse:

35. Io ti udirò meglio quando saranno arrivati anche i tuoi accusatori. E comandò che fosse custodito nel palazzo d'Erode.

# Atti degli Apostoli 24

1. Cinque giorni dopo, il sommo sacerdote Anania discese con alcuni anziani e con un certo Tertullo, oratore; e si presentarono al governatore per accusar Paolo.

2. Questi essendo stato chiamato, Tertullo cominciò ad accusarlo, dicendo:

3. Siccome in grazia tua godiamo molta pace, e per la tua previdenza sono state fatte delle riforme a pro di questa nazione, noi in tutto e per tutto lo riconosciamo, o eccellentissimo Felice, con ogni gratitudine.

4. Ora, per non trattenerti troppo a lungo, ti prego che, secondo la tua condiscendenza, tu ascolti quel che abbiamo a dirti in breve.

5. Abbiam dunque trovato che quest'uomo è una peste, che eccita sedizioni fra tutti i Giudei del mondo, ed è capo della setta de' Nazarei.

6. Egli ha perfino tentato di profanare il tempio; onde noi l'abbiamo preso; e noi lo volevamo giudicare secondo la nostra legge:

7. ma il tribuno Lisia, sopraggiunto, ce l'ha strappato con violenza dalle mani,

8. [commanding his accusers to come before thee.] from whom thou wilt be able, by examining him thyself, to take knowledge of all these things whereof we accuse him.

9. And the Jews also joined in the charge, affirming that these things were so.

10. And when the governor had beckoned unto him to speak, Paul answered, Forasmuch as I know that thou hast been of many years a judge unto this nation, I cheerfully make my defense:

11. Seeing that thou canst take knowledge that it is not more than twelve days since I went up to worship at Jerusalem:

12. and neither in the temple did they find me disputing with any man or stirring up a crowd, nor in the synagogues, nor in the city.

13. Neither can they prove to thee the things whereof they now accuse me.

14. But this I confess unto thee, that after the Way which they call a sect, so serve I the God of our fathers, believing all things which are according to the law, and which are written in the prophets;

15. having hope toward God, which these also themselves look for, that there shall be a resurrection both of the just and unjust.

16. Herein I also exercise myself to have a conscience void of offence toward God and men always.

17. Now after some years I came to bring alms to my nation, and offerings:

18. amidst which they found me purified in the temple, with no crowd, nor yet with tumult: but [there were] certain Jews from Asia--

19. who ought to have been here before thee, and to make accusation, if they had aught against me.

20. Or else let these men themselves say what wrong-doing they found when I stood before the council,

21. except it be for this one voice, that I cried standing among them, Touching the resurrection of the dead I am called in question before you this day.

8. ordinando che i suoi accusatori si presentassero dinanzi a te; e da lui, esaminandolo, potrai tu stesso aver piena conoscenza di tutte le cose, delle quali noi l'accusiamo.

9. I Giudei si unirono anch'essi nelle accuse, affermando che le cose stavan così.

10. E Paolo, dopo che il governatore gli ebbe fatto cenno che parlasse, rispose: Sapendo che già da molti anni tu sei giudice di questa nazione, parlo con più coraggio a mia difesa.

11. Poiché tu puoi accertarti che non son più di dodici giorni ch'io salii a Gerusalemme per adorare;

12. ed essi non mi hanno trovato nel tempio, né nelle sinagoghe, né in città a discutere con alcuno, né a far adunata di popolo;

13. e non posson provarti le cose delle quali ora m'accusano.

14. Ma questo ti confesso, che secondo la Via ch'essi chiamano setta, io adoro l'Iddio de' padri, credendo tutte le cose che sono scritte nella legge e nei profeti;

15. avendo in Dio la speranza che nutrono anche costoro che ci sarà una risurrezione de' giusti e degli ingiusti.

16. Per questo anch'io m'esercito ad aver del continuo una coscienza pura dinanzi a Dio e dinanzi agli uomini.

17. Or dopo molti anni, io son venuto a portar elemosine alla mia nazione e a presentar offerte.

18. Mentre io stavo facendo questo, mi hanno trovato purificato nel tempio, senza assembramento e senza tumulto;

19. ed erano alcuni Giudei dell'Asia; questi avrebbero dovuto comparire dinanzi a te ed accusarmi, se avevano cosa alcuna contro a me.

20. D'altronde dicano costoro qual misfatto hanno trovato in me, quando mi presentai dinanzi al Sinedrio;

21. se pur non si tratti di quest'unica parola che gridai, quando comparvi dinanzi a loro: E' a motivo della risurrezione de' morti, che io son oggi giudicato da voi.

22.   But Felix, having more exact knowledge concerning the Way, deferred them, saying, When Lysias the chief captain shall come down, I will determine your matter.

23.   And he gave order to the centurion that he should be kept in charge, and should have indulgence; and not to forbid any of his friends to minister unto him.

24.   But after certain days, Felix came with Drusilla, his wife, who was a Jewess, and sent for Paul, and heard him concerning the faith in Christ Jesus.

25.   And as he reasoned of righteousness, and self-control, and the judgment to come, Felix was terrified, and answered, Go thy way for this time; and when I have a convenient season, I will call thee unto me.

26.   He hoped withal that money would be given him of Paul: wherefore also he sent for him the oftener, and communed with him.

27.   But when two years were fulfilled, Felix was succeeded by Porcius Festus; and desiring to gain favor with the Jews, Felix left Paul in bonds.

22.   Or Felice, che ben conosceva quel che concerneva questa Via, li rimandò a un'altra volta, dicendo: Quando sarà sceso il tribuno Lisia, esaminerò il fatto vostro.

23.   E ordinò al centurione che Paolo fosse custodito, ma lasciandogli una qualche libertà, e non vietando ad alcuno de' suoi di rendergli de' servigi.

24.   Or alcuni giorni dopo, Felice, venuto con Drusilla sua moglie, che era giudea, mandò a chiamar Paolo, e l'ascoltò circa la fede in Cristo Gesù.

25.   Ma ragionando Paolo di giustizia, di temperanza e del giudizio a venire, Felice, tutto spaventato, replicò: Per ora, vattene;   e   quando   ne   troverò l'opportunità, ti manderò a chiamare.

26.   Egli sperava, in pari tempo, che da Paolo gli sarebbe dato del denaro; per questo lo mandava spesso a chiamare e discorreva con lui.

27.   Or in capo a due anni, Felice ebbe per successore Porcio Festo; e Felice, volendo far cosa grata ai Giudei, lasciò Paolo in prigione.

# Acts 25

# Atti degli Apostoli 25

1.   Festus therefore, having come into the province, after three days went up to Jerusalem from Caesarea.

2.   And the chief priests and the principal men of the Jews informed him against Paul; and they besought him,

3.   asking a favor against him, that he would send for him to Jerusalem; laying a plot to kill him on the way.

4.   Howbeit Festus answered, that Paul was kept in charge at Caesarea, and that he himself was about to depart [thither] shortly.

5.   Let them therefore, saith he, that are of power among you go down with me, and if there is anything amiss in the man, let them accuse him.

6.   And when he had tarried among them not more than eight or ten days, he went down unto Caesarea; and on the morrow he sat on the judgment-seat, and commanded Paul to be brought.

1.   Festo dunque, essendo giunto nella sua provincia, tre giorni dopo salì da Cesarea a Gerusalemme.

2.   E i capi sacerdoti e i principali de' Giudei gli presentarono le loro accuse contro a Paolo;

3.   e lo pregavano, chiedendo per favore contro a lui, che lo facesse venire a Gerusalemme. Essi intanto avrebbero posto insidie per ucciderlo per via.

4.   Festo allora rispose che Paolo era custodito a Cesarea, e che egli stesso dovea partir presto.

5.   Quelli dunque di voi, diss'egli, che possono, scendano meco; e se v'è in quest'uomo qualche colpa, lo accusino.

6.   Rimasto presso di loro non più di otto o dieci giorni, discese in Cesarea; e il giorno seguente, postosi a sedere in tribunale, comandò che Paolo gli fosse menato dinanzi.

7. And when he was come, the Jews that had come down from Jerusalem stood round about him, bringing against him many and grievous charges which they could not prove;

8. while Paul said in his defense, Neither against the law of the Jews, nor against the temple, nor against Caesar, have I sinned at all.

9. But Festus, desiring to gain favor with the Jews, answered Paul and said, Wilt thou go up to Jerusalem, and there be judged of these things before me?

10. But Paul said, I am standing before Caesar's judgment-seat, where I ought to be judged: to the Jews have I done no wrong, as thou also very well knowest.

11. If then I am a wrong-doer, and have committed anything worthy of death, I refuse not to die; but if none of those things is [true] whereof these accuse me, no man can give me up unto them. I appeal unto Caesar.

12. Then Festus, when he had conferred with the council, answered, Thou hast appealed unto Caesar: unto Caesar shalt thou go.

13. Now when certain days were passed, Agrippa the King and Bernice arrived at Caesarea, and saluted Festus.

14. And as they tarried there many days, Festus laid Paul's case before the King, saying, There is a certain man left a prisoner by Felix;

15. about whom, when I was at Jerusalem, the chief priests and the elders of the Jews informed [me], asking for sentence against him.

16. To whom I answered, that it is not the custom of the Romans to give up any man, before that the accused have the accusers face to face, and have had opportunity to make his defense concerning the matter laid against him.

17. When therefore they were come together here, I made no delay, but on the next day sat on the judgment-seat, and commanded the man to be brought.

18. Concerning whom, when the accusers stood up, they brought no charge of such evil things as I supposed;

19. but had certain questions against him of their own religion, and of one Jesus, who was dead, whom Paul affirmed to be alive.

7. E com'egli fu giunto, i Giudei che eran discesi da Gerusalemme, gli furono attorno, portando contro lui molte e gravi accuse, che non potevano provare; mentre Paolo diceva a sua difesa:

8. Io non ho peccato né contro la legge de' Giudei, né contro il tempio, né contro Cesare.

9. Ma Festo, volendo far cosa grata ai Giudei, disse a Paolo: Vuoi tu salire a Gerusalemme ed esser quivi giudicato davanti a me intorno a queste cose?

10. Ma Paolo rispose: Io sto qui dinanzi al tribunale di Cesare, ove debbo esser giudicato; io non ho fatto torto alcuno ai Giudei, come anche tu sai molto bene.

11. Se dunque sono colpevole e ho commesso cosa degna di morte, non ricuso di morire; ma se nelle cose delle quali costoro mi accusano non c'è nulla di vero, nessuno mi può consegnare per favore nelle loro mani. Io mi appello a Cesare.

12. Allora Festo, dopo aver conferito col consiglio, rispose: Tu ti sei appellato a Cesare; a Cesare andrai.

13. E dopo alquanti giorni il re Agrippa e Berenice arrivarono a Cesarea, per salutar Festo.

14. E trattenendosi essi quivi per molti giorni, Festo raccontò al re il caso di Paolo, dicendo: V'è qui un uomo che è stato lasciato prigione da Felice, contro il quale,

15. quando fui a Gerusalemme, i capi sacerdoti e gli anziani de' Giudei mi sporsero querela, chiedendomi di condannarlo.

16. Risposi loro che non è usanza de' Romani di consegnare alcuno, prima che l'accusato abbia avuto gli accusatori a faccia, e gli sia stato dato modo di difendersi dall'accusa.

17. Essendo eglino dunque venuti qua, io, senza indugio, il giorno seguente, sedetti in tribunale, e comandai che quell'uomo mi fosse menato dinanzi.

18. I suoi accusatori però, presentatisi, non gli imputavano alcuna delle male azioni che io supponevo;

19. ma aveano contro lui certe questioni intorno alla propria religione e intorno a un certo Gesù morto, che Paolo affermava esser vivente.

20. And I, being perplexed how to inquire concerning these things, asked whether he would go to Jerusalem and there be judged of these matters.

21. But when Paul had appealed to be kept for the decision of the emperor, I commanded him to be kept till I should send him to Caesar.

22. And Agrippa [said] unto Festus, I also could wish to hear the man myself. To-morrow, saith he, thou shalt hear him.

23. So on the morrow, when Agrippa was come, and Bernice, with great pomp, and they were entered into the place of hearing with the chief captains and principal men of the city, at the command of Festus Paul was brought in.

24. And Festus saith, King Agrippa, and all men who are here present with us, ye behold this man, about whom all the multitude of the Jews made suit to me, both at Jerusalem and here, crying that he ought not to live any longer.

25. But I found that he had committed nothing worthy of death: and as he himself appealed to the emperor I determined to send him.

26. Of whom I have no certain thing to write unto my lord. Wherefore I have brought him forth before you, and specially before thee, king Agrippa, that, after examination had, I may have somewhat to write.

27. For it seemeth to me unreasonable, in sending a prisoner, not withal to signify the charges against him.

# Acts 26

1. And Agrippa said unto Paul, Thou art permitted to speak for thyself. Then Paul stretched forth his hand, and made his defence:

2. I think myself happy, king Agrippa, that I am to make my defense before thee this day touching all the things whereof I am accused by the Jews:

3. especially because thou art expert in all customs and questions which are among the Jews: wherefore I beseech thee to hear me patiently.

20. Ed io, stando in dubbio sul come procedere in queste cose, gli dissi se voleva andare a Gerusalemme, e quivi esser giudicato intorno a queste cose.

21. Ma avendo Paolo interposto appello per esser riserbato al giudizio dell'imperatore, io comandai che fosse custodito, finché lo mandassi a Cesare.

22. E Agrippa disse a Festo: Anch'io vorrei udir cotesto uomo. Ed egli rispose: Domani l'udrai.

23. Il giorno seguente dunque, essendo venuti Agrippa e Berenice con molta pompa, ed entrati nella sala d'udienza coi tribuni e coi principali della città, Paolo, per ordine di Festo, fu menato quivi.

24. E Festo disse: Re Agrippa, e voi tutti che siete qui presenti con noi, voi vedete quest'uomo, a proposito del quale tutta la moltitudine de' Giudei s'è rivolta a me, e in Gerusalemme e qui, gridando che non deve viver più oltre.

25. Io però non ho trovato che avesse fatto cosa alcuna degna di morte, ed essendosi egli stesso appellato all'imperatore, ho deliberato di mandarglielo.

26. E siccome non ho nulla di certo da scriverne al mio signore, l'ho menato qui davanti a voi, e principalmente davanti a te, o re Agrippa, affinché, dopo esame, io abbia qualcosa da scrivere.

27. Perché non mi par cosa ragionevole mandare un prigioniero, senza notificar le accuse che gli son mosse contro.

# Atti degli Apostoli 26

1. E Agrippa disse a Paolo: T'è permesso parlare a tua difesa. Allora Paolo, distesa la mano, disse a sua difesa:

2. Re Agrippa, io mi reputo felice di dovermi oggi scolpare dinanzi a te di tutte le cose delle quali sono accusato dai Giudei,

3. principalmente perché tu hai conoscenza di tutti i riti e di tutte le questioni che son fra i Giudei; perciò ti prego di ascoltarmi pazientemente.

4. My manner of life then from my youth up, which was from the beginning among mine own nation and at Jerusalem, know all the Jews;

5. having knowledge of me from the first, if they be willing to testify, that after the straitest sect of our religion I lived a Pharisee.

6. And now I stand [here] to be judged for the hope of the promise made of God unto our fathers;

7. unto which [promise] our twelve tribes, earnestly serving [God] night and day, hope to attain. And concerning this hope I am accused by the Jews, O king!

8. Why is it judged incredible with you, if God doth raise the dead?

9. I verily thought with myself that I ought to do many things contrary to the name of Jesus of Nazareth.

10. And this I also did in Jerusalem: and I both shut up many of the saints in prisons, having received authority from the chief priests, and when they were put to death I gave my vote against them.

11. And punishing them oftentimes in all the synagogues, I strove to make them blaspheme; and being exceedingly mad against them, I persecuted them even unto foreign cities.

12. Whereupon as I journeyed to Damascus with the authority and commission of the chief priests,

13. at midday, O king, I saw on the way a light from heaven, above the brightness of the sun, shining round about me and them that journeyed with me.

14. And when we were all fallen to the earth, I heard a voice saying unto me in the Hebrew language, Saul, Saul, why persecutest thou me? it is hard for thee to kick against the goad.

15. And I said, Who art thou, Lord? And the Lord said, I am Jesus whom thou persecutest.

16. But arise, and stand upon thy feet: for to this end have I appeared unto thee, to appoint thee a minister and a witness both of the things wherein thou hast seen me, and of the things wherein I will appear unto thee;

17. delivering thee from the people, and from the Gentiles, unto whom I send thee,

4. Quale sia stato il mio modo di vivere dalla mia giovinezza, fin dal principio trascorsa in mezzo alla mia nazione e in Gerusalemme, tutti i Giudei lo sanno,

5. poiché mi hanno conosciuto fin d'allora, e sanno, se pur vogliono renderne testimonianza, che, secondo la più rigida setta della nostra religione, son vissuto Fariseo.

6. E ora son chiamato in giudizio per la speranza della promessa fatta da Dio ai nostri padri;

7. della qual promessa le nostre dodici tribù, che servono con fervore a Dio notte e giorno, sperano di vedere il compimento. E per questa speranza, o re, io sono accusato dai Giudei!

8. Perché mai si giudica da voi cosa incredibile che Dio risusciti i morti?

9. Quant'è a me, avevo sì pensato anch'io di dover fare molte cose contro il nome di Gesù il Nazareno.

10. E questo difatti feci a Gerusalemme; e avutane facoltà dai capi sacerdoti serrai nelle prigioni molti de' santi; e quando erano messi a morte, io detti il mio voto.

11. E spesse volte, per tutte le sinagoghe, li costrinsi con pene a bestemmiare; e infuriato oltremodo contro di loro, li perseguitai fino nelle città straniere.

12. Il che facendo, come andavo a Damasco con potere e commissione de' capi sacerdoti,

13. io vidi, o re, per cammino a mezzo giorno, una luce dal cielo, più risplendente del sole, la quale lampeggiò intorno a me ed a coloro che viaggiavan meco.

14. Ed essendo noi tutti caduti in terra, udii una voce che mi disse in lingua ebraica: Saulo, Saulo, perché mi perseguiti? Ei t'è duro ricalcitrar contro gli stimoli.

15. E io dissi: Chi sei tu, Signore? E il Signore rispose: Io son Gesù, che tu perseguiti.

16. Ma lèvati, e sta' in piè; perché per questo ti sono apparito: per stabilirti ministro e testimone delle cose che tu hai vedute, e di quelle per le quali ti apparirò ancora,

17. liberandoti da questo popolo e dai Gentili, ai quali io ti mando

18. to open their eyes, that they may turn from darkness to light and from the power of Satan unto God, that they may receive remission of sins and an inheritance among them that are sanctified by faith in me.

19. Wherefore, O king Agrippa, I was not disobedient unto the heavenly vision:

20. but declared both to them of Damascus first and at Jerusalem, and throughout all the country of Judaea, and also to the Gentiles, that they should repent and turn to God, doing works worthy of repentance.

21. For this cause the Jews seized me in the temple, and assayed to kill me.

22. Having therefore obtained the help that is from God, I stand unto this day testifying both to small and great, saying nothing but what the prophets and Moses did say should come;

23. how that the Christ must suffer, [and] how that he first by the resurrection of the dead should proclaim light both to the people and to the Gentiles.

24. And as he thus made his defense, Festus saith with a loud voice, Paul, thou art mad; thy much learning is turning thee mad.

25. But Paul saith, I am not mad, most excellent Festus; but speak forth words of truth and soberness.

26. For the king knoweth of these things, unto whom also I speak freely: for I am persuaded that none of these things is hidden from him; for this hath not been done in a corner.

27. King Agrippa, believest thou the prophets? I know that thou believest.

28. And Agrippa [said] unto Paul, With but little persuasion thou wouldest fain make me a Christian.

29. And Paul [said], I would to God, that whether with little or with much, not thou only, but also all that hear me this day, might become such as I am, except these bonds.

30. And the king rose up, and the governor, and Bernice, and they that sat with them:

31. and when they had withdrawn, they spake one to another, saying, This man doeth nothing worthy of death or of bonds.

18. per aprir loro gli occhi, onde si convertano dalle tenebre alla luce e dalla podestà di Satana a Dio, e ricevano, per la fede in me, la remissione dei peccati e la loro parte d'eredità fra i santificati.

19. Perciò, o re Agrippa, io non sono stato disubbidiente alla celeste visione;

20. ma, prima a que' di Damasco, poi a Gerusalemme e per tutto il paese della Giudea e ai Gentili, ho annunziato che si ravveggano e si convertano a Dio, facendo opere degne del ravvedimento.

21. Per questo i Giudei, avendomi preso nel tempio, tentavano d'uccidermi.

22. Ma per l'aiuto che vien da Dio, son durato fino a questo giorno, rendendo testimonianza a piccoli e a grandi, non dicendo nulla all'infuori di quello che i profeti e Mosè hanno detto dover avvenire, cioè:

23. che il Cristo soffrirebbe, e che egli, il primo a risuscitar dai morti, annunzierebbe la luce al popolo ed ai Gentili.

24. Or mentre ei diceva queste cose a sua difesa, Festo disse ad alta voce: Paolo, tu vaneggi; la molta dottrina ti mette fuor di senno.

25. Ma Paolo disse: Io non vaneggio, eccellentissimo Festo; ma pronunzio parole di verità, e di buon senno.

26. Poiché il re, al quale io parlo con franchezza, conosce queste cose; perché son persuaso che nessuna di esse gli è occulta; poiché questo non è stato fatto in un cantuccio.

27. O re Agrippa, credi tu ai profeti? Io so che tu ci credi.

28. E Agrippa disse a Paolo: Per poco non mi persuadi a diventar cristiano.

29. E Paolo: Piacesse a Dio che per poco o per molto, non solamente tu, ma anche tutti quelli che oggi m'ascoltano, diventaste tali, quale sono io, all'infuori di questi legami.

30. Allora il re si alzò, e con lui il governatore, Berenice, e quanti sedevano con loro;

31. e ritiratisi in disparte, parlavano gli uni agli altri, dicendo: Quest'uomo non fa nulla che meriti morte o prigione.

32. And Agrippa said unto Festus, This man might have been set at liberty, if he had not appealed unto Caesar.

32. E Agrippa disse a Festo: Quest'uomo poteva esser liberato, se non si fosse appellato a Cesare.

# Acts 27

# Atti degli Apostoli 27

1. And when it was determined that we should sail for Italy, they delivered Paul and certain other prisoners to a centurion named Julius, of the Augustan band.

2. And embarking in a ship of Adramyttium, which was about to sail unto the places on the coast of Asia, we put to sea, Aristarchus, a Macedonian of Thessalonica, being with us.

3. And the next day we touched at Sidon: and Julius treated Paul kindly, and gave him leave to go unto his friends and refresh himself.

4. And putting to sea from thence, we sailed under the lee of Cyprus, because the winds were contrary.

5. And when we had sailed across the sea which is off Cilicia and Pamphylia, we came to Myra, [a city] of Lycia.

6. And there the centurion found a ship of Alexandria sailing for Italy; and he put us therein.

7. And when we had sailed slowly many days, and were come with difficulty over against Cnidus, the wind not further suffering us, we sailed under the lee of Crete, over against Salmone;

8. and with difficulty coasting along it we came unto a certain place called Fair Havens; nigh whereunto was the city of Lasea.

9. And when much time was spent, and the voyage was now dangerous, because the Fast was now already gone by, Paul admonished them,

10. and said unto them, Sirs, I perceive that the voyage will be with injury and much loss, not only of the lading and the ship, but also of our lives.

11. But the centurion gave more heed to the master and to the owner of the ship, than to those things which were spoken by Paul.

1. Or quando fu determinato che faremmo vela per l'Italia, Paolo e certi altri prigionieri furon consegnati a un centurione, per nome Giulio, della coorte Augusta.

2. E montati sopra una nave adramittina, che dovea toccare i porti della costa d'Asia, salpammo, avendo con noi Aristarco, Macedone di Tessalonica.

3. Il giorno seguente arrivammo a Sidone; e Giulio, usando umanità verso Paolo, gli permise d'andare dai suoi amici per ricevere le loro cure.

4. Poi, essendo partiti di là, navigammo sotto Cipro, perché i venti eran contrari.

5. E passato il mar di Cilicia e di Panfilia, arrivammo a Mira di Licia.

6. E il centurione, trovata quivi una nave alessandrina che facea vela per l'Italia, ci fe' montare su quella.

7. E navigando per molti giorni lentamente, e pervenuti a fatica, per l'impedimento del vento, di faccia a Gnido, veleggiammo sotto Creta, di rincontro a Salmone;

8. e costeggiandola con difficoltà, venimmo a un certo luogo, detto Beiporti, vicino al quale era la città di Lasea.

9. Or essendo trascorso molto tempo, ed essendo la navigazione ormai pericolosa, poiché anche il Digiuno era già passato, Paolo li ammonì dicendo loro:

10. Uomini, io veggo che la navigazione si farà con pericolo e grave danno, non solo del carico e della nave, ma anche delle nostre persone.

11. Ma il centurione prestava più fede al pilota e al padron della nave che alle cose dette da Paolo.

12. And because the haven was not commodious to winter in, the more part advised to put to sea from thence, if by any means they could reach Phoenix, and winter [there; which is] a haven of Crete, looking northeast and south-east.

13. And when the south wind blew softly, supposing that they had obtained their purpose, they weighed anchor and sailed along Crete, close in shore.

14. But after no long time there beat down from it a tempestuous wind, which is called Euraquilo:

15. and when the ship was caught, and could not face the wind, we gave way [to it,] and were driven.

16. And running under the lee of a small island called Cauda, we were able, with difficulty, to secure the boat:

17. and when they had hoisted it up, they used helps, under-girding the ship; and, fearing lest they should be cast upon the Syrtis, they lowered the gear, and so were driven.

18. And as we labored exceedingly with the storm, the next day they began to throw the [the freight] overboard;

19. and the third day they cast out with their own hands the tackling of the ship.

20. And when neither sun nor stars shone upon [us] for many days, and no small tempest lay on [us,] all hope that we should be saved was now taken away.

21. And when they had been long without food, then Paul stood forth in the midst of them, and said, Sirs, ye should have hearkened unto me, and not have set sail from Crete, and have gotten this injury and loss.

22. And now I exhort you to be of good cheer; for there shall be no loss of life among you, but [only] of the ship.

23. For there stood by me this night an angel of the God whose I am, whom also I serve,

24. saying, Fear not, Paul; thou must stand before Caesar: and lo, God hath granted thee all them that sail with thee.

25. Wherefore, sirs, be of good cheer: for I believe God, that it shall be even so as it hath been spoken unto me.

12. E siccome quel porto non era adatto a svernare, i più furono di parere di partir di là per cercare d'arrivare a Fenice, porto di Creta che guarda a Libeccio e a Maestro, e di passarvi l'inverno.

13. Essendosi intanto levato un leggero scirocco, e credendo essi d'esser venuti a capo del loro proposito, levate le àncore, si misero a costeggiare l'isola di Creta più da presso.

14. Ma poco dopo, si scatenò giù dall'isola un vento turbinoso, che si chiama Euraquilone;

15. ed essendo la nave portata via e non potendo reggere al vento, la lasciammo andare, ed eravamo portati alla deriva.

16. E passati rapidamente sotto un'isoletta chiamata Clauda, a stento potemmo avere in nostro potere la scialuppa.

17. E quando l'ebbero tirata su, ricorsero a ripari, cingendo la nave di sotto; e temendo di esser gettati sulla Sirti, calarono le vele, ed eran così portati via.

18. E siccome eravamo fieramente sbattuti dalla tempesta, il giorno dopo cominciarono a far getto del carico.

19. E il terzo giorno, con le loro proprie mani, buttarono in mare gli arredi della nave.

20. E non apparendo né sole né stelle già da molti giorni, ed essendoci sopra non piccola tempesta, era ormai tolta ogni speranza di scampare.

21. Or dopo che furono stati lungamente senza prender cibo, Paolo si levò in mezzo a loro, e disse: Uomini, bisognava darmi ascolto, non partire da Creta, e risparmiar così questo pericolo e questa perdita.

22. Ora però vi esorto a star di buon cuore, perché non vi sarà perdita della vita d'alcun di voi ma solo della nave.

23. Poiché un angelo dell'Iddio, al quale appartengo e ch'io servo, m'è apparso questa notte,

24. dicendo: Paolo, non temere; bisogna che tu comparisca dinanzi a Cesare ed ecco, Iddio ti ha donato tutti coloro che navigano teco.

25. Perciò, o uomini, state di buon cuore, perché ho fede in Dio che avverrà come mi è stato detto.

26. But we must be cast upon a certain island.

27. But when the fourteenth night was come, as we were driven to and fro in the [sea of] Adria, about midnight the sailors surmised that they were drawing near to some country:

28. and they sounded, and found twenty fathoms; and after a little space, they sounded again, and found fifteen fathoms.

29. And fearing lest haply we should be cast ashore on rocky ground, they let go four anchors from the stern, and wished for the day.

30. And as the sailors were seeking to flee out of the ship, and had lowered the boat into the sea, under color as though they would lay out anchors from the foreship,

31. Paul said to the centurion and to the soldiers, Except these abide in the ship, ye cannot be saved.

32. Then the soldiers cut away the ropes of the boat, and let her fall off.

33. And while the day was coming on, Paul besought them all to take some food, saying, This day is the fourteenth day that ye wait and continue fasting, having taken nothing.

34. Wherefore I beseech you to take some food: for this is for your safety: for there shall not a hair perish from the head of any of you.

35. And when he had said this, and had taken bread, he gave thanks to God in the presence of all; and he brake it, and began to eat.

36. Then were they all of good cheer, and themselves also took food.

37. And we were in all in the ship two hundred threescore and sixteen souls.

38. And when they had eaten enough, they lightened the ship, throwing out the wheat into the sea.

39. And when it was day, they knew not the land: but they perceived a certain bay with a beach, and they took counsel whether they could drive the ship upon it.

40. And casting off the anchors, they left them in the sea, at the same time loosing the bands of the rudders; and hoisting up the foresail to the wind, they made for the beach.

26. Ma dobbiamo esser gettati sopra un'isola.

27. E la quattordicesima notte da che eravamo portati qua e là per l'Adriatico, verso la mezzanotte i marinari sospettavano d'esser vicini a terra;

28. e calato lo scandaglio trovarono venti braccia; poi, passati un po' più oltre e scandagliato di nuovo, trovarono quindici braccia.

29. Temendo allora di percuotere in luoghi scogliosi, gettarono da poppa quattro àncore, aspettando ansiosamente che facesse giorno.

30. Or cercando i marinari di fuggir dalla nave, e avendo calato la scialuppa in mare col pretesto di voler calare le àncore dalla prua,

31. Paolo disse al centurione ed ai soldati: Se costoro non restano nella nave, voi non potete scampare.

32. Allora i soldati tagliaron le funi della scialuppa, e la lasciaron cadere.

33. E mentre si aspettava che facesse giorno, Paolo esortava tutti a prender cibo, dicendo: Oggi son quattordici giorni che state aspettando, sempre digiuni, senza prender nulla.

34. Perciò, io v'esorto a prender cibo, perché questo contribuirà alla vostra salvezza; poiché non perirà neppure un capello del capo d'alcun di voi.

35. Detto questo, preso del pane, rese grazie a Dio, in presenza di tutti; poi, rottolo, cominciò a mangiare.

36. E tutti, fatto animo, presero anch'essi del cibo.

37. Or eravamo sulla nave, fra tutti, dugentosettantasei persone.

38. E saziati che furono, alleggerirono la nave, gettando il frumento in mare.

39. Quando fu giorno, non riconoscevano il paese; ma scorsero una certa baia che aveva una spiaggia, e deliberarono, se fosse loro possibile, di spingervi la nave.

40. E staccate le àncore, le lasciarono andare in mare; sciolsero al tempo stesso i legami dei timoni, e alzato l'artimone al vento, traevano al lido.

41. But lighting upon a place where two seas met, they ran the vessel aground; and the foreship struck and remained unmoveable, but the stern began to break up by the violence [of the waves].

42. And the soldiers' counsel was to kill the prisoners, lest any [of them] should swim out, and escape.

43. But the centurion, desiring to save Paul, stayed them from their purpose; and commanded that they who could swim should cast themselves overboard, and get first to the land;

44. and the rest, some on planks, and some on [other] things from the ship. And so it came to pass, that they all escaped safe to the land.

# Acts 28

1. And when we were escaped, then we knew that the island was called Melita.

2. And the barbarians showed us no common kindness; for they kindled a fire, and received us all, because of the present rain, and because of the cold.

3. But when Paul had gathered a bundle of sticks and laid them on the fire, a viper came out by reason of the heat, and fastened on his hand.

4. And when the barbarians saw the [venomous] creature hanging from his hand, they said one to another, No doubt this man is a murderer, whom, though he hath escaped from the sea, yet Justice hath not suffered to live.

5. Howbeit he shook off the creature into the fire, and took no harm.

6. But they expected that he would have swollen, or fallen down dead suddenly: but when they were long in expectation and beheld nothing amiss came to him, they changed their minds, and said that he was a god.

7. Now in the neighborhood of that place were lands belonging to the chief man of the island, named Publius, who received us, and entertained us three days courteously.

8. And it was so, that the father of Publius lay sick of fever and dysentery: unto whom Paul entered in, and prayed, and laying his hands on him healed him.

41. Ma essendo incorsi in un luogo che avea il mare d'ambo i lati, vi fecero arrenar la nave; e mentre la prua, incagliata, rimaneva immobile, la poppa si sfasciava per la violenza delle onde.

42. Or il parere de' soldati era d'uccidere i prigionieri, perché nessuno fuggisse a nuoto.

43. Ma il centurione, volendo salvar Paolo, li distolse da quel proposito, e comandò che quelli che sapevan nuotare si gettassero in mare per andarsene i primi a terra,

44. e gli altri vi arrivassero, chi sopra tavole, e chi sopra altri pezzi della nave. E così avvenne che tutti giunsero salvi a terra.

# Atti degli Apostoli 28

1. E dopo che fummo scampati, riconoscemmo che l'isola si chiamava Malta.

2. E i barbari usarono verso noi umanità non comune; poiché, acceso un gran fuoco, ci accolsero tutti, a motivo della pioggia che cadeva, e del freddo.

3. Or Paolo, avendo raccolto una quantità di legna secche e avendole poste sul fuoco, una vipera, sentito il caldo, uscì fuori, e gli si attaccò alla mano.

4. E quando i barbari videro la bestia che gli pendeva dalla mano, dissero fra loro: Certo, quest'uomo e un'omicida, perché essendo scampato dal mare, pur la Giustizia divina non lo lascia vivere.

5. Ma Paolo, scossa la bestia nel fuoco, non ne risentì male alcuno.

6. Or essi si aspettavano ch'egli enfierebbe o cadrebbe di subito morto; ma dopo aver lungamente aspettato, veduto che non gliene avveniva alcun male, mutarono parere, e cominciarono a dire ch'egli era un dio.

7. Or ne' dintorni di quel luogo v'erano dei poderi dell'uomo principale dell'isola, chiamato Publio, il quale ci accolse, e ci albergò tre giorni amichevolmente.

8. E accadde che il padre di Publio giacea malato di febbre e di dissenteria. Paolo andò a trovarlo; e dopo aver pregato, gl'impose le mani e lo guarì.

9. And when this was done, the rest also that had diseases in the island came, and were cured:

10. who also honored us with many honors; and when we sailed, they put on board such things as we needed.

11. And after three months we set sail in a ship of Alexandria which had wintered in the island, whose sign was The Twin Brothers.

12. And touching at Syracuse, we tarried there three days.

13. And from thence we made a circuit, and arrived at Rhegium: and after one day a south wind sprang up, and on the second day we came to Puteoli;

14. where we found brethren, and were entreated to tarry with them seven days: and so we came to Rome.

15. And from thence the brethren, when they heard of us, came to meet us as far as The Market of Appius and The Three Taverns; whom when Paul saw, he thanked God, and took courage.

16. And when we entered into Rome, Paul was suffered to abide by himself with the soldier that guarded him.

17. And it came to pass, that after three days he called together those that were the chief of the Jews: and when they were come together, he said unto them, I, brethren, though I had done nothing against the people, or the customs of our fathers, yet was delivered prisoner from Jerusalem into the hands of the Romans:

18. who, when they had examined me, desired to set me at liberty, because there was no cause of death in me.

19. But when the Jews spake against it, I was constrained to appeal unto Caesar; not that I had aught whereof to accuse my nation.

20. For this cause therefore did I entreat you to see and to speak with [me]: for because of the hope of Israel I am bound with this chain.

21. And they said unto him, We neither received letters from Judaea concerning thee, nor did any of the brethren come hither and report or speak any harm of thee.

22. But we desire to hear of thee what thou thinkest: for as concerning this sect, it is known to us that everywhere it is spoken against.

9. Avvenuto questo, anche gli altri che aveano delle infermità nell'isola, vennero, e furon guariti;

10. ed essi ci fecero grandi onori; e quando salpammo, ci portarono a bordo le cose necessarie.

11. Tre mesi dopo, partimmo sopra una nave alessandrina che avea per insegna Castore e Polluce, e che avea svernato nell'isola.

12. E arrivati a Siracusa, vi restammo tre giorni.

13. E di là, costeggiando, arrivammo a Reggio. E dopo un giorno, levatosi un vento di scirocco, in due giorni arrivammo a Pozzuoli.

14. E avendo quivi trovato de' fratelli, fummo pregati di rimanere presso di loro sette giorni. E così venimmo a Roma.

15. Or i fratelli, avute nostre notizie, di là ci vennero incontro sino al Foro Appio e alle Tre Taverne; e Paolo, quando li ebbe veduti, rese grazie a Dio e prese animo.

16. E giunti che fummo a Roma, a Paolo fu concesso d'abitar da sé col soldato che lo custodiva.

17. E tre giorni dopo, Paolo convocò i principali fra i Giudei; e quando furon raunati, disse loro: Fratelli, senza aver fatto nulla contro il popolo né contro i riti de' padri, io fui arrestato in Gerusalemme e di là dato in man de' Romani.

18. I quali, avendomi esaminato, volevano rilasciarmi perché non era in me colpa degna di morte.

19. Ma opponendovisi i Giudei, fui costretto ad appellarmi a Cesare, senza però aver in animo di portare alcuna accusa contro la mia nazione.

20. Per questa ragione dunque vi ho chiamati per vedervi e per parlarvi; perché egli è a causa della speranza d'Israele ch'io sono stretto da questa catena.

21. Ma essi gli dissero: Noi non abbiamo ricevuto lettere dalla Giudea intorno a te, né è venuto qui alcuno de' fratelli a riferire o a dir male di te.

22. Ben vorremmo però sentir da te quel che tu pensi; perché, quant'è a cotesta setta, ci è noto che da per tutto essa incontra opposizione.

23. And when they had appointed him a day, they came to him into his lodging in great number; to whom he expounded [the matter,] testifying the kingdom of God, and persuading them concerning Jesus, both from the law of Moses and from the prophets, from morning till evening.

24. And some believed the things which were spoken, and some disbelieved.

25. And when they agreed not among themselves, they departed after that Paul had spoken one word, Well spake the Holy Spirit through Isaiah the prophet unto your fathers,

26. saying, Go thou unto this people, and say, By hearing ye shall hear, and shall in no wise understand; And seeing ye shall see, and shall in no wise perceive:

27. For this people's heart is waxed gross, And their ears are dull of hearing, And their eyes they have closed; Lest, haply they should perceive with their eyes, And hear with their ears, And understand with their heart, And should turn again, And I should heal them.

28. Be it known therefore unto you, that this salvation of God is sent unto the Gentiles: they will also hear.

29. [And when he had said these words, the Jews departed, having much disputing among themselves.]

30. And he abode two whole years in his own hired dwelling, and received all that went in unto him,

31. preaching the kingdom of God, and teaching the things concerning the Lord Jesus Christ with all boldness, none forbidding him.

23. E avendogli fissato un giorno, vennero a lui nel suo alloggio in gran numero; ed egli da mane a sera esponeva loro le cose, testimoniando del regno di Dio e persuadendoli di quel che concerne Gesù, con la legge di Mosè e coi profeti.

24. E alcuni restaron persuasi delle cose dette; altri invece non credettero.

25. E non essendo d'accordo fra loro, si ritirarono, dopo che Paolo ebbe detta quest'unica parola: Ben parlò lo Spirito Santo ai vostri padri per mezzo del profeta Isaia dicendo:

26. Va' a questo popolo e di': Voi udrete coi vostri orecchi e non intenderete; guarderete coi vostri occhi, e non vedrete;

27. perché il cuore di questo popolo s'è fatto insensibile, son divenuti duri di orecchi, e hanno chiuso gli occhi, che talora non veggano con gli occhi, e non odano con gli orecchi, e non intendano col cuore, e non si convertano, ed io non li guarisca.

28. Sappiate dunque che questa salvazione di Dio è mandata ai Gentili; ed essi presteranno ascolto.

29. Quand'ebbe detto questo, i Giudei se ne andarono discutendo vivamente fra loro.

30. E Paolo dimorò due anni interi in una casa da lui presa a fitto, e riceveva tutti coloro che venivano a trovarlo,

31. predicando il regno di Dio, e insegnando le cose relative al Signor Gesù Cristo con tutta franchezza e senza che alcuno glielo impedisse.

# Romans 1

1. Paul, a servant of Jesus Christ, called [to be] an apostle, separated unto the gospel of God,

2. which he promised afore through his prophets in the holy scriptures,

3. concerning his Son, who was born of the seed of David according to the flesh,

4. who was declared [to be] the Son of God with power, according to the spirit of holiness, by the resurrection from the dead; [even] Jesus Christ our Lord,

5. through whom we received grace and apostleship, unto obedience of faith among all the nations, for his name's sake;

6. among whom are ye also called [to be] Jesus Christ's:

7. To all that are in Rome, beloved of God, called [to be] saints: Grace to you and peace from God our Father and the Lord Jesus Christ.

8. First, I thank my God through Jesus Christ for you all, that your faith is proclaimed throughout the whole world.

9. For God is my witness, whom I serve in my spirit in the gospel of his Son, how unceasingly I make mention of you, always in my prayers

10. making request, if by any means now at length I may be prospered by the will of God to come unto you.

11. For I long to see you, that I may impart unto you some spiritual gift, to the end ye may be established;

12. that is, that I with you may be comforted in you, each of us by the other's faith, both yours and mine.

13. And I would not have you ignorant, brethren, that oftentimes I purposed to come unto you (and was hindered hitherto), that I might have some fruit in you also, even as in the rest of the Gentiles.

14. I am debtor both to Greeks and to Barbarians, both to the wise and to the foolish.

15. So, as much as in me is, I am ready to preach the gospel to you also that are in Rome.

16. For I am not ashamed of the gospel: for it is the power of God unto salvation to every one that believeth; to the Jew first, and also to the Greek.

# Romani 1

1. Paolo, servo di Cristo Gesù, chiamato ad essere apostolo, appartato per l'Evangelo di Dio,

2. ch'Egli avea già promesso per mezzo de' suoi profeti nelle sante Scritture

3. e che concerne il suo Figliuolo,

4. nato dal seme di Davide secondo la carne, dichiarato Figliuolo di Dio con potenza secondo lo spirito di santità mediante la sua risurrezione dai morti; cioè Gesù Cristo nostro Signore,

5. per mezzo del quale noi abbiam ricevuto grazia e apostolato per trarre all'ubbidienza della fede tutti i Gentili, per amore del suo nome

6. fra i quali Gentili siete voi pure, chiamati da Gesù Cristo

7. a quanti sono in Roma, amati da Dio, chiamati ad esser santi, grazia a voi e pace da Dio nostro Padre e dal Signore Gesù Cristo.

8. Prima di tutto io rendo grazie all'Iddio mio per mezzo di Gesù Cristo per tutti voi perché la vostra fede è pubblicata per tutto il mondo.

9. Poiché Iddio, al quale servo nello spirito mio annunziando l'Evangelo del suo Figliuolo, mi è testimone ch'io non resto dal far menzione di voi in tutte le mie preghiere,

10. chiedendo che in qualche modo mi sia porta finalmente, per la volontà di Dio, l'occasione propizia di venire a voi.

11. Poiché desidero vivamente di vedervi per comunicarvi qualche dono spirituale affinché siate fortificati;

12. o meglio, perché quando sarò tra voi ci confortiamo a vicenda mediante la fede che abbiamo in comune, voi ed io.

13. Or, fratelli, non voglio che ignoriate che molte volte mi sono proposto di recarmi da voi (ma finora ne sono stato impedito) per avere qualche frutto anche fra voi come fra il resto dei Gentili.

14. Io son debitore tanto ai Greci quanto ai Barbari, tanto ai savi quanto agli ignoranti;

15. ond'è che, per quanto sta in me, io son pronto ad annunziar l'Evangelo anche a voi che siete in Roma.

16. Poiché io non mi vergogno dell'Evangelo; perché esso è potenza di Dio per la salvezza d'ogni credente; del Giudeo prima e poi del Greco;

17. For therein is revealed a righteousness of God from faith unto faith: as it is written, But the righteous shall live by faith.

18. For the wrath of God is revealed from heaven against all ungodliness and unrighteousness of men, who hinder the truth in unrighteousness;

19. because that which is known of God is manifest in them; for God manifested it unto them.

20. For the invisible things of him since the creation of the world are clearly seen, being perceived through the things that are made, [even] his everlasting power and divinity; that they may be without excuse:

21. because that, knowing God, they glorified him not as God, neither gave thanks; but became vain in their reasonings, and their senseless heart was darkened.

22. Professing themselves to be wise, they became fools,

23. and changed the glory of the incorruptible God for the likeness of an image of corruptible man, and of birds, and four-footed beasts, and creeping things.

24. Wherefore God gave them up in the lusts of their hearts unto uncleanness, that their bodies should be dishonored among themselves:

25. for that they exchanged the truth of God for a lie, and worshipped and served the creature rather than the Creator, who is blessed for ever. Amen.

26. For this cause God gave them up unto vile passions: for their women changed the natural use into that which is against nature:

27. and likewise also the men, leaving the natural use of the woman, burned in their lust one toward another, men with men working unseemliness, and receiving in themselves that recompense of their error which was due.

28. And even as they refused to have God in [their] knowledge, God gave them up unto a reprobate mind, to do those things which are not fitting;

17. poiché in esso la giustizia di Dio è rivelata da fede a fede, secondo che è scritto: Ma il giusto vivrà per fede.

18. Poiché l'ira di Dio si rivela dal cielo contro ogni empietà ed ingiustizia degli uomini che soffocano la verità con l'ingiustizia;

19. infatti quel che si può conoscer di Dio è manifesto in loro, avendolo Iddio loro manifestato;

20. poiché le perfezioni invisibili di lui, la sua eterna potenza e divinità, si vedon chiaramente sin dalla creazione del mondo, essendo intese per mezzo delle opere sue;

21. ond'è che essi sono inescusabili, perché, pur avendo conosciuto Iddio, non l'hanno glorificato come Dio, né l'hanno ringraziato; ma si son dati a vani ragionamenti, e l'insensato loro cuore s'è ottenebrato.

22. Dicendosi savi, son divenuti stolti,

23. e hanno mutato la gloria dell'incorruttibile Iddio in immagini simili a quelle dell'uomo corruttibile, e d'uccelli e di quadrupedi e di rettili.

24. Per questo, Iddio li ha abbandonati, nelle concupiscenze de' loro cuori, alla impurità, perché vituperassero fra loro i loro corpi;

25. essi, che hanno mutato la verità di Dio in menzogna, e hanno adorato e servito la creatura invece del Creatore, che è benedetto in eterno. Amen.

26. Perciò Iddio li ha abbandonati a passioni infami: poiché le loro femmine hanno mutato l'uso naturale in quello che è contro natura,

27. e similmente anche i maschi, lasciando l'uso naturale della donna, si sono infiammati nella loro libidine gli uni per gli altri, commettendo uomini con uomini cose turpi, e ricevendo in loro stessi la condegna mercede del proprio traviamento.

28. E siccome non si sono curati di ritenere la conoscenza di Dio, Iddio li ha abbandonati ad una mente reproba, perché facessero le cose che sono sconvenienti,

29.  being filled with all unrighteousness, wickedness, covetousness, maliciousness; full of envy, murder, strife, deceit, malignity; whisperers,

30.  backbiters, hateful to God, insolent, haughty, boastful, inventors of evil things, disobedient to parents,

31.  without understanding, covenant-breakers, without natural affection, unmerciful:

32.  who, knowing the ordinance of God, that they that practise such things are worthy of death, not only do the same, but also consent with them that practise them.

# Romans 2

1.  Wherefore thou art without excuse, O man, whosoever thou art that judgest: for wherein thou judges another, thou condemnest thyself; for thou that judgest dost practise the same things.

2.  And we know that the judgment of God is according to truth against them that practise such things.

3.  And reckonest thou this, O man, who judgest them that practise such things, and doest the same, that thou shalt escape the judgment of God?

4.  Or despisest thou the riches of his goodness and forbearance and longsuffering, not knowing that the goodness of God leadeth thee to repentance?

5.  but after thy hardness and impenitent heart treasurest up for thyself wrath in the day of wrath and revelation of the righteous judgment of God;

6.  who will render to every man according to his works:

7.  to them that by patience in well-doing seek for glory and honor and incorruption, eternal life:

8.  but unto them that are factious, and obey not the truth, but obey unrighteousness, [shall be] wrath and indignation,

9.  tribulation and anguish, upon every soul of man that worketh evil, of the Jew first, and also of the Greek;

10.  but glory and honor and peace to every man that worketh good, to the Jew first, and also to the Greek:

29.  essendo essi ricolmi d'ogni ingiustizia, malvagità, cupidigia, malizia; pieni d'invidia, d'omicidio, di contesa, di frode, di malignità;

30.  delatori, maldicenti, abominevoli a Dio, insolenti, superbi, vanagloriosi, inventori di mali, disubbidienti ai genitori,

31.  insensati, senza fede nei patti, senza affezione naturale, spietati;

32.  i quali, pur conoscendo che secondo il giudizio di Dio quelli che fanno codeste cose son degni di morte, non soltanto le fanno, ma anche approvano chi le commette.

# Romani 2

1.  Perciò, o uomo, chiunque tu sii che giudichi, sei inescusabile; poiché nel giudicare gli altri, tu condanni te stesso; poiché tu che giudichi, fai le medesime cose.

2.  Or noi sappiamo che il giudizio di Dio su quelli che fanno tali cose è conforme a verità.

3.  E pensi tu, o uomo che giudichi quelli che fanno tali cose e le fai tu stesso, di scampare al giudizio di Dio?

4.  Ovvero sprezzi tu le ricchezze della sua benignità, della sua pazienza e della sua longanimità, non riconoscendo che la benignità di Dio ti trae a ravvedimento?

5.  Tu invece, seguendo la tua durezza e il tuo cuore impenitente, t'accumuli un tesoro d'ira, per il giorno dell'ira e della rivelazione del giusto giudizio di Dio,

6.  il quale renderà a ciascuno secondo le sue opere:

7.  vita eterna a quelli che con la perseveranza nel bene oprare cercano gloria e onore e immortalità;

8.  ma a quelli che son contenziosi e non ubbidiscono alla verità ma ubbidiscono alla ingiustizia, ira e indignazione.

9.  Tribolazione e angoscia sopra ogni anima d'uomo che fa il male; del Giudeo prima, e poi del Greco;

10.  ma gloria e onore e pace a chiunque opera bene; al Giudeo prima e poi al Greco;

11. for there is no respect of persons with God.

12. For as many as have sinned without law shall also perish without the law: and as many as have sinned under the law shall be judged by the law;

13. for not the hearers of the law are just before God, but the doers of the law shall be justified:

14. (for when Gentiles that have not the law do by nature the things of the law, these, not having the law, are the law unto themselves;

15. in that they show the work of the law written in their hearts, their conscience bearing witness therewith, and their thoughts one with another accusing or else excusing [them]);

16. in the day when God shall judge the secrets of men, according to my gospel, by Jesus Christ.

17. But if thou bearest the name of a Jew, and restest upon the law, and gloriest in God,

18. and knowest his will, and approvest the things that are excellent, being instructed out of the law,

19. and art confident that thou thyself art a guide of the blind, a light of them that are in darkness,

20. a corrector of the foolish, a teacher of babes, having in the law the form of knowledge and of the truth;

21. thou therefore that teachest another, teachest thou not thyself? thou that preachest a man should not steal, dost thou steal?

22. thou that sayest a man should not commit adultery, dost thou commit adultery? thou that abhorrest idols, dost thou rob temples?

23. thou who gloriest in the law, through thy transgression of the law dishonorest thou God?

24. For the name of God is blasphemed among the Gentiles because of you, even as it is written.

25. For circumcision indeed profiteth, if thou be a doer of the law: but if thou be a transgressor of the law, thy circumcision is become uncircumcision.

11. poiché dinanzi a Dio non c'è riguardo a persone.

12. Infatti, tutti coloro che hanno peccato senza legge, periranno pure senza legge; e tutti coloro che hanno peccato avendo legge, saranno giudicati con quella legge;

13. poiché non quelli che ascoltano la legge son giusti dinanzi a Dio, ma quelli che l'osservano saranno giustificati.

14. Infatti, quando i Gentili che non hanno legge, adempiono per natura le cose della legge, essi, che non hanno legge, son legge a se stessi;

15. essi mostrano che quel che la legge comanda è scritto nei loro cuori per la testimonianza che rende loro la coscienza, e perché i loro pensieri si accusano od anche si scusano a vicenda.

16. Tutto ciò si vedrà nel giorno in cui Dio giudicherà i segreti degli uomini per mezzo di Gesù Cristo, secondo il mio Evangelo.

17. Or se tu ti chiami Giudeo, e ti riposi sulla legge, e ti glorii in Dio,

18. e conosci la sua volontà, e discerni la differenza delle cose essendo ammaestrato dalla legge,

19. e ti persuadi d'esser guida de' ciechi, luce di quelli che sono nelle tenebre,

20. educatore degli scempi, maestro dei fanciulli, perché hai nella legge la formula della conoscenza e della verità,

21. come mai, dunque, tu che insegni agli altri non insegni a te stesso? Tu che predichi che non si deve rubare, rubi?

22. Tu che dici che non si deve commettere adulterio, commetti adulterio? Tu che hai in abominio gl'idoli, saccheggi i templi?

23. Tu che meni vanto della legge, disonori Dio trasgredendo la legge?

24. Poiché, siccome è scritto, il nome di Dio, per cagion vostra, è bestemmiato fra i Gentili.

25. Infatti ben giova la circoncisione se tu osservi la legge; ma se tu sei trasgressore della legge, la tua circoncisione diventa incirconcisione.

26. If therefore the uncircumcision keep the ordinances of the law, shall not his uncircumcision be reckoned for circumcision?

27. and shall not the uncircumcision which is by nature, if it fulfil the law, judge thee, who with the letter and circumcision art a transgressor of the law?

28. For he is not a Jew who is one outwardly; neither is that circumcision which is outward in the flesh:

29. but he is a Jew who is one inwardly; and circumcision is that of the heart, in the spirit not in the letter; whose praise is not of men, but of God.

26. E se l'incirconciso osserva i precetti della legge, la sua incirconcisione non sarà essa reputata circoncisione?

27. E così colui che è per natura incirconciso, se adempie la legge, giudicherà te, che con la lettera e la circoncisione sei un trasgressore della legge.

28. Poiché Giudeo non è colui che è tale all'esterno; né è circoncisione quella che è esterna, nella carne;

29. ma Giudeo è colui che lo è interiormente; e la circoncisione è quella del cuore, in ispirito, non in lettera; d'un tal Giudeo la lode procede non dagli uomini, ma da Dio.

# Romans 3

1. What advantage then hath the Jew? or what is the profit of circumcision?

2. Much every way: first of all, that they were intrusted with the oracles of God.

3. For what if some were without faith? shall their want of faith make of none effect the faithfulness of God?

4. God forbid: yea, let God be found true, but every man a liar; as it is written, That thou mightest be justified in thy words, And mightest prevail when thou comest into judgment.

5. But if our righteousness commendeth the righteousness of God, what shall we say? Is God unrighteous who visiteth with wrath? (I speak after the manner of men.)

6. God forbid: for then how shall God judge the world?

7. But if the truth of God through my lie abounded unto his glory, why am I also still judged as a sinner?

8. and why not (as we are slanderously reported, and as some affirm that we say), Let us do evil, that good may come? whose condemnation is just.

9. What then? are we better than they? No, in no wise: for we before laid to the charge both of Jews and Greeks, that they are all under sin;

10. as it is written, There is none righteous, no, not one;

# Romani 3

1. Qual è dunque il vantaggio del Giudeo? O qual è la utilità della circoncisione?

2. Grande per ogni maniera; prima di tutto, perché a loro furono affidati gli oracoli di Dio.

3. Poiché che vuol dire se alcuni sono stati increduli? Annullerà la loro incredulità la fedeltà di Dio?

4. Così non sia; anzi, sia Dio riconosciuto verace, ma ogni uomo bugiardo, siccome è scritto: Affinché tu sia riconosciuto giusto nelle tue parole, e resti vincitore quando sei giudicato.

5. Ma se la nostra ingiustizia fa risaltare la giustizia di Dio, che diremo noi? Iddio è egli ingiusto quando dà corso alla sua ira? (Io parlo umanamente).

6. Così non sia; perché, altrimenti, come giudicherà egli il mondo?

7. Ma se per la mia menzogna la verità di Dio è abbondata a sua gloria, perché son io ancora giudicato come peccatore?

8. E perché (secondo la calunnia che ci è lanciata e la massima che taluni ci attribuiscono), perché non "facciamo il male affinché ne venga il bene?" La condanna di quei tali è giusta.

9. Che dunque? Abbiam noi qualche superiorità? Affatto; perché abbiamo dianzi provato che tutti, Giudei e Greci, sono sotto il peccato,

10. siccome è scritto: Non v'è alcun giusto, neppur uno.

11. There is none that understandeth, There is none that seeketh after God;

12. They have all turned aside, they are together become unprofitable; There is none that doeth good, no, not, so much as one:

13. Their throat is an open sepulchre; With their tongues they have used deceit: The poison of asps is under their lips:

14. Whose mouth is full of cursing and bitterness:

15. Their feet are swift to shed blood;

16. Destruction and misery are in their ways;

17. And the way of peace have they not known:

18. There is no fear of God before their eyes.

19. Now we know that what things soever the law saith, it speaketh to them that are under the law; that every mouth may be stopped, and all the world may be brought under the judgment of God:

20. because by the works of the law shall no flesh be justified in his sight; for through the law [cometh] the knowledge of sin.

21. But now apart from the law a righteousness of God hath been manifested, being witnessed by the law and the prophets, being witnessed by the law and the prophets;

22. even the righteousness of God through faith in Jesus Christ unto all them that believe; for there is no distinction;

23. for all have sinned, and fall short of the glory of God;

24. being justified freely by his grace through the redemption that is in Christ Jesus:

25. whom God set forth [to be] a propitiation, through faith, in his blood, to show his righteousness because of the passing over of the sins done aforetime, in the forbearance of God;

26. for the showing, [I say], of his righteousness at this present season: that he might himself be just, and the justifier of him that hath faith in Jesus.

27. Where then is the glorying? It is excluded. By what manner of law? of works? Nay: but by a law of faith.

11. Non v'è alcuno che abbia intendimento, non v'è alcuno che ricerchi Dio.

12. Tutti si sono sviati, tutti quanti son divenuti inutili. Non v'è alcuno che pratichi la bontà, no, neppur uno.

13. La loro gola è un sepolcro aperto; con le loro lingue hanno usato frode; v'è un veleno di aspidi sotto le loro labbra.

14. La loro bocca è piena di maledizione e d'amarezza.

15. I loro piedi son veloci a spargere il sangue.

16. Sulle lor vie è rovina e calamità,

17. e non hanno conosciuto la via della pace.

18. Non c'è timor di Dio dinanzi agli occhi loro.

19. Or noi sappiamo che tutto quel che la legge dice, lo dice a quelli che son sotto la legge, affinché ogni bocca sia turata, e tutto il mondo sia sottoposto al giudizio di Dio;

20. poiché per le opere della legge nessuno sarà giustificato al suo cospetto; giacché mediante la legge è data la conoscenza del peccato.

21. Ora, però, indipendentemente dalla legge, è stata manifestata una giustizia di Dio, attestata dalla legge e dai profeti:

22. vale a dire la giustizia di Dio mediante la fede in Gesù Cristo, per tutti i credenti; poiché non v'è distinzione;

23. difatti, tutti hanno peccato e son privi della gloria di Dio,

24. e son giustificati gratuitamente per la sua grazia, mediante la redenzione che è in Cristo Gesù,

25. il quale Iddio ha prestabilito come propiziazione mediante la fede nel sangue d'esso, per dimostrare la sua giustizia, avendo Egli usato tolleranza verso i peccati commessi in passato, al tempo della sua divina pazienza;

26. per dimostrare, dico, la sua giustizia nel tempo presente; ond'Egli sia giusto e giustificante colui che ha fede in Gesù.

27. Dov'è dunque il vanto? Esso è escluso. Per quale legge? Delle opere? No, ma per la legge della fede;

28. We reckon therefore that a man is justified by faith apart from the works of the law.

29. Or is God [the God] of Jews only? is he not [the God] of Gentiles also? Yea, of Gentiles also:

30. if so be that God is one, and he shall justify the circumcision by faith, and the uncircumcision through faith.

31. Do we then make the law of none effect through faith? God forbid: nay, we establish the law.

28. poiché noi riteniamo che l'uomo è giustificato mediante la fede, senza le opere della legge.

29. Iddio è Egli forse soltanto l'Iddio de' Giudei? Non è Egli anche l'Iddio de' Gentili? Certo lo è anche de' Gentili,

30. poiché v'è un Dio solo, il quale giustificherà il circonciso per fede, e l'incirconciso parimente mediante la fede.

31. Annulliamo noi dunque la legge mediante la fede? Così non sia; anzi, stabiliamo la legge.

# Romans 4

# Romani 4

1. What then shall we say that Abraham, our forefather, hath found according to the flesh?

2. For if Abraham was justified by works, he hath whereof to glory; but not toward God.

3. For what saith the scripture? And Abraham believed God, and it was reckoned unto him for righteousness.

4. Now to him that worketh, the reward is not reckoned as of grace, but as of debt.

5. But to him that worketh not, but believeth on him that justifieth the ungodly, his faith is reckoned for righteousness.

6. Even as David also pronounceth blessing upon the man, unto whom God reckoneth righteousness apart from works,

7. [saying], Blessed are they whose iniquities are forgiven, And whose sins are covered.

8. Blessed is the man to whom, the Lord will not reckon sin.

9. Is this blessing then pronounced upon the circumcision, or upon the uncircumcision also? for we say, To Abraham his faith was reckoned for righteousness.

10. How then was it reckoned? when he was in circumcision, or in uncircumcision? Not in circumcision, but in uncircumcision:

1. Che diremo dunque che l'antenato nostro Abramo abbia ottenuto secondo la carne?

2. Poiché se Abramo è stato giustificato per le opere, egli avrebbe di che gloriarsi; ma dinanzi a Dio egli non ha di che gloriarsi; infatti, che dice la Scrittura?

3. Or Abramo credette a Dio, e ciò gli fu messo in conto di giustizia.

4. Or a chi opera, la mercede non è messa in conto di grazia, ma di debito;

5. mentre a chi non opera ma crede in colui che giustifica l'empio, la sua fede gli è messa in conto di giustizia.

6. Così pure Davide proclama la beatitudine dell'uomo al quale Iddio imputa la giustizia senz'opere, dicendo:

7. Beati quelli le cui iniquità son perdonate, e i cui peccati sono coperti.

8. Beato l'uomo al quale il Signore non imputa il peccato.

9. Questa beatitudine è ella soltanto per i circoncisi o anche per gli incirconcisi? Poiché noi diciamo che la fede fu ad Abramo messa in conto di giustizia.

10. In che modo dunque gli fu messa in conto? Quand'era circonciso, o quand'era incirconciso? Non quand'era circonciso, ma quand'era incirconciso;

11. and he received the sign of circumcision, a seal of the righteousness of the faith which he had while he was in uncircumcision; that he might be the father of all them that believe, though they be in uncircumcision, that righteousness might be reckoned unto them;

12. and the father of circumcision to them who not only are of the circumcision, but who also walk in the steps of that faith of our father Abraham which he had in uncircumcision.

13. For not through the law was the promise to Abraham or to his seed that he should be heir of the world, but through the righteousness of faith.

14. For if they that are of the law are heirs, faith is made void, and the promise is made of none effect:

15. for the law worketh wrath; but where there is no law, neither is there transgression.

16. For this cause [it is] of faith, that [it may be] according to grace; to the end that the promise may be sure to all the seed; not to that only which is of the law, but to that also which is of the faith of Abraham, who is the father of us all

17. (as it is written, A father of many nations have I made thee) before him whom he believed, [even] God, who giveth life to the dead, and calleth the things that are not, as though they were.

18. Who in hope believed against hope, to the end that he might become a father of many nations, according to that which had been spoken, So shall thy seed be.

19. And without being weakened in faith he considered his own body now as good as dead (he being about a hundred years old), and the deadness of Sarah's womb;

20. yet, looking unto the promise of God, he wavered not through unbelief, but waxed strong through faith, giving glory to God,

21. and being fully assured that what he had promised, he was able also to perform.

22. Wherefore also it was reckoned unto him for righteousness.

23. Now it was not written for his sake alone, that it was reckoned unto him;

11. poi ricevette il segno della circoncisione, qual suggello della giustizia ottenuta per la fede che avea quand'era incirconciso, affinché fosse il padre di tutti quelli che credono essendo incirconcisi, onde anche a loro sia messa in conto la giustizia;

12. e il padre dei circoncisi, di quelli, cioè, che non solo sono circoncisi, ma seguono anche le orme della fede del nostro padre Abramo quand'era ancora incirconciso.

13. Poiché la promessa d'esser erede del mondo non fu fatta ad Abramo o alla sua progenie in base alla legge, ma in base alla giustizia che vien dalla fede.

14. Perché, se quelli che son della legge sono eredi, la fede è resa vana, e la promessa è annullata;

15. poiché la legge genera ira; ma dove non c'è legge, non c'è neppur trasgressione.

16. Perciò l'eredità è per fede, affinché sia per grazia; onde la promessa sia sicura per tutta la progenie; non soltanto per quella che è sotto la legge, ma anche per quella che ha la fede d'Abramo, il quale è padre di noi tutti

17. (secondo che è scritto: Io ti ho costituito padre di molte nazioni) dinanzi al Dio a cui egli credette, il quale fa rivivere i morti, e chiama le cose che non sono, come se fossero.

18. Egli, sperando contro speranza, credette, per diventar padre di molte nazioni, secondo quel che gli era stato detto: Così sarà la tua progenie.

19. E senza venir meno nella fede, egli vide bensì che il suo corpo era svigorito (avea quasi cent'anni), e che Sara non era più in grado d'esser madre;

20. ma, dinanzi alla promessa di Dio, non vacillò per incredulità, ma fu fortificato per la sua fede dando gloria a Dio

21. ed essendo pienamente convinto che ciò che avea promesso, Egli era anche potente da effettuarlo.

22. Ond'è che ciò gli fu messo in conto di giustizia.

23. Or non per lui soltanto sta scritto che questo gli fu messo in conto di giustizia,

24. but for our sake also, unto whom it shall be reckoned, who believe on him that raised Jesus our Lord from the dead,

25. who was delivered up for our trespasses, and was raised for our justification.

# Romans 5

1. Being therefore justified by faith, we have peace with God through our Lord Jesus Christ;
2. through whom also we have had our access by faith into this grace wherein we stand; and we rejoice in hope of the glory of God.

3. And not only so, but we also rejoice in our tribulations: knowing that tribulation worketh stedfastness;

4. and stedfastness, approvedness; and approvedness, hope:
5. and hope putteth not to shame; because the love of God hath been shed abroad in our hearts through the Holy Spirit which was given unto us.
6. For while we were yet weak, in due season Christ died for the ungodly.

7. For scarcely for a righteous man will one die: for peradventure for the good man some one would even dare to die.
8. But God commendeth his own love toward us, in that, while we were yet sinners, Christ died for us.

9. Much more then, being now justified by his blood, shall we be saved from the wrath [of God] through him.
10. For if, while we were enemies, we were reconciled to God through the death of his Son, much more, being reconciled, shall we be saved by his life;

11. and not only so, but we also rejoice in God through our Lord Jesus Christ, through whom we have now received the reconciliation.

24. ma anche per noi ai quali sarà così messo in conto; per noi che crediamo in Colui che ha risuscitato dai morti Gesù, nostro Signore,

25. il quale è stato dato a cagione delle nostre offese, ed è risuscitato a cagione della nostra giustificazione.

# Romani 5

1. Giustificati dunque per fede, abbiam pace con Dio per mezzo di Gesù Cristo, nostro Signore,
2. mediante il quale abbiamo anche avuto, per la fede, l'accesso a questa grazia nella quale stiamo saldi; e ci gloriamo nella speranza della gloria di Dio;
3. e non soltanto questo, ma ci gloriamo anche nelle afflizioni, sapendo che l'afflizione produce pazienza, la pazienza esperienza,
4. e la esperienza speranza.

5. Or la speranza non rende confusi, perché l'amor di Dio è stato sparso nei nostri cuori per lo Spirito Santo che ci è stato dato.
6. Perché, mentre eravamo ancora senza forza, Cristo, a suo tempo, è morto per gli empi.
7. Poiché a mala pena uno muore per un giusto; ma forse per un uomo dabbene qualcuno ardirebbe morire;
8. ma Iddio mostra la grandezza del proprio amore per noi, in quanto che, mentre eravamo ancora peccatori, Cristo è morto per noi.
9. Tanto più dunque, essendo ora giustificati per il suo sangue, sarem per mezzo di lui salvati dall'ira.
10. Perché, se mentre eravamo nemici siamo stati riconciliati con Dio mediante la morte del suo Figliuolo, tanto più ora, essendo riconciliati, saremo salvati mediante la sua vita.
11. E non soltanto questo, ma anche ci gloriamo in Dio per mezzo del nostro Signor Gesù Cristo, per il quale abbiamo ora ottenuto la riconciliazione.

12. Therefore, as through one man sin entered into the world, and death through sin; and so death passed unto all men, for that all sinned:--

13. for until the law sin was in the world; but sin is not imputed when there is no law.

14. Nevertheless death reigned from Adam until Moses, even over them that had not sinned after the likeness of Adam's transgression, who is a figure of him that was to come.

15. But not as the trespass, so also [is] the free gift. For if by the trespass of the one the many died, much more did the grace of God, and the gift by the grace of the one man, Jesus Christ, abound unto the many.

16. And not as through one that sinned, [so] is the gift: for the judgment [came] of one unto condemnation, but the free gift [came] of many trespasses unto justification.

17. For if, by the trespass of the one, death reigned through the one; much more shall they that receive the abundance of grace and of the gift of righteousness reign in life through the one, [even] Jesus Christ.

18. So then as through one trespass [the judgment came] unto all men to condemnation; even so through one act of righteousness [the free gift came] unto all men to justification of life.

19. For as through the one man's disobedience the many were made sinners, even so through the obedience of the one shall the many be made righteous.

20. And the law came in besides, that the trespass might abound; but where sin abounded, grace did abound more exceedingly:

21. that, as sin reigned in death, even so might grace reign through righteousness unto eternal life through Jesus Christ our Lord.

12. Perciò, siccome per mezzo d'un sol uomo il peccato è entrato nel mondo, e per mezzo del peccato v'è entrata la morte, e in questo modo la morte è passata su tutti gli uomini, perché tutti hanno peccato?

13. Poiché, fino alla legge, il peccato era nel mondo; ma il peccato, non è imputato quando non v'è legge.

14. Eppure, la morte regnò, da Adamo fino a Mosè, anche su quelli che non avean peccato con una trasgressione simile a quella d'Adamo, il quale è il tipo di colui che dovea venire.

15. Però, la grazia non è come il fallo. Perché, se per il fallo di quell'uno i molti sono morti, molto più la grazia di Dio e il dono fattoci dalla grazia dell'unico uomo Gesù Cristo, hanno abbondato verso i molti.

16. E riguardo al dono non avviene quel che è avvenuto nel caso dell'uno che ha peccato; poiché il giudizio da un unico fallo ha fatto capo alla condanna; mentre la grazia, da molti falli, ha fatto capo alla giustificazione.

17. Perché, se per il fallo di quell'uno la morte ha regnato mediante quell'uno, tanto più quelli che ricevono l'abbondanza della grazia e del dono della giustizia, regneranno nella vita per mezzo di quell'uno che è Gesù Cristo.

18. Come dunque con un sol fallo la condanna si è estesa a tutti gli uomini, così, con un solo atto di giustizia la giustificazione che dà vita s'è estesa a tutti gli uomini.

19. Poiché, siccome per la disubbidienza di un solo uomo i molti sono stati costituiti peccatori, così anche per l'ubbidienza d'un solo, i molti saran costituiti giusti.

20. Or la legge è intervenuta affinché il fallo abbondasse; ma dove il peccato è abbondato, la grazia è sovrabbondata,

21. affinché, come il peccato regnò nella morte, così anche la grazia regni, mediante la giustizia, a vita eterna, per mezzo di Gesù Cristo, nostro Signore.

# Romans 6

1. What shall we say then? Shall we continue in sin, that grace may abound?

2. God forbid. We who died to sin, how shall we any longer live therein?

3. Or are ye ignorant that all we who were baptized into Christ Jesus were baptized into his death?

4. We were buried therefore with him through baptism unto death: that like as Christ was raised from the dead through the glory of the Father, so we also might walk in newness of life.

5. For if we have become united with [him] in the likeness of his death, we shall be also [in the likeness] of his resurrection;

6. knowing this, that our old man was crucified with [him], that the body of sin might be done away, that so we should no longer be in bondage to sin;

7. for he that hath died is justified from sin.

8. But if we died with Christ, we believe that we shall also live with him;

9. knowing that Christ being raised from the dead dieth no more; death no more hath dominion over him.

10. For the death that he died, he died unto sin once: but the life that he liveth, he liveth unto God.

11. Even so reckon ye also yourselves to be dead unto sin, but alive unto God in Christ Jesus.

12. Let not sin therefore reign in your mortal body, that ye should obey the lusts thereof:

13. neither present your members unto sin [as] instruments of unrighteousness; but present yourselves unto God, as alive from the dead, and your members [as] instruments of righteousness unto God.

14. For sin shall not have dominion over you: for ye are not under law, but under grace.

15. What then? shall we sin, because we are not under law, but under grace? God forbid.

16. Know ye not, that to whom ye present yourselves [as] servants unto obedience, his servants ye are whom ye obey; whether of sin unto death, or of obedience unto righteousness?

# Romani 6

1. Che direm dunque? Rimarremo noi nel peccato onde la grazia abbondi?

2. Così non sia. Noi che siam morti al peccato, come vivremmo ancora in esso?

3. O ignorate voi che quanti siamo stati battezzati in Cristo Gesù, siamo stati battezzati nella sua morte?

4. Noi siam dunque stati con lui seppelliti mediante il battesimo nella sua morte, affinché, come Cristo è risuscitato dai morti mediante la gloria del Padre, così anche noi camminassimo in novità di vita.

5. Perché, se siamo divenuti una stessa cosa con lui per una morte somigliante alla sua, lo saremo anche per una risurrezione simile alla sua, sapendo questo:

6. che il nostro vecchio uomo è stato crocifisso con lui, affinché il corpo del peccato fosse annullato, onde noi non serviamo più al peccato;

7. poiché colui che è morto, è affrancato dal peccato.

8. Ora, se siamo morti con Cristo, noi crediamo che altresì vivremo con lui,

9. sapendo che Cristo, essendo risuscitato dai morti, non muore più; la morte non lo signoreggia più.

10. Poiché il suo morire fu un morire al peccato, una volta per sempre; ma il suo vivere è un vivere a Dio.

11. Così anche voi fate conto d'esser morti al peccato, ma viventi a Dio, in Cristo Gesù.

12. Non regni dunque il peccato nel vostro corpo mortale per ubbidirgli nelle sue concupiscenze;

13. e non prestate le vostre membra come strumenti d'iniquità al peccato; ma presentate voi stessi a Dio come di morti fatti viventi, e le vostre membra come strumenti di giustizia a Dio;

14. perché il peccato non vi signoreggerà, poiché non siete sotto la legge, ma sotto la grazia.

15. Che dunque? Peccheremo noi perché non siamo sotto la legge ma sotto la grazia? Così non sia.

16. Non sapete voi che se vi date a uno come servi per ubbidirgli, siete servi di colui a cui ubbidite: o del peccato che mena alla morte o dell'ubbidienza che mena alla giustizia?

17. But thanks be to God, that, whereas ye were servants of sin, ye became obedient from the heart to that form of teaching whereunto ye were delivered;

18. and being made free from sin, ye became servants of righteousness.

19. I speak after the manner of men because of the infirmity of your flesh: for as ye presented your members [as] servants to uncleanness and to iniquity unto iniquity, even so now present your members [as] servants to righteousness unto sanctification.

20. For when ye were servants of sin, ye were free in regard of righteousness.

21. What fruit then had ye at that time in the things whereof ye are now ashamed? for the end of those things is death.

22. But now being made free from sin and become servants to God, ye have your fruit unto sanctification, and the end eternal life.

23. For the wages of sin is death; but the free gift of God is eternal life in Christ Jesus our Lord.

# Romans 7

1. Or are ye ignorant, brethren (for I speak to men who know the law), that the law hath dominion over a man for so long time as he liveth?

2. For the woman that hath a husband is bound by law to the husband while he liveth; but if the husband die, she is discharged from the law of the husband.

3. So then if, while the husband liveth, she be joined to another man, she shall be called an adulteress: but if the husband die, she is free from the law, so that she is no adulteress, though she be joined to another man.

4. Wherefore, my brethren, ye also were made dead to the law through the body of Christ; that ye should be joined to another, [even] to him who was raised from the dead, that we might bring forth fruit unto God.

5. For when we were in the flesh, the sinful passions, which were through the law, wrought in our members to bring forth fruit unto death.

17. Ma sia ringraziato Iddio che eravate bensì servi del peccato, ma avete di cuore ubbidito a quel tenore d'insegnamento che v'è stato trasmesso;

18. ed essendo stati affrancati dal peccato, siete divenuti servi della giustizia.

19. Io parlo alla maniera degli uomini, per la debolezza della vostra carne; poiché, come già prestaste le vostre membra a servizio della impurità e della iniquità per commettere l'iniquità, così prestate ora le vostre membra a servizio della giustizia per la vostra santificazione.

20. Poiché, quando eravate servi del peccato, eravate liberi riguardo alla giustizia.

21. Qual frutto dunque avevate allora delle cose delle quali oggi vi vergognate? poiché la fine loro è la morte.

22. Ma ora, essendo stati affrancati dal peccato e fatti servi a Dio, voi avete per frutto la vostra santificazione, e per fine la vita eterna:

23. poiché il salario del peccato è la morte; ma il dono di Dio è la vita eterna in Cristo Gesù, nostro Signore.

# Romani 7

1. O ignorate voi, fratelli (poiché io parlo a persone che hanno conoscenza della legge), che la legge signoreggia l'uomo per tutto il tempo ch'egli vive?

2. Infatti la donna maritata è per la legge legata al marito mentre egli vive; ma se il marito muore, ella è sciolta dalla legge che la lega al marito.

3. Ond'è che se mentre vive il marito ella passa ad un altro uomo, sarà chiamata adultera; ma se il marito muore, ella è libera di fronte a quella legge; in guisa che non è adultera se divien moglie d'un altro uomo.

4. Così, fratelli miei, anche voi siete divenuti morti alla legge mediante il corpo di Cristo, per appartenere ad un altro, cioè a colui che è risuscitato dai morti, e questo affinché portiamo del frutto a Dio.

5. Poiché, mentre eravamo nella carne, le passioni peccaminose, destate dalla legge, agivano nelle nostre membra per portar del frutto per la morte;

6. But now we have been discharged from the law, having died to that wherein we were held; so that we serve in newness of the spirit, and not in oldness of the letter.

7. What shall we say then? Is the law sin? God forbid. Howbeit, I had not known sin, except through the law: for I had not known coveting, except the law had said, Thou shalt not covet:

8. but sin, finding occasion, wrought in me through the commandment all manner of coveting: for apart from the law sin [is] dead.

9. And I was alive apart from the law once: but when the commandment came, sin revived, and I died;

10. and the commandment, which [was] unto life, this I found [to be] unto death:

11. for sin, finding occasion, through the commandment beguiled me, and through it slew me.

12. So that the law is holy, and the commandment holy, and righteous, and good.

13. Did then that which is good become death unto me? God forbid. But sin, that it might be shown to be sin, by working death to me through that which is good; --that through the commandment sin might become exceeding sinful.

14. For we know that the law is spiritual: but I am carnal, sold under sin.

15. For that which I do I know not: for not what I would, that do I practise; but what I hate, that I do.

16. But if what I would not, that I do, I consent unto the law that it is good.

17. So now it is no more I that do it, but sin which dwelleth in me.

18. For I know that in me, that is, in my flesh, dwelleth no good thing: for to will is present with me, but to do that which is good [is] not.

19. For the good which I would I do not: but the evil which I would not, that I practise.

20. But if what I would not, that I do, it is no more I that do it, but sin which dwelleth in me.

6. ma ora siamo stati sciolti dai legami della legge, essendo morti a quella che ci teneva soggetti, talché serviamo in novità di spirito, e non in vecchiezza di lettera.

7. Che diremo dunque? La legge è essa peccato? Così non sia; anzi io non avrei conosciuto il peccato, se non per mezzo della legge; poiché io non avrei conosciuto la concupiscenza, se la legge non avesse detto: Non concupire.

8. Ma il peccato, còlta l'occasione, per mezzo del comandamento, produsse in me ogni concupiscenza; perché senza la legge il peccato è morto.

9. E ci fu un tempo, nel quale, senza legge, vivevo; ma, venuto il comandamento, il peccato prese vita, e io morii;

10. e il comandamento ch'era inteso a darmi vita, risultò che mi dava morte.

11. Perché il peccato, còlta l'occasione, per mezzo del comandamento, mi trasse in inganno; e, per mezzo d'esso, m'uccise.

12. Talché la legge è santa, e il comandamento è santo e giusto e buono.

13. Ciò che è buono diventò dunque morte per me? Così non sia; ma è il peccato che m'è divenuto morte, onde si palesasse come peccato, cagionandomi la morte mediante ciò che è buono; affinché, per mezzo del comandamento, il peccato diventasse estremamente peccante.

14. Noi sappiamo infatti che la legge è spirituale; ma io son carnale, venduto schiavo al peccato.

15. Perché io non approvo quello che faccio; poiché non faccio quel che voglio, ma faccio quello che odio.

16. Ora, se faccio quello che non voglio, io ammetto che la legge è buona;

17. e allora non son più io che lo faccio, ma è il peccato che abita in me.

18. Difatti, io so che in me, vale a dire nella mia carne, non abita alcun bene; poiché ben trovasi in me il volere, ma il modo di compiere il bene, no.

19. Perché il bene che voglio, non lo fo; ma il male che non voglio, quello fo.

20. Ora, se ciò che non voglio è quello che fo, non son più io che lo compio, ma è il peccato che abita in me.

21. I find then the law, that, to me who would do good, evil is present.

22. For I delight in the law of God after the inward man:

23. but I see a different law in my members, warring against the law of my mind, and bringing me into captivity under the law of sin which is in my members.

24. Wretched man that I am! who shall deliver me out of the body of this death?

25. I thank God through Jesus Christ our Lord. So then I of myself with the mind, indeed, serve the law of God; but with the flesh the law of sin.

21. Io mi trovo dunque sotto questa legge: che volendo io fare il bene, il male si trova in me.

22. Poiché io mi diletto nella legge di Dio, secondo l'uomo interno;

23. ma veggo un'altra legge nelle mie membra, che combatte contro la legge della mia mente, e mi rende prigione della legge del peccato che è nelle mie membra.

24. Misero me uomo! chi mi trarrà da questo corpo di morte?

25. Grazie siano rese a Dio per mezzo di Gesù Cristo, nostro Signore. Così dunque, io stesso con la mente servo alla legge di Dio, ma con la carne alla legge del peccato.

# Romans 8

# Romani 8

1. There is therefore now no condemnation to them that are in Christ Jesus.

2. For the law of the Spirit of life in Christ Jesus made me free from the law of sin and of death.

3. For what the law could not do, in that it was weak through the flesh, God, sending his own Son in the likeness of sinful flesh and for sin, condemned sin in the flesh:

4. that the ordinance of the law might be fulfilled in us, who walk not after the flesh, but after the Spirit.

5. For they that are after the flesh mind the things of the flesh; but they that are after the Spirit the things of the Spirit.

6. For the mind of the flesh is death; but the mind of the Spirit is life and peace:

7. because the mind of the flesh is enmity against God; for it is not subject to the law of God, neither indeed can it be:

8. and they that are in the flesh cannot please God.

9. But ye are not in the flesh but in the Spirit, if so be that the Spirit of God dwelleth in you. But if any man hath not the Spirit of Christ, he is none of his.

1. Non v'è dunque ora alcuna condanna per quelli che sono in Cristo Gesù;

2. perché la legge dello Spirito della vita in Cristo Gesù mi ha affrancato dalla legge del peccato e della morte.

3. Poiché quel che era impossibile alla legge, perché la carne la rendeva debole, Iddio l'ha fatto; mandando il suo proprio Figliuolo in carne simile a carne di peccato e a motivo del peccato, ha condannato il peccato nella carne,

4. affinché il comandamento della legge fosse adempiuto in noi, che camminiamo non secondo la carne, ma secondo lo spirito.

5. Poiché quelli che son secondo la carne, hanno l'animo alle cose della carne; ma quelli che son secondo lo spirito, hanno l'animo alle cose dello spirito.

6. Perché ciò a cui la carne ha l'animo è morte, ma ciò a cui lo spirito ha l'animo, è vita e pace;

7. poiché ciò a cui la carne ha l'animo è inimicizia contro Dio, perché non è sottomesso alla legge di Dio, e neppure può esserlo;

8. e quelli che sono nella carne, non possono piacere a Dio.

9. Or voi non siete nella carne ma nello spirito, se pur lo Spirito di Dio abita in voi; ma se uno non ha lo Spirito di Cristo, egli non è di lui.

10. And if Christ is in you, the body is dead because of sin; but the spirit is life because of righteousness.

11. But if the Spirit of him that raised up Jesus from the dead dwelleth in you, he that raised up Christ Jesus from the dead shall give life also to your mortal bodies through his Spirit that dwelleth in you.

12. So then, brethren, we are debtors, not to the flesh, to live after the flesh:

13. for if ye live after the flesh, ye must die; but if by the Spirit ye put to death the deeds of the body, ye shall live.

14. For as many as are led by the Spirit of God, these are sons of God.

15. For ye received not the spirit of bondage again unto fear; but ye received the spirit of adoption, whereby we cry, Abba, Father.

16. The Spirit himself beareth witness with our spirit, that we are children of God:

17. and if children, then heirs; heirs of God, and joint-heirs with Christ; if so be that we suffer with [him], that we may be also glorified with [him].

18. For I reckon that the sufferings of this present time are not worthy to be compared with the glory which shall be revealed to us-ward.

19. For the earnest expectation of the creation waiteth for the revealing of the sons of God.

20. For the creation was subjected to vanity, not of its own will, but by reason of him who subjected it, in hope

21. that the creation itself also shall be delivered from the bondage of corruption into the liberty of the glory of the children of God.

22. For we know that the whole creation groaneth and travaileth in pain together until now.

23. And not only so, but ourselves also, who have the first-fruits of the Spirit, even we ourselves groan within ourselves, waiting for [our] adoption, [to wit], the redemption of our body.

10. E se Cristo è in voi, ben è il corpo morto a cagione del peccato; ma lo spirito è vita a cagion della giustizia.

11. E se lo Spirito di colui che ha risuscitato Gesù dai morti abita in voi, Colui che ha risuscitato Cristo Gesù dai morti vivificherà anche i vostri corpi mortali per mezzo del suo Spirito che abita in voi.

12. Così dunque, fratelli, noi siam debitori non alla carne per viver secondo la carne;

13. perché se vivete secondo la carne, voi morrete; ma se mediante lo Spirito mortificate gli atti del corpo, voi vivrete;

14. poiché tutti quelli che son condotti dallo Spirito di Dio, son figliuoli di Dio.

15. Poiché voi non avete ricevuto lo spirito di servitù per ricader nella paura; ma avete ricevuto lo spirito d'adozione, per il quale gridiamo: Abba! Padre!

16. Lo Spirito stesso attesta insieme col nostro spirito, che siamo figliuoli di Dio;

17. e se siamo figliuoli, siamo anche eredi; eredi di Dio e coeredi di Cristo, se pur soffriamo con lui, affinché siamo anche glorificati con lui.

18. Perché io stimo che le sofferenze del tempo presente non siano punto da paragonare con la gloria che ha da essere manifestata a nostro riguardo.

19. Poiché la creazione con brama intensa aspetta la manifestazione dei figliuoli di Dio;

20. perché la creazione è stata sottoposta alla vanità, non di sua propria volontà, ma a cagion di colui che ve l'ha sottoposta,

21. non senza speranza però che la creazione stessa sarà anch'ella liberata dalla servitù della corruzione, per entrare nella libertà della gloria dei figliuoli di Dio.

22. Poiché sappiamo che fino ad ora tutta la creazione geme insieme ed è in travaglio;

23. non solo essa, ma anche noi, che abbiamo le primizie dello Spirito, anche noi stessi gemiamo in noi medesimi, aspettando l'adozione, la redenzione del nostro corpo.

24. For in hope were we saved: but hope that is seen is not hope: for who hopeth for that which he seeth?

25. But if we hope for that which we see not, [then] do we with patience wait for it.

26. And in like manner the Spirit also helpeth our infirmity: for we know not how to pray as we ought; but the Spirit himself maketh intercession for [us] with groanings which cannot be uttered;

27. and he that searcheth the hearts knoweth what is the mind of the Spirit, because he maketh intercession for the saints according to [the will of] God.

28. And we know that to them that love God all things work together for good, [even] to them that are called according to [his] purpose.

29. For whom he foreknew, he also foreordained [to be] conformed to the image of his Son, that he might be the firstborn among many brethren:

30. and whom he foreordained, them he also called: and whom he called, them he also justified: and whom he justified, them he also glorified.

31. What then shall we say to these things? If God [is] for us, who [is] against us?

32. He that spared not his own Son, but delivered him up for us all, how shall he not also with him freely give us all things?

33. Who shall lay anything to the charge of God's elect? It is God that justifieth;

34. who is he that condemneth? It is Christ Jesus that died, yea rather, that was raised from the dead, who is at the right hand of God, who also maketh intercession for us.

35. Who shall separate us from the love of Christ? shall tribulation, or anguish, or persecution, or famine, or nakedness, or peril, or sword?

36. Even as it is written, For thy sake we are killed all the day long; We were accounted as sheep for the slaughter.

37. Nay, in all these things we are more than conquerors through him that loved us.

24. Poiché noi siamo stati salvati in isperanza. Or la speranza di quel che si vede, non è speranza; difatti, quello che uno vede, perché lo spererebbe egli ancora?

25. Ma se speriamo quel che non vediamo, noi l'aspettiamo con pazienza.

26. Parimente ancora, lo Spirito sovviene alla nostra debolezza; perché noi non sappiamo pregare come si conviene; ma lo Spirito intercede egli stesso per noi con sospiri ineffabili;

27. e Colui che investiga i cuori conosce qual sia il sentimento dello Spirito, perché esso intercede per i santi secondo Iddio.

28. Or noi sappiamo che tutte le cose cooperano al bene di quelli che amano Dio, i quali son chiamati secondo il suo proponimento.

29. Perché quelli che Egli ha preconosciuti, li ha pure predestinati ad esser conformi all'immagine del suo Figliuolo, ond'egli sia il primogenito fra molti fratelli;

30. e quelli che ha predestinati, li ha pure chiamati; e quelli che ha chiamati, li ha pure giustificati; e quelli che ha giustificati, li ha pure glorificati.

31. Che diremo dunque a queste cose? Se Dio è per noi, chi sarà contro di noi?

32. Colui che non ha risparmiato il suo proprio Figliuolo, ma l'ha dato per tutti noi, come non ci donerà egli anche tutte le cose con lui?

33. Chi accuserà gli eletti di Dio? Iddio è quel che li giustifica.

34. Chi sarà quel che li condanni? Cristo Gesù è quel che è morto; e, più che questo, è risuscitato; ed è alla destra di Dio; ed anche intercede per noi.

35. Chi ci separerà dall'amore di Cristo? Sarà forse la tribolazione, o la distretta, o la persecuzione, o la fame, o la nudità, o il pericolo, o la spada?

36. Come è scritto: Per amor di te noi siamo tutto il giorno messi a morte; siamo stati considerati come pecore da macello.

37. Anzi, in tutte queste cose, noi siam più che vincitori, in virtù di colui che ci ha amati.

38. For I am persuaded, that neither death, nor life, nor angels, nor principalities, nor things present, nor things to come, nor powers,

39. nor height, nor depth, nor any other creature, shall be able to separate us from the love of God, which is in Christ Jesus our Lord.

# Romans 9

1. I say the truth in Christ, I lie not, my conscience bearing witness with me in the Holy Spirit,

2. that I have great sorrow and unceasing pain in my heart.

3. For I could wish that I myself were anathema from Christ for my brethren's sake, my kinsmen according to the flesh:

4. who are Israelites; whose is the adoption, and the glory, and the covenants, and the giving of the law, and the service [of God], and the promises;

5. whose are the fathers, and of whom is Christ as concerning the flesh, who is over all, God blessed for ever. Amen.

6. But [it is] not as though the word of God hath come to nought. For they are not all Israel, that are of Israel:

7. neither, because they are Abraham's seed, are they all children: but, In Isaac shall thy seed be called.

8. That is, it is not the children of the flesh that are children of God; but the children of the promise are reckoned for a seed.

9. For this is a word of promise, According to this season will I come, and Sarah shall have a son.

10. And not only so; but Rebecca also having conceived by one, [even] by our father Isaac--

11. for [the children] being not yet born, neither having done anything good or bad, that the purpose of God according to election might stand, not of works, but of him that calleth,

12. it was said unto her, The elder shall serve the younger.

38. Poiché io son persuaso che né morte, né vita, né angeli, né principati, né cose presenti, né cose future,

39. né potestà, né altezza, né profondità, né alcun'altra creatura potranno separarci dall'amore di Dio, che è in Cristo Gesù, nostro Signore.

# Romani 9

1. Io dico la verità in Cristo, non mento, la mia coscienza me lo attesta per lo Spirito Santo:

2. io ho una grande tristezza e un continuo dolore nel cuore mio;

3. perché vorrei essere io stesso anatema, separato da Cristo, per amor dei miei fratelli, miei parenti secondo la carne,

4. che sono Israeliti, ai quali appartengono l'adozione e la gloria e i patti e la legislazione e il culto e le promesse;

5. dei quali sono i padri, e dai quali è venuto, secondo la carne, il Cristo, che è sopra tutte le cose Dio benedetto in eterno. Amen.

6. Però non è che la parola di Dio sia caduta a terra; perché non tutti i discendenti da Israele sono Israele;

7. né per il fatto che son progenie d'Abramo, son tutti figliuoli d'Abramo; anzi: In Isacco ti sarà nominata una progenie.

8. Cioè, non i figliuoli della carne sono figliuoli di Dio: ma i figliuoli della promessa son considerati come progenie.

9. Poiché questa è una parola di promessa: In questa stagione io verrò, e Sara avrà un figliuolo.

10. Non solo; ma anche a Rebecca avvenne la medesima cosa quand'ebbe concepito da uno stesso uomo, vale a dire Isacco nostro padre, due gemelli;

11. poiché, prima che fossero nati e che avessero fatto alcun che di bene o di male, affinché rimanesse fermo il proponimento dell'elezione di Dio, che dipende non dalle opere ma dalla volontà di colui che chiama,

12. le fu detto: Il maggiore servirà al minore;

13. Even as it is written, Jacob I loved, but Esau I hated.

14. What shall we say then? Is there unrighteousness with God? God forbid.

15. For he saith to Moses, I will have mercy on whom I have mercy, and I will have compassion on whom I have compassion.

16. So then it is not of him that willeth, nor of him that runneth, but of God that hath mercy.

17. For the scripture saith unto Pharaoh, For this very purpose did I raise thee up, that I might show in thee my power, and that my name might be published abroad in all the earth.

18. So then he hath mercy on whom he will, and whom he will be hardeneth.

19. Thou wilt say then unto me, Why doth he still find fault? For who withstandeth his will?

20. Nay but, O man, who art thou that repliest against God? Shall the thing formed say to him that formed it, Why didst thou make me thus?

21. Or hath not the potter a right over the clay, from the same lump to make one part a vessel unto honor, and another unto dishonor?

22. What if God, willing to show his wrath, and to make his power known, endured with much longsuffering vessels of wrath fitted unto destruction:

23. and that he might make known the riches of his glory upon vessels of mercy, which he afore prepared unto glory,

24. [even] us, whom he also called, not from the Jews only, but also from the Gentiles?

25. As he saith also in Hosea, I will call that my people, which was not my people; And her beloved, that was not beloved.

26. And it shall be, [that] in the place where it was said unto them, Ye are not my people, There shall they be called sons of the living God.

27. And Isaiah crieth concerning Israel, If the number of the children of Israel be as the sand of the sea, it is the remnant that shall be saved:

28. for the Lord will execute [his] word upon the earth, finishing it and cutting it short.

13. secondo che è scritto: Ho amato Giacobbe, ma ho odiato Esaù.

14. Che diremo dunque? V'è forse ingiustizia in Dio? Così non sia.

15. Poiché Egli dice a Mosè: Io avrò mercé di chi avrò mercé, e avrò compassione di chi avrò compassione.

16. Non dipende dunque né da chi vuole né da chi corre, ma da Dio che fa misericordia.

17. Poiché la Scrittura dice a Faraone: Appunto per questo io t'ho suscitato: per mostrare in te la mia potenza, e perché il mio nome sia pubblicato per tutta la terra.

18. Così dunque Egli fa misericordia a chi vuole, e indura chi vuole.

19. Tu allora mi dirai: Perché si lagna Egli ancora? Poiché chi può resistere alla sua volontà?

20. Piuttosto, o uomo, chi sei tu che replichi a Dio? La cosa formata dirà essa a colui che la formò: Perché mi facesti così?

21. Il vasaio non ha egli potestà sull'argilla, da trarre dalla stessa massa un vaso per uso nobile, e un altro per uso ignobile?

22. E che v'è mai da replicare se Dio, volendo mostrare la sua ira e far conoscere la sua potenza, ha sopportato con molta longanimità de' vasi d'ira preparati per la perdizione,

23. e se, per far conoscere le ricchezze della sua gloria verso de' vasi di misericordia che avea già innanzi preparati per la gloria,

24. li ha anche chiamati (parlo di noi) non soltanto di fra i Giudei ma anche di fra i Gentili?

25. Così Egli dice anche in Osea: Io chiamerò mio popolo quello che non era mio popolo, e "amata" quella che non era amata;

26. e avverrà che nel luogo ov'era loro stato detto: "Voi non siete mio popolo", quivi saran chiamati figliuoli dell'Iddio vivente.

27. E Isaia esclama riguardo a Israele: Quand'anche il numero dei figliuoli d'Israele fosse come la rena del mare, il rimanente solo sarà salvato;

28. perché il Signore eseguirà la sua parola sulla terra, in modo definitivo e reciso.

29. And, as Isaiah hath said before, Except the Lord of Sabaoth had left us a seed, We had become as Sodom, and had been made like unto Gomorrah.

30. What shall we say then? That the Gentiles, who followed not after righteousness, attained to righteousness, even the righteousness which is of faith:
31. but Israel, following after a law of righteousness, did not arrive at [that] law.

32. Wherefore? Because [they sought it] not by faith, but as it were by works. They stumbled at the stone of stumbling;
33. even as it is written, Behold, I lay in Zion a stone of stumbling and a rock of offence: And he that believeth on him shall not be put to shame.

# Romans 10

1. Brethren, my heart's desire and my supplication to God is for them, that they may be saved.
2. For I bear them witness that they have a zeal for God, but not according to knowledge.
3. For being ignorant of God's righteousness, and seeking to establish their own, they did not subject themselves to the righteousness of God.
4. For Christ is the end of the law unto righteousness to every one that believeth.
5. For Moses writeth that the man that doeth the righteousness which is of the law shall live thereby.
6. But the righteousness which is of faith saith thus, Say not in thy heart, Who shall ascend into heaven? (that is, to bring Christ down:)
7. or, Who shall descend into the abyss? (That is, to bring Christ up from the dead.)
8. But what saith it? The word is nigh thee, in thy mouth, and in thy heart: that is, the word of faith, which we preach:

9. because if thou shalt confess with thy mouth Jesus [as] Lord, and shalt believe in thy heart that God raised him from the dead, thou shalt be saved:

29. E come Isaia avea già detto prima: Se il Signor degli eserciti non ci avesse lasciato un seme, saremmo divenuti come Sodoma e saremmo stati simili a Gomorra.
30. Che diremo dunque? Diremo che i Gentili, i quali non cercavano la giustizia, hanno conseguito la giustizia, ma la giustizia che vien dalla fede;
31. mentre Israele, che cercava la legge della giustizia, non ha conseguito la legge della giustizia.
32. Perché? Perché l'ha cercata non per fede, ma per opere. Essi hanno urtato nella pietra d'intoppo,
33. siccome è scritto: Ecco, io pongo in Sion una pietra d'intoppo e una roccia d'inciampo; ma chi crede in lui non sarà svergognato.

# Romani 10

1. Fratelli, il desiderio del mio cuore e la mia preghiera a Dio per loro è che siano salvati.
2. Poiché io rendo loro testimonianza che hanno zelo per le cose di Dio, ma zelo senza conoscenza.
3. Perché, ignorando la giustizia di Dio, e cercando di stabilir la loro propria, non si sono sottoposti alla giustizia di Dio;

4. poiché il termine della legge è Cristo, per esser giustizia a ognuno che crede.
5. Infatti Mosè descrive così la giustizia che vien dalla legge: L'uomo che farà quelle cose, vivrà per esse.
6. Ma la giustizia che vien dalla fede dice così: Non dire in cuor tuo: Chi salirà in cielo? (questo è un farne scendere Cristo) né:
7. Chi scenderà nell'abisso? (questo è un far risalire Cristo d'infra i morti).

8. Ma che dice ella? La parola è presso di te, nella tua bocca e nel tuo cuore; questa è la parola della fede che noi predichiamo;
9. perché, se con la bocca avrai confessato Gesù come Signore, e avrai creduto col cuore che Dio l'ha risuscitato dai morti, sarai salvato;

10. for with the heart man believeth unto righteousness; and with the mouth confession is made unto salvation.

11. For the scripture saith, Whosoever believeth on him shall not be put to shame.

12. For there is no distinction between Jew and Greek: for the same [Lord] is Lord of all, and is rich unto all that call upon him:

13. for, Whosoever shall call upon the name of the Lord shall be saved.

14. How then shall they call on him in whom they have not believed? and how shall they believe in him whom they have not heard? and how shall they hear without a preacher?

15. and how shall they preach, except they be sent? even as it is written, How beautiful are the feet of them that bring glad tidings of good things!

16. But they did not all hearken to the glad tidings. For Isaiah saith, Lord, who hath believed our report?

17. So belief [cometh] of hearing, and hearing by the word of Christ.

18. But I say, Did they not hear? Yea, verily, Their sound went out into all the earth, And their words unto the ends of the world.

19. But I say, Did Israel not know? First Moses saith, I will provoke you to jealousy with that which is no nation, With a nation void of understanding will I anger you.

20. And Isaiah is very bold, and saith, I was found of them that sought me not; I became manifest unto them that asked not of me.

21. But as to Israel he saith, All the day long did I spread out my hands unto a disobedient and gainsaying people.

# Romans 11

1. I say then, Did God cast off his people? God forbid. For I also am an Israelite, of the seed of Abraham, of the tribe of Benjamin.

2. God did not cast off his people which he foreknew. Or know ye not what the scripture saith of Elijah? how he pleadeth with God against Israel:

10. infatti col cuore si crede per ottener la giustizia e con la bocca si fa confessione per esser salvati.

11. Difatti la Scrittura dice: Chiunque crede in lui, non sarà svergognato.

12. Poiché non v'è distinzione fra Giudeo e Greco; perché lo stesso Signore è Signore di tutti, ricco verso tutti quelli che lo invocano;

13. poiché chiunque avrà invocato il nome del Signore, sarà salvato.

14. Come dunque invocheranno colui nel quale non hanno creduto? E come crederanno in colui del quale non hanno udito parlare? E come udiranno, se non v'è chi predichi?

15. E come predicheranno se non son mandati? Siccome è scritto: Quanto son belli i piedi di quelli che annunziano buone novelle!

16. Ma tutti non hanno ubbidito alla Buona Novella; perché Isaia dice: Signore, chi ha creduto alla nostra predicazione?

17. Così la fede vien dall'udire e l'udire si ha per mezzo della parola di Cristo.

18. Ma io dico: Non hanno essi udito? Anzi, la loro voce è andata per tutta la terra, e le loro parole fino agli estremi confini del mondo.

19. Ma io dico: Israele non ha egli compreso? Mosè pel primo dice: Io vi moverò a gelosia di una nazione che non è nazione; contro una nazione senza intelletto provocherò il vostro sdegno.

20. E Isaia si fa ardito e dice: Sono stato trovato da quelli che non mi cercavano; sono stato chiaramente conosciuto da quelli che non chiedevan di me.

21. Ma riguardo a Israele dice: Tutto il giorno ho teso le mani verso un popolo disubbidiente e contradicente.

# Romani 11

1. Io dico dunque: Iddio ha egli reietto il suo popolo? Così non sia; perché anch'io sono Israelita, della progenie d'Abramo, della tribù di Beniamino.

2. Iddio non ha reietto il suo popolo, che ha preconosciuto. Non sapete voi quel che la Scrittura dice, nella storia d'Elia? Com'egli ricorre a Dio contro Israele, dicendo:

3. Lord, they have killed thy prophets, they have digged down thine altars; and I am left alone, and they seek my life.

4. But what saith the answer of God unto him? I have left for myself seven thousand men, who have not bowed the knee to Baal.

5. Even so then at this present time also there is a remnant according to the election of grace.

6. But if it is by grace, it is no more of works: otherwise grace is no more grace.

7. What then? that which Israel seeketh for, that he obtained not; but the election obtained it, and the rest were hardened:

8. according as it is written, God gave them a spirit of stupor, eyes that they should not see, and ears that they should not hear, unto this very day.

9. And David saith, Let their table be made a snare, and a trap, And a stumblingblock, and a recompense unto them:

10. Let their eyes be darkened, that they may not see, And bow thou down their back always.

11. I say then, Did they stumble that they might fall? God forbid: but by their fall salvation [is come] unto the Gentiles, to provoke them to jealousy.

12. Now if their fall, is the riches of the world, and their loss the riches of the Gentiles; how much more their fulness?

13. But I speak to you that are Gentiles. Inasmuch then as I am an apostle of Gentiles, I glorify my ministry;

14. if by any means I may provoke to jealousy [them that are] my flesh, and may save some of them.

15. For if the casting away of them [is] the reconciling of the world, what [shall] the receiving [of them be], but life from the dead?

16. And if the firstfruit is holy, so is the lump: and if the root is holy, so are the branches.

17. But if some of the branches were broken off, and thou, being a wild olive, wast grafted in among them, and didst become partaker with them of the root of the fatness of the olive tree;

18. glory not over the branches: but if thou gloriest, it is not thou that bearest the root, but the root thee.

3. Signore, hanno ucciso i tuoi profeti, hanno demoliti i tuoi altari, e io son rimasto solo, e cercano la mia vita?

4. Ma che gli rispose la voce divina? Mi son riserbato settemila uomini, che non han piegato il ginocchio davanti a Baal.

5. E così anche nel tempo presente, v'è un residuo secondo l'elezione della grazia.

6. Ma se è per grazia, non è più per opere; altrimenti, grazia non è più grazia.

7. Che dunque? Quel che Israele cerca, non l'ha ottenuto; mentre il residuo eletto l'ha ottenuto;

8. e gli altri sono stati indurati, secondo che è scritto: Iddio ha dato loro uno spirito di stordimento, degli occhi per non vedere e degli orecchi per non udire, fino a questo giorno.

9. E Davide dice: La loro mensa sia per loro un laccio, una rete, un inciampo, e una retribuzione.

10. Siano gli occhi loro oscurati in guisa che non veggano, e piega loro del continuo la schiena.

11. Io dico dunque: Hanno essi così inciampato da cadere? Così non sia; ma per la loro caduta la salvezza è giunta ai Gentili per provocar loro a gelosia.

12. Or se la loro caduta è la ricchezza del mondo e la loro diminuzione la ricchezza de' Gentili, quanto più lo sarà la loro pienezza!

13. Ma io parlo a voi, o Gentili. In quanto io sono apostolo dei Gentili, glorifico il mio ministerio,

14. per veder di provocare a gelosia quelli del mio sangue, e di salvarne alcuni.

15. Poiché, se la loro reiezione è la riconciliazione del mondo, che sarà la loro riammissione, se non una vita d'infra i morti?

16. E se la primizia è santa, anche la massa è santa; e se la radice è santa, anche i rami son santi.

17. E se pure alcuni de' rami sono stati troncati, e tu, che sei olivastro, sei stato innestato in luogo loro e sei divenuto partecipe della radice e della grassezza dell'ulivo,

18. non t'insuperbire contro ai rami; ma, se t'insuperbisci, sappi che non sei tu che porti la radice, ma la radice che porta te.

19. Thou wilt say then, Branches were broken off, that I might be grafted in.

20. Well; by their unbelief they were broken off, and thou standest by thy faith. Be not highminded, but fear:

21. for if God spared not the natural branches, neither will he spare thee.

22. Behold then the goodness and severity of God: toward them that fell, severity; but toward thee, God's goodness, if thou continue in his goodness: otherwise thou also shalt be cut off.

23. And they also, if they continue not in their unbelief, shall be grafted in: for God is able to graft them in again.

24. For if thou wast cut out of that which is by nature a wild olive tree, and wast grafted contrary to nature into a good olive tree; how much more shall these, which are the natural [branches], be grafted into their own olive tree?

25. For I would not, brethren, have you ignorant of this mystery, lest ye be wise in your own conceits, that a hardening in part hath befallen Israel, until the fulness of the Gentiles be come in;

26. and so all Israel shall be saved: even as it is written, There shall come out of Zion the Deliverer; He shall turn away ungodliness from Jacob:

27. And this is my covenant unto them, When I shall take away their sins.

28. As touching the gospel, they are enemies for your sake: but as touching the election, they are beloved for the fathers' sake.

29. For the gifts and the calling of God are not repented of.

30. For as ye in time past were disobedient to God, but now have obtained mercy by their disobedience,

31. even so have these also now been disobedient, that by the mercy shown to you they also may now obtain mercy.

32. For God hath shut up all unto disobedience, that he might have mercy upon all.

19. Allora tu dirai: Sono stati troncati dei rami perché io fossi innestato.

20. Bene: sono stati troncati per la loro incredulità, e tu sussisti per la fede; non t'insuperbire, ma temi.

21. Perché se Dio non ha risparmiato i rami naturali, non risparmierà neppur te.

22. Vedi dunque la benignità e la severità di Dio; la severità verso quelli che son caduti; ma verso te la benignità di Dio, se pur tu perseveri nella sua benignità; altrimenti, anche tu sarai reciso.

23. Ed anche quelli, se non perseverano nella loro incredulità, saranno innestati; perché Dio è potente da innestarli di nuovo.

24. Poiché se tu sei stato tagliato dall'ulivo per sua natura selvatico, e sei stato contro natura innestato nell'ulivo domestico, quanto più essi, che son dei rami naturali, saranno innestati nel lor proprio ulivo?

25. Perché, fratelli, non voglio che ignoriate questo mistero, affinché non siate presuntuosi; che cioè, un induramento parziale s'è prodotto in Israele, finché sia entrata la pienezza dei Gentili;

26. e così tutto Israele sarà salvato, secondo che è scritto: Il liberatore verrà da Sion;

27. Egli allontanerà da Giacobbe l'empietà; e questo sarà il mio patto con loro, quand'io torrò via i loro peccati.

28. Per quanto concerne l'Evangelo, essi sono nemici per via di voi; ma per quanto concerne l'elezione, sono amati per via dei loro padri;

29. perché i doni e la vocazione di Dio sono senza pentimento.

30. Poiché, siccome voi siete stati in passato disubbidienti a Dio ma ora avete ottenuto misericordia per la loro disubbidienza,

31. così anch'essi sono stati ora disubbidienti, onde, per la misericordia a voi usata, ottengano essi pure misericordia.

32. Poiché Dio ha rinchiuso tutti nella disubbidienza per far misericordia a tutti.

33. O the depth of the riches both of the wisdom and the knowledge of God! how unsearchable are his judgments, and his ways past tracing out!

34. For who hath known the mind of the Lord? or who hath been his counsellor?

35. or who hath first given to him, and it shall be recompensed unto him again?

36. For of him, and through him, and unto him, are all things. To him [be] the glory for ever. Amen.

33. O profondità della ricchezza e della sapienza e della conoscenza di Dio! Quanto inscrutabili sono i suoi giudizi, e incomprensibili le sue vie!

34. Poiché: Chi ha conosciuto il pensiero del Signore? O chi è stato il suo consigliere?

35. O chi gli ha dato per primo, e gli sarà contraccambiato?

36. Poiché da lui, per mezzo di lui e per lui son tutte le cose. A lui sia la gloria in eterno. Amen.

# Romans 12

1. I beseech you therefore, brethren, by the mercies of God, to present your bodies a living sacrifice, holy, acceptable to God, [which is] your spiritual service.

2. And be not fashioned according to this world: but be ye transformed by the renewing of your mind, and ye may prove what is the good and acceptable and perfect will of God.

3. For I say, through the grace that was given me, to every man that is among you, not to think of himself more highly than he ought to think; but to think as to think soberly, according as God hath dealt to each man a measure of faith.

4. For even as we have many members in one body, and all the members have not the same office:

5. so we, who are many, are one body in Christ, and severally members one of another.

6. And having gifts differing according to the grace that was given to us, whether prophecy, [let us prophesy] according to the proportion of our faith;

7. or ministry, [let us give ourselves] to our ministry; or he that teacheth, to his teaching;

8. or he that exhorteth, to his exhorting: he that giveth, [let him do it] with liberality; he that ruleth, with diligence; he that showeth mercy, with cheerfulness.

9. Let love be without hypocrisy. Abhor that which is evil; cleave to that which is good.

10. In love of the brethren be tenderly affectioned one to another; in honor preferring one another;

# Romani 12

1. Io vi esorto dunque, fratelli, per le compassioni di Dio, a presentare i vostri corpi in sacrificio vivente, santo, accettevole a Dio; il che è il vostro culto spirituale.

2. E non vi conformate a questo secolo, ma siate trasformati mediante il rinnovamento della vostra mente, affinché conosciate per esperienza qual sia la volontà di Dio, la buona, accettevole e perfetta volontà.

3. Per la grazia che m'è stata data, io dico quindi a ciascuno fra voi che non abbia di sé un concetto più alto di quel che deve avere, ma abbia di sé un concetto sobrio, secondo al misura della fede che Dio ha assegnata a ciascuno.

4. Poiché, siccome in un solo corpo abbiamo molte membra e tutte le membra non hanno un medesimo ufficio,

5. così noi, che siamo molti, siamo un solo corpo in Cristo, e, individualmente, siamo membra l'uno dell'altro.

6. E siccome abbiamo dei doni differenti secondo la grazia che ci è stata data, se abbiamo dono di profezia, profetizziamo secondo la proporzione della nostra fede;

7. se di ministerio, attendiamo al ministerio; se d'insegnamento, all'insegnare;

8. se di esortazione, all'esortare; chi dà, dia con semplicità; chi presiede, lo faccia con diligenza; chi fa opere pietose, le faccia con allegrezza.

9. L'amore sia senza ipocrisia. Aborrite il male, e attenetevi fermamente al bene.

10. Quanto all'amor fraterno, siate pieni d'affezione gli uni per gli altri; quanto all'onore, prevenitevi gli uni gli altri;

11. in diligence not slothful; fervent in spirit; serving the Lord;

12. rejoicing in hope; patient in tribulation; continuing stedfastly in prayer;

13. communicating to the necessities of the saints; given to hospitality.

14. Bless them that persecute you; bless, and curse not.

15. Rejoice with them that rejoice; weep with them that weep.

16. Be of the same mind one toward another. Set not your mind on high things, but condescend to things that are lowly. Be not wise in your own conceits.

17. Render to no man evil for evil. Take thought for things honorable in the sight of all men.

18. If it be possible, as much as in you lieth, be at peace with all men.

19. Avenge not yourselves, beloved, but give place unto the wrath [of God]: for it is written, Vengeance belongeth unto me; I will recompense, saith the Lord.

20. But if thine enemy hunger, feed him; if he thirst, give him to drink: for in so doing thou shalt heap coals of fire upon his head.

21. Be not overcome of evil, but overcome evil with good.

11. quanto allo zelo, non siate pigri; siate ferventi nello spirito, servite il Signore;

12. siate allegri nella speranza, pazienti nell'afflizione, perseveranti nella preghiera;

13. provvedete alle necessità dei santi, esercitate con premura l'ospitalità.

14. Benedite quelli che vi perseguitano; benedite e non maledite.

15. Rallegratevi con quelli che sono allegri; piangete con quelli che piangono.

16. Abbiate fra voi un medesimo sentimento; non abbiate l'animo alle cose alte, ma lasciatevi attirare dalle umili. Non vi stimate savi da voi stessi.

17. Non rendete ad alcuno male per male. Applicatevi alle cose che sono oneste, nel cospetto di tutti gli uomini.

18. Se è possibile, per quanto dipende da voi, vivete in pace con tutti gli uomini.

19. Non fate le vostre vendette, cari miei, ma cedete il posto all'ira di Dio; poiché sta scritto: A me la vendetta; io darò la retribuzione, dice il Signore.

20. Anzi, se il tuo nemico ha fame, dagli da mangiare; se ha sete, dagli da bere; poiché, facendo così, tu raunerai dei carboni accesi sul suo capo.

21. Non esser vinto dal male, ma vinci il male col bene.

# Romans 13

# Romani 13

1. Let every soul be in subjection to the higher powers: for there is no power but of God; and the [powers] that be are ordained of God.

2. Therefore he that resisteth the power, withstandeth the ordinance of God: and they that withstand shall receive to themselves judgment.

3. For rulers are not a terror to the good work, but to the evil. And wouldest thou have no fear of the power? do that which is good, and thou shalt have praise from the same:

4. for he is a minister of God to thee for good. But if thou do that which is evil, be afraid; for he beareth not the sword in vain: for he is a minister of God, an avenger for wrath to him that doeth evil.

1. Ogni persona sia sottoposta alle autorità superiori; perché non v'è autorità se non da Dio; e le autorità che esistono, sono ordinate da Dio:

2. talché chi resiste all'autorità, si oppone all'ordine di Dio; e quelli che vi si oppongono, si attireranno addosso una pena;

3. poiché i magistrati non son di spavento alle opere buone, ma alle cattive. Vuoi tu non aver paura dell'autorità? Fa' quel ch'è bene, e avrai lode da essa;

4. perché il magistrato è un ministro di Dio per il tuo bene; ma se fai quel ch'è male, temi, perché egli non porta la spada invano; poich'egli è un ministro di Dio, per infliggere una giusta punizione contro colui che fa il male.

5. Wherefore [ye] must needs be in subjection, not only because of the wrath, but also for conscience' sake.

6. For this cause ye pay tribute also; for they are ministers of God's service, attending continually upon this very thing.

7. Render to all their dues: tribute to whom tribute [is due]; custom to whom custom; fear to whom fear; honor to whom honor.

8. Owe no man anything, save to love one another: for he that loveth his neighbor hath fulfilled the law.

9. For this, Thou shalt not commit adultery, Thou shalt not kill, Thou shalt not steal, Thou shalt not covet, and if there be any other commandment, it is summed up in this word, namely, Thou shalt love thy neighbor as thyself.

10. Love worketh no ill to his neighbor: love therefore is the fulfilment of the law.

11. And this, knowing the season, that already it is time for you to awake out of sleep: for now is salvation nearer to us than when we [first] believed.

12. The night is far spent, and the day is at hand: let us therefore cast off the works of darkness, and let us put on the armor of light.

13. Let us walk becomingly, as in the day; not in revelling and drunkenness, not in chambering and wantonness, not in strife and jealousy.

14. But put ye on the Lord Jesus Christ, and make not provision for the flesh, to [fulfil] the lusts [thereof].

# Romans 14

1. But him that is weak in faith receive ye, [yet] not for decision of scruples.

2. One man hath faith to eat all things: but he that is weak eateth herbs.

3. Let not him that eateth set at nought him that eateth not; and let not him that eateth not judge him that eateth: for God hath received him.

5. Perciò è necessario star soggetti non soltanto a motivo della punizione, ma anche a motivo della coscienza.

6. Poiché è anche per questa ragione che voi pagate i tributi; perché si tratta di ministri di Dio, i quali attendono del continuo a questo ufficio.

7. Rendete a tutti quel che dovete loro: il tributo a chi dovete il tributo; la gabella a chi la gabella; il timore a chi il timore; l'onore a chi l'onore.

8. Non abbiate altro debito con alcuno se non d'amarvi gli uni gli altri; perché chi ama il prossimo ha adempiuto la legge.

9. Infatti il non commettere adulterio, non uccidere, non rubare, non concupire e qualsiasi altro comandamento si riassumono in questa parola: Ama il prossimo tuo come te stesso.

10. L'amore non fa male alcuno al prossimo; l'amore, quindi, è l'adempimento della legge.

11. E questo tanto più dovete fare, conoscendo il tempo nel quale siamo; poiché è ora ormai che vi svegliate dal sonno; perché la salvezza ci è adesso più vicina di quando credemmo.

12. La notte è avanzata, il giorno è vicino; gettiam dunque via le opere delle tenebre, e indossiamo le armi della luce.

13. Camminiamo onestamente, come di giorno; non in gozzoviglie ed ebbrezze; non in lussuria e lascivie; non in contese ed invidie;

14. ma rivestitevi del Signor Gesù Cristo, e non abbiate cura della carne per soddisfarne le concupiscenze.

# Romani 14

1. Quanto a colui che è debole nella fede, accoglietelo, ma non per discutere opinioni.

2. L'uno crede di poter mangiare di tutto, mentre l'altro, che è debole, mangia legumi.

3. Colui che mangia di tutto, non sprezzi colui che non mangia di tutto; e colui che non mangia di tutto, non giudichi colui che mangia di tutto: perché Dio l'ha accolto.

4. Who art thou that judgest the servant of another? to his own lord he standeth or falleth. Yea, he shall be made to stand; for the Lord hath power to make him stand.

5. One man esteemeth one day above another: another esteemeth every day [alike]. Let each man be fully assured in his own mind.

6. He that regardeth the day, regardeth it unto the Lord: and he that eateth, eateth unto the Lord, for he giveth God thanks; and he that eateth not, unto the Lord he eateth not, and giveth God thanks.

7. For none of us liveth to himself, and none dieth to himself.

8. For whether we live, we live unto the Lord; or whether we die, we die unto the Lord: whether we live therefore, or die, we are the Lord's.

9. For to this end Christ died and lived [again], that he might be Lord of both the dead and the living.

10. But thou, why dost thou judge thy brother? or thou again, why dost thou set at nought thy brother? for we shall all stand before the judgment-seat of God.

11. For it is written, As I live, saith the Lord, to me every knee shall bow, And every tongue shall confess to God.

12. So then each one of us shall give account of himself to God.

13. Let us not therefore judge one another any more: but judge ye this rather, that no man put a stumblingblock in his brother's way, or an occasion of falling.

14. I know, and am persuaded in the Lord Jesus, that nothing is unclean of itself: save that to him who accounteth anything to be unclean, to him it is unclean.

15. For if because of meat thy brother is grieved, thou walkest no longer in love. Destroy not with thy meat him for whom Christ died.

16. Let not then your good be evil spoken of:

17. for the kingdom of God is not eating and drinking, but righteousness and peace and joy in the Holy Spirit.

18. For he that herein serveth Christ is well-pleasing to God, and approved of men.

4. Chi sei tu che giudichi il domestico altrui? Se sta in piedi o se cade è cosa che riguarda il suo padrone; ma egli sarà tenuto in piè, perché il Signore è potente da farlo stare in piè.

5. L'uno stima un giorno più d'un altro; l'altro stima tutti i giorni uguali; sia ciascuno pienamente convinto nella propria mente.

6. Chi ha riguardo al giorno, lo fa per il Signore; e chi mangia di tutto, lo fa per il Signore, perché rende grazie a Dio; e chi non mangia di tutto fa così per il Signore, e rende grazie a Dio.

7. Poiché nessuno di noi vive per se stesso, e nessuno muore per se stesso;

8. perché, se viviamo, viviamo per il Signore; e se moriamo, moriamo per il Signore; sia dunque che viviamo o che moriamo, noi siamo del Signore.

9. Poiché a questo fine Cristo è morto ed è tornato in vita: per essere il Signore e de' morti e de' viventi.

10. Ma tu, perché giudichi il tuo fratello? E anche tu, perché disprezzi il tuo fratello? Poiché tutti compariremo davanti al tribunale di Dio;

11. infatti sta scritto: Com'io vivo, dice il Signore, ogni ginocchio si piegherà davanti a me, ed ogni lingua darà gloria a Dio.

12. Così dunque ciascun di noi renderà conto di se stesso a Dio.

13. Non ci giudichiamo dunque più gli uni gli altri, ma giudicate piuttosto che non dovete porre pietra d'inciampo sulla via del fratello, né essergli occasione di caduta.

14. Io so e son persuaso nel Signor Gesù che nessuna cosa è impura in se stessa; però se uno stima che una cosa è impura, per lui è impura.

15. Ora, se a motivo di un cibo il tuo fratello è contristato, tu non procedi più secondo carità. Non perdere, col tuo cibo, colui per il quale Cristo è morto!

16. Il privilegio che avete, non sia dunque oggetto di biasimo;

17. perché il regno di Dio non consiste in vivanda né in bevanda, ma è giustizia, pace ed allegrezza nello Spirito Santo.

18. Poiché chi serve in questo a Cristo, è gradito a Dio e approvato dagli uomini.

19. So then let us follow after things which make for peace, and things whereby we may edify one another.

20. Overthrow not for meat's sake the work of God. All things indeed are clean; howbeit it is evil for that man who eateth with offence.

21. It is good not to eat flesh, nor to drink wine, nor [to do anything] whereby thy brother stumbleth.

22. The faith which thou hast, have thou to thyself before God. Happy is he that judgeth not himself in that which he approveth.

23. But he that doubteth is condemned if he eat, because [he eateth] not of faith; and whatsoever is not of faith is sin.

# Romans 15

1. Now we that are strong ought to bear the infirmities of the weak, and not to please ourselves.

2. Let each one of us please his neighbor for that which is good, unto edifying.

3. For Christ also pleased not himself; but, as it is written, The reproaches of them that reproached thee fell upon me.

4. For whatsoever things were written aforetime were written for our learning, that through patience and through comfort of the scriptures we might have hope.

5. Now the God of patience and of comfort grant you to be of the same mind one with another according to Christ Jesus:

6. that with one accord ye may with one mouth glorify the God and Father of our Lord Jesus Christ.

7. Wherefore receive ye one another, even as Christ also received you, to the glory of God.

8. For I say that Christ hath been made a minister of the circumcision for the truth of God, that he might confirm the promises [given] unto the fathers,

9. and that the Gentiles might glorify God for his mercy; as it is written, Therefore will I give praise unto thee among the Gentiles, And sing unto thy name.

19. Cerchiamo dunque le cose che contribuiscono alla pace e alla mutua edificazione.

20. Non disfare, per un cibo, l'opera di Dio. Certo, tutte le cose son pure ma è male quand'uno mangia dando intoppo.

21. E' bene non mangiar carne, né bever vino, né far cosa alcuna che possa esser d'intoppo al fratello.

22. Tu, la convinzione che hai, serbala per te stesso dinanzi a Dio. Beato colui che non condanna se stesso in quello che approva.

23. Ma colui che sta in dubbio, se mangia è condannato, perché non mangia con convinzione; e tutto quello che non vien da convinzione è peccato.

# Romani 15

1. Or noi che siam forti, dobbiam sopportare le debolezze de' deboli e non compiacere a noi stessi.

2. Ciascuno di noi compiaccia al prossimo nel bene, a scopo di edificazione.

3. Poiché anche Cristo non compiacque a se stesso; ma com'è scritto: Gli oltraggi di quelli che ti oltraggiano son caduti sopra di me.

4. Perché tutto quello che fu scritto per l'addietro, fu scritto per nostro ammaestramento, affinché mediante la pazienza e mediante la consolazione delle Scritture noi riteniamo la speranza.

5. Or l'Iddio della pazienza e della consolazione vi dia d'aver fra voi un medesimo sentimento secondo Cristo Gesù,

6. affinché d'un solo animo e d'una stessa bocca glorifichiate Iddio, il Padre del nostro Signor Gesù Cristo.

7. Perciò accoglietevi gli uni gli altri, siccome anche Cristo ha accolto noi per la gloria di Dio;

8. poiché io dico che Cristo è stato fatto ministro de' circoncisi, a dimostrazione della veracità di Dio, per confermare le promesse fatte ai padri;

9. mentre i Gentili hanno da glorificare Iddio per la sua misericordia, secondo che è scritto: Per questo ti celebrerò fra i Gentili e salmeggerò al tuo nome.

10. And again he saith, Rejoice, ye Gentiles, with his people.

11. And again, Praise the Lord, all ye Gentiles; And let all the peoples praise him.

12. And again, Isaiah saith, There shall be the root of Jesse, And he that ariseth to rule over the Gentiles; On him shall the Gentiles hope.

13. Now the God of hope fill you with all joy and peace in believing, that ye may abound in hope, in the power of the Holy Spirit.

14. And I myself also am persuaded of you, my brethren, that ye yourselves are full of goodness, filled with all knowledge, able also to admonish one another.

15. But I write the more boldly unto you in some measure, as putting you again in remembrance, because of the grace that was given me of God,

16. that I should be a minister of Christ Jesus unto the Gentiles, ministering the gospel of God, that the offering up of the Gentiles might be made acceptable, being sanctified by the Holy Spirit.

17. I have therefore my glorifying in Christ Jesus in things pertaining to God.

18. For I will not dare to speak of any things save those which Christ wrought through me, for the obedience of the Gentiles, by word and deed,

19. in the power of signs and wonders, in the power of the Holy Spirit; so that from Jerusalem, and round about even unto Illyricum, I have fully preached the gospel of Christ;

20. yea, making it my aim so to preach the gospel, not where Christ was [already] named, that I might not build upon another man's foundation;

21. but, as it is written, They shall see, to whom no tidings of him came, And they who have not heard shall understand.

22. Wherefore also I was hindered these many times from coming to you:

23. but now, having no more any place in these regions, and having these many years a longing to come unto you,

10. Ed è detto ancora: Rallegratevi, o Gentili, col suo popolo.

11. E altrove: Gentili, lodate tutti il Signore, e tutti i popoli lo celebrino.

12. E di nuovo Isaia dice: Vi sarà la radice di Iesse, e Colui che sorgerà a governare i Gentili; in lui spereranno i Gentili.

13. Or l'Iddio della speranza vi riempia d'ogni allegrezza e d'ogni pace nel vostro credere, onde abbondiate nella speranza, mediante la potenza dello Spirito Santo.

14. Ora, fratelli miei, sono io pure persuaso, a riguardo vostro, che anche voi siete ripieni di bontà, ricolmi d'ogni conoscenza, capaci anche d'ammonirvi a vicenda.

15. Ma vi ho scritto alquanto arditamente, come per ricordarvi quel che già sapete, a motivo della grazia che mi è stata fatta da Dio,

16. d'esser ministro di Cristo Gesù per i Gentili, esercitando il sacro servigio del Vangelo di Dio, affinché l'offerta de' Gentili sia accettevole, essendo santificata dallo Spirito Santo.

17. Io ho dunque di che gloriarmi in Cristo Gesù, per quel che concerne le cose di Dio;

18. perché io non ardirei dir cosa che Cristo non abbia operata per mio mezzo, in vista dell'ubbidienza de' Gentili, in parola e in opera,

19. con potenza di segni e di miracoli, con potenza dello Spirito Santo. Così, da Gerusalemme e dai luoghi intorno fino all'Illiria, ho predicato dovunque l'Evangelo di Cristo,

20. avendo l'ambizione di predicare l'Evangelo là dove Cristo non fosse già stato nominato, per non edificare sul fondamento altrui;

21. come è scritto: Coloro ai quali nulla era stato annunziato di lui, lo vedranno; e coloro che non ne avevano udito parlare, intenderanno.

22. Per questa ragione appunto sono stato le tante volte impedito di venire a voi;

23. ma ora, non avendo più campo da lavorare in queste contrade, e avendo già da molti anni gran desiderio di recarmi da voi,

24. whensoever I go unto Spain (for I hope to see you in my journey, and to be brought on my way thitherward by you, if first in some measure I shall have been satisfied with your company)--

25. but now, I [say], I go unto Jerusalem, ministering unto the saints.

26. For it hath been the good pleasure of Macedonia and Achaia to make a certain contribution for the poor among the saints that are at Jerusalem.

27. Yea, it hath been their good pleasure; and their debtors they are. For if the Gentiles have been made partakers of their spiritual things, they owe it [to them] also to minister unto them in carnal things.

28. When therefore I have accomplished this, and have sealed to them this fruit, I will go on by you unto Spain.

29. And I know that, when I come unto you, I shall come in the fulness of the blessing of Christ.

30. Now I beseech you, brethren, by our Lord Jesus Christ, and by the love of the Spirit, that ye strive together with me in your prayers to God for me;

31. that I may be delivered from them that are disobedient in Judaea, and [that] my ministration which [I have] for Jerusalem may be acceptable to the saints;

32. that I may come unto you in joy through the will of God, and together with you find rest.

33. Now the God of peace be with you all. Amen.

# Romans 16

1. I commend unto you Phoebe our sister, who is a servant of the church that is at Cenchreae:

2. that ye receive her in the Lord, worthily of the saints, and that ye assist her in whatsoever matter she may have need of you: for she herself also hath been a helper of many, and of mine own self.

3. Salute Prisca and Aquila my fellow-workers in Christ Jesus,

4. who for my life laid down their own necks; unto whom not only I give thanks, but also all the churches of the Gentiles:

24. quando andrò in Ispagna, spero, passando, di vedervi e d'esser da voi aiutato nel mio viaggio a quella volta, dopo che mi sarò in parte saziato di voi.

25. Ma per ora vado a Gerusalemme a portarvi una sovvenzione per i santi;

26. perché la Macedonia e l'Acaia si son compiaciute di raccogliere una contribuzione a pro dei poveri fra i santi che sono in Gerusalemme.

27. Si sono compiaciute, dico; ed è anche un debito ch'esse hanno verso di loro; perché se i Gentili sono stati fatti partecipi dei loro beni spirituali, sono anche in obbligo di sovvenir loro con i beni materiali.

28. Quando dunque avrò compiuto questo servizio e consegnato questo frutto, andrò in Ispagna passando da voi;

29. e so che, recandomi da voi, verrò con la pienezza delle benedizioni di Cristo.

30. Ora, fratelli, io v'esorto per il Signor nostro Gesù Cristo e per la carità dello Spirito, a combatter meco nelle vostre preghiere a Dio per me,

31. affinché io sia liberato dai disubbidienti di Giudea, e la sovvenzione che porto a Gerusalemme sia accettevole ai santi,

32. in modo che, se piace a Dio, io possa recarmi da voi con allegrezza e possa con voi ricrearmi.

33. Or l'Iddio della pace sia con tutti voi. Amen.

# Romani 16

1. Vi raccomando Febe, nostra sorella, che è diaconessa della chiesa di Cencrea,

2. perché la riceviate nel Signore, in modo degno dei santi, e le prestiate assistenza, in qualunque cosa ella possa aver bisogno di voi; poiché ella pure ha prestato assistenza a molti e anche a me stesso.

3. Salutate Prisca ed Aquila, miei compagni d'opera in Cristo Gesù,

4. i quali per la vita mia hanno esposto il loro proprio collo; ai quali non io solo ma anche tutte le chiese dei Gentili rendono grazie.

5. and [salute] the church that is in their house. Salute Epaenetus my beloved, who is the first-fruits of Asia unto Christ.

6. Salute Mary, who bestowed much labor on you.

7. Salute Andronicus and Junias, my kinsmen, and my fellow-prisoners, who are of note among the apostles, who also have been in Christ before me.

8. Salute Ampliatus my beloved in the Lord.

9. Salute Urbanus our fellow-worker in Christ, and Stachys my beloved.

10. Salute Apelles the approved in Christ. Salute them that are of the [household] of Aristobulus.

11. Salute Herodion my kinsman. Salute them of the [household] of Narcissus, that are in the Lord.

12. Salute Tryphaena and Tryphosa, who labor in the Lord. Salute Persis the beloved, who labored much in the Lord.

13. Salute Rufus the chosen in the Lord, and his mother and mine.

14. Salute Asyncritus, Phlegon, Hermes, Patrobas, Hermas, and the brethren that are with them.

15. Salute Philologus and Julia, Nereus and his sister, and Olympas, and all the saints that are with them.

16. Salute one another with a holy kiss. All the churches of Christ salute you.

17. Now I beseech you, brethren, mark them that are causing the divisions and occasions of stumbling, contrary to the doctrine which ye learned: and turn away from them.

18. For they that are such serve not our Lord Christ, but their own belly; and by their smooth and fair speech they beguile the hearts of the innocent.

19. For your obedience is come abroad unto all men. I rejoice therefore over you: but I would have you wise unto that which is good, and simple unto that which is evil.

20. And the God of peace shall bruise Satan under your feet shortly. The grace of our Lord Jesus Christ be with you.

21. Timothy my fellow-worker saluteth you; and Lucius and Jason and Sosipater, my kinsmen.

22. I Tertius, who write the epistle, salute you in the Lord.

5. Salutate anche la chiesa che è in casa loro. Salutate il mio caro Epeneto, che è la primizia dell'Asia per Cristo.

6. Salutate Maria, che si è molto affaticata per voi.

7. Salutate Andronico e Giunio, miei parenti e compagni di prigione, i quali sono segnalati fra gli apostoli, e anche sono stati in Cristo prima di me.

8. Salutate Ampliato, il mio diletto nel Signore.

9. Salutate Urbano, nostro compagno d'opera in Cristo, e il mio caro Stachi.

10. Salutate Apelle, che ha fatto le sue prove in Cristo. Salutate que' di casa di Aristobulo.

11. Salutate Erodione, mio parente. Salutate que' di casa di Narcisso che sono nel Signore.

12. Salutate Trifena e Trifosa, che si affaticano nel Signore. Salutate la cara Perside che si è molto affaticata nel Signore.

13. Salutate Rufo, l'eletto nel Signore, e sua madre, che è pur mia.

14. Salutate Asincrito, Flegonte, Erme, Patroba, Erma, e i fratelli che son con loro.

15. Salutate Filologo e Giulia, Nereo e sua sorella, e Olimpia, e tutti i santi che son con loro.

16. Salutatevi gli uni gli altri con un santo bacio. Tutte le chiese di Cristo vi salutano.

17. Or io v'esorto, fratelli, tenete d'occhio quelli che fomentano le dissensioni e gli scandali contro l'insegnamento che avete ricevuto, e ritiratevi da loro.

18. Poiché quei tali non servono al nostro Signor Gesù Cristo, ma al proprio ventre; e con dolce e lusinghiero parlare seducono il cuore de' semplici.

19. Quanto a voi, la vostra ubbidienza è giunta a conoscenza di tutti. Io dunque mi rallegro per voi, ma desidero che siate savi nel bene e semplici per quel che concerne il male.

20. E l'Iddio della pace triterà tosto Satana sotto ai vostri piedi. La grazia del Signor nostro Gesù Cristo sia con voi.

21. Timoteo, mio compagno d'opera, vi saluta, e vi salutano pure Lucio, Giasone e Sosipatro, miei parenti.

22. Io, Terzio, che ho scritto l'epistola, vi saluto nel Signore.

23. Gaius my host, and of the whole church, saluteth you. Erastus the treasurer of the city saluteth you, and Quartus the brother.

24. [The grace of our Lord Jesus Christ be with you all. Amen.]

25. Now to him that is able to establish you according to my gospel and the preaching of Jesus Christ, according to the revelation of the mystery which hath been kept in silence through times eternal,

26. but now is manifested, and by the scriptures of the prophets, according to the commandment of the eternal God, is made known unto all the nations unto obedience of faith:

27. to the only wise God, through Jesus Christ, to whom be the glory for ever. Amen.

23. Gaio, che ospita me e tutta la chiesa, vi saluta. Erasto, il tesoriere della città, e il fratello Quarto vi salutano.

24. La grazia del nostro Signor Gesù Cristo sia con tutti voi. Amen.

25. Or a Colui che vi può fortificare secondo il mio Evangelo e la predicazione di Gesù Cristo, conformemente alla rivelazione del mistero che fu tenuto occulto fin dai tempi più remoti

26. ma è ora manifestato, e, mediante le Scritture profetiche, secondo l'ordine dell'eterno Iddio, è fatto conoscere a tutte le nazioni per addurle all'ubbidienza della fede,

27. a Dio solo savio, per mezzo di Gesù Cristo, sia la gloria nei secoli dei secoli. Amen.

# I Corinthians 1

1. Paul, called [to be] an apostle of Jesus Christ through the will of God, and Sosthenes our brother,

2. unto the church of God which is at Corinth, [even] them that are sanctified in Christ Jesus, called [to be] saints, with all that call upon the name of our Lord Jesus Christ in every place, their [Lord] and ours:

3. Grace to you and peace from God our Father and the Lord Jesus Christ.

4. I thank my God always concerning you, for the grace of God which was given you in Christ Jesus;

5. that in everything ye were enriched in him, in all utterance and all knowledge;

6. even as the testimony of Christ was confirmed in you:

7. so that ye come behind in no gift; waiting for the revelation of our Lord Jesus Christ;

8. who shall also confirm you unto the end, [that ye be] unreproveable in the day of our Lord Jesus Christ.

9. God is faithful, through whom ye were called into the fellowship of his Son Jesus Christ our Lord.

10. Now I beseech you, brethren, through the name of our Lord Jesus Christ, that ye all speak the same thing and [that] there be no divisions among you; but [that] ye be perfected together in the same mind and in the same judgment.

11. For it hath been signified unto me concerning you, my brethren, by them [that are of the household] of Chloe, that there are contentions among you.

12. Now this I mean, that each one of you saith, I am of Paul; and I of Apollos: and I of Cephas; and I of Christ.

13. Is Christ divided? was Paul crucified for you? or were ye baptized into the name of Paul?

14. I thank God that I baptized none of you, save Crispus and Gaius;

15. lest any man should say that ye were baptized into my name.

16. And I baptized also the household of Stephanas: besides, I know not whether I baptized any other.

17. For Christ sent me not to baptize, but to preach the gospel: not in wisdom of words, lest the cross of Christ should be made void.

# I Corinzi 1

1. Paolo, chiamato ad essere apostolo di Cristo Gesù per la volontà di Dio, e il fratello Sostene,

2. alla chiesa di Dio che è in Corinto, ai santificati in Cristo Gesù, chiamati ad esser santi, con tutti quelli che in ogni luogo invocano il nome del Signor nostro Gesù Cristo, Signor loro e nostro,

3. grazia a voi e pace da Dio nostro Padre e dal Signor Gesù Cristo.

4. Io rendo del continuo grazie all'Iddio mio per voi della grazia di Dio che vi è stata data in Cristo Gesù;

5. perché in lui siete stati arricchiti in ogni cosa, in ogni dono di parola e in ogni conoscenza,

6. essendo stata la testimonianza di Cristo confermata tra voi;

7. in guisa che non difettate d'alcun dono, mentre aspettate la manifestazione del Signor nostro Gesù Cristo,

8. il quale anche vi confermerà sino alla fine, onde siate irreprensibili nel giorno del nostro Signor Gesù Cristo.

9. Fedele è l'Iddio dal quale siete stati chiamati alla comunione del suo Figliuolo Gesù Cristo, nostro Signore.

10. Ora, fratelli, io v'esorto, per il nome del nostro Signor Gesù Cristo, ad aver tutti un medesimo parlare, e a non aver divisioni fra voi, ma a stare perfettamente uniti in una medesima mente e in un medesimo sentire.

11. Perché, fratelli miei, m'è stato riferito intorno a voi da quei di casa Cloe, che vi son fra voi delle contese.

12. Voglio dire che ciascun di voi dice: Io son di Paolo; e io d'Apollo; e io di Cefa; e io di Cristo.

13. Cristo è egli diviso? Paolo è egli stato crocifisso per voi? O siete voi stati battezzati nel nome di Paolo?

14. Io ringrazio Dio che non ho battezzato alcun di voi, salvo Crispo e Gaio;

15. cosicché nessuno può dire che foste battezzati nel mio nome.

16. Ho battezzato anche la famiglia di Stefana; del resto non so se ho battezzato alcun altro.

17. Perché Cristo non mi ha mandato a battezzare ma ad evangelizzare; non con sapienza di parola, affinché la croce di Cristo non sia resa vana.

18. For the word of the cross is to them that perish foolishness; but unto us who are saved it is the power of God.

19. For it is written, I will destroy the wisdom of the wise, And the discernment of the discerning will I bring to nought.

20. Where is the wise? where is the scribe? where is the disputer of this world? hath not God made foolish the wisdom of the world?

21. For seeing that in the wisdom of God the world through its wisdom knew not God, it was God's good pleasure through the foolishness of the preaching to save them that believe.

22. Seeing that Jews ask for signs, and Greeks seek after wisdom:

23. but we preach Christ crucified, unto Jews a stumblingblock, and unto Gentiles foolishness;

24. but unto them that are called, both Jews and Greeks, Christ the power of God, and the wisdom of God.

25. Because the foolishness of God is wiser than men; and the weakness of God is stronger than men.

26. For behold your calling, brethren, that not many wise after the flesh, not many mighty, not many noble, [are called]:

27. but God chose the foolish things of the world, that he might put to shame them that are wise; and God chose the weak things of the world, that he might put to shame the things that are strong;

28. and the base things of the world, and the things that are despised, did God choose, [yea] and the things that are not, that he might bring to nought the things that are:

29. that no flesh should glory before God.

30. But of him are ye in Christ Jesus, who was made unto us wisdom from God, and righteousness and sanctification, and redemption:

31. that, according as it is written, He that glorieth, let him glory in the Lord.

18. Poiché la parola della croce è pazzia per quelli che periscono; ma per noi che siam sulla via della salvazione, è la potenza di Dio; poich'egli è scritto:

19. Io farò perire la sapienza dei savi, e annienterò l'intelligenza degli intelligenti.

20. Dov'è il savio? Dov'è lo scriba? Dov'è il disputatore di questo secolo? Iddio non ha egli resa pazza la sapienza di questo mondo?

21. Poiché, visto che nella sapienza di Dio il mondo non ha conosciuto Dio con la propria sapienza, è piaciuto a Dio di salvare i credenti mediante la pazzia della predicazione.

22. Poiché i Giudei chiedon de' miracoli, e i Greci cercan sapienza;

23. ma noi predichiamo Cristo crocifisso, che per i Giudei è scandalo, e per i Gentili, pazzia;

24. ma per quelli i quali son chiamati, tanto Giudei quanto Greci, predichiamo Cristo, potenza di Dio e sapienza di Dio;

25. poiché la pazzia di Dio è più savia degli uomini, e la debolezza di Dio è più forte degli uomini.

26. Infatti, fratelli, guardate la vostra vocazione: non ci son tra voi molti savi secondo la carne, non molti potenti, non molti nobili;

27. ma Dio ha scelto le cose pazze del mondo per svergognare i savi; e Dio ha scelto le cose deboli del mondo per svergognare le forti;

28. e Dio ha scelto le cose ignobili del mondo, e le cose sprezzate, anzi le cose che non sono, per ridurre al niente le cose che sono,

29. affinché nessuna carne si glori nel cospetto di Dio.

30. E a lui voi dovete d'essere in Cristo Gesù, il quale ci è stato fatto da Dio sapienza, e giustizia, e santificazione, e redenzione,

31. affinché, com'è scritto: Chi si gloria, si glori nel Signore.

# I Corinthians 2

1. And I, brethren, when I came unto you, came not with excellency of speech or of wisdom, proclaiming to you the testimony of God.
2. For I determined not to know anything among you, save Jesus Christ, and him crucified.
3. And I was with you in weakness, and in fear, and in much trembling.

4. And my speech and my preaching were not in persuasive words of wisdom, but in demonstration of the Spirit and of power:
5. that your faith should not stand in the wisdom of men, but in the power of God.

6. We speak wisdom, however, among them that are fullgrown: yet a wisdom not of this world, nor of the rulers of this world, who are coming to nought:

7. but we speak God's wisdom in a mystery, [even] the [wisdom] that hath been hidden, which God foreordained before the worlds unto our glory:
8. which none of the rulers of this world hath known: for had they known it, they would not have crucified the Lord of glory:
9. but as it is written, Things which eye saw not, and ear heard not, And [which] entered not into the heart of man, Whatsoever things God prepared for them that love him.
10. But unto us God revealed [them] through the Spirit: for the Spirit searcheth all things, yea, the deep things of God.

11. For who among men knoweth the things of a man, save the spirit of the man, which is in him? even so the things of God none knoweth, save the Spirit of God.
12. But we received, not the spirit of the world, but the spirit which is from God; that we might know the things that were freely given to us of God.
13. Which things also we speak, not in words which man's wisdom teacheth, but which the Spirit teacheth; combining spiritual things with spiritual [words].

# I Corinzi 2

1. Quant'è a me, fratelli, quando venni a voi, non venni ad annunziarvi la testimonianza di Dio con eccellenza di parola o di sapienza;
2. poiché mi proposi di non saper altro fra voi, fuorché Gesù Cristo e lui crocifisso.
3. Ed io sono stato presso di voi con debolezza, e con timore, e con gran tremore;
4. e la mia parola e la mia predicazione non hanno consistito in discorsi persuasivi di sapienza umana, ma in dimostrazione di Spirito e di potenza,
5. affinché la vostra fede fosse fondata non sulla sapienza degli uomini, ma sulla potenza di Dio.
6. Nondimeno fra quelli che son maturi noi esponiamo una sapienza, una sapienza però non di questo secolo né de' principi di questo secolo che stan per essere annientati,
7. ma esponiamo la sapienza di Dio misteriosa ed occulta che Dio avea innanzi i secoli predestinata a nostra gloria,
8. e che nessuno de' principi di questo mondo ha conosciuta; perché, se l'avessero conosciuta, non avrebbero crocifisso il Signore della gloria.
9. Ma, com'è scritto: Le cose che occhio non ha vedute, e che orecchio non ha udite e che non son salite in cuor d'uomo, son quelle che Dio ha preparate per coloro che l'amano.
10. Ma a noi Dio le ha rivelate per mezzo dello Spirito; perché lo spirito investiga ogni cosa, anche le cose profonde di Dio.
11. Infatti, chi, fra gli uomini, conosce le cose dell'uomo se non lo spirito dell'uomo che è in lui? E così nessuno conosce le cose di Dio, se non lo Spirito di Dio.
12. Or noi abbiam ricevuto non lo spirito del mondo, ma lo Spirito che vien da Dio, affinché conosciamo le cose che ci sono state donate da Dio;
13. e noi ne parliamo non con parole insegnate dalla sapienza umana, ma insegnate dallo Spirito, adattando parole spirituali a cose spirituali.

14. Now the natural man receiveth not the things of the Spirit of God: for they are foolishness unto him; and he cannot know them, because they are spiritually judged.

15. But he that is spiritual judgeth all things, and he himself is judged of no man.

16. For who hath known the mind of the Lord, that he should instruct him? But we have the mind of Christ.

# I Corinthians 3

1. And I, brethren, could not speak unto you as unto spiritual, but as unto carnal, as unto babes in Christ.

2. I fed you with milk, not with meat; for ye were not yet able [to bear it]: nay, not even now are ye able;

3. for ye are yet carnal: for whereas there is among you jealousy and strife, are ye not carnal, and do ye not walk after the manner of men?

4. For when one saith, I am of Paul; and another, I am of Apollos; are ye not men?

5. What then is Apollos? and what is Paul? Ministers through whom ye believed; and each as the Lord gave to him.

6. I planted, Apollos watered; but God gave the increase.

7. So then neither is he that planteth anything, neither he that watereth; but God that giveth the increase.

8. Now he that planteth and he that watereth are one: but each shall receive his own reward according to his own labor.

9. For we are God's fellow-workers: ye are God's husbandry, God's building.

10. According to the grace of God which was given unto me, as a wise masterbuilder I laid a foundation; and another buildeth thereon. But let each man take heed how he buildeth thereon.

11. For other foundation can no man lay than that which is laid, which is Jesus Christ.

14. Or l'uomo naturale non riceve le cose dello Spirito di Dio, perché gli sono pazzia; e non le può conoscere, perché le si giudicano spiritualmente.

15. Ma l'uomo spirituale giudica d'ogni cosa, ed egli stesso non è giudicato da alcuno.

16. Poiché chi ha conosciuto la mente del Signore da poterlo ammaestrare? Ma noi abbiamo la mente di Cristo.

# I Corinzi 3

1. Ed io, fratelli, non ho potuto parlarvi come a spirituali, ma ho dovuto parlarvi come a carnali, come a bambini in Cristo.

2. V'ho nutriti di latte, non di cibo solido, perché non eravate ancora da tanto; anzi, non lo siete neppure adesso, perché siete ancora carnali.

3. Infatti, poiché v'è tra voi gelosia e contesa, non siete voi carnali, e non camminate voi secondo l'uomo?

4. Quando uno dice: Io son di Paolo; e un altro: Io son d'Apollo; non siete voi uomini carnali?

5. Che cos'è dunque Apollo? E che cos'è Paolo? Son dei ministri, per mezzo dei quali voi avete creduto; e lo sono secondo che il Signore ha dato a ciascuno di loro.

6. Io ho piantato, Apollo ha annaffiato, ma è Dio che ha fatto crescere;

7. talché né colui che pianta né colui che annaffia sono alcun che, ma Iddio che fa crescere, è tutto.

8. Ora, colui che pianta e colui che annaffia sono una medesima cosa, ma ciascuno riceverà il proprio premio secondo la propria fatica.

9. Poiché noi siamo collaboratori di Dio, voi siete il campo di Dio, l'edificio di Dio.

10. Io, secondo la grazia di Dio che m'è stata data, come savio architetto, ho posto il fondamento; altri vi edifica sopra. Ma badi ciascuno com'egli vi edifica sopra;

11. poiché nessuno può porre altro fondamento che quello già posto, cioè Cristo Gesù.

12. But if any man buildeth on the foundation gold, silver, costly stones, wood, hay, stubble;

13. each man's work shall be made manifest: for the day shall declare it, because it is revealed in fire; and the fire itself shall prove each man's work of what sort it is.

14. If any man's work shall abide which he built thereon, he shall receive a reward.

15. If any man's work shall be burned, he shall suffer loss: but he himself shall be saved; yet so as through fire.

16. Know ye not that ye are a temple of God, and [that] the Spirit of God dwelleth in you?

17. If any man destroyeth the temple of God, him shall God destroy; for the temple of God is holy, and such are ye.

18. Let no man deceive himself. If any man thinketh that he is wise among you in this world, let him become a fool, that he may become wise.

19. For the wisdom of this world is foolishness with God. For it is written, He that taketh the wise in their craftiness:

20. and again, The Lord knoweth the reasonings of the wise that they are vain.

21. Wherefore let no one glory in men. For all things are yours;

22. whether Paul, or Apollos, or Cephas, or the world, or life, or death, or things present, or things to come; all are yours;

23. and ye are Christ's; and Christ is God's.

# I Corinthians 4

1. Let a man so account of us, as of ministers of Christ, and stewards of the mysteries of God.

2. Here, moreover, it is required in stewards, that a man be found faithful.

3. But with me it is a very small thing that I should be judged of you, or of man's judgment: yea, I judge not mine own self.

4. For I know nothing against myself; yet am I not hereby justified: but he that judgeth me is the Lord.

12. Ora, se uno edifica su questo fondamento oro, argento, pietre di valore, legno, fieno, paglia,

13. l'opera d'ognuno sarà manifestata, perché il giorno di Cristo la paleserà; poiché quel giorno ha da apparire qual fuoco; e il fuoco farà la prova di quel che sia l'opera di ciascuno.

14. Se l'opera che uno ha edificata sul fondamento sussiste, ei ne riceverà ricompensa;

15. se l'opera sua sarà arsa, ei ne avrà il danno; ma egli stesso sarà salvo, però come attraverso il fuoco.

16. Non sapete voi che siete il tempio di Dio, e che lo Spirito di Dio abita in voi?

17. Se uno guasta il tempio di Dio, Iddio guasterà lui; poiché il tempio di Dio è santo; e questo tempio siete voi.

18. Nessuno s'inganni. Se qualcuno fra voi s'immagina d'esser savio in questo secolo, diventi pazzo affinché diventi savio;

19. perché la sapienza di questo mondo è pazzia presso Dio. Infatti è scritto: Egli prende i savi nella loro astuzia;

20. e altrove: Il Signore conosce i pensieri dei savi, e sa che sono vani.

21. Nessuno dunque si glori degli uomini, perché ogni cosa è vostra:

22. e Paolo, e Apollo, e Cefa, e il mondo, e la vita, e la morte, e le cose presenti, e le cose future, tutto è vostro;

23. e voi siete di Cristo, e Cristo è di Dio.

# I Corinzi 4

1. Così ci stimi ognuno come dei ministri di Cristo e degli amministratori de' misteri di Dio.

2. Del resto quel che si richiede dagli amministratori, è che ciascuno sia trovato fedele.

3. A me poi pochissimo importa d'esser giudicato da voi o da un tribunale umano; anzi, non mi giudico neppur da me stesso.

4. Poiché non ho coscienza di colpa alcuna; non per questo però sono giustificato; ma colui che mi giudica, è il Signore.

5. Wherefore judge nothing before the time, until the Lord come, who will both bring to light the hidden things of darkness, and make manifest the counsels of the hearts; and then shall each man have his praise from God.

6. Now these things, brethren, I have in a figure transferred to myself and Apollos for your sakes; that in us ye might learn not [to go] beyond the things which are written; that no one of you be puffed up for the one against the other.

7. For who maketh thee to differ? and what hast thou that thou didst not receive? but if thou didst receive it, why dost thou glory as if thou hadst not received it?

8. Already are ye filled, already ye are become rich, ye have come to reign without us: yea and I would that ye did reign, that we also might reign with you.

9. For, I think, God hath set forth us the apostles last of all, as men doomed to death: for we are made a spectacle unto the world, both to angels and men.

10. We are fools for Christ's sake, but ye are wise in Christ; we are weak, but ye are strong; ye have glory, but we have dishonor.

11. Even unto this present hour we both hunger, and thirst, and are naked, and are buffeted, and have no certain dwelling-place;

12. and we toil, working with our own hands: being reviled, we bless; being persecuted, we endure;

13. being defamed, we entreat: we are made as the filth of the world, the offscouring of all things, even until now.

14. I write not these things to shame you, but to admonish you as my beloved children.

15. For though ye have ten thousand tutors in Christ, yet [have ye] not many fathers; for in Christ Jesus I begat you through the gospel.

16. I beseech you therefore, be ye imitators of me.

5. Cosicché non giudicate di nulla prima del tempo, finché sia venuto il Signore, il quale metterà in luce le cose occulte delle tenebre, e manifesterà i consigli de' cuori; e allora ciascuno avrà la sua lode da Dio.

6. Or, fratelli, queste cose le ho per amor vostro applicate a me stesso e ad Apollo, onde per nostro mezzo impariate a praticare il "non oltre quel che è scritto"; affinché non vi gonfiate d'orgoglio esaltando l'uno a danno dell'altro.

7. Infatti chi ti distingue dagli altri? E che hai tu che non l'abbia ricevuto? E se pur l'hai ricevuto, perché ti glori come se tu non l'avessi ricevuto?

8. Già siete saziati, già siete arricchiti, senza di noi siete giunti a regnare! E fosse pure che voi foste giunti a regnare, affinché anche noi potessimo regnare con voi!

9. Poiché io stimo che Dio abbia messi in mostra noi, gli apostoli, ultimi fra tutti, come uomini condannati a morte; poiché siamo divenuti uno spettacolo al mondo, e agli angeli, e agli uomini.

10. Noi siamo pazzi a cagion di Cristo; ma voi siete savi in Cristo; noi siamo deboli, ma voi siete forti; voi siete gloriosi, ma noi siamo sprezzati.

11. Fino a questa stessa ora, noi abbiamo e fame e sete; noi siamo ignudi, e siamo schiaffeggiati, e non abbiamo stanza ferma,

12. e ci affatichiamo lavorando con le nostre proprie mani; ingiuriati, benediciamo; perseguitati, sopportiamo; diffamati, esortiamo;

13. siamo diventati e siam tuttora come la spazzatura del mondo, come il rifiuto di tutti.

14. Io vi scrivo queste cose non per farvi vergogna, ma per ammonirvi come miei cari figliuoli.

15. Poiché quand'anche aveste diecimila pedagoghi in Cristo, non avete però molti padri; poiché son io che vi ho generati in Cristo Gesù, mediante l'Evangelo.

16. Io vi esorto dunque: Siate miei imitatori.

17. For this cause have I sent unto you Timothy, who is my beloved and faithful child in the Lord, who shall put you in remembrance of my ways which are in Christ, even as I teach everywhere in every church.

18. Now some are puffed up, as though I were not coming to you.

19. But I will come to you shortly, if the Lord will; and I will know, not the word of them that are puffed up, but the power.

20. For the kingdom of God is not in word, but in power.

21. What will ye? shall I come unto you with a rod, or in love and a spirit of gentleness?

17. Appunto per questo vi ho mandato Timoteo, che è mio figliuolo diletto e fedele nel Signore; egli vi ricorderà quali siano le mie vie in Cristo Gesù, com'io insegni da per tutto, in ogni chiesa.

18. Or alcuni si son gonfiati come se io non dovessi recarmi da voi;

19. ma, se il Signore vorrà, mi recherò presto da voi, e conoscerò non il parlare ma la potenza di coloro che si son gonfiati;

20. perché il regno di Dio non consiste in parlare, ma in potenza.

21. Che volete? Che venga da voi con la verga, o con amore e con spirito di mansuetudine?

# I Corinthians 5

# I Corinzi 5

1. It is actually reported that there is fornication among you, and such fornication as is not even among the Gentiles, that one [of you] hath his father's wife.

2. And ye are puffed up, and did not rather mourn, that he that had done this deed might be taken away from among you.

3. For I verily, being absent in body but present in spirit, have already as though I were present judged him that hath so wrought this thing,

4. in the name of our Lord Jesus, ye being gathered together, and my spirit, with the power of our Lord Jesus,

5. to deliver such a one unto Satan for the destruction of the flesh, that the spirit may be saved in the day of the Lord Jesus.

6. Your glorying is not good. Know ye not that a little leaven leaveneth the whole lump?

7. Purge out the old leaven, that ye may be a new lump, even as ye are unleavened. For our passover also hath been sacrificed, [even] Christ:

8. wherefore let us keep the feast, not with old leaven, neither with the leaven of malice and wickedness, but with the unleavened bread of sincerity and truth.

9. I wrote unto you in my epistle to have no company with fornicators;

1. Si ode addirittura affermare che v'è tra voi fornicazione; e tale fornicazione, che non si trova neppure fra i Gentili; al punto che uno di voi si tiene la moglie di suo padre.

2. E siete gonfi, e non avete invece fatto cordoglio perché colui che ha commesso quell'azione fosse tolto di mezzo a voi!

3. Quanto a me, assente di persona ma presente in ispirito, ho già giudicato, come se fossi presente, colui che ha perpetrato un tale atto.

4. Nel nome del Signor Gesù, essendo insieme adunati voi e lo spirito mio, con la potestà del Signor nostro Gesù,

5. ho deciso che quel tale sia dato in man di Satana, a perdizione della carne, onde lo spirito sia salvo nel giorno del Signor Gesù.

6. Il vostro vantarvi non è buono. Non sapete voi che un po' di lievito fa lievitare tutta la pasta?

7. Purificatevi del vecchio lievito, affinché siate una nuova pasta, come già siete senza lievito. Poiché anche la nostra pasqua, cioè Cristo, è stata immolata.

8. Celebriamo dunque la festa, non con vecchio lievito, né con lievito di malizia e di malvagità, ma con gli azzimi della sincerità e della verità.

9. V'ho scritto nella mia epistola di non mischiarvi coi fornicatori;

10. not at all [meaning] with the fornicators of this world, or with the covetous and extortioners, or with idolaters; for then must ye needs go out of the world:

11. but as it is, I wrote unto you not to keep company, if any man that is named a brother be a fornicator, or covetous, or an idolater, or a reviler, or a drunkard, or an extortioner; with such a one no, not to eat.

12. For what have I to do with judging them that are without? Do not ye judge them that are within?

13. But them that are without God judgeth. Put away the wicked man from among yourselves.

# I Corinthians 6

1. Dare any of you, having a matter against his neighbor, go to law before the unrighteous, and not before the saints?

2. Or know ye not that the saints shall judge the world? and if the world is judged by you, are ye unworthy to judge the smallest matters?

3. Know ye not that we shall judge angels? how much more, things that pertain to this life?

4. If then ye have to judge things pertaining to this life, do ye set them to judge who are of no account in the church?

5. I say [this] to move you to shame. What, cannot there be [found] among you one wise man who shall be able to decide between his brethren,

6. but brother goeth to law with brother, and that before unbelievers?

7. Nay, already it is altogether a defect in you, that ye have lawsuits one with another. Why not rather take wrong? why not rather be defrauded?

8. Nay, but ye yourselves do wrong, and defraud, and that [your] brethren.

9. Or know ye not that the unrighteous shall not inherit the kingdom of God? Be not deceived: neither fornicators, nor idolaters, nor adulterers, nor effeminate, nor abusers of themselves with men,

10. nor thieves, nor covetous, nor drunkards, nor revilers, nor extortioners, shall inherit the kingdom of God.

---

10. non del tutto però coi fornicatori di questo mondo, o con gli avari e i rapaci, e con gl'idolatri; perché altrimenti dovreste uscire dal mondo;

11. ma quel che v'ho scritto è di non mischiarvi con alcuno che, chiamandosi fratello, sia un fornicatore, o un avaro, o un idolatra, o un oltraggiatore, o un ubriacone, o un rapace; con un tale non dovete neppur mangiare.

12. Poiché, ho io forse da giudicar que' di fuori? Non giudicate voi quelli di dentro?

13. Que' di fuori li giudica Iddio. Togliete il malvagio di mezzo a voi stessi.

# I Corinzi 6

1. Ardisce alcun di voi, quando ha una lite con un altro, chiamarlo in giudizio dinanzi agli ingiusti anziché dinanzi ai santi?

2. Non sapete voi che i santi giudicheranno il mondo? E se il mondo è giudicato da voi, siete voi indegni di giudicar delle cose minime?

3. Non sapete voi che giudicheremo gli angeli? Quanto più possiamo giudicare delle cose di questa vita!

4. Quando dunque avete da giudicar di cose di questa vita, costituitene giudici quelli che sono i meno stimati nella chiesa.

5. Io dico questo per farvi vergogna. Così non v'è egli tra voi neppure un savio che sia capace di pronunziare un giudizio fra un fratello e l'altro?

6. Ma il fratello processa il fratello, e lo fa dinanzi agl'infedeli.

7. Certo è già in ogni modo un vostro difetto l'aver fra voi dei processi. Perché non patite piuttosto qualche torto? Perché non patite piuttosto qualche danno?

8. Invece, siete voi che fate torto e danno; e ciò a dei fratelli.

9. Non sapete voi che gli ingiusti non erederanno il regno di Dio? Non v'illudete; né i fornicatori, né gl'idolatri, né gli adulteri, né gli effeminati, né i sodomiti,

10. né i ladri, né gli avari, né gli ubriachi, né gli oltraggiatori, né i rapaci erederanno il regno di Dio.

11. And such were some of you: but ye were washed, but ye were sanctified, but ye were justified in the name of the Lord Jesus Christ, and in the Spirit of our God.

12. All things are lawful for me; but not all things are expedient. All things are lawful for me; but I will not be brought under the power of any.

13. Meats for the belly, and the belly for meats: but God shall bring to nought both it and them. But the body is not for fornication, but for the Lord; and the Lord for the body:

14. and God both raised the Lord, and will raise up as through his power.

15. Know ye not that your bodies are members of Christ? shall I then take away the members of Christ, and make them members of a harlot? God forbid.

16. Or know ye not that he that is joined to a harlot is one body? for, The twain, saith he, shall become one flesh.

17. But he that is joined unto the Lord is one spirit.

18. Flee fornication. Every sin that a man doeth is without the body; but he that committeth fornication sinneth against his own body.

19. Or know ye not that your body is a temple of the Holy Spirit which is in you, which ye have from God? and ye are not your own;

20. for ye were bought with a price: glorify God therefore in your body.

11. E tali eravate alcuni; ma siete stati lavati, ma siete stati santificati, ma siete stati giustificati nel nome del Signor Gesù Cristo, e mediante lo Spirito dell'Iddio nostro.

12. Ogni cosa m'è lecita, ma non ogni cosa è utile. Ogni cosa m'è lecita, ma io non mi lascerò dominare da cosa alcuna.

13. Le vivande son per il ventre, e il ventre è per le vivande; ma Iddio distruggerà e queste e quello. Il corpo però non è per la fornicazione, ma è per il Signore, e il Signore è per il corpo;

14. e Dio, come ha risuscitato il Signore, così risusciterà anche noi mediante la sua potenza.

15. Non sapete voi che i vostri corpi sono membra di Cristo? Torrò io dunque le membra di Cristo per farne membra d'una meretrice? Così non sia.

16. Non sapete voi che chi si unisce a una meretrice è un corpo solo con lei? Poiché, dice Iddio, i due diventeranno una sola carne.

17. Ma chi si unisce al Signore è uno spirito solo con lui.

18. Fuggite la fornicazione. Ogni altro peccato che l'uomo commetta è fuori del corpo; ma il fornicatore pecca contro il proprio corpo.

19. E non sapete voi che il vostro corpo è il tempio dello Spirito Santo che è in voi, il quale avete da Dio, e che non appartenete a voi stessi?

20. Poiché foste comprati a prezzo; glorificate dunque Dio nel vostro corpo.

# I Corinthians 7       I Corinzi 7

1. Now concerning the things whereof ye wrote: It is good for a man not to touch a woman.

2. But, because of fornications, let each man have his own wife, and let each woman have her own husband.

3. Let the husband render unto the wife her due: and likewise also the wife unto the husband.

4. The wife hath not power over her own body, but the husband: and likewise also the husband hath not power over his own body, but the wife.

1. Or quant'è alle cose delle quali m'avete scritto, è bene per l'uomo di non toccar donna;

2. ma, per evitar le fornicazioni, ogni uomo abbia la propria moglie, e ogni donna il proprio marito.

3. Il marito renda alla moglie quel che le è dovuto; e lo stesso faccia la moglie verso il marito.

4. La moglie non ha potestà sul proprio corpo, ma il marito; e nello stesso modo il marito non ha potestà sul proprio corpo, ma la moglie.

5. Defraud ye not one the other, except it be by consent for a season, that ye may give yourselves unto prayer, and may be together again, that Satan tempt you not because of your incontinency.

6. But this I say by way of concession, not of commandment.

7. Yet I would that all men were even as I myself. Howbeit each man hath his own gift from God, one after this manner, and another after that.

8. But I say to the unmarried and to widows, It is good for them if they abide even as I.

9. But if they have not continency, let them marry: for it is better to marry than to burn.

10. But unto the married I give charge, [yea] not I, but the Lord, That the wife depart not from her husband

11. (but should she depart, let her remain unmarried, or else be reconciled to her husband); and that the husband leave not his wife.

12. But to the rest say I, not the Lord: If any brother hath an unbelieving wife, and she is content to dwell with him, let him not leave her.

13. And the woman that hath an unbelieving husband, and he is content to dwell with her, let her not leave her husband.

14. For the unbelieving husband is sanctified in the wife, and the unbelieving wife is sanctified in the brother: else were your children unclean; but now are they holy.

15. Yet if the unbelieving departeth, let him depart: the brother or the sister is not under bondage in such [cases]: but God hath called us in peace.

16. For how knowest thou, O wife, whether thou shalt save thy husband? Or how knowest thou, O husband, whether thou shalt save thy wife?

17. Only, as the Lord hath distributed to each man, as God hath called each, so let him walk. And so ordain I in all the churches.

18. Was any man called being circumcised? Let him not become uncircumcised. Hath any been called in uncircumcision? Let him not be circumcised.

5. Non vi private l'un dell'altro, se non di comun consenso, per un tempo, affin di darvi alla preghiera; e poi ritornate assieme, onde Satana non vi tenti a motivo della vostra incontinenza.

6. Ma questo dico per concessione, non per comando;

7. perché io vorrei che tutti gli uomini fossero come son io; ma ciascuno ha il suo proprio dono da Dio; l'uno in un modo, l'altro in un altro.

8. Ai celibi e alle vedove, però, dico che è bene per loro che se ne stiano come sto anch'io.

9. Ma se non si contengono, sposino; perché è meglio sposarsi che ardere.

10. Ma ai coniugi ordino non io ma il Signore, che la moglie non si separi dal marito,

11. (e se mai si separa, rimanga senza maritarsi o si riconcili col marito); e che il marito non lasci la moglie.

12. Ma agli altri dico io, non il Signore: Se un fratello ha una moglie non credente ed ella è contenta di abitar con lui, non la lasci;

13. e la donna che ha un marito non credente, s'egli consente ad abitar con lei, non lasci il marito;

14. perché il marito non credente è santificato nella moglie, e la moglie non credente è santificata nel marito credente; altrimenti i vostri figliuoli sarebbero impuri, mentre ora sono santi.

15. Però, se il non credente si separa, si separi pure; in tali casi, il fratello o la sorella non sono vincolati; ma Dio ci ha chiamati a vivere in pace;

16. perché, o moglie, che sai tu se salverai il marito? Ovvero tu, marito, che sai tu se salverai la moglie?

17. Del resto, ciascuno seguiti a vivere nella condizione assegnatagli dal Signore, e nella quale si trovava quando Iddio lo chiamò. E così ordino in tutte le chiese.

18. E' stato alcuno chiamato essendo circonciso? Non faccia sparir la sua circoncisione. E' stato alcuno chiamato essendo incirconciso? Non si faccia circoncidere.

19. Circumcision is nothing, and uncircumcision is nothing; but the keeping of the commandments of God.

20. Let each man abide in that calling wherein he was called.

21. Wast thou called being a bondservant? Care not for it: nay, even if thou canst become free, use [it] rather.

22. For he that was called in the Lord being a bondservant, is the Lord's freedman: likewise he that was called being free, is Christ's bondservant.

23. Ye were bought with a price; become not bondservants of men.

24. Brethren, let each man, wherein he was called, therein abide with God.

25. Now concerning virgins I have no commandment of the Lord: but I give my judgment, as one that hath obtained mercy of the Lord to be trustworthy.

26. I think therefore that this is good by reason of the distress that is upon us, [namely,] that it is good for a man to be as he is.

27. Art thou bound unto a wife? Seek not to be loosed. Art thou loosed from a wife? Seek not a wife.

28. But shouldest thou marry, thou hast not sinned; and if a virgin marry, she hath not sinned. Yet such shall have tribulation in the flesh: and I would spare you.

29. But this I say, brethren, the time is shortened, that henceforth both those that have wives may be as though they had none;

30. and those that weep, as though they wept not; and those that rejoice, as though they rejoiced not; and those that buy, as though they possessed not;

31. and those that use the world, as not using it to the full: for the fashion of this world passeth away.

32. But I would have you to be free from cares. He that is unmarried is careful for the things of the Lord, how he may please the Lord:

33. but he that is married is careful for the things of the world, how he may please his wife,

19. La circoncisione è nulla e la incirconcisione è nulla; ma l'osservanza de' comandamenti di Dio è tutto.

20. Ognuno rimanga nella condizione in cui era quando fu chiamato.

21. Sei tu stato chiamato essendo schiavo? Non curartene, ma se puoi divenir libero è meglio valerti dell'opportunità.

22. Poiché colui che è stato chiamato nel Signore, essendo schiavo, è un affrancato del Signore; parimente colui che è stato chiamato essendo libero, è schiavo di Cristo.

23. Voi siete stati riscattati a prezzo; non diventate schiavi degli uomini.

24. Fratelli, ognuno rimanga dinanzi a Dio nella condizione nella quale si trovava quando fu chiamato.

25. Or quanto alle vergini, io non ho comandamento dal Signore; ma do il mio parere, come avendo ricevuto dal Signore la grazia d'esser fedele.

26. Io stimo dunque che a motivo della imminente distretta sia bene per loro di restar come sono; poiché per l'uomo in genere è bene di starsene così.

27. Sei tu legato a una moglie? Non cercar d'esserne sciolto. Sei tu sciolto da moglie? Non cercar moglie.

28. Se però prendi moglie, non pecchi; e se una vergine si marita, non pecca; ma tali persone avranno tribolazione nella carne, e io vorrei risparmiarvela.

29. Ma questo io dichiaro, fratelli, che il tempo è ormai abbreviato; talché, d'ora innanzi, anche quelli che hanno moglie, siano come se non l'avessero;

30. e quelli che piangono, come se non piangessero; e quelli che si rallegrano, come se non si rallegrassero; e quelli che comprano, come se non possedessero;

31. e quelli che usano di questo mondo, come se non ne usassero, perché la figura di questo mondo passa.

32. Or io vorrei che foste senza sollecitudine. Chi non è ammogliato ha cura delle cose del Signore, del come potrebbe piacere al Signore;

33. ma colui che è ammogliato, ha cura delle cose del mondo, del come potrebbe piacere alla moglie.

34. and is divided. [So] also the woman that is unmarried and the virgin is careful for the things of the Lord, that she may be holy both in body and in spirit: but she that is married is careful for the things of the world, how she may please her husband.

35. And this I say for your own profit; not that I may cast a snare upon you, but for that which is seemly, and that ye may attend upon the Lord without distraction.

36. But if any man thinketh that he behaveth himself unseemly toward his virgin [daughter], if she be past the flower of her age, and if need so requireth, let him do what he will; he sinneth not; let them marry.

37. But he that standeth stedfast in his heart, having no necessity, but hath power as touching in his own heart, to keep his own virgin [daughter], shall do well.

38. So then both he that giveth his own virgin [daughter] in marriage doeth well; and he that giveth her not in marriage shall do better.

39. A wife is bound for so long time as her husband liveth; but if the husband be dead, she is free to be married to whom she will; only in the Lord.

40. But she is happier if she abide as she is, after my judgment: and I think that I also have the Spirit of God.

34. E v'è anche una differenza tra la donna maritata e la vergine: la non maritata ha cura delle cose del Signore, affin d'esser santa di corpo e di spirito; ma la maritata ha cura delle cose del mondo, del come potrebbe piacere al marito.

35. Or questo dico per l'utile vostro proprio; non per tendervi un laccio, ma in vista di ciò che è decoroso e affinché possiate consacrarvi al Signore senza distrazione.

36. Ma se alcuno crede far cosa indecorosa verso la propria figliuola nubile s'ella passi il fior dell'età, e se così bisogna fare, faccia quel che vuole; egli non pecca; la dia a marito.

37. Ma chi sta fermo in cuor suo, e non è stretto da necessità ma è padrone della sua volontà, e ha determinato in cuor suo di serbar vergine la sua figliuola, fa bene.

38. Perciò, chi dà la sua figliuola a marito fa bene, e chi non la dà a marito fa meglio.

39. La moglie è vincolata per tutto il tempo che vive suo marito; ma, se il marito muore, ella è libera di maritarsi a chi vuole, purché sia nel Signore.

40. Nondimeno ella è più felice, a parer mio, se rimane com'è; e credo d'aver anch'io lo Spirito di Dio.

# I Corinthians 8

1. Now concerning things sacrificed to idols: We know that we all have knowledge. Knowledge puffeth up, but love edifieth.

2. If any man thinketh that he knoweth anything, he knoweth not yet as he ought to know;

3. but if any man loveth God, the same is known by him.

4. Concerning therefore the eating of things sacrificed to idols, we know that no idol is [anything] in the world, and that there is no God but one.

5. For though there be that are called gods, whether in heaven or on earth; as there are gods many, and lords many;

# I Corinzi 8

1. Quanto alle carni sacrificate agl'idoli, noi sappiamo che tutti abbiamo conoscenza. La conoscenza gonfia, ma la carità edifica.

2. Se alcuno si pensa di conoscer qualcosa, egli non conosce ancora come si deve conoscere;

3. ma se alcuno ama Dio, esso è conosciuto da lui.

4. Quanto dunque al mangiar delle carni sacrificate agl'idoli, noi sappiamo che l'idolo non è nulla nel mondo, e che non c'è alcun Dio fuori d'un solo.

5. Poiché, sebbene vi siano de' cosiddetti dèi tanto in cielo che in terra, come infatti ci sono molti dèi e molti signori,

6. yet to us there is one God, the Father, of whom are all things, and we unto him; and one Lord, Jesus Christ, through whom are all things, and we through him.

7. Howbeit there is not in all men that knowledge: but some, being used until now to the idol, eat as [of] a thing sacrificed to an idol; and their conscience being weak is defiled.

8. But food will not commend us to God: neither, if we eat not, are we the worse; nor, if we eat, are we the better.

9. But take heed lest by any means this liberty of yours become a stumblingblock to the weak.

10. For if a man see thee who hast knowledge sitting at meat in an idol's temple, will not his conscience, if he is weak, be emboldened to eat things sacrificed to idols?

11. For through thy knowledge he that is weak perisheth, the brother for whose sake Christ died.

12. And thus, sinning against the brethren, and wounding their conscience when it is weak, ye sin against Christ.

13. Wherefore, if meat causeth my brother to stumble, I will eat no flesh for evermore, that I cause not my brother to stumble.

6. nondimeno, per noi c'è un Dio solo, il Padre, dal quale sono tutte le cose, e noi per la gloria sua, e un solo Signore, Gesù Cristo, mediante il quale sono tutte le cose, e mediante il quale siam noi.

7. Ma non in tutti è la conoscenza; anzi, alcuni, abituati finora all'idolo, mangiano di quelle carni com'essendo cosa sacrificata a un idolo; e la loro coscienza, essendo debole, ne è contaminata.

8. Ora non è un cibo che ci farà graditi a Dio; se non mangiamo, non abbiamo nulla di meno; e se mangiamo, non abbiamo nulla di più.

9. Ma badate che questo vostro diritto non diventi un intoppo per i deboli.

10. Perché se alcuno vede te, che hai conoscenza, seduto a tavola in un tempio d'idoli, la sua coscienza, s'egli è debole, non sarà ella incoraggiata a mangiar delle carni sacrificate agl'idoli?

11. E così, per la tua conoscenza, perisce il debole, il fratello per il quale Cristo è morto.

12. Ora, peccando in tal modo contro i fratelli, e ferendo la loro coscienza che è debole, voi peccate contro Cristo.

13. Perciò, se un cibo scandalizza il mio fratello, io non mangerò mai più carne, per non scandalizzare il mio fratello.

# I Corinthians 9     I Corinzi 9

1. Am I not free? Am I not an apostle? Have I not seen Jesus our Lord? Are not ye my work in the Lord?

2. If to others I am not an apostle, yet at least I am to you; for the seal of mine apostleship are ye in the Lord.

3. My defence to them that examine me is this.

4. Have we no right to eat and to drink?

5. Have we no right to lead about a wife that is a believer, even as the rest of the apostles, and the brethren of the Lord, and Cephas?

6. Or I only and Barnabas, have we not a right to forbear working?

1. Non sono io libero? Non sono io apostolo? Non ho io veduto Gesù, il Signor nostro? Non siete voi l'opera mia nel Signore?

2. Se per altri non sono apostolo lo sono almeno per voi; perché il suggello del mio apostolato siete voi, nel Signore.

3. Questa è la mia difesa di fronte a quelli che mi sottopongono ad inchiesta.

4. Non abbiam noi il diritto di mangiare e di bere?

5. Non abbiamo noi il diritto di condurre attorno con noi una moglie, sorella in fede, siccome fanno anche gli altri apostoli e i fratelli del Signore e Cefa?

6. O siamo soltanto io e Barnaba a non avere il diritto di non lavorare?

7. What soldier ever serveth at his own charges? who planteth a vineyard, and eateth not the fruit thereof? Or who feedeth a flock, and eateth not of the milk of the flock?

8. Do I speak these things after the manner of men? or saith not the law also the same?

9. For it is written in the law of Moses, Thou shalt not muzzle the ox when he treadeth out the corn. Is it for the oxen that God careth,

10. or saith he it assuredly for our sake? Yea, for our sake it was written: because he that ploweth ought to plow in hope, and he that thresheth, [to thresh] in hope of partaking.

11. If we sowed unto you spiritual things, is it a great matter if we shall reap your carnal things?

12. If others partake of [this] right over you, do not we yet more? Nevertheless we did not use this right; but we bear all things, that we may cause no hindrance to the gospel of Christ.

13. Know ye not that they that minister about sacred things eat [of] the things of the temple, [and] they that wait upon the altar have their portion with the altar?

14. Even so did the Lord ordain that they that proclaim the gospel should live of the gospel.

15. But I have used none of these things: and I write not these things that it may be so done in my case; for [it were] good for me rather to die, than that any man should make my glorifying void.

16. For if I preach the gospel, I have nothing to glory of; for necessity is laid upon me; for woe is unto me, if I preach not the gospel.

17. For if I do this of mine own will, I have a reward: but if not of mine own will, I have a stewardship intrusted to me.

18. What then is my reward? That, when I preach the gospel, I may make the gospel without charge, so as not to use to the full my right in the gospel.

19. For though I was free from all [men,] I brought myself under bondage to all, that I might gain the more.

7. Chi è mai che fa il soldato a sue proprie spese? Chi è che pianta una vigna e non ne mangia del frutto? O chi è che pasce un gregge e non si ciba del latte del gregge?

8. Dico io queste cose secondo l'uomo? Non le dice anche la legge?

9. Difatti, nella legge di Mosè è scritto: Non metter la musoliera al bue che trebbia il grano. Forse che Dio si dà pensiero dei buoi?

10. O non dice Egli così proprio per noi? Certo, per noi fu scritto così; perché chi ara deve arare con speranza; e chi trebbia il grano deve trebbiarlo colla speranza d'averne la sua parte.

11. Se abbiam seminato per voi i beni spirituali, e egli gran che se mietiamo i vostri beni materiali?

12. Se altri hanno questo diritto su voi, non l'abbiamo noi molto più? Ma noi non abbiamo fatto uso di questo diritto; anzi sopportiamo ogni cosa, per non creare alcun ostacolo all'Evangelo di Cristo.

13. Non sapete voi che quelli i quali fanno il servigio sacro mangiano di quel che è offerto nel tempio? e che coloro i quali attendono all'altare, hanno parte all'altare?

14. Così ancora, il Signore ha ordinato che coloro i quali annunziano l'Evangelo vivano dell'Evangelo.

15. Io però non ho fatto uso d'alcuno di questi diritti, e non ho scritto questo perché si faccia così a mio riguardo; poiché preferirei morire, anziché veder qualcuno render vano il mio vanto.

16. Perché se io evangelizzo, non ho da trarne vanto, poiché necessità me n'è imposta; e guai a me, se non evangelizzo!

17. Se lo faccio volenterosamente, ne ho ricompensa; ma se non lo faccio volenterosamente è pur sempre un'amministrazione che m'è affidata.

18. Qual è dunque la mia ricompensa? Questa: che annunziando l'Evangelo, io offra l'Evangelo gratuitamente, senza valermi del mio diritto nell'Evangelo.

19. Poiché, pur essendo libero da tutti, mi son fatto servo a tutti, per guadagnarne il maggior numero;

20. And to the Jews I became as a Jew, that I might gain Jews; to them that are under the law, as under the law, not being myself under the law, that I might gain them that are under the law;

21. to them that are without law, as without law, not being without law to God, but under law to Christ, that I might gain them that are without law.

22. To the weak I became weak, that I might gain the weak: I am become all things to all men, that I may by all means save some.

23. And I do all things for the gospel's sake, that I may be a joint partaker thereof.

24. Know ye not that they that run in a race run all, but one receiveth the prize? Even so run; that ye may attain.

25. And every man that striveth in the games exerciseth self-control in all things. Now they [do it] to receive a corruptible crown; but we an incorruptible.

26. I therefore so run, as not uncertainly; so fight I, as not beating the air:

27. but I buffet my body, and bring it into bondage: lest by any means, after that I have preached to others, I myself should be rejected.

20. e coi Giudei, mi son fatto Giudeo, per guadagnare i Giudei; con quelli che son sotto la legge, mi son fatto come uno sotto la legge (benché io stesso non sia sottoposto alla legge), per guadagnare quelli che son sotto la legge;

21. con quelli che son senza legge, mi son fatto come se fossi senza legge (benché io non sia senza legge riguardo a Dio, ma sotto la legge di Cristo), per guadagnare quelli che son senza legge.

22. Coi deboli mi son fatto debole, per guadagnare i deboli; mi faccio ogni cosa a tutti, per salvarne ad ogni modo alcuni.

23. E tutto fo a motivo dell'Evangelo, affin d'esserne partecipe anch'io.

24. Non sapete voi che coloro i quali corrono nello stadio, corrono ben tutti, ma uno solo ottiene il premio? Correte in modo da riportarlo.

25. Chiunque fa l'atleta è temperato in ogni cosa; e quelli lo fanno per ricevere una corona corruttibile; ma noi, una incorruttibile.

26. Io quindi corro ma non in modo incerto, lotto la pugilato, ma non come chi batte l'aria;

27. anzi, tratto duramente il mio corpo e lo riduco in schiavitù, che talora, dopo aver predicato agli altri, io stesso non sia riprovato.

# I Corinthians 10

# I Corinzi 10

1. For I would not, brethren, have you ignorant, that our fathers were all under the cloud, and all passed through the sea;

2. and were all baptized unto Moses in the cloud and in the sea;

3. and did all eat the same spiritual food;

4. and did all drink the same spiritual drink: for they drank of a spiritual rock that followed them: and the rock was Christ.

5. Howbeit with most of them God was not well pleased: for they were overthrown in the wilderness.

1. Perché, fratelli, non voglio che ignoriate che i nostri padri furon tutti sotto la nuvola, e tutti passarono attraverso il mare,

2. e tutti furon battezzati, nella nuvola e nel mare, per esser di Mosè,

3. e tutti mangiarono lo stesso cibo spirituale,

4. e tutti bevvero la stessa bevanda spirituale, perché beveano alla roccia spirituale che li seguiva; e la roccia era Cristo.

5. Ma della maggior parte di loro Iddio non si compiacque, poiché furono atterrati nel deserto.

6. Now these things were our examples, to the intent we should not lust after evil things, as they also lusted.

7. Neither be ye idolaters, as were some of them; as it is written, The people sat down to eat and drink, and rose up to play.

8. Neither let us commit fornication, as some of them committed, and fell in one day three and twenty thousand.

9. Neither let us make trial of the Lord, as some of them made trial, and perished by the serpents.

10. Neither murmur ye, as some of them murmured, and perished by the destroyer.

11. Now these things happened unto them by way of example; and they were written for our admonition, upon whom the ends of the ages are come.

12. Wherefore let him that thinketh he standeth take heed lest he fall.

13. There hath no temptation taken you but such as man can bear: but God is faithful, who will not suffer you to be tempted above that ye are able; but will with the temptation make also the way of escape, that ye may be able to endure it.

14. Wherefore, my beloved, flee from idolatry.

15. I speak as to wise men; judge ye what I say.

16. The cup of blessing which we bless, is it not a communion of the blood of Christ? The bread which we break, is it not a communion of the body of Christ?

17. seeing that we, who are many, are one bread, one body: for we are all partake of the one bread.

18. Behold Israel after the flesh: have not they that eat the sacrifices communion with the altar?

19. What say I then? that a thing sacrificed to idols is anything, or that an idol is anything?

20. But [I say], that the things which the Gentiles sacrifice, they sacrifice to demons, and not to God: and I would not that ye should have communion with demons.

21. Ye cannot drink the cup of the Lord, and the cup of demons: ye cannot partake of the table of the Lord, and of the table of demons.

6. Or queste cose avvennero per servir d'esempio a noi, onde non siam bramosi di cose malvage, come coloro ne furon bramosi;

7. onde non diventiate idolatri come alcuni di loro, secondo che è scritto: Il popolo si sedette per mangiare e per bere, poi s'alzò per divertirsi;

8. onde non fornichiamo come taluni di loro fornicarono, e ne caddero, in un giorno solo, ventitremila;

9. onde non tentiamo il Signore, come alcuni di loro lo tentarono, e perirono morsi dai serpenti.

10. E non mormorate come alcuni di loro mormorarono, e perirono colpiti dal distruttore.

11. Or queste cose avvennero loro per servire d'esempio, e sono state scritte per ammonizione di noi, che ci troviamo agli ultimi termini dei tempi.

12. Perciò, chi si pensa di stare ritto, guardi di non cadere.

13. Niuna tentazione vi ha còlti, che non sia stata umana; or Iddio è fedele e non permetterà che siate tentati al di là delle vostre forze; ma con la tentazione vi darà anche la via d'uscirne, onde la possiate sopportare.

14. Perciò, cari miei, fuggite l'idolatria.

15. Io parlo come a persone intelligenti; giudicate voi di quello che dico.

16. Il calice della benedizione che noi benediciamo, non è egli la comunione col sangue di Cristo? Il pane, che noi rompiamo, non è egli la comunione col corpo di Cristo?

17. Siccome v'è un unico pane, noi, che siam molti, siamo un corpo unico, perché partecipiamo tutti a quell'unico pane.

18. Guardate l'Israele secondo la carne; quelli che mangiano i sacrifici non hanno essi comunione con l'altare?

19. Che dico io dunque? Che la carne sacrificata agl'idoli sia qualcosa? Che un idolo sia qualcosa?

20. Tutt'altro; io dico che le carni che i Gentili sacrificano, le sacrificano ai demoni e non a Dio; or io non voglio che abbiate comunione coi demoni.

21. Voi non potete bere il calice del Signore e il calice de' demoni; voi non potete partecipare alla mensa del Signore e alla mensa dei demoni.

22. Or do we provoke the Lord to jealousy? are we stronger than he?

23. All things are lawful; but not all things are expedient. All things are lawful; but not all things edify.

24. Let no man seek his own, but [each] his neighbor's [good].

25. Whatsoever is sold in the shambles, eat, asking no question for conscience' sake,

26. for the earth is the Lord's, and the fulness thereof.

27. If one of them that believe not biddeth you [to a feast], and ye are disposed to go; whatsoever is set before you, eat, asking no question for conscience' sake.

28. But if any man say unto you, This hath been offered in sacrifice, eat not, for his sake that showed it, and for conscience sake:

29. conscience, I say, not thine own, but the other's; for why is my liberty judged by another conscience?

30. If I partake with thankfulness, why am I evil spoken of for that for which I give thanks?

31. Whether therefore ye eat, or drink, or whatsoever ye do, do all to the glory of God.

32. Give no occasions of stumbling, either to Jews, or to Greeks, or to the church of God:

33. even as I also please all men in all things, not seeking mine own profit, but the [profit] of the many, that they may be saved.

# I Corinthians 11

1. Be ye imitators of me, even as I also am of Christ.

2. Now I praise you that ye remember me in all things, and hold fast the traditions, even as I delivered them to you.

3. But I would have you know, that the head of every man is Christ; and the head of the woman is the man; and the head of Christ is God.

22. O vogliamo noi provocare il Signore a gelosia? Siamo noi più forti di lui?

23. Ogni cosa è lecita ma non ogni cosa è utile; ogni cosa è lecita ma non ogni cosa edifica.

24. Nessuno cerchi il proprio vantaggio, ma ciascuno cerchi l'altrui.

25. Mangiate di tutto quello che si vende al macello senza fare inchieste per motivo di coscienza;

26. perché al Signore appartiene la terra e tutto quello ch'essa contiene.

27. Se qualcuno de' non credenti v'invita, e voi volete andarci, mangiate di tutto quello che vi è posto davanti, senza fare inchieste per motivo di coscienza.

28. Ma se qualcuno vi dice: Questa è cosa di sacrifici, non ne mangiate per riguardo a colui che v'ha avvertito, e per riguardo alla coscienza;

29. alla coscienza, dico, non tua, ma di quell'altro; infatti, perché la mia libertà sarebb'ella giudicata dalla coscienza altrui?

30. E se io mangio di una cosa con rendimento di grazie, perché sarei biasimato per quello di cui io rendo grazie?

31. Sia dunque che mangiate, sia che beviate, sia che facciate alcun'altra cosa, fate tutto alla gloria di Dio.

32. Non siate d'intoppo né ai Giudei, né ai Greci, né alla Chiesa di Dio:

33. sì come anch'io compiaccio a tutti in ogni cosa, non cercando l'utile mio proprio, ma quello de' molti, affinché siano salvati.

# I Corinzi 11

1. Siate miei imitatori, come anch'io lo sono di Cristo.

2. Or io vi lodo perché vi ricordate di me in ogni cosa, e ritenete i miei insegnamenti quali ve li ho trasmessi.

3. Ma io voglio che sappiate che il capo d'ogni uomo è Cristo, che il capo della donna è l'uomo, e che il capo di Cristo è Dio.

4. Every man praying or prophesying, having his head covered, dishonoreth his head.

5. But every woman praying or prophesying with her head unveiled dishonoreth her head; for it is one and the same thing as if she were shaven.

6. For if a woman is not veiled, let her also be shorn: but if it is a shame to a woman to be shorn or shaven, let her be veiled.

7. For a man indeed ought not to have his head veiled, forasmuch as he is the image and glory of God: but the woman is the glory of the man.

8. For the man is not of the woman; but the woman of the man:

9. for neither was the man created for the woman; but the woman for the man:

10. for this cause ought the woman to have [a sign of] authority on her head, because of the angels.

11. Nevertheless, neither is the woman without the man, nor the man without the woman, in the Lord.

12. For as the woman is of the man, so is the man also by the woman; but all things are of God.

13. Judge ye in yourselves: is it seemly that a woman pray unto God unveiled?

14. Doth not even nature itself teach you, that, if a man have long hair, it is a dishonor to him?

15. But if a woman have long hair, it is a glory to her: for her hair is given her for a covering.

16. But if any man seemeth to be contentious, we have no such custom, neither the churches of God.

17. But in giving you this charge, I praise you not, that ye come together not for the better but for the worse.

18. For first of all, when ye come together in the church, I hear that divisions exist among you; and I partly believe it.

19. For there must be also factions among you, that they that are approved may be made manifest among you.

20. When therefore ye assemble yourselves together, it is not possible to eat the Lord's supper:

4. Ogni uomo che prega o profetizza a capo coperto, fa disonore al suo capo;

5. ma ogni donna che prega o profetizza senz'avere il capo coperto da un velo, fa disonore al suo capo, perché è lo stesso che se fosse rasa.

6. Perché se la donna non si mette il velo, si faccia anche tagliare i capelli! Ma se è cosa vergognosa per una donna il farsi tagliare i capelli o radere il capo, si metta un velo.

7. Poiché, quanto all'uomo, egli non deve velarsi il capo, essendo immagine e gloria di Dio; ma la donna è la gloria dell'uomo;

8. perché l'uomo non viene dalla donna, ma la donna dall'uomo;

9. e l'uomo non fu creato a motivo della donna, ma la donna a motivo dell'uomo.

10. Perciò la donna deve, a motivo degli angeli, aver sul capo un segno dell'autorità da cui dipende.

11. D'altronde, nel Signore, né la donna è senza l'uomo, né l'uomo senza la donna.

12. Poiché, siccome la donna viene dall'uomo, così anche l'uomo esiste per mezzo della donna, e ogni cosa è da Dio.

13. Giudicatene voi stessi: E' egli conveniente che una donna preghi Iddio senz'esser velata?

14. La natura stessa non v'insegna ella che se l'uomo porta la chioma, ciò è per lui un disonore?

15. Mentre se una donna porta la chioma, ciò è per lei un onore; perché la chioma le è data a guisa di velo.

16. Se poi ad alcuno piace d'esser contenzioso, noi non abbiamo tale usanza; e neppur le chiese di Dio.

17. Mentre vi do queste istruzioni, io non vi lodo del fatto che vi radunate non per il meglio ma per il peggio.

18. Poiché, prima di tutto, sento che quando v'adunate in assemblea, ci son fra voi delle divisioni; e in parte lo credo;

19. perché bisogna che ci sian fra voi anche delle sètte, affinché quelli che sono approvati, siano manifesti fra voi.

20. Quando poi vi radunate assieme, quel che fate, non è mangiar la Cena del Signore;

21. for in your eating each one taketh before [other] his own supper; and one is hungry, and another is drunken.

22. What, have ye not houses to eat and to drink in? or despise ye the church of God, and put them to shame that have not? What shall I say to you? shall I praise you? In this I praise you not.

23. For I received of the Lord that which also I delivered unto you, that the Lord Jesus in the night in which he was betrayed took bread;

24. and when he had given thanks, he brake it, and said, This is my body, which is for you: this do in remembrance of me.

25. In like manner also the cup, after supper, saying, This cup is the new covenant in my blood: this do, as often as ye drink [it], in remembrance of me.

26. For as often as ye eat this bread, and drink the cup, ye proclaim the Lord's death till he come.

27. Wherefore whosoever shall eat the bread or drink the cup of the Lord in an unworthy manner, shall be guilty of the body and the blood of the Lord.

28. But let a man prove himself, and so let him eat of the bread, and drink of the cup.

29. For he that eateth and drinketh, eateth and drinketh judgment unto himself, if he discern not the body.

30. For this cause many among you are weak and sickly, and not a few sleep.

31. But if we discerned ourselves, we should not be judged.

32. But when we are judged, we are chastened of the Lord, that we may not be condemned with the world.

33. Wherefore, my brethren, when ye come together to eat, wait one for another.

34. If any man is hungry, let him eat at home; that your coming together be not unto judgment. And the rest will I set in order whensoever I come.

21. poiché, al pasto comune, ciascuno prende prima la propria cena; e mentre l'uno ha fame, l'altro è ubriaco.

22. Non avete voi delle case per mangiare e bere? O disprezzate voi la chiesa di Dio e fate vergogna a quelli che non hanno nulla? Che vi dirò? Vi loderò io? In questo io non vi lodo.

23. Poiché ho ricevuto dal Signore quello che anche v'ho trasmesso; cioè, che il Signor Gesù, nella notte che fu tradito, prese del pane;

24. e dopo aver reso grazie, lo ruppe e disse: Questo è il mio corpo che è dato per voi; fate questo in memoria di me.

25. Parimente, dopo aver cenato, prese anche il calice, dicendo: Questo calice è il nuovo patto nel mio sangue; fate questo, ogni volta che ne berrete, in memoria di me.

26. Poiché ogni volta che voi mangiate questo pane e bevete di questo calice, voi annunziate la morte del Signore, finch'egli venga.

27. Perciò, chiunque mangerà il pane o berrà del calice del Signore indegnamente, sarà colpevole verso il corpo ed il sangue del Signore.

28. Or provi l'uomo se stesso, e così mangi del pane e beva del calice;

29. poiché chi mangia e beve, mangia e beve un giudicio su se stesso, se non discerne il corpo del Signore.

30. Per questa cagione molti fra voi sono infermi e malati, e parecchi muoiono.

31. Ora, se esaminassimo noi stessi, non saremmo giudicati;

32. ma quando siamo giudicati, siam corretti dal Signore, affinché non siam condannati col mondo.

33. Quando dunque, fratelli miei, v'adunate per mangiare, aspettatevi gli uni gli altri.

34. Se qualcuno ha fame, mangi a casa, onde non vi aduniate per attirar su voi un giudicio. Le altre cose regolerò quando verrò.

# I Corinthians 12

1. Now concerning spiritual [gifts], brethren, I would not have you ignorant.

2. Ye know that when ye were Gentiles [ye were] led away unto those dumb idols, howsoever ye might led.

3. Wherefore I make known unto you, that no man speaking in the Spirit of God saith, Jesus is anathema; and no man can say, Jesus is Lord, but in the Holy Spirit.

4. Now there are diversities of gifts, but the same Spirit.

5. And there are diversities of ministrations, and the same Lord.

6. And there are diversities of workings, but the same God, who worketh all things in all.

7. But to each one is given the manifestation of the Spirit to profit withal.

8. For to one is given through the Spirit the word of wisdom; and to another the word of knowledge, according to the same Spirit:

9. to another faith, in the same Spirit; and to another gifts of healings, in the one Spirit;

10. and to another workings of miracles; and to another prophecy; and to another discernings of spirits; to another [divers] kinds of tongues; and to another the interpretation of tongues:

11. but all these worketh the one and the same Spirit, dividing to each one severally even as he will.

12. For as the body is one, and hath many members, and all the members of the body, being many, are one body; so also is Christ.

13. For in one Spirit were we all baptized into one body, whether Jews or Greeks, whether bond or free; and were all made to drink of one Spirit.

14. For the body is not one member, but many.

15. If the foot shall say, Because I am not the hand, I am not of the body; it is not therefore not of the body.

16. And if the ear shall say, Because I am not the eye, I am not of the body; it is not therefore not of the body.

# I Corinzi 12

1. Circa i doni spirituali, fratelli, non voglio che siate nell'ignoranza.

2. Voi sapete che quando eravate Gentili eravate trascinati dietro agl'idoli muti, secondo che vi si menava.

3. Perciò vi fo sapere che nessuno, parlando per lo Spirito di Dio, dice: Gesù è anatema! e nessuno può dire: Gesù è il Signore! se non per lo Spirito Santo.

4. Or vi è diversità di doni, ma v'è un medesimo Spirito.

5. E vi è diversità di ministeri, ma non v'è che un medesimo Signore.

6. E vi è varietà di operazioni, ma non v'è che un medesimo Iddio, il quale opera tutte le cose in tutti.

7. Or a ciascuno è data la manifestazione dello Spirito per l'utile comune.

8. Infatti, a uno è data mediante lo Spirito parola di sapienza; a un altro, parola di conoscenza, secondo il medesimo Spirito;

9. a un altro, fede, mediante il medesimo Spirito; a un altro, doni di guarigioni, per mezzo del medesimo Spirito; a un altro, potenza d'operar miracoli;

10. a un altro, profezia; a un altro, il discernimento degli spiriti; a un altro, diversità di lingue, e ad un altro, la interpretazione delle lingue;

11. ma tutte queste cose le opera quell'uno e medesimo Spirito, distribuendo i suoi doni a ciascuno in particolare come Egli vuole.

12. Poiché, siccome il corpo è uno ed ha molte membra, e tutte le membra del corpo, benché siano molte, formano un unico corpo, così ancora è di Cristo.

13. Infatti noi tutti abbiam ricevuto il battesimo di un unico Spirito per formare un unico corpo, e Giudei e Greci, e schiavi e liberi; e tutti siamo stati abbeverati di un unico Spirito.

14. E infatti il corpo non si compone di un membro solo, ma di molte membra.

15. Se il piè dicesse: Siccome io non sono mano, non son del corpo, non per questo non sarebbe del corpo.

16. E se l'orecchio dicesse: Siccome io non son occhio, non son del corpo, non per questo non sarebbe del corpo.

17. If the whole body were an eye, where were the hearing? If the whole were hearing, where were the smelling?

18. But now hath God set the members each one of them in the body, even as it pleased him.

19. And if they were all one member, where were the body?

20. But now they are many members, but one body.

21. And the eye cannot say to the hand, I have no need of thee: or again the head to the feet, I have no need of you.

22. Nay, much rather, those members of the body which seem to be more feeble are necessary:

23. and those [parts] of the body, which we think to be less honorable, upon these we bestow more abundant honor; and our uncomely [parts] have more abundant comeliness;

24. whereas our comely [parts] have no need: but God tempered the body together, giving more abundant honor to that [part] which lacked;

25. that there should be no schism in the body; but [that] the members should have the same care one for another.

26. And whether one member suffereth, all the members suffer with it; or [one] member is honored, all the members rejoice with it.

27. Now ye are the body of Christ, and severally members thereof.

28. And God hath set some in the church, first apostles, secondly prophets, thirdly teachers, then miracles, then gifts of healings, helps, governments, [divers] kinds of tongues.

29. Are all apostles? are all prophets? are all teachers? are all [workers of] miracles?

30. have all gifts of healings? do all speak with tongues? do all interpret?

31. But desire earnestly the greater gifts. And moreover a most excellent way show I unto you.

17. Se tutto il corpo fosse occhio, dove sarebbe l'udito? Se tutto fosse udito, dove sarebbe l'odorato?

18. Ma ora Iddio ha collocato ciascun membro nel corpo, come ha voluto.

19. E se tutte le membra fossero un unico membro, dove sarebbe il corpo?

20. Ma ora ci son molte membra, ma c'è un unico corpo;

21. e l'occhio non può dire alla mano: Io non ho bisogno di te; né il capo può dire ai piedi: Non ho bisogno di voi.

22. Al contrario, le membra del corpo che paiono essere più deboli, sono invece necessarie;

23. e quelle parti del corpo che noi stimiamo esser le meno onorevoli, noi le circondiamo di maggior onore; e le parti nostre meno decorose son fatte segno di maggior decoro,

24. mentre le parti nostre decorose non ne hanno bisogno; ma Dio ha costrutto il corpo in modo da dare maggior onore alla parte che ne mancava,

25. affinché non ci fosse divisione nel corpo, ma le membra avessero la medesima cura le une per le altre.

26. E se un membro soffre, tutte le membra soffrono con lui; e se un membro è onorato, tutte le membra ne gioiscono con lui.

27. Or voi siete il corpo di Cristo, e membra d'esso, ciascuno per parte sua.

28. E Dio ha costituito nella Chiesa primieramente degli apostoli; in secondo luogo dei profeti; in terzo luogo de' dottori; poi, i miracoli; poi i doni di guarigione, le assistenze, i doni di governo, la diversità delle lingue.

29. Tutti sono eglino apostoli? Son forse tutti profeti? Son forse tutti dottori? Fan tutti de' miracoli?

30. Tutti hanno eglino i doni delle guarigioni? Parlan tutti in altre lingue? Interpretano tutti?

31. Ma desiderate ardentemente i doni maggiori. E ora vi mostrerò una via, che è la via per eccellenza.

# I Corinthians 13

1. If I speak with the tongues of men and of angels, but have not love, I am become sounding brass, or a clanging cymbal.
2. And if I have [the gift of] prophecy, and know all mysteries and all knowledge; and if I have all faith, so as to remove mountains, but have not love, I am nothing.
3. And if I bestow all my goods to feed [the poor], and if I give my body to be burned, but have not love, it profiteth me nothing.
4. Love suffereth long, [and] is kind; love envieth not; love vaunteth not itself, is not puffed up,
5. doth not behave itself unseemly, seeketh not its own, is not provoked, taketh not account of evil;
6. rejoiceth not in unrighteousness, but rejoiceth with the truth;
7. beareth all things, believeth all things, hopeth all things, endureth all things.
8. Love never faileth: but whether [there be] prophecies, they shall be done away; whether [there be] tongues, they shall cease; whether [there be] knowledge, it shall be done away.
9. For we know in part, and we prophesy in part;
10. but when that which is perfect is come, that which is in part shall be done away.
11. When I was a child, I spake as a child, I felt as a child, I thought as a child: now that I am become a man, I have put away childish things.
12. For now we see in a mirror, darkly; but then face to face: now I know in part; but then shall I know fully even as also I was fully known.

13. But now abideth faith, hope, love, these three; and the greatest of these is love.

# I Corinzi 13

1. Quand'io parlassi le lingue degli uomini e degli angeli, se non ho carità, divento un rame risonante o uno squillante cembalo.
2. E quando avessi il dono di profezia e conoscessi tutti i misteri e tutta la scienza, e avessi tutta la fede in modo da trasportare i monti, se non ho carità, non son nulla.
3. E quando distribuissi tutte le mie facoltà per nutrire i poveri, e quando dessi il mio corpo ad essere arso, se non ho carità, ciò niente mi giova.
4. La carità è paziente, è benigna; la carità non invidia; la carità non si vanta, non si gonfia,
5. non si comporta in modo sconveniente, non cerca il proprio interesse, non s'inasprisce, non sospetta il male,
6. non gode dell'ingiustizia, ma gioisce con la verità;
7. soffre ogni cosa, crede ogni cosa, spera ogni cosa, sopporta ogni cosa.
8. La carità non verrà mai meno. Quanto alle profezie, esse verranno abolite; quanto alle lingue, esse cesseranno; quanto alla conoscenza, essa verrà abolita;
9. poiché noi conosciamo in parte, e in parte profetizziamo;
10. ma quando la perfezione sarà venuta, quello che è solo in parte, sarà abolito.
11. Quand'ero fanciullo, parlavo da fanciullo, pensavo da fanciullo, ragionavo da fanciullo; ma quando son diventato uomo, ho smesso le cose da fanciullo.
12. Poiché ora vediamo come in uno specchio, in modo oscuro; ma allora vedremo faccia a faccia; ora conosco in parte; ma allora conoscerò appieno, come anche sono stato appieno conosciuto.
13. Or dunque queste tre cose durano: fede, speranza, carità; ma la più grande di esse è la carità.

# I Corinthians 14

1. Follow after love; yet desire earnestly spiritual [gifts], but rather that ye may prophesy.

2. For he that speaketh in a tongue speaketh not unto men, but unto God; for no man understandeth; but in the spirit he speaketh mysteries.

3. But he that prophesieth speaketh unto men edification, and exhortation, and consolation.

4. He that speaketh in a tongue edifieth himself; but he that prophesieth edifieth the church.

5. Now I would have you all speak with tongues, but rather that ye should prophesy: and greater is he that prophesieth than he that speaketh with tongues, except he interpret, that the church may receive edifying.

6. But now, brethren, if I come unto you speaking with tongues, what shall I profit you, unless I speak to you either by way of revelation, or of knowledge, or of prophesying, or of teaching?

7. Even things without life, giving a voice, whether pipe or harp, if they give not a distinction in the sounds, how shall it be known what is piped or harped?

8. For if the trumpet give an uncertain voice, who shall prepare himself for war?

9. So also ye, unless ye utter by the tongue speech easy to understood, how shall it be known what is spoken? for ye will be speaking into the air.

10. There are, it may be, so many kinds of voices in the world, and no [kind] is without signification.

11. If then I know not the meaning of the voice, I shall be to him that speaketh a barbarian, and he that speaketh will be a barbarian unto me.

12. So also ye, since ye are zealous of spiritual [gifts], seek that ye may abound unto the edifying of the church.

13. Wherefore let him that speaketh in a tongue pray that he may interpret.

14. For if I pray in a tongue, my spirit prayeth, but my understanding is unfruitful.

# I Corinzi 14

1. Procacciate la carità, non lasciando però di ricercare i doni spirituali, e principalmente il dono di profezia.

2. Perché chi parla in altra lingua non parla agli uomini, ma a Dio; poiché nessuno l'intende, ma in ispirito proferisce misteri.

3. Chi profetizza, invece, parla agli uomini un linguaggio di edificazione, di esortazione e di consolazione.

4. Chi parla in altra lingua edifica se stesso; ma chi profetizza edifica la chiesa.

5. Or io ben vorrei che tutti parlaste in altre lingue; ma molto più che profetaste; chi profetizza è superiore a chi parla in altre lingue, a meno ch'egli interpreti, affinché la chiesa ne riceva edificazione.

6. Infatti, fratelli, s'io venissi a voi parlando in altre lingue, che vi gioverei se la mia parola non vi recasse qualche rivelazione, o qualche conoscenza, o qualche profezia, o qualche insegnamento?

7. Perfino le cose inanimate che dànno suono, quali il flauto o la cetra, se non dànno distinzione di suoni, come si conoscerà quel ch'è suonato col flauto o con la cetra?

8. E se la tromba dà un suono sconosciuto, chi si preparerà alla battaglia?

9. Così anche voi, se per il vostro dono di lingue non proferite un parlare intelligibile, come si capirà quel che dite? Parlerete in aria.

10. Ci sono nel mondo tante e tante specie di parlari, e niun parlare è senza significato.

11. Se quindi io non intendo il significato del parlare, sarò un barbaro per chi parla, e chi parla sarà un barbaro per me.

12. Così anche voi, poiché siete bramosi dei doni spirituali, cercate di abbondarne per l'edificazione della chiesa.

13. Perciò, chi parla in altra lingua preghi di poter interpretare;

14. poiché, se prego in altra lingua, ben prega lo spirito mio, ma la mia intelligenza rimane infruttuosa.

15. What is it then? I will pray with the spirit, and I will pray with the understanding also: I will sing with the spirit, and I will sing with the understanding also.

16. Else if thou bless with the spirit, how shall he that filleth the place of the unlearned say the Amen at thy giving of thanks, seeing he knoweth not what thou sayest?

17. For thou verily givest thanks well, but the other is not edified.

18. I thank God, I speak with tongues more than you all:

19. howbeit in the church I had rather speak five words with my understanding, that I might instruct others also, than ten thousand words in a tongue.

20. Brethren, be not children in mind: yet in malice be ye babes, but in mind be men.

21. In the law it is written, By men of strange tongues and by the lips of strangers will I speak unto this people; and not even thus will they hear me, saith the Lord.

22. Wherefore tongues are for a sign, not to them that believe, but to the unbelieving: but prophesying [is for a sign], not to the unbelieving, but to them that believe.

23. If therefore the whole church be assembled together and all speak with tongues, and there come in men unlearned or unbelieving, will they not say that ye are mad?

24. But if all prophesy, and there come in one unbelieving or unlearned, he is reproved by all, he is judged by all;

25. the secrets of his heart are made manifest; and so he will fall down on his face and worship God, declaring that God is among you indeed.

26. What is it then, brethren? When ye come together, each one hath a psalm, hath a teaching, hath a revelation, hath a tongue, hath an interpretation. Let all things be done unto edifying.

27. If any man speaketh in a tongue, [let it be] by two, or at the most three, and [that] in turn; and let one interpret:

28. but if there be no interpreter, let him keep silence in the church; and let him speak to himself, and to God.

15. Che dunque? Io pregherò con lo spirito, ma pregherò anche con l'intelligenza; salmeggerò con lo spirito, ma salmeggerò anche con l'intelligenza.

16. Altrimenti, se tu benedici Iddio soltanto con lo spirito, come potrà colui che occupa il posto del semplice uditore dire "Amen" al tuo rendimento di grazie, poiché non sa quel che tu dici?

17. Quanto a te, certo, tu fai un bel ringraziamento; ma l'altro non è edificato.

18. Io ringrazio Dio che parlo in altre lingue più di tutti voi;

19. ma nella chiesa preferisco dir cinque parole intelligibili per istruire anche gli altri, che dirne diecimila in altra lingua.

20. Fratelli, non siate fanciulli per senno; siate pur bambini quanto a malizia, ma quanto a senno, siate uomini fatti.

21. Egli è scritto nella legge: Io parlerò a questo popolo per mezzo di gente d'altra lingua, e per mezzo di labbra straniere; e neppur così mi ascolteranno, dice il Signore.

22. Pertanto le lingue servono di segno non per i credenti, ma per i non credenti: la profezia, invece, serve di segno non per i non credenti, ma per i credenti.

23. Quando dunque tutta la chiesa si raduna assieme, se tutti parlano in altre lingue, ed entrano degli estranei o dei non credenti, non diranno essi che siete pazzi?

24. Ma se tutti profetizzano, ed entra qualche non credente o qualche estraneo, egli è convinto da tutti,

25. è scrutato da tutti, i segreti del suo cuore son palesati; e così, gettandosi giù con la faccia a terra, adorerà Dio, proclamando che Dio è veramente fra voi.

26. Che dunque, fratelli? Quando vi radunate, avendo ciascun di voi un salmo, o un insegnamento, o una rivelazione, o un parlare in altra lingua, o una interpretazione, facciasi ogni cosa per l'edificazione.

27. Se c'è chi parla in altra lingua, siano due o tre al più, a farlo; e l'un dopo l'altro; e uno interpreti;

28. e se non v'è chi interpreti, si tacciano nella chiesa e parlino a se stessi e a Dio.

29. And let the prophets speak [by] two or three, and let the others discern.

30. But if a revelation be made to another sitting by, let the first keep silence.

31. For ye all can prophesy one by one, that all may learn, and all may be exhorted;

32. and the spirits of the prophets are subject to the prophets;

33. for God is not [a God] of confusion, but of peace. As in all the churches of the saints,

34. let the women keep silence in the churches: for it is not permitted unto them to speak; but let them be in subjection, as also saith the law.

35. And if they would learn anything, let them ask their own husbands at home: for it is shameful for a woman to speak in the church.

36. What? was it from you that the word of God went forth? or came it unto you alone?

37. If any man thinketh himself to be a prophet, or spiritual, let him take knowledge of the things which I write unto you, that they are the commandment of the Lord.

38. But if any man is ignorant, let him be ignorant.

39. Wherefore, my brethren, desire earnestly to prophesy, and forbid not to speak with tongues.

40. But let all things be done decently and in order.

29. Parlino due o tre profeti, e gli altri giudichino;

30. e se una rivelazione è data a uno di quelli che stanno seduti, il precedente si taccia.

31. Poiché tutti, uno ad uno, potete profetare; affinché tutti imparino e tutti sian consolati;

32. e gli spiriti de' profeti son sottoposti a' profeti,

33. perché Dio non è un Dio di confusione, ma di pace.

34. Come si fa in tutte le chiese de' santi, tacciansi le donne nelle assemblee, perché non è loro permesso di parlare, ma debbon star soggette, come dice anche la legge.

35. E se vogliono imparar qualcosa, interroghino i loro mariti a casa; perché è cosa indecorosa per una donna parlare in assemblea.

36. La parola di Dio è forse proceduta da voi? O è dessa forse pervenuta a voi soli?

37. Se qualcuno si stima esser profeta o spirituale, riconosca che le cose che io vi scrivo son comandamenti del Signore.

38. E se qualcuno lo vuole ignorare, lo ignori.

39. Pertanto, fratelli, bramate il profetare, e non impedite il parlare in altre lingue;

40. ma ogni cosa sia fatta con decoro e con ordine.

# I Corinthians 15

# I Corinzi 15

1. Now I make known unto you brethren, the gospel which I preached unto you, which also ye received, wherein also ye stand,

2. by which also ye are saved, if ye hold fast the word which I preached unto you, except ye believed in vain.

3. For I delivered unto you first of all that which also I received: that Christ died for our sins according to the scriptures;

4. and that he was buried; and that he hath been raised on the third day according to the scriptures;

1. Fratelli, io vi rammento l'Evangelo che v'ho annunziato, che voi ancora avete ricevuto, nel quale ancora state saldi, e mediante il quale siete salvati,

2. se pur lo ritenete quale ve l'ho annunziato; a meno che non abbiate creduto invano.

3. Poiché io v'ho prima di tutto trasmesso, come l'ho ricevuto anch'io, che Cristo è morto per i nostri peccati, secondo le Scritture;

4. che fu seppellito; che risuscitò il terzo giorno, secondo le Scritture;

5. and that he appeared to Cephas; then to the twelve;

6. then he appeared to above five hundred brethren at once, of whom the greater part remain until now, but some are fallen asleep;

7. then he appeared to James; then to all the apostles;

8. and last of all, as to the [child] untimely born, he appeared to me also.

9. For I am the least of the apostles, that am not meet to be called an apostle, because I persecuted the church of God.

10. But by the grace of God I am what I am: and his grace which was bestowed upon me was not found vain; but I labored more abundantly than they all: yet not I, but the grace of God which was with me.

11. Whether then [it be] I or they, so we preach, and so ye believed.

12. Now if Christ is preached that he hath been raised from the dead, how say some among you that there is no resurrection of the dead?

13. But if there is no resurrection of the dead, neither hath Christ been raised:

14. and if Christ hath not been raised, then is our preaching vain, your faith also is vain.

15. Yea, we are found false witnesses of God; because we witnessed of God that he raised up Christ: whom he raised not up, if so be that the dead are not raised.

16. For if the dead are not raised, neither hath Christ been raised:

17. and if Christ hath not been raised, your faith is vain; ye are yet in your sins.

18. Then they also that are fallen asleep in Christ have perished.

19. If we have only hoped in Christ in this life, we are of all men most pitiable.

20. But now hath Christ been raised from the dead, the firstfruits of them that are asleep.

21. For since by man [came] death, by man [came] also the resurrection of the dead.

22. For as in Adam all die, so also in Christ shall all be made alive.

5. che apparve a Cefa, poi ai Dodici.

6. Poi apparve a più di cinquecento fratelli in una volta, dei quali la maggior parte rimane ancora in vita e alcuni sono morti.

7. Poi apparve a Giacomo; poi a tutti gli Apostoli;

8. e, ultimo di tutti, apparve anche a me, come all'aborto;

9. perché io sono il minimo degli apostoli; e non son degno di esser chiamato apostolo, perché ho perseguitato la Chiesa di Dio.

10. Ma per la grazia di Dio io sono quello che sono; e la grazia sua verso di me non è stata vana; anzi, ho faticato più di loro tutti; non già io, però, ma la grazia di Dio che è con me.

11. Sia dunque io o siano loro, così noi predichiamo, e così voi avete creduto.

12. Or se si predica che Cristo è risuscitato dai morti, come mai alcuni fra voi dicono che non v'è risurrezione de' morti?

13. Ma se non v'è risurrezione dei morti, neppur Cristo è risuscitato;

14. e se Cristo non è risuscitato, vana dunque è la nostra predicazione, e vana pure è la vostra fede.

15. E noi siamo anche trovati falsi testimoni di Dio, poiché abbiamo testimoniato di Dio, ch'Egli ha risuscitato il Cristo; il quale Egli non ha risuscitato, se è vero che i morti non risuscitano.

16. Difatti, se i morti non risuscitano, neppur Cristo è risuscitato;

17. e se Cristo non è risuscitato, vana è la vostra fede; voi siete ancora nei vostri peccati.

18. Anche quelli che dormono in Cristo, son dunque periti.

19. Se abbiamo sperato in Cristo per questa vita soltanto, noi siamo i più miserabili di tutti gli uomini.

20. Ma ora Cristo è risuscitato dai morti, primizia di quelli che dormono.

21. Infatti, poiché per mezzo d'un uomo è venuta la morte, così anche per mezzo d'un uomo è venuta la resurrezione dei morti.

22. Poiché, come tutti muoiono in Adamo, così anche in Cristo saran tutti vivificati;

23. But each in his own order: Christ the firstfruits; then they that are Christ's, at his coming.

24. Then [cometh] the end, when he shall deliver up the kingdom to God, even the Father; when he shall have abolished all rule and all authority and power.

25. For he must reign, till he hath put all his enemies under his feet.

26. The last enemy that shall be abolished is death.

27. For, He put all things in subjection under his feet. But when he saith, All things are put in subjection, it is evident that he is excepted who did subject all things unto him.

28. And when all things have been subjected unto him, then shall the Son also himself be subjected to him that did subject all things unto him, that God may be all in all.

29. Else what shall they do that are baptized for the dead? If the dead are not raised at all, why then are they baptized for them?

30. Why do we also stand in jeopardy every hour?

31. I protest by that glorifying in you, brethren, which I have in Christ Jesus our Lord, I die daily.

32. If after the manner of men I fought with beasts at Ephesus, what doth it profit me? If the dead are not raised, let us eat and drink, for to-morrow we die.

33. Be not deceived: Evil companionships corrupt good morals.

34. Awake to soberness righteously, and sin not; for some have no knowledge of God: I speak [this] to move you to shame.

35. But some one will say, How are the dead raised? and with what manner of body do they come?

36. Thou foolish one, that which thou thyself sowest is not quickened except it die:

37. and that which thou sowest, thou sowest not the body that shall be, but a bare grain, it may chance of wheat, or of some other kind;

38. but God giveth it a body even as it pleased him, and to each seed a body of its own.

23. ma ciascuno nel suo proprio ordine: Cristo, la primizia; poi quelli che son di Cristo, alla sua venuta;

24. poi verrà la fine, quand'egli avrà rimesso il regno nelle mani di Dio Padre, dopo che avrà ridotto al nulla ogni principato, ogni potestà ed ogni potenza.

25. Poiché bisogna ch'egli regni finché abbia messo tutti i suoi nemici sotto i suoi piedi.

26. L'ultimo nemico che sarà distrutto, sarà la morte.

27. Difatti, Iddio ha posto ogni cosa sotto i piedi di esso; ma quando dice che ogni cosa gli è sottoposta, è chiaro che Colui che gli ha sottoposto ogni cosa, ne è eccettuato.

28. E quando ogni cosa gli sarà sottoposta, allora anche il Figlio stesso sarà sottoposto a Colui che gli ha sottoposto ogni cosa, affinché Dio sia tutto in tutti.

29. Altrimenti, che faranno quelli che son battezzati per i morti? Se i morti non risuscitano affatto, perché dunque son essi battezzati per loro?

30. E perché anche noi siamo ogni momento in pericolo?

31. Ogni giorno sono esposto alla morte; si, fratelli, com'è vero ch'io mi glorio di voi, in Cristo Gesù, nostro Signore.

32. Se soltanto per fini umani ho lottato con le fiere ad Efeso, che utile ne ho io? Se i morti non risuscitano, mangiamo e beviamo, perché domani morremo.

33. Non v'ingannate: le cattive compagnie corrompono i buoni costumi.

34. Svegliatevi a vita di giustizia, e non peccate; perché alcuni non hanno conoscenza di Dio; lo dico a vostra vergogna.

35. Ma qualcuno dirà: come risuscitano i morti? E con qual corpo tornano essi?

36. Insensato, quel che tu semini non è vivificato, se prima non muore;

37. e quanto a quel che tu semini, non semini il corpo che ha da nascere, ma un granello ignudo, come capita, di frumento, o di qualche altro seme;

38. e Dio gli dà un corpo secondo che l'ha stabilito; e ad ogni seme, il proprio corpo.

39. All flesh is not the same flesh: but there is one [flesh] of men, and another flesh of beasts, and another flesh of birds, and another of fishes.

40. There are also celestial bodies, and bodies terrestrial: but the glory of the celestial is one, and the [glory] of the terrestrial is another.

41. There is one glory of the sun, and another glory of the moon, and another glory of the stars; for one star differeth from another star in glory.

42. So also is the resurrection of the dead. It is sown in corruption; it is raised in incorruption:

43. it is sown in dishonor; it is raised in glory: it is sown in weakness; it is raised in power:

44. it is sown a natural body; it is raised a spiritual body. If there is a natural body, there is also a spiritual [body].

45. So also it is written, The first man Adam became a living soul. The last Adam [became] a life-giving spirit.

46. Howbeit that is not first which is spiritual, but that which is natural; then that which is spiritual.

47. The first man is of the earth, earthy: the second man is of heaven.

48. As is the earthy, such are they also that are earthy: and as is the heavenly, such are they also that are heavenly.

49. And as we have borne the image of the earthy, we shall also bear the image of the heavenly.

50. Now this I say, brethren, that flesh and blood cannot inherit the kingdom of God; neither doth corruption inherit incorruption.

51. Behold, I tell you a mystery: We all shall not sleep, but we shall all be changed,

52. in a moment, in the twinkling of an eye, at the last trump: for the trumpet shall sound, and the dead shall be raised incorruptible, and we shall be changed.

53. For this corruptible must put on incorruption, and this mortal must put on immortality.

54. But when this corruptible shall have put on incorruption, and this mortal shall have put on immortality, then shall come to pass the saying that is written, Death is swallowed up in victory.

39. Non ogni carne è la stessa carne; ma altra è la carne degli uomini, altra la carne delle bestie, altra quella degli uccelli, altra quella dei pesci.

40. Ci sono anche de' corpi celesti e de' corpi terrestri; ma altra è la gloria de' celesti, e altra quella de' terrestri.

41. Altra è la gloria del sole, altra la gloria della luna, e altra la gloria delle stelle; perché un astro è differente dall'altro in gloria.

42. Così pure della risurrezione dei morti. Il corpo è seminato corruttibile, e risuscita incorruttibile;

43. è seminato ignobile, e risuscita glorioso; è seminato debole, e risuscita potente;

44. è seminato corpo naturale, e risuscita corpo spirituale. Se c'è un corpo naturale, c'è anche un corpo spirituale.

45. Così anche sta scritto: il primo uomo, Adamo, fu fatto anima vivente; l'ultimo Adamo è spirito vivificante.

46. Però, ciò che è spirituale non vien prima; ma prima, ciò che è naturale; poi vien ciò che è spirituale.

47. Il primo uomo, tratto dalla terra, è terreno; il secondo uomo è dal cielo.

48. Quale è il terreno, tali sono anche i terreni; e quale è il celeste, tali saranno anche i celesti.

49. E come abbiamo portato l'immagine del terreno, così porteremo anche l'immagine del celeste.

50. Or questo dico, fratelli, che carne e sangue non possono eredare il regno di Dio né la corruzione può eredare la incorruttibilità.

51. Ecco, io vi dico un mistero: non tutti morremo, ma tutti saremo mutati,

52. in un momento, in un batter d'occhio, al suon dell'ultima tromba. Perché la tromba suonerà, e i morti risusciteranno incorruttibili, e noi saremo mutati.

53. Poiché bisogna che questo corruttibile rivesta incorruttibilità, e che questo mortale rivesta immortalità.

54. E quando questo corruttibile avrà rivestito incorruttibilità, e questo mortale avrà rivestito immortalità, allora sarà adempiuta la parola che è scritta: La morte è stata sommersa nella vittoria.

55. O death, where is thy victory? O death, where is thy sting?

56. The sting of death is sin; and the power of sin is the law:

57. but thanks be to God, who giveth us the victory through our Lord Jesus Christ.

58. Wherefore, my beloved brethren, be ye stedfast, unmoveable, always abounding in the work of the Lord, forasmuch as ye know that your labor is not vain in the Lord.

# I Corinthians 16

1. Now concerning the collection for the saints, as I gave order to the churches of Galatia, so also do ye.

2. Upon the first day of the week let each one of you lay by him in store, as he may prosper, that no collections be made when I come.

3. And when I arrive, whomsoever ye shall approve, them will I send with letters to carry your bounty unto Jerusalem:

4. and if it be meet for me to go also, they shall go with me.

5. But I will come unto you, when I shall have passed through Macedonia; for I pass through Macedonia;

6. but with you it may be that I shall abide, or even winter, that ye may set me forward on my journey whithersoever I go.

7. For I do not wish to see you now by the way; for I hope to tarry a while with you, if the Lord permit.

8. But I will tarry at Ephesus until Pentecost;

9. for a great door and effectual is opened unto me, and there are many adversaries.

10. Now if Timothy come, see that he be with you without fear; for he worketh the work of the Lord, as I also do:

11. let no man therefore despise him. But set him forward on his journey in peace, that he may come unto me: for I expect him with the brethren.

55. O morte, dov'è la tua vittoria? O morte, dov'è il tuo dardo?

56. Or il dardo della morte è il peccato, e la forza del peccato è la legge;

57. ma ringraziato sia Dio, che ci dà la vittoria per mezzo del Signor nostro Gesù Cristo.

58. Perciò, fratelli miei diletti, state saldi, incrollabili, abbondanti sempre nell'opera del Signore, sapendo che la vostra fatica non è vana nel Signore.

# I Corinzi 16

1. Or quanto alla colletta per i santi, come ho ordinato alle chiese di Galazia, così fate anche voi.

2. Ogni primo giorno della settimana ciascun di voi metta da parte a casa quel che potrà secondo la prosperità concessagli, affinché, quando verrò, non ci sian più collette da fare.

3. E quando sarò giunto, quelli che avrete approvati, io li manderò con lettere a portare la vostra liberalità a Gerusalemme;

4. e se converrà che ci vada anch'io, essi verranno meco.

5. Io poi mi recherò da voi, quando sarò passato per la Macedonia;

6. perché passerò per la Macedonia; ma da voi forse mi fermerò alquanto, ovvero anche passerò l'inverno, affinché voi mi facciate proseguire per dove mi recherò.

7. Perché, questa volta, io non voglio vedervi di passaggio; poiché spero di fermarmi qualche tempo da voi, se il Signore lo permette.

8. Ma mi fermerò in Efeso fino alla Pentecoste,

9. perché una larga porta mi è qui aperta ad un lavoro efficace, e vi son molti avversari.

10. Or se viene Timoteo, guardate che stia fra voi senza timore; perch'egli lavora nell'opera del Signore, come faccio anch'io.

11. Nessuno dunque lo sprezzi; ma fatelo proseguire in pace, affinché venga da me; poiché io l'aspetto coi fratelli.

12. But as touching Apollos the brother, I besought him much to come unto you with the brethren: and it was not all [his] will to come now; but he will come when he shall have opportunity.

13. Watch ye, stand fast in the faith, quit you like men, be strong.

14. Let all that ye do be done in love.

15. Now I beseech you, brethren (ye know the house of Stephanas, that it is the firstfruits of Achaia, and that they have set themselves to minister unto the saints),

16. that ye also be in subjection unto such, and to every one that helpeth in the work and laboreth.

17. And I rejoice at the coming of Stephanas and Fortunatus and Achaicus: for that which was lacking on your part they supplied.

18. For they refreshed my spirit and yours: acknowledge ye therefore them that are such.

19. The churches of Asia salute you. Aquila and Prisca salute you much in the Lord, with the church that is in their house.

20. All the brethren salute you. Salute one another with a holy kiss.

21. The salutation of me Paul with mine own hand.

22. If any man loveth not the Lord, let him be anathema. Maranatha.

23. The grace of the Lord Jesus Christ be with you.

24. My love be with you all in Christ Jesus. Amen.

12. Quanto al fratello Apollo, io l'ho molto esortato a recarsi da voi coi fratelli; ma egli assolutamente non ha avuto volontà di farlo adesso; andrà però quando ne avrà l'opportunità.

13. Vegliate, state fermi nella fede, portatevi virilmente, fortificatevi.

14. Tutte le cose vostre sian fatte con carità.

15. Or, fratelli, voi conoscete la famiglia di Stefana; sapete che è la primizia dell'Acaia, e che si è dedicata al servizio dei santi;

16. io v'esorto a sottomettervi anche voi a cotali persone, e a chiunque lavora e fatica nell'opera comune.

17. E io mi rallegro della venuta di Stefana, di Fortunato e d'Acaico, perché essi hanno riempito il vuoto prodotto dalla vostra assenza;

18. poiché hanno ricreato lo spirito mio ed il vostro; sappiate apprezzare cotali persone.

19. Le chiese dell'Asia vi salutano. Aquila e Priscilla, con la chiesa che è in casa loro, vi salutano molto nel Signore.

20. Tutti i fratelli vi salutano. Salutatevi gli uni gli altri con un santo bacio.

21. Il saluto, di mia propria mano: di me, Paolo.

22. Se qualcuno non ama il Signore, sia anatema. Maràn-atà.

23. La grazia del Signor Gesù sia con voi.

24. L'amor mio è con tutti voi in Cristo Gesù.

# II Corinthians 1

1. Paul, an apostle of Christ Jesus through the will of God, and Timothy our brother, unto the church of God which is at Corinth, with all the saints that are in the whole of Achaia:

2. Grace to you and peace from God our Father and the Lord Jesus Christ.

3. Blessed [be] the God and Father of our Lord Jesus Christ, the Father of mercies and God of all comfort;

4. who comforteth us in all our affliction, that we may be able to comfort them that are in any affliction, through the comfort wherewith we ourselves are comforted of God.

5. For as the sufferings of Christ abound unto us, even so our comfort also aboundeth through Christ.

6. But whether we are afflicted, it is for your comfort and salvation; or whether we are comforted, it is for your comfort, which worketh in the patient enduring of the same sufferings which we also suffer:

7. and our hope for you is stedfast; knowing that, as ye are partakers of the sufferings, so also are ye of the comfort.

8. For we would not have you ignorant, brethren, concerning our affliction which befell [us] in Asia, that we were weighed down exceedingly, beyond our power, insomuch that we despaired even of life:

9. yea, we ourselves have had the sentence of death within ourselves, that we should not trust in ourselves, but in God who raiseth the dead:

10. who delivered us out of so great a death, and will deliver: on whom we have set our hope that he will also still deliver us;

11. ye also helping together on our behalf by your supplication; that, for the gift bestowed upon us by means of many, thanks may be given by many persons on our behalf.

12. For our glorifying is this, the testimony of our conscience, that in holiness and sincerity of God, not in fleshly wisdom but in the grace of God, we behaved ourselves in the world, and more abundantly to you-ward.

# II Corinzi 1

1. Paolo, apostolo di Cristo Gesù per la volontà di Dio, e il fratello Timoteo, alla chiesa di Dio che è in Corinto, con tutti i santi che sono in tutta l'Acaia,

2. grazia a voi e pace da Dio nostro Padre e dal Signor Gesù Cristo.

3. Benedetto sia Iddio, il Padre del nostro Signore Gesù Cristo, il Padre delle misericordie e l'Iddio d'ogni consolazione,

4. il quale ci consola in ogni nostra afflizione, affinché, mediante la consolazione onde noi stessi siam da Dio consolati, possiam consolare quelli che si trovano in qualunque afflizione.

5. Perché, come abbondano in noi le sofferenze di Cristo, così, per mezzo di Cristo, abbonda anche la nostra consolazione.

6. Talché se siamo afflitti, è per la vostra consolazione e salvezza; e se siamo consolati, è per la vostra consolazione, la quale opera efficacemente nel farvi capaci di sopportare le stesse sofferenze che anche noi patiamo.

7. E la nostra speranza di voi è ferma, sapendo che come siete partecipi delle sofferenze siete anche partecipi della consolazione.

8. Poiché, fratelli, non vogliamo che ignoriate, circa l'afflizione che ci colse in Asia, che siamo stati oltremodo aggravati, al di là delle nostre forze, tanto che stavamo in gran dubbio anche della vita.

9. Anzi, avevamo già noi stessi pronunciata la nostra sentenza di morte, affinché non ci confidassimo in noi medesimi, ma in Dio che risuscita i morti,

10. il quale ci ha liberati e ci libererà da un così gran pericolo di morte, e nel quale abbiamo la speranza che ci libererà ancora;

11. aiutandoci anche voi con le vostre supplicazioni, affinché del favore ottenutoci per mezzo di tante persone, grazie siano rese per noi da molti.

12. Questo, infatti, è il nostro vanto: la testimonianza della nostra coscienza, che ci siam condotti nel mondo, e più che mai verso voi, con santità e sincerità di Dio, non con sapienza carnale, ma con la grazia di Dio.

13. For we write no other things unto you, than what ye read or even acknowledge, and I hope ye will acknowledge unto the end:

14. as also ye did acknowledge us in part, that we are your glorying, even as ye also are ours, in the day of our Lord Jesus.

15. And in this confidence I was minded to come first unto you, that ye might have a second benefit;

16. and by you to pass into Macedonia, and again from Macedonia to come unto you, and of you to be set forward on my journey unto Judaea.

17. When I therefore was thus minded, did I show fickleness? or the things that I purpose, do I purpose according to the flesh, that with me there should be the yea yea and the nay nay?

18. But as God is faithful, our word toward you is not yea and nay.

19. For the Son of God, Jesus Christ, who was preached among you by us, [even] by me and Silvanus and Timothy, was not yea and nay, but in him is yea.

20. For how many soever be the promises of God, in him is the yea: wherefore also through him is the Amen, unto the glory of God through us.

21. Now he that establisheth us with you in Christ, and anointed us, is God;

22. who also sealed us, and gave [us] the earnest of the Spirit in our hearts.

23. But I call God for a witness upon my soul, that to spare you I forbare to come unto Corinth.

24. Not that we have lordship over your faith, but are helpers of your joy: for in faith ye stand fast.

# II Corinthians 2

1. But I determined this for myself, that I would not come again to you with sorrow.

2. For if I make you sorry, who then is he that maketh me glad but he that is made sorry by me?

13. Poiché noi non vi scriviamo altro se non quel che leggete o anche riconoscete;

14. e spero che sino alla fine riconoscerete, come in parte avete già riconosciuto, che noi siamo il vostro vanto, come anche voi sarete il nostro nel giorno del nostro Signore, Gesù.

15. E in questa fiducia, per procurarvi un duplice beneficio, io volevo venire prima da voi,

16. e, passando da voi, volevo andare in Macedonia; e poi dalla Macedonia venir di nuovo a voi, e da voi esser fatto proseguire per la Giudea.

17. Prendendo dunque questa decisione ho io agito con leggerezza? Ovvero, le cose che delibero, le delibero io secondo la carne, talché un momento io dica "Sì, sì" e l'altro "No, no?"

18. Or com'è vero che Dio è fedele, la parola che vi abbiamo rivolta non è "sì" e "no".

19. Perché il Figliuol di Dio, Cristo Gesù, che è stato da noi predicato fra voi, cioè da me, da Silvano e da Timoteo, non è stato "sì" e "no"; ma è "sì" in lui.

20. Poiché quante sono le promesse di Dio, tutte hanno in lui il loro "sì"; perciò pure per mezzo di lui si pronuncia l'Amen alla gloria di Dio, in grazia del nostro ministerio.

21. Or Colui che con voi ci rende fermi in Cristo e che ci ha unti, è Dio,

22. il quale ci ha pur segnati col proprio sigillo, e ci ha data la caparra dello Spirito nei nostri cuori.

23. Or io chiamo Iddio a testimone sull'anima mia ch'egli è per risparmiarvi ch'io non son più venuto a Corinto.

24. Non già che signoreggiamo sulla vostra fede, ma siamo aiutatori della vostra allegrezza; poiché nella fede voi state saldi.

# II Corinzi 2

1. Io avevo dunque meco stesso determinato di non venire a voi per rattristarvi una seconda volta.

2. Perché, se io vi contristo, chi sarà dunque colui che mi rallegrerà, se non colui che sarà stato da me contristato?

3. And I wrote this very thing, lest, when I came, I should have sorrow from them of whom I ought to rejoice; having confidence in you all, that my joy is [the joy] of you all.

4. For out of much affliction and anguish of heart I wrote unto you with many tears; not that ye should be made sorry, but that ye might know the love that I have more abundantly unto you.

5. But if any hath caused sorrow, he hath caused sorrow, not to me, but in part (that I press not too heavily) to you all.

6. Sufficient to such a one is this punishment which was [inflicted] by the many;

7. so that contrariwise ye should rather forgive him and comfort him, lest by any means such a one should be swallowed up with his overmuch sorrow.

8. Wherefore I beseech you to confirm [your] love toward him.

9. For to this end also did I write, that I might know the proof of you, whether ye are obedient in all things.

10. But to whom ye forgive anything, I [forgive] also: for what I also have forgiven, if I have forgiven anything, for your sakes [have I forgiven it] in the presence of Christ;

11. that no advantage may be gained over us by Satan: for we are not ignorant of his devices.

12. Now when I came to Troas for the gospel of Christ, and when a door was opened unto me in the Lord,

13. I had no relief for my spirit, because I found not Titus my brother: but taking my leave of them, I went forth into Macedonia.

14. But thanks be unto God, who always leadeth us in triumph in Christ, and maketh manifest through us the savor of his knowledge in every place.

15. For we are a sweet savor of Christ unto God, in them that are saved, and in them that perish;

16. to the one a savor from death unto death; to the other a savor from life unto life. And who is sufficient for these things?

17. For we are not as the many, corrupting the word of God: but as of sincerity, but as of God, in the sight of God, speak we in Christ.

3. E vi ho scritto a quel modo onde, al mio arrivo, io non abbia tristezza da coloro dai quali dovrei avere allegrezza; avendo di voi tutti fiducia che la mia allegrezza è l'allegrezza di tutti voi.

4. Poiché in grande afflizione ed in angoscia di cuore vi scrissi con molte lagrime, non già perché foste contristati, ma perché conosceste l'amore che nutro abbondantissimo per voi.

5. Or se qualcuno ha cagionato tristezza, egli non ha contristato me, ma, in parte, per non esagerare, voi tutti.

6. Basta a quel tale la riprensione inflittagli dalla maggioranza;

7. onde ora, al contrario, dovreste piuttosto perdonarlo e confortarlo, che talora non abbia a rimaner sommerso da soverchia tristezza.

8. Perciò vi prego di confermargli l'amor vostro;

9. poiché anche per questo vi ho scritto: per conoscere alla prova se siete ubbidienti in ogni cosa.

10. Or a chi voi perdonate qualcosa, perdono anch'io; poiché anch'io quel che ho perdonato, se ho perdonato qualcosa, l'ho fatto per amor vostro, nel cospetto di Cristo,

11. affinché non siamo soverchiati da Satana, giacché non ignoriamo le sue macchinazioni.

12. Or essendo venuto a Troas per l'Evangelo di Cristo ed essendomi aperta una porta nel Signore,

13. non ebbi requie nel mio spirito perché non vi trovai Tito, mio fratello; così, accomiatatomi da loro, partii per la Macedonia.

14. Ma grazie siano rese a Dio che sempre ci conduce in trionfo in Cristo, e che per mezzo nostro spande da per tutto il profumo della sua conoscenza.

15. Poiché noi siamo dinanzi a Dio il buon odore di Cristo fra quelli che son sulla via della salvezza e fra quelli che son sulla via della perdizione;

16. a questi, un odore di morte, a morte; a quelli, un odore di vita, a vita. E chi è sufficiente a queste cose?

17. Poiché noi non siamo come quei molti che adulterano la parola di Dio; ma parliamo mossi da sincerità, da parte di Dio, in presenza di Dio, in Cristo.

# II Corinthians 3

1. Are we beginning again to commend ourselves? or need we, as do some, epistles of commendation to you or from you?
2. Ye are our epistle, written in our hearts, known and read of all men;

3. being made manifest that ye are an epistle of Christ, ministered by us, written not with ink, but with the Spirit of the living God; not in tables of stone, but in tables [that are] hearts of flesh.

4. And such confidence have we through Christ to God-ward:
5. not that we are sufficient of ourselves, to account anything as from ourselves; but our sufficiency is from God;
6. who also made us sufficient as ministers of a new covenant; not of the letter, but of the spirit: for the letter killeth, but the spirit giveth life.

7. But if the ministration of death, written, [and] engraven on stones, came with glory, so that the children of Israel could not look stedfastly upon the face of Moses for the glory of his face; which [glory] was passing away:
8. how shall not rather the ministration of the spirit be with glory?
9. For if the ministration of condemnation hath glory, much rather doth the ministration of righteousness exceed in glory.
10. For verily that which hath been made glorious hath not been made glorious in this respect, by reason of the glory that surpasseth.
11. For if that which passeth away [was] with glory, much more that which remaineth [is] in glory.
12. Having therefore such a hope, we use great boldness of speech,
13. and [are] not as Moses, [who] put a veil upon his face, that the children of Israel should not look stedfastly on the end of that which was passing away:

14. but their minds were hardened: for until this very day at the reading of the old covenant the same veil remaineth, it not being revealed [to them] that it is done away in Christ.

# II Corinzi 3

1. Cominciamo noi di nuovo a raccomandar noi stessi? O abbiam noi bisogno, come alcuni, di lettere di raccomandazione presso di voi o da voi?
2. Siete voi la nostra lettera, scritta nei nostri cuori, conosciuta e letta da tutti gli uomini;
3. essendo manifesto che voi siete una lettera di Cristo, scritta mediante il nostro ministerio, scritta non con inchiostro, ma con lo Spirito dell'Iddio vivente; non su tavole di pietra, ma su tavole che son cuori di carne.
4. E una tal confidanza noi l'abbiamo per mezzo di Cristo presso Dio.
5. Non già che siam di per noi stessi capaci di pensare alcun che, come venendo da noi;
6. ma la nostra capacità viene da Dio, che ci ha anche resi capaci d'esser ministri d'un nuovo patto, non di lettera, ma di spirito; perché la lettera uccide, ma lo spirito vivifica.
7. Ora se il ministerio della morte scolpito in lettere su pietre fu circondato di gloria, talché i figliuoli d'Israele non poteano fissar lo sguardo nel volto di Mosè a motivo della gloria, che pur svaniva, del volto di lui,
8. non sarà il ministerio dello Spirito circondato di molto maggior gloria?
9. Se, infatti, il ministerio della condanna fu con gloria, molto più abbonda in gloria il ministerio della giustizia.
10. Anzi, quel che nel primo fu reso glorioso, non fu reso veramente glorioso, quando lo si confronti colla gloria di tanto superiore del secondo;
11. perché, se ciò che aveva da sparire fu circondato di gloria, molto più ha da esser glorioso ciò che ha da durare.
12. Avendo dunque una tale speranza, noi usiamo grande franchezza,
13. e non facciamo come Mosè, che si metteva un velo sulla faccia, perché i figliuoli d'Israele non fissassero lo sguardo nella fine di ciò che doveva sparire.
14. Ma le loro menti furon rese ottuse; infatti, sino al dì d'oggi, quando fanno la lettura dell'antico patto, lo stesso velo rimane, senz'essere rimosso, perché è in Cristo ch'esso è abolito.

15. But unto this day, whensoever Moses is read, a veil lieth upon their heart.

16. But whensoever it shall turn to the Lord, the veil is taken away.

17. Now the Lord is the Spirit: and where the Spirit of the Lord is, [there] is liberty.

18. But we all, with unveiled face beholding as in a mirror the glory of the Lord, are transformed into the same image from glory to glory, even as from the Lord the Spirit.

# II Corinthians 4

1. Therefore seeing we have this ministry, even as we obtained mercy, we faint not:

2. but we have renounced the hidden things of shame, not walking in craftiness, nor handling the word of God deceitfully; but by the manifestation of the truth commending ourselves to every man's conscience in the sight of God.

3. And even if our gospel is veiled, it is veiled in them that perish:

4. in whom the god of this world hath blinded the minds of the unbelieving, that the light of the gospel of the glory of Christ, who is the image of God, should not dawn [upon them].

5. For we preach not ourselves, but Christ Jesus as Lord, and ourselves as your servants for Jesus' sake.

6. Seeing it is God, that said, Light shall shine out of darkness, who shined in our hearts, to give the light of the knowledge of the glory of God in the face of Jesus Christ.

7. But we have this treasure in earthen vessels, that the exceeding greatness of the power may be of God, and not from ourselves;

8. [we are] pressed on every side, yet not straitened; perplexed, yet not unto despair;

9. pursued, yet not forsaken; smitten down, yet not destroyed;

15. Ma fino ad oggi, quando si legge Mosè, un velo rimane steso sul cuor loro;

16. quando però si saranno convertiti al Signore, il velo sarà rimosso.

17. Ora, il Signore è lo Spirito; e dov'è lo Spirito del Signore, quivi è libertà.

18. E noi tutti contemplando a viso scoperto, come in uno specchio, la gloria del Signore, siamo trasformati nell'istessa immagine di lui, di gloria in gloria, secondo che opera il Signore, che è Spirito.

# II Corinzi 4

1. Perciò, avendo questo ministerio in virtù della misericordia che ci è stata fatta, noi non veniam meno nell'animo,

2. ma abbiam rinunziato alle cose nascoste e vergognose, non procedendo con astuzia né falsificando la parola di Dio, ma mediante la manifestazione della verità raccomandando noi stessi alla coscienza di ogni uomo nel cospetto di Dio.

3. E se il nostro vangelo è ancora velato, è velato per quelli che son sulla via della perdizione,

4. per gl'increduli, dei quali l'iddio di questo secolo ha accecato le menti, affinché la luce dell'evangelo della gloria di Cristo, che è l'immagine di Dio, non risplenda loro.

5. Poiché noi non predichiamo noi stessi, ma Cristo Gesù qual Signore, e quanto a noi ci dichiariamo vostri servitori per amor di Gesù;

6. perché l'Iddio che disse: Splenda la luce fra le tenebre, è quel che risplendé ne' nostri cuori affinché noi facessimo brillare la luce della conoscenza della gloria di Dio che rifulge nel volto di Gesù Cristo.

7. Ma noi abbiamo questo tesoro in vasi di terra, affinché l'eccellenza di questa potenza sia di Dio e non da noi.

8. Noi siamo tribolati in ogni maniera, ma non ridotti all'estremo; perplessi, ma non disperati;

9. perseguitati, ma non abbandonati; atterrati, ma non uccisi;

10. always bearing about in the body the dying of Jesus, that the life also of Jesus may be manifested in our body.

11. For we who live are always delivered unto death for Jesus' sake, that the life also of Jesus may be manifested in our mortal flesh.

12. So then death worketh in us, but life in you.

13. But having the same spirit of faith, according to that which is written, I believed, and therefore did I speak; we also believe, and therefore also we speak;

14. knowing that he that raised up the Lord Jesus shall raise up us also with Jesus, and shall present us with you.

15. For all things [are] for your sakes, that the grace, being multiplied through the many, may cause the thanksgiving to abound unto the glory of God.

16. Wherefore we faint not; but though our outward man is decaying, yet our inward man is renewed day by day.

17. For our light affliction, which is for the moment, worketh for us more and more exceedingly an eternal weight of glory;

18. while we look not at the things which are seen, but at the things which are not seen: for the things which are seen are temporal; but the things which are not seen are eternal.

# II Corinthians 5

1. For we know that if the earthly house of our tabernacle be dissolved, we have a building from God, a house not made with hands, eternal, in the heavens.

2. For verily in this we groan, longing to be clothed upon with our habitation which is from heaven:

3. if so be that being clothed we shall not be found naked.

4. For indeed we that are in this tabernacle do groan, being burdened; not for that we would be unclothed, but that we would be clothed upon, that what is mortal may be swallowed up of life.

10. portiam sempre nel nostro corpo la morte di Gesù, perché anche la vita di Gesù si manifesti nel nostro corpo;

11. poiché noi che viviamo, siam sempre esposti alla morte per amor di Gesù, onde anche la vita di Gesù sia manifestata nella nostra carne mortale.

12. Talché la morte opera in noi, ma la vita in voi.

13. Ma siccome abbiam lo stesso spirito di fede, ch'è in quella parola della Scrittura: Ho creduto, perciò ho parlato, anche noi crediamo, e perciò anche parliamo,

14. sapendo che Colui che risuscitò il Signor Gesù, risusciterà anche noi con Gesù, e ci farà comparir con voi alla sua presenza.

15. Poiché tutte queste cose avvengono per voi, affinché la grazia essendo abbondata, faccia sì che sovrabbondi per bocca di un gran numero il ringraziamento alla gloria di Dio.

16. Perciò noi non veniamo meno nell'animo; ma quantunque il nostro uomo esterno si disfaccia, pure il nostro uomo interno si rinnova di giorno in giorno.

17. Perché la nostra momentanea, leggera afflizione ci produce un sempre più grande, smisurato peso eterno di gloria,

18. mentre abbiamo lo sguardo intento non alle cose che si vedono, ma a quelle che non si vedono; poiché le cose che si vedono son solo per un tempo, ma quelle che non si vedono sono eterne.

# II Corinzi 5

1. Noi sappiamo infatti che se questa tenda ch'è la nostra dimora terrena viene disfatta, noi abbiamo da Dio un edificio, una casa non fatta da mano d'uomo, eterna nei cieli.

2. Poiché in questa tenda noi gemiamo, bramando di esser sopravvestiti della nostra abitazione che è celeste,

3. se pur sarem trovati vestiti e non ignudi.

4. Poiché noi che stiamo in questa tenda, gemiamo, aggravati; e perciò desideriamo non già d'esser spogliati, ma d'esser sopravvestiti, onde ciò che è mortale sia assorbito dalla vita.

5. Now he that wrought us for this very thing is God, who gave unto us the earnest of the Spirit.

6. Being therefore always of good courage, and knowing that, whilst we are at home in the body, we are absent from the Lord

7. (for we walk by faith, not by sight);

8. we are of good courage, I say, and are willing rather to be absent from the body, and to be at home with the Lord.

9. Wherefore also we make it our aim, whether at home or absent, to be well-pleasing unto him.

10. For we must all be made manifest before the judgment-seat of Christ; that each one may receive the things [done] in the body, according to what he hath done, whether [it be] good or bad.

11. Knowing therefore the fear of the Lord, we persuade men, but we are made manifest unto God; and I hope that we are made manifest also in your consciences.

12. We are not again commending ourselves unto you, but [speak] as giving you occasion of glorying on our behalf, that ye may have wherewith to answer them that glory in appearance, and not in heart.

13. For whether we are beside ourselves, it is unto God; or whether we are of sober mind, it is unto you.

14. For the love of Christ constraineth us; because we thus judge, that one died for all, therefore all died;

15. and he died for all, that they that live should no longer live unto themselves, but unto him who for their sakes died and rose again.

16. Wherefore we henceforth know no man after the flesh: even though we have known Christ after the flesh, yet now we know [him so] no more.

17. Wherefore if any man is in Christ, [he is] a new creature: the old things are passed away; behold, they are become new.

18. But all things are of God, who reconciled us to himself through Christ, and gave unto us the ministry of reconciliation;

5. Or Colui che ci ha formati per questo stesso è Dio, il quale ci ha dato la caparra dello Spirito.

6. Noi siamo dunque sempre pieni di fiducia, e sappiamo che mentre abitiamo nel corpo, siamo assenti dal Signore

7. (poiché camminiamo per fede e non per visione);

8. ma siamo pieni di fiducia e abbiamo molto più caro di partire dal corpo e d'abitare col Signore.

9. Ed è perciò che ci studiamo d'essergli grati, sia che abitiamo nel corpo, sia che ne partiamo.

10. Poiché dobbiamo tutti comparire davanti al tribunale di Cristo, affinché ciascuno riceva la retribuzione della cose fatte quand'era nel corpo, secondo quel che avrà operato, o bene, o male.

11. Sapendo dunque il timor che si deve avere del Signore, noi persuadiamo gli uomini; e Dio ci conosce a fondo, e spero che nelle vostre coscienze anche voi ci conoscete.

12. Noi non ci raccomandiamo di nuovo a voi, ma vi diamo l'occasione di gloriarvi di noi, affinché abbiate di che rispondere a quelli che si gloriano di ciò che è apparenza e non di ciò che è nel cuore.

13. Perché, se siamo fuor di senno, lo siamo a gloria di Dio e se siamo di buon senno lo siamo per voi;

14. poiché l'amore di Cristo ci costringe; perché siamo giunti a questa conclusione: che uno solo morì per tutti, quindi tutti morirono;

15. e ch'egli morì per tutti, affinché quelli che vivono non vivano più per loro stessi, ma per colui che è morto e risuscitato per loro.

16. Talché, da ora in poi, noi non conosciamo più alcuno secondo la carne; e se anche abbiam conosciuto Cristo secondo la carne, ora però non lo conosciamo più così.

17. Se dunque uno è in Cristo, egli è una nuova creatura; le cose vecchie son passate: ecco, son diventate nuove.

18. E tutto questo vien da Dio che ci ha riconciliati con sé per mezzo di Cristo e ha dato a noi il ministerio della riconciliazione;

19. to wit, that God was in Christ reconciling the world unto himself, not reckoning unto them their trespasses, and having committed unto us the word of reconciliation.

20. We are ambassadors therefore on behalf of Christ, as though God were entreating by us: we beseech [you] on behalf of Christ, be ye reconciled to God.

21. Him who knew no sin he made [to be] sin on our behalf; that we might become the righteousness of God in him.

19. in quanto che Iddio riconciliava con sé il mondo in Cristo non imputando agli uomini i loro falli, e ha posta in noi la parola della riconciliazione.

20. Noi dunque facciamo da ambasciatori per Cristo, come se Dio esortasse per mezzo nostro; vi supplichiamo nel nome di Cristo: Siate riconciliati con Dio.

21. Colui che non ha conosciuto peccato, Egli l'ha fatto esser peccato per noi, affinché noi diventassimo giustizia di Dio in lui.

# II Corinthians 6

# II Corinzi 6

1. And working together [with him] we entreat also that ye receive not the grace of God in vain

2. (for he saith, At an acceptable time I hearkened unto thee, And in a day of salvation did I succor thee: behold, now is the acceptable time; behold, now is the day of salvation):

3. giving no occasion of stumbling in anything, that our ministration be not blamed;

4. but in everything commending ourselves, as ministers of God, in much patience, in afflictions, in necessities, in distresses,

5. in stripes, in imprisonments, in tumults, in labors, in watchings, in fastings;

6. in pureness, in knowledge, in long suffering, in kindness, in the Holy Spirit, in love unfeigned,

7. in the word of truth, in the power of God; by the armor of righteousness on the right hand and on the left,

8. by glory and dishonor, by evil report and good report; as deceivers, and [yet] true;

9. as unknown, and [yet] well known; as dying, and behold, we live; as chastened, and not killed;

10. as sorrowful, yet always rejoicing; as poor, yet making many rich; as having nothing, and [yet] possessing all things.

11. Our mouth is open unto you, O Corinthians, our heart is enlarged.

1. Come collaboratori di Dio, noi v'esortiamo pure a far sì che non abbiate ricevuta la grazia di Dio invano;

2. poiché egli dice: T'ho esaudito nel tempo accettevole, e t'ho soccorso nel giorno della salvezza. Eccolo ora il tempo accettevole; eccolo ora il giorno della salvezza!

3. Noi non diamo motivo di scandalo in cosa alcuna, onde il ministerio non sia vituperato;

4. ma in ogni cosa ci raccomandiamo come ministri di Dio per una grande costanza, per afflizioni, necessità, angustie,

5. battiture, prigionie, sommosse, fatiche, veglie, digiuni,

6. per purità, conoscenza, longanimità, benignità, per lo Spirito Santo, per carità non finta;

7. per la parola di verità, per la potenza di Dio; per le armi di giustizia a destra e a sinistra,

8. in mezzo alla gloria e all'ignominia, in mezzo alla buona ed alla cattiva riputazione; tenuti per seduttori, eppur veraci;

9. sconosciuti, eppur ben conosciuti; moribondi, eppur eccoci viventi; castigati, eppur non messi a morte;

10. contristati, eppur sempre allegri; poveri, eppure arricchenti molti; non avendo nulla, eppur possedenti ogni cosa!

11. La nostra bocca vi ha parlato apertamente, o Corinzi; il nostro cuore s'è allargato.

12. Ye are not straitened in us, but ye are straitened in your own affections.

13. Now for a recompense in like kind (I speak as unto [my] children), be ye also enlarged.

14. Be not unequally yoked with unbelievers: for what fellowship have righteousness and iniquity? or what communion hath light with darkness?

15. And what concord hath Christ with Belial? or what portion hath a believer with an unbeliever?

16. And what agreement hath a temple of God with idols? for we are a temple of the living God; even as God said, I will dwell in them, and walk in them; and I will be their God, and they shall be my people.

17. Wherefore Come ye out from among them, and be ye separate, saith the Lord, And touch no unclean thing; And I will receive you,

18. And will be to you a Father, And ye shall be to me sons and daughters, saith the Lord Almighty.

12. Voi non siete allo stretto in noi, ma è il vostro cuore che si è ristretto.

13. Ora, per renderci il contraccambio (parlo come a figliuoli), allargate il cuore anche voi!

14. Non vi mettete con gl'infedeli sotto un giogo che non è per voi; perché qual comunanza v'è egli fra la giustizia e l'iniquità? O qual comunione fra la luce e le tenebre?

15. E quale armonia fra Cristo e Beliar? O che v'è di comune tra il fedele e l'infedele?

16. E quale accordo fra il tempio di Dio e gl'idoli? Poiché noi siamo il tempio dell'Iddio vivente, come disse Iddio: Io abiterò in mezzo a loro e camminerò fra loro; e sarò loro Dio, ed essi saranno mio popolo.

17. Perciò Uscite di mezzo a loro e separatevene, dice il Signore, e non toccate nulla d'immondo; ed io v'accoglierò,

18. e vi sarò per Padre e voi mi sarete per figliuoli e per figliuole, dice il Signore onnipotente.

# II Corinthians 7

# II Corinzi 7

1. Having therefore these promises, beloved, let us cleanse ourselves from all defilement of flesh and spirit, perfecting holiness in the fear of God.

2. Open your hearts to us: we wronged no man, we corrupted no man, we took advantage of no man.

3. I say it not to condemn [you]: for I have said before, that ye are in our hearts to die together and live together.

4. Great is my boldness of speech toward you, great is my glorying on your behalf: I am filled with comfort, I overflow with joy in all our affliction.

5. For even when we were come into Macedonia our flesh had no relief, but [we were] afflicted on every side; without [were] fightings, within [were] fears.

6. Nevertheless he that comforteth the lowly, [even] God, comforted us by the coming of Titus;

1. Poiché dunque abbiam queste promesse, diletti, purifichiamoci d'ogni contaminazione di carne e di spirito, compiendo la nostra santificazione nel timor di Dio.

2. Fateci posto nei vostri cuori! Noi non abbiam fatto torto ad alcuno, non abbiam nociuto ad alcuno, non abbiam sfruttato alcuno.

3. Non lo dico per condannarvi, perché ho già detto prima che voi siete nei nostri cuori per la morte e per la vita.

4. Grande è la franchezza che uso con voi; molto ho da gloriarmi di voi; son ripieno di consolazione, io trabocco d'allegrezza in tutta la nostra afflizione.

5. Poiché, anche dopo che fummo giunti in Macedonia, la nostra carne non ha avuto requie alcuna, ma siamo stati afflitti in ogni maniera; combattimenti di fuori, di dentro timori.

6. Ma Iddio che consola gli abbattuti, ci consolò con la venuta di Tito;

7. and not by his coming only, but also by the comfort wherewith he was comforted in you, while he told us your longing, your mourning, your zeal for me; so that I rejoiced yet more.

8. For though I made you sorry with my epistle, I do not regret it: though I did regret [it] (for I see that that epistle made you sorry, though but for a season),

9. I now rejoice, not that ye were made sorry, but that ye were made sorry unto repentance; for ye were made sorry after a godly sort, that ye might suffer loss by us in nothing.

10. For godly sorrow worketh repentance unto salvation, [a repentance] which bringeth no regret: but the sorrow of the world worketh death.

11. For behold, this selfsame thing, that ye were made sorry after a godly sort, what earnest care it wrought in you, yea what clearing of yourselves, yea what indignation, yea what fear, yea what longing, yea what zeal, yea what avenging! In everything ye approved yourselves to be pure in the matter.

12. So although I wrote unto you, I [wrote] not for his cause that did the wrong, nor for his cause that suffered the wrong, but that your earnest care for us might be made manifest unto you in the sight of God.

13. Therefore we have been comforted: And in our comfort we joyed the more exceedingly for the joy of Titus, because his spirit hath been refreshed by you all.

14. For if in anything I have gloried to him on your behalf, I was not put to shame; but as we spake all things to you in truth, so our glorying also which I made before Titus was found to be truth.

15. And his affection is more abundantly toward you, while he remembereth the obedience of you all, how with fear and trembling ye received him.

16. I rejoice that in everything I am of good courage concerning you.

7. e non soltanto con la venuta di lui, ma anche con la consolazione da lui provata a vostro riguardo. Egli ci ha raccontato la vostra bramosia di noi, il vostro pianto, il vostro zelo per me; ond'io mi son più che mai rallegrato.

8. Poiché, quand'anche io v'abbia contristati con la mia epistola, non me ne rincresce; e se pur ne ho provato rincrescimento (poiché vedo che quella epistola, quantunque per un breve tempo, vi ha contristati),

9. ora mi rallegro, non perché siete stati contristati, ma perché siete stati contristati a ravvedimento; poiché siete stati contristati secondo Iddio, onde non aveste a ricevere alcun danno da noi.

10. Poiché, la tristezza secondo Dio produce un ravvedimento che mena alla salvezza, e del quale non c'è mai da pentirsi; ma la tristezza del mondo produce la morte.

11. Infatti, questo essere stati contristati secondo Iddio, vedete quanta premura ha prodotto in voi! Anzi, quanta giustificazione, quanto sdegno, quanto timore, quanta bramosia, quanto zelo, qual punizione! In ogni maniera avete dimostrato d'esser puri in quest'affare.

12. Sebbene dunque io v'abbia scritto, non è a motivo di chi ha fatto l'ingiuria né a motivo di chi l'ha patita, ma perché la premura che avete per noi fosse manifestata presso di voi nel cospetto di Dio.

13. Perciò siamo stati consolati; e oltre a questa nostra consolazione ci siamo più che mai rallegrati per l'allegrezza di Tito, perché il suo spirito è stato ricreato da voi tutti.

14. Che se mi sono in qualcosa gloriato di voi con lui, non sono stato confuso; ma come v'abbiam detto in ogni cosa la verità, così anche il nostro vanto di voi con Tito è risultato verità.

15. Ed egli vi ama più che mai sviceratamente, quando si ricorda dell'ubbidienza di voi tutti, e come l'avete ricevuto con timore e tremore.

16. Io mi rallegro che in ogni cosa posso aver fiducia in voi.

# II Corinthians 8

1.  Moreover, brethren, we make known to you the grace of God which hath been given in the churches of Macedonia;

2.  how that in much proof of affliction the abundance of their joy and their deep poverty abounded unto the riches of their liberality.

3.  For according to their power, I bear witness, yea and beyond their power, [they gave] of their own accord,

4.  beseeching us with much entreaty in regard of this grace and the fellowship in the ministering to the saints:

5.  and [this], not as we had hoped, but first they gave their own selves to the Lord, and to us through the will of God.

6.  Insomuch that we exhorted Titus, that as he made a beginning before, so he would also complete in you this grace also.

7.  But as ye abound in everything, [in] faith, and utterance, and knowledge, and [in] all earnestness, and [in] your love to us, [see] that ye abound in this grace also.

8.  I speak not by way of commandment, but as proving through the earnestness of others the sincerity also of your love.

9.  For ye know the grace of our Lord Jesus Christ, that, though he was rich, yet for your sakes he became poor, that ye through his poverty might become rich.

10.  And herein I give [my] judgment: for this is expedient for you, who were the first to make a beginning a year ago, not only to do, but also to will.

11.  But now complete the doing also; that as [there was] the readiness to will, so [there may be] the completion also out of your ability.

12.  For if the readiness is there, [it is] acceptable according as [a man] hath, not according as [he] hath not.

13.  For [I say] not [this] that others may be eased [and] ye distressed;

# II Corinzi 8

1.  Or, fratelli, vogliamo farvi sapere la grazia di Dio concessa alle chiese di Macedonia.

2.  In mezzo alle molte afflizioni con le quali esse sono provate, l'abbondanza della loro allegrezza e la loro profonda povertà hanno abbondato nelle ricchezze della loro liberalità.

3.  Poiché, io ne rendo testimonianza, secondo il poter loro, anzi al di là del poter loro, hanno dato volenterosi,

4.  chiedendoci con molte istanze la grazia di contribuire a questa sovvenzione destinata ai santi.

5.  E l'hanno fatto non solo come avevamo sperato; ma prima si sono dati loro stessi al Signore, e poi a noi, per la volontà di Dio.

6.  Talché abbiamo esortato Tito che, come l'ha già cominciata, così porti a compimento fra voi anche quest'opera di carità.

7.  Ma siccome voi abbondate in ogni cosa, in fede, in parola, in conoscenza, in ogni zelo e nell'amore che avete per noi, vedete d'abbondare anche in quest'opera di carità.

8.  Non lo dico per darvi un ordine, ma per mettere alla prova, con l'esempio dell'altrui premura, anche la schiettezza del vostro amore.

9.  Perché voi conoscete la carità del Signor nostro Gesù Cristo il quale, essendo ricco, s'è fatto povero per amor vostro, onde, mediante la sua povertà, voi poteste diventar ricchi.

10.  E qui vi do un consiglio; il che conviene a voi i quali fin dall'anno passato avete per i primi cominciato non solo a fare ma anche a volere:

11.  Portate ora a compimento anche il fare; onde, come ci fu la prontezza del volere, così ci sia anche il compiere secondo i vostri mezzi.

12.  Poiché, se c'è la prontezza dell'animo, essa è gradita in ragione di quello che uno ha, e non di quello che non ha.

13.  Poiché questo non si fa per recar sollievo ad altri ed aggravio a voi, ma per principio di uguaglianza;

14. but by equality: your abundance [being a supply] at this present time for their want, that their abundance also may become [a supply] for your want; that there may be equality:

15. as it is written, He that [gathered] much had nothing over; and he that [gathered] little had no lack.

16. But thanks be to God, who putteth the same earnest care for you into the heart of Titus.

17. For he accepted indeed our exhortation; but being himself very earnest, he went forth unto you of his own accord.

18. And we have sent together with him the brother whose praise in the gospel [is spread] through all the churches;

19. and not only so, but who was also appointed by the churches to travel with us in [the matter of] this grace, which is ministered by us to the glory of the Lord, and [to show] our readiness:

20. Avoiding this, that any man should blame us in [the matter of] this bounty which is ministered by us:

21. for we take thought for things honorable, not only in the sight of the Lord, but also in the sight of men.

22. and we have sent with them our brother, whom we have many times proved earnest in many things, but now much more earnest, by reason of the great confidence which [he hath] in you.

23. Whether [any inquire] about Titus, [he is] my partner and [my] fellow-worker to you-ward, or our brethren, [they are] the messengers of the churches, [they are] the glory of Christ.

24. Show ye therefore unto them in the face of the churches the proof of your love, and of our glorying on your behalf.

# II Corinthians 9

1. For as touching the ministering to the saints, it is superfluous for me to write to you:

14. nelle attuali circostanze, la vostra abbondanza serve a supplire al loro bisogno, onde la loro abbondanza supplisca altresì al bisogno vostro, affinché ci sia uguaglianza, secondo che è scritto:

15. Chi avea raccolto molto non n'ebbe di soverchio, e chi avea raccolto poco, non n'ebbe mancanza.

16. Or ringraziato sia Iddio che ha messo in cuore a Tito lo stesso zelo per voi;

17. poiché non solo egli ha accettata la nostra esortazione, ma mosso da zelo anche maggiore si è spontaneamente posto in cammino per venire da voi.

18. E assieme a lui abbiam mandato questo fratello, la cui lode nella predicazione dell'Evangelo è sparsa per tutte le chiese;

19. non solo, ma egli è stato anche eletto dalle chiese a viaggiare con noi per quest'opera di carità, da noi amministrata per la gloria del Signore stesso e per dimostrare la prontezza dell'animo nostro.

20. Evitiamo così che qualcuno abbia a biasimarci circa quest'abbondante colletta che è da noi amministrata;

21. perché ci preoccupiamo d'agire onestamente non solo nel cospetto del Signore, ma anche nel cospetto degli uomini.

22. E con loro abbiamo mandato quel nostro fratello del quale spesse volte e in molte cose abbiamo sperimentato lo zelo, e che ora è più zelante che mai per la gran fiducia che ha in voi.

23. Quanto a Tito, egli è mio compagno e collaboratore in mezzo a voi; quanto ai nostri fratelli, essi sono gli inviati delle chiese, e gloria di Cristo.

24. Date loro dunque, nel cospetto delle chiese, la prova del vostro amore e mostrate loro che abbiamo ragione di gloriarci di voi.

# II Corinzi 9

1. Quanto alla sovvenzione destinata ai santi, è superfluo ch'io ve ne scriva,

2. for I know your readiness, of which I glory on your behalf to them of Macedonia, that Achaia hath been prepared for a year past; and your zeal hath stirred up very many of them.

3. But I have sent the brethren, that our glorying on your behalf may not be made void in this respect; that, even as I said, ye may be prepared:

4. lest by any means, if there come with me any of Macedonia and find you unprepared, we (that we say not, ye) should be put to shame in this confidence.

5. I thought it necessary therefore to entreat the brethren, that they would go before unto you, and make up beforehand your aforepromised bounty, that the same might be ready as a matter of bounty, and not of extortion.

6. But this [I say,] He that soweth sparingly shall reap also sparingly; and he that soweth bountifully shall reap also bountifully.

7. [Let] each man [do] according as he hath purposed in his heart: not grudgingly, or of necessity: for God loveth a cheerful giver.

8. And God is able to make all grace abound unto you; that ye, having always all sufficiency in everything, may abound unto every good work:

9. as it is written, He hath scattered abroad, he hath given to the poor; His righteousness abideth for ever.

10. And he that supplieth seed to the sower and bread for food, shall supply and multiply your seed for sowing, and increase the fruits of your righteousness:

11. ye being enriched in everything unto all liberality, which worketh through us thanksgiving to God.

12. For the ministration of this service not only filleth up the measure of the wants of the saints, but aboundeth also through many thanksgivings unto God;

13. seeing that through the proving [of you] by this ministration they glorify God for the obedience of your confession unto the gospel of Christ, and for the liberality of [your] contribution unto them and unto all;

2. perché conosco la prontezza dell'animo vostro, per la quale mi glorio di voi presso i Macedoni, dicendo che l'Acaia è pronta fin dall'anno passato; e il vostro zelo ne ha stimolati moltissimi.

3. Ma ho mandato i fratelli onde il nostro gloriarci di voi non riesca vano per questo rispetto; affinché, come dissi, siate pronti;

4. che talora, se venissero meco dei Macedoni e vi trovassero non preparati, noi (per non dir voi) non avessimo ad essere svergognati per questa nostra fiducia.

5. Perciò ho reputato necessario esortare i fratelli a venire a voi prima di me e preparare la vostra già promessa liberalità, ond'essa sia pronta come atto di liberalità e non d'avarizia.

6. Or questo io dico: chi semina scarsamente mieterà altresì scarsamente; e chi semina liberalmente mieterà altresì liberalmente.

7. Dia ciascuno secondo che ha deliberato in cuor suo; non di mala voglia, né per forza perché Iddio ama un donatore allegro.

8. E Dio è potente da far abbondare su di voi ogni grazia, affinché, avendo sempre in ogni cosa tutto quel che vi è necessario, abbondiate in ogni opera buona;

9. siccome è scritto: Egli ha sparso, egli ha dato ai poveri, la sua giustizia dimora in eterno.

10. Or Colui che fornisce al seminatore la semenza, e il pane da mangiare, fornirà e moltiplicherà la semenza vostra ed accrescerà i frutti della vostra giustizia.

11. Sarete così arricchiti in ogni cosa onde potere esercitare una larga liberalità, la quale produrrà per nostro mezzo rendimento di grazie a Dio.

12. Poiché la prestazione di questo servigio sacro non solo supplisce ai bisogni dei santi ma più ancora produce abbondanza di ringraziamenti a Dio;

13. in quanto che la prova pratica fornita da questa sovvenzione li porta a glorificare Iddio per l'ubbidienza con cui professate il Vangelo di Cristo, e per la liberalità con cui partecipate ai bisogni loro e di tutti.

14. while they themselves also, with supplication on your behalf, long after you by reason of the exceeding grace of God in you.

15. Thanks be to God for his unspeakable gift.

# II Corinthians 10

1. Now I Paul myself entreat you by the meekness and gentleness of Christ, I who in your presence am lowly among you, but being absent am of good courage toward you:
2. yea, I beseech you, that I may not when present show courage with the confidence wherewith I count to be bold against some, who count of us as if we walked according to the flesh.

3. For though we walk in the flesh, we do not war according to the flesh
4. (for the weapons of our warfare are not of the flesh, but mighty before God to the casting down of strongholds),
5. casting down imaginations, and every high thing that is exalted against the knowledge of God, and bringing every thought into captivity to the obedience of Christ;
6. and being in readiness to avenge all disobedience, when your obedience shall be made full.
7. Ye look at the things that are before your face. If any man trusteth in himself that he is Christ's, let him consider this again with himself, that, even as he is Christ's, so also are we.
8. For though I should glory somewhat abundantly concerning our authority (which the Lord gave for building you up, and not for casting you down), I shall not be put to shame:
9. that I may not seem as if I would terrify you by my letters.
10. For, His letters, they say, are weighty and strong; but his bodily presence is weak, and his speech of no account.
11. Let such a one reckon this, that, what we are in word by letters when we are absent, such [are we] also in deed when we are present.

---

14. E con le loro preghiere a pro vostro essi mostrano d'esser mossi da vivo affetto per voi a motivo della sovrabbondante grazia di Dio che è sopra voi.
15. Ringraziato sia Dio del suo dono ineffabile!

# II Corinzi 10

1. Io poi, Paolo, vi esorto per la mansuetudine e la mitezza di Cristo, io che quando sono presente fra voi son umile, ma quando sono assente sono ardito verso voi,
2. vi prego di non obbligarmi, quando sarò presente, a procedere arditamente con quella sicurezza onde fo conto d'essere audace contro taluni che ci stimano come se camminassimo secondo la carne.
3. Perché sebbene camminiamo nella carne, non combattiamo secondo la carne;
4. infatti le armi della nostra guerra non sono carnali, ma potenti nel cospetto di Dio a distruggere le fortezze;
5. poiché distruggiamo i ragionamenti ed ogni altezza che si eleva contro alla conoscenza di Dio, e facciam prigione ogni pensiero traendolo all'ubbidienza di Cristo;
6. e siam pronti a punire ogni disubbidienza, quando la vostra ubbidienza sarà completa.
7. Voi guardate all'apparenza delle cose. Se uno confida dentro di sé d'esser di Cristo, consideri anche questo dentro di sé: che com'egli è di Cristo, così siamo anche noi.
8. Poiché, quand'anche io mi gloriassi un po' di più dell'autorità che il Signore ci ha data per la edificazione vostra e non per la vostra rovina, non ne sarei svergognato.
9. Dico questo perché non paia ch'io cerchi di spaventarvi con le mie lettere.
10. Difatti, dice taluno, ben sono le sue lettere gravi e forti; ma la sua presenza personale è debole, e la sua parola è cosa da nulla.
11. Quel tale tenga questo per certo: che quali siamo a parole, per via di lettere, quando siamo assenti, tali saremo anche a fatti quando saremo presenti.

12. For we are not bold to number or compare ourselves with certain of them that commend themselves: but they themselves, measuring themselves by themselves, and comparing themselves with themselves, are without understanding.

13. But we will not glory beyond [our] measure, but according to the measure of the province which God apportioned to us as a measure, to reach even unto you.

14. For we stretch not ourselves overmuch, as though we reached not unto you: for we came even as far as unto you in the gospel of Christ:

15. not glorying beyond [our] measure, [that is,] in other men's labors; but having hope that, as your faith groweth, we shall be magnified in you according to our province unto [further] abundance,

16. so as to preach the gospel even unto the parts beyond you, [and] not to glory in another's province in regard of things ready to our hand.

17. But he that glorieth, let him glory in the Lord.

18. For not he that commendeth himself is approved, but whom the Lord commendeth.

# II Corinthians 11

1. Would that ye could bear with me in a little foolishness: but indeed ye do bear with me.

2. For I am jealous over you with a godly jealousy: for I espoused you to one husband, that I might present you [as] a pure virgin to Christ.

3. But I fear, lest by any means, as the serpent beguiled Eve in his craftiness, your minds should be corrupted from the simplicity and the purity that is toward Christ.

4. For if he that cometh preacheth another Jesus, whom we did not preach, or [if] ye receive a different spirit, which ye did not receive, or a different gospel, which ye did not accept, ye do well to bear with [him].

5. For I reckon that I am not a whit behind the very chiefest apostles.

12. Poiché noi non osiamo annoverarci o paragonarci con certuni che si raccomandano da sé; i quali però, misurandosi alla propria stregua e paragonando sé con se stessi, sono senza giudizio.

13. Noi, invece, non ci glorieremo oltre misura, ma entro la misura del campo di attività di cui Dio ci ha segnato i limiti, dandoci di giungere anche fino a voi.

14. Poiché non ci estendiamo oltre il dovuto, quasi che non fossimo giunti fino a voi; perché fino a voi siamo realmente giunti col Vangelo di Cristo.

15. E non ci gloriamo oltre misura di fatiche altrui, ma nutriamo speranza che, crescendo la fede vostra, noi, senza uscire dai nostri limiti, saremo fra voi ampiamente ingranditi

16. in guisa da poter evangelizzare anche i paesi che sono al di là del vostro, e da non gloriarci, entrando nel campo altrui, di cose bell'e preparate.

17. Ma chi si gloria, si glori nel Signore.

18. Poiché non colui che raccomanda se stesso è approvato, ma colui che il Signore raccomanda.

# II Corinzi 11

1. Oh quanto desidererei che voi sopportaste da parte mia un po' di follia! Ma pure, sopportatemi!

2. Poiché io son geloso di voi d'una gelosia di Dio, perché v'ho fidanzati ad un unico sposo, per presentarvi come una casta vergine a Cristo.

3. Ma temo che come il serpente sedusse Eva con la sua astuzia, così le vostre menti siano corrotte e sviate dalla semplicità e dalla purità rispetto a Cristo.

4. Infatti, se uno viene a predicarvi un altro Gesù, diverso da quello che abbiamo predicato noi, o se si tratta di ricevere uno Spirito diverso da quello che avete ricevuto, o un Vangelo diverso da quello che avete accettato, voi ben lo sopportate!

5. Ora io stimo di non essere stato in nulla da meno di cotesti sommi apostoli.

6. But though [I be] rude in speech, yet [am I] not in knowledge; nay, in every way have we made [this] manifest unto you in all things.

7. Or did I commit a sin in abasing myself that ye might be exalted, because I preached to you the gospel of God for nought?

8. I robbed other churches, taking wages [of them] that I might minister unto you;

9. and when I was present with you and was in want, I was not a burden on any man; for the brethren, when they came from Macedonia, supplied the measure of my want; and in everything I kept myself from being burdensome unto you, and [so] will I keep [myself].

10. As the truth of Christ is in me, no man shall stop me of this glorying in the regions of Achaia.

11. Wherefore? because I love you not? God knoweth.

12. But what I do, that I will do, that I may cut off occasion from them that desire an occasion; that wherein they glory, they may be found even as we.

13. For such men are false apostles, deceitful workers, fashioning themselves into apostles of Christ.

14. And no marvel; for even Satan fashioneth himself into an angel of light.

15. It is no great thing therefore if his ministers also fashion themselves as ministers of righteousness, whose end shall be according to their works.

16. I say again, let no man think me foolish; but if [ye do], yet as foolish receive me, that I also may glory a little.

17. That which I speak, I speak not after the Lord, but as in foolishness, in this confidence of glorying.

18. Seeing that many glory after the flesh, I will glory also.

19. For ye bear with the foolish gladly, being wise [yourselves].

20. For ye bear with a man, if he bringeth you into bondage, if he devoureth you, if he taketh you [captive], if he exalteth himself, if he smiteth you on the face.

6. Che se pur sono rozzo nel parlare, tale non sono nella conoscenza; e l'abbiamo dimostrato fra voi, per ogni rispetto e in ogni cosa.

7. Ho io commesso peccato quando, abbassando me stesso perché voi foste innalzati, v'ho annunziato l'evangelo di Dio gratuitamente?

8. Ho spogliato altre chiese, prendendo da loro uno stipendio, per poter servir voi;

9. e quando, durante il mio soggiorno fra voi, mi trovai nel bisogno, non fui d'aggravio a nessuno, perché i fratelli, venuti dalla Macedonia, supplirono al mio bisogno; e in ogni cosa mi sono astenuto e m'asterrò ancora dall'esservi d'aggravio.

10. Com'è vero che la verità di Cristo è in me, questo vanto non mi sarà tolto nelle contrade dell'Acaia.

11. Perché? Forse perché non v'amo? Lo sa Iddio.

12. Ma quel che fo lo farò ancora per togliere ogni occasione a coloro che desiderano un'occasione; affinché in quello di cui si vantano siano trovati uguali a noi.

13. Poiché cotesti tali sono dei falsi apostoli, degli operai fraudolenti, che si travestono da apostoli di Cristo.

14. E non c'è da maravigliarsene, perché anche Satana si traveste da angelo di luce.

15. Non è dunque gran che se anche i suoi ministri si travestono da ministri di giustizia; la fine loro sarà secondo le loro opere.

16. Lo dico di nuovo: Nessuno mi prenda per pazzo; o se no, anche come pazzo accettatemi, onde anch'io possa gloriarmi un poco.

17. Quello che dico, quando mi vanto con tanta fiducia, non lo dico secondo il Signore, ma come in pazzia.

18. Dacché molti si gloriano secondo la carne, anch'io mi glorierò.

19. Difatti, voi, che siete assennati, li sopportate volentieri i pazzi.

20. Che se uno vi riduce in schiavitù, se uno vi divora, se uno vi prende il vostro, se uno s'innalza sopra voi, se uno vi percuote in faccia, voi lo sopportate.

21. I speak by way of disparagement, as though we had been weak. Yet whereinsoever any is bold (I speak in foolishness), I am bold also.

22. Are they Hebrews? so am I. Are they Israelites? so am I. Are they the seed of Abraham? so am I.

23. Are they ministers of Christ? (I speak as one beside himself) I more; in labors more abundantly, in prisons more abundantly, in stripes above measure, in deaths oft.

24. Of the Jews five times received I forty [stripes] save one.

25. Thrice was I beaten with rods, once was I stoned, thrice I suffered shipwreck, a night and a day have I been in the deep;

26. [in] journeyings often, [in] perils of rivers, [in] perils of robbers, [in] perils from [my] countrymen, [in] perils from the Gentiles, [in] perils in the city, [in] perils in the wilderness, [in] perils in the sea, [in] perils among false brethren;

27. [in] labor and travail, in watchings often, in hunger and thirst, in fastings often, in cold and nakedness.

28. Besides those things that are without, there is that which presseth upon me daily, anxiety for all the churches.

29. Who is weak, and I am not weak? who is caused to stumble, and I burn not?

30. If I must needs glory, I will glory of the things that concern my weakness.

31. The God and Father of the Lord Jesus, he who is blessed for evermore knoweth that I lie not.

32. In Damascus the governor under Aretas the king guarded the city of the Damascenes in order to take me:

33. and through a window was I let down in a basket by the wall, and escaped his hands.

21. Lo dico a nostra vergogna, come se noi fossimo stati deboli; eppure, in qualunque cosa uno possa essere baldanzoso (parlo da pazzo), sono baldanzoso anch'io.

22. Son dessi Ebrei? Lo sono anch'io. Son dessi Israeliti? Lo sono anch'io. Son dessi progenie d'Abramo? Lo sono anch'io.

23. Son dessi ministri di Cristo? (Parlo come uno fuor di sé), io lo sono più di loro; più di loro per le fatiche, più di loro per le carcerazioni, assai più di loro per le battiture sofferte. Sono spesso stato in pericolo di morte.

24. Dai Giudei cinque volte ho ricevuto quaranta colpi meno uno;

25. tre volte sono stato battuto con le verghe; una volta sono stato lapidato; tre volte ho fatto naufragio; ho passato un giorno e una notte sull'abisso.

26. Spesse volte in viaggio, in pericolo sui fiumi, in pericolo di ladroni, in pericoli per parte de' miei connazionali, in pericoli per parte dei Gentili, in pericoli in città, in pericoli nei deserti, in pericoli sul mare, in pericoli tra falsi fratelli;

27. in fatiche ed in pene; spesse volte in veglie, nella fame e nella sete, spesse volte nei digiuni, nel freddo e nella nudità.

28. E per non parlar d'altro, c'è quel che m'assale tutti i giorni, l'ansietà per tutte le chiese.

29. Chi è debole ch'io non sia debole? Chi è scandalizzato, che io non arda?

30. Se bisogna gloriarsi, io mi glorierò delle cose che concernono la mia debolezza.

31. L'Iddio e Padre del nostro Signor Gesù che è benedetto in eterno, sa ch'io non mento.

32. A Damasco, il governatore del re Areta avea posto delle guardie alla città dei Damasceni per pigliarmi;

33. e da una finestra fui calato, in una cesta, lungo il muro, e scampai dalle sue mani.

# II Corinthians 12

1. I must needs glory, though it is not expedient; but I will come to visions and revelations of the Lord.

2. I know a man in Christ, fourteen years ago (whether in the body, I know not; or whether out of the body, I know not; God knoweth), such a one caught up even to the third heaven.

3. And I know such a man (whether in the body, or apart from the body, I know not; God knoweth),

4. how that he was caught up into Paradise, and heard unspeakable words, which it is not lawful for a man to utter.

5. On behalf of such a one will I glory: but on mine own behalf I will not glory, save in [my] weaknesses.

6. For if I should desire to glory, I shall not be foolish; for I shall speak the truth: but I forbear, lest any man should account of me above that which he seeth me [to be], or heareth from me.

7. And by reason of the exceeding greatness of the revelations, that I should not be exalted overmuch, there was given to me a thorn in the flesh, a messenger of Satan to buffet me, that I should not be exalted overmuch.

8. Concerning this thing I besought the Lord thrice, that it might depart from me.

9. And he hath said unto me, My grace is sufficient for thee: for [my] power is made perfect in weakness. Most gladly therefore will I rather glory in my weaknesses, that the power of Christ may rest upon me.

10. Wherefore I take pleasure in weaknesses, in injuries, in necessities, in persecutions, in distresses, for Christ's sake: for when I am weak, then am I strong.

11. I am become foolish: ye compelled me; for I ought to have been commended of you: for in nothing was I behind the very chiefest apostles, though I am nothing.

12. Truly the signs of an apostle were wrought among you in all patience, by signs and wonders and mighty works.

13. For what is there wherein ye were made inferior to the rest of the churches, except [it be] that I myself was not a burden to you? forgive me this wrong.

# II Corinzi 12

1. Bisogna gloriarmi: non è cosa giovevole, ma pure, verrò alle visioni e alle rivelazioni del Signore.

2. Io conosco un uomo in Cristo, che quattordici anni fa (se fu col corpo non so, né so se fu senza il corpo; Iddio lo sa), fu rapito fino al terzo cielo.

3. E so che quel tale (se fu col corpo o senza il corpo non so;

4. Iddio lo sa) fu rapito in paradiso, e udì parole ineffabili che non è lecito all'uomo di proferire.

5. Di quel tale io mi glorierò; ma di me stesso non mi glorierò se non nelle mie debolezze.

6. Che se pur volessi gloriarmi, non sarei un pazzo, perché direi la verità; ma me ne astengo, perché nessuno mi stimi al di là di quel che mi vede essere, ovvero ode da me.

7. E perché io non avessi ad insuperbire a motivo della eccellenza delle rivelazioni, m'è stata messa una scheggia nella carne, un angelo di Satana, per schiaffeggiarmi ond'io non insuperbisca.

8. Tre volte ho pregato il Signore perché l'allontanasse da me;

9. ed egli mi ha detto: La mia grazia ti basta, perché la mia potenza si dimostra perfetta nella debolezza. Perciò molto volentieri mi glorierò piuttosto delle mie debolezze, onde la potenza di Cristo riposi su me.

10. Per questo io mi compiaccio in debolezze, in ingiurie, in necessità, in persecuzioni, in angustie per amor di Cristo; perché, quando son debole, allora sono forte.

11. Son diventato pazzo; siete voi che mi ci avete costretto; poiché io avrei dovuto esser da voi raccomandato; perché in nulla sono stato da meno di cotesti sommi apostoli, benché io non sia nulla.

12. Certo, i segni dell'apostolo sono stati manifestati in atto fra voi nella perseveranza a tutta prova, nei miracoli, nei prodigi ed opere potenti.

13. In che siete voi stati da meno delle altre chiese se non nel fatto che io stesso non vi sono stato d'aggravio? Perdonatemi questo torto.

14. Behold, this is the third time I am ready to come to you; and I will not be a burden to you: for I seek not yours, but you: for the children ought not to lay up for the parents, but the parents for the children.

15. And I will most gladly spend and be spent for your souls. If I love you more abundantly, am I loved the less?

16. But be it so, I did not myself burden you; but, being crafty, I caught you with guile.

17. Did I take advantage of you by any one of them whom I have sent unto you?

18. I exhorted Titus, and I sent the brother with him. Did Titus take any advantage of you? walked we not in the same spirit? [walked we] not in the same steps?

19. Ye think all this time that we are excusing ourselves unto you. In the sight of God speak we in Christ. But all things, beloved, [are] for your edifying.

20. For I fear, lest by any means, when I come, I should find you not such as I would, and should myself be found of you such as ye would not; lest by any means [there should be] strife, jealousy, wraths, factions, backbitings, whisperings, swellings, tumults;

21. lest again when I come my God should humble me before you, and I should mourn for many of them that have sinned heretofore, and repented not of the uncleanness and fornication and lasciviousness which they committed.

14. Ecco, questa è la terza volta che son pronto a recarmi da voi; e non vi sarò d'aggravio, poiché io non cerco i vostri beni, ma voi; perché non sono i figliuoli che debbono far tesoro per i genitori, ma i genitori per i figliuoli.

15. E io molto volentieri spenderò e sarò speso per le anime vostre. Se io v'amo tanto, devo esser da voi amato meno?

16. Ma sia pure così, ch'io non vi sia stato d'aggravio; ma, forse, da uomo astuto, v'ho presi con inganno.

17. Mi son io approfittato di voi per mezzo di qualcuno di quelli ch'io v'ho mandato?

18. Ho pregato Tito di venire da voi, e ho mandato quell'altro fratello con lui. Tito si è forse approfittato di voi? Non abbiam noi camminato col medesimo spirito e seguito le medesime orme?

19. Da tempo voi v'immaginate che noi ci difendiamo dinanzi a voi. Egli è nel cospetto di Dio, in Cristo, che noi parliamo; e tutto questo, diletti, per la vostra edificazione.

20. Poiché io temo, quando verrò, di trovarvi non quali vorrei, e d'essere io stesso da voi trovato quale non mi vorreste; temo che vi siano tra voi contese, gelosie, ire, rivalità, maldicenze, insinuazioni, superbie, tumulti;

21. e che al mio arrivo l'Iddio mio abbia di nuovo ad umiliarmi dinanzi a voi, ed io abbia a pianger molti di quelli che hanno per lo innanzi peccato, e non si sono ravveduti della impurità, della fornicazione e della dissolutezza a cui si erano dati.

# II Corinthians 13      II Corinzi 13

1. This is the third time I am coming to you. At the mouth of two witnesses or three shall every word established.

2. I have said beforehand, and I do say beforehand, as when I was present the second time, so now, being absent, to them that have sinned heretofore, and to all the rest, that, if I come again, I will not spare;

3. seeing that ye seek a proof of Christ that speaketh in me; who to you-ward is not weak, but is powerful in you:

1. Questa è la terza volta ch'io vengo da voi. Ogni parola sarà confermata dalla bocca di due o di tre testimoni.

2. Ho avvertito quand'ero presente fra voi la seconda volta, e avverto, ora che sono assente, tanto quelli che hanno peccato per l'innanzi, quanto tutti gli altri, che, se tornerò da voi, non userò indulgenza;

3. giacché cercate la prova che Cristo parla in me: Cristo che verso voi non è debole, ma è potente in voi.

4. for he was crucified through weakness, yet he liveth through the power of God. For we also are weak in him, but we shall live with him through the power of God toward you.

5. Try your own selves, whether ye are in the faith; prove your own selves. Or know ye not as to your own selves, that Jesus Christ is in you? unless indeed ye be reprobate.

6. But I hope that ye shall know that we are not reprobate.

7. Now we pray to God that ye do no evil; not that we may appear approved, but that ye may do that which is honorable, though we be as reprobate.

8. For we can do nothing against the truth, but for the truth.

9. For we rejoice, when we are weak, and ye are strong: this we also pray for, even your perfecting.

10. For this cause I write these things while absent, that I may not when present deal sharply, according to the authority which the Lord gave me for building up, and not for casting down.

11. Finally, brethren, farewell. Be perfected; be comforted; be of the same mind; live in peace: and the God of love and peace shall be with you.

12. Salute one another with a holy kiss.

13. All the saints salute you.

14. The grace of the Lord Jesus Christ, and the love of God, and the communion of the Holy Spirit, be with you all.

4. Poiché egli fu crocifisso per la sua debolezza; ma vive per la potenza di Dio; e anche noi siam deboli in lui, ma vivremo con lui per la potenza di Dio, nel nostro procedere verso di voi.

5. Esaminate voi stessi per vedere se siete nella fede; provate voi stessi. Non riconoscete voi medesimi che Gesù Cristo è in voi? A meno che proprio siate riprovati.

6. Ma io spero che riconoscerete che noi non siamo riprovati.

7. Or noi preghiamo Iddio che non facciate alcun male; non già per apparir noi approvati, ma perché voi facciate quello che è bene, anche se noi abbiam da passare per riprovati.

8. Perché noi non possiamo nulla contro la verità; quel che possiamo è per la verità.

9. Poiché noi ci rallegriamo quando siamo deboli e voi siete forti; e i nostri voti sono per il vostro perfezionamento.

10. Perciò vi scrivo queste cose mentre sono assente, affinché, quando sarò presente, io non abbia a procedere rigorosamente secondo l'autorità che il Signore mi ha data per edificare, e non per distruggere.

11. Del resto, fratelli, rallegratevi, procacciate la perfezione, siate consolati, abbiate un medesimo sentimento, vivete in pace; e l'Iddio dell'amore e della pace sarà con voi.

12. Salutatevi gli uni gli altri con un santo bacio.

13. Tutti i santi vi salutano.

14. La grazia del Signor Gesù Cristo e l'amore di Dio e la comunione dello Spirito Santo siano con tutti voi.

# Galatians 1

1. Paul, an apostle (not from men, neither through man, but through Jesus Christ, and God the Father, who raised him from the dead),

2. and all the brethren that are with me, unto the churches of Galatia:

3. Grace to you and peace from God the Father, and our Lord Jesus Christ,

4. who gave himself for our sins, that he might deliver us out of this present evil world, according to the will of our God and Father:

5. to whom [be] the glory for ever and ever. Amen.

6. I marvel that ye are so quickly removing from him that called you in the grace of Christ unto a different gospel;

7. which is not another [gospel] only there are some that trouble you, and would pervert the gospel of Christ.

8. But though we, or an angel from heaven, should preach unto you any gospel other than that which we preached unto you, let him be anathema.

9. As we have said before, so say I now again, if any man preacheth unto you any gospel other than that which ye received, let him be anathema.

10. For am I now seeking the favor of men, or of God? or am I striving to please men? if I were still pleasing men, I should not be a servant of Christ.

11. For I make known to you, brethren, as touching the gospel which was preached by me, that it is not after man.

12. For neither did I receive it from man, nor was I taught it, but [it came to me] through revelation of Jesus Christ.

13. For ye have heard of my manner of life in time past in the Jews' religion, how that beyond measure I persecuted the church of God, and made havoc of it:

14. and I advanced in the Jews' religion beyond many of mine own age among my countrymen, being more exceedingly zealous for the traditions of my fathers.

15. But when it was the good pleasure of God, who separated me, [even] from my mother's womb, and called me through his grace,

16. to reveal his Son in me, that I might preach him among the Gentiles; straightway I conferred not with flesh and blood:

# Galati 1

1. Paolo, apostolo (non dagli uomini né per mezzo d'alcun uomo, ma per mezzo di Gesù Cristo e di Dio Padre che l'ha risuscitato dai morti),

2. e tutti i fratelli che sono meco, alle chiese della Galazia;

3. grazia a voi e pace da Dio Padre e dal Signor nostro Gesù Cristo,

4. che ha dato se stesso per i nostri peccati affin di strapparci al presente secolo malvagio, secondo la volontà del nostro Dio e Padre,

5. al quale sia la gloria né secoli dei secoli. Amen.

6. Io mi maraviglio che così presto voi passiate da Colui che vi ha chiamati mediante la grazia di Cristo, a un altro vangelo.

7. Il quale poi non è un altro vangelo; ma ci sono alcuni che vi turbano e vogliono sovvertire l'Evangelo di Cristo.

8. Ma quand'anche noi, quand'anche un angelo dal cielo vi annunziasse un vangelo diverso da quello che v'abbiamo annunziato, sia egli anatema.

9. Come l'abbiamo detto prima d'ora, torno a ripeterlo anche adesso: se alcuno vi annunzia un vangelo diverso da quello che avete ricevuto, sia anatema.

10. Vado io forse cercando di conciliarmi il favore degli uomini, ovvero quello di Dio? O cerco io di piacere agli uomini? Se cercassi ancora di piacere agli uomini, non sarei servitore di Cristo.

11. E invero, fratelli, io vi dichiaro che l'Evangelo da me annunziato non è secondo l'uomo;

12. poiché io stesso non l'ho ricevuto né l'ho imparato da alcun uomo, ma l'ho ricevuto per rivelazione di Gesù Cristo.

13. Difatti voi avete udito quale sia stata la mia condotta nel passato, quando ero nel giudaismo; come perseguitavo a tutto potere la Chiesa di Dio e la devastavo,

14. e mi segnalavo nel giudaismo più di molti della mia età fra i miei connazionali, essendo estremamente zelante delle tradizioni dei miei padri.

15. Ma quando Iddio, che m'aveva appartato fin dal seno di mia madre e m'ha chiamato mediante la sua grazia, si compiacque

16. di rivelare in me il suo Figliuolo perch'io lo annunziassi fra i Gentili, io non mi consigliai con carne e sangue,

17. neither went I up to Jerusalem to them that were apostles before me: but I went away into Arabia; and again I returned unto Damascus.

18. Then after three years I went up to Jerusalem to visit Cephas, and tarried with him fifteen days.

19. But other of the apostles saw I none, save James the Lord's brother.

20. Now touching the things which I write unto you, behold, before God, I lie not.

21. Then I came unto the regions of Syria and Cilicia.

22. And I was still unknown by face unto the churches of Judaea which were in Christ:

23. but they only heard say, He that once persecuted us now preacheth the faith of which he once made havoc;

24. and they glorified God in me.

17. e non salii a Gerusalemme da quelli che erano stati apostoli prima di me, ma subito me ne andai in Arabia; quindi tornai di nuovo a Damasco.

18. Di poi, in capo a tre anni, salii a Gerusalemme per visitar Cefa, e stetti da lui quindici giorni;

19. e non vidi alcun altro degli apostoli; ma solo Giacomo, il fratello del Signore.

20. Ora, circa le cose che vi scrivo, ecco, nel cospetto di Dio vi dichiaro che non mentisco.

21. Poi venni nelle contrade della Siria e della Cilicia;

22. ma ero sconosciuto, di persona, alle chiese della Giudea, che sono in Cristo;

23. esse sentivan soltanto dire: colui che già ci perseguitava, ora predica la fede, che altra volta cercava di distruggere.

24. E per causa mia glorificavano Iddio.

# Galatians 2

# Galati 2

1. Then after the space of fourteen years I went up again to Jerusalem with Barnabas, taking Titus also with me.

2. And I went up by revelation; and I laid before them the gospel which I preach among the Gentiles but privately before them who were of repute, lest by any means I should be running, or had run, in vain.

3. But not even Titus who was with me, being a Greek, was compelled to be circumcised:

4. and that because of the false brethren privily brought in, who came in privily to spy out our liberty which we have in Christ Jesus, that they might bring us into bondage:

5. to whom we gave place in the way of subjection, no, not for an hour; that the truth of the gospel might continue with you.

6. But from those who were reputed to be somewhat (whatsoever they were, it maketh no matter to me: God accepteth not man's person)-- they, I say, who were of repute imparted nothing to me:

1. Poi, passati quattordici anni, salii di nuovo a Gerusalemme con Barnaba, prendendo anche Tito con me.

2. E vi salii in seguito ad una rivelazione, ed esposi loro l'Evangelo che io predico fra i Gentili, ma lo esposi privatamente ai più ragguardevoli, onde io non corressi o non avessi corso in vano.

3. Ma neppur Tito, che era con me, ed era greco, fu costretto a farsi circoncidere;

4. e questo a cagione dei falsi fratelli, introdottisi di soppiatto, i quali s'erano insinuati fra noi per spiare la libertà che abbiamo in Cristo Gesù, col fine di ridurci in servitù.

5. Alle imposizioni di costoro noi non cedemmo neppur per un momento, affinché la verità del Vangelo rimanesse ferma tra voi.

6. Ma quelli che godono di particolare considerazione (quali già siano stati a me non importa; Iddio non ha riguardi personali), quelli, dico, che godono maggior considerazione non m'imposero nulla di più;

7. but contrariwise, when they saw that I had been intrusted with the gospel of the uncircumcision, even as Peter with [the gospel] of the circumcision

8. (for he that wrought for Peter unto the apostleship of the circumcision wrought for me also unto the Gentiles);

9. and when they perceived the grace that was given unto me, James and Cephas and John, they who were reputed to be pillars, gave to me and Barnabas the right hands of fellowship, that we should go unto the Gentiles, and they unto the circumcision;

10. only [they would] that we should remember the poor; which very thing I was also zealous to do.

11. But when Cephas came to Antioch, I resisted him to the face, because he stood condemned.

12. For before that certain came from James, he ate with the Gentiles; but when they came, he drew back and separated himself, fearing them that were of the circumcision.

13. And the rest of the Jews dissembled likewise with him; insomuch that even Barnabas was carried away with their dissimulation.

14. But when I saw that they walked not uprightly according to the truth of the gospel, I said unto Cephas before [them] all, If thou, being a Jew, livest as do the Gentiles, and not as do the Jews, how compellest thou the Gentiles to live as do the Jews?

15. We being Jews by nature, and not sinners of the Gentiles,

16. yet knowing that a man is not justified by the works of the law but through faith in Jesus Christ, even we believed on Christ Jesus, that we might be justified by faith in Christ, and not by the works of the law: because by the works of the law shall no flesh be justified.

17. But if, while we sought to be justified in Christ, we ourselves also were found sinners, is Christ a minister of sin? God forbid.

18. For if I build up again those things which I destroyed, I prove myself a transgressor.

7. anzi, quando videro che a me era stata affidata la evangelizzazione degli incirconcisi, come a Pietro quella de' circoncisi

8. (poiché Colui che avea operato in Pietro per farlo apostolo della circoncisione aveva anche operato in me per farmi apostolo dei Gentili),

9. e quando conobbero la grazia che m'era stata accordata, Giacomo e Cefa e Giovanni, che son reputati colonne, dettero a me ed a Barnaba la mano d'associazione perché noi andassimo ai Gentili, ed essi ai circoncisi;

10. soltanto ci raccomandarono di ricordarci dei poveri; e questo mi sono studiato di farlo.

11. Ma quando Cefa fu venuto ad Antiochia, io gli resistei in faccia perch'egli era da condannare.

12. Difatti, prima che fossero venuti certuni provenienti da Giacomo, egli mangiava coi Gentili; ma quando costoro furono arrivati, egli prese a ritrarsi e a separarsi per timor di quelli della circoncisione.

13. E gli altri Giudei si misero a simulare anch'essi con lui; talché perfino Barnaba fu trascinato dalla loro simulazione.

14. Ma quando vidi che non procedevano con dirittura rispetto alla verità del Vangelo, io dissi a Cefa in presenza di tutti: se tu, che sei Giudeo, vivi alla Gentile e non alla giudaica, come mai costringi i Gentili a giudaizzare?

15. Noi che siam Giudei di nascita e non peccatori di fra i Gentili,

16. avendo pur nondimeno riconosciuto che l'uomo non è giustificato per le opere della legge ma lo è soltanto per mezzo della fede in Cristo Gesù, abbiamo anche noi creduto in Cristo Gesù affin d'esser giustificati per la fede in Cristo e non per le opere della legge, poiché per le opere della legge nessuna carne sarà giustificata.

17. Ma se nel cercare d'esser giustificati in Cristo, siamo anche noi trovati peccatori, Cristo è Egli un ministro di peccato? Così non sia.

18. Perché se io riedifico le cose che ho distrutte, mi dimostro trasgressore.

19. For I through the law died unto the law, that I might live unto God.

20. I have been crucified with Christ; and it is no longer I that live, but Christ living in me: and that [life] which I now live in the flesh I live in faith, [the faith] which is in the Son of God, who loved me, and gave himself up for me.

21. I do not make void the grace of God: for if righteousness is through the law, then Christ died for nought.

19. Poiché per mezzo della legge io sono morto alla legge per vivere a Dio.

20. Sono stato crocifisso con Cristo, e non son più io che vivo, ma è Cristo che vive in me; e la vita che vivo ora nella carne, la vivo nella fede nel Figliuol di Dio il quale m'ha amato, e ha dato se stesso per me.

21. Io non annullo la grazia di Dio; perché se la giustizia si ottiene per mezzo della legge, Cristo è dunque morto inutilmente.

# Galatians 3

# Galati 3

1. O foolish Galatians, who did bewitch you, before whose eyes Jesus Christ was openly set forth crucified?

2. This only would I learn from you. Received ye the Spirit by the works of the law, or by the hearing of faith?

3. Are ye so foolish? having begun in the Spirit, are ye now perfected in the flesh?

4. Did ye suffer so many things in vain? if it be indeed in vain.

5. He therefore that supplieth to you the Spirit, and worketh miracles among you, [doeth he it] by the works of the law, or by the hearing of faith?

6. Even as Abraham believed God, and it was reckoned unto him for righteousness.

7. Know therefore that they that are of faith, the same are sons of Abraham.

8. And the scripture, foreseeing that God would justify the Gentiles by faith, preached the gospel beforehand unto Abraham, [saying,] In thee shall all the nations be blessed.

9. So then they that are of faith are blessed with the faithful Abraham.

10. For as many as are of the works of the law are under a curse: for it is written, Cursed is every one who continueth not in all things that are written in the book of the law, to do them.

11. Now that no man is justified by the law before God, is evident: for, The righteous shall live by faith;

1. O Galati insensati, chi v'ha ammaliati, voi, dinanzi agli occhi dei quali Gesù Cristo crocifisso è stato ritratto al vivo?

2. Questo soltanto desidero sapere da voi: avete voi ricevuto lo Spirito per la via delle opere della legge o per la predicazione della fede?

3. Siete voi così insensati? Dopo aver cominciato con lo Spirito, volete ora raggiungere la perfezione con la carne?

4. Avete voi sofferto tante cose invano? se pure è proprio invano.

5. Colui dunque che vi somministra lo Spirito ed opera fra voi dei miracoli, lo fa Egli per la via delle opere della legge o per la predicazione della fede?

6. Siccome Abramo credette a Dio e ciò gli fu messo in conto di giustizia,

7. riconoscete anche voi che coloro i quali hanno la fede, son figliuoli d'Abramo.

8. E la Scrittura, prevedendo che Dio giustificherebbe i Gentili per la fede, preannunziò ad Abramo questa buona novella: In te saranno benedette tutte le genti.

9. Talché coloro che hanno la fede, sono benedetti col credente Abramo.

10. Poiché tutti coloro che si basano sulle opere della legge sono sotto maledizione; perché è scritto: Maledetto chiunque non persevera in tutte le cose scritte nel libro della legge per metterle in pratica!

11. Or che nessuno sia giustificato per la legge dinanzi a Dio, è manifesto perché il giusto vivrà per fede.

12. and the law is not of faith; but, He that doeth them shall live in them.

13. Christ redeemed us from the curse of the law, having become a curse for us; for it is written, Cursed is every one that hangeth on a tree:

14. that upon the Gentiles might come the blessing of Abraham in Christ Jesus; that we might receive the promise of the Spirit through faith.

15. Brethren, I speak after the manner of men: Though it be but a man's covenant, yet when it hath been confirmed, no one maketh it void, or addeth thereto.

16. Now to Abraham were the promises spoken, and to his seed. He saith not, And to seeds, as of many; but as of one, And to thy seed, which is Christ.

17. Now this I say: A covenant confirmed beforehand by God, the law, which came four hundred and thirty years after, doth not disannul, so as to make the promise of none effect.

18. For if the inheritance is of the law, it is no more of promise: but God hath granted it to Abraham by promise.

19. What then is the law? It was added because of transgressions, till the seed should come to whom the promise hath been made; [and it was] ordained through angels by the hand of a mediator.

20. Now a mediator is not [a mediator] of one; but God is one.

21. Is the law then against the promises of God? God forbid: for if there had been a law given which could make alive, verily righteousness would have been of the law.

22. But the scriptures shut up all things under sin, that the promise by faith in Jesus Christ might be given to them that believe.

23. But before faith came, we were kept in ward under the law, shut up unto the faith which should afterwards be revealed.

24. So that the law is become our tutor [to bring us] unto Christ, that we might be justified by faith.

25. But now faith that is come, we are no longer under a tutor.

12. Ma la legge non si basa sulla fede; anzi essa dice: Chi avrà messe in pratica queste cose, vivrà per via di esse.

13. Cristo ci ha riscattati dalla maledizione della legge, essendo divenuto maledizione per noi (poiché sta scritto: Maledetto chiunque è appeso al legno),

14. affinché la benedizione d'Abramo venisse sui Gentili in Cristo Gesù, affinché ricevessimo, per mezzo della fede, lo Spirito promesso.

15. Fratelli, io parlo secondo le usanze degli uomini: Un patto che sia stato validamente concluso, sia pur soltanto un patto d'uomo, nessuno l'annulla o vi aggiunge alcun che.

16. Or le promesse furono fatte ad Abramo e alla sua progenie. Non dice: "E alla progenie", come se si trattasse di molte; ma come parlando di una sola, dice: "E alla tua progenie", ch'è Cristo.

17. Or io dico: Un patto già prima debitamente stabilito da Dio, la legge, che venne quattrocento trent'anni dopo, non lo invalida in guisa da annullare la promessa.

18. Perché, se l'eredità viene dalla legge, essa non viene più dalla promessa; ora ad Abramo Dio l'ha donata per via di promessa.

19. Che cos'è dunque la legge? Essa fu aggiunta a motivo delle trasgressioni, finché venisse la progenie alla quale era stata fatta la promessa; e fu promulgata per mezzo d'angeli, per mano d'un mediatore.

20. Ora, un mediatore non è mediatore d'uno solo; Dio, invece, è uno solo.

21. La legge è essa dunque contraria alle promesse di Dio? Così non sia; perché se fosse stata data una legge capace di produrre la vita, allora sì, la giustizia sarebbe venuta dalla legge;

22. ma la Scrittura ha rinchiuso ogni cosa sotto peccato, affinché i beni promessi alla fede in Gesù Cristo fossero dati ai credenti.

23. Ma prima che venisse la fede eravamo tenuti rinchiusi in custodia sotto la legge, in attesa della fede che doveva esser rivelata.

24. Talché la legge è stata il nostro pedagogo per condurci a Cristo, affinché fossimo giustificati per fede.

25. Ma ora che la fede è venuta, noi non siamo più sotto pedagogo;

26. For ye are all sons of God, through faith, in Christ Jesus.

27. For as many of you as were baptized into Christ did put on Christ.

28. There can be neither Jew nor Greek, there can be neither bond nor free, there can be no male and female; for ye all are one [man] in Christ Jesus.

29. And if ye are Christ's, then are ye Abraham's seed, heirs according to promise.

26. perché siete tutti figliuoli di Dio, per la fede in Cristo Gesù.

27. Poiché voi tutti che siete stati battezzati in Cristo vi siete rivestiti di Cristo.

28. Non c'è qui né Giudeo né Greco; non c'è né schiavo né libero; non c'è né maschio né femmina; poiché voi tutti siete uno in Cristo Gesù.

29. E se siete di Cristo, siete dunque progenie d'Abramo; eredi, secondo la promessa.

# Galatians 4

# Galati 4

1. But I say that so long as the heir is a child, he differeth nothing from a bondservant though he is lord of all;

2. but is under guardians and stewards until the day appointed of the father.

3. So we also, when we were children, were held in bondage under the rudiments of the world:

4. but when the fulness of the time came, God sent forth his Son, born of a woman, born under the law,

5. that he might redeem them that were under the law, that we might receive the adoption of sons.

6. And because ye are sons, God sent forth the Spirit of his Son into our hearts, crying, Abba, Father.

7. So that thou art no longer a bondservant, but a son; and if a son, then an heir through God.

8. Howbeit at that time, not knowing God, ye were in bondage to them that by nature are no gods:

9. but now that ye have come to know God, or rather to be known by God, how turn ye back again to the weak and beggarly rudiments, whereunto ye desire to be in bondage over again?

10. Ye observe days, and months, and seasons, and years.

11. I am afraid of you, lest by any means I have bestowed labor upon you in vain.

12. I beseech you, brethren, become as I [am], for I also [am become] as ye [are]. Ye did me no wrong:

1. Or io dico: Fin tanto che l'erede è fanciullo, non differisce in nulla dal servo, benché sia padrone di tutto;

2. ma è sotto tutori e curatori fino al tempo prestabilito dal padre.

3. Così anche noi, quando eravamo fanciulli, eravamo tenuti in servitù sotto gli elementi del mondo;

4. ma quando giunse la pienezza de' tempi, Iddio mandò il suo Figliuolo, nato di donna, nato sotto la legge,

5. per riscattare quelli che erano sotto la legge, affinché noi ricevessimo l'adozione di figliuoli.

6. E perché siete figliuoli, Dio ha mandato lo Spirito del suo Figliuolo nei nostri cuori, che grida: Abba, Padre.

7. Talché tu non sei più servo, ma figliuolo; e se sei figliuolo, sei anche erede per grazia di Dio.

8. In quel tempo, è vero, non avendo conoscenza di Dio, voi avete servito a quelli che per natura non sono dèi;

9. ma ora che avete conosciuto Dio, o piuttosto che siete stati conosciuti da Dio, come mai vi rivolgete di nuovo ai deboli e poveri elementi, ai quali volete di bel nuovo ricominciare a servire?

10. Voi osservate giorni e mesi e stagioni ed anni.

11. Io temo, quanto a voi, d'essermi invano affaticato per voi.

12. Siate come son io, fratelli, ve ne prego, perché anch'io sono come voi.

13. but ye know that because of an infirmity of the flesh I preached the gospel unto you the first time:

14. and that which was a temptation to you in my flesh ye despised not, nor rejected; but ye received me as an angel of God, [even] as Christ Jesus.

15. Where then is that gratulation of yourselves? for I bear you witness, that, if possible, ye would have plucked out your eyes and given them to me.

16. So then am I become your enemy, by telling you the truth?

17. They zealously seek you in no good way; nay, they desire to shut you out, that ye may seek them.

18. But it is good to be zealously sought in a good matter at all times, and not only when I am present with you.

19. My little children, of whom I am again in travail until Christ be formed in you--

20. but I could wish to be present with you now, and to change my tone; for I am perplexed about you.

21. Tell me, ye that desire to be under the law, do ye not hear the law?

22. For it is written, that Abraham had two sons, one by the handmaid, and one by the freewoman.

23. Howbeit the [son] by the handmaid is born after the flesh; but the [son] by the freewoman [is born] through promise.

24. Which things contain an allegory: for these [women] are two covenants; one from mount Sinai, bearing children unto bondage, which is Hagar.

25. Now this Hagar is mount Sinai in Arabia and answereth to the Jerusalem that now is: for she is in bondage with her children.

26. But the Jerusalem that is above is free, which is our mother.

27. For it is written, Rejoice, thou barren that bearest not; Break forth and cry, thou that travailest not: For more are the children of the desolate than of her that hath the husband.

28. Now we, brethren, as Isaac was, are children of promise.

13. Voi non mi faceste alcun torto; anzi sapete bene che fu a motivo di una infermità della carne che vi evangelizzai la prima volta;

14. e quella mia infermità corporale che era per voi una prova, voi non la sprezzaste né l'aveste a schifo; al contrario, mi accoglieste come un angelo di Dio, come Cristo Gesù stesso.

15. Dove son dunque le vostre proteste di gioia? Poiché io vi rendo questa testimonianza: che, se fosse stato possibile, vi sareste cavati gli occhi e me li avreste dati.

16. Son io dunque divenuto vostro nemico dicendovi la verità?

17. Costoro son zelanti di voi, ma non per fini onesti; anzi vi vogliono staccare da noi perché il vostro zelo si volga a loro.

18. Or è una bella cosa essere oggetto dello zelo altrui nel bene, in ogni tempo, e non solo quando son presente fra voi.

19. Figliuoletti miei, per i quali io son di nuovo in doglie finché Cristo sia formato in voi,

20. oh come vorrei essere ora presente fra voi e cambiar tono perché son perplesso riguardo a voi!

21. Ditemi: Voi che volete esser sotto la legge, non ascoltate voi la legge?

22. Poiché sta scritto che Abramo ebbe due figliuoli: uno dalla schiava, e uno dalla donna libera;

23. ma quello dalla schiava nacque secondo la carne; mentre quello dalla libera nacque in virtù della promessa.

24. Le quali cose hanno un senso allegorico; poiché queste donne sono due patti, l'uno, del monte Sinai, genera per la schiavitù, ed è Agar.

25. Infatti Agar è il monte Sinai in Arabia, e corrisponde alla Gerusalemme del tempo presente, la quale è schiava coi suoi figliuoli.

26. Ma la Gerusalemme di sopra è libera, ed essa è nostra madre.

27. Poich'egli è scritto: Rallegrati, o sterile che non partorivi! Prorompi in grida, tu che non avevi sentito doglie di parto! Poiché i figliuoli dell'abbandonata saranno più numerosi di quelli di colei che aveva il marito.

28. Ora voi, fratelli, siete figliuoli della promessa alla maniera d'Isacco.

29. But as then he that was born after the flesh persecuted him [that was born] after the Spirit, so also it is now.

30. Howbeit what saith the scripture? Cast out the handmaid and her son: for the son of the handmaid shall not inherit with the son of the freewoman.

31. Wherefore, brethren, we are not children of a handmaid, but of the freewoman.

# Galatians 5

1. For freedom did Christ set us free: stand fast therefore, and be not entangled again in a yoke of bondage.

2. Behold, I Paul say unto you, that, if ye receive circumcision, Christ will profit you nothing.

3. Yea, I testify again to every man that receiveth circumcision, that he is a debtor to do the whole law.

4. Ye are severed from Christ, ye would be justified by the law; ye are fallen away from grace.

5. For we through the Spirit by faith wait for the hope of righteousness.

6. For in Christ Jesus neither circumcision availeth anything, nor uncircumcision; but faith working through love.

7. Ye were running well; who hindered you that ye should not obey the truth?

8. This persuasion [came] not of him that calleth you.

9. A little leaven leaveneth the whole lump.

10. I have confidence to you-ward in the Lord, that ye will be none otherwise minded: but he that troubleth you shall bear his judgment, whosoever he be.

11. But I, brethren, if I still preach circumcision, why am I still persecuted? then hath the stumbling-block of the cross been done away.

12. I would that they that unsettle you would even go beyond circumcision.

13. For ye, brethren, were called for freedom; only [use] not your freedom for an occasion to the flesh, but through love be servants one to another.

29. Ma come allora colui ch'era nato secondo la carne perseguitava il nato secondo lo Spirito, così succede anche ora.

30. Ma che dice la Scrittura? Caccia via la schiava e il suo figliuolo; perché il figliuolo della schiava non sarà erede col figliuolo della libera.

31. Perciò, fratelli, noi non siamo figliuoli della schiava, ma della libera.

# Galati 5

1. Cristo ci ha affrancati perché fossimo liberi; state dunque saldi, e non vi lasciate di nuovo porre sotto il giogo della schiavitù!

2. Ecco, io, Paolo, vi dichiaro che, se vi fate circoncidere, Cristo non vi gioverà nulla.

3. E da capo protesto ad ogni uomo che si fa circoncidere, ch'egli è obbligato ad osservare tutta quanta la legge.

4. Voi che volete esser giustificati per la legge, avete rinunziato a Cristo; siete scaduti dalla grazia.

5. Poiché, quanto a noi, è in ispirito, per fede, che aspettiamo la speranza della giustizia.

6. Infatti, in Cristo Gesù, né la circoncisione né l'incirconcisione hanno valore alcuno; quel che vale è la fede operante per mezzo dell'amore.

7. Voi correvate bene; chi vi ha fermati perché non ubbidiate alla verità?

8. Una tal persuasione non viene da Colui che vi chiama.

9. Un po' di lievito fa lievitare tutta la pasta.

10. Riguardo a voi, io ho questa fiducia nel Signore, che non la penserete diversamente; ma colui che vi conturba ne porterà la pena, chiunque egli sia.

11. Quanto a me, fratelli, s'io predico ancora la circoncisione, perché sono ancora perseguitato? Lo scandalo della croce sarebbe allora tolto via.

12. Si facessero pur anche evirare quelli che vi mettono sottosopra!

13. Perché, fratelli, voi siete stati chiamati a libertà; soltanto non fate della libertà un'occasione alla carne, ma per mezzo dell'amore servite gli uni agli altri;

14. For the whole law is fulfilled in one word, [even] in this: Thou shalt love thy neighbor as thyself.

15. But if ye bite and devour one another, take heed that ye be not consumed one of another.

16. But I say, walk by the Spirit, and ye shall not fulfil the lust of the flesh.

17. For the flesh lusteth against the Spirit, and the Spirit against the flesh; for these are contrary the one to the other; that ye may not do the things that ye would.

18. But if ye are led by the Spirit, ye are not under the law.

19. Now the works of the flesh are manifest, which are [these]: fornication, uncleanness, lasciviousness,

20. idolatry, sorcery, enmities, strife, jealousies, wraths, factions, divisions, parties,

21. envyings, drunkenness, revellings, and such like; of which I forewarn you, even as I did forewarn you, that they who practise such things shall not inherit the kingdom of God.

22. But the fruit of the Spirit is love, joy, peace, longsuffering, kindness, goodness, faithfulness,

23. meekness, self-control; against such there is no law.

24. And they that are of Christ Jesus have crucified the flesh with the passions and the lusts thereof.

25. If we live by the Spirit, by the Spirit let us also walk.

26. Let us not become vainglorious, provoking one another, envying one another.

14. poiché tutta la legge è adempiuta in quest'unica parola: Ama il tuo prossimo come te stesso.

15. Ma se vi mordete e divorate gli uni gli altri, guardate di non esser consumati gli uni dagli altri.

16. Or io dico: Camminate per lo Spirito e non adempirete i desideri della carne.

17. Perché la carne ha desideri contrari allo Spirito, e lo Spirito ha desideri contrari alla carne; sono cose opposte fra loro; in guisa che non potete fare quel che vorreste.

18. Ma se siete condotti dallo Spirito, voi non siete sotto la legge.

19. Or le opere della carne sono manifeste, e sono: fornicazione, impurità, dissolutezza,

20. idolatria, stregoneria, inimicizie, discordia, gelosia, ire, contese, divisioni,

21. sètte, invidie, ubriachezze, gozzoviglie, e altre simili cose; circa le quali vi prevengo, come anche v'ho già prevenuti, che quelli che fanno tali cose non erederanno il regno di Dio.

22. Il frutto dello Spirito, invece, è amore, allegrezza, pace, longanimità, benignità, bontà, fedeltà, dolcezza, temperanza;

23. contro tali cose non c'è legge.

24. E quelli che son di Cristo hanno crocifisso la carne con le sue passioni e le sue concupiscenze.

25. Se viviamo per lo Spirito, camminiamo altresì per lo Spirito.

26. Non siamo vanagloriosi, provocandoci e invidiandoci gli uni gli altri.

# Galatians 6

1. Brethren, even if a man be overtaken in any trespass, ye who are spiritual, restore such a one in a spirit of gentleness; looking to thyself, lest thou also be tempted.

2. Bear ye one another's burdens, and so fulfil the law of Christ.

3. For if a man thinketh himself to be something when he is nothing, he deceiveth himself.

# Galati 6

1. Fratelli, quand'anche uno sia stato còlto in qualche fallo, voi, che siete spirituali, rialzatelo con spirito di mansuetudine. E bada bene a te stesso, che talora anche tu non sii tentato.

2. Portate i pesi gli uni degli altri, e così adempirete la legge di Cristo.

3. Poiché se alcuno si stima esser qualcosa pur non essendo nulla, egli inganna se stesso.

4. But let each man prove his own work, and then shall he have his glorying in regard of himself alone, and not of his neighbor.

5. For each man shall bear his own burden.

6. But let him that is taught in the word communicate unto him that teacheth in all good things.

7. Be not deceived; God is not mocked: for whatsoever a man soweth, that shall he also reap.

8. For he that soweth unto his own flesh shall of the flesh reap corruption; but he that soweth unto the Spirit shall of the Spirit reap eternal life.

9. And let us not be weary in well-doing: for in due season we shall reap, if we faint not.

10. So then, as we have opportunity, let us work that which is good toward all men, and especially toward them that are of the household of the faith.

11. See with how large letters I write unto you with mine own hand.

12. As many as desire to make a fair show in the flesh, they compel you to be circumcised; only that they may not be persecuted for the cross of Christ.

13. For not even they who receive circumcision do themselves keep the law; but they desire to have you circumcised, that they may glory in your flesh.

14. But far be it from me to glory, save in the cross of our Lord Jesus Christ, through which the world hath been crucified unto me, and I unto the world.

15. For neither is circumcision anything, nor uncircumcision, but a new creature.

16. And as many as shall walk by this rule, peace [be] upon them, and mercy, and upon the Israel of God.

17. Henceforth, let no man trouble me; for I bear branded on my body the marks of Jesus.

18. The grace of our Lord Jesus Christ be with your spirit, brethren. Amen.

4. Ciascuno esamini invece l'opera propria; e allora avrà motivo di gloriarsi rispetto a se stesso soltanto, e non rispetto ad altri.

5. Poiché ciascuno porterà il suo proprio carico.

6. Colui che viene ammaestrato nella Parola faccia parte di tutti i suoi beni a chi l'ammaestra.

7. Non v'ingannate; non si può beffarsi di Dio; poiché quello che l'uomo avrà seminato, quello pure mieterà.

8. Perché chi semina per la propria carne, mieterà dalla carne corruzione; ma chi semina per lo Spirito, mieterà dallo Spirito vita eterna.

9. E non ci scoraggiamo nel far il bene; perché, se non ci stanchiamo, mieteremo a suo tempo.

10. Così dunque, secondo che ne abbiamo l'opportunità, facciam del bene a tutti; ma specialmente a quei della famiglia dei credenti.

11. Guardate con che grosso carattere v'ho scritto, di mia propria mano.

12. Tutti coloro che vogliono far bella figura nella carne, vi costringono a farvi circoncidere, e ciò al solo fine di non esser perseguitati per la croce di Cristo.

13. Poiché neppur quelli stessi che son circoncisi, osservano la legge; ma vogliono che siate circoncisi per potersi gloriare della vostra carne.

14. Ma quanto a me, non sia mai ch'io mi glori d'altro che della croce del Signor nostro Gesù Cristo, mediante la quale il mondo, per me, è stato crocifisso, e io sono stato crocifisso per il mondo.

15. Poiché tanto la circoncisione che l'incirconcisione non son nulla; quel che importa è l'essere una nuova creatura.

16. E su quanti cammineranno secondo questa regola siano pace e misericordia, e così siano sull'Israele di Dio.

17. Da ora in poi nessuno mi dia molestia, perché io porto nel mio corpo le stimmate di Gesù.

18. La grazia del Signor nostro Gesù Cristo sia col vostro spirito, fratelli. Amen.

# Ephesians 1

1. Paul, an apostle of Christ Jesus through the will of God, to the saints that are at Ephesus, and the faithful in Christ Jesus:

2. Grace to you and peace from God our Father and the Lord Jesus Christ.

3. Blessed [be] the God and Father of our Lord Jesus Christ, who hath blessed us with every spiritual blessing in the heavenly [places] in Christ:

4. even as he chose us in him before the foundation of the world, that we should be holy and without blemish before him in love:

5. having foreordained us unto adoption as sons through Jesus Christ unto himself, according to the good pleasure of his will,

6. to the praise of the glory of his grace, which he freely bestowed on us in the Beloved:

7. in whom we have our redemption through his blood, the forgiveness of our trespasses, according to the riches of his grace,

8. which he made to abound toward us in all wisdom and prudence,

9. making known unto us the mystery of his will, according to his good pleasure which he purposed in him

10. unto a dispensation of the fulness of the times, to sum up all things in Christ, the things in the heavens, and the things upon the earth; in him, [I say,]

11. in whom also we were made a heritage, having been foreordained according to the purpose of him who worketh all things after the counsel of his will;

12. to the end that we should be unto the praise of his glory, we who had before hoped in Christ:

13. in whom ye also, having heard the word of the truth, the gospel of your salvation,-- in whom, having also believed, ye were sealed with the Holy Spirit of promise,

14. which is an earnest of our inheritance, unto the redemption of [God's] own possession, unto the praise of his glory.

# Efesini 1

1. Paolo, apostolo di Cristo Gesù per volontà di Dio, ai santi che sono in Efeso ed ai fedeli in Cristo Gesù.

2. Grazia a voi e pace da Dio, Padre nostro, e dal Signor Gesù Cristo.

3. Benedetto sia l'Iddio e Padre del nostro Signor Gesù Cristo, il quale ci ha benedetti d'ogni benedizione spirituale ne' luoghi celesti in Cristo,

4. siccome in lui ci ha eletti, prima della fondazione del mondo, affinché fossimo santi ed irreprensibili dinanzi a lui nell'amore,

5. avendoci predestinati ad essere adottati, per mezzo di Gesù Cristo, come suoi figliuoli, secondo il beneplacito della sua volontà:

6. a lode della gloria della sua grazia, la quale Egli ci ha largita nell'amato suo.

7. Poiché in Lui noi abbiamo la redenzione mediante il suo sangue, la remissione de' peccati, secondo le ricchezze della sua grazia;

8. della quale Egli è stato abbondante in verso noi, dandoci ogni sorta di sapienza e di intelligenza,

9. col farci conoscere il mistero della sua volontà, giusta il disegno benevolo ch'Egli aveva già prima in se stesso formato,

10. per tradurlo in atto nella pienezza dei tempi, e che consiste nel raccogliere sotto un sol capo, in Cristo, tutte le cose: tanto quelle che son nei cieli, quanto quelle che son sopra la terra.

11. In lui, dico, nel quale siamo pur stati fatti eredi, a ciò predestinati conforme al proposito di Colui che opera tutte le cose secondo il consiglio della propria volontà,

12. affinché fossimo a lode della sua gloria, noi, che per i primi abbiamo sperato in Cristo.

13. In lui voi pure, dopo avere udito la parola della verità, l'evangelo della vostra salvazione, in lui avendo creduto, avete ricevuto il suggello dello Spirito Santo che era stato promesso,

14. il quale è pegno della nostra eredità fino alla piena redenzione di quelli che Dio s'è acquistati, a lode della sua gloria.

15. For this cause I also, having heard of the faith in the Lord Jesus which is among you, and the love which [ye show] toward all the saints,

16. cease not to give thanks for you, making mention [of you] in my prayers;

17. that the God of our Lord Jesus Christ, the Father of glory, may give unto you a spirit of wisdom and revelation in the knowledge of him;

18. having the eyes of your heart enlightened, that ye may know what is the hope of his calling, what the riches of the glory of his inheritance in the saints,

19. and what the exceeding greatness of his power to us-ward who believe, according to that working of the strength of his might

20. which he wrought in Christ, when he raised him from the dead, and made him to sit at his right hand in the heavenly [places],

21. far above all rule, and authority, and power, and dominion, and every name that is named, not only in this world, but also in that which is to come:

22. and he put all things in subjection under his feet, and gave him to be head over all things to the church,

23. which is his body, the fulness of him that filleth all in all.

15. Perciò anch'io, avendo udito parlare della fede vostra nel Signor Gesù e del vostro amore per tutti i santi,

16. non resto mai dal render grazie per voi, facendo di voi menzione nelle mie orazioni,

17. affinché l'Iddio del Signor nostro Gesù Cristo, il Padre della gloria, vi dia uno spirito di sapienza e di rivelazione per la piena conoscenza di lui,

18. ed illumini gli occhi del vostro cuore, affinché sappiate a quale speranza Egli v'abbia chiamati, qual sia la ricchezza della gloria della sua eredità nei santi,

19. e qual sia verso noi che crediamo, l'immensità della sua potenza.

20. La qual potente efficacia della sua forza Egli ha spiegata in Cristo, quando lo risuscitò dai morti e lo fece sedere alla propria destra ne' luoghi celesti,

21. al di sopra di ogni principato e autorità e potestà e signoria, e d'ogni altro nome che si nomina non solo in questo mondo, ma anche in quello a venire.

22. Ogni cosa Ei gli ha posta sotto ai piedi, e l'ha dato per capo supremo alla Chiesa,

23. che è il corpo di lui, il compimento di colui che porta a compimento ogni cosa in tutti.

# Ephesians 2

# Efesini 2

1. And you [did he make alive,] when ye were dead through your trespasses and sins,

2. wherein ye once walked according to the course of this world, according to the prince of the powers of the air, of the spirit that now worketh in the sons of disobedience;

3. among whom we also all once lived in the lust of our flesh, doing the desires of the flesh and of the mind, and were by nature children of wrath, even as the rest:--

4. but God, being rich in mercy, for his great love wherewith he loved us,

1. E voi pure ha vivificati, voi ch'eravate morti ne' vostri falli e ne' vostri peccati,

2. ai quali un tempo vi abbandonaste seguendo l'andazzo di questo mondo, seguendo il principe della potestà dell'aria, di quello spirito che opera al presente negli uomini ribelli;

3. nel numero dei quali noi tutti pure, immersi nelle nostre concupiscenze carnali, siamo vissuti altra volta ubbidendo alle voglie della carne e dei pensieri, ed eravamo per natura figliuoli d'ira, come gli altri.

4. Ma Dio, che è ricco in misericordia, per il grande amore del quale ci ha amati,

5. even when we were dead through our trespasses, made us alive together with Christ (by grace have ye been saved),

6. and raised us up with him, and made us to sit with him in the heavenly [places], in Christ Jesus:

7. that in the ages to come he might show the exceeding riches of his grace in kindness toward us in Christ Jesus:

8. for by grace have ye been saved through faith; and that not of yourselves, [it is] the gift of God;

9. not of works, that no man should glory.

10. For we are his workmanship, created in Christ Jesus for good works, which God afore prepared that we should walk in them.

11. Wherefore remember, that once ye, the Gentiles in the flesh, who are called Uncircumcision by that which is called Circumcision, in the flesh, made by hands;

12. that ye were at that time separate from Christ, alienated from the commonwealth of Israel, and strangers from the covenants of the promise, having no hope and without God in the world.

13. But now in Christ Jesus ye that once were far off are made nigh in the blood of Christ.

14. For he is our peace, who made both one, and brake down the middle wall of partition,

15. having abolished in the flesh the enmity, [even] the law of commandments [contained] in ordinances; that he might create in himself of the two one new man, [so] making peace;

16. and might reconcile them both in one body unto God through the cross, having slain the enmity thereby:

17. and he came and preached peace to you that were far off, and peace to them that were nigh:

18. for through him we both have our access in one Spirit unto the Father.

5. anche quand'eravamo morti nei falli, ci ha vivificati con Cristo (egli è per grazia che siete stati salvati),

6. e ci ha risuscitati con lui e con lui ci ha fatti sedere ne' luoghi celesti in Cristo Gesù,

7. per mostrare nelle età a venire l'immensa ricchezza della sua grazia, nella benignità ch'Egli ha avuta per noi in Cristo Gesù.

8. Poiché gli è per grazia che voi siete stati salvati, mediante la fede; e ciò non vien da voi; è il dono di Dio.

9. Non è in virtù d'opere, affinché niuno si glori;

10. perché noi siamo fattura di lui, essendo stati creati in Cristo Gesù per le buone opere, le quali Iddio ha innanzi preparate affinché le pratichiamo.

11. Perciò, ricordatevi che un tempo voi, Gentili di nascita, chiamati i non circoncisi da quelli che si dicono i circoncisi, perché tali sono nella carne per mano d'uomo, voi, dico, ricordatevi che

12. in quel tempo eravate senza Cristo, esclusi dalla cittadinanza d'Israele ed estranei ai patti della promessa, non avendo speranza, ed essendo senza Dio nel mondo.

13. Ma ora, in Cristo Gesù, voi che già eravate lontani, siete stati avvicinati mediante il sangue di Cristo.

14. Poiché è lui ch'è la nostra pace; lui che dei due popoli ne ha fatto un solo ed ha abbattuto il muro di separazione

15. con l'abolire nella sua carne la causa dell'inimicizia, la legge fatta di comandamenti in forma di precetti, affin di creare in se stesso dei due un solo uomo nuovo, facendo la pace;

16. ed affin di riconciliarli ambedue in un corpo unico con Dio, mediante la sua croce, sulla quale fece morire l'inimicizia loro.

17. E con la sua venuta ha annunziato la buona novella della pace a voi che eravate lontani, e della pace a quelli che eran vicini.

18. Poiché per mezzo di lui e gli uni e gli altri abbiamo accesso al Padre in un medesimo Spirito.

19. So then ye are no more strangers and sojourners, but ye are fellow-citizens with the saints, and of the household of God,

20. being built upon the foundation of the apostles and prophets, Christ Jesus himself being the chief corner stone;

21. in whom each several building, fitly framed together, groweth into a holy temple in the Lord;
22. in whom ye also are builded together for a habitation of God in the Spirit.

19. Voi dunque non siete più né forestieri né avventizi; ma siete concittadini dei santi e membri della famiglia di Dio,
20. essendo stati edificati sul fondamento degli apostoli e de' profeti, essendo Cristo Gesù stesso la pietra angolare,
21. sulla quale l'edificio intero, ben collegato insieme, si va innalzando per essere un tempio santo nel Signore.
22. Ed in lui voi pure entrate a far parte dell'edificio, che ha da servire di dimora a Dio per lo Spirito.

# Ephesians 3

# Efesini 3

1. For this cause I Paul, the prisoner of Christ Jesus in behalf of you Gentiles,--

2. if so be that ye have heard of the dispensation of that grace of God which was given me to you-ward;
3. how that by revelation was made known unto me the mystery, as I wrote before in few words,
4. whereby, when ye read, ye can perceive my understanding in the mystery of Christ;
5. which in other generation was not made known unto the sons of men, as it hath now been revealed unto his holy apostles and prophets in the Spirit;

6. [to wit], that the Gentiles are fellow-heirs, and fellow-members of the body, and fellow-partakers of the promise in Christ Jesus through the gospel,
7. whereof I was made a minister, according to the gift of that grace of God which was given me according to the working of his power.
8. Unto me, who am less than the least of all saints, was this grace given, to preach unto the Gentiles the unsearchable riches of Christ;

9. and to make all men see what is the dispensation of the mystery which for ages hath been hid in God who created all things;

1. Per questa cagione io, Paolo, il carcerato di Cristo Gesù per voi, o Gentili?
2. (Poiché senza dubbio avete udito di quale grazia Iddio m'abbia fatto dispensatore per voi;
3. come per rivelazione mi sia stato fatto conoscere il mistero, di cui più sopra vi ho scritto in poche parole;
4. le quali leggendo, potete capire la intelligenza che io ho del mistero di Cristo.
5. Il quale mistero, nelle altre età, non fu dato a conoscere ai figliuoli degli uomini nel modo che ora, per mezzo dello Spirito, è stato rivelato ai santi apostoli e profeti di Lui;
6. vale a dire, che i Gentili sono eredi con noi, membra con noi d'un medesimo corpo e con noi partecipi della promessa fatta in Cristo Gesù mediante l'Evangelo,
7. del quale io sono stato fatto ministro, in virtù del dono della grazia di Dio largitami secondo la virtù della sua potenza.
8. A me, dico, che son da meno del minimo di tutti i santi, è stata data questa grazia di recare ai Gentili il buon annunzio delle non investigabili ricchezze di Cristo,
9. e di manifestare a tutti quale sia il piano seguito da Dio riguardo al mistero che è stato fin dalle più remote età nascosto in Dio, il creatore di tutte le cose,

10. to the intent that now unto the principalities and the powers in the heavenly [places] might be made known through the church the manifold wisdom of God,

11. according to the eternal purpose which he purposed in Christ Jesus our Lord:

12. in whom we have boldness and access in confidence through our faith in him.

13. Wherefore I ask that ye may not faint at my tribulations for you, which are your glory.

14. For this cause I bow my knees unto the Father,

15. from whom every family in heaven and on earth is named,

16. that he would grant you, according to the riches of his glory, that ye may be strengthened with power through his Spirit in the inward man;

17. that Christ may dwell in your hearts through faith; to the end that ye, being rooted and grounded in love,

18. may be strong to apprehend with all the saints what is the breadth and length and height and depth,

19. and to know the love of Christ which passeth knowledge, that ye may be filled unto all the fulness of God.

20. Now unto him that is able to do exceeding abundantly above all that we ask or think, according to the power that worketh in us,

21. unto him [be] the glory in the church and in Christ Jesus unto all generations for ever and ever. Amen.

10. affinché nel tempo presente, ai principati ed alle potestà, ne' luoghi celesti, sia data a conoscere, per mezzo della Chiesa, la infinitamente varia sapienza di Dio,

11. conforme al proponimento eterno ch'Egli ha mandato ad effetto nel nostro Signore, Cristo Gesù;

12. nel quale abbiamo la libertà d'accostarci a Dio, con piena fiducia, mediante la fede in lui.

13. Perciò io vi chieggo che non veniate meno nell'animo a motivo delle tribolazioni ch'io patisco per voi, poiché esse sono la vostra gloria).

14. ?Per questa cagione, dico, io piego le ginocchia dinanzi al Padre,

15. dal quale ogni famiglia ne' cieli e sulla terra prende nome,

16. perch'Egli vi dia, secondo le ricchezze della sua gloria, d'esser potentemente fortificati mediante lo Spirito suo, nell'uomo interiore,

17. e faccia sì che Cristo abiti per mezzo della fede nei vostri cuori,

18. affinché, essendo radicati e fondati nell'amore, siate resi capaci di abbracciare con tutti i santi qual sia la larghezza, la lunghezza, l'altezza e la profondità dell'amore di Cristo,

19. e di conoscere questo amore che sorpassa ogni conoscenza, affinché giungiate ad esser ripieni di tutta la pienezza di Dio.

20. Or a Colui che può, mediante la potenza che opera in noi, fare infinitamente al di là di quel che domandiamo o pensiamo,

21. a Lui sia la gloria nella Chiesa e in Cristo Gesù, per tutte le età, ne' secoli de' secoli. Amen.

# Ephesians 4

1. I therefore, the prisoner in the Lord, beseech you to walk worthily of the calling wherewith ye were called,

2. with all lowliness and meekness, with longsuffering, forbearing one another in love;

3. giving diligence to keep the unity of the Spirit in the bond of peace.

# Efesini 4

1. Io dunque, il carcerato nel Signore, vi esorto a condurvi in modo degno della vocazione che vi è stata rivolta,

2. con ogni umiltà e mansuetudine, con longanimità, sopportandovi gli uni gli altri con amore,

3. studiandovi di conservare l'unità dello Spirito col vincolo della pace.

4. [There is] one body, and one Spirit, even as also ye were called in one hope of your calling;

5. one Lord, one faith, one baptism,

6. one God and Father of all, who is over all, and through all, and in all.

7. But unto each one of us was the grace given according to the measure of the gift of Christ.

8. Wherefore he saith, When he ascended on high, he led captivity captive, And gave gifts unto men.

9. (Now this, He ascended, what is it but that he also descended into the lower parts of the earth?

10. He that descended is the same also that ascended far above all the heavens, that he might fill all things.)

11. And he gave some [to be] apostles; and some, prophets; and some, evangelists; and some, pastors and teachers;

12. for the perfecting of the saints, unto the work of ministering, unto the building up of the body of Christ:

13. till we all attain unto the unity of the faith, and of the knowledge of the Son of God, unto a fullgrown man, unto the measure of the stature of the fulness of Christ:

14. that we may be no longer children, tossed to and fro and carried about with every wind of doctrine, by the sleight of men, in craftiness, after the wiles of error;

15. but speaking truth in love, we may grow up in all things into him, who is the head, [even] Christ;

16. from whom all the body fitly framed and knit together through that which every joint supplieth, according to the working in [due] measure of each several part, maketh the increase of the body unto the building up of itself in love.

17. This I say therefore, and testify in the Lord, that ye no longer walk as the Gentiles also walk, in the vanity of their mind,

18. being darkened in their understanding, alienated from the life of God, because of the ignorance that is in them, because of the hardening of their heart;

4. V'è un corpo unico ed un unico Spirito, come pure siete stati chiamati ad un'unica speranza, quella della vostra vocazione.

5. V'è un solo Signore, una sola fede, un solo battesimo,

6. un Dio unico e Padre di tutti, che è sopra tutti, fra tutti ed in tutti.

7. Ma a ciascun di noi la grazia è stata data secondo la misura del dono largito da Cristo.

8. Egli è per questo che è detto: Salito in alto, egli ha menato in cattività un gran numero di prigioni ed ha fatto dei doni agli uomini.

9. Or questo è salito che cosa vuol dire se non che egli era anche disceso nelle parti più basse della terra?

10. Colui che è disceso, è lo stesso che è salito al di sopra di tutti i cieli, affinché riempisse ogni cosa.

11. Ed è lui che ha dato gli uni, come apostoli; gli altri, come profeti; gli altri, come evangelisti; gli altri, come pastori e dottori,

12. per il perfezionamento dei santi, per l'opera del ministerio, per la edificazione del corpo di Cristo,

13. finché tutti siamo arrivati all'unità della fede e della piena conoscenza del Figliuol di Dio, allo stato d'uomini fatti, all'altezza della statura perfetta di Cristo;

14. affinché non siamo più dei bambini, sballottati e portati qua e là da ogni vento di dottrina, per la frode degli uomini, per l'astuzia loro nelle arti seduttrici dell'errore,

15. ma che, seguitando verità in carità, noi cresciamo in ogni cosa verso colui che è il capo, cioè Cristo.

16. Da lui tutto il corpo ben collegato e ben connesso mediante l'aiuto fornito da tutte le giunture, trae il proprio sviluppo nella misura del vigore d'ogni singola parte, per edificar se stesso nell'amore.

17. Questo dunque io dico ed attesto nel Signore, che non vi conduciate più come si conducono i pagani nella vanità de' loro pensieri,

18. con l'intelligenza ottenebrata, estranei alla vita di Dio, a motivo della ignoranza che è in loro, a motivo dell'induramento del cuor loro.

19. who being past feeling gave themselves up to lasciviousness, to work all uncleanness with greediness.

20. But ye did not so learn Christ;

21. if so be that ye heard him, and were taught in him, even as truth is in Jesus:

22. that ye put away, as concerning your former manner of life, the old man, that waxeth corrupt after the lusts of deceit;

23. and that ye be renewed in the spirit of your mind,

24. and put on the new man, that after God hath been created in righteousness and holiness of truth.

25. Wherefore, putting away falsehood, speak ye truth each one with his neighbor: for we are members one of another.

26. Be ye angry, and sin not: let not the sun go down upon your wrath:

27. neither give place to the devil.

28. Let him that stole steal no more: but rather let him labor, working with his hands the thing that is good, that he may have whereof to give to him that hath need.

29. Let no corrupt speech proceed out of your mouth, but such as is good for edifying as the need may be, that it may give grace to them that hear.

30. And grieve not the Holy Spirit of God, in whom ye were sealed unto the day of redemption.

31. Let all bitterness, and wrath, and anger, and clamor, and railing, be put away from you, with all malice:

32. and be ye kind one to another, tenderhearted, forgiving each other, even as God also in Christ forgave you.

19. Essi, avendo perduto ogni sentimento, si sono abbandonati alla dissolutezza fino a commettere ogni sorta di impurità con insaziabile avidità.

20. Ma quant'è a voi, non è così che avete imparato a conoscer Cristo.

21. Se pur l'avete udito ed in lui siete stati ammaestrati secondo la verità che è in Gesù,

22. avete imparato, per quanto concerne la vostra condotta di prima, a spogliarvi del vecchio uomo che si corrompe seguendo le passioni ingannatrici;

23. ad essere invece rinnovati nello spirito della vostra mente,

24. e a rivestire l'uomo nuovo che è creato all'immagine di Dio nella giustizia e nella santità che procedono dalla verità.

25. Perciò, bandita la menzogna, ognuno dica la verità al suo prossimo perché siamo membra gli uni degli altri.

26. Adiratevi e non peccate; il sole non tramonti sopra il vostro cruccio

27. e non fate posto al diavolo.

28. Chi rubava non rubi più, ma s'affatichi piuttosto a lavorare onestamente con le proprie mani, onde abbia di che far parte a colui che ha bisogno.

29. Niuna mala parola esca dalla vostra bocca; ma se ne avete alcuna buona che edifichi, secondo il bisogno, ditela, affinché conferisca grazia a chi l'ascolta.

30. E non contristate lo Spirito Santo di Dio col quale siete stati suggellati per il giorno della redenzione.

31. Sia tolta via da voi ogni amarezza, ogni cruccio ed ira e clamore e parola offensiva con ogni sorta di malignità.

32. Siate invece gli uni verso gli altri benigni, misericordiosi, perdonandovi a vicenda, come anche Dio vi ha perdonati in Cristo.

# Ephesians 5

# Efesini 5

1. Be ye therefore imitators of God, as beloved children;

2. and walk in love, even as Christ also loved you, and gave himself up for us, an offering and a sacrifice to God for an odor of a sweet smell.

1. Siate dunque imitatori di Dio, come figliuoli suoi diletti;

2. camminate nell'amore come anche Cristo vi ha amati e ha dato se stesso per noi in offerta e sacrificio a Dio, qual profumo d'odor soave.

3. But fornication, and all uncleanness, or covetousness, let it not even be named among you, as becometh saints;

4. nor filthiness, nor foolish talking, or jesting, which are not befitting: but rather giving of thanks.

5. For this ye know of a surety, that no fornicator, nor unclean person, nor covetous man, who is an idolater, hath any inheritance in the kingdom of Christ and God.

6. Let no man deceive you with empty words: for because of these things cometh the wrath of God upon the sons of disobedience.

7. Be not ye therefore partakers with them;

8. For ye were once darkness, but are now light in the Lord: walk as children of light

9. (for the fruit of the light is in all goodness and righteousness and truth),

10. proving what is well-pleasing unto the Lord;

11. and have no fellowship with the unfruitful works of darkness, but rather even reprove them;

12. for the things which are done by them in secret it is a shame even to speak of.

13. But all things when they are reproved are made manifest by the light: for everything that is made manifest is light.

14. Wherefore [he] saith, Awake, thou that sleepest, and arise from the dead, and Christ shall shine upon thee.

15. Look therefore carefully how ye walk, not as unwise, but as wise;

16. redeeming the time, because the days are evil.

17. Wherefore be ye not foolish, but understand what the will of the Lord is.

18. And be not drunken with wine, wherein is riot, but be filled with the Spirit;

19. speaking one to another in psalms and hymns and spiritual songs, singing and making melody with your heart to the Lord;

20. giving thanks always for all things in the name of our Lord Jesus Christ to God, even the Father;

3. Ma come si conviene a dei santi, né fornicazione, né alcuna impurità, né avarizia, sia neppur nominata fra voi;

4. né disonestà, né buffonerie, né facezie scurrili, che son cose sconvenienti; ma piuttosto, rendimento di grazie.

5. Poiché voi sapete molto bene che niun fornicatore o impuro, o avaro (che è un idolatra), ha eredità nel regno di Cristo e di Dio.

6. Niuno vi seduca con vani ragionamenti; poiché è per queste cose che l'ira di Dio viene sugli uomini ribelli.

7. Non siate dunque loro compagni;

8. perché già eravate tenebre, ma ora siete luce nel Signore. Conducetevi come figliuoli di luce

9. (poiché il frutto della luce consiste in tutto ciò che è bontà e giustizia e verità),

10. esaminando che cosa sia accetto al Signore.

11. E non partecipate alle opere infruttuose delle tenebre; anzi, piuttosto riprendetele;

12. poiché egli è disonesto pur di dire le cose che si fanno da costoro in occulto.

13. Ma tutte le cose, quando sono riprese dalla luce, diventano manifeste; poiché tutto ciò che è manifesto, è luce.

14. Perciò dice: Risvegliati, o tu che dormi, e risorgi da' morti, e Cristo t'inonderà di luce.

15. Guardate dunque con diligenza come vi conducete; non da stolti, ma da savi;

16. approfittando delle occasioni, perché i giorni sono malvagi.

17. Perciò non siate disavveduti, ma intendete bene quale sia la volontà del Signore.

18. E non v'inebriate di vino; esso porta alla dissolutezza; ma siate ripieni dello Spirito,

19. parlandovi con salmi ed inni e canzoni spirituali, cantando e salmeggiando col cuor vostro al Signore;

20. rendendo del continuo grazie d'ogni cosa a Dio e Padre, nel nome del Signor nostro Gesù Cristo;

21. subjecting yourselves one to another in the fear of Christ.

22. Wives, [be in subjection] unto your own husbands, as unto the Lord.

23. For the husband is the head of the wife, and Christ also is the head of the church, [being] himself the saviour of the body.

24. But as the church is subject to Christ, so [let] the wives also [be] to their husbands in everything.

25. Husbands, love your wives, even as Christ also loved the church, and gave himself up for it;

26. that he might sanctify it, having cleansed it by the washing of water with the word,

27. that he might present the church to himself a glorious [church], not having spot or wrinkle or any such thing; but that it should be holy and without blemish.

28. Even so ought husbands also to love their own wives as their own bodies. He that loveth his own wife loveth himself:

29. for no man ever hated his own flesh; but nourisheth and cherisheth it, even as Christ also the church;

30. because we are members of his body.

31. For this cause shall a man leave his father and mother, and shall cleave to his wife; and the two shall become one flesh.

32. This mystery is great: but I speak in regard of Christ and of the church.

33. Nevertheless do ye also severally love each one his own wife even as himself; and [let] the wife [see] that she fear her husband.

21. sottoponendovi gli uni agli altri nel timore di Cristo.

22. Mogli, siate soggette ai vostri mariti, come al Signore;

23. poiché il marito è capo della moglie, come anche Cristo è capo della Chiesa, egli, che è il Salvatore del corpo.

24. Ma come la Chiesa è soggetta a Cristo, così debbono anche le mogli esser soggette a' loro mariti in ogni cosa.

25. Mariti, amate le vostre mogli, come anche Cristo ha amato la Chiesa e ha dato se stesso per lei,

26. affin di santificarla, dopo averla purificata col lavacro dell'acqua mediante la Parola,

27. affin di far egli stesso comparire dinanzi a sé questa Chiesa, gloriosa, senza macchia, senza ruga o cosa alcuna simile, ma santa ed irreprensibile.

28. Allo stesso modo anche i mariti debbono amare le loro mogli, come i loro propri corpi. Chi ama sua moglie ama se stesso.

29. Poiché niuno ebbe mai in odio la sua carne; anzi la nutre e la cura teneramente, come anche Cristo fa per la Chiesa,

30. poiché noi siamo membra del suo corpo.

31. Perciò l'uomo lascerà suo padre e sua madre e s'unirà a sua moglie, e i due diverranno una stessa carne.

32. Questo mistero è grande; dico questo, riguardo a Cristo ed alla Chiesa.

33. Ma d'altronde, anche fra voi, ciascuno individualmente così ami sua moglie, come ama se stesso; e altresì la moglie rispetti il marito.

# Ephesians 6

1. Children, obey your parents in the Lord: for this is right.

2. Honor thy father and mother (which is the first commandment with promise),

3. that it may be well with thee, and thou mayest live long on the earth.

4. And, ye fathers, provoke not your children to wrath: but nurture them in the chastening and admonition of the Lord.

# Efesini 6

1. Figliuoli, ubbidite nel Signore ai vostri genitori, poiché ciò è giusto.

2. Onora tuo padre e tua madre (è questo il primo comandamento con promessa)

3. affinché ti sia bene e tu abbia lunga vita sulla terra.

4. E voi, padri, non provocate ad ira i vostri figliuoli, ma allevateli in disciplina e in ammonizione del Signore.

5. Servants, be obedient unto them that according to the flesh are your masters, with fear and trembling, in singleness of your heart, as unto Christ;

6. not in the way of eyeservice, as men-pleasers; but as servants of Christ, doing the will of God from the heart;

7. with good will doing service, as unto the Lord, and not unto men:

8. knowing that whatsoever good thing each one doeth, the same shall he receive again from the Lord, whether [he be] bond or free.

9. And, ye masters, do the same things unto them, and forbear threatening: knowing that he who is both their Master and yours is in heaven, and there is no respect of persons with him.

10. Finally, be strong in the Lord, and in the strength of his might.

11. Put on the whole armor of God, that ye may be able to stand against the wiles of the devil.

12. For our wrestling is not against flesh and blood, but against the principalities, against the powers, against the world-rulers of this darkness, against the spiritual [hosts] of wickedness in the heavenly [places].

13. Wherefore take up the whole armor of God, that ye may be able to withstand in the evil day, and, having done all, to stand.

14. Stand therefore, having girded your loins with truth, and having put on the breastplate of righteousness,

15. and having shod your feet with the preparation of the gospel of peace;

16. withal taking up the shield of faith, wherewith ye shall be able to quench all the fiery darts of the evil [one].

17. And take the helmet of salvation, and the sword of the Spirit, which is the word of God:

18. with all prayer and supplication praying at all seasons in the Spirit, and watching thereunto in all perseverance and supplication for all the saints,

19. And on my behalf, that utterance may be given unto me in opening my mouth, to make known with boldness the mystery of the gospel,

5. Servi, ubbidite ai vostri signori secondo la carne, con timore e tremore, nella semplicità del cuor vostro, come a Cristo,

6. non servendo all'occhio come per piacere agli uomini, ma, come servi di Cristo, facendo il voler di Dio d'animo;

7. servendo con benevolenza, come se serviste il Signore e non gli uomini;

8. sapendo che ognuno, quand'abbia fatto qualche bene, ne riceverà la retribuzione dal Signore, servo o libero che sia.

9. E voi, signori, fate altrettanto rispetto a loro; astenendovi dalle minacce, sapendo che il Signor vostro e loro è nel cielo, e che dinanzi a lui non v'è riguardo a qualità di persone.

10. Del rimanente, fortificatevi nel Signore e nella forza della sua possanza.

11. Rivestitevi della completa armatura di Dio, onde possiate star saldi contro le insidie del diavolo;

12. poiché il combattimento nostro non è contro sangue e carne, ma contro i principati, contro le potestà, contro i dominatori di questo mondo di tenebre, contro le forze spirituali della malvagità, che sono ne' luoghi celesti.

13. Perciò, prendete la completa armatura di Dio, affinché possiate resistere nel giorno malvagio, e dopo aver compiuto tutto il dover vostro, restare in piè.

14. State dunque saldi, avendo presa la verità a cintura dei fianchi, essendovi rivestiti della corazza della giustizia

15. e calzati i piedi della prontezza che dà l'Evangelo della pace;

16. prendendo oltre a tutto ciò lo scudo della fede, col quale potrete spegnere tutti i dardi infocati del maligno.

17. Prendete anche l'elmo della salvezza e la spada dello Spirito, che è la Parola di Dio;

18. orando in ogni tempo, per lo Spirito, con ogni sorta di preghiere e di supplicazioni; ed a questo vegliando con ogni perseveranza e supplicazione per tutti i santi,

19. ed anche per me, acciocché mi sia dato di parlare apertamente per far conoscere con franchezza il mistero dell'Evangelo,

20. for which I am an ambassador in chains; that in it I may speak boldly, as I ought to speak.

21. But that ye also may know my affairs, how I do, Tychicus, the beloved brother and faithful minister in the Lord, shall make known to you all things:

22. whom I have sent unto you for this very purpose, that ye may know our state, and that he may comfort your hearts.

23. Peace be to the brethren, and love with faith, from God the Father and the Lord Jesus Christ.

24. Grace be with all them that love our Lord Jesus Christ with [a love] incorruptible.

20. per il quale io sono ambasciatore in catena; affinché io l'annunzi francamente, come convien ch'io ne parli.

21. Or acciocché anche voi sappiate lo stato mio e quello ch'io fo, Tichico, il caro fratello e fedel ministro del Signore, vi farà saper tutto.

22. Ve l'ho mandato apposta affinché abbiate conoscenza dello stato nostro ed ei consoli i vostri cuori.

23. Pace a' fratelli e amore con fede, da Dio Padre e dal Signor Gesù Cristo.

24. La grazia sia con tutti quelli che amano il Signor nostro Gesù Cristo con purità incorrotta.

# Philippians 1

1. Paul and Timothy, servants of Christ Jesus, to all the saints in Christ Jesus that are at Philippi, with the bishops and deacons:

2. Grace to you and peace from God our Father and the Lord Jesus Christ.

3. I thank my God upon all my remembrance of you,

4. always in every supplication of mine on behalf of you all making my supplication with joy,

5. for your fellowship in furtherance of the gospel from the first day until now;

6. being confident of this very thing, that he who began a good work in you will perfect it until the day of Jesus Christ:

7. even as it is right for me to be thus minded on behalf of you all, because I have you in my heart, inasmuch as, both in my bonds and in the defence and confirmation of the gospel, ye all are partakers with me of grace.

8. For God is my witness, how I long after you all in the tender mercies of Christ Jesus.

9. And this I pray, that your love may abound yet more and more in knowledge and all discernment;

10. so that ye may approve the things that are excellent; that ye may be sincere and void of offence unto the day of Christ;

11. being filled with the fruits of righteousness, which are through Jesus Christ, unto the glory and praise of God.

12. Now I would have you know, brethren, that the things [which happened] unto me have fallen out rather unto the progress of the gospel;

13. so that my bonds became manifest in Christ throughout the whole praetorian guard, and to all the rest;

14. and that most of the brethren in the Lord, being confident through my bonds, are more abundantly bold to speak the word of God without fear.

15. Some indeed preach Christ even of envy and strife; and some also of good will:

16. the one [do it] of love, knowing that I am set for the defence of the gospel;

# Filippesi 1

1. Paolo e Timoteo, servitori di Cristo Gesù, a tutti i santi in Cristo Gesù che sono in Filippi, coi vescovi e coi diaconi,

2. grazia a voi e pace da Dio nostro Padre e dal Signor Gesù Cristo.

3. Io rendo grazie all'Iddio mio di tutto il ricordo che ho di voi;

4. e sempre, in ogni mia preghiera, prego per voi tutti con allegrezza

5. a cagion della vostra partecipazione al progresso del Vangelo, dal primo giorno fino ad ora;

6. avendo fiducia in questo: che Colui che ha cominciato in voi un'opera buona, la condurrà a compimento fino al giorno di Cristo Gesù.

7. Ed è ben giusto ch'io senta così di tutti voi; perché io vi ho nel cuore, voi tutti che, tanto nelle mie catene quanto nella difesa e nella conferma del Vangelo, siete partecipi con me della grazia.

8. Poiché Iddio mi è testimone com'io sospiri per voi tutti con affetto sviscerato in Cristo Gesù.

9. E la mia preghiera è che il vostro amore sempre più abbondi in conoscenza e in ogni discernimento,

10. onde possiate distinguere fra il bene ed il male, affinché siate sinceri e irreprensibili per il giorno di Cristo,

11. ripieni di frutti di giustizia che si hanno per mezzo di Gesù Cristo, a gloria e lode di Dio.

12. Or, fratelli, io voglio che sappiate che le cose mie son riuscite piuttosto al progresso del Vangelo;

13. tanto che a tutta la guardia pretoriana e a tutti gli altri è divenuto notorio che io sono in catene per Cristo;

14. e la maggior parte de' fratelli nel Signore, incoraggiati dai miei legami, hanno preso vie maggiore ardire nell'annunziare senza paura la Parola di Dio.

15. Vero è che alcuni predicano Cristo anche per invidia e per contenzione; ma ce ne sono anche altri che lo predicano di buon animo.

16. Questi lo fanno per amore, sapendo che sono incaricato della difesa del Vangelo;

17. but the other proclaim Christ of faction, not sincerely, thinking to raise up affliction for me in my bonds.

18. What then? only that in every way, whether in pretence or in truth, Christ is proclaimed; and therein I rejoice, yea, and will rejoice.

19. For I know that this shall turn out to my salvation, through your supplication and the supply of the Spirit of Jesus Christ,

20. according to my earnest expectation and hope, that in nothing shall I be put to shame, but [that] with all boldness, as always, [so] now also Christ shall be magnified in my body, whether by life, or by death.

21. For to me to live is Christ, and to die is gain.

22. But if to live in the flesh, --[if] this shall bring fruit from my work, then what I shall choose I know not.

23. But I am in a strait betwixt the two, having the desire to depart and be with Christ; for it is very far better:

24. yet to abide in the flesh is more needful for your sake.

25. And having this confidence, I know that I shall abide, yea, and abide with you all, for your progress and joy in the faith;

26. that your glorying may abound in Christ Jesus in me through my presence with you again.

27. Only let your manner of life be worthy of the gospel of Christ: that, whether I come and see you and be absent, I may hear of your state, that ye stand fast in one spirit, with one soul striving for the faith of the gospel;

28. and in nothing affrighted by the adversaries: which is for them an evident token of perdition, but of your salvation, and that from God;

29. because to you it hath been granted in the behalf of Christ, not only to believe on him, but also to suffer in his behalf:

30. having the same conflict which ye saw in me, and now hear to be in me.

17. ma quelli annunziano Cristo con spirito di parte, non sinceramente, credendo cagionarmi afflizione nelle mie catene.

18. Che importa? Comunque sia, o per pretesto o in sincerità, Cristo è annunziato; e io di questo mi rallegro, e mi rallegrerò ancora,

19. perché so che ciò tornerà a mia salvezza, mediante le vostre supplicazioni e l'assistenza dello Spirito di Gesù Cristo,

20. secondo la mia viva aspettazione e la mia speranza di non essere svergognato in cosa alcuna; ma che con ogni franchezza, ora come sempre Cristo sarà magnificato nel mio corpo, sia con la vita, sia con la morte.

21. Poiché per me il vivere è Cristo, e il morire guadagno.

22. Ma se il continuare a vivere nella carne rechi frutto all'opera mia e quel ch'io debba preferire, non saprei dire.

23. Io sono stretto dai due lati: ho desiderio di partire e d'esser con Cristo, perché è cosa di gran lunga migliore;

24. ma il mio rimanere nella carne è più necessario per voi.

25. Ed ho questa ferma fiducia ch'io rimarrò e dimorerò con tutti voi per il vostro progresso e per la gioia della vostra fede;

26. onde il vostro gloriarvi abbondi in Cristo Gesù a motivo di me, per la mia presenza di nuovo in mezzo a voi.

27. Soltanto, conducetevi in modo degno del Vangelo di Cristo, affinché, o che io venga a vedervi o che sia assente, oda di voi che state fermi in uno stesso spirito, combattendo assieme di un medesimo animo per la fede del Vangelo,

28. e non essendo per nulla spaventati dagli avversari: il che per loro è una prova evidente di perdizione; ma per voi, di salvezza; e ciò da parte di Dio.

29. Poiché a voi è stato dato, rispetto a Cristo, non soltanto di credere in lui, ma anche di soffrire per lui,

30. sostenendo voi la stessa lotta che mi avete veduto sostenere, e nella quale ora udite ch'io mi trovo.

# Philippians 2

1. If there is therefore any exhortation in Christ, if any consolation of love, if any fellowship of the Spirit, if any tender mercies and compassions,

2. make full my joy, that ye be of the same mind, having the same love, being of one accord, of one mind;

3. [doing] nothing through faction or through vainglory, but in lowliness of mind each counting other better than himself;

4. not looking each of you to his own things, but each of you also to the things of others.

5. Have this mind in you, which was also in Christ Jesus:

6. who, existing in the form of God, counted not the being on an equality with God a thing to be grasped,

7. but emptied himself, taking the form of a servant, being made in the likeness of men;

8. and being found in fashion as a man, he humbled himself, becoming obedient [even] unto death, yea, the death of the cross.

9. Wherefore also God highly exalted him, and gave unto him the name which is above every name;

10. that in the name of Jesus every knee should bow, of [things] in heaven and [things] on earth and [things] under the earth,

11. and that every tongue should confess that Jesus Christ is Lord, to the glory of God the Father.

12. So then, my beloved, even as ye have always obeyed, not as in my presence only, but now much more in my absence, work out your own salvation with fear and trembling;

13. for it is God who worketh in you both to will and to work, for his good pleasure.

14. Do all things without murmurings and questionings:

15. that ye may become blameless and harmless, children of God without blemish in the midst of a crooked and perverse generation, among whom ye are seen as lights in the world,

# Filippesi 2

1. Se dunque v'è qualche consolazione in Cristo, se v'è qualche conforto d'amore, se v'è qualche comunione di Spirito, se v'è qualche tenerezza d'affetto e qualche compassione,

2. rendente perfetta la mia allegrezza, avendo un medesimo sentimento, un medesimo amore, essendo d'un animo, di un unico sentire;

3. non facendo nulla per spirito di parte o per vanagloria, ma ciascun di voi, con umiltà, stimando altrui da più di se stesso,

4. avendo ciascun di voi riguardo non alle cose proprie, ma anche a quelle degli altri.

5. Abbiate in voi lo stesso sentimento che è stato in Cristo Gesù;

6. il quale, essendo in forma di Dio non riputò rapina l'essere uguale a Dio,

7. ma annichilì se stesso, prendendo forma di servo e divenendo simile agli uomini;

8. ed essendo trovato nell'esteriore come un uomo, abbassò se stesso, facendosi ubbidiente fino alla morte, e alla morte della croce.

9. Ed è perciò che Dio lo ha sovranamente innalzato e gli ha dato il nome che è al di sopra d'ogni nome,

10. affinché nel nome di Gesù si pieghi ogni ginocchio nei cieli, sulla terra e sotto la terra,

11. e ogni lingua confessi che Gesù Cristo è il Signore, alla gloria di Dio Padre.

12. Così, miei cari, come sempre siete stati ubbidienti, non solo come s'io fossi presente, ma molto più adesso che sono assente, compiete la vostra salvezza con timore e tremore,

13. poiché Dio è quel che opera in voi il volere e l'operare, per la sua benevolenza.

14. Fate ogni cosa senza mormorii e senza dispute,

15. affinché siate irreprensibili e schietti, figliuoli di Dio senza biasimo in mezzo a una generazione storta e perversa, nella quale voi risplendete come luminari nel mondo, tenendo alta la Parola della vita,

16. holding forth the word of life; that I may have whereof to glory in the day of Christ, that I did not run in vain neither labor in vain.

17. Yea, and if I am offered upon the sacrifice and service of your faith, I joy, and rejoice with you all:

18. and in the same manner do ye also joy, and rejoice with me.

19. But I hope in the Lord Jesus to send Timothy shortly unto you, that I also may be of good comfort, when I know your state.

20. For I have no man likeminded, who will care truly for your state.

21. For they all seek their own, not the things of Jesus Christ.

22. But ye know the proof of him, that, as a child [serveth] a father, [so] he served with me in furtherance of the gospel.

23. Him therefore I hope to send forthwith, so soon as I shall see how it will go with me:

24. but I trust in the Lord that I myself also shall come shortly.

25. But I counted it necessary to send to you Epaphroditus, my brother and fellow-worker and fellow-soldier, and your messenger and minister to my need;

26. since he longed after you all, and was sore troubled, because ye had heard that he was sick:

27. for indeed he was sick nigh unto death: but God had mercy on him; and not on him only, but on me also, that I might not have sorrow upon sorrow.

28. I have sent him therefore the more diligently, that, when ye see him again, ye may rejoice, and that I may be the less sorrowful.

29. Receive him therefore in the Lord with all joy; and hold such in honor:

30. because for the work of Christ he came nigh unto death, hazarding his life to supply that which was lacking in your service toward me.

16. onde nel giorno di Cristo io abbia da gloriarmi di non aver corso invano, né invano faticato.

17. E se anche io debba essere offerto a mo' di libazione sul sacrificio e sul servigio della vostra fede, io ne gioisco e me ne rallegro con tutti voi;

18. e nello stesso modo gioitene anche voi e rallegratevene meco.

19. Or io spero nel Signor Gesù di mandarvi tosto Timoteo affinché io pure sia incoraggiato, ricevendo notizie dello stato vostro.

20. Perché non ho alcuno d'animo pari al suo, che abbia sinceramente a cuore quel che vi concerne.

21. Poiché tutti cercano il loro proprio; non ciò che è di Cristo Gesù.

22. Ma voi lo conoscete per prova, poiché nella maniera che un figliuolo serve al padre egli ha servito meco nella causa del Vangelo.

23. Spero dunque di mandarvelo, appena avrò veduto come andranno i fatti miei;

24. ma ho fiducia nel Signore che io pure verrò presto.

25. Però ho stimato necessario di mandarvi Epafròdito, mio fratello, mio collaboratore e commilitone, inviatomi da voi per supplire ai miei bisogni,

26. giacché egli avea gran brama di vedervi tutti ed era angosciato perché avevate udito ch'egli era stato infermo.

27. E difatti è stato infermo, e ben vicino alla morte; ma Iddio ha avuto pietà di lui; e non soltanto di lui, ma anche di me, perch'io non avessi tristezza sopra tristezza.

28. Perciò ve l'ho mandato con tanta maggior premura, affinché, vedendolo di nuovo, vi rallegriate, e anch'io sia men rattristato.

29. Accoglietelo dunque nel Signore con ogni allegrezza, e abbiate stima di uomini cosiffatti;

30. perché, per l'opera di Cristo egli è stato vicino alla morte, avendo arrischiata la propria vita per supplire ai servizi che non potevate rendermi voi stessi.

# Philippians 3

1. Finally, my brethren, rejoice in the Lord. To write the same things to you, to me indeed is not irksome, but for you it is safe.

2. Beware of the dogs, beware of the evil workers, beware of the concision:

3. for we are the circumcision, who worship by the Spirit of God, and glory in Christ Jesus, and have no confidence in the flesh:

4. though I myself might have confidence even in the flesh: if any other man thinketh to have confidence in the flesh, I yet more:

5. circumcised the eighth day, of the stock of Israel, of the tribe of Benjamin, a Hebrew of Hebrews; as touching the law, a Pharisee;

6. as touching zeal, persecuting the church; as touching the righteousness which is in the law, found blameless.

7. Howbeit what things were gain to me, these have I counted loss for Christ.

8. Yea verily, and I count all things to be loss for the excellency of the knowledge of Christ Jesus my Lord: for whom I suffered the loss of all things, and do count them but refuse, that I may gain Christ,

9. and be found in him, not having a righteousness of mine own, [even] that which is of the law, but that which is through faith in Christ, the righteousness which is from God by faith:

10. that I may know him, and the power of his resurrection, and the fellowship of his sufferings, becoming conformed unto his death;

11. if by any means I may attain unto the resurrection from the dead.

12. Not that I have already obtained, or am already made perfect: but I press on, if so be that I may lay hold on that for which also I was laid hold on by Christ Jesus.

13. Brethren, I could not myself yet to have laid hold: but one thing [I do], forgetting the things which are behind, and stretching forward to the things which are before,

# Filippesi 3

1. Del resto, fratelli miei, rallegratevi nel Signore. A me certo non è grave lo scrivervi le medesime cose, e per voi è sicuro.

2. Guardatevi dai cani, guardatevi dai cattivi operai, guardatevi da quei della mutilazione;

3. poiché i veri circoncisi siamo noi, che offriamo il nostro culto per mezzo dello Spirito di Dio, che ci gloriamo in Cristo Gesù, e non ci confidiamo nella carne;

4. benché anche nella carne io avessi di che confidarmi. Se qualcun altro pensa aver di che confidarsi nella carne, io posso farlo molto di più:

5. io, circonciso l'ottavo giorno, della razza d'Israele, della tribù di Beniamino, ebreo d'ebrei; quanto alla legge, Fariseo;

6. quanto allo zelo, persecutore della chiesa; quanto alla giustizia che è nella legge, irreprensibile.

7. Ma le cose che m'eran guadagni, io le ho reputate danno a cagion di Cristo.

8. Anzi, a dir vero, io reputo anche ogni cosa essere un danno di fronte alla eccellenza della conoscenza do Cristo Gesù, mio Signore, per il quale rinunziai a tutte codeste cose e le reputo tanta spazzatura affin di guadagnare Cristo,

9. e d'esser trovato in lui avendo non una giustizia mia, derivante dalla legge, ma quella che si ha mediante la fede in Cristo; la giustizia che vien da Dio, basata sulla fede;

10. in guisa ch'io possa conoscere esso Cristo, e la potenza della sua risurrezione, e la comunione delle sue sofferenze, essendo reso conforme a lui nella sua morte,

11. per giungere in qualche modo alla risurrezione dei morti.

12. Non ch'io abbia già ottenuto il premio o che sia già arrivato alla perfezione; ma proseguo il corso se mai io possa afferrare il premio; poiché anch'io sono stato afferrato da Cristo Gesù.

13. Fratelli, io non reputo d'avere ancora ottenuto il premio; ma una cosa fo: dimenticando le cose che stanno dietro e protendendomi verso quelle che stanno dinanzi,

14. I press on toward the goal unto the prize of the high calling of God in Christ Jesus.

15. Let us therefore, as many as are perfect, be thus minded: and if in anything ye are otherwise minded, this also shall God reveal unto you:

16. only, whereunto we have attained, by that same [rule] let us walk.

17. Brethren, be ye imitators together of me, and mark them that so walk even as ye have us for an ensample.

18. For many walk, of whom I told you often, and now tell you even weeping, [that they are] the enemies of the cross of Christ:

19. whose end is perdition, whose god is the belly, and [whose] glory is in their shame, who mind earthly things.

20. For our citizenship is in heaven; whence also we wait for a Saviour, the Lord Jesus Christ:

21. who shall fashion anew the body of our humiliation, [that it may be] conformed to the body of his glory, according to the working whereby he is able even to subject all things unto himself.

14. proseguo il corso verso la mèta per ottenere il premio della superna vocazione di Dio in Cristo Gesù.

15. Sia questo dunque il sentimento di quanti siamo maturi; e se in alcuna cosa voi sentite altrimenti, Iddio vi rivelerà anche quella.

16. Soltanto, dal punto al quale siamo arrivati, continuiamo a camminare per la stessa via.

17. Siate miei imitatori, fratelli, e riguardate a coloro che camminano secondo l'esempio che avete in noi.

18. Perché molti camminano (ve l'ho detto spesso e ve lo dico anche ora piangendo), da nemici della croce di Cristo;

19. la fine de' quali è la perdizione, il cui dio è il ventre, e la cui gloria è in quel che torna a loro vergogna; gente che ha l'animo alle cose della terra.

20. Quanto a noi, la nostra cittadinanza è ne' cieli, d'onde anche aspettiamo come Salvatore il Signor Gesù Cristo,

21. il quale trasformerà il corpo della nostra umiliazione rendendolo conforme al corpo della sua gloria, in virtù della potenza per la quale egli può anche sottoporsi ogni cosa.

# Philippians 4        Filippesi 4

1. Wherefore, my brethren beloved and longed for, my joy and crown, so stand fast in the Lord, my beloved.

2. I exhort Euodia, and I exhort Syntyche, to be of the same mind in the Lord.

3. Yea, I beseech thee also, true yokefellow, help these women, for they labored with me in the gospel, with Clement also, and the rest of my fellow-workers, whose names are in the book of life.

4. Rejoice in the Lord always: again I will say, Rejoice.

5. Let your forbearance be known unto all men. The Lord is at hand.

6. In nothing be anxious; but in everything by prayer and supplication with thanksgiving let your requests be made known unto God.

1. Perciò, fratelli miei cari e desideratissimi, allegrezza e corona mia, state in questa maniera fermi nel Signore, o diletti.

2. Io esorto Evodìa ed esorto Sintìche ad avere un medesimo sentimento nel Signore.

3. Sì, io prego te pure, mio vero collega, vieni in aiuto a queste donne, le quali hanno lottato meco per l'Evangelo, assieme con Clemente e gli altri miei collaboratori, i cui nomi sono nel libro della vita.

4. Rallegratevi del continuo nel Signore. Da capo dico: Rallegratevi.

5. La vostra mansuetudine sia nota a tutti gli uomini.

6. Il Signore è vicino. Non siate con ansietà solleciti di cosa alcuna; ma in ogni cosa siano le vostre richieste rese note a Dio in preghiera e supplicazione con azioni di grazie.

7. And the peace of God, which passeth all understanding, shall guard your hearts and your thoughts in Christ Jesus.

8. Finally, brethren, whatsoever things are true, whatsoever things are honorable, whatsoever things are just, whatsoever things are pure, whatsoever things are lovely, whatsoever things are of good report; if there be any virtue, and if there be any praise, think on these things.

9. The things which ye both learned and received and heard and saw in me, these things do: and the God of peace shall be with you.

10. But I rejoice in the Lord greatly, that now at length ye have revived your thought for me; wherein ye did indeed take thought, but ye lacked opportunity.

11. Not that I speak in respect of want: for I have learned, in whatsoever state I am, therein to be content.

12. I know how to be abased, and I know also how to abound: in everything and in all things have I learned the secret both to be filled and to be hungry, both to abound and to be in want.

13. I can do all things in him that strengtheneth me.

14. Howbeit ye did well that ye had fellowship with my affliction.

15. And ye yourselves also know, ye Philippians, that in the beginning of the gospel, when I departed from Macedonia, no church had fellowship with me in the matter of giving and receiving but ye only;

16. for even in Thessalonica ye sent once and again unto my need.

17. Not that I seek for the gift; but I seek for the fruit that increaseth to your account.

18. But I have all things, and abound: I am filled, having received from Epaphroditus the things [that came] from you, and odor of a sweet smell, a sacrifice acceptable, well-pleasing to God.

19. And my God shall supply every need of yours according to his riches in glory in Christ Jesus.

20. Now unto our God and Father [be] the glory for ever and ever. Amen.

21. Salute every saint in Christ Jesus. The brethren that are with me salute you.

7. E la pace di Dio che sopravanza ogni intelligenza, guarderà i vostri cuori e i vostri pensieri in Cristo Gesù.

8. Del rimanente, fratelli, tutte le cose vere, tutte le cose onorevoli, tutte le cose giuste, tutte le cose pure, tutte le cose amabili, tutte le cose di buona fama, quelle in cui è qualche virtù e qualche lode, siano oggetto dei vostri pensieri.

9. Le cose che avete imparate, ricevute, udite da me e vedute in me, fatele; e l'Iddio della pace sarà con voi.

10. Or io mi sono grandemente rallegrato nel Signore che finalmente avete fatto rinverdire le vostre cure per me; ci pensavate sì, ma vi mancava l'opportunità.

11. Non lo dico perché io mi trovi in bisogno; giacché ho imparato ad esser contento nello stato in cui mi trovo.

12. Io so essere abbassato e so anche abbondare; in tutto e per tutto sono stato ammaestrato ad esser saziato e ad aver fame; ad esser nell'abbondanza e ad esser nella penuria.

13. Io posso ogni cosa in Colui che mi fortifica.

14. Nondimeno avete fatto bene a prender parte alla mia afflizione.

15. Anche voi sapete, o Filippesi, che quando cominciai a predicar l'Evangelo, dopo aver lasciato la Macedonia, nessuna chiesa mi fece parte di nulla per quanto concerne il dare e l'avere, se non voi soli;

16. poiché anche a Tessalonica m'avete mandato una prima e poi una seconda volta di che sovvenire al mio bisogno.

17. Non già ch'io ricerchi i doni; ricerco piuttosto il frutto che abbondi a conto vostro.

18. Or io ho ricevuto ogni cosa, e abbondo. Sono pienamente provvisto, avendo ricevuto da Epafròdito quel che m'avete mandato, e che è un profumo d'odor soave, un sacrificio accettevole, gradito a Dio.

19. E l'Iddio mio supplirà ad ogni vostro bisogno secondo le sue ricchezze e con gloria, in Cristo Gesù.

20. Or all'Iddio e Padre nostro sia la gloria nei secoli dei secoli. Amen.

21. Salutate ognuno dei santi in Cristo Gesù.

22. All the saints salute you, especially they that are of Caesar's household.

23. The grace of the Lord Jesus Christ be with your spirit.

22. I fratelli che sono meco vi salutano. Tutti i santi vi salutano, e specialmente quelli della casa di Cesare.

23. La grazia del Signor Gesù Cristo sia con lo spirito vostro.

# Colossians 1

1. Paul, an apostle of Christ Jesus through the will of God, and Timothy our brother,

2. To the saints and faithful brethren in Christ [that are] at Colossae: Grace to you and peace from God our Father.

3. We give thanks to God the Father of our Lord Jesus Christ, praying always for you,

4. having heard of your faith in Christ Jesus, and of the love which ye have toward all the saints,

5. because of the hope which is laid up for you in the heavens, whereof ye heard before in the word of the truth of the gospel,

6. which is come unto you; even as it is also in all the world bearing fruit and increasing, as [it doth] in you also, since the day ye heard and knew the grace of God in truth;

7. even as ye learned of Epaphras our beloved fellow-servant, who is a faithful minister of Christ on our behalf,

8. who also declared unto us your love in the Spirit.

9. For this cause we also, since the day we heard [it], do not cease to pray and make request for you, that ye may be filled with the knowledge of his will in all spiritual wisdom and understanding,

10. to walk worthily of the Lord unto all pleasing, bearing fruit in every good work, and increasing in the knowledge of God;

11. strengthened with all power, according to the might of his glory, unto all patience and longsuffering with joy;

12. giving thanks unto the Father, who made us meet to be partakers of the inheritance of the saints in light;

13. who delivered us out of the power of darkness, and translated us into the kingdom of the Son of his love;

14. in whom we have our redemption, the forgiveness of our sins:

15. who is the image of the invisible God, the firstborn of all creation;

# Colossesi 1

1. Paolo, apostolo di Cristo Gesù per volontà di Dio, e il fratello Timoteo,

2. ai santi e fedeli fratelli in Cristo che sono in Colosse, grazia a voi e pace da Dio nostro Padre.

3. Noi rendiamo grazie a Dio, Padre del Signor nostro Gesù Cristo, nelle continue preghiere che facciamo per voi,

4. avendo udito parlare della vostra fede in Cristo Gesù e dell'amore che avete per tutti i santi,

5. a motivo della speranza che vi è riposta nei cieli; speranza che avete da tempo conosciuta mediante la predicazione della verità del Vangelo

6. che è pervenuto sino a voi, come sta portando frutto e crescendo in tutto il mondo nel modo che fa pure tra voi dal giorno che udiste e conosceste la grazia di Dio in verità,

7. secondo quel che avete imparato da Epafra, il nostro caro compagno di servizio, che è fedel ministro di Cristo per voi,

8. e che ci ha anche fatto conoscere il vostro amore nello Spirito.

9. Perciò anche noi, dal giorno che abbiamo ciò udito, non cessiamo di pregare per voi, e di domandare che siate ripieni della profonda conoscenza della volontà di Dio in ogni sapienza e intelligenza spirituale,

10. affinché camminiate in modo degno del Signore per piacergli in ogni cosa, portando frutto in ogni opera buona e crescendo nella conoscenza di Dio;

11. essendo fortificati in ogni forza secondo la potenza della sua gloria, onde possiate essere in tutto pazienti e longanimi;

12. e rendendo grazie con allegrezza al Padre che vi ha messi in grado di partecipare alla sorte dei santi nella luce.

13. Egli ci ha riscossi dalla potestà delle tenebre e ci ha trasportati nel regno del suo amato Figliuolo,

14. nel quale abbiamo la redenzione, la remissione dei peccati;

15. il quale è l'immagine dell'invisibile Iddio, il primogenito d'ogni creatura;

16. for in him were all things created, in the heavens and upon the earth, things visible and things invisible, whether thrones or dominions or principalities or powers; all things have been created through him, and unto him;

17. and he is before all things, and in him all things consist.

18. And he is the head of the body, the church: who is the beginning, the firstborn from the dead; that in all things he might have the preeminence.

19. For it was the good pleasure [of the Father] that in him should all the fulness dwell;

20. and through him to reconcile all things unto himself, having made peace through the blood of his cross; through him, [I say], whether things upon the earth, or things in the heavens.

21. And you, being in time past alienated and enemies in your mind in your evil works,

22. yet now hath he reconciled in the body of his flesh through death, to present you holy and without blemish and unreproveable before him:

23. if so be that ye continue in the faith, grounded and stedfast, and not moved away from the hope of the gospel which ye heard, which was preached in all creation under heaven; whereof I Paul was made a minister.

24. Now I rejoice in my sufferings for your sake, and fill up on my part that which is lacking of the afflictions of Christ in my flesh for his body's sake, which is the church;

25. whereof I was made a minister, according to the dispensation of God which was given me to you-ward, to fulfil the word of God,

26. [even] the mystery which hath been hid for ages and generations: but now hath it been manifested to his saints,

27. to whom God was pleased to make known what is the riches of the glory of this mystery among the Gentiles, which is Christ in you, the hope of glory:

28. whom we proclaim, admonishing every man and teaching every man in all wisdom, that we may present every man perfect in Christ;

16. poiché in lui sono state create tutte le cose, che sono nei cieli e sulla terra; le visibili e le invisibili; siano troni, siano signorie, siano principati, siano potestà; tutte le cose sono state create per mezzo di lui e in vista di lui;

17. ed egli è avanti ogni cosa, e tutte le cose sussistono in lui.

18. Ed egli è il capo del corpo, cioè della Chiesa; egli che è il principio, il primogenito dai morti, onde in ogni cosa abbia il primato.

19. Poiché in lui si compiacque il Padre di far abitare tutta la pienezza

20. e di riconciliare con sé tutte le cose per mezzo di lui, avendo fatto la pace mediante il sangue della croce d'esso; per mezzo di lui, dico, tanto le cose che sono sulla terra, quanto quelle che sono nei cieli.

21. E voi, che già eravate estranei e nemici nella vostra mente e nelle vostre opere malvage,

22. ora Iddio vi ha riconciliati nel corpo della carne di lui, per mezzo della morte d'esso, per farvi comparire davanti a sé santi e immacolati e irreprensibili,

23. se pur perseverate nella fede, fondati e saldi, e non essendo smossi dalla speranza dell'Evangelo che avete udito, che fu predicato in tutta la creazione sotto il cielo, e del quale io, Paolo, sono stato fatto ministro.

24. Ora io mi rallegro nelle mie sofferenze per voi; e quel che manca alle afflizioni di Cristo lo compio nella mia carne a pro del corpo di lui che è la Chiesa;

25. della quale io sono stato fatto ministro, secondo l'ufficio datomi da Dio per voi di annunziare nella sua pienezza la parola di Dio,

26. cioè, il mistero, che è stato occulto da tutti i secoli e da tutte le generazioni, ma che ora è stato manifestato ai santi di lui;

27. ai quali Iddio ha voluto far conoscere qual sia la ricchezza della gloria di questo mistero fra i Gentili, che è Cristo in voi, speranza della gloria;

28. il quale noi proclamiamo, ammonendo ciascun uomo e ciascun uomo ammaestrando in ogni sapienza, affinché presentiamo ogni uomo, perfetto in Cristo.

29. whereunto I labor also, striving according to his working, which worketh in me mightily.

29. A questo fine io m'affatico, combattendo secondo l'energia sua, che opera in me con potenza.

# Colossians 2

1. For I would have you know how greatly I strive for you, and for them at Laodicea, and for as many as have not seen my face in the flesh;

2. that their hearts may be comforted, they being knit together in love, and unto all riches of the full assurance of understanding, that they may know the mystery of God, [even] Christ,

3. in whom are all the treasures of wisdom and knowledge hidden.

4. This I say, that no one may delude you with persuasiveness of speech.

5. For though I am absent in the flesh, yet am I with you in the spirit, joying and beholding your order, and the stedfastness of your faith in Christ.

6. As therefore ye received Christ Jesus the Lord, [so] walk in him,

7. rooted and builded up in him, and established in your faith, even as ye were taught, abounding in thanksgiving.

8. Take heed lest there shall be any one that maketh spoil of you through his philosophy and vain deceit, after the tradition of men, after the rudiments of the world, and not after Christ:

9. for in him dwelleth all the fulness of the Godhead bodily,

10. and in him ye are made full, who is the head of all principality and power:

11. in whom ye were also circumcised with a circumcision not made with hands, in the putting off of the body of the flesh, in the circumcision of Christ;

12. having been buried with him in baptism, wherein ye were also raised with him through faith in the working of God, who raised him from the dead.

# Colossesi 2

1. Poiché desidero che sappiate qual arduo combattimento io sostengo per voi e per quelli di Laodicea e per tutti quelli che non hanno veduto la mia faccia;

2. affinché siano confortati nei loro cuori essendo stretti insieme dall'amore, mirando a tutte le ricchezze della piena certezza dell'intelligenza, per giungere alla completa conoscenza del mistero di Dio:

3. cioè di Cristo, nel quale tutti i tesori della sapienza e della conoscenza sono nascosti.

4. Questo io dico affinché nessuno v'inganni con parole seducenti,

5. perché, sebbene sia assente di persona, pure son con voi in ispirito, rallegrandomi e mirando il vostro ordine e la fermezza della vostra fede in Cristo.

6. Come dunque avete ricevuto Cristo Gesù il Signore, così camminate uniti a lui,

7. essendo radicati ed edificati in lui e confermati nella fede, come v'è stato insegnato, e abbondando in azioni di grazie.

8. Guardate che non vi sia alcuno che faccia di voi sua preda con la filosofia e con vanità ingannatrice secondo la tradizione degli uomini, gli elementi del mondo, e non secondo Cristo;

9. poiché in lui abita corporalmente tutta la pienezza della Deità,

10. e in lui voi avete tutto pienamente. Egli è il capo d'ogni principato e d'ogni potestà;

11. in lui voi siete anche stati circoncisi d'una circoncisione non fatta da mano d'uomo, ma della circoncisione di Cristo, che consiste nello spogliamento del corpo della carne:

12. essendo stati con lui sepolti nel battesimo, nel quale siete anche stati risuscitati con lui mediante la fede nella potenza di Dio che ha risuscitato lui dai morti.

13. And you, being dead through your trespasses and the uncircumcision of your flesh, you, [I say], did he make alive together with him, having forgiven us all our trespasses;

14. having blotted out the bond written in ordinances that was against us, which was contrary to us: and he hath taken it out that way, nailing it to the cross;

15. having despoiled the principalities and the powers, he made a show of them openly, triumphing over them in it.

16. Let no man therefore judge you in meat, or in drink, or in respect of a feast day or a new moon or a sabbath day:

17. which are a shadow of the things to come; but the body is Christ's.

18. Let no man rob you of your prize by a voluntary humility and worshipping of the angels, dwelling in the things which he hath seen, vainly puffed up by his fleshly mind,

19. and not holding fast the Head, from whom all the body, being supplied and knit together through the joints and bands, increasing with the increase of God.

20. If ye died with Christ from the rudiments of the world, why, as though living in the world, do ye subject yourselves to ordinances,

21. Handle not, nor taste, nor touch

22. (all which things are to perish with the using), after the precepts and doctrines of men?

23. Which things have indeed a show of wisdom in will-worship, and humility, and severity to the body; [but are] not of any value against the indulgence of the flesh.

13. E voi, che eravate morti ne' falli e nella incirconcisione della vostra carne, voi, dico, Egli ha vivificati con lui, avendoci perdonato tutti i falli,

14. avendo cancellato l'atto accusatore scritto in precetti, il quale ci era contrario; e quell'atto ha tolto di mezzo, inchiodandolo sulla croce;

15. e avendo spogliato i principati e le potestà ne ha fatto un pubblico spettacolo, trionfando su di loro per mezzo della croce.

16. Nessuno dunque vi giudichi quanto al mangiare o al bere, o rispetto a feste, o a noviluni o a sabati,

17. che sono l'ombra di cose che doveano avvenire; ma il corpo è di Cristo.

18. Nessuno a suo talento vi defraudi del vostro premio per via d'umiltà e di culto degli angeli affidandosi alle proprie visioni, gonfiato di vanità dalla sua mente carnale,

19. e non attenendosi al Capo, dal quale tutto il corpo, ben fornito e congiunto insieme per via delle giunture e articolazioni, prende l'accrescimento che viene da Dio.

20. Se siete morti con Cristo agli elementi del mondo, perché, come se viveste nel mondo, vi lasciate imporre de' precetti, quali:

21. Non toccare, non assaggiare, non maneggiare

22. (cose tutte destinate a perire con l'uso), secondo i comandamenti e le dottrine degli uomini?

23. Quelle cose hanno, è vero, riputazione di sapienza per quel tanto che è in esse di culto volontario, di umiltà, e di austerità nel trattare il corpo; ma non hanno alcun valore e servon solo a soddisfare la carne.

# Colossians 3

# Colossesi 3

1. If then ye were raised together with Christ, seek the things that are above, where Christ is, seated on the right hand of God.

2. Set your mind on the things that are above, not on the things that are upon the earth.

3. For ye died, and your life is hid with Christ in God.

1. Se dunque voi siete stati risuscitati con Cristo, cercate le cose di sopra dove Cristo è seduto alla destra di Dio.

2. Abbiate l'animo alle cose di sopra, non a quelle che son sulla terra;

3. poiché voi moriste, e la vita vostra è nascosta con Cristo in Dio.

4. When Christ, [who is] our life, shall be manifested, then shall ye also with him be manifested in glory.

5. Put to death therefore your members which are upon the earth: fornication, uncleanness, passion, evil desire, and covetousness, which is idolatry;

6. for which things' sake cometh the wrath of God upon the sons of disobedience:

7. wherein ye also once walked, when ye lived in these things;

8. but now do ye also put them all away: anger, wrath, malice, railing, shameful speaking out of your mouth:

9. lie not one to another; seeing that ye have put off the old man with his doings,

10. and have put on the new man, that is being renewed unto knowledge after the image of him that created him:

11. where there cannot be Greek and Jew, circumcision and uncircumcision, barbarian, Scythian, bondman, freeman; but Christ is all, and in all.

12. Put on therefore, as God's elect, holy and beloved, a heart of compassion, kindness, lowliness, meekness, longsuffering;

13. forbearing one another, and forgiving each other, if any man have a complaint against any; even as the Lord forgave you, so also do ye:

14. and above all these things [put on] love, which is the bond of perfectness.

15. And let the peace of Christ rule in your hearts, to the which also ye were called in one body; and be ye thankful.

16. Let the word of Christ dwell in you richly; in all wisdom teaching and admonishing one another with psalms [and] hymns [and] spiritual songs, singing with grace in your hearts unto God.

17. And whatsoever ye do, in word or in deed, [do] all in the name of the Lord Jesus, giving thanks to God the Father through him.

18. Wives, be in subjection to your husbands, as is fitting in the Lord.

19. Husbands, love your wives, and be not bitter against them.

4. Quando Cristo, la vita nostra, sarà manifestato, allora anche voi sarete con lui manifestati in gloria.

5. Fate dunque morire le vostre membra che son sulla terra: fornicazione, impurità, lussuria, mala concupiscenza e cupidigia, la quale è idolatria;

6. Per queste cose viene l'ira di Dio sui figliuoli della disubbidienza;

7. e in quelle camminaste un tempo anche voi, quando vivevate in esse.

8. Ma ora deponete anche voi tutte queste cose: ira, collera, malignità, maldicenza, e non vi escano di bocca parole disoneste.

9. Non mentite gli uni agli altri,

10. giacché avete svestito l'uomo vecchio con i suoi atti e rivestito il nuovo, che si va rinnovando in conoscenza ad immagine di Colui che l'ha creato.

11. Qui non c'è Greco e Giudeo, circoncisione e incirconcisione, barbaro, Scita, schiavo, libero, ma Cristo è in ogni cosa e in tutti.

12. Vestitevi dunque, come eletti di Dio, santi ed amati, di tenera compassione, di benignità, di umiltà, di dolcezza, di longanimità;

13. sopportandovi gli uni gli altri e perdonandovi a vicenda, se uno ha di che dolersi d'un altro. Come il Signore vi ha perdonati, così fate anche voi.

14. E sopra tutte queste cose vestitevi della carità che è il vincolo della perfezione.

15. E la pace di Cristo, alla quale siete stati chiamati per essere un sol corpo, regni nei vostri cuori; e siate riconoscenti.

16. La parola di Cristo abiti in voi doviziosamente; ammaestrandovi ed ammonendovi gli uni gli altri con ogni sapienza, cantando di cuore a Dio, sotto l'impulso della grazia, salmi, inni, e cantici spirituali.

17. E qualunque cosa facciate, in parola o in opera, fate ogni cosa nel nome del Signor Gesù, rendendo grazie a Dio Padre per mezzo di lui.

18. Mogli, siate soggette ai vostri mariti, come si conviene nel Signore.

19. Mariti, amate le vostre mogli, e non v'inasprite contro a loro.

20. Children, obey your parents in all things, for this is well-pleasing in the Lord.

21. Fathers, provoke not your children, that they be not discouraged.

22. Servants, obey in all things them that are your masters according to the flesh; not with eye-service, as men-pleasers, but in singleness of heart, fearing the Lord:

23. whatsoever ye do, work heartily, as unto the Lord, and not unto men;

24. knowing that from the Lord ye shall receive the recompense of the inheritance: ye serve the Lord Christ.

25. For he that doeth wrong shall receive again for the wrong that he hath done: and there is no respect of persons.

20. Figliuoli, ubbidite ai vostri genitori in ogni cosa, poiché questo è accettevole al Signore.

21. Padri, non irritate i vostri figliuoli, affinché non si scoraggino.

22. Servi, ubbidite in ogni cosa ai vostri padroni secondo la carne; non servendoli soltanto quando vi vedono come per piacere agli uomini, ma con semplicità di cuore, temendo il Signore.

23. Qualunque cosa facciate, operate di buon animo, come per il Signore e non per gli uomini;

24. sapendo che dal Signore riceverete per ricompensa l'eredità.

25. Servite a Cristo il Signore! Poiché chi fa torto riceverà la retribuzione del torto che avrà fatto; e non ci son riguardi personali.

# Colossians 4

# Colossesi 4

1. Masters, render unto your servants that which is just and equal; knowing that ye also have a Master in heaven.

2. Continue stedfastly in prayer, watching therein with thanksgiving;

3. withal praying for us also, that God may open unto us a door for the word, to speak the mystery of Christ, for which I am also in bonds;

4. that I may make it manifest, as I ought to speak.

5. Walk in wisdom toward them that are without, redeeming the time.

6. Let your speech be always with grace, seasoned with salt, that ye may know how ye ought to answer each one.

7. All my affairs shall Tychicus make known unto you, the beloved brother and faithful minister and fellow-servant in the Lord:

8. whom I have sent you for this very purpose, that ye may know our state, and that he may comfort your hearts;

9. together with Onesimus, the faithful and beloved brother, who is one of you. They shall make known unto you all things that [are done] here.

1. Padroni, date ai vostri servi ciò che è giusto ed equo, sapendo che anche voi avete un Padrone nel cielo.

2. Perseverate nella preghiera, vegliando in essa con rendimento di grazie;

3. pregando in pari tempo anche per noi, affinché Iddio ci apra una porta per la Parola onde possiamo annunziare il mistero di Cristo, a cagion del quale io mi trovo anche prigione;

4. e che io lo faccia conoscere, parlandone come debbo.

5. Conducetevi con saviezza verso quelli di fuori, approfittando delle opportunità.

6. Il vostro parlare sia sempre con grazia, condito con sale, per sapere come dovete rispondere a ciascuno.

7. Tutte le cose mie ve le farà sapere Tichico, il caro fratello e fedel ministro e mio compagno di servizio nel Signore.

8. Ve l'ho mandato appunto per questo: affinché sappiate lo stato nostro ed egli consoli i vostri cuori;

9. e con lui ho mandato il fedele e caro fratello Onesimo, che è dei vostri. Essi vi faranno sapere tutte le cose di qua.

10. Aristarchus my fellow-prisoner saluteth you, and Mark, the cousin of Barnabas (touching whom ye received commandments; if he come unto you, receive him),

11. and Jesus that is called Justus, who are of the circumcision: these only [are my] fellow-workers unto the kingdom of God, men that have been a comfort unto me.

12. Epaphras, who is one of you, a servant of Christ Jesus, saluteth you, always striving for you in his prayers, that ye may stand perfect and fully assured in all the will of God.

13. For I bear him witness, that he hath much labor for you, and for them in Laodicea, and for them in Hierapolis.

14. Luke, the beloved physician, and Demas salute you.

15. Salute the brethren that are in Laodicea, and Nymphas, and the church that is in their house.

16. And when this epistle hath been read among you, cause that it be read also in the church of the Laodiceans; and that ye also read the epistle from Laodicea.

17. And say to Archippus, Take heed to the ministry which thou hast received in the Lord, that thou fulfil it.

18. The salutation of me Paul with mine own hand. Remember my bonds. Grace be with you.

10. Vi salutano Aristarco, il mio compagno di prigione, e Marco, il cugino di Barnaba (intorno al quale avete ricevuto degli ordini; se viene da voi, accoglietelo), e Gesù, detto Giusto, i quali sono della circoncisione;

11. e fra questi sono i soli miei collaboratori per il regno di Dio, che mi siano stati di conforto.

12. Epafra, che è dei vostri e servo di Cristo Gesù, vi saluta. Egli lotta sempre per voi nelle sue preghiere affinché perfetti e pienamente accertati stiate fermi in tutta la volontà di Dio.

13. Poiché io gli rendo questa testimonianza ch'egli si dà molta pena per voi e per quelli di Laodicea e per quelli di Jerapoli.

14. Luca, il medico diletto, e Dema vi salutano.

15. Salutate i fratelli che sono in Laodicea, e Ninfa e la chiesa che è in casa sua.

16. E quando questa epistola sarà stata letta fra voi, fate che sia letta anche nella chiesa dei Laodicesi, e che anche voi leggiate quella che vi sarà mandata da Laodicea.

17. E dite ad Archippo: Bada al ministerio che hai ricevuto nel Signore, per adempierlo.

18. Il saluto è di mia propria mano, di me, Paolo. Ricordatevi delle mie catene. La grazia sia con voi.

# I Thessalonians 1

1. Paul, and Silvanus, and Timothy, unto the church of the Thessalonians in God the Father and the Lord Jesus Christ: Grace to you and peace.

2. We give thanks to God always for you all, making mention [of you] in our prayers;

3. remembering without ceasing your work of faith and labor of love and patience of hope in our Lord Jesus Christ, before our God and Father;

4. knowing, brethren beloved of God, your election,

5. how that our gospel came not unto you in word only, but also in power, and in the Holy Spirit, and [in] much assurance; even as ye know what manner of men we showed ourselves toward you for your sake.

6. And ye became imitators of us, and of the Lord, having received the word in much affliction, with joy of the Holy Spirit;

7. so that ye became an ensample to all that believe in Macedonia and in Achaia.

8. For from you hath sounded forth the word of the Lord, not only in Macedonia and Achaia, but in every place your faith to God-ward is gone forth; so that we need not to speak anything.

9. For they themselves report concerning us what manner of entering in we had unto you; and how ye turned unto God from idols, to serve a living and true God,

10. and to wait for his Son from heaven, whom he raised from the dead, [even] Jesus, who delivereth us from the wrath to come.

# I Thessalonians 2

1. For yourselves, brethren, know our entering in unto you, that it hath not been found vain:

2. but having suffered before and been shamefully treated, as ye know, at Philippi, we waxed bold in our God to speak unto you the gospel of God in much conflict.

# I Tessalonicesi 1

1. Paolo, Silvano e Timoteo alla chiesa dei Tessalonicesi che è in Dio Padre e nel Signor Gesù Cristo, grazia a voi e pace.

2. Noi rendiamo del continuo grazie a Dio per voi tutti, facendo di voi menzione nelle nostre preghiere,

3. ricordandoci del continuo nel cospetto del nostro Dio e Padre, dell'opera della vostra fede, delle fatiche del vostro amore e della costanza della vostra speranza nel nostro Signor Gesù Cristo;

4. conoscendo, fratelli amati da Dio, la vostra elezione.

5. Poiché il nostro Evangelo non vi è stato annunziato soltanto con parole, ma anche con potenza, con lo Spirito Santo e con gran pienezza di convinzione; e infatti voi sapete quel che siamo stati fra voi per amor vostro.

6. E voi siete divenuti imitatori nostri e del Signore, avendo ricevuto la Parola in mezzo a molte afflizioni, con allegrezza dello Spirito Santo;

7. talché siete diventati un esempio a tutti i credenti della Macedonia e dell'Acaia.

8. Poiché da voi la parola del Signore ha echeggiato non soltanto nella Macedonia e nell'Acaia, ma la fama della fede che avete in Dio si è sparsa in ogni luogo; talché non abbiam bisogno di parlarne;

9. perché eglino stessi raccontano di noi quale sia stata la nostra venuta tra voi, e come vi siete convertiti dagl'idoli a Dio per servire all'Iddio vivente e vero, e per aspettare dai cieli il suo Figliuolo,

10. il quale Egli ha risuscitato dai morti: cioè, Gesù che ci libera dall'ira a venire.

# I Tessalonicesi 2

1. Voi stessi, fratelli, sapete che la nostra venuta tra voi non è stata invano;

2. anzi, sebbene avessimo prima patito e fossimo stati oltraggiati, come sapete, a Filippi, pur ci siamo rinfrancati nell'Iddio nostro, per annunziarvi l'Evangelo di Dio in mezzo a molte lotte.

3. For our exhortation [is] not of error, nor of uncleanness, nor in guile:

4. but even as we have been approved of God to be intrusted with the gospel, so we speak; not as pleasing men, but God who proveth our hearts.

5. For neither at any time were we found using words of flattery, as ye know, nor a cloak of covetousness, God is witness;

6. nor seeking glory of men, neither from you nor from others, when we might have claimed authority as apostles of Christ.

7. But we were gentle in the midst of you, as when a nurse cherisheth her own children:

8. even so, being affectionately desirous of you, we were well pleased to impart unto you, not the gospel of God only, but also our own souls, because ye were become very dear to us.

9. For ye remember, brethren, our labor and travail: working night and day, that we might not burden any of you, we preached unto you the gospel of God.

10. Ye are witnesses, and God [also], how holily and righteously and unblameably we behaved ourselves toward you that believe:

11. as ye know how we [dealt with] each one of you, as a father with his own children, exhorting you, and encouraging [you], and testifying,

12. to the end that ye should walk worthily of God, who calleth you into his own kingdom and glory.

13. And for this cause we also thank God without ceasing, that, when ye received from us the word of the message, [even the word] of God, ye accepted [it] not [as] the word of men, but, as it is in truth, the word of God, which also worketh in you that believe.

14. For ye, brethren, became imitators of the churches of God which are in Judaea in Christ Jesus: for ye also suffered the same things of your own countrymen, even as they did of the Jews;

3. Poiché la nostra esortazione non procede da impostura, né da motivi impuri, né è fatta con frode;

4. ma siccome siamo stati approvati da Dio che ci ha stimati tali da poterci affidare l'Evangelo, parliamo in modo da piacere non agli uomini, ma a Dio che prova i nostri cuori.

5. Difatti, non abbiamo mai usato un parlar lusinghevole, come ben sapete, né pretesti ispirati da cupidigia; Iddio ne è testimone.

6. E non abbiam cercato gloria dagli uomini, né da voi, né da altri, quantunque, come apostoli di Cristo, avessimo potuto far valere la nostra autorità;

7. invece, siamo stati mansueti in mezzo a voi, come una nutrice che cura teneramente i propri figliuoli.

8. Così, nel nostro grande affetto per voi, eravamo disposti a darvi non soltanto l'Evangelo di Dio, ma anche le nostre proprie vite, tanto ci eravate divenuti cari.

9. Perché, fratelli, voi la ricordate la nostra fatica e la nostra pena; egli è lavorando notte e giorno per non essere d'aggravio ad alcuno di voi, che v'abbiam predicato l'Evangelo di Dio.

10. Voi siete testimoni, e Dio lo è pure, del modo santo, giusto e irreprensibile con cui ci siamo comportati verso voi che credete;

11. e sapete pure che, come fa un padre coi suoi figliuoli, noi abbiamo esortato,

12. confortato e scongiurato ciascun di voi a condursi in modo degno di Dio, che vi chiama al suo regno e alla sua gloria.

13. E per questa ragione anche noi rendiamo del continuo grazie a Dio: perché quando riceveste da noi la parola della predicazione, cioè la parola di Dio, voi l'accettaste non come parola d'uomini, ma, quale essa è veramente, come parola di Dio, la quale opera efficacemente in voi che credete.

14. Poiché, fratelli, voi siete divenuti imitatori delle chiese di Dio che sono in Cristo Gesù nella Giudea; in quanto che anche voi avete sofferto dai vostri connazionali le stesse cose che quelle chiese hanno sofferto dai Giudei,

15. who both killed the Lord Jesus and the prophets, and drove out us, and pleased not God, and are contrary to all men;

16. forbidding us to speak to the Gentiles that they may be saved; to fill up their sins always: but the wrath is come upon them to the uttermost.

17. But we, brethren, being bereaved of you for a short season, in presence not in heart, endeavored the more exceedingly to see your face with great desire:

18. because we would fain have come unto you, I Paul once and again; and Satan hindered us.

19. For what is our hope, or joy, or crown of glorying? Are not even ye, before our Lord Jesus at his coming?

20. For ye are our glory and our joy.

# I Thessalonians 3

1. Wherefore when we could no longer forbear, we thought it good to be left behind at Athens alone;

2. and sent Timothy, our brother and God's minister in the gospel of Christ, to establish you, and to comfort [you] concerning your faith;

3. that no man be moved by these afflictions; for yourselves know that hereunto we are appointed.

4. For verily, when we were with you, we told you beforehand that we are to suffer affliction; even as it came to pass, and ye know.

5. For this cause I also, when I could no longer forbear, sent that I might know your faith, lest by any means the tempter had tempted you, and our labor should be in vain.

6. But when Timothy came even now unto us from you, and brought us glad tidings of your faith and love, and that ye have good remembrance of us always, longing to see us, even as we also [to see] you;

15. i quali hanno ucciso e il Signor Gesù e i profeti, hanno cacciato noi, e non piacciono a Dio, e sono avversi a tutti gli uomini,

16. divietandoci di parlare ai Gentili perché sieno salvati. Essi vengon così colmando senza posa la misura dei loro peccati; ma ormai li ha raggiunti l'ira finale.

17. Quant'è a noi, fratelli, orbati di voi per breve tempo, di persona, non di cuore, abbiamo tanto maggiormente cercato, con gran desiderio, di veder la vostra faccia.

18. Perciò abbiam voluto, io Paolo almeno, non una ma due volte, venir a voi; ma Satana ce lo ha impedito.

19. Qual è infatti la nostra speranza, o la nostra allegrezza, o la corona di cui ci gloriamo? Non siete forse voi, nel cospetto del nostro Signor Gesù quand'egli verrà?

20. Sì, certo, la nostra gloria e la nostra allegrezza siete voi.

# I Tessalonicesi 3

1. Perciò, non potendo più reggere, stimammo bene di esser lasciati soli ad Atene;

2. e mandammo Timoteo, nostro fratello e ministro di Dio nella propagazione del Vangelo di Cristo, per confermarvi e confortarvi nella vostra fede,

3. affinché nessuno fosse scosso in mezzo a queste afflizioni; poiché voi stessi sapete che a questo siamo destinati.

4. Perché anche quando eravamo fra voi, vi predicevamo che saremmo afflitti; come anche è avvenuto, e voi lo sapete.

5. Perciò anch'io, non potendo più resistere, mandai ad informarmi della vostra fede, per tema che il tentatore vi avesse tentati, e la nostra fatica fosse riuscita vana.

6. Ma ora che Timoteo è giunto qui da presso a voi e ci ha recato liete notizie della vostra fede e del vostro amore, e ci ha detto che serbate del continuo buona ricordanza di noi bramando di vederci, come anche noi bramiamo vedervi,

7. for this cause, brethren, we were comforted over you in all our distress and affliction through your faith:

8. for now we live, if ye stand fast in the Lord.

9. For what thanksgiving can we render again unto God for you, for all the joy wherewith we joy for your sakes before our God;

10. night and day praying exceedingly that we may see your face, and may perfect that which is lacking in your faith?

11. Now may our God and Father himself, and our Lord Jesus, direct our way unto you:

12. and the Lord make you to increase and abound in love one toward another, and toward all men, even as we also [do] toward you;

13. to the end he may establish your hearts unblameable in holiness before our God and Father, at the coming of our Lord Jesus with all his saints.

# I Thessalonians 4

1. Finally then, brethren, we beseech and exhort you in the Lord Jesus, that, as ye received of us how ye ought to walk and to please God, even as ye do walk, --that ye abound more and more.

2. For ye know what charge we gave you through the Lord Jesus.

3. For this is the will of God, [even] your sanctification, that ye abstain from fornication;

4. that each one of you know how to possess himself of his own vessel in sanctification and honor,

5. not in the passion of lust, even as the Gentiles who know not God;

6. that no man transgress, and wrong his brother in the matter: because the Lord is an avenger in all these things, as also we forewarned you and testified.

7. For God called us not for uncleanness, but in sanctification.

7. per questa ragione, fratelli, siamo stati consolati a vostro riguardo, in mezzo a tutte le nostre distrette e afflizioni, mediante la vostra fede;

8. perché ora viviamo, se voi state saldi nel Signore.

9. Poiché quali grazie possiam noi rendere a Dio, a vostro riguardo, per tutta l'allegrezza della quale ci rallegriamo a cagion di voi nel cospetto dell'Iddio nostro,

10. mentre notte e giorno preghiamo intensamente di poter vedere la vostra faccia e supplire alle lacune della vostra fede?

11. Ora Iddio stesso, nostro Padre, e il Signor nostro Gesù ci appianino la via per venir da voi;

12. e quant'è a voi, il Signore vi accresca e vi faccia abbondare in amore gli uni verso gli altri e verso tutti, come anche noi abbondiamo verso voi,

13. per confermare i vostri cuori, onde siano irreprensibili in santità nel cospetto di Dio nostro Padre, quando il Signor nostro Gesù verrà con tutti i suoi santi.

# I Tessalonicesi 4

1. Del rimanente, fratelli, come avete imparato da noi il modo in cui vi dovete condurre e piacere a Dio (ed è così che già vi conducete), vi preghiamo e vi esortiamo nel Signor Gesù a vie più progredire.

2. Poiché sapete quali comandamenti vi abbiamo dati per la grazia del Signor Gesù.

3. Perché questa è la volontà di Dio: che vi santifichiate, che v'asteniate dalla fornicazione,

4. che ciascun di voi sappia possedere il proprio corpo in santità ed onore,

5. non dandosi a passioni di concupiscenza come fanno i pagani i quali non conoscono Iddio;

6. e che nessuno soverchi il fratello né lo sfrutti negli affari; perché il Signore è un vendicatore in tutte queste cose, siccome anche v'abbiamo innanzi detto e protestato.

7. Poiché Iddio ci ha chiamati non a impurità, ma a santificazione.

8. Therefore he that rejecteth, rejecteth not man, but God, who giveth his Holy Spirit unto you.

9. But concerning love of the brethren ye have no need that one write unto you: for ye yourselves are taught of God to love one another;

10. for indeed ye do it toward all the brethren that are in all Macedonia. But we exhort you, brethren, that ye abound more and more;

11. and that ye study to be quiet, and to do your own business, and to work with your hands, even as we charged you;

12. that ye may walk becomingly toward them that are without, and may have need of nothing.

13. But we would not have you ignorant, brethren, concerning them that fall asleep; that ye sorrow not, even as the rest, who have no hope.

14. For if we believe that Jesus died and rose again, even so them also that are fallen asleep in Jesus will God bring with him.

15. For this we say unto you by the word of the Lord, that we that are alive, that are left unto the coming of the Lord, shall in no wise precede them that are fallen asleep.

16. For the Lord himself shall descend from heaven, with a shout, with the voice of the archangel, and with the trump of God: and the dead in Christ shall rise first;

17. then we that are alive, that are left, shall together with them be caught up in the clouds, to meet the Lord in the air: and so shall we ever be with the Lord.

18. Wherefore comfort one another with these words.

# I Thessalonians 5

1. But concerning the times and the seasons, brethren, ye have no need that aught be written unto you.

2. For yourselves know perfectly that the day of the Lord so cometh as a thief in the night.

8. Chi dunque sprezza questi precetti, non sprezza un uomo, ma quell'Iddio, il quale anche vi comunica il dono del suo Santo Spirito.

9. Or quanto all'amor fraterno non avete bisogno che io ve ne scriva, giacché voi stessi siete stati ammaestrati da Dio ad amarvi gli uni gli altri;

10. e invero voi lo fate verso tutti i fratelli che sono nell'intera Macedonia. Ma v'esortiamo, fratelli, che vie più abbondiate in questo, e vi studiate di vivere in quiete,

11. di fare i fatti vostri e di lavorare con le vostre mani, come v'abbiamo ordinato di fare,

12. onde camminiate onestamente verso quelli di fuori, e non abbiate bisogno di nessuno.

13. Or, fratelli, non vogliamo che siate in ignoranza circa quelli che dormono, affinché non siate contristati come gli altri che non hanno speranza.

14. Poiché, se crediamo che Gesù morì e risuscitò, così pure, quelli che si sono addormentati, Iddio, per mezzo di Gesù, li ricondurrà con esso lui.

15. Poiché questo vi diciamo per parola del Signore: che noi viventi, i quali saremo rimasti fino alla venuta del Signore, non precederemo quelli che si sono addormentati;

16. perché il Signore stesso, con potente grido, con voce d'arcangelo e con la tromba di Dio, scenderà dal cielo, e i morti in Cristo risusciteranno i primi;

17. poi noi viventi, che saremo rimasti, verremo insiem con loro rapiti sulle nuvole, a incontrare il Signore nell'aria; e così saremo sempre col Signore.

18. Consolatevi dunque gli uni gli altri con queste parole.

# I Tessalonicesi 5

1. Or quanto ai tempi ed ai momenti, fratelli, non avete bisogno che vi se ne scriva;

2. perché voi stessi sapete molto bene che il giorno del Signore verrà come viene un ladro nella notte.

3. When they are saying, Peace and safety, then sudden destruction cometh upon them, as travail upon a woman with child; and they shall in no wise escape.

4. But ye, brethren, are not in darkness, that that day should overtake you as a thief:

5. for ye are all sons of light, and sons of the day: we are not of the night, nor of darkness;

6. so then let us not sleep, as do the rest, but let us watch and be sober.

7. For they that sleep sleep in the night: and they that are drunken are drunken in the night.

8. But let us, since we are of the day, be sober, putting on the breastplate of faith and love; and for a helmet, the hope of salvation.

9. For God appointed us not into wrath, but unto the obtaining of salvation through our Lord Jesus Christ,

10. who died for us, that, whether we wake or sleep, we should live together with him.

11. Wherefore exhort one another, and build each other up, even as also ye do.

12. But we beseech you, brethren, to know them that labor among you, and are over you in the Lord, and admonish you;

13. and to esteem them exceeding highly in love for their work's sake. Be at peace among yourselves.

14. And we exhort you, brethren, admonish the disorderly, encourage the fainthearted, support the weak, be longsuffering toward all.

15. See that none render unto any one evil for evil; but always follow after that which is good, one toward another, and toward all.

16. Rejoice always;

17. pray without ceasing;

18. in everything give thanks: for this is the will of God in Christ Jesus to you-ward.

19. Quench not the Spirit;

20. despise not prophesyings;

21. prove all things; hold fast that which is good;

22. abstain from every form of evil.

3. Quando diranno: Pace e sicurezza, allora di subito una improvvisa ruina verrà loro addosso, come le doglie alla donna incinta; e non scamperanno affatto.

4. Ma voi, fratelli, non siete nelle tenebre, sì che quel giorno abbia a cogliervi a guisa di ladro;

5. poiché voi tutti siete figliuoli di luce e figliuoli del giorno; noi non siamo della notte né delle tenebre;

6. non dormiamo dunque come gli altri, ma vegliamo e siamo sobri.

7. Poiché quelli che dormono, dormono di notte; e quelli che s'inebriano, s'inebriano di notte;

8. ma noi, che siamo del giorno, siamo sobri, avendo rivestito la corazza della fede e dell'amore, e preso per elmo la speranza della salvezza.

9. Poiché Iddio non ci ha destinati ad ira, ma ad ottener salvezza per mezzo del Signor nostro Gesù Cristo,

10. il quale è morto per noi affinché, sia che vegliamo sia che dormiamo, viviamo insieme con lui.

11. Perciò, consolatevi gli uni gli altri, ed edificatevi l'un l'altro, come d'altronde già fate.

12. Or, fratelli, vi preghiamo di avere in considerazione coloro che faticano fra voi, che vi son preposti nel Signore e vi ammoniscono,

13. e di tenerli in grande stima ed amarli a motivo dell'opera loro. Vivete in pace fra voi.

14. V'esortiamo, fratelli, ad ammonire i disordinati, a confortare gli scoraggiati, a sostenere i deboli, ad esser longanimi verso tutti.

15. Guardate che nessuno renda ad alcuno male per male; anzi procacciate sempre il bene gli uni degli altri, e quello di tutti.

16. Siate sempre allegri;

17. non cessate mai di pregare;

18. in ogni cosa rendete grazie, poiché tale è la volontà di Dio in Cristo Gesù verso di voi.

19. Non spegnete lo Spirito;

20. non disprezzate le profezie;

21. ma esaminate ogni cosa e ritenete il bene;

22. astenetevi da ogni specie di male.

23. And the God of peace himself sanctify you wholly; and may your spirit and soul and body be preserved entire, without blame at the coming of our Lord Jesus Christ.

24. Faithful is he that calleth you, who will also do it.

25. Brethren, pray for us.

26. Salute all the brethren with a holy kiss.

27. I adjure you by the Lord that this epistle be read unto all the brethren.

28. The grace of our Lord Jesus Christ be with you.

23. Or l'Iddio della pace vi santifichi Egli stesso completamente; e l'intero essere vostro, lo spirito, l'anima ed il corpo, sia conservato irreprensibile, per la venuta del Signor nostro Gesù Cristo.

24. Fedele è Colui che vi chiama, ed Egli farà anche questo.

25. Fratelli, pregate per noi.

26. Salutate tutti i fratelli con un santo bacio.

27. Io vi scongiuro per il Signore a far sì che questa epistola sia letta a tutti i fratelli.

28. La grazia del Signor nostro Gesù Cristo sia con voi.

# II Thessalonians 1

1. Paul, and Silvanus, and Timothy, unto the church of the Thessalonians in God our Father and the Lord Jesus Christ;

2. Grace to you and peace from God the Father and the Lord Jesus Christ.

3. We are bound to give thanks to God always to you, brethren, even as it is meet, for that your faith growth exceedingly, and the love of each one of you all toward one another aboundeth;

4. so that we ourselves glory in you in the churches of God for your patience and faith in all your persecutions and in the afflictions which ye endure;

5. [which is] a manifest token of the righteous judgment of God; to the end that ye may be counted worthy of the kingdom of God, for which ye also suffer:

6. if so be that it is righteous thing with God to recompense affliction to them that afflict you,

7. and to you that are afflicted rest with us, at the revelation of the Lord Jesus from heaven with the angels of his power in flaming fire,

8. rendering vengeance to them that know not God, and to them that obey not the gospel of our Lord Jesus:

9. who shall suffer punishment, [even] eternal destruction from the face of the Lord and from the glory of his might,

10. when he shall come to be glorified in his saints, and to be marvelled at in all them that believed (because our testimony unto you was believed) in that day.

11. To which end we also pray always for you, that our God may count you worthy of your calling, and fulfil every desire of goodness and [every] work of faith, with power;

12. that the name of our Lord Jesus may be glorified in you, and ye in him, according to the grace of our God and the Lord Jesus Christ.

# II Tessalonicesi 1

1. Paolo, Silvano e Timoteo, alla chiesa dei Tessalonicesi, che è in Dio nostro Padre e nel Signor Gesù Cristo,

2. grazia a voi e pace da Dio Padre e dal Signor Gesù Cristo.

3. Noi siamo in obbligo di render sempre grazie a Dio per voi, fratelli, com'è ben giusto che facciamo, perché cresce sommamente la vostra fede, e abbonda vie più l'amore di ciascun di voi tutti per gli altri;

4. in guisa che noi stessi ci gloriamo di voi nelle chiese di Dio, a motivo della vostra costanza e fede in tutte le vostre persecuzioni e nelle afflizioni che voi sostenete.

5. Questa è una prova del giusto giudicio di Dio, affinché siate riconosciuti degni del regno di Dio, per il quale anche patite.

6. Poiché è cosa giusta presso Dio il rendere a quelli che vi affliggono, afflizione;

7. e a voi che siete afflitti, requie con noi, quando il Signor Gesù apparirà dal cielo con gli angeli della sua potenza,

8. in un fuoco fiammeggiante, per far vendetta di coloro che non conoscono Iddio, e di coloro che non ubbidiscono al Vangelo del nostro Signor Gesù.

9. I quali saranno puniti di eterna distruzione, respinti dalla presenza del Signore e dalla gloria della sua potenza,

10. quando verrà per essere in quel giorno glorificato nei suoi santi e ammirato in tutti quelli che hanno creduto, e in voi pure, poiché avete creduto alla nostra testimonianza dinanzi a voi.

11. Ed è a quel fine che preghiamo anche del continuo per voi affinché l'Iddio nostro vi reputi degni di una tal vocazione e compia con potenza ogni vostro buon desiderio e l'opera della vostra fede,

12. onde il nome del nostro Signor Gesù sia glorificato in voi, e voi in lui, secondo la grazia dell'Iddio nostro e del Signor Gesù Cristo.

# II Thessalonians 2

1. Now we beseech you, brethren, touching the coming of our Lord Jesus Christ, and our gathering together unto him;

2. to the end that ye be not quickly shaken from your mind, nor yet be troubled, either by spirit, or by word, or by epistle as from us, as that the day of the Lord is just at hand;

3. let no man beguile you in any wise: for [it will not be,] except the falling away come first, and the man of sin be revealed, the son of perdition,

4. he that opposeth and exalteth himself against all that is called God or that is worshipped; so that he sitteth in the temple of God, setting himself forth as God.

5. Remember ye not, that, when I was yet with you, I told you these things?

6. And now ye know that which restraineth, to the end that he may be revealed in his own season.

7. For the mystery of lawlessness doth already work: only [there is] one that restraineth now, until he be taken out of the way.

8. And then shall be revealed the lawless one, whom the Lord Jesus shall slay with the breath of his mouth, and bring to nought by the manifestation of his coming;

9. [even he], whose coming is according to the working of Satan with all power and signs and lying wonders,

10. and with all deceit of unrighteousness for them that perish; because they received not the love of the truth, that they might be saved.

11. And for this cause God sendeth them a working of error, that they should believe a lie:

12. that they all might be judged who believed not the truth, but had pleasure in unrighteousness.

13. But we are bound to give thanks to God always for you, brethren beloved of the Lord, for that God chose you from the beginning unto salvation in sanctification of the Spirit and belief of the truth:

# II Tessalonicesi 2

1. Or, fratelli, circa la venuta del Signor nostro Gesù Cristo e il nostro adunamento con lui,

2. vi preghiamo di non lasciarvi così presto travolgere la mente, né turbare sia da ispirazioni, sia da discorsi, sia da qualche epistola data come nostra, quasi che il giorno del Signore fosse imminente.

3. Nessuno vi tragga in errore in alcuna maniera; poiché quel giorno non verrà se prima non sia venuta l'apostasia e non sia stato manifestato l'uomo del peccato, il figliuolo della perdizione,

4. l'avversario, colui che s'innalza sopra tutto quello che è chiamato Dio od oggetto di culto; fino al punto da porsi a sedere nel tempio di Dio, mostrando se stesso e dicendo ch'egli è Dio.

5. Non vi ricordate che quand'ero ancora presso di voi io vi dicevo queste cose?

6. E ora voi sapete quel che lo ritiene ond'egli sia manifestato a suo tempo.

7. Poiché il mistero dell'empietà è già all'opra: soltanto v'è chi ora lo ritiene e lo riterrà finché sia tolto di mezzo.

8. E allora sarà manifestato l'empio, che il Signor Gesù distruggerà col soffio della sua bocca, e annienterà con l'apparizione della sua venuta.

9. La venuta di quell'empio avrà luogo, per l'azione efficace di Satana, con ogni sorta di opere potenti, di segni e di prodigi bugiardi;

10. e con ogni sorta d'inganno d'iniquità a danno di quelli che periscono perché non hanno aperto il cuore all'amor della verità per esser salvati.

11. E perciò Iddio manda loro efficacia d'errore onde credano alla menzogna;

12. affinché tutti quelli che non han creduto alla verità, ma si son compiaciuti nell'iniquità, siano giudicati.

13. Ma noi siamo in obbligo di render del continuo grazie di voi a Dio, fratelli amati dal Signore, perché Iddio fin dal principio vi ha eletti a salvezza mediante la santificazione nello Spirito e la fede nella verità.

14. whereunto he called you through our gospel, to the obtaining of the glory of our Lord Jesus Christ.

15. So then, brethren, stand fast, and hold the traditions which ye were taught, whether by word, or by epistle of ours.

16. Now our Lord Jesus Christ himself, and God our Father who loved us and gave us eternal comfort and good hope through grace,

17. comfort your hearts and establish them in every good work and word.

14. A questo Egli vi ha pure chiamati per mezzo del nostro Evangelo, onde giungiate a ottenere la gloria del Signor nostro Gesù Cristo.

15. Così dunque, fratelli, state saldi e ritenete gli insegnamenti che vi abbiam trasmessi sia con la parola, sia con una nostra epistola.

16. Or lo stesso Signor nostro Gesù Cristo e Iddio nostro Padre che ci ha amati e ci ha dato per la sua grazia una consolazione eterna e una buona speranza,

17. consoli i vostri cuori e vi confermi in ogni opera buona e in ogni buona parola.

# II Thessalonians 3

# II Tessalonicesi 3

1. Finally, brethren, pray for us, that the word of the Lord may run and be glorified, even as also [it is] with you;

2. and that we may be delivered from unreasonable and evil men; for all have not faith.

3. But the Lord is faithful, who shall establish you, and guard you from the evil [one].

4. And we have confidence in the Lord touching you, that ye both do and will do the things which we command.

5. And the Lord direct your hearts into the love of God, and into the patience of Christ.

6. Now we command you, brethren, in the name of our Lord Jesus Christ, that ye withdraw yourselves from every brother that walketh disorderly, and not after the tradition which they received of us.

7. For yourselves know how ye ought to imitate us: for we behaved not ourselves disorderly among you;

8. neither did we eat bread for nought at any man's hand, but in labor and travail, working night and day, that we might not burden any of you:

9. not because we have not the right, but to make ourselves and ensample unto you, that ye should imitate us.

10. For even when we were with you, this we commanded you, If any will not work, neither let him eat.

1. Del rimanente, fratelli, pregate per noi perché la parola del Signore si spanda e sia glorificata com'è tra voi,

2. e perché noi siamo liberati dagli uomini molesti e malvagi, poiché non tutti hanno la fede.

3. Ma il Signore è fedele, ed egli vi renderà saldi e vi guarderà dal maligno.

4. E noi abbiam di voi questa fiducia nel Signore, che fate e farete le cose che vi ordiniamo.

5. E il Signore diriga i vostri cuori all'amor di Dio e alla paziente aspettazione di Cristo.

6. Or, fratelli, noi v'ordiniamo nel nome del Signor nostro Gesù Cristo che vi ritiriate da ogni fratello che si conduce disordinatamente e non secondo l'insegnamento che avete ricevuto da noi.

7. Poiché voi stessi sapete com'è che ci dovete imitare: perché noi non ci siamo condotti disordinatamente fra voi;

8. né abbiam mangiato gratuitamente il pane d'alcuno, ma con fatica e con pena abbiam lavorato notte e giorno per non esser d'aggravio ad alcun di voi.

9. Non già che non abbiamo il diritto di farlo, ma abbiam voluto darvi noi stessi ad esempio, perché c'imitaste.

10. E invero quand'eravamo con voi, vi comandavamo questo: che se alcuno non vuol lavorare, neppure deve mangiare.

11. For we hear of some that walk among you disorderly, that work not at all, but are busybodies.

12. Now them that are such we command and exhort in the Lord Jesus Christ, that with quietness they work, and eat their own bread.

13. But ye, brethren, be not weary in well-doing.

14. And if any man obeyeth not our word by this epistle, note that man, that ye have no company with him, to the end that he may be ashamed.

15. And [yet] count him not as an enemy, but admonish him as a brother.

16. Now the Lord of peace himself give you peace at all times in all ways. The Lord be with you all.

17. The salutation of me Paul with mine own hand, which is the token in every epistle: so I write.

18. The grace of our Lord Jesus Christ be with you all.

11. Perché sentiamo che alcuni si conducono fra voi disordinatamente, non lavorando affatto, ma affaccendandosi in cose vane.

12. A quei tali noi ordiniamo e li esortiamo nel Signor Gesù Cristo che mangino il loro proprio pane, quietamente lavorando.

13. Quanto a voi, fratelli, non vi stancate di fare il bene.

14. E se qualcuno non ubbidisce a quel che diciamo in questa epistola, notatelo quel tale, e non abbiate relazione con lui, affinché si vergogni.

15. Però non lo tenete per nemico, ma ammonitelo come fratello.

16. Or il Signore della pace vi dia egli stesso del continuo la pace in ogni maniera. Il Signore sia con tutti voi.

17. Il saluto è di mia propria mano; di me, Paolo; questo serve di segno in ogni mia epistola; scrivo così.

18. La grazia del Signor nostro Gesù Cristo sia con tutti voi.

# I Timothy 1

1. Paul, an apostle of Christ Jesus according to the commandment of God our Saviour, and Christ Jesus our hope;

2. unto Timothy, my true child in faith: Grace, mercy, peace, from God the Father and Christ Jesus our Lord.

3. As I exhorted thee to tarry at Ephesus, when I was going into Macedonia, that thou mightest charge certain men not to teach a different doctrine,

4. neither to give heed to fables and endless genealogies, which minister questionings, rather than a dispensation of God which is in faith; [so do I now].

5. But the end of the charge is love out of a pure heart and a good conscience and faith unfeigned:

6. from which things some having swerved have turned aside unto vain talking;

7. desiring to be teachers of the law, though they understand neither what they say, nor whereof they confidently affirm.

8. But we know that the law is good, if a man use it lawfully,

9. as knowing this, that law is not made for a righteous man, but for the lawless and unruly, for the ungodly and sinners, for the unholy and profane, for murderers of fathers and murderers of mothers, for manslayers,

10. for fornicators, for abusers of themselves with men, for menstealers, for liars, for false swearers, and if there be any other thing contrary to the sound doctrine;

11. according to the gospel of the glory of the blessed God, which was committed to my trust.

12. I thank him that enabled me, [even] Christ Jesus our Lord, for that he counted me faithful, appointing me to [his] service;

13. though I was before a blasphemer, and a persecutor, and injurious: howbeit I obtained mercy, because I did it ignorantly in unbelief;

14. and the grace of our Lord abounded exceedingly with faith and love which is in Christ Jesus.

15. Faithful is the saying, and worthy of all acceptation, that Christ Jesus came into the world to save sinners; of whom I am chief:

# I Timoteo 1

1. Paolo, apostolo di Cristo Gesù per comandamento di Dio nostro Salvatore e di Cristo Gesù nostra speranza,

2. a Timoteo mio vero figliuolo in fede, grazia, misericordia, pace, da Dio Padre e da Cristo Gesù nostro Signore.

3. Ti ripeto l'esortazione che ti feci quando andavo in Macedonia, di rimanere ad Efeso per ordinare a certuni che non insegnino dottrina diversa

4. né si occupino di favole e di genealogie senza fine, le quali producono questioni, anziché promuovere la dispensazione di Dio, che è in fede.

5. Ma il fine di quest'incarico è l'amore procedente da un cuor puro, da una buona coscienza e da fede non finta;

6. dalle quali cose certuni avendo deviato, si sono rivolti a un vano parlare,

7. volendo esser dottori della legge, quantunque non intendano quello che dicono, né quello che dànno per certo.

8. Or noi sappiamo che la legge è buona, se uno l'usa legittimamente,

9. riconoscendo che la legge è fatta non per il giusto, ma per gl'iniqui e i ribelli, per gli empi e i peccatori, per gli scellerati e gl'irreligiosi, per i percuotitori di padre e madre,

10. per gli omicidi, per i fornicatori, per i sodomiti, per i ladri d'uomini, per i bugiardi, per gli spergiuri e per ogni altra cosa contraria alla sana dottrina,

11. secondo l'evangelo della gloria del beato Iddio, che m'è stato affidato.

12. Io rendo grazie a colui che mi ha reso forte, a Cristo Gesù, nostro Signore, dell'avermi egli reputato degno della sua fiducia, ponendo al ministerio me,

13. che prima ero un bestemmiatore, un persecutore e un oltraggiatore; ma misericordia mi è stata fatta, perché lo feci ignorantemente nella mia incredulità;

14. e la grazia del Signor nostro è sovrabbondata con la fede e con l'amore che è in Cristo Gesù.

15. Certa è questa parola e degna d'essere pienamente accettata: che Cristo Gesù è venuto nel mondo per salvare i peccatori, dei quali io sono il primo.

16. howbeit for this cause I obtained mercy, that in me as chief might Jesus Christ show forth all his longsuffering, for an ensample of them that should thereafter believe on him unto eternal life.

17. Now unto the King eternal, immortal, invisible, the only God, [be] honor and glory forever and ever. Amen.

18. This charge I commit unto thee, my child Timothy, according to the prophecies which led the way to thee, that by them thou mayest war the good warfare;

19. holding faith and a good conscience; which some having thrust from them made shipwreck concerning the faith:

20. of whom is Hymenaeus and Alexander; whom I delivered unto Satan, that they might be taught not to blaspheme.

# I Timothy 2

1. I exhort therefore, first of all, that supplications, prayers, intercessions, thanksgivings, be made for all men;

2. for kings and all that are in high place; that we may lead a tranquil and quiet life in all godliness and gravity.

3. This is good and acceptable in the sight of God our Saviour;

4. who would have all men to be saved, and come to the knowledge of the truth.

5. For there is one God, one mediator also between God and men, [himself] man, Christ Jesus,

6. who gave himself a ransom for all; the testimony [to be borne] in its own times;

7. whereunto I was appointed a preacher and an apostle (I speak the truth, I lie not), a teacher of the Gentiles in faith and truth.

8. I desire therefore that the men pray in every place, lifting up holy hands, without wrath and disputing.

9. In like manner, that women adorn themselves in modest apparel, with shamefastness and sobriety; not with braided hair, and gold or pearls or costly raiment;

16. Ma per questo mi è stata fatta misericordia, affinché Gesù Cristo dimostrasse in me per il primo tutta la sua longanimità, ed io servissi d'esempio a quelli che per l'avvenire crederebbero in lui per aver la vita eterna.

17. Or al re dei secoli, immortale, invisibile, solo Dio, siano onore e gloria ne' secoli de' secoli. Amen.

18. Io t'affido quest'incarico, o figliuol mio Timoteo, in armonia con le profezie che sono state innanzi fatte a tuo riguardo, affinché tu guerreggi in virtù d'esse la buona guerra,

19. avendo fede e buona coscienza; della quale alcuni avendo fatto getto, hanno naufragato quanto alla fede.

20. Fra questi sono Imeneo ed Alessandro, i quali ho dati in man di Satana affinché imparino a non bestemmiare.

# I Timoteo 2

1. Io esorto dunque, prima d'ogni altra cosa, che si facciano supplicazioni, preghiere, intercessioni, ringraziamenti per tutti gli uomini,

2. per i re e per tutti quelli che sono in autorità, affinché possiamo menare una vita tranquilla e quieta, in ogni pietà e onestà.

3. Questo è buono e accettevole nel cospetto di Dio, nostro Salvatore,

4. il quale vuole che tutti gli uomini siano salvati e vengano alla conoscenza della verità.

5. Poiché v'è un solo Dio ed anche un solo mediatore fra Dio e gli uomini, Cristo Gesù uomo,

6. il quale diede se stesso qual prezzo di riscatto per tutti; fatto che doveva essere attestato a suo tempo,

7. e per attestare il quale io fui costituito banditore ed apostolo (io dico il vero, non mentisco), dottore dei Gentili in fede e in verità.

8. Io voglio dunque che gli uomini faccian orazione in ogni luogo, alzando mani pure, senz'ira e senza dispute.

9. Similmente che le donne si adornino d'abito convenevole, con verecondia e modestia: non di trecce d'oro o di perle o di vesti sontuose,

10. but (which becometh women professing godliness) through good works.

11. Let a woman learn in quietness with all subjection.

12. But I permit not a woman to teach, nor to have dominion over a man, but to be in quietness.

13. For Adam was first formed, then Eve;

14. and Adam was not beguiled, but the woman being beguiled hath fallen into transgression:

15. but she shall be saved through her child-bearing, if they continue in faith and love and sanctification with sobriety.

10. ma d'opere buone, come s'addice a donne che fanno professione di pietà.

11. La donna impari in silenzio con ogni sottomissione.

12. Poiché non permetto alla donna d'insegnare, né d'usare autorità sul marito, ma stia in silenzio.

13. Perché Adamo fu formato il primo, e poi Eva;

14. e Adamo non fu sedotto; ma la donna, essendo stata sedotta, cadde in trasgressione

15. nondimeno sarà salvata partorendo figliuoli, se persevererà nella fede, nell'amore e nella santificazione con modestia.

# I Timothy 3

# I Timoteo 3

1. Faithful is the saying, If a man seeketh the office of a bishop, he desireth a good work.

2. The bishop therefore must be without reproach, the husband of one wife, temperate, sober-minded, orderly, given to hospitality, apt to teach;

3. no brawler, no striker; but gentle, not contentious, no lover of money;

4. one that ruleth well his own house, having [his] children in subjection with all gravity;

5. (but if a man knoweth not how to rule his own house, how shall he take care of the church of God?)

6. not a novice, lest being puffed up he fall into the condemnation of the devil.

7. Moreover he must have good testimony from them that are without; lest he fall into reproach and the snare of the devil.

8. Deacons in like manner [must be] grave, not double-tongued, not given to much wine, not greedy of filthy lucre;

9. holding the mystery of the faith in a pure conscience.

10. And let these also first be proved; then let them serve as deacons, if they be blameless.

1. Certa è questa parola: se uno aspira all'ufficio di vescovo, desidera un'opera buona.

2. Bisogna dunque che il vescovo sia irreprensibile, marito di una sola moglie, sobrio, assennato, costumato, ospitale, atto ad insegnare,

3. non dedito al vino né violento, ma sia mite, non litigioso, non amante del danaro

4. che governi bene la propria famiglia e tenga i figliuoli in sottomissione e in tutta riverenza

5. (che se uno non sa governare la propria famiglia, come potrà aver cura della chiesa di Dio?),

6. che non sia novizio, affinché, divenuto gonfio d'orgoglio, non cada nella condanna del diavolo.

7. Bisogna inoltre che abbia una buona testimonianza da quelli di fuori, affinché non cada in vituperio e nel laccio del diavolo.

8. Parimente i diaconi debbono esser dignitosi, non doppi in parole, non proclivi a troppo vino, non avidi di illeciti guadagni;

9. uomini che ritengano il mistero della fede in pura coscienza.

10. E anche questi siano prima provati; poi assumano l'ufficio di diaconi se sono irreprensibili.

11. Women in like manner [must be] grave, not slanderers, temperate, faithful in all things.

12. Let deacons be husbands of one wife, ruling [their] children and their own houses well.

13. For they that have served well as deacons gain to themselves a good standing, and great boldness in the faith which is in Christ Jesus.

14. These things write I unto thee, hoping to come unto thee shortly;

15. but if I tarry long, that thou mayest know how men ought to behave themselves in the house of God, which is the church of the living God, the pillar and ground of the truth.

16. And without controversy great is the mystery of godliness; He who was manifested in the flesh, Justified in the spirit, Seen of angels, Preached among the nations, Believed on in the world, Received up in glory.

11. Parimente siano le donne dignitose, non maldicenti, sobrie, fedeli in ogni cosa.

12. I diaconi siano mariti di una sola moglie, e governino bene i loro figliuoli e le loro famiglie.

13. Perché quelli che hanno ben fatto l'ufficio di diaconi, si acquistano un buon grado e una gran franchezza nella fede che è in Cristo Gesù.

14. Io ti scrivo queste cose sperando di venir tosto da te;

15. e, se mai tardo, affinché tu sappia come bisogna comportarsi nella casa di Dio, che è la Chiesa dell'Iddio vivente, colonna e base della verità.

16. E, senza contraddizione, grande è il mistero della pietà: Colui che è stato manifestato in carne, è stato giustificato nello spirito, è apparso agli angeli, è stato predicato fra i Gentili, è stato creduto nel mondo, è stato elevato in gloria.

# I Timothy 4      I Timoteo 4

1. But the Spirit saith expressly, that in later times some shall fall away from the faith, giving heed to seducing spirits and doctrines of demons,

2. through the hypocrisy of men that speak lies, branded in their own conscience as with a hot iron;

3. forbidding to marry, [and commanding] to abstain from meats, which God created to be received with thanksgiving by them that believe and know the truth.

4. For every creature of God is good, and nothing is to be rejected, if it be received with thanksgiving:

5. for it is sanctified through the word of God and prayer.

6. If thou put the brethren in mind of these things, thou shalt be a good minister of Christ Jesus, nourished in the words of the faith, and of the good doctrine which thou hast followed [until now]:

7. but refuse profane and old wives' fables. And exercise thyself unto godliness:

8. for bodily exercise is profitable for a little; but godliness is profitable for all things, having promise of the life which now is, and of that which is to come.

1. Ma lo Spirito dice espressamente che nei tempi a venire alcuni apostateranno dalla fede, dando retta a spiriti seduttori, e a dottrine di demoni

2. per via della ipocrisia di uomini che proferiranno menzogna, segnati di un marchio nella loro propria coscienza;

3. i quali vieteranno il matrimonio e ordineranno l'astensione da cibi che Dio ha creati affinché quelli che credono e hanno ben conosciuta la verità, ne usino con rendimento di grazie.

4. Poiché tutto quel che Dio ha creato è buono; e nulla è da riprovare, se usato con rendimento di grazie;

5. perché è santificato dalla parola di Dio e dalla preghiera.

6. Rappresentando queste cose ai fratelli, tu sarai un buon ministro di Cristo Gesù, nutrito delle parole della fede e della buona dottrina che hai seguìta da presso.

7. Ma schiva le favole profane e da vecchie; esèrcitati invece alla pietà;

8. perché l'esercizio corporale è utile ad poca cosa, mentre la pietà è utile ad ogni cosa, avendo la promessa della vita presente e di quella a venire.

9. Faithful is the saying, and worthy of all acceptation.

10. For to this end we labor and strive, because we have our hope set on the living God, who is the Saviour of all men, specially of them that believe.

11. These things command and teach.

12. Let no man despise thy youth; but be thou an ensample to them that believe, in word, in manner of life, in love, in faith, in purity.

13. Till I come, give heed to reading, to exhortation, to teaching.

14. Neglect not the gift that is in thee, which was given thee by prophecy, with the laying on of the hands of the presbytery.

15. Be diligent in these things; give thyself wholly to them; that thy progress may be manifest unto all.

16. Take heed to thyself, and to thy teaching. Continue in these things; for in doing this thou shalt save both thyself and them that hear thee.

# I Timothy 5

1. Rebuke not an elder, but exhort him as a father; the younger men as brethren:

2. the elder women as mothers; the younger as sisters, in all purity.

3. Honor widows that are widows indeed.

4. But if any widow hath children or grandchildren, let them learn first to show piety towards their own family, and to requite their parents: for this is acceptable in the sight of God.

5. Now she that is a widow indeed, and desolate, hath her hope set on God, and continueth in supplications and prayers night and day.

6. But she that giveth herself to pleasure is dead while she liveth.

7. These things also command, that they may be without reproach.

8. But if any provideth not for his own, and specially his own household, he hath denied the faith, and is worse than an unbeliever.

---

9. Certa è questa parola, e degna d'esser pienamente accettata.

10. Poiché per questo noi fatichiamo e lottiamo: perché abbiamo posto la nostra speranza nell'Iddio vivente, che è il Salvatore di tutti gli uomini, principalmente dei credenti.

11. Ordina queste cose e insegnale. Nessuno sprezzi la tua giovinezza;

12. ma sii d'esempio ai credenti, nel parlare, nella condotta, nell'amore, nella fede, nella castità.

13. Attendi finché io torni, alla lettura, all'esortazione, all'insegnamento.

14. Non trascurare il dono che è in te, il quale ti fu dato per profezia quando ti furono imposte le mani dal collegio degli anziani.

15. Cura queste cose e datti ad esse interamente, affinché il tuo progresso sia manifesto a tutti.

16. Bada a te stesso e all'insegnamento; persevera in queste cose, perché, facendo così, salverai te stesso e quelli che ti ascoltano.

# I Timoteo 5

1. Non riprendere aspramente l'uomo anziano, ma esortalo come un padre;

2. i giovani, come fratelli; le donne anziane, come madri; le giovani, come sorelle, con ogni castità.

3. Onora le vedove che son veramente vedove.

4. Ma se una vedova ha dei figliuoli o de' nipoti, imparino essi prima a mostrarsi pii verso la propria famiglia e a rendere il contraccambio ai loro genitori, perché questo è accettevole nel cospetto di Dio.

5. Or la vedova che è veramente tale e sola al mondo, ha posto la sua speranza in Dio, e persevera in supplicazioni e preghiere notte e giorno;

6. ma quella che si dà ai piaceri, benché viva, è morta.

7. Anche queste cose ordina, onde siano irreprensibili.

8. Che se uno non provvede ai suoi, e principalmente a quelli di casa sua, ha rinnegato la fede, ed è peggiore dell'incredulo.

9. Let none be enrolled as a widow under threescore years old, [having been] the wife of one man,

10. well reported of for good works; if she hath brought up children, if she hath used hospitality to strangers, if she hath washed the saints' feet, if she hath relieved the afflicted, if she hath diligently followed every good work.

11. But younger widows refuse: for when they have waxed wanton against Christ, they desire to marry;

12. having condemnation, because they have rejected their first pledge.

13. And withal they learn also [to be] idle, going about from house to house; and not only idle, but tattlers also and busybodies, speaking things which they ought not.

14. I desire therefore that the younger [widows] marry, bear children, rule the household, give no occasion to the adversary for reviling:

15. for already some are turned aside after Satan.

16. If any woman that believeth hath widows, let her relieve them, and let not the church be burdened; that it mat relieve them that are widows indeed.

17. Let the elders that rule well be counted worthy of double honor, especially those who labor in the word and in teaching.

18. For the scripture saith, Thou shalt not muzzle the ox when he treadeth out the corn. And, The laborer is worthy of his hire.

19. Against an elder receive not an accusation, except at [the mouth of] two or three witnesses.

20. Them that sin reprove in the sight of all, that the rest also may be in fear.

21. I charge [thee] in the sight of God, and Christ Jesus, and the elect angels, that thou observe these things without prejudice, doing nothing by partiality.

22. Lay hands hastily on no man, neither be partaker of other men's sins: keep thyself pure.

23. Be no longer a drinker of water, but use a little wine for thy stomach's sake and thine often infirmities.

9. Sia la vedova iscritta nel catalogo quando non abbia meno di sessant'anni: quando sia stata moglie d'un marito solo,

10. quando sia conosciuta per le sue buone opere: per avere allevato figliuoli, esercitato l'ospitalità, lavato i piedi ai santi, soccorso gli afflitti, concorso ad ogni opera buona.

11. Ma rifiuta le vedove più giovani, perché, dopo aver lussureggiato contro Cristo, vogliono maritarsi,

12. e sono colpevoli perché hanno rotta la prima fede;

13. ed oltre a ciò imparano ad essere oziose, andando attorno per le case; e non soltanto ad esser oziose, ma anche cianciatrici e curiose, parlando di cose delle quali non si deve parlare.

14. Io voglio dunque che le vedove giovani si maritino, abbiano figliuoli, governino la casa, non diano agli avversari alcuna occasione di maldicenza,

15. poiché già alcune si sono sviate per andar dietro a Satana.

16. Se qualche credente ha delle vedove, le soccorra, e la chiesa non ne sia gravata, onde possa soccorrer quelle che son veramente vedove.

17. Gli anziani che tengon bene la presidenza, siano reputati degni di doppio onore, specialmente quelli che faticano nella predicazione e nell'insegnamento;

18. poiché la scrittura dice: Non metter la museruola al bue che trebbia; e l'operaio è degno della sua mercede.

19. Non ricevere accusa contro un anziano, se non sulla deposizione di due o tre testimoni.

20. Quelli che peccano, riprendili in presenza di tutti, onde anche gli altri abbian timore.

21. Io ti scongiuro, dinanzi a Dio, dinanzi a Cristo Gesù e agli angeli eletti, che tu osservi queste cose senza prevenzione, non facendo nulla con parzialità.

22. Non imporre con precipitazione le mani ad alcuno, e non partecipare ai peccati altrui; conservati puro.

23. Non continuare a bere acqua soltanto, ma prendi un poco di vino a motivo del tuo stomaco e delle tue frequenti infermità.

24. Some men's sins are evident, going before unto judgment; and some men also they follow after.

25. In like manner also there are good works that are evident; and such as are otherwise cannot be hid.

24. I peccati d'alcuni uomini sono manifesti e vanno innanzi a loro al giudizio; ad altri uomini, invece, essi tengono dietro.

25. Similmente, anche le opere buone sono manifeste; e quelle che lo sono, non possono rimanere occulte.

# I Timothy 6

# I Timoteo 6

1. Let as many as are servants under the yoke count their own masters worthy of all honor, that the name of God and the doctrine be not blasphemed.

2. And they that have believing masters, let them not despise them, because they are brethren; but let them serve them the rather, because they that partake of the benefit are believing and beloved. These things teach and exhort.

3. If any man teacheth a different doctrine, and consenteth not to sound words, [even] the words of our Lord Jesus Christ, and to the doctrine which is according to godliness;

4. he is puffed up, knowing nothing, but doting about questionings and disputes of words, whereof cometh envy, strife, railings, evil surmisings,

5. wranglings of men corrupted in mind and bereft of the truth, supposing that godliness is a way of gain.

6. But godliness with contentment is great gain:

7. for we brought nothing into the world, for neither can we carry anything out;

8. but having food and covering we shall be therewith content.

9. But they that are minded to be rich fall into a temptation and a snare and many foolish and hurtful lusts, such as drown men in destruction and perdition.

10. For the love of money is a root of all kinds of evil: which some reaching after have been led astray from the faith, and have pierced themselves through with many sorrows.

11. But thou, O man of God, flee these things; and follow after righteousness, godliness, faith, love, patience, meekness.

1. Tutti coloro che sono sotto il giogo della servitù, reputino i loro padroni come degni d'ogni onore, affinché il nome di Dio e la dottrina non vengano biasimati.

2. E quelli che hanno padroni credenti non li disprezzino perché son fratelli, ma tanto più li servano, perché quelli che ricevono il beneficio del loro servizio sono fedeli e diletti. Queste cose insegna e ad esse esorta.

3. Se qualcuno insegna una dottrina diversa e non s'attiene alle sane parole del Signor nostro Gesù Cristo e alla dottrina che è secondo pietà,

4. esso è gonfio e non sa nulla; ma langue intorno a questioni e dispute di parole, dalle quali nascono invidia, contenzione, maldicenza, cattivi sospetti,

5. acerbe discussioni d'uomini corrotti di mente e privati della verità, i quali stimano la pietà esser fonte di guadagno.

6. Or la pietà con animo contento del proprio stato, è un grande guadagno;

7. poiché non abbiam portato nulla nel mondo, perché non ne possiamo neanche portar via nulla;

8. ma avendo di che nutrirci e di che coprirci, saremo di questo contenti.

9. Ma quelli che vogliono arricchire cadono in tentazione, in laccio, e in molte insensate e funeste concupiscenze, che affondano gli uomini nella distruzione e nella perdizione.

10. Poiché l'amor del danaro è radice d'ogni sorta di mali; e alcuni che vi si sono dati, si sono sviati dalla fede e si son trafitti di molti dolori.

11. Ma tu, o uomo di Dio, fuggi queste cose, e procaccia giustizia, pietà, fede, amore, costanza, dolcezza.

12. Fight the good fight of the faith, lay hold on the life eternal, whereunto thou wast called, and didst confess the good confession in the sight of many witnesses.

13. I charge thee in the sight of God, who giveth life to all things, and of Christ Jesus, who before Pontius Pilate witnessed the good confession;

14. that thou keep the commandment, without spot, without reproach, until the appearing of our Lord Jesus Christ:

15. which in its own times he shall show, who is the blessed and only Potentate, the King of kings, and Lord of lords;

16. who only hath immortality, dwelling in light unapproachable; whom no man hath seen, nor can see: to whom [be] honor and power eternal. Amen.

17. Charge them that are rich in this present world, that they be not highminded, nor have their hope set on the uncertainty of riches, but on God, who giveth us richly all things to enjoy;

18. that they do good, that they be rich in good works, that they be ready to distribute, willing to communicate;

19. laying up in store for themselves a good foundation against the time to come, that they may lay hold on the life which is [life] indeed.

20. O Timothy, guard that which is committed unto [thee], turning away from the profane babblings and oppositions of the knowledge which is falsely so called;

21. which some professing have erred concerning the faith. Grace be with you.

12. Combatti il buon combattimento della fede, afferra la vita eterna alla quale sei stato chiamato e in vista della quale facesti quella bella confessione in presenza di molti testimoni.

13. Nel cospetto di Dio che vivifica tutte le cose, e di Cristo Gesù che rese testimonianza dinanzi a Ponzio Pilato con quella bella confessione,

14. io t'ingiungo d'osservare il comandamento divino da uomo immacolato, irreprensibile, fino all'apparizione del nostro Signor Gesù Cristo,

15. la quale sarà a suo tempo manifestata dal beato e unico Sovrano, il Re dei re e Signor dei signori,

16. il quale solo possiede l'immortalità ed abita una luce inaccessibile; il quale nessun uomo ha veduto né può vedere; al quale siano onore e potenza eterna. Amen.

17. A quelli che son ricchi in questo mondo ordina che non siano d'animo altero, che non ripongano la loro speranza nell'incertezza delle ricchezze, ma in Dio, il quale ci somministra copiosamente ogni cosa perché ne godiamo;

18. che facciano del bene, che siano ricchi in buone opere, pronti a dare, a far parte dei loro averi,

19. in modo da farsi un tesoro ben fondato per l'avvenire, a fin di conseguire la vera vita.

20. O Timoteo, custodisci il deposito, schivando le profane vacuità di parole e le opposizioni di quella che falsamente si chiama scienza,

21. della quale alcuni facendo professione, si sono sviati dalla fede. La grazia sia con voi.

# II Timothy 1

1. Paul, an apostle of Christ Jesus through the will of God, according to the promise of the life which is in Christ Jesus,

2. to Timothy, my beloved child: Grace, mercy, peace, from God the Father and Christ Jesus our Lord.

3. I thank God, whom I serve from my forefathers in a pure conscience, how unceasing is my remembrance of thee in my supplications, night and day

4. longing to see thee, remembering thy tears, that I may be filled with joy;

5. having been reminded of the unfeigned faith that is in thee; which dwelt first in thy grandmother Lois, and thy mother Eunice; and, I am persuaded, in thee also.

6. For which cause I put thee in remembrance that thou stir up the gift of God, which is in thee through the laying on of my hands.

7. For God gave us not a spirit of fearfulness; but of power and love and discipline.

8. Be not ashamed therefore of the testimony of our Lord, nor of me his prisoner: but suffer hardship with the gospel according to the power of God;

9. who saved us, and called us with a holy calling, not according to our works, but according to his own purpose and grace, which was given us in Christ Jesus before times eternal,

10. but hath now been manifested by the appearing of our Saviour Christ Jesus, who abolished death, and brought life and immortality to light through the gospel,

11. whereunto I was appointed a preacher, and an apostle, and a teacher.

12. For which cause I suffer also these things: yet I am not ashamed; for I know him whom I have believed, and I am persuaded that he is able to guard that which I have committed unto him against that day.

13. Hold the pattern of sound words which thou hast heard from me, in faith and love which is in Christ Jesus.

14. That good thing which was committed unto [thee] guard through the Holy Spirit which dwelleth in us.

# II Timoteo 1

1. Paolo, apostolo di Cristo Gesù per volontà di Dio, secondo la promessa della vita che è in Cristo Gesù,

2. a Timoteo, mio diletto figliuolo, grazia, misericordia, pace da Dio Padre e da Cristo Gesù nostro Signore.

3. Io rendo grazie a Dio, il quale servo con pura coscienza, come l'han servito i miei antenati, ricordandomi sempre di te nelle mie preghiere giorno e notte,

4. bramando, memore come sono delle tue lacrime, di vederti per esser ricolmo d'allegrezza.

5. Io ricordo infatti la fede non finta che è in te, la quale abitò prima della tua nonna Loide e nella tua madre Eunice, e, son persuaso, abita in te pure.

6. Per questa ragione ti ricordo di ravvivare il dono di Dio che è in te per la imposizione delle mie mani.

7. Poiché Iddio ci ha dato uno spirito non di timidità, ma di forza e d'amore e di correzione.

8. Non aver dunque vergogna della testimonianza del Signor nostro, né di me che sono in catene per lui; ma soffri anche tu per l'Evangelo, sorretto dalla potenza di Dio;

9. il quale ci ha salvati e ci ha rivolto una sua santa chiamata, non secondo le nostre opere, ma secondo il proprio proponimento e la grazia che ci è stata fatta in Cristo Gesù avanti i secoli,

10. ma che è stata ora manifestata coll'apparizione del Salvator nostro Cristo Gesù, il quale ha distrutto la morte e ha prodotto in luce la vita e l'immortalità mediante l'Evangelo,

11. in vista del quale io sono stato costituito banditore ed apostolo e dottore.

12. Ed è pure per questa cagione che soffro queste cose; ma non me ne vergogno, perché so in chi ho creduto, e son persuaso ch'egli è potente da custodire il mio deposito fino a quel giorno.

13. Attienti con fede e con l'amore che è in Cristo Gesù al modello delle sane parole che udisti da me.

14. Custodisci il buon deposito per mezzo dello Spirito Santo che abita in noi.

15. This thou knowest, that all that are in Asia turned away from me; of whom are Phygelus and Hermogenes.

16. The Lord grant mercy unto the house of Onesiphorus: for he oft refreshed me, and was not ashamed of my chain;

17. but, when he was in Rome, he sought me diligently, and found me

18. (the Lord grant unto him to find mercy of the Lord in that day); and in how many things he ministered at Ephesus, thou knowest very well.

# II Timothy 2

1. Thou therefore, my child, be strengthened in the grace that is in Christ Jesus.

2. And the things which thou hast heard from me among many witnesses, the same commit thou to faithful men, who shall be able to teach others also.

3. Suffer hardship with [me], as a good soldier of Christ Jesus.

4. No soldier on service entangleth himself in the affairs of [this] life; that he may please him who enrolled him as a soldier.

5. And if also a man contend in the games, he is not crowded, except he have contended lawfully.

6. The husbandmen that laboreth must be the first to partake of the fruits.

7. Consider what I say; for the Lord shall give thee understanding in all things.

8. Remember Jesus Christ, risen from the dead, of the seed of David, according to my gospel:

9. wherein I suffer hardship unto bonds, as a malefactor; but the word of God is not bound.

10. Therefore I endure all things for the elect's sake, that they also may obtain the salvation which is in Christ Jesus with eternal glory.

11. Faithful is the saying: For if we died with him, we shall also live with him:

12. if we endure, we shall also reign with him: if we shall deny him, he also will deny us:

---

15. Tu sai questo: che tutti quelli che sono in Asia mi hanno abbandonato; fra i quali, Figello ed Ermogene.

16. Conceda il Signore misericordia alla famiglia d'Onesiforo, poiché egli m'ha spesse volte confortato e non si è vergognato della mia catena;

17. anzi, quando è venuto a Roma, mi ha cercato premurosamente e m'ha trovato.

18. Gli conceda il Signore di trovar misericordia presso il Signore in quel giorno; e quanti servigi egli abbia reso in Efeso tu sai molto bene.

# II Timoteo 2

1. Tu dunque, figliuol mio, fortìficati nella grazia che è in Cristo Gesù,

2. e le cose che hai udite da me in presenza di molti testimoni, affidale ad uomini fedeli, i quali siano capaci d'insegnarle anche ad altri.

3. Sopporta anche tu le sofferenze, come un buon soldato di Cristo Gesù.

4. Uno che va alla guerra non s'impaccia delle faccende della vita; e ciò, affin di piacere a colui che l'ha arruolato.

5. Parimente se uno lotta come atleta non è coronato, se non ha lottato secondo le leggi.

6. Il lavoratore che fatica dev'essere il primo ad aver la sua parte de' frutti.

7. Considera quello che dico, poiché il Signore ti darà intelligenza in ogni cosa.

8. Ricordati di Gesù Cristo, risorto d'infra i morti, progenie di Davide, secondo il mio Vangelo;

9. per il quale io soffro afflizione fino ad essere incatenato come un malfattore, ma la parola di Dio non è incatenata.

10. Perciò io sopporto ogni cosa per amor degli eletti, affinché anch'essi conseguano la salvezza che è in Cristo Gesù con gloria eterna.

11. Certa è questa parola: che se muoiamo con lui, con lui anche vivremo;

12. se abbiam costanza nella prova, con lui altresì regneremo;

13. if we are faithless, he abideth faithful; for he cannot deny himself.

14. Of these things put them in remembrance, charging [them] in the sight of the Lord, that they strive not about words, to no profit, to the subverting of them that hear.

15. Give diligence to present thyself approved unto God, a workman that needeth not to be ashamed, handling aright the word of truth.

16. But shun profane babblings: for they will proceed further in ungodliness,

17. and their word will eat as doth a gangrene: or whom is Hymenaeus an Philetus;

18. men who concerning the truth have erred, saying that the resurrection is past already, and overthrow the faith of some.

19. Howbeit the firm foundation of God standeth, having this seal, The Lord knoweth them that are his: and, Let every one that nameth the name of the Lord depart from unrighteousness.

20. Now in a great house there are not only vessels of gold and of silver, but also of wood and of earth; and some unto honor, and some unto dishonor.

21. If a man therefore purge himself from these, he shall be a vessel unto honor, sanctified, meet for the master's use, prepared unto every good work.

22. after righteousness, faith, love, pace, with them that call on the Lord out of a pure heart.

23. But foolish and ignorant questionings refuse, knowing that they gender strifes.

24. And the Lord's servant must not strive, but be gentle towards all, apt to teach, forbearing,

25. in meekness correcting them that oppose themselves; if peradventure God may give them repentance unto the knowledge of the truth,

26. and they may recover themselves out of the snare of the devil, having been taken captive by him unto his will.

---

13. se lo rinnegheremo, anch'egli ci rinnegherà; se siamo infedeli, egli rimane fedele, perché non può rinnegare se stesso.

14. Ricorda loro queste cose, scongiurandoli nel cospetto di Dio che non faccian dispute di parole, che a nulla giovano e sovvertono chi le ascolta.

15. Studiati di presentar te stesso approvato dinanzi a Dio: operaio che non abbia ad esser confuso, che tagli rettamente la parola della verità.

16. Ma schiva le profane ciance, perché quelli che vi si danno progrediranno nella empietà

17. e la loro parola andrà rodendo come fa la cancrena; fra i quali sono Imeneo e Fileto;

18. uomini che si sono sviati dalla verità, dicendo che la resurrezione è già avvenuta, e sovvertono la fede di alcuni.

19. Ma pure il solido fondamento di Dio rimane fermo, portando questo sigillo: "Il Signore conosce quelli che son suoi", e: "Ritraggasi dall'iniquità chiunque nomina il nome del Signore".

20. Or in una gran casa non ci son soltanto dei vasi d'oro e d'argento, ma anche dei vasi di legno e di terra; e gli uni son destinati a un uso nobile e gli altri ad un uso ignobile.

21. Se dunque uno si serba puro da quelle cose, sarà un vaso nobile, santificato, atto al servigio del padrone, preparato per ogni opera buona.

22. Ma fuggi gli appetiti giovanili e procaccia giustizia, fede, amore, pace con quelli che di cuor puro invocano il Signore.

23. Ma schiva le questioni stolte e scempie, sapendo che generano contese.

24. Or il servitore del Signore non deve contendere, ma dev'essere mite inverso tutti, atto ad insegnare, paziente,

25. correggendo con dolcezza quelli che contradicono, se mai avvenga che Dio conceda loro di ravvedersi per riconoscere la verità;

26. in guisa che, tornati in sé, escano dal laccio del diavolo, che li avea presi prigionieri perché facessero la sua volontà.

# II Timothy 3

1. But know this, that in the last days grievous times shall come.
2. For men shall be lovers of self, lovers of money, boastful, haughty, railers, disobedient to parents, unthankful, unholy,
3. without natural affection, implacable, slanderers, without self-control, fierce, no lovers of good,
4. traitors, headstrong, puffed up, lovers of pleasure rather than lovers of God;
5. holding a form of godliness, but having denied the power therefore. From these also turn away.
6. For of these are they that creep into houses, and take captive silly women laden with sins, led away by divers lusts,

7. ever learning, and never able to come to the knowledge of the truth.

8. And even as Jannes and Jambres withstood Moses, so do these also withstand the truth. Men corrupted in mind, reprobate concerning the faith.
9. But they shall proceed no further. For their folly shall be evident unto all men, as theirs also came to be.
10. But thou didst follow my teaching, conduct, purpose, faith, longsuffering, love, patience,

11. persecutions, sufferings. What things befell me at Antioch, at Iconium, at Lystra; what persecutions I endured. And out of them all the Lord delivered me.
12. Yea, and all that would live godly in Christ Jesus shall suffer persecution.

13. But evil men and impostors shall wax worse and worse, deceiving and being deceived.
14. But abide thou in the things which thou hast learned and hast been assured of, knowing of whom thou hast learned them.
15. And that from a babe thou hast known the sacred writings which are able to make thee wise unto salvation through faith which is in Christ Jesus.

# II Timoteo 3

1. Or sappi questo, che negli ultimi giorni verranno dei tempi difficili;
2. perché gli uomini saranno egoisti, amanti del denaro, vanagloriosi, superbi, bestemmiatori, disubbidienti ai genitori, ingrati, irreligiosi,
3. senz'affezione naturale, mancatori di fede, calunniatori, intemperanti, spietati, senza amore per il bene,
4. traditori, temerari, gonfi, amanti del piacere anziché di Dio,
5. aventi le forme della pietà, ma avendone rinnegata la potenza.

6. Anche costoro schiva! Poiché del numero di costoro son quelli che s'insinuano nelle case e cattivano donnicciuole cariche di peccati, agitate da varie cupidigie,
7. che imparan sempre e non possono mai pervenire alla conoscenza della verità.
8. E come Jannè e Iambrè contrastarono a Mosè, così anche costoro contrastano alla verità: uomini corrotti di mente, riprovati quanto alla fede.
9. Ma non andranno più oltre, perché la loro stoltezza sarà manifesta a tutti, come fu quella di quegli uomini.
10. Quanto a te, tu hai tenuto dietro al mio insegnamento, alla mia condotta, a' miei propositi, alla mia fede, alla mia pazienza, al mio amore, alla mia costanza,
11. alle mie persecuzioni, alle mie sofferenze, a quel che mi avvenne ad Antiochia, ad Iconio ed a Listra. Sai quali persecuzioni ho sopportato; e il Signore mia ha liberato da tutte.
12. E d'altronde tutti quelli che voglion vivere pienamente in Cristo Gesù saranno perseguitati;
13. mentre i malvagi e gli impostori andranno di male in peggio, seducendo ed essendo sedotti.
14. Ma tu persevera nelle cose che hai imparate e delle quali sei stato accertato, sapendo da chi le hai imparate,
15. e che fin da fanciullo hai avuto conoscenza degli Scritti sacri, i quali possono renderti savio a salute mediante la fede che è in Cristo Gesù.

16. Every scripture inspired of God [is] also profitable for teaching, for reproof, for correction, for instruction which is in righteousness.

17. That the man of God may be complete, furnished completely unto every good work.

16. Ogni scrittura è ispirata da Dio e utile a insegnare, a riprendere, a correggere, a educare alla giustizia,

17. affinché l'uomo di Dio sia compiuto, appieno fornito per ogni opera buona.

# II Timothy 4

# II Timoteo 4

1. I charge [thee] in the sight of God, and of Christ Jesus, who shall judge the living and the dead, and by his appearing and his kingdom:

2. preach the word; be urgent in season, out of season; reprove, rebuke, exhort, with all longsuffering and teaching.

3. For the time will come when they will not endure the sound doctrine; but, having itching ears, will heap to themselves teachers after their own lusts;

4. and will turn away their ears from the truth, and turn aside unto fables.

5. But be thou sober in all things, suffer hardship, do the work of an evangelist, fulfil thy ministry.

6. For I am already being offered, and the time of my departure is come.

7. I have fought the good fight, I have finished the course, I have kept the faith:

8. henceforth there is laid up for me the crown of righteousness, which the Lord, the righteous judge, shall give to me at that day; and not to me only, but also to all them that have loved his appearing.

9. Give diligence to come shortly unto me:

10. for Demas forsook me, having loved this present world, and went to Thessalonica; Crescens to Galatia, Titus to Dalmatia.

11. Only Luke is with me. Take Mark, and bring him with thee; for he is useful to me for ministering.

12. But Tychicus I sent to Ephesus.

13. The cloak that I left at Troas with Carpus, bring when thou comest, and the books, especially the parchments.

1. Io te ne scongiuro nel cospetto di Dio e di Cristo Gesù che ha da giudicare i vivi e i morti, e per la sua apparizione e per il suo regno:

2. Predica la Parola, insisti a tempo e fuor di tempo, riprendi, sgrida, esorta con grande pazienza e sempre istruendo.

3. Perché verrà il tempo che non sopporteranno la sana dottrina; ma per prurito d'udire si accumuleranno dottori secondo le loro proprie voglie

4. e distoglieranno le orecchie dalla verità e si volgeranno alle favole.

5. Ma tu sii vigilante in ogni cosa, soffri afflizioni, fa l'opera d'evangelista, compi tutti i doveri del tuo ministerio.

6. Quanto a me io sto per esser offerto a mo' di libazione, e il tempo della mia dipartenza è giunto.

7. Io ho combattuto il buon combattimento, ho finito la corsa, ho serbata la fede;

8. del rimanente mi è riservata la corona di giustizia che il Signore, il giusto giudice, mi assegnerà in quel giorno; e non solo a me, ma anche a tutti quelli che avranno amato la sua apparizione.

9. Studiati di venir tosto da me;

10. poiché Dema, avendo amato il presente secolo, mi ha lasciato e se n'è andato a Tessalonica. Crescente è andato in Galazia, Tito in Dalmazia. Luca solo è meco.

11. Prendi Marco e menalo teco; poich'egli mi è molto utile per il ministerio.

12. Quanto a Tichico l'ho mandato ad Efeso.

13. Quando verrai porta il mantello che ho lasciato a Troas da Carpo, e i libri, specialmente le pergamene.

14. Alexander the coppersmith did me much evil: the Lord will render to him according to his works:

15. of whom do thou also beware; for he greatly withstood our words.

16. At my first defence no one took my part, but all forsook me: may it not be laid to their account.

17. But the Lord stood by me, and strengthened me; that through me the message might me fully proclaimed, and that all the Gentiles might hear: and I was delivered out of the mouth of the lion.

18. The Lord will deliver me from every evil work, and will save me unto his heavenly kingdom: to whom [be] the glory forever and ever. Amen.

19. Salute Prisca and Aquila, and the house of Onesiphorus.

20. Erastus remained at Corinth: but Trophimus I left at Miletus sick.

21. Give diligence to come before winter. Eubulus saluteth thee, and Pudens, and Linus, and Claudia, and all the brethren.

22. The Lord be with thy spirit. Grace be with you.

14. Alessandro, il ramaio, mi ha fatto del male assai. Il Signore gli renderà secondo le sue opere.

15. Da lui guardati anche tu, poiché egli ha fortemente contrastato alle nostre parole.

16. Nella mia prima difesa nessuno s'è trovato al mio fianco, ma tutti mi hanno abbandonato; non sia loro imputato!

17. Ma il Signore è stato meco e m'ha fortificato, affinché il Vangelo fosse per mezzo mio pienamente proclamato e tutti i Gentili l'udissero; e sono stato liberato dalla gola del leone.

18. Il Signore mi libererà da ogni mala azione e mi salverà nel suo regno celeste. A lui sia la gloria ne' secoli dei secoli. Amen.

19. Saluta Prisca ed Aquila e la famiglia d'Onesiforo.

20. Erasto è rimasto a Corinto; e Trofimo l'ho lasciato infermo a Mileto.

21. Studiati di venire prima dell'inverno. Ti salutano Eubulo e Pudente e Lino e Claudia e i fratelli tutti.

22. Il Signore sia col tuo spirito. La grazia sia con voi.

# Titus 1

1. Paul, a servant of God, and an apostle of Jesus Christ, according to the faith of God's elect, and the knowledge of the truth which is according to godliness,

2. in hope of eternal life, which God, who cannot lie, promised before times eternal;

3. but in his own seasons manifested his word in the message, wherewith I was intrusted according to the commandment of God our Saviour;

4. to Titus, my true child after a common faith: Grace and peace from God the Father and Christ Jesus our Saviour.

5. For this cause left I thee in Crete, that thou shouldest set in order the things that were wanting, and appoint elders in every city, as I gave thee charge;

6. if any man is blameless, the husband of one wife, having children that believe, who are not accused of riot or unruly.

7. For the bishop must be blameless, as God's steward; not self-willed, not soon angry, no brawler, no striker, not greedy of filthy lucre;

8. but given to hospitality, as lover of good, sober-minded, just, holy, self-controlled;

9. holding to the faithful word which is according to the teaching, that he may be able to exhort in the sound doctrine, and to convict the gainsayers.

10. For there are many unruly men, vain talkers and deceivers, specially they of the circumcision,

11. whose mouths must be stopped; men who overthrow whole houses, teaching things which they ought not, for filthy lucre's sake.

12. One of themselves, a prophet of their own, said, Cretans are always liars, evil beasts, idle gluttons.

13. This testimony is true. For which cause reprove them sharply, that they may be sound in the faith,

14. not giving heed to Jewish fables, and commandments of men who turn away from the truth.

# Tito 1

1. Paolo, servitore di Dio e apostolo di Gesù Cristo per la fede degli eletti di Dio e la conoscenza della verità che è secondo pietà,

2. nella speranza della vita eterna la quale Iddio, che non può mentire, promise avanti i secoli,

3. manifestando poi nei suoi propri tempi la sua parola mediante la predicazione che è stata a me affidata per mandato di Dio, nostro Salvatore,

4. a Tito, mio vero figliuolo secondo la fede che ci è comune, grazia e pace da Dio Padre e da Cristo Gesù, nostro Salvatore.

5. Per questa ragione t'ho lasciato in Creta: perché tu dia ordine alle cose che rimangono a fare, e costituisca degli anziani per ogni città, come t'ho ordinato;

6. quando si trovi chi sia irreprensibile, marito d'una sola moglie, avente figliuoli fedeli, che non sieno accusati di dissolutezza né insubordinati.

7. Poiché il vescovo bisogna che sia irreprensibile, come economo di Dio; non arrogante, non iracondo, non dedito al vino, non manesco, non cupido di disonesto guadagno,

8. ma ospitale, amante del bene, assennato, giusto, santo, temperante,

9. attaccato alla fedel Parola quale gli è stata insegnata, onde sia capace d'esortare nella sana dottrina e di convincere i contraddittori.

10. Poiché vi son molti ribelli, cianciatori e seduttori di menti, specialmente fra quelli della circoncisione, ai quali bisogna turare la bocca;

11. uomini che sovvertono le case intere, insegnando cose che non dovrebbero, per amor di disonesto guadagno.

12. Uno dei loro, un loro proprio profeta, disse: "I Cretesi son sempre bugiardi, male bestie, ventri pigri".

13. Questa testimonianza è verace. Riprendili perciò severamente, affinché siano sani nella fede,

14. non dando retta a favole giudaiche né a comandamenti d'uomini che voltan le spalle alla verità.

15. To the pure all things are pure: but to them that are defiled and unbelieving nothing is pure; but both their mind and their conscience are defiled.

16. They profess that they know God; but by their works they deny him, being abominable, and disobedient, and unto every good work reprobate.

15. Tutto è puro per quelli che son puri; ma per i contaminati ed increduli niente è puro; anzi, tanto la mente che la coscienza loro son contaminate.

16. Fanno professione di conoscere Iddio; ma lo rinnegano con le loro opere, essendo abominevoli, e ribelli, e incapaci di qualsiasi opera buona.

# Titus 2

# Tito 2

1. But speak thou the things which befit the sound doctrine:

2. that aged men be temperate, grave, sober-minded, sound in faith, in love, in patience:

3. that aged women likewise be reverent in demeanor, not slanderers nor enslaved to much wine, teachers of that which is good;

4. that they may train the young women to love their husbands, to love their children,

5. [to be] sober-minded, chaste, workers at home, kind, being in subjection to their own husbands, that the word of God be not blasphemed:

6. the younger men likewise exhort to be sober-minded:

7. in all things showing thyself an ensample of good works; in thy doctrine [showing] uncorruptness, gravity,

8. sound speech, that cannot be condemned; that he that is of the contrary part may be ashamed, having no evil thing to say of us.

9. [Exhort] servants to be in subjection to their own masters, [and] to be well-pleasing [to them] in all things; not gainsaying;

10. not purloining, but showing all good fidelity; that they may adorn the doctrine of God our Saviour in all things.

11. For the grace of God hath appeared, bringing salvation to all men,

12. instructing us, to the intent that, denying ungodliness and worldly lusts, we should live soberly and righteously and godly in this present world;

1. Ma tu esponi le cose che si convengono alla sana dottrina:

2. Che i vecchi siano sobri, gravi, assennati, sani nella fede, nell'amore, nella pazienza:

3. che le donne attempate abbiano parimente un portamento convenevole a santità, non siano maldicenti né dedite a molto vino, siano maestre di ciò che è buono;

4. onde insegnino alle giovani ad amare i mariti, ad amare i figliuoli,

5. ad esser assennate, caste, date ai lavori domestici, buone, soggette ai loro mariti, affinché la Parola di Dio non sia bestemmiata.

6. Esorta parimente i giovani ad essere assennati,

7. dando te stesso in ogni cosa come esempio di opere buone; mostrando nell'insegnamento purità incorrotta, gravità,

8. parlar sano, irreprensibile, onde l'avversario resti confuso, non avendo nulla di male da dire di noi.

9. Esorta i servi ad esser sottomessi ai loro padroni, a compiacerli in ogni cosa, a non contradirli,

10. a non frodarli, ma a mostrar sempre lealtà perfetta, onde onorino la dottrina di Dio, nostro Salvatore, in ogni cosa.

11. Poiché la grazia di Dio, salutare per tutti gli uomini, è apparsa

12. e ci ammaestra a rinunziare all'empietà e alle mondane concupiscenze, per vivere in questo mondo temperatamente, giustamente e piamente,

13. looking for the blessed hope and appearing of the glory of the great God and our Saviour Jesus Christ;

14. who gave himself for us, that he might redeem us from all iniquity, and purify unto himself a people for his own possession, zealous of good works.

15. These things speak and exhort and reprove with all authority. Let no man despise thee.

13. aspettando la beata speranza e l'apparizione della gloria del nostro grande Iddio e Salvatore, Cristo Gesù;

14. il quale ha dato se stesso per noi al fine di riscattarci da ogni iniquità e di purificarsi un popolo suo proprio, zelante nelle opere buone.

15. Insegna queste cose, ed esorta e riprendi con ogni autorità. Niuno ti sprezzi.

# Titus 3　　　　　　　# Tito 3

1. Put them in mind to be in subjection to rulers, to authorities, to be obedient, to be ready unto every good work,

2. to speak evil of no man, not to be contentious, to be gentle, showing all meekness toward all men.

3. For we also once were foolish, disobedient, deceived, serving divers lusts and pleasures, living in malice and envy, hateful, hating one another.

4. But when the kindness of God our Saviour, and his love toward man, appeared,

5. not by works [done] in righteousness, which we did ourselves, but according to his mercy he saved us, through the washing of regeneration and renewing of the Holy Spirit,

6. which he poured out upon us richly, through Jesus Christ our Saviour;

7. that, being justified by his grace, we might be made heirs according to the hope of eternal life.

8. Faithful is the saying, and concerning these things I desire that thou affirm confidently, to the end that they who have believed God may be careful to maintain good works. These things are good and profitable unto men:

9. but shun foolish questionings, and genealogies, and strifes, and fightings about law; for they are unprofitable and vain.

10. A factious man after a first and second admonition refuse;

11. knowing that such a one is perverted, and sinneth, being self-condemned.

1. Ricorda loro che stiano soggetti ai magistrati e alle autorità, che siano ubbidienti, pronti a fare ogni opera buona,

2. che non dicano male d'alcuno, che non siano contenziosi, che siano benigni, mostrando ogni mansuetudine verso tutti gli uomini.

3. Perché anche noi eravamo una volta insensati, ribelli, traviati, servi di varie concupiscenze e voluttà, menanti la vita in malizia ed invidia, odiosi ed odiantici gli uni gli altri.

4. Ma quando la benignità di Dio, nostro Salvatore, e il suo amore verso gli uomini sono stati manifestati,

5. Egli ci ha salvati non per opere giuste che noi avessimo fatte, ma secondo la sua misericordia, mediante il lavacro della rigenerazione e il rinnovamento dello Spirito Santo,

6. ch'Egli ha copiosamente sparso su noi per mezzo di Gesù Cristo, nostro Salvatore,

7. affinché, giustificati per la sua grazia, noi fossimo fatti eredi secondo la speranza della vita eterna.

8. Certa è questa parola, e queste cose voglio che tu affermi con forza, affinché quelli che han creduto a Dio abbiano cura di attendere a buone opere. Queste cose sono buone ed utili agli uomini.

9. Ma quanto alle questioni stolte, alle genealogie, alle contese, e alle dispute intorno alla legge, stattene lontano, perché sono inutili e vane.

10. L'uomo settario, dopo una prima e una seconda ammonizione, schivalo,

11. sapendo che un tal uomo è pervertito e pecca, condannandosi da sé.

12. When I shall send Artemas unto thee, or Tychicus, give diligence to come unto me to Nicopolis: for there I have determined to winter.

13. Set forward Zenas the lawyer and Apollos on their journey diligently, that nothing be wanting unto them.

14. And let our [people] also learn to maintain good works for necessary uses, that they be not unfruitful.

15. All that are with me salute thee. Salute them that love us in faith. Grace be with you all.

12. Quando t'avrò mandato Artemas o Tichico, studiati di venir da me a Nicopoli, perché ho deciso di passar quivi l'inverno.

13. Provvedi con cura al viaggio di Zena, il legista, e d'Apollo, affinché nulla manchi loro.

14. Ed imparino anche i nostri ad attendere a buone opere per provvedere alle necessità, onde non stiano senza portar frutto.

15. Tutti quelli che son meco ti salutano. Saluta quelli che ci amano in fede. La grazia sia con tutti voi!

# Philemon 1

1. Paul, a prisoner of Christ Jesus, and Timothy our brother, to Philemon our beloved and fellow-worker,

2. and to Apphia our sister, and to Archippus our fellow-soldier, and to the church in thy house:

3. Grace to you and peace from God our Father and the Lord Jesus Christ.

4. I thank my God always, making mention of thee in my prayers,

5. hearing of thy love, and of the faith which thou hast toward the Lord Jesus, and toward all the saints;

6. that the fellowship of thy faith may become effectual, in the knowledge of every good thing which is in you, unto Christ.

7. For I had much joy and comfort in thy love, because the hearts of the saints have been refreshed through thee, brother.

8. Wherefore, though I have all boldness in Christ to enjoin thee that which is befitting,

9. yet for love's sake I rather beseech, being such a one as Paul the aged, and now a prisoner also of Christ Jesus:

10. I beseech thee for my child, whom I have begotten in my bonds, Onesimus,

11. who once was unprofitable to thee, but now is profitable to thee and to me:

12. whom I have sent back to thee in his own person, that is, my very heart:

13. whom I would fain have kept with me, that in thy behalf he might minister unto me in the bonds of the gospel:

14. but without thy mind I would do nothing; that thy goodness should not be as of necessity, but of free will.

15. For perhaps he was therefore parted [from thee] for a season, that thou shouldest have him for ever;

16. no longer as a servant, but more than a servant, a brother beloved, specially to me, but how much rather to thee, both in the flesh and in the Lord.

17. If then thou countest me a partner, receive him as myself.

18. But if he hath wronged the at all, or oweth [thee] aught, put that to mine account;

19. I Paul write it with mine own hand, I will repay it: that I say not unto thee that thou owest to me even thine own self besides.

# Filemone 1

1. Paolo, prigione di Cristo Gesù, e il fratello Timoteo, a Filemone, nostro diletto e compagno d'opera,

2. e alla sorella Apfia, e ad Archippo, nostro compagno d'armi, alla chiesa che è in casa tua,

3. grazia a voi e pace da Dio nostro Padre e dal Signor Gesù Cristo.

4. Io rendo sempre grazie all'Iddio mio, facendo menzione di te nelle mie preghiere,

5. giacché odo parlare dell'amore e della fede che hai nel Signor Gesù e verso tutti i santi,

6. e domando che la nostra comunione di fede sia efficace nel farti riconoscere ogni bene che si compia in noi alla gloria di Cristo.

7. Poiché ho provato una grande allegrezza e consolazione pel tuo amore, perché il cuore dei santi è stato ricreato per mezzo tuo, o fratello.

8. Perciò, benché io abbia molta libertà in Cristo di comandarti quel che convien fare,

9. preferisco fare appello alla tua carità, semplicemente come Paolo, vecchio, e adesso anche prigione di Cristo Gesù;

10. ti prego per il mio figliuolo che ho generato nelle mie catene,

11. per Onesimo che altra volta ti fu disutile, ma che ora è utile a te ed a me.

12. Io te l'ho rimandato, lui, ch'è quanto dire, le viscere mie.

13. Avrei voluto tenerlo presso di me, affinché in vece tua mi servisse nelle catene che porto a motivo del Vangelo;

14. ma, senza il tuo parere, non ho voluto far nulla, affinché il tuo beneficio non fosse come forzato, ma volontario.

15. Infatti, per questo, forse, egli è stato per breve tempo separato da te, perché tu lo recuperassi per sempre;

16. non più come uno schiavo, ma come da più di uno schiavo, come un fratello caro specialmente a me, ma ora quanto più a te, e nella carne e nel Signore!

17. Se dunque tu mi tieni per un consocio, ricevilo come faresti di me.

18. che se t'ha fatto alcun torto o ti deve qualcosa, addebitalo a me.

19. Io, Paolo, lo scrivo di mio proprio pugno: io lo pagherò; per non dirti che tu mi sei debitore perfino di te stesso.

20. Yea, brother, let me have joy of thee in the Lord: refresh my heart in Christ.

21. Having confidence in thine obedience I write unto thee, knowing that thou wilt do even beyond what I say.

22. But withal prepare me also a lodging: for I hope that through your prayers I shall be granted unto you.

23. Epaphras, my fellow-prisoner in Christ Jesus, saluteth thee;

24. [and so do] Mark, Aristarchus, Demas, Luke, my fellow-workers.

25. The grace of our Lord Jesus Christ be with your spirit. Amen.

20. Sì, fratello, io vorrei da te un qualche utile nel Signore; deh, ricrea il mio cuore in Cristo.

21. Ti scrivo confidando nella tua ubbidienza, sapendo che tu farai anche al di là di quel che dico.

22. Preparami al tempo stesso un alloggio, perché spero che, per le vostre preghiere, io vi sarò donato.

23. Epafra, mio compagno di prigione in Cristo Gesù, ti saluta.

24. Così fanno Marco, Aristarco, Dema, Luca, miei compagni d'opera.

25. La grazia del Signor Gesù Cristo sia con lo spirito vostro.

# Hebrews 1

1. God, having of old time spoken unto the fathers in the prophets by divers portions and in divers manners,

2. hath at the end of these days spoken unto us in [his] Son, whom he appointed heir of all things, through whom also he made the worlds;

3. who being the effulgence of his glory, and the very image of his substance, and upholding all things by the word of his power, when he had made purification of sins, sat down on the right hand of the Majesty on high;

4. having become by so much better than the angels, as he hath inherited a more excellent name than they.

5. For unto which of the angels said he at any time, Thou art my Son, This day have I begotten thee? and again, I will be to him a Father, And he shall be to me a Son?

6. And when he again bringeth in the firstborn into the world he saith, And let all the angels of God worship him.

7. And of the angels he saith, Who maketh his angels winds, And his ministers a flame a fire:

8. but of the Son [he saith,] Thy throne, O God, is for ever and ever; And the sceptre of uprightness is the sceptre of thy kingdom.

9. Thou hast loved righteousness, and hated iniquity; Therefore God, thy God, hath anointed thee With the oil of gladness above thy fellows.

10. And, Thou, Lord, in the beginning didst lay the foundation of the earth, And the heavens are the works of thy hands:

11. They shall perish; but thou continuest: And they all shall wax old as doth a garment;

12. And as a mantle shalt thou roll them up, As a garment, and they shall be changed: But thou art the same, And thy years shall not fail.

13. But of which of the angels hath he said at any time, Sit thou on my right hand, Till I make thine enemies the footstool of thy feet?

14. Are they not all ministering spirits, sent forth to do service for the sake of them that shall inherit salvation?

# Ebrei 1

1. Iddio, dopo aver in molte volte e in molte maniere parlato anticamente ai padri per mezzo de' profeti,

2. in questi ultimi giorni ha parlato a noi mediante il suo Figliuolo, ch'Egli ha costituito erede di tutte le cose, mediante il quale pure ha creato i mondi;

3. il quale, essendo lo splendore della sua gloria e l'impronta della sua essenza e sostenendo tutte le cose con la parola della sua potenza, quand'ebbe fatta la purificazione dei peccati, si pose a sedere alla destra della Maestà ne' luoghi altissimi,

4. diventato così di tanto superiore agli angeli, di quanto il nome che ha eredato è più eccellente del loro.

5. Infatti, a qual degli angeli diss'Egli mai: Tu sei il mio Figliuolo, oggi ti ho generato? e di nuovo: Io gli sarò Padre ed egli mi sarà Figliuolo?

6. E quando di nuovo introduce il Primogenito nel mondo, dice: Tutti gli angeli di Dio l'adorino!

7. E mentre degli angeli dice: Dei suoi angeli Ei fa dei venti, e dei suoi ministri fiamme di fuoco,

8. dice del Figliuolo: Il tuo trono, o Dio, è ne' secoli dei secoli, e lo scettro di rettitudine è lo scettro del tuo regno.

9. Tu hai amata la giustizia e hai odiata l'iniquità; perciò Dio, l'Iddio tuo, ha unto te d'olio di letizia, a preferenza dei tuoi compagni.

10. E ancora: Tu, Signore, nel principio, fondasti la terra, e i cieli son opera delle tue mani.

11. Essi periranno, ma tu dimori; invecchieranno tutti come un vestito,

12. e li avvolgerai come un mantello, e saranno mutati; ma tu rimani lo stesso, e i tuoi anni non verranno meno.

13. Ed a qual degli angeli diss'Egli mai: Siedi alla mia destra finché abbia fatto dei tuoi nemici lo sgabello dei tuoi piedi?

14. Non sono eglino tutti spiriti ministratori, mandati a servire a pro di quelli che hanno da eredare la salvezza?

# Hebrews 2

1. Therefore we ought to give the more earnest heed to the things that were heard, lest haply we drift away [from them].

2. For if the word spoken through angels proved stedfast, and every transgression and disobedience received a just recompense of reward;

3. how shall we escape, if we neglect so great a salvation? which having at the first been spoken through the Lord, was confirmed unto us by them that heard;

4. God also bearing witness with them, both by signs and wonders, and by manifold powers, and by gifts of the Holy Spirit, according to his own will.

5. For not unto angels did he subject the world to come, whereof we speak.

6. But one hath somewhere testified, saying, What is man, that thou art mindful of him? Or the son of man, that thou visitest him?

7. Thou madest him a little lower than the angels; Thou crownedst him with glory and honor, And didst set him over the works of thy hands:

8. Thou didst put all things in subjection under his feet. For in that he subjected all things unto him, he left nothing that is not subject to him. But now we see not yet all things subjected to him.

9. But we behold him who hath been made a little lower than the angels, [even] Jesus, because of the suffering of death crowned with glory and honor, that by the grace of God he should taste of death for every [man].

10. For it became him, for whom are all things, and through whom are all things, in bringing many sons unto glory, to make the author of their salvation perfect through sufferings.

11. For both he that sanctifieth and they that are sanctified are all of one: for which cause he is not ashamed to call them brethren,

12. saying, I will declare thy name unto my brethren, In the midst of the congregation will I sing thy praise.

13. And again, I will put my trust in him. And again, Behold, I and the children whom God hath given me.

# Ebrei 2

1. Perciò bisogna che ci atteniamo vie più alle cose udite, che talora non siam portati via lungi da esse.

2. Perché, se la parola pronunziata per mezzo d'angeli si dimostrò ferma, e ogni trasgressione e disubbidienza ricevette una giusta retribuzione,

3. come scamperemo noi se trascuriamo una così grande salvezza? La quale, dopo essere stata prima annunziata dal Signore, ci è stata confermata da quelli che l'aveano udita,

4. mentre Dio stesso aggiungeva la sua testimonianza alla loro, con de' segni e de' prodigi, con opere potenti svariate, e con doni dello Spirito Santo distribuiti secondo la sua volontà.

5. Difatti, non è ad angeli ch'Egli ha sottoposto il mondo a venire del quale parliamo;

6. anzi, qualcuno ha in un certo luogo attestato dicendo: Che cos'è l'uomo che tu ti ricordi di lui o il figliuol dell'uomo che tu ti curi di lui?

7. Tu l'hai fatto di poco inferiore agli angeli; l'hai coronato di gloria e d'onore;

8. tu gli hai posto ogni cosa sotto i piedi. Col sottoporgli tutte le cose, Egli non ha lasciato nulla che non gli sia sottoposto. Ma al presente non vediamo ancora che tutte le cose gli siano sottoposte;

9. ben vediamo però colui che è stato fatto di poco inferiore agli angeli, cioè Gesù, coronato di gloria e d'onore a motivo della morte che ha patita, onde, per la grazia di Dio, gustasse la morte per tutti.

10. Infatti, per condurre molti figliuoli alla gloria, ben s'addiceva a Colui per cagion del quale son tutte le cose e per mezzo del quale son tutte le cose, di rendere perfetto, per via di sofferenze, il duce della loro salvezza.

11. Poiché e colui che santifica e quelli che son santificati, provengon tutti da uno; per la qual ragione egli non si vergogna di chiamarli fratelli,

12. dicendo: Annunzierò il tuo nome ai miei fratelli; in mezzo alla raunanza canterò la tua lode.

13. E di nuovo: Io metterò la mia fiducia in Lui. E di nuovo: Ecco me e i figliuoli che Dio mi ha dati.

14. Since then the children are sharers in flesh and blood, he also himself in like manner partook of the same; that through death he might bring to nought him that had the power of death, that is, the devil;

15. and might deliver all them who through fear of death were all their lifetime subject to bondage.

16. For verily not to angels doth he give help, but he giveth help to the seed of Abraham.

17. Wherefore it behooved him in all things to be made like unto his brethren, that he might become a merciful and faithful high priest in things pertaining to God, to make propitiation for the sins of the people.

18. For in that he himself hath suffered being tempted, he is able to succor them that are tempted.

# Hebrews 3

1. Wherefore, holy brethren, partakers of a heavenly calling, consider the Apostle and High Priest of our confession, [even] Jesus;

2. who was faithful to him that appointed him, as also was Moses in all his house.

3. For he hath been counted worthy of more glory than Moses, by so much as he that built the house hath more honor than the house.

4. For every house is builded by some one; but he that built all things is God.

5. And Moses indeed was faithful in all his house as a servant, for a testimony of those things which were afterward to be spoken;

6. but Christ as a son, over his house; whose house are we, if we hold fast our boldness and the glorying of our hope firm unto the end.

7. Wherefore, even as the Holy Spirit saith, To-day if ye shall hear his voice,

8. Harden not your hearts, as in the provocation, Like as in the day of the trial in the wilderness,

---

14. Poiché dunque i figliuoli partecipano del sangue e della carne, anch'egli vi ha similmente partecipato, affinché, mediante la morte, distruggesse colui che avea l'impero della morte, cioè il diavolo,

15. e liberasse tutti quelli che per il timor della morte erano per tutta la vita soggetti a schiavitù.

16. Poiché, certo, egli non viene in aiuto ad angeli, ma viene in aiuto alla progenie d'Abramo.

17. Laonde egli doveva esser fatto in ogni cosa simile ai suoi fratelli, affinché diventasse un misericordioso e fedel sommo sacerdote nelle cose appartenenti a Dio, per compiere l'espiazione dei peccati del popolo.

18. Poiché, in quanto egli stesso ha sofferto essendo tentato, può soccorrere quelli che son tentati.

# Ebrei 3

1. Perciò, fratelli santi, che siete partecipi d'una celeste vocazione, considerate Gesù, l'Apostolo e il Sommo Sacerdote della nostra professione di fede,

2. il quale è fedele a Colui che l'ha costituito, come anche lo fu Mosè in tutta la casa di Dio.

3. Poiché egli è stato reputato degno di tanta maggior gloria che Mosè, di quanto è maggiore l'onore di Colui che fabbrica la casa, in confronto di quello della casa stessa.

4. Poiché ogni casa è fabbricata da qualcuno; ma chi ha fabbricato tutte le cose è Dio.

5. E Mosè fu bensì fedele in tutta la casa di Dio come servitore per testimoniar delle cose che dovevano esser dette;

6. ma Cristo lo è come Figlio, sopra la sua casa; e la sua casa siamo noi se riteniam ferma sino alla fine la nostra franchezza e il vanto della nostra speranza.

7. Perciò, come dice lo Spirito Santo, Oggi, se udite la sua voce,

8. non indurate i vostri cuori, come nel dì della provocazione, come nel dì della tentazione nel deserto

9. Where your fathers tried [me] by proving [me,] And saw my works forty years.

10. Wherefore I was displeased with this generation, And said, They do always err in their heart: But they did not know my ways;

11. As I sware in my wrath, They shall not enter into my rest.

12. Take heed, brethren, lest haply there shall be in any one of you an evil heart of unbelief, in falling away from the living God:

13. but exhort one another day by day, so long as it is called To-day; lest any one of you be hardened by the deceitfulness of sin:

14. for we are become partakers of Christ, if we hold fast the beginning of our confidence firm unto the end:

15. while it is said, To-day if ye shall hear his voice, Harden not your hearts, as in the provocation.

16. For who, when they heard, did provoke? nay, did not all they that came out of Egypt by Moses?

17. And with whom was he displeased forty years? was it not with them that sinned, whose bodies fell in the wilderness?

18. And to whom sware he that they should not enter into his rest, but to them that were disobedient?

19. And we see that they were not able to enter in because of unbelief.

# Hebrews 4

1. Let us fear therefore, lest haply, a promise being left of entering into his rest, any one of you should seem to have come short of it.

2. For indeed we have had good tidings preached unto us, even as also they: but the word of hearing did not profit them, because it was not united by faith with them that heard.

3. For we who have believed do enter into that rest; even as he hath said, As I sware in my wrath, They shall not enter into my rest: although the works were finished from the foundation of the world.

9. dove i vostri padri mi tentarono mettendomi alla prova, e videro le mie opere per quarant'anni!

10. Perciò mi disgustai di quella generazione, e dissi: Sempre erra in cuor loro; ed essi non han conosciuto le mie vie,

11. talché giurai nell'ira mia: Non entreranno nel mio riposo!

12. Guardate, fratelli, che talora non si trovi in alcuno di voi un malvagio cuore incredulo, che vi porti a ritrarvi dall'Iddio vivente;

13. ma esortatevi gli uni gli altri tutti i giorni, finché si può dire: "Oggi", onde nessuno di voi sia indurato per inganno del peccato;

14. poiché siam diventati partecipi di Cristo, a condizione che riteniam ferma sino alla fine la fiducia che avevamo da principio,

15. mentre ci vien detto: Oggi, se udite la sua voce, non indurate i vostri cuori, come nel dì della provocazione.

16. Infatti, chi furon quelli che dopo averlo udito lo provocarono? Non furon forse tutti quelli ch'erano usciti dall'Egitto, condotti da Mosè?

17. E chi furon quelli di cui si disgustò durante quarant'anni? Non furon essi quelli che peccarono, i cui cadaveri caddero nel deserto?

18. E a chi giurò Egli che non entrerebbero nel suo riposo, se non a quelli che furon disubbidienti?

19. E noi vediamo che non vi poterono entrare a motivo dell'incredulità.

# Ebrei 4

1. Temiamo dunque che talora, rimanendo una promessa d'entrare nel suo riposo, alcuno di voi non appaia esser rimasto indietro.

2. Poiché a noi come a loro è stata annunziata una buona novella; ma la parola udita non giovò loro nulla non essendo stata assimilata per fede da quelli che l'avevano udita.

3. Poiché noi che abbiam creduto entriamo in quel riposo, siccome Egli ha detto: Talché giurai nella mia ira: Non entreranno nel mio riposo! e così disse, benché le sue opere fossero terminate fin dalla fondazione del mondo.

4. For he hath said somewhere of the seventh [day] on this wise, And God rested on the seventh day from all his works;

5. and in this [place] again, They shall not enter into my rest.

6. Seeing therefore it remaineth that some should enter thereinto, and they to whom the good tidings were before preached failed to enter in because of disobedience,

7. he again defineth a certain day, To-day, saying in David so long a time afterward (even as hath been said before), To-day if ye shall hear his voice, Harden not your hearts.

8. For if Joshua had given them rest, he would not have spoken afterward of another day.

9. There remaineth therefore a sabbath rest for the people of God.

10. For he that is entered into his rest hath himself also rested from his works, as God did from his.

11. Let us therefore give diligence to enter into that rest, that no man fall after the same example of disobedience.

12. For the word of God is living, and active, and sharper than any two-edged sword, and piercing even to the dividing of soul and spirit, of both joints and marrow, and quick to discern the thoughts and intents of the heart.

13. And there is no creature that is not manifest in his sight: but all things are naked and laid open before the eyes of him with whom we have to do.

14. Having then a great high priest, who hath passed through the heavens, Jesus the Son of God, let us hold fast our confession.

15. For we have not a high priest that cannot be touched with the feeling of our infirmities; but one that hath been in all points tempted like as [we are, yet] without sin.

16. Let us therefore draw near with boldness unto the throne of grace, that we may receive mercy, and may find grace to help [us] in time of need.

4. Perché in qualche luogo, a proposito del settimo giorno, è detto così: E Dio si riposò il settimo giorno da tutte le sue opere;

5. e in questo passo di nuovo: Non entreranno nel mio riposo!

6. Poiché dunque è riserbato ad alcuni d'entrarvi e quelli ai quali la buona novella fu prima annunziata non v'entrarono a motivo della loro disubbidienza,

7. Egli determina di nuovo un giorno "Oggi" dicendo nei Salmi, dopo lungo tempo, come s'è detto dianzi: Oggi, se udite la sua voce, non indurate i vostri cuori!

8. Infatti, se Giosuè avesse dato loro il riposo, Iddio non avrebbe di poi parlato d'un altro giorno.

9. Resta dunque un riposo di sabato per il popolo di Dio;

10. poiché chi entra nel riposo di Lui si riposa anch'egli dalle opere proprie, come Dio si riposò dalle sue.

11. Studiamoci dunque d'entrare in quel riposo, onde nessuno cada seguendo lo stesso esempio di disubbidienza.

12. Perché la parola di Dio è vivente ed efficace, e più affilata di qualunque spada a due tagli, e penetra fino alla divisione dell'anima e dello spirito, delle giunture e delle midolle; e giudica i sentimenti ed i pensieri del cuore.

13. E non v'è creatura alcuna che sia occulta davanti a lui; ma tutte le cose sono nude e scoperte dinanzi agli occhi di Colui al quale abbiam da render ragione.

14. Avendo noi dunque un gran Sommo Sacerdote che è passato attraverso i cieli, Gesù, il Figliuol di Dio, riteniamo fermamente la professione della nostra fede.

15. Perché non abbiamo un Sommo Sacerdote che non possa simpatizzare con noi nelle nostre infermità; ma ne abbiamo uno che in ogni cosa è stato tentato come noi, però senza peccare.

16. Accostiamoci dunque con piena fiducia al trono della grazia, affinché otteniamo misericordia e troviamo grazia per esser soccorsi al momento opportuno.

# Hebrews 5

1. For every high priest, being taken from among men, is appointed for men in things pertaining to God, that he may offer both gifts and sacrifices for sins:

2. who can bear gently with the ignorant and erring, for that he himself also is compassed with infirmity;

3. and by reason thereof is bound, as for the people, so also for himself, to offer for sins.

4. And no man taketh the honor unto himself, but when he is called of God, even as was Aaron.

5. So Christ also glorified not himself to be made a high priest, but he that spake unto him, Thou art my Son, This day have I begotten thee:

6. as he saith also in another [place,] Thou art a priest for ever After the order of Melchizedek.

7. Who in the days of his flesh, having offered up prayers and supplications with strong crying and tears unto him that was able to save him from death, and having been heard for his godly fear,

8. though he was a Son, yet learned obedience by the things which he suffered;

9. and having been made perfect, he became unto all them that obey him the author of eternal salvation;

10. named of God a high priest after the order of Melchizedek.

11. Of whom we have many things to say, and hard of interpretation, seeing ye are become dull of hearing.

12. For when by reason of the time ye ought to be teachers, ye have need again that some one teach you the rudiments of the first principles of the oracles of God; and are become such as have need of milk, and not of solid food.

13. For every one that partaketh of milk is without experience of the word of righteousness; for he is a babe.

14. But solid food is for fullgrown men, [even] those who by reason of use have their senses exercised to discern good and evil.

# Ebrei 5

1. Poiché ogni sommo sacerdote, preso di fra gli uomini, è costituito a pro degli uomini, nelle cose concernenti Dio, affinché offra doni e sacrifici per i peccati;

2. e può aver convenevole compassione verso gl'ignoranti e gli erranti, perché anch'egli è circondato da infermità;

3. ed è a cagion di questa ch'egli è obbligato ad offrir dei sacrifici per i peccati, tanto per se stesso quanto per il popolo.

4. E nessuno si prende da sé quell'onore; ma lo prende quando sia chiamato da Dio, come nel caso d'Aronne.

5. Così anche Cristo non si prese da sé la gloria d'esser fatto Sommo Sacerdote; ma l'ebbe da Colui che gli disse: Tu sei il mio Figliuolo; oggi t'ho generato;

6. come anche in altro luogo Egli dice: Tu sei sacerdote in eterno secondo l'ordine di Melchisedec.

7. Il quale, ne' giorni della sua carne, avendo con gran grida e con lagrime offerto preghiere e supplicazioni a Colui che lo potea salvar dalla morte, ed avendo ottenuto d'esser liberato dal timore,

8. benché fosse figliuolo, imparò l'ubbidienza dalle cose che soffrì;

9. ed essendo stato reso perfetto, divenne per tutti quelli che gli ubbidiscono,

10. autore d'una salvezza eterna, essendo da Dio proclamato Sommo Sacerdote secondo l'ordine di Melchisedec.

11. Del quale abbiamo a dir cose assai, e malagevoli a spiegare, perché siete diventati duri d'orecchi.

12. Poiché, mentre per ragion di tempo dovreste esser maestri, avete di nuovo bisogno che vi s'insegnino i primi elementi degli oracoli di Dio; e siete giunti a tale che avete bisogno di latte e non di cibo sodo.

13. Perché chiunque usa il latte non ha esperienza della parola della giustizia, poiché è bambino;

14. ma il cibo sodo è per uomini fatti; per quelli, cioè, che per via dell'uso hanno i sensi esercitati a discernere il bene e il male.

# Hebrews 6

1. Wherefore leaving the doctrine of the first principles of Christ, let us press on unto perfection; not laying again a foundation of repentance from dead works, and of faith toward God,

2. of the teaching of baptisms, and of laying on of hands, and of resurrection of the dead, and of eternal judgment.

3. And this will we do, if God permit.

4. For as touching those who were once enlightened and tasted of the heavenly gift, and were made partakers of the Holy Spirit,

5. and tasted the good word of God, and the powers of the age to come,

6. and [then] fell away, it is impossible to renew them again unto repentance; seeing they crucify to themselves the Son of God afresh, and put him to an open shame.

7. For the land which hath drunk the rain that cometh oft upon it, and bringeth forth herbs meet for them for whose sake it is also tilled, receiveth blessing from God:

8. but if it beareth thorns and thistles, it is rejected and nigh unto a curse; whose end is to be burned.

9. But, beloved, we are persuaded better things of you, and things that accompany salvation, though we thus speak:

10. for God is not unrighteous to forget your work and the love which ye showed toward his name, in that ye ministered unto the saints, and still do minister.

11. And we desire that each one of you may show the same diligence unto the fulness of hope even to the end:

12. that ye be not sluggish, but imitators of them who through faith and patience inherit the promises.

13. For when God made promise to Abraham, since he could swear by none greater, he sware by himself,

14. saying, Surely blessing I will bless thee, and multiplying I will multiply thee.

15. And thus, having patiently endured, he obtained the promise.

16. For men swear by the greater: and in every dispute of theirs the oath is final for confirmation.

# Ebrei 6

1. Perciò, lasciando l'insegnamento elementare intorno a Cristo, tendiamo a quello perfetto, e non stiamo a porre di nuovo il fondamento del ravvedimento dalle opere morte e della fede in Dio,

2. della dottrina dei battesimi e della imposizione delle mani, della risurrezione de' morti e del giudizio eterno.

3. E così faremo, se pur Dio lo permette.

4. Perché quelli che sono stati una volta illuminati e hanno gustato il dono celeste e sono stati fatti partecipi dello Spirito Santo

5. e hanno gustato la buona parola di Dio e le potenze del mondo a venire,

6. se cadono, è impossibile rinnovarli da capo a ravvedimento, poiché crocifiggono di nuovo per conto loro il Figliuol di Dio, e lo espongono ad infamia.

7. Infatti, la terra che beve la pioggia che viene spesse volte su lei, e produce erbe utili a quelli per i quali è coltivata, riceve benedizione da Dio;

8. ma se porta spine e triboli, è riprovata e vicina ad esser maledetta; e la sua fine è d'esser arsa.

9. Peraltro, diletti, quantunque parliamo così, siamo persuasi, riguardo a voi, di cose migliori e attinenti alla salvezza;

10. poiché Dio non è ingiusto da dimenticare l'opera vostra e l'amore che avete mostrato verso il suo nome coi servizi che avete reso e che rendete tuttora ai santi.

11. Ma desideriamo che ciascun di voi dimostri fino alla fine il medesimo zelo per giungere alla pienezza della speranza,

12. onde non diventiate indolenti ma siate imitatori di quelli che per fede e pazienza eredano le promesse.

13. Poiché, quando Iddio fece la promessa ad Abramo, siccome non potea giurare per alcuno maggiore di lui, giurò per se stesso,

14. dicendo: Certo, ti benedirò e ti moltiplicherò grandemente.

15. E così, avendo aspettato con pazienza, Abramo ottenne la promessa.

16. Perché gli uomini giurano per qualcuno maggiore di loro; e per essi il giuramento è la conferma che pone fine ad ogni contestazione.

17. Wherein God, being minded to show more abundantly unto the heirs of the promise the immutability of his counsel, interposed with an oath;

18. that by two immutable things, in which it is impossible for God to lie, we may have a strong encouragement, who have fled for refuge to lay hold of the hope set before us:

19. which we have as an anchor of the soul, [a hope] both sure and stedfast and entering into that which is within the veil;

20. whither as a forerunner Jesus entered for us, having become a high priest for ever after the order of Melchizedek.

17. Così, volendo Iddio mostrare vie meglio agli eredi della promessa la immutabilità del suo consiglio, intervenne con un giuramento,

18. affinché, mediante due cose immutabili, nelle quali è impossibile che Dio abbia mentito, troviamo una potente consolazione noi, che abbiam cercato il nostro rifugio nell'afferrar saldamente la speranza che ci era posta dinanzi,

19. la quale noi teniamo qual àncora dell'anima, sicura e ferma e penetrante di là dalla cortina,

20. dove Gesù è entrato per noi qual precursore, essendo divenuto Sommo Sacerdote in eterno, secondo l'ordine di Melchisedec.

# Hebrews 7

# Ebrei 7

1. For this Melchizedek, king of Salem, priest of God Most High, who met Abraham returning from the slaughter of the kings and blessed him,

2. to whom also Abraham divided a tenth part of all (being first, by interpretation, King of righteousness, and then also King of Salem, which is King of peace;

3. without father, without mother, without genealogy, having neither beginning of days nor end of life, but made like unto the Son of God), abideth a priest continually.

4. Now consider how great this man was, unto whom Abraham, the patriarch, gave a tenth out of the chief spoils.

5. And they indeed of the sons of Levi that receive the priest's office have commandment to take tithes of the people according to the law, that is, of their brethren, though these have come out of the loins of Abraham:

6. but he whose genealogy is not counted from them hath taken tithes of Abraham, and hath blessed him that hath the promises.

7. But without any dispute the less is blessed of the better.

8. And here men that die receive tithes; but there one, of whom it is witnessed that he liveth.

1. Poiché questo Melchisedec, re di Salem, sacerdote dell'Iddio altissimo, che andò incontro ad Abramo quand'egli tornava dalla sconfitta dei re ʾe lo benedisse,

2. a cui Abramo diede anche la decima d'ogni cosa, il quale in prima, secondo la interpretazione del suo nome, è Re di giustizia, e poi anche Re di Salem, vale a dire Re di pace,

3. senza padre, senza madre, senza genealogia, senza principio di giorni né fin di vita, ma rassomigliato al Figliuol di Dio, questo Melchisedec rimane sacerdote in perpetuo.

4. Or considerate quanto grande fosse colui al quale Abramo, il patriarca, dette la decima del meglio della preda.

5. Or quelli d'infra i figliuoli di Levi che ricevono il sacerdozio, hanno bensì ordine, secondo la legge, di prender le decime dal popolo, cioè dai loro fratelli, benché questi siano usciti dai lombi d'Abramo;

6. quello, invece, che non è della loro stirpe, prese la decima da Abramo e benedisse colui che avea le promesse!

7. Ora, senza contraddizione, l'inferiore è benedetto dal superiore;

8. e poi, qui, quelli che prendon le decime son degli uomini mortali; ma là le prende uno di cui si attesta che vive.

9. And, so to say, through Abraham even Levi, who receiveth tithes, hath paid tithes;

10. for he was yet in the loins of his father, when Melchizedek met him.

11. Now if there was perfection through the Levitical priesthood (for under it hath the people received the law), what further need [was there] that another priest should arise after the order of Melchizedek, and not be reckoned after the order of Aaron?

12. For the priesthood being changed, there is made of necessity a change also of the law.

13. For he of whom these things are said belongeth to another tribe, from which no man hath given attendance at the altar.

14. For it is evident that our Lord hath sprung out of Judah; as to which tribe Moses spake nothing concerning priests.

15. And [what we say] is yet more abundantly evident, if after the likeness of Melchizedek there ariseth another priest,

16. who hath been made, not after the law of a carnal commandment, but after the power of an endless life:

17. for it is witnessed [of him,] Thou art a priest for ever After the order of Melchizedek.

18. For there is a disannulling of a foregoing commandment because of its weakness and unprofitableness

19. (for the law made nothing perfect), and a bringing in thereupon of a better hope, through which we draw nigh unto God.

20. And inasmuch as [it is] not without the taking of an oath

21. (for they indeed have been made priests without an oath; but he with an oath by him that saith of him, The Lord sware and will not repent himself, Thou art a priest for ever);

22. by so much also hath Jesus become the surety of a better covenant.

23. And they indeed have been made priests many in number, because that by death they are hindered from continuing:

9. E, per così dire, nella persona d'Abramo, Levi stesso, che prende le decime, fu sottoposto alla decima;

10. perch'egli era ancora ne' lombi di suo padre, quando Melchisedec incontrò Abramo.

11. Ora, se la perfezione fosse stata possibile per mezzo del sacerdozio levitico (perché su quello è basata la legge data al popolo), che bisogno c'era ancora che sorgesse un altro sacerdote secondo l'ordine di Melchisedec e non scelto secondo l'ordine d'Aronne?

12. Poiché, mutato il sacerdozio, avviene per necessità anche un mutamento di legge.

13. Difatti, colui a proposito del quale queste parole son dette, ha appartenuto a un'altra tribù, della quale nessuno s'è accostato all'altare;

14. perché è ben noto che il nostro Signore è sorto dalla tribù di Giuda, circa la quale Mosè non disse nulla che concernesse il sacerdozio.

15. E la cosa è ancora vie più evidente se sorge, a somiglianza di Melchisedec,

16. un altro sacerdote che è stato fatto tale non a tenore di una legge dalle prescrizioni carnali, ma in virtù della potenza di una vita indissolubile;

17. poiché gli è resa questa testimonianza: Tu sei sacerdote in eterno secondo l'ordine di Melchisedec.

18. Giacché qui v'è bensì l'abrogazione del comandamento precedente a motivo della sua debolezza e inutilità

19. (poiché la legge non ha condotto nulla a compimento); ma v'è altresì l'introduzione d'una migliore speranza, mediante la quale ci accostiamo a Dio.

20. E in quanto ciò non è avvenuto senza giuramento (poiché quelli sono stati fatti sacerdoti senza giuramento,

21. ma egli lo è con giuramento, per opera di Colui che ha detto: Il Signore l'ha giurato e non si pentirà: tu sei sacerdote in eterno),

22. è di tanto più eccellente del primo il patto del quale Gesù è divenuto garante.

23. Inoltre, quelli sono stati fatti sacerdoti in gran numero, perché per la morte erano impediti di durare;

24. but he, because he abideth for ever, hath his priesthood unchangeable.

25. Wherefore also he is able to save to the uttermost them that draw near unto God through him, seeing he ever liveth to make intercession for them.

26. For such a high priest became us, holy, guileless, undefiled, separated from sinners, and made higher than the heavens;

27. who needeth not daily, like those high priests, to offer up sacrifices, first for his own sins, and then for the [sins] of the people: for this he did once for all, when he offered up himself.

28. For the law appointeth men high priests, having infirmity; but the word of the oath, which was after the law, [appointeth] a Son, perfected for evermore.

24. ma questi, perché dimora in eterno, ha un sacerdozio che non si trasmette;

25. ond'è che può anche salvar appieno quelli che per mezzo di lui si accostano a Dio, vivendo egli sempre per intercedere per loro.

26. E infatti a noi conveniva un sacerdote come quello, santo, innocente, immacolato, separato dai peccatori ed elevato al disopra de' cieli;

27. il quale non ha ogni giorno bisogno, come gli altri sommi sacerdoti, d'offrir de' sacrifici prima per i propri peccati e poi per quelli del popolo; perché questo egli ha fatto una volta per sempre, quando ha offerto se stesso.

28. La legge infatti costituisce sommi sacerdoti uomini soggetti a infermità; ma la parola del giuramento fatto dopo la legge costituisce il Figliuolo, che è stato reso perfetto per sempre.

# Hebrews 8

# Ebrei 8

1. Now in the things which we are saying the chief point [is this]: We have such a high priest, who sat down on the right hand of the throne of the Majesty in the heavens,

2. a minister of the sanctuary, and of the true tabernacle, which the Lord pitched, not man.

3. For every high priest is appointed to offer both gifts and sacrifices: wherefore it is necessary that this [high priest] also have somewhat to offer.

4. Now if he were on earth, he would not be a priest at all, seeing there are those who offer the gifts according to the law;

5. who serve [that which is] a copy and shadow of the heavenly things, even as Moses is warned [of God] when he is about to make the tabernacle: for, See, saith he, that thou make all things according to the pattern that was showed thee in the mount.

6. But now hath he obtained a ministry the more excellent, by so much as he is also the mediator of a better covenant, which hath been enacted upon better promises.

7. For if that first [covenant] had been faultless, then would no place have been sought for a second.

1. Ora, il punto capitale delle cose che stiamo dicendo, è questo: che abbiamo un tal Sommo Sacerdote, che si è posto a sedere alla destra del trono della Maestà nei cieli,

2. ministro del santuario e del vero tabernacolo, che il Signore, e non un uomo, ha eretto.

3. Poiché ogni sommo sacerdote è costituito per offrir doni e sacrifici; ond'è necessario che anche questo Sommo Sacerdote abbia qualcosa da offrire.

4. Or, se fosse sulla terra, egli non sarebbe neppur sacerdote, perché ci son quelli che offrono i doni secondo la legge,

5. i quali ministrano in quel che è figura e ombra delle cose celesti, secondo che fu detto da Dio a Mosè quando questi stava per costruire il tabernacolo: Guarda, Egli disse, di fare ogni cosa secondo il modello che ti è stato mostrato sul monte.

6. Ma ora egli ha ottenuto un ministerio di tanto più eccellente, ch'egli è mediatore d'un patto anch'esso migliore, fondato su migliori promesse.

7. Poiché se quel primo patto fosse stato senza difetto, non si sarebbe cercato luogo per un secondo.

8. For finding fault with them, he saith, Behold, the days come, saith the Lord, That I will make a new covenant with the house of Israel and with the house of Judah;

9. Not according to the covenant that I made with their fathers In the day that I took them by the hand to lead them forth out of the land of Egypt; For they continued not in my covenant, And I regarded them not, saith the Lord.

10. For this is the covenant that I will make with the house of Israel After those days, saith the Lord; I will put my laws into their mind, And on their heart also will I write them: And I will be to them a God, And they shall be to me a people:

11. And they shall not teach every man his fellow-citizen, And every man his brother, saying, Know the Lord: For all shall know me, From the least to the greatest of them.

12. For I will be merciful to their iniquities, And their sins will I remember no more.

13. In that he saith, A new [covenant] he hath made the first old. But that which is becoming old and waxeth aged is nigh unto vanishing away.

8. Difatti, Iddio, biasimando il popolo, dice: Ecco i giorni vengono, dice il Signore, che io concluderò con la casa d'Israele e con la casa di Giuda, un patto nuovo;

9. non un patto come quello che feci coi loro padri nel giorno che li presi per la mano per trarli fuori dal paese d'Egitto; perché essi non han perseverato nel mio patto, ed io alla mia volta non mi son curato di loro, dice il Signore.

10. E questo è il patto che farò con la casa d'Israele dopo quei giorni, dice il Signore: Io porrò le mie leggi nelle loro menti, e le scriverò sui loro cuori; e sarò il loro Dio, ed essi saranno il mio popolo.

11. E non istruiranno più ciascuno il proprio concittadino e ciascuno il proprio fratello, dicendo: Conosci il Signore! Perché tutti mi conosceranno, dal minore al maggiore di loro,

12. poiché avrò misericordia delle loro iniquità, e non mi ricorderò più dei loro peccati.

13. Dicendo: Un nuovo patto, Egli ha dichiarato antico il primo. Ora, quel che diventa antico e invecchia è vicino a sparire.

# Hebrews 9       Ebrei 9

1. Now even a first [covenant] had ordinances of divine service, and its sanctuary, [a sanctuary] of this world.

2. For there was a tabernacle prepared, the first, wherein [were] the candlestick, and the table, and the showbread; which is called the Holy place.

3. And after the second veil, the tabernacle which is called the Holy of holies;

4. having a golden altar of incense, and the ark of the covenant overlaid round about with gold, wherein [was] a golden pot holding the manna, and Aaron's rod that budded, and the tables of the covenant;

5. and above it cherubim of glory overshadowing the mercy-seat; of which things we cannot now speak severally.

1. Or anche il primo patto avea delle norme per il culto e un santuario terreno.

2. Infatti fu preparato un primo tabernacolo, nel quale si trovavano il candeliere, la tavola, e la presentazione de' pani; e questo si chiamava il Luogo santo.

3. E dietro la seconda cortina v'era il tabernacolo detto il Luogo santissimo,

4. contenente un turibolo d'oro, e l'arca del patto, tutta ricoperta d'oro, nella quale si trovavano un vaso d'oro contenente la manna, la verga d'Aronne che avea fiorito, e le tavole del patto.

5. E sopra l'arca, i cherubini della gloria, che adombravano il propiziatorio. Delle quali cose non possiamo ora parlare partitamente.

6. Now these things having been thus prepared, the priests go in continually into the first tabernacle, accomplishing the services;

7. but into the second the high priest alone, once in the year, not without blood, which he offereth for himself, and for the errors of the people:

8. the Holy Spirit this signifying, that the way into the holy place hath not yet been made manifest, while the first tabernacle is yet standing;

9. which [is] a figure for the time present; according to which are offered both gifts and sacrifices that cannot, as touching the conscience, make the worshipper perfect,

10. [being] only (with meats and drinks and divers washings) carnal ordinances, imposed until a time of reformation.

11. But Christ having come a high priest of the good things to come, through the greater and more perfect tabernacle, not made with hands, that is to say, not of this creation,

12. nor yet through the blood of goats and calves, but through his own blood, entered in once for all into the holy place, having obtained eternal redemption.

13. For if the blood of goats and bulls, and the ashes of a heifer sprinkling them that have been defiled, sanctify unto the cleanness of the flesh:

14. how much more shall the blood of Christ, who through the eternal Spirit offered himself without blemish unto God, cleanse your conscience from dead works to serve the living God?

15. And for this cause he is the mediator of a new covenant, that a death having taken place for the redemption of the transgressions that were under the first covenant, they that have been called may receive the promise of the eternal inheritance.

16. For where a testament is, there must of necessity be the death of him that made it.

17. For a testament is of force where there hath been death: for it doth never avail while he that made it liveth.

18. Wherefore even the first [covenant] hath not been dedicated without blood.

---

6. Or essendo le cose così disposte, i sacerdoti entrano bensì continuamente nel primo tabernacolo per compiervi gli atti del culto;

7. ma nel secondo, entra una volta solamente all'anno il solo sommo sacerdote, e non senza sangue, il quale egli offre per se stesso e per gli errori del popolo.

8. Lo Spirito Santo volea con questo significare che la via al santuario non era ancora manifestata finché sussisteva ancora il primo tabernacolo.

9. Esso è una figura per il tempo attuale, conformemente alla quale s'offron doni e sacrifici che non possono, quanto alla coscienza, render perfetto colui che offre il culto,

10. poiché si tratta solo di cibi, di bevande e di varie abluzioni, insomma, di regole carnali imposte fino al tempo della riforma.

11. Ma venuto Cristo, Sommo Sacerdote dei futuri beni, egli, attraverso il tabernacolo più grande e più perfetto, non fatto con mano, vale a dire, non di questa creazione,

12. e non mediante il sangue di becchi e di vitelli, ma mediante il proprio sangue, è entrato una volta per sempre nel santuario, avendo acquistata una redenzione eterna.

13. Perché, se il sangue di becchi e di tori e la cenere d'una giovenca sparsa su quelli che son contaminati santificano in modo da dar la purità della carne,

14. quanto più il sangue di Cristo che mediante lo Spirito eterno ha offerto se stesso puro d'ogni colpa a Dio, purificherà la vostra coscienza dalle opere morte per servire all'Iddio vivente?

15. Ed è per questa ragione che egli è mediatore d'un nuovo patto, affinché, avvenuta la sua morte per la redenzione delle trasgressioni commesse sotto il primo patto, i chiamati ricevano l'eterna eredità promessa.

16. Infatti, dove c'è un testamento, bisogna che sia accertata la morte del testatore.

17. Perché un testamento è valido quand'è avvenuta la morte; poiché non ha valore finché vive il testatore.

18. Ond'è che anche il primo patto non è stato inaugurato senza sangue.

19. For when every commandment had been spoken by Moses unto all the people according to the law, he took the blood of the calves and the goats, with water and scarlet wool and hyssop, and sprinkled both the book itself and all the people,

20. saying, This is the blood of the covenant which God commanded to you-ward.

21. Moreover the tabernacle and all the vessels of the ministry he sprinkled in like manner with the blood.

22. And according to the law, I may almost say, all things are cleansed with blood, and apart from shedding of blood there is no remission.

23. It was necessary therefore that the copies of the things in the heavens should be cleansed with these; but the heavenly things themselves with better sacrifices than these.

24. For Christ entered not into a holy place made with hands, like in pattern to the true; but into heaven itself, now to appear before the face of God for us:

25. nor yet that he should offer himself often, as the high priest entereth into the holy place year by year with blood not his own;

26. else must he often have suffered since the foundation of the world: but now once at the end of the ages hath he been manifested to put away sin by the sacrifice of himself.

27. And inasmuch as it is appointed unto men once to die, and after this [cometh] judgment;

28. so Christ also, having been once offered to bear the sins of many, shall appear a second time, apart from sin, to them that wait for him, unto salvation.

19. Difatti, quando tutti i comandamenti furono secondo la legge proclamati da Mosè a tutto il popolo, egli prese il sangue de' vitelli e de' becchi con acqua, lana scarlatta ed issopo, e ne asperse il libro stesso e tutto il popolo,

20. dicendo: Questo è il sangue del patto che Dio ha ordinato sia fatto con voi.

21. E parimente asperse di sangue il tabernacolo e tutti gli arredi del culto.

22. E secondo la legge, quasi ogni cosa è purificata con sangue; e senza spargimento di sangue non c'è remissione.

23. Era dunque necessario che le cose raffiguranti quelle nei cieli fossero purificate con questi mezzi, ma le cose celesti stesse doveano esserlo con sacrifici più eccellenti di questi.

24. Poiché Cristo non è entrato in un santuario fatto con mano, figura del vero; ma nel cielo stesso, per comparire ora, al cospetto di Dio, per noi;

25. e non per offrir se stesso più volte, come il sommo sacerdote, che entra ogni anno nel santuario con sangue non suo;

26. ché, in questo caso, avrebbe dovuto soffrir più volte dalla fondazione del mondo; ma ora, una volta sola, alla fine de' secoli, è stato manifestato, per annullare il peccato col suo sacrificio.

27. E come è stabilito che gli uomini muoiano una volta sola, dopo di che viene il giudizio,

28. così anche Cristo, dopo essere stato offerto una volta sola, per portare i peccati di molti, apparirà una seconda volta, senza peccato, a quelli che l'aspettano per la loro salvezza.

1. For the law having a shadow of the good [things] to come, not the very image of the things, can never with the same sacrifices year by year, which they offer continually, make perfect them that draw nigh.

2. Else would they not have ceased to be offered? because the worshippers, having been once cleansed, would have had no more consciousness of sins.

3. But in those [sacrifices] there is a remembrance made of sins year by year.

4. For it is impossible that the blood of bulls and goats should take away sins.

5. Wherefore when he cometh into the world, he saith, Sacrifice and offering thou wouldest not, But a body didst thou prepare for me;

6. In whole burnt offerings and [sacrifices] for sin thou hadst no pleasure:

7. Then said I, Lo, I am come (In the roll of the book it is written of me) To do thy will, O God.

8. Saying above, Sacrifices and offerings and whole burnt offerings and [sacrifices] for sin thou wouldest not, neither hadst pleasure therein (the which are offered according to the law),

9. then hath he said, Lo, I am come to do thy will. He taketh away the first, that he may establish the second.

10. By which will we have been sanctified through the offering of the body of Jesus Christ once for all.

11. And every priest indeed standeth day by day ministering and offering oftentimes the same sacrifices, the which can never take away sins:

12. but he, when he had offered one sacrifice for sins for ever, sat down on the right hand of God;

13. henceforth expecting till his enemies be made the footstool of his feet.

14. For by one offering he hath perfected for ever them that are sanctified.

15. And the Holy Spirit also beareth witness to us; for after he hath said,

16. This is the covenant that I will make with them After those days, saith the Lord: I will put my laws on their heart, And upon their mind also will I write them; [then saith he,]

1. Poiché la legge, avendo un'ombra dei futuri beni, non la realtà stessa delle cose, non può mai con quegli stessi sacrifici, che sono offerti continuamente, anno dopo anno, render perfetti quelli che s'accostano a Dio.

2. Altrimenti non si sarebb'egli cessato d'offrirli, non avendo più gli adoratori, una volta purificati, alcuna coscienza di peccati?

3. Invece in quei sacrifici è rinnovato ogni anno il ricordo dei peccati;

4. perché è impossibile che il sangue di tori e di becchi tolga i peccati.

5. Perciò, entrando nel mondo, egli dice: Tu non hai voluto né sacrificio né offerta, ma mi hai preparato un corpo;

6. non hai gradito né olocausti né sacrifici per il peccato.

7. Allora ho detto: Ecco, io vengo (nel rotolo del libro è scritto di me) per fare, o Dio, la tua volontà.

8. Dopo aver detto prima: Tu non hai voluto e non hai gradito né sacrifici, né offerte, né olocausti, né sacrifici per il peccato (i quali sono offerti secondo la legge), egli dice poi:

9. Ecco, io vengo per fare la tua volontà. Egli toglie via il primo per stabilire il secondo.

10. In virtù di questa "volontà" noi siamo stati santificati, mediante l'offerta del corpo di Gesù Cristo fatta una volta per sempre.

11. E mentre ogni sacerdote è in piè ogni giorno ministrando e offrendo spesse volte gli stessi sacrifici che non possono mai togliere i peccati,

12. questi, dopo aver offerto un unico sacrificio per i peccati, e per sempre, si è posto a sedere alla destra di Dio,

13. aspettando solo più che i suoi nemici sian ridotti ad essere lo sgabello dei suoi piedi.

14. Perché con un'unica offerta egli ha per sempre resi perfetti quelli che son santificati.

15. E anche lo Spirito Santo ce ne rende testimonianza. Infatti, dopo aver detto:

16. Questo è il patto che farò con loro dopo que' giorni, dice il Signore: Io metterò le mie leggi ne' loro cuori; e le scriverò nelle loro menti, egli aggiunge:

17. And their sins and their iniquities will I remember no more.

18. Now where remission of these is, there is no more offering for sin.

19. Having therefore, brethren, boldness to enter into the holy place by the blood of Jesus,

20. by the way which he dedicated for us, a new and living way, through the veil, that is to say, his flesh;

21. and [having] a great priest over the house of God;

22. let us draw near with a true heart in fulness of faith, having our hearts sprinkled from an evil conscience: and having our body washed with pure water,

23. let us hold fast the confession of our hope that it waver not; for he is faithful that promised:

24. and let us consider one another to provoke unto love and good works;

25. not forsaking our own assembling together, as the custom of some is, but exhorting [one another]; and so much the more, as ye see the day drawing nigh.

26. For if we sin wilfully after that we have received the knowledge of the truth, there remaineth no more a sacrifice for sins,

27. but a certain fearful expectation of judgment, and a fierceness of fire which shall devour the adversaries.

28. A man that hath set at nought Moses law dieth without compassion on [the word of] two or three witnesses:

29. of how much sorer punishment, think ye, shall he be judged worthy, who hath trodden under foot the Son of God, and hath counted the blood of the covenant wherewith he was sanctified an unholy thing, and hath done despite unto the Spirit of grace?

30. For we know him that said, Vengeance belongeth unto me, I will recompense. And again, The Lord shall judge his people.

31. It is a fearful thing to fall into the hands of the living God.

32. But call to remembrance the former days, in which, after ye were enlightened, ye endured a great conflict of sufferings;

17. E non mi ricorderò più de' loro peccati e delle loro iniquità.

18. Ora, dov'è remissione di queste cose, non c'è più luogo a offerta per il peccato.

19. Avendo dunque, fratelli, libertà d'entrare nel santuario in virtù del sangue di Gesù,

20. per quella via recente e vivente che egli ha inaugurata per noi attraverso la cortina, vale a dire la sua carne,

21. e avendo noi un gran Sacerdote sopra la casa di Dio,

22. accostiamoci di vero cuore, con piena certezza di fede, avendo i cuori aspersi di quell'aspersione che li purifica dalla mala coscienza, e il corpo lavato d'acqua pura.

23. Riteniam fermamente la confessione della nostra speranza, senza vacillare; perché fedele è Colui che ha fatte le promesse.

24. E facciamo attenzione gli uni agli altri per incitarci a carità e a buone opere,

25. non abbandonando la nostra comune adunanza come alcuni son usi di fare, ma esortandoci a vicenda; e tanto più, che vedete avvicinarsi il gran giorno.

26. Perché, se pecchiamo volontariamente dopo aver ricevuto la conoscenza della verità, non resta più alcun sacrificio per i peccati;

27. rimangono una terribile attesa del giudizio e l'ardor d'un fuoco che divorerà gli avversari.

28. Uno che abbia violato la legge di Mosè, muore senza misericordia sulla parola di due o tre testimoni.

29. Di qual peggior castigo stimate voi che sarà giudicato degno colui che avrà calpestato il Figliuol di Dio e avrà tenuto per profano il sangue del patto col quale è stato santificato, e avrà oltraggiato lo Spirito della grazia?

30. Poiché noi sappiamo chi è Colui che ha detto: A me appartiene la vendetta! Io darò la retribuzione! E ancora: Il Signore giudicherà il suo popolo.

31. E' cosa spaventevole cadere nelle mani dell'Iddio vivente.

32. Ma ricordatevi dei giorni di prima, quando, dopo essere stati illuminati, voi sosteneste una così gran lotta di patimenti:

33. partly, being made a gazingstock both by reproaches and afflictions; and partly, becoming partakers with them that were so used.

34. For ye both had compassion on them that were in bonds, and took joyfully the spoiling of you possessions, knowing that ye have for yourselves a better possession and an abiding one.

35. Cast not away therefore your boldness, which hath great recompense of reward.

36. For ye have need of patience, that, having done the will of God, ye may receive the promise.

37. For yet a very little while, He that cometh shall come, and shall not tarry.

38. But my righteous one shall live by faith: And if he shrink back, my soul hath no pleasure in him.

39. But we are not of them that shrink back unto perdition; but of them that have faith unto the saving of the soul.

33. sia coll'essere esposti a vituperio e ad afflizioni, sia coll'esser partecipi della sorte di quelli che erano così trattati.

34. Infatti, voi simpatizzaste coi carcerati, e accettaste con allegrezza la ruberia de' vostri beni, sapendo d'aver per voi una sostanza migliore e permanente.

35. Non gettate dunque via la vostra franchezza la quale ha una grande ricompensa!

36. Poiché voi avete bisogno di costanza, affinché, avendo fatta la volontà di Dio, otteniate quel che v'è promesso. Perché:

37. Ancora un brevissimo tempo, e colui che ha da venire verrà e non tarderà;

38. ma il mio giusto vivrà per fede; e se si trae indietro, l'anima mia non lo gradisce.

39. Ma noi non siamo di quelli che si traggono indietro a loro perdizione, ma di quelli che hanno fede per salvar l'anima.

# Hebrews 11       Ebrei 11

1. Now faith is assurance of [things] hoped for, a conviction of things not seen.

2. For therein the elders had witness borne to them.

3. By faith we understand that the worlds have been framed by the word of God, so that what is seen hath not been made out of things which appear.

4. By faith Abel offered unto God a more excellent sacrifice than Cain, through which he had witness borne to him that he was righteous, God bearing witness in respect of his gifts: and through it he being dead yet speaketh.

5. By faith Enoch was translated that he should not see death; and he was not found, because God translated him: for he hath had witness borne to him that before his translation he had been well-pleasing unto God:

6. And without faith it is impossible to be well-pleasing [unto him]; for he that cometh to God must believe that he is, and [that] he is a rewarder of them that seek after him.

1. Or la fede è certezza di cose che si sperano, dimostrazione di cose che non si vedono.

2. Infatti, per essa fu resa buona testimonianza agli antichi.

3. Per fede intendiamo che i mondi sono stati formati dalla parola di Dio; cosicché le cose che si vedono non sono state tratte da cose apparenti.

4. Per fede Abele offerse a Dio un sacrificio più eccellente di quello di Caino; per mezzo d'essa gli fu resa testimonianza ch'egli era giusto, quando Dio attestò di gradire le sue offerte; e per mezzo d'essa, benché morto, egli parla ancora.

5. Per fede Enoc fu trasportato perché non vedesse la morte; e non fu più trovato, perché Dio l'avea trasportato; poiché avanti che fosse trasportato fu di lui testimoniato ch'egli era piaciuto a Dio.

6. Or senza fede è impossibile piacergli; poiché chi s'accosta a Dio deve credere ch'Egli è, e che è il rimuneratore di quelli che lo cercano.

7. By faith Noah, being warned [of God] concerning things not seen as yet, moved with godly fear, prepared an ark to the saving of his house; through which he condemned the world, and became heir of the righteousness which is according to faith.

8. By faith Abraham, when he was called, obeyed to go out unto a place which he was to receive for an inheritance; and he went out, not knowing whither he went.

9. By faith he became a sojourner in the land of promise, as in a [land] not his own, dwelling in tents, with Isaac and Jacob, the heirs with him of the same promise:

10. for he looked for the city which hath the foundations, whose builder and maker is God.

11. By faith even Sarah herself received power to conceive seed when she was past age, since she counted him faithful who had promised:

12. wherefore also there sprang of one, and him as good as dead, [so many] as the stars of heaven in multitude, and as the sand, which is by the sea-shore, innumerable.

13. These all died in faith, not having received the promises, but having seen them and greeted them from afar, and having confessed that they were strangers and pilgrims on the earth.

14. For they that say such things make it manifest that they are seeking after a country of their own.

15. And if indeed they had been mindful of that [country] from which they went out, they would have had opportunity to return.

16. But now they desire a better [country], that is, a heavenly: wherefore God is not ashamed of them, to be called their God; for he hath prepared for them a city.

17. By faith Abraham, being tried, offered up Isaac: yea, he that had gladly received the promises was offering up his only begotten [son];

18. even he to whom it was said, In Isaac shall thy seed be called:

19. accounting that God [is] able to raise up, even from the dead; from whence he did also in a figure receive him back.

7. Per fede Noè, divinamente avvertito di cose che non si vedevano ancora, mosso da pio timore, preparò un'arca per la salvezza della propria famiglia; e per essa fede condannò il mondo e fu fatto erede della giustizia che si ha mediante la fede.

8. Per fede Abramo, essendo chiamato, ubbidì, per andarsene in un luogo ch'egli avea da ricevere in eredità; e partì senza sapere dove andava.

9. Per fede soggiornò nella terra promessa, come in terra straniera, abitando in tende con Isacco e Giacobbe, eredi con lui della stessa promessa,

10. perché aspettava la città che ha i veri fondamenti e il cui architetto e costruttore è Dio.

11. Per fede Sara anch'ella, benché fuori d'età, ricevette forza di concepire, perché reputò fedele Colui che avea fatto la promessa.

12. E perciò, da uno solo, e già svigorito, è nata una discendenza numerosa come le stelle del cielo, come la rena lungo la riva del mare che non si può contare.

13. In fede moriron tutti costoro, senz'aver ricevuto le cose promesse, ma avendole vedute e salutate da lontano, e avendo confessato che erano forestieri e pellegrini sulla terra.

14. Poiché quelli che dicon tali cose dimostrano che cercano una patria.

15. E se pur si ricordavano di quella ond'erano usciti, certo avean tempo di ritornarvi.

16. Ma ora ne desiderano una migliore, cioè una celeste; perciò Iddio non si vergogna d'esser chiamato il loro Dio, poiché ha preparato loro una città.

17. Per fede Abramo, quando fu provato, offerse Isacco; ed egli, che avea ricevuto le promesse, offerse il suo unigenito: egli, a cui era stato detto:

18. E' in Isacco che ti sarà chiamata una progenie,

19. ritenendo che Dio è potente anche da far risuscitare dai morti; ond'è che lo riebbe per una specie di risurrezione.

20. By faith Isaac blessed Jacob and Esau, even concerning things to come.

21. By faith Jacob, when he was dying, blessed each of the sons of Joseph; and worshipped, [leaning] upon the top of his staff.

22. By faith Joseph, when his end was nigh, made mention of the departure of the children of Israel; and gave commandment concerning his bones.

23. By faith Moses, when he was born, was hid three months by his parents, because they saw he was a goodly child; and they were not afraid of the king's commandment.

24. By faith Moses, when he was grown up, refused to be called the son of Pharaoh's daughter;

25. choosing rather to share ill treatment with the people of God, than to enjoy the pleasures of sin for a season;

26. accounting the reproach of Christ greater riches than the treasures of Egypt: for he looked unto the recompense of reward.

27. By faith he forsook Egypt, not fearing the wrath of the king: for he endured, as seeing him who is invisible.

28. By faith he kept the passover, and the sprinkling of the blood, that the destroyer of the firstborn should not touch them.

29. By faith they passed through the Red sea as by dry land: which the Egyptians assaying to do were swallowed up.

30. By faith the walls of Jericho fell down, after they had been compassed about for seven days.

31. By faith Rahab the harlot perished not with them that were disobedient, having received the spies with peace.

32. And what shall I more say? for the time will fail me if I tell of Gideon, Barak, Samson, Jephthah; of David and Samuel and the prophets:

33. who through faith subdued kingdoms, wrought righteousness, obtained promises, stopped the mouths of lions,

34. quenched the power of fire, escaped the edge of the sword, from weakness were made strong, waxed mighty in war, turned to flight armies of aliens.

20. Per fede Isacco diede a Giacobbe e ad Esaù una benedizione concernente cose future.

21. Per fede Giacobbe, morente, benedisse ciascuno dei figliuoli di Giuseppe, e adorò appoggiato in cima al suo bastone.

22. Per fede Giuseppe, quando stava per morire, fece menzione dell'esodo de' figliuoli d'Israele, e diede ordini intorno alle sue ossa.

23. Per fede Mosè, quando nacque, fu tenuto nascosto per tre mesi dai suoi genitori, perché vedevano che il bambino era bello; e non temettero il comandamento del re.

24. Per fede Mosè, divenuto grande, rifiutò d'esser chiamato figliuolo della figliuola di Faraone,

25. scegliendo piuttosto d'esser maltrattato col popolo di Dio, che di godere per breve tempo i piaceri del peccato;

26. stimando egli il vituperio di Cristo ricchezza maggiore de' tesori d'Egitto, perché riguardava alla rimunerazione.

27. Per fede abbandonò l'Egitto, non temendo l'ira del re, perché stette costante, come vedendo Colui che è invisibile.

28. Per fede celebrò la Pasqua e fece lo spruzzamento del sangue affinché lo sterminatore dei primogeniti non toccasse quelli degli Israeliti.

29. Per fede passarono il Mar Rosso come per l'asciutto; il che tentando fare gli Egizi, furono inabissati.

30. Per fede caddero le mura di Gerico, dopo essere state circuite per sette giorni.

31. Per fede Raab, la meretrice, non perì coi disubbidienti, avendo accolto le spie in pace.

32. E che dirò di più? poiché il tempo mi verrebbe meno se narrassi di Gedeone, di Barac, di Sansone, di Jefte, di Davide, di Samuele e dei profeti,

33. i quali per fede vinsero regni, operarono giustizia, ottennero adempimento di promesse, turaron le gole di leoni,

34. spensero la violenza del fuoco, scamparono al taglio della spada, guarirono da infermità, divennero forti in guerra, misero in fuga eserciti stranieri.

35. Women received their dead by a resurrection: and others were tortured, not accepting their deliverance; that they might obtain a better resurrection:

36. and others had trial of mockings and scourgings, yea, moreover of bonds and imprisonment:

37. they were stoned, they were sawn asunder, they were tempted, they were slain with the sword: they went about in sheepskins, in goatskins; being destitute, afflicted, ill-treated

38. (of whom the world was not worthy), wandering in deserts and mountains and caves, and the holes of the earth.

39. And these all, having had witness borne to them through their faith, received not the promise,

40. God having provided some better thing concerning us, that apart from us they should not be made perfect.

35. Le donne ricuperarono per risurrezione i loro morti; e altri furon martirizzati non avendo accettata la loro liberazione affin di ottenere una risurrezione migliore;

36. altri patirono scherni e flagelli, e anche catene e prigione.

37. Furon lapidati, furon segati, furono uccisi di spada; andarono attorno coperti di pelli di pecora e di capra; bisognosi, afflitti,

38. maltrattati (di loro il mondo non era degno), vaganti per deserti e monti e spelonche e per le grotte della terra.

39. E tutti costoro, pur avendo avuto buona testimonianza per la loro fede, non ottennero quello ch'era stato promesso,

40. perché Iddio aveva in vista per noi qualcosa di meglio, ond'essi non giungessero alla perfezione senza di noi.

# Hebrews 12　　　　　　Ebrei 12

1. Therefore let us also, seeing we are compassed about with so great a cloud of witnesses, lay aside every weight, and the sin which doth so easily beset us, and let us run with patience the race that is set before us,

2. looking unto Jesus the author and perfecter of [our] faith, who for the joy that was set before him endured the cross, despising shame, and hath sat down at the right hand of the throne of God.

3. For consider him that hath endured such gainsaying of sinners against himself, that ye wax not weary, fainting in your souls.

4. Ye have not yet resisted unto blood, striving against sin:

5. and ye have forgotten the exhortation which reasoneth with you as with sons, My son, regard not lightly the chastening of the Lord, Nor faint when thou art reproved of him;

6. For whom the Lord loveth he chasteneth, And scourgeth every son whom he receiveth.

7. It is for chastening that ye endure; God dealeth with you as with sons; for what son is there whom [his] father chasteneth not?

1. Anche noi, dunque, poiché siam circondati da sì gran nuvolo di testimoni, deposto ogni peso e il peccato che così facilmente ci avvolge, corriamo con perseveranza l'arringo che ci sta dinanzi, riguardando a Gesù,

2. duce e perfetto esempio di fede, il quale per la gioia che gli era posta dinanzi sopportò la croce sprezzando il vituperio, e s'è posto a sedere alla destra del trono di Dio.

3. Poiché, considerate colui che sostenne una tale opposizione dei peccatori contro a sé, onde non abbiate a stancarvi, perdendovi d'animo.

4. Voi non avete ancora resistito fino al sangue, lottando contro il peccato;

5. e avete dimenticata l'esortazione a voi rivolta come a figliuoli: Figliuol mio, non far poca stima della disciplina del Signore, e non ti perder d'animo quando sei da lui ripreso;

6. perché il Signore corregge colui ch'Egli ama, e flagella ogni figliuolo ch'Egli gradisce.

7. E' a scopo di disciplina che avete a sopportar queste cose. Iddio vi tratta come figliuoli; poiché qual è il figliuolo che il padre non corregga?

8. But if ye are without chastening, whereof all have been made partakers, then are ye bastards, and not sons.

9. Furthermore, we had the fathers of our flesh to chasten us, and we gave them reverence: shall we not much rather be in subjection unto the Father of spirits, and live?

10. For they indeed for a few days chastened [us] as seemed good to them; but he for [our] profit, that [we] may be partakers of his holiness.

11. All chastening seemeth for the present to be not joyous but grievous; yet afterward it yieldeth peaceable fruit unto them that have been exercised thereby, [even the fruit] of righteousness.

12. Wherefore lift up the hands that hang down, and the palsied knees;

13. and make straight paths for your feet, that that which is lame be not turned out of the way, but rather be healed.

14. Follow after peace with all men, and the sanctification without which no man shall see the Lord:

15. looking carefully lest [there be] any man that falleth short of the grace of God; lest any root of bitterness springing up trouble [you], and thereby the many be defiled;

16. lest [there be] any fornication, or profane person, as Esau, who for one mess of meat sold his own birthright.

17. For ye know that even when he afterward desired to inherit the blessing, he was rejected; for he found no place for a change of mind [in his father,] though he sought is diligently with tears.

18. For ye are not come unto [a mount] that might be touched, and that burned with fire, and unto blackness, and darkness, and tempest,

19. and the sound of a trumpet, and the voice of words; which [voice] they that heard entreated that no word more should be spoken unto them;

20. for they could not endure that which was enjoined, If even a beast touch the mountain, it shall be stoned;

21. and so fearful was the appearance, [that] Moses said, I exceedingly fear and quake:

22. but ye are come unto mount Zion, and unto the city of the living God, the heavenly Jerusalem, and to innumerable hosts of angels,

8. Che se siete senza quella disciplina della quale tutti hanno avuto la loro parte, siete dunque bastardi, e non figliuoli.

9. Inoltre, abbiamo avuto per correttori i padri della nostra carne, eppur li abbiamo riveriti; non ci sottoporremo noi molto più al Padre degli spiriti per aver vita?

10. Quelli, infatti, per pochi giorni, come parea loro, ci correggevano; ma Egli lo fa per l'util nostro, affinché siamo partecipi della sua santità.

11. Or ogni disciplina sembra, è vero, per il presente non esser causa d'allegrezza, ma di tristizia; però rende poi un pacifico frutto di giustizia a quelli che sono stati per essa esercitati.

12. Perciò, rinfrancate le mani cadenti e le ginocchia vacillanti;

13. e fate de' sentieri diritti per i vostri passi, affinché quel che è zoppo non esca fuor di strada, ma sia piuttosto guarito.

14. Procacciate pace con tutti e la santificazione senza la quale nessuno vedrà il Signore;

15. badando bene che nessuno resti privo della grazia di Dio; che nessuna radice velenosa venga fuori a darvi molestia sì che molti di voi restino infetti;

16. che nessuno sia fornicatore, o profano, come Esaù che per una sola pietanza vendette la sua primogenitura.

17. Poiché voi sapete che anche quando più tardi volle eredare la benedizione fu respinto, perché non trovò luogo a pentimento, sebbene la richiedesse con lagrime.

18. Poiché voi non siete venuti al monte che si toccava con la mano, avvolto nel fuoco, né alla caligine, né alla tenebria, né alla tempesta,

19. né al suono della tromba, né alla voce che parlava in modo che quelli che la udirono richiesero che niuna parola fosse loro più rivolta

20. perché non poteano sopportar l'ordine: Se anche una bestia tocchi il monte sia lapidata;

21. e tanto spaventevole era lo spettacolo, che Mosè disse: Io son tutto spaventato e tremante;

22. ma voi siete venuti al monte di Sion, e alla città dell'Iddio vivente, che è la Gerusalemme celeste, e alla festante assemblea delle miriadi degli angeli,

23. to the general assembly and church of the firstborn who are enrolled in heaven, and to God the Judge of all, and to the spirits of just men made perfect,

24. and to Jesus the mediator of a new covenant, and to the blood of sprinkling that speaketh better than [that of] Abel.

25. See that ye refuse not him that speaketh. For if they escaped not when they refused him that warned [them] on earth, much more [shall not] we [escape] who turn away from him that [warneth] from heaven:

26. whose voice then shook the earth: but now he hath promised, saying, Yet once more will I make to tremble not the earth only, but also the heaven.

27. And this [word], Yet once more, signifieth the removing of those things that are shaken, as of things that have been made, that those things which are not shaken may remain.

28. Wherefore, receiving a kingdom that cannot be shaken, let us have grace, whereby we may offer service well-pleasing to God with reverence and awe:

29. for our God is a consuming fire.

23. e alla Chiesa de' primogeniti che sono scritti nei cieli, e a Dio, il Giudice di tutti, e agli spiriti de' giusti resi perfetti,

24. e a Gesù, il mediatore del nuovo patto, e al sangue dell'aspersione che parla meglio di quello d'Abele.

25. Guardate di non rifiutare Colui che parla; perché, se quelli non scamparono quando rifiutarono Colui che rivelava loro in terra la sua volontà, molto meno scamperemo noi se voltiam le spalle a Colui che parla dal cielo;

26. la cui voce scosse allora la terra, ma che adesso ha fatto questa promessa: Ancora una volta farò tremare non solo la terra, ma anche il cielo.

27. Or questo "ancora una volta" indica la remozione delle cose scosse, come di cose fatte, onde sussistan ferme quelle che non sono scosse.

28. Perciò, ricevendo un regno che non può essere scosso, siamo riconoscenti, e offriamo così a Dio un culto accettevole, con riverenza e timore!

29. Perché il nostro Dio è anche un fuoco consumante.

# Hebrews 13

1. Let love of the brethren continue.

2. Forget not to show love unto strangers: for thereby some have entertained angels unawares.

3. Remember them that are in bonds, as bound with them; them that are illtreated, as being yourselves also in the body.

4. [Let] marriage [be] had in honor among all, and [let] the bed [be] undefiled: for fornicators and adulterers God will judge.

5. Be ye free from the love of money; content with such things as ye have: for himself hath said, I will in no wise fail thee, neither will I in any wise forsake thee.

6. So that with good courage we say, The Lord is my helper; I will not fear: What shall man do unto me?

# Ebrei 13

1. L'amor fraterno continui fra voi. Non dimenticate l'ospitalità;

2. perché, praticandola, alcuni, senza saperlo, hanno albergato degli angeli.

3. Ricordatevi de' carcerati, come se foste in carcere con loro; di quelli che sono maltrattati, ricordando che anche voi siete nel corpo.

4. Sia il matrimonio tenuto in onore da tutti, e sia il talamo incontaminato; poiché Iddio giudicherà i fornicatori e gli adulteri.

5. Non siate amanti del danaro, siate contenti delle cose che avete; poiché Egli stesso ha detto: Io non ti lascerò, e non ti abbandonerò.

6. Talché possiam dire con piena fiducia: Il Signore è il mio aiuto; non temerò. Che mi potrà far l'uomo?

7. Remember them that had the rule over you, men that spake unto you the word of God; and considering the issue of their life, imitate their faith.

8. Jesus Christ [is] the same yesterday and to-day, [yea] and for ever.

9. Be not carried away by divers and strange teachings: for it is good that the heart be established by grace; not by meats, wherein they that occupied themselves were not profited.

10. We have an altar, whereof they have no right to eat that serve the tabernacle.

11. For the bodies of those beasts whose blood is brought into the holy place by the high priest [as an offering] for sin, are burned without the camp.

12. Wherefore Jesus also, that he might sanctify the people through his own blood, suffered without the gate.

13. Let us therefore go forth unto him without the camp, bearing his reproach.

14. For we have not here an abiding city, but we seek after [the city] which is to come.

15. Through him then let us offer up a sacrifice of praise to God continually, that is, the fruit of lips which make confession to his name.

16. But to do good and to communicate forget not: for with such sacrifices God is well pleased.

17. Obey them that have the rule over you, and submit [to them]: for they watch in behalf of your souls, as they that shall give account; that they may do this with joy, and not with grief: for this [were] unprofitable for you.

18. Pray for us: for we are persuaded that we have a good conscience, desiring to live honorably in all things.

19. And I exhort [you] the more exceedingly to do this, that I may be restored to you the sooner.

20. Now the God of peace, who brought again from the dead the great shepherd of the sheep with the blood of an eternal covenant, [even] our Lord Jesus,

7. Ricordatevi dei vostri conduttori, i quali v'hanno annunziato la parola di Dio; e considerando com'hanno finito la loro carriera, imitate la loro fede.

8. Gesù Cristo è lo stesso ieri, oggi, e in eterno.

9. Non siate trasportati qua e là da diverse e strane dottrine; poiché è bene che il cuore sia reso saldo dalla grazia, e non da pratiche relative a vivande, dalle quali non ritrassero alcun giovamento quelli che le osservarono.

10. Noi abbiamo un altare del quale non hanno diritto di mangiare quelli che servono il tabernacolo.

11. Poiché i corpi degli animali il cui sangue è portato dal sommo sacerdote nel santuario come un'offerta per il peccato, sono arsi fuori dal campo.

12. Perciò anche Gesù, per santificare il popolo col proprio sangue, soffrì fuor della porta.

13. Usciamo quindi fuori del campo e andiamo a lui, portando il suo vituperio.

14. Poiché non abbiamo qui una città stabile, ma cerchiamo quella futura.

15. Per mezzo di lui, dunque, offriam del continuo a Dio un sacrificio di lode: cioè, il frutto di labbra confessanti il suo nome!

16. E non dimenticate di esercitar la beneficenza e di far parte agli altri de' vostri beni; perché è di tali sacrifici che Dio si compiace.

17. Ubbidite ai vostri conduttori e sottomettetevi a loro, perché essi vegliano per le vostre anime, come chi ha da renderne conto; affinché facciano questo con allegrezza e non sospirando; perché ciò non vi sarebbe d'alcun utile.

18. Pregate per noi, perché siam persuasi d'aver una buona coscienza, desiderando di condurci onestamente in ogni cosa.

19. E vie più v'esorto a farlo, onde io vi sia più presto restituito.

20. Or l'Iddio della pace che in virtù del sangue del patto eterno ha tratto dai morti il gran Pastore delle pecore, Gesù nostro Signore,

21. make you perfect in every good thing to do his will, working in us that which is well-pleasing in his sight, through Jesus Christ; to whom [be] the glory for ever and ever. Amen.

22. But I exhort you, brethren, bear with the word of exhortation, for I have written unto you in few words.

23. Know ye that our brother Timothy hath been set at liberty; with whom, if he come shortly, I will see you.

24. Salute all them that have the rule over you, and all the saints. They of Italy salute you.

25. Grace be with you all. Amen.

21. vi renda compiuti in ogni bene, onde facciate la sua volontà, operando in voi quel che è gradito nel suo cospetto, per mezzo di Gesù Cristo; a Lui sia la gloria ne' secoli dei secoli. Amen.

22. Or, fratelli, comportate, vi prego, la mia parola d'esortazione; perché v'ho scritto brevemente.

23. Sappiate che il nostro fratello Timoteo è stato messo in libertà; con lui, se vien presto, io vi vedrò.

24. Salutate tutti i vostri conduttori e tutti i santi. Quei d'Italia vi salutano.

25. La grazia sia con tutti voi. Amen.

# James 1

1. James, a servant of God and of the Lord Jesus Christ, to the twelve tribes which are of the Dispersion, greeting.

2. Count it all joy, my brethren, when ye fall into manifold temptations;

3. Knowing that the proving of your faith worketh patience.

4. And let patience have [its] perfect work, that ye may be perfect and entire, lacking in nothing.

5. But if any of you lacketh wisdom, let him ask of God, who giveth to all liberally and upbraideth not; and it shall be given him.

6. But let him ask in faith, nothing doubting: for he that doubteth is like the surge of the sea driven by the wind and tossed.

7. For let not that man think that he shall receive anything of the Lord;

8. a doubleminded man, unstable in all his ways.

9. But let the brother of low degree glory in his high estate:

10. and the rich, in that he is made low: because as the flower of the grass he shall pass away.

11. For the sun ariseth with the scorching wind, and withereth the grass: and the flower thereof falleth, and the grace of the fashion of it perisheth: so also shall the rich man fade away in his goings.

12. Blessed is the man that endureth temptation; for when he hath been approved, he shall receive the crown of life, which [the Lord] promised to them that love him.

13. Let no man say when he is tempted, I am tempted of God; for God cannot be tempted with evil, and he himself tempteth no man:

14. but each man is tempted, when he is drawn away by his own lust, and enticed.

15. Then the lust, when it hath conceived, beareth sin: and the sin, when it is fullgrown, bringeth forth death.

16. Be not deceived, my beloved brethren.

17. Every good gift and every perfect gift is from above, coming down from the Father of lights, with whom can be no variation, neither shadow that is cast by turning.

# Giacomo 1

1. Giacomo, servitore di Dio e del Signor Gesù Cristo, alle dodici tribù che sono nella dispersione, salute.

2. Fratelli miei, considerate come argomento di completa allegrezza le prove svariate in cui venite a trovarvi,

3. sapendo che la prova della vostra fede produce costanza.

4. E la costanza compia appieno l'opera sua in voi, onde siate perfetti e completi, di nulla mancanti.

5. Che se alcuno di voi manca di sapienza, la chiegga a Dio che dona a tutti liberalmente senza rinfacciare, e gli sarà donata.

6. Ma chiegga con fede, senza star punto in dubbio; perché chi dubita è simile a un'onda di mare, agitata dal vento e spinta qua e là.

7. Non pensi già quel tale di ricever nulla dal Signore,

8. essendo uomo d'animo doppio, instabile in tutte le sue vie.

9. Or il fratello d'umil condizione si glori della sua elevazione;

10. e il ricco, della sua umiliazione, perché passerà come fior d'erba.

11. Il sole si leva col suo calore ardente e fa seccare l'erba, e il fiore d'essa cade, e la bellezza della sua apparenza perisce; così anche il ricco appassirà nelle sue imprese.

12. Beato l'uomo che sostiene la prova; perché, essendosi reso approvato, riceverà la corona della vita, che il Signore ha promessa a quelli che l'amano.

13. Nessuno, quand'è tentato, dica: Io son tentato da Dio; perché Dio non può esser tentato dal male, né Egli stesso tenta alcuno;

14. ma ognuno è tentato dalla propria concupiscenza che lo attrae e lo adesca.

15. Poi la concupiscenza avendo concepito partorisce il peccato; e il peccato, quand'è compiuto, produce la morte.

16. Non errate, fratelli miei diletti;

17. ogni donazione buona e ogni dono perfetto vengono dall'alto, discendendo dal Padre degli astri luminosi presso il quale non c'è variazione né ombra prodotta da rivolgimento.

18. Of his own will he brought us forth by the word of truth, that we should be a kind of firstfruits of his creatures.

19. Ye know [this], my beloved brethren. But let every man be swift to hear, slow to speak, slow to wrath:

20. for the wrath of man worketh not the righteousness of God.

21. Wherefore putting away all filthiness and overflowing of wickedness, receive with meekness the implanted word, which is able to save your souls.

22. But be ye doers of the word, and not hearers only, deluding your own selves.

23. For if any one is a hearer of the word and not a doer, he is like unto a man beholding his natural face in a mirror:

24. for he beholdeth himself, and goeth away, and straightway forgetteth what manner of man he was.

25. But he that looketh into the perfect law, the [law] of liberty, and [so] continueth, being not a hearer that forgetteth but a doer that worketh, this man shall be blessed in his doing.

26. If any man thinketh himself to be religious, while he bridleth not his tongue but deceiveth his heart, this man's religion is vain.

27. Pure religion and undefiled before our God and Father is this, to visit the fatherless and widows in their affliction, [and] to keep oneself unspotted from the world.

# James 2

1. My brethren, hold not the faith of our Lord Jesus Christ, [the Lord] of glory, with respect of persons.

2. For if there come into your synagogue a man with a gold ring, in fine clothing, and there come in also a poor man in vile clothing;

3. and ye have regard to him that weareth the fine clothing, and say, Sit thou here in a good place; and ye say to the poor man, Stand thou there, or sit under my footstool;

4. Do ye not make distinctions among yourselves, and become judges with evil thoughts?

18. Egli ci ha di sua volontà generati mediante la parola di verità, affinché siamo in certo modo le primizie delle sue creature.

19. Questo lo sapete, fratelli miei diletti; ma sia ogni uomo pronto ad ascoltare, tardo al parlare, lento all'ira;

20. perché l'ira dell'uomo non mette in opra la giustizia di Dio.

21. Perciò, deposta ogni lordura e resto di malizia, ricevete con mansuetudine la Parola che è stata piantata in voi, e che può salvare le anime vostre.

22. Ma siate facitori della Parola e non soltanto uditori, illudendo voi stessi.

23. Perché, se uno è uditore della Parola e non facitore, è simile a un uomo che mira la sua natural faccia in uno specchio;

24. e quando s'è mirato se ne va, e subito dimentica qual era.

25. Ma chi riguarda bene addentro nella legge perfetta, che è la legge della libertà, e persevera, questi, non essendo un uditore dimentichevole ma facitore dell'opera, sarà beato nel suo operare.

26. Se uno pensa d'esser religioso, e non tiene a freno la sua lingua ma seduce il cuor suo, la religione di quel tale è vana.

27. La religione pura e immacolata dinanzi a Dio e Padre è questa: visitar gli orfani e le vedove nelle loro afflizioni, e conservarsi puri dal mondo.

# Giacomo 2

1. Fratelli miei, la vostra fede nel nostro Signor Gesù Cristo, il Signor della gloria, sia scevra da riguardi personali.

2. Perché, se nella vostra raunanza entra un uomo con l'anello d'oro, vestito splendidamente, e v'entra pure un povero vestito malamente,

3. e voi avete riguardo a quello che veste splendidamente e gli dite: Tu, siedi qui in un posto onorevole; e al povero dite: Tu, stattene là in piè, o siedi appiè del mio sgabello,

4. non fate voi una differenza nella vostra mente, e non diventate giudici dai pensieri malvagi?

5. Hearken, my beloved brethren; did not God choose them that are poor as to the world [to be] rich in faith, and heirs of the kingdom which he promised to them that love him?

6. But ye have dishonored the poor man. Do not the rich oppress you, and themselves drag you before the judgment-seats?

7. Do not they blaspheme the honorable name by which ye are called?

8. Howbeit if ye fulfil the royal law, according to the scripture, Thou shalt love thy neighbor as thyself, ye do well:

9. but if ye have respect of persons, ye commit sin, being convicted by the law as transgressors.

10. For whosoever shall keep the whole law, and yet stumble in one [point], he is become guilty of all.

11. For he that said, Do not commit adultery, said also, Do not kill. Now if thou dost not commit adultery, but killest, thou art become a transgressor of the law.

12. So speak ye, and so do, as men that are to be judged by a law of liberty.

13. For judgment [is] without mercy to him that hath showed no mercy: mercy glorieth against judgment.

14. What doth it profit, my brethren, if a man say he hath faith, but have not works? can that faith save him?

15. If a brother or sister be naked and in lack of daily food,

16. and one of you say unto them, Go in peace, be ye warmed and filled; and yet ye give them not the things needful to the body; what doth it profit?

17. Even so faith, if it have not works, is dead in itself.

18. Yea, a man will say, Thou hast faith, and I have works: show me thy faith apart from [thy] works, and I by my works will show thee [my] faith.

19. Thou believest that God is one; thou doest well: the demons also believe, and shudder.

20. But wilt thou know, O vain man, that faith apart from works is barren?

21. Was not Abraham our father justified by works, in that he offered up Isaac his son upon the altar?

5. Ascoltate, fratelli miei diletti: Iddio non ha egli scelto quei che sono poveri secondo il mondo perché siano ricchi in fede ed eredi del Regno che ha promesso a coloro che l'amano?

6. Ma voi avete disprezzato il povero! Non son forse i ricchi quelli che vi opprimono e che vi traggono ai tribunali?

7. Non sono essi quelli che bestemmiano il buon nome che è stato invocato su di voi?

8. Certo, se adempite la legge reale, secondo che dice la Scrittura: Ama il tuo prossimo come te stesso, fate bene;

9. ma se avete dei riguardi personali, voi commettete un peccato essendo dalla legge convinti quali trasgressori.

10. Poiché chiunque avrà osservato tutta la legge, e avrà fallito in un sol punto, si rende colpevole su tutti i punti.

11. Poiché Colui che ha detto: Non commettere adulterio, ha detto anche: Non uccidere. Ora, se tu non commetti adulterio ma uccidi, sei diventato trasgressore della legge.

12. Parlate e operate come dovendo esser giudicati da una legge di libertà.

13. Perché il giudicio è senza misericordia per colui che non ha usato misericordia: la misericordia trionfa del giudicio.

14. Che giova, fratelli miei, se uno dice d'aver fede ma non ha opere? Può la fede salvarlo?

15. Se un fratello o una sorella son nudi e mancanti del cibo quotidiano,

16. e un di voi dice loro: Andatevene in pace, scaldatevi e satollatevi; ma non date loro le cose necessarie al corpo, che giova?

17. Così è della fede; se non ha opere, è per se stessa morta.

18. Anzi uno piuttosto dirà: Tu hai la fede, ed io ho le opere; mostrami la tua fede senza le tue opere, e io con le mie opere ti mostrerò la mia fede.

19. Tu credi che v'è un sol Dio, e fai bene; anche i demoni lo credono e tremano.

20. Ma vuoi tu, o uomo vano, conoscere che la fede senza le opere non ha valore?

21. Abramo, nostro padre, non fu egli giustificato per le opere quando offrì il suo figliuolo Isacco sull'altare?

22. Thou seest that faith wrought with his works, and by works was faith made perfect;

23. and the scripture was fulfilled which saith, And Abraham believed God, and it was reckoned unto him for righteousness; and he was called the friend of God.

24. Ye see that by works a man is justified, and not only by faith.

25. And in like manner was not also Rahab the harlot justified by works, in that she received the messengers, and sent them out another way?

26. For as the body apart from the spirit is dead, even so faith apart from works is dead.

22. Tu vedi che la fede operava insieme con le opere di lui, e che per le opere la sua fede fu resa compiuta;

23. e così fu adempiuta la Scrittura che dice: E Abramo credette a Dio, e ciò gli fu messo in conto di giustizia; e fu chiamato amico di Dio.

24. Voi vedete che l'uomo è giustificato per opere, e non per fede soltanto.

25. Parimente, Raab, la meretrice, non fu anch'ella giustificata per le opere quando accolse i messi e li mandò via per un altro cammino?

26. Infatti, come il corpo senza lo spirito è morto, così anche la fede senza le opere è morta.

# James 3

# Giacomo 3

1. Be not many [of you] teachers, my brethren, knowing that we shall receive heavier judgment.

2. For in many things we all stumble. If any stumbleth not in word, the same is a perfect man, able to bridle the whole body also.

3. Now if we put the horses' bridles into their mouths that they may obey us, we turn about their whole body also.

4. Behold, the ships also, though they are so great and are driven by rough winds, are yet turned about by a very small rudder, whither the impulse of the steersman willeth.

5. So the tongue also is a little member, and boasteth great things. Behold, how much wood is kindled by how small a fire!

6. And the tongue is a fire: the world of iniquity among our members is the tongue, which defileth the whole body, and setteth on fire the wheel of nature, and is set on fire by hell.

7. For every kind of beasts and birds, of creeping things and things in the sea, is tamed, and hath been tamed by mankind.

8. But the tongue can no man tame; [it is] a restless evil, [it is] full of deadly poison.

9. Therewith bless we the Lord and Father; and therewith curse we men, who are made after the likeness of God:

1. Fratelli miei, non siate molti a far da maestri, sapendo che ne riceveremo un più severo giudicio.

2. Poiché tutti falliamo in molte cose. Se uno non falla nel parlare, esso è un uomo perfetto, capace di tenere a freno anche tutto il corpo.

3. Se mettiamo il freno in bocca ai cavalli perché ci ubbidiscano, noi guidiamo anche tutto quanto il loro corpo.

4. Ecco, anche le navi, benché siano così grandi e sian sospinte da fieri venti, son dirette da un piccolissimo timone, dovunque vuole l'impulso di chi le governa.

5. Così anche la lingua è un piccol membro, e si vanta di gran cose. Vedete un piccol fuoco, che gran foresta incendia!

6. Anche la lingua è un fuoco, è il mondo dell'iniquità. Posta com'è fra le nostre membra, contamina tutto il corpo e infiamma la ruota della vita, ed è infiammata dalla geenna.

7. Ogni sorta di fiere e d'uccelli, di rettili e di animali marini si doma, ed è stata domata dalla razza umana.

8. ma la lingua, nessun uomo la può domare; è un male senza posa, è piena di mortifero veleno.

9. Con essa benediciamo il Signore e Padre; e con essa malediciamo gli uomini che son fatti a somiglianza di Dio.

10. out of the same mouth cometh forth blessing and cursing. My brethren, these things ought not so to be.

11. Doth the fountain send forth from the same opening sweet [water] and bitter?

12. Can a fig tree, my brethren, yield olives, or a vine figs? Neither [can] salt water yield sweet.

13. Who is wise and understanding among you? let him show by his good life his works in meekness of wisdom.

14. But if ye have bitter jealousy and faction in your heart, glory not and lie not against the truth.

15. This wisdom is not [a wisdom] that cometh down from above, but is earthly, sensual, devilish.

16. For where jealousy and faction are, there is confusion and every vile deed.

17. But the wisdom that is from above is first pure, then peaceable, gentle, easy to be entreated, full of mercy and good fruits, without variance, without hypocrisy.

18. And the fruit of righteousness is sown in peace for them that make peace.

10. Dalla medesima bocca procede benedizione e maledizione.

11. Fratelli miei, non dev'essere così. La fonte getta essa dalla medesima apertura il dolce e l'amaro?

12. Può, fratelli miei, un fico fare ulive, o una vite fichi? Neppure può una fonte salata dare acqua dolce.

13. Chi è savio e intelligente fra voi? Mostri con la buona condotta le sue opere in mansuetudine di sapienza.

14. Ma se avete nel cuor vostro dell'invidia amara e uno spirito di contenzione, non vi gloriate e non mentite contro la verità.

15. Questa non è la sapienza che scende dall'alto, anzi ella è terrena, carnale, diabolica.

16. Poiché dove sono invidia e contenzione, quivi è disordine ed ogni mala azione.

17. Ma la sapienza che è da alto, prima è pura; poi pacifica, mite, arrendevole, piena di misericordia e di buoni frutti, senza parzialità senza ipocrisia.

18. Or il frutto della giustizia si semina nella pace per quelli che s'adoprano alla pace.

# James 4        Giacomo 4

1. Whence [come] wars and whence [come] fightings among you? [come they] not hence, [even] of your pleasures that war in your members?

2. Ye lust, and have not: ye kill, and covet, and cannot obtain: ye fight and war; ye have not, because ye ask not.

3. Ye ask, and receive not, because ye ask amiss, that ye may spend [it] in your pleasures.

4. Ye adulteresses, know ye not that the friendship of the world is enmity with God? Whosoever therefore would be a friend of the world maketh himself an enemy of God.

5. Or think ye that the scripture speaketh in vain? Doth the spirit which he made to dwell in us long unto envying?

1. Donde vengono le guerre e le contese fra voi? Non è egli da questo: cioè dalle vostre voluttà che guerreggiano nelle vostre membra?

2. Voi bramate e non avete; voi uccidete ed invidiate e non potete ottenere; voi contendete e guerreggiate; non avete, perché non domandate;

3. domandate e non ricevete, perché domandate male per spendere nei vostri piaceri.

4. O gente adultera, non sapete voi che l'amicizia del mondo è inimicizia contro Dio? Chi dunque vuol essere amico del mondo si rende nemico di Dio.

5. Ovvero pensate voi che la Scrittura dichiari invano che lo Spirito ch'Egli ha fatto abitare in noi ci brama fino alla gelosia?

6. But he giveth more grace. Wherefore [the scripture] saith, God resisteth the proud, but giveth grace to the humble.

7. Be subject therefore unto God; but resist the devil, and he will flee from you.

8. Draw nigh to God, and he will draw nigh to you. Cleanse your hands, ye sinners; and purify your hearts, ye doubleminded.

9. Be afflicted, and mourn, and weep: let your laughter be turned to mourning, and your joy to heaviness.

10. Humble yourselves in the sight of the Lord, and he shall exalt you.

11. Speak not one against another, brethren. He that speaketh against a brother, or judgeth his brother, speaketh against the law, and judgeth the law: but if thou judgest the law, thou art not a doer of the law, but a judge.

12. One [only] is the lawgiver and judge, [even] he who is able to save and to destroy: but who art thou that judgest thy neighbor?

13. Come now, ye that say, To-day or to-morrow we will go into this city, and spend a year there, and trade, and get gain:

14. whereas ye know not what shall be on the morrow. What is your life? For ye are a vapor, that appeareth for a little time, and then vanisheth away.

15. For that ye ought to say, If the Lord will, we shall both live, and do this or that.

16. But now ye glory in your vauntings: all such glorying is evil.

17. To him therefore that knoweth to do good, and doeth it not, to him it is sin.

# James 5

1. Come now, ye rich, weep and howl for your miseries that are coming upon you.

2. Your riches are corrupted, and your garments are moth-eaten.

3. Your gold and your silver are rusted; and their rust shall be for a testimony against you, and shall eat your flesh as fire. Ye have laid up your treasure in the last days.

6. Ma Egli dà maggior grazia; perciò la Scrittura dice:

7. Iddio resiste ai superbi e dà grazia agli umili. Sottomettetevi dunque a Dio; ma resistete al diavolo, ed egli fuggirà da voi.

8. Appressatevi a Dio, ed Egli si appresserà a voi. Nettate le vostre mani, o peccatori, e purificate i vostri cuori, o doppi d'animo!

9. Siate afflitti e fate cordoglio e piangete! Sia il vostro riso convertito in lutto, e la vostra allegrezza in mestizia!

10. Umiliatevi nel cospetto del Signore, ed Egli vi innalzerà.

11. Non parlate gli uni contro gli altri, fratelli. Chi parla contro un fratello, o giudica il suo fratello, parla contro la legge e giudica la legge. Ora, se tu giudichi la legge, non sei un osservatore della legge, ma un giudice.

12. Uno soltanto è il legislatore e il giudice, Colui che può salvare e perdere; ma tu chi sei, che giudichi il tuo prossimo?

13. Ed ora a voi che dite: oggi o domani andremo nella tal città e vi staremo un anno, e trafficheremo, e guadagneremo;

14. mentre non sapete quel che avverrà domani! Che cos'è la vita vostra? Poiché siete un vapore che appare per un po' di tempo e poi svanisce.

15. Invece di dire: se piace al Signore, saremo in vita e faremo questo o quest'altro.

16. Ma ora vi vantate con le vostre millanterie. Ogni cotal vanto è cattivo.

17. Colui dunque che sa fare il bene, e non lo fa, commette peccato.

# Giacomo 5

1. A voi ora, o ricchi; piangete e urlate per le calamità che stanno per venirvi addosso!

2. Le vostre ricchezze sono marcite, e le vostre vesti son rose dalle tignuole.

3. Il vostro oro e il vostro argento sono arrugginiti, e la loro ruggine sarà una testimonianza contro a voi, e divorerà le vostre carni a guisa di fuoco. Avete accumulato tesori negli ultimi giorni.

4. Behold, the hire of the laborers who mowed your fields, which is of you kept back by fraud, crieth out: and the cries of them that reaped have entered into the ears of the Lord of Sabaoth.

5. Ye have lived delicately on the earth, and taken your pleasure; ye have nourished your hearts in a day of slaughter.

6. Ye have condemned, ye have killed the righteous [one]; he doth not resist you.

7. Be patient therefore, brethren, until the coming of the Lord. Behold, the husbandman waiteth for the precious fruit of the earth, being patient over it, until it receive the early and latter rain.

8. Be ye also patient; establish your hearts: for the coming of the Lord is at hand.

9. Murmur not, brethren, one against another, that ye be not judged: behold, the judge standeth before the doors.

10. Take, brethren, for an example of suffering and of patience, the prophets who spake in the name of the Lord.

11. Behold, we call them blessed that endured: ye have heard of the patience of Job, and have seen the end of the Lord, how that the Lord is full of pity, and merciful.

12. But above all things, my brethren, swear not, neither by the heaven, nor by the earth, nor by any other oath: but let your yea be yea, and your nay, nay; that ye fall not under judgment.

13. Is any among you suffering? Let him pray. Is any cheerful? Let him sing praise.

14. Is any among you sick? Let him call for the elders of the church; and let them pray over him, anointing him with oil in the name of the Lord:

15. and the prayer of faith shall save him that is sick, and the Lord shall raise him up; and if he have committed sins, it shall be forgiven him.

16. Confess therefore your sins one to another, and pray one for another, that ye may be healed. The supplication of a righteous man availeth much in its working.

4. Ecco, il salario dei lavoratori che han mietuto i vostri campi, e del quale li avete frodati, grida; e le grida di quelli che han mietuto sono giunte alle orecchie del Signor degli eserciti.

5. Voi siete vissuti sulla terra nelle delizie e vi siete dati ai piaceri; avete pasciuto i vostri cuori in giorno di strage.

6. Avete condannato, avete ucciso il giusto; egli non vi resiste.

7. Siate dunque pazienti, fratelli, fino alla venuta del Signore. Ecco, l'agricoltore aspetta il prezioso frutto della terra pazientando, finché esso abbia ricevuto la pioggia della prima e dell'ultima stagione.

8. Siate anche voi pazienti; rinfrancate i vostri cuori, perché la venuta del Signore è vicina.

9. Fratelli, non mormorate gli uni contro gli altri, onde non siate giudicati; ecco il Giudice è alla porta.

10. Prendete, fratelli, per esempio di sofferenza e di pazienza i profeti che han parlato nel nome del Signore.

11. Ecco, noi chiamiamo beati quelli che hanno sofferto con costanza. Avete udito parlare della costanza di Giobbe, e avete veduto la fine riserbatagli dal Signore, perché il Signore è pieno di compassione e misericordioso.

12. Ma, innanz tutto, fratelli miei, non giurate né per il cielo, né per la terra, né con altro giuramento; ma sia il vostro sì, sì, e il vostro no, no, affinché non cadiate sotto giudicio.

13. C'è fra voi qualcuno che soffre? Preghi. C'è qualcuno d'animo lieto? Salmeggi.

14. C'è qualcuno fra voi infermo? Chiami gli anziani della chiesa, e preghino essi su lui, ungendolo d'olio nel nome del Signore;

15. e la preghiera della fede salverà il malato, e il Signore lo ristabilirà; e s'egli ha commesso dei peccati, gli saranno rimessi.

16. Confessate dunque i falli gli uni agli altri, e pregate gli uni per gli altri onde siate guariti; molto può la supplicazione del giusto, fatta con efficacia.

17. Elijah was a man of like passions with us, and he prayed fervently that it might not rain; and it rained not on the earth for three years and six months.

18. And he prayed again; and the heaven gave rain, and the earth brought forth her fruit.

19. My brethren, if any among you err from the truth, and one convert him;

20. let him know, that he who converteth a sinner from the error of his way shall save a soul from death, and shall cover a multitude of sins.

17. Elia era un uomo sottoposto alle stesse passioni che noi, e pregò ardentemente che non piovesse, e non piovve sulla terra per tre anni e sei mesi.

18. Pregò di nuovo, e il cielo diede la pioggia, e la terra produsse il suo frutto.

19. Fratelli miei, se qualcuno fra voi si svia dalla verità e uno lo converte,

20. sappia colui che chi converte un peccatore dall'error della sua via salverà l'anima di lui dalla morte e coprirà moltitudine di peccati.

# I Peter 1      I Pietro 1

1. Peter, an apostle of Jesus Christ, to the elect who are sojourners of the Dispersion in Pontus, Galatia, Cappadocia, Asia, and Bithynia,

2. according to the foreknowledge of God the Father, in sanctification of the Spirit, unto obedience and sprinkling of the blood of Jesus Christ: Grace to you and peace be multiplied.

3. Blessed [be] the God and Father of our Lord Jesus Christ, who according to his great mercy begat us again unto a living hope by the resurrection of Jesus Christ from the dead,

4. unto an inheritance incorruptible, and undefiled, and that fadeth not away, reserved in heaven for you,

5. who by the power of God are guarded through faith unto a salvation ready to be revealed in the last time.

6. Wherein ye greatly rejoice, though now for a little while, if need be, ye have been put to grief in manifold trials,

7. that the proof of your faith, [being] more precious than gold that perisheth though it is proved by fire, may be found unto praise and glory and honor at the revelation of Jesus Christ:

8. whom not having seen ye love; on whom, though now ye see him not, yet believing, ye rejoice greatly with joy unspeakable and full of glory:

9. receiving the end of your faith, [even] the salvation of [your] souls.

10. Concerning which salvation the prophets sought and searched diligently, who prophesied of the grace that [should come] unto you:

11. searching what [time] or what manner of time the Spirit of Christ which was in them did point unto, when it testified beforehand the sufferings of Christ, and the glories that should follow them.

12. To whom it was revealed, that not unto themselves, but unto you, did they minister these things, which now have been announced unto you through them that preached the gospel unto you by the Holy Spirit sent forth from heaven; which things angel desire to look into.

1. Pietro, apostolo di Gesù Cristo, agli eletti che vivono come forestieri nella dispersione del Ponto, della Galazia, della Cappadocia, dell'Asia e della Bitinia,

2. eletti secondo la prescienza di Dio Padre, mediante la santificazione dello Spirito, ad ubbidire e ad esser cosparsi del sangue di Gesù Cristo: grazia e pace vi siano moltiplicate.

3. Benedetto sia l'Iddio e Padre del Signor nostro Gesù Cristo, il quale nella sua gran misericordia ci ha fatti rinascere, mediante la risurrezione di Gesù Cristo dai morti,

4. ad una speranza viva in vista di una eredità incorruttibile, immacolata ed immarcescibile, conservata ne' cieli per voi,

5. che dalla potenza di Dio, mediante la fede, siete custoditi per la salvazione che sta per esser rivelata negli ultimi tempi.

6. Nel che voi esultate, sebbene ora, per un po' di tempo, se così bisogna, siate afflitti da svariate prove,

7. affinché la prova della vostra fede, molto più preziosa dell'oro che perisce, eppure è provato col fuoco, risulti a vostra lode, gloria ed onore alla rivelazione di Gesù Cristo:

8. il quale, benché non l'abbiate veduto, voi amate; nel quale credendo, benché ora non lo vediate, voi gioite d'un'allegrezza ineffabile e gloriosa,

9. ottenendo il fine della fede: la salvezza della anime.

10. Questa salvezza è stata l'oggetto delle ricerche e delle investigazioni dei profeti che profetizzarono della grazia a voi destinata.

11. Essi indagavano qual fosse il tempo e quali le circostanze a cui lo Spirito di Cristo che era in loro accennava, quando anticipatamente testimoniava delle sofferenze di Cristo, e delle glorie che dovevano seguire.

12. E fu loro rivelato che non per se stessi ma per voi ministravano quelle cose che ora vi sono state annunziate da coloro che vi hanno evangelizzato per mezzo dello Spirito Santo mandato dal cielo; nelle quali cose gli angeli desiderano riguardare bene addentro.

13. Wherefore girding up the loins of your mind, be sober and set your hope perfectly on the grace that is to be brought unto you at the revelation of Jesus Christ;

14. as children of obedience, not fashioning yourselves according to your former lusts in [the time of] your ignorance:

15. but like as he who called you is holy, be ye yourselves also holy in all manner of living;

16. because it is written, Ye shall be holy; for I am holy.

17. And if ye call on him as Father, who without respect of persons judgeth according to each man's work, pass the time of your sojourning in fear:

18. knowing that ye were redeemed, not with corruptible things, with silver or gold, from your vain manner of life handed down from your fathers;

19. but with precious blood, as of a lamb without spot, [even the blood] of Christ:

20. who was foreknown indeed before the foundation of the world, but was manifested at the end of times for your sake,

21. who through him are believers in God, that raised him from the dead, and gave him glory; so that your faith and hope might be in God.

22. Seeing ye have purified your souls in your obedience to the truth unto unfeigned love of the brethren, love one another from the heart fervently:

23. having been begotten again, not of corruptible seed, but of incorruptible, through the word of God, which liveth and abideth.

24. For, All flesh is as grass, And all the glory thereof as the flower of grass. The grass withereth, and the flower falleth:

25. But the word of the Lord abideth for ever. And this is the word of good tidings which was preached unto you.

13. Perciò, avendo cinti i fianchi della vostra mente, e stando sobri, abbiate piena speranza nella grazia che vi sarà recata nella rivelazione di Gesù Cristo;

14. e, come figliuoli d'ubbidienza, non vi conformate alle concupiscenze del tempo passato quando eravate nell'ignoranza;

15. ma come Colui che vi ha chiamati è santo, anche voi siate santi in tutta la vostra condotta;

16. poiché sta scritto: Siate santi, perché io son santo.

17. E se invocate come Padre Colui che senza riguardi personali giudica secondo l'opera di ciascuno, conducetevi con timore durante il tempo del vostro pellegrinaggio;

18. sapendo che non con cose corruttibili, con argento o con oro, siete stati riscattati dal vano modo di vivere tramandatovi dai padri,

19. ma col prezioso sangue di Cristo, come d'agnello senza difetto né macchia,

20. ben preordinato prima della fondazione del mondo, ma manifestato negli ultimi tempi per voi,

21. i quali per mezzo di lui credete in Dio che l'ha risuscitato dai morti e gli ha dato gloria, onde la vostra fede e la vostra speranza fossero in Dio.

22. Avendo purificate le anime vostre coll'ubbidienza alla verità per arrivare a un amor fraterno non finto, amatevi l'un l'altro di cuore, intensamente,

23. poiché siete stati rigenerati non da seme corruttibile, ma incorruttibile, mediante la parola di Dio vivente e permanente.

24. Poiché Ogni carne è com'erba, e ogni sua gloria come il fior dell'erba. L'erba si secca, e il fiore cade;

25. ma la parola del Signore permane in eterno. E questa è la Parola della Buona Novella che vi è stata annunziata.

# I Peter 2      I Pietro 2

1. Putting away therefore all wickedness, and all guile, and hypocrisies, and envies, and all evil speakings,

2. as newborn babes, long for the spiritual milk which is without guile, that ye may grow thereby unto salvation;

3. if ye have tasted that the Lord is gracious:

4. unto whom coming, a living stone, rejected indeed of men, but with God elect, precious,

5. ye also, as living stones, are built up a spiritual house, to be a holy priesthood, to offer up spiritual sacrifices, acceptable to God through Jesus Christ.

6. Because it is contained in scripture, Behold, I lay in Zion a chief corner stone, elect, precious: And he that believeth on him shall not be put to shame.

7. For you therefore that believe is the preciousness: but for such as disbelieve, The stone which the builders rejected, The same was made the head of the corner;

8. and, A stone of stumbling, and a rock of offence; for they stumble at the word, being disobedient: whereunto also they were appointed.

9. But ye are a elect race, a royal priesthood, a holy nation, a people for [God's] own possession, that ye may show forth the excellencies of him who called you out of darkness into his marvellous light:

10. who in time past were no people, but now are the people of God: who had not obtained mercy, but now have obtained mercy.

11. Beloved, I beseech you as sojourners and pilgrims, to abstain from fleshly lust, which war against the soul;

12. having your behavior seemly among the Gentiles; that, wherein they speak against you as evil-doers, they may by your good works, which they behold, glorify God in the day of visitation.

13. Be subject to every ordinance of man for the Lord's sake: whether to the king, as supreme;

1. Gettando dunque lungi da voi ogni malizia, e ogni frode, e le ipocrisie, e le invidie, ed ogni sorta di maldicenze, come bambini pur ora nati,

2. appetite il puro latte spirituale, onde per esso cresciate per la salvezza,

3. se pure avete gustato che il Signore è buono.

4. Accostandovi a lui, pietra vivente, riprovata bensì dagli uomini ma innanzi a Dio eletta e preziosa, anche voi,

5. come pietre viventi, siete edificati qual casa spirituale, per esser un sacerdozio santo per offrire sacrifici spirituali, accettevoli a Dio per mezzo di Gesù Cristo.

6. Poiché si legge nella Scrittura: Ecco, io pongo in Sion una pietra angolare, eletta, preziosa; e chiunque crede in lui non sarà confuso.

7. Per voi dunque che credete ell'è preziosa; ma per gl'increduli la pietra che gli edificatori hanno riprovata è quella ch'è divenuta la pietra angolare, e una pietra d'inciampo e un sasso d'intoppo:

8. essi, infatti, essendo disubbidienti, intoppano nella Parola; ed a questo sono stati anche destinati.

9. Ma voi siete una generazione eletta, un real sacerdozio, una gente santa, un popolo che Dio s'è acquistato, affinché proclamiate le virtù di Colui che vi ha chiamati dalle tenebre alla sua maravigliosa luce;

10. voi, che già non eravate un popolo, ma ora siete il popolo di Dio; voi, che non avevate ottenuto misericordia, ma ora avete ottenuto misericordia.

11. Diletti, io v'esorto come stranieri e pellegrini ad astenervi dalle carnali concupiscenze, che guerreggiano contro l'anima,

12. avendo una buona condotta fra i Gentili; affinché laddove sparlano di voi come di malfattori, essi, per le vostre buone opere che avranno osservate, glorifichino Iddio nel giorno ch'Egli li visiterà.

13. Siate soggetti, per amor del Signore, ad ogni autorità creata dagli uomini: al re, come al sovrano;

14. or unto governors, as sent by him for vengeance on evil-doers and for praise to them that do well.

15. For so is the will of God, that by well-doing ye should put to silence the ignorance of foolish men:

16. as free, and not using your freedom for a cloak of wickedness, but as bondservants of God.

17. Honor all men. Love the brotherhood. Fear God. Honor the king.

18. Servants, [be] in subjection to your masters with all fear; not only to the good and gentle, but also to the froward.

19. For this is acceptable, if for conscience toward God a man endureth griefs, suffering wrongfully.

20. For what glory is it, if, when ye sin, and are buffeted [for it], ye shall take it patiently? but if, when ye do well, and suffer [for it], ye shall take it patiently, this is acceptable with God.

21. For hereunto were ye called: because Christ also suffered for you, leaving you an example, that ye should follow his steps:

22. who did no sin, neither was guile found in his mouth:

23. who, when he was reviled, reviled not again; when he suffered threatened not; but committed [himself] to him that judgeth righteously:

24. who his own self bare our sins in his body upon the tree, that we, having died unto sins, might live unto righteousness; by whose stripes ye were healed.

25. For ye were going astray like sheep; but are now returned unto the Shepherd and Bishop of your souls.

# I Peter 3

1. In like manner, ye wives, [be] in subjection to your won husbands; that, even if any obey not the word, they may without the word be gained by the behavior of their wives;

2. beholding your chaste behavior [coupled] with fear.

---

14. ai governatori, come mandati da lui per punire i malfattori e per dar lode a quelli che fanno il bene.

15. Poiché questa è la volontà di Dio: che, facendo il bene, turiate la bocca alla ignoranza degli uomini stolti;

16. come liberi, ma non usando già della libertà quel manto che copra la malizia, ma come servi di Dio.

17. Onorate tutti. Amate la fratellanza. Temete Iddio. Rendete onore al re.

18. Domestici, siate con ogni timore soggetti ai vostri padroni; non solo ai buoni e moderati, ma anche a quelli che son difficili.

19. Poiché questo è accettevole: se alcuno, per motivo di coscienza davanti a Dio, sopporta afflizioni, patendo ingiustamente.

20. Infatti, che vanto c'è se, peccando ed essendo malmenati, voi sopportate pazientemente? Ma se facendo il bene, eppur patendo, voi sopportate pazientemente, questa è cosa grata a Dio.

21. Perché a questo siete stati chiamati: poiché anche Cristo ha patito per voi, lasciandovi un esempio, onde seguiate le sue orme;

22. egli, che non commise peccato, e nella cui bocca non fu trovata alcuna frode;

23. che, oltraggiato, non rendeva gli oltraggi; che, soffrendo, non minacciava, ma si rimetteva nelle mani di Colui che giudica giustamente;

24. egli, che ha portato egli stesso i nostri peccati nel suo corpo, sul legno, affinché, morti al peccato, vivessimo per la giustizia, e mediante le cui lividure siete stati sanati.

25. Poiché eravate erranti come pecore; ma ora siete tornati al Pastore e Vescovo delle anime vostre.

# I Pietro 3

1. Parimente voi, mogli, siate soggette ai vostri mariti, affinché se anche ve ne sono che non ubbidiscono alla Parola, siano guadagnati senza parola dalla condotta delle loro mogli,

2. quand'avranno considerato la vostra condotta casta e rispettosa.

3. Whose [adorning] let it not be the outward adorning of braiding the hair, and of wearing jewels of gold, or of putting on apparel;

4. but [let it be] the hidden man of the heart, in the incorruptible [apparel] of a meek and quiet spirit, which is in the sight of God of great price.

5. For after this manner aforetime the holy women also, who hoped in God, adorned themselves, being in subjection to their own husbands:

6. as Sarah obeyed Abraham, calling him lord: whose children ye now are, if ye do well, and are not put in fear by any terror.

7. Ye husbands, in like manner, dwell with [your wives] according to knowledge, giving honor unto the woman, as unto the weaker vessel, as being also joint-heirs of the grace of life; to the end that your prayers be not hindered.

8. Finally, [be] ye all likeminded, compassionate, loving as brethren, tenderhearted, humbleminded:

9. not rendering evil for evil, or reviling for reviling; but contrariwise blessing; for hereunto were ye called, that ye should inherit a blessing.

10. For, He that would love life, And see good days, Let him refrain his tongue from evil, And his lips that they speak no guile:

11. And let him turn away from evil, and do good; Let him seek peace, and pursue it.

12. For the eyes of the Lord are upon the righteous, And his ears unto their supplication: But the face of the Lord is upon them that do evil.

13. And who is he that will harm you, if ye be zealous of that which is good?

14. But even if ye should suffer for righteousness' sake, blessed [are ye:] and fear not their fear, neither be troubled;

15. but sanctify in your hearts Christ as Lord: [being] ready always to give answer to every man that asketh you a reason concerning the hope that is in you, yet with meekness and fear:

16. having a good conscience; that, wherein ye are spoken against, they may be put to shame who revile your good manner of life in Christ.

3. Il vostro ornamento non sia l'esteriore che consiste nell'intrecciatura dei capelli, nel mettersi attorno dei gioielli d'oro, nell'indossar vesti sontuose

4. ma l'essere occulto del cuore fregiato dell'ornamento incorruttibile dello spirito benigno e pacifico, che agli occhi di Dio è di gran prezzo.

5. E così infatti si adornavano una volta le sante donne speranti in Dio, stando soggette ai loro mariti,

6. come Sara che ubbidiva ad Abramo, chiamandolo signore; della quale voi siete ora figliuole, se fate il bene e non vi lasciate turbare da spavento alcuno.

7. Parimente, voi, mariti, convivete con esse colla discrezione dovuta al vaso più debole ch'è il femminile. Portate loro onore, poiché sono anch'esse eredi con voi della grazia della vita, onde le vostre preghiere non siano impedite.

8. Infine, siate tutti concordi, compassionevoli, pieni d'amor fraterno, pietosi, umili;

9. non rendendo male per male, od oltraggio per oltraggio, ma, al contrario, benedicendo; poiché a questo siete stati chiamati onde ereditiate la benedizione.

10. Perché: Chi vuol amar la vita e veder buoni giorni, rattenga la sua lingua dal male e le sue labbra dal parlar con frode;

11. si ritragga dal male e faccia il bene; cerchi la pace e la procacci;

12. perché gli occhi del Signore sono sui giusti e i suoi orecchi sono attenti alle loro supplicazioni; ma la faccia del Signore è contro quelli che fanno il male.

13. E chi è colui che vi farà del male, se siete zelanti del bene?

14. Ma anche se aveste a soffrire per cagione di giustizia, beati voi! E non vi sgomenti la paura che incutono e non vi conturbate;

15. anzi abbiate nei vostri cuori un santo timore di Cristo il Signore, pronti sempre a rispondere a vostra difesa a chiunque vi domanda ragione della speranza che è in voi, ma con dolcezza e rispetto; avendo una buona coscienza;

16. onde laddove sparlano di voi, siano svergognati quelli che calunniano la vostra buona condotta in Cristo.

17. For it is better, if the will of God should so will, that ye suffer for well-doing than for evil-doing.

18. Because Christ also suffered for sins once, the righteous for the unrighteous, that he might bring us to God; being put to death in the flesh, but made alive in the spirit;

19. in which also he went and preached unto the spirits in prison,

20. that aforetime were disobedient, when the longsuffering of God waited in the days of Noah, while the ark was a preparing, wherein few, that is, eight souls, were saved through water:

21. which also after a true likeness doth now save you, [even] baptism, not the putting away of the filth of the flesh, but the interrogation of a good conscience toward God, through the resurrection of Jesus Christ;

22. who is one the right hand of God, having gone into heaven; angels and authorities and powers being made subject unto him.

17. Perché è meglio, se pur tale è la volontà di Dio, che soffriate facendo il bene, anziché facendo il male.

18. Poiché anche Cristo ha sofferto un volta per i peccati, egli giusto per gl'ingiusti, per condurci a Dio; essendo stato messo a morte, quanto alla carne, ma vivificato quanto allo spirito;

19. e in esso andò anche a predicare agli spiriti ritenuti in carcere,

20. i quali un tempo furon ribelli, quando la pazienza di Dio aspettava, ai giorni di Noè, mentre si preparava l'arca; nella quale poche anime, cioè otto, furon salvate tra mezzo all'acqua.

21. Alla qual figura corrisponde il battesimo (non il nettamento delle sozzure della carne ma la richiesta di una buona coscienza fatta a Dio), il quale ora salva anche voi, mediante la resurrezione di Gesù Cristo,

22. che, essendo andato in cielo, è alla destra di Dio, dove angeli, principati e potenze gli son sottoposti.

# I Peter 4

1. Forasmuch then as Christ suffered in the flesh, arm ye yourselves also with the same mind; for he that hath suffered in the flesh hath ceased from sin;

2. that ye no longer should live the rest of your time in flesh to the lusts of men, but to the will of God.

3. For the time past may suffice to have wrought the desire of the Gentiles, and to have walked in lasciviousness, lusts, winebibbings, revellings, carousings, and abominable idolatries:

4. wherein they think strange that ye run not with [them] into the same excess of riot, speaking evil of [of]:

5. who shall give account to him that is ready to judge the living and the dead.

6. For unto this end was the gospel preached even to the dead, that they might be judged indeed according to men in the flesh, but live according to God in the spirit.

# I Pietro 4

1. Poiché dunque Cristo ha sofferto nella carne, anche voi armatevi di questo stesso pensiero, che, cioè, colui che ha sofferto nella carne ha cessato dal peccato,

2. per consacrare il tempo che resta da passare nella carne, non più alle concupiscenze degli uomini, ma alla volontà di Dio.

3. Poiché basta l'aver dato il vostro passato a fare la volontà de' Gentili col vivere nelle lascivie, nelle concupiscenze, nelle ubriachezze, nelle gozzoviglie, negli sbevazzamenti, e nelle nefande idolatrie.

4. Per la qual cosa trovano strano che voi non corriate con loro agli stessi eccessi di dissolutezza, e dicon male di voi.

5. Essi renderanno ragione a colui ch'è pronto a giudicare i vivi ed i morti.

6. Poiché per questo è stato annunziato l'Evangelo anche ai morti; onde fossero bensì giudicati secondo gli uomini quanto alla carne, ma vivessero secondo Dio quanto allo spirito.

7. But the end of all things is at hand: be ye therefore of sound mind, and be sober unto prayer:

8. above all things being fervent in your love among yourselves; for love covereth a multitude of sins:

9. using hospitality one to another without murmuring:

10. according as each hath received a gift, ministering it among yourselves, as good stewards of the manifold grace of God;

11. if any man speaketh, [speaking] as it were oracles of God; is any man ministereth, [ministering] as of the strength which God supplieth: that in all things God may be glorified through Jesus Christ, whose is the glory and the dominion for ever and ever. Amen.

12. Beloved, think it not strange concerning the fiery trial among you, which cometh upon you to prove you, as though a strange thing happened unto you:

13. but insomuch as ye are partakers of Christ's sufferings, rejoice; that at the revelation of his glory also ye may rejoice with exceeding joy.

14. If ye are reproached for the name of Christ, blessed [are ye]; because the [Spirit] of glory and the Spirit of God resteth upon you.

15. For let none of you suffer as a murderer, or a thief, or an evil-doer, or as a meddler in other men's matters:

16. but if [a man suffer] as a Christian, let him not be ashamed; but let him glorify God in this name.

17. For the time [is come] for judgment to begin at the house of God: and if [it begin] first at us, what [shall be] the end of them that obey not the gospel of God?

18. And if the righteous is scarcely saved, where shall the ungodly and sinner appear?

19. Wherefore let them also that suffer according to the will of God commit their souls in well-doing unto a faithful Creator.

7. Or la fine di ogni cosa è vicina; siate dunque temperati e vigilanti alle orazioni.

8. Soprattutto, abbiate amore intenso gli uni per gli altri, perché l'amore copre moltitudine di peccati.

9. Siate ospitali gli uni verso gli altri senza mormorare.

10. Come buoni amministratori della svariata grazia di Dio, ciascuno, secondo il dono che ha ricevuto, lo faccia valere al servizio degli altri.

11. Se uno parla, lo faccia come annunziando oracoli di Dio; se uno esercita un ministerio, lo faccia come con la forza che Dio fornisce, onde in ogni cosa sia glorificato Iddio per mezzo di Gesù Cristo, al quale appartengono la gloria e l'imperio nei secoli de' secoli. Amen.

12. Diletti, non vi stupite della fornace accesa in mezzo a voi per provarvi, quasiché vi avvenisse qualcosa di strano.

13. Anzi in quanto partecipate alle sofferenze di Cristo, rallegratevene, affinché anche alla rivelazione della sua gloria possiate rallegrarvi giubilando.

14. Se siete vituperati per il nome di Cristo, beati voi! perché lo Spirito di gloria, lo spirito di Dio, riposa su voi.

15. Nessuno di voi patisca come omicida, o ladro, o malfattore, o come ingerentesi nei fatti altrui;

16. ma se uno patisce come Cristiano, non se ne vergogni, ma glorifichi Iddio portando questo nome.

17. Poiché è giunto il tempo in cui il giudicio ha da cominciare dalla casa di Dio; e se comincia prima da noi, qual sarà la fine di quelli che non ubbidiscono al Vangelo di Dio?

18. E se il giusto è appena salvato, dove comparirà l'empio e il peccatore?

19. Perciò anche quelli che soffrono secondo la volontà di Dio, raccomandino le anime loro al fedel Creatore, facendo il bene.

# I Peter 5

1. The elders among you I exhort, who am a fellow-elder, and a witness of the sufferings of Christ, who am also a partaker of the glory that shall be revealed:

2. Tend the flock of God which is among you, exercising the oversight, not of constraint, but willingly, according to [the will of] God; nor yet for filthy lucre, but of a ready mind;

3. neither as lording it over the charge allotted to you, but making yourselves ensamples to the flock.

4. And when the chief Shepherd shall be manifested, ye shall receive the crown of glory that fadeth not away.

5. Likewise, ye younger, be subject unto the elder. Yea, all of you gird yourselves with humility, to serve one another: for God resisteth the proud, but giveth grace to the humble.

6. Humble yourselves therefore under the mighty hand of God, that he may exalt you in due time;

7. casting all your anxiety upon him, because he careth for you.

8. Be sober, be watchful: your adversary the devil, as a roaring lion, walketh about, seeking whom he may devour,

9. whom withstand stedfast in your faith, knowing that the same sufferings are accomplished in your brethren who are in the world.

10. And the God of all grace, who called you unto his eternal glory in Christ, after that ye have suffered a little while, shall himself perfect, establish, strengthen you.

11. To him [be] the dominion for ever and ever. Amen.

12. By Silvanus, our faithful brother, as I account [him], I have written unto you briefly, exhorting, and testifying that this is the true grace of God. Stand ye fast therein.

13. She that is in Babylon, elect together with [you], saluteth you; and [so doth] Mark my son.

14. Salute one another with a kiss of love. Peace be unto you all that are in Christ.

# I Pietro 5

1. Io esorto dunque gli anziani che sono fra voi, io che sono anziano con loro e testimone delle sofferenze di Cristo e che sarò pure partecipe della gloria che ha da essere manifestata:

2. Pascete il gregge di Dio che è fra voi, non forzatamente, ma volonterosamente secondo Dio; non per un vil guadagno, ma di buon animo;

3. e non come signoreggiando quelli che vi son toccati in sorte, ma essendo gli esempi del gregge.

4. E quando sarà apparito il sommo Pastore, otterrete la corona della gloria che non appassisce.

5. Parimente, voi più giovani, siate soggetti agli anziani. E tutti rivestitevi d'umiltà gli uni verso gli altri, perché Dio resiste ai superbi ma dà grazia agli umili.

6. Umiliatevi dunque sotto la potente mano di Dio, affinché Egli v'innalzi a suo tempo,

7. gettando su lui ogni vostra sollecitudine, perch'Egli ha cura di voi.

8. Siate sobri, vegliate; il vostro avversario, il diavolo, va attorno a guisa di leon ruggente cercando chi possa divorare.

9. Resistetegli stando fermi nella fede, sapendo che le medesime sofferenze si compiono nella vostra fratellanza sparsa per il mondo.

10. Or l'Iddio d'ogni grazia, il quale vi ha chiamati alla sua eterna gloria in Cristo, dopo che avrete sofferto per breve tempo, vi perfezionerà Egli stesso, vi renderà saldi, vi fortificherà.

11. A lui sia l'imperio, nei secoli dei secoli. Amen.

12. Per mezzo di Silvano, nostro fedel fratello, com'io lo stimo, v'ho scritto brevemente esortandovi; e attestando che questa è la vera grazia di Dio; in essa state saldi.

13. La chiesa che è in Babilonia eletta come voi, vi saluta; e così fa Marco, il mio figliuolo.

14. Salutatevi gli uni gli altri con un bacio d'amore. Pace a voi tutti che siete in Cristo.

# II Peter 1

1. Simon Peter, a servant and apostle of Jesus Christ, to them that have obtained a like precious faith with us in the righteousness of our God and [the] Saviour Jesus Christ:

2. Grace to you and peace be multiplied in the knowledge of God and of Jesus our Lord;

3. seeing that his divine power hath granted unto us all things that pertain unto life and godliness, through the knowledge of him that called us by his own glory and virtue;

4. whereby he hath granted unto us his precious and exceeding great promises; that through these ye may become partakers of the divine nature, having escaped from the corruption that is in that world by lust.

5. Yea, and for this very cause adding on your part all diligence, in your faith supply virtue; and in [your] virtue knowledge;

6. and in [your] knowledge self-control; and in [your] self-control patience; and in [your] patience godliness;

7. and in [your] godliness brotherly kindness; and in [your] brotherly kindness love.

8. For if these things are yours and abound, they make you to be not idle nor unfruitful unto the knowledge of our Lord Jesus Christ.

9. For he that lacketh these things is blind, seeing only what is near, having forgotten the cleansing from his old sins.

10. Wherefore, brethren, give the more diligence to make your calling and election sure: for if ye do these things, ye shall never stumble:

11. for thus shall be richly supplied unto you the entrance into the eternal kingdom of our Lord and Saviour Jesus Christ.

12. Wherefore I shall be ready always to put you in remembrance of these things, though ye know them, and are established in the truth which is with [you].

13. And I think it right, as long as I am in this tabernacle, to stir you up by putting you in remembrance;

14. knowing that the putting off of my tabernacle cometh swiftly, even as our Lord Jesus Christ signified unto me.

# II Pietro 1

1. Simon Pietro, servitore e apostolo di Gesù Cristo, a quelli che hanno ottenuto una fede preziosa quanto la nostra nella giustizia del nostro Dio e Salvatore Gesù Cristo:

2. grazia e pace vi siano moltiplicate nella conoscenza di Dio e di Gesù nostro Signore.

3. Poiché la sua potenza divina ci ha donate tutte le cose che appartengono alla vita e alla pietà mediante la conoscenza di Colui che ci ha chiamati mercé la propria gloria e virtù,

4. per le quali Egli ci ha largito le sue preziose e grandissime promesse onde per loro mezzo voi foste fatti partecipi della natura divina dopo esser fuggiti dalla corruzione che è nel mondo per via della concupiscenza,

5. voi, per questa stessa ragione, mettendo in ciò dal canto vostro ogni premura, aggiungete alla fede vostra la virtù; alla virtù la conoscenza;

6. alla conoscenza la continenza; alla continenza la pazienza; alla pazienza la pietà; alla pietà l'amor fraterno;

7. e all'amor fraterno la carità.

8. Perché se queste cose si trovano e abbondano in voi, non vi renderanno né oziosi né sterili nella conoscenza del Signor nostro Gesù Cristo.

9. Poiché colui nel quale queste cose non si trovano, è cieco, ha la vista corta avendo dimenticato il purgamento dei suoi vecchi peccati.

10. Perciò, fratelli, vie più studiatevi di render sicura la vostra vocazione ad elezione; perché, facendo queste cose, non inciamperete giammai,

11. poiché così vi sarà largamente provveduta l'entrata nel regno eterno del nostro Signore e Salvatore Gesù Cristo.

12. Perciò avrò cura di ricordarvi del continuo queste cose, benché le conosciate, e siate stabiliti nella verità che vi è stata recata.

13. E stimo cosa giusta finché io sono in questa tenda, di risvegliarvi ricordandovele,

14. perché so che presto dovrò lasciare questa mia tenda, come il Signor nostro Gesù Cristo me lo ha dichiarato.

15. Yea, I will give diligence that at every time ye may be able after my decease to call these things to remembrance.

16. For we did not follow cunningly devised fables, when we made known unto you the power and coming of our Lord Jesus Christ, but we were eyewitnesses of his majesty.

17. For he received from God the Father honor and glory, when there was borne such a voice to him by the Majestic Glory, This is my beloved Son, in whom I am well pleased:

18. and this voice we [ourselves] heard borne out of heaven, when we were with him in the holy mount.

19. And we have the word of prophecy [made] more sure; whereunto ye do well that ye take heed, as unto a lamp shining in a dark place, until the day dawn, and the day-star arise in your hearts:

20. knowing this first, that no prophecy of scripture is of private interpretation.

21. For no prophecy ever came by the will of man: but men spake from God, being moved by the Holy Spirit.

# II Peter 2

1. But there arose false prophets also among the people, as among you also there shall be false teachers, who shall privily bring in destructive heresies, denying even the Master that bought them, bringing upon themselves swift destruction.

2. And many shall follow their lascivious doings; by reason of whom the way of the truth shall be evil spoken of.

3. And in covetousness shall they with feigned words make merchandise of you: whose sentence now from of old lingereth not, and their destruction slumbereth not.

4. For if God spared not angels when they sinned, but cast them down to hell, and committed them to pits of darkness, to be reserved unto judgment;

15. Ma mi studierò di far sì che dopo la mia dipartenza abbiate sempre modo di ricordarvi di queste cose.

16. Poiché non è coll'andar dietro a favole artificiosamente composte che vi abbiamo fatto conoscere la potenza e la venuta del nostro Signor Gesù Cristo, ma perché siamo stati testimoni oculari della sua maestà.

17. Poiché egli ricevette da Dio Padre onore e gloria quando giunse a lui quella voce dalla magnifica gloria: Questo è il mio diletto Figliuolo, nel quale mi sono compiaciuto.

18. E noi stessi udimmo quella voce che veniva dal cielo, quand'eravamo con lui sul monte santo.

19. Abbiamo pure la parola profetica, più ferma, alla quale fate bene di prestare attenzione, come una lampada splendente in luogo oscuro, finché spunti il giorno e la stella mattutina sorga ne' vostri cuori;

20. sapendo prima di tutto questo: che nessuna profezia della Scrittura procede da vedute particolari;

21. poiché non è dalla volontà dell'uomo che venne mai alcuna profezia, ma degli uomini hanno parlato da parte di Dio, perché sospinti dallo Spirito Santo.

# II Pietro 2

1. Ma sorsero anche falsi profeti fra il popolo, come ci saranno anche fra voi falsi dottori che introdurranno di soppiatto eresie di perdizione, e, rinnegando il Signore che li ha riscattati, si trarranno addosso subita rovina.

2. E molti seguiranno le loro lascivie; e a cagion loro la via della verità sarà diffamata.

3. Nella loro cupidigia vi sfrutteranno con parole finte; il loro giudicio già da tempo è all'opera, e la loro ruina non sonnecchia.

4. Perché se Dio non risparmiò gli angeli che aveano peccato, ma li inabissò, confinandoli in antri tenebrosi per esservi custoditi pel giudizio;

5. and spared not the ancient world, but preserved Noah with seven others, a preacher of righteousness, when he brought a flood upon the world of the ungodly;

6. and turning the cities of Sodom and Gomorrah into ashes condemned them with an overthrow, having made them an example unto those that should live ungodly;

7. and delivered righteous Lot, sore distressed by the lascivious life of the wicked

8. (for that righteous man dwelling among them, in seeing and hearing, vexed [his] righteous soul from day to day with [their] lawless deeds):

9. the Lord knoweth how to deliver the godly out of temptation, and to keep the unrighteous under punishment unto the day of judgment;

10. but chiefly them that walk after the flesh in the lust of defilement, and despise dominion. Daring, self-willed, they tremble not to rail at dignities:

11. whereas angels, though greater in might and power, bring not a railing judgment against them before the Lord.

12. But these, as creatures without reason, born mere animals to be taken and destroyed, railing in matters whereof they are ignorant, shall in their destroying surely be destroyed,

13. suffering wrong as the hire of wrong-doing; [men] that count it pleasure to revel in the day-time, spots and blemishes, revelling in their deceivings while they feast with you;

14. having eyes full of adultery, and that cannot cease from sin; enticing unstedfast souls; having a heart exercised in covetousness; children of cursing;

15. forsaking the right way, they went astray, having followed the way of Balaam the [son] of Beor, who loved the hire of wrong-doing;

16. but he was rebuked for his own transgression: a dumb ass spake with man's voice and stayed the madness of the prophet.

17. These are springs without water, and mists driven by a storm; for whom the blackness of darkness hath been reserved.

---

5. e se non risparmiò il mondo antico ma salvò Noè predicator di giustizia, con sette altri, quando fece venir il diluvio sul mondo degli empi;

6. e se, riducendo in cenere le città di Sodoma e Gomorra, le condannò alla distruzione perché servissero d'esempio a quelli che in avvenire vivrebbero empiamente;

7. e se salvò il giusto Lot che era contristato dalla lasciva condotta degli scellerati

8. (perché quel giusto, che abitava fra loro, per quanto vedeva e udiva si tormentava ogni giorno l'anima giusta a motivo delle loro inique opere),

9. il Signore sa trarre i pii dalla tentazione e riserbare gli ingiusti ad esser puniti nel giorno del giudizio;

10. e massimamente quelli che van dietro alla carne nelle immonde concupiscenze, e sprezzano l'autorità. Audaci, arroganti, non hanno orrore di dir male delle dignità;

11. mentre gli angeli, benché maggiori di loro per forza e potenza, non portarono contro ad esse, dinanzi al Signore, alcun giudizio maldicente.

12. Ma costoro, come bruti senza ragione, nati alla vita animale per esser presi e distrutti, dicendo male di quel che ignorano, periranno per la loro propria corruzione, ricevendo il salario della loro iniquità.

13. Essi trovano il loro piacere nel gozzovigliare in pieno giorno; son macchie e vergogne, godendo dei loro inganni mentre partecipano ai vostri conviti;

14. hanno occhi pieni d'adulterio e che non possono smettere di peccare; adescano le anime instabili; hanno il cuore esercitato alla cupidigia; son figliuoli di maledizione.

15. Lasciata la dritta strada, si sono smarriti, seguendo la via di Balaam, figliuolo di Beor che amò il salario d'iniquità,

16. ma fu ripreso per la sua prevaricazione: un'asina muta, parlando con voce umana, represse la follia del profeta.

17. Costoro son fonti senz'acqua, e nuvole sospinte dal turbine; a loro è riserbata la caligine delle tenebre.

18. For, uttering great swelling [words] of vanity, they entice in the lusts of the flesh, by lasciviousness, those who are just escaping from them that live in error;

19. promising them liberty, while they themselves are bondservants of corruption; for of whom a man is overcome, of the same is he also brought into bondage.

20. For if, after they have escaped the defilements of the world through the knowledge of the Lord and Saviour Jesus Christ, they are again entangled therein and overcome, the last state is become worse with them than the first.

21. For it were better for them not to have known the way of righteousness, than, after knowing it, to turn back from the holy commandment delivered unto them.

22. It has happened unto them according to the true proverb, The dog turning to his own vomit again, and the sow that had washed to wallowing in the mire.

18. Perché, con discorsi pomposi e vacui, adescano con le concupiscenze carnali e le lascivie quelli che si erano già un poco allontanati da coloro che vivono nell'errore,

19. promettendo loro la libertà, mentre essi stessi sono schiavi della corruzione; giacché uno diventa schiavo di ciò che l'ha vinto.

20. Poiché, se dopo esser fuggiti dalle contaminazioni del mondo mediante la conoscenza del Signore e Salvatore Gesù Cristo, si lascian di nuovo avviluppare in quelle e vincere, la loro condizione ultima diventa peggiore della prima.

21. Perché meglio sarebbe stato per loro non aver conosciuta la via della giustizia, che, dopo averla conosciuta, voltar le spalle al santo comandamento ch'era loro stato dato.

22. E' avvenuto di loro quel che dice con verità il proverbio: Il cane è tornato al suo vomito, e: La troia lavata è tornata a voltolarsi nel fango.

# II Peter 3

# II Pietro 3

1. This is now, beloved, the second epistle that I write unto you; and in both of them I stir up your sincere mind by putting you in remembrance;

2. that ye should remember the words which were spoken before by the holy prophets, and the commandments of the Lord and Saviour through your apostles:

3. knowing this first, that in the last days mockers shall come with mockery, walking after their own lusts,

4. and saying, Where is the promise of his coming? for, from the day that the fathers fell asleep, all things continue as they were from the beginning of the creation.

5. For this they willfully forget, that there were heavens from of old, and an earth compacted out of water and amidst water, by the word of God;

6. by which means the world that then was, being overflowed with water, perished:

1. Diletti, questa è già la seconda epistola che vi scrivo; e in ambedue io tengo desta la vostra mente sincera facendo appello alla vostra memoria,

2. onde vi ricordiate delle parole dette già dai santi profeti, e del comandamento del Signore e Salvatore, trasmessovi dai vostri apostoli;

3. sapendo questo, prima di tutto: che negli ultimi giorni verranno degli schernitori coi loro scherni i quali si condurranno secondo le loro concupiscenze

4. e diranno: Dov'è la promessa della sua venuta? perché dal giorno in cui i padri si sono addormentati, tutte le cose continuano nel medesimo stato come dal principio della creazione.

5. Poiché costoro dimenticano questo volontariamente: che ab antico, per effetto della parola di Dio, esistettero de' cieli e una terra tratta dall'acqua e sussistente in mezzo all'acqua;

6. per i quali mezzi il mondo d'allora, sommerso dall'acqua, perì;

7. but the heavens that now are, and the earth, by the same word have been stored up for fire, being reserved against the day of judgment and destruction of ungodly men.

8. But forget not this one thing, beloved, that one day is with the Lord as a thousand years, and a thousand years as one day.

9. The Lord is not slack concerning his promise, as some count slackness; but is longsuffering to you-ward, not wishing that any should perish, but that all should come to repentance.

10. But the day of the Lord will come as a thief; in the which the heavens shall pass away with a great noise, and the elements shall be dissolved with fervent heat, and the earth and the works that are therein shall be burned up.

11. Seeing that these things are thus all to be dissolved, what manner of persons ought ye to be in [all] holy living and godliness,

12. looking for and earnestly desiring the coming of the day of God, by reason of which the heavens being on fire shall be dissolved, and the elements shall melt with fervent heat?

13. But, according to his promise, we look for new heavens and a new earth, wherein dwelleth righteousness.

14. Wherefore, beloved, seeing that ye look for these things, give diligence that ye may be found in peace, without spot and blameless in his sight.

15. And account that the longsuffering of our Lord is salvation; even as our beloved brother Paul also, according to the wisdom given to him, wrote unto you;

16. as also in all [his] epistles, speaking in them of these things; wherein are some things hard to be understood, which the ignorant and unstedfast wrest, as [they do] also the other scriptures, unto their own destruction.

17. Ye therefore, beloved, knowing [these things] beforehand, beware lest, being carried away with the error of the wicked, ye fall from your own stedfastness.

18. But grow in the grace and knowledge of our Lord and Saviour Jesus Christ. To him [be] the glory both now and for ever. Amen.

7. mentre i cieli d'adesso e la terra, per la medesima Parola son custoditi, essendo riservati al fuoco per il giorno del giudizio e della distruzione degli uomini empi.

8. Ma voi, diletti, non dimenticate quest'unica cosa, che per il Signore, un giorno è come mille anni, e mille anni son come un giorno.

9. Il Signore non ritarda l'adempimento della sua promessa, come alcuni reputano che faccia; ma egli è paziente verso voi, non volendo che alcuni periscano, ma che tutti giungano a ravvedersi.

10. Ma il giorno del Signore verrà come un ladro; in esso i cieli passeranno stridendo, e gli elementi infiammati si dissolveranno, e la terra e le opere che sono in essa saranno arse.

11. Poiché dunque tutte queste cose hanno da dissolversi, quali non dovete voi essere, per santità di condotta e per pietà,

12. aspettando ed affrettando la venuta del giorno di Dio, a cagion del quale i cieli infocati si dissolveranno e gli elementi infiammati si distruggeranno?

13. Ma, secondo la sua promessa, noi aspettiamo nuovi cieli e nuova terra, ne' quali abiti la giustizia.

14. Perciò, diletti, aspettando queste cose, studiatevi d'esser trovati, agli occhi suoi, immacolati e irreprensibili nella pace;

15. e ritenete che la pazienza del Signor nostro è per la vostra salvezza, come anche il nostro caro fratello Paolo ve l'ha scritto, secondo la sapienza che gli è stata data;

16. e questo egli fa in tutte le sue epistole, parlando in esse di questi argomenti; nelle quali epistole sono alcune cose difficili a capire, che gli uomini ignoranti e instabili torcono, come anche le altre Scritture, a loro propria perdizione.

17. Voi dunque, diletti, sapendo queste cose innanzi, state in guardia, che talora, trascinati anche voi dall'errore degli scellerati, non iscadiate dalla vostra fermezza;

18. ma crescete nella grazia e nella conoscenza del nostro Signore e Salvatore Gesù Cristo. A lui sia la gloria, ora e in sempiterno. Amen.

# I John 1

1. That which was from the beginning, that which we have heard, that which we have seen with our eyes, that which we beheld, and our hands handled, concerning the Word of life

2. (and the life was manifested, and we have seen, and bear witness, and declare unto you the life, the eternal [life], which was with the Father, and was manifested unto us);

3. that which we have seen and heard declare we unto you also, that ye also may have fellowship with us: yea, and our fellowship is with the Father, and with his Son Jesus Christ:

4. and these things we write, that our joy may be made full.

5. And this is the message which we have heard from him and announce unto you, that God is light, and in him is no darkness at all.

6. If we say that we have fellowship with him and walk in the darkness, we lie, and do not the truth:

7. but if we walk in the light, as he is in the light, we have fellowship one with another, and the blood of Jesus his Son cleanseth us from all sin.

8. If we say that we have no sin, we deceive ourselves, and the truth is not in us.

9. If we confess our sins, he is faithful and righteous to forgive us our sins, and to cleanse us from all unrighteousness.

10. If we say that we have not sinned, we make him a liar, and his word is not in us.

# I John 2

1. My little children, these things write I unto you that ye may not sin. And if any man sin, we have an Advocate with the Father, Jesus Christ the righteous:

2. and he is the propitiation for our sins; and not for ours only, but also for the whole world.

3. And hereby we know that we know him, if we keep his commandments.

# I Giovanni 1

1. Quel che era dal principio, quel che abbiamo udito, quel che abbiamo veduto con gli occhi nostri, quel che abbiamo contemplato e che le nostre mani hanno toccato della Parola della vita

2. (e la vita è stata manifestata e noi l'abbiam veduta e ne rendiamo testimonianza, e vi annunziamo la vita eterna che era presso il Padre e che ci fu manifestata),

3. quello, dico, che abbiamo veduto e udito, noi l'annunziamo anche a voi, affinché voi pure abbiate comunione con noi, e la nostra comunione è col Padre e col suo Figliuolo, Gesù Cristo.

4. E noi vi scriviamo queste cose affinché la nostra allegrezza sia compiuta.

5. Or questo è il messaggio che abbiamo udito da lui e che vi annunziamo: che Dio è luce, e che in Lui non vi son tenebre alcune.

6. Se diciamo che abbiam comunione con lui e camminiamo nelle tenebre, noi mentiamo e non mettiamo in pratica la verità;

7. ma se camminiamo nella luce, com'Egli è nella luce, abbiam comunione l'uno con l'altro, e il sangue di Gesù, suo Figliuolo, ci purifica da ogni peccato.

8. Se diciamo d'esser senza peccato, inganniamo noi stessi, e la verità non è in noi.

9. Se confessiamo i nostri peccati, Egli è fedele e giusto da rimetterci i peccati e purificarci da ogni iniquità.

10. Se diciamo di non aver peccato, lo facciamo bugiardo, e la sua parola non è in noi.

# I Giovanni 2

1. Figliuoletti miei, io vi scrivo queste cose affinché non pecchiate; e se alcuno ha peccato, noi abbiamo un avvocato presso il Padre, cioè Gesù Cristo, il giusto;

2. ed egli è la propiziazione per i nostri peccati; e non soltanto per i nostri, ma anche per quelli di tutto il mondo.

3. E da questo sappiamo che l'abbiam conosciuto: se osserviamo i suoi comandamenti.

4. He that saith, I know him, and keepeth not his commandments, is a liar, and the truth is not in him;

5. but whoso keepeth his word, in him verily hath the love of God been perfected. Hereby we know that we are in him:

6. he that saith he abideth in him ought himself also to walk even as he walked.

7. Beloved, no new commandment write I unto you, but an old commandment which ye had from the beginning: the old commandment is the word which ye heard.

8. Again, a new commandment write I unto you, which thing is true in him and in you; because the darkness is passing away, and the true light already shineth.

9. He that saith he is in the light and hateth his brother, is in the darkness even until now.

10. He that loveth his brother abideth in the light, and there is no occasion of stumbling in him.

11. But he that hateth his brother is in the darkness, and walketh in the darkness, and knoweth not whither he goeth, because the darkness hath blinded his eyes.

12. I write unto you, [my] little children, because your sins are forgiven you for his name's sake.

13. I write unto you, fathers, because ye know him who is from the beginning. I write unto you, young men, because ye have overcome the evil one. I have written unto you, little children, because ye know the Father.

14. I have written unto you, fathers, because ye know him who is from the beginning. I have written unto you, young men, because ye are strong, and the word of God abideth in you, and ye have overcome the evil one.

15. Love not the world, neither the things that are in the world. If any man love the world, the love of the Father is not in him.

16. For all that is in the world, the lust of the flesh and the lust of the eyes and the vain glory of life, is not of the Father, but is of the world.

4. Chi dice: io l'ho conosciuto e non osserva i suoi comandamenti, è bugiardo, e la verità non è in lui;

5. ma chi osserva la sua parola, l'amor di Dio è in lui veramente compiuto.

6. Da questo conosciamo che siamo in lui: chi dice di dimorare in lui, deve, nel modo ch'egli camminò, camminare anch'esso.

7. Diletti, non è un nuovo comandamento ch'io vi scrivo, ma un comandamento vecchio, che aveste dal principio: il comandamento vecchio è la Parola che avete udita.

8. E però è un comandamento nuovo ch'io vi scrivo; il che è vero in lui ed in voi; perché le tenebre stanno passando, e la vera luce già risplende.

9. Chi dice d'esser nella luce e odia il suo fratello, è tuttora nelle tenebre.

10. Chi ama il suo fratello dimora nella luce e non v'è in lui nulla che lo faccia inciampare.

11. Ma chi odia il suo fratello è nelle tenebre e cammina nelle tenebre e non sa ov'egli vada, perché le tenebre gli hanno accecato gli occhi.

12. Figliuoletti, io vi scrivo perché i vostri peccati vi sono rimessi per il suo nome.

13. Padri, vi scrivo perché avete conosciuto Colui che è dal principio. Giovani, vi scrivo perché avete vinto il maligno.

14. Figliuoletti, v'ho scritto perché avete conosciuto il Padre. Padri, v'ho scritto perché avete conosciuto Colui che è dal principio. Giovani, v'ho scritto perché siete forti, e la parola di Dio dimora in voi, e avete vinto il maligno.

15. Non amate il mondo né le cose che sono nel mondo. Se uno ama il mondo, l'amor del Padre non è in lui.

16. Poiché tutto quello che è nel mondo: la concupiscenza della carne, la concupiscenza degli occhi e la superbia della vita non è dal Padre, ma è dal mondo.

17. And the world passeth away, and the lust thereof: but he that doeth the will of God abideth for ever.

18. Little children, it is the last hour: and as ye heard that antichrist cometh, even now have there arisen many antichrists; whereby we know that it is the last hour.

19. They went out from us, but they were not of us; for if they had been of us, they would have continued with us: but [they went out], that they might be made manifest that they all are not of us.

20. And ye have an anointing from the Holy One, and ye know all the things.

21. I have not written unto you because ye know not the truth, but because ye know it, and because no lie is of the truth.

22. Who is the liar but he that denieth that Jesus is the Christ? This is the antichrist, [even] he that denieth the Father and the Son.

23. Whosoever denieth the Son, the same hath not the Father: he that confesseth the Son hath the Father also.

24. As for you, let that abide in you which ye heard from the beginning. If that which ye heard from the beginning abide in you, ye also shall abide in the Son, and in the Father.

25. And this is the promise which he promised us, [even] the life eternal.

26. These things have I written unto you concerning them that would lead you astray.

27. And as for you, the anointing which ye received of him abideth in you, and ye need not that any one teach you; but as his anointing teacheth you; concerning all things, and is true, and is no lie, and even as it taught you, ye abide in him.

28. And now, [my] little children, abide in him; that, if he shall be manifested, we may have boldness, and not be ashamed before him at his coming.

29. If ye know that he is righteous, ye know that every one also that doeth righteousness is begotten of him.

17. E il mondo passa via con la sua concupiscenza; ma chi fa la volontà di Dio dimora in eterno.

18. Figliuoletti, è l'ultima ora; e come avete udito che l'anticristo deve venire, fin da ora sono sorti molti anticristi; onde conosciamo che è l'ultima ora.

19. Sono usciti di fra noi, ma non erano de' nostri; perché, se fossero stati de' nostri, sarebbero rimasti con noi; ma sono usciti affinché fossero manifestati e si vedesse che non tutti sono dei nostri.

20. Quanto a voi, avete l'unzione dal Santo, e conoscete ogni cosa.

21. Io vi ho scritto non perché non conoscete la verità, ma perché la conoscete, e perché tutto quel ch'è menzogna non ha a che fare con la verità.

22. Chi è il mendace se non colui che nega che Gesù è il Cristo? Esso è l'anticristo, che nega il Padre e il Figliuolo.

23. Chiunque nega il Figliuolo, non ha neppure il Padre; chi confessa il Figliuolo ha anche il Padre.

24. Quant'è a voi, dimori in voi quel che avete udito dal principio. Se quel che avete udito dal principio dimora in voi, anche voi dimorerete nel Figliuolo e nel Padre.

25. E questa è la promessa ch'egli ci ha fatta: cioè la vita eterna.

26. Vi ho scritto queste cose intorno a quelli che cercano di sedurvi.

27. Ma quant'è a voi, l'unzione che avete ricevuta da lui dimora in voi, e non avete bisogno che alcuno v'insegni; ma siccome l'unzione sua v'insegna ogni cosa, ed è verace, e non è menzogna, dimorate in lui, come essa vi ha insegnato.

28. Ed ora, figliuoletti, dimorate in lui, affinché, quando egli apparirà, abbiam confidanza e alla sua venuta non abbiam da ritrarci da lui, coperti di vergogna.

29. Se sapete che egli è giusto, sappiate che anche tutti quelli che praticano la giustizia son nati da lui.

# I John 3

1.  Behold what manner of love the Father hath bestowed upon us, that we should be called children of God; and [such] we are. For this cause the world knoweth us not, because it knew him not.
2.  Beloved, now are we children of God, and it is not yet made manifest what we shall be. We know that, if he shall be manifested, we shall be like him; for we shall see him even as he is.
3.  And every one that hath this hope [set] on him purifieth himself, even as he is pure.
4.  Every one that doeth sin doeth also lawlessness; and sin is lawlessness.

5.  And ye know that he was manifested to take away sins; and in him is no sin.

6.  Whosoever abideth in him sinneth not: whosoever sinneth hath not seen him, neither knoweth him.
7.  [My] little children, let no man lead you astray: he that doeth righteousness is righteous, even as he is righteous:
8.  he that doeth sin is of the devil; for the devil sinneth from the beginning. To this end was the Son of God manifested, that he might destroy the works of the devil.
9.  Whosoever is begotten of God doeth no sin, because his seed abideth in him: and he cannot sin, because he is begotten of God.
10.  In this the children of God are manifest, and the children of the devil: whosoever doeth not righteousness is not of God, neither he that loveth not his brother.
11.  For this is the message which ye heard from the beginning, that we should love one another:
12.  not as Cain was of the evil one, and slew his brother. And wherefore slew he him? Because his works were evil, and his brother's righteous.

13.  Marvel not, brethren, if the world hateth you.
14.  We know that we have passed out of death into life, because we love the brethren. He that loveth not abideth in death.

# I Giovanni 3

1.  Vedete di quale amore ci è stato largo il Padre, dandoci d'esser chiamati figliuoli di Dio! E tali siamo. Per questo non ci conosce il mondo: perché non ha conosciuto lui.
2.  Diletti, ora siamo figliuoli di Dio, e non è ancora reso manifesto quel che saremo. Sappiamo che quand'egli sarà manifestato saremo simili a lui, perché lo vedremo com'egli è.
3.  E chiunque ha questa speranza in lui, si purifica com'esso è puro.

4.  Chi fa il peccato commette una violazione della legge; e il peccato è la violazione della legge.
5.  E voi sapete ch'egli è stato manifestato per togliere i peccati; e in lui non c'è peccato.
6.  Chiunque dimora in lui non pecca; chiunque pecca non l'ha veduto, né l'ha conosciuto.
7.  Figliuoletti, nessuno vi seduca. Chi opera la giustizia è giusto, come egli è giusto.
8.  Chi commette il peccato è dal diavolo, perché il diavolo pecca dal principio. Per questo il Figliuol di Dio è stato manifestato: per distruggere le opere del diavolo.
9.  Chiunque è nato da Dio non commette peccato, perché il seme d'Esso dimora in lui; e non può peccare perché è nato da Dio.
10.  Da questo sono manifesti i figliuoli di Dio e i figliuoli del diavolo: chiunque non opera la giustizia non è da Dio; e così pure chi non ama il suo fratello.

11.  Poiché questo è il messaggio che avete udito dal principio:

12.  che ci amiamo gli uni gli altri, e non facciamo come Caino, che era dal maligno, e uccise il suo fratello. E perché l'uccise? Perché le sue opere erano malvage, e quelle del suo fratello erano giuste.
13.  Non vi maravigliate, fratelli, se il mondo vi odia.
14.  Noi sappiamo che siamo passati dalla morte alla vita, perché amiamo i fratelli. Chi non ama rimane nella morte.

15. Whosoever hateth his brother is a murderer: and ye know that no murderer hath eternal life abiding in him.

16. Hereby know we love, because he laid down his life for us: and we ought to lay down our lives for the brethren.

17. But whoso hath the world's goods, and beholdeth his brother in need, and shutteth up his compassion from him, how doth the love of God abide in him?

18. [My] Little children, let us not love in word, neither with the tongue; but in deed and truth.

19. Hereby shall we know that we are of the truth, and shall assure our heart before him:

20. because if our heart condemn us, God is greater than our heart, and knoweth all things.

21. Beloved, if our heart condemn us not, we have boldness toward God;

22. and whatsoever we ask we receive of him, because we keep his commandments and do the things that are pleasing in his sight.

23. And this is his commandment, that we should believe in the name of his Son Jesus Christ, and love one another, even as he gave us commandment.

24. And he that keepeth his commandments abideth in him, and he in him. And hereby we know that he abideth in us, by the Spirit which he gave us.

15. Chiunque odia il suo fratello è omicida; e voi sapete che nessun omicida ha la vita eterna dimorante in se stesso.

16. Noi abbiamo conosciuto l'amore da questo: che Egli ha data la sua vita per noi; noi pure dobbiam dare la nostra vita per i fratelli.

17. Ma se uno ha dei beni di questo mondo, e vede il suo fratello nel bisogno, e gli chiude le proprie viscere, come dimora l'amor di Dio in lui?

18. Figliuoletti, non amiamo a parole e con la lingua, ma a fatti e in verità.

19. Da questo conosceremo che siam della verità e renderem sicuri i nostri cuori dinanzi a Lui.

20. Poiché se il cuor nostro ci condanna, Dio è più grande del cuor nostro, e conosce ogni cosa.

21. Diletti, se il cuor nostro non ci condanna, noi abbiam confidanza dinanzi a Dio;

22. e qualunque cosa chiediamo la riceviamo da Lui, perché osserviamo i suoi comandamenti e facciam le cose che gli son grate.

23. E questo è il suo comandamento: che crediamo nel nome del suo Figliuolo Gesù Cristo, e ci amiamo gli uni gli altri, com'Egli ce ne ha dato il comandamento.

24. E chi osserva i suoi comandamenti dimora in Lui, ed Egli in esso. E da questo conosciamo ch'Egli dimora in noi: dallo Spirito ch'Egli ci ha dato.

# I John 4

# I Giovanni 4

1. Beloved, believe not every spirit, but prove the spirits, whether they are of God; because many false prophets are gone out into the world.

2. Hereby know ye the Spirit of God: every spirit that confesseth that Jesus Christ is come in the flesh is of God:

3. and every spirit that confesseth not Jesus is not of God: and this is the [spirit] of the antichrist, whereof ye have heard that it cometh; and now it is in the world already.

4. Ye are of God, [my] little children, and have overcome them: because greater is he that is in you than he that is in the world.

1. Diletti, non crediate ad ogni spirito, ma provate gli spiriti per sapere se son da Dio; perché molti falsi profeti sono usciti fuori nel mondo.

2. Da questo conoscete lo Spirito di Dio: ogni spirito che confessa Gesù Cristo venuto in carne, è da Dio;

3. e ogni spirito che non confessa Gesù, non è da Dio; e quello è lo spirito dell'anticristo, del quale avete udito che deve venire; ed ora è già nel mondo.

4. Voi siete da Dio, figliuoletti, e li avete vinti; perché Colui che è in voi è più grande di colui che è nel mondo.

5. They are of the world: therefore speak they [as] of the world, and the world heareth them.

6. We are of God: he that knoweth God heareth us; he who is not of God heareth us not. By this we know the spirit of truth, and the spirit of error.

7. Beloved, let us love one another: for love is of God; and every one that loveth is begotten of God, and knoweth God.

8. He that loveth not knoweth not God; for God is love.

9. Herein was the love of God manifested in us, that God hath sent his only begotten Son into the world that we might live through him.

10. Herein is love, not that we loved God, but that he loved us, and sent his Son [to be] the propitiation for our sins.

11. Beloved, if God so loved us, we also ought to love one another.

12. No man hath beheld God at any time: if we love one another, God abideth in us, and his love is perfected in us:

13. hereby we know that we abide in him and he in us, because he hath given us of his Spirit.

14. And we have beheld and bear witness that the Father hath sent the Son [to be] the Saviour of the world.

15. Whosoever shall confess that Jesus is the Son of God, God abideth in him, and he in God.

16. And we know and have believed the love which God hath in us. God is love; and he that abideth in love abideth in God, and God abideth in him.

17. Herein is love made perfect with us, that we may have boldness in the day of judgment; because as he is, even so are we in this world.

18. There is no fear in love: but perfect love casteth out fear, because fear hath punishment; and he that feareth is not made perfect in love.

19. We love, because he first loved us.

20. If a man say, I love God, and hateth his brother, he is a liar: for he that loveth not his brother whom he hath seen, cannot love God whom he hath not seen.

5. Costoro sono del mondo; perciò parlano come chi è del mondo, e il mondo li ascolta.

6. Noi siamo da Dio; chi conosce Iddio ci ascolta; chi non è da Dio non ci ascolta. Da questo conosciamo lo spirito della verità e lo spirito dell'errore.

7. Diletti, amiamoci gli uni gli altri; perché l'amore è da Dio, e chiunque ama è nato da Dio e conosce Iddio.

8. Chi non ama non ha conosciuto Iddio; perché Dio è amore.

9. In questo s'è manifestato per noi l'amor di Dio: che Dio ha mandato il suo unigenito Figliuolo nel mondo, affinché, per mezzo di lui, vivessimo.

10. In questo è l'amore: non che noi abbiamo amato Iddio, ma che Egli ha amato noi, e ha mandato il suo Figliuolo per essere la propiziazione per i nostri peccati.

11. Diletti, se Dio ci ha così amati, anche noi dobbiamo amarci gli uni gli altri.

12. Nessuno vide giammai Iddio; se ci amiamo gli uni gli altri, Iddio dimora in noi, e l'amor di Lui diventa perfetto in noi.

13. Da questo conosciamo che dimoriamo in lui ed Egli in noi: ch'Egli ci ha dato del suo Spirito.

14. E noi abbiamo veduto e testimoniamo che il Padre ha mandato il Figliuolo per essere il Salvatore del mondo.

15. Chi confessa che Gesù è il Figliuol di Dio, Iddio dimora in lui, ed egli in Dio.

16. E noi abbiam conosciuto l'amore che Dio ha per noi, e vi abbiam creduto. Dio è amore; e chi dimora nell'amore dimora in Dio, e Dio dimora in lui.

17. In questo l'amore è reso perfetto in noi, affinché abbiamo confidanza nel giorno del giudizio: che quale Egli è, tali siamo anche noi in questo mondo.

18. Nell'amore non c'è paura; anzi, l'amor perfetto caccia via la paura; perché la paura implica apprensione di castigo; e chi ha paura non è perfetto nell'amore.

19. Noi amiamo perché Egli ci ha amati il primo.

20. Se uno dice: io amo Dio, e odia il suo fratello, è bugiardo; perché chi non ama il suo fratello che ha veduto, non può amar Dio che non ha veduto.

21. And this commandment have we from him, that he who loveth God love his brother also.

# I John 5

1. Whosoever believeth that Jesus is the Christ is begotten of God: and whosoever loveth him that begat loveth him also that is begotten of him.

2. Hereby we know that we love the children of God, when we love God and do his commandments.

3. For this is the love of God, that we keep his commandments: and his commandments are not grievous.

4. For whatsoever is begotten of God overcometh the world: and this is the victory that hath overcome the world, [even] our faith.

5. And who is he that overcometh the world, but he that believeth that Jesus is the Son of God?

6. This is he that came by water and blood, [even] Jesus Christ; not with the water only, but with the water and with the blood.

7. And it is the Spirit that beareth witness, because the Spirit is the truth.

8. For there are three who bear witness, the Spirit, and the water, and the blood: and the three agree in one.

9. If we receive the witness of men, the witness of God is greater: for the witness of God is this, that he hath borne witness concerning his Son.

10. He that believeth on the Son of God hath the witness in him: he that believeth not God hath made him a liar; because he hath not believed in the witness that God hath borne concerning his Son.

11. And the witness is this, that God gave unto us eternal life, and this life is in his Son.

12. He that hath the Son hath the life; he that hath not the Son of God hath not the life.

13. These things have I written unto you, that ye may know that ye have eternal life, [even] unto you that believe on the name of the Son of God.

# I Giovanni 5

1. Chiunque crede che Gesù è il Cristo, è nato da Dio; e chiunque ama Colui che ha generato, ama anche chi è stato da lui generato.

2. Da questo conosciamo che amiamo i figliuoli di Dio: quando amiamo Dio e osserviamo i suoi comandamenti.

3. Perché questo è l'amor di Dio: che osserviamo i suoi comandamenti; e i suoi comandamenti non sono gravosi.

4. Poiché tutto quello che è nato da Dio vince il mondo; e questa è la vittoria che ha vinto il mondo: la nostra fede.

5. Chi è colui che vince il mondo, se non colui che crede che Gesù è il Figliuol di Dio?

6. Questi è colui che è venuto con acqua e con sangue, cioè, Gesù Cristo; non con l'acqua soltanto, ma con l'acqua e col sangue. Ed è lo Spirito che ne rende testimonianza, perché lo Spirito è la verità.

7. Poiché tre son quelli che rendon testimonianza:

8. lo Spirito, l'acqua ed il sangue, e i tre sono concordi.

9. Se accettiamo la testimonianza degli uomini, maggiore è la testimonianza di Dio; e la testimonianza di Dio è quella ch'Egli ha resa circa il suo Figliuolo.

10. Chi crede nel Figliuol di Dio ha quella testimonianza in sé; chi non crede a Dio l'ha fatto bugiardo, perché non ha creduto alla testimonianza che Dio ha reso circa il proprio Figliuolo.

11. E la testimonianza è questa: Iddio ci ha data la vita eterna, e questa vita è nel suo Figliuolo.

12. Chi ha il Figliuolo ha la vita; chi non ha il Figliuolo di Dio, non ha la vita.

13. Io v'ho scritto queste cose affinché sappiate che avete la vita eterna, voi che credete nel nome del Figliuol di Dio.

14. And this is the boldness which we have toward him, that, if we ask anything according to his will, he heareth us:

15. and if we know that he heareth us whatsoever we ask, we know that we have the petitions which we have asked of him.

16. If any man see his brother sinning a sin not unto death, he shall ask, and [God] will give him life for them that sin not unto death. There is a sin unto death: not concerning this do I say that he should make request.

17. All unrighteousness is sin: and there is a sin not unto death.

18. We know that whosoever is begotten of God sinneth not; but he that was begotten of God keepeth himself, and the evil one toucheth him not.

19. We know that we are of God, and the whole world lieth in the evil one.

20. And we know that the Son of God is come, and hath given us an understanding, that we know him that is true, and we are in him that is true, [even] in his Son Jesus Christ. This is the true God, and eternal life.

21. [My] little children, guard yourselves from idols.

14. E questa è la confidanza che abbiamo in lui: che se domandiamo qualcosa secondo la sua volontà, Egli ci esaudisce;

15. e se sappiamo ch'Egli ci esaudisce in quel che gli chiediamo, noi sappiamo di aver le cose che gli abbiamo domandate.

16. Se uno vede il suo fratello commettere un peccato che non meni a morte, pregherà, e Dio gli darà la vita: a quelli, cioè, che commettono peccato che non meni a morte. V'è un peccato che mena a morte; non è per quello che dico di pregare.

17. Ogni iniquità è peccato; e v'è un peccato che non mena a morte.

18. Noi sappiamo che chiunque è nato da Dio non pecca; ma colui che nacque da Dio lo preserva, e il maligno non lo tocca.

19. Noi sappiamo che siam da Dio, e che tutto il mondo giace nel maligno;

20. ma sappiamo che il Figliuol di Dio è venuto e ci ha dato intendimento per conoscere Colui che è il vero; e noi siamo in Colui che è il vero Dio, nel suo Figliuolo Gesù Cristo. Quello è il vero Dio e la vita eterna.

21. Figliuoletti, guardatevi dagl'idoli.

# II John 1

1. The elder unto the elect lady and her children, whom I love in truth; and not I only, but also all they that know the truth;

2. for the truth's sake which abideth in us, and it shall be with us for ever:

3. Grace, mercy, peace shall be with us, from God the Father, and from Jesus Christ, the Son of the Father, in truth and love.

4. I rejoice greatly that I have found [certain] of thy children walking in truth, even as we received commandment from the Father.

5. And now I beseech thee, lady, not as though I wrote to thee a new commandment, but that which we had from the beginning, that we love one another.

6. And this is love, that we should walk after his commandments. This is the commandment, even as ye heard from the beginning, that ye should walk in it.

7. For many deceivers are gone forth into the world, [even] they that confess not that Jesus Christ cometh in the flesh. This is the deceiver and the antichrist.

8. Look to yourselves, that ye lose not the things which we have wrought, but that ye receive a full reward.

9. Whosoever goeth onward and abideth not in the teaching of Christ, hath not God: he that abideth in the teaching, the same hath both the Father and the Son.

10. If any one cometh unto you, and bringeth not this teaching, receive him not into [your] house, and give him no greeting:

11. for he that giveth him greeting partaketh in his evil works.

12. Having many things to write unto you, I would not [write them] with paper and ink: but I hope to come unto you, and to speak face to face, that your joy may be made full.

13. The children of thine elect sister salute thee.

# II Giovanni 1

1. L'anziano alla signora eletta e ai suoi figliuoli che io amo in verità (e non io soltanto ma anche tutti quelli che hanno conosciuto la verità),

2. a cagione della verità che dimora in noi e sarà con noi in eterno:

3. grazia, misericordia, pace saran con noi da Dio Padre e da Gesù Cristo il Figliuolo del Padre, in verità e in carità.

4. Mi sono grandemente rallegrato d'aver trovato dei tuoi figliuoli che camminano nella verità, come ne abbiamo ricevuto comandamento dal Padre.

5. Ed ora ti prego, signora, non come se ti scrivessi un comandamento nuovo, ma quello che abbiamo avuto dal principio: Amiamoci gli uni gli altri!

6. E questo è l'amore: che camminiamo secondo i suoi comandamenti. Questo è il comandamento che avete udito fin dal principio onde camminiate in esso.

7. Poiché molti seduttori sono usciti per il mondo i quali non confessano Gesù Cristo esser venuto in carne. Quello è il seduttore e l'anticristo.

8. Badate a voi stessi affinché non perdiate il frutto delle opere compiute, ma riceviate piena ricompensa.

9. Chi passa oltre e non dimora nella dottrina di Cristo, non ha Iddio. Chi dimora nella dottrina ha il Padre e il Figliuolo.

10. Se qualcuno viene a voi e non reca questa dottrina, non lo ricevete in casa, e non lo salutate;

11. perché chi lo saluta partecipa alle malvage opere di lui.

12. Pur avendo molte cose da scrivervi, non ho voluto farlo per mezzo di carta e d'inchiostro; ma spero di venire da voi e di parlarvi a voce, affinché la vostra allegrezza sia compiuta.

13. I figliuoli della tua sorella eletta ti salutano.

# III John 1

1. The elder unto Gaius the beloved, whom I love in truth.

2. Beloved, I pray that in all things thou mayest prosper and be in health, even as thy soul prospereth.

3. For I rejoiced greatly, when brethren came and bare witness unto thy truth, even as thou walkest in truth.

4. Greater joy have I none than this, to hear of my children walking in the truth.

5. Beloved, thou doest a faithful work in whatsoever thou doest toward them that are brethren and strangers withal;

6. who bare witness to thy love before the church: whom thou wilt do well to set forward on their journey worthily of God:

7. because that for the sake of the Name they went forth, taking nothing of the Gentiles.

8. We therefore ought to welcome such, that we may be fellow-workers for the truth.

9. I wrote somewhat unto the church: but Diotrephes, who loveth to have the preeminence among them, receiveth us not.

10. Therefore, if I come, I will bring to remembrance his works which he doeth, prating against us with wicked words: and not content therewith, neither doth he himself receive the brethren, and them that would he forbiddeth and casteth [them] out of the church.

11. Beloved, imitate not that which is evil, but that which is good. He that doeth good is of God: he that doeth evil hath not seen God.

12. Demetrius hath the witness of all [men], and of the truth itself: yea, we also bear witness: and thou knowest that our witness is true.

13. I had many things to write unto thee, but I am unwilling to write [them] to thee with ink and pen:

14. but I hope shortly to see thee, and we shall speak face to face. Peace [be] unto thee. The friends salute thee. Salute the friends by name.

# III Giovanni 1

1. L'anziano al diletto Gaio, che io amo nella verità.

2. Diletto, io faccio voti che tu prosperi in ogni cosa e stii sano, come prospera l'anima tua.

3. Perché mi sono grandemente rallegrato quando son venuti dei fratelli che hanno reso testimonianza della tua verità, del modo nel quale tu cammini in verità.

4. Io non ho maggiore allegrezza di questa, d'udire che i miei figliuoli camminano nella verità.

5. Diletto, tu operi fedelmente in quel che fai a pro dei fratelli che sono, per di più, forestieri.

6. Essi hanno reso testimonianza del tuo amore, dinanzi alla chiesa; e farai bene a provvedere al loro viaggio in modo degno di Dio;

7. perché sono partiti per amor del nome di Cristo, senza prendere alcun che dai pagani.

8. Noi dunque dobbiamo accogliere tali uomini, per essere cooperatori con la verità.

9. Ho scritto qualcosa alla chiesa; ma Diotrefe che cerca d'avere il primato fra loro, non ci riceve.

10. Perciò, se vengo, io ricorderò le opere che fa, cianciando contro di noi con male parole; e non contento di questo, non solo non riceve egli stesso i fratelli, ma a quelli che vorrebbero riceverli impedisce di farlo, e li caccia fuori dalla chiesa.

11. Diletto, non imitare il male, ma il bene. Chi fa il bene è da Dio; chi fa il male non ha veduto Iddio.

12. A Demetrio è resa testimonianza da tutti e dalla verità stessa; e anche noi ne testimoniamo; e tu sai che la nostra testimonianza è vera.

13. Avevo molte cose da scriverti, ma non voglio scrivertele con inchiostro e penna.

14. Ma spero vederti tosto, e ci parleremo a voce. La pace sia teco. Gli amici ti salutano. Saluta gli amici ad uno ad uno.

# Jude 1

1. Jude, a servant of Jesus Christ, and brother of James, to them that are called, beloved in God the Father, and kept for Jesus Christ:

2. Mercy unto you and peace and love be multiplied.

3. Beloved, while I was giving all diligence to write unto you of our common salvation, I was constrained to write unto you exhorting you to contend earnestly for the faith which was once for all delivered unto the saints.

4. For there are certain men crept in privily, [even] they who were of old written of beforehand unto this condemnation, ungodly men, turning the grace of our God into lasciviousness, and denying our only Master and Lord, Jesus Christ.

5. Now I desire to put you in remembrance, though ye know all things once for all, that the Lord, having saved a people out of the land of Egypt, afterward destroyed them that believed not.

6. And angels that kept not their own principality, but left their proper habitation, he hath kept in everlasting bonds under darkness unto the judgment of the great day.

7. Even as Sodom and Gomorrah, and the cities about them, having in like manner with these given themselves over to fornication and gone after strange flesh, are set forth as an example, suffering the punishment of eternal fire.

8. Yet in like manner these also in their dreamings defile the flesh, and set at nought dominion, and rail at dignities.

9. But Michael the archangel, when contending with the devil he disputed about the body of Moses, durst not bring against him a railing judgment, but said, The Lord rebuke thee.

10. But these rail at whatsoever things they know not: and what they understand naturally, like the creatures without reason, in these things are they destroyed.

11. Woe unto them! For they went in the way of Cain, and ran riotously in the error of Balaam for hire, and perished in the gainsaying of Korah.

# Giuda 1

1. Giuda, servitore di Gesù Cristo e fratello di Giacomo, ai chiamati che sono amati in Dio Padre e custoditi da Gesù Cristo,

2. misericordia e pace e carità vi sian moltiplicate.

3. Diletti, ponendo io ogni studio nello scrivervi della nostra comune salvazione, mi sono trovato costretto a scrivervi per esortarvi a combattere strenuamente per la fede, che è stata una volta per sempre tramandata ai santi.

4. Poiché si sono intrusi fra noi certi uomini, (per i quali già ab antico è scritta questa condanna), empi che volgon in dissolutezza la grazia del nostro Dio e negano il nostro unico Padrone e Signore Gesù Cristo.

5. Or voglio ricordare a voi che avete da tempo conosciuto tutto questo, che il Signore, dopo aver tratto in salvo il popolo dal paese di Egitto, fece in seguito perire quelli che non credettero,

6. e che Egli ha serbato in catene eterne, nelle tenebre, per il giudicio del gran giorno, gli angeli che non serbarono la loro dignità primiera, ma lasciarono la loro propria dimora.

7. Nello stesso modo Sodoma e Gomorra e le città circonvicine, essendosi abbandonate alla fornicazione nella stessa maniera di costoro ed essendo andate dietro a vizi contro natura, sono poste come un esempio, portando la pena d'un fuoco eterno.

8. E ciò nonostante, anche costoro, nello stesso modo, trasognati, mentre contaminano la carne, disprezzano l'autorità e dicon male della dignità.

9. Invece, l'arcangelo Michele quando, contendendo col diavolo, disputava circa il corpo di Mosè, non ardì lanciare contro a lui un giudizio ingiurioso, ma disse: Ti sgridi il Signore!

10. Ma costoro dicon male di tutte le cose che non sanno; e in quelle che sanno per natura, come le bestie senza ragione, si corrompono.

11. Guai a loro! Perché si sono incamminati per la via di Caino, e per amor di lucro si son gettati nei traviamenti di Balaam, e son periti per la ribellione di Core.

12. These are they who are hidden rocks in your love-feasts when they feast with you, shepherds that without fear feed themselves; clouds without water, carried along by winds; autumn leaves without fruit, twice dead, plucked up by the roots;

13. Wild waves of the sea, foaming out their own shame; wandering stars, for whom the blackness of darkness hath been reserved forever.

14. And to these also Enoch, the seventh from Adam, prophesied, saying, Behold, the Lord came with ten thousands of his holy ones,

15. to execute judgment upon all, and to convict all the ungodly of all their works of ungodliness which they have ungodly wrought, and of all the hard things which ungodly sinners have spoken against him.

16. These are murmurers, complainers, walking after their lusts (and their mouth speaketh great swelling [words]), showing respect of persons for the sake of advantage.

17. But ye, beloved, remember ye the words which have been spoken before by the apostles of our Lord Jesus Christ;

18. That they said to you, In the last time there shall be mockers, walking after their own ungodly lusts.

19. These are they who make separations, sensual, having not the Spirit.

20. But ye, beloved, building up yourselves on your most holy faith, praying in the Holy Spirit,

21. keep yourselves in the love of God, looking for the mercy of our Lord Jesus Christ unto eternal life.

22. And on some have mercy, who are in doubt;

23. and some save, snatching them out of the fire; and on some have mercy with fear; hating even the garment spotted by the flesh.

24. Now unto him that is able to guard you from stumbling, and to set you before the presence of his glory without blemish in exceeding joy,

25. to the only God our Saviour, through Jesus Christ our Lord, [be] glory, majesty, dominion and power, before all time, and now, and for evermore. Amen.

12. Costoro son delle macchie nelle vostre agapi quando banchettano con voi senza ritegno, pascendo se stessi; nuvole senz'acqua, portate qua e là dai venti; alberi d'autunno senza frutti, due volte morti, sradicati;

13. furiose onde del mare, schiumanti la lor bruttura; stelle erranti, a cui è riserbata la caligine delle tenebre in eterno.

14. Per loro pure profetizzò Enoc, il settimo da Adamo, dicendo: Ecco, il Signore è venuto con le sue sante miriadi per fare giudicio contro tutti,

15. e per convincere tutti gli empi di tutte le opere d'empietà che hanno empiamente commesse, e di tutti gli insulti che gli empi peccatori hanno proferiti contro di lui.

16. Costoro son mormoratori, querimoniosi; camminano secondo le loro concupiscenze; la loro bocca proferisce cose sopra modo gonfie, e circondano d'ammirazione le persone per motivi interessati.

17. Ma voi, diletti, ricordatevi delle parole dette innanzi dagli apostoli del Signor nostro Gesù Cristo;

18. com'essi vi dicevano: Nell'ultimo tempo vi saranno degli schernitori che cammineranno secondo le loro empie concupiscenze.

19. Costoro son quelli che provocano le divisioni, gente sensuale, che non ha lo Spirito.

20. Ma voi, diletti, edificando voi stessi sulla vostra santissima fede, pregando mediante lo Spirito Santo,

21. conservatevi nell'amor di Dio, aspettando la misericordia del Signor nostro Gesù Cristo per aver la vita eterna.

22. E abbiate pietà degli uni che sono nel dubbio;

23. salvateli, strappandoli dal fuoco; e degli altri abbiate pietà mista a timore, odiando perfino la veste macchiata dalla carne.

24. Or a Colui che è potente da preservarvi da ogni caduta e da farvi comparire davanti alla sua gloria irreprensibili, con giubilo,

25. all'Iddio unico, Salvator nostro per mezzo di Gesù Cristo nostro Signore, siano gloria, maestà, forza e potestà, da ogni eternità, ora e per tutti i secoli. Amen.

# Revelation 1

1. The Revelation of Jesus Christ, which God gave him to show unto his servants, [even] the things which must shortly come to pass: and he sent and signified [it] by his angel unto his servant John;

2. who bare witness of the word of God, and of the testimony of Jesus Christ, [even] of all things that he saw.

3. Blessed is he that readeth, and they that hear the words of the prophecy, and keep the things that are written therein: for the time is at hand.

4. John to the seven churches that are in Asia: Grace to you and peace, from him who is and who was and who is to come; and from the seven Spirits that are before his throne;

5. and from Jesus Christ, [who is] the faithful witness, the firstborn of the dead, and the ruler of the kings of the earth. Unto him that loveth us, and loosed us from our sins by his blood;

6. and he made us [to be] a kingdom, [to be] priests unto his God and Father; to him [be] the glory and the dominion for ever and ever. Amen.

7. Behold, he cometh with the clouds; and every eye shall see him, and they that pierced him; and all the tribes of the earth shall mourn over him. Even so, Amen.

8. I am the Alpha and the Omega, saith the Lord God, who is and who was and who is to come, the Almighty.

9. I John, your brother and partaker with you in tribulation and kingdom and patience [which are] in Jesus, was in the isle that is called Patmos, for the word of God and the testimony of Jesus.

10. I was in the Spirit on the Lord's day, and I heard behind me a great voice, as of a trumpet

11. saying, What thou seest, write in a book and send [it] to the seven churches: unto Ephesus, and unto Smyrna, and unto Pergamum, and unto Thyatira, and unto Sardis, and unto Philadelphia, and unto Laodicea.

12. And I turned to see the voice that spake with me. And having turned I saw seven golden candlesticks;

13. and in the midst of the candlesticks one like unto a son of man, clothed with a garment down to the foot, and girt about at the breasts with a golden girdle.

# Apocalisse 1

1. La rivelazione di Gesù Cristo, che Dio gli ha data per mostrare ai suoi servitori le cose che debbono avvenire in breve; ed egli l'ha fatta conoscere mandandola per mezzo del suo angelo al suo servitore Giovanni,

2. il quale ha attestato la parola di Dio e la testimonianza di Gesù Cristo, tutto ciò ch'egli ha veduto.

3. Beato chi legge e beati coloro che ascoltano le parole di questa profezia e serbano le cose che sono scritte in essa, poiché il tempo è vicino!

4. Giovanni alle sette chiese che sono nell'Asia: Grazia a voi e pace da Colui che è, che era e che viene, e dai sette Spiriti che son davanti al suo trono,

5. e da Gesù Cristo, il fedel testimone, il primogenito dei morti e il principe dei re della terra. A lui che ci ama, e ci ha liberati dai nostri peccati col suo sangue,

6. e ci ha fatti essere un regno e sacerdoti all'Iddio e Padre suo, a lui siano la gloria e l'imperio nei secoli dei secoli. Amen.

7. Ecco, egli viene colle nuvole; ed ogni occhio lo vedrà; lo vedranno anche quelli che lo trafissero, e tutte le tribù della terra faranno cordoglio per lui. Sì, Amen.

8. Io son l'Alfa e l'Omega, dice il Signore Iddio che è, che era e che viene, l'Onnipotente.

9. Io, Giovanni, vostro fratello e partecipe con voi della tribolazione, del regno e della costanza in Gesù, ero nell'isola chiamata Patmo a motivo della parola di Dio e della testimonianza di Gesù.

10. Fui rapito in Ispirito nel giorno di Domenica, e udii dietro a me una gran voce, come d'una tromba, che diceva:

11. Quel che tu vedi, scrivilo in un libro e mandalo alle sette chiese: a Efeso, a Smirne, a Pergamo, a Tiatiri, a Sardi, a Filadelfia e a Laodicea.

12. E io mi voltai per veder la voce che mi parlava; e come mi fui voltato, vidi sette candelabri d'oro;

13. e in mezzo ai candelabri Uno somigliante a un figliuol d'uomo, vestito d'una veste lunga fino ai piedi, e cinto d'una cintura d'oro all'altezza del petto.

14. And his head and his hair were white as white wool, [white] as snow; and his eyes were as a flame of fire;

15. and his feet like unto burnished brass, as if it had been refined in a furnace; and his voice as the voice of many waters.

16. And he had in his right hand seven stars: and out of his mouth proceeded a sharp two-edged sword: and his countenance was as the sun shineth in his strength.

17. And when I saw him, I fell at his feet as one dead. And he laid his right hand upon me, saying, Fear not; I am the first and the last,

18. and the Living one; and I was dead, and behold, I am alive for evermore, and I have the keys of death and of Hades.

19. Write therefore the things which thou sawest, and the things which are, and the things which shall come to pass hereafter;

20. the mystery of the seven stars which thou sawest in my right hand, and the seven golden candlesticks. The seven stars are the angels of the seven churches: and the seven candlesticks are seven churches.

14. E il suo capo e i suoi capelli erano bianchi come candida lana, come neve; e i suoi occhi erano come una fiamma di fuoco;

15. e i suoi piedi eran simili a terso rame, arroventato in una fornace; e la sua voce era come la voce di molte acque.

16. Ed egli teneva nella sua man destra sette stelle; e dalla sua bocca usciva una spada a due tagli, acuta, e il suo volto era come il sole quando splende nella sua forza.

17. E quando l'ebbi veduto, caddi ai suoi piedi come morto; ed egli mise la sua man destra su di me, dicendo: Non temere;

18. io sono il primo e l'ultimo, e il Vivente; e fui morto, ma ecco son vivente per i secoli dei secoli, e tengo le chiavi della morte e dell'Ades.

19. Scrivi dunque le cose che hai vedute, quelle che sono e quelle che devono avvenire in appresso,

20. il mistero delle sette stelle che hai vedute nella mia destra, e dei sette candelabri d'oro. Le sette stelle sono gli angeli delle sette chiese, e i sette candelabri sono le sette chiese.

# Revelation 2

# Apocalisse 2

1. To the angel of the church in Ephesus write: These things saith he that holdeth the seven stars in his right hand, he that walketh in the midst of the seven golden candlesticks:

2. I know thy works, and thy toil and patience, and that thou canst not bear evil men, and didst try them that call themselves apostles, and they are not, and didst find them false;

3. and thou hast patience and didst bear for my name's sake, and hast not grown weary.

4. But I have [this] against thee, that thou didst leave thy first love.

5. Remember therefore whence thou art fallen, and repent and do the first works; or else I come to thee, and will move thy candlestick out of its place, except thou repent.

1. All'angelo della chiesa d'Efeso scrivi: Queste cose dice colui che tiene le sette stelle nella sua destra, e che cammina in mezzo ai sette candelabri d'oro:

2. Io conosco le tue opere e la tua fatica e la tua costanza e che non puoi sopportare i malvagi e hai messo alla prova quelli che si chiamano apostoli e non lo sono, e li hai trovati mendaci;

3. e hai costanza e hai sopportato molte cose per amor del mio nome, e non ti sei stancato.

4. Ma ho questo contro di te: che hai lasciato il tuo primo amore.

5. Ricordati dunque donde sei caduto, e ravvediti, e fa' le opere di prima; se no, verrò a te, e rimoverò il tuo candelabro dal suo posto, se tu non ti ravvedi.

6. But this thou hast, that thou hatest the works of the Nicolaitans, which I also hate.

7. He that hath an ear, let him hear what the Spirit saith to the churches. To him that overcometh, to him will I give to eat of the tree of life, which is in the Paradise of God.

8. And to the angel of the church in Smyrna write: These things saith the first and the last, who was dead, and lived [again]:

9. I know thy tribulation, and thy poverty (but thou art rich), and the blasphemy of them that say they are Jews, and they art not, but are a synagogue of Satan.

10. Fear not the things which thou art about to suffer: behold, the devil is about to cast some of you into prison, that ye may be tried; and ye shall have tribulation ten days. Be thou faithful unto death, and I will give thee the crown of life.

11. He that hath an ear, let him hear what the Spirit saith to the churches. He that overcometh shall not be hurt of the second death.

12. and to the angel of the church in Pergamum write: These things saith he that hath the sharp two-edged sword:

13. I know where thou dwellest, [even] where Satan's throne is; and thou holdest fast my name, and didst not deny my faith, even in the days of Antipas my witness, my faithful one, who was killed among you, where Satan dwelleth.

14. But I have a few things against thee, because thou hast there some that hold the teaching of Balaam, who taught Balak to cast a stumblingblock before the children of Israel, to eat things sacrificed to idols, and to commit fornication.

15. So hast thou also some that hold the teaching of the Nicolaitans in like manner.

16. Repent therefore; or else I come to thee quickly, and I will make war against them with the sword of my mouth.

17. He that hath an ear, let him hear what the Spirit saith to the churches. To him that overcometh, to him will I give of the hidden manna, and I will give him a white stone, and upon the stone a new name written, which no one knoweth but he that receiveth it.

6. Ma tu hai questo: che odii le opere dei Nicolaiti, le quali odio anch'io.

7. Chi ha orecchio ascolti ciò che lo Spirito dice alle chiese. A chi vince io darò a mangiare dell'albero della vita, che sta nel paradiso di Dio.

8. E all'angelo della chiesa di Smirne scrivi: Queste cose dice il primo e l'ultimo, che fu morto e tornò in vita:

9. Io conosco la tua tribolazione e la tua povertà (ma pur sei ricco) e le calunnie lanciate da quelli che dicono d'esser Giudei e non lo sono, ma sono una sinagoga di Satana.

10. Non temere quel che avrai da soffrire; ecco, il diavolo sta per cacciare alcuni di voi in prigione, perché siate provati: e avrete una tribolazione di dieci giorni. Sii fedele fino alla morte, e io ti darò la corona della vita.

11. Chi ha orecchio ascolti ciò che lo Spirito dice alle chiese. Chi vince non sarà punto offeso dalla morte seconda.

12. E all'angelo della chiesa di Pergamo scrivi: Queste cose dice colui che ha la spada acuta a due tagli:

13. Io conosco dove tu abiti, cioè là dov'è il trono di Satana; eppur tu ritieni fermamente il mio nome, e non rinnegasti la mia fede, neppure nei giorni in cui Antipa, il mio fedel testimone, fu ucciso tra voi, dove abita Satana.

14. Ma ho alcune poche cose contro di te: cioè, che tu hai quivi di quelli che professano la dottrina di Balaam, il quale insegnava a Balac a porre un intoppo davanti ai figliuoli d'Israele, inducendoli a mangiare delle cose sacrificate agli idoli e a fornicare.

15. Così hai anche tu di quelli che in simil guisa professano la dottrina dei Nicolaiti.

16. Ravvediti dunque; se no, verrò tosto a te, e combatterò contro a loro con la spada della mia bocca.

17. Chi ha orecchio ascolti ciò che lo Spirito dice alle chiese. A chi vince io darò della manna nascosta, e gli darò una pietruzza bianca, e sulla pietruzza scritto un nome nuovo che nessuno conosce, se non colui che lo riceve.

18. And to the angel of the church in Thyatira write: These things saith the Son of God, who hath his eyes like a flame of fire, and his feet are like unto burnished brass:

19. I know thy works, and thy love and faith and ministry and patience, and that thy last works are more than the first.

20. But I have [this] against thee, that thou sufferest the woman Jezebel, who calleth herself a prophetess; and she teacheth and seduceth my servants to commit fornication, and to eat things sacrificed to idols.

21. And I gave her time that she should repent; and she willeth not to repent of her fornication.

22. Behold, I cast her into a bed, and them that commit adultery with her into great tribulation, except they repent of her works.

23. And I will kill her children with death; and all the churches shall know that I am he that searcheth the reins and hearts: and I will give unto each one of you according to your works.

24. But to you I say, to the rest that are in Thyatira, as many as have not this teaching, who know not the deep things of Satan, as they are wont to say; I cast upon you none other burden.

25. Nevertheless that which ye have, hold fast till I come.

26. And he that overcometh, and he that keepeth my works unto the end, to him will I give authority over the nations:

27. and he shall rule them with a rod of iron, as the vessels of the potter are broken to shivers; as I also have received of my Father:

28. and I will give him the morning star.

29. He that hath an ear, let him hear what the Spirit saith to the churches.

18. E all'angelo della chiesa di Tiatiri scrivi: Queste cose dice il Figliuol di Dio, che ha gli occhi come fiamma di fuoco, e i cui piedi son come terso rame:

19. Io conosco le tue opere e il tuo amore e la tua fede e il tuo ministerio e la tua costanza, e che le tue opere ultime sono più abbondanti delle prime.

20. Ma ho questo contro a te: che tu tolleri quella donna Jezabel, che si dice profetessa e insegna e seduce i miei servitori perché commettano fornicazione e mangino cose sacrificate agl'idoli.

21. E io le ho dato tempo per ravvedersi, ed ella non vuol ravvedersi della sua fornicazione.

22. Ecco, io getto lei sopra un letto di dolore, e quelli che commettono adulterio con lei in una gran tribolazione, se non si ravvedono delle opere d'essa.

23. E metterò a morte i suoi figliuoli; e tutte le chiese conosceranno che io son colui che investigo le reni ed i cuori; e darò a ciascun di voi secondo le opere vostre.

24. Ma agli altri di voi in Tiatiri che non professate questa dottrina e non avete conosciuto le profondità di Satana (come le chiaman loro), io dico: Io non v'impongo altro peso.

25. Soltanto, quel che avete tenetelo fermamente finché io venga.

26. E a chi vince e persevera nelle mie opere sino alla fine io darò potestà sulle nazioni,

27. ed egli le reggerà con una verga di ferro frantumandole a mo' di vasi d'argilla; come anch'io ho ricevuto potestà dal Padre mio.

28. E gli darò la stella mattutina.

29. Chi ha orecchio ascolti ciò che lo Spirito dice alle chiese.

# Revelation 3

1. And to the angel of the church in Sardis write: These things saith he that hath the seven Spirits of God, and the seven stars: I know thy works, that thou hast a name that thou livest, and thou art dead.

2. Be thou watchful, and establish the things that remain, which were ready to die: for I have found no works of thine perfected before my God.

3. Remember therefore how thou hast received and didst hear; and keep [it], and repent. If therefore thou shalt not watch, I will come as a thief, and thou shalt not know what hour I will come upon thee.

4. But thou hast a few names in Sardis that did not defile their garments: and they shall walk with me in white; for they are worthy.

5. He that overcometh shall thus be arrayed in white garments; and I will in no wise blot his name out of the book of life, and I will confess his name before my Father, and before his angels.

6. He that hath an ear, let him hear what the Spirit saith to the churches.

7. And to the angel of the church in Philadelphia write: These things saith he that is holy, he that is true, he that hath the key of David, he that openeth and none shall shut, and that shutteth and none openeth:

8. I know thy works (behold, I have set before thee a door opened, which none can shut), that thou hast a little power, and didst keep my word, and didst not deny my name.

9. Behold, I give of the synagogue of Satan, of them that say they are Jews, and they are not, but do lie; behold, I will make them to come and worship before thy feet, and to know that I have loved thee.

10. Because thou didst keep the word of my patience, I also will keep thee from the hour of trial, that [hour] which is to come upon the whole world, to try them that dwell upon the earth.

11. I come quickly: hold fast that which thou hast, that no one take thy crown.

# Apocalisse 3

1. E all'angelo della chiesa di Sardi scrivi: Queste cose dice colui che ha i sette Spiriti di Dio e le sette stelle: Io conosco le tue opere: tu hai nome di vivere e sei morto.

2. Sii vigilante e rafferma il resto che sta per morire; poiché non ho trovato le opere tue compiute nel cospetto del mio Dio.

3. Ricordati dunque di quanto hai ricevuto e udito; e serbalo, e ravvediti. Che se tu non vegli, io verrò come un ladro, e tu non saprai a quale ora verrò su di te.

4. Ma tu hai alcuni pochi in Sardi che non hanno contaminato le loro vesti; essi cammineranno meco in vesti bianche, perché ne son degni.

5. Chi vince sarà così vestito di vesti bianche, ed io non cancellerò il suo nome dal libro della vita, e confesserò il suo nome nel cospetto del Padre mio e nel cospetto dei suoi angeli.

6. Chi ha orecchio ascolti ciò che lo Spirito dice alle chiese.

7. E all'angelo della chiesa di Filadelfia scrivi: Queste cose dice il santo, il verace, colui che ha la chiave di Davide, colui che apre e nessuno chiude, colui che chiude e nessuno apre:

8. Io conosco le tue opere. Ecco, io ti ho posta dinanzi una porta aperta, che nessuno può chiudere, perché, pur avendo poca forza, hai serbata la mia parola, e non hai rinnegato il mio nome.

9. Ecco, io ti do di quelli della sinagoga di Satana, i quali dicono d'esser Giudei e non lo sono, ma mentiscono; ecco, io li farò venire a prostrarsi dinanzi ai tuoi piedi, e conosceranno ch'io t'ho amato.

10. Perché tu hai serbata la parola della mia costanza, anch'io ti guarderò dall'ora del cimento che ha da venire su tutto il mondo, per mettere alla prova quelli che abitano sulla terra.

11. Io vengo tosto; tieni fermamente quello che hai, affinché nessuno ti tolga la tua corona.

12. He that overcometh, I will make him a pillar in the temple of my God, and he shall go out thence no more: and I will write upon him the name of my God, and the name of the city of my God, the new Jerusalem, which cometh down out of heaven from my God, and mine own new name.

13. He that hath an ear, let him hear what the Spirit saith to the churches.

14. And to the angel of the church in Laodicea write: These things saith the Amen, the faithful and true witness, the beginning of the creation of God:

15. I know thy works, that thou art neither cold nor hot: I would thou wert cold or hot.

16. So because thou art lukewarm, and neither hot nor cold, I will spew thee out of my mouth.

17. Because thou sayest, I am rich, and have gotten riches, and have need of nothing; and knowest not that thou art the wretched one and miserable and poor and blind and naked:

18. I counsel thee to buy of me gold refined by fire, that thou mayest become rich; and white garments, that thou mayest clothe thyself, and [that] the shame of thy nakedness be not made manifest; and eyesalve to anoint thine eyes, that thou mayest see.

19. As many as I love, I reprove and chasten: be zealous therefore, and repent.

20. Behold, I stand at the door and knock: if any man hear my voice and open the door, I will come in to him, and will sup with him, and he with me.

21. He that overcometh, I will give to him to sit down with me in my throne, as I also overcame, and sat down with my Father in his throne.

22. He that hath an ear, let him hear what the Spirit saith to the churches.

12. Chi vince io lo farò una colonna nel tempio del mio Dio, ed egli non ne uscirà mai più; e scriverò su lui il nome del mio Dio e il nome della città del mio Dio, della nuova Gerusalemme che scende dal cielo d'appresso all'Iddio mio, ed il mio nuovo nome.

13. Chi ha orecchio ascolti ciò che lo Spirito dice alle chiese.

14. E all'angelo della chiesa di Laodicea scrivi: Queste cose dice l'Amen, il testimone fedele e verace, il principio della creazione di Dio:

15. Io conosco le tue opere: tu non sei né freddo né fervente. Oh fossi tu pur freddo o fervente!

16. Così, perché sei tiepido, e non sei né freddo né fervente, io ti vomiterò dalla mia bocca.

17. Poiché tu dici: Io son ricco, e mi sono arricchito, e non ho bisogno di nulla e non sai che tu sei infelice fra tutti, e miserabile e povero e cieco e nudo,

18. io ti consiglio di comprare da me dell'oro affinato col fuoco, affinché tu arricchisca; e delle vesti bianche, affinché tu ti vesta e non apparisca la vergogna della tua nudità; e del collirio per ungertene gli occhi, affinché tu vegga.

19. Tutti quelli che amo, io li riprendo e li castigo; abbi dunque zelo e ravvediti.

20. Ecco, io sto alla porta e picchio: se uno ode la mia voce ed apre la porta, io entrerò da lui e cenerò con lui ed egli meco.

21. A chi vince io darò di seder meco sul mio trono, come anch'io ho vinto e mi son posto a sedere col Padre mio sul suo trono

22. Chi ha orecchio ascolti ciò che lo Spirito dice alle chiese.

# Revelation 4

1. After these things I saw, and behold, a door opened in heaven, and the first voice that I heard, [a voice] as of a trumpet speaking with me, one saying, Come up hither, and I will show thee the things which must come to pass hereafter.

2. Straightway I was in the Spirit: and behold, there was a throne set in heaven, and one sitting upon the throne;

3. and he that sat [was] to look upon like a jasper stone and a sardius: and [there was] a rainbow round about the throne, like an emerald to look upon.

4. And round about the throne [were] four and twenty thrones: and upon the thrones [I saw] four and twenty elders sitting, arrayed in white garments; and on their heads crowns of gold.

5. And out of the throne proceed lightnings and voices and thunders. And [there was] seven lamps of fire burning before the throne, which are the seven Spirits of God;

6. and before the throne, as it were a sea of glass like a crystal; and in the midst of the throne, and round about the throne, four living creatures full of eyes before and behind.

7. And the first creature [was] like a lion, and the second creature like a calf, and the third creature had a face as of a man, and the fourth creature [was] like a flying eagle.

8. and the four living creatures, having each one of them six wings, are full of eyes round about and within: and they have no rest day and night, saying, Holy, holy, holy, [is] the Lord God, the Almighty, who was and who is and who is to come.

9. And when the living creatures shall give glory and honor and thanks to him that sitteth on the throne, to him that liveth for ever and ever,

10. the four and twenty elders shall fall down before him that sitteth on the throne, and shall worship him that liveth for ever and ever, and shall cast their crowns before the throne, saying,

11. Worthy art thou, our Lord and our God, to receive the glory and the honor and the power: for thou didst create all things, and because of thy will they were, and were created.

# Apocalisse 4

1. Dopo queste cose io vidi, ed ecco una porta aperta nel cielo, e la prima voce che avevo udita parlante meco a guisa di tromba, mi disse: Sali qua, e io ti mostrerò le cose che debbono avvenire da ora innanzi.

2. E subito fui rapito in ispirito; ed ecco un trono era posto nel cielo, e sul trono v'era uno a sedere.

3. E Colui che sedeva era nell'aspetto simile a una pietra di diaspro e di sardonico; e attorno al trono c'era un arcobaleno che, a vederlo, somigliava a uno smeraldo.

4. E attorno al trono c'erano ventiquattro troni; e sui troni sedevano ventiquattro anziani, vestiti di bianche vesti, e aveano sui loro capi delle corone d'oro.

5. E dal trono procedevano lampi e voci e tuoni; e davanti al trono c'erano sette lampade ardenti, che sono i sette Spiriti di Dio;

6. e davanti al trono c'era come un mare di vetro, simile al cristallo; e in mezzo al trono e attorno al trono, quattro creature viventi, piene d'occhi davanti e di dietro.

7. E la prima creatura vivente era simile a un leone, e la seconda simile a un vitello, e la terza avea la faccia come d'un uomo, e la quarta era simile a un'aquila volante.

8. E le quattro creature viventi avevano ognuna sei ali, ed eran piene d'occhi all'intorno e di dentro, e non restavan mai, giorno e notte, di dire: Santo, santo, santo è il Signore Iddio, l'Onnipotente, che era, che è, e che viene.

9. E ogni volta che le creature viventi rendon gloria e onore e grazie a Colui che siede sul trono, a Colui che vive nei secoli dei secoli,

10. i ventiquattro anziani si prostrano davanti a Colui che siede sul trono e adorano Colui che vive ne' secoli dei secoli e gettano le loro corone davanti al trono, dicendo:

11. Degno sei, o Signore e Iddio nostro, di ricever la gloria e l'onore e la potenza: poiché tu creasti tutte le cose, e per la tua volontà esistettero e furon create.

# Revelation 5

1. And I saw in the right hand of him that sat on the throne a book written within and on the back, close sealed with seven seals.

2. And I saw a strong angel proclaiming with a great voice, Who is worthy to open the book, and to loose the seals thereof?

3. And no one in the heaven, or on the earth, or under the earth, was able to open the book, or to look thereon.

4. And I wept much, because no one was found worthy to open the book, or to look thereon:

5. and one of the elders saith unto me, Weep not; behold, the Lion that is of the tribe of Judah, the Root of David, hath overcome to open the book and the seven seals thereof.

6. And I saw in the midst of the throne and of the four living creatures, and in the midst of the elders, a Lamb standing, as though it had been slain, having seven horns, and seven eyes, which are the seven Spirits of God, sent forth into all the earth.

7. And he came, and he taketh [it] out of the right hand of him that sat on the throne.

8. And when he had taken the book, the four living creatures and the four and twenty elders fell down before the Lamb, having each one a harp, and golden bowls full of incense, which are the prayers of the saints.

9. And they sing a new song, saying, Worthy art thou to take the book, and to open the seals thereof: for thou was slain, and didst purchase unto God with thy blood [men] of every tribe, and tongue, and people, and nation,

10. and madest them [to be] unto our God a kingdom and priests; and they reign upon earth.

11. And I saw, and I heard a voice of many angels round about the throne and the living creatures and the elders; and the number of them was ten thousand times ten thousand, and thousands of thousands;

12. saying with a great voice, Worthy is the Lamb that hath been slain to receive the power, and riches, and wisdom, and might and honor, and glory, and blessing.

# Apocalisse 5

1. E vidi nella destra di Colui che sedeva sul trono, un libro scritto di dentro e di fuori, sigillato con sette suggelli.

2. E vidi un angelo potente che bandiva con gran voce: Chi è degno d'aprire il libro e di romperne i suggelli?

3. E nessuno, né in cielo, né sulla terra, né sotto la terra, poteva aprire il libro, o guardarlo.

4. E io piangevo forte perché non s'era trovato nessuno che fosse degno d'aprire il libro, o di guardarlo.

5. E uno degli anziani mi disse: Non piangere; ecco, il Leone che è della tribù di Giuda, il Rampollo di Davide, ha vinto per aprire il libro e i suoi sette suggelli.

6. Poi vidi, in mezzo al trono e alle quattro creature viventi e in mezzo agli anziani, un Agnello in piedi, che pareva essere stato immolato, ed avea sette corna e sette occhi che sono i sette Spiriti di Dio, mandati per tutta la terra.

7. Ed esso venne e prese il libro dalla destra di Colui che sedeva sul trono.

8. E quando ebbe preso il libro, le quattro creature viventi e i ventiquattro anziani si prostrarono davanti all'Agnello, avendo ciascuno una cetra e delle coppe d'oro piene di profumi, che sono le preghiere dei santi.

9. E cantavano un nuovo cantico, dicendo: Tu sei degno di prendere il libro e d'aprirne i suggelli, perché sei stato immolato e hai comprato a Dio, col tuo sangue, gente d'ogni tribù e lingua e popolo e nazione,

10. e ne hai fatto per il nostro Dio un regno e de' sacerdoti; e regneranno sulla terra.

11. E vidi, e udii una voce di molti angeli attorno al trono e alle creature viventi e agli anziani; e il numero loro era di miriadi di miriadi, e di migliaia di migliaia,

12. che dicevano con gran voce: Degno è l'Agnello che è stato immolato di ricever la potenza e le ricchezze e la sapienza e la forza e l'onore e la gloria e la benedizione.

13. And every created thing which is in the heaven, and on the earth, and under the earth, and on the sea, and all things are in them, heard I saying, Unto him that sitteth on the throne, and unto the Lamb, [be] the blessing, and the honor, and the glory, and the dominion, for ever and ever.

14. And the four living creatures said, Amen. And the elders fell down and worshipped.

13. E tutte le creature che sono nel cielo e sulla terra e sotto la terra e sul mare e tutte le cose che sono in essi, le udii che dicevano: A Colui che siede sul trono e all'Agnello siano la benedizione e l'onore e la gloria e l'imperio, nei secoli dei secoli.

14. E le quattro creature viventi dicevano: Amen! E gli anziani si prostrarono e adorarono.

# Revelation 6

1. And I saw when the Lamb opened one of the seven seals, and I heard one of the four living creatures saying as with a voice of thunder, Come.

2. And I saw, and behold, a white horse, and he that sat thereon had a bow; and there was given unto him a crown: and he came forth conquering, and to conquer.

3. And when he opened the second seal, I heard the second living creature saying, Come.

4. And another [horse] came forth, a red horse: and to him that sat thereon it was given to take peace from the earth, and that they should slay one another: and there was given unto him a great sword.

5. And when he opened the third seal, I heard the third living creature saying, Come. And I saw, and behold, a black horse; and he that sat thereon had a balance in his hand.

6. And I heard as it were a voice in the midst of the four living creatures saying, A measure of wheat for a shilling, and three measures of barley for a shilling; and the oil and the wine hurt thou not.

7. And when he opened the fourth seal, I heard the voice of the fourth living creature saying, Come.

8. And I saw, and behold, a pale horse: and he that sat upon him, his name was Death; and Hades followed with him. And there was given unto them authority over the fourth part of the earth, to kill with sword, and with famine, and with death, and by the wild beasts of the earth.

9. And when he opened the fifth seal, I saw underneath the altar the souls of them that had been slain for the word of God, and for the testimony which they held:

# Apocalisse 6

1. Poi vidi quando l'Agnello ebbe aperto uno dei sette suggelli; e udii una delle quattro creature viventi, che diceva con voce come di tuono: Vieni.

2. E vidi, ed ecco un cavallo bianco; e colui che lo cavalcava aveva un arco; e gli fu data una corona, ed egli uscì fuori da vincitore, e per vincere.

3. E quando ebbe aperto il secondo suggello, io udii la seconda creatura vivente che diceva: Vieni.

4. E uscì fuori un altro cavallo, rosso; e a colui che lo cavalcava fu dato di toglier la pace dalla terra affinché gli uomini si uccidessero gli uni gli altri, e gli fu data una grande spada.

5. E quando ebbe aperto il terzo suggello, io udii la terza creatura vivente che diceva: Vieni. Ed io vidi, ed ecco un cavallo nero; e colui che lo cavalcava aveva una bilancia in mano.

6. E udii come una voce in mezzo alle quattro creature viventi che diceva: Una chènice di frumento per un denaro e tre chènici d'orzo per un denaro; e non danneggiare né l'olio né il vino.

7. E quando ebbe aperto il quarto suggello, io udii la voce della quarta creatura vivente che diceva: Vieni.

8. E io vidi, ed ecco un cavallo giallastro; e colui che lo cavalcava avea nome la Morte; e gli teneva dietro l'Ades. E fu loro data potestà sopra la quarta parte della terra di uccidere con la spada, con la fame, con la mortalità e con le fiere della terra.

9. E quando ebbe aperto il quinto suggello, io vidi sotto l'altare le anime di quelli ch'erano stati uccisi per la parola di Dio e per la testimonianza che aveano resa;

10. and they cried with a great voice, saying, How long, O Master, the holy and true, dost thou not judge and avenge our blood on them that dwell on the earth?

11. And there was given them to each one a white robe; and it was said unto them, that they should rest yet for a little time, until their fellow-servants also and their brethren, who should be killed even as they were, should have fulfilled [their course].

12. And I saw when he opened the sixth seal, and there was a great earthquake; and the sun became black as sackcloth of hair, and the whole moon became as blood;

13. and the stars of the heaven fell unto the earth, as a fig tree casteth her unripe figs when she is shaken of a great wind.

14. And the heaven was removed as a scroll when it is rolled up; and every mountain and island were moved out of their places.

15. And the kings of the earth, and the princes, and the chief captains, and the rich, and the strong, and every bondman and freeman, hid themselves in the caves and in the rocks of the mountains;

16. and they say to the mountains and to the rocks, Fall on us, and hide us from the face of him that sitteth on the throne, and from the wrath of the Lamb:

17. for the great day of their wrath is come; and who is able to stand?

10. e gridarono con gran voce, dicendo: Fino a quando, o nostro Signore che sei santo e verace, non fai tu giudicio e non vendichi il nostro sangue su quelli che abitano sopra la terra?

11. E a ciascun d'essi fu data una veste bianca e fu loro detto che si riposassero ancora un po' di tempo, finché fosse completo il numero dei loro conservi e dei loro fratelli, che hanno ad essere uccisi come loro.

12. Poi vidi quand'ebbe aperto il sesto suggello: e si fece un gran terremoto; e il sole divenne nero come un cilicio di crine, e tutta la luna diventò come sangue;

13. e le stelle del cielo caddero sulla terra come quando un fico scosso da un gran vento lascia cadere i suoi fichi immaturi.

14. E il cielo si ritrasse come una pergamena che si arrotola; e ogni montagna e ogni isola fu rimossa dal suo luogo.

15. E i re della terra e i grandi e i capitani e i ricchi e i potenti e ogni servo e ogni libero si nascosero nelle spelonche e nelle rocce dei monti;

16. e dicevano ai monti e alle rocce: Cadeteci addosso e nascondeteci dal cospetto di Colui che siede sul trono e dall'ira dell'Agnello;

17. perché è venuto il gran giorno della sua ira, e chi può reggere in piè?

# Revelation 7

1. After his I saw four angels standing at the four corners of the earth, holding the four winds of the earth, that no wind should blow on the earth, or on the sea, or upon any tree.

2. And I saw another angel ascend from the sunrising, having the seal of the living God: and he cried with a great voice to the four angels to whom it was given to hurt the earth and the sea,

3. saying, Hurt not the earth, neither the sea, nor the trees, till we shall have sealed the servants of our God on their foreheads.

# Apocalisse 7

1. Dopo questo, io vidi quattro angeli che stavano in piè ai quattro canti della terra, ritenendo i quattro venti della terra affinché non soffiasse vento alcuno sulla terra, né sopra il mare, né sopra alcun albero.

2. E vidi un altro angelo che saliva dal sol levante, il quale aveva il suggello dell'Iddio vivente; ed egli gridò con gran voce ai quattro angeli ai quali era dato di danneggiare la terra e il mare, dicendo:

3. Non danneggiate la terra, né il mare, né gli alberi, finché abbiam segnato in fronte col suggello i servitori dell'Iddio nostro.

4. And I heard the number of them that were sealed, a hundred and forty and four thousand, sealed out of every tribe of the children of Israel:

5. Of the tribe of Judah [were] sealed twelve thousand: Of the tribe of Reuben twelve thousand; Of the tribe of Gad twelve thousand;

6. Of the tribe of Asher twelve thousand; Of the tribe of Naphtali twelve thousand; Of the tribe of Manasseh twelve thousand;

7. Of the tribe of Simeon twelve thousand; Of the tribe of Levi twelve thousand; Of the tribe of Issachar twelve thousand;

8. Of the tribe of Zebulun twelve thousand; Of the tribe of Joseph twelve thousand; Of the tribe of Benjamin [were] sealed twelve thousand.

9. After these things I saw, and behold, a great multitude, which no man could number, out of every nation and of [all] tribes and peoples and tongues, standing before the throne and before the Lamb, arrayed in white robes, and palms in their hands;

10. and they cry with a great voice, saying, Salvation unto our God who sitteth on the throne, and unto the Lamb.

11. And all the angels were standing round about the throne, and [about] the elders and the four living creatures; and they fell before the throne on their faces, and worshipped God,

12. saying, Amen: Blessing, and glory, and wisdom, and thanksgiving, and honor, and power, and might, [be] unto our God for ever and ever. Amen.

13. And one of the elders answered, saying unto me, These that are arrayed in white robes, who are they, and whence came they?

14. And I say unto him, My lord, thou knowest. And he said to me, These are they that come of the great tribulation, and they washed their robes, and made them white in the blood of the Lamb.

15. Therefore are they before the throne of God; and they serve him day and night in his temple: and he that sitteth on the throne shall spread his tabernacle over them.

16. They shall hunger no more, neither thirst any more; neither shall the sun strike upon them, nor any heat:

4. E udii il numero dei segnati: centoquaranta quattromila segnati di tutte le tribù dei figliuoli d'Israele:

5. Della tribù di Giuda dodicimila segnati, della tribù di Ruben dodicimila, della tribù di Gad dodicimila,

6. della tribù di Aser dodicimila, della tribù di Neftali dodicimila, della tribù di Manasse dodicimila,

7. della tribù di Simeone dodicimila, della tribù di Levi dodicimila, della tribù di Issacar dodicimila,

8. della tribù di Zabulon dodicimila, della tribù di Giuseppe dodicimila, della tribù di Beniamino dodicimila segnati.

9. Dopo queste cose vidi, ed ecco una gran folla che nessun uomo poteva noverare, di tutte le nazioni e tribù e popoli e lingue, che stava in piè davanti al trono e davanti all'Agnello, vestiti di vesti bianche e con delle palme in mano.

10. E gridavano con gran voce dicendo: La salvezza appartiene all'Iddio nostro il quale siede sul trono, ed all'Agnello.

11. E tutti gli angeli stavano in piè attorno al trono e agli anziani e alle quattro creature viventi; e si prostrarono sulle loro facce davanti al trono, e adorarono Iddio dicendo:

12. Amen! All'Iddio nostro la benedizione e la gloria e la sapienza e le azioni di grazie e l'onore e la potenza e la forza, nei secoli dei secoli! Amen.

13. E uno degli anziani mi rivolse la parola dicendomi: Questi che son vestiti di vesti bianche chi son dessi, e donde son venuti?

14. Io gli risposi: Signor mio, tu lo sai. Ed egli mi disse: Essi son quelli che vengono dalla gran tribolazione, e hanno lavato le loro vesti, e le hanno imbiancate nel sangue dell'Agnello.

15. Perciò son davanti al trono di Dio, e gli servono giorno e notte nel suo tempio; e Colui che siede sul trono spiegherà su loro la sua tenda.

16. Non avranno più fame e non avranno più sete, non li colpirà più il sole né alcuna arsura;

17. for the Lamb that is in the midst of the throne shall be their shepherd, and shall guide them unto fountains of waters of life: and God shall wipe away every tear from their eyes.

17. perché l'Agnello che è in mezzo al trono li pasturerà e li guiderà alle sorgenti delle acque della vita; e Iddio asciugherà ogni lagrima dagli occhi loro.

# Revelation 8

# Apocalisse 8

1. And when he opened the seventh seal, there followed a silence in heaven about the space of half an hour.

2. And I saw the seven angels that stand before God; and there were given unto them seven trumpets.

3. And another angel came and stood over the altar, having a golden censer; and there was given unto him much incense, that he should add it unto the prayers of all the saints upon the golden altar which was before the throne.

4. And the smoke of the incense, with the prayers of the saints, went up before God out of the angel's hand.

5. And the angel taketh the censer; and he filled it with the fire of the altar, and cast it upon the earth: and there followed thunders, and voices, and lightnings, and an earthquake.

6. And the seven angels that had the seven trumpets prepared themselves to sound.

7. And the first sounded, and there followed hail and fire, mingled with blood, and they were cast upon the earth: and the third part of the earth was burnt up, and the third part of the trees was burnt up, and all green grass was burnt up.

8. And the second angel sounded, and as it were a great mountain burning with fire was cast into the sea: and the third part of the sea became blood;

9. and there died the third part of the creatures which were in the sea, [even] they that had life; and the third part of the ships was destroyed.

10. And the third angel sounded, and there fell from heaven a great star, burning as a torch, and it fell upon the third part of the rivers, and upon the fountains of the waters;

1. E quando l'Agnello ebbe aperto il settimo suggello, si fece silenzio nel cielo per circa lo spazio di mezz'ora.

2. E io vidi i sette angeli che stanno in piè davanti a Dio, e furon date loro sette trombe.

3. E un altro angelo venne e si fermò presso l'altare, avendo un turibolo d'oro; e gli furon dati molti profumi affinché li unisse alle preghiere di tutti i santi sull'altare d'oro che era davanti al trono.

4. E il fumo dei profumi, unendosi alle preghiere dei santi, salì dalla mano dell'angelo al cospetto di Dio.

5. Poi l'angelo prese il turibolo e l'empì del fuoco dell'altare e lo gettò sulla terra; e ne seguirono tuoni e voci e lampi e un terremoto.

6. E i sette angeli che avean le sette trombe si prepararono a sonare.

7. E il primo sonò, e vi fu grandine e fuoco, mescolati con sangue, che furon gettati sulla terra; e la terza parte della terra fu arsa, e la terza parte degli alberi fu arsa, ed ogni erba verde fu arsa.

8. Poi sonò il secondo angelo, e una massa simile ad una gran montagna ardente fu gettata nel mare; e la terza parte del mare divenne sangue,

9. e la terza parte delle creature viventi che erano nel mare morì, e la terza parte delle navi perì.

10. Poi sonò il terzo angelo, e cadde dal cielo una grande stella, ardente come una torcia; e cadde sulla terza parte dei fiumi e sulle fonti delle acque.

11. and the name of the star is called Wormwood: and the third part of the waters became wormwood; and many men died of the waters, because they were made bitter.

12. And the fourth angel sounded, and the third part of the sun was smitten, and the third part of the moon, and the third part of the stars; that the third part of them should be darkened, and the day should not shine for the third part of it, and the night in like manner.

13. And I saw, and I heard an eagle, flying in mid heaven, saying with a great voice, Woe, woe, woe, for them that dwell on the earth, by reason of the other voices of the trumpet of the three angels, who are yet to sound.

11. Il nome della stella è Assenzio; e la terza parte delle acque divenne assenzio; e molti uomini morirono a cagione di quelle acque, perché eran divenute amare.

12. Poi sonò il quarto angelo, e la terza parte del sole fu colpita e la terza parte della luna e la terza parte delle stelle affinché la loro terza parte si oscurasse e il giorno non risplendesse per la sua terza parte e lo stesso avvenisse della notte.

13. E guardai e udii un'aquila che volava in mezzo al cielo e diceva con gran voce: Guai, guai, guai a quelli che abitano sulla terra, a cagione degli altri suoni di tromba dei tre angeli che debbono ancora sonare

# Revelation 9

# Apocalisse 9

1. And the fifth angel sounded, and I saw a star from heaven fallen unto the earth: and there was given to him the key of the pit of the abyss.

2. And he opened the pit of the abyss; and there went up a smoke out of the pit, as the smoke of a great furnace; and the sun and the air were darkened by reason of the smoke of the pit.

3. And out of the smoke came forth locusts upon the earth; and power was given them, as the scorpions of the earth have power.

4. And it was said unto them that they should not hurt the grass of the earth, neither any green thing, neither any tree, but only such men as have not the seal of God on their foreheads.

5. And it was given them that they should not kill them, but that they should be tormented five months: and their torment was as the torment of a scorpion, when it striketh a man.

6. And in those days men shall seek death, and shall in no wise find it; and they shall desire to die, and death fleeth from them.

7. And the shapes of the locusts were like unto horses prepared for war; and upon their heads as it were crowns like unto gold, and their faces were as men's faces.

1. Poi sonò il quinto angelo, e io vidi una stella caduta dal cielo sulla terra; e ad esso fu data la chiave del pozzo dell'abisso.

2. Ed egli aprì il pozzo dell'abisso; e dal pozzo salì un fumo simile al fumo di una gran fornace; e il sole e l'aria furono oscurati dal fumo del pozzo.

3. E dal fumo uscirono sulla terra delle locuste; e fu dato loro un potere pari al potere che hanno gli scorpioni della terra.

4. E fu loro detto di non danneggiare l'erba della terra, né alcuna verdura, né albero alcuno, ma soltanto gli uomini che non aveano il suggello di Dio in fronte.

5. E fu loro dato, non di ucciderli, ma di tormentarli per cinque mesi; e il tormento che cagionavano era come quello prodotto da uno scorpione quando ferisce un uomo.

6. E in quei giorni gli uomini cercheranno la morte e non la troveranno, e desidereranno di morire, e la morte fuggirà da loro.

7. E nella forma le locuste eran simili a cavalli pronti alla guerra; e sulle teste aveano come delle corone simili ad oro e le loro facce eran come facce d'uomini.

8. And they had hair as the hair of women, and their teeth were as [teeth] of lions.

9. And they had breastplates, as it were breastplates of iron; and the sound of their wings was as the sound of chariots, of many horses rushing to war.

10. And they have tails like unto scorpions, and stings; and in their tails is their power to hurt men five months.

11. They have over them as king the angel of the abyss: his name in Hebrew is Abaddon, and in the Greek [tongue] he hath the name Apollyon.

12. The first Woe is past: behold, there come yet two Woes hereafter.

13. And the sixth angel sounded, and I heard a voice from the horns of the golden altar which is before God,

14. one saying to the sixth angel that had one trumpet, Loose the four angels that are bound at the great river Euphrates.

15. And the four angels were loosed, that had been prepared for the hour and day and month and year, that they should kill the third part of men.

16. And the number of the armies of the horsemen was twice ten thousand times ten thousand: I heard the number of them.

17. And thus I saw the horses in the vision, and them that sat on them, having breastplates [as] of fire and of hyacinth and of brimstone: and the heads of lions; and out of their mouths proceedeth fire and smoke and brimstone.

18. By these three plagues was the third part of men killed, by the fire and the smoke and the brimstone, which proceeded out of their mouths.

19. For the power of the horses is in their mouth, and in their tails: for their tails are like unto serpents, and have heads; and with them they hurt.

20. And the rest of mankind, who were not killed with these plagues, repented not of the works of their hands, that they should not worship demons, and the idols of gold, and of silver, and of brass, and of stone, and of wood; which can neither see, nor hear, nor walk:

21. and they repented not of their murders, nor of their sorceries, nor of their fornication, nor of their thefts.

8. E aveano dei capelli come capelli di donne, e i denti eran come denti di leoni.

9. E aveano degli usberghi come usberghi di ferro; e il rumore delle loro ali era come il rumore di carri, tirati da molti cavalli correnti alla battaglia.

10. E aveano delle code come quelle degli scorpioni, e degli aculei; e nelle code stava il loro potere di danneggiare gli uomini per cinque mesi.

11. E aveano come re sopra di loro l'angelo dell'abisso, il cui nome in ebraico è Abaddon, e in greco Apollion.

12. Il primo guaio è passato: ecco, vengono ancora due guai dopo queste cose.

13. Poi il sesto angelo sonò, e io udii una voce dalle quattro corna dell'altare d'oro che era davanti a Dio,

14. la quale diceva al sesto angelo che avea la tromba: Sciogli i quattro angeli che son legati sul gran fiume Eufrate.

15. E furono sciolti i quattro angeli che erano stati preparati per quell'ora, per quel giorno e mese e anno, per uccidere la terza parte degli uomini.

16. E il numero degli eserciti della cavalleria era di venti migliaia di decine di migliaia; io udii il loro numero.

17. Ed ecco come mi apparvero nella visione i cavalli e quelli che li cavalcavano: aveano degli usberghi di fuoco, di giacinto e di zolfo; e le teste dei cavalli erano come teste di leoni; e dalle loro bocche usciva fuoco e fumo e zolfo.

18. Da queste tre piaghe: dal fuoco, dal fumo e dallo zolfo che usciva dalle loro bocche fu uccisa la terza parte degli uomini.

19. Perché il potere dei cavalli era nella loro bocca e nelle loro code; poiché le loro code eran simili a serpenti e aveano delle teste, e con esse danneggiavano.

20. E il resto degli uomini che non furono uccisi da queste piaghe, non si ravvidero delle opere delle loro mani sì da non adorar più i demoni e gl'idoli d'oro e d'argento e di rame e di pietra e di legno, i quali non possono né vedere, né udire, né camminare;

21. e non si ravvidero dei loro omicidi, né delle loro malie, né delle loro fornicazione, né dei loro furti.

# Revelation 10

1.  And I saw another strong angel coming down out of heaven, arrayed with a cloud; and the rainbow was upon his head, and his face was as the sun, and his feet as pillars of fire;

2.  and he had in his hand a little book open: and he set his right foot upon the sea, and his left upon the earth;

3.  and he cried with a great voice, as a lion roareth: and when he cried, the seven thunders uttered their voices.

4.  And when the seven thunders uttered [their voices], I was about to write: and I heard a voice from heaven saying, Seal up the things which the seven thunders uttered, and write them not.

5.  And the angel that I saw standing upon the sea and upon the earth lifted up his right hand to heaven,

6.  and sware by him that liveth for ever and ever, who created the heaven and the things that are therein, and the earth and the things that are therein, and the sea and the things that are therein, that there shall be delay no longer:

7.  but in the days of the voice of the seventh angel, when he is about to sound, then is finished they mystery of God, according to the good tidings which he declared to his servants the prophets.

8.  And the voice which I heard from heaven, [I heard it] again speaking with me, and saying, Go, take the book which is open in the hand of the angel that standeth upon the sea and upon the earth.

9.  And I went unto the angel, saying unto him that he should give me the little book. And he saith unto me, Take it, and eat it up; and it shall make thy belly bitter, but in thy mouth it shall be sweet as honey.

10. And I took the little book out of the angel's hand, and ate it up; and it was in my mouth sweet as honey: and when I had eaten it, my belly was made bitter.

11. And they say unto me, Thou must prophesy again over many peoples and nations and tongues and kings.

# Apocalisse 10

1.  Poi vidi un altro angelo potente che scendeva dal cielo, avvolto in una nuvola; sopra il suo capo era l'arcobaleno; la sua faccia era come il sole, e i suoi piedi come colonne di fuoco;

2.  e aveva in mano un libretto aperto; ed egli posò il suo piè destro sul mare e il sinistro sulla terra;

3.  e gridò con gran voce, nel modo che rugge il leone; e quando ebbe gridato, i sette tuoni fecero udire le loro voci.

4.  E quando i sette tuoni ebbero fatto udire le loro voci, io stavo per scrivere; ma udii una voce dal cielo che mi disse: Suggella le cose che i sette tuoni hanno proferite, e non le scrivere.

5.  E l'angelo che io avea veduto stare in piè sul mare e sulla terra,

6.  levò la man destra al cielo e giurò per Colui che vive nei secoli dei secoli, il quale ha creato il cielo e le cose che sono in esso e la terra e le cose che sono in essa e il mare e le cose che sono in esso, che non ci sarebbe più indugio;

7.  ma che nei giorni della voce del settimo angelo, quand'egli sonerebbe, si compirebbe il mistero di Dio, secondo ch'Egli ha annunziato ai suoi servitori, i profeti.

8.  E la voce che io avevo udita dal cielo mi parlò di nuovo e disse: Va', prendi il libro che è aperto in mano all'angelo che sta in piè sul mare e sulla terra.

9.  E io andai dall'angelo, dicendogli di darmi il libretto. Ed egli mi disse: Prendilo, e divoralo: esso sarà amaro alle tue viscere, ma in bocca ti sarà dolce come miele.

10. Presi il libretto di mano all'angelo, e lo divorai; e mi fu dolce in bocca, come miele; ma quando l'ebbi divorato, le mie viscere sentirono amarezza.

11. E mi fu detto: Bisogna che tu profetizzi di nuovo sopra molti popoli e nazioni e lingue e re.

# Revelation 11

1.  And there was given me a reed like unto a rod: and one said, Rise, and measure the temple of God, and the altar, and them that worship therein.

2.  And the court which is without the temple leave without, and measure it not; for it hath been given unto the nations: and the holy city shall they tread under foot forty and two months.

3.  And I will give unto my two witnesses, and they shall prophesy a thousand two hundred and threescore days, clothed in sackcloth.

4.  These are the two olive trees and the two candlesticks, standing before the Lord of the earth.

5.  And if any man desireth to hurt them, fire proceedeth out of their mouth and devoureth their enemies; and if any man shall desire to hurt them, in this manner must he be killed.

6.  These have the power to shut the heaven, that it rain not during the days of their prophecy: and they have power over the waters to turn them into blood, and to smite the earth with every plague, as often as they shall desire.

7.  And when they shall have finished their testimony, the beast that cometh up out of the abyss shall make war with them, and overcome them, and kill them.

8.  And their dead bodies [lie] in the street of the great city, which spiritually is called Sodom and Egypt, where also their Lord was crucified.

9.  And from among the peoples and tribes and tongues and nations do [men] look upon their dead bodies three days and a half, and suffer not their dead bodies to be laid in a tomb.

10.  And they that dwell on the earth rejoice over them, and make merry; and they shall send gifts one to another; because these two prophets tormented them that dwell on the earth.

11.  And after the three days and a half the breath of life from God entered into them, and they stood upon their feet; and great fear fell upon them that beheld them.

12.  And they heard a great voice from heaven saying unto them, Come up hither. And they went up into heaven in the cloud; and their enemies beheld them.

# Apocalisse 11

1.  Poi mi fu data una canna simile a una verga; e mi fu detto: Lèvati e misura il tempio di Dio e l'altare e novera quelli che vi adorano;

2.  ma tralascia il cortile che è fuori del tempio, e non lo misurare, perché esso è stato dato ai Gentili, e questi calpesteranno la santa città per quarantadue mesi.

3.  E io darò ai miei due testimoni di profetare, ed essi profeteranno per milleduecento sessanta giorni, vestiti di cilicio.

4.  Questi sono i due ulivi e i due candelabri che stanno nel cospetto del Signor della terra.

5.  E se alcuno li vuole offendere, esce dalla lor bocca un fuoco che divora i loro nemici; e se alcuno li vuole offendere bisogna ch'ei sia ucciso in questa maniera.

6.  Essi hanno il potere di chiudere il cielo onde non cada pioggia durante i giorni della loro profezia; e hanno potestà sulle acque di convertirle in sangue, e potestà di percuotere la terra di qualunque piaga, quante volte vorranno.

7.  E quando avranno compiuta la loro testimonianza, la bestia che sale dall'abisso moverà loro guerra e li vincerà e li ucciderà.

8.  E i loro corpi morti giaceranno sulla piazza della gran città, che spiritualmente si chiama Sodoma ed Egitto, dove anche il Signor loro è stato crocifisso.

9.  E gli uomini dei vari popoli e tribù e lingue e nazioni vedranno i loro corpi morti per tre giorni e mezzo, e non lasceranno che i loro corpi morti siano posti in un sepolcro.

10.  E gli abitanti della terra si rallegreranno di loro e faranno festa e si manderanno regali gli uni agli altri, perché questi due profeti avranno tormentati gli abitanti della terra.

11.  E in capo ai tre giorni e mezzo uno spirito di vita procedente da Dio entrò in loro, ed essi si drizzarono in piè e grande spavento cadde su quelli che li videro.

12.  Ed essi udirono una gran voce dal cielo che diceva loro: Salite qua. Ed essi salirono al cielo nella nuvola, e i loro nemici li videro.

13.  And in that hour there was a great earthquake, and the tenth part of the city fell; and there were killed in the earthquake seven thousand persons: and the rest were affrighted, and gave glory to the God of heaven.

14.  The second Woe is past: behold, the third Woe cometh quickly.

15.  And the seventh angel sounded; and there followed great voices in heaven, and they said, The kingdom of the world is become [the kingdom] of our Lord, and of his Christ: and he shall reign for ever and ever.

16.  And the four and twenty elders, who sit before God on their thrones, fell upon their faces and worshipped God,

17.  saying, We give thee thanks, O Lord God, the Almighty, who art and who wast; because thou hast taken thy great power, and didst reign.

18.  And the nations were wroth, and thy wrath came, and the time of the dead to be judged, and [the time] to give their reward to thy servants the prophets, and to the saints, and to them that fear thy name, the small and the great; and to destroy them that destroy the earth.

19.  And there was opened the temple of God that is in heaven; and there was seen in his temple the ark of his covenant; and there followed lightnings, and voices, and thunders, and an earthquake, and great hail.

13.  E in quell'ora si fece un gran terremoto, e la decima parte della città cadde, e settemila persone furono uccise nel terremoto; e il rimanente fu spaventato e dette gloria all'Iddio del cielo.

14.  Il secondo guaio è passato; ed ecco, il terzo guaio verrà tosto.

15.  Ed il settimo angelo sonò, e si fecero gran voci nel cielo, che dicevano: Il regno del mondo è venuto ad essere del Signor nostro e del suo Cristo; ed egli regnerà ne' secoli dei secoli.

16.  E i ventiquattro anziani seduti nel cospetto di Dio sui loro troni si gettaron giù sulle loro facce e adorarono Iddio, dicendo:

17.  Noi ti ringraziamo, o Signore Iddio onnipotente che sei e che eri, perché hai preso in mano il tuo gran potere, ed hai assunto il regno.

18.  Le nazioni s'erano adirate, ma l'ira tua è giunta, ed è giunto il tempo di giudicare i morti, di dare il loro premio ai tuoi servitori, i profeti, ed ai santi e a quelli che temono il tuo nome, e piccoli e grandi, e di distruggere quelli che distruggon la terra.

19.  E il tempio di Dio che è nel cielo fu aperto, e si vide nel suo tempio l'arca del suo patto, e vi furono lampi e voci e tuoni e un terremoto ed una forte gragnuola.

# Revelation 12      Apocalisse 12

1.  And a great sign was seen in heaven: a woman arrayed with the sun, and the moon under her feet, and upon her head a crown of twelve stars;

2.  and she was the child; and she crieth out, travailing in birth, and in pain to be delivered.

3.  And there was seen another sign in heaven: and behold, a great red dragon, having seven heads and ten horns, and upon his heads seven diadems.

4.  And his tail draweth the third part of the stars of heaven, and did cast them to the earth: and the dragon standeth before the woman that is about to be delivered, that when she is delivered he may devour her child.

1.  Poi apparve un gran segno nel cielo: una donna rivestita del sole con la luna sotto i piedi, e sul capo una corona di dodici stelle.

2.  Ella era incinta, e gridava nelle doglie tormentose del parto.

3.  E apparve un altro segno nel cielo; ed ecco un gran dragone rosso, che aveva sette teste e dieci corna e sulle teste sette diademi.

4.  E la sua coda trascinava la terza parte delle stelle del cielo e le gettò sulla terra. E il dragone si fermò davanti alla donna che stava per partorire, affin di divorarne il figliuolo, quando l'avrebbe partorito.

5. And she was delivered of a son, a man child, who is to rule all the nations with a rod of iron: and her child was caught up unto God, and unto his throne.

6. And the woman fled into the wilderness, where she hath a place prepared of God, that there they may nourish her a thousand two hundred and threescore days.

7. And there was war in heaven: Michael and his angels [going forth] to war with the dragon; and the dragon warred and his angels;

8. And they prevailed not, neither was their place found any more in heaven.

9. And the great dragon was cast down, the old serpent, he that is called the Devil and Satan, the deceiver of the whole world; he was cast down to the earth, and his angels were cast down with him.

10. And I heard a great voice in heaven, saying, Now is come the salvation, and the power, and the kingdom of our God, and the authority of his Christ: for the accuser of our brethren is cast down, who accuseth them before our God day and night.

11. And they overcame him because of the blood of the Lamb, and because of the word of their testimony; and they loved not their life even unto death.

12. Therefore rejoice, O heavens, and ye that dwell in them. Woe for the earth and for the sea: because the devil is gone down unto you, having great wrath, knowing that he hath but a short time.

13. And when the dragon saw that he was cast down to the earth, he persecuted the woman that brought forth the man [child].

14. And there were given to the woman the two wings of the great eagle, that she might fly into the wilderness unto her place, where she is nourished for a time, and times, and half a time, from the face of the serpent.

15. And the serpent cast out of his mouth after the woman water as a river, that he might cause her to be carried away by the stream.

16. And the earth helped the woman, and the earth opened her mouth and swallowed up the river which the dragon cast out of his mouth.

5. Ed ella partorì un figliuolo maschio che ha da reggere tutte le nazioni con verga di ferro; e il figliuolo di lei fu rapito presso a Dio ed al suo trono.

6. E la donna fuggì nel deserto, dove ha un luogo preparato da Dio, affinché vi sia nutrita per milleduecento sessanta giorni.

7. E vi fu battaglia in cielo: Michele e i suoi angeli combatterono col dragone, e il dragone e i suoi angeli combatterono,

8. ma non vinsero, e il luogo loro non fu più trovato nel cielo.

9. E il gran dragone, il serpente ántico, che è chiamato Diavolo e Satana, il seduttore di tutto il mondo, fu gettato giù; fu gettato sulla terra, e con lui furon gettati gli angeli suoi.

10. Ed io udii una gran voce nel cielo che diceva: Ora è venuta la salvezza e la potenza ed il regno dell'Iddio nostro, e la potestà del suo Cristo, perché è stato gettato giù l'accusatore dei nostri fratelli, che li accusava dinanzi all'Iddio nostro, giorno e notte.

11. Ma essi l'hanno vinto a cagion del sangue dell'Agnello e a cagion della parola della loro testimonianza; e non hanno amata la loro vita, anzi l'hanno esposta alla morte.

12. Perciò rallegratevi, o cieli, e voi che abitate in essi. Guai a voi, o terra, o mare! Perché il diavolo è disceso a voi con gran furore, sapendo di non aver che breve tempo.

13. E quando il dragone si vide gettato sulla terra, perseguitò la donna che avea partorito il figliuolo maschio.

14. Ma alla donna furon date le due ali della grande aquila affinché se ne volasse nel deserto, nel suo luogo, dove è nutrita un tempo, dei tempi e la metà d'un tempo, lungi dalla presenza del serpente.

15. E il serpente gettò dalla sua bocca, dietro alla donna, dell'acqua a guisa di fiume, per farla portar via dalla fiumana.

16. Ma la terra soccorse la donna; e la terra aprì la sua bocca e inghiottì il fiume che il dragone avea gettato fuori dalla propria bocca.

17. And the dragon waxed wroth with the woman, and went away to make war with the rest of her seed, that keep the commandments of God, and hold the testimony of Jesus:

17. E il dragone si adirò contro la donna e andò a far guerra col rimanente della progenie d'essa, che serba i comandamenti di Dio e ritiene la testimonianza di Gesù.

# Revelation 13

# Apocalisse 13

1. and he stood upon the sand of the sea. And I saw a beast coming up out of the sea, having ten horns, and seven heads, and on his horns ten diadems, and upon his heads names of blasphemy.

2. And the beast which I saw was like unto a leopard, and his feet were as [the feet] of a bear, and his mouth as the mouth of a lion: and the dragon gave him his power, and his throne, and great authority.

3. And [I saw] one of his heads as though it had been smitten unto death; and his death-stroke was healed: and the whole earth wondered after the beast;

4. and they worshipped the dragon, because he gave his authority unto the beast; and they worshipped the beast, saying, Who is like unto the beast? And who is able to war with him?

5. and there was given to him a mouth speaking great things and blasphemies; and there was given to him authority to continue forty and two months.

6. And he opened his mouth for blasphemies against God, to blaspheme his name, and his tabernacle, [even] them that dwell in the heaven.

7. And it was given unto him to make war with the saints, and to overcome them: and there was given to him authority over every tribe and people and tongue and nation.

8. And all that dwell on the earth shall worship him, [every one] whose name hath not been written from the foundation of the world in the book of life of the Lamb that hath been slain.

9. If any man hath an ear, let him hear.

10. If any man [is] for captivity, into captivity he goeth: if any man shall kill with the sword, with the sword must he be killed. Here is the patience and the faith of the saints.

1. E si fermò sulla riva del mare. E vidi salir dal mare una bestia che aveva dieci corna e sette teste, e sulle corna dieci diademi, e sulle teste nomi di bestemmia.

2. E la bestia ch'io vidi era simile a un leopardo, e i suoi piedi erano come di orso, e la sua bocca come bocca di leone; e il dragone le diede la propria potenza e il proprio trono e grande potestà.

3. E io vidi una delle sue teste come ferita a morte; e la sua piaga mortale fu sanata; e tutta la terra maravigliata andò dietro alla bestia;

4. e adorarono il dragone perché avea dato il potere alla bestia; e adorarono la bestia dicendo: Chi è simile alla bestia? e chi può guerreggiare con lei?

5. E le fu data una bocca che proferiva parole arroganti e bestemmie e le fu data potestà di agire per quarantadue mesi.

6. Ed essa aprì la bocca per bestemmiare contro Dio, per bestemmiare il suo nome e il suo tabernacolo e quelli che abitano nel cielo.

7. E le fu dato di far guerra ai santi e di vincerli; e le fu data potestà sopra ogni tribù e popolo e lingua e nazione.

8. E tutti gli abitanti della terra i cui nomi non sono scritti fin dalla fondazione del mondo nel libro della vita dell'Agnello che è stato immolato, l'adoreranno.

9. Se uno ha orecchio, ascolti. Se uno mena in cattività, andrà in cattività;

10. se uno uccide con la spada, bisogna che sia ucciso con la spada. Qui sta la costanza e la fede dei santi.

11. And I saw another beast coming up out of the earth; and he had two horns like unto lamb, and he spake as a dragon.

12. And he exerciseth all the authority of the first beast in his sight. And he maketh the earth and them dwell therein to worship the first beast, whose death-stroke was healed.

13. And he doeth great signs, that he should even make fire to come down out of heaven upon the earth in the sight of men.

14. And he deceiveth them that dwell on the earth by reason of the signs which it was given him to do in the sight of the beast; saying to them that dwell on the earth, that they should make an image to the beast who hath the stroke of the sword and lived.

15. And it was given [unto him] to give breath to it, [even] to the image to the breast, that the image of the beast should both speak, and cause that as many as should not worship the image of the beast should be killed.

16. And he causeth all, the small and the great, and the rich and the poor, and the free and the bond, that there be given them a mark on their right hand, or upon their forehead;

17. and that no man should be able to buy or to sell, save he that hath the mark, [even] the name of the beast or the number of his name.

18. Here is wisdom. He that hath understanding, let him count the number of the beast; for it is the number of a man: and his number is Six hundred and sixty and six.

# Revelation 14

1. And I saw, and behold, the Lamb standing on the mount Zion, and with him a hundred and forty and four thousand, having his name, and the name of his Father, written on their foreheads.

2. And I heard a voice from heaven, as the voice of many waters, and as the voice of a great thunder: and the voice which I heard [was] as [the voice] of harpers harping with their harps:

11. Poi vidi un'altra bestia, che saliva dalla terra, ed avea due corna come quelle d'un agnello, ma parlava come un dragone.

12. Ed esercitava tutta la potestà della prima bestia, alla sua presenza; e facea sì che la terra e quelli che abitano in essa adorassero la prima bestia la cui piaga mortale era stata sanata.

13. E operava grandi segni, fino a far scendere del fuoco dal cielo sulla terra in presenza degli uomini.

14. E seduceva quelli che abitavano sulla terra coi segni che le era dato di fare in presenza della bestia, dicendo agli abitanti della terra di fare una immagine della bestia che avea ricevuta la ferita della spada ed era tornata in vita.

15. E le fu concesso di dare uno spirito all'immagine della bestia, onde l'immagine della bestia parlasse e facesse sì che tutti quelli che non adorassero l'immagine della bestia fossero uccisi.

16. E faceva sì che a tutti, piccoli e grandi, ricchi e poveri, liberi e servi, fosse posto un marchio sulla mano destra o sulla fronte;

17. e che nessuno potesse comprare o vendere se non chi avesse il marchio, cioè il nome della bestia o il numero del suo nome.

18. Qui sta la sapienza. Chi ha intendimento conti il numero della bestia, poiché è numero d'uomo; e il suo numero è 666.

# Apocalisse 14

1. Poi vidi, ed ecco l'Agnello che stava in piè sul monte Sion, e con lui erano centoquaranta quattromila persone che aveano il suo nome e il nome di suo Padre scritto sulle loro fronti.

2. E udii una voce dal cielo come rumore di molte acque e come rumore di gran tuono; e la voce che udii era come il suono prodotto da arpisti che suonano le loro arpe.

3. and they sing as it were a new song before the throne, and before the four living creatures and the elders: and no man could learn the song save the hundred and forty and four thousand, [even] they that had been purchased out of the earth.

4. These are they that were not defiled with women; for they are virgins. These [are] they that follow the Lamb whithersoever he goeth. These were purchased from among men, [to be] the firstfruits unto God and unto the Lamb.

5. And in their mouth was found no lie: they are without blemish.

6. And I saw another angel flying in mid heaven, having eternal good tidings to proclaim unto them that dwell on the earth, and unto every nation and tribe and tongue and people;

7. and he saith with a great voice, Fear God, and give him glory; for the hour of his judgment is come: and worship him that made the heaven and the earth and sea and fountains of waters.

8. And another, a second angel, followed, saying, Fallen, fallen is Babylon the great, that hath made all the nations to drink of the wine of the wrath of her fornication.

9. And another angel, a third, followed them, saying with a great voice, If any man worshippeth the beast and his image, and receiveth a mark on his forehead, or upon his hand,

10. he also shall drink of the wine of the wrath of God, which is prepared unmixed in the cup of his anger; and he shall be tormented with fire and brimstone in the presence of the holy angels, and in the presence of the Lamb:

11. and the smoke of their torment goeth up for ever and ever; and they have no rest day and night, they that worship the beast and his image, and whoso receiveth the mark of his name.

12. Here is the patience of the saints, they that keep the commandments of God, and the faith of Jesus.

13. And I heard the voice from heaven saying, Write, Blessed are the dead who die in the Lord from henceforth: yea, saith the Spirit, that they may rest from their labors; for their works follow with them.

3. E cantavano un cantico nuovo davanti al trono e davanti alle quattro creature viventi ed agli anziani; e nessuno poteva imparare il cantico se non quei centoquaranta quattromila, i quali sono stati riscattati dalla terra.

4. Essi son quelli che non si sono contaminati con donne, poiché son vergini. Essi son quelli che seguono l'Agnello dovunque vada. Essi sono stati riscattati di fra gli uomini per esser primizie a Dio ed all'Agnello.

5. E nella bocca loro non è stata trovata menzogna: sono irreprensibili.

6. Poi vidi un altro angelo che volava in mezzo al cielo, recante l'evangelo eterno per annunziarlo a quelli che abitano sulla terra, e ad ogni nazione e tribù e lingua e popolo;

7. e diceva con gran voce: Temete Iddio e dategli gloria poiché l'ora del suo giudizio è venuta; e adorate Colui che ha fatto il cielo e la terra e il mare e le fonti delle acque.

8. Poi un altro, un secondo angelo, seguì dicendo: Caduta, caduta è Babilonia la grande, che ha fatto bere a tutte le nazioni del vino dell'ira della sua fornicazione.

9. E un altro, un terzo angelo, tenne dietro a quelli, dicendo con gran voce: Se qualcuno adora la bestia e la sua immagine e ne prende il marchio sulla fronte o sulla mano,

10. beverà anch'egli del vino dell'ira di Dio, mesciuto puro nel calice della sua ira: e sarà tormentato con fuoco e zolfo nel cospetto dei santi angeli e nel cospetto dell'Agnello.

11. E il fumo del loro tormento sale ne' secoli dei secoli; e non hanno requie né giorno né notte quelli che adorano la bestia e la sua immagine e chiunque prende il marchio del suo nome.

12. Qui è la costanza dei santi che osservano i comandamenti di Dio e la fede in Gesù.

13. E udii una voce dal cielo che diceva: Scrivi: Beati i morti che da ora innanzi muoiono nel Signore. Sì, dice lo Spirito, essendo che si riposano dalle loro fatiche, poiché le loro opere li seguono.

14. And I saw, and behold, a white cloud; and on the cloud [I saw] one sitting like unto a son of man, having on his head a golden crown, and in his hand sharp sickle.

15. And another angel came out from the temple, crying with a great voice to him that sat on the cloud, Send forth thy sickle, and reap: for the hour to reap is come; for the harvest of the earth is ripe.

16. And he that sat on the cloud cast his sickle upon the earth; and the earth was reaped.

17. Another angel came out from the temple which is in heaven, he also having a sharp sickle.

18. And another angel came out from the altar, he that hath power over fire; and he called with a great voice to him that had the sharp sickle, saying, Send forth thy sharp sickle, and gather the clusters of the vine of the earth; for her grapes are fully ripe.

19. And the angel cast his sickle into the earth, and gathered the vintage of the earth, and cast it into the winepress, the great [winepress], of the wrath of God.

20. And the winepress are trodden without the city, and there came out blood from the winepress, even unto the bridles of the horses, as far as a thousand and six hundred furlongs.

14. E vidi ed ecco una nuvola bianca; e sulla nuvola assiso uno simile a un figliuol d'uomo, che avea sul capo una corona d'oro, e in mano una falce tagliente.

15. E un altro angelo uscì dal tempio, gridando con gran voce a colui che sedeva sulla nuvola: Metti mano alla tua falce, e mieti; poiché l'ora di mietere giunta, perché la mèsse della terra è ben matura.

16. E colui che sedeva sulla nuvola lanciò la sua falce sulla terra e la terra fu mietuta.

17. E un altro angelo uscì dal tempio che è nel cielo, avendo anch'egli una falce tagliente.

18. E un altro angelo, che avea potestà sul fuoco, uscì dall'altare, e gridò con gran voce a quello che avea la falce tagliente, dicendo: Metti mano alla tua falce tagliente, e vendemmia i grappoli della vigna della terra, perché le sue uve sono mature.

19. E l'angelo lanciò la sua falce sulla terra e vendemmiò la vigna della terra e gettò le uve nel gran tino dell'ira di Dio.

20. E il tino fu calcato fuori della città, e dal tino uscì del sangue che giungeva sino ai freni dei cavalli, per una distesa di milleseicento stadi.

# Revelation 15      Apocalisse 15

1. And I saw another sign in heaven, great and marvellous, seven angels having seven plagues, [which are] the last, for in them is finished the wrath of God.

2. And I saw as it were a sea of glass mingled with fire; and them that come off victorious from the beast, and from his image, and from the number of his name, standing by the sea of glass, having harps of God.

3. And they sing the song of Moses the servant of God, and the song of the Lamb, saying, Great and marvellous are thy works, O Lord God, the Almighty; righteous and true are thy ways, thou King of the ages.

1. Poi vidi nel cielo un altro segno grande e maraviglioso: sette angeli che aveano sette piaghe, le ultime; poiché con esse si compie l'ira di Dio.

2. E vidi come un mare di vetro e di fuoco e quelli che aveano ottenuta vittoria sulla bestia e sulla sua immagine e sul numero del suo nome, i quali stavano in piè sul mare di vetro avendo delle arpe di Dio.

3. E cantavano il cantico di Mosè, servitore di Dio, e il cantico dell'Agnello, dicendo: Grandi e maravigliose sono le tue opere, o Signore Iddio onnipotente; giuste e veraci sono le tue vie, o Re delle nazioni.

4. Who shall not fear, O Lord, and glorify thy name? for thou only art holy; for all the nations shall come and worship before thee; for thy righteous acts have been made manifest.

5. And after these things I saw, and the temple of the tabernacle of the testimony in heaven was opened:

6. and there came out from the temple the seven angels that had the seven plagues, arrayed with [precious] stone, pure [and] bright, and girt about their breasts with golden girdles.

7. And one of the four living creatures gave unto the seven angels seven golden bowls full of the wrath of God, who liveth for ever and ever.

8. And the temple was filled with smoke from the glory of God, and from his power; and none was able to enter into the temple, till the seven plagues of the seven angels should be finished.

# Revelation 16

1. And I heard a great voice out of the temple, saying to the seven angels, Go ye, and pour out the seven bowls of the wrath of God into the earth.

2. And the first went, and poured out his bowl into the earth; and it became a noisome and grievous sore upon the men that had the mark of the beast, and that worshipped his image.

3. And the second poured out his bowl into the sea; and it became blood as of a dead man; and every living soul died, [even] the things that were in the sea.

4. And the third poured out his bowl into the rivers and the fountains of the waters; and it became blood.

5. And I heard the angel of the waters saying, Righteous art thou, who art and who wast, thou Holy One, because thou didst thus judge:

6. for they poured out the blood of the saints and the prophets, and blood hast thou given them to drink: they are worthy.

7. And I heard the altar saying, Yea, O Lord God, the Almighty, true and righteous are thy judgments.

8. And the fourth poured out his bowl upon the sun; and it was given unto it to scorch men with fire.

4. Chi non temerà, o Signore, e chi non glorificherà il tuo nome? Poiché tu solo sei santo; e tutte le nazioni verranno e adoreranno nel tuo cospetto, poiché i tuoi giudici sono stati manifestati.

5. E dopo queste cose vidi, e il tempio del tabernacolo della testimonianza fu aperto nel cielo;

6. e i sette angeli che recavano le sette piaghe usciron dal tempio, vestiti di lino puro e risplendente, e col petto cinto di cinture d'oro.

7. E una delle quattro creature viventi diede ai sette angeli sette coppe d'oro piene dell'ira di Dio, il quale vive nei secoli dei secoli.

8. E il tempio fu ripieno di fumo a cagione della gloria di Dio e della sua potenza; e nessuno poteva entrare nel tempio finché fosser compiute le sette piaghe dei sette angeli.

# Apocalisse 16

1. E udii una gran voce dal tempio che diceva ai sette angeli: Andate e versate sulla terra le sette coppe dell'ira di Dio.

2. E il primo andò e versò la sua coppa sulla terra; e un'ulcera maligna e dolorosa colpì gli uomini che aveano il marchio della bestia e che adoravano la sua immagine.

3. Poi il secondo angelo versò la sua coppa nel mare; ed esso divenne sangue come di morto; ed ogni essere vivente che si trovava nel mare morì.

4. Poi il terzo angelo versò la sua coppa nei fiumi e nelle fonti delle acque; e le acque diventarono sangue.

5. E udii l'angelo delle acque che diceva: Sei giusto, tu che sei e che eri, tu, il Santo, per aver così giudicato.

6. Hanno sparso il sangue dei santi e dei profeti, e tu hai dato loro a bere del sangue; essi ne son degni!

7. E udii l'altare che diceva: Sì, o Signore Iddio onnipotente, i tuoi giudici sono veraci e giusti.

8. Poi il quarto angelo versò la sua coppa sul sole; e al sole fu dato di bruciare gli uomini col fuoco.

9. And men were scorched men with great heat: and they blasphemed the name of God who hath the power over these plagues; and they repented not to give him glory.

10. And the fifth poured out his bowl upon the throne of the beast; and his kingdom was darkened; and they gnawed their tongues for pain,

11. and they blasphemed the God of heaven because of their pains and their sores; and they repented not of their works.

12. And the sixth poured out his bowl upon the great river, the [river] Euphrates; and the water thereof was dried up, that the way might by made ready for the kings that [come] from the sunrising.

13. And I saw [coming] out of the mouth of the dragon, and out of the mouth of the beast, and out of the mouth of the false prophet, three unclean spirits, as it were frogs:

14. for they are spirits of demons, working signs; which go forth unto the kings of the whole world, to gather them together unto the war of the great day of God, the Almighty.

15. (Behold, I come as a thief. Blessed is he that watcheth, and keepeth his garments, lest he walked naked, and they see his shame.)

16. And they gathered them together into the place which is called in Hebrew Har-magedon.

17. And the seventh poured out his bowl upon the air; and there came forth a great voice out of the temple, from the throne, saying, It is done:

18. and there were lightnings, and voices, and thunders; and there was a great earthquake, such as was not since there were men upon the earth, so great an earthquake, so mighty.

19. And the great city was divided into three parts, and the cities of the nations fell: and Babylon the great was remembered in the sight of God, to give unto her the cup of the wine of the fierceness of his wrath.

20. And every island fled away, and the mountains were not found.

9. E gli uomini furon arsi dal gran calore; e bestemmiarono il nome di Dio che ha la potestà su queste piaghe, e non si ravvidero per dargli gloria.

10. Poi il quinto angelo versò la sua coppa sul trono della bestia; e il regno d'essa divenne tenebroso, e gli uomini si mordevano la lingua per il dolore,

11. e bestemmiarono l'Iddio del cielo a motivo de' loro dolori e delle loro ulceri; e non si ravvidero delle loro opere.

12. Poi il sesto angelo versò la sua coppa sul gran fiume Eufrate, e l'acqua ne fu asciugata affinché fosse preparata la via ai re che vengono dal levante.

13. E vidi uscir dalla bocca del dragone e dalla bocca della bestia e dalla bocca del falso profeta tre spiriti immondi simili a rane;

14. perché sono spiriti di demoni che fan de' segni e si recano dai re di tutto il mondo per radunarli per la battaglia del gran giorno dell'Iddio Onnipotente.

15. (Ecco, io vengo come un ladro; beato colui che veglia e serba le sue vesti onde non cammini ignudo e non si veggano le sue vergogne).

16. Ed essi li radunarono nel luogo che si chiama in ebraico Harmaghedon.

17. Poi il settimo angelo versò la sua coppa nell'aria; e una gran voce uscì dal tempio, dal trono, dicendo: E' fatto.

18. E si fecero lampi e voci e tuoni e ci fu un gran terremoto, tale, che da quando gli uomini sono stati sulla terra, non si ebbe mai terremoto così grande e così forte.

19. E la gran città fu divisa in tre parti, e le città delle nazioni caddero; e Dio si ricordò di Babilonia la grande per darle il calice del vino del furor dell'ira sua.

20. Ed ogni isola fuggì e i monti non furon più trovati.

21. And great hail, [every stone] about the weight of a talent, cometh down out of heaven upon men: and men blasphemed God because of the plague of the hail; for the plague thereof is exceeding great.

21. E cadde dal cielo sugli uomini una gragnuola grossa del peso di circa un talento; e gli uomini bestemmiarono Iddio a motivo della piaga della gragnuola; perché la piaga d'essa era grandissima.

# Revelation 17

# Apocalisse 17

1. And there came one of the seven angels that had the seven bowls, and spake with me, saying, Come hither, I will show thee the judgment of the great harlot that sitteth upon many waters;

2. with whom the kings of the earth committed fornication, and they that dwell in the earth were made drunken with the wine of her fornication.

3. And he carried me away in the Spirit into a wilderness: and I saw a woman sitting upon a scarlet-colored beast, full of names of blasphemy, having seven heads and ten horns.

4. And the woman was arrayed in purple and scarlet, and decked with gold and precious stone and pearls, having in her hand a golden cup full of abominations, even the unclean things of her fornication,

5. and upon her forehead a name written, MYSTERY, BABYLON THE GREAT, THE MOTHER OF THE HARLOTS AND OF THE ABOMINATIONS OF THE EARTH.

6. And I saw the woman drunken with the blood of the saints, and with the blood of the martyrs of Jesus. And when I saw her, I wondered with a great wonder.

7. And the angel said unto me, Wherefore didst thou wonder? I will tell thee the mystery of the woman, and of the beast that carrieth her, which hath the seven heads and the ten horns.

8. The beast that thou sawest was, and is not; and is about to come up out of the abyss, and to go into perdition. And they that dwell on the earth shall wonder, [they] whose name hath not been written in the book of life from the foundation of the world, when they behold the beast, how that he was, and is not, and shall come.

9. Here is the mind that hath wisdom. The seven heads are seven mountains, on which the woman sitteth:

1. E uno dei sette angeli che aveano le sette coppe venne, e mi parlò dicendo: Vieni; io ti mostrerò il giudicio della gran meretrice, che siede su molte acque

2. e con la quale hanno fornicato i re della terra; e gli abitanti della terra sono stati inebriati del vino della sua fornicazione.

3. Ed egli, nello Spirito, mi trasportò in un deserto; e io vidi una donna che sedeva sopra una bestia di colore scarlatto, piena di nomi di bestemmia e avente sette teste e dieci corna.

4. E la donna era vestita di porpora e di scarlatto, adorna d'oro, di pietre preziose e di perle; aveva in mano un calice d'oro pieno di abominazioni e delle immondizie della sua fornicazione,

5. e sulla fronte avea scritto un nome: Mistero, Babilonia la grande, la madre delle meretrici e delle abominazioni della terra.

6. E vidi la donna ebbra del sangue dei santi e del sangue dei martiri di Gesù. E quando l'ebbi veduta, mi maravigliai di gran maraviglia.

7. E l'angelo mi disse: Perché ti maravigli? Io ti dirò il mistero della donna e della bestia che la porta, la quale ha le sette teste e le dieci corna.

8. La bestia che hai veduta era, e non è, e deve salire dall'abisso e andare in perdizione. E quelli che abitano sulla terra i cui nomi non sono stati scritti nel libro della vita fin dalla fondazione del mondo, si maraviglieranno vedendo che la bestia era, e non è, e verrà di nuovo.

9. Qui sta la mente che ha sapienza. Le sette teste sono sette monti sui quali la donna siede;

10. and they are seven kings; the five are fallen, the one is, the other is not yet come; and when he cometh, he must continue a little while.

11. And the beast that was, and is not, is himself also an eighth, and is of the seven; and he goeth into perdition.

12. And the ten horns that thou sawest are ten kings, who have received no kingdom as yet; but they receive authority as kings, with the beast, for one hour.

13. These have one mind, and they give their power and authority unto the beast.

14. These shall war against the Lamb, and the Lamb shall overcome them, for he is Lord of lords, and King of kings; and they [also shall overcome] that are with him, called and chosen and faithful.

15. And he saith unto me, The waters which thou sawest, where the harlot sitteth, are peoples, and multitudes, and nations, and tongues.

16. And the ten horns which thou sawest, and the beast, these shall hate the harlot, and shall make her desolate and naked, and shall eat her flesh, and shall burn her utterly with fire.

17. For God did put in their hearts to do his mind, and to come to one mind, and to give their kingdom unto the beast, until the words of God should be accomplished.

18. And the woman whom thou sawest is the great city, which reigneth over the kings of the earth.

10. e sono anche sette re: cinque son caduti, uno è, e l'altro non è ancora venuto; e quando sarà venuto, ha da durar poco.

11. E la bestia che era, e non è, è anch'essa un ottavo re, e viene dai sette, e se ne va in perdizione.

12. E le dieci corna che hai vedute sono dieci re, che non hanno ancora ricevuto regno; ma riceveranno potestà, come re, assieme alla bestia, per un'ora.

13. Costoro hanno uno stesso pensiero e daranno la loro potenza e la loro autorità alla bestia.

14. Costoro guerreggeranno contro l'Agnello, e l'Agnello li vincerà, perché egli è il Signor dei signori e il Re dei re; e vinceranno anche quelli che sono con lui, i chiamati, gli eletti e fedeli.

15. Poi mi disse: Le acque che hai vedute e sulle quali siede la meretrice, son popoli e moltitudini e nazioni e lingue.

16. E le dieci corna che hai vedute e la bestia odieranno la meretrice e la renderanno desolata e nuda, e mangeranno le sue carni e la consumeranno col fuoco.

17. Poiché Iddio ha messo in cuor loro di eseguire il suo disegno e di avere un medesimo pensiero e di dare il loro regno alla bestia finché le parole di Dio siano adempite.

18. E la donna che hai veduta è la gran città che impera sui re della terra.

# Revelation 18

1. After these things I saw another angel coming down out of heaven, having great authority; and the earth was lightened with his glory.

2. And he cried with a mighty voice, saying, Fallen, fallen is Babylon the great, and is become a habitation of demons, and a hold of every unclean spirit, and a hold of every unclean and hateful bird.

# Apocalisse 18

1. E dopo queste cose vidi un altro angelo che scendeva dal cielo, il quale aveva gran potestà; e la terra fu illuminata dalla sua gloria.

2. Ed egli gridò con voce potente, dicendo: Caduta, caduta è Babilonia la grande, ed è divenuta albergo di demoni e ricetto d'ogni spirito immondo e ricetto d'ogni uccello immondo e abominevole.

3. For by the wine of the wrath of her fornication all the nations are fallen; and the kings of the earth committed fornication with her, and the merchants of the earth waxed rich by the power of her wantonness.

4. And I heard another voice from heaven, saying, Come forth, my people, out of her, that ye have no fellowship with her sins, and that ye receive not of her plagues:

5. for her sins have reached even unto heaven, and God hath remembered her iniquities.

6. Render unto her even as she rendered, and double [unto her] the double according to her works: in the cup which she mingled, mingle unto her double.

7. How much soever she glorified herself, and waxed wanton, so much give her of torment and mourning: for she saith in her heart, I sit a queen, and am no widow, and shall in no wise see mourning.

8. Therefore in one day shall her plagues come, death, and mourning, and famine; and she shall be utterly burned with fire; for strong is the Lord God who judged her.

9. And the kings of the earth, who committed fornication and lived wantonly with her, shall weep and wail over her, when they look upon the smoke of her burning,

10. standing afar off for the fear of her torment, saying, Woe, woe, the great city, Babylon, the strong city! for in one hour is thy judgment come.

11. And the merchants of the earth weep and mourn over her, for no man buyeth their merchandise any more;

12. merchandise of gold, and silver, and precious stone, and pearls, and fine linen, and purple, and silk, and scarlet; and all thyine wood, and every vessel of ivory, and every vessel made of most precious wood, and of brass, and iron, and marble;

13. and cinnamon, and spice, and incense, and ointment, and frankincense, and wine, and oil, and fine flour, and wheat, and cattle, and sheep; and [merchandise] of horses and chariots and slaves; and souls of men.

3. Poiché tutte le nazioni han bevuto del vino dell'ira della sua fornicazione, e i re della terra han fornicato con lei, e i mercanti della terra si sono arricchiti con la sua sfrenata lussuria.

4. Poi udii un'altra voce dal cielo che diceva: Uscite da essa, o popolo mio, affinché non siate partecipi de' suoi peccati e non abbiate parte alle sue piaghe;

5. poiché i suoi peccati si sono accumulati fino al cielo e Dio si è ricordato delle iniquità di lei.

6. Rendetele il contraccambio di quello ch'ella vi ha fatto, e rendetele al doppio la retribuzione delle sue opere; nel calice in cui ha mesciuto ad altri, mescetele il doppio.

7. Quanto ella ha glorificato se stessa ed ha lussureggiato, tanto datele di tormento e di cordoglio. Poiché ella dice in cuor suo: Io seggo regina e non son vedova e non vedrò mai cordoglio,

8. perciò in uno stesso giorno verranno le sue piaghe, mortalità e cordoglio e fame, e sarà consumata dal fuoco; poiché potente è il Signore Iddio che l'ha giudicata.

9. E i re della terra che fornicavano e lussureggiavan con lei la piangeranno e faran cordoglio per lei quando vedranno il fumo del suo incendio;

10. e standosene da lungi per tema del suo tormento diranno: Ahi! ahi! Babilonia, la gran città, la potente città! il tuo giudicio è venuto in un momento!

11. I mercanti della terra piangeranno e faranno cordoglio per lei, perché nessuno compera più le loro mercanzie:

12. mercanzie d'oro, d'argento, di pietre preziose, di perle, di lino fino, di porpora, di seta, di scarlatto; e ogni sorta di legno odoroso, e ogni sorta d'oggetti d'avorio e ogni sorta d'oggetti di legno preziosissimo e di rame, di ferro e di marmo,

13. e la cannella e le essenze, e i profumi, e gli unguenti, e l'incenso, e il vino, e l'olio, e il fior di farina, e il grano, e i buoi, e le pecore, e i cavalli, e i carri, e i corpi e le anime d'uomini.

14. And the fruits which thy soul lusted after are gone from thee, and all things that were dainty and sumptuous are perished from thee, and [men] shall find them no more at all.

15. The merchants of these things, who were made rich by her, shall stand afar off for the fear of her torment, weeping and mourning;

16. saying, Woe, woe, the great city, she that was arrayed in fine linen and purple and scarlet, and decked with gold and precious stone and pearl!

17. for in an hour so great riches is made desolate. And every shipmaster, and every one that saileth any wither, and mariners, and as many as gain their living by sea, stood afar off,

18. and cried out as they looked upon the smoke of her burning, saying, What [city] is like the great city?

19. And they cast dust on their heads, and cried, weeping and mourning, saying, Woe, woe, the great city, wherein all that had their ships in the sea were made rich by reason of her costliness! for in one hour is she made desolate.

20. Rejoice over her, thou heaven, and ye saints, and ye apostles, and ye prophets; for God hath judged your judgment on her.

21. And a strong angel took up a stone as it were a great millstone and cast it into the sea, saying, Thus with a mighty fall shall Babylon, the great city, be cast down, and shall be found no more at all.

22. And the voice of harpers and minstrels and flute-players and trumpeters shall be heard no more at all in thee; and no craftsman, of whatsoever craft, shall be found any more at all in thee; and the voice of a mill shall be heard no more at all in thee;

23. and the light of a lamp shall shine no more at all in thee; and the voice of the bridegroom and of the bride shall be heard no more at all in thee: for thy merchants were the princes of the earth; for with thy sorcery were all the nations deceived.

24. And in her was found the blood of prophets and of saints, and of all that have been slain upon the earth.

14. E i frutti che l'anima tua appetiva se ne sono andati lungi da te; e tutte le cose delicate e sontuose son perdute per te e non si troveranno mai più.

15. I mercanti di queste cose che sono stati arricchiti da lei se ne staranno da lungi per tema del suo tormento, piangendo e facendo cordoglio, e dicendo:

16. Ahi! ahi! la gran città ch'era vestita di lino fino e di porpora e di scarlatto, e adorna d'oro e di pietre preziose e di perle! Una cotanta ricchezza è stata devastata in un momento.

17. E tutti i piloti e tutti i naviganti e i marinari e quanti trafficano sul mare se ne staranno da lungi;

18. e vedendo il fumo dell'incendio d'essa esclameranno dicendo: Qual città era simile a questa gran città?

19. E si getteranno della polvere sul capo e grideranno, piangendo e facendo cordoglio e dicendo: Ahi! ahi! la gran città nella quale tutti coloro che aveano navi in mare si erano arricchiti con la sua magnificenza! In un momento ella è stata ridotta in un deserto.

20. Rallegrati d'essa, o cielo, e voi santi, ed apostoli e profeti, rallegratevi poiché Dio, giudicandola, vi ha reso giustizia.

21. Poi un potente angelo sollevò una pietra grossa come una gran macina, e la gettò nel mare dicendo: Così sarà con impeto precipitata Babilonia, la gran città, e non sarà più ritrovata.

22. E in te non sarà più udito suono di arpisti né di musici né di flautisti né di sonatori di tromba; né sarà più trovato in te artefice alcuno d'arte qualsiasi, né s'udrà più in te rumor di macina.

23. E non rilucerà più in te lume di lampada e non s'udrà più in te voce di sposo e di sposa; perché i tuoi mercanti erano i principi della terra, perché tutte le nazioni sono state sedotte dalle tue malìe,

24. e in lei è stato trovato il sangue dei profeti e dei santi e di tutti quelli che sono stati uccisi sopra la terra.

# Revelation 19　　Apocalisse 19

1. After these things I heard as it were a great voice of a great multitude in heaven, saying, Hallelujah; Salvation, and glory, and power, belong to our God:

2. for true and righteous are his judgments; for he hath judged the great harlot, her that corrupted the earth with her fornication, and he hath avenged the blood of his servants at her hand.

3. And a second time they say, Hallelujah. And her smoke goeth up for ever and ever.

4. And the four and twenty elders and the four living creatures fell down and worshipped God that sitteth on the throne, saying, Amen; Hallelujah.

5. And a voice came forth from the throne, saying, Give praise to our God, all ye his servants, ye that fear him, the small and the great.

6. And I heard as it were the voice of a great multitude, and as the voice of many waters, and as the voice of mighty thunders, saying, Hallelujah: for the Lord our God, the Almighty, reigneth.

7. Let us rejoice and be exceeding glad, and let us give the glory unto him: for the marriage of the Lamb is come, and his wife hath made herself ready.

8. And it was given unto her that she should array herself in fine linen, bright [and] pure: for the fine linen is the righteous acts of the saints.

9. And he saith unto me, Write, Blessed are they that are bidden to the marriage supper of the Lamb. And he saith unto me, These are true words of God.

10. And I fell down before his feet to worship him. And he saith unto me, See thou do it not: I am a fellow-servant with thee and with thy brethren that hold the testimony of Jesus: worship God; for the testimony of Jesus is the spirit of prophecy.

11. And I saw the heaven opened; and behold, a white horse, and he that sat thereon called Faithful and True; and in righteous he doth judge and make war.

12. And his eyes [are] a flame of fire, and upon his head [are] many diadems; and he hath a name written which no one knoweth but he himself.

1. Dopo queste cose udii come una gran voce d'una immensa moltitudine nel cielo, che diceva: Alleluia! La salvazione e la gloria e la potenza appartengono al nostro Dio;

2. perché veraci e giusti sono i suoi giudici; poiché Egli ha giudicata la gran meretrice che corrompeva la terra con la sua fornicazione e ha vendicato il sangue de' suoi servitori, ridomandandolo dalla mano di lei.

3. E dissero una seconda volta: Alleluia! Il suo fumo sale per i secoli dei secoli.

4. E i ventiquattro anziani e le quattro creature viventi si gettarono giù e adorarono Iddio che siede sul trono, dicendo: Amen! Alleluia!

5. E una voce partì dal trono dicendo: Lodate il nostro Dio, voi tutti suoi servitori, voi che lo temete piccoli e grandi.

6. Poi udii come la voce di una gran moltitudine e come il suono di molte acque e come il rumore di forti tuoni, che diceva: Alleluia! poiché il Signore Iddio nostro, l'Onnipotente, ha preso a regnare.

7. Rallegriamoci e giubiliamo e diamo a lui la gloria, poiché son giunte le nozze dell'Agnello, e la sua sposa s'è preparata;

8. e le è stato dato di vestirsi di lino fino, risplendente e puro; poiché il lino fino son le opere giuste dei santi.

9. E l'angelo mi disse: Scrivi: Beati quelli che sono invitati alla cena delle nozze dell'Agnello. E mi disse: Queste sono le veraci parole di Dio.

10. E io mi prostrai ai suoi piedi per adorarlo. Ed egli mi disse: Guardati dal farlo; io sono tuo conservo e de' tuoi fratelli che serbano la testimonianza di Gesù: adora Iddio! Perché la testimonianza di Gesù; è lo spirito della profezia.

11. Poi vidi il cielo aperto ed ecco un cavallo bianco; e colui che lo cavalcava si chiama il Fedele e il Verace; ed egli giudica e guerreggia con giustizia.

12. E i suoi occhi erano una fiamma di fuoco, e sul suo capo v'eran molti diademi; e portava scritto un nome che nessuno conosce fuorché lui.

13. And he [is] arrayed in a garment sprinkled with blood: and his name is called The Word of God.

14. And the armies which are in heaven followed him upon white horses, clothed in fine linen, white [and] pure.

15. And out of his mouth proceedeth a sharp sword, that with it he should smite the nations: and he shall rule them with a rod of iron: and he treadeth the winepress of the fierceness of the wrath of God, the Almighty.

16. And he hath on his garment and on his thigh a name written, KINGS OF KINGS, AND LORD OF LORDS.

17. And I saw an angel standing in the sun; and he cried with a loud voice, saying to all the birds that fly in mid heaven, Come [and] be gathered together unto the great supper of God;

18. that ye may eat the flesh of kings, and the flesh of captains, and the flesh of mighty men, and the flesh of horses and of them that sit thereon, and the flesh of all men, both free and bond, and small and great.

19. And I saw the beast, and the kings of the earth, and their armies, gathered together to make war against him that sat upon the horse, and against his army.

20. And the beast was taken, and with him the false prophet that wrought the signs in his sight, wherewith he deceived them that had received the mark of the beast and them that worshipped his image: they two were cast alive into the lake of fire that burneth with brimstone:

21. and the rest were killed with the sword of him that sat upon the horse, [even the sword] which came forth out of his mouth: and all the birds were filled with their flesh.

13. Era vestito d'una veste tinta di sangue, e il suo nome è: la Parola di Dio.

14. Gli eserciti che sono nel cielo lo seguivano sopra cavalli bianchi, ed eran vestiti di lino fino bianco e puro.

15. E dalla bocca gli usciva una spada affilata per percuoter con essa le nazioni; ed egli le reggerà con una verga di ferro, e calcherà il tino del vino dell'ardente ira dell'Onnipotente Iddio.

16. E sulla veste e sulla coscia porta scritto questo nome: RE DEI RE, SIGNOR DEI SIGNORI.

17. Poi vidi un angelo che stava in piè nel sole, ed egli gridò con gran voce, dicendo a tutti gli uccelli che volano in mezzo al cielo:

18. Venite, adunatevi per il gran convito di Dio, per mangiar carni di re e carni di capitani e carni di prodi e carni di cavalli e di cavalieri, e carni d'ogni sorta d'uomini liberi e schiavi, piccoli e grandi.

19. E vidi la bestia e i re della terra e i loro eserciti radunati per muover guerra a colui che cavalcava il cavallo e all'esercito suo.

20. E la bestia fu presa, e con lei fu preso il falso profeta che avea fatto i miracoli davanti a lei, coi quali aveva sedotto quelli che aveano preso il marchio della bestia e quelli che adoravano la sua immagine. Ambedue furon gettati vivi nello stagno ardente di fuoco e di zolfo.

21. E il rimanente fu ucciso con la spada che usciva dalla bocca di colui che cavalcava il cavallo; e tutti gli uccelli si satollarono delle loro carni.

# Revelation 20      Apocalisse 20

1. And I saw an angel coming down out of heaven, having the key of the abyss and a great chain in his hand.

2. And he laid hold on the dragon, the old serpent, which is the Devil and Satan, and bound him for a thousand years,

1. Poi vidi un angelo che scendeva dal cielo e avea la chiave dell'abisso e una gran catena in mano.

2. Ed egli afferrò il dragone, il serpente antico, che è il Diavolo e Satana, e lo legò per mille anni,

3. and cast him into the abyss, and shut [it], and sealed [it] over him, that he should deceive the nations no more, until the thousand years should be finished: after this he must be loosed for a little time.

4. And I saw thrones, and they sat upon them, and judgment was given unto them: and [I saw] the souls of them that had been beheaded for the testimony of Jesus, and for the word of God, and such as worshipped not the beast, neither his image, and received not the mark upon their forehead and upon their hand; and they lived, and reigned with Christ a thousand years.

5. The rest of the dead lived not until the thousand years should be finished. This is the first resurrection.

6. Blessed and holy is he that hath part in the first resurrection: over these the second death hath no power; but they shall be priests of God and of Christ, and shall reign with him a thousand years.

7. And when the thousand years are finished, Satan shall be loosed out of his prison,

8. and shall come forth to deceive the nations which are in the four corners of the earth, Gog and Magog, to gather them together to the war: the number of whom is as the sand of the sea.

9. And they went up over the breadth of the earth, and compassed the camp of the saints about, and the beloved city: and fire came down out of heaven, and devoured them.

10. And the devil that deceived them was cast into the lake of fire and brimstone, where are also the beast and the false prophet; and they shall be tormented day and night for ever and ever.

11. And I saw a great white throne, and him that sat upon it, from whose face the earth and the heaven fled away; and there was found no place for them.

12. And I saw the dead, the great and the small, standing before the throne; and books were opened: and another book was opened, which is [the book] of life: and the dead were judged out of the things which were written in the books, according to their works.

3. lo gettò nell'abisso che chiuse e suggellò sopra di lui onde non seducesse più le nazioni finché fossero compiti i mille anni; dopo di che egli ha da essere sciolto per un po' di tempo.

4. Poi vidi dei troni; e a coloro che vi si sedettero fu dato il potere di giudicare. E vidi le anime di quelli che erano stati decollati per la testimonianza di Gesù e per la parola di Dio, e di quelli che non aveano adorata la bestia né la sua immagine, e non aveano preso il marchio sulla loro fronte e sulla loro mano; ed essi tornarono in vita, e regnarono con Cristo mille anni.

5. Il rimanente dei morti non tornò in vita prima che fosser compiti i mille anni. Questa è la prima risurrezione.

6. Beato e santo è colui che partecipa alla prima risurrezione. Su loro non ha potestà la morte seconda, ma saranno sacerdoti di Dio e di Cristo e regneranno con lui quei mille anni.

7. E quando i mille anni saranno compiti, Satana sarà sciolto dalla sua prigione

8. e uscirà per sedurre le nazioni che sono ai quattro canti della terra, Gog e Magog, per adunarle per la battaglia: il loro numero è come la rena del mare.

9. E salirono sulla distesa della terra e attorniarono il campo dei santi e la città diletta; ma dal cielo discese del fuoco e le divorò.

10. E il diavolo che le avea sedotte fu gettato nello stagno di fuoco e di zolfo, dove sono anche la bestia e il falso profeta; e saran tormentati giorno e notte, nei secoli dei secoli.

11. Poi vidi un gran trono bianco e Colui che vi sedeva sopra, dalla cui presenza fuggiron terra e cielo; e non fu più trovato posto per loro.

12. E vidi i morti, grandi e piccoli che stavan ritti davanti al trono; ed i libri furono aperti; e un altro libro fu aperto, che è il libro della vita; e i morti furon giudicati dalle cose scritte nei libri, secondo le opere loro.

13. And the sea gave up the dead that were in it; and death and Hades gave up the dead that were in them: and they were judged every man according to their works.

14. And death and Hades were cast into the lake of fire. This is the second death, [even] the lake of fire.

15. And if any was not found written in the book of life, he was cast into the lake of fire.

# Revelation 21

1. And I saw a new heaven and a new earth: for the first heaven and the first earth are passed away; and the sea is no more.

2. And I saw the holy city, new Jerusalem, coming down out of heaven of God, made ready as a bride adorned for her husband.

3. And I heard a great voice out of the throne saying, Behold, the tabernacle of God is with men, and he shall dwell with them, and they shall be his peoples, and God himself shall be with them, [and be] their God:

4. and he shall wipe away every tear from their eyes; and death shall be no more; neither shall there be mourning, nor crying, nor pain, any more: the first things are passed away.

5. And he that sitteth on the throne said, Behold, I make all things new. And he saith, Write: for these words are faithful and true.

6. And he said unto me, They are come to pass. I am the Alpha and the Omega, the beginning and the end. I will give unto him that is athirst of the fountain of the water of life freely.

7. He that overcometh shall inherit these things; and I will be his God, and he shall be my son.

8. But for the fearful, and unbelieving, and abominable, and murderers, and fornicators, and sorcerers, and idolaters, and all liars, their part [shall be] in the lake that burneth with fire and brimstone; which is the second death.

13. E il mare rese i morti ch'erano in esso; e la morte e l'Ades resero i loro morti, ed essi furon giudicati, ciascuno secondo le sue opere.

14. E la morte e l'Ades furon gettati nello stagno di fuoco. Questa è la morte seconda, cioè, lo stagno di fuoco.

15. E se qualcuno non fu trovato scritto nel libro della vita, fu gettato nello stagno di fuoco.

# Apocalisse 21

1. Poi vidi un nuovo cielo e una nuova terra, perché il primo cielo e la prima terra erano passati, e il mare non era più.

2. E vidi la santa città, la nuova Gerusalemme, scender giù dal cielo d'appresso a Dio, pronta come una sposa adorna per il suo sposo.

3. E udii una gran voce dal trono, che diceva: Ecco il tabernacolo di Dio con gli uomini; ed Egli abiterà con loro, ed essi saranno suoi popoli, e Dio stesso sarà con loro e sarà loro Dio;

4. e asciugherà ogni lagrima dagli occhi loro e la morte non sarà più; né ci saran più cordoglio, né grido, né dolore, poiché le cose di prima sono passate.

5. E Colui che siede sul trono disse: Ecco, io fo ogni cosa nuova, ed aggiunse: Scrivi, perché queste parole sono fedeli e veraci.

6. Poi mi disse: E' compiuto. Io son l'Alfa e l'Omega, il principio e la fine. A chi ha sete io darò gratuitamente della fonte dell'acqua della vita.

7. Chi vince erediterà queste cose; e io gli sarò Dio, ed egli mi sarà figliuolo;

8. ma quanto ai codardi, agl'increduli, agli abominevoli, agli omicidi, ai fornicatori, agli stregoni, agli idolatri e a tutti i bugiardi, la loro parte sarà nello stagno ardente di fuoco e di zolfo, che è la morte seconda.

9. And there came one of the seven angels who had the seven bowls, who were laden with the seven last plagues; and he spake with me, saying, Come hither, I will show thee the bride, the wife of the Lamb.

10. And he carried me away in the Spirit to a mountain great and high, and showed me the holy city Jerusalem, coming down out of heaven from God,

11. having the glory of God: her light was like unto a stone most precious, as it were a jasper stone, clear as crystal:

12. having a wall great and high; having twelve gates, and at the gates twelve angels; and names written thereon, which are [the names] of the twelve tribes of the children of Israel:

13. on the east were three gates; and on the north three gates; and on the south three gates; and on the west three gates.

14. And the wall of the city had twelve foundations, and on them twelve names of the twelve apostles of the Lamb.

15. And he that spake with me had for a measure a golden reed to measure the city, and the gates thereof, and the wall thereof.

16. And the city lieth foursquare, and the length thereof is as great as the breadth: and he measured the city with the reed, twelve thousand furlongs: the length and the breadth and the height thereof are equal.

17. And he measured the wall thereof, a hundred and forty and four cubits, [according to] the measure of a man, that is, of an angel.

18. And the building of the wall thereof was jasper: and the city was pure gold, like unto pure glass.

19. The foundations of the wall of the city were adorned with all manner of precious stones. The first foundation was jasper; the second, sapphire; the third, chalcedony; the fourth, emerald;

20. the fifth, sardonyx; the sixth, sardius; the seventh, chrysolite; the eighth, beryl; the ninth, topaz; the tenth, chrysoprase; the eleventh, jacinth; the twelfth, amethyst.

21. And the twelve gates were twelve pearls; each one of the several gates was of one pearl: and the street of the city was pure gold, as it were transparent glass.

9. E venne uno dei sette angeli che aveano le sette coppe piene delle sette ultime piaghe; e parlò meco, dicendo: Vieni e ti mostrerò la sposa, la moglie dell'Agnello.

10. E mi trasportò in ispirito su di una grande ed alta montagna, e mi mostrò la santa città, Gerusalemme, che scendeva dal cielo d'appresso a Dio, avendo la gloria di Dio.

11. Il suo luminare era simile a una pietra preziosissima, a guisa d'una pietra di diaspro cristallino.

12. Avea un muro grande ed alto; avea dodici porte, e alle porte dodici angeli, e sulle porte erano scritti dei nomi, che sono quelli delle dodici tribù dei figliuoli d'Israele.

13. A oriente c'eran tre porte; a settentrione tre porte; a mezzogiorno tre porte, e ad occidente tre porte.

14. E il muro della città avea dodici fondamenti, e su quelli stavano i dodici nomi dei dodici apostoli dell'Agnello.

15. E colui che parlava meco aveva una misura, una canna d'oro, per misurare la città, le sue porte e il suo muro.

16. E la città era quadrangolare, e la sua lunghezza era uguale alla larghezza; egli misurò la città con la canna, ed era dodicimila stadi; la sua lunghezza, la sua larghezza e la sua altezza erano uguali.

17. Ne misurò anche il muro, ed era di centoquarantaquattro cubiti, a misura d'uomo, cioè d'angelo.

18. Il muro era costruito di diaspro e la città era d'oro puro, simile a vetro puro.

19. I fondamenti del muro della città erano adorni d'ogni maniera di pietre preziose. Il primo fondamento era di diaspro; il secondo di zaffiro; il terzo di calcedonio; il quarto di smeraldo;

20. il quinto di sardonico; il sesto di sardio; il settimo di crisolito; l'ottavo di berillo; il nono di topazio; il decimo di crisopazio; l'undecimo di giacinto; il dodicesimo di ametista.

21. E le dodici porte eran dodici perle, e ognuna delle porte era fatta d'una perla; e la piazza della città era d'oro puro, simile a vetro trasparente.

22. And I saw no temple therein: for the Lord God the Almighty, and the Lamb, are the temple thereof.

23. And the city hath no need of the sun, neither of the moon, to shine upon it: for the glory of God did lighten it, and the lamp thereof [is] the Lamb.

24. And the nations shall walk amidst the light thereof: and the kings of the earth bring their glory into it.

25. And the gates thereof shall in no wise be shut by day (for there shall be no night there):

26. and they shall bring the glory and the honor of the nations into it:

27. and there shall in no wise enter into it anything unclean, or he that maketh an abomination and a lie: but only they that are written in the Lamb's book of life.

# Revelation 22

1. And he showed me a river of water of life, bright as crystal, proceeding out of the throne of God and of the Lamb,

2. in the midst of the street thereof. And on this side of the river and on that was the tree of life, bearing twelve [manner of] fruits, yielding its fruit every month: and the leaves of the tree were for the healing of the nations.

3. And there shall be no curse any more: and the throne of God and of the Lamb shall be therein: and his servants shall serve him;

4. and they shall see his face; and his name [shall be] on their foreheads.

5. And there shall be night no more; and they need no light of lamp, neither light of sun; for the Lord God shall give them light: and they shall reign for ever and ever.

6. And he said unto me, These words are faithful and true: and the Lord, the God of the spirits of the prophets, sent his angels to show unto his servants the things which must shortly come to pass.

7. And behold, I come quickly. Blessed is he that keepeth the words of the prophecy of this book.

22. E non vidi in essa alcun tempio, perché il Signore Iddio, l'Onnipotente, e l'Agnello sono il suo tempio.

23. E la città non ha bisogno di sole, né di luna che risplendano in lei perché la illumina la gloria di Dio, e l'Agnello è il suo luminare.

24. E le nazioni cammineranno alla sua luce; e i re della terra vi porteranno la loro gloria.

25. E le sue porte non saranno mai chiuse di giorno (la notte quivi non sarà più);

26. e in lei si porterà la gloria e l'onore delle nazioni.

27. E niente d'immondo e nessuno che commetta abominazione o falsità, v'entreranno; ma quelli soltanto che sono scritti nel libro della vita dell'Agnello.

# Apocalisse 22

1. Poi mi mostrò il fiume dell'acqua della vita, limpido come cristallo, che procedeva dal trono di Dio e dell'Agnello.

2. In mezzo alla piazza della città e d'ambo i lati del fiume stava l'albero della vita che dà dodici raccolti, e porta il suo frutto ogni mese; e le foglie dell'albero sono per la guarigione delle nazioni.

3. E non ci sarà più alcuna cosa maledetta; e in essa sarà il trono di Dio e dell'Agnello;

4. i suoi servitori gli serviranno ed essi vedranno la sua faccia e avranno in fronte il suo nome.

5. E non ci sarà più notte; ed essi non avranno bisogno di luce di lampada, né di luce di sole, perché li illuminerà il Signore Iddio, ed essi regneranno nei secoli dei secoli.

6. Poi mi disse: Queste parole sono fedeli e veraci; e il Signore, l'Iddio degli spiriti dei profeti, ha mandato il suo angelo per mostrare ai suoi servitori le cose che debbono avvenire in breve.

7. Ecco, io vengo tosto. Beato chi serba le parole della profezia di questo libro.

8. And I John am he that heard and saw these things. And when I heard and saw, I fell down to worship before the feet of the angel that showed me these things.

9. And he saith unto me, See thou do it not: I am a fellow-servant with thee and with thy brethren the prophets, and with them that keep the words of this book: worship God.

10. And he saith unto me, Seal not up the words of the prophecy of this book; for the time is at hand.

11. He that is unrighteous, let him do unrighteousness still: and he that is filthy, let him be made filthy still: and he that is righteous, let him do righteousness still: and he that is holy, let him be made holy still.

12. Behold, I come quickly; and my reward is with me, to render to each man according as his work is.

13. I am the Alpha and the Omega, the first and the last, the beginning and the end.

14. Blessed are they that wash their robes, that they may have the right [to come] to the tree of life, and my enter in by the gates into the city.

15. Without are the dogs, and the sorcerers, and the fornicators, and the murderers, and the idolaters, and every one that loveth and maketh a lie.

16. I Jesus have sent mine angel to testify unto you these things for the churches. I am the root and the offspring of David, the bright, the morning star.

17. And the Spirit and the bride say, Come. And he that heareth, let him say, Come. And he that is athirst, let him come: he that will, let him take the water of life freely.

18. I testify unto every man that heareth the words of the prophecy of this book, if any man shall add unto them, God shall add unto him the plagues which are written in this book:

19. and if any man shall take away from the words of the book of this prophecy, God shall take away his part from the tree of life, and out of the holy city, which are written in this book.

20. He who testifieth these things saith, Yea: I come quickly. Amen: come, Lord Jesus.

21. The grace of the Lord Jesus be with the saints. Amen.

8. E io, Giovanni, son quello che udii e vidi queste cose. E quando le ebbi udite e vedute, mi prostrai per adorare ai piedi dell'angelo che mi avea mostrate queste cose.

9. Ma egli mi disse: Guardati dal farlo; io sono tuo conservo e de' tuoi fratelli, i profeti, e di quelli che serbano le parole di questo libro. Adora Iddio.

10. Poi mi disse: Non suggellare le parole della profezia di questo libro, perché il tempo è vicino.

11. Chi è ingiusto sia ingiusto ancora; chi è contaminato si contamini ancora; e chi è giusto pratichi ancora la giustizia e chi è santo si santifichi ancora.

12. Ecco, io vengo tosto, e il mio premio è meco per rendere a ciascuno secondo che sarà l'opera sua.

13. Io son l'Alfa e l'Omega, il primo e l'ultimo, il principio e la fine.

14. Beati coloro che lavano le loro vesti per aver diritto all'albero della vita e per entrare per le porte nella città!

15. Fuori i cani, gli stregoni, i fornicatori, gli omicidi, gli idolatri e chiunque ama e pratica la menzogna.

16. Io Gesù ho mandato il mio angelo per attestarvi queste cose in seno alle chiese. Io son la radice e la progenie di Davide, la lucente stella mattutina.

17. E lo Spirito e la sposa dicono: Vieni. E chi ode dica: Vieni. E chi ha sete venga: chi vuole, prenda in dono dell'acqua della vita.

18. Io lo dichiaro a ognuno che ode le parole della profezia di questo libro: Se alcuno vi aggiunge qualcosa, Dio aggiungerà ai suoi mali le piaghe descritte in questo libro;

19. e se alcuno toglie qualcosa dalle parole del libro di questa profezia, Iddio gli torrà la sua parte dell'albero della vita e della città santa, delle cose scritte in questo libro.

20. Colui che attesta queste cose, dice: Sì; vengo tosto! Amen! Vieni, Signor Gesù!

21. La grazia del Signor Gesù sia con tutti.